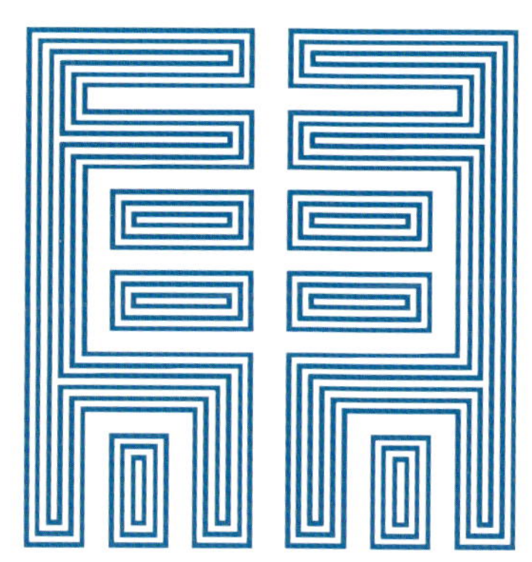

北京东城年鉴

BEIJING DONGCHENG NIANJIAN

·2015·

（总第十九卷）

北京市东城区地方志编纂委员会　编

北京日报出版社

东城区地方志编纂委员会

《北京东城年鉴》编辑部

编辑说明

一、《北京东城年鉴》是一部综合性资料性工具书，在中共北京市东城区委和北京市东城区人民政府的领导下，由区地方志编纂委员会主持编纂。自1996年开始，逐年编辑出版，2015年为总第十九卷。

二、《北京东城年鉴》以马克思列宁主义、毛泽东思想、邓小平理论和“三个代表”重要思想为指导，落实科学发展观，坚持实事求是的原则，与时俱进，开拓创新，科学地反映客观情况。

三、《北京东城年鉴》（2015）全面、系统地记载上一年度（2014年度）东城区在政治、经济、文化、社会等各个领域、各项事业发展变化的基本情况和发生的大事、要事、新事与有影响的事，记载取得的新成就、新进展、新经验，为各行各业、各方面人士了解东城、研究东城、建设东城提供信息和资料。

四、《北京东城年鉴》（2015）设有综述、大事记、特载、政党·团体、政权·政协、政法·军事、综合经济管理、工商·旅游·对外经济、财税·金融、城市建设、城市管理、科技·教育·文化、医药卫生·体育、社会生活、街道、人物、统计资料、附录共18个一级栏目。一级栏目下设二级栏目，二级栏目下设分目，分目下设条目。采用文章、条目、表格等体裁，以条目体为主。

五、《北京东城年鉴》（2015）收有东城区党、政、军、各民主党派、团体、街道和部分企业负责人名录，以及部分区域单位负责人名录。所列均以2014年内任职为限。还收有获得国家、国务院部委和市、区奖励与荣誉称号的单位和个人名单，获得高级职称的人员名单。

六、《北京东城年鉴》所选文章、条目，均由各部门、单位确定专人撰写或提供，并经主管负责人审核。统计资料由区统计局提供。照片由宣传部、新闻中心及各有关单位提供。

党的群众路线教育实践活动

2月12日，区委召开党的群众路线教育实践活动动员部署大会

2月24日，举办学习贯彻习近平总书记系列讲话精神暨群众路线教育专题培训班

3月4日，朝阳门街道“百姓督导团”成立

3 月 13 日，基层优秀党员为区委领导讲党课

4 月 24 日，区委召开深入开展党的群众路线教育实践活动领导小组第二次全会

6 月 16 日，市委书记郭金龙参加东城区委常委班子专题民主生活会

6 月 27 日，召开纪念中国共产党成立 93 周年暨深入推进教育实践活动座谈会

10 月 15 日，区委召开党的群众路线教育实践活动总结大会

创建国家公共文化服务示范区进行时

3 月 26 日，创建公共文化服务体系示范区动员部署会

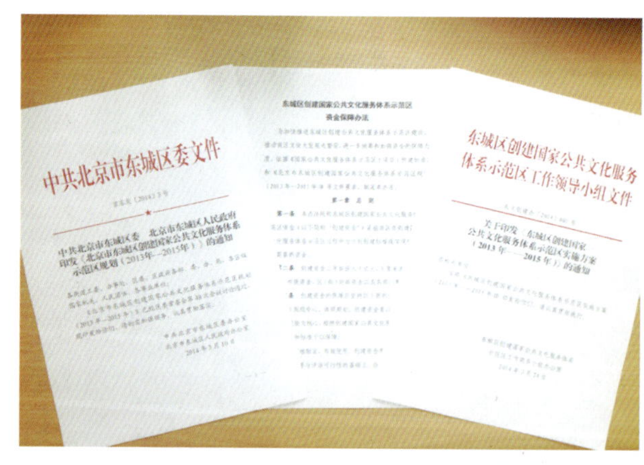

创建国家公共文化服务体系示范区文件

全国首个公共文化服务导航网

5 月 23 日，中国文艺志愿者服务日主题活动

5 月 26 日，文化志愿者助残系列活动启动

6 月 28 日，民营公益图书馆皮卡少儿中英图书馆（简称皮卡书屋）入驻体育馆路街道

2014 年中国图书馆年会展览会东城展区

11月22日，“我的舞台 我的梦”百姓专场活动

12 月，本市首套京剧地方教材投入使用，东城区 14 所小学“快乐学京剧”

群租房整治

4月24日，区政府召开违法群租房治理工作动员部署会

2月20日，加大整治群租房宣传教育力度

5 月 15 日，区综治办、区司法局等 13 个部门联合开展违法群租房治理宣传教育活动

永定门外街道富莱茵花园 14 号楼整治中

永定门外街道富莱茵花园 14 号楼整治后

环二环城市绿道

目　录

综　述

大事记

特　载

文　件（节选）

专　文

政党·团体

中国共产党北京市东城区委员会

纪检监察

民主党派

团 体

政权·政协

北京市东城区人民代表大会常务委员会

东城区人民政府

检 察

审 判

军 事

综合经济管理

经济改革和社会发展

人力资源·社会保障·机构编制

统　计

产业和投资促进

工商行政管理

质量技术监督

审 计

烟草专卖

国有资产监督管理

集体经营管理

工商·旅游·对外经济

工业企业

商业·服务业企业

旅 游

对外经济

财税·金融

财　政

税　务

金　融

城市建设

建设管理

建设工程

重大项目协调

地区建设管理

规划管理

国土资源管理

房地产开发与建筑企业

城市管理

城市管理监督

城市综合管理

城市管理监察

北京站地区管理

环境卫生

环境保护

园林绿化

绿化中心

房屋管理

房屋征收事务中心

房屋土地经营管理

科技·教育·文化

科 技

教　育

文　化

医药卫生·体育

卫生和计划生育

食品药品监督管理

体　育

社会生活

民　政

居民生活

老龄工作

街　道

东华门街道

景山街道

交道口街道

安定门街道

北新桥街道

东四街道

朝阳门街道

建国门街道

东直门街道

和平里街道

前门街道

崇文门外街道

东花市街道

龙潭街道

体育馆路街道

天坛街道

永定门外街道

人　物

统计资料

附　录

主题索引

CONTENTS

OVERVIEW

CHRONICLE

SPECIAL ISSUE

PARTIES · MASS ORGANIZATIONS

POLITICAL POWER · CONSULTATIVE CONFERENCE

JUDICIAL AND LEGAL AFFAIRS · MILITARY AFFAIRS

COMPREHENSIVE MANAGEMENT OF ECONOMIES

COMMERCE · TOURISM · FOREIGN ECONOMY

FINANCE TAXATION · BANKING

CITY CONSTRUCTION

CITY MANAGEMENT

SCIENCE · EDUCATION · CULTURE

MEDICINE & HEALTH · SPORTS

SOCIAL LIFE

SUBDISTRICTS

CREATURES

STATISTICS

APPENDIX

SUBJECT INDEX

·2015·
北京东城年鉴
BEIJING DONGCHENG NIANJIAN

综述

区情综述

概况

东城区位于北京市中心城区东部，面积41.84平方千米。设东华门、景山、交道口、安定门、北新桥、东四、朝阳门、建国门、东直门、和平里、前门、崇文门外、东花市、天坛、体育馆路、龙潭、永定门外17个街道办事处，187个社区居民委员会。另外设有北京站地区管理处、王府井建设管理办公室和雍和园管委会3个重点街区管理机构。截至2014年底，全区常住人口91.10万人，比上年末增加0.20万人。其中，常住外来人口21.20万人，占常住人口的比重为23.30%。常住人口密度为2.20万人/平方千米，与上年基本持平。全区户籍人口98万人，比上年末增加5761人。计划生育率为98.80%。人口出生率为10.55‰，人口自然增长率为5.02‰。

经济总量

全年实现地区生产总值1733亿元，同比增长7.50%。其中，第二产业实现增加值70.20亿元，同比增长7%，占全区GDP的4.10%；第三产业实现增加值1662.80亿元，同比增长7.60%，占全区GDP的95.90%。

区级财政公共预算收入与支出

全区公共预算收入（不含基金预算收入）完成156亿元，同比增长6%；全社会固定资产投资完成200亿元；城镇居民人均可支配收入增长8%，城镇登记失业率保持在0.86%。万元GDP能耗下降3.60%；在行业构成中，金融业，批发和零售业，租赁和商务服务业，信息传输、软件和信息技术服务业增加值占全区GDP的比重超过10%，这四大行业合计实现增加值1017.60亿元，占全区GDP的58.70%，是支撑全区经济增长的重要动力。

全区公共财政预算支出（不含基金预算支出）完成195.40亿元，同比增长15.60%。城乡社区支出、教育、社会保障和就业为公共财政预算支出的主要方向，分别支出46.40亿元、36.30亿元、36.30亿元，占比达60.90%。

前门大街

固定资产投资

全年完成全社会固定资产投资额（项目建设地）214.70亿元，同比增长10%。其中，房地产开发投资完成额90.60亿元，同比增长19%，占全区固定资产投资额的42.20%；国有控股单位完成投资56.60亿元，占全区固定资产投资额的26.40%。

消费

全年实现社会消费品零售额（产业在地）913.30亿元，同比增长8.80%。限额以上单位实现零售额839.10亿元，同比增长5.90%，占全区零售额的91.90%。按行业分，零售业实现零售额573.70亿元，同比增长8.20%；批发业实现零售额255.60亿元，同比增长14.70%；餐饮业实现零售额64.10亿元，同比下降0.30%；住宿业实现零售额20亿元，同比下降8.50%。限额以上批发和零售企业实现网上零售额151亿元，同比增长30.40%。

居民生活

全区城镇居民人均可支配收入达到45052元，同比增长8.10%；居民人均消费性支出28613元，比上年增长6%；恩格尔系数为34.10%。

前门东月亮湾

对外经贸

全年新审批外商投资企业106家，其中，中外合资企业13家，外商独资企业93家。全年实现合同外资金额14.40亿美元，同比增长128.80%；实际利用外资金额5.10亿美元，比上年下降22.90%。全年实现进出口额150.90亿美元，同比下降8.95%；其中，进口额114.70亿美元，同比下降9.01%；出口额36.20亿美元，同比下降8.79%。

旅 游

全年旅游业接待总人数8318万人次，同比增长8.20%；实现旅游业综合收入668.80亿元，同比增长7.10%。

国民经济建设和社会发展

产业结构更加优化。六大重点产业保持良好发展势头，累计实现增加值817.10亿元，占全区GDP的67%，对全区经济增长的贡献率达到83.60%。金融业第一支柱产业地位继续巩固，占全区GDP的24.10%，文化创意产业增速位居首位，实现增加值224.50亿元，占全区GDP的13%。

内生动力增强。消费对经济的拉动作用明显，社会消费品零售额持续稳定回升，同比增长8%，高于年度目标2.5个百分点。投资高速增长，结构不断优化，重大基础设施项目支撑作用明显，民间投资表现活跃，非国有单位投资高于全社会投资增速22.60个百分点，占全社会投资比重79.20%。永安复星、利生商厦等区属国有企业启动混合所有制改革，区住宅发展中心完成转企改制。

功能区集聚水平提高。中关村科技园区东城园完成空间布局调整和机构整合，132家规模以上高新技术企业实现总收入1200亿元，7家创新创业孵化平台累计吸引入驻企业38家，搭建科技文化金融服务平台，引入40家金融服务机构，首批38家园区企业实现项目对接。王府井商业发展带成功举办第四届王府井国际品牌节，搭建起国际商业品牌传播、交流合作的高端平台，新燕莎金街购物广场、北京金茂万丽酒店正式开业，王府井国际品牌中心、嘉德艺术中心进入全面施工阶段。前门历史文化展示区加速商业转型升级，杜莎夫人蜡像馆等26家具有文化体验特点的商户入驻。隆福寺项目完成相关资产划转及隆福大厦建筑装修拆除工作继续进行。

发展环境改善。非首都核心功能疏解有序推进，制定《东城区非首都核心功能疏解工作方案》，出台新增产业禁止和限制目录。优化产业政策环境，出台进一步加快调结构、转方式、促进产业发展的意见，形成“1+3+5”政策体系。制定业态指导目录，明确了南锣鼓巷等7条市级特色商业街区定位，南新仓“北延南扩”项目整体工程完工。打造高端要素市场，北京文化产权交易中心落户，与北京产权交易所签署战略合作协议，积极筹建北京国际能源交易中心。加大服务企业力度，引入英大保险资产管理公司、北京市文化科技融资担保公司等优质金融机构。建成3家小企业基地和2个中小企业服务分中心，组织银行与中小企业对接18次，实现融资12.50亿元。

人民生活 民政工作

社区治理创新发展。全国社区治理和服务创新实验区建设工作全面启动，完成140个社区议事厅标准化建设，8个老旧小区开展自我服务管理试点。引导居民成立全市首个胡同风貌保护协会和全市首个流动人口自管会。“枢纽型”社会组织体系实现17个街道全覆盖。一刻钟服务圈建成90个，覆盖全部187个社区。继续开展公益创投，共有16家社会组织获得资助。

就业和社会保障质量提升。累计安排市区促进就业资金1.61亿元，安置就业困难人员5843人，帮扶各类人员

永定门

实现创业910人，带动就业3520人。零就业家庭保持动态为零。“北京嘉诚文化科技融合创业孵化基地”被认定为市级示范基地。社保基金收缴率达到99%，实现收支平衡、略有结余目标。全面落实特困人员救助政策，累计支出低保及生活困难补助资金9088.79万元。不断健全残疾人权益保障制度，扎实推进残疾人服务体系建设。以政府购买服务等形式，深入推进“五进居家”工作。11家街道养老照料中心开工建设，新增养老床位230张。就业：全区城镇登记失业率为0.82%，城镇登记失业人员就业率为68.07%，年末实有城镇登记失业人员4458人，失业人员再就业11030人，城镇新增就业人员30652人。

全区参加基本养老、基本医疗、失业、工伤和生育保险人数分别为135.01万人、157.24万人、105.82万人、89.67万人和89.68万人，分别比上年末增加5.08万人、3.9万人、3.22万人、3.37万人和3.26万人，分别比上年增长3.91%、2.54%、3.14%、3.90%和3.77%。

全区享受城市居民最低生活保障家庭数为8558个，城市居民最低生活保障的人数为14349人，城市低保资金实际支出11951.70万元。

年末全区各类收养性单位11家，床位1379张，收养各类人员700人；养老服务机构11家，床位1379张，收养人员700人；已建立社区服务中心18个。

维护社会安全稳定。积极作为、主动出击、强力执法，切实加强城市管理综合执法，持续深入推进拆除违法建设等五大专项执法行动，立案处罚量和罚款数同比均增加一倍以上。探索建立区级层面公安、交通和城管联合执法常态化机制，针对重点时期、重点区域进行“高频次、多波次”清理整治。针对簋街、天坛南里等区域和电梯、燃气等领域，强化安全生产执法监察，建成物联网远程监控中心，对428家重点单位实现消防中控室24小时监控，保持了安全生产形势稳定。贯彻《北京市大气污染防治条例》，加大环保执法力度，重点对机动车、餐饮油烟等违规行为开展环境执法检查及巡查。保持严惩重处高压态势，实施最严格监管，食药品案件实际执行率达到100%，守住食品药品安全底线，建立“政府主导、协同作战、综合治理”社会面防控机制，86个社区实现零发案，百户发案数和万人发案率继续保持全市最低水平。深化信访代理制，加强领导干部接访工作，区级领导共接待群众来访16批616人次，成功化解了一批疑难信访积案。

教育 卫生 科技 文化 体育

教育改革。出台《深化学区制综合改革，全面提高义务教育优质均衡发展水平的意见》，学区制教育综合改革全面启动。成立8个学区工作委员会，建立了9所九年一贯制学校，打造4个优质教育资源带，新增优质小学学位2325个，初中学位1690个，小学优质教育品牌覆盖率达80%，小学生进入优质中学比例达85%，就近入学比例达到88.40%。全面推进素质教育，深化“学院制”建设，利用国内外优质资源促进学生自主选择、个性成长、特色发展。户籍幼儿园入学率达到95%。加强教育人才队伍建设，启动干部、骨干教师交流轮岗机制，1618人参与交流轮岗。

卫生事业。建成北京医院、中日友好医院、友谊医院3个医联体，接转诊病人达1903人次。7个社区卫生站完成标准化建设，建国门社区卫生服务中心建成开诊，187个社区全部建成中医药特色健康管理社区。成立全市首家“家庭健康指导中心”，家庭医生式服务签约居民总数达到常住总人口的61.20%。

文化惠民工程。积极推进国家公共文化服务体系示范区创建工作，设立9亿元文化发展专项资金，街道文化中心100%达标，社区文化室70%达标。举办2014年中国图书馆年会，继续开展百姓周末大舞台、夏日文化广场、群众文化展演季等文化惠民服务项目，支持中国儿童艺术节、南锣鼓巷戏剧展演季等文化活动，向居民免费发放演出票4000余张。开通全市首个区县级高清数字电视交互服务平台。与故宫、国家博物馆、首都剧场等100多家单位实现了文化资源共享、为民服务的共建模式。71所学校、32家社会单位开放文体设施。中国华侨历史博物馆落成开馆。新增4项国家级非物质文化遗产项目、9项市级非物质文化遗产项目。

科技成果。全区技术合同交易成交项目2266项，合同成交总金额355.20亿元，其中，技术交易额340.80亿元。全年专利申请量8303件，专利授权量4806件。

体育事业。积极推动全民健身工作，完成24个“奥林匹克·体育生活化”样板社区建设。东城区体育代表团在北京市第十四届运动会中表现优异，荣获代表团总成绩第一名，取得历史最好成绩。年末全区共有体育场馆157个，其中，体育场3个、体育馆8个、游泳场馆76个、体育设施2433件，全年举办体育活动190次，参加体育活动人次35万人次。全区共有裁判793人、教练员76人，输送运动员获奖牌总数917块、其中，国际级比赛奖牌11块、国家级比赛奖牌12块、省市级比赛奖牌894块。

城市建设和城市管理

棚户区改造和老旧小区整治。全面梳理前期问题，理顺责权利关系，稳步推进重启工作，完成宝华里项目清退原实施主体工作，确定新的实施主体；从整治周边环境入手，依法推进搬迁，西河沿项目重新启动。实施抗震加固工程88栋楼24.24万平方米，节能改造工程20栋楼10.35万平方米，完成91个老旧小区环境建设任务，小区面貌焕然一新，居民居住条件改善。

保障房建设。与市保障房投资中心建立战略合作关系，共同组建投资公司，拓宽了房源筹措和融资渠道，天坛周边简易楼解危排险等项目纳入合作范围。豆各庄保障房项目建设加快推进，已实现开复工面积35万平方米，其中4栋住宅楼已完工，通州区“两站一街”项目开工17万平方米。北苑宾馆项目竣工，442套房源全部实现对接。1167户限价房轮候家庭通过摇号选定房屋。

细化管理标准体系。出台《关于进一步加强城市管理工作的指导意见》，修订了城市管理监督综合考核办法。坚持城市管理与风貌保护、业态升级、人口疏解相结合，制定了环境管理、平房翻改建、直管公房管理、工商管理、业态指导等5类11项标准规范，推动从“末端管理”向“源头治理”转变。

城市环境品质提升。按照市级精品大街标准，完成安内大街环境综合提升工程，恢复古朴的老北京传统风貌。梳理了环境卫生、交通停车等六类问题，实施10项环境综合整治工程，完成95条背街小巷环境建设任务。完成50处低洼院落下水改造。继续保持拆违高压态势，拆除违法建设1834处、4.62万平方米。加大群租房和地下空间清理整治力度，共整治地下空间378处，清理群租房1764处，劝退租住人员25000余人。引导社会力量广泛参与城市管理，在全区53条示范路段实施“门前管理责任制”。

生态环境质量改善。落实清洁空气行动计划，全面推进以PM2.5为重点的大气污染治理，完成永定门外街道望坛地区7000户煤改电工程，淘汰老旧机动车1.49万辆，调整退出4家不符合首都功能定位的工业企业。新增25个垃圾分类小区，完成48座旱厕达标改造任务，建成全市首家厨余垃圾就地资源化处理社区工作站。创建市区节水型单位70家，为企事业和社区居民换装节水器具6000余套。高标准建成环二环城市绿廊，打造了“一河、两带、十三景”优美景观，形成了总长16.10千米的城市慢行系统。完成50.56万平方米道路绿地和公共绿地建设，新增屋顶绿化2.83万平方米。

交通秩序优化。完成安乐林头条等10项疏堵工程和24条道路大修，通行能力有效提升。挖掘资源，开发错时停车位500个，新增居住区停车位500个。加强技防物防建设，在东四十三条等20条胡同安装机动车单行违章探头，在十字坡东小街等20条胡同、支路和2个小区完善标志标识，推广停车自治管理。

网格化管理模式拓展。制定“两网融合”顶层设计方案，成立区网格化服务管理中心，完成综合信息平台建设，整合开通统一的“96010”为民服务热线，网格化城市管理和网格化社会管理在区级层面实现融合。

玉河盛景

党的建设　民主法制建设

增强党的先进性和纯洁性。坚持用十八届三中、四中全会和习近平总书记系列重要讲话精神武装头脑、指导实践，大力宣传培育社会主义核心价值观，制定并实施干部教育培训五年规划，提高了党员干部思想政治素质和推动区域科学发展的能力。制定完善处级党政干部选拔任用工作流程，圆满完成《干部任用条例》和“四项监督制度”检查、党（工）委（党组）书记履行干部选拔任用工作职责检查等工作。强化干部日常管理，制定实施干部“双向约谈”、组织巡查工作、组织工作重大事项请示报告等制度，完善了“三述两评”考核模式，开展清理规范领导干部企业、社团兼职，超职数配备干部和个人有关事项报告抽查核实工作，完成了“裸官”清理工作。制定了加强基层服务型党组织建设的意见，对17个软弱涣散社区党组织开展集中整治，深入推进区域化党建工作，推动在职党员到社区报到，构建起党员“工作在单位、活动在社区、奉献双岗位”的新机制。完善党管人才工作的领导体制和工作机制，进一步推进“文化人才管理改革试验区”建设，制定实施意见。加强区委对全区党风廉政建设和反腐败工作的统一领导，研究制定落实党委主体责任和纪委监督责任的意见，制定贯彻惩防体系五年规划的实施办法。支持区纪委采取调整内设机构、试行签字背书、开展约谈督导等措施落实“转职能、转方式、转作风”要求，进一步聚焦党风廉政建设和反腐败中心任务，把监督执纪问责贯穿专项整治全过程，严肃查处并通报违反中央八项规定精神的典型案件和问题。坚持以零容忍态度加大查办违纪违法案件力度，全年新立案数、结案数同比分别上升76.9%、138.5%，保持了惩治腐败的高压态势。深化廉政风险防控“三个体系”建设，完善权力公开透明运行平台，规范处级领导班子权力配置，在全区全面推行“六费”公开工作，有效发挥信息化防控电子监察平台作用，得到市纪委的充分肯定。

区委在实际工作中不断完善区委全委会、常委会工作规则和常委会会议回避等制度，不断提升科学、民主、依法决策水平。区委常委会认真贯彻民主集中制，坚持总揽全局、协调各方。支持区人大依法行使各项职权，增强监督工作的实效性；支持区政协充分发挥协商民主重要渠道作用，进一步拓展履职空间；深化多党合作，加强党外代表人士队伍建设，不断扩大统一战线；切实发挥工青妇等各方面独特优势，坚持党管武装，形成全区上下团结协作、共谋发展的局面。

大事记

2014年大事记

1　月

2日　与故宫博物院深化合作座谈会召开，故宫博物院院长单霁翔、区领导张家明等参加。

4日　中央政治局委员、市委书记郭金龙到区调研推动老旧小区改造、实现核心城区可持续发展工作情况，考察玉河历史文化风貌保护、天坛街道天坛东里北区1-8号简易楼拆除和前门东区修缮整治等项目。

6日　市审计局审计组驻区开展上年城镇保障性安居工程跟踪审计工作，并召开进点工作会。7日，开展上年城镇保障性安居工程跟踪审计工作。

6～8日　区政协第十三届委员会第三次会议在北京国际会议中心召开，497名委员出席。徐鸿达作区政协十三届委员会常务委员会工作报告。

7～10日　区第十五届人民代表大会第四次会议在北京国际会议中心召开，318名代表出席。张家明作政府工作报告；杨柳荫在闭幕时讲话，对进一步做好人大及"一府两院"工作提出要求。

9日　市治理非正常上访突出问题第三督查组到区就治理非正常上访突出问题工作情况开展督导检查。

☆　中国驻柏林中国文化中心、驻曼谷中国文化中心负责人到区考察特色旅游资源，就东城区与柏林、曼谷的友城互访、旅游推介、文化交流及项目合作等进行深入探讨。

10日　中海石油财务有限责任公司落户东城。

11日　全国政协副主席、民革中央常务副主席齐续春到区调研，听取经济社会发展和统一战线工作情况及民革东城区委2013年主要工作情况汇报。

13日　启动经适房摇号配售工作。豆各庄、"两站一街"项目房源总计5642套，15日开始认购登记。

14日　区"清洁空气为美丽北京加油"新闻通报会召开，人民网北京频道、《北京日报》、北京电视台、《北京晚报》、《北京科技报》、千龙新闻网等媒体参加。

☆　区行政服务中心虚拟服务平台上线。

15日　张家明调研区环卫一、二中心工作，背街小巷管理工作，深入胡同查看单行单停、违法建设、非法游商等城市管理问题，与城市管理监督员交流。

☆　2013年赴美国、德国专题境外培训成果汇报会召开。

16日　国务院副总理马凯考察北京站功能社区卫生服务站。

☆　创建国家公共文化服务体系示范区工作专题协调会召开。

17日　团中央书记处书记罗梅到前门街道慰问困难家庭。

☆　区综合执法工作暨拆违专项行动总结部署会召开，传达市有关精神并通报相关区县工作，部署年度综合执法和拆违专项行动重点工作安排。张家明提出工作要求。

☆　区委统战部举办统一战线各界人士新春电影招待会，300余人参加。

19日　中央歌剧院剧场建设工程举行开工仪式，文化部部长蔡武、中央歌剧院院长俞峰等参加。

21日　区名城委专家座谈会召开，对区历史文化名城保护提出意见建议。

☆　召开援疆、援藏、援青、对口帮扶内蒙古干部座谈会，区援疆、援藏、援青、对口帮扶内蒙古全体挂职干部参加。区领导慰问援派干部并讲话。

☆　区举行"就业帮扶你我他真情相助进万家"年度就业援助月启动仪式暨专场招聘洽谈会。

22日　区委巡视工作领导小组年度第一次工作会议召开。

☆　前门地区专题会议召开，听取天街集团相关情况汇报。

23日　上年区级领导班子和领导干部年度考核测评会召开。杨柳荫代表区委领导班子作上年工作总结，张家明代表政府领导班子作工作总结。

☆　区上年度党建工作专项述职报告会召开。杨柳荫对全区各级党组织进一步落实党建工作责任制提出要求。

☆　区政协提案委员会召开全体会议，对十三届三次会议以来收到的提案进行审查立案，并研讨年度提案工作重点。徐鸿达出席。

24日　市政协主席吉林到建国门街道走访慰问烈属鲁素英，到东花市街道走访慰问困难群众王玉琪。

☆　安外花园小区发生供热管线泄漏，区领导现场指挥抢修，27日恢复供暖。

27日　国家旅游局局长邵琪伟检查区春节假日旅游及市场整顿工作。

28日　区领导杨柳荫、张家明、冯熙、徐鸿达等走访慰问北京军区空军、北京卫戍区、空军后勤部、总政直工部管理保障局等驻区部队单位。

☆　召开区安全稳定工作视频会议。张家明分析区安全工作形势，部署主要任务；杨柳荫明确工作要求。

29日　区长、区人大常委会主任、区法院院长、区检察院检察长工作会议召开，研究沟通2014年区人大、区政府、区法院、区检察院的工作安排和区人大常委会2014年主要议题安排。

☆ 区领导走访慰问天主教北京教区主教李山神父和香港富华国际集团总裁、区侨商会会长赵勇。

30日（除夕） 市委书记郭金龙、市长王安顺等到王府井派出所检查春节期间巡逻值守工作安排情况，并慰问公安干警。

☆ 杨柳荫、张家明、冯熙、徐鸿达等到消防支队、环卫二中心二所、交通支队、奥士凯物美朝内菜市场等地慰问节日期间坚守在一线的干部职工。

☆ 第二十九届地坛春节文化庙会、第三十一届龙潭春节文化庙会开幕。

30日、2月4日（正月初五） 启动区应急机制，设置烟花爆竹安全管控指挥部，落实一级加强防控方案。

2 月

7日 “北京地坛文化庙会·台北之旅”活动在台北市花博公园开幕，15日落幕。

8日 区纪委十一届四次全会暨全区党风廉政建设和反腐败工作会议召开，杨柳荫讲话。

10日 杨柳荫主持召开区党的群众路线教育实践活动领导小组第一次会议。

☆ 区政府全体（扩大）会议以电视电话会的形式召开，全区设1个主会场，73个分会场。张家明部署工作，杨柳荫提出要求。

11日 区领导杨柳荫、张家明等与文化部部长蔡武、副部长董伟等，座谈创建国家公共文化服务体系示范区、打造春节庙会文化品牌、实施“文化强区”战略、推进文化创意产业发展等工作。

12日 元宵节烟花爆竹安全防控及全国“两会”服务保障工作部署视频会召开，区应急办通报区服务保障全国“两会”工作方案。

☆ 由区文明办、区文联、崇外街道共同主办的第十四届崇外元宵灯会在国瑞城商场开幕。

13日 天街集团有限公司董事会文化艺术委员会组建。

☆ 第三届“高雄灯会北京特色周”在高雄香蕉码头开幕。

14日 区委区政府理论学习中心组参加市委市政府理论学习中心组学习（扩大）电视电话会议。

☆ 区食品药品安全委员会召开年度第一次工作会议。

☆ 按照全市统一要求，启动战时应急机制，加强元宵节期间应急值守工作。

17日 区委区政府理论学习中心组举行“党的群众路线教育实践活动”党课报告会。

☆ 台湾妇女界代表到区参观史家胡同博物馆，并就社区妇女文化建设进行交流。

19日 文化部处级领导干部学习贯彻习近平总书记系列重要讲话精神培训班学员到区调研文化事业发展情况。

20日 召开东四清真寺北侧环境整治问题第二次调度会、老旧小区综合整治工作动员部署大会、空气重污染应急处置部署会。

21日 举行首届“农民工大学生助推计划”新生开学典礼。

25日 中共中央总书记习近平考察玉河历史文化风貌保护项目。

☆ 故宫学院院务委员会第一次会议召开，区领导张家明等参加。

☆ 召开信访工作汇报会，听取区信访代理制工作、重点信访问题化解情况和下一步工作情况汇报，研究加强全国“两会”期间信访工作和规范信访秩序等各项工作。

26日 启动“做讲法制守秩序好市民”法治微电影放映月活动。

27日 区委政法工作会议召开。金晖传达中央、市委政法工作会议精神，部署全年政法工作。杨柳荫提出要求。

☆ 中国国民党荣誉主席连战及夫人走访南锣鼓巷。

28日 杨柳荫、张家明等检查全国“两会”代表驻地筹备工作，查看首都大酒店、北京金霖酒店和内蒙古大厦的安保工作、周边环境及社会面防控等有关情况。

☆ 中组部副部长陈向群率队到东直门街道调研基层党建工作。

3 月

3日 区领导杨柳荫、张家明等到公安分局全国“两会”安保指挥部检查全国“两会”安全保障工作，听取公安分局全国“两会”安保工作情况汇报。

4日 张家明到交道口街道调研风貌保护与发展工作，察看南锣鼓巷特色街区并听取街区环境建设、风貌保护等工作情况汇报。

☆ 徐鸿达等参加“庆三八·与创业女性面对面”活动，听取区巧娘工作室发展协会汇报，与创业女性代表座谈。

5日 文化部副部长项兆伦到区了解文化科技融合基地建设情况，并与光线传媒等企业负责人座谈。

☆ 召开全区领导干部大会。张家明传达习近平总书记在北京考察工作时的讲话精神和郭金龙在市委十一届五次全会上的讲话精神。杨柳荫就深入抓好学习贯彻工作提出要求。

☆ 平房区修缮改善工作调度会召开，杨柳荫、张家明等参加。会议要求以南锣鼓巷地区为试点，用三到四年时间完成4条胡同修缮整治任务。

☆ 东城区与北京石油交易所股份有限公司签订建设北京能源交易集聚区战略合作协议。区领导杨柳荫、张家明等，北京产权交易所董事长李爱庆，北京石油交易所董事长吴汝川等参加签约仪式。

☆ 区各界举行纪念三八国际劳动妇女节104周年大会。

☆ 年度党外处级干部座谈会召开，区处级以上党外干部 26 人参加。

☆ 召开隆福广场、长虹影院产权划转事宜专题会。

6 日 区工商联基层商会工作会议召开。

7 日 浙江省丽水市委常委、纪委书记夏建成率队到区考察交流纪检体制改革及廉政风险防控管理等工作，夏树军参加。

☆ 王府井地下空间综合利用概念方案研讨会召开。

☆ 区领导到东四街道调研“单独二孩”政策实施情况。

☆ 区党外知识分子联谊会组织开展“走进工艺美术博物馆·体验中华民族传统文化”活动。

☆ 召开非正规早餐车整治专题工作会，要求 3 月底前完成整治。

8 日 载有 239 名乘客的马来西亚飞往北京的 MH370 航班失去联系，乘客中涉及东城区 4 人。东城区第一时间成立由汤钦飞任组长的马航客机失联事件应急协调服务小组，召开工作会议，明确各成员单位责任分工。

☆ 区委区政府理论中心组通过组织观看电影《周恩来的四个昼夜》开展集中学习。

☆ 区培新小学和昌平长陵学校举行“偕行十载，春华秋实——培新·长陵牵手十年”活动。

10 日 区领导杨柳荫、张家明等与国防大学军队建设和政治工作教研部主任汤奋少将，全国双拥办副主任、总政群工办主任李辉大校座谈双拥工作。

☆ 区高尔夫文化教育启动会召开，区工商联会员企业北京青年湖高尔夫俱乐部成为区首个中小学高尔夫文化教育实践基地。

11 日 与怀柔区就本年 APEC 峰会环境整治工作进行协调，怀柔区委书记齐静、区长常卫等，区领导杨柳荫、张家明等参加。

☆ 明城墙遗址公园东南角绿地恢复工程拆迁工作、王府井品牌中心文物四合院迁建工作协调会召开。

12 日 召开中关村科技园区东城园成立大会。

13 日 区委区政府理论中心组开展“以优秀基层党员为镜锤炼党性服务群众”优秀基层党员讲党课主题学习活动。

☆ 区政协举办政协委员佛教文化体验活动。

☆ 召开区政府系统办公室主任会议暨建议、提案交办工作会议。

☆ 召开 3.12 和平里街道兴化西里地下出租房火灾现场会，区领导要求迅速开展为期 1 个月的地下空间消防安全专项整治。

☆ 中央党校厅局级干部研修班学员到南锣鼓巷调研。

☆ 灯市口小学优质资源带挂牌仪式在灯市口小学北池子校区和东高房校区举行。

14 日 召开区委全面深化改革领导小组办公室会议，研究确定《中共东城区委关于全面深化改革的实施意见》起草工作各专项小组任务分工。

☆ 召开王府井地下空间开发商家意见征集会，听取百货大楼、东方广场等商家对地下空间开发概念设计方案的意见建议。

☆ 黑芝麻胡同小学、织染局小学深度联盟学校校牌揭幕仪式举行。

17 日 郭金龙到朝阳门街道调研党的群众路线实践活动进展情况。

☆ 北京市第九届赏梅会暨第七届北京明城墙梅花文化节在北京明城墙遗址公园正式开幕。

☆ 区纪检监察官网、微博、微信上线。

☆ 内蒙古乌兰察布市集宁区工农路小学与区天坛东里小学、培新小学、金台书院小学开展“扎实学科技能，打造雅韵课堂”两地 4 校多学科课堂教学互动交流活动。

☆ 区工美附中与房山区长沟中学“城乡教育一体化”工程启动。

18 日 古巴妇联总书记、古共中央委员、古巴国务委员会委员特雷莎·阿玛雷耶一行到区巧娘工作室发展协会参观访问。

☆ 杨柳荫会见英国怡和控股有限公司主席亨利·凯瑟克爵士，沟通王府井国际品牌中心项目推进情况。

19 日 中央编办、国家文物局、中国人民大学、市文物局等有关单位到区调研文物行政执法工作。

20 日 区委区政府理论中心组开展“以先辈为镜真情奉献为人民”与一线职工和劳动模范联学活动。

21 日 张家明主持召开前门东区旧城保护整治项目协调会，听取前门地区修缮保护项目整体情况汇报。

☆ 区党建研究会五届三次理事大会召开，听取并审议区党建研究会工作报告、区党建研究会上年度财务工作报告，通报有关人事事项的决定和上年度优秀调研成果。

24 日 区胡同交通秩序管理工作现场会在安定门街道召开。

25 日 区委区政府理论中心组开展党的群众路线教育实践集中学习活动。观看“情系人民”专题片，就“各地联系服务群众经验做法选编”进行集中学习。

26 日 区创建国家公共文化服务体系示范区动员部署电视电话会召开。王晨阳作深化改革全面创建国家公共文化服务体系示范区的工作报告，杨柳荫对创建工作提出要求。

27 日 召开隆福广场、长虹影院产权划转事宜协调会。

☆ 海峡两岸民俗风情剪纸艺术展在台湾会馆开幕。

☆ 召开区民族宗教工作领导小组会，传达近期有关涉疆工作会议精神和要求。

28 日 魏家胡同 25 号院发生液化气罐爆燃事故。张家明等现场处置突发事件。

☆《东城区旧城平房翻改建标准、程序和实施细则》编制工作情况汇报会召开。

29 日 中国传媒集团艺术品评估委员会和北京文化艺术大讲堂专项基金揭牌仪式在皇城艺术馆举行。

31 日 召开深入贯彻落实中央八项规定精神、市委实施意见和区实施办法情况通报会。

4　月

1日　区委区政府理论中心组参观"复兴之路"主题展览。

☆　北京市年度就业工作会议召开，安定门街道国子监社区和东直门街道东外大街社区被评为"北京市2013年度充分就业示范社区"。

2日　冯熙到区环卫二中心调研《北京市市容环境卫生条例》执行情况和代表意见建议办理情况。

3日　在玉蜓公园开展全民义务植树活动。驻区部队领导、驻区单位领导、区领导，及区内居民、职工、学生代表共200余人，栽下400株银杏、国槐。

☆　举办《党政领导干部选拔任用工作条例》专题培训。

☆　寻找首都最美家庭——"忆家训、谈家风、促和谐"主题活动在东四街道举办。全国妇联书记处书记焦扬，市妇联及区领导参加。

☆　区马航失联乘客家属"一对一"服务保障工作会召开。

4日　徐鸿达到区第一妇幼保健院调研保健院诊疗环境和设施设备，听取工作情况汇报。

☆　区社区治理和服务创新实验区推进大会召开。区领导对争创"全国社区治理和服务创新实验区"工作提出要求。

☆　区创建国家公共文化服务体系示范区责任牵头部门协调会召开，传达本年文化部第二批示范区培训会相关文件精神。

☆　区工商联举办企业家光彩助学捐助仪式，为宏志中学捐助价值2万元的高尔夫培训课程和教学器材经费。

7日　柳荫公园第四届柳文化节开幕。

9日　张家明召开《东城区促进老字号发展实施意见》专题研讨会。

10日　吉林调研区政协工作。徐鸿达汇报工作。张家明代表区委、区政府发言。吉林对进一步做好政协工作提出要求。

☆　东直门内大街5-5号一番时代餐饮公司红鬼龙虾餐厅发生火灾。张家明等指挥相关部门迅速开展火灾扑救、抢险救援及善后处置等工作。

☆　召开本年来京务工人员随迁子女入学工作协调会和2014年暑期教育系统修缮工程相关工作协调会。

11日　国际友好区－罗马尼亚布加勒斯特市二区青少年代表团与东直门中学开展交流活动。

☆　"共建文明生态建设美丽北京"暨第四届区司法行政系统开放日活动在南馆公园举行，主题是宣传《北京市大气污染防治条例》。

☆　区委区政府理论学习中心组参加市委市政府理论学习中心组学习（扩大）会议，听取国务院南水北调办公室党组书记、主任鄂竟平介绍南水北调工程建设有关情况，观看南水北调工程建设的专题片。

☆　召开处理信访突出问题及群体性事件联席会议第二次扩大会，传达全国信访局长会议精神和市委、市政府有关信访工作部署要求及市联席会议第二十八次全会有关会议精神，通报区重点信访矛盾纠纷化解稳控情况，并部署区重点信访工作。

☆　本年区折子工程的重要工程任务钟鼓楼时间博物馆工程竣工并举行验收会。该工程建筑面积1.08万平方米。

14日　举办为期5天的区群众文化干部培训班暨区创建国家公共文化服务体系示范区培训。邀请文化部公共文化司副司长陈彬斌等多位专家学者授课。

☆　召开餐厨垃圾废弃油脂规范收集和非法小广告清理工作会。

☆　玉河南区启动考古发掘工作。

☆　德国联邦议院联盟党（基民盟/基社盟）议会党团主席福尔克尔·考德尔率德国联盟党代表团一行7人到东四街道奥林匹克社区文体活动中心考察交流。

15日　南京市党政代表团到前门商业街、新潮胡同20号院、鲜鱼口老字号美食街、建国门街道行政服务大厅、应急指挥中心食品监控系统等地学习考察。

☆　区红十字会召开第八届理事会第四次会议和年度"博爱在京城"募捐工作会。

16日　召开区社会治安专项组第一次全体会议，部署本年加强社会治安重点地区整治推进平安东城建设工作及市、区、街道级社会治安重点地区挂账整治任务书。

17日　张家明调研五道营胡同环境秩序、交通、业态发展、商居关系等情况。

☆　冯熙到区环卫一中心调研《北京市市容环境卫生条例》执行情况和代表意见建议办理情况。

☆　徐鸿达到交道口街道走访看望区政协委员。

☆　"2014两岸小剧场艺术节"发布会在77剧场举行，7月6日闭幕。包括两岸6部小剧场演出，以及纪录片、展览、工作坊、艺术沙龙、论坛等活动。

☆　冯熙到区民政局、老龄办调研养老服务工作，听取2014年区养老工作情况汇报。

☆　张家明到区纪委、监察局调研廉政风险信息化防控工作，听取廉政风险信息化防控电子监察平台建设情况汇报，观看全区行政权力网上公开透明运行平台以及6个廉政风险信息化防控子系统演示。

18日　区第十九届"区长杯"长跑比赛在地坛体育中心举行，43个驻区中央、市属、区属单位的59支代表队近300名运动员参加比赛。

☆　天坛街道举行金鱼池社区回迁纪念活动。

19日　召开区房屋违法出租问题治理工作及违法建筑拆除工作协调会。

22日　区创建"全国质量强市示范城市"活动专家论证会召开。全国政协委员、国务院参事葛志荣，中国标准化研究院副院长、研究员汤万金，市质监局有关负责人参加。

☆　东华门街道举办第三届"感动东华"人物颁奖仪式，陈若林等9名扎根基层、服务社会的先进典型获第三届“感动东华”人物称号。

23 日　龙潭街道光明社区聚爱邻里服务中心启用。

☆　召开创建国家公共文化服务体系示范区工作专题协调会。

23 日　区环二环城市绿廊景观建设工程方案调研座谈会召开。区园林绿化局汇报环二环城市绿廊景观建设工程总体情况。工程设计单位汇报工程规划设计情况。杨柳荫、张家明提出工作要求。

24 日　区行政服务中心举办政企互动兴东城之金融创新联组活动。

☆　故宫博物院与国际博物馆协会到史家胡同博物馆开展博物馆实践课。

25 日　区创建国家公共文化服务体系示范区制度设计工作组工作推进会召开。

☆　区开展民主党派、无党派医务专家赴怀柔渤海镇南冶村医疗义诊活动，来自协和医院等 16 家医院的 30 名民主党派和无党派医疗专家为村民提供 10 余个项目的医疗义诊服务。

☆　区迎接国家级义务教育均衡发展达标区县验收工作动员部署会召开。

☆　冯熙到景山街道调研养老服务工作，实地察看尚爱老年养护中心并召开座谈会。

28 日　召开区庆祝五一国际劳动节暨表彰先进大会，全区各条战线上的 11 个先进集体和 20 名先进个人受到表彰。

☆　南京市考察团到区考察前门大街历史文化街区保护与开发以及建国门街道社区防控、矛盾纠纷排查和群防群治等工作。

☆　全区第二批挂账违法群租房治理工作动员部署会召开。

30 日　全市反恐防暴工作部署会后，杨柳荫、张家明连夜专题部署地区反恐防暴工作。

5　月

1 日　市委常委政法委书记赵凤桐到北京站地区查看反恐防暴布控值守情况，听取工作汇报，提出工作要求。随后，张家明在北京站管理处召开现场调度会，部署北京站地区反恐防暴统一指挥协调调度工作。

☆　召开全区反恐防暴工作会议，传达北京市关于做好反恐防暴工作会议精神，分析区安全稳定形势，部署反恐防暴工作。

☆　召开北京站地区反恐防暴处突工作部署会，研究部署假日期间社会治安和反恐防暴工作，成立北京站地区反恐防暴处突领导小组，建立每日情况会商机制。

☆　张家明召开马航失联乘客家属安抚工作专题会，传达全市马航失联乘客家属服务保障协调会精神和王安顺的指示要求。汤钦飞部署五一马航新闻发布会前、中、后三个阶段的家属安抚、劝返及后续服务保障工作。

☆　区“行政执法——湿地年”启动仪式暨《北京市湿地保护条例》实施日大型宣传活动在柳荫公园举办。市园林绿化局党组副书记、巡视员刘宝军参加。

2 日　“2013 南锣鼓巷戏剧展演季暨百场戏剧进基层新闻发布会”在风尚剧场举行，舞蹈艺术家杨丽萍与区第一文化馆合作建立杨丽萍艺术工作室举行签约仪式。

4 日　团中央书记处书记傅振邦参加市第六十五中学“我的中国梦——奋斗的青春最美丽”主题团日活动。

☆　“当代雷锋”孙茂芳工作室暨东四 YOU 记·社区青年汇举行启动仪式。

5 日　全国政协副主席、台盟中央主席林文漪到台湾会馆参观海峡两岸民俗风情剪纸艺术展。

☆　召开区委党建工作领导小组（扩大）会议，通报上年区委党建工作领导小组和区建设学习型党组织工作协调小组工作情况，审议通过党建工作领导小组职责任务和议事规则、两个小组年度工作要点等文件。

☆　举行“团徽在闪光志愿东城行”纪念五四运动 95 周年主题活动暨“邻里守望”青年志愿服务推进仪式。

6 日　东方剧院“音乐剧演出季”启动。

☆　“美丽北京·多彩节日——2014 年北京 5·6 民族团结日”活动举办。活动以践行公益、服务民生为主题，分为开幕式和板块展示两大部分。

7 日　冯熙到区城管委调研《北京市市容环境卫生条例》执行情况和代表意见建议办理情况。

☆　和平里学区工作委员会成立，这是区召开学区制综合改革推进大会后成立的第一个学区工作委员会。

8 日　郭金龙就深入贯彻落实习近平总书记视察北京重要讲话精神到区调研。

☆　王府井国际品牌中心项目开工建设。工程总建筑面积 14.96 万平方米，计划投资 10.90 亿元，预计 2016 年 7 月建成投入使用。

9 日　第七届北京中医药文化宣传周暨第六届地坛中医药健康文化节开幕式举办。活动为期 3 天，以“弘扬传统文化，促进健康服务”为主题，设有 5 个文化传播区、4 个服务体验区和多项主题活动区。

☆　冯熙率队调研东四街道、东直门街道居家养老服务工作，听取工作汇报。

☆　区残疾人居家、日间康复服务项目暨脊髓损伤者独立生活俱乐部（中途之家）启动仪式举行。

☆　学习道德模范弘扬传统美德道德讲堂区总堂活动在风尚剧场举办。

12 日　区地方志编委会主任（扩大）会议召开。会议传达李克强总理关于地方志工作的批示、市第七届地方志编委会（扩大）会议精神，通过调整后的区地方志编纂委员会成员名单，总结二轮修志工作情况，部署下一阶段工作。

15 日　国家标准化管理委员会调研组到东直门街道调研网格化社会服务管理标准化建设工作，观看区城市公共服务标准化示范区建设专题片，听取关于城市公共服务和网格化社会服务管理标准化建设情况汇报。

☆　徐鸿达到区食品药品监管局调研，听取食品药品监管局关于机构改革、食品药品日常监管及下一步重点工作情况的汇报。

☆ 全市廉政风险信息化防控工作推进会在区召开。东城区等3家单位作经验交流发言。

☆ 召开区社区物业管理党建联建工作协调小组会，部署开展社区物业管理党建联建工作。

16日 全区领导干部大会召开。传达北京市深入贯彻落实习近平总书记考察北京重要讲话精神调研座谈会精神。杨柳荫就抓好学习贯彻落实工作提出要求。

☆ 区创建国家公共文化服务体系示范区创新实践工作组工作推进会召开。

17日 常务副市长李士祥到区调研城市管理及调整疏解非首都核心功能工作。朴学东汇报区疏解非首都核心功能工作，张家明介绍区当前工作重点及52个重点项目推进情况。李士祥要求东城坚持首都核心功能，加快非首都核心功能调整疏解，深化财政预算改革，提高财政资金使用效率，破解城市管理难题。

19日 中央第二巡视组到区巡视，并开展分组谈话工作。

☆ 区“六美”创建活动启动仪式在清水苑社区举办。

20日 国务院副总理汪洋调研瑞钢联集团有限公司，市领导郭金龙、区领导杨柳荫等陪同。

☆ 召开区维稳工作领导小组（扩大）会议，传达市委相关工作意见，通报首都维稳形势，并部署近期全区维稳工作和信访工作。

☆ 徐鸿达到区老龄办检查重点提案办理情况，与会政协委员就探索多元化养老模式、依托社会力量实现养老服务市场化等问题进行座谈。

☆ 区行政服务中心召开进驻窗口主管领导联席会。

☆ 区“快乐童年安全护航”儿童安全文艺展演暨庆六一活动在朝阳门街道举办。

☆ 区总工会、区司法局在史家社区举行社区职工法律服务工作室揭牌仪式，全区社区职工法律服务工作正式启动。

☆ 史家胡同小学举行法制教育基地揭牌仪式。

21日 召开国家公共文化服务体系示范区创建专题调研会并提出工作要求。

22日 区应急委召开第七次全体会议。张家明等区领导在主会场参加，区应急委组成人员、各成员单位分管领导和应急管理工作人员在74个分会场参加。陈之常总结第六次应急委全会以来区应急管理工作，并明确今后工作重点。张家明提要求。

23日 市委市政府理论学习中心组召开电视电话会议学习（扩大）会议，区委区政府理论学习中心组成员，部分处级领导干部150余人参加。

☆ 杨柳荫等检查北京站地区、王府井地区反恐工作，实地察看北京站及周边、王府井地区的安全防护设施、力量配备情况，详细了解了突发暴力恐怖事件应对准备情况及应对机制。

☆ 张家明在“12345”市非紧急救助服务中心参加“听民意、解民忧”活动，亲自接听群众来电113个，记录和解答群众反映问题112件。次日，召开专题会，对群众反映问题的逐一落实工作做出具体部署。

☆ 明城墙遗址公园城墙西段修缮工程开工。

☆ “中国文艺志愿者服务日”“惠民、为民、乐民”文艺志愿服务主题活动在建国门街道举行。

☆ “绿色科技多彩生活——2014园林绿化科技创新暨科学普及活动”在龙潭公园开幕。

☆ 区政协城建环保委围绕《关于老旧小区改造后如何加强管理问题的调研》组织委员视察并进行座谈。

24日 张家明召开重大项目工作机制研讨会，听取区重大办工作机制制定情况、近期工作情况及下阶段工作思路的汇报。

25日 书香中国第4届北京阅读季女性阅读系列活动启动仪式在区第一图书馆举行。

26日 区政协在城管执法局召开主席现场办公会，就提案办理情况与执法局进行协商。

☆ 区无党派人士议政沙龙会召开。

☆ 区政协在城管执法局召开主席现场办公会，就提案办理情况与执法局进行协商。

27日 郭金龙等调研全市防汛工作，察看区夕照寺雨水泵站升级改造及新建排涝泵站运行情况。

☆ 杨柳荫到民防局防汛物资储备库、沙滩后街59号居民院、王府井品牌中心工地、龙潭节制闸调研防汛工作。

☆ 区政府与市保障性住房建设投资中心签订棚户区改造及对接安置房建设战略合作框架协议。

☆ 中残联副理事长程凯率队到朝阳门街道调研残疾人网络就业工作。

☆ 柏林图片展在王府井大街开幕，德国柏林市市长克劳斯·沃沃赖特、区领导许汇参加开幕式。

28日 区第三次全国经济普查工作总结视频会召开。

☆ “快乐少年·筑梦想”区庆六一主题教育实践活动在新鲜胡同小学举行。

☆ 国家卫计委副主任孙志刚率队到北京同仁堂中医医院调研社会办中医医院情况。

☆ 北京市降解塑料与我们的环境现场推进会暨府学胡同小学创新人才培养协作体成立大会，在府学胡同小学举行。

☆ 北京开放大学老龄产业学院社区学习站揭牌仪式在东直门街道老年关爱中心举行。

29日 全国工商联副主席安七一到区工商联会员企业大前门（北京）文化艺术有限公司调研。

☆ 交道口街道举办我爱中国节端午茗粽香端午节主题活动。

☆ 区政协与中信资产管理有限公司联合召开中小微企业类金融服务交流研讨会。

30日 区委全面深化改革领导小组召开第一次全体会议。审议通过《中共北京市东城区委全面深化改革领导小组工作规则》《中共北京市东城区委全面深化改革领导小组办公室主要职责及工作细则》《东城区委全面深化改革领导小组各专项小组成员名单及主要职责》及《东城区委全面深化改革领导小组2014年工作要点》。杨柳荫提出要求。

☆ 召开维稳专题会。传达中央、市委有关精神，分析当前维稳形势，通报工作进展情况。杨柳荫、张家明提出要求。

☆ 区防汛指挥部第一次全体会议召开。

☆ 张家明会见德国柏林市夏洛滕堡—威尔敏思多夫区区长一行。

☆ 由中国版权协会主办，北京东方雍和国际版权交易中心有限公司承办的“去伪存真——中国版权协会艺术品见证备案中心成立发布会”召开。

6 月

3日 开展反恐处突演练活动。杨柳荫、张家明、冯熙、徐鸿达等参加。

5日 区全国质量强市示范城市建设方案研讨会召开，张家明等听取关于质量强市创建工作情况的汇报。

☆ 全国总工会组织部巡视员、副部长杨军日率全国125名县市级工会主席到区职工服务中心考察交流。

☆ 由人民政协报社、乐华国际集团有限公司联合举办的“艺术与经济—当代对话”论坛在北京当代艺术馆举行。全国政协常委厉以宁发表主旨演讲。

☆ 北京市盲人生活安全辅具包暨区“生命阳光”康复服务巡回展启动仪式举行。

6日 区工商联混合所有制经济暨推进中关村新三板上市工作座谈会召开。

7日 王安顺到第六十五中学考点考察高考情况。

9日 国务院参事室调研区信息资源共享和业务协同情况。

☆ 举办第六届档案馆日活动。

☆ 区政府与博鳌亚洲论坛签订《博鳌亚洲论坛与北京市东城区人民政府合作备忘录》，就博鳌亚洲论坛亚洲基础设施互联互通投融资会议落户东城区达成协议。

9～10日 区委统战部开办年度党外代表人士学习班。全区各民主党派、工商联、侨联、各宗教团体、区知联会、海联会主要负责人共160余人参加学习培训。

10日 燕京书画艺术馆举行开馆仪式。

11日 举办年度新闻发言人专题培训班，区属各单位新闻发言人，各街道工委宣传部部长，区城管委、区文化委等社会关注度较高的单位100余人参加培训。

☆ 召开创建国家公共文化服务体系示范区工作专题调研会。

11～15日 王中华率区代表团赴法国里尔参加第九届中法市长圆桌会议，并作数字革命对城市治理的挑战主题发言。

12日 北京二中拍摄的全国首部校园纪实性青春情态励志电影《青春真好》举行首映活动。

☆ “我承诺文明观赛、规范停车、禁止酒驾”交通安全主题宣教活动在簋街举行。

☆ 区非物质文化遗产保护成果大展在中华民族珍品艺术馆开幕。

13日 甘肃省酒泉市调研组到区学习调研“菜篮子”工程建设情况。

☆ 市第五中学分校创新人才培养课程与教学实践研讨暨探寻龙文化创新人才培养协作体成立大会举行。

14日 钟鼓楼广场恢复整治项目启动会召开。张家明对工作提出要求。

16日 区安全生产月宣传咨询日主会场活动在工人体育馆北门举行。各街道、各地区共设立18个分会场开展宣传咨询活动。

☆ 区非融资性担保公司清理规范工作协调布置会召开。

17日 区域化团建东城和怀柔片区专项组工作推进会在区召开。

18日 音乐剧“爱上邓丽君”在东方剧院首演。

☆ “名城印象文化东城”区年度优秀摄影作品展暨建国门街道第三届彩虹文化节启动仪式举行。

☆ 全市首个街道级侨胞之家在体育馆路街道建成使用。

☆ 年度北京市体育公益活动社区行暨东城区会员队甲乙丙级联赛在地坛公园举办。

19日 张家明与中国民生银行总行行长洪崎座谈，就重点工程、重大项目、支持中小企业发展等方面加强合作事宜进行交流，区有关部门和项目单位与民生银行进行初步对接。

☆ 第六届北京青少年翱翔科学论坛化学与生命科学领域分论坛在市第一六六中学举行。

20日 张家明与北京农商行副书记李印泽座谈，双方希望在城市建设、基础设施建设、支持中小企业发展等方面建立长期合作关系。

☆ 中央巡视组副部级巡视专员、中央教育实践办副主任谢秀兰带队到北京乙十六号餐饮有限公司（地坛店）检查“会所中的歪风”专项整治工作。

☆ 区召开第四届中国儿童戏剧节工作协调会。

21日 年度“骑迹东城”微旅行攻略大赛线下骑行活动在明城墙遗址公园举行。

23日 王安顺到龙潭闸管理所检查防汛工作。

☆ 嘉德艺术中心项目开工建设，于下年底建成并投入使用。

☆ 国务院参事室调研组到区调研城市公共服务和网格化社会服务管理标准化建设情况。

24日 在国瑞购物中心开展应急疏散演练。

☆ 东城区参加国家质检总局组织的争创“全国质量强市示范城市”申述论证会。

☆ 卫生部北京医院医疗联合体签约成立。该医疗联合体由北京医院、普仁医院、龙潭和东花市社区卫生服务中心四家单位组成。

☆ 丹麦议会监察专员约根·斯蒂恩·索伦森、丹麦驻华大使裴德盛率丹麦政府代表团到区行政服务中心考察访问。

25 日　国务委员、国家禁毒委主任、公安部部长郭声琨到地坛公园视察禁毒宣传活动，到和平里街道社会治安综合治理管理中心召开座谈会，听取全市及和平里街道禁毒工作情况汇报，并提出工作要求。

☆ 区反恐怖工作会议召开，传达中央领导关于反恐怖工作的指示精神和全市反恐怖工作会议精神，部署区反恐怖工作。

☆ 北京市第十四届运动会区代表团成立大会暨校长、领队赛风赛纪和反兴奋剂责任书签字仪式在地坛体育馆举行。

25～27 日　举办区宗教界代表人士学习班。

26 日　区工商联召开“两岸文化融合与发展”主题座谈会。

27 日　纪念中国共产党成立 93 周年暨深入推进教育实践活动座谈会召开。杨柳荫传达北京市纪念中国共产党成立 93 周年座谈会议精神，对全区各级党组织和广大党员提出要求。近 100 人参加会议。

☆ 区人大常委会召开代表建议办理工作专题座谈会，就区十五届人大四次会议上代表提出的有关社区工作者队伍建设和待遇的建议进行专题座谈。

28 日　东四街道举办北京市首场慈善大集活动并成立区首家慈善超市店。

☆ 体育馆路街道皮卡少儿中英文图书馆开馆。

29 日　博鳌亚洲论坛“亚洲基础设施互联互通投融资会议”在区举行。来自 29 个国家和国际组织的 180 多位政府官员、专家学者、金融银行领域的企业界人士参加开幕式。张家明代表区致辞。

30 日　首都文明办主任滕盛萍到东直门街道清水苑社区、和平里街道林调社区和交通社区检查区“北京榜样”举荐榜设置张榜工作。

7　月

1 日　河北省政府党组成员孙士彬一行 8 人到区调研国家中医药发展综合改革试验区建设情况。

☆ 20 时，接市防汛指挥部通知，启动四级应急预案，应对强降雨。全区 46 个分指挥部主管领导带班，182 人值班，1815 名抢险人员上岗备勤，准备各类机动车、抽水泵、发电机等物资。

1～2 日　与天津市河西区开展创建公共文化服务体系示范区区域文化联动活动。

2 日　河北省综治办调研组到东直门街道调研网格化社会服务管理创新工作。

3 日　区领导分别会见到区访问的东京都目黑区议员联盟代表团。双方就加强交流合作、促进两区共同发展进行了座谈。

☆ 夏秋季征兵工作领导小组会议暨征兵工作动员部署会议召开，审议《东城区人民政府 2014 年夏秋季征兵命令》。

4 日　召开区公共文化服务标准化建设推进会。

5 日　新燕莎金街购物广场开业。

7 日　斯里兰卡总统夫人施兰蒂·拉贾帕克萨率斯里兰卡代表团到东华门幼儿园访问。

8 日　交道口街道举办南锣鼓巷戏剧节文化展演季廉政文化专场演出。

9 日　召开清理异地纳税工作协调会，提出具体工作要求。

☆ 召开区思想政治工作联席会议，提出工作要求。

11 日　张家明调研南锣鼓巷保护与发展工作，察看南锣鼓巷基本情况，召开座谈会听取发展中存在的主要问题、环境管理、商业业态调控等情况汇报。

15 日　杨柳荫召开调研座谈会，听取区财政、区国税局、区地税局工作汇报，并提要求。

☆ 全国人大信息中心主任张绍敏率队到区调研人大信息化建设工作，观看决策支持系统和会议支持系统演示。

16 日　区教育系统干部、骨干教师交流轮岗启动暨 2014—2015 学年学区制综合改革推进大会召开。300 余人参加。

☆ 亚美尼亚共和国紧急情况部部长阿尔缅·耶里强率亚美尼亚代表团参观东直门街道宣教基地。

17 日　杨柳荫召开调研座谈会，听取区发改委、区产促局工作汇报，对下半年全区综合经济工作提出要求。

18 日　杨柳荫、张家明在前门东区项目指挥部召开调研座谈会，听取前门东区项目进展情况，对下半年工作提出要求。

☆ 驻区企业“2014 东城文化行”系列活动启动。120 余家驻区企业代表参加。

22 日　东直门街道工体“奥林匹克·体育生活化”社区举行开园仪式。

☆ 区政协举办年度第二次政协讲堂活动，邀请原崇文区政协主席、前门地区保护修缮整治项目顾问王再云做“关于前门”专题讲座。近 200 位政协委员、政协机关干部参加。

23 日　区旅游委举行“券游东城”品牌发布会。

☆ 区旅游委与北京联合大学旅游学院举行“政府·院校战略合作签约仪式”，正式确立战略合作关系。

25 日　召开 APEC 第三次高官会接待保障工作动员部署会。部署接待保障工作，提出工作要求。

27 日　王中华率队赴西藏自治区拉萨市城关区考察学习。拉萨市委常委、城关区委书记果果参加。双方就加强教育、卫生领域的合作达成初步意向。

28 日　召开区党派团体协商通报会。通报区委十一届七次全会报告和全区上半年经济社会发展工作情况及下半年工作安排，各民主党派、工商联负责人及无党派人士进行讨论和协商。

☆ 召开区创建国家公共文化服务体系示范区工作专题汇报会。

☆ 召开区反恐怖工作会议。

29日 杨柳荫、张家明、冯熙、徐鸿达等区四套班子领导组成慰问团，分两路走访慰问北京军区空军、北京卫戍区、总参二部、解放军电视宣传中心、空军后勤部、总政直工部管理保障局等驻区部队，与各部队首长座谈。

☆ 市、区领导到东四清真寺，向中国伊斯兰教协会会长、北京市伊斯兰教协会名誉会长陈广元阿訇、伊斯兰教教职人员和广大穆斯林群众致以“开斋节”问候。

☆ 由中央综治办和新加坡社会及家庭发展部联合举办的第二届中新社会治理高层论坛组织代表到东直门街道考察社会治理工作。

30日 区网络舆论引导工作培训会召开。市互联网信息办公室主任佟力强就如何做好网络时代的舆论引导工作进行授课。

☆ 召开区住房保障工作研究会，听取区保障性住房摇号工作及后续问题情况汇报。

31日 中共北京市东城区第十一届委员会第七次全体会议召开。会议传达全市上半年经济形势分析会精神并部署相关工作。杨柳荫代表区委常委会作题为敢于担当务求实效为圆满完成全年目标任务而努力奋斗的工作报告，对下半年各项工作提出要求。张家明作上半年经济社会发展工作的总结和下半年工作安排的报告。

☆ 全国工商联副主席李路到南锣鼓巷商会调研。

☆ 钟鼓楼广场恢复整治项目联审会召开。

☆ 启动“迎接APEC精彩北京人——文明有礼好乘客”推举活动。

8 月

1日 河南省委宣传部副部长王庆带队到龙潭公园学习考察社会主义核心价值观主题展示区。

4日 郭金龙到区检查APEC会场保障工作并召开汇报会。杨柳荫汇报区接待服务保障等重点工作筹备情况。郭金龙、王安顺提出工作要求。

☆ 区领导杨柳荫、张家明等调研焦化厂、台湖“两站一街”保障性住房建设工作。

☆ 召开APEC第三次高官会区安保维稳工作专题会，专项部署全区安保维稳、综合大整治和8月5～6日集中整治等APEC第三次高官会安保维稳工作。

5日 中宣部“改革热点面对面——理论热点面对面2014”基层讲解交流活动在东四街道举行。

6日 召开区委对台工作领导小组会议，传达中央对台工作会议精神和市委对台工作领导小组会议精神。杨柳荫对新形势下对台工作提出要求。

7日 “一府两院”半年工作通报会召开。朴学东作关于东城区年度上半年国民经济和社会发展计划执行情况的报告。赵军、蓝向东分别报告法院、检察院上半年工作。240余人参加会议。

☆ 召开区纪委十一届五次全会，传达市纪委聚焦党风廉政建设和反腐败中心任务扎实推进“三转”工作会议和区委十一届七次全会精神，通报机关内设机构调整情况。

12日 召开“两网融合”工作推进会，听取制度建设、信息化建设、便民热线整合、网格规划调整、基层建设指导、社会服务梳理和机构编制调整等工作情况。

☆ 俄罗斯联邦紧急情况部民防战略研究中心主任米哈伊尔·法列耶夫到东直门街道参观民防宣教基地。

13日 王安顺到区检查APEC第三次高官会会场及其周边服务保障工作。

18日 张家明召开东城区历史文化街区风貌保护管理暂行办法研讨会。

☆ 区信息化协会和老字号协会成立大会暨信息化助力传统商业高峰论坛举行。

☆ “数字东城”网站（www.bjdch.gov.cn）经过改版上线。

19日 召开区全国文明城区创建工作协调会，听取本年创建全国文明城区工作进展情况和关于推进全国文明城区实地指标检查工作常态化的意见汇报。

21日 区委区政府理论学习中心组举行学习扩大会，500余人参加。

22日 外交部第四期大使参赞学习班到东直门街道社会服务管理分中心等地调研。

☆ 创建国家公共文化服务体系示范区制度设计工作推进会召开。

26日 杨柳荫调研区养老工作，察看体育馆路街道长青养老院、朝阳门街道养老照料中心、东直门街道胡家园社区微生活服务馆的设施运行情况，召开调研座谈会。

☆ 天坛街道召开区域化党建工作交流暨易游天下国际旅行社（北京）有限公司党支部成立大会。

27日 区领导杨柳荫、张家明等走访慰问国防大学军队建设与军队政治工作教研部。

28日 杨柳荫调研“戏剧东城”工作，察看欢乐传媒公司、壹仟零壹夜演出经纪有限公司的发展情况，召开调研座谈会。

29日 区委文化体制机制改革专项小组全体会议召开。

31日 第五届创意点亮北京活动开幕，分项活动北京ONE国际表演艺术周在国子监街举办。

☆ 17时，市气象预警中心发布分散性雷阵雨通知。19时，全区启动四级应急预案，王晨阳在区应急指挥中心带班值守，46个分指挥部副指挥带班、186人值班、1236名抢险人员上岗备勤。

9 月

1日 19时40分市气象台发布暴雨黄色预警。张家明等在区应急指挥中心坐镇指挥。全区4个专项指挥部和46个分指挥部的主要领导、主管领导在岗带班，586人值班，1586名抢险人员上岗备勤。

2日 杨柳荫调研中美企业创新中心高层次人才国际

创业服务平台，了解企业的经营状况及存在困难。

☆ 张家明到区文化委调研，听取近年来区文化工作主要成效、存在困难和下一步工作思路汇报。

3日 全国双拥办副主任、总政群工办主任李辉大校带队到区调研部队随军家属安置工作，听取区武装部等单位关于随军家属安置工作情况汇报。

☆ 杨柳荫到红桥市场察看二期用地情况，召开调研座谈会听取红桥市场发展现状及红桥市场二期项目情况汇报。

☆ 召开夏秋季新兵入伍欢送大会，张家明等参加。

☆ 冯熙到公安分局调研“平安东城”建设工作。

4日 区迎接全国文明城区复查迎检工作调研座谈会召开，区文明办汇报迎检工作进展情况，杨柳荫提出要求。

☆ 张家明与故宫博物院院长单霁翔等就故宫周边环境秩序治理等工作进行研讨。

☆ 市审计局进区开展“稳增长促改革调结构惠民生”政策落实情况跟踪审计。

☆ 市委督查室、市政府督查室到区调研深入贯彻落实中央八项规定精神和市委实施意见等情况。

☆ 召开城市管理宣传季工作部署会，研究东城区城市管理公关传播方案。

7日 召开建国65周年庆祝活动区筹备工作部署会，传达建国65周年庆祝活动北京市筹备工作领导小组会议精神，部署筹备工作。

9日 杨柳荫到区老年大学调研，观摩课堂教学，听取学校基本工作情况汇报。

☆ 毛主席纪念堂志愿服务项目第十二批次区志愿服务队举行上岗仪式。

☆ 庆祝第30个教师节暨区首届“师德师风建设月”启动大会举行，市、区领导参加。

11日 区APEC第三次高官会服务保障工作总结暨“迎国庆、迎APEC会议”社会面防控专项行动动员部署会召开。

☆ 张家明与国家开发银行北京市分行行长徐明座谈棚户区改造贷款政策等事项。

12日 区领导干部“军事日”活动举行，杨柳荫、张家明、冯熙、金晖等前往66329部队观看部队多项军事科目演练，参观官兵宿舍。

15日 张家明调研钟鼓楼广场恢复整治项目，察看广场恢复整治情况。

16日 杨柳荫到中国儿童艺术剧院调研，召开座谈会研讨剧院发展及文化普及工作。

19日 召开区委全面深化改革领导小组办公室会议，研究讨论中共北京市东城区委关于全面深化改革的实施意见和东城区疏解非首都核心功能工作方案。

☆ 徐鸿达率区政协学习和文史委员会部分委员到市重点文物保护单位黄寺调研，与中国藏语系高级佛学院常务副院长王长鱼交流座谈。

20日 张家明会见奥地利维也纳市第九区区长玛蒂娜·玛雅。

☆ 举办第四届王府井国际品牌节东城区老字号美食传统技艺展。

☆ 在龙潭公园举办全国科普日主场活动。

21日 第四届北京王府井国际品牌节开幕，全国政协副主席林文漪，商务部副部长房爱卿，市、区领导，德国柏林夏洛滕堡－威尔敏思多夫区区长莱因哈德·瑙曼、布加勒斯特市二区区长尼古拉·翁察努等国际友城代表团相关成员参加。

23日 杨柳荫、张家明等到龙潭公园东门南侧、华城国际公寓东侧、地铁13号线东直门进站口西侧及机场联络线、安定门桥东侧和钟鼓楼桥等工程节点检查环二环城市绿道建设工程，并沿途察看部分重点路口国庆花坛摆放情况。

☆ 阿塞拜疆联邦紧急情况部部长卡迈列特金·盖达罗夫率代表团到东直门街道调研民防宣教场所情况。

☆ 举办“大爱暖东城共圆中国梦”——“2014·感动东城”道德模范颁奖典礼，评选出“2014·感动东城”道德模范10名和道德模范提名奖10名。

☆ 区政协举办以互联网金融为主题的“政协委员共话东城”第十三次沙龙系列活动。

24日 机场巴士王府井·金宝街专线正式开通，市旅游委、民航总局机关服务局、市交通委及区领导参加首发仪式，并为机场巴士启动揭幕。

☆ 举办群星绽放孝行东城年度“孝星”命名大会。活动共推荐市级“孝星”505名、命名区级“孝星”500名。

☆ 区总工会举办庆祝建国65周年暨第五届“五月的鲜花”群众歌咏活动汇报演出暨颁奖典礼。

25日 郭金龙、王安顺到区检查建国65周年庆祝活动筹备工作，听取活动筹备、安全保卫和客流疏导等情况汇报，对游园活动筹办工作提出要求。

☆ 区卫生领域综合改革专项领导小组召开工作联席会，讨论通过“东城区卫生领域综合改革领导小组成员单位名单及主要职责”“东城区卫生领域综合改革专项小组2014年主要工作任务分解”，明确下阶段工作思路。

☆ 市旅游委主办的“最北京——2014北京礼物新品汇推介活动”在前门大街启动。

26日 杨柳荫走访慰问离休干部、烈士遗属、全国道德模范孙茂芳和1名2008年北京奥运会先进个人，送去慰问金和慰问品。

☆ 区人大召开区第十五届人大代表、人大代表社区联络员学习培训会。

27日 第二届北京市区律师代表大会第一次会议召开。

29日 杨柳荫、张家明、冯熙、金晖等先后到区消防支队、环卫中心二所、交通支队、城管执法局、公安分局王府井大街派出所，慰问节日期间坚守在一线的干部职工，送去慰问品。

30日 北京国际旅游节开幕式在地坛公园举行。

☆ 杨柳荫检查龙潭公园、天坛公园国庆游园活动筹备工作，听取相关工作情况汇报。

☆ 在府学胡同小学开展“继承爱国传统你我筑梦同

行”主题实践活动。

☆ 在龙潭公园开展烈士纪念日公祭活动。

10 月

1日 市、区领导参加天坛公园游园开园仪式。

☆ 按照“区领导包街道”的安排，冯熙、徐鸿达等分别在17个街道检查指导国庆游园观众组织、环境景观布置和群防群治等服务保障等工作。

5日 全区各清真寺开展欢度古尔邦（宰牲）节宗教活动。

9日 区委保密委主任讲保密专题党课活动举行，全区各单位主要领导、保密工作主管领导、保密工作机构负责人和专兼职保密干部共300余人参加。

10日 中国图书馆年会在北京建国国际会议中心开幕，文化部党组书记、部长蔡武致辞并宣布开幕，来自全国各级各类图书馆工作者近2000人参加。11日闭幕。

☆ 中国图书馆展览会在全国农业展览馆开幕。

☆ 杨柳荫参加文化部第二批国家公共文化服务体系示范区创建城市市长研讨班，代表东部创建城市作典型发言。

☆ 区公共安全监管对象风险评估试点工作部署会召开，公共安全风险评估试点工作启动。

11日 区政府召开人大代表建议办理工作协调推进会，对6件群众反映强烈、人大代表反复提出但难以解决的建议进行集中研究。

16日 全国人大常委会副委员长、全国妇联主席沈跃跃到建国门街道金宝街楼宇姐妹驿站、东直门街道社会服务管理分中心、东直门街道清水苑社区、“最美家庭”蔡玉萍住处调研。

☆ 区委区政府理论学习中心组专题学习习近平总书记在党的群众路线教育实践活动总结大会上的讲话，400余人参加。

20日 区直属机关工委与故宫博物院联合举办弘扬传统文化—紫禁城图片展进东城机关活动。

☆ 区“安全用药关注健康”药品科普展开幕式在东四街道举办。

☆ 区统一战线庆祝建国65周年书画展在新闻大厦新艺馆举办。

☆ 区无党派人士议政沙龙会在安定门街道举办。

21日 区安委会召开年度第三次全体会议，部署十八届四中全会和APEC会议安全生产保障工作。

☆ 市人大常委会主任杜德印到区召开调研座谈会。

22日 张家明调研区发改委工作，听取本年综合经济统筹、全社会固定资产投资等主要工作推进及次年经济社会发展指标设置、非首都核心功能疏解、重点任务安排等工作思路汇报。

☆ 香港西区妇女福利会代表团到区调研养老服务及儿童教育工作。

☆ 市人大财经委到区调研“北京人家”等特色住宿单位。

23日 区严肃查处违反中央八项规定精神典型案件通报曝光专题会召开，通报区加强作风建设、开展“四风”突出问题专项治理、查处违反中央八项规定精神典型案件情况。杨柳荫提出要求。

24日至11月2日 地坛公园举办第二届银杏节。

25日 区2014—2015学年度教育工作会在北京市第二中学召开。

☆ 区首都金融安全巡展活动在龙潭公园举办。

27日 区党委系统办公室业务培训会召开，传达全国党委秘书长会议精神，解读《东城区关于改进工作作风、密切联系群众的实施办法（修订）》。

☆ “关爱侨界困难女生，奉献温暖爱心”服装捐赠仪式在东四街道奥林匹克文体中心举行。

28日 区事业单位转企改制工作情况汇报会召开，杨柳荫、张家明等听取相关工作汇报。

29日 区委区政府理论学习中心组举办学习宣传贯彻党的十八届四中全会精神专题报告会，400余人参加。

30日 党的建设制度改革专项小组第一次工作会议召开，审议通过专项小组“议事规则”和“任务分工”。

31日 区委区政府理论学习中心组参加市委市政府理论学习中心组学习（扩大）会议，区属各单位主要负责人440余人通过新开通的全区党政机关视频会议系统参加学习。

11 月

2日 区委全面深化改革领导小组召开第二次全体会议，审议通过《中共北京市东城区委关于全面深化改革的实施意见》，听取各专项小组牵头部门工作进展情况和下一步工作安排，部署下一步重点改革工作。杨柳荫就深入推进全面深化改革各项工作提出要求。

☆ 杨柳荫检查APEC会议接待保障工作，查看主要大街环境整治情况、涉会酒店接待保障及周边环境整治情况，召开APEC会议接待保障工作座谈会。

3日 张家明检查APEC会议期间地区空气质量保障工作。

☆ 市政府督查组到区检查APEC空气质量保障工作，听取相关部门工作汇报。

4日 杨柳荫调研前门东区绿化景观带工程和试点院落建设修缮情况、观看“城南计划——前门东区2014”展览。

☆ 张家明主持召开促进传统商业发展座谈会，王府井百货集团、新世界商场等分别汇报企业经营情况、传统商业困难及发展建议。

☆ “2014从草根创业到未来领袖文化创意大赛”启动。

☆ 冯熙调研区公共文化服务体系建设情况。

☆ 区第二十四届119消防宣传周活动启动。

5日 公安分局召开APEC会议安保工作誓师大会，

杨柳荫、张家明为10个安保团队授旗。

☆ 北京市儿童之家建设现场工作推进会在东四街道奥林匹克文化体育中心召开。

6日 区委区政府理论中心组举办保密工作专题报告会，450余人参加。

☆ 召开应急工作紧急视频会，通报6日东华门街道煤渣胡同11号突发事件情况、APEC会议全区运行调度和应急保障指挥部组织机构调整情况及违反单双号限行规定的单位。

☆ 天坛南里地区燃气安全隐患专项整治工作会召开。

11日 召开下年城市环境建设和城市管理工作研讨会，听取下年环境建设和城市管理工作思路、环境建设三年规划汇报。

14日 区创建国家公共文化服务体系示范区工作相关制度专题研讨会召开。

15日 张家明召开区电子商务工作会，听取区电子商务发展现状、重点电商企业运行及扶持政策情况汇报。

17日 区委区政府理论中心组集中学习观看重大现实题材影片《天河》，区委区政府理论中心组成员参加。

17～18日 市政府第四督查组到区督查永定门外街道富莱茵小区、东花市街道中国强胡同等重点工作落实情况。

18日 APEC会议区服务保障工作总结大会召开，宣读参与APEC会议服务保障工作并获得APEC荣誉证书的63家单位名单。

19日 成都市副市长谢瑞武率调研组到景山街道尚爱老年养护中心调研养老服务工作。

20日 张家明带队参观学习国家博物馆“匠人营——吴良镛·清华大学人居科学研究展”和天安时间当代艺术中心“城南计划——前门东区2014”展览。

20日至12月3日 区纪委监察局组织召开座谈会15次，听取92家单位纪检监察组织有关“两个责任”落实工作情况。召开6次座谈会，听取40家单位的工作汇报。

21日 举办区处级领导干部周末大讲堂。

☆ 召开2015年重大项目融资问题研讨会。

25日 召开区创业暨大学生就业工作推进会。

☆ 市慈善协会在区举行李春平慈善专项基金公益环保自行车捐赠仪式。

☆ 在职党员到社区报到开展服务工作座谈会召开。

26日 马叙伦纪念展试展仪式26日在民进中央开明画院举行。

☆ 张家明召开疏解非首都核心功能方案研讨会，区发改委汇报工作方案。

☆ 国家商务部条法司副司长陈福利率国务院市县级政府机关软件正版化检查组检查区软件正版化工作。

☆ 民政部基层政权和社区建设司司长蒋昆生率民政部督查组督查区社区公共服务综合信息平台建设。

27日 区委区政府理论学习中心组召开党风廉政建设专题报告会，区委区政府理论中心组成员参加。

☆ 召开区全国残疾人专项调查工作会，通报全国、北京市总体部署、区专项调查工作总体安排与筹备进度，与各街道办事处主任签署专项调查工作目标责任书。

☆ 第八届北京安全文化论坛——人员密集场所安全分论坛在建国门街道举办。

28日 张家明在区人大、区政协召开座谈会，分别征求部分人大代表、政协委员对《政府工作报告》（征求意见稿）的意见建议。

☆ 区统战系统联席会召开，听取统战系统各单位本年工作开展情况和下一年工作安排。

29～30日 中国教育学会第27次学术年会在市第二中学举办。

12 月

1日 重大项目融资工作汇报会召开，听取区发改委关于重大项目融资工作进展、存在问题、2015年重大项目融资安排及争取市政府支持的建议等情况汇报，杨柳荫、张家明等参加并进行讨论。

2日 郭金龙到朝阳门街道史家社区召开征求意见座谈会。东城、海淀、大兴、怀柔区委书记，以及部分十八大代表、市党代会代表和基层党员、群众参加。

☆ 区反腐倡廉建设领导小组会召开，通报2014年北京市党风廉政建设责任制专项检查安排，审议通过区2014年贯彻落实党风廉政建设责任制、推进惩防体系建设情况专项检查工作安排。

☆ 区诉前人民调解工作室成立。

☆ 区召开房屋管理信息系统建设研讨会，研究房屋管理系统顶层设计方案。

☆ 举办区“法治文化你我他”法治文艺节目展演。

☆ 区人大常委会召开规范性文件备案审查工作协调会。

3日 中央回访调研组到玉河历史风貌保护项目听取了该区域历史文化风貌保护和大杂院规划改造进展情况汇报。

☆ 百子湾地块对接安置房收购框架协议签字暨燕华投资公司揭牌仪式举行。

☆ 召开区第九届文博会参展工作推进会。

☆ 举办“宪法百米长卷书法展”，冯熙等参加。

☆ 中国伊斯兰教协会会长陈广元及市宗教局、区相关领导参加东花市清真寺建寺600年纪念大会。

4日 “国家宪法日”校园主题教育活动在景山学校举行，教育部部长袁贵仁、市教工委及区领导，50多所中小学校的校长参加。

☆ 区委区政府理论学习中心组参加市委市政府理论学习中心组学习（扩大）电视电话会议，全国人大法律委员会委员、全国人大常委会法制工作委员会副主任信春鹰作依宪治国、依宪执政的辅导报告。

☆ 孙茂芳志愿服务总队成立大会召开，认定25支大队、58支服务队、近150支志愿服务分队，发布《孙茂芳志愿服务团队三年行动计划（2015-2017年）》。

6日　郭金龙、王安顺、杜德印等市四套班子领导，杨柳荫、张家明、冯熙、徐鸿达等区四套班子领导与来自首都高校、武警部队和水务系统的志愿者，参加南护城河和通惠河清淤的义务劳动。

8～12日　杨柳荫、张家明等带队检查部分区属单位贯彻落实党风廉政建设责任制推进惩防体系建设工作情况。

9日　金晖与朝阳区委副书记、政法委书记陈宏志召开弘善家园整治工作领导小组会议，听取工作汇报，逐项研究解决方案。

☆　市食品药品安全督查组检查区食品药品安全工作。

10日　吴松元参加全国群众路线工作法100例表彰座谈会，并作典型发言。

☆　由中国老龄事业发展基金会和区老龄办联合举办的社区居家养老志愿服务心理辅导员首期培训班在区举行。

11日　召开区贯彻落实党风廉政建设责任制、推进惩防体系建设主要任务牵头单位汇报会，杨柳荫提出工作要求。

☆　举办本年党（工）委（党组）书记专题培训班，杨柳荫为培训班作专题授课。

☆　党派团体协商会召开，各民主党派、无党派代表人士、各人民团体负责人进行协商。

12日　杜德印调研区文化产业发展情况，先后到光线传媒公司、人民美术文化园、77文化创意产业园考察，并召开调研座谈会。杨柳荫、张家明汇报区文化产业发展现状、发展理念。

☆　广州市越秀区调研组到区调研历史文化街区管理与开发工作。

☆　召开重点项目专题调度会，听取隆福寺地区建设项目、地铁八号线鼓楼站织补项目进展情况。

16日　国家禁毒委督导检查组到区开展督导检查工作，召开工作会，金晖汇报区禁毒工作情况。

☆　市党风廉政建设责任制专项检查组到区检查党风廉政建设责任制落实情况。

☆　举办区属宗教团体、驻区市属宗教场所负责人研讨会。

☆　召开拆违工作部署会，听取下半年市级挂账任务销账、内部掌握新生违建及2015年市级挂账任务上报等工作汇报。

16～17日区党外知识分子联谊会一届三次全会召开，中央党校国际战略研究中心研究员孙东方作专题辅导。

18日　由隆福医院与汇晨老年公寓合作建立的全市首家“医养融合”型老年服务机构成立。

☆　党派团体协商通报会召开，就《2014年中共东城区委常委会工作报告》（征求意见稿）及《2014年东城区政府工作报告》（征求意见稿）征求各民主党派、工商联负责人及无党派人士意见。

19日　张家明在红剧场与500余名逾期回迁居民见面，通报区政府下一步工作安排，解答居民提出的问题。

☆　市社会团体管理办公室主任温庆云带队到朝阳门街道调研，就朝阳门社区基金会工作进行座谈。

☆　国务院参事、全国政协委员张厚粲，故宫博物院副院长娄玮，市教育科学研究院及区领导参加第一六六中学基地创新人才培养协作体成立仪式。

20日　郭金龙等调研前门东区旧城保护整治项目、环二环城市绿道建设工程北护城河段、玉河西侧45号院、“城南计划”规划展，了解旧城改造与民生保障、历史文脉传承保护情况，提出工作要求。

23日　全国政协副主席、民进中央常务副主席罗富和到广渠门中学考察宏志教育。

☆　区创建全国质量强市示范城市活动领导小组工作会召开。

☆　举办年度第二批人才项目路演活动。

25日　张家明参加区人大东花市街道工作委员会代表联组活动。主持召开玉河管理和王府井有关项目进展工作会。专题研究与市文资办全面合作事宜。

☆　区金融工会联合会成立大会召开。

☆　第三届驻京中外知名企业投资东城行活动举行。

☆　区质监局召开公共文化服务标准化体系建设课题专家论证会。

26日　区网格化服务管理中心运行暨“96010”为民服务热线启动会召开。杨柳荫宣布区网格化服务管理中心运行及“96010”为民服务热线开通。

☆　区街财政管理体制座谈会召开，区财政局介绍《关于进一步完善东城区区街财政管理体制的方案》。

☆　区妇联召开妇联社会工作推进会。

29日　中共北京市东城区第十一届委员会第八次全体会议召开。张家明传达市委十一届六次全会精神。杨柳荫代表区委常委会作工作报告。会议审议区委常委会工作报告，审议通过全会决议。

30日　北京市第二次全国地名普查街头宣传活动在王府井步行街举办。

☆　区烟花爆竹安全管理工作部署会召开，陈之常代表区委区政府与各街道、相关部门代表签定责任状。

☆　区“2015新年音乐会”举行，1100余人参加。

31日　杨柳荫、张家明走访综合经济部门，听取财政、国税、地税、发改、统计、工商、产促、审计等部门关于区本年主要经济指标完成情况的汇报。

☆　区维稳工作专题部署会召开。

特 载

文 件 （节选）

敢于担当 务求实效
为圆满完成全年目标任务而努力奋斗

2014年7月31日在中共东城区委十一届七次全会上的报告

中共东城区委书记 杨柳荫

上半年工作回顾

本年以来，在市委的坚强领导下，常委会团结带领广大党员干部群众，深入学习贯彻十八届三中全会、习近平总书记系列讲话特别是视察北京时的重要讲话精神，全面贯彻落实郭金龙同志在核心区调研座谈会上的讲话精神，以开展党的群众路线教育实践活动为契机，转变作风、求真务实，开拓进取、迎难而上，全区各项工作稳步推进，经济社会保持了持续健康发展的良好态势。重点抓了以下几项工作。

一是认真开展群众路线教育实践活动，有效推动了党员干部作风转变。按照“照镜子、正衣冠、洗洗澡、治治病”的总要求，区级领导班子和102个处级单位、3306个基层党组织紧扣“为民务实清廉”主题，聚焦“四风”突出问题、关系群众切身利益问题和联系服务群众“最后一公里”问题，扎实推进教育实践活动。常委会注重发挥带头作用，坚持开门搞活动，突出分类指导、从严督导，成立15个区委督导组，总结推广“百姓督导团”等群众监督机制，突出东城特色、基层特色和实践特色。把学习教育贯穿活动全过程，举办了处级干部、基层党组织书记专题培训班，带头深入学习总书记系列讲话精神和必读书目，与优秀党员、职工群众开展联学，共开展了31次集中学习。广泛听取社会各界特别是基层群众的意见建议，先后召开5次常委会集体会诊突出问题。常委同志带头开展谈心交心活动，相互谈心共600人次，推心置腹交换意见。在区委常委班子专题民主生活会上，各位常委直面问题，不躲不绕，批评与自我批评动真格、敢碰硬、有辣味，达到了“红红脸、出出汗、加加油、鼓鼓劲”的效果，郭金龙同志全程参加并给予充分肯定，大家普遍受到了一次触及思想灵魂的党性教育。针对查摆出的突出问题，坚持立行立改、标本兼治，认真研究整改落实方案，开展了针对公款旅游、铺张浪费、违反财经纪律等28个方面专项整治，选派370名党员干部进社区挂职，在改进窗口服务、整治“庸懒散”、改善平房区居住环境等方面取得初步成效。在常委会的带动下，各单位深入推进教育实践活动，目前正陆续召开民主生活会。广大党员干部通过参加教育实践活动，强化了宗旨意识、群众观点，增强了践行“三严三实”要求的自觉性、主动性，为“国际化现代化新东城”建设提供了坚强保证。

二是统筹推进改革发展稳定各项工作，实现了稳中有进。上半年经济社会发展主要指标处于预期合理区间，区级财政收入完成82.3亿元，同比增长5.7%，实现了“双过半”；社会消费品零售额同比增长5.8%，固定资产投资同比增长7.2%，居民人均可支配收入同比增长8.8%。坚持以改革创新推动可持续发展。成立区委全面深化改革领导小组，明确了今年50项重点改革任务。完成中关村东城园管委会机构整合工作，积极筹划创建“国家级文化金融合作试验区”，东城园新引进企业近200家，文化与经济、科技、旅游等产业融合发展效应日益明显。加大非首都核心功能疏解力度，完善了调结构、转方式、促进产业高端化发展的政策体系，制定了平房区、特色商业街区业态指导目录，提高业态的准入门槛，着力减少低端产业对流动人口的吸引。把重点项目建设作为名城保护、产业发展和民生改善的重要载体。成立区重大项目协调办公室，对梳理出的52项重大项目实行区领导联系协调、分工负责制，加强审批、拆迁、融资、建设等环节的有效衔接，前门东区、南锣鼓巷四条胡同等文保区、棚户区改造项目全面启动，嘉德艺术中心、国瑞项目、区文化活动中心等项目取得实质性进展。教育卫生领域综合改革初见成效，成立了8个学区工作委员会，上下联动的两个“医联体”正式运行，进一步满足了群众对优质教育卫生资源的需求。“大城管”、“两网融合”等改革方案正在加紧制定。

坚持以开放促改革，深入实施国际化战略，积极推动博鳌论坛分论坛、世界体育总会亚太总部等高端国际会议、国际组织落户我区，提升了区域国际影响力。牢记维稳第一责任，将反恐防暴、安全生产纳入“平安东城”常态化建设，加强群租房管理和社会治安综合治理，加大矛盾纠纷排查化解力度，圆满完成重点时段和敏感期的维稳工作，巩固了社会安定和谐的局面。

三是以群众需求为导向，“城市病”治理和民生工作取得新进展。从改善群众身边环境入手，结合亚太经合组织峰会环境建设任务，深入开展主要大街、老旧小区等环境综合整治提升工作，集中整治背街小巷脏乱死角526处，拆除违法建设921处、2.2万平方米，在53条示范路段推行门前管理责任制，启动永内东街等10项交通疏堵工程，市容环境和交通出行条件进一步改善。出台了城市管理监督综合考核办法、旧城平房翻改建、街巷胡同管理、违法经营和违法建设治理等实施细则，使“城市病”治理步入精细化、标准化、信息化、常态化轨道。完成扩改建绿化面积12.86万平方米，屋顶绿化1.41万平方米，生态环境质量不断提升。老旧小区综合整治、简易楼改造、“煤改电”等民生工程扎实推进。我区与市保障性住房建设投资中心签订棚户区改造及对接安置房建设合作协议，对接安置房和保障房建设取得阶段性进展。大力加强就业和社会保障工作，困难群众基本生活得到有效保障。以创建“国家公共文化服务体系示范区”为契机，加大文化惠民力度，街道文化中心基本实现达标。整合资源，加快街道养老照料中心建设，开展“医养结合”试点，生活性服务业发展规模日益壮大，“一刻钟社区服务圈”已建成90个，社区便民利民服务体系得到加强，“全国社区治理和服务创新实验区”创建工作稳步推进。

四是全面加强党的建设，提升了党组织的凝聚力和战斗力。坚持用十八届三中全会和总书记系列重要讲话精神武装头脑、指导实践，制定干部教育五年培训规划，分层分类组织干部培训；大力宣传社会主义核心价值观，开展理论宣讲活动30余场，提高了党员干部思想政治素质。严格执行新修订的《干部任用条例》，继续开展处级领导班子和干部队伍分析研判，加大班子优化和干部交流调整力度，建立了组织部门与干部“双向约谈”制度，完善了“三述两评”考核模式。制定党委联系服务优秀人才工作制度、优秀人才培养资助实施办法，推进“文化人才管理改革实验区”建设，党管人才工作得到加强。选取不同类型50个基层党组织开展基层服务型党组织建设试点工作，对软弱涣散基层党组织进行集中整顿，组织在职党员到社区报到，在社区物业管理、老旧小区整治等工作中充分发挥了基层党组织服务、凝聚群众的作用。认真履行区委党风廉政建设主体责任，加强统一领导，专题研究党风廉政建设和反腐败工作，明确任务分工，强化“一岗双责”。支持区纪委清理议事协调机构，调整内设机构和职责，加快推进“转职能、转方式、转作风”。深入落实中央八项规定精神、市委实施意见和区委实施办法，持之以恒地纠正“四风”，对顶风违纪行为严惩不贷。坚持以零容忍态度严肃查处违纪违法案件，共受理纪内信访举报297件次，接待群众来访200批、208人次，立案13件，结案12件，保持了惩治腐败的高压态势。不断提高廉政风险防控“三个体系”建设整体水平，进一步规范处级领导班子权力配置，电子监察平台运行以来效果显著，得到中央纪委和市纪委的充分肯定。依托“古韵正声”官网、廉政教育基地、廉政文化建设示范点等平台和载体，强化党风廉政教育。常委会坚持总揽全局、协调各方，支持区人大、区政府、区政协充分履行职能，推动统一战线和多党合作事业健康发展，切实发挥工青妇等各方面独特优势，形成了全区上下团结协作、聚焦发展的强大合力。

准确把握当前形势和要求，全力抓好下半年重点工作

当前，国内外环境相当复杂，不稳定不确定因素依然较多，经济发展仍面临较大挑战，稳增长、调结构、惠民生、防风险的任务非常艰巨。首都发展既有经济下行的较大压力，又有特大城市治理的巨大压力。我区作为首都功能核心区，长期积累下来的人口资源环境约束问题日趋尖锐，在疏解非首都核心功能、治理“城市病”，解决文保区、棚户区改造瓶颈和历史遗留问题，健全城市精细化管理、安全稳定常态化机制等方面，正面临着一些困难。特别是经济发展经过多年高位运行，面临着外部竞争和内部挖潜的双重考验，重大项目、重点产业的辐射带动效应尚不明显，完成财政收入等主要指标任务还需要付出更多努力。此外，解决民生问题、实现基本公共服务均等化还需下更大功夫；部分党员干部的执行力、创新力和工作作风有待进一步改进。对此，常委会将认真研究改进措施，结合教育实践活动整改工作，着力加以解决。

一是坚决调整疏解非首都核心功能，推动人口调控、产业升级取得新成效。立足核心区职能定位，妥善处理好“舍”与“得”的关系，突出集约化、内涵式发展方向。结合核心区定位和“十三五”规划前期研究，启动20年“总规”局部修订工作，并以此为契机，进一步优化功能区产业发展布局，找准新兴产业发展定位，提高可持续发展水平。

二是聚焦“文化强区”战略，切实将文化资源优势转化为区域发展优势。围绕强化“首都文化中心区”功能，以挖掘区域文化价值为主线，着力激发城市文化活力。坚持该修则修、该用则用、该建则建的原则，探索历史街

区保护多元化投融资模式和小规模、渐进式、有机更新的实现路径，完成钟鼓楼广场恢复整治项目，整体启动隆福寺地区改造项目，确保玉河南区工程取得实质性进展，更好地传承历史文脉。

三是着力提高精细化管理、民生服务水平，加快建设和谐宜居之区。坚持把城市管理服务作为永恒主题，突出民生导向，创新“城市病”治理模式，努力为群众营造精致靓丽的城市环境、和谐稳定的社会环境。

四是深化改革释放活力，为可持续发展提供体制机制保障。坚持把改革放在重中之重位置，坚持问题导向，从制约可持续发展最突出的问题改起，从群众最期盼的领域改起，突出重点、加强协调，统筹推进各项改革任务。

全面提高党的建设科学化水平

圆满完成全年目标任务，关键在党。要认真贯彻落实十八大、十八届三中全会关于加强党的建设的各项任务，进一步改进工作作风，以为民务实清廉的实效推动科学发展、赢得群众信任。

一是善始善终抓好群众路线教育实践活动。

二是继续加强领导班子和干部人才队伍建设。

三是突出抓好基层服务型党组织建设。

四是坚定不移推进反腐倡廉建设。

五是始终保持奋发有为的精神状态。

全面深化改革　推进依法治理
加快建设“国际一流的和谐宜居之区”

2014 年 12 月 29 日在中共东城区委十一届八次全会上的报告

中共东城区委书记　杨柳荫

本年工作回顾

本年以来，在市委的坚强领导下，常委会团结带领广大党员干部群众，深入学习贯彻党的十八大、十八届三中、四中全会和习近平总书记系列重要讲话特别是视察北京时的重要讲话精神，全面贯彻落实郭金龙同志在核心区调研座谈会上的讲话精神，以开展教育实践活动、服务保障 APEC 会议等为契机，转变作风、求真务实，开拓进取、迎难而上，稳步推进各项工作，保持了经济平稳运行、社会和谐稳定的良好态势。

一是扎实开展党的群众路线教育实践活动，有效推动了党员干部作风转变。按照“照镜子、正衣冠、洗洗澡、治治病”的总要求，区级领导班子和 102 个处级单位、3031 个基层党组织紧扣“为民务实清廉”主题，聚焦“四风”突出问题、关系群众切身利益问题和联系服务群众“最后一公里”问题，扎实推进教育实践活动。常委会坚持以上率下、开门搞活动，突出分类指导、从严督导，体现了东城特色、基层特色和实践特色。区四套班子带头深入学习总书记系列重要讲话精神和必读书目，带头开门纳谏、谈心交心，共征集到各方面意见建议 1925 条，其中涉及“四风”方面的 831 条。在区委常委班子专题民主生活会上，常委同志主动揭短亮丑，批评与自我批评动真格、敢碰硬、有辣味，郭金龙同志全程参加并给予充分肯定。各级领导班子、基层党组织召开了高质量的专题民主（组织）生活会，广大党员普遍经受了一次严肃党内政治生活的洗礼。常委会坚持立行立改、标本兼治，以整改成效取信于民，选派 367 名党员干部进社区挂职，着力破解“城市病”治理、平房区修缮、滞留项目推进等难题，开展了 29 项“四风”突出问题专项整治，明确了 106 项制度建设计划，修订了区委 32 条实施办法，加大了正风肃纪力度。通过开展教育实践活动，全区性会议数量同比下降 23.1%，“三公”经费压缩 15%，解决各类民生问题 4000 余件，广大党员干部筑牢了群众观点，改进了工作作风，为“国际化现代化新东城”建设提供了坚强保证。

二是圆满完成 APEC 会议、新中国成立 65 周年庆祝活动服务保障任务，展示了核心区文明和谐的良好形象。作为唯一一个承接 APEC 第三次高官会接待任务的城区，我区提早谋划部署，抓住关键和细节，高水平完成了服务保障任务；APEC 会议周期间，广大党员干部发扬连续作战精神，全区动员、群策群力，确保了礼宾接待、环境整治、运行保障等各项工作的无缝衔接，实现了安保维稳工作“四个不发生”的目标，得到上级领导和与会嘉宾的充分肯定。针对新中国成立 65 周年庆祝活动时间紧、任务重的特点，我区创新组织运行体系，精益求精做好各项筹备工作，圆满完成重要国事活动服务保障和国庆游园活动。我们紧抓重大活动机遇，结合文明城区创建活动，着力提升城市环境品质，完成 18 条道路、95 条背街小巷、91 个老旧小区等环境整治任务，拆除违法建设 2007 处、5.27 万平方米；完成扩改建绿化面积 50.56 万平方米，环二环城市绿廊建成亮相，打造了“一河、两带、十三景”优美景观，形成总长16.1公里的城市慢行系统，为市民提供了环境优美的休闲健身空间。深化大气污染防治，完成望坛地区7000户“煤改电”任务。出台城市管理的指导意见和监督考核办法，制定平房翻改建、街巷胡同环境、广告牌匾管理等11项实施细则，在53条示范路段推广“门前管理责任制”，推动“城市病”治理步入精细化、标准化轨道。以重大活动为契机强化维稳工作机制，将反恐防暴、安全生产纳入“平安东城”常态化建设，加强群租房管理和社会治安综合治理，深化矛盾排查化解工作，确保了全区和谐稳定。持续推进文明城区常态化建设，圆满完成全国文明城区迎检任务。

三是坚持以改革促发展、惠民生，实现了经济社会协调发展、稳中有进。经济社会发展主要指标处于预期合理区间，预计地区生产总值增长7.5%左右；区级财政收入完成155.85亿元，同比增长5.9%；社会消费品零售额同比增长8%；人均可支配收入同比增长8%；重点产业增加值占地区生产总值比重达67%，经济发展的质量效益进一步提高。坚持以改革创新推动可持续发展，成立区委全面深化改革领导小组，印发了《关于全面深化改革的实施意见》。制定非首都核心功能疏解工作方案，拟定了新增产业的禁止和限制目录，明确了特色商业街区业态定位，加快了产业转型升级步伐。与北京石油交易所签署战略合作协议，共同建设北京国际能源交易集聚区。北京文化产权交易中心落户我区。中关村东城园完成空间布局和机构整合工作，集约发展能力进一步提高。“国家公共文化服务体系示范区”创建工作进展顺利，成功举办中国图书馆年会，街道文化中心基本达标，社区文化室80%达标。完成“两网”系统的初步融合，在整合全区便民服务热线系统的基础上，正式开通统一的“96010”便民服务热线。全面启动“全国社区治理和服务创新实验区”建设工作，我区荣获“全国和谐社区建设示范城区”称号，东花市街道被评为“全国和谐社区建设示范街道”，新怡家园、菊儿、东花市南里3个社区被评为“全国和谐社区建设示范社区”，37个社区被评为“六型社区”。新建和改扩建11个养老照料中心，稳步推进居家养老工作，“一刻钟社区服务圈”实现全覆盖。教育卫生领域综合改革初见成效，成立8个学区工作委员会，建立4个优质资源带、9所九年一贯制学校和25对深度联盟学校，在全市率先试点“医养结合”服务模式，上下联动的3个“医联体”正式运行。圆满完成国家全民健身示范区试点任务。坚持把重点项目建设作为名城保护、产业发展和民生改善的重要载体，成立区重大项目协调办公室，对52项重大项目实行区级领导联系协调、分工负责制，部分项目取得突破性进展。钟鼓楼广场恢复整治、玉河南区河道考古发掘基本完成；陈独秀旧居修缮工作正在顺利实施；前门东区修缮整治取得实质性进展，前门东路、正义路南延及三里河绿化景观带实现亮相。棚户区改造和老旧小区综合整治工作稳步推进，集中解决西河沿、宝华里等历史遗留项目；实施抗震加固工程24.24万平方米、节能改造工程10.35万平方米，全区162.09万平方米的节能改造任务全部完成，群众居住环境明显改善。多渠道筹措建设保障房和对接安置房，与市保障房投资中心签订合作协议，推动住宅发展中心转企改制，通州“两站一街”等保障房项目正式开工建设。就业和社会保障工作稳步推进，安置就业困难人员7225人，城镇登记失业率保持在0.86%较低水平，各项社保惠民政策落实到位。深入实施国际化战略，博鳌论坛分论坛、世界体育总会亚太总部等高端国际会议、国际组织落户我区，成功举办“第四届王府井国际品牌节”，进一步提升了东城的国际影响力。

四是全面加强党的建设，增强了党的先进性和纯洁性。坚持用十八届三中、四中全会和总书记系列重要讲话精神武装头脑、指导实践，大力宣传培育社会主义核心价值观，制定并实施干部教育培训五年规划，提高了党员干部思想政治素质和推动区域科学发展的能力。制定完善《处级党政干部选拔任用工作流程》，圆满完成《干部任用条例》和“四项监督制度”检查、党（工）委（党组）书记履行干部选拔任用工作职责检查等工作。强化干部日常管理，制定实施干部“双向约谈”、组织巡查工作、组织工作重大事项请示报告等制度，完善了“三述两评”考核模式，开展清理规范领导干部企业、社团兼职，超职数配备干部和个人有关事项报告抽查核实工作，完成了“裸官”清理工作。制定了加强基层服务型党组织建设的意见，对17个软弱涣散社区党组织开展集中整治，深入推进区域化党建工作，推动在职党员到社区报到，构建起党员“工作在单位、活动在社区、奉献双岗位”的新机制。东华门、朝阳门街道工委被评为“全国社区服务型党组织建设示范单位”。完善党管人才工作的领导体制和工作机制，进一步推进“文化人才管理改革试验区”建设，制定了实施意见。严格落实党建工作责任制，完善了党建工作考核评价措施。强化党委督查工作，党委系统信息化建设取得重要成果，保密工作成效显著。加强区委对全区党风廉政建设和反腐败工作的统一领导，研究制定落实党委主体责任和纪委监督责任的意见，制定了贯彻惩防体系五年规划的实施办法。支持区纪委采取调整内设机构、试行签字背书、开展约谈督导等措施落实“转职能、转方式、转作风”要求，进一步聚焦党风廉政建设和反腐败中心任务，把监督执纪问责贯穿专项整治全过程，严肃查处并通报曝光了违反中央八项规定精神的典型案件和问题。坚持以零容忍态度加大查办违纪违法案件力度，全年新立案数、结案数同比分别上升76.9%、138.5%，保持了惩治腐败的高压态势。用好“古韵正声”官网、廉政文化教育基地等宣教平台，积极构建党员干部入职之初、上任伊始、履职期间廉政教育机制。深化廉政风险防控“三个体系”建设，完善权力公开透明运行平台，规范处级领导班子权力配置，在全区全面推行“六费”公开工作，有效发挥信息化防控电子监察平台作用，得到市纪委的充分肯定。

在看到成绩的同时，常委会也清醒地认识到：作为核心区，我区还存在与职能定位不相称的大量低端业态，重大项目、重点产业的辐射带动效应尚不明显，传统商业、生活性服务业需要进一步优化升级；城市治理的法治化、精细化、常态化水平需要进一步提高；平房区、棚户区的人居环境亟待改善，群众对养老、卫生等公共服务优质均衡发展的迫切需求亟待满足；一些干部的思维模式和工作方法与改革、法治的要求还不相适应，部分基层党组织抓党建工作的意识不强、能力不足，等等。对此，常委会将认真研究改进措施，着力加以解决。

下年工作总体要求和重点任务

下年是全面深化改革的关键之年，是全面推进依法治国的开局之年，也是全面完成“十二五”规划的收官之年。全区工作的总体要求是：全面贯彻党的十八大、十八届三中、四中全会和市委十一届六次全会精神，以习近平总书记系列重要讲话特别是视察北京重要讲话为指引，适应新常态，体现新作为，坚持稳中求进工作总基调，把改革创新、依法治理贯穿于经济社会发展各个领域各个环节，把党要管党、从严治党落实到党的建设各个方面，圆满完成“十二五”规划各项目标任务，编制好“十三五”规划，加快建设“国际一流的和谐宜居之区”，充分发挥首都功能核心区的示范引领作用。主要抓好以下六个方面的工作：

一是坚持调整疏解和提质增效相结合，推动产业升级、人口调控取得新成效。

二是深入实施“文化强区”战略，进一步提升文化核心竞争力。

三是进一步提高精细化管理水平，持续深化“美丽东城”建设。

四是着力做好各项民生工作，不断提高公共服务优质化水平。

五是切实加强民主法治建设，全面提高依法治理水平。

六是加大全面深化改革的力度，激发经济社会发展活力。

坚持党要管党、从严治党，以优良的党风保障“十二五”规划目标的圆满完成

完成全年任务、实现新的发展，关键在于加强党的领导。各级党组织要把抓好党建作为最大的政绩，持之以恒抓好教育实践活动整改落实工作，不断提高党建工作科学化水平，努力形成全面从严治党新常态。

一是突出抓好宣传思想工作。

二是不断加强领导班子和干部人才队伍建设。

三是继续加大基层党组织建设力度。

四是深入推进反腐倡廉建设。

五是坚持不懈推进作风建设。

东城区人民代表大会常务委员会工作报告

2014年1月8日在东城区第十五届人民代表大会第四次会议上

东城区人大常委会主任　冯　熙

上年主要工作

上年，区人大常委会在中共东城区委的领导下和市人大常委会的指导下，认真学习贯彻党的十八大和十八届三中全会、市委区委全会精神，紧紧围绕全区中心任务，服务国际化现代化新东城建设大局，全面落实区十五届人大三次会议决议，充分发扬民主，改进工作作风，强化重点监督，深化连续监督，创新拓展监督方式，依法履行各项职能，人大工作取得新的成效。一年来，常委会召开7次会议，审议38项议题。召开主任会议14次，研究讨论议题67项。其中，听取、审议“一府两院”专项工作报告7个，议案建议办理以及督办工作报告3个，计划、预算、决算、审计、预算调整等报告7个；依法作出决议、决定15个，审议意见书5个；任免国家机关工作人员157人次。

一、强化规划监督，推动全区经济社会持续健康发展

区“十二五”规划纲要是落实区20年总规的第一个五年规划，关系到未来一个时期全区科学发展的大局，关系到建设国际化现代化新东城总体目标分阶段落实的成效，关系到全区人民的共同福祉。常委会把对规划纲要实施的监督纳入全年重点工作，将专题调研、办理人大代表议案建议和听取审议区政府专项工作报告结合起来，紧紧抓住规划这个引领发展的“龙头”，监督规划实施这个推动发展的职能，审查批准规划调整方案这个保障科学发展的职权，推动形成以总规为引领，五年规划为阶段，年度计划

为抓手，规划滚动实施与监督的长效机制，促进全区各项事业全面、健康、协调发展。

常委会加强对专题调研的领导，设立5个专题调研组，扩大代表参与。采取视察、问卷调查、专家研讨、听取政府专题汇报等方式，多角度、多层面了解区政府组织规划实施及中期评估情况，汇集代表、专家、基层工作者和人民群众的集体智慧，形成5个专题报告和1个综合报告。就经济发展、财政保障、社会和谐、公共服务、城市管理等五个方面提出19项问题，22项具体建议。

区政府密切配合这次专题调研，积极采纳代表建议，聘用第三方进行专业评估，全面推进规划实施。常委会听取和审议区政府《关于“十二五”规划纲要实施情况中期评估报告》，审查批准区政府提出的规划纲要部分指标调整方案，作出审议意见书，为规划的后半期实施和“十三五”规划纲要的制定奠定了坚实的基础。

二、创新拓展监督方式，推动法治东城建设

（一）开展授予地方荣誉称号活动。授予地方荣誉称号是《地方组织法》赋予人大常委会的一项职权。常委会认真开展授予“东城区优秀法官、检察官、人民警察”荣誉称号活动，修改完善《授予荣誉称号办法》，明确每届开展一次，严格评选标准和程序。区法院、检察院、公安分局和交通支队结合各自工作实际，遵照公开、公正、透明、择优，群众公认，注重实绩，确保先进性的原则，按照自下而上，民主推荐，单位领导班子集体研究决定的程序，共产生来自工作一线的候选人30名。公示期满后，常委会第十一次会议作出决定，授予林梅梅等7名同志“东城区优秀法官”，尹丽等5名同志“东城区优秀检察官”，汪晓东等18名同志“东城区优秀人民警察”。隆重召开授予荣誉称号大会，颁发证书和奖章，表彰他们在本岗位上做出的突出贡献。

区委高度重视这项活动，区委常委会先后两次听取汇报，区委书记杨柳荫在授予荣誉称号大会上作了重要讲话。通过开展授予地方荣誉称号活动，树立了依法行政、公正司法的先进典型，在激发广大司法人员的工作热情，弘扬法治精神，培育法治文化，推动法治东城、平安东城建设方面起到了积极作用。相关媒体进行了报道，社会舆论给予积极评价。

（二）首次开展规范性文件备案审查工作。规范性文件的备案审查，是《监督法》赋予人大常委会的一项重要职责。为了用好这项新的监督方式，规范行政权力运行，保障公民和法人的合法权益，推动法治政府、服务型政府建设，常委会做了大量开创性工作。一是制订《规范性文件备案审查办法》和《工作规程》，明确审查事项、审查程序、审查形式、审查标准等具体工作要求。二是建立健全工作机制，审查办公室负责形式要件审查和一站式办理，相关内设委员会负责实质性内容审查，各负其责，有效衔接。三是聘请专家进行专业领域辅助审查，积极稳妥、严肃认真地推进工作。首次接收区政府提交的规范性文件6宗，登记备案规范性文件目录18宗。对接收的文件采用主动审查程序，提出审查意见，促进依法行政。

（三）以破解人大代表和社会高度关注的执行难、司法公信力等问题为突破口，促进公正司法。常委会通过深入调查研究，听取专项工作报告，任免司法人员等工作方式，寓支持于监督之中，促进规范执法、公正司法，进一步提高司法公信力。加强人民法院执行环节的监督，推动法院完善工作机制，强化执行措施，打击规避执行行为，有效促进区域社会信用体系建设。监督落实《市人大常委会关于加强人民检察院对诉讼活动的法律监督工作的决议》，总结决议颁布五年来的工作经验，完善工作机制，促进区检察院深化对诉讼活动的法律监督工作，保证司法公正。加强人民陪审员队伍建设，增补任命人民陪审员54名，使人民陪审员总数达到184人，基本实现每次案件庭审都有一名陪审员参加组成合议庭。同时，定期组织市、区人大代表旁听法院公开审理案件，推动司法公开、诚信、透明。

三、深化连续监督，促进民生改善

（一）深化预算监督。常委会以强化预算绩效监督、促进预算信息公开、增强预算监督实效为重点，巩固已有成果，推动工作创新，不断深化预算监督工作。依法听取、审议区政府关于预算、决算、审计、预算执行和预算变动情况的报告，作出关于批准2012年财政决算的决议和2013年1-7月份财政预算执行情况报告的审议意见，指出存在问题，提出意见建议，促进区政府有关部门进一步加强预算管理，提高财政资金使用效益。改进监督方式，带着代表反映的问题，深入有关部门走访、调研、座谈；首次开展对财政专项资金监督，组织代表参与“幼儿园建设设备费”等四个专项支出事后绩效评价和“餐厨垃圾处理运输费”等四个专项支出事前绩效评估工作；听取、询问区政府有关部门的预算，关注民生改善的资金落实和使用效率；开展学习研讨，注重发挥预算监督顾问作用，增强预算专业监督能力。持续推进部门预算、决算、“三公”经费等信息公开工作，在继续公开全区68家单位部门预算信息的基础上，实现了部门“三公经费”预算信息和部门决算信息首次公开，在保障人大代表、社会公众知情权、监督权上迈出了新步伐。

（二）推动代表议案办理取得实效。常委会加强对代表议案办理工作的监督，成立督办调研组，通过视察养老院、养老一条街、智慧养老、社区养老中心，召开座谈会，参加区政府养老工作推动会等形式，深入调研机构养老和居家养老工作，针对我区老龄人口比重占23%以上与养老服务设施相对不足的实际情况，提出意见建议，推动代表议案的办理工作。议案所涉及的7件具体问题得到详细答复，有的问题基本得到解决。常委会第十二次会议听取和审议区政府“关于积极应对人口老龄化，探索符合东城区情的养老服

务模式”议案办理情况的报告，作出审议意见书，建议区政府加快推进以居家为基础、社区为依托、机构为支撑的社会养老服务体系建设，满足我区日益增长的养老服务需求，提升老年人生活质量。

（三）推动社会公共服务体系建设。常委会围绕代表和人民群众普遍关注的社会管理、教育、卫生、文化、体育等问题，多种监督方式并用，持续关注民生改善，促进社会管理和公共服务上水平。深入开展视察和调研，听取区政府关于社会管理创新、贯彻落实《北京市学前教育三年行动计划》等专项工作报告，听取社区教育、老年卫生服务体系建设、体育生活化社区建设等工作情况的汇报。配合市人大开展《实施〈归侨侨眷权益保护法〉办法》的执法检查。组织视察、慰问区第一妇幼保健院和民族宗教场所。对上一年度作出的审议意见书的落实情况进行跟踪督办。

（四）推动城市生态环境品质提升。常委会围绕当前人民群众普遍关注的环境治理、老旧小区改造、保障房选号、棚户区改造、历史文化街区保护和安全生产等问题，深化城建环保工作监督，持续推动城市精细化管理，促进提升生态环境品质。听取区政府关于安全生产工作情况的报告，促进安全生产监管上水平。听取和审议区政府关于加强环境保护工作，推进生态文明建设情况的报告，提出进一步提高全社会保护环境意识，实现环保工作精细化管理等五个方面的审议意见。探索常委会、专委会、街工委联动的监督方式，深入17个街道和有关部门，以及小区、工地等现场，进行视察、调研，了解掌握城市规划、建设、管理和服务工作中遇到的困难和问题，根据具体情况，向市、区有关部门提出意见建议。

四、加强和改进代表工作，保障代表依法履行职责

（一）加强代表建议督办工作。坚持和完善常委会领导领衔督办重点建议制度，抓住办前沟通、办中检查、办后验收三个工作环节，为代表与承办单位搭建沟通平台，及时了解承办单位办前沟通见面情况；组织代表对区城管委、交通支队等重点承办单位进行视察、调研，督促建议办理取得实际进展；认真搞好办后验收，征求代表对建议办理的意见，并反馈给区政府，推动建议办理工作。在大会和闭会期间，共收到代表建议196件，涉及老旧楼房改造、环境治理、煤改电、停车、社区安全等群众切身利益的问题。经过代表与承办单位的共同努力，已解决或基本解决的74件，取得进展的71件，短期内难以解决，向代表做出解释说明的13件，列入计划，两三年解决的19件，因条件限制不能解决的14件，留作参考的5件。

（二）充分发挥代表主体作用。常委会把发挥代表主体作用，加强与代表的联系，为代表履行代表职务提供必要的条件和服务保障作为一项重要职责，纳入议事日程。一是完善代表工作格局，加强常委会与代表的联系。坚持常委会主任联系街工委制度，代表列席常委会会议制度，各委员会和人大街工委代表联组例会制度，街工委办公室例会制度，组织代表视察、专题调研制度，首次在网上公开征集2014年度监督议题，先后邀请114位代表列席常委会会议，扩大代表参与，接受代表监督。二是认真做好代表履职个性化服务，密切代表与选民的联系。代表通过参加联组活动、联系选民、参与干部推荐会、“司法大讲堂”、行政执法与刑事司法衔接工作联系会、法检两院座谈、旁听案件审理、担任区法院人民陪审员等一系列各具特色的活动，进一步了解区情，参与地区事务。一年来，共组织代表联组活动72次，小组活动155次，参加走访选民的代表765人次，156人次旁听法院案件审理，20位区人大代表被任命为区法院人民陪审员。三是认真组织代表述职，接受选民监督。先后组织了65位代表进行述职报告，选民对代表的履职工作给予充分肯定。四是开展多层次履职学习，提高代表职务素养。采取集中培训、会前学法、专题讲座等形式，学习法律法规，听取“一府两院”半年工作通报，结合常委会工作重点和各委员会的专业特点，开展了“十二五”规划中期评估、财政预算绩效管理、民族宗教等专题学习培训，提高代表人民的意志和利益履行代表职务的能力。五是为代表利用网络履职和知情知政提供信息技术支持。完善代表议案建议网络办公系统功能，推广使用人大决策支持系统，初步形成代表履职移动办公环境。

（三）依法做好代表补选工作。常委会经审查，10名区人大代表的代表资格终止，并予以公告。根据区人大代表出缺情况，常委会周密组织，严格依法依程序，补选出11名区人大代表。目前，实有区人大代表334人。

（四）认真做好市人大代表的服务保障。常委会针对新一届市代表的实际情况，认真开展会前活动，参加年中“一府两院”半年工作情况通报会，征求对有关立法和报告的意见建议，帮助代表学习掌握法律法规和专业知识，了解掌握市情、区情，增强代表意识，提高履职能力。东城团市代表深入到各人大街工委联组，开展市、区代表互动，丰富代表小组活动内容。在市十四届人大一次会议上，东城团出勤率高达98.55%，提出议案15件，建议117件。

五、加强自身建设，努力提高工作水平

（一）切实改进工作作风。认真学习贯彻党的十八大和十八届三中全会精神，提高人大工作的使命感、责任感、紧迫感。严格执行中央和市委区委关于改进工作作风的各项规定，精简办会，节约开支，切实改进工作作风，争创一流业绩。修改完善《常委会组成人员守则》，严格自律，自觉接受代表和社会监督。

（二）不断完善工作方式。深化制度建设，新制定规章制度3项，修改4项，废止2项。深入开展课题研究，为审议议案，作出决议和审议意见，提供参考和依据。统筹确定全年议题计划安排，落实各委员会联系“一府两院”工作部门机制，坚持机关委室协调会制度，形成工作合力，

不断提高常委会工作质量。

（三）扎实抓好基础性工作。加强代表大会、常委会会议、主任会议的筹备和服务保障工作。有序推进信息化建设，在全市区县人大率先制定《人大机关信息化建设规划》，人大会议支持系统投入试运行。加强信息宣传工作，规范信息公开办法，通过网站、人大决策支持系统、代表手机报、公报、《东城人大》等信息平台，以及新东城报等媒体，及时公开常委会工作情况。加强信访工作，全年共接待信访266件次，转办率为100%。完成市人大立法征求意见和立法调研7项。深化机关建设，努力打造一支对党忠诚，为人民服务，学法、尊法、守法、用法，民主、务实的干部队伍。

在肯定成绩的同时，我们也清醒地认识到，常委会的工作同宪法和法律所赋予的职能，同市人大和区委的要求，同代表和人民群众的期望相比还有差距。主要是：如何与时俱进，实践好人民代表大会制度，充分发挥地方国家权力机关应有的作用，切实加强对权力运行的监督，保证公权力依法为民，还需要深入探索和实践；监督工作的针对性、实效性还需要增强；代表履职的服务保障水平还需要继续提高；人大工作制度体系还需要继续完善；常委会组成人员和机关干部的能力建设还需要进一步加强。对于这些问题，我们将虚心听取代表意见，认真加以研究解决。

本年工作任务

本年，是深入贯彻落实党的十八届三中全会精神，全面深化改革的重要一年，也是实施“十二五”规划的攻坚之年，区人大常委会要在区委的坚强领导下，紧紧围绕全区改革发展稳定大局，紧紧围绕民主法治建设，紧紧围绕保障和改善民生、促进社会公平正义，解放思想，与时俱进，改革创新，注重实效，切实改进工作作风，依法履行好监督、决定、任免等职权，加强常委会同代表的联系，充分发挥代表作用，为推进东城区各项事业发展提供坚实的民主法治保障。

一、认真学习贯彻党的十八届三中全会精神，开创人大工作新局面

二、深化依法监督工作，增强监督实效

三、切实改进代表工作，发挥代表主体作用

四、扎实开展党的群众路线教育实践活动，提高自身建设水平

东城区人民政府工作报告

2014年1月7日在东城区第十五届人民代表大会第四次会议上

东城区人民政府代区长　张家明

上年工作回顾

过去的一年，面对首都功能核心区艰巨的发展任务，我们在市委、市政府和区委的坚强领导下，坚持以学习贯彻党的十八大精神为主线，以加强作风建设为抓手，紧紧把握稳中求进的工作总基调，坚定信心、务实进取、攻坚克难，较好地完成了区十五届人大三次会议确定的各项任务，保持了经济社会持续健康发展。

预计全区地区生产总值增长8%左右；区级财政收入完成147.72亿元，增长9.6%；城镇居民人均可支配收入达到41644元，增长8%；全社会固定资产投资完成190亿元；万元GDP能耗下降3.1%，城镇登记失业率控制在0.78%。

一年来，我们主要做了以下几方面工作：

一、深入实施文化强区战略，文化建设取得新进展

历史文化保护稳步推进。“三个十工程”完成26项，钟鼓楼广场恢复整治等4个项目进展顺利。按照“三个巩固、三个加快”原则，有序推进前门西区建设，启动前门东区修缮整治。时间博物馆主体结构完工。智珠寺古建筑群荣获“联合国教科文组织亚太地区文化遗产保护奖”，全区文物修缮率达到68%。深化与故宫博物院战略合作，积极参与“平安故宫”文物修复保护工作，故宫学院正式挂牌成立。

公共文化服务水平明显提升。东城区成功获得第二批国家公共文化服务体系示范区创建资格。完成永外、体育馆路和天坛街道文化活动中心达标工程建设，建成10个数字文化社区，万米以上文化广场达到5个。全市首家胡同博物馆——史家胡同博物馆对外开放，社区博物馆达到6家。开通全国首个公共文化服务导航网站，成立10家街道文联组织。围绕纪念北京建都860周年，举办前门历史文化节、孔庙国子监国学文化节、皇城国际旅游节、南锣鼓巷戏剧展演季等高品质文化活动，《前门人家》、《隆福寺》等优秀原创剧目首演。国内首家公益性油画专业美术馆——大都美术馆建成开馆。史志研究成果在全市处于领先水平，东城区档案馆成为北京市第一家新国标一级档案馆。

文化产业发展迅速。文化创意产业结构进一步优化，增加值占 GDP 比重达到 12% 左右，文化艺术业、广告会展业、新闻出版业成为主体。创新产业培育和孵化机制，组建胡同工厂孵化器产业联盟，发起设立全市首家专门面向文化产业的融资性担保机构。继续深化“戏剧东城”品牌，演艺市场繁荣发展。全方位、多渠道推介东城旅游文化资源，预计旅游接待总人数 7600 万人次，旅游综合收入 611 亿元，继续位居全市前列。重组成立北京天街集团有限公司，形成文化资产运营、文化地产开发、文化金融服务三大运营平台。

二、加快转变发展方式，经济建设取得新进步

功能区集聚作用增强。完成中关村东城园空间规模和布局调整，制定文化和科技融合发展三年行动计划，高新技术企业预计实现收入 850 亿元，增速达到 124%。继续实施王府井品牌升级战略，新增 5 家国际知名品牌旗舰店，总数达到 41 家。东二环高端服务业发展带成为全市首批“总部经济集聚区”和“商务服务业集聚区”。前门历史文化展示区积极调整商业业态，联想全球首家品牌形象店等知名商家入驻。稳步推进龙潭湖体育产业园、和平里商务新区重点项目建设，永外现代商贸区加快业态调整升级。

产业发展提质增效。坚持“高端化、低碳化、集约化”，加大政策引导支持力度，六大重点产业增加值占 GDP 比重达到 66% 左右。金融业结构不断优化，保持高速增长态势，支撑作用明显。实施消费拉动战略，组织开展东城区商业资源整体营销，地均社会消费品零售额位居全市首位。信息服务业龙头企业带动作用明显，重点企业加快集聚，新兴业态发展迅速。商务服务业平稳增长，对区域经济辐射带动作用不断增强。落实鼓励措施，积极培育中医药、低碳、体育等新兴产业。

发展环境进一步优化。整合招大选强政策和工作机构，中国黄金珠宝公司、中海油财务公司等优质企业落户东城，跨国公司地区总部达到 17 家。加大中小企业扶持力度，推动建立规模为 2 亿元的创业投资基金，设立两家中小企业服务分中心。加强和改进行政服务，深化并联审批工作。

节能降耗工作扎实推进。制定鼓励节约能源办法，完成 370 万平方米热计量改造工作。以用能大户和公共机构为重点，推进节能管理、监测监察及评价考核等工作，和平里医院和史家小学成为国家第一批节约型公共机构示范创建单位。东城区荣获“全国国土资源节约集约模范县（市）”和“北京市节能先进区县”称号。

三、统筹推进生态文明建设，城市面貌展现新形象

环境整治成效显著。积极推进“精细化管理年”活动，围绕“九横八纵”主干路网，实施“九个明显提升”工程，在 26 条大街试点推行“门前管理责任制”，推进 15 条市区级道路环境建设达标工作，灯市口大街被评为市级精品大街。实施 39 条主要道路架空线入地工程。高标准完成 24 条胡同和 16 个老旧小区环境整治提升工程，513 条背街小巷实现环卫达标。全面推广城管“非现场执法”工作模式，执法效果明显提升。集中力量开展拆违专项行动，累计拆除违法建设 1753 处、4.74 万平方米，有效遏制新生违法建设。

环境质量不断提升。坚持多元增绿，实施明城墙遗址公园西侧绿地、北中轴路绿化景观提升等 10 项绿化美化工程，完成绿化面积 13.92 万平方米。淘汰老旧机动车 1.98 万辆，调整退出 3 家高污染行业企业，完成主要污染物总量减排任务。垃圾分类减量达标小区达到 172 个，生活垃圾无害化处理率保持 100%。

交通环境继续优化。完成北花市大街、分司厅胡同等 10 项道路疏堵工程，新增五道营等 20 条“单行单停”胡同，增加居民区停车位 2546 个。建成 159 个公共自行车服务网点，5000 辆自行车投入运营。

四、积极推进社会建设，人民群众得到更多实惠

民生项目全面推进。围绕群众最关心的住房改善问题，加快推进保障性住房和对接安置房建设，继续实施危改、老旧小区综合整治工程。祈西一号地、西革新里项目基本完成搬迁，豆各庄、北苑宾馆等项目建设进展顺利，定福家园 A 组团、焦化厂等项目有序推进。完成 7000 套保障性住房摇号配租配售工作，其中经济适用房 5232 套、限价房 492 套、公租房 1175 套、廉租房 101 套。完成 90 栋、26.36 万平方米直管公房抗震加固，竣工规模位居全市前列，4656 户居民受益。完成全市首个成规模的老旧小区综合整治项目，惠及居民 1500 户。

就业和社会保障工作不断加强。充分发挥“就业服务联盟”等服务枢纽作用，安置就业困难人员 7785 人，实现创业 1330 人，带动就业 3961 人，零就业家庭动态为零。五项社会保险基金征缴 162.46 亿元，累计支出 147.12 亿元，实现收支平衡、略有结余的目标。全面落实救助政策，全年对低保对象及生活困难补助人员发放各类救助金 1.07 亿元。探索符合区情的居家养老服务模式，与社会组织合作，为社区老年人提供配餐等居家养老服务。推进机构养老，试点“公建民营”和“医养融合”模式，汇晨老年公寓正式运营，引进隆福医院开设门诊。深入开展“阳光爱心八进门”助残行动，积极改善残疾人公共服务环境。

社区建设水平进一步提高。继续深化网格化社会服务管理工作，研究制定“两网融合”实施方案。围绕促进居民自治，构建和谐社区主线，完善“多元参与，协商共治”社区治理模式。拓展社会组织培育新渠道，率先开展公益创投。全市首家社区级邻里服务中心在广外南里社区建成启用，为居民提供“一站式”服务。社区商业服务体系更

加健全，东城区成为全国社区商业示范区，“一刻钟社区服务圈”覆盖率达到90%。新改建40家固定门店式早餐店，进一步提高了早餐便利度。

教育卫生等各项事业加快发展。坚持精品特色战略，各级各类教育协调发展，教育质量稳步提高。圆满完成“学前教育三年行动计划”，累计增加幼儿园学位近3000个，有效缓解入园难。学区化管理和学校联盟机制进一步深化，联盟校达到30个，新成立8个“名校长工作室”和28个“名师工作室”。继续推广家庭医生式服务，签约人数达到常住人口的50.4%。新增50个中医药特色健康管理社区，东城区第一妇幼保健院完成改扩建并开诊。支持科技企业创新，加强知识产权保护，技术交易额、专利申请量和授权量大幅增长，新增5家市级科普基地。全面推进“智慧东城”建设，启动国家智慧城市创建试点任务，建成49个“智慧社区”。组织开展各类全民健身活动，建立“奥林匹克·体育生活化社区”标准体系。

“平安东城”建设深入推进。开展打防整治，持续加大社会面防控力度，百户发案数城六区最低，荣获“全国平安建设先进区”称号。加强重点地区保障，与西城区相互延伸执法边界，确保中轴线两侧安全秩序。深化信访代理制和“3+X”多元矛盾调解体系建设，信访总量、区级集体访实现“双下降”。顺利通过“六五”普法中期检查验收，公共法律服务体系进一步完善。推进行政复议规范化建设，全区行政复议和行政诉讼败诉率继续下降。组建区食品药品监督管理局，体制改革各项工作全面落实。强化安全生产综合监管，开展“打非治违”专项行动，深化重点行业和领域专项整治，集中开展人防工程和地下空间综合治理。

积极营造民族团结、宗教和睦的社会环境，侨务工作不断加强，对台交流进一步深化，区域交流合作和对口支援扎实推进。落实征兵新政策，做好双拥工作，巩固和发展军政军民团结。人口和计划生育工作扎实开展，妇女儿童合法权益得到有力保障。我区在全国城市文明程度指数测评中名列前茅。

一年来，我们不折不扣地贯彻中央精神，落实北京市各项政策措施，在区委领导下，深入开展“改进作风年”活动，加强政府自身建设，全面推进依法行政，促进各项工作落实。继续实施“一会制”，全区性会议数量同比下降40%；规范各级各类节庆活动，数量同比减少50%。大幅压缩预算支出，将财政资金更多地向民生领域倾斜。推进廉政风险防控“三个体系”建设向区级和基层延伸，在全市率先建成廉政风险信息化防控电子监察平台。首次公开部门“三公经费”预算信息和街道系统“六费”情况，实现区、街、社区三级职权依法公开。2013年，区政府共收到全国、北京市、东城区人大代表议案、建议和政协委员提案495件，都已妥善办理。

在总结成绩的同时，我们清醒地认识到，全区经济社会发展还面临不少困难和问题，一些长期性、结构性矛盾尚未根本解决，又出现了一些不容忽视的新问题。一是历史文化保护与发展任务艰巨。特别是历史文保区人口资源环境矛盾突出，统筹风貌保护、人口疏解、民生改善与产业发展的力度还需加大。二是产业优化升级亟待加快。商业服务业等传统优势产业面临新的挑战，文化优势还没有充分发挥出来，主导产业核心竞争力还不强。三是城市管理水平有待提升。背街小巷环境治理滞后，公共安全等领域还存在薄弱环节，精细化、常态化管理亟待深化。四是民生保障和改善力度需要加大。保障房供给不足，平房区群众居住条件和生活环境较差，养老等公共服务能力还有较大差距。五是政府管理和服务水平有待提高。“重审批、轻监管”、“重建设、轻管理”倾向还没有得到根本扭转，破解难题的能力还需要进一步提高。对于这些困难和问题，我们将以对党和人民事业高度负责的态度，深入分析研究，采取切实有效措施，不断加以解决。

本年工作安排

本年政府工作的总体要求是：全面贯彻落实党的十八大、十八届三中全会精神，以邓小平理论、“三个代表”重要思想、科学发展观为指导，在市委、市政府和区委的领导下，坚持稳中求进工作总基调，把改革创新贯穿于经济社会发展各个领域各个环节，加快转变政府职能，坚定信心、凝心聚力、锐意进取，全面落实“文化强区”战略，积极推动产业结构优化升级，切实提高精细化管理水平，加大民生改善力度，巩固和谐稳定良好局面，实现新的历史起点上的新发展。

今年全区经济社会发展主要预期目标是：地区生产总值增长7.5%左右，区级财政收入增长5.5%，城镇居民人均可支配收入增长8%，万元GDP能耗下降3.1%，城镇登记失业率控制在2%以内。

围绕实现今年经济社会发展目标，要着重抓好以下几个方面的工作。

一、坚持保护与发展并重，增强文化核心竞争力

全面落实文化强区战略，整合利用多元文化资源，促进文化与经济社会融合发展，推动文化资源优势向城市竞争优势转化。

二、坚持高端引领，推动经济可持续发展

沉着应对复杂严峻的经济形势和转型发展的艰巨任务，发挥功能区集聚带动作用，积极推动产业结构优化升级，进一步提升经济发展质量。

三、坚持精细化管理，提升城市环境品质

以做好新中国成立65周年和亚太经合组织峰会服务保障为契机，进一步深化改革，狠抓“城市病”治理，努力提升城市服务管理水平。

四、坚持民生导向，全面加强社会建设

坚持“保基本、兜底线、促公平、可持续”，进一步完善托底政策，加大工作力度，促进公共服务优质均衡发展。

五、坚持首善一流标准，巩固和谐稳定良好局面

以建设和谐社会首善之区为目标，将安全稳定作为首要政治责任和头等大事，深入推进“平安东城”建设，更加自觉、更加主动地抓好维护安全稳定工作。

六、坚持改革创新，全面加强政府自身建设

以深入开展党的群众路线教育实践活动为契机，以提高政府公信力和执行力为核心，按照“为民、务实、清廉”的要求，建设创新政府、廉洁政府、法治政府。

中国人民政治协商会议东城区第十三届委员会常务委员会工作报告

2014年1月6日在政协东城区第十三届委员会第三次会议上

东城区政协主席　徐鸿达

上年工作回顾

一、明确工作思路，服务发展大局，政协履职有的放矢接地气

围绕重点工作，服务发展。 确定“促进企业成为创新主体”“东城区中医药特色健康管理社区建设”“东城区公共法律服务需求与应对”3项重点调研课题，提出30条具体建议，形成3份建议案。制定并实施《政协委员列席区政协常委会会议制度》。邀请区政府职能部门通报当前重点工作，进行专题协商。

关注热点问题，服务群众。 全年共编报社情民意信息292篇，其中，编发《社情民意》刊109期，全国政协、北京市相关部门采用33篇，得到14位市、区领导155条批示。

发挥积极作用，服务社会。 参与我区“民族团结宣传月”活动，与区有关部门联合举办宗教界人士学习班，走访我区宗教场所，慰问看望宗教界人士，反映和协调民族宗教工作中的相关问题。举办台情研讨会、组织联谊参观活动，密切联系港澳台侨各界人士。

二、畅通工作渠道，开展协商民主，政协履职求真务实见成效

完善提案工作机制，提高提案办理实效。 全年共收到提案311件，经审查立案297件。组织召开提案办理现场会，将40件提案列为政协领导领衔督办的重点，将协商理念贯穿于提案工作全过程。

激发民主监督动力，增强民主监督效能。 选派15位政协委员担任区城市管理监督中心、区司法局等政府部门特邀监督员和区法院人民陪审员。社会管理综合治理民主监督小组和财政预算民主监督小组积极开展活动，切实发挥民主监督作用。

举办东城发展论坛，协商民主更具成效。 组织“我为东城发展建言献策”大会发言活动。以“东城区公共法律服务需求与应对”专题调研和专业调查为基础，举办专题论坛。

三、注重互联互动，加强协同合作，政协履职规范有序显活力

创新工作方式，进一步提升专委会工作水平。 就“如何为中小微企业服务，推动企业健康发展”主题，通过走访调研、现场咨询服务、委员沙龙等方式，提出建立助推中小微企业科学发展的长效机制、加快企业转型升级等意见建议。继续开展委员互访活动。全年共召开27次专题座谈会，不断拓展委员参政议政的广度与深度。

强化委员界别意识，进一步突出界别工作特色。 坚持机关各处室联系界别工作机制，推动界别委员将协商意识转化为自觉行动。组织界别委员或相近界别委员开展活动，增强社会各界的联系和互动。

拓展履职平台，进一步完善委员街道活动小组工作机制。 17个委员街道活动小组共组织72次活动，全体委员不同程度地参与了委员街道活动小组工作，为地区经济社会发展贡献智慧和力量。

四、加强队伍建设，增强工作效能，政协履职内强素质展风采

充分发挥各民主党派和无党派人士在人民政协中的重要作用。支持各民主党派和无党派人士通过政协组织参与重大方针政策的平等协商及其履职活动，开展联合调研视察。在提案工作中加大对党派团体提案的征集力度和督办力度，开展民主党派提案分析工作。

重视加强委员队伍建设，充分调动委员履职积极性。全年就“贯彻落实中共十八大对人民政协的新要求，做称职的政协委员”“全球视野中的中国政治发展道路比较”“积极探索中国特色的公共文化服务体系建设之路”等主题举办讲堂活动，各专委会举办了5次专题讲座，参加活动的委员和政协机关干部达1500余人次。

抓好政协机关自身建设，服务能力和水平进一步提升。坚持走访委员工作制度，主席、副主席、秘书长走访委员单位45家，走访委员51人，密切政协组织与委员和委员单位的沟通交流。编纂《民国时期北京的欧美同学会》，发挥文史资料“存史、资政、团结、育人”的作用。加大政协宣传工作力度，进一步加强与全国政协、北京市政协、兄弟省市区县政协的工作联系，扩大东城区对外影响力。

工作存在不足：协商民主形式的运用不够均衡，协商民主的途径和方法有待进一步丰富和创新；民主监督范围和监督领域有待进一步拓展；参政议政主动性和积极性同服务发展的需要还有一定差距等。

本年工作意见

一、强化理论学习，坚持政治方向，夯实政协履职共同思想基础

发挥政协党组领导核心作用，将继续开展的“服务社会、服务发展、服务群众”主题活动与党的群众路线教育实践活动紧密结合起来，确保党的群众路线教育实践活动取得实实在在的成效。

二、把握工作大局，加大履职力度，助推区域经济社会科学发展

全年围绕生态环境建设、城市建设管理、产业结构优化升级、城市安全运行等方面内容选好专题，议政建言。结合全区中心工作和重点任务，就委员关注的教育、就业、养老、城市管理和中小微企业发展等课题组织视察调研。

三、弘扬两大主题，维护社会稳定，促进民生改善措施有效落实

发挥各党派团体和各界委员中专家学者的作用，围绕提升和丰富我区文化内涵、维护社会稳定、促进民生建设等相关问题开展调研，提出意见建议。密切与民族宗教、港澳台侨各界人士的交往与联系，加深相互理解、认同和信任。充分发挥工商联、无党派人士和人民团体的作用，扩大政协工作开放度和社会参与度。

四、加强自身建设，突出工作重点，提高政协委员履职整体水平

适时开展联系走访活动，加强与各民主党派、工商联和各人民团体的团结合作。强化专委会的基础性作用，推进政协经常性活动的有序开展。加强对界别工作的服务和指导，组织对口联系、情况通报、视察调研，发挥界别作用。加强委员街道活动小组工作，丰富活动内容，创新活动形式，确保活动实效。加强委员队伍建设，完善工作机制，建立健全委员履职服务管理信息系统，提高履职效能。

聚焦中心任务　创新体制机制
不断提高党风廉政建设和反腐败工作科学化水平

2014年2月8日在中共东城区第十一届纪律检查委员会第四次全体会议上的报告

中共东城区委常委、纪委书记　夏树军

上年党风廉政建设和反腐败工作主要情况

上年，在市纪委监察局和区委区政府领导下，全区各级党组织和纪检监察组织认真贯彻落实党的十八大精神，狠抓纪律、作风两项建设，围绕“不敢腐、不能腐、不想腐”科学谋划和深入推进全区党风廉政建设和反腐败斗争，多项工作走在全市全国前列，得到市纪委和区委区政府领导的充分肯定。

一、认真贯彻落实中央八项规定精神，严肃纠正“四风”工作取得明显成效

一是抓教育、建制度、重监督、严惩处，坚决贯彻落实中央八项规定精神。对转变工作作风、严格执行各项纪律规定、严肃查处曝光违纪案件提出明确要求、作出具体规定。会同有关部门对全区各单位贯彻落实中央八项规定精神情况的监督检查，加大案件查处力度。专题召开全区领导干部大会，通报案件查处情况。全年全区性会议数量同比下降46.3%，全区制发的各类文件同比减少19.7%，举办的庆典等各类活动数量同比减少54.2%，赴外学习考察批次同比减少61.5%，“三公”经费同比下降了8%。

二是查问题、抓整改、提效能、转作风，扎实开展作风建设专项治理。组织对区行政服务中心各窗口单位工作效能开展专题调研，查找出14个方面问题，督促有关部门整改。组织开展网上违规行为专项治理，对全区办公电脑的违规使用行为进行电子监察，存在违规行为的单位数下降90%、人数下降96%。认真受理“政风行风热线”，对教育、卫生等7个系统和行业开展民主评议；开展会员卡专项清理，全区党员干部作出零持有报告和承诺。

二、加大执纪监督工作力度，促进决策部署贯彻落实，有效维护了政令畅通

围绕保证区委区政府重大决策部署贯彻落实，认真履行执纪、问责、把关职责，重点加大了对生态文明和城市环境建设、全国文明城区文明程度指数测评等监督检查力度，督促拆除违法建设1753处；对钟鼓楼广场恢复整治、煤改电工程、50个政府投资非基本建设项目、143个政府投资小型工程等开展全程监督。采取统一立项、联合立项、指定立项的形式，对美丽东城建设等107个项目开展效能监察，分别给予4人通报批评和调离岗位等问责处理。在东直门、东花市街道推进规范执法行为、规范政务服务、提高执法能力和水平试点工作。受理行政投诉案件114件，直接查办38件，按规定追究相关人员的责任。协调推进政府绩效管理，区政府效率和效能在全市政府绩效评估中处于领先水平。

三、加大查办违纪违法案件工作力度，继续保持了惩治腐败的高压态势

坚持有案必查、有腐必惩。区纪委监察局和基层单位办案数量均取得历史性突破。

一是充分发挥信访举报主渠道作用与多措并举拓宽案件线索来源并重。建立健全信访举报件统一由信访室管理、信访举报件一律上排查会研究、案件线索统一由案件检查室管理等相关制度规定，加大纪内信访件初核比重。开发案件线索查询比对系统，结合群众投诉和对重点项目的监督检查，突出巡视工作重在发现问题的职能作用，多措并举拓宽案件线索来源渠道。

二是建立完善查办案件组织协调机制，有效整合全区办案力量。完善反腐败领导小组、经济责任审计工作联席会、大要案协调小组等办案机制，充分发挥纪检监察机关和司法机关、审计部门各自专长，整体联动形成合力。组织力量集中开展案件线索清理和积案清理工作。采取联合办案方式，加强对基层办案人员业务指导。

三是充分发挥案件查办治本功能，查处一案教育一片。在查办案件中，分析腐败案件形成原因，查找制度、流程、管理等方面存在问题，有针对性地提出完善系统、严格程序、加强教育、轮岗交流的意见建议。逐卷评查上年度办结案件，抽查处分决定执行情况。

四、深化廉政风险防控“三个体系”建设，进一步加强了对权力运行的监督制约

一是深化处级单位廉政风险防控“三个体系”建设，着力提高整体水平。会同区委组织部研究探索处级领导班子成员职责分工暂行办法。分析工程建设、拆迁补偿及社保领域腐败案件发生原因，以案倒查廉政风险。在街道系统试行权力结构和权力运行规范化标准化，推行公务接待、会议、培训、差旅、交通、出国（境）六费公开；在政府委办局开展自由裁量权研究，细化和量化了5148项行政处罚事项标准。率先在全市建成廉政风险防控电子监察平台，保障性住房、政府采购、招投标智能分析、小工程建设、网络违规行为监察等10个管理监察系统上线运行，平台建设全市现场观摩会在我区召开，并作为北京市纪检监察系统典型工程上报中纪委。

二是开展区级领导班子权力公开透明运行工作，推进廉政风险防控“三个体系”建设向上向下延伸。制发《东城区深化廉政风险防控管理推进区级领导班子权力公开透明运行实施方案》，梳理区级四套领导班子涉权事项、区级领导干部涉权事项、编制权力运行流程图。指导17个街道基本完成社区廉政风险防控“三个体系”建设标准模板研究制定。区、街道、社区三级19174项行政职权和服务事项依法公开，全区“三公经费”预算、17类财政专项资金执行情况以及教育、卫生、民政等8部门财政专项支出全面公开。对和平里街道、环卫一中心等10家单位开展巡视和回巡。

五、深入开展反腐倡廉宣传教育，着力解决入心入脑问题

坚持新提拔干部任前集体廉政谈话制度，制作发放廉政提示锦囊。组织党员干部5000余人次参观法院庭审和东城看守所；组织开展群众性勤廉文艺创作活动；在重要时间节点向全区领导干部发送廉政提醒短信。开通“古韵正声”官方网站和“廉政东城”微博、微信。编纂《北京历史廉

政文化大观》和《古代英烈廉政诗词集粹丛书》，举办“廉者仁心—北京古代廉政历史文化展览”，得到中纪委、市纪委充分肯定和社会各界广泛赞誉。

六、加强自身建设，着力打造忠诚可靠的纪检监察干部队伍

制定《关于规范联合派驻纪检组工作的若干意见》，对联合派驻纪检组职能定位和履职方式作出明确规定；制定纪检监察干部任免相关制度和业务流程，全年选配纪委书记、纪工委书记、纪检组长共21人，监察科长21人。制定并认真执行改进作风和厉行节约的系列制度规定；全区性会议减少了50%，专题会议减少了25%；精减公文种类60.9%；“三公”经费同比下降44.8%。制定《东城区纪检监察干部行为规范》，开展丰富多彩学习教育活动。

本年党风廉政建设和反腐败工作的主要任务

一、认真贯彻党的十八届三中全会精神，加强反腐败体制机制创新和制度保障

认真落实党风廉政建设责任制。

改革完善纪律检查体制和派驻统一管理。

二、认真贯彻落实中央八项规定精神，加强党的纪律建设，持之以恒纠正“四风”

严格执行党的政治纪律、组织纪律、工作纪律、财经纪律和生活纪律。

三、坚持以零容忍态度惩治腐败，构建“不敢腐”的惩戒机制

以法治思维和法治方式惩治腐败，规范并严格执行党内审查审批程序，进一步提高依纪依法、安全文明办案的质量和效率。

坚持抓早抓小，治病救人。以案倒查风险点，将案发原因与权力运行制约监督机制建设、反腐倡廉宣传教育有机结合。

四、加强和改进权力制约与监督，构建“不能腐”的防范机制

科学制定并实施我区惩防体系建设实施办法，细化分解2014年惩防体系建设任务。加大对制度执行情况的监督，切实提高制度的执行力。

深入推进廉政风险防控“三个体系”建设。

五、加强和改进党员干部的教育管理，构建“不想腐”的保障机制

积极发挥反腐倡廉宣传教育和廉政文化的先导作用。充分运用区反腐倡廉宣传教育协调机制，搭建大宣教平台。建好用好“古韵正声”官方网站。

认真落实党内监督各项制度，让法规制度刚性运行。

六、转职能、转方式、转作风，进一步加强纪检监察干部队伍建设

创新体制机制　加快推进三转 不断提高党风廉政建设和反腐败工作科学化水平

2014年8月7日在中共东城区第十一届纪律检查委员会第五次全体会议上的报告

中共东城区委常委、纪委书记　夏树军

上半年主要工作完成情况

一、积极推进党委主体责任和纪委监督责任的落实

一是强化“两个责任”意识。区委、区纪委常委会着力提高思想认识，把思想和行动迅速统一到中央和北京市的部署要求上来。区委书记杨柳荫专程做客北京纪检监察网“在线访谈”和北京电视台“锐观察”节目，区纪委书记、副书记带队到全区各单位宣讲“两个责任”，区纪委主要领导为委局机关全体干部讲专题党课，为全面落实“两个责任”奠定坚实的思想基础。

二是督促落实“两个责任”。认真落实党风廉政建设责任制，把97项具体任务分解到39个牵头单位、19名主管区领导。研究提出落实“两个责任”的五项措施：区纪委监察局领导班子成员每年一、三季度分两轮深入基层召开座谈会；各单位党风廉政建设任务实行签字背书并报区纪委备案；区纪委监察局领导班子成员对各单位落实“两个责任”等情况进行约谈；区纪委常委会专题听取基层单

位党风廉政建设和反腐败工作整体情况汇报；将落实“两个责任”纳入党风廉政建设责任制检查考核内容。

二、加快推进“转职能、转方式、转作风”

一是调整精简议事协调机构。将区纪委监察局牵头或参与的80个议事协调机构调整精简至15个。改进监督检查方式，建立健全问题线索移送机制，督促相关职能部门围绕重点领域、重点问题，切实履行好监管职责；按照全市统一部署，开展统一立项监督检查。

二是调整区纪委监察局机关内设机构。在不增加机构、编制、人员的条件下，成立案件监督管理室，将原来的1个案件检查室调整为3个纪检监察室，直接从事纪检监察主业的部门达到8个，分别占内设机构数的66.7%、总人数的64%。

三是扎实推进纪律检查体制改革。成立区纪律检查体制改革专项小组，下设5个课题组，围绕落实党风廉政建设监督责任、强化查办案件和反腐败协调工作、党的纪律检查工作双重领导具体化、加强和改进巡视工作、完善下级纪委向上级纪委报告制度和预防腐败工作五个方面，开展调查研究和实践探索。

三、继续保持惩治腐败高压态势

坚持把查办案件核心职能摆在更加突出的位置，有腐必惩、有贪必肃。

一是主动出击，拓宽案件线索来源渠道。充分发挥区反腐败协调小组的作用，建立案件线索移送机制，公检法机关每季度向区纪委报送受到司法处理的人员名单；充分发挥区经济责任审计联席会的作用，责成审计局发现问题线索及时移送区纪委；通过廉政风险信息化防控电子监察平台、“古韵正声”网上举报平台和加强对大额资金、重点项目的监督检查。

二是整体联动，形成反腐败强大合力。采取开展办信办案专题培训、与基层联合办案、召开案件评查会等形式，提高基层办案人员的业务能力；加强对基层信访举报和案件查办工作的管理考核，调动基层办案积极性。发挥纪检监察、司法、审计等机关和部门的各自专长，整体联动、形成合力。

三是关口前移，坚持抓早抓小抓苗头。加大信访排查、信访直查、信访监督力度。做好“预初核、预了解”，开展“点对点”关爱教育，充分运用函询、信访谈话、诫勉谈话等方式提示提醒。开展廉洁自律情况审核。

四、深化廉政风险防控“三个体系”建设

一是强化对权力运行的制约和监督。继续抓好廉政风险防控“三个体系”建设向上向下延伸，探索建立社区“三个体系”建设标准模板。制定实施《东城区关于处级领导班子成员职责分工的暂行办法》。研究起草全区党政机关和国有企事业单位“六费”公开实施办法。

二是深化廉政风险信息化防控工作。率先在全市建成廉政风险信息化防控电子监察平台。既强化了对权力运行的实时监管，压缩权力寻租的空间，有效预防腐败；又通过深挖异常现象背后的问题，发现了问题线索，拓宽了案件线索来源。《北京日报》先后对我区建立全区权力清单制度和防控小型工程风险、规范政府采购等方面的做法和成效进行了专题报道。今年市纪委预防腐败局又在我区召开了全市廉政风险信息化防控工作推进会，我区再次在会上作了经验交流发言。

五、扎实开展党的群众路线教育实践活动

一是对“四风”突出问题开展专项整治。将监督执纪贯穿专项整治全过程，印发《关于严明纪律加强监督执纪确保专项整治工作取得实效的意见》，督促各单位认真落实整改任务。推动全区所有直接面向群众的科队站所、便民服务大厅及各受理窗口开展“两规范一提高”工作。加强对“政风行风热线”信件反映问题的筛查和督查，强化对群众投诉的直查和回查，采取联合调查等方式，督促相关部门认真解决关系群众切身利益问题。

二是高标准推进委局机关教育实践活动。常委会发挥好带头作用，把学习教育贯穿活动全过程，开展了30次集中学习以及11次参观学习等其他活动。广泛听取全区各单位、纪检监察干部、老干部、“两员”代表、机关干部共530多人的意见建议。各位常委深入开展谈心交心活动。针对查摆出的突出问题，常委会制定整改任务书、路线图和时间表，切实解决存在的突出问题。

三是严肃查处顶风违纪行为。采取有效措施认真核查“四风”问题举报线索，用严明的纪律释放执纪必严的强烈信号。

四是强化党风廉政教育。运行好“古韵正声”官网和“廉政东城”微博、微信，“古韵正声”官网上线及特色栏目得到中央纪委监察部网站的推介。围绕争创“国家公共文化服务体系示范区”建设，统筹协调全区廉政文化建设项目，推进全区廉政文化网络系统化。在全区开展“北京廉政故事”、“廉政微短剧”等廉政文化原创征集活动，出版《古代英烈廉政诗词集萃丛书》，积极营造崇尚廉洁的良好氛围。

下半年重点任务安排

一、加强反腐败体制机制创新和制度保障

一是深入落实党委“主体责任”、纪委“监督责任”。

二是深入推进纪律检查体制改革。

二、深化“转职能、转方式、转作风”

一是紧紧围绕监督执纪问责深化“三转”。

二是深入开展群众路线教育实践活动。

三是加强常委会及干部队伍建设。

三、继续加大惩治腐败力度

一是突出办案重点。

二是加大办案力度。

三是规范线索处置。

四、深化权力制约与监督机制建设

一是进一步提高廉政风险防控“三个体系”建设科学性有效性。

二是不断增强执纪监督实效。

五、巩固和扩大作风建设成果

一是深化专项整治工作。

二是加强专项整治检查。

三是强化作风制度建设。

四是严肃惩戒问责曝光。

六、筑牢党员干部拒腐防变的思想道德防线

一是增强党风廉政教育有效性。

二是加强反腐倡廉宣传和舆论引导工作。

三是深入推进廉政文化建设。

东城区 2013 年国民经济和社会发展计划执行情况与 2014 年计划（草案）的报告

2014 年 1 月 7 日在东城区第十五届人民代表大会第四次会议上

东城区发展和改革委员会主任　李铁生

上年国民经济和社会发展计划执行情况

上年，我们在区委的坚强领导下，在区人大、区政协的监督支持下，深入贯彻党的十八大精神和十八届三中全会精神，深化改革开放，强化创新驱动，全面落实经济、政治、文化、社会、生态文明“五位一体”总体布局，注重提升区域文化软实力，加快转变经济发展方式，加强城市精细化管理，积极推动全区经济社会发展，圆满完成年初区人代会确定的各项目标任务。

一、经济运行总体平稳

主要经济指标运行平稳。预计全年全区地区生产总值同比增长 8% 左右；实现区级财政收入 147.72 亿元，同比增长 9.6%；完成全社会固定资产投资 190 亿元；社会消费品零售额同比增长 5%。

经济发展质量继续提升。预计全年地均 GDP 实现 37.43 亿元 / 平方公里，地均财政收入实现 3.53 亿元 / 平方公里，均位列全市第二。地均固定资产投资额达到 4.54 亿元 / 平方公里，投资强度位列全市第一。预计实际利用外商直接投资额 6.61 亿美元。预计全年万元 GDP 能耗下降 3.1%，荣获北京市节能先进区县称号。

重点产业发展良好。预计第三产业增加值占 GDP 比重达到 96% 左右，位列全市首位。六大重点产业增加值占 GDP 比重达到 66% 左右。金融业、信息服务业、文化创意产业均呈现快速增长态势，对全区经济增长的带动作用明显；旅游业、商务服务业实现平稳增长。

二、文化强区战略全面推进

历史文化保护工作成效突出。“三个十工程”完成 26 项，其余 4 项进展顺利。北中轴路景观改造工程竣工，钟鼓楼广场恢复整治项目积极推进，时间博物馆主体结构完工，北京外城东南角楼历史文化景观标志性建筑恢复工程进入立项环节。前门西区兴华园项目正在装修，广和剧场、广和查楼项目地下工程已完成，前门地下停车场一期投入使用。前门东区修缮整治工程正积极推进方案设计。陈独秀旧居、清华寺腾退修缮等名城重点保护项目顺利推进。在全市率先开展且已基本完成区内历史建筑调查工作。“平安故宫”文物修复保护项目正式启动，龙顺成等 3 家企业进宫开展修复，共修复 15 件。在清末自来水厂旧址修缮项目、朝内南小街 439 号近现代建筑修缮项目中，有效引入社会资本用于文物保护。

公共文化服务能力不断增强。构建了东城区公共文化资源分类供给体系，成功获得第二批“国家公共文化服务体系示范区”创建资格。“一刻钟文化圈”建设成效明显，初步实现了公共文化设施均等化。完成了永外、天坛等街道文化活动中心达标工程建设。万米以上文化广场从 2 个扩展到5个。

文化经济发展良好。文化创意产业结构进一步优化，增加值占GDP比重达到12%左右。广播、电视、电影和文化艺术等行业高速发展。健全产业培育和孵化机制，组建胡同工厂孵化器产业联盟，发起设立全市首家专门面向文化产业的融资性担保机构。实施“戏剧东城”发展工程，给予23个剧目、12家剧场近2000万元资金支持。南锣鼓巷获得中国特色商业街称号。

三、转方式调结构初见成效

功能区集聚效应不断增强。建立功能区统筹发展联席会议制度，健全功能区统计监测机制，“两带五区”集约化发展水平不断提升。中关村东城园积极推进国家文化和科技融合示范基地建设。制定《北京市东城区推进中关村东城园文化和科技融合发展行动计划（2013-2015年）》。研究编制《中关村东城园2014-2015年发展规划》。王府井商业发展带深入实施品牌升级、环境再造和项目带动战略，王府井国际品牌中心等项目有序推进。东二环高端服务业发展带获首批“北京市总部经济聚集区”和“北京市商务服务业集聚区”称号。前门历史文化展示区积极推进商业转型升级，新开业老字号商家及知名品牌商户30余家，文化体验式消费街区正在逐步形成。龙潭湖体育产业园基本完成土地整理收储，稳步推进区国民体质测定与运动健身指导中心和国际体育交流中心项目建设。和平里商务新区安和菜市场项目已开工。永外现代商贸区加大对百荣世贸商城、永外城等以有形市场业态存在的批零企业的调整力度。

区域发展环境不断优化。全面落实“营改增”、寿险免税等税制改革工作，做好政策宣传、纳税服务工作。出台了进一步加强政府投资管理和代建机构库管理办法。建立健全重点企业分类指导服务机制及跨部门联动服务机制，成立总部企业、文化旅游等五个联组，开展“政企互动兴东城”品牌系列活动。加强和改进行政服务，整合“大厅导办联动、网上平台互动、效能监察制动”信息资源，建立全流程智能导办联动系统，实现“办事便捷化、审批电子化、监控网络化、服务规范化”。召开东城区中小企业服务中心投融资平台金融机构推介会，促成30余家金融机构签订服务合同。

四、民生保障不断加强

就业和社会保障工作顺利开展。居民收入水平稳步提升，预计城镇居民人均可支配收入达41644元，同比增长8%。健全促进就业创业体制机制，预计城镇登记失业率控制在0.78%以内，安置就业困难人员7785人，实现创业1330人，带动就业3961人，零就业家庭实现动态为零。完成养老、失业、工伤、生育、医疗五项社会保险基金征缴162.46亿元，收缴率99%，累计支出147.12亿元，人均按月支付基本养老金同比增长11.86%，保证了社会保险各项政策顺利落实。全面落实救助政策，对区内低保对象及生活困难补助人员发放各类救助金1.07亿元。全区共有养老机构11家，床位数1375张。试点“公建民营”和“医养融合”模式，汇晨老年公寓正式运营并引进隆福医院入驻开设门诊。探索开放式养老机构服务模式，景山尚爱老年养护中心为400名老年人提供居家配餐服务。

社会事业稳步发展。科技创新取得新成果，预计全年专利申请量7400件，授权量5000件。新增5家市级科普基地，全区各类市级科普基地达到26家，占全市总数的10.7%。被住建部确定为首批国家智慧城市创建试点，全面推进“智慧东城”建设。继续实施“精品”、“特色”教育发展战略。完成“学前教育三年行动计划”任务目标，三年来共计投入2.1亿元改扩建、新建幼儿园13所，增加学位近3000个，呈现出各类园所协调发展、优质多样的办园格局，基本缓解入园难问题。加强优质园建设，新增2所北京市示范幼儿园和1所北京市早教基地。深化“学区化”管理、“学校深度联盟”和“校区制”工作品牌，扩大优质教育资源覆盖面。推出校际共享网络同步课程1393节。校安工程三年行动计划基本完成，累计投入12.3亿元加固翻建83个校址34.9万平方米。公共卫生服务承载能力不断提升。天坛社区卫生服务中心被授予全国示范社区卫生服务中心称号。中医药特色健康管理社区总数达到139个。以老年脑血管病后遗症和老年骨关节病为切入点，建立了通畅的转诊“绿色通道”和检查、化验结果互认体系。区第一妇幼保健院古建修缮、新建工程已完工并开业。东直门社区卫生服务中心建设工程已结构封顶。医改工作、医改创新和社区卫生工作均位列全市第一。公共体育服务职能进一步强化。全面推进“奥林匹克·体育生活化社区”试点建设工作，形成区、街道、社区三级管理标准体系。完成121个“奥林匹克·体育生活化社区”试点建设标准文本。

民生工程有序推进。加快实施保障性住房、对接安置房、老旧小区综合整治、“煤改电”等民生工程。大力推进抗震加固工作，提高老旧楼房的抗震设防能力，确保人民群众的居住安全。年内共计完成90栋，26.36万平方米直管公房的改造，竣工规模位居全市第二，约占全市抗震加固竣工总量的1/3，4656户居民受益。天坛东里24栋老楼是全市首批完成的成片老旧小区改造项目，社会反响强烈。认真落实国家节能减排要求，完成111栋67.29万平方米既有非节能居住建筑的节能改造工作，10878户居民住得更加温暖和舒适，冬季室温较改造前提高了4-8度。保障房项目全面实施，豆各庄1号地项目部分住宅已封顶，定福家园A组团、北苑宾馆、焦化厂对接房等多个保障房项目积极推进，通州“两站一街”项目已开工建设。

五、精细化管理水平全面提升

社会服务规范化水平不断提升。研究制定“大城管”体制改革方案和“两网”融合实施方案，网格化社会服务管理模式不断深化，推进社区服务站标准化建设，已完成91个社区服务站的新标识建设工作。“一刻钟社区服务圈”社区覆盖率达到90%。东直门街道东外大街社区和永外街道松林里社区分获第六届北京市“魅力社区”荣誉称号和单项奖。

城市综合管理能力不断增强。以精细化管理年为契机，继续围绕“九横八纵”主干路网和胡同街巷、老旧小区，大力实施“九个明显提升”工程。确定26条大街，开展“门前管理责任制”试点。灯市口大街、光明路、体育馆路、左安门内大街、崇文门东大街5条市级达标道路通过验收。完成安内大街等10条重点大街环境整治工作。完成前后圆恩寺等24条胡同和郭庄北里等16个老旧小区环境整治提升工程。结合胡同环境整治，实施了五道营、北兵马司等20条胡同“单行单停”整治工作。513条背街小巷实现环卫达标。建立“日报告、周通报、月考核、季计划”机制，大力查处新生违建，实现违法建设零增长，全区共拆除违法建设1735处，4.74万平方米。推进绿化加密和身边增绿工作，开展“六美”创建工作，实施“千棵大树、万株攀援植物”进社区工程，区域环境品质进一步提升。抓好餐饮业油烟专项治理工作，严格控制扬尘污染、机动车排放污染和工业污染，顺利完成3家高污染行业企业退出工作。建立重污染日应急联动机制，制定我区空气重污染日应急工作方案。

“平安东城”建设扎实推进。持续加大社会面防控力度，切实提高群众安全感和满意度。深入推进“平安东城”常态化建设，严格落实信访代理制，完善群防群治网络，圆满完成十八届三中全会等重点时段和敏感期的维稳工作。编制我区“十二五”燃气规划设计方案，开展出租房屋、餐饮场所燃气安全专项治理。开展安全生产“打非治违”专项行动。对国家基本药物和社区卫生服务药品开展覆盖性抽验。

本年国民经济和社会发展计划安排

本年经济社会发展主要指标是：

——地区生产总值增长7.5%左右；

——区级财政收入增长5.5%；

——城镇居民人均可支配收入增长8%；

——社会消费品零售额增长5.5%；

——实际利用外商直接投资额5亿美元；

——城镇登记失业率控制在2%以内；

——万元GDP能耗下降3.1%。

为确保上述目标的实现，主要做好以下几方面工作。

一、加快转变经济发展方式，推进经济可持续发展

二、实施“文化强区”战略，增强文化核心竞争力

三、创新体制机制，深化各项改革

四、保障和改善民生，促进社会公平正义

五、大力推进生态文明建设，努力建设美丽东城

东城区2013年财政预算执行情况和2014年财政预算（草案）的报告

2014年1月7日在东城区第十五届人民代表大会第四次会议上

东城区财政局局长　崔燕生

上年预算执行情况

2013年是党的十八大召开后全新发展的关键之年。在区委的坚强领导下，在区人大、区政协的监督下，区财税部门深入贯彻十八大精神，认真落实市、区各项工作部署，在全区各部门的支持配合下，促进经济发展、保障各项事业、推进财政改革，全力以赴完成财政预算任务，全年财政收支预算执行情况良好。

一、财政收支预算执行情况

（一）财政收入预算执行情况

2013年，东城区公共财政预算收入预计完成1477200万元，为年度预算1466300万元的100.7%，同比增长9.6%；政府性基金预算收入预计完成81323万元。

增值税预计192000万元，同比增长91.8%。主要是随着“营改增”试点改革推进，增值税征收范围扩大及社会消费增长带动增收。

营业税预计445000万元，同比下降21.9%。主要是受“营改增”试点改革缩小税基及落实寿险免税政策退付税款影响。

企业所得税预计381000万元，同比增长46.4%。主要是市财政调整当年企业所得税收入划转方式形成一次性收入带动增收。

城市维护建设税预计111300万元，同比增长0.4%；教育费附加收入预计28000万元，同比增长0.3%。主要是受流转税整体收入增幅放缓影响，增幅较低。

房产税预计153800万元，同比增长7.9%。主要是房产原值和房租收益增加带动增收。

印花税预计61100万元，同比增长1.6%。

城镇土地使用税预计8200万元，与上年基本持平。

土地增值税预计54000万元，同比增长58.5%。主要是部分房地产项目集中清算，形成一次性入库税款带动增收。

车船税预计21300万元，同比增长7.9%。主要是机动车保有量平稳增长带动增收。

政府性基金预算收入预计81323万元，同比下降27.1%。主要是受国有土地使用权出让金收入同比减少影响。

（二）财政支出预算执行情况

2013年，东城区公共财政预算支出预计完成1682345万元，为调整后年度预算的94.2%，同比增长8.8%；政府性基金预算支出预计完成167980万元。2013年财政支出预算变动情况已向东城区第十五届人大常委会第十二次会议专题报告。

一般公共服务支出预计133025万元，同比增长0.3%。主要是严格贯彻中央“八项规定”精神，坚持厉行节约，严控预算追加，在提升政府执政能力、提高公共服务水平的基础上，努力降低行政运行成本。

公共安全支出预计116103万元，同比增长9.4%。主要是推进“平安东城”建设，完善社会治安防控信息化支撑体系建设，实现全区公共安全监管体系全覆盖；支持消防安全宣传，筑牢消防安全“防火墙”。

教育支出预计355328万元，同比增长9.2%。2013年对教育事业的投入预计达到459448万元，比上年增长8.8%，实现依法增长。

科学技术支出预计12536万元，同比增长10%。2013年对科学事业的投入预计达到12536万元，比上年增长10%，实现依法增长。

文化体育与传媒支出预计46861万元，同比增长12%。2013年对文化事业的投入预计达到11506万元，比上年增长14.5%，实现依法增长。

社会保障和就业支出预计352587万元，同比增长11.6%。主要是安排各项社会保障政策资金，确保对各类特困人群补贴资金足额到位；提升再就业服务水平，确保全区就业形势稳定。

医疗卫生支出预计104975万元，同比增长10.5%。2013年对卫生事业的投入预计达到76304万元，比上年增长16.3%，实现依法增长。

节能环保支出预计95744万元，同比增长64.9%。主要是拨付“煤改电”及老旧小区综合整治工程经费，确保各项重点工程任务进度。

城乡社区事务支出预计296055万元，同比增长7.2%。主要是安排旧城解危排险资金，保障对接安置房建设顺利推进；加大对城市环境整治工程资金投入，推进城市管理精细化、网格化服务体系建设。

资源勘探电力信息等事务支出预计7260万元，同比增长15.3%。主要是拨付安全生产标准化建设专项经费，提升安全生产水平；拨付中小企业发展扶持专项资金，提高区域中小企业及老字号企业市场竞争力。

商业服务业等事务支出预计4552万元。主要是支持全区商业服务体系建设，扶持特色便民服务商业机构；支持对区域优质旅游资源的宣传利用，打造国际化、高端化旅游品牌。

援助其他地区支出预计6543万元，主要是支援西藏、青海、新疆、内蒙古等贫困地区发展专项资金。

住房保障支出预计32123万元，同比增长38.9%。主要是启动实物廉租住房项目，拨付廉租住房及公租房租金补贴，归还住房补贴资金本息，保障直管公房修缮维护等。

粮油物资储备管理事务支出预计2318万元。主要用于上缴市财政粮食风险金。

其他支出预计114719万元。主要用于落实各项产业扶持政策、偿还政府债务本息等专项支出。

政府性基金预算支出预计167980万元。其中：地方教育附加安排的支出11162万元；文化事业建设费安排的支出742万元，残疾人就业保障金支出10170万元，政府住房基金支出1393万元，国有土地使用权出让收入安排的支出121341万元，城市公用事业附加安排的支出96万元，城市基础设施配套费安排的支出1325万元，其他政府性基金支出15000万元，彩票公益金安排的支出6751万元。

（三）全年财政收支平衡

按照现行市区财政管理体制，2013年区公共财政预算收入预计1477200万元，政府性基金预算收入预计81323万元，市对区转移支付补助预计232114万元，市财政追加专项补助240838万元，上年专项结转224476万元，调入预算稳定调节基金100000万元，收入总计2355951万元；2013年区公共财政预算支出预计1682345万元，政府性基金预算支出预计167980万元，上解市财政支出预计349314万元，专项结转下年预计156312万元，支出总计2355951万元，实现收支平衡。

鉴于2013年预算执行尚未完成，目前列报的财政收支数字均为预计数，待2013年市区财政结算和财政预算执行完成后，有关数字和内容会有所变化，届时将通过决算草案向区人大常委会报告。

二、充分发挥财政职能，努力开源、强本、固基，做好 2013 年财政各项工作

（一）深挖潜力、增效提质，广开财政发展之源

一是深入落实“招大选强、增收节支”各项工作，不断提升区域经济发展水平。全面梳理关于优化经济发展环境、促进产业发展、扶持中小企业发展等各项政策，进一步提升驻区企业发展活力，增强区域核心竞争力；立足服务本位，主动与企业展开互动，为驻区企业排忧解困，推进政企合作，实现互利共赢；吸引优质企业入驻首都，落户东城，提升全区乃至全市经济的质量和效益。

二是依法加强征收管理，深入挖掘区域财政资源潜力。区财政倒排工作进度，紧盯收入预算执行，确保全年财政收入平稳运行；区税务部门依法强化征管力度，引入第三方专业机构提升稽查检查工作成效，实现各项税收按时足额入库，为全年财政收入平稳增长提供有力保障。

三是突出联动，发挥合力保财政增收。加大区街联动力度，各街道围绕楼宇开展经济工作，通过设立企业集中办公区等方式，不断提升服务水平；拓展部门联动范围，各部门立足自身职责，充分挖掘区域土地、楼宇、建设项目等资源效益，拓展组收工作覆盖面；深化市区联动，通过理顺收入征管关系等方式，扩充区级收入渠道，确保完成全年财政收入任务。

（二）立足保障、突出重点，强化财政发展之本

一是以增进人民福祉为本，加大民生资金投入，推进社会保障体系建设。落实各项社会救助政策，全年拨付社会救助资金 13365 万元，做好城市居民最低生活保障、临时救助以及城市特困人员医疗救助等资金保障；探索“居家养老、社会服务”新模式，全年安排居家养老（助残）服务资金 3715 万元；拨付扶残助残政策资金 7269 万元，推进残疾人社会保障全覆盖；安排资金 7092 万元，扩大就业再就业规模，推进就业服务联盟平台建设，落实各项创业带动就业政策，加强职业技能培训；安排专项资金 1024 万元，推行网格化社会服务管理模式，启动社区规范化建设示范项目，扩大“一刻钟社区服务圈”覆盖范围；安排各项保障性安居住房财政补贴经费 10087 万元，加大对廉租房等保障性安居工程投入力度；安排专项资金 2000 万元，保障政府折子工程、“为民办实事”工程及办理人大政协提案议案等工作顺利开展。全年用于保障民生需求的支出预计 432204 万元，同比增长 11.8%。

二是以提升居民幸福指数为本，加大公共事业资金投入，发挥区域公共资源优势。投入资金 74556 万元，深化国家级教育体制改革示范区建设，支持教育教学研究及中小学生综合素质提升，保障中小学发展三年行动计划，推进中小学办学条件达标和校舍改造工作，支持优质特色学校建设，突出优质教育资源的辐射带动效应；投入资金 32411 万元，推进公立医院改革和基层医疗机构综合改革，支持东城区妇幼保健院等医疗设施升级扩容，保障中医药特色健康管理社区、国家中医药发展综合改革试验区建设；投入资金 7449 万元，支持国家公共文化服务体系示范区创建，推进全区文化中心硬件设施达标，开展百姓周末大舞台、电影公益放映、露天剧场演出等基层公共文化活动，办好“戏剧东城”系列品牌活动；投入资金 3320 万元，重点保障“奥林匹克·体育生活化社区”建设、体育场馆设施升级改造；投入资金 1776 万元，支持科学技术交流及科技主题计划，丰富科普教育活动；安排经费 2950 万元保障人口和计划生育工作。全年对各项重点事业依法增长支出预计达到 475706 万元，同比增长 10.6%。

三是以提升城市环境为本，加大城市管理资金投入，推进绿色低碳宜居城区建设。投入资金 66678 万元，推进“煤改清洁能源工程”，支持垃圾分类推广，扩大既有建筑节能改造范围，推进公共机构热计量改造，落实清洁空气行动计划，支持在全区范围内开展节能新技术、新产品推广应用，倡导绿色低碳的生产生活方式；筹措资金 60100 万元，保障老旧小区综合整治工程顺利推进，加速推进危旧房改造工程；拨付资金 4678 万元，保障清华寺、花市清真寺等重点地区历史文化保护工作顺利开展；投入资金 50000 万元，支持对接安置房建设工程；投入资金 45973 万元，用于“九横八纵”主干路网环境综合整治及景观提升工程，强化绿化美化、夜景照明、道路养护等基础设施运行维护；稳步推进交通疏堵工程，安排资金 928 万元，支持公共自行车服务体系建设，倡导绿色出行方式。

四是以打造服务型政府为本，优化公共服务资金结构，提升政府行政服务水平。加大对“智慧东城”、人才建设和“平安东城”等方面的投入力度。投入资金 8000 万元，落实“智慧东城”行动计划，以创建网格化社会服务管理模式为先导，通过实施一批重点工程，在社会管理、公共服务等领域取得良好效果；安排人才建设专项资金 5000 万元，支持全区人才引进及培养，提升公务员履职能力和行政执行力；投入资金 48955 万元，为建设“平安东城”提供有力保障，支持消防安全户籍化、标准化管理，完善社会治安防控信息化支撑体系建设，支持“六五普法”各项工作，保障社区矫正、安置帮教、法律援助等基层司法工作顺利开展。

（三）完善机制、推进改革，夯实财政发展之基

一是贯彻厉行节约理念。严格落实中央八项规定及中央和北京市关于厉行节约、加强党风廉政建设相关工作要求，牢固树立过紧日子思想，以务实的精神、坚决的态度、有力的措施，把勤俭节约落到实处。严格执行各项经费管理制度及开支标准，进一步加强“三公经费”以及一般性支出管理。2013 年，“三公经费”总额同比下降 7%，庆典、节会、论坛等活动经费减少 2109 万元，会议费、培训费、差旅费、印刷费大幅缩减，严控办公楼等楼堂馆所建设和装修改造支出，全区按照厉行节约工作要求，共计压缩各类经费支出近亿元，通过完善制度、规范管理，使厉

行节约工作在东城区得到了有效落实。

二是完善财政资金管理机制。推进授权支付改革，扩大授权支付代理银行范围，做好基建资金授权支付准备工作；完善公务卡支持系统，强化对公务卡消费信息的动态监控；推进非税收入收缴改革，将74家执收单位纳入改革范围；对历年财政借款进行集中清理，理清债权债务关系，加强日常核算，降低财政资金安全风险。

三是完善预算绩效管理机制。加大预算编制前期绩效考评工作力度，关口前移，按照“预算编制有目标”的管理原则，开展行政事业单位下一年度预算编制绩效目标试填报工作；推进预算绩效管理改革，拓宽工作面，实现绩效评价内容新突破；继续开展大额专项资金绩效评价工作，选取了“数字东城”、“旅游发展”、“教育引导”等3个项目开展大额支出绩效评价，涉及资金约3亿元；加强体系建设，增强预算单位对绩效管理政策和业务的全面了解，增强绩效管理透明度。

四是完善行政事业单位国有资产管理机制。建立健全以资产配置标准为核心的行政事业单位国有资产配置标准体系，完善资产动态管理系统；严格按配置标准安排预算，促进资产配置与预算编制相结合；开展行政事业单位房产出租出借行为合规性检查，严格非税收入管理，实现国有固定资产保值增值；开展行政事业单位房源现状摸底调查，涉及全区248家行政事业单位，为下一阶段实现全区行政事业单位房产资源整合利用，开展行政事业单位产权登记工作奠定基础。

五是完善国有资本经营预算管理机制。试编国有资本经营决算，实现国有资本经营预算管理首个完整周期；加强预算执行情况监督，不断提升国有资本经营预算资金使用效益。2013年收缴区属企业上缴国有资本经营收益2481万元，上年结转收入1071万元，全部安排了支出预算，为区属老字号企业及文化产业发展提供了资金支持。

六是做好各项基础工作。加大对全区各单位财会人员培训力度，开展会计信息质量检查；加强政府采购全过程监管，完善公务用车管理系统，建立协议采购竞价系统；推进财政预决算信息公开，主动公开了2012年财政决算及全区67家单位部门决算、2013年财政预算及全区68家单位部门预算和“三公经费”预算信息，切实保障人民群众的知情权和监督权。

本年预算草案

一、财政收支工作面临的形势

2014年，财政经济发展中各种有利与不利因素并存，财政工作面临新的机遇与挑战。

本年，区级财政收支矛盾仍较为突出，全年财政平衡面临严峻考验。

二、本年预算安排的指导思想及总体安排

指导思想是：全面贯彻党的十八大及十八届三中全会精神，深入落实“两新四化”发展战略，促进区域经济转型升级。坚持厉行节约，从严从紧编制支出预算，切实降低行政运行成本，确保全区重大方针政策和重点工作支出需要；优化支出结构，根据社会事业发展规律和公共服务特点，统筹优化财政资源配置，提升财政保障能力；坚持继承与创新相结合，深化财政体制改革，构建预算绩效管理体系，为建立现代财政制度打下良好基础。

区公共财政预算收入安排1558500万元，比上年增长5.5%；政府性基金预算收入安排13000万元。2014年区公共财政预算支出安排1617355万元，比上年年初预算增长2.9%，其中：区本级支出安排1420000万元，市财政追加专项补助预计94355万元，动用上年专项结转103000万元；政府性基金预算支出安排88432万元。

区公共财政预算收入安排1558500万元，加政府性基金预算收入13000万元、市财政转移支付补助预计233254万元、市财政追加专项补助预计116475万元，上年专项结转资金预计156312万元，动用预算稳定调节基金30000万元后，收入总计2107541万元。2014年区公共财政预算支出安排1617355万元，加政府性基金预算支出88432万元、预计上解市财政支出401754万元，支出总计2107541万元。

三、本年主要支出预算安排情况

一般公共服务支出安排114789万元，同比增长0.4%。

公共安全支出安排84288万元，同比增长0.6%。

教育支出安排337249万元，同比增长7.6%。

科学技术支出安排11725万元，同比增长10.4%。

文化体育与传媒支出安排25480万元，同比增长22.1%。

社会保障和就业支出安排303260万元，同比增长18.4%。

医疗卫生支出安排106781万元，同比增长3.8%。

节能环保支出安排18422万元，同比增长349.6%。

城乡社区事务支出安排254945万元，同比下降19.2%。

资源勘探电力信息等支出安排4066万元，同比增长4%。

商业服务业等支出安排1164万元，同比增长4.5%。

援助其他地区支出安排8000万元，主要是援助新疆、西藏、青海及内蒙古地区支出。

住房保障支出安排25336万元，同比增长17.6%。

其他支出安排280125万元。

立足发展、突出保障、深化改革，确保本年财政预算顺利执行

一、转变方式、促进发展，构建财政增收长效机制

一是优化发展环境，提升区域核心竞争力。

二是转变工作方式，变“组收”为“促收”。

三是夯实各项收入管理基础工作。

二、厉行节约、反对浪费，突出财政资金统筹效益

一是实现财政资金“节流”。

二是推进财政资金“开源”。

三是提升财政资金统筹效能。

三、夯实基础、深化改革，提升财政服务管理水平

一是着力改进预算管理制度。

二是深化国库管理制度改革。

三是完善预算绩效管理框架体系。

四是完善国有资产管理机制。

五是提升国有资本经营预算管理水平。

六是推进各项财政财务基础工作改革。

东城区人民法院工作报告

2014年1月8日在东城区第十五届人民代表大会第四次会议上

东城区人民法院代院长 赵 军

上年主要工作

一、坚持公正高效，认真履行审判执行职能

全年受理各类案件22151件，同比上升4.3%，审结20635件，法定审限内结案率99.98%。其中，审结刑事案件1192件，判处罪犯1553人；审结民商事案件12806件；审结知识产权案件784件；审结行政案件437件；执结案件5416件，执结到位金额10.6亿元。

（一）发挥刑事审判职能，依法惩治犯罪，积极推动平安东城与法治东城建设

严厉打击严重刑事犯罪，增强人民群众安全感，审结抢劫、强奸、故意伤害、毒品犯罪案件224件；严惩群众反映强烈的多发性侵财犯罪，审结盗窃、电信诈骗类犯罪案件681件，同比上升13.9%；依法惩治职务犯罪，审结贪污贿赂、渎职犯罪12件，判处罪犯17人。坚持罪责刑相适应原则，防止量刑失衡，准确把握宽严相济刑事政策，对34名被告人判处十年以上有期徒刑，宣告缓刑112人，未成年人犯罪非监禁刑适用率达36.7%。严格证据制度，防止冤假错案，积极推进非法证据排除规则适用与证人、鉴定人出庭作证工作。重视人权保障，在未成年人犯罪案件中探索施行“合适成年人参与庭审”机制。妥善处理敏感案件，审结原天安门地区管委会服务中心副主任李拥军贪污案、“亿霖木业”购林人寻衅滋事案等一批社会影响重大的案件。

（二）发挥民商事、知识产权审判职能，有效化解矛盾纠纷，保障和促进区域经济社会发展

加强司法应对，妥善处理涉及限购、限贷政策的房地产案件，审结房屋买卖合同纠纷、拆迁纠纷、物业纠纷等房地产案件1918件，涉案金额1.12亿元。坚持保障和改善民生，妥善审理婚姻家庭继承案件1993件，医疗纠纷案件118件，相邻关系纠纷案件190件，注重维护家庭、医患、邻里关系和谐融洽，其中69.6%的案件以调解方式结案。依法平衡劳动者与用人单位之间的利益，维护劳动者合法权益，审结劳动争议案件1186件。发挥司法裁判的导向作用，促进市场主体健康发展，审结涉企业股东权益、公司清算、企业破产案件75件。维护公平公正市场交易秩序，引导经济主体依法经营，审结买卖、租赁、运输、服务等合同纠纷案件419件，涉案金额1.4亿元。保障金融业健康发展，审结借款、信用卡、保险等案件2431件，同比上升35.7%，涉案金额9.87亿元。深化联合调解机制，加大与保险行业协会联合调解力度，保险案件调解率达64.7%。推进小额诉讼程序适用与人民调解协议司法确认工作，节约司法资源，提升审判效率。注重通过知识产权审判保护创新，推动文化强区战略，审结《舌尖上的中国》著作权侵权案、百度诉奇虎不正当竞争案等一批具有较大社会影响的案件。开展南锣鼓巷知识产权保护活动，为文化创意产业发展保驾护航。

（三）发挥行政审判职能，监督行政机关依法行政，切实维护行政相对人合法权益

严格行政行为合法性审查标准，判决撤销或部分撤销具体行政行为、确认行政行为违法、责令履行法定职责的71件，行政机关一审败诉率16.3%。加强行政案件协调解决力度，促进行政纠纷实质化解，18.9%的案件原告与行政机关达成和解并自愿撤诉。深入开展行政审判年度报告工作，与区政府联合召开“加强司法与行政良性互动、共同促进依法行政”座谈会。针对道路交通管理、信息公开、违法建设查处等易发行政诉讼领域，加大司法建议力度，有效引导规范行政执法。发挥行政审判的法制教育功能，组织区委党校中青班学员、市级机关副处级公务员、区交通支队等百余人旁听典型行政案件庭审。

（四）发挥执行工作职能，努力实现胜诉当事人合法权益，维护司法权威

用足、用好法律赋予的执行手段和措施，加大执行威慑力度，严厉打击规避执行行为，拘留53人次，罚款95万元，限制出境40人次。落实最高法院《关于公布失信被执行人名单信息的若干规定》，公布拒执人名单18人次，有效促进区域社会信用体系建设。实施紧急执行无假日制度，紧急执行33次。按照中央和最高法院部署，圆满完成涉党政机关积案清理工作。规范案款分配及参与分配程序，做好案款发放工作，将执行案款全面纳入数字化管理，发放案款4.21亿元。全力保障市、区重点工程建设，顺利执结前门一号地段、西革新里强制拆迁案。妥善处理北京工美集团申请执行红宝石娱乐中心腾房案等37件复杂执行案件。加强执行工作规范化管理，全面查摆各种执行失范行为。定期梳理督办长期未结案件，确保及时执行。我院执行业务综合指数排名全市法院第二位。

二、坚持为民务实，努力让人民群众在每一个司法案件中都感受到公平正义

（一）诚信工程建设深入推进

一是严格审判质量管理。开展案件质量重点评查专项活动，充分发挥“审判管理、纪检监察、信访投诉”三位一体案件评查机制的积极作用，评查案件156件，抽查案件1400余件，认定差错案件16件，一审判决案件改判发回重审率由去年的0.23%下降到0.21%，审判质效综合指数排名全市法院首位。

二是强化审判效率管理。加强立案、审判、执行的内部衔接，整体推进综合部门与审判部门协调配合，消除案件流转过程中的瓶颈与阻滞，努力形成全院一体化工作格局。实行案件繁简分流，落实均衡结案，开展审限动态监控，结案均衡度明显改善。

三是着力规范审判权运行。加强和规范合议制，充分发挥合议庭功能作用，切实解决合而不议、简单附议等问题。注重对审判质效指标进行分析研判，尊重审判规律，突出法定审限内结案率考核，坚决避免因盲目追求结案数而出现突击结案、控制收案等影响当事人权益的现象。完善考评工作制度，明确错案认定标准，健全问责机制，引导审判活动公正高效运行，严守防范冤假错案的底线。

（二）巡回法官“一驻两进”工作继续深化

选派第二批17名巡回法官进驻全区17个街道开展工作。巡回法官通过履行“六员”职责，依托派出所、司法所、街道等联合调解平台，开展形式多样的调解工作，积极参与多元矛盾化解，为群众提供法律服务近600次，参与调解纠纷300余起。创新普法宣传载体，成立“法律宣讲团”，利用巡回法官职务微博、便民服务车等平台，深入社区、学校、军营、企业提供讲法服务，开展普法宣传活动206次，参与群众万余人。发挥专业优势，为街道违法建设专项治理、保障性住房档案规范化建设与特色街巷法治建设等工作提供智力支持。协助推进街道领导干部学法计划，提高基层干部依法行政能力。加大对基层人民调解力量的指导培训力度，积极开展人民调解协议司法确认工作。“一驻两进”工作被评为全国法院党建创新优秀案例。

（三）自觉接受监督，司法公开、司法民主工作持续推进

一是加强督办联络工作。拓宽代表监督渠道，开通“代表手机报”，向全区人大代表、特邀监督员发送法院工作信息。坚持“请进来”联络活动常做常新，组织代表、委员视察法院工作、旁听庭审13次。二是加强人民陪审员工作。探索实施陪审员动态增补机制，实现陪审员退出和增补的平衡。研发陪审员工作管理系统，实现参审预约全程信息化调控。注重陪审员业务培训，不断提升素质能力。坚持“两全参与”，充分发挥陪审员在诉前调解、执行监督、信访化解等工作中的作用。法制日报、人民法院报等媒体对我院人民陪审工作进行了重点报道，社会效果良好。三是加强司法公开和民意沟通。以荣获全国法院“司法公开示范院”为契机，着力提升司法公开实际效果。开发应用数字高清法庭、电子送达告知平台与远程视频庭审系统，组织庭审网络直播60余次。严格落实重要程序事项告知制度，推进裁判文书上网，实施重大信访案件与执行异议案件听证制度。加强新闻通报与舆情回应，在各类媒体刊发宣传稿件3582篇。组织“法院开放日”活动，280余名群众代表来院参观。

（四）创新、落实便民利民举措，司法为民实际效果逐步提升

一是加强诉讼服务工作。完善内部服务机制，注重对当事人的指导与帮助，实行导诉咨询、案件查询、收转材料、案款缴纳等“一站式”服务。加强与鉴定机构的协商沟通，建立999急救保障机制。

二是延伸立案窗口服务职能。组建“便民诉讼党员先锋队”，为年老、疾病、残疾等特殊群体提供上门立案服务。加大诉前调解力度，促进源头化解，调撤案件385件。

三是认真接待群众来访。扎实施行院庭长接待制度，认真倾听群众呼声，全年接待群众来访5335人次。依法妥善化解涉诉信访案件42件，化解率居全市法院前列。

三、坚持抓党建带队建促审判，努力打造一支政治坚定、素质过硬、作风优良的法官队伍

一是加强理想信念建设。深入学习贯彻党的十八大精神与习近平总书记有关法治建设的重要论述，扎实开展政法干警核心价值观教育，不断加深对中国特色社会主义法治理念、司法理念和司法制度的理解和认同，进一步坚定广大法官建设法治国家的理想信念。

二是加强法院文化建设。结合首都地域特色和自身条件，不断推进法院文化项目创新，与故宫博物院签订“文化·法治”共建协议，举办“周末文化讲坛”。坚持从优待警，落实为干警办实事制度。坚持用身边先进典型教育引导干警，开展向“全国法院办案标兵”岳秀玲学习活动。向工作满三十周年的法官授予荣誉证书。法官道德情操和文化素养不断提升，队伍凝聚力、向心力和战斗力不断增强。

三是加强领导班子建设。进一步优化领导班子结构，深入推进学习型党组织建设，不断提升班子履职能力。坚持民主集中制，多次召开干警座谈会，全面收集意见建议，确保决策科学民主。推进中层领导干部交流锻炼，提升执行力。注重优秀年轻干部的培养选拔，加强后备人才梯队建设，开展副科级中层领导竞争上岗工作，不断完善干部队伍结构。

四是加强司法能力建设。积极参与全市法院司法业务技能比赛，开展岗位“大练兵、大比武”活动，实施中层以上领导与综合职能部门人员办案活动，努力通过实践锻炼队伍，提升能力。组织干警进行在线学习，举办“青年干警群众工作方法论坛”。开展结案能手、办案质量奖评选活动。注重法律实务调研，在全国法院学术讨论会上荣获一等奖1篇、二等奖2篇。我院七名法官被授予“东城区优秀法官”称号。

五是加强司法廉洁建设。严格落实中央有关转变作风的“八项规定”与最高法院“五个严禁”规定，深入开展遵纪守法专项教育活动，不断提升干警拒腐防变的意识。深化廉政风险防控“三个体系”建设，提高信息化防控水平。定期开展审务督察，确保廉洁司法。

本年工作思路

一、围绕司法作风建设，扎实开展党的群众路线教育实践活动。

二、围绕服务大局，全力抓好执法办案第一要务。

三、围绕提升司法公信力，大力推进阳光司法行动。

四、围绕司法为民、公正司法，努力保障和维护人民群众诉讼权益。

五、围绕专业化建设，全面提升法官队伍素质能力。

六、围绕改进法院工作，切实增强自觉接受人大及社会各方面监督的主动性。

东城区人民检察院工作报告

2014年1月8日在东城区第十五届人民代表大会第四次会议上

东城区人民检察院代检察长　蓝向东

上年主要工作

一、围绕大局履行检察职能，保障经济社会持续健康发展

自觉把检察工作摆到经济社会发展大局中谋划和推进，执法想到稳定、办案考虑发展，为经济建设提供了有力司法保障。

加大惩治破坏市场经济秩序犯罪力度。积极参与整顿和规范市场经济秩序工作，共起诉制假贩假、侵犯知识产权、危害税收征管等破坏市场经济秩序犯罪97件121人，营造了良好的投资环境和公平竞争的市场秩序。

重点打击金融领域刑事犯罪。共起诉持有使用假币、妨害信用卡管理及信用卡诈骗等金融犯罪46件55人，并针对该类犯罪多发的态势，积极进行类案研究，深入开展“检察服务进社区、预防诈骗保平安”法制宣传活动。

突出打击涉众型犯罪。严格办理直接损害群众切身利益、严重扰乱市场经济秩序的非法吸收公众存款、非法集资、合同诈骗等涉众型犯罪。依法办理了诈骗金额近700万元人民币、涉及被害人80余人、涉及犯罪嫌疑人46人的“9.28”特大跨国电信诈骗案等一批重大案件。

二、积极参与平安东城建设，维护社会和谐稳定

准确把握东城区作为首都功能核心区的定位，紧紧抓住党政机关、重要敏感地区和繁华地段集中的特点，始终牢记“东城无小事”，深入开展基层平安创建活动，推进“平安东城”常态化建设。

依法惩治各类犯罪。与有关部门密切配合，深入开展危害民生刑事犯罪立案监督等专项行动，保障人民群众生命财产安全。共审查批准逮捕各类刑事犯罪1145件1507人，提起公诉1321件1653人。依法办理了非法获取公民个人信息高达1000余万条、非法控制某购物网站用户账户盗取礼品卡等一批疑难复杂案件，按照规定办理外国人普通刑事犯罪案件，为平安东城建设提供了有力保障。

注重社会矛盾化解。一是严格落实首办责任制和领导包案制，下大力气化解一批信访积案，实现了存量不断下降、逐步降低来访总量的目标。二是积极开展公开审查、公开答复，以公开促公正，以公开促化解，在邢某某刑事申诉案中，邀请人大代表、律师、法学专家等社会人士共同进行公开答复，进一步增强了办理刑事申诉案件的透明度。三是结合新刑诉法探索刑事和解工作，依法对符合条件的案件作出不予批准逮捕、相对不起诉等处理，并加强释法说理工作，取得了较好效果。

参与社会管理创新。一是继续深化中层干部轮值接待工作，提升中层干部联系群众、服务群众的工作水平。二是继续推进检察力量进社区网格工作，依托派驻检察联络室这一前沿阵地，深入街道、深入社区、深入群众送法律、送服务、送温暖，有力维护了社会安全稳定。三是继续加大法制宣传力度，通过讲授法制宣传课、建立北京市首个未检官方微信等方式，延伸检察工作服务社会管理的触角。四是加强对社区矫正对象等重点人群的管理，加强对监外执行罪犯的帮扶安置，开展亲情会见主题教育活动感化教育在押人员，保障了监管场所的稳定。

三、深入查办和预防职务犯罪，推动反腐败工作平稳发展

认真落实党的十八大以来关于反腐败斗争的决策部署，贯彻“坚持标本兼治、当前以治标为主、为治本赢得时间”的新思路，同时牢固树立“预防职务犯罪也出生产力”的理念，加大查办和预防职务犯罪工作力度。

贪污贿赂犯罪查办工作成效明显。共立案侦查25件28人，其中大案23件26人，要案5件5人，侦结案件38件44人，为国家挽回经济损失共计人民币1000余万元。坚持“老虎”“苍蝇”一起打，既坚决查处领导干部职务犯罪，又切实解决发生在群众身边的腐败问题，在对职务犯罪保持高压态势的基础上，加大了对危害民生、司法腐败等职务犯罪的打击力度。依法查办了交通运输部救助打捞局原副局长朱某某涉嫌受贿等一批有影响的案件。率先开展指定居所监视居住试点工作，制定相关工作规范，试点经验获得上级机关高度认可。

惩治渎职侵权犯罪工作有序开展。深入查办发生在群众身边、损害群众利益的渎职犯罪，共立案侦查6件6人。与相关行政执法部门会签了《关于加强协调配合共同开展渎职侵权犯罪查办和预防工作的意见》，制定了《介入东城区安全生产事故调查的规定》，反渎职侵权工作机制进一步完善。

职务犯罪预防工作重点突出。与区纪委共同推进我区行贿犯罪档案查询工作的信息化建设，探索查询结果与区电子监察、政务之窗的有效衔接；借助区委党校教育培训平台，共同开展预防职务犯罪宣传教育工作；探索职务犯罪心理防控研究，前移预防关口；开展多种主题教育活动，向200余家单位赠送预防职务犯罪书籍2000余册，收到了良好的法律效果和社会效果。

四、贯彻落实新修改的刑诉法、民诉法，不断提升执法规范化水平

结合法治东城建设的各项部署，严格贯彻落实新刑诉法、民诉法，不断提升执法规范化水平和司法公信力，维护社会公平正义。

进一步更新执法观念。将新刑诉法、民诉法的贯彻落实作为全年工作的重中之重，制定了一系列规范性文件，邀请知名学者和检察实务专家授课，举办“新刑诉法背景下未成年人刑事检察工作的理论与实践”等专题研讨会，围绕落实精神、创新举措、完善机制、取得实效四个方面进行研讨。积极应对新法实施对检察工作提出的新挑战，查找自身在执法理念等方面存在的差距，不断强化人权意识、程序意识、证据意识、时效意识和监督意识，坚持做到“六个并重”，在办理的每一起案件中都让人民群众感受到公平正义。认真贯彻落实中央政法委及最高检关于切实防止冤假错案的重要文件精神，坚守防止冤假错案底线。

进一步改进执法方式。积极推进案件集中管理，完善案件受理标准和程序，规范案件流转，严把进口关、程序关、文书关和出口关；办理刑事案件实行繁简分流，探索相对集中审理、相对集中起诉的简易程序出庭模式；研究制定羁押必要性审查评估办法，探索建立符合我院实际的“羁审模式”，依法维护在押人员的合法权益。在自侦、控申接待等业务部门执法过程中，推广使用现场执法记录仪，规范执法行为。

进一步完善执法机制。完善部门间执法协作机制，建立在押职务犯罪嫌疑人、被告人情况通报制度，推进建立执法信息快速查询和共享模式；健全涉罪未成年人社会调查机制，委托司法局“阳光中途之家”开展社会调查31件41人，为公正处理案件和教育、感化、挽救未成年人提供重要的参考依据；加强检务接待大厅规范化管理，制定《涉检信访突发事件应急处置预案》等制度，实行来访必录，建立来访人基础档案；探索不起诉案件预审查机制，增强检察长决定不起诉案件办理过程的客观性和科学性。

进一步深化诉讼监督工作。一是加强立案及侦查活动监督。共监督立案10件13人、监督撤案4件4人、追捕犯罪嫌疑人28人、追诉漏罪47件、追诉漏犯33人。召开全区行刑衔接工作推进部署会，推进电子平台的建设和运行，提升全区行政执法机关开展行刑衔接工作的规范意识。二是加强刑事审判监督。继续开展量刑建议规范化及判决裁定审查方式改革，进一步提升审判监督能力；就常见罪名反映出的量刑标准、证据标准不统一等问题与有关方面进行沟通，在沟通中加强监督、在监督中追求公正。三是加强刑罚执行和监管活动监督。就保外就医罪犯续保、指定居所监视居住、财产刑执行等工作制定相关

制度，促进了我院监所检察工作规范化建设。针对罪犯交付执行过程中存在的问题，发出《纠正违法通知书》8份。四是加强民事审判监督。针对新民诉法实施对民事检察工作的影响，加强均衡结案工作，共受理案件79件，连同积存案件结案86件，结案率100%；提请和建议提请抗诉5件，案件质量和效果较之往年有较大幅度提升。积极拓宽案件线索来源，不断扩大监督范围，实现了对民事调解、民事执行活动监督零的突破。

五、立足自身科学发展，不断加强过硬检察队伍建设

以“三年当表率”为目标，以队伍专业化为方向，以系列教育活动为抓手，着力打造一支忠诚为民、公正执法的高素质检察队伍。

突出抓好执行力建设。建立健全理论中心组学习制度，切实增强全体中心组成员服务大局的能力，切实改变重形式、轻实效的不良倾向，提升领导班子执行力；在中层正职以上领导干部中开展“行动学习走基层”活动，建立干部能上能下机制，提升中层干部执行力；严格开展检风检纪等督察工作，实行部门负责人助手岗位轮训工作机制，开展“行动学习在一线”青年干警检务接待活动，提升全院干警执行力。

重点加强软实力建设。继续推进全院制度机制统一工作，完善执法办案内部监督体系，建立健全各项工作规范20余项，全面提升执法规范化标准化。充分发挥高校的学科优势、挖掘检察院的实践资源，与多所高校法学院在人才培养、交流锻炼、课题调研等方面开展合作，积极参与全市特色化专业培训班招标，负责举办网络电信犯罪案件专项培训班，针对队伍现状合理招录人才，开展检察教官培训选拔及展示工作，全面提升队伍专业化职业化；继续推进全员工作日志制度，探索实行岗位职责管理，不断完善分层次考核机制，全面提升管理科学化信息化。

扎实开展凝聚力建设。开展“学习教育月”等一系列主题教育活动，查找问题与不足，着力整治慵懒散奢、冷硬横推等不良工作作风，为下一步开展群众路线教育实践活动奠定良好基础；通过开展知识讲座、主题体验式培训、青年文明号、优秀检察官事迹宣讲等活动，营造学习氛围、提振干警士气、集聚队伍力量、激发干事热情，引领检察工作科学发展。

六、自觉接受人大及社会各界监督，确保检察权依法公正行使

不断强化监督者更要接受监督的意识，主动接受人大及社会各界监督，努力加强和改进检察工作。

深化检务公开，主动接受群众监督。采取邀请群众走进检察院、检察官深入社区进行法制宣传等形式，开展检察开放日、举报宣传周等活动；在总结辖区内醉驾案件特点的基础上，以“美酒虽好，请勿贪杯”为主题举办阳光检察进社区活动，增强居民安全防范意识。

加强代表联络工作，主动接受人大法律监督。从多方面为代表履行监督职责提供便利，主动向人大代表汇报贯彻实施新刑诉法工作情况，邀请市、区人大代表参加“职务犯罪公开庭”观摩等活动，监督我院重大工作部署和执法活动；积极走访代表、参加代表联组活动，介绍检察职能，汇报检察工作进展，征求代表意见建议。

增强与政协委员等人士的交流，主动接受民主监督。邀请政协委员、党风廉政监督员等参加我院组织的各种活动，积极走访11位特约监督员，征求对检察工作的意见建议。

本年工作思路

本年是贯彻落实党的十八届三中全会精神、全面深化改革的开局之年，也是我区“总规”和“十二五”规划实施的关键一年。我院将以十八届三中全会精神为指导，紧紧围绕经济社会发展大局，不断强化法律监督、自身监督和队伍建设，依法履行法律监督职责，不断提高检察工作水平，为全面实施“两新四化”总体发展战略提供坚强有力的司法保障。

一是以党的十八届三中全会精神为统领，不断开创检察工作新局面。

二是以忠实履行检察职能为根本，不断增强检察工作服务经济社会发展水平。

三是以进一步贯彻落实新修改的刑诉法、民诉法为抓手，不断提升法律监督水平。

四是以检察机关统一业务应用系统全面投入运行为契机，不断提升执法规范化水平。

五是以党的群众路线教育实践活动为载体，不断提升检察队伍建设水平。

六是以加强检务公开为手段，不断提升公正廉洁执法水平。

专　文

关于旧城保护与核心区可持续发展的研究

中共东城区委书记　杨柳荫

北京旧城作为“世界都市规划的无比杰作”，是历史留给我们极其丰厚而珍贵的文化遗产。旧城是否能够实现有效保护和可持续发展直接关系到首都“四个中心”战略定位的贯彻落实，关系到“城市病”治理和民生改善等重点难点工作的推进。东城区如何贯彻落实总书记视察北京时的重要讲话精神，按照市委提出的“发展质量要提高、人口规模要控制、管理水平要精细、城市环境要最好”的要求，协调推动旧城整体保护和有机更新，增强核心区可持续发展能力，率先建成“国际一流的和谐宜居之区”，是当前一个十分紧迫的现实课题，也是一项长期艰巨的历史任务。

一、对旧城保护和核心区可持续发展的认识

（一）加强旧城保护和发展是履行首都功能核心区职责、支撑首都“四个中心”战略定位的重要使命

2014 年 2 月，习近平总书记考察北京时，进一步明确了北京作为全国政治中心、文化中心、国际交往中心、科技创新中心的城市战略新定位。东城区是首都旧城的重要承载区，也是党政军首脑机关及其大部分职能机构所在地，政治文化以及对外交流交往活动频繁，是建设“四个中心”的重要载体；特别是文化资源优势得天独厚，是首都历史文化资源最为丰富、文化底蕴最为深厚的地区。全区文物古迹数量多、品级高、密度大，拥有 3 处世界文化遗产（故宫、天坛、大运河遗址），国家级、市级文保单位共计 106 处，占全市的 1/3；挂牌保护院落 413 处，占全市的 62.7%；历史文化保护区 18.5 片，占全市的 43%、旧城的 56%；从永定门到钟鼓楼 7.8 公里的旧城中轴线贯穿全区，串联了前门、南锣鼓巷等历史街区，非物质文化遗产名录数量居全市第一，是“中国民间文化艺术之乡”，传统文化与现代文明在这里交相辉映。贯彻落实首都城市战略新定位，东城区既承担着履行好核心区职责、服务于“全国政治中心”建设的责任，也肩负着保护传承历史文化、强化首都“全国文化中心”功能的使命；同时，对于北京建设“国际交往中心、科技创新中心”也具有重要支撑作用。

（二）加强旧城保护和发展是改善民生、打造“国际一流的和谐宜居之区”的客观要求

总书记在视察北京时，要求北京“在四合院和胡同整体改造中，要切实解决居民上学、就医、取暖和配套设施等民生问题”、“努力把北京建设成为国际一流的和谐宜居之都”。郭金龙书记在东城、西城调研座谈会上指出：“要采取多种措施，改善老城区群众的居住生活条件”、“努力把核心区率先建设成为国际一流的和谐宜居之区”。

东城区要率先建成“国际一流的和谐宜居之区”，核心和难点在旧城。旧城占了全区总面积的 3/4。经过多年的发展，旧城风貌保护与城区现代化建设取得了显著成绩，但旧城民生改善仍有很多历史欠账，旧城的“脏乱差”与周边高楼林立形成鲜明对比，低收入弱势群体与高收入群体并存，城市新型“二元”结构难题急需破解，主要表现在：（1）人口密度高。根据 2013 年统计，全区常住人口密度高达 2.17 万人 / 平方公里，是全市平均水平的 16.7 倍；其中旧城人口密度更高，部分街道人口密度超过 3 万人 / 平方公里，而且集中了大量流动人口；（2）危旧房比例高。全区 2/3 的平房分布在旧城文保区。全区目前仍有 9.8 万户、30 万人居住在危旧平房中，面临着洗澡难、如厕难、停车难等诸多难题；（3）安全隐患多。旧城平房区居民集中，自建房众多，私搭乱建现象普遍，一些建造年代久远的四合院落早已变成“大杂院”，存在严重的防汛安全和居住安全等隐患；（4）市政基础设施落后，配套设施薄弱、市政管线老化、容量不足等问题突出。面对居民改善人居环境的迫切期待，需要我们强化“以人为本”的理念，不断提升旧城宜居水平，成为“人口规模适度、公共服务优质、城市运行高效、人居环境和谐”的国际化、现代化中心城区。

（三）加强旧城保护和发展是提高首都城市管理水平、推进治理体系和治理能力现代化的现实需要

总书记在视察北京讲话中，要求北京加快形成与世界城市相匹配的城市管理能力，城市管理目标、方法、模式都要现代化。近年来，东城区在城市管理方面不断探索创新，如推出的“网格化城市管理模式”被全国多个城市采

用，探索创新了以综合执法为保障的城市综合管理新模式，出台平房翻改建、街巷胡同环境、广告牌匾管理等11项实施细则，城市精细化管理水平和环境品质得到显著提升。但也要清醒地认识到，目前城市管理中还存在着重建设、轻管理等问题，特别是旧城风貌保护任务重、平房多、人口密度大，在市政管理、停车管理、人口管理、安全管理等方面还面临诸多挑战，城市治理的法治化、精细化、常态化水平需要进一步提高。核心区是首都发展的窗口，理应在城市管理方面走在全市前列，在推进治理“城市病”、加快首都治理体系和治理能力建设方面发挥示范作用。城市管理与民生问题，二者不可偏废。我们要以保障和改善民生作为城市管理创新的根本落脚点，强化首都意识，坚持首善标准，建好首要窗口，通过改革创新城市管理体制机制，不断提升精细化管理服务水平，探索建立符合旧城风貌保护要求的城市治理体系。

二、国内外旧城保护启示借鉴及东城区旧城保护实践

（一）国内外典型城市旧城保护发展的启示借鉴

一是完善而严格的法律法规是旧城保护与改造的前提。发达国家的经验说明，在旧城保护与更新工作中，建立法律法规是最为重要的制度建设。要通过立法，使旧城改造与更新的各项工作都有明确的依据。二是明确行政机构职责，注重发挥专家作用。三是注重创新资金筹措方式，积极引入社会资本，通过实施税收减免、修缮补贴、奖励等政策，鼓励社会团体或个人积极参与旧城保护工作；通过发行彩票、奖券等方式，有效吸纳闲散社会资本。四是强调公众参与，注重旧城市政基础设施、服务设施改善。五是注重旧城保护与历史文化资源合理利用相结合，提升城市活力。旧城保护不仅仅是对静态文物、建筑的修缮和改建，而应在保护的基础上进行充分挖掘和有效利用，使其在当代焕发出新活力、真正融入城市的动态发展之中。

（二）东城区旧城保护与发展取得的主要成绩

1. 旧城整体保护理念不断深化，规划体系和相关政策不断完善。自上世纪90年代启动旧城的保护更新工作以来，东城区先后实施了海运仓等成片危改，完成了南池子、前门等街区保护和有机更新工作，探索形成了“微循环改造”等多种工作模式，逐步构建起“点、片、面”相结合、小规模、渐进式、有机更新的风貌保护体系。成立了东城区历史文化名城保护工作委员会，设立了每年不低于1亿元的名城保护基金，明确了“保护风貌、改善民生、疏解人口、发展产业”四位一体的整体保护思路。出台20年总体发展战略规划、历史文化名城保护与发展规划等一系列相关规划和《直管公房管理暂行规定》、《旧城平房翻改建标准、程序和实施细则》等政策文件，为旧城保护工作的科学推进和有序实施提供了保障。

2. 旧城风貌保护和文化传承协调推进，古都魅力不断彰显。完成了欧美同学会等“十项文物保护修缮工程”和台湾会馆等“十项会馆保护利用工程”，钟鼓楼广场恢复整治、南锣鼓巷市政改造、玉河北区恢复整治等“十大名城保护项目”基本完成。2011-2013年陆续安排专项资金近3亿元，专项支持了50余个历史文化保护项目。策划形成了“前门历史文化节”、“皇城文化国际旅游节”、“孔庙国子监国学文化节”、“南锣鼓巷戏剧展演季”等一批具有影响力的文化品牌活动，举办了“北京老字号非物质文化遗产展”。打造了一批具有影响力的特色历史文化街区，国子监街被授牌中国“首批十大历史文化名街”，南锣鼓巷被美国《时代》周刊评选为“亚洲25处最佳风情体验地”之一。

3. 旧城改造稳步推进，人口疏解和民生改善取得显著成效。通过旧城改造项目实施带动了人口疏解，近年来通过房改带危改、市政带危改、“微循环”、征收拆迁等多种方式，积极推进人口疏解。前门地区经过500年来最大规模、最全面、最彻底的修缮整治，搬迁居民1.7万户、5万余人。通过抗震加固、节能改造、“煤改电”和房屋修缮改造，进一步提升了居住的安全性与便利性。建成了皇城根遗址公园、北二环城市公园、环二环绿廊、南二环二十四节气公园等，实施了前三门大街、明城墙遗址公园、北中轴路等一批绿化美化工程，提升了生态环境品质。

4. 积极开展文化资源保护性利用，推动文化经济融合发展。近年来通过改造胡同里的旧厂房院落，打造了方家胡同46号、东雍创业谷、人民美术印刷厂、亮点55号创意产业园等一批“胡同里的创意工厂”。阳平会馆、前鼓楼苑7号院、美国使馆旧址等一批文保单位实现了保护前提下的合理利用，为历史街区的发展注入了新活力。文化创意产业结构进一步优化，增加值占GDP比重达到13%左右；旅游接待总人数、综合收入位居全市前列；“戏剧东城”品牌建设不断深化。中关村科技园区东城园完成空间布局调整和机构整合，文化与金融、科技融合发展进一步加速。

三、旧城保护与可持续发展面临的难点和挑战

（一）保护难度大，风貌保护任务艰巨

一是整体保护任务仍然十分艰巨。目前，东城区还有大量的文保单位长期得不到修缮，旧城内平房大多建于上世纪中期，破损较为严重，三、四类房屋占到了70%-80%，保护工作面临严峻挑战。二是文物不合理占用问题突出，安全形势不容乐观。由于历史等复杂性原因，孚王府、段祺瑞执政府等全国重点文保单位不合理使用问题长期存在，并因此导致文物建筑不能及时维修，存在诸多安全隐患。三是聚集了大量的常住人口，违法建设、私搭乱建等现象突出，不仅挤占了公共空间，而且使得环境变得脏乱差，安全、消防等隐患巨大。四是历史文化资源产权

复杂，包括直管公房、单位自管产、军产、宗教产、私产、文革产等多种产权，保护责任很难落实。

（二）人口疏解难，面临诸多制约因素

一是安置房源问题。目前核心区外迁对接安置房源大多位置偏远，配套设施严重不足，居民普遍不愿意搬迁。另外房源缺口较大，按照产籍户均2.2套外迁对接安置房源计算，未来10年全面完成文保区修缮改造任务，需要对接房源7.48万套，如果要完成整个平房区的修缮改造，则需要对接房源15万套。但目前合作收购、在建和计划建设的安置房源仅有3万余套，而且区县对接协调难度大。二是疏解成本问题。按照新的《征收与补偿条例》，旧城现有的危改项目半数以上都很难列入征收范围，只能采取协议安置。这种“一户一议”的模式导致外迁居民期望值趋高，“漫天要价”现象屡屡出现。三是居民意愿问题。旧城内居住人群复杂，居民在收入、住房、观念等方面情况各异，对旧城保护改造的态度和要求也不尽相同，大多数居民特别是一些老年人受“故土难离”因素影响，不愿外迁，外迁政策和货币补偿对他们没有太大吸引力，目前“一刀切”的人口疏解政策已经不适应人口调控的新形势。

（三）资金缺口大，融资模式亟待创新

旧城保护发展各项资金需求量巨大，难以实现平衡。如果按照到2030年疏解20万人的目标，保守估计安置费用高达上千亿，资金需求巨大。造成这种资金供给不足的困难主要在于两方面：一是资金渠道单一，过度依赖市、区两级财政投入。二是融资渠道不畅，社会资本参与不足。目前，社会资本参与旧城保护发展主要面临三大制约：第一，投资收益不对称是最大障碍。受旧城风貌保护、建筑限高、搬迁安置等政策影响，旧城保护改造项目往往投入大、风险大、周期长、利润低，导致社会资本参与积极性低；第二，政策的连续性、稳定性差是最大顾虑。旧城保护发展项目不仅受到文物保护利用政策影响，在实际操作过程中，还要受到人口疏解政策、旧城更新改造政策、文保区土地利用政策等影响，对于旧城保护改造这种长周期运作项目，一些到期政策的终止或者调整往往使项目运作变得举步维艰，甚至搁浅；第三，参与的模式与方式不明是最大的困惑。目前，对社会资本参与旧城保护和改造的方式和领域不明确，相关的社会资本扶持和激励措施更显乏力，缺乏具有可操作性的投资模式、筹资模式，致使社会资本不愿参与旧城保护发展。

（四）流动人口多，城市管理形势严峻

截止到2013年底，东城区半年以下流动人口达到27.5万人，大大加剧了城市管理的难度：一是带来了大量低端产业发展。二是形成诸多公共安全隐患。三是造成各种公共服务压力，使得本来不堪重负的旧城公共服务支撑体系“雪上加霜”。

（五）政策不健全，制度障碍亟待突破

一是体制机制尚需理顺。区级层面与北京市相关部门、与国家相关主体之间尚缺乏有效的对接和协调机制。区内工作机制尚未理顺，虽然成立了名城委员会及办公室，但相关部门的权、责、利不清晰，各部门之间缺乏统筹协调，相关审批顺序和办理流程不够清晰。二是相关法规政策滞后，难以适应旧城保护新形势。例如，长期以来旧城平房管理研究不足，缺乏房屋政策深入研究基础上的系统政策制定。目前直管公房的标准仍然按历史租金（每平方米楼房3.05元、平房2.29元），与现在市场租金价格有数十倍的价差。低租金政策的代价是优秀历史建筑的高密度居住与超负荷使用，保护性修缮经费不足，只能维持最低水平的维修，房屋质量现状与使用情况堪忧。对公房擅自转租转借等行为缺乏违约认定、房屋回收程序等实施细则，导致相关管理工作难以有效开展。另外，文保区改造相关政策的连续性和稳定性较差，导致一大批已进入改造程序的项目出现开发商更替、开发商撤离等问题。目前，东城区处于停滞状态的遗留项目共计38个，涉及未搬迁居民12857户、企事业单位254家，对民生改善和社会稳定形成巨大压力。

四、新形势下推进旧城保护与核心区可持续发展的原则与思路

（一）思路目标

贯彻落实总书记视察北京时重要讲话精神，立足首都“四个中心”的城市战略定位，按照市委提出的“发展质量要提高、人口规模要控制、管理水平要精细、城市环境要最好”的要求，坚持“保护风貌、改善民生、疏解人口、发展产业”四位一体思路，坚持既要留住、又要外迁，在借鉴国内外先进经验的基础上加强体制机制和政策创新，强化法治建设，完善“政府主导、市场运作、多主体参与”的保护传承推进机制。坚持该修则修、该用则用、该建则建的原则，针对文保区、非文保区不同特点，从直管公房入手，分步进行改造，力争用4到5年的时间，传承历史文脉，改善人居环境，激发旧城发展活力，促进核心区可持续发展，努力将东城率先建设成为“国际一流的和谐宜居之区”。

（二）抓好四大着力点

风貌保护是前提。将历史文化名城保护作为第一任务，按照整体保护的思路，保护好旧城历史风貌、建筑格局和胡同肌理，通过保护修缮、适度复建、环境整治等多种方式加强重点文物、有价值的四合院等有效保护，有计划、分步骤地推进古都风貌保护工作，使东城区成为首都文化和古都风貌的集中展示区。

民生改善是核心。紧紧围绕民生改善这一核心任务，本着循序渐进、有机更新的要求，努力破解历史文化街区更新改造这一世界级难题，通过平房院落“微循环”、危楼“解危排险”、“城中村”整治、老旧小区改造等多种途径，逐步改善居民居住环境，完善城市政设施，提升东城区城市品质和宜居水平。

人口调控是关键。将人口调控作为旧城保护和可持续发展的重要抓手和关键突破点，结合旧城保护和有机更新，按照“降密度、控规模、优结构”的人口调控思路，积极探索创新人口疏解的模式路径，疏堵结合，多管齐下，切实加强对实有人口的管理与服务，实现合理、适宜的旧城人口布局。

政策创新是保障。以政策创新夯实推动旧城保护和可持续发展的保障基础，围绕风貌保护政策、房屋管理政策、人口调控政策、产业升级政策、城市管理政策等，建立与首都发展新形势、新要求相适应的旧城保护更新政策体系，大胆创新、试点示范、稳妥推进，为旧城保护和可持续发展保驾护航。

五、东城区推进旧城保护与核心区可持续发展的工作重点

（一）加强模式创新，构筑旧城保护多元参与的新格局

1. 积极探索旧城保护发展的市场化运作模式。未来东城区旧城改造要坚持国有资本与社会资本并重，积极搭建融资平台，吸引社会资本参与到旧城保护发展中来。比如，对于改造后产业化利用程度高、对社会资本有较强吸引力的项目，通过整体性项目采取金融信托、合资入股的方式，单体项目开发利用采取特许经营等方式尝试引入社会资本。

2. 引导支持公益社会组织参与旧城保护。东城区在公益社会组织参与方面也进行了初步尝试，但整体来看，参与旧城保护的类似公益组织还比较少，还缺乏必要的引导支持政策。未来，东城区可以通过税收优惠、专项财政补贴等政策制定的引导，积极鼓励公益组织参与旧城保护改造，支持其通过公益性资金和项目、公开募集、捐赠等形式参与到旧城的风貌保护与发展中来。

3. 鼓励居民通过自治组织等方式参与旧城保护。在提升居民依法保护意识的同时，要加大对居民自治组织发展的扶持力度，鼓励居民通过“多元参与、协商共治”模式内部协商解决矛盾，提出合理改造方案，提高居民在风貌保护中的参与程度。

（二）坚持疏堵结合，多措并举调控旧城人口规模

1. 探索多元化疏解方式。一是总结钟鼓楼项目的经验，拓展危旧房屋征收项目运作试点，进一步创新完善征收的工作机制和工作方式，通过房屋征收方式推进居民外迁疏解；着力推进前门东区、天坛周边等一批棚户区改造项目，通过定向安置、货币补偿等相结合的方式，疏解部分人口。二是积极开展居民申请式疏解试点，按照“居民自愿申请”的原则，通过“交易腾退”的模式，采取自愿外迁、就近平移、引导改造提升、产权人自行修缮等多种方式实施，实现部分人口向外疏解。三是研究“政府调控产业、市场选择岗位、个人决定去留”的人口间接调控机制，以城市功能调整、产业结构升级带动人口疏解，推进“以房控人、以业引人”工作思路。

2. 探索人口调控分类引导的新思路。一是针对拥有产权但在外居住、旧城房屋用于出租的人群，引导产权人通过产权入股或者产权托管的方式与社会资本合作。二是针对有使用权或产权、愿意疏解并要求提供安置房的人群，多途径筹集保障性房源，优先提供配套条件较好的保障性住房予以安置。三是针对有使用权或产权、但是不愿意疏解的人群，明确风貌保护的法律责任，研究支持其通过产权购买、使用权租借的方式增加面积，改善居住条件，降低人口密度。

3. 切实解决流动人口无序增长的问题。一是重点加大房屋违法出租治理力度，依法拆除用于居住的违法建设，坚决遏制公房擅自转和转借等行为，从源头上减少违规容纳流动人口的空间。二是提高旧城区产业业态的准入门槛，逐步淘汰一批吸引人口过多且不适合核心区产业定位的“五小”产业业态，从根本上减少对低端业态依赖的部分外来人口。三是加强公安、流管、人口计生、人保等多部门协作，建立和健全外来流动人口的准入机制。

（三）就地改造为主，逐步推进旧城民生改善

1. 试点示范，不断探索就地改造的推进模式。一是重点推进南锣鼓巷四条胡同修缮改造工作，将其作为文保区平房改造试点工程，通过合理规划设计和制定“一院落一具体方案”，引导部分人口疏解，整合腾退平房，增加留住居民居住面积，力争人均使用面积达到15平方米。同时通过修建立体停车场、厕所入户入院、市政管线升级等措施，改善旧城平房居民居住条件。二是以望坛棚户区改造项目为试点，按照“政府主导、市场运作”的工作思路，不断探索完善片区式集中改造。对于改造后的小区，要注重完善各类配套设施，努力打造功能完备、环境优美、绿色低碳、开放包容的现代化新型社区。三是推进前门东区修缮整治，将局部就地改造和腾退空间利用结合起来，在改善留住居民的生活环境的同时，积极探索已腾退空间的产业导入方式、社会资本参与方式等，实现居民生活质量和片区发展活力同步提升。

2. 统筹兼顾，把握好就地改造过程中的关键点。一是强化留住居民的责任意识。旧城的保护改造要充分尊重居民的意愿，以就地改造为主，保留一定数量原住民，留住老北京的记忆和乡愁。同时要明确留住居民的文化保护义务与责任，支持留住居民更多、更自主地参与到旧城保护发展中来。二是强化腾退空间的合理利用。按照片区集中配套

的思路，完善公共卫生站、公共洗浴室、便民服务站等公共服务设施，提高居民生活的便利化程度。三是强化基础设施的同步升级。有条件的地区探索采用市政综合管廊的形式，引入天然气、上下水系统等，在保留原有居民生活方式不变的前提下提升市政基础设施的建设水平。同时还要建立平房区准物业管理模式，巩固环境整治成果。

（四）强化瘦身健体，推动产业向“高精尖”方向升级

1. 坚定不移地“瘦身”，对低端产业多做“减法”。 一是制定产业负面清单，综合运用各种手段尤其是市场手段，引导不符合首都核心功能的低端产业退出。二是制定并落实符合平房区和特色商业街区业态指导目录，加快旧城一些地区或街区胡同过于密集的“五小”低端业态的淘汰升级。进一步明确南锣鼓巷、簋街等特色街区的商业开发强度。三是积极引导永外地区的转型升级。研究出台推动专业批发市场转型升级的实施意见，引导此类市场由批发交易功能向高端商业购物、时尚设计等功能调整。

2. 积极主动“健体”，提升“高精尖”产业发展质量。 一是推动文化旅游、商业服务等重点产业提质增效，促进商业服务等向高端化、品牌化发展，大力发展总部经济、文化交易等产业高端环节。二是围绕强化文化和国际交往等功能发展新型产业业态，大力发展文化传媒、文化演艺等高附加值、高创新性的文化新业态，积极发展商务旅游、会奖旅游、四合院文化体验等业态，着力培育文化交易、能源交易等高端要素市场，为东城区产业发展注入活力。三是挖掘旧城空间资源，打造能够体现特色功能的集聚区。加强南锣鼓巷、五道营等特色街区的业态调控，引导特色产业形成集聚，打造体现特色功能的载体。以中关村东城园为载体，探索“胡同创意工厂”集成创新模式，打造文化科技融合新载体。

3. 围绕宜居需求，提升生活性服务业发展品质。 一是加快王府井商业提档升级。做强王府井网上商城等电商平台。不断提升“王府井国际品牌节”等品牌活动的影响力，着力吸引国际知名品牌聚集。二是着力提升生活性服务业发展水平。结合“一刻钟社区服务圈”建设，推动餐饮、住宿、养老服务、健康服务等生活性服务业标准化、连锁化、品牌化发展。加强四合院商业经营的规范化管理力度，提高四合院服务的标准化水平。

（五）因地制宜探索，建立适合旧城的精细化管理体系

1. 实施分级分类差异化管理，建立城市管理标准化体系。 首先要推进业务流程量化细化，使精细化管理有章可循、便于操作；其次，要突出分区分类标准化，分类研究制定差异化的管理标准和分时段、分等级的管理办法，做到处处都有人管、时时都有人抓。

2. 加快适合旧城特点的交通微循环建设，打通城市发展的“毛细血管”。 在总结前圆恩寺地下停车设施建设经验的基础上，结合旧城改造推进胡同立体停车设施建设；有计划、有步骤地打通胡同断头路，使更多的胡同纳入机动车“单停单行”范围，逐步打通胡同“微循环”。同时，加强交通秩序精细化管理，推广“门前管理责任制”、“停车自管会”等自治模式。

3. 推动城市管理重心下移，夯实城市管理基础。 要积极稳妥推进“大城管”改革。强化街道作为城市管理第一责任人地位，坚决守住公共服务、民生保障、社区建设、安全稳定和环境管理等“五道底线”；充分发挥社区、社会组织和广大居民群众的积极性，理顺政府管理服务与社区民主自治的关系，最大限度地调动全社会广泛参与城市精细化管理。

六、推进旧城保护与可持续发展的政策建议

（一）建立旧城保护发展的顶层设计、上位统筹机制

1. 加快旧城保护法治建设，切实做到有法可依、依法可行。 一是强化旧城规划统筹。在现有城市规划体系的基础上，逐步建立和完善首都历史文化风貌保护和文物保护的专项条例或法规，明确保护的内容、保护的程度、出现与风貌不协调的情况下相关具体的政策规定，统一规划审批及保护改造的规范流程。二是制定更加细化、具体的实施性政策法规。研究制定《北京市历史文化名城保护区管理规定实施细则》等，对涉及旧城特别是历史文化保护区内的房屋建设、项目投资、风貌保护、税收政策、统筹管理、安全防范等各方面做出明确的约束性规定。

2. 进一步完善工作推进机制，实现旧城保护与发展协调并进。 一是进一步完善各部门间的协调联动机制，统一完善文保项目的立项审批和运作流程，制定项目运作的具体操作规范；建立文保项目跟踪对接机制和重大问题协调推进机制。二是对专家顾问组进行拓展，成立历史文化名城保护发展项目咨询委员会，吸收规划专家、工程专家、金融专家、法律专家等各方面的专业人才。三是由市级政府牵头，建立与利益相关者的协调机制。对涉及产权单位的重大旧城保护和有机更新项目，由市区统筹推进。

（二）探索形成有利于旧城保护的政策体系

1. 加快完善直管公房的政策体系。 一是研究导向性提租保护政策，引入市场机制，提高直管公房的租金，使房租与市区地段、文化品质相匹配。二是研究制定直管公房转租交易和使用权转让政策，并对出租公有直管优秀历史建筑交易征税，使转租的获利空间逐步消失，严控房屋使用权的转移。三是研究直管公房产权或者使用权置换方式，积极探索通过政府回购、整院拍卖出售等方式进行交易，鼓励居民有限购买相邻房屋产权或者使用权，增加居住面积，改善居住环境。

2. 探索通过发展权转移方式实现跨区域联动发展。 发展权转移主要指容积率转移（TDR）。建议从市级层面探索“发展权转移”政策，对参与旧城保护的企业，可以适当提

高其在北京市其他区县项目的开发强度，并合理设计旧城与享受发展权转移的区县之间的利益分享机制，推动旧城的有机更新。一是制定严格的转移容积率核定标准和转让规则。二是根据移入区综合承载力设定转让上限。三是建立移出区与移入区之间的利益平衡机制。

（三）积极拓展多元化的旧城保护融资渠道

1. 加大市级财政资金支持力度。一是建议从市层面，建立旧城文保区财政转移支付和利益补偿机制，以专项资金支持的方式用于旧城风貌保护、文化传承、环境整治和民生改善。二是建议市政府协调财政和金融部门为风貌保护工程实施提供无息或低息贷款，对重点民生工程探索财政补贴、税收减免等优惠政策。

2. 引导民间资金参与旧城保护。一是探索设立历史文化名城保护专项基金，广泛接受公益组织、企事业单位、社会团体和个人的慈善捐赠，用于对修缮保护工程提供补助。二是建议北京市在充分考虑信贷资金的使用风险和归还渠道、来源、方式等前提下，争取信贷资金支持，研究保护区腾退四合院土地抵押融资模式及发行文化彩票等的可行性。

（四）统筹解决人口适度疏解中的瓶颈问题

1. 加强对接安置房源的统筹协调。一是对东城区旧城保护区居民优先纳入住房保障体系，统筹朝阳和通州等区县部分交通较为便利、功能相对完善的区域，规划建设大型疏解人口安置小区，优先布局市级重大基础设施和公共服务项目，提升对旧城外迁居民的吸引力。二是争取将市级公租房、自住房纳入旧城安置保障房范畴，支持东城通过收购、合作开发等多方式筹措房源，并从经费补贴等方面对旧城安置房源筹措给予一系列优惠政策。

2. 明确人口疏解政策形成“倒逼预期”。一是建议完善人口疏解的价值评估体系，市级明确补偿标准，建立动态统一的标准化补偿体系，形成人口疏解与市场的挂钩补偿机制。二是加强对人口疏解的意愿引导，建立主动申请疏解人群序列，按照排序形成越早主动疏解、对接安置房源选择性越多、越具有优先选房权、能够享受合理的奖励补偿、优惠政策越大的疏解导向机制。三是建议研究出台具体的实施细则，明确文保区房屋征收的标准和条件，积极探索对认定为文物建筑、危房的政府产权建筑特别是直管公房的房屋征收措施，推动人口疏解工作。

（五）积极争取市级对旧城重大项目的支持

1. 争取北京市对东城区重大就地改造项目的支持。积极争取北京市对南锣鼓巷、前门东区、望坛地区等旧城重大改造项目的支持，在资金投入、房源统筹、市场运作、基础设施升级等方面加大支持力度。

2. 积极争取市级层面加大基础设施项目支持力度。围绕旧城胡同立体停车场、道路微循环、地下综合管廊改造、棚户区改造、简易楼改造等重大民生项目，积极争取北京市的财政资金和相关配套政策支持，形成市区推动合力。

3. 积极争取市级层面对旧城地下空间利用项目的支持。积极争取市级层面政策、资金等支持，研究旧城地下空间开发的技术规范、建设标准和操作流程，制定相关支持政策，重点加大对地下商业设施、地下公共服务设施等支持力度。

东城区深化城市管理体制改革理顺区街体制研究

东城区区长　张家明

2014年2月，习近平总书记视察北京工作时指出，建设和管理好首都，是国家治理体系和治理能力现代化的重要内容，要求我们坚持和强化首都核心功能，加快形成与世界城市相匹配的城市管理能力，努力把北京建设成为国际一流的和谐宜居之都。作为首都功能核心区，东城区肩负着特殊责任、特殊使命。当前，在新一轮改革开放全面启动、经济社会迅猛发展、城市管理新情况不断出现的历史阶段，贯彻落实好中央要求，有必要系统考虑进一步加强和创新城市管理的思路与对策，特别是围绕如何处理好条块关系这一城市管理体制改革的核心问题，在总结我区城市管理改革实践的基础上，细致梳理存在问题，提出深化城市管理体制改革、理顺区街体制的具体政策建议。

一、东城区城市管理区街体制现状与问题

现代城市管理是一个复杂的系统工程，由众多管理主体、管理层级、运行机制等构成，综合性极强，包括了城市规划、建设、管理、服务，以及执法等诸多环节。仅以《东城区城市管理监督综合考核办法》所确定的城市管理考核对象而言，就涉及了三大类46个考核对象，即17个街道办事处、3个地区管理委员会，22个政府职能部门、4个事业（作业）单位，以及1个公司（下图）。未列入城市管理考核对象的其他政府职能部门中，其职责范围和具体履职中也都有与城市管理产生交集的地方，与46个考核对象一起构成了完整的区级城市管理组织体系。

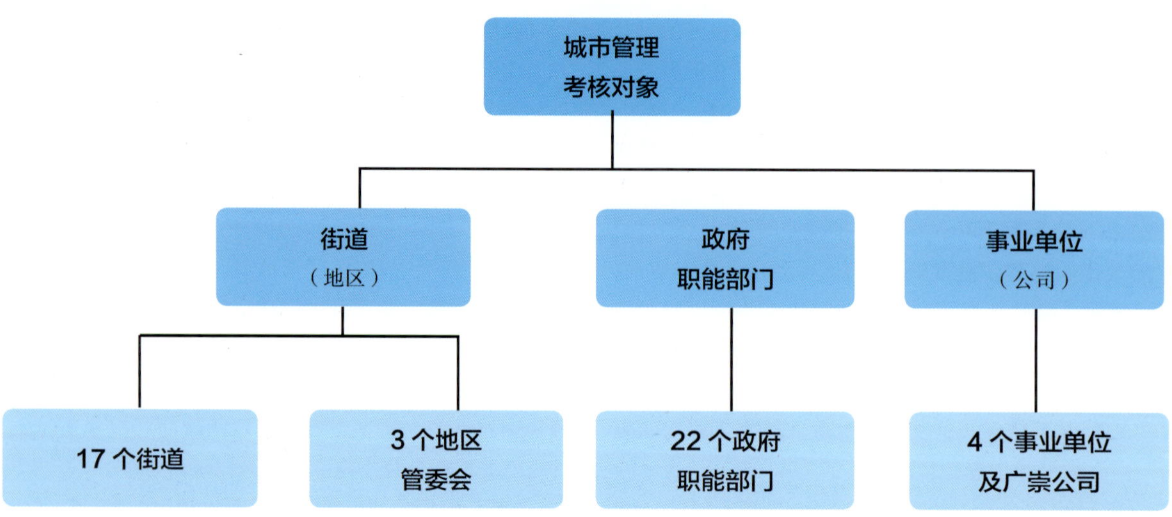

城市管理的复杂巨系统特性，使得在条与块之间，以及各专业部门之间、专业部门与作业单位之间、行业管理与区域管理之间产生大量需要协调的具体事项。保证城市现代化运转，城市管理的一切管理制度和管理方法都应注意运转的协调性和协同有序性。从我区现行城市管理体制分析看，理论上讲组织体系十分完备，各部门、各街道，以及作业单位从宏观上讲，职责定位相对清晰。但从现实来看，在城市管理具体工作中，条块分割、职能交叉、职责不清、多头管理、协调不畅、推诿扯皮等问题多有发生，城市管理水平距离中央及市委市政府要求，距离人民群众期待仍有较大差距。综合分析，我区现行城市管理体制特别是在区街体制方面存在四个方面的突出矛盾和问题。

（一）区级层面高位统筹不到位，城市管理职责碎片化

为解决城市管理中的部门分割、各自为政、职责交叉、管理粗放、缺乏协调等问题，东城区在全市最早将原有的区市政管理委员会调整为区城市综合管理委员会（以下简称区城管委），作为“双轴化”城市管理体制中的指挥处置轴，负责综合协调市、区城市管理职能部门及专业部门之间的工作关系，统筹协调和指挥调度城市综合管理中涉及多个部门或街道办事处的相关工作（下图）。

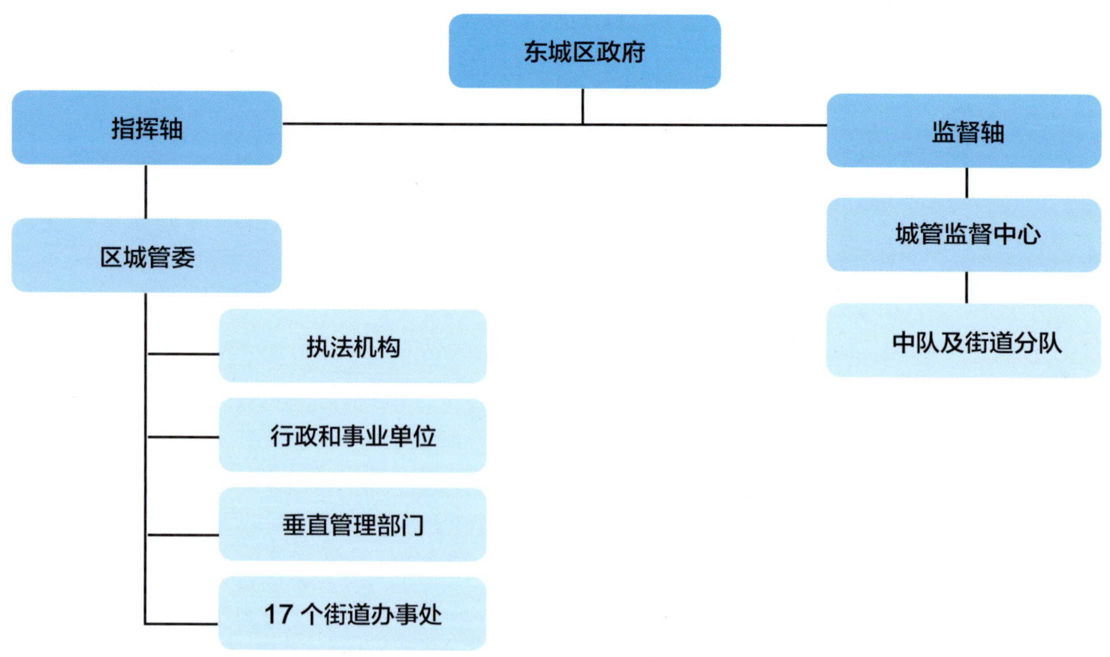

虽然在区级层面明确了城市综合管理的机构设置，但由于在部门职责定位、运行机制等方面还存在不尽清晰、不够科学的问题，有的职责不落实，导致区城管委综合管理的权威性不够，城市管理区级层面高位统筹不到位。突出表现在以下两个方面：

1. 高位统筹机制不健全。如上所述，城市管理的复杂巨系统特性，决定了城市管理工作是涉及市政、交通、市容、环境，以及公用等全领域，决策、执行、监督等全方位，规划、建设、运行全过程的系统管理、综合管理，几乎涵盖了政府工作的方方面面。根据城市管理的这一特性，目前区城管委综合管理的职责还不能称为真正意义上的“大城管”体制。受制于现行自上而下的体制制约，区级层面虽然很难在“大部制”等行政管理体制改革上有所作为，但涉及城市管理的区级高位统筹不能缺失。而目前我区在区级层面缺少一个高位、综合、权威的城市综合管理议事协调领导机制，缺少高位指挥、高位组织、高位协调的区级综合管理平台，导致城市管理领域工作碎片化、应急化、部门化。比如，对一个问题但涉及多个部门的城市管理事项，由于区街以及部门之间职责界定不清晰，没有明确谁来牵头，工作的流程是什么，每个环节应该由哪一个部门具体负责等，导致“谁都有责任”变成“谁都没有责任”。一般问题演变成突出问题、引发领导和社会关注时，往往采取区领导应急协调的解决方式，一事一议。由于缺少高位统筹，难以从制度和体制机制层面研究制定长效机制。

2. 综合协调机制不到位。组建区城管委是东城区在城市管理体制改革中的创新举措。总结十年来的实践，区城管委的某些职能定位受制于体制机制等方面的原因，并没有完全实现。区城管委作为区政府在城市管理领域的综合牵头部门，既存在着定位不清晰，也存在着职责不落实的问题，导致其在履行城市综合管理职责过程中，统筹协调作用发挥不到位。首先，区城管委从其承担的 17 项职责看，可分为综合管理类、专业管理类、行业管理类和协调管理类，职责范围十分庞杂，既有宏观，又有微观，既有管理，又有执法；既管行业，又管企业，既管规划编制，又管行政许可，既负责经费管理，又负责使用监督。面对跨度大、门类多、专业杂的城市管理事项，区城管委有限的力量难以兼顾。同时，受以批（许可）代管等传统管理方式惯性影响，体现其综合管理定位的研究拟订有关城市管理方面的中长期发展规划、综合协调各级各类工作关系等工作，没有得到相应重视。其次，现代意义上的城市管理，应该是涵盖城市规划、建设、管理三个环节综合管理体制，而目前区城管委还只是三个环节中管理环节的综合牵头部门，作为前端的城市规划和建设环节，如果综合协调不到位，部门间配合出现问题，各自为政、推诿扯皮，其问题往往集中显现在末端的管理环节。第三，区城管委虽然有负责对环保、民防、城管、园林、环卫等城市管理系统成员单位提出考核评价意见的职责，但在现实工作中，由于缺乏考核结果的落实应用机制，考核流于形式，区城管委作为管理主体，难以发挥在城市综合管理中综合枢纽作用，在协调上述同级部门和街道时显得办法不多，效率不高，权威不够。

（二）街道层面职能超载，属地责任无限化

街道办事处作为区政府的派出机关，连接着政府和社区，是城市管理的重要依托和基础。街道办事处从 1954 年《城市街道办事处组织条例》所确定的单一民政型的派出机关，其职能定位经历了几次较大转变，向着全面负责属地事务的综合管理机构演变。特别是近 10 年来，由于城市飞速发展，处于城市管理、社会治理和群众工作一线的街道办事处属地功能被不断放大，变成了综合性、社会性、几乎涵盖了一级政府的所有行政管理职能的管理层次（附表 1）。

1. 兜底责任无限扩大。街道办事处是“两级政府，三级管理”的基础平台，具有区域性、综合性、实时性和群众性特点。近些年来，随着政府管理重心不断下移，街道在城市管理中日益居于基础和枢纽地位。特别是在当前城市管理主管责任互有交叉、程序复杂，监管责任落实困难、效果有限的情况下，相对清晰和明确的属地责任最易确定和追究。因此，街道办事处被区政府视为“兜底”责任的承担者，在事实上作为一级政府履行职责，职能越位、错位、缺位的现象严重，一方面，承担了一些本应由区政府、区职能部门、居民自治组织和社会组织承担的职能；另一方面，社会管理和公共服务等方面职责却没能完全履行到位。同时，受传统观念、现行体制和力量配置不足等因素影响，职能部门也习惯于把各种工作分派给街道，造成街道办事处事实上处于从属地位。而由于一些行政执法过程中形成的衍生或次生问题也多由街道属地面对和处理，无形中增加了街道办事处的责任。据不完全统计，一年中街道办事处承担的具体工作有 212 项。

附表 1：街道办事处工作职责

街道科室	职责项目数
信访科	3
经济发展科	4
社区服务中心	5
环卫所	6
住房保障科	7
劳动社会保障科	7
公共安全管理办公室	8
人口和计划生育办	12
社区建设办公室	13
街道残疾人联合会	15
民政科	15
城市综合管理科	16
财政科	21
文教卫体科	21
社会保障事务所	59
总计	212

2.“条块”权责背离现象普遍。作为区政府派出机关，从 1998 年北京市第一次城市管理工作会上确立的“一个确立，两个赋予，三个分开”的街道体制改革开始，到 2004 年第五次城市管理工作会确立街道“统筹辖区发展，监督专业管理，组织公共服务，指导社区建设”主要职责，从理论上来说，街道办事处的综合管理职能得到强化，但实际工作中“条专专不到底、块统统不到位”的问题依然存在。这其中既有街道统筹意识薄弱、统筹机制不健全、统筹手段欠缺等因素，也与街道近年来承担的任务不断增加，但权力却维持原状有关。各职能部门从“条”的角度给街道办事处布置大量任务，甚至包括一些专业性强的工作，并行使相应的奖惩和考核权力，街道办事处逐渐成了职能部门的“腿”，并从工作角度受到职能部门的监督和考核，造成街道办事处经常陷入疲于应付职能部门下派的各种事务性工作之中。据统计，街道一年要接受各类考核评比 114 项，其中包括一些本应由部门主责的工作，也要求由街道负主要责任，使街道疲于应付。同时，虽然工作下派给街道办事处，但相关人事权、财权等却没有同步下放，造成责权分离甚至倒挂的情况，对职能部门的监督也流于形式。

3. 财事不对等难以满足属地管理需要。一是以块为主的属地管理与以条为主的资金拨付方式不相适应，一些街道特别是财力有限的街道，囿于自身有限的城市管理支出和提升保障能力经费，在谋划一些重点、综合性的城市环境整治项目时，经费主要从各职能部门逐一申请，再在街道层面集成使用，牵扯了大量精力，影响了资金使用效率和工作进度。二是街道办事处发展不均衡，财力不均。现行区街财政体制是一种财政激励与保障相结合的体制，街道办事处的事业发展经费、提升保障能力经费都和街道财政收入增幅挂钩。近年来的实践表明，这种财政体制偏重于激励，与税收挂钩的奖励资金由于街道所处的地理位置、社会单位数量、居民居住结构等客观因素造成贫富差异越来越大，而各个街道承担的任务却相差不大，造成一些街道的财力保障不足，不利于街道办事处履行属地责任。三是公共服务经费标准落后于实际需要，比如，我区背街小巷的清扫保洁由街道办事处负责组织，经费及保洁人员投入受制于街道财力，专业化水平较低，与情况类似的西城区相比有一定差距。（附表 2）。

附表 2：2013 年东城区、西城区背街小巷环境卫生投入情况

	保洁面积（万平方米）	作业经费（万元）	作业标准（元 / 平方米 · 年）	保洁人员	配备标准（平方米 / 人）
东城	448.46	4934.25	11	959	4676
西城	584.83	8585.56	14.53	1515	3860

1. 指导社区建设力度不够。社区是城市的基础细胞，是街道办事处辖区的重要组成部分。受到各种因素影响，目前街居关系尚未完成理顺，社区居委会很多功能还没有充分发挥。主要体现在以下几点：一是由于没有完全理顺政府职能部门、街道办事处和社区居委会的关系，实际工作中社区往往成为政府部门和街道办事处行政工作的具体承担者和落实者，社区“行政化”倾向严重。据调查，一个社区每年承担130多项固定的行政事务性工作，各类创建、评比、检查工作也繁多，造成社区居委会被各种行政事务所累，影响了自治功能的充分发挥。二是我区在社区治理方面虽然形成了“一委三会一站”治理机制（下图），但在实践中，针对楼房、平房等不同特点的居民区域治理模式还缺乏顶层设计和统筹规划，政府提供的社区公共服务比较单一，与居民多元化的需求还有差距，社会组织的培育不足，作用没有完全发挥。三是社区工作者队伍的整体素质与社区居民多元化需求存在一定距离，专业水平、专业技能亟需提升。同时，身份认同、待遇偏低等问题，明显制约了社区工作者工作的积极性，造成人才流失。

（三）行政执法体制机制有待完善，缺乏执法常态化

在城市管理中，与定标准、管审批的城市规划建设部门所发挥的作用不同，行政执法处于城市管理的末端环节，它以行政处罚为主要手段，并行以教育、劝导、宣传等其他管理手段，是城市管理的有力支撑。可以说，执法效果如何直接体现着一个城市管理的水平和能力。目前，东城区共有39个部门有行政执法权，其中区属部门29个。行政执法工作所依据的法律、法规、规章共计844部，基本覆盖了经济、社会、城市管理、公共安全等各个领域。具有行政执法资格的执法人员共有6021人，行政执法职权事项共有6060项。（具体执法情况参见附表3）。从统计数据看，99%以上的行政处罚都属于罚款案件，其他执法手段使用的很少，未能充分全面履行法律所赋予的行政职权。

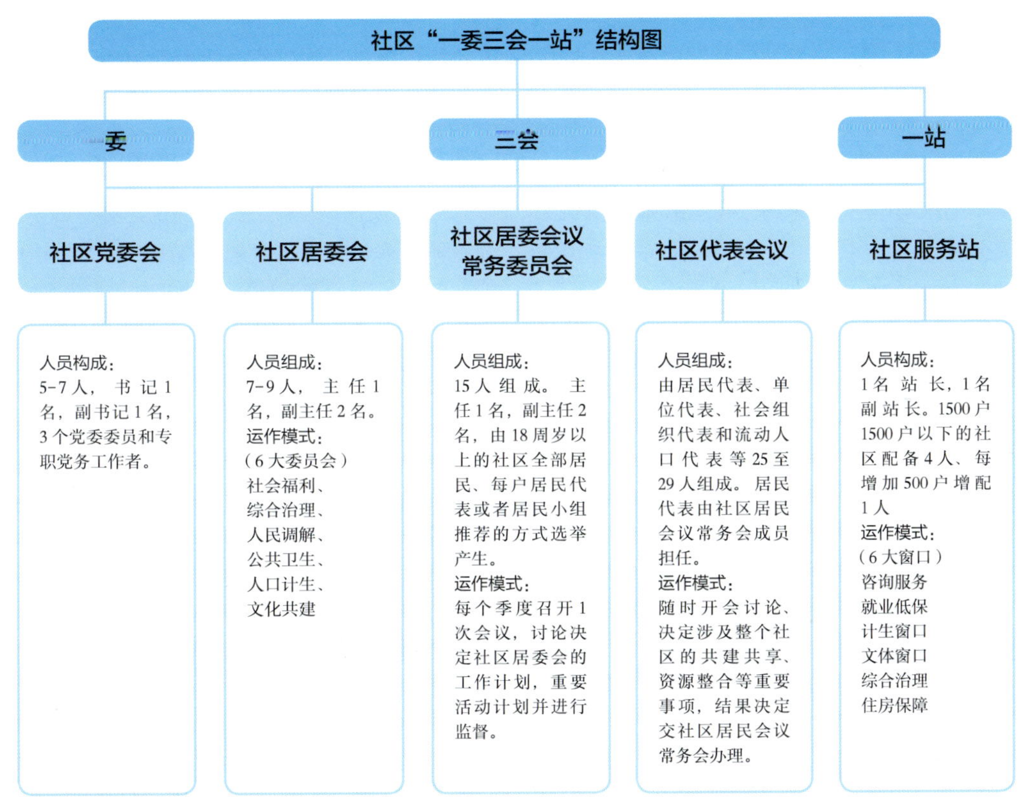

附表3：东城区2014年上半年主要执法部门行政执法统计

单位	交通支队	城管执法局	公安分局	地税局	工商分局	消防支队	卫生局	发改委	食药监局
执法人员	619	490	1838	703	388	36	113	45	138
执法职权事项	188	366	306	39	1233	71	554	8	383
行政处罚数量	706133	2866	2796	1042	270	191	278	176	78

2010年12月，东城区明确提出创建“党政统一领导、属地牵头组织、日常全面监管、综合强力执法”的综合行政执法机制，建立区、街两级综合执法机构。在区级层面成立区社会管理综合执法委员会，负责全区综合行政执法工作的统一领导、组织、协调和指挥；在17个街道、3个地区（王府井、北京站、前门大街）成立街道、地区综合执法组，按照“条块结合、以块为主”的原则，赋予属地“全时、全权、全管、全责”，强化属地管理责任。但随着城市管理工作不断出现的新形势新情况，居民和社会对城市管理的要求和期待也越来越高，同时综合执法在体制机制运行方面也出现了一些问题，主要表现为：

1. 区级层面的行政执法统筹机制不健全。成立于2011年的区社会管理综合执法委员会，作为区级城市管理行政执法工作的重要议事协调机构，各项工作制度还没有完全做细做实，其组织、协调、指挥职能尚没有充分发挥，对重大疑难城市管理综合执法问题的协商处理机制还需要进一步加强。特别是针对市级立法滞后导致的区级层面执法职责存在空白或互不衔接，以及有些法律法规或规章之间出现规范冲突或管辖权交叉导致行政执法人员无所适从等问题，区社会管理综合执法委员会缺乏从区级层面研究提出解决的方案。

2. 街道综合执法组执法效能未得以完全发挥。街道综合执法组以城管执法为主、其他部门配合为主要形式，但除城管外的其他派驻部门的行政执法权并没有完全纳入综合执法组。由于各个执法部门所依据的法律法规的程序不同，导致部分派驻人员行政执法工作仍停留在发现问题的层面，出现问题时仍需要反馈到原部门由其他执法人员进行处理和解决，延误了执法时机。此外，街道层面综合执法组运行中条与块、条与条、块与块之间的配合还不够顺畅，有脱节断档、沟通不畅的问题。目前还没有形成一套整体固化有效的工作模式，工作的细节和具体流程还需要进一步细化。实际运行中，存在各街道“各自为政”的现象，主要领导、主管领导重视程度高的街道，综合行政执法的效果就好；如果抓城市管理精力分散、力度不够，综合行政执法的成效就一般。

3. 执法队伍整体素质有待进一步提高。全区综合执法派驻人员共有524人（其中城管分队整建制派驻，共有385人），部分常驻部门（卫生局、交通支队、消防支队等）的人员派驻未按照要求落实到位。常驻部门派驻的执法人员年龄偏大、专业偏离、职务偏低不同程度地影响着综合执法工作的深入开展，与“全时、全权、全管、全责”的高强度城市管理执法任务和要求相比，明显不相适应。

二、深化城市管理体制改革、理顺区街体制的思路及建议

（一）指导思想、基本原则和主要目标

1. 指导思想。贯彻落实党的十八届三中、四中全会精神和习近平总书记视察北京时重要讲话精神，紧紧围绕首都功能核心区的战略新定位和阶段性特征，遵循城市管理和发展的规律，始终以满足人民群众对首都城市美好生活的强烈期盼为奋斗目标，牢固树立以人为本、服务公众、多元参与、综合治理理念，按照“重心下移、职能下沉，做实街道、强化基层”的思路，健全“职责清晰、权责一致、区级统筹有力、块统保障充分、监督与执法到位、条块有机联动”的城市综合管理格局，依法全面履行政府职能，充分发挥全社会力量，努力创建国际一流的和谐宜居的首善之区。

2. 主要原则。一是综合治理原则。城市管理必须树立城市共同体观念和系统思维，统一考虑城市管理所涉及的规划、建设、管理、服务和执法等所有方面，加强统筹协调，注重系统和长效治理机制建设，实现从城市管理源头到末端、从体制内到体制外的全覆盖。

二是依法治理原则。坚持依法治理原则是建设法治政府的必然要求，要树立正确的城市管理行政执法理念，自觉运用法治思维和法治方法治理城市，完善执法体制，规范执法行为，提高执法者素质，加强监督，广泛开展普法宣传和教育活动，努力增强公民的守法意识和民主参与意识。

三是重心下移原则。明确街道办事处是辖区城市管理的主体，享有统筹调度派驻辖区的综合执法组与协调各职能部门的权力，全面履行属地管理责任。职能部门要把工作重心下移到街道层面，加强一线力量，积极尽责履职，做实街道层面的工作，为街道办事处履行属地责任和守住“五道底线”奠定坚实基础。

四是权责一致原则。按照“权随责走、费随事走”的原则，科学界定职能部门、街道办事处的职能、权限和责任，建立街道办事处和社区居委会权力清单，实现减负增效，配以和事权相匹配的财力，进一步理顺关系，明晰责任，加强督察考核，提高行政管理效能。

3. 主要目标。围绕加强城市管理这一核心，从科学界定区级层面、部门层面、街道层面职能定位入手，推进重点下移，理顺条块关系，把街道办事处建设成职责明确、协调有力、执法有度、管理规范、服务高效的城市管理基础平台，让街道“有权管事、有钱干事、有人办事、有机制协调事”。

（二）具体政策建议

1. 区级层面“强统筹”，推动城市管理向城市治理转变。适应推进国家治理体系和治理能力现代化的形势需要，建立现代意义上的城市管理新格局，就是要实现“城市管理”向“城市治理”的跨越。

（1）区级层面构建高位指挥、高位组织、高位协调的城市治理平台。城市管理面对的问题越来越多，并且越来越具有综合性，往往一个城市问题涉及多个政府职能部门，涉及各个街道。因此，城市管理不是哪一个部门的事情，

必须依靠各个职能部门和街道的配合才能真正把管理工作做好。必须拓展“大城管”的内涵，将城市综合管理从现行的市容市貌、环境卫生、园林绿化的狭义范畴扩展到广义范畴，对涉及城市管理的行政权力进行全面梳理，按照“决策权、执行权和监督权既相互制约又相互协调的要求”，按照规划、建设、管理三个环节进行机构调整和权力配置，进一步明晰规划、建设、管理各部门的权责，充分体现权力制衡与综合协调。因此，需要构建一个由区政府领导亲自挂帅的权威性机构，负责协调跨部门的综合性、复杂性问题，及时有效地解决城市管理过程中出现的疑难问题。为此，建议建立区级高位指挥、高位组织、高位协调的管理平台，成立东城区城市治理委员会，负责城市治理的顶层设计决策和总体推进，协调规划、建设与管理联动，协调城市管理相关部门之间以及区街之间的关系，重点解决涉及城市管理的各职能部门之间职责不清、管理交叉、工作缺位、监督乏力、协调不够等客观问题。区城市治理委员会主任由区长担任，其他副区长担任副主任，成员包括涉及城市管理的相关部门和各街道（地区）主要负责人。同时，应建立健全城市治理委员会制度化运行机制，对涉及城市管理的重点体制机制等问题，进行系统研究、制度运行、科学决策。

（2）部门层面明确强化区城管委综合管理权威职责。现代城市管理的完整概念是城市的综合管理。总结区城管委组建十年来的经验教训，建议进一步明确区城管委是履行全区城市综合管理职责的主要责任单位，强化区城管委作为全区城市综合管理调度、指挥和协调中心的职责定位，确定其领导各专业管理部门的权力，对东城区城市管理工作全面负责并具有高度权威。为保证区城管委在城市综合管理领域的权威，一是建议将区城市治理委员会下设办公室设置在区城管委，作为其办事机构，负责区城市治理委员会实体化运行的日常工作，协调城市规划、建设与管理三者之间的关系，处理好城市宏观管理、中观管理与微观管理，实现城市的全过程管理。二是建议细致梳理区城管委目前负责的行政许可、项目审批、作业管理等具体职责，对于专业管理部门或街道依据职责能够独立行使的事项，应逐步移交或下放。同时，进一步强化区城管委的规划、指导、协调、考评四大职能。具体来讲，强化区城管委的城市管理领域行业规划、标准、技术规范和年度项目计划制定编制职责，当前阶段重点是对城市管理过程中容易出现管理问题和社会矛盾的事项进行梳理、分类和细化，对市级层面的法规根据东城区实际情况，深化制定实施细则，指定管理权限，完善标准规范，增强操作性和实效性。

2. 街道层面“强综合”，夯实城市管理基层基础。通过明责确权，加强保障，理顺区街关系，推动工作重心下移，做实基层，强化“条专”力量，做强街道，完善“块统”机制，充分发挥条块合力。

（1）建立权力清单，科学界定和调整街道办事处职能。街道办事处作为区政府派出机关，无论是日常工作还是专项任务，所承担的属地责任都应是其职责和能力范围以内，并有相应的保障。应围绕强化街道的统筹发展能力、协调监督能力、组织服务能力、动员社会力量能力、推进社区建设能力，科学界定和调整街道办事处职能，建立街道办事处权力清单，明确并切实落实街道办事处与职能部门之间的职能划分和责任边界，逐步解决街道越位、错位和缺位问题。街道要切实履行好统筹辖区发展、协调专业管理、加强公共服务和指导社区建设的职能，守好“公共服务、社区建设、民生保障、安全稳定和环境管理”五道底线。积极宣传贯彻上级政策，组织发动居民、对居民进行日常宣传教育，及时上传下达，全面掌握辖区基础情况，及时了解民情民意，主动回应群众诉求，统筹协调并积极配合职能部门开展辖区工作，负有“第一时间发现、第一时间处置，不能处置及时上报”的明确责任。

（2）强化街道办事处综合管理能力，加快职能部门工作重心下移，实现“条能专到底，块能统起来”。一是在工作机制方面，建议做实街道地区综合管理委员会，由街道办事处、政府职能部门派出机构、驻区单位、社区居委会、地区人大代表和政协委员等组成，作为街道辖区事务的总体协调议事机构，主要职责是研究制定辖区内管理工作的目标、任务和发展规划，统筹协调辖区的社会管理和公共服务事务，议定辖区重大事项和重大问题，强化街道层面的综合管理机制。

二是在日常管理方面，加快推动职能部门工作重心下移，根据实际需要，通过建立向基层一线倾斜的奖惩机制，充实和加强在街道的科、站、队、所等一线队伍力量。明确赋予街道办事处拥有对下沉到街道的专业管理部门派出机构的统筹调度和监督考核权，强化条块联动、以“块”为主的综合管理机制。三是在专业管理方面，如网络安全、消防安全、卫生防疫、食药安全、行业监管等专业性和技术性强的领域，应坚持“条专”到底，由职能部门负主要责任，街道承担协助配合责任。

（3）进一步健全区街财政体制，增强街道自主灵活性。一是坚持事权和财权相统一的原则，建立以保障为基础，以专项为重点，以激励为调节的区街财政体制，加强对街道办事处的财力支持，弱化街道办事处经费上对部门的依赖，让街道办事处有钱办事，改变“财事不对等”状况。街道基本运转支出由区财政全额保障；日常事业发展支出包括街道在开展地区城市管理、公共服务、社区建设等方面所需的明确且相对固定的经费，按照不低于同类区域标准的原则，由街道会同有关部门核定标准和额度，经区财政审核后拨付，建立专项的资金池用于街道。

二是建议加大对街道的提升能力保障经费支持，街道可以根据工作和辖区实际，积极主动地开展综合治理和环境整治行动，在大项范围内自行统筹安排，确定具体使用科目和进度。

三是专项经费根据任务要求由相关部门拨付，建立部门间及部门内部的综合协调、并联审批机制，最大限度压缩环节、加快进度、提升效率。通过完善区对街道财政转移支付制度，从总体上提高街道的财力保障水平，同时加大对街道财政资金使用效率的审计力度。

（4）完善社区治理体系，提高社区治理能力。一是利用东城区创建全国社区治理和服务创新实验区契机，加强社区治理的顶层设计和研究，探索建立符合我区区情特点的“多元参与、协商共治”的工作体制机制，明确社区治理的体系、工作制度、服务内容及程序等方面的标准，增强实践操作性。

二是增强社区自治功能。探索通过楼院自管会、网格议事会等形式，加强居民自治最基础环节建设，逐步将公共设施修建、公益服务开展等涉及居民直接利益的公共事项纳入基层群众自治范畴。具体实践中，可选取辖区内管理缺失的老旧小区和平房院落，政府先行介入，加大改造投入力度，完善公共设施，营造干净整洁的社区环境，引导社区居民开展社区自治，探索订立“居民自治公约”，后期逐步移交社区居民自我管理，自我服务。

三是以全面推进“两网融合”为契机，深入推进社区信息平台建设，搭建涵盖政府政务服务、社区民生服务、市场供需服务的社区信息平台，打通信息资源通道，采用大数据信息分析平台，提升对社区治理以及居民多元诉求等情况的科学研判能力。

3.行政执法层面“强协同”，进一步理顺综合执法体制机制。城市管理具有的复杂性、系统性、多样性特点，决定了必须采用综合执法的方式，才能处理好城市管理中出现的复杂问题。城市管理综合执法在实践中的成效如何，取决于区政府、行政执法部门和街道办事处三者之间的体制机制是否顺畅、统筹协同是否得当、日常管理是否有效。

（1）进一步理顺城市管理综合执法体制，使其运行更加顺畅。一是调整机构，明确责任。把“东城区社会管理综合执法委员会”更名为“东城区城市管理综合行政执法委员会”，进一步做实城市管理综合行政执法委员会。由区长担任执法委员会主任，相关区领导担任委员会副主任，主管副区长担任执法委员会常务副主任，加强委员会的高位协调和统筹功能。

二是将委员会办公室由区城管委调整到区城管执法局，办公室主任由区城管执法局局长担任，主要职责是：“上传下达、综合协调”，即落实区城市管理综合行政执法委员会的决策部署；研究拟定全区城市管理工作计划、方案并组织实施；做好全区性的综合行政执法重大、疑难问题协调、指挥和处置；做好对各街道综合执法组的业务指导工作。

三是强化街道层面的综合执法职能，完善街道综合执法机制，实行条块结合、以块为主的管理方式。建议改革现行街道城管分队体制，从垂直管理调整为以属地管理为主的双重管理体制，区城管执法局主要对城管分队进行业务指导，人事、财务的管理和具体工作的分配安排等交由街道办事处统一管理负责。四是强化综合执法考核，所有的表彰、处罚、评比等考核决定原则上应以区城市管理综合执法委员会的名义作出。同时，提升考核的效力和影响力，把考核结果作为属地街道年度综合考评情况的重要组成部分，作为评价综合执法常驻部门支持情况、常驻人员工作作为情况的主要依据，作为处级领导干部年度考核和使用的重要内容。根据考核结果，按照干部管理权限，区城市管理综合行政执法委员会对组成单位、街道主要领导和主管领导具有人事任免建议权。

（2）进一步做强街道城市管理综合行政执法组。一是切实加强领导，全权负责。街道应派一名副处实职领导任常务副组长，或者由城管分队队长进入街道办事处领导班子，专职负责街道综合行政执法组工作，具体负责街道综合行政执法组的组织协调、指挥调度、检查督促等日常工作。除区城市管理综合行政执法委员会及其办公室、街道（地区）以外，其他任何单位一律不得向街道（地区）综合行政执法组派遣任务。各职能部门的专项执法工作，应通过综合执法委员会办公室统筹部署。

二是固化模式，规范运行。从定性和定量上更加健全街道综合行政执法组基本工作制度，包括点名制度、工作日志制度、工作例会制度、月、季和年度总结制度、考核制度、重大活动重要时期环境秩序保障工作制度等。

三是改进人员派驻，优化执法组的人员配置。重新核定综合执法组常驻部门和派驻人数，加强城管、公安、交通、工商、消防等强力执法部门派驻工作，严格落实派驻工作要求。因文化、园林、卫生部门在日常综合执法工作中工作任务较少，建议更改为挂牌部门。通过更改人员派驻，优化执法组的人员配置，确保人尽其用。

四是明确派驻人员标准，加强派驻人员管理。明确派驻综合执法组人员至少工作两年时间，并将组织人事关系、工会关系转由街道管理，年度考评在综合执法组考评。无特殊情况，派驻单位不得抽调派驻人员临时回本单位帮助工作。

·2015·
北京东城年鉴
BEIJING DONGCHENG NIANJIAN

政党·团体

北京市东城区第十一届委员会第八次全体会议

中国共产党北京市东城区委员会

9月23日，区领导考察环二环城市绿廊

概　　述

中国共产党北京市东城区委员会（简称区委）是中国共产党在东城区的领导机关。设区委书记1名，副书记2名，常委10名。下设区委办公室、区委组织部、区委宣传部、区委统战部、区委政法委（维稳办）、综治办、流管办、610办、区委研究室（改革办）、区直机关工委、社会工委、文明办、台办、老干部局、区委保密办（区保密局）、区编办、教工委、区委党校、党史办等机构。

年内，区委深入学习贯彻党的十八大、十八届三中、四中全会和习近平总书记系列重要讲话特别是考察北京时的重要讲话精神，全面贯彻落实市委书记郭金龙在核心区调研座谈会上的讲话精神，以开展党的群众路线教育实践活动、服务保障APEC会议等为契机，转变作风、求真务实，开拓进取、迎难而上，稳步推进各项工作，保持经济平稳运行、社会和谐稳定的良好态势。全年召开区委全会2次，常委会30次，全区领导干部大会2次。

单位地址：东城区育群胡同1号
联系电话：64035419
邮政编码：100010　　（毕凌凌）

主要工作和重大活动

【区委全会】7月31日，区委十一届七次全会召开。区委常委会主持。会议传达全市上半年经济形势分析会精神并部署相关工作。区委书记杨柳荫代表区委常委会作题为《敢于担当务求实效为圆满完成全年目标任务而努力奋斗》的工作报告，对下半年各项工作提出要求。区长张家明作上半年经济社会发展工作的总结和下半年工作安排的报告。12月29日，区委十一届八次会议召开。区委常委会主持。会议传达市委十一届六次全会精神。杨柳荫代表区委常委会作题为《全面深化改革推进依法治理加快建设“国际一流的和谐宜居之区”》的工作报告。会议审议通过《中共东城区第十一届委员会第八次全体会议决议》，部署下年工作。　　（毕凌凌）

区委常委会一览表

时间 / 会次	序号	单位	议题
1月13日 十一届49次	1		传达中共北京市第十一届委员会第四次全体会议精神
	2	区委研究室	研究拟定的区委常委会2014年工作要点
	3	区委组织部	听取关于成立区政府研究室党组、区外联办党组、区住宅发展中心党组和区房屋征收事务中心党组的汇报
	4	区委老干部局	听取关于东城区老干部工作情况的汇报
	5	区产促局	听取关于东城区产业发展、招大选强和中小企业与非公经济转型升级情况的汇报
	6	区政府外办	听取关于东城区外事工作情况的汇报
	7	区信访办	听取关于东城区信访工作情况的汇报
	8	区委组织部	研究干部任免事宜

时间 / 会次	序号	单位	议题
1月28日 十一届50次	9		传达习近平总书记重要批示精神
	10	区委组织部	听取关于东城区深入开展党的群众路线教育实践活动总体安排的汇报
	11	区委组织部	听取关于举办“东城区学习贯彻习近平总书记系列讲话精神暨群众路线教育专题培训班”的汇报
	12	区纪委	研究关于召开区十一届纪委四次全会暨全区党风廉政建设工作会议安排和报告起草情况的汇报
	13	区纪委	听取关于北京市党风廉政建设责任制专项检查《反馈意见》及我区整改措施的汇报
	14	区纪委	听取关于北京市严肃整治“会所中的歪风”工作要求及我区相关工作的汇报
	15	区政府督查室	听取关于2014年区政府折子工程和重要实事起草编制情况的汇报
	16	区烟花办	听取关于春节期间烟花爆竹安全管控工作及重点时段区级领导值守巡查包街道安排的汇报
	17	区委组织部	研究干部任免事宜
2月12日 十一届51次	18	区纪委	听取关于东城区开展“庸懒散拖”、借公务之名旅游等四项专项整治工作有关情况的汇报
	19	区委宣传部	听取关于2013年下半年东城区社会舆情分析的汇报
	20	区人大	研究区人大2014年常委会工作要点
	21	区政协	研究区政协2014年常委会工作要点
	22	区610办	听取工作情况汇报
	23	区财政局	听取关于东城区2013年可支配财力安排情况的汇报
	24	区委组织部	听取关于全国、全市组织部长会议精神及东城区组织工作2013年总结和2014年要点的汇报
	25	区委巡视组	听取关于区房屋土地经营管理一中心、区司法局巡视情况的汇报
	26	区委组织部	研究干部任免事宜
2月26日 十一届52次	27	区委研究室	研究拟定的2014年东城区调查研究工作要点、调查研究重点课题
	28	区委宣传部	传达全国、北京市宣传部长会议精神，研究东城区宣传思想文化工作2013年总结和2014年要点
	29	区委宣传部	研究拟定的东城区委区政府理论学习中心组2014年理论学习工作计划
	30	区委统战部	传达全国、北京市统战部长会议精神，研究东城区统战工作2013年总结和2014年要点
	31	区委政法委	传达中央、北京市委政法工作会议精神，研究东城区政法工作2013年总结和2014年要点及召开东城区委政法工作会议事宜
	32	区人力社保局	听取关于东城区2013年就业和社会保障工作情况的汇报
	33	区委组织部	研究干部任免事宜
3月12日 十一届53次	34	区委研究室	研究成立东城区委全面深化改革领导小组事宜
	35	区委办公室	听取关于区委2014年办理人大代表建议、政协提案情况的汇报
	36	区委组织部	研究拟定的关于在党的群众路线教育实践活动中选派党员干部进社区的工作方案
	37	区文明办	听取关于2014年东城区精神文明建设工作要点、东城区精神文明建设委员会全会及东城区精神文明建设工作大会安排的汇报
	38	区总工会	听取关于东城区工会工作情况的汇报
	39	区总工会	听取关于推荐评选2014年全国五一劳动奖章、全国五一劳动奖状和全国工人先锋号的汇报
	40	区财政局	听取关于东城区创建国家公共文化服务体系示范区资金保障办法及资金安排的汇报
	41	区城管委	听取关于召开东城区深化城市管理改革暨城市环境建设大会筹备情况的汇报
	42	区外事办	听取关于2014年亚太经合组织会议东城区接待保障总体工作方案的汇报

时间 / 会次	序号	单位	议题
3月26日 十一届54次	43	区委办公室	听取关于区委2014年工作目标责任制（折子工程）和区委常委会2014年议题计划及任务分解安排的汇报
	44	区妇联	听取关于东城区妇联工作情况的汇报
	45	区外联办	研究拟定的东城区全面加强服务驻区中央单位、市属单位和部队工作的意见
	46	区文促中心	听取关于“北京地坛庙会·台北之旅”活动有关情况的汇报
	47	区委组织部	听取关于东城区2013年度局、处级干部考核奖励工作的汇报
	48	区委组织部	研究干部任免事宜
4月16日 十一届55次	49	区纪委	听取关于北京市纪委案件工作会议精神的汇报
	50	区委组织部	研究拟定的2013-2017年东城区干部教育培训规划
	51	区编办	听取关于区危改办名称和职责调整事项的汇报
	52	区民宗侨办	听取关于东城区民族宗教侨务工作的汇报
	53	区住建委	听取关于区领导联系协调重点工程分工方案的汇报
	54	前门管委会	听取关于前门东区旧城保护整治项目总体实施方案的汇报
4月23日 十一届56次	55	区委教工委区教委	听取关于深化学区制综合改革，全面提高义务教育优质均衡发展水平有关情况的汇报
	56	区委教工委区教委	听取关于东城区2014年义务教育阶段入学工作意见的汇报
	57	区纪委监察局	研究议事协调机构调整事宜
	58	区委组织部	研究拟定的关于开展社区物业管理党建联建工作的实施意见
	59	区委组织部	研究干部任免事宜
5月7日 十一届57次	60	区纪委监察局	研究2014年东城区贯彻落实党风廉政建设责任制推进惩防体系建设主要任务分工
	61	区发改委	研究东城区2014年一季度经济社会发展形势
	62	区总工会	听取关于北京市工会工作会议和北京市工会代表大会精神的汇报
	63	团区委	听取关于东城区共青团工作情况的汇报
5月15日 十一届58次	64	区委党的群众路线教育实践活动领导小组办公室	研究区委领导班子对照检查材料
5月21日 十一届59次	65	区委办公室	研究区委常委工作分工
	66	区委党的群众路线教育实践活动领导小组办公室	研究区委领导班子对照检查材料
	67	区财政局	听取关于东城区2013年财政决算草案的汇报
	68	区审计局	听取关于东城区2013年度预算执行和其他财政收支审计工作的汇报
	69	区委组织部	听取关于全区处级领导班子和干部队伍情况分析的汇报
	70	区委组织部	研究干部任免事宜
5月28日 十一届60次	71	区委政法委	研究关于东城区当前维稳工作有关情况的汇报
	72	公安分局	研究东城区关于进一步加强反恐怖工作
	73	区城管委	听取关于2014年东城区汛前准备工作情况的汇报
	74	区国资委	听取关于天街集团转让朝阳区安贞里二区1号楼产权有关情况的汇报
	75	区纪委	研究涉嫌违反中央八项规定精神问题立案事宜
6月3日 十一届61次	76	区委党的群众路线教育实践活动领导小组办公室	区委常委同志个人“四风”问题会诊
6月9日 十一届62次	77	区委党的群众路线教育实践活动领导小组办公室	区委常委会专题民主生活会批评意见会诊
6月10日 十一届63次	78	区委党的群众路线教育实践活动领导小组办公室	传达中央巡回督导组、市委教育实践活动办公室、市委督导组对于区委领导班子及区委常委个人对照检查材料的反馈意见
6月18日 十一届64次	79		传达市委关于东城区区委班子专题民主生活会情况通报会精神
	80	区纪委监察局	听取关于市纪委“聚焦党风廉政建设和反腐败中心任务扎实推进三转工作会”主要精神及区纪委监察局预防腐败局内设机构调整有关情况的汇报

时间 / 会次	序号	单位	议题
	81	区委组织部	听取关于东城区纪念中国共产党成立 93 周年有关工作安排的汇报
	82	区发改委	研究关于 2014 年东城区政府投资基本建设项目及资金安排的建议
	83	区发改委	听取关于加快税源建设和产业结构调整有关情况的汇报
	84	区园林绿化局	研究关于环二环城市绿廊亮丽工程新增项目方案及所需资金事宜
	85	区文化委	听取关于 2014 年东城区群众文化展演季活动有关情况的汇报
7 月 9 日 十一届 65 次	86	区委研究室	研究拟定的区委常委会深入开展党的群众路线教育实践活动整改方案
	87	区台办	传达 2014 年中央对台工作会议精神、市委对台工作领导小组会议精神，研究东城区对台工作 2013 年总结和 2014 年要点
	88	区重大办	听取关于宝华里项目有关情况的汇报
	89	区房地一中心　区房地二中心	听取关于申请 2014 年汛期直管公房防汛经费有关情况的汇报
	90	区房地一中心	听取关于东城区上龙西里危改项目信访及借款有关情况的汇报
	91	区委组织部	听取关于我区贯彻落实中央、市委防止和纠正干部任职年龄“一刀切”和层层递减问题有关精神的汇报
	92	区委组织部	研究干部任免事宜
7 月 23 日 十一届 66 次	93	区委办公室	研究拟定的关于召开十一届区委七次全会的安排意见
	94	区委研究室	研究拟定的区委常委会工作报告
	95	区政府研究室	研究拟定的关于上半年经济社会发展工作的总结和下半年工作安排
	96	区委组织部	研究拟定的东城区建设文化人才管理改革试验区实施意见
	97	区委宣传部	听取关于东城区 2014 年上半年舆情信息工作情况的汇报
	98	区质监局	听取关于东城区创建“全国质量强市示范城市”活动方案的汇报
	99	王府井建管办	听取关于第四届王府井国际品牌节筹备工作情况的汇报
	100	区委组织部	听取关于区危旧房改造办公室党组更名及成立区委卫生和计划生育工作委员会的汇报
	101	区委组织部	研究干部任免事宜
8 月 6 日 十一届 67 次	102	区纪委	听取关于召开区纪委十一届五次全会安排意见和报告起草情况的汇报
	103	区政府研究室	研究进一步加强网格化服务管理体系建设创新社会治理体制的意见
	104	区编办	听取关于东城园工委和东城园管委会“三定”规定有关情况的汇报
	105	区发改委	研究东城区 2014 年上半年国民经济和社会发展计划执行情况
	106	区财政局	研究东城区 2014 年上半年财政预算执行情况
	107	区安全监管局	听取关于东城区 2014 年上半年安全生产工作的汇报
	108	区房管局	听取关于东城区拆迁滞留项目管理试行办法的汇报
8 月 20 日 十一届 68 次	109	区纪委	研究拟定的东城区贯彻落实北京市建立健全惩治和预防腐败体系 2013-2017 年工作规划实施意见的实施办法及责任分工方案
	110	区发展改革委	研究前门西区 C2 等七地块引进终端用户合作事宜
	111	区财政局	研究拟定的东城区 2015 年财政预算编制方案
	112	区住建委	听取关于东城区老旧小区综合整治工作有关情况的汇报
	113	区武装部	听取关于东城区武装工作情况的汇报
	114	区委组织部	研究干部任免事宜
9 月 10 日 十一届 69 次	115	区综治办	听取关于开展国庆和亚太经合组织领导人非正式会议期间社会面防控专项行动有关情况的汇报
	116	区委办公室	研究修订完善的《东城区关于改进工作作风密切联系群众的实施办法》
	117	区委组织部	听取关于全国、全市干部监督工作会议精神的汇报
	118	区委宣传部	研究拟定的关于东城区培育社会主义核心价值观实施方案
	119	区文明办	听取关于进一步促进全国文明城区建设工作常态化意见的汇报
	120	区纪委监察局	研究对区有关人员违纪问题的处理意见
	121	区委组织部	听取关于成立东城区环卫中心党委的汇报
	122	区委组织部	研究干部任免事宜

时间 / 会次	序号	单位	议题
9 月 24 日 十一届 70 次	123	区文化委	听取关于 2014 年中国图书馆年会筹备工作的汇报
	124	区文化委	听取关于东城区创建第二批国家公共文化服务体系示范区工作进展情况的汇报
	125	区民政局	听取关于东城区创建全国社区治理和服务创新实验区有关工作的汇报
10 月 13 日 十一届 71 次	126		学习贯彻习近平总书记在党的群众路线教育实践活动总结大会上的重要讲话精神
10 月 15 日 十一届 72 次	127	区委宣传部	研究拟定的东城区党（工）委（党组）学习中心组学习制度
	128	区纪委	听取关于“四风”突出问题自查自纠情况及召开东城区进一步查处违反中央八项规定精神案件工作专题会的汇报
	129	区委组织部	研究干部任免事宜
10 月 29 日 十一届 73 次	130	区委办公室	听取关于东城区电子政务内网建设工作进展情况的汇报
	131	区直机关工委	听取关于东城区区直机关工委工作情况的汇报
	132	区财政局	研究东城区 2014 年财政预算变动情况
	133	区外事办	听取关于东城区外事工作情况的汇报
	134	区住宅发展中心	听取关于申请成立北京东住天华投资有限责任公司及财政拨款以筹集部分注册资本金有关情况的汇报
	135	区纪委监察局	研究对区有关人员违纪问题的处理意见
	136	区委组织部	研究干部任免事宜
11 月 5 日 十一届 74 次	137	区委研究室	研究拟定的东城区委关于全面深化改革的实施意见
	138	区纪委	研究拟定的东城区廉政法规知识测试工作实施意见
	139	区纪委	听取关于北京市纪委落实“两个责任”工作经验交流会及北京市 2014 年党风廉政建设责任制专项检查安排的汇报
	140	区发展改革委	听取关于东城区 2014 年 1-3 季度经济社会发展形势分析的汇报
	141	区编办	听取关于清理规范议事协调机构的汇报
	142	区人力社保局	听取关于东城区就业和社会保障工作情况的汇报
	143	区园林绿化中心	听取关于第三十届地坛、第三十二届龙潭春节文化庙会总体方案的汇报
11 月 18 日 十一届 75 次	144	区人大	研究关于补选东城区第十五届人大代表工作实施方案
	145	区委组织部	研究关于补选东城区第十五届人大代表人选的建议
	146	区人大	研究区人大关于召开东城区第十五届人民代表大会第五次会议的请示
	147	区政协	研究区政协关于召开中国人民政治协商会议北京市东城区第十三届委员会第四次会议的请示
	148	区委组织部	听取关于 2014 年东城区人才认定工作方案的汇报
	149	区委组织部	研究干部任免事宜
12 月 10 日 十一届 76 次	150	区委办公室	研究拟定的关于召开区委十一届八次全会的安排意见
	151	区委研究室	研究拟定的区委常委会工作报告
	152	区法院	研究区人民法院工作报告
	153	区检察院	研究区人民检察院工作报告
	154	区委组织部	听取关于 2014 年东城区基层党建工作述职评议考核实施方案的汇报
	155	区委组织部	研究拟定的关于继续选派优秀年轻干部到社区挂职锻炼的意见
	156	区委组织部	研究拟定的关于东城区第十五届人民代表大会第五次会议各项建议名单及选举办法（草案）
	157	区委统战部	研究关于增补政协东城区第十三届委员会委员有关事宜
	158	区纪委	听取关于全区信访举报案件查办工作情况的汇报
	159	区委组织部	研究干部任免事宜
12 月 17 日 十一届 77 次	160	区委组织部	研究拟定的关于加强新形势下党员队伍建设的意见和 2014-2018 年东城区党员教育培训工作实施办法
	161	区政府研究室	研究拟定的区政府工作报告
	162	区发展改革委	研究拟定的东城区 2014 年国民经济和社会发展计划执行情况与 2015 年国民经济和社会发展计划草案

时间 / 会次	序号	单位	议题
	163	区财政局	研究拟定的东城区 2015 年财政预算安排
	164	区财政局	研究拟定的东城区 2014 年预算执行情况和 2015 年预算草案
	165	区人大	研究拟定的区人大常委会工作报告
	166	区政协	研究拟定的区政协常委会工作报告及政协东城区第十三届委员会第四次会议选举办法（草案）
	167	区文化委	听取关于东城区元旦、春节期间文化活动指挥体系的汇报
	168	区文促中心	听取关于东城区参加“北京文化庙会·台湾之旅”及举办“地坛文化庙会全球行·曼谷之旅”活动有关情况的汇报
	169	区重大办	听取关于宝华里项目实施主体变更情况及下一步工作安排的汇报
	170	区纪委	研究拟定的关于 2014 年东城区委区纪委履行党风廉政建设主体责任和监督责任的报告、落实党委主体责任和纪委监督责任的意见
12 月 24 日 十一届 78 次	171	区保密局	听取关于东城区保密工作情况的汇报
	172	区委组织部	听取关于区体育局党委换届选举筹备情况的汇报
	173	区委组织部	研究拟定的 2014 年干部选拔任用工作报告
	174	区委组织部	研究干部任免事宜

（毕凌凌）

【全区领导干部大会】 3 月 5 日召开，区委副书记金晖主持。张家明传达习近平总书记在北京考察工作时的重要讲话精神和郭金龙同志在市委十一届五次全会上的讲话精神。杨柳荫就深入抓好学习贯彻工作提出要求：深入学习领会总书记重要讲话精神，切实把思想行动统一到讲话精神和市委全会要求上来；以总书记讲话精神为指导，努力在更高水平上推动“国际化现代化新东城”建设；转变作风、乘势而上，以实际行动落实好总书记重要讲话精神。5 月 16 日，再次召开全区领导干部大会，金晖主持并传达北京市深入贯彻落实习近平总书记考察北京重要讲话精神调研座谈会精神。杨柳荫代表区委常委会，就抓好学习贯彻落实工作提出三点要求：深入学习贯彻市委调研座谈会精神，切实增强做好核心区工作的责任感和紧迫感；以市领导调研讲话精神为指导，努力在更高水平上推动“国际化现代化新东城”建设；以昂扬向上的精神状态和扎实务实的优良作风，贯彻落实好市委调研座谈会精神。区级领导班子成员，区法院院长、区检察院检察长、区副巡视员，区委、区政府各部、委、办、局党政主要负责人，区人大、政协各委、室主要负责人，区级各群众团体主要负责人，各双管单位、事业单位、重点企业党政主要负责人，各街道党政主要负责人参加。（毕凌凌）

5 月 16 日，全区领导干部大会

【APEC 会议活动保障】 作为唯一一个承接 APEC 第三次高官会接待任务的城区，区委提早谋划部署，抓住关键和细节。7 月 25 日，张家明召开 APEC 第三次高官会接待保障工作动员部署会，许汇部署环境营造、秩序保障和接待服务工作任务。各牵头部门和承办单位细化服务保障方案，完成会场、驻地、路线周边环境综合整治，交通秩序综合整治，城市运行安全管理，市场秩序整顿，以及重点地区、部位巡逻和社会面防控等任务。9 月 11 日，区 APEC 第三次高官会服务保障工作总结暨“迎国庆、迎 APEC 会议”社会面防控专项行动动员部署会召开，杨柳荫、张家明等参加。许汇作 APEC 第三次高官会服务保障工作总结。公安分局、东华门街道代表服务保障成员单位发言。金晖作“迎国庆、迎 APEC 会议”社会面防控专项行动动员部署。杨柳荫要求按照奥运标准继续做好APEC峰会服务保障工作。APEC会议前，完成“两线三周边四区域”环境综合整治提升工程、10条街巷胡同绿化景观提升工作、环二环城市绿廊景观建设工程。APEC峰会期间，全区动员、群策群力，确保礼宾接待、环境整治、运行保障等各项工作的无缝衔接，实现安保维稳工作“四个不发生”的目标。11月18日，APEC会议东城区服务保障工作总结大会召开，杨柳荫、张家明等参加。金晖宣读参与APEC会议服务保障工作并获得APEC荣誉证书的63家单位名单。与会领导为部分单位代表颁发证书。张家明总结APEC会议东城区服务保障工作。杨柳荫讲话。（毕凌凌）

【新中国成立65周年活动保障】按照中央的庆祝活动安排，东城区承担中山公园、天坛公园等市属重点公园的文艺表演、游园活动组织和现场秩序维护，区属公园和主要大街的节日环境布置，舆论宣传和氛围营造，城市运行保障和社会面防控等工作任务，同时配合中央和市级部门做好9月29日晚人民大会堂国庆音乐会、9月30日上午向人民英雄纪念碑敬献花篮仪式、9月30日晚人民大会堂宴会厅国庆招待会等重大活动的服务保障工作。9月7日，区筹备工作部署会召开，成立区筹备工作领导小组，下设秘书联络组、游园指挥部、环境布置指挥部、宣传报道指挥部、安全保卫指挥部，张家明传达北京市筹备工作领导小组会议精神，部署筹备任务。杨柳荫要求高质量做好各项筹备服务保障工作。9月25日，郭金龙、王安顺等市领导，杨柳荫等区领导检查节日环境布置、国庆安保、社会面防控、信访和安全生产等筹备工作情况。全区以环二环城市绿道为亮点，围绕天坛公园周边、“九横八纵”主干路网和重点地区布置地栽花卉114余万株盆，摆放立体花坛40组、花束花钵195处。10月1日当天，专项开展天安门广场升旗仪式、向人民英雄纪念碑敬献花篮仪式的安全保障，完成中央领导行车路线安全警卫，制高点、周边单位、施工工地管控，人员车辆审查等工作，组织120名中小学生参加敬献花篮仪式。杨柳荫、张家明坐镇天坛公园现场指挥调度游园活动，2万余名劳动模范、各行业先进代表、驻区部队、机关干部、学生代表等参加天坛公园国庆游园活动。其他区领导全部深入到公园、街道和应急指挥中心等工作点位，加强现场调度和工作指挥。全区各部门、各街道落实工作责任，做好国庆筹备和服务保障工作，国庆期间，区内社会政治稳定，城市运行和治安秩序良好，区属19个注册公园接待游人94.67万人次，各项庆祝活动圆满完成。（毕凌凌）

【创文明城区　提升城市环境品质】完成18条道路、95条背街小巷、91个老旧小区等环境整治任务，拆除违法建设2007处、5.27万平方米；完成扩改建绿化面积50.56万平方米，环二环城市绿廊建成亮相，打造“一河、两带、十三景”优美景观，形成总长16.1公里的城市慢行系统。深化大气污染防治，完成望坛地区7000户“煤改电”任务。出台城市管理的指导意见和监督考核办法，制定平房翻改建、街巷胡同环境、广告牌匾管理等11项实施细则，在53条示范路段推广“门前管理责任制”，推动“城市病”治理步入精细化、标准化轨道。以重大活动为契机强化维稳工作机制，将反恐防暴、安全生产纳入“平安东城”常态化建设，加强群租房管理和社会治安综合治理，深化矛盾排查化解工作，确保全区和谐稳定。持续推进文明城区常态化建设，完成全国文明城区迎检任务。（毕凌凌）

【制定全面深化改革实施意见】年内，正式启动东城区全面深化改革工作。成立区委全面深化改革领导小组，下设办公室（简称区委改革办）和9个改革专项小组，各专项小组由相关区领导任组长，牵头协调相关部门分别组建，印发关于全面深化改革的实施意见。5月30日，区委全面深化改革领导小组召开第一次全体会议。杨柳荫、张家明、冯熙、徐鸿达等及各专项小组牵头单位相关负责人参加。会议审议通过《中共北京市东城区委全面深化改革领导小组工作规则》《中共北京市东城区委全面深化改革领导小组办公室主要职责及工作细则》《东城区委全面深化改革领导小组各专项小组成员名单及主要职责》及《东城区委全面深化改革领导小组2014年工作要点》。杨柳荫提出

5月30日，区委全面深化改革领导小组第一次全体会议

要求。11月2日，区委全面深化改革领导小组召开第二次全体会议，杨柳荫、张家明、冯熙、徐鸿达等参加。会议审议通过《中共北京市东城区委关于全面深化改革的实施意见》，明确全面深化改革的指导思想、基本原则和总体目标，确定3个阶段、7大重点领域、34项重点改革任务，明确未来几年全面深化改革的时间表、路线图和任务书。听取各专项小组牵头部门工作进展情况和下一步工作安排，部署下一步重点改革工作。杨柳荫就深入推进全面深化改革各项工作提出要求。（毕凌凌）

【创国家公共文化服务体系示范区】3月26日，东城区创建国家公共文化服务体系示范区动员部署电视电话会召开。文化部公共文化司司长张永新，市文化局局长陈冬，区领导杨柳荫、张家明、冯熙、徐鸿达、金晖等，区相关部门及各街道负责人在主会场参会，街道、社区文化干部及基层文化工作者在各分会场参会。会议播放《文化东城》专题片。王晨阳作深化改革全面创建国家公共文化服务体系示范区的工作报告。金晖介绍东城区创建国家公共文化服务体系示范区组织机构及职责。区文化委和东花市街道作表态发言。杨柳荫对创建工作提出要求：全区上下要统一思想，提高认识，深刻把握示范区创建工作的重要意义，切实增强责任感和紧迫感；举全区之力，创新机制，形成合力，突出问题导向，深化改革创新，加强组织领导，上下协调联动，广泛宣传动员，突出共建共享，狠抓各项工作落实，确保创建圆满成功。年内，“国家公共文化服务体系示范区”创建工作进展顺利，街道文化中心基本达标，社区文化室80%达标。4月4日，区创建国家公共文化服务体系示范区责任牵头部门协调会召开，金晖、王晨阳参加。会议传达文化部第二批示范区培训会相关文件精神，听取近期工作开展情况、下一步工作思路及各街道公共文化设施建设情况汇报。王晨阳要求各创建工作组充分发挥作用，深入开展调研，广泛听取各方意见，保证制度设计的实用性，并严格做好督查工作，保质保量完成创建任务。金晖要求：提高认识，以创建工作为抓手全面实施文化强区战略；整合资源，高效利用，深入挖掘，将文化资源优势转化为发展优势；凝聚力量，团结一心干事业。（毕凌凌）

【社区治理和服务创新实验区建设】4月4日，区社区治理和服务创新实验区推进大会召开，全国社区治理和服务创新实验区建设。民政部基层政权和社区建设司副司长刘勇，区领导宋甘澍、汤钦飞参加。区民政局以搭建参与协商平台推进基层民主自治为题，介绍区社区多元参与，协商共治机制的探索与实践。和平里街道、前门街道分别就“多元参与、协商共治”工作作经验介绍。宋甘澍对争创“全国社区治理和服务创新实验区”工作提出要求：抓好统筹协调，完善实验区创建工作的领导格局，成立工作机构，把创建实验区的工作安排、要求纳入本单位整体布局；抓好基层基础，紧扣推行“多元参与，协商共治”自治模式这条主线，推进工作理念、工作方式转变；抓好宣传动员，突出共建共享。注意调动广大群众参与的热情，形成共建共享的良好氛围。东城区获全国和谐社区建设示范城区称号，东花市街道被评为全国和谐社区建设示范街道，新怡家园、菊儿、东花市南里3个社区被评为全国和谐社区建设示范社区，37个社区被评为“六型社区”。新建和改扩建11个养老照料中心，稳步推进居家养老工作，“一刻钟社区服务圈”实现全覆盖。（毕凌凌）

【教育卫生领域综合改革】7月16日，区教育系统干部、骨干教师交流轮岗启动暨2014-2015学年学区制综合改革推进大会召开。市委常委、市委教工委书记苟仲文、市委教工委常务副书记刘建、市教委委员李奕、区领导杨柳荫、张家明、吴松元、毛炯、颜华，城六区教工委、教委负责人，区教育系统各单位负责人，交流轮岗的干部、骨干教师代表300余人参加。会议宣布东城区学区制综合改革实验学校名单，并举行改革实验学校签字仪式。区教委介绍东城区教育系统干部教师交流轮岗工作推进思路，宣读《东城区干部、骨干教师交流轮岗方案》。市、区领导为交流轮岗干部、骨干教师代表颁发证书；交流轮岗干部、骨干教师代表集体宣誓，部分交流轮岗干部和教师代表发言。苟仲文讲话。综合改革初见成效，成立8个学区工作委员会，建立4个优质资源带、9所九年一贯制学校和25对深度联盟学校，在全市率先试点“医养结合”服务模式，上下联动的3个“医联体”正式运行。（毕凌凌）

【党派团体协商通报会】7月28日召开。会议通报区委十一届七次全会上的报告和全区上半年经济社会发展工作情况及下半年工作安排。12月18日，再次召开党派团体协商通报会，就《2014年中共东城区委常委会工作报告》（征求意见稿）及《2014年东城区政府工作报告》（征求意见稿）征求各民主党派、工商联负责人及无党派人士意见。杨柳荫、张家明、周永明、毛炯参加。（毕凌凌）

【重点项目建设】把重点项目建设作为名城保护、产业发展和民生改善的重要载体，成立区重大项目协调办公室，对52项重大项目实行区级领导联系协调、分工负责制，部分项目取得突破性进展。钟鼓楼广场恢复整治、玉河南区河道考古发掘基本完成；陈独秀旧居修缮工作正在顺利实施；前门东区修缮整治取得实质性进展，前门东路、正义路南延及三里河绿化景观带实现亮相。棚户区改造和老旧小区综合整治工作稳步推进，集中解决西河沿、宝华里等历史遗留项目。（毕凌凌）

【党的建设】坚持用十八届三中、四中全会和总书记系列重要讲话精神武装头脑、指导实践，大力宣传培育社会主义核心价值观，制定并实施干部教育培训五年规划，提高了党员干部思想政治素质和推动区域科学发展的能力。制定完善处级党政干部选拔任用工作流程，圆满完成《干部任用条例》和“四项监督制度”检查、党（工）委（党组）书记履行干部选拔任用工作职责检查等工作。强化干部日常管理，制定实施干部“双向约谈”、组织巡查工作、组织工作重大事项请示报告等制度，完善“三述两评”考核模式，开展清理规范领导干部企业、社团兼职，超职数配备干部和个人有关事项报告抽查核实工作，完成“裸官”清理工作。制定加强基层服务型党组织建设的意见，对17个软弱涣散社区党组织开展集中整治，深入推进区域化党建工作，推动在职党员到社区报到，构建起党员“工作在单位、活动在社区、奉献双岗位”的新机制。东华门、朝阳门街道工委被评为“全国社区服务型党组织建设示范单位”。完善党管人才工作的领导体制和工作机制，进一步推进“文化人才管理改革试验区”建设，制定实施意见。严格落实党建工作责任制，完善党建工作考核评价措施。强化党委督查工作，党委系统信息化建设取得重要成果，保密工作成效显著。（毕凌凌）

【习近平考察玉河保护项目】2月25日，中共中央总书记习近平考察东城区玉河历史文化风貌保护项目。中央政治局委员王沪宁，中央政治局委员、中央书记处书记栗战书，市领导郭金龙、王安顺，市、区有关部门负责人参加。中央领导一行在玉河庵实地察看玉河历史文化展览和河堤遗址，了解玉河地区古都历史文化风貌保护情况；沿河道步行考察河道恢复和詹氏故居等沿岸四合院古建修复保护情况；在雨儿胡同，考察并入户走访即将改造的29、30号居民院，与居民交谈，询问居民生活、住房、治安环境、社会保障、用煤用电、社区就医、子女入学等方面情况和对住房改造的意愿，了解北京市推进杂院棚区改造工作情况，慰问社区工作者。杨柳荫随行汇报东城相关工作情况。（毕凌凌）

【中央巡视组到区巡视】5月19日，中央第二巡视组到区开展巡视工作。第二巡视组到玉河遗址博物馆察看玉河历史文化展览和河堤遗址，到北京中文在线数字出版股份有限公司听取“红云新桥”非公企业党建信息化平台建设使用情况汇报，听取中文在线数字出版股份有限公司运营情况汇报，到亮点55号创意产业园了解亮点55号创意产业园运营及“胡同里的创意工厂”建设情况；到北京市规划展览馆，听取北京城市规划布局、发展变迁和整体功能定位等情况汇报，并观看专题片《古都巨变》。实地调研后，中央第二巡视组开展分组谈话。中央第二巡视组组长、马克思主义理论研究和建设工程咨询委员会主任、河南省委原书记、省人大常委会原主任徐光春，中央第二巡视组正局级巡视专员祁力、杨中华，市领导陈刚，区领导杨柳荫、张家明等参加。

（毕凌凌）

【汪洋调研瑞钢联集团】5月20日，中央政治局委员、国务院副总理汪洋到瑞钢联集团有限公司调研，了解公司发展运营情况，到网站开发办公区察看公司依托中国联合钢铁网，为金融企业、钢铁行业等相关企业提供信息、咨询、电子商务服务情况。市领导郭金龙、李士祥、程红，区领导杨柳荫、朴学东参加。（毕凌凌）

【中央回访调研组到区调研】12月3日，中央回访调研组到玉河历史风貌保护项目听取该区域历史文化风貌保护和大杂院规划改造进展情况汇报，察看玉河遗址博物馆、河道恢复、四合院复建等情况。了解本市健全城市建设管理体制机制，统筹考虑传承历史文化、保护利用文物古迹、改善群众生活条件等因素，推动区域可持续发展等情况。中办督查室主任蒋建平，市委办公厅副主任、市委督查室主任费宝岐，区领导杨柳荫、毛炯参加。（毕凌凌）

【郭金龙调研】5月8日，市委书记郭金龙就深入贯彻落实习近平总书记考察北京重要讲话精神到区调研，在鼓楼顶层平台俯瞰周边文保项目规划建设情况，听取钟鼓楼广场恢复整治项目情况汇报，到时间博物馆项目现场察看建设进展情况；在后圆恩寺胡同步行察看胡同周边道路、环境改善等情况，察看后圆恩寺胡同1号院现状，与居民交谈；在市一师附小教学楼顶俯瞰区域环境秩序现状，听取望坛项目建设情况汇报；在前门街道长春堂察看旧房腾退修缮情况，听取长巷头条33号修缮工作情况汇报。市领导陈刚，市发改委、规划委、住建委等有关部门负责人，区领导杨柳荫、张家明等参加。12月20日，郭金龙再次到区调研，市领导王安顺、陈刚，区领导杨柳荫、张家明参加。一行到前门东区旧城保护整治项目现场，实地察看前门东区保护腾退现状和符合现代宜居要求的试点院落建设情况，了解推进旧城文物保护和环境整治工作等情况。到环二环城市绿道建设工程北护城河段，察看安定门“古河花雨”城市景观节点建设情况和绿道监控管护情况，了解二环路沿线城市公共绿地及河道护坡绿地资源等情况。到玉河西侧45号院，察看“城南计划”规划展，了解旧城改造与民生保障、历史文脉传承保护情况。随后召开调研座谈会，听取东城区核心区环境整治、老旧房改造和玉河历史文化风貌保护区规划改造设想的情况汇报。郭金龙、王安顺提出工作要求。

（毕凌凌）

区委书记主要调研一览表

时间	调研或考察主要内容	参加调研人员
1月29日	检查平安大街沿线、东二环沿线、北京站周边、市委市政府机关周边、前门大街、王府井大街、地安门东大街春节环境布置工作。	毛炯、陈之常、王中华
2月28日	检查全国“两会”代表驻地筹备工作，实地查看首都大酒店、北京金霖酒店和内蒙古大厦的安保工作、周边环境及社会面防控等有关情况，了解酒店的安全保卫、消防应急、食品安全、服务保障等各项工作筹备情况。	张家明、金晖、陶晶、毛炯、王中华
3月13日	实地察看朝阳门街道社区服务（文体）中心的为民助残服务设施，了解便民服务开展情况和残疾人生活就业情况，慰问礼士社区工作人员，听取社区“港湾之家”流动人口自管会工作情况，在新鲜社区召开工作座谈会，听取街道和新鲜社区群众路线教育实践活动开展情况的汇报。	宋甘澍、毛炯
3月20日	调研王府井地区海港城项目，听取项目单位三河汇福粮油集团有限公司董事长介绍海港城项目的用地整合、方案设计及施工招商等工作情况。	张家明、陈之常
5月13日	到前门东区调研，在前门东区项目指挥部召开座谈会，听取项目进展情况汇报。座谈会后，区领导一行到草厂八条实地查看置换安置房屋情况，到长巷四条实地查看搬迁指挥部现场运行情况，到前门大街考察红星源升号博物馆。	张家明、金晖、陶晶、毛炯、陈之常、王中华
5月23日	检查北京站地区、王府井地区反恐工作，实地察看北京站及周边、王府井地区的安全防护设施、力量配备情况，详细了解了突发暴力恐怖事件应对准备情况及应对机制。	金晖、陶晶、毛炯、王中华
5月23日	到城建集团就望坛棚户区改造项目进行调研座谈	张家明、朴学东、毛炯、秦海翔
5月27日	到民防局防汛物资储备库、沙滩后街59号居民院、王府井品牌中心工地、龙潭节制闸实地检查防汛物资器材储备、居民安全度汛、工地防汛准备等情况，并召开防汛筹备工作调研座谈会，听取区防汛指挥部关于2014年防汛准备工作情况的汇报，提出防汛工作要求。	毛炯、陈之常
7月8日	调研钟鼓楼广场恢复整治项目，实地察看项目搬迁施工情况，召开指挥部工作会，听取项目工作进展及下一步工作安排汇报。	毛炯、于静、秦海翔
7月15日	调研区上半年财税组收工作，到区国税局召开调研座谈会，听取区财政局关于上半年财政预算执行情况和下半年财政工作计划的汇报、区国税局关于汇报上半年税收分析及下半年组收措施的汇报、区地税局关于上半年区级收入完成情况及下半年收入形势分析的汇报。	朴学东、毛炯
7月17日	听取区发改委关于上半年东城区国民经济和社会发展运行情况及下半年工作安排的汇报、区产促局关于上半年产业发展工作情况及下半年工作安排的汇报，对下半年全区综合经济工作提出要求。	朴学东、毛炯、许汇
7月18日	在前门东区项目指挥部召开调研座谈会，听取前门东区项目进展情况，对下半年工作提出要求。	张家明、陈之常
7月22日	调研APEC第三次高官会接待保障工作，实地察看王府井大街及其周边地区环境整治工作落实情况，到会议驻地检查筹备情况，召开座谈会听取各相关单位会议接待保障工作进展情况汇报。	毛炯、陈之常、许汇
8月4日	调研保障性住房建设工作，到焦化厂项目察看项目建设情况，在通州区台湖镇政府机关与通州区领导就“两站一街”保障房项目建设工作进行座谈，两区领导听取“两站一街”项目进展情况汇报，就相关问题进行协商。	张家明、朴学东、毛炯、秦海翔
8月7日	调研环境建设工程进展情况，在东便门桥西北角察看东南角楼绿地恢复整治工程，听取区园林绿化局项目进展情况汇报。在朝阳门南、北小街和东直门南、北小街察看两侧环境风貌，在安定门内大街察看大街西侧环境建设工程和样板段的整治情况，听取安定门街道工程进展情况汇报。	张家明、毛炯、陈之常

时间	调研或考察主要内容	参加调研人员
8月26日	实地察看体育馆路街道长青养老院、朝阳门街道养老照料中心、东直门街道胡家园社区微生活服务馆的设施运行情况。随后召开调研座谈会，区民政局汇报东城区养老服务整体工作情况，相关单位负责人和养老服务机构代表作补充发言。	汤钦飞
8月28日	调研“戏剧东城”工作。实地察看欢乐传媒公司、壹仟零壹夜演出经纪有限公司的发展情况，召开调研座谈会，听取区文化委及相关部门工作汇报。杨柳荫就“戏剧东城”未来发展提出要求。	宋甘澍、王晨阳
9月2日	调研中美企业创新中心高层次人才国际创业服务平台。在北京招通致晟科技有限公司观看空中交通管理系统运行演示，听取公司执行董事关于公司运营情况和自身作为“海聚工程”入选者的成长发展情况汇报。在北京瀚海智业投资管理集团公司，观看公司海外创业园区宣传片，听取集团公司董事长关于中美企业创新中心发展情况、公司海外创业园区发展情况以及与区人才工作领导小组办公室合作建立海外人才联络处、引进海外高层次人才相关情况的汇报。杨柳荫简要介绍全市及东城今后发展定位，了解企业的经营状况及存在困难。	吴松元、毛炯
9月3日	到红桥市场察看二期用地情况，召开调研座谈会听取红桥市场发展现状及红桥市场二期项目情况汇报。	朴学东、毛炯、陈之常
9月9日	到区老年大学调研，观摩课堂教学，听取学校基本工作情况汇报。	吴松元、毛炯、汤钦飞
9月16日	陪同文化部公共文化司副司长陈斌彬到中国儿童艺术剧院调研，察看剧院艺术长廊，参加剧院与部分小学联合开展的儿童戏剧公开课活动，观看儿童剧《宝船》演出，召开座谈会研讨剧院发展及文化普及工作。	毛炯、王晨阳
9月23日	到龙潭公园东门南侧、华城国际公寓东侧、地铁13号线东直门进站口西侧及机场联络线、安定门桥东侧和钟鼓楼桥等工程节点检查环二环城市绿道建设工程，并沿途察看部分重点路口国庆花坛摆放情况。	张家明、毛炯、陈之常
9月24日	调研前门东区、钟鼓楼项目及部分街巷环境整治工作，实地察看正义路南延道路两侧环境整治情况、前门东路绿化景观工程和试点院落建设情况、钟鼓楼广场整治和周边环境建设情况，以及安内大街、谢家胡同、秦老胡同和板厂胡同等街巷胡同环境整治情况。	张家明、毛炯、陈之常、于静、秦海翔、王中华
9月25日	调研区新中国成立65周年庆祝活动安全保卫工作，实地察看公安分局110指挥中心运转情况，了解接处警流程及国庆期间警力部署情况，听取关于国庆期间整体安保、社会面防控、公安机关安保工作、反恐暗访调查、信访和安全生产等工作情况汇报。	金晖、陶晶、毛炯
9月30日	检查龙潭公园、天坛公园国庆游园活动筹备工作，听取环境布置、演出活动筹备、安全保障等相关工作情况汇报。	毛炯、陈之常
10月14日	调研区文化人才（国际）创业园建设工作，听取区委组织部和东方嘉诚文化产业发展有限公司关于区文化人才（国际）创业园建设工作总体思路与实施方案的汇报。	吴松元、毛炯
11月2日	检查APEC会议接待保障工作，查看主要大街环境整治情况、涉会酒店接待保障及周边环境整治情况，召开APEC会议接待保障工作座谈会。	金晖、毛炯、陈之常、许汇
11月4日	调研前门东区绿化景观带工程和试点院落建设修缮情况、观看“城南计划——前门东区2014”展览。	毛炯、陈之常
12月8～12日	带队检查部分区属单位2014年贯彻落实党风廉政建设责任制推进惩防体系建设工作情况。	张家明、金晖、吴松元等
12月31日	调研西河沿危改项目。项目指挥部、住建委、法院、政法委等相关部门汇报工作进展情况。	张家明、朴学东、毛炯、秦海翔、许汇

（毕凌凌）

【党的群众路线教育实践活动】2月至10月，全区四套班子和102个处级领导班子、705名处级以上党员领导干部、3031个基层党组织，共7.40万余名党员紧扣“为民务实清廉”主题，聚焦“四风”突出问题、关系群众切身利益问题和联系服务群众“最后一公里”问题，深入开展教育实践活动。2月12日上午，召开区委党的群众路线教育实践活动动员部署大会。杨柳荫作动员部署，北京市委教育实践活动第一督导组组长周来升作重要讲话，张家明主持，市委督导组全体成员，全区局级现任、前任领导，正处职领导干部，在区工作的市委委员、候补委员和市纪委委员，区委委员、候补委员，区纪委常委，民主党派、工商联主要负责人和无党派代表人士，部分驻区的市级直属单位和企事业单位负责人，党的十八大代表、市第十一次党代会代表，及部分区“两代表一委员”和党员干部群众代表等320余人出席，并对区级领导班子及领导个人进行民主评议。下午，召开党的群众路线教育实践活动单位工作培训会。组建15个区委督导组，2月13～14日，召开党的群众路线教育实践活动督导工作培训会。2月24～28日，举办全区学习贯彻习近平总书记系列讲话精神暨群众路线教育专题培训班，全区处级以上干部参加培训。杨柳荫作题为“践行群众路线、改进工作作风，全力推动‘国际化现代化新东城’建设”的党课报告。3月21日，召开党的群众路线教育实践活动典型经验做法推广会，对朝阳门街道工委和房地二中心党委“百姓督导团”“职工监督团”的典型经验进行推广。5月6日，召开区四套班子作风建设情况通报会，市委第一督导组通报关于区四套班子总体评价、作风建设情况及存在问题、党风廉政建设情况。6月16～17日，召开区委常委班子党的群众路线教育实践活动专题民主生活会，中央政治局委员、市委书记郭金龙，市委常委、市委秘书长、市委政法委书记赵凤桐，市委常委、市委组织部部长姜志刚，市委第一督导组组长、市政府党组成员洪峰，中央第二巡回督导组李耀建、生秀红、朱国祥，市纪委、市委办公厅、市委组织部、市委活动办有关负责人和市委第一督导组成员，区委常委全体班子成员及区人大常委会主任、区政协主席参加，杨柳荫主持，郭金龙作重要讲话。6月20日，召开区委常委班子专题民主生活会情况通报会，杨柳荫主持，金晖传达市委书记郭金龙在区委常委班子专题民主生活会上讲话精神，张家明通报区委常委班子专题民主生活会情况。洪峰、周来升及督导组成员，区级领导班子成员出席会议。6月27日，召开纪念中国共产党成立93周年暨深入推进教育实践活动座谈会，杨柳荫、张家明、吴松元、夏树军、周永明、宋甘澍、毛炯参加。7月2～4日，区政府党组、区人大党组、区政协党组分别召开专题民主生活会。6月至7月，全区102个处级领导班子召开民主生活会。7月10～11日，杨柳荫参加并指导东华门街道领导班子专题民主生活会，市委教育实践活动第一督导组成员，吴松元、毛炯，区委教育实践活动第四督导组成员，区有关部门负责人参加。7月17日，区委党的群众路线教育实践活动领导小组办公室召开基层党组织专题组织生活会和民主评议党员工作培训会。7月至8月，全区3031个基层党组织召开专题组织生活会并开展民主评议党员工作。8月14～22日，杨柳荫、张家明、冯熙、徐鸿达分别以普通党员身份参加其所在党支部专题组织生活会。27日，杨柳荫出席安定门街道分司厅社区党委（扩大）会暨专题组织生活会并讲话。10月15日，召开区委党的群众路线教育实践活动总结大会，张家明主持，杨柳荫、周来升分别讲话，督导组成员及区四套班子成员参加。通过开展教育实践活动，全区性会议数量同比下降23.10%，“三公”经费压缩15%，解决各类民生问题4000余件。

（毕凌凌　张思尧）

区委办公室工作

【概况】 中共东城区委办公室（简称区委办）是负责协助区委领导和区委机关处理日常工作的办事机构，设区委督查室、区密码管理局、区委值班室、信息科、秘书科、综合科、协办科、财务科等10个科室。行政编制48人（含局级领导4人），实有43人。

年内，围绕区委中心工作，发挥职能作用，服务发展大局。开展党的群众路线教育实践活动，以综合协调、服务保障、参谋助手、督促检查四项基本职责为着力点，构建活动开展的有力抓手，综合协调、服务保障作用日益突出，参谋助手、督促检查作用提升显著。定期召开“区委、人大、政府、政协、纪委”办公室主任会、区委主要部门工作联席会，建立沟通联系机制。坚持完善四办主任联席会、区委主要工作部门例会等制度，与日常信息沟通有机结合，充分发挥其协调调度作用。密切与相关部门的沟通协作，健全区委领导批示件办理工作流程和督查反馈机制。拓展服务覆盖面，提高领导调研的随行服务保障能力。配合相关部门做好区级领导班子届中考察、建国65周年庆祝活动等服务保障工作。围绕全区中心工作、领导关注点和群众急、难、热点问题，提出合理化建议，强化调研的计划性和系统性。强化从管理型向服务型转变，切实做好中央八项规定、市实施意见和区实施办法贯彻落实情况的督查工作。加大对区委折子工程、区委常委会决策落实的督查力度，对区委决策落实的情况进行综合调查分析，为区委各项决策落到实处提供督查服务。

（毕凌凌）

【公文制发】 全年印发《东城区全面加强服务驻区中央、市属单位和部队工作的意见》《东城区关于改进工作作风、密切联系群众的实施办法（修订）》《北京市东城区创建国家公共文化服务体系示范区规划（2013年—2015年）》等各类文件91期，其中京东发11期、京东文52期、京东办发

18期、东办通报10期。（毕凌凌）

【服务保障】全年完成国庆65周年庆祝活动、APEC会议保障、第四届王府井国际品牌节等活动服务保障工作41次。完成服务保障区领导接待习近平、马凯、王沪宁、汪洋、栗战书、郭金龙、中央第二巡视组、中央第二巡回督导组等中央和北京市领导视察调研等活动21次。策划安排区委主要领导调研71次，服务保障区委副书记、专职常委出席各类政务活动120余次。（毕凌凌）

【督查工作】全年督查区委折子工程落实情况120项，办理领导批示件719件。完成党代表提议10件、办理人大代表建议案和民主党派、政协委员提案48件，满意率达到百分之百。编发《东城督查》普刊4期、增刊13期，《督查专报》26期。（毕凌凌）

【信息工作】全年共编发《东城信息》普刊248期，专报15期，增刊271期，专刊31期，业务通讯13期，提供各类信息3713条。报送的信息被《北京信息》采用151条（篇）。（毕凌凌）

【党委系统信息化建设】年内，完成57家单位党委系统业务专网节点机房建设，建设27个视频会议会场，形成全区党政机关视频会议系统，满足全区党政机关召开视频会议需求。

（毕凌凌）

组织工作

【概况】中共东城区委组织部（简称区委组织部）是负责全区干部工作、人才工作与组织工作的区委工作机构。设办公室、调研信息组、干部调配组、干部一组、干部二组、干部监督组、干部教育培训组、人才工作协调组、组织组、组织指导组、党员教育管理组、党员电化教育组。编制53人，实有48人。

年内，全区组织系统以深入开展党的群众路线教育实践活动为主线，推动干部人事制度改革和组织制度创新，加强领导班子、干部人才队伍、基层党组织和党员队伍建设，为区域经济社会发展提供组织保证和人才支持。组织学习新修订的《党政领导干部任用工作条例》，与区人力资源和社会保障局共同制定实施《东城区党政群机关科级领导干部选拔任用工作实施办法（试行）》。制定《2013—2017年东城区干部教育培训规划》，经区委常委会审议通过印发全区。向全区下发《关于严格落实组织工作重要事项请示报告制度的通知》，从严管理干部。贯彻落实中央、市委规定，6月起全区不再执行处级领导干部最高任职年限政策。“423”选派党员干部进社区服务群众工作法入选全国“党的群众路线工作法100例”优秀范例。东城区老干部读书会被评为全国离退休干部先进集体。区委组织部获2013年度北京市公务员统计、党内统计全优报表单位和优秀统计分析单位。《东城区加强商会党组织建设调研报告》《关于进一步发挥南锣鼓巷地区联合党委作用服务区域发展的思考》《增强干部德的考核时效性调研报告》调研课题分获北京市党建研究会优秀调研课题一、二、三等奖。

单位地址：东城区钱粮胡同3号

联系电话：64040940

邮政编码：100010（张思尧）

12月10日，吴松元参加全国“党的群众路线工作法100例”颁奖座谈会

【处级干部基本情况】至年底，东城区党政机关、事业单位有处级干部949名，其中领导职务674名（正处职186名，副处职488名），非领导职务275名。有处级女干部266名，占处级干部总数28.03%，其中女领导干部192名（正处40名，副处152名），占领导干部总数28.49%；处级少数民族干部58名，占处级干部总数6.11%；党外干部32名，占处级干部总数3.37%。处级干部年龄结构：35岁以下38名，36-40岁67名，41-45岁161名，46-50岁268名，51-55岁297名，56岁以上118名，平均年龄48.58岁。处级干部学历结构：研究生学历238名，大学学历669名，大专学历42名。全年任免处级干部337人次。提拔任用处级干部45人，其中领导干部33人，非领导干部12人；平级交流领导干部58人，其中正处级23人，副处级35人；达到最高任职年限改为非领导职务18人；试用期满正式任职52人；兼职任免、到龄退休等任免干部164人次。全年处级干部任前公示20期、46人，其中正处级17人（含1名调任人员），副处级29人。接收团职军转干部档案28份，经过查阅档案、资格审核、统筹安排，安置担任正团级领导职务满3年的军转干部3名。为67名处级干部办理调动行政关系接转手续，为110名处级干部办理核职，为52名处

级干部办理退休手续。（张思尧）

【领导班子和干部队伍情况分析】着眼于增强领导班子和干部队伍建设的前瞻性和针对性，对全区各单位领导班子运行情况、工作实绩、整体结构、年度考核结果等情况进行综合分析，为选优配强班子提供依据。结合党的群众路线教育实践活动，全面了解掌握处级领导班子建设和领导干部履职情况，开展综合分析评价。（张思尧）

【完善干部推荐提名方式】坚持民主提名、公开提名、责任提名，进一步调整完善民主推荐程序、方法、推荐范围和结果运用，强化党组织在民主推荐中的领导把关作用。探索在年度考核中开展大范围"非定向推荐"近期可提拔担任处级领导干部人选工作，将推荐和使用适当分离，扩大选人用人视野。规范党政正职提名推荐方式，对需大范围推荐的职位和参加推荐人员的范围进行适当调整，突出区委全委会成员在干部选拔任用中的作用，全年对9个处级党政正职职位进行5次提名推荐。注重综合运用个别谈话、实地调查、延伸考察等方式，真正了解民意、正确集中民意，提高民主质量，做到民意基础作用、党组织领导把关和人岗相适的有机统一。（张思尧）

【完善了解干部机制】坚持近距离接触干部，强化日常考察了解。4月，建立并实施干部"双向约谈"制度。8月，向全区印发《组织巡查工作暂行办法》，对区环保局开展巡查，通过常规巡查、专项巡查、重点巡查，了解掌握班子运行状态和干部履职情况，反馈巡查情况并提出班子建设的意见建议。（张思尧）

【干部挂职锻炼】全年组织96名干部参与年度全国城市文明程度指数测评、区委党的群众路线教育实践活动督导组等区内重点任务。落实全市干部"三个一百""南水北调""京津冀一体化"等工程，安排4名处级干部到外省市、市级机关挂职锻炼，8名基层年轻干部到市级机关挂职锻炼，接收41名来自中央、市级机关、外省市处科级干部到区挂职锻炼。10月28～31日举办挂职干部培训班。（张思尧）

【干部年度考核】1月至3月，成立11个考核组，坚持"三述两评"（领导干部述职、述廉、述德和正、反向测德）考核模式，按照考核准备、组织考核、统计汇总、下达指标、确定等次等5个阶段，运用"德"的反向测评和领导干部形象的民意调查等形式全面了解干部，完成上年度对全区97家单位966名处级干部的考核奖励。12月，启动本年处级领导班子和领导干部年度考核工作，成立10个考核组分赴各单位开展考核测评，强化对干部德、作风和实绩的考核。（张思尧）

【选派党员干部进社区】3月14日，召开区党员干部进社区工作部署会。汤钦飞主持，吴松元作部署，金晖出席并讲话。26日，召开选派党员干部进社区工作动员暨培训会，对党员干部进社区的总体安排、主要任务、工作要求进行部署，对选派进社区的党员干部进行业务培训。全区共选派367名党员干部到社区担任社区党组织书记助理或社区居委会主任助理，帮助街道社区解决实际问题700余件，与1322户居民建立长期联系。（张思尧）

【干部选拔任用工作检查】6月16～26日，通过听取汇报、民主评议、个别访谈、查阅档案材料等形式，对12名离任书记履行干部选拔任用工作职责情况进行检查。9月22日至10月9日，成立15个检查组，对34个处级单位执行《干部任用条例》情况进行检查，对4名在任、2名离任党（工）委（党组）书记在任职期间履行干部选拔任用工作职责情况进行检查，向被检查单位和被检查书记书面反馈检查情况和结果。截至年底，实现5年内对全区有干部任免权的99家处级单位的干部选拔任用工作进行普遍检查，共对52名离任书记和9名在任书记开展履行干部选拔任用工作职责情况检查，对5家单位整改落实情况进行回查。吴松元在全市干部监督工作会议上围绕选人用人工作检查做经验交流。（张思尧）

【干部教育培训】9月1～26日，首次举办副处级干部领导力提升培训班，调训28名优秀副处级领导干部，探索召开培训班学员党支部组织生活会。全年举办副处级领导干部进修班、新任处级领导干部培训班、处级领导干部城市发展与治理专题研究班各1期、中青年干部培训班2期，举办北京大学现代公共管理高级研修班、清华大学领导力提升高级研修班、处级干部周末大讲堂各1期和学习贯彻党的十八届四中全会精神专题报告会2期。开展全区中青年后备干部教育培训工作专项调研，完成《东城区2014年中青年干部教育培训工作调研报告》。制定《东城区党政机关事业单位培训费管理暂行办法》和《东城区处级干部参加社会化教育培训审批工作流程》，严格经费管理。全年举办各类培训项目70个，培训党政干部、企业经营管理人员和专业技术人员3.67万人次，其中区委组织部牵头和主办的重点培训项目23个，培训1.05万人次。（张思尧）

【干部监督工作】9月11日，吴松元主持召开年度干部监督工作联席会，联席会各成员单位有关负责人参加。会上，审议通过修订的《关于建立东城区干部监督工作联席会议制度的实施意见（试行）》和《东城区干部监督工作信息沟通办法（试行）》，学习传达上级有关精神，讨论交流如何加强干部监督工作。12月18日，召开干部工作监督员座谈会，对干部工作监督员代表履职情况、开展监督工作中存在的问题及有关意见建议进行交流，9个党（工）委干部工作监督员参加座谈。向审计局提出年度经济责任审计委托建议，对9名离任领导干部和1名在任领导干部进行任期经济责任审计。（张思尧）

【公务员统计年报】12月初，开展全区干部信息库数据维护工作。12月底，启动区委群团系统36家单位1349名公务员及参公管理人员统计年报工作。由各单位自行维护组工业务综合应用平台中每个人员的34

个信息集，自动生成公务员、参照公务员管理群团机关工作人员、参照公务员管理事业单位工作人员等3套统计表，由组织部负责维护处级干部及后备干部信息，生成地方各级领导班子成员、各级机关、事业单位处级干部、地方党政领导班子后备干部情况等4套报表，按时完成公务员统计年报工作。（张思尧）

【干部档案管理】 全年对36个单位或部门报送的档案整理工作进行68次检查辅导或验收，新接收干部档案32卷，转出干部档案11卷，其中上报市委组织部局级领导干部档案1卷，接收干部档案材料1415份，提供各类档案查阅服务459卷次、借阅服务115卷次。（张思尧）

【选调生选拔工作】 年内，确定2013届选调生13人，其中公务员9人、国有企事业员工4人。12月，启动2014届选调生选拔工作，全区各系统统计汇总在基层工作的2014届应届优秀高校毕业生37人，经用人单位资格审核与信息核对，综合考虑人选工作表现，最终择优推荐35人参加选拔。（张思尧）

【超职数配备干部专项整治】 协调区编办、区人力社保局开展超职数配备干部专项整治工作，对全区处、科级干部配备情况进行全面自查和普遍检查，摸清底数，对超配干部情况制定初步整改消化计划。6月初，作为北京市迎检单位之一，接受中组部、中央编办、国家公务员局的抽查。配合区编办做好前期区内10家单位编制实地核查工作，重点梳理处级职数、干部名册等，现场核对各单位提供的材料，提出修改意见。迎检工作通过实地核查。（张思尧）

【退（离）休干部社团兼职清理规范】 下发《关于规范退（离）休干部在社会团体兼职问题的通知》，及时向市委组织部报送相关材料。做好企业兼职（任职）相关政策的宣传解释工作，梳理形成《关于加强对机关干部和企事业单位领导人员在企业兼职（任职）管理工作政策答疑》，11月，在全区党（工）委（党组）书记培训班上对企业兼职政策进行讲解。（张思尧）

【领导干部个人有关事项报告】 完成986名处级干部个人有关事项报告表的集中受理和系统录入工作，完成区领导干部个人有关事项报告材料汇总综合。完成区领导干部个人有关事项报告随机抽查核实、比对工作，按照3%的比例随机确定32名干部作为抽查核实对象，由市委组织部转交相关职能部门进行信息查询，并按照规定对核实结果进行研究处理。经核查，无瞒报情况。针对漏报人员，部领导逐一进行谈话提醒，并责令撰写漏报说明。（张思尧）

【一报告两评议】 年内，对73家单位（本年度进行条例检查的单位不参加）上年度干部选拔任用工作及204名新选拔任用（含交流）的正科级领导干部进行评议，2919人参加评议，发放回收民主评议表4929份。对各单位的评议结果进行审核校对，打印反馈表213份。对评议结果进行排序，对得分低于全区平均值的32家单位，要求分析原因、制定有针对性的改进措施并上报。（张思尧）

【信访受理查核】 实行信访统一归口办理，畅通信访、网络、电话等“12380”举报平台，加大查核工作力度。先后与12名领导干部进行提醒谈话，对10名领导干部进行函询。向市委组织部、市委群众路线活动办及区委领导报送调查处理结果和情况反馈16个，有关单位向组织部报情况说明和调查报告44个。（张思尧）

【干部关爱】 完成年度全区处级干部集中体检工作，887名处级干部参加体检。协助区委办完成年度局级领导的健康体检工作。组织200余名处级领导干部开展“环二环城市绿道健步行”活动，使领导干部在健身的同时了解了区情，感受环境变化。为部分新任职处级干部办理第六医院或普仁医院优诊卡，为部分离休干部、局级领导变更定点医院和补办医疗证。（张思尧）

【优秀人才培养资助及联络服务】 制定印发《东城区优秀人才培养资助实施办法》。9月18日，“人才论见”系列活动之东城优秀人才畅谈文化人才管理改革试验区在区中小企业服务中心举行。11月4日，举行“2014从‘草根创业’到‘未来领袖’文化创意大赛”启动仪式。11月26日，召开2014年东城区人才认定工作动员会，启动第二届东城杰出人才、第七届东城区有突出贡献的优秀人才和第七届东城区优秀青年人才认定工作。开通东城人才微信公众账号，启动建设东城人才工作网、东城人才认定系统和东城人才培养资助系统。制定印发《东城区党委联系服务优秀人才工作制度（试行）》。开展人才创新创业服务团活动，到创新创业企业走访部分优秀人才。12月13日，组织召开“2014创新 & 投资中国行—北京东城站”活动。12月23日，东城区硅谷海外人才联络处年度第二批人才项目路演活动在中美企业创新中心举行。接收北大、清华、人大等9所高校的25名博士（后）到区进行为期半年的实践锻炼。（张思尧）

【文化人才管理改革试验区建设】 年内，《东城区建设文化人才管理改革试验区实施意见》相继通过市人才工作领导小组会议、区政府常务会议、区委常委会审议，并完成部分市级部门主要领导会签程序。启动东城文化人才（国际）创业园建设工作，研究确定创业园建设总体思路和实施方案。启动东城区文化人才评价标准研究制定工作。（张思尧）

【政工职评工作】 全年召开初评委会4次、中高级论文答辩会1次、中评委会1次。16人取得各级政工专业职务，其中2人取得高级政工师职称，8人取得中级政工师职称，6人取得初级职称。（张思尧）

【基层党组织情况】 至年底，全区有基层党组织3287个，其中党委261个，党总支157个，党支部2869个。全区党员总数为8.03万人，比上年增加659人。全年发展党员700人，其中35岁及以下446人，占63.70%。全区女党员3.81万人，占党员总数47.41%；35岁及以下党员1.12万人，占党员总数14.01%；60岁及以上党员3.53万人，占党员总数43.93%；具有高中、中技及以上学历6.30万人，占党员总数78.50%，其中，大学专科学历1.65万人，占党员总数20.50%，大学本科及以上学历2.77万人，占党员总数34.50%。（张思尧）

【基层党组织调整】1月13日，经区委常委会第49次会议研究决定，成立区政府研究室党组、区外联办党组、区住宅发展中心党组、区房屋征收中心党组。7月23日，经区委常委会第66次会议研究决定，撤销区卫生局党委和区人口计生委党组，成立区委卫计工委，将区危改办党组更名为区重大办党组。9月10日，经区委常委会第69次会议研究决定，撤销区环卫一中心党委和区环卫二中心党委，成立区环卫中心党委。12月30日，区体育局召开党员大会进行党委换届选举，产生党委委员7名，纪委委员5名。在随后召开的党委一次全会和纪委一次全会上，选举产生党委书记1名、副书记2名；纪委书记1名、副书记1名。（张思尧）

【基层服务型党组织建设】3月21日，转发《关于在第二批党的群众路线教育实践活动中进一步加强基层服务型党组织建设的通知》，启动全区基层服务型党组织建设试点工作。选择34个社区党组织作为区级试点单位，并从中确定朝阳门街道史家社区党委、龙潭街道光明社区党委作为市级试点单位。5月21日，全市基层服务型党组织建设试点工作推进会在区召开，龙潭街道光明社区党委在会上作交流发言。6月底，将试点工作扩展至全区其他领域，从区直机关工委、区委社会工委、教工委、文委、卫生局、国资委、体育局、园林局等系统选取16个试点单位。10月至12月，研究制定区委《关于加强基层服务型党组织建设的实施意见》。（张思尧）

【在职党员到社区报到】3月25日，印发《东城区在职党员到社区报到为群众服务的通知》，启动全区在职党员到社区报到为群众服务工作。5月10日，市委常委、组织部部长姜志刚带领市委组织部领导班子成员及机关党委部分在职党员到东华门街道南池子社区报到。5月至9月，接收中央和市属单位党组织在职党员到东城区社区报到。截至年底，1051个区属单位党组织2.01万名在职党员完成组织报到，229个市属单位党组织2574名在职党员和5个中央机关试点单位13个党组织380名在职党员以组织形式到东城区社区报到，共计1000余名党员以个人形式报到。（张思尧）

【社区物业管理党建联建】5月15日，召开社区物业管理党建联建工作协调小组会，17个街道工委、区委社会工委、区司法局、区政府法制办、区房管局等单位参会。6月4日，印发《东城区开展社区物业管理党建联建工作的实施意见》，在全区范围启动社区物业管理党建联建工作。截至年底，17个街道均建立专项工作小组，42个物业服务企业建立党组织，124个物业服务企业配备党建工作指导员，48个社区将物业服务企业、业委会党员纳入社区党组织管理，物业服务企业、业委会党员参与社区活动累计163次，解决各类问题200件次。（张思尧）

【整顿软弱涣散基层党组织】3月17日，下发通知，启动全区软弱涣散基层党组织集中整顿工作。制定下发《东城区软弱涣散社区党组织专项整顿工作方案》，确定9个社区党组织为软弱涣散基层党组织。截至年底，5个社区党组织完成转化，4个社区党组织工作有所提升，转化提升率100%。（张思尧）

【处置不合格党员】7月至8月，全区各级基层党组织开展专题组织生活会并开展党员民主测评。11月至12月，对失去联系的党员、在国（境）外定居的党员进行摸排，对因工作、出差、在外地等原因未能参加组织生活会的党员，采取多种方式“补课”并进行组织评定，对年老体弱、长期患病、行动不便无法正常参加组织活动、不能履行党员义务的党员进行组织评定。全区8名党员被评为“差”，其中7名受到党内纪律处分，1名被评定为“不合格党员”，并做出限期整改的处置。（张思尧）

【党员关怀帮扶】春节、七一期间，全区各级领导干部开展走访慰问优秀党员、老党员及生活困难党员群众的“党心连民心、亲情进万家”活动。1月31日，杨柳荫、张家明、金晖、吴松元、毛炯、王晨阳等到北新桥三和老年公寓，亲情陪伴老人们共度马年春节。6月18日至7月11日，全区各级党组织集中开展“共产党员献爱心”捐献活动，4.10万名党员、7574名群众共捐款222.76万元。全年下拨区级生活困难党员帮扶专项资金150万元，为44名特困党员申请市级帮扶资金22万元，发放新中国成立前无收入老党员生活补贴98.10万元，下拨走访慰问资金50万元。（张思尧）

【非公党建工作】9月22日，成立安利（中国）党建促进工作委员会。9月25日，召开东城区园区党建工作联席会，东城园工委、区委社会工委及相关街道工委参会。10月至12月，与区信息办、东城园工委、北新桥街道工委研讨论证“红云东城”非公党建信息化平台项目建设方案。（张思尧）

【三级联创活动】1月7日，审议通过上年度“五星级”社区党组织建议名单并在全区通报。4月10日，召开全区“三级联创”活动工作部署会，下发新修订的“五个好”街道工委和“五星级”社区党组织考评标准。新的考评标准中各考评成员单位指标精简幅度达到20%以上。11月5日，召开工作部署培训会，启动“三级联创”活动考评工作。11月13～28日，成立4个考评组对全区17个街道工委进行实地考评，首次引入第三方民意调查，委托北京市统计局所属社情民意调查中心通过电话访谈形式向居民群众征求对街道的评价意见及建议。11月24日至12月3日，由区委社工委牵头成立6个考评组，对各街道工委申报“五星级”社区党组织进行复评。12月，汇总各考评成员单位考评分值及第三方民意调查结果，形成“五个好”街道工委和“五星级”

社区党组织建议名单。12月21～23日，迎接市委三级联创第一检查调研组对东城区“三级联创”活动进行考核调研。（张思尧）

【党建述职评议考核】 1月23日，召开上年度全区党建工作专项述职报告会。11月28日，下发《东城区基层党建工作述职评议考核实施方案》。12月25日，杨柳荫参加全市区县委书记抓党建工作述职评议考核会议并述职。（张思尧）

【党代表提议办理】 截至5月30日，区党代表联络工作办公室收到19个代表组上报区党代表提议38件，其中36件为办理件，2件为领导参阅件。38件提议涉及人员工资待遇9件、干部队伍建设5件、基层党建工作5件、城市环境建设4件、理顺机构职责2件、文化教育事业5件、居民生活5件、其他3件。8月13日，区委召开会议对36件办理件进行集中交办，要求承办单位在3个月内进行办理和答复。截至11月13日，36件办理件全部办结，其中20件提议得到解决和部分解决。（张思尧）

【党员教育管理】 制定印发《东城区关于加强新形势下党员队伍建设的实施意见》《2014—2018年东城区党员教育培训工作实施办法》。10月9日，全区基层党组织书记培训班开班，区委30个直属党（工）委所属的1000余名基层党组织书记参加培训。4月14～18日、9月23～25日，先后举办2期入党积极分子培训班。11月3日，举办新党员培训班，上年发展的680名预备党员参加。（张思尧）

【党员电化教育及现代远程教育】 年内，举办区第三届党员教育电视片观摩交流活动。通过评审委员会量化打分和基层党员观摩测评相结合的方式，评定出一等奖作品2部、二等奖作品5部、三等奖作品7部。向基层单位下拨远程教育课件补贴20.40万元，报送市级远教课件6部，总时长97分钟。举办远教课件制作人员培训班，60余人参训。举办远教终端站点管理员培训班，200余人参训。为纪念建党93周年，在数字东城视频网、东城区党员干部现代远程教育网，开展以“践行群众路线服务党员群众”为主题的党员教育电视片展播活动。推荐12名站点管理员参加全市优秀远程教育终端站点管理员经验交流活动，3名获市级优秀站点管理员荣誉称号。（张思尧）

12月11日，杨柳荫为全区党（工）委（党组）书记专题培训班授课

【组工干部队伍建设】 年内，建立全区组工干部信息库，采集93个单位近500名组工干部基本信息。举办全区组工干部业务培训班，区委组织部10名业务组室组长结合具体业务工作与学员进行深入交流，88个单位主管领导、组织（人事）部长和部分组工干部近180人参加。开展“组织部长文化日”“组工干部沙龙”“组织部开放日”等活动。（张思尧）

【党（工）委（党组）书记培训班】 11月至12月，分两批对全区党（工）委书记和党组书记进行专题培训。杨柳荫以“深入落实从严治党责任聚精会神抓好党建工作”为题作专题辅导，吴松元主持领导和专家授课并与学员进行交流，区委组织部部长、副部长、业务组室负责人结合具体工作授课。（张思尧）

【党的建设和制度改革】 组织召开区委党建工作领导小组（扩大）会议、区委全面深化改革领导小组党的建设制度改革专项小组第一次会议，审议通过《区委党的建设工作领导小组职责任务和议事规则》《区委党的建设制度改革专项小组工作规则》《区委党的建设制度改革专项小组工作任务和责任分工》等文件，研究部署全区党的建设和制度改革工作。（张思尧）

【党建研究】 组织召开区党的建设研究会五届三次理事大会，总结部署全区党的建设、制度改革、调查研究工作任务。继续办好《东城党建研究》双月刊，全年编发6期。配合全国党建研究会和市党建研究会开展“中国梦与中国共产党”“学习习近平总书记系列重要讲话”论文征文活动，征集稿件30余篇，挑选优秀作品5篇上报市党建研究会，并在《东城党建研究》杂志上刊发。（张思尧）

【宣传信息调研工作】 与人民网合作创建全市首家“党建云平台”，制定《党建云平台信息发布要求》，搭建组工信息采集、发布、分享一体化平台。与腾讯网合作开通“东城组工微信圈”官方公众订阅账号。进一步整合传统媒体、网络媒体、移动新媒体、自媒体等形成合力，加强新闻策划和集中报道。全年在《中国组织人事报》登载信息7篇，在共产党员网、中国共产党新闻网、群众路线网登载信息30篇，在共产党员手机报、前线手机报登载信息13篇，在东城组工微家园、微信圈发布微博、图文消息近1000条。

围绕全区中心工作，组织开展党建调研，区委组织部内各组室和区委各党（工）委研究撰写重点调研报告65篇。制定下发《关于规范组工信息报送工作的通知》，规范全区信息报送制度。全年编发《东城组工动态》66期，同比减少38.3%，在《北京组工动态》发布信息19篇，与去年持平。编发东城组工手机报21期、《领导参阅》23期、《互联网舆情参阅》9期、《东城组工报》24期。（张思尧）

【党的群众路线教育实践活动】2月至10月，部机关开展党的群众路线教育实践活动。将学习教育贯穿始终，先后开展学习教育29次，集中学习总天数达到11.50天。坚持开门搞活动，通过多种形式和渠道征得意见建议85项150条，实现部内全体党员干部、全区组工干部、服务对象和重点人员全覆盖。按照“四必谈”和“六个谈透”的要求，开展7轮、110人次的谈心谈话活动。7月30日，部领导班子召开党的群众路线教育实践活动专题民主生活会，领导班子和班子成员查找“四风”突出问题72条，相互间提出批评意见40条，达到“团结—批评—团结”的目的。研究制定并落实《东城区软弱涣散社区党组织专项整顿工作方案》，协调区有关部门开展超职数配备干部专项治理工作，先后建立、完善《关于建立“双向约谈”制度的实施意见》《干部工作监督员制度》《组织工作巡查制度》等制度文件，强化建章立制，巩固活动成果。（张思尧）

宣传工作

【概况】中共北京市东城区委宣传部（简称区委宣传部）是主管本区宣传思想文化工作的区委工作部门。负责组织宣传党的中心任务和方针、政策，贯彻执行市委宣传部和区委有关部署。负责组织指导理论学习、理论研究和理论宣传工作。负责管理新闻宣传工作，引导社会舆论，协调管理区属各单位的互联网宣传工作。管理东城区新闻报道中心。汇集分析社会舆情。负责编辑出版宣传思想政治工作的理论刊物、信息简报等工作。指导、部署、协调本区群众性精神文明创建活动。负责统筹本辖区内文化发展工作，协调区政府有关部门落实文化经济政策，指导、协调宣传文化系统的事业建设和文化产业发展。管理东城区文化发展促进中心。设办公室、理论科、宣传科、舆情科、文化科，编制23人，有干部20人。北京市东城区新闻报道中心（简称新闻中心）是区委宣传部所属的正处级全额拨款纳入规范管理事业单位。负责区内重点工作、重大活动的对外宣传。设办公室、总编室、新闻科、网络宣传科、《新东城报》采访科、《新东城报》编辑科、电视编辑科、网络电视科、电视摄像科、摄影科，编制49人，有干部44人。北京市东城区文化发展促进中心是区委宣传部所属的副处级全额拨款事业单位。负责为区文化事业及文化产业发展提供决策咨询，组织项目论证，提供信息服务，开展专题调研，组织文化活动。设产业部、事业部、综合部，编制11人，有干部7人。

年内，组织区级理论学习中心组学习活动39次，组织党员干部学习宣传贯彻党的十八大、十八届三中、四中全会精神和习近平总书记系列重要讲话精神。制定发放《关于加强对区属各单位内部出版物管理工作的通知》，加强区内部出版物的规范和管理。制定《东城区培育和践行社会主义核心价值观实施方案》。撰写编发《东城舆情》专报135期，制定《东城区关于加强互联网舆论引导工作的意见》，统筹全区网络监测、预警、分析研判、引导应对工作。完成第九届中国北京国际文化创意产业博览会东城展区的各项组织工作。

单位地址：东城区钱粮胡同3号
联系电话：64031118-2530
邮政编码：100010（张博）

【理论学习教育】年内，制定下发《东城区党（工）委（党组）理论学习中心组学习制度》，规范各级中心组学习。组织区级理论学习中心组学习活动39次。印发《东城区处级干部理论学习安排意见》，加强对处级理论学习中心组学习指导，征集处级干部理论文章479篇、“一把手讲党课”活动100余场、党课报告45部，巡听处级理论学习中心组学习活动4次。为全区配发《习近平总书记系列重要讲话读本》《培育和践行社会主义核心价值观学习读本》《改革热点面对面》《〈中共中央关于全面推进依

3月20日，区委区政府理论中心组到时传祥纪念馆学习

法治国若干重大问题的决定〉辅导读本》等学习书籍万余册。（张博）

【理论宣讲】将“理论家走基层”、“周末社区大讲堂”、“基层红色讲坛理论宣讲”整合为东城区“红色讲坛”理论宣讲品牌，全年组织理论宣讲活动500场，受众10万余人次，并在市委讲师团理论宣讲示范基地工作会上作典型发言。创新开展“红色讲坛理论座谈会”3场，为驻区文化单位、街道社区、专家学者座谈交流搭建平台。坚持一把手讲党课制度和撰写体会文章制度，全区各单位主要负责人围绕学习习近平总书记系列重要讲话精神积极参与“一把手讲党课”活动、“为民务实清廉做群众的贴心人”主题征文活动，共征集文章479篇，开展党课活动100余场。评选出区年度优秀党课报告21件，优秀体会文章59篇。在市年度“宣讲家杯”优秀报告（党课）评选中，东城区推荐的29件报告（党课）作品有11件获奖，获奖件数在各区县中名列第一。向北京市政研会报送41篇理论文章参选年度“丹柯杯”思想政治工作优秀成果评选，11篇获奖，其中一等奖2篇，二等奖2篇，三等奖7篇（张博）

【学习型党组织建设】开展建设学习型党组织工作示范点和品牌活动申报备案，培育34个示范点和36个品牌活动，组织观摩交流活动，4家示范点和5家品牌活动做交流发言。11月24日，完成北京市建设学习型党组织工作协调小组赴东城区调研区处两级党委中心组学习习近平总书记系列重要讲话精神暨学习型党组织建设工作。朝阳门街道工委被评为北京市建设学习型党组织工作示范点。（张博）

【思想政治工作研究】发挥区思想政治工作研究会的“智囊团”作用，开展“把意识形态工作纳入党委工作日程”、“贯彻落实习近平8.19重要讲话精神”、“社区思想政治工作”、“宣传文化干部教育培训”等专题调研。制定《北京市哲学社会科学应用对策研究东城区基地及研究项目管理细则》，与区委党校开展基地共建合作，经过立项评估确定区级重点课题7个，一般课题10个。积极做好2014年北京市基地课题征集报送，报送的“北京市东城区历史建筑调研及保护对策研究”获得市重点课题立项资格并顺利通过检查结项。（张博）

【干部队伍建设】落实《关于加强东城区宣传文化队伍建设的实施意见》，实施《2014—2017年东城区宣传文化队伍教育培训行动计划》。以学习贯彻习近平总书记系列重要讲话精神为主题，举办宣传文化干部专题暨理论中心组秘书研修班等各类培训22场，培训干部3600余人次。推荐3人参加市“四个一批”人才评选，其中郭俊彬、杨菲分别被评为北京市“四个一批”理论人才和文艺人才。推荐1人参加中宣部理论宣讲先进个人评选，并获北京市理论宣讲先进个人。做好市“双优”评选推荐工作，推荐6家单位和5名个人参加市“双优”评选活动。推荐1人参评东城区优秀青年人才。举办区政务微博工作培训、基层通讯员培训、新闻发言人培训、网评员工作培训、宣传文化干部研修班等各类培训班6次，对新闻写作、新闻应急、新闻发布、网络宣传、舆论引导等工作进行培训，1000余人次参与培训。（张博）

【百姓宣讲活动】组织开展“最美北京人”百姓宣讲活动，全区近百个百姓宣讲团、700余名宣讲员，深入全区机关、社区、学校、企业、医院等广泛开展宣讲百余场，受众3万余人。推荐区“最美北京人”百姓宣讲团、区卫计委“白衣天使”百姓宣讲团、东花市街道“阳光随行”百姓宣讲团、景山街道“景山之声”社区百姓宣讲团4支团队，参与全市汇报展示。开展优秀基层党员讲党课、拆违宣讲、国家公共文化服务体系示范宣讲等活动。（张博）

【典型宣传】开展“当代雷锋”孙茂芳等典型人物宣传，制定《关于深化“当代雷锋”孙茂芳同志宣传的工作方案》。在东四奥林匹克社区成立本市首家“当代雷锋”工作室——孙茂芳工作室，开展“培育和践行社会主义核心价值观”主题征文、网上座谈等活动。开展“北京榜样”、“2014·感动东城”道德模范等评选活动，引导干部群众崇德向善、见贤思齐。（张博）

【培育践行社会主义核心价值观】年内，以大力培育和践行社会主义核心价值观为工作主线开展社会宣传工作。9月，制定《东城区培育和践行社会主义核心价值观实施方案》。利用机关办公楼、会议室、过街天桥、工地围挡、户外电子屏、社区精神文明建设宣传栏等阵地做好氛围营造，发布了宣传标语口号和《图说我们的价值观》宣传画；在《新东城报》《东城宣传》以及各街道自办刊物刊登核心价值观24字基本内容；完成龙潭公园等4个社会主义核心价值观主题广场、主题公园的环境布置工作。9月至10月，通过政府购买公共服务的形式创新宣传手段，利用网络新媒体扩大宣传覆盖面，启动“生活·东城”摄影比赛、“东城秀”微视频大赛，举办社会主义核心价值观“五体书法展”，在东四街道启动“东城区培育和践行社会主义核心价值观社区示范活动”并在全区17个街道推广。利用春节、清明、中秋、重阳等传统文化节日，组织全区各单位广泛开展“我们的节日”传统文化活动，大力弘扬传统文化。（张博）

【群众性爱国主义教育活动】组织开展以“看成就、看变化、看发展”为主题的庆祝新中国成立65周年宣传教育系列活动200余场次，受众10万余人次。以“花团锦簇庆华诞，欢乐祥和迎盛会”为主题，组织辖区各机关企事业单位、沿街门店、居民楼门院升挂国旗近20000面，摆放花卉170万株盆，在全区主要大街的18座过街天桥和13处工地围挡发布迎国庆宣传画面，张挂红灯笼4200个。加强爱国主义教育基地建设和管理，召开年度工作会、基地联盟工作会；在全区范围内开展纪念设施检查清理登记工作；新命名中国妇女儿童博物馆、花市社区博物馆、建国门·社区博物馆、史家胡同博物馆等4家区级爱国主义教育基地；开展“爱祖国、凝力量、谋发展”爱国主义教育基地参观寻访活动。围绕纪念抗日战争全面爆发77周年和纪念中国人民抗日战争胜利69周年，组织全区各单位开展纪念活动近百项。（张博）

【舆情监测】7月，将《舆情动态》和《新闻快报》合并为《东城舆情》。依靠舆情信息汇集分析联席会成员单位和舆情信息工作三级网络广泛收集社会舆情和网络舆情，社会面舆情收集信息2858篇，撰写编发《东城舆情》专报135期。舆情专报围绕十八届四中全会、APEC会议等国家及北京市重要事件；前门东区、宝华里、钟鼓楼等区内重点工作、重点项目；史家胡同小学出现呕吐病例、王府井部分珠宝店存在抽奖促销陷阱、央视曝光北京永安中医院存在超范围诊治和虚假宣传等区内突发事件进行分析研判，并提出对策建议。与市政研会合作撰写的《东城区舆情信息工作研究报告》获中国思想政治工作研究会2013年课题研究成果一等奖。（张博）

【文化产业发展】完成年度北京市文化创新发展专项资金（产业类）项目的征集预审工作，26家文化企业获得市文创发展资金支持，金额为5514万元。推荐区内文创企业保利文化、光线传媒成功当选第六届全国文化企业30强。推荐区内文创企业嘉德文化公司、中国对外文化集团等7家企业成功当选30强，歌华文化、天创演艺、东方文化资产经营公司等9个企业当选30佳。推动要素市场建设，北京文化产权交易中心落户东城。（张博）

【地坛文化庙会台北之旅】2月7～15日，北京地坛文化庙会·台北之旅活动在台北市花博公园举行。活动将传统庙会形式与台北元宵灯会相融合，让台湾同胞感受到原汁原味的北京传统文化——地坛文化庙会的四宗“最”：最地道的美食小吃、最悠久和最具人气的老字号品牌、最传统的手工艺绝活展示、最丰富的民俗文化表演。（张博）

【产业博览会】12月11～14日，完成第九届中国北京国际文化创意产业博览会东城展区的各项组织工作。以“引领文化创新产业融合发展”为主题，9家集聚区和13家文创企业参加了展览展示活动，集中展示全区在发扬传承推动文化与金融、科技、体育等产业融合及文化经济发展的主要成果。东城主展场接待各界观众22万人次，实现现场签约金额6200多万元，东方雍和国际版权交易中心、壹仟零壹夜演出经纪公司、掌聚互动游戏软件有限公司三家文化企业入选本年北京最具投资价值文化创意企业榜单。（张博）

9月11日，百姓宣讲汇报展示

【新闻报道】全年在中央及市属主流新闻媒体发稿4556条。召开新闻发布会60余场，在头版、头条、半版、整版等重要版面重要位置发稿798条，《北京日报》刊登千字以上稿件91篇，《人民日报》《光明日报》《经济日报》等国家级媒体发稿200余条。在《北京日报》头条报道《东城开通“政务百度”》、整版报道《东城39条“环境守则”治胡同顽疾》、半版报道《政府给菜贩找店面》等大篇幅文章。（吕娜）

【重大活动宣传】1月30日至2月6日，举办第29届地坛庙会、第31届龙潭庙会。新华社、《人民日报》《光明日报》、中央电视台《新闻联播》《中国青年报》《北京日报》北京电视台、《新京报》《京华时报》《北京晚报》《北京青年报》等媒体对地坛、龙潭两大庙会进行集中报道共计47篇。9月20~21日举行第四届王府井国际品牌节，在中央及市属主流新闻媒体和境外媒体报道发稿44篇，其中主图3个，整版8个。11月5~11日，亚太经合组织（APEC）第22次领导人非正式会议在北京举行。东城区利用市属媒体对APEC会议服务保障工作进行宣传报道，《北京日报》《北京晚报》等多家媒体刊发10余篇相关报道；北京电视台“北京新闻”栏目等播出东城区接待APEC中外记者集体采访南锣鼓巷和五道营胡同活动相关新闻报道。（吕娜）

【互联网宣传】制定《东城区关于加强互联网舆论引导工作的意见》，统筹全区网络监测、预警、分析研判、引导应对工作。制定实施《东城区政务微博使用管理工作规范（试行）》和《东城区关于加强机关、事业单位工作人员网络自媒体使用管理的规定（试行）》，4月开始，每月在政务微博群内发布全区各单位政务微博活跃度排行，年内组织全区上线单位工作人员培训两次。11月18日，“北京市东城”微视平台正式开通，深入推广宣传“东城秀”微视频大赛。12月4日，“北京东城”政务微信平台全新改版，增强站内平台搜索功能，建立微博、微信相互关联互动机制。创新微活动模式，在人民网《网络舆情》刊物发表经验介绍《微活动为网络文化建设树立新品牌》。市互联网信息办公室《简报》及《互联网信息》对政务微博、微信使用管理给予专题报道。（吕娜）

【创建示范区宣传】积极与媒体沟通，先后在《中国文化报》《北京日报》刊发《东城升级“一刻钟文化服务圈”》等重点报道，与《中国文化报》《香港文汇报》签订长期战略合作协议，定期在《香港文汇报》《中国文化报》刊登相应的专版，扩大海内外知晓率，为创建国家公共文化服务体系示范区营造舆论氛围；《新东城报》开辟专栏，从“民生”的角度，报道百姓身边文化设施、公共文化服务项目的变化；利用政务微博、微信开辟专栏，举办微活动，让百姓切身感受到示范区创建的成果。在中央及市属各类媒体刊发关于创建国家公共文化服务体系示范区相关稿件1220余篇。其中，中央及市属主流平面媒体刊发文字稿150篇，《香港文汇报》《北京日报》《北京晚报》等媒体上刊发专版20余个，电视发稿20余条，网络发稿310条。（吕娜）

【《新东城报》改版】《新东城报》调整办报思路，坚持“一切为了群众、一切依靠群众，从群众中来、到群众中去”的工作思路和工作方法，2月25日，报纸由每期8版缩减为每期4版，大量削减领导活动报道、会议报道，加大民生新闻的报道力度，报道内容向基层向群众倾斜，发挥密切联系群众的桥梁和纽带作用。报纸围绕中心工作、群众关心的热点问题，加强选题策划，摒弃有什么登什么的做法，向需要登什么内容、百姓关心什么内容就积极主动采写相应内容转变。增设相关专栏，提升报道质量，在党的群众路线教育实践活动中，开辟“贯彻群众路线扎实改进作风”“贯彻群众路线扎实为民服务”“短评”“四风曝光栏”“回音壁”“挂职干部笔记”等专栏进行宣传报道。《新东城报》首次开辟“短评”专栏，充分发挥报纸的舆论引导作用，把全区党员干部的思想认识统一到教育实践活动中，全年刊发12篇“短评”。首次开设“四风曝光栏”栏目，点名道姓地曝光区属各部门在“四风”方面存在的突出问题，以及环境脏乱现象，督促有关部门立行立改，实现曝光一个、警示一片的效果。“四风曝光栏”刊发16期，曝光17个街道。另辟“回音壁”专栏，及时对整改成效予以追踪报道。“回音壁”刊发11期，11个街道对曝光问题进行整改。（吕娜）

【电视节目】年内，完成51期《都市阳光·魅力东城》节目制作。推出“走群众路线，聚党心民心”和“转作风、办实事、促发展”两个党的群众路线教育实践活动专栏；制作播出四集“当代雷锋”孙茂芳系列专题；配合“五一国际劳动节”，推出专栏“劳动最光荣”，介绍东城的首都劳动模范；推出专栏“节俭养德”，倡导健康生活方式；推出“感动东城”道德模范系列人物片；推出国庆谈变化系列人物片；播出APEC会议保障综合报道。制作播出区两会、春节庙会、北京5·6民族团结日、地坛中医药健康文化节、王府井国际品牌节、国庆天坛游园、图书馆年会等新闻。为东城区各单位制作各类专题片、总结片10余部，累计时长80余分钟。（吕娜）

【美丽东城网络电视平台开播】与北京歌华有线公司签署合作协议，建立一个以提供视频和图片信息为主要形式的区级政务、服务、文化、新闻四位一体的资讯平台，辖区20多万歌华有线用户开机后将自动进入“美丽东城”主页面，设有东城新闻、东城资讯、东城文教、电影欣赏、文化共享、北京新闻6个栏目，居民可在家观看全国文化信息资源共享工程的视频节目，也可免费观看高清电影。“美丽东城”网络电视平台于10月17日试开通上线，至12月31日试运行。期间更新节目323集，日均点击量约21万次。（吕娜）

【影像公共服务平台通过验收】8月至10月，区影像公共服务平台上线试运行，该平台汇聚区各级政府及企事业单位视频、图片资源，进行分类整合与精品筛选，通过互联网网站、App应用等形式，向区内外机构提供影像资源服务，满足各种宣传、会议、展览、旅游等活动的需求。包括一个数据资源中心（图片资源数据库）、一个系统（图片资源运营管理系统）、两个工具（图片资源汇聚整理工具和图片资源版权管理工具）。11月通过验收。年内，平台上传1.01万余张图片，按类别归类至百姓生活、文化、景观等15个分类中。（吕娜）

【教育实践活动学习情况】年内，组织区委区政府理论中心组开展党的群众路线教育实践活动集中学习32次，其中专题班6次。在全区范围征集文章479篇，开展党课活动100余场。为全区局处两级领导干部配发《习近平总书记系列重要讲话读本》《论群众路线—重要论述摘编》等17本学习书籍。组织开展教育实践活动主题文艺演出。组织党员干部学习宣传贯彻党的十八大、十八届三中、四中全会精神和习近平总书记系列重要讲话精神。制定发放《关于加强对区属各单位内部出版物管理工作的通知》，加强区内部出版物的规范和管理。（张博）

【教育实践活动宣传情况】2月至10月，在东城区党的群众路线教育实践活动中，邀请中央、市属主流媒体参与采访报道，安排新闻发布会、专题采访、日常消息报道等。各中央、市属、区属媒体刊发363篇，其中56个头条、9个整版，8个半版，33张主图等重点报道；召开新闻发布会、新闻通气会等12次。其中“基层党员讲党课”活动被《北京日报》、《京华时报》、人民网等中央、市级媒体刊发；在中央电视台《新闻联播》播出《到群众中去：一把手督办还胡同风貌》专题；在北京电视台《北京新闻》播出《立行立改见实效：东城区百姓督导员履职听取群众心声》等6条挂栏新闻；在北京电视台新闻频道《都市阳光·魅力东城》栏目，开设电视专栏，发布72条动态新闻，制作电视专题片12部。《北京日报》开设的“贯彻群众路线，扎实改进作风”专栏在头版挂栏刊登《东城：干部把百姓当成身边“镜子”》。制作完成“东城区党的群众路线教育实践活动总结片”，对活动全程进行总结、分析、回顾。《新东城报》缩减版面，加大民生新闻报道力度，开辟“短评”“四风曝光栏”等专栏，对群众路线教育实践活动进行宣传报道。东城区官方微博开辟“群众路线在东城”专栏，发布相关微博975条，“北京东城”政务微信发布相关内容71期。在新浪、人民、腾讯微博平台开辟“群众路线在东城”专栏保障党的群众路线教育实践活动的舆论宣传。

（吕娜）

精神文明

【概况】 北京市东城区精神文明建设委员会办公室（简称区文明办）是区委负责协调、指导精神文明建设的工作部门，挂靠区委宣传部。主要职能：制定并实施区精神文明建设规划，组织、协调、指导文明城区、文明单位等创建活动，负责首都文明委委托的全国、市级文明单位日常管理等。编制14人，实有14人，其中行政编制13人，工勤编1人。设主任1名，副主任2名。内设综合科、创建科、宣教科、未成年人工作科。

年内，贯彻落实习近平总书记系列重要讲话精神，培育和践行社会主义核心价值观，开展党的群众路线教育实践活动，增强大局意识，加大创新力度，开展群众性创建、市民教育、志愿者服务、未成年人思想道德建设、公共文明引导、感动在东城等活动，为区经济社会协调发展提供人文环境和思想保证。全年完成对10个单位的申报、复查、征求意见、公示等工作，推荐为全国文明单位。利用重要时间节点深化“我的中国梦”主题教育实践活动。1人被中央文明委授予“当代雷锋”称号，7人被评选为年度“中国好人榜”上榜好人，3人被评为年度十大“北京榜样”，3人获“北京榜样”提名奖，9人获“首都精神文明建设奖”。

单位地址：东城区东四十一条83号
联系电话：64075483
邮政编码：100007（王伟巍）

【志愿服务】 1月20日，在桥苑艺舍施工工地举办以“温暖进工地情献民工心”为主题的慰问活动。3月4日，在崇外街道新景家园小区小广场开展“志愿服务情暖东城”学雷锋志愿服务高潮日活动。宋甘澍出席。3月4～5日，在街道设立1个主会场和8个分会场，开展以扶老助残、解困帮困、便民利民等服务内容为主的志愿服务活动。3月5～11日，全区公共文明引导员开展学雷锋文明引导宣传周活动、周六学雷锋志愿服务日活动、学雷锋成果交流展示活动等。4月至12月，开展9期宣传道德模范和身边好人微访谈系列活动。11月20日至12月20日，开展“为北京榜样点赞”并留言活动。（王伟巍）

【未成年人思想道德建设】 1月23日，举办“学习雷锋做‘小小志愿者’——我的中国梦践行传统美德争当社区文明小使者”活动启动仪式。2月，开展未成年人“日行一善”道德实践活动。2月至10月，开展“认星争优、做美德少年”评选活动。清明节期间，开展“清明祭英烈”主题活动，将活动纳入培育和践行社会主义核心价值观、进一步深化“我的中国梦”教育实践活动。5月15日，召开年度未成年人思想道德建设工作会。5月26日，举办“让我们荡起双桨——迎六一中华经典诗文朗诵会”。7月，开展“树立核心价值观——争当社区文明小使者”主题教育实践活动。7月17日，举办“‘传承家风家训弘扬中华美德做一个有道德的人’道德讲堂东城区总堂”活动。8月，开展“优秀童谣征集活动”。8月7日，开展“践行社会主义核心价值观——爱学习、爱劳动、爱祖国”主题活动启动仪式。9月，开展征集“北京少年·孝心榜样”的典型事迹、主要事迹活动。9月22日至10月11日，以网上签名寄语形式，在全区未成年人中开展“向国旗敬礼”活动，10月，开展年度“未成年人思想道德建设创新案例”征集评选活动。12月10日，举办“弘扬传统文化共筑中国梦想争做有德之人”年度红领巾读书活动总结汇报展演。（王伟巍）

【公共文明引导行动】 1月至7月，

5月9日，联合区文联举办道德讲堂东城区总堂活动

围绕做文明有礼的北京人主题，开展建设美丽北京、清洁空气绿色行动蓝天行动、携手绿色出行争当文明乘客、公共文明引导日主题宣传活动。1月17日，市委常委、宣传部部长李伟到北京站东街站台慰问北京站“春运”一线公共文明引导员。1月23日，召开区公共文明引导工作展示会。2月11日，开展“清洁空气蓝天行动绿色出行——做文明有礼的北京人”暨公共文明引导日主题宣传活动。清明期间，开展“绿色、文明、平安”为主题的假日文明引导服务活动。4月28～29日，举办为公共文明引导员应急救护培训班。5月，在全区18个中队的公交站台开展公共文明引导员站台服务技能竞赛。5月28日，举办五月的鲜花——公共文明引导员之歌歌咏比赛活动。6月，东城区公共文明引导员“最美北京人”宣讲团进行13场巡回演讲，受众2000余人次。7月31日，开展“迎接APEC精彩北京人——文明有礼好乘客”推举活动。8月至10月，开展以“迎接APEC精彩北京人——文明有礼好乘客”推举活动主题宣传活动。12月5日，举办“强规范、练内功、我为东城添光彩”公共文明引导员站台服务技能年度竞赛。（王伟巍）

【讲文明树新风】 春节、元宵节期间，开展“德耀北京”春联征集活动，征集推荐春联1743幅。开展“春满家园”元宵系列宣传文化教育活动。4月，组织身边的榜样——全国道德模范与身边好人（北京东城）现场交流活动。清明节期间，开展以“网上祭英烈，文明怀先贤”为主题的放河灯、网上寄语、放飞风筝、植树踏青等“我们的节日·清明节”系列活动。5月，组织开展节俭养德的全民节约行动。端午节前夕，开展以“庆端午，赛龙舟”为主题的包粽子、赛龙舟、讲民俗、斗百草系列民俗文化“我们的节日·端午节”系列活动。七夕节期间以七夕续情缘，民俗技艺展示为主题，开展民俗专家讲解七夕乞巧文化、斗巧比赛、鹊桥相亲会等活动。8月至10月，开展“文明行车·安全出行”相声专场宣传季活动。9月，举办大爱暖东城共圆中国梦——2014·感动东城道德模范颁奖典礼。中秋节期间，开展以“中秋话团圆，祝福寄家乡”为主题的“我们的节日·中秋”系列活动。重阳节期间以尊老爱老，最美夕阳红为主题开展敬老、爱老、助老的重阳联谊会、助老服务等活动。12月，组织开展讲文明树新风——做谦恭有礼的中国人主题活动成果展示观摩活动。全年引领示范全区238家道德讲堂开展形式多样的主题活动，引导干部群众自觉践行社会主义核心价值观，营造“崇德尚善”的社会风尚。（王伟巍）

【精神文明建设委员会全会】 4月2日召开。张家明主持。金晖通报委员会人员调整情况。会议审议通过《2014年东城区精神文明建设工作要点》。杨柳荫讲话。区精神文明建设委员会主任、第一副主任、常务副主任、副主任及成员单位领导参加。（王伟巍）

【精神文明建设工作大会】 4月2日召开。张家明主持。会议宣读表彰决定，通报上年度全国、首都精神文明建设工作获奖情况，与会领导为“做谦恭有礼的中国人”最佳活动单位、“五好文明家庭”代表和东城区“美德少年”代表颁奖。金晖做题为《围绕中心突出重点打造特色推动东城区精神文明建设新发展》的报告。杨柳荫讲话强调：要振奋精神，全力争创全国文明城区“三连冠”，突出重点，开创精神文明建设新局面，强化责任，确保各项任务落到实处。区精神文明建设委员会副主任及全体委员，各街道、地区、委、办、局、处、公司主管领导，驻区中央、市属单位、驻区部队代表，各社区、科、队、所、站及各学校、医院领导，精神文明先进单位及个人代表、群众500余人参加。（王伟巍）

【群众性创建活动】 5月、10月，开展文明旅游宣传教育工作，“5.19中国旅游日”，开展快乐旅游、公益惠民主题活动。6月至12月，继续开展文明餐桌系列活动，张贴诚信为本放心消费宣传画6万套，设置“诚信为本放心消费”温馨提示牌3万块。八一期间，组织开展军警民共建系列活动，各街道、各单位举办以共圆中国梦军民迎八一为主题的座谈会23场次。8月至11月，开展2012—2014年度首都文明单位推荐评选工作，推荐36个首都文明标兵、110个首都文明单位、70个首都文明社区、6个首都文明风景旅游区。10月至11月，开展“扮靓我家”市民文明实践活动，为APEC会议营造整洁优美、文明祥和的环境氛围，展示首善之区形象。开展“城乡统筹，文明先行”城乡共建工作，开展文化下乡、医疗下乡等各类共建活动。每季度设计社区精神文明建设宣传栏宣传展板小样。4个季度分别检查17个街道182个社区精神文明建设宣传栏。（王伟巍）

【文明城区建设】 6月底、10月初，区迎检指挥部办公室分别下发《全国文明城区测评体系测评操作手册及责任分工（2011年版）》《全国未成年人思想道德建设工作测评体系操作手册及责任分工（2011年版）》《全国文明城区测评体系（2014年修订版）》《全国未成年人思想道德建设工作测评体系（2014年修订版）》和《2014年中央文明办重点工作》。8月27日和9月11日，区迎检指挥部办公室先后两次召开《全国城市文明程度指数测评体系》、《全国未成年人思想道德建设工作测评体系》和《东城区2014年落实中央文明办重点工作责任分工》材料审核指标工作培训会。9月17日，区迎检指挥部办公室下发《关于进一步促进全国文明城区建设工作常态化的意见》。9月18日，在17个街道组建群众志愿检查团，在本辖区内开展“文明城区随手拍”活动。10月至12月，全区设6个专项实地检查组，定期针对《全国文明城区测评体系》和《全国未成年人思想道德建设工作测评体系》中的实地考察指标进行检查。12月9日，区迎检指挥部办公室

提交东城区全国文明城区复查工作报告。12月16日，区迎检指挥部办公室召开材料补充协调会。（王伟巍）

【市民教育】 年内，东城区围绕学习雷锋好榜样传承志愿服务精神、榜样在身边模范大家谈、保护环境美丽东城、诚信在身边感动在东城等4个主题开展道德讲堂活动。开展倡导文明新风尚弘扬道德正能量——我推荐、我评议身边好人活动。10月，为17个街道187个社区制作“市民学校”铜牌。（王伟巍）

统一战线

【概况】 中共北京市东城区委统一战线工作部（简称区委统战部）是区委负责统一战线工作的机构。设办公室、党派组、民族宗教组、联络组和调研室，区台办与区委统战部合署办公。行政编制21人，实有19人，其中台办4人。

年内，开展党的群众路线教育实践活动，突出三个特点：“面儿宽”——征求意见更广泛、更真实、更尖锐，“普惠”——全体干部共同学习、整改，“求实”——解决东四清真寺违章建筑拆除、珠市口教堂迁建等实际问题；继续实施“735工程”，党外代表人士队伍建设规模达630人；开展政党协商，召开协商通报会、高层谈心会、党外人士座谈会6次，召开民主党派征求意见会、“双月”座谈会、对口联系工作会、区情通报会、对口协商会等10次；把“民族团结宣传月”活动总结提炼为城市民族工作品牌；促进宗教安全和社会稳定，将专项治理与为宗教界办实事相结合；扩大社会领域统战工作覆盖面，将区民宗侨办、工商联和侨联纳入网格化统战信息系统；发挥社会主义学院在党外代表人士培训中的主阵地作用，开展8次培训，参训学员800余人次；出台区2014—2017年宗教界代表人士培养规划。获全国统战信息工作信息直报点先进单位，获北京市统战系统调研、信息工作评比5个奖励，在全市各区县排名第一。

单位地址：东城区钱粮胡同3号

联系电话：64027838

邮政编码：100010（王蕊）

【宗教节日慰问】 1月8日（腊八节），雍和宫、通教寺举办舍粥活动，雍和宫首次实行免费敬香，市民委（宗教局）专职委员李胜勇及区领导周永明等到雍和宫走访慰问，区领导走访慰问通教寺，向佛教团体和信徒表达节日祝贺。春节期间，雍和宫安全保卫工作领导小组协调区委统战部、区政府办、民宗侨办等18个成员单位，调动工作人员2000余名进行安全保卫。7月29日（伊斯兰教开斋节），市领导孙康林、戴均良、赵文芝等走访东四清真寺，向中国伊斯兰教协会会长、北京市伊斯兰教协会名誉会长陈广元阿訇等教职人员和穆斯林群众致以节日慰问，区领导周永明、颜华、王红等陪同，同日，区领导到东直门外清真寺、南豆芽清真寺、安定门外清真寺、花市清真寺、沙子口清真寺走访慰问，4270人参加宗教活动，其中外宾222人。10月5日（伊斯兰教古尔邦节），各清真寺举行宗教活动，穆斯林群众2700余人参加活动，其中外宾356人，区领导陶晶到东四清真寺走访慰问，向陈广元阿訇等教职人员和穆斯林群众致以节日慰问。12月24日、25日（天主教和基督教的平安夜、圣诞节），王府井天主教堂、东交民巷天主教堂、南岗子天主教堂、崇文门基督教堂、珠市口基督教堂举行宗教活动，近1.30万人参加，其中外宾55人，韩语弥撒350人，英文弥撒600人。平安夜，区领导周永明、颜华等到各教堂走访慰问。（王蕊）

【领导调研】 1月11日，全国政协副主席、民革中央常务副主席齐续春到区调研，听取全区经济社会发展情况、统一战线工作情况及民革东城区委上年主要工作汇报，就多党合作事业发展、历史文化遗产保护、“美丽东城·幸福东城”建设等交流座谈，区领导周永明等出席。6月18日，市委统战部副部长赵宏生到本区调研基层统战工作，就海联会工作，港人工作开展制度化、规范化试点建设，统战宣传工作联动机制等交流座谈，区领导周永明出席。9月25日，市委统战部副巡视员陈清带队到本区调研统一战线教育培训工作，就加强市区两级联动机制交流座谈。10月20日，市人大民宗侨委副主任委员武高山、市人大常委会民宗侨办副巡视员王亚民、市民委（市宗教局）副主任（副局长）牛颂等到东花市街道调研民族文化建设情况，听取民族文化建设工作情况汇报，参观东花市街道民俗博物馆。（王蕊）

【交流座谈】 1月27日，召开党外人士迎新春座谈会，区领导杨柳荫、冯熙、徐鸿达等出席，各民主党派、无党派人士、工商联、侨联主要负责人及民族宗教界代表人士50余人参加，5名党外代表人士作大会发言，杨柳荫作新春致辞。3月5日，召开党外处级干部座谈会，4名党外处级干部作大会发言，区领导周永明，区委组织部、统战部有关领导及全区处级以上党外干部26人参加。4月30日，天津市滨海新区区委统战部副部长曹国庆一行17人就民主党派自身建设和统战部机关工作经验进行座谈，区领导周永明出席，区委统战部常务副部长、各民主党派机关负责人参会。（王蕊）

【春节慰问】 春节前夕，通过召开统一战线各界人士新春电影招待会、座谈会，实地看望等多种形式开展走访慰问，向各民主党派、无党派、民族宗教界、非公经济界、港澳台海外代表人士393人送去新春祝福。（王蕊）

【知联会活动】 3月7日，组织东城党外知识分子联谊会（简称知联会）部分理事参加“天地之间、君子之风”中国玉雕大师六人精品展暨走进工艺美术博物馆体验中华民族传统文化活动，感受中国传统玉文化，区领导周永明、颜华出席。3月21日，召开知联会会长（扩大）会，会长颜华、副会长及小组秘书10余人共同研讨全年工作计划。5月26日，在北京市第九十六中学举办无党派人士消费者权益保护议政沙龙会，邱宝昌理事作关于消费者权益保护讲座，区领导周永明，知联会部分理事，北京市第九十六中学部分学生、家委会成员及相关单位领导160余人参加。10月21日，召开无党派人士议政沙龙会，30余名知联会理事实地考察安定门内大街沿途整治情况并听取情况介绍，探讨本区大街整治、胡同及背街小巷管理长效机制，市委统战部有关负责人，区领导周永明及相关单位领导出席。12月16～17日，召开知联会一届三次全会，作当前国际形势与中国的战略应对辅导报告，观看纪录片“颜色革命”，总结和部署相关工作，区领导周永明、会长颜华、各副会长及理事60余人参加。（王蕊）

【教育培训】3月21日，召开学习全国“两会”精神报告会，区领导张树华通报全国“两会”精神，区委统战部全体人员、各民主党派区委专职干部、宗教团体负责人、知联会部分理事70余人参加。6月9～10日，举办党外代表人士学习班，区领导周永明、姚卫海等出席开班典礼，各民主党派、工商联、侨联、各宗教团体、知联会、海联会主要负责人及领导班子成员160余人参加，培训班作统一战线历史发展与现实挑战、国际形势与中国周边安全等讲座，6月12～14日，组织近40名学员赴井冈山实地开展井冈山斗争与井冈山精神专题辅导。6月17～18日，区委统战部、区人大内司委、区政府民宗侨办、区政协专委会工作三室联合举办宗教界代表人士培训班，区领导周永明、颜华等出席开班仪式，近80名宗教界代表人士参加，培训班作宗教与国家安全、当前我国民族宗教工作政策法规、国际形势与我国的国防安全讲座，6月25～27日，赴西柏坡、狼牙山实地开展爱国主义教育。8月18～19日，举办民主党派、无党派后备骨干成员培训班，区领导周永明出席开班典礼，120余名后备骨干成员参加，培训班作国际国内形势下的统一战线工作、参政议政的几点感悟等报告，9月3～6日，组织40余名学员赴沂蒙山实地开展沂蒙精神的时代价值和现实意义专题辅导。9月22～23日，举办基督教专项治理工作培训班，市委统战部综合处处长、市基督教专项治理工作领导小组办公室主任出席，区基督教专项治理工作领导小组成员单位主管领导和干部50余人参加，培训班作全市基督教专项治理情况、邪教如何利用宗教危害社会、民间信仰事务社会化管理等报告。10月13～17日，举办第二期党外中青年干部培训班，培训班作党的统一战线面临的新形势和任务、京津冀一体化发展等报告，开展拓展训练，区领导周永明出席开班典礼，党外中青年干部49人参加。11月6日，举办民主党派、无党派新成员报告会，会议作中国共产党奋斗历程等报告。新成员100人参加。11月15日，举办东城区统一战线学习贯彻中共十八届四中全会精神报告会，各民主党派、无党派、民族宗教界、非公经济界、侨界代表人士，统战系统各单位负责人，统战系统全体干部近400人参加。（王蕊）

【民族宗教工作领导小组会】3月27日召开，区领导金晖、周永明出席，区民族宗教工作领导小组成员单位有关领导参加，会议通报民族宗教工作领导小组名单和专项治理工作领导小组名单调整情况，研究《东城区宗教界代表人士2014—2017年培养规划》（征求意见稿），传达涉疆工作会议精神。（王蕊）

【医务专家赴怀柔医疗义诊】4月25日、8月22日，组织协和医院、北京医院、同仁医院等20余家医院的民主党派、无党派医疗专家62人次赴怀柔区渤海镇南冶村、琉璃庙镇崎峰茶村开展医疗义诊活动，为居民600余人次提供内科、外科、口腔科等10余个项目的医疗义诊服务，发放宣传材料1300余份，东城区委常委、统战部部长周永明，怀柔区委常委、组织部部长、统战部部长王红兵出席活动。

（王蕊）

11月15日，举行学习贯彻十八届四中全会精神报告会

【民族团结宣传月活动】5月，以“团结共进·幸福东城”为主题，开展一场专题报告会、一次参观学习、一次展览、一次主题日活动、一期专刊和一系列特色活动，17个街道、100余个社区结合自身特色开展民族团结进步创建活动：景山街道举行“民族美食SHOW”、体育馆路街道举行社区民族趣味运动会、天坛街道举办民族特色手工艺作品展、北新桥街道举办主题文艺汇演、永外街道在沙子口清真寺举办安全教育实践活动、东四街道举办民族民俗传统项目和服装展示活动。5月6日，以“美丽北京·多彩节日”为主题的北京5·6民族团结日活动在地坛公园举行，为

北京少数民族青年志愿服务团、东城区豆瓣社区民族互助服务社授旗、授牌，并开展少数民族文艺展示、民族传统技艺观摩、民族特色风味食品展卖、民族传统体育体验等活动，市委统战部副部长张洋，市民委（市宗教局）主任（局长）池维生，市人大民族宗教侨务办公室副巡视员王亚民，区领导张家明、周永明、颜华等领导与各族群众共同庆祝5·6民族团结日。（王蕊）

【协商通报会】 5月23日，召开民主党派、无党派人士区情通报会，向各民主党派区委负责人、区委委员、后备骨干成员及知联会部分理事110人通报全区教育体制改革情况，讲解“幼升小”、“小升初”等政策。7月28日，召开党派团体协商通报会，就《中共东城区委十一届七次全会上的报告》（征求意见稿）和全区上半年经济社会发展工作情况及下半年工作安排通报协商，各民主党派、工商联负责人及无党派人士23人参加，区领导杨柳荫、张家明等出席。12月11日，召开党派团体协商会，通报区级领导班子成员人事变动情况，就区委推荐人选建议名单、政协东城区第十三届委员会增补委员和调整常委情况作说明，各民主党派、无党派代表人士、各人民团体负责人经认真酝酿、讨论和协商，签署联合建议书，区领导杨柳荫、吴松元等出席。12月18日，召开党派团体协商通报会，就《中共东城区委十一届八次全会上的报告》（征求意见稿）和《2014年东城区政府工作报告》（征求意见稿）听取各民主党派、工商联负责人及无党派代表人士意见建议。区领导杨柳荫、张家明等出席。（王蕊）

【海联会活动】 6月6日，区领导周永明、海联会部分理事40余人参观顶新集团（天津）产品印象馆，了解快餐食品文化及方便面、饮料的生产流水线。12月11日，召开东城海外联谊会工作座谈会，实地考察世纪天鼎购物广场，研讨海联会工作。（王蕊）

【社会服务活动】 6月25日，会同区侨联在南池子社区联合举办“同心同行迎七一·统一战线社区行”社会服务活动，区侨联向东华门街道赠送健康代步电动车，举办义诊、心理咨询、健康咨询、法律咨询、测血糖等服务活动，党外人士10人和社区居民150余人参加。（王蕊）

【统一战线书画作品展】 10月20～24日，在新闻大厦新艺馆举办“凝心聚力，风雨同舟——东城区统一战线书画作品展”，展出统一战线各界人士艺术作品近70幅，区领导周永明等出席开幕式。（王蕊）

【宗教活动场所工作例会制度】 年内，设立制度规定每2个月由区委统战部、区民宗侨办共同召开工作例会，14座宗教活动场所负责人、3个宗教团体秘书长、11个属地街道、14个属地社区及王府井建管办有关负责人参加，例会传达市、区党委和政府有关宗教工作的要求和精神，部署相关工作任务，各宗教活动场所定期总结工作，通报工作重点及活动安排，增进与属地街道、社区沟通协调，共同保障宗教活动顺利进行。3月5日召开首次工作例会。（王蕊）

【为宗教团体办实事】 年内，协调市规划委、宗教局，区民宗侨办、城管局、住建委等相关部门共同为宗教团体办实事。就东四清真寺北侧环境整治工作进行实地考察4次，召开工作调度会4次，拆除国家住房和城乡建设部家属院内违章建筑17间150平方米，清理消防通道杂物，完成第一阶段东四清真寺北侧违建拆除工作。召开珠市口教堂迁建工作协调会6次，完善新址与地铁七号线出入口对接设计方案。同时，通过在教堂周边设置安全护栏、实施安全监测等措施，防范地铁八号线开槽施工对珠市口教堂的安全隐患。召开通教寺北侧地块协调会2次，沟通手续办理工作。召开地安门东大街91号宗教房产解危排险工程现场紧急协调会1次，解决因产权人变更导致施工停滞和搭棚信访矛盾。召开专题座谈会1次，市民委（市宗教局）副主任（副局长）范宝、区领导周永明及区委统战部、区民宗侨办等9家单位主管领导参加，确定宗教房产解危排险工程、珠市口教堂迁建、贤良寺土地开发使用、通教寺北侧地下建设、钟楼湾35号宗教产落政的解决方案和牵头单位。（王蕊）

【党的群众路线教育实践活动】 2月至10月开展，进行集中学习23次，部门党员讲微党课20人次，召开各界人士座谈会、统战系统口内单位座谈会8次，向市、区各部门、宗教团体及各界人士发放征求意见表110份，征集意见建议45条，其中对领导班子意见建议20条，查摆作风方面问题2个，“四风”方面突出问题15个，召开4次专题会对“四风”问题进行集体会诊，召开专题民主生活会和组织生活会进行批评与自我批评，组织“回头看”推动整改落实，制定改进工作作风等16项内部制度，注重建章立制，固化活动成果。（王蕊）

对台工作

【概况】 中共东城区委台湾工作办公室、东城区人民政府台湾事务办公室（简称区台办）是区委、区政府主管对台工作的职能部门，与区委统战部合署办公，承担组织、指导、管理、协调有关对台工作职能。有主任1人（兼区委统战部副部长），干部3人。

年内，全区对台工作贯彻中央对台工作大政方针，把握两岸和平发展主题，立足首都文化中心区、世界城市窗口区的地区定位，本着把争取台湾民心的工作真正贯穿到各项对台政策和举措之中的工作精神，坚持落实“四年规划”，与区各项工作相结合，发挥资源优势，深入岛内，增强对台工作实效。召开台胞台属联谊会年会暨工作座谈会，鼓励各街道台胞台属联谊分会开展形式多样的联谊活动；组织台胞台属赴丰台开展爱国主义教育活动；组织台商赴怀柔参观考察社会主义新农村建设；陪同接待中国国民党荣誉主席连战及夫人走访南锣鼓巷；召开对台干部培训班1次；全年开展包括春节、中秋等重点节日在内的6次台商联谊活动；处理涉台投诉协调案件30余件次；指导街道系统有序推进涉台教育进社区工作；指导教委系统定时开展年度“涉台教育宣传周”主题活动。

单位地址：东城区天坛东路13号天坛体育中心院内5号楼

联系电话：64069079

邮政编码：100050 （周薇）

【地坛庙会——台湾映像魅力展】春节期间，台湾映像魅力展第三次进驻地坛庙会，台湾商户18家参与活动，带来具有宝岛特色的文化创意产品及特色包装食品，少数民族艺人更带来具有浓郁地方风情的民俗歌舞。市台办台商服务中心配合，台湾顶新公益基金会、海峡旅游协会、中华航空等知名台企参与其中。经过3年积累，“魅力展”活动渐成东城品牌活动，被国台办正式列为年度活动项目之一。 （周薇）

【开展岛内文化交流活动】元宵节期间，5家区老字号在台北市花博公园参与“北京地坛文化庙会·台北之旅”活动，便宜坊、百工坊、布艺玩具等3家展商参加被国台办审定为年度对台交流重点项目的第三届“高雄灯会艺术节暨北京特色周”，两岸媒体对活动进行密集报导，形成“两岸一家亲”的良好舆论氛围。全国政协主席俞正声对该活动作出重要批示：感谢为两岸文化交流做出的贡献，活动内容丰富、形式多样，遍及南北、影响全岛，这种润物细无声的活动对凝聚两岸亲情会起到深远的影响。 （周薇）

【海峡两岸民俗风情剪纸艺术展】被国台办列为年度重点规划交流项目，并获政策及经费支持。3月在北京台湾会馆开展，7月在台湾基隆艺术中心开展，9月在台湾嘉义县梅岭美术馆巡展。该活动上年8月正式启动。全国政协副主席、台盟中央主席林文漪，海基会董事长林中森先后为“剪纸展”活动发来贺词，肯定“剪纸展”在两岸民间交流中发挥的独特作用。在大陆展出期间，区教委、各街道、8个民主党派分别组织师生、干部、台胞台属、民主人士到场参观。 （周薇）

【区委对台工作领导小组会】7月9日召开，传达中央、市委对台工作会议精神，总结上年全区对台工作，部署本年涉台任务。区委书记杨柳荫肯定一年来对台工作成绩，并提出要求：在服务好中央和首都对台工作大局中履行好首善之区的职责，进一步完善对台工作新格局，突出东城对台工作特色，进一步优化区涉台环境。 （周薇）

【涉台宣传教育工作】年内，各街道组织台胞台属活动，将本辖区各种涉台工作通过报纸、刊物、微博、微信等宣传媒介进行展示和传播，实现以宣传促工作，用工作带宣传的工作思路。以区21所涉台教育基地校为依托，坚持每年9月开展为期一周的涉台宣传教育主题活动。本年涉台宣传教育月以民族团结为主题，各个学校发挥自身优势和特点，利用板报、广播、文艺演出等形式，开展多种活动，培育担负祖国统一大业的有生力量。 （周薇）

【对台交往交流工作】年内，组织办理10个公务赴台团组入岛交流，与岛内业界开展社区、城市建设、环境保护、文化、财务税收、经贸等方面的交流座谈活动。全年审核赴台人员118批561人次。 （周薇）

政策研究

【概况】中共东城区委研究室（简称区委研究室）是区委综合性政策研究部门，是为区委科学决策和工作服务的参谋机构。根据9月15日《关于成立区委改革办的批复》（东编委[2014]27号），成立中共北京市东城区委全面深化改革领导小组办公室（简称区委改革办），设在区委研究室，一个机构、两块牌子，承办区委全面深化改革领导小组的日常事务。增设改革科，办公室加挂协调科牌子，增加区委改革办专职副主任1人、行政编制4人。区委研究室（区委改革办）内设机构为：办公室（协调科）、调研科、文稿科、改革科，行政编制18人，实有12人。

年内，加大调查研究工作力度，提升文稿起草的质量和水平，全面推进区域经济、政治、文化、社会、党建等方面的体制机制改革。组织召开或参与多项专题调研会、座谈会、协调会、论证会及其他形式的调研活动20余次，完成各类文稿的撰写及修改150余篇约66万余字；编发《东城调研》12期、《调研工作动态》50期；加强与国务院发展研究中心、中国社会科学院、党建研究会、方迪研究院以及市委研究室、北京市社科院、首都社会经济发展研究所等相关单位的业务交往，为区委、区政府科学决策和推动工作提供参谋服务和智力支持。区委改革办召开会议3次，加大协调、督查力度，建立改革任务进展情况信息报送和月报制度。东城区委、区政府被市委、市政府评为“北京市第十一届调查研究工作先进单位”（2012—2013年度），区领导杨柳荫的调研报告《关于加强城市精细化管理的研究》获北京市第十一届优秀调查研究成果二等奖。

单位地址：东城区钱粮胡同3号

联系电话：64031118—3201

邮政编码：100010 （闫喆）

【统筹全区调研课题】2月26日，十一届区委常委会第52次会议审议通过年度东城区调查研究工作要点、调查研究重点课题，确定区级重点课题32个，区委关注课题159个。其中区领导杨柳荫《关于加快推进旧城保护和改造，推动核心区可持续发展的研究》、张家明《东城区深化城市管理体制改革，理顺区街体制研究》《东城区深化城市管理体制改革，理顺区街体制研究》课题被列为市委重点关注课题。 （闫喆）

【调研干部培训】3月28日，与区委组织部共同举办年度东城区调研干部培训班，市委研究室副主任朱柏成授课“关于做好新时期首都工作几个问题的思考”，全区各单位负责调研

3月28日，举办调研干部培训班

工作的主管领导和专、兼职干部近180人参加。（闫喆）

【调研活动】5月8日，市委改革办到区调研全面深化改革工作进展，了解行政服务中心运转及为民服务领域改革创新等。8月20～22日，就旧城保护和核心区可持续发展问题分3批次到区住建委，区房管局，永外街道，交道口街道，房地一、二中心，中关村东城园管委会等地调研平房区改造、文保区胡同修缮还原、棚户区改造拆迁、产业园区发展及重点项目推进等情况。8月25日，市委改革办到前门地区就旧城区保护和棚户区改造问题进行调研，考察鲜鱼口老字号美食街、前门大街、台湾商务区以及前门东区拆迁区域。9月10日，市委改革办就钟鼓楼广场周边平房修缮项目搬迁进度、补偿标准、对接房源、困难及建议进行了解。12日，到南中轴路周边调研城中村改造和望坛危改项目，就推进棚改过程中的困难和问题进行了解沟通。12月25日，到国资委调研国有企业改革发展情况。（闫喆）

【起草区委重要文稿】起草中共东城区委十一届七次、八次全会报告，区委领导班子工作总结，区委常委会工作要点，落实全市经济形势分析会精神情况汇报，学习贯彻习近平总书记重要批示情况报告、市委巡视工作建议整改落实情况汇报等重要文稿。担任党的群众路线教育实践活动秘书组，起草向中央督导组汇报教育实践活动情况、常委班子专题民主生活会情况专题报告、领导班子对照检查材料、领导班子整改方案等。围绕APEC服务保障、国庆65周年、习总书记考察北京讲话精神、全面深化改革工作、党风廉政建设、国际化战略实施、城市管理精细化、党的群众路线教育实践活动等中心工作起草工作汇报及典型发言。（闫喆）

【调研报告理论文章发表】区领导杨柳荫调研报告《关于加强城市精细化管理的研究》在《工作研究》特刊第5期上刊登，体会文章《全力建设"国际化现代化新东城"》在《北京工作》第4期上刊登，理论文章《落实四中全会精神全面建设法治东城》在《北京工作》第11期上刊登。区领导冯熙调研报告《关于历史文化街区保护的若干思考》、金晖调研报告《关于东城区文化产业发展存在问题及对策的研究》在《工作研究》特刊第4期上刊登，区领导朴学东调研报告《关于东城区老旧小区综合整治工作的思考》在《工作研究》特刊第5期上刊登，区领导陈之常调研报告《东城区旅游消费现状及潜力提升对策研究》、于静调研报告《关于加强环境保护，推进生态文明建设的思考》在《工作研究》特刊第6期上刊登。区领导韩焕岭调研报告《关于永外地区住宅小区业委会及物业管理情况的调研报告》在《工作研究》特刊第2期上刊发。体育馆路街道工委副书记、办事处主任调研报告《北京红桥珍宝产业园建设研究》在《工作研究》特刊第2期上刊登，区统计局局长调研报告《大都市中心区传统商业面临的挑战与突破之路》在《工作研究》特刊第5期上刊登。区领导王中华的调研报告《关于推进大城管体制改革的几点思考》在《北京调研》第8期上刊登，东直门街道的《东直门街道加强基层服务型党组织建设工作》在《北京调研》第7期上刊登，东四街道工委的《东四街道拓宽"城市病"治理思路构建城市治理工作新模式》在《北京调研》第10期上刊登。区领导颜华的《国家中医药发展综合改革试验区建设调研报告》在《2013北京健康城市建设研究报告》上刊登。原区领导牛青山的《实施多方融合，促进"东城园"及产业高端发展》在《中国城乡一体化发展报告北京卷（2013-2014）》上刊登。区委研究室主任撰写的《完善网格化管理，打造和谐宜居之城》获上年"丹柯杯"优秀研究成果二等奖，《浅谈群众路线与作风建设》获东城区年度处级干部理论文章评选二等奖。（闫喆）

老干部工作

【概况】中共东城区委老干部局（简称区委老干部局）是负责指导管理服务区离休干部、处级（含）以上退休干部工作的职能部门。设办公室、调研科、政治待遇科、生活待遇科、宣传科、企管科；下设东城区老干部活动中心（正科级参公事业单位）。编制19人，有公务员17人，机关工勤2人；参公事业编制43人，有参公人员38人（其中事业工勤3人）。全区离退休干部3096人，其中离休干部 1168 人，易地安置离休干部 79 人，副处级以上退休干部 1849 人。

年内，开展党的群众路线教育实践活动，加强离退休干部思想政治建设和党支部建设，落实离退休干部政治待遇和生活待遇，为组织引导离退休干部力所能及发挥优势作用创造条件、搭建平台。区老干部读书会被评为全国离退休干部先进集体。9 个集体和 17 名个人被评为市离退休干部先进集体和先进个人。

单位地址：东城区府学胡同 37 号
联系电话：64040221
邮政编码：100007 （尹婷婷）

【老干部工作会议】 1 月 24 日，召开区老干部工作会议。毛炯主持。金晖传达市老干部工作会议精神。区法院和东四街道七条社区党委（组）及离退休干部先进典型代表作交流发言。杨柳荫通报区经济社会发展情况，介绍全年重点工作任务，对做好老干部工作提出要求：要充分认识做好老干部工作的重要性，以强烈的责任感和使命感，把握好新形势下老干部工作的特点和规律，开创老干部工作的新局面；要用心用情做好老干部服务管理工作。进一步加强老干部的思想政治建设和党支部建设，要认真组织离退休干部和区在职干部一同参加全市第二批党的群众路线教育实践活动，继续发挥好老干部在全区工作大局中的积极作用。落实好离退休干部生活待遇，及时解决老干部最紧迫、最直接和反映最强烈的问题，确保每位老干部都能安享幸福晚年；要切实加强对老干部工作的领导。充分发挥各级老干部工作领导小组的作用，整合社会资源，推进工作创新，加强老干部工作队伍建设，不断提高老干部工作水平。区领导冯熙、徐鸿达等及区委老干部工作领导小组成员、区级四套班子老领导、老干部党支部成员、各街道工委书记、各单位老干部工作主管领导 300 人参加。

（尹婷婷）

【老干部关怀】 春节前，举办新老区级领导联谊会、老干部新春团拜会。春节、七一、十一前走访慰问离退休干部。为全区 65 岁以下处级退休干部办理区属公园年票。4 月 21 日至 7 月 31 日，组织全区离退休干部 1701 人在博惠、松乔体检中心进行健康体检。10 月 16 日，与市民政局联合举办大讲堂，邀请空军总医院、北京协和医院专家为老干部讲解秋季养生及老年用药常识，老同志 100 余人参加。10 月 24、31 日，举办老年健康知识讲座，北京天坛医院、北京护国寺中医院专家分别结合老干部体检中的主要常见病，讲解慢性病防治及老年日常保健方法。年内，制定《东城区特困离休干部帮扶补助使用暂行办法》，为全区离休干部、配偶无工作离休干部、易地安置离休干部拨发“送温暖”经费。构建全区、原单位、居住社区三级为老志愿服务体系，开展离休干部志愿帮扶活动。（尹婷婷）

【老干部发挥作用】 2 月 8 日、4 月 9 日，组织老干部先后到府学社区、三和老年公寓进行慰问演出。6 月 5 日，在交道口街道举办“文化进社区，传播正能量”公益演出。9 月 23 日，举行“手指相扣心相连”爱心捐助活动。11 月 25 日、12 月 11 日，老干部迷你演出队先后到爱暮家国际老年公寓、永外街道管村社区进行慰问演出。建立老干部舆情信息员队伍，为老同志建言献策搭建平台。选聘 139 名非公经济组织党建工作指导员，指导非公有制经济组织党建工作。组建老党员先锋队 180 支，老同志 3200 余人参加。（尹婷婷）

【老干部党支部建设】 3 月 5 日，召开离退休干部党支部联席会议。研究讨论全区离退休干部理论学习安排，并结合党的群众路线教育实践活动，就进一步加强和改进离退休干部思想政治建设和党支部建设（简称“两项建设”）提出意见建议。3 月 14 日，邀请党建专家作关于建设服务型党组织辅导讲座。区老干部党支部书记、理论学习骨干和老干部工作人员 200 余人参加。3 月 18 ~ 20 日，市区联合举办离退休干部党支部书记第一期培训班。市老干部局局长薛蔺主持。市委常委、组织部部长、市老干部党校校长姜志刚，区领导吴松元出席开班仪式并讲话。市委党校原副校长、教授作题为“坚持群众路线，聚焦作风建设”的辅导报告。传达习近平总书记在北京考察工作时的重要讲话精神和市委十一届五次全会精神，并就离退休干部党支部“两项建设”工作进行经验交流。全区离退休干部党支部书记 120 余人参加。4 月 9 日，召开区部分离退休干部党支部书记座谈会，离退休干部党支部书记 12 人交流党支部开展党的群众路线教育实践活动情况，并就加强支部建设，发挥老党员优势作用提出意见建议。（尹婷婷）

【老干部宣讲团】 4 月 4 日，召开老干部宣讲团座谈会，传达开展百姓宣讲工作相关要求。与会老同志围绕市区要求，结合老干部自身实际对老干部宣讲工作提出意见建议。6 月 12 日，召开老干部宣讲培训会，围绕宣讲稿件、技巧等对宣讲团成员进行点评、指导。6 月 27 日，老干部宣讲团走进龙潭街道进行宣讲，全国道德模范孙茂芳参加。10 月 17 日、11 月 26 日，老干部宣讲团到和平里街道、天坛街道开展宣讲活动。（尹婷婷）

【调研工作】 4 月 29 日，市老干部局到区就离休干部居家养老、志愿服务需求等开展调研。6 月 18 日，市老干部局到区就老干部学习活动阵地建设情况进行调研。7 月 31 日，人力资源和社会保障部负责同志到龙潭街道光明社区调研。了解利用社区资源做好离退休干部服务、开展资源共享共建活动等情况，观看为老服务专题片。10 月 11 日，市老干部局局长到区主持召开联系单位调研座谈会，与会单位座谈交流老干部工作情况，围绕下年全市为离休干部办实事项目及加强改进全市老干部工作提出意见建议。年内，完成《依托社团组织发挥老干部作用的调查与思考》年度调研报告，并被市老干部局评为北京市老干部工作部门优秀调研报告一等奖。

（尹婷婷）

【队伍建设】5月7～9日，举办区老干部工作培训班，设置老龄形势分析、老干部政治待遇与“两项”建设、服务型党组织建设、老年心理与管理、业务知识与工作流程等课程，并进行分组研讨。区各单位老干部主管领导、工作人员230余人参加。8月至9月，与区体育局联合举办区老干部工作人员“八段锦”健身活动示范班，50余人参加。9月12日，召开老干部工作人员季度例会，部署下半年重点工作，并就老干部工作转型发展、科学发展进行专题培训，区各单位老干部主管领导及工作人员130余人参加。10月至12月，与区体育局联合举办区老干部工作人员“太极拳”健身活动示范班，50余人参加。12月，与区老龄办联合举办居家老年人照护技能培训班，50余人参加。

（尹婷婷）

9月26日，举办同心共筑中国梦文艺演出

【离退休干部服务工作】4月22日，召开利用社区资源做好离退休干部服务工作会议。和平里街道、龙潭街道和朝阳门街道交流做法和体会。街道老干部工作人员及社区党组织书记200余人参加。10月24日，在东花市街道花市社区博物馆召开利用社区资源做好离退休干部服务工作交流会。东花市街道北里东区社区与和平里街道东河沿社区书记作典型发言，观看社区自编、自演、自拍的微电影。东花市街道工委有关负责同志及街道老干部工作人员、25个示范社区党委书记50余人参加。12月10日，组织参观昌平区太申祥和国际敬老院，街道老干部工作人员及社区离退休干部服务工作示范社区书记50余人参加。12月17日，召开社区“四就近”（就近学习、就近活动、就近发挥作用、就近得到关心照顾）工作座谈研讨会，街道老干部工作人员14人参加。就本单位开展社区“四就近”工作的经验做法、存在困难和问题作交流，并就进一步加强社区“四就近”工作提出意见建议。（尹婷婷）

【思想政治建设】5月13日，区老干部读书会举办国际形势及新一届领导外交策略等相关问题辅导讲座（光盘），老同志60余人参加。7月16日，召开老干部弘扬和践行社会主义核心价值观座谈会。老干部代表6人结合自身实际，从培育和践行社会主义核心价值观的重大意义等方面谈认识体会。8月26日，召开区老干部读书会座谈会，读书会创始人回忆读书会创始背景和24年的发展历程。与会者畅谈参与读书会体会，并围绕老干部读书会下一步工作安排进行座谈。10月28～29日、30～31日，举办两期离退休干部学习贯彻党的十八届四中全会精神学习班。中央党校、中国社会科学院、首都师范大学教授作专题辅导。老干部十八大宣讲团成员结合自身学习体会，讲述老同志服务社区、奉献社会的事迹，全区离退休干部200余人参加。11月4日，区老干部读书会举办《美国梦的今天跟中国梦的明天》辅导讲座（光盘），老同志100余人参加。11月21日，召开离退休干部学习贯彻党的十八届四中全会精神座谈会。12月3日，召开离退休干部学习贯彻十八届四中全会及全国离退休干部“双先”表彰大会精神座谈会。（尹婷婷）

【主题实践活动】年内，结合庆祝新中国成立65周年和重要节庆日，组织老干部开展文艺汇演、书画摄影展、主题参观等活动。5月22日，举办“祖国，你好”器乐演奏会。5月27日，与区文明办、区崇文少年宫等联合举办“圆我中国梦践行价值观——端午书情”主题教育活动。7月11日，与武警一支队联合举办“军民一家亲”慰问演出。9月16日，举办“翰墨飘香颂辉煌”书画展。9月17~18日，举办“迎重阳”台球棋类友谊赛。9月26日、11月21日，举办“与党同心、与祖国同行——同心共筑中国梦”文艺演出及文艺展示。10月，举办庆祝新中国成立65周年老物件展。11月26日，举办“祖国六十五年光辉路”摄影展。

（尹婷婷）

【贯彻落实“责任制”】6月25日，召开离退休干部工作领导责任制（简称“责任制”）贯彻落实情况座谈会。交流上半年“责任制”贯彻落实情况及下半年工作安排。区老干部设科单位及街道老干部工作人员参加。11月14～15日，举办“责任制”工作培训班。区人大、区政协及区教委、区卫计委等9家单位老干部工作主管领导和工作人员参加。北京市老干部局综合处处长就“责任制”进行讲解。与会人员围绕如何共筑共建，共享资源，贯彻落实“责任制”进行研讨。11月22～28日，以自查、抽查等形式，对区各单位贯彻落实“责任制”情况进行检查。12月12日，召开“责任制”检查总结会，区老干部局4个“责任制”检查小组成员及参加区社区党的建设“三级联创”活动“五个好”街道工委考核评价工作的工作人员参加。（尹婷婷）

【形势报告会】 7月30日，召开老干部区情通报会。吴松元主持。张家明通报全区经济社会发展情况。11月28日，举办老干部学习贯彻党的十八届四中全会精神报告会，中央党校教授解读《中共中央关于全面推进依法治国若干重大问题的决定》（简称“决定”）。区离退休干部及老干部工作人员120余人参加。12月4日，举办第二场老干部学习贯彻党的十八届四中全会精神报告会，市委讲师团成员、北京理工大学绿明高科能源环境研究中心主任对“决定”作讲解，并就社会热点进行阐释。区离退休干部及老干部工作人员100余人参加。（尹婷婷）

【党的群众路线教育实践活动】 2月至10月，开展党的群众路线教育实践活动。召开各类座谈会10次、发放征求意见表100余份、设立意见建议箱3个，集中征求意见建议2次，并通过《东城老干部》报刊登公告，征求意见建议454人次，收集汇总意见建议104条。梳理领导班子在“四风”方面存在的问题4类12条，制定14项47条整改措施；修订和完善党风廉政建设、局务会、保密管理等8项制度；建立公务接待、培训费管理、政府采购办公设备物品等10项制度。（尹婷婷）

保密工作

【概况】 中共北京市东城区委保密委员会办公室（简称区委保密办）挂北京市东城区国家保密局（简称区保密局）牌子，由中共北京市东城区委办公室管理。区委保密办（区保密局）是中共北京市东城区委保密委员会的办事机构，又是东城区负责本行政区域内保守国家秘密工作的政府职能部门，内设宣传法规科和技术检查科。

年内，围绕全区工作大局，坚持积极防范、突出重点、依法管理工作方针，落实区委保密委年度工作要点，突出保密意识、保密常识“两识”教育，组织保密法实施条例学习宣传、保密法宣传月等宣传教育活动，对全区保密干部进行定密管理、保密检查专项业务培训；严格保密管理，推进定密规范管理、网络保密管理、涉密人员保密管理“三大管理”；加强技术防护，建设集保密技术监控、失泄密技术演示、保密技术展示三大功能于一体的区保密监管中心；强化检查指导，组建区临时保密检查大队，开展保密综合大检查；对高考、中考保密管理积极进行监督指导。区政府常务会议、区委常委会先后专题研究全区保密工作。在全市保密工作系统先进集体和先进个人（2010—2013年度）评选中，区保密局被评为先进集体，1人评为先进个人。

单位地址：东城区育群胡同1号
联系电话：64031118转8523
邮政编码：100010（王景波）

【教育实践活动保密指导】 2月，指导区委党的群众路线教育实践活动领导小组成立保密工作领导小组，协助制定《保密工作管理办法》《涉密文件管理办法》等保密制度，编制保密工作手册，规范保密管理。2月7日，对区委党的群众路线教育实践活动领导小组办公室工作人员进行保密教育，讲解保密知识，传授保密技能，组织签订保密承诺书，配发保密教育笔记本。（王景波）

【区政府常务会专题学保密法】 3月3日，区政府第43次常务会议专题学习保密法，区委办常务副主任、区保密局局长讲解保密法及其实施条例主要内容、保密违法违规法律责任。区委副书记、区长张家明强调，要认真学习保密法，加强领导，强化责任，聚焦重点，大胆实践，切实筑牢保密工作防线。（王景波）

【保密教育进党校】 3月10日，区保密局副局长为区委党校新任处级干部培训班28名学员讲授保密知识。10月20日，区委常委、区委办公室主任、区委保密委员会主任毛炯对区委党校中青班40余名学员进行保密形势教育。共发放各类保密宣传教育资料300余份。（王景波）

【调整区委保密委成员】 3月，对区委保密委员会成员进行调整、增补。增补区机构编制委员会办公室为区委保密委员会成员单位。调整后，区委保密委员会共有委员29人。区委保密委员会主任由区委常委、区委办公室主任毛炯和区委常委、常务副区长朴学东担任。（王景波）

【区委保密委全体会议】 4月18日，召开区委保密委员会全体会议，毛炯主任出席并讲话，区委保密委委员参

3月3日，区政府第43次常务会专题学习保密法及保密法实施条例

加。会议学习传达全国和全市保密工作会议主要精神，总结上年全区保密工作，审议并通过《中共北京市东城区委保密委员会2014年工作要点》，部署年度工作任务。（王景波）

【保密法实施条例学习宣传】 5月，印发通知组织全区各机关单位开展保密法实施条例学习宣传活动，编印学习提纲，发放保密法实施条例解读350册、保密法实施条例宣传挂图500套，在区四套班子集中办公的3个大院设置24块宣传展板，组织机关单位120余家、社区和辖区军工保密资格企业187个、国家秘密载体印制资质企业开展主题展览，开设数字东城学习专栏，设置公务员门户网站宣教飘窗，开展网络宣教。（王景波）

【东城区保密监管中心】 8月至11月，按照北京市国家保密局有关建设标准，建成东城区保密监管中心，搭建涉密计算机违规连接互联网集中监控平台、机关单位互联网门户网站保密检查平台，陈列电脑攻防演示系统及各种保密技术防护设备，集保密技术监控、失泄密技术演示、保密技术展示三大功能为一体。（王景波）

【保密委主任讲保密专题党课】 组织全区各机关单位保密委员会主任或保密工作领导小组组长为本机关、本单位领导干部、涉密人员讲保密专题党课。10月9日，区委保密委毛炯主任以“切实践行五个坚持，推动全区保密工作再上新台阶”为题，为全区各机关单位主要领导、保密工作主管领导、保密工作机构负责人和专兼职保密干部300余人讲保密专题党课。为提升党课效能，区保密局专门将毛炯主任专题党课制成视频光盘，在全区各单位展播。（王景波）

【保密业务培训】 10月30日，对全区党委系统办公室负责人150余人进行保密业务培训，邀请北京市国家保密局副局长刘建华讲授信息化工作中的保密管理和防护知识。11月14～15日，举办全区保密干部业务培训班，对全区各机关单位保密干部120余人进行定密管理和保密检查业务培训。（王景波）

【理论学习中心组专题学保密】 11月6日，组织区委区政府理论学习中心组（扩大）保密专题学习会，邀请中央保密办副主任、国家保密局副局长杜永胜以“做好信息化条件下的保密工作”为题作保密安全形势专题报告。区四套班子领导，全区各机关单位主要负责人、保密工作主管领导、保密工作机构负责人和专兼职保密干部等450余人参加学习。（王景波）

【保密综合大检查】 11月，从全区各机关单位保密干部中，抽调50人组建区临时保密检查大队，制定检查大队工作办法，组织业务培训和考核测试，实行持证上岗。11月至12月，保密检查大队分8个检查组，对区委保密委成员单位、街道共39家单位进行现场保密检查。（王景波）

【保密宣传教育】 年内，组织全区各机关单位征订《保密工作》264份、《保密科学技术》12份，加强学刊用刊；坚持送教上门，为区城管委等单位干部职工举办保密知识讲座；在区保密局网站开设保密意识和保密常识“两识”教育专栏，发布保密技术防护常识等宣教内容15期；完善公务员门户网站登录保密提醒，设置保密知识问答；收集整理宣教资料，充实保密宣传教育数据库；编发《保密工作常识掌中宝》2000册，制作发放保密法制教育书签4万套、涉密文件传阅夹2000个，发放保密法及其实施条例、《领导干部保密知识读本》等保密宣传教育书籍1000余册、挂图500套。全年累计发放各类宣传资料1万余份。（王景波）

【保密监督检查】 年内，完成5家定点印刷复制企业国家秘密载体印制资质年审，受理并审核上报4家企业军工保密资格申请，完成上年全区保密工作数据统计，巡查数字东城网站24次，审核网站2300余个，审核政务外网用户接入、电子政务用户变更2800余人次。（王景波）

【保密技术防护】 为全区重要会议场所配置5组共400格手机屏蔽柜、4套通讯屏蔽干扰器，新配备保密技术检查工具10套。（王景波）

【加强涉密文件管理】 统一制作收文、发文、管理、销毁4种涉密文件登记簿、涉密文件传阅夹，发放至区属118家党政机关、企事业单位，规范涉密文件管理。（王景波）

【文件销毁】 组织区属机关单位开展文件资料集中清理销毁2次。指定专人将待销毁文件材料押运至定点销毁单位实施监销。共销毁涉密文件、内部材料21.06吨。（王景波）

社会建设

【概况】 中共北京市东城区委社会工作委员会（简称区委社会工委）和北京市东城区社会建设工作办公室（简称区社会办），是一个机构两块牌子。区委社会工委是负责本区社会建设工作的区委派出机构，列入区委机构序列。区社会办是负责本区社会建设工作的区政府工作部门。内设5个职能科室：办公室（纪检监察科）、党建工作科、社区建设科、社会工作队伍管理科和社会组织工作科，编制24人，实有24人。

年内，区委社会工委（区社会办）围绕全区中心工作，全面深化社会治理体制机制改革，引领全区社会建设各项重点工作，在社区建设、社会工作人才队伍建设和志愿者工作、社会组织服务管理工作以及社会领域党建等方面取得新进展。全区已建成的“一刻钟社区服务圈”在社区层面达到100%全覆盖。编印完成《北京市东城区社区建设成果汇编》。完成对全区社区工作者的轮训工作。出台《关于社区工作者带薪休假的通知》《社区工作者健康体检制度（试行）》。举办全区社区党组织书记培训班和社会领域党务工作者培训班，对社区党组织书记、社会领域党组织和商务楼宇工作站负责人、离退休党员干部非公党建指导员332人进行集中培训。区仁合公益与法律研究中心的“仁合公益法律援助”、区巧娘工作室发展协会“巧娘进社区”和区残疾人体育运动协会的“轮椅大步走”3个优秀项目，被市委社会工委（市社会办）分别评为金、银、铜奖。

单位地址：东城区什锦花园胡同23号

联系电话：64031118-8748

邮政编码：100007 （曹俊仙）

【社会治理体制机制改革】 3月21日，召开区社会治理体制机制改革专项小组第一次工作部署会。6月26日，与区城管监督中心进行专题研讨，研究社会服务整合组的工作思路和目标。6月27日召开社会服务整合部门座谈会，区信息办等11个部门参加。7月15日，起草完成《东城区“两网融合”工作社会服务整合组工作方案》（征求意见稿）。8月27日，到区信息办调研区网格化社会服务管理信息系统。8月13日，区社会治理体制机制改革专项小组第二次全体会议召开，区领导金晖、陈之常出席。区委宣传部等33家委办局和17个街道的主管负责人参加会议。8月19日，印发《东城区委社会治理体制机制改革专项小组工作方案》《东城区委社会治理体制机制改革专项小组工作规则》。9月23日，召开创新和完善社区治理工作座谈会，区社会办、区民政局和部分街道、社区代表进行座谈。9月24日，制定《社会服务事项信息采集表》，对11家单位社会服务事项进行采集。10月13日，与区城管监督中心、区质监局进行专题研讨，探讨社会服务整合标准化工作。10月24日，汤钦飞主持“两网融合”社会服务整合工作调度会，区城管监督中心等8家单位参加。 （曹俊仙）

【网格化服务管理调研交流】 1月6日，通州区社会办到东花市街道考察网格化社会服务管理创新工作。1月15日，贵阳市社会建设考察团到东华门街道南池子社区、交道口街道福祥社区考察社区建设工作和社工事务所工作，市委社会工委（市社会办）、区委社会工委（区社会办）及街道相关负责人参加。9月24日，市委社会工委委员、市社会办副主任王丽竹率市调研组一行7人，到东城区就网格化服务管理体系和智慧社区建设整体推进情况，及相应“十三五”规划总体构想和希望达成的目标进行调研，区领导汤钦飞参加。 （曹俊仙）

【社会建设调研走访】 春节前夕，全区走访慰问生活困难的社区工作者30名。1月15日，贵州省贵阳市社会建设考察团到助人社工事务所参观交流。1月26日，汤钦飞走访慰问生活困难社区工作者。1月29日，市委社会工委书记、市社会办主任宋贵伦到建国门街道大雅宝社区慰问社区工作者，汤钦飞等陪同。5月8日，牵头组织区政府研究室、区民政局及相关街道办事处就街道体制改革、社区建设和社区服务等情况到西城区学习交流。7月1日，延庆县百泉、儒林街道主要领导及社区代表组成社会建设考察团，到东华门街道南池子社区参观考察，市委社会工委有关领导陪同考察。7月10日，区领导汤钦飞到区委社会工委（区社会办）调研，听取关于社会领域党建、区“两网融合”工作中社会服务整合组工作、社区干部队伍管理等情况汇报。9月25日，南京市玄武区考察团到助人社工事务所、东花市街道及东花市南里社区进行考察。9月26日，公安部直属机关党校第62期处级干部进修班学员一行50人，在北京市社会办、区社会办、朝阳门街道相关领导陪同下，到朝阳门街道史家社区进行参观考察。10月9日，汤钦飞到区委社会工委（区社会办）调研，听取全区社会建设工作重点工作任务进展情况汇报。10月10日，市委社会工委、市社会办到东城区调研社区建设工作。年内，完成《东城区律师行业党建工作的现状与思考》《关于东城区协管员队伍规范化管理问题的调查与思考》等调研报告。 （曹俊仙）

【社区建设】 4月2日，组织召开“东城区公安部百名机关青年干部进社区”活动启动仪式，27名公安部直属机关青年干部与10个相关街道负责人进行对接。4月23日，龙潭街道光明社区聚爱邻里服务中心正式启用，汤钦飞出席。5月4日至6月20日，完成市社区建设专项资金绩效考评工作。5月12日，与区民政局联合中国扶贫基金会和平安星减防灾教育中心在东城区前门小学走读部开展“应急管理进学校”防灾减灾宣传日活动。5月27日，市、区社会办组成验收小组对民旺社区申报市级规范化建设示范点进行阶段性检查验收。7月9日，市社会建设专项资金绩效考评组到东城区和平里、天坛、永外街道“一刻钟社区服务圈”示范点进行实地检查。9月23日，组织召开东城区创新和完善社区治理工作座谈会，与区民政局和部分街道、社区代表进行座谈。10月13日至27日，针对年度社区规范化建设示范点、“一刻钟社区服务圈”建设示范点和老旧小区自我服务管理试点等重点项目，开展街道自查工作。10月28～29日，市、区检查组对全区“一刻钟社区服务圈”示范点、社区规范化建设示范点和老旧小区自我服务管理试点等重点社区建设项目，进行检查验收。至年底，全区创建市级社区规范化建设示范点36个、老旧小区自我服务管理试点16个、“一刻钟社区服务圈”示范点63个。 （曹俊仙）

【社会组织工作】 3月，针对14个项目承接单位开展上年度市级资金购买社会组织服务项目中期评估工作。6月4日，市委社会工委、市社会办到区调研社会组织工作。6月18日，市专项考评组到区实地考评上年度北京市社会建设专项资金购买社会组织服务项目的绩效情况，涉及14个项目140万元。8月，完成上年度区级资金购买服务工作。从上年12月至本年8月底，区政府投入资金78.50万元向“枢纽型”社会组织、专业社会组织和社区社会组织购买51个服务项目。8月6日，年度市社会建设专项资金购买社会组织服务项目批复会召开，共批复项目17个，批复资金160万元，服务内容涉及为老助残、未成年人保护、社区安全、志愿服务等。10月27

日，举办年度区级购买社会组织服务工作部署暨项目申报辅导培训会。11月24日至28日，组织相关单位参加北京大学社会组织治理创新高级研修班培训。12月5日，召开年度区政府购买社会组织服务项目批复会，各相关主责单位（街道和区级枢纽）、27个项目承办单位参加。年内，引导全区各类社会组织和社区社会组织，参加北京市“社会组织公益行”系列活动。全年征集公益活动项目401个，精选132个入围。（曹俊仙）

【人才队伍建设】1月30日，北京市东城区金朝社会工作服务中心正式注册成立。4月15日，组织社工事务所参加在北京青年政治学院举办的“国际社工日”暨首都社工风采展示活动。4月28日至5月31日，首次面向随军家属定向招聘社区工作者20名，补充到社区相关岗位。5月28日，建立社区工作者教育培训项目库，包含区级和街道级培训项目191个。6月9日，召开社区工作者培训班开班仪式，市委社会工委委员、市社会办副主任刘占山、汤钦飞出席仪式并讲话。培训班6月9～27日，分3批进行。每批培训安排10讲，邀请社会建设领域知名专家、学者和经验丰富的社区工作者授课，内容涵盖社会建设、社会公共服务与社会管理、社区建设与自治、社区队伍与社会组织建设、社会领域党建等领域。培训人员达1531人。7月2日至8月31日，组织公开招考社区工作者173人补充到社区，全区社区工作者总数达3080人。3名社区工作者被北京城市学院录取，攻读社会工作专业硕士研究生。8月27日，举办全区街道系统社会建设信息员培训交流会，17个街道党政系统信息工作人员近40人参会。10月30～31日，与区委组织部、区商务委、区人力社保局联合组织举办东城区提升生活性服务业管理水平培训班。10月10日，北京市东城区引行社工事务所正式注册成立。（曹俊仙）

【志愿者工作】1月17日至3月4日，征集志愿服务项目通过“志愿北京”网站、东城区志愿服务网向社会发布，并选择优秀项目和团队在3月4日“邻里守望——2014年北京学雷锋志愿服务推动日”进行推介。6月18～30日，开展社会建设领域志愿服务调查和车站、商业街区等人员密集地区志愿者服务站点设置情况调查。8月至12月，按照有明显标识、有工作人员、有经常性志愿服务项目和岗位、有稳定的志愿者队伍、有规范的管理制度的“五有”标准，在全区121个社区开展社区志愿服务站规范提升工作。9月30日，与有关单位组织1000名群众参加在地坛公园方泽坛举行的第十六届北京国际旅游节开幕仪式。10月1日，与有关单位组织近5万名群众参加在天坛公园、景山公园、北海公园、北京动物园、颐和园、朝阳公园开展的新中国成立65周年庆祝游园活动。（曹俊仙）

6月18日，市社会工委专家考评组，听取区使用社会建设专项资金购买社会组织服务项目完成情况的汇报

【社会领域党建】7月30日，市委社会工委委员、社会办副主任、机关党委书记陈建领一行到龙潭街道左安漪园社区开展“在职党员到社区报到”活动。9月5日，召开全区社会领域党建工作会议，针对社会领域党建工作开展座谈交流，汤钦飞出席。10月11日，陈建领带队检查区商务楼宇“五站合一”建设，汤钦飞陪同。11月19日，召开商务楼宇“五站合一”工作站建设集中推进月检查情况通报会，陈建领出席并讲话，汤钦飞参加。11月，启动“五星级”社区党组织考评工作。年内，与区委党校联合开展区域化党建工作课题研究，与区委组织部联合在全区范围内推广社区物业管理党建联建工作。聘请140名离退休党员干部担任非公有制经济组织党建工作指导员，进驻非公企业、商务楼宇和街道社会工作党委。加大投入力度，为商务楼宇工作站统一制作更新标识。（曹俊仙）

【社会建设信息化】年内，北京市社会建设工作办公室、市经信委、市民政局联合认定东城区和平里街道林调社区等48个社区为“北京市三星级智慧社区”，前门街道前东社区为“北京市二星级智慧社区”。7月21日，配合市信息办开展智慧社区建设调研。9月24日，市委社会工委调研组到东城区调研网格化服务管理体系和智慧社区建设整体推进情况，市委社会工委委员、市社会办副主任王丽竹、汤钦飞参加。11月27日，组织街道进行年度智慧社区试点建设自查验收及星级认定工作。至年底，全区完成第二批54个智慧试点社区创建工作和43个首批智慧社区试点升星工作。（曹俊仙）

【党的群众路线教育实践活动】2月至10月，开展党的群众路线教育实践活动。梳理7个方面存在的问题22条，针对存在问题，制定整改措施11项，完善制度16项、新制定17

项，做到边整边改、立行立改。规范公务接待标准、减少会议数量及各项工作评比表彰，完善各项规章制度，机关作风建设得到改善和提升。指导区委社会工委4个所属非公企业党组织（长安责任保险公司党委、长安担保保证公司党委、安利（中国）日用品有限公司党委、东城区律师协会党委）按要求开展教育实践活动。

（曹俊仙）

直属机关工委工作

【概况】 中共北京市东城区委区直属机关工作委员会（简称机关工委）是负责区直机关党的建设和思想政治工作的区委派出机构。内设办公室、组织部（纪工委）、宣传部（团工委、工会），行政编制13人，实有12人。机关工委下设（所属）75个党组织，有党员1.38万余人（其中，在职党员6196人，离退休党员4024人，其他党员3581人）。

年内，学习贯彻党的十八大和十八届三中、四中全会精神，按照“走在前列、做出表率”的总体要求，坚持围绕中心，服务大局，发挥党组织战斗堡垒作用和党员先锋模范作用，为推进全区各项事业发展提供思想和组织保证。组织14个成员单位制定党风廉政建设工作计划，明确廉政任务分工，逐级签订廉政责任书，做出书面承诺。抓好机关宣传栏等舆论阵地建设，组织开展千人党课活动，组织100名新党员到李大钊烈士陵园举行集体宣誓仪式。

单位地址：东城区钱粮胡同3号

联系电话：64031118-2604

邮政编码：100010 （陈燕燕）

【扶贫济困】 坚持服务群众工作机制，持续开展“党心连民心，亲情进万家”活动。开展共产党员献爱心捐款活动，捐款金额40余万元，区直机关系统6600名党员、800余名群众参加活动。开展“博爱在京城”活动，捐款18.82万元。坚持完善困难党员帮扶机制，协调红十字会等有关部门，为因病致困的机关干部争取到每人5000元以上救助金。对干部职工亲人去世、本人生病住院及时看望慰问120余人次。做好元旦、春节、七一前夕的困难党员走访慰问、党员重大疾病日常帮扶、新中国成立前老党员困难帮扶138人次。 （陈燕燕）

【组织建设】 做好党员发展工作，指导基层党组织做好党组织换届、党组织负责人增补等工作。开展党员教育培训工作，举办基层党组织书记培训班、党务干部培训班、周末大讲堂、积极分子培训班5次。建立新任党组织书记集体谈话制度，就党务工作的具体职责、工作程序、工作任务提出明确要求，谈话28人次。做好党建联组工作，探索实行联组工作项目化管理，指导各党建联组结合自身工作特点和年度重点任务，打造特色项目，发挥党建工作的保障和推动作用。制定《关于在党的群众路线教育实践活动中加强服务型党组织建设的意见》，并建立《东城区直属机关加强基层服务型党组织建设指标体系》，为机关服务型党组织建设提供量化的可操作依据。做好机关干部进社区工作，组织遴选区直机关优秀党员干部112人到社区挂职。在党的群众路线教育实践活动中，对基层党组织专题组织生活会和民主评议党员工作进行指导，召开专题部署培训会。区直机关系统各党组织8月底前召开专题组织生活会，党员1.05万参加，参加民主测评党员9939人。 （陈燕燕）

【群团工作】 发挥群团组织作用，区直机关工会以“感悟生活提升修养”为主题，组织女干部150余人到区巧娘工作室参观学习。开展“读一本好书做一个好人”读书征文、职工大讲堂活动。开展“弘扬传统文化，紫禁城图片展进机关”活动。为干部职工办理“京卡服务卡”、“持京卡兑换电影券”。协助区工会完成劳模“两节”慰问、健康体检、外出休疗养、办理公园年票等工作。举办“快乐工作健康生活”拔河比赛、“在职健康”跳绳比赛。开展划船比赛、健步走、登香山、乒乓球比赛等活动，参加人数逾1000人。机关团工委开展“共铸中国梦同筑新东城”机关青年主题实践寻访活动，组织参观中国航空博物馆和顺义区焦庄户地道战遗址、抗日战争纪念馆等。组织机关青年进社区开展敬老助老、清洁环境志愿服务。举办“邂逅初夏心灵之约”青年情感讲座，帮助机关青年解决婚恋问题。

（陈燕燕）

【机关干部思想状况调查】 通过基层调研、个别访谈、网上征求意见的形式，多途径掌握机关干部思想状

6月17日，举办微型党课展演活动

况，就区直机关党员干部关心的社会热点、难点问题进行深入调查了解，撰写机关干部思想状况调查。在党的群众路线教育实践活动中，对机关干部反映的意见进行梳理，汇总分类并形成《区直机关干部思想状况调查》专题报告报区有关领导，区领导作出重要批示。按照批示精神，与区委老干部局、区机关事务管理服务中心、区总工会、区检察院、区法院等单位党组织负责同志就机关干部集中反映的老干部管理、大学生集体宿舍管理、机关干部住房难、机关工会管理范围等问题进行反馈交流。

（陈燕燕）

【微型党课展演】 组织区直机关各党组织开展“为民务实清廉”主题微型党课展演活动。组织各单位选报的57名党员进行展演活动，评选优秀选手5人在区直机关纪念建党93周年大会上进行汇报展演。普通党员走上讲台，结合本单位工作实际和自身岗位特点，讲身边事例、谈教育感受、论人生价值，以小见大、以微见深，从不同角度阐述时代主题、身边先进典型、价值追求以及党性修养锤炼、社会主义核心价值观等内容。（陈燕燕）

党校工作

【概况】 中共北京市东城区委党校（简称区委党校），挂北京市东城区行政学院、北京市东城区社会主义学院牌子。区委党校是在区委直接领导下培养全区党员领导干部和理论干部的学校，也是区委的哲学社会科学研究机构；区行政学院是教育培训东城区公务员的主渠道；区社会主义学院是培训东城区民主党派、无党派人士和统一战线其他方面代表人士以及统战工作干部和理论研究人才的基地。内设16个科室：办公室、机关党委办公室、基本理论教研室、政法教研室、管理教研室、社区建设教研室、科研科、培训一科、培训二科、对外培训科、教务科、财务科、老干部科、综合管理科、北官厅管理科、综合服务科。编制87人，有教职工77人，其中列入参照《中华人民共和国公务员法》管理范围人员52人，事业编制人员25人，其中高级职称8人、中级职称10人。

年内，针对干部、党员、党外代表人士等各类各级培训对象，突出培训的东城党校特色，完成各类培训班次49个，共培训学员4257人次。其中，主体班14个，培训学员641人次；其他培训班35个，学员3616人次。

单位地址：东单北大街干面胡同10号

联系电话：65258768

邮政编码：100010（谢殿军）

【“一把手”研修班】 2月17～21日，在红剧场举办区学习贯彻习近平总书记系列讲话精神暨群众路线教育专题培训班，全区“一把手”及副处级干部参加培训。培训班学习党的十八届三中全会精神和习近平总书记系列重要讲话精神，开展马克思主义群众观和党的群众路线教育，研究全区改革发展稳定大局的重要理论和现实问题，增强全区领导干部的宗旨意识、公仆意识和大局意识，提高推动特色发展、集约发展、和谐发展和创新发展的能力，推进为民务实清廉政府建设。杨柳荫讲授党课，两位中央党校教授、博士生导师分别讲授“群众路线教育实践活动解读”、“习近平总书记系列重要讲话精神专题辅导”，央视特约评论员讲授“十八届三中全会精神专题辅导”，商务部培训中心教授讲授“2014年宏观经济形势、政策分析与展望”、市委宣传部副部长讲授“中国梦与中国道路”。除集中授课外，培训班还采用自学研读和单位自主研讨，其中，“一把手”增设分组讨论环节。（谢殿军）

【新任处级领导干部培训班】 2月24日至3月21日，举办新任处级领导干部培训班，学员28人，学制4周。围绕中央、市、区中心工作和东城区“十二五”规划，结合东城区发展面临的新形势和新任务，以理论武装为根本、党性教育为核心、能力提升为主线，着眼于培养信念坚定、为民服务、勤政务实、敢于担当、清正廉洁的好干部，提高新任处级领导干部的思想政治素质、现代管理理念和领导能力。培训内容分为理论武装、党性修养、形势政策、领导素养4个部分，主要采用讲授式方法对学员进行理论引导，综合运用现场教学、影视教学、情景模拟、小组研讨、拓展训练等。（谢殿军）

【党外代表人士学习班】 6月9日，区社会主义学院举办党外代表人士学习班，来自全区8个民主党派及知联会、工商联、侨联、天主教爱国会、基督教三自爱国会、海联会、佛教和区伊斯兰教协会的161名党外中青年干部参加培训。培训内容包括统一战线的理论与实践、当前国内外形势与国家安全、群众路线教育解读、东城区区情等。（谢殿军）

【副处级领导干部进修班】 9月1～19日，举办副处级领导干部进修班，学员41人，学制3周。立足“首都文化中心区、世界城市窗口区”总体定位，围绕东城区“十二五”规划，结合区发展面临的新形势和新任务，以理论武装为根本、党性教育为核心，着眼于培养信念坚定、为民服务、勤政务实、敢于担当、清正廉洁的好干部，提高副处级领导干部的思想政治素质、现代管理理念和领导能力。主要采用讲授式方法对学员进行理论引导，综合运用现场教学、学员论坛、小组研讨、拓展训练等多种培训形式。（谢殿军）

【领导力提升培训班】 9月1～26日，举办副处级干部“领导力提升”培训班，参训学员28人。围绕区“十二五”规划，结合区发展面临的新形势和新任务，以理论武装、党性锻炼和能力提升为重点，着眼于培养副处级领导干部信念坚定、为民服务、勤政务实、敢于担当、清正廉洁。培训班主要采用讲授式方法对学员进行理论引导，邀请知名学者、政府官员为学员讲授“习近平总书记系列重要讲话精神解读”、“十八大之后中国的改革与发展”、“社会主义核心价值观培育与文化强国”、“北京‘城

3月3日，召开区干部教育培训班春季开学典礼

市病’治理及京津冀协同发展战略”、“公共文化服务体系建设”、“提升领导干部依法行政能力”等16讲专题课。同时，运用现场教学、情景模拟、小组研讨等多种培训形式，提升教育培训效果。（谢殿军）

【城市发展与治理专题研究班】 9月1～26日，举办处级领导干部城市发展与治理专题研究班，学员37人，学制4周。培训内容分为理论引领、考察调研和研讨分析与交流总结，采用讲授、座谈、小组讨论、学员论坛、课题成果答辩会、实地考察等多种研究式教学形式，以互动教学、现场教学为主要培训方法。专题研究班注重理论与实际相结合，以学以致用为特色，实地考察为重点，组织学员到长沙、株洲等地考察城市管理建设新模式。（谢殿军）

【中青年干部培训班】 年内，举办两期中青年干部培训班，培训中青年干部73人，学制8周。培训班立足首都文化中心区、世界城市窗口区总体定位，以坚定理想信念、优良传统教育和实践锻炼为重点，培养造就忠诚党和人民事业、堪当历史重任，信念坚定、为民服务、勤政务实、敢于担当、清正廉洁的优秀中青年干部队伍。遵循以学员为主体、教师为主导的教学原则，以党性教育为主线，以提高综合素质和能力为目的，设置理论武装、党性教育、知识更新、能力培训和综合知识五大教学板块。采用邀请知名专家学者、政府官员进行专题讲授，并采用研讨式、模拟式、体验式、案例式、同伴式教学和现场教学等互动式教学方法，围绕党性锻炼展开读书论坛、学员论坛、与先进典型面对面、党性分析汇报会、警示教育、异地考察等活动。（谢殿军）

【公务员科级任职培训班】 年内，举办3期公务员科级任职培训班，参训学员179人，学制3周。培训班根据《公务员法》和《公务员培训规定（试行）》的有关规定，对科级公务员进行基本理论和行政能力等方面的培训，以提升科级公务员的政治素质、业务素质为重点，全面提高公务员履行公共服务职责的能力。培训课程包括当前形势、政府治理创新和行政能力3大板块，探讨政府治理创新，培训方式主要有专题讲座、案例式教学、现场教学、实地参观、讨论交流等。突出学员参与，鼓励学员在教学相长、学学相长的过程中提高自身的综合素质和履职能力。（谢殿军）

【公务员初任培训班】 年内，举办公务员初任培训班2期，参训学员99人，学制3周。培训班以“服务群众，做一个人民满意的公务员”为主题，加强区情教育，全面提高新录用公务员适应岗位要求以及胜任本职工作的能力。培训坚持以教师为主导、学员为主体的教学原则，以课堂专题讲授为主，综合运用案例课、演示课、参观座谈等教学形式，引导学员了解国家公务员的权利义务和行为规范，了解相关的法律制度等，树立全心全意为人民服务的思想。（谢殿军）

【现场教学基地建设】 年内，探索干部教育培训现场教学基地建设。将现场教学基地的建设纳入《全区干部教育培训规划》和“5855”教育培训工作体系的5大建设（师资、教学基地、学风、教材、特色培训建设）之中，结合全区干部教育培训需求划分基地类别，确定党史党性教育、基层党建（非公）、廉政法制教育、社会及城市管理、特色文化五大现场教学基地类别。与区总工会、区教委、朝阳门街道、东直门街道、区城管监督中心5家单位合作，建立各具特色的现场教学基地。区总工会的时传祥纪念馆和区教委的区特教学校以理想信念教育为核心，以劳模精神和火种精神为特色，重点开展党性教育类现场教学；朝阳门街道史家社区作为区域化党建工作的特色社区，以基层党建创新为重点进行现场教学；东直门街道和区城管监督中心作为网格化社会服务管理的典型和城市管理的主责部门，以社会服务与城市管理新模式为重点开展现场教学。在延安、井冈山、临沂等现场教学基础上，将瑞金纳入井冈山异地教学活动中，并拓展河南红旗渠和兰考、重庆、遵义等异地教学基地，初步形成市内市外相结合的现场教学基地体系。（谢殿军）

【社院工作】 年内，区社会主义学院构建党外代表人士教育培训的“三五”格局，即五个模块：基础理论、政治素养、统战政策、法律知识、能力培养；五类班次：党外领导培训班、党外中青年干部培训班、专题类培训班、新社会阶层培训班、统战干部培训班；五项机制：双轮驱动、培训需求调研、学员管理服务、

培训效果评估、师资开发储备，发挥社院作为党外代表人士人才培养的基地作用。全年完成各类党外代表人士培训班7期，培训学员391人次。

（谢殿军）

【科研工作】 年内，结合创新社会治理、发展文化产业、政府职能转变、党校自身建设等方面的实践，突出“四个服务”的服务型科研作用，坚持点面结合，深挖“点”，扩延“面”，做到调研有重点，研究有平台，形成“基地+课题+课程”的科研工作本土化新路径。获北京市党校系统2012—2013年度优秀科研工作组织奖、优秀科研成果奖（其中一等奖1人、二等奖2人）及优秀科研管理工作奖；公开发表论文11篇，包括人大复印资料转载文章1篇，核心期刊2篇，国家级及省部级以上期刊7篇；出版专著1部；申报并完成市、区、校三级课题10项，其中市级协作课题1项，区级委托课题2项，校级课题7项。与区委宣传部合作共建北京市哲学社会科学应用对策研究基地东城区基地，对扩展党校科研范围，提高党校教师研究能力，为东城区经济、社会、文化、政治等建设提供智力支持，实现优势互补、资源共享、共同发展，搭建合作平台。（谢殿军）

【校刊编印】 年内，编印校刊《培训主阵地》4期，校刊内设经典导读、理论研究、东城视窗、教师专栏、领导讲话、史海撷英、环球风采、视野等10余个栏目。全年刊登文章120余篇28万余字，向区内各部门及区外相关部门发送校刊4000余册。

（谢殿军）

【党的群众路线教育实践活动】 3月至10月，开展党的群众路线教育实践活动，通过110多次谈心谈话及各类座谈会，收集到意见建议313条，涉及三大类26条。在“四风”、关系群众切身利益、联系服务群众最后一公里、基层服务型党组织建设等7个方面查找出问题17条，班子成员间共提出批评意见45条。对全校内部管理规章制度进行全面清理，建立健全关于反对“四风”进一步加强作风建设的意见、关于加强会议纪律改进会风的意见等10项制度，出台即知即改措施1项，修订2项制度，制定4项新制度。（谢殿军）

党史工作

【概况】 中共东城区委党史工作办公室（简称区党史办）与区地方志编纂委员会办公室合署办公，正处级参公事业单位，负责全区党史、地方志工作。内设综合科、党研科、方志科、编辑科，编制16人，实有15人。

年内，收集区委主要工作和重大举措等有关资料、政府折子工程、政府在直接关系群众生活方面办的重要实事进展与落实情况等资料，以为存史。编辑出版《北平军事调处执行部亲历记》，续修《中共东城区历史大事记》《中共崇文区历史大事记》，修订完成北京市组织工作史资料东城部分，编辑《东城党史文萃》，编辑出版《东城史志》季刊总第80-83期。开展党史研究、学术交流、宣传教育。按照区委统一部署，开展党的群众路线教育实践活动。1人被评为北京市2011-2014年度党史部门先进工作者。

单位地址：东城区东四十一条83号

联系电话：84037892

邮政编码：100007（马德川）

【北平军调部亲历记出版】 4月，先后通过中央党史研究室和中央文献研究室审读并同意出版。12月，《北平军事调处执行部亲历记》由中国青年出版社出版，本书由综述、会议文章、大事记组成，收录回忆文章35篇，彩插照片27幅，随文照片46幅，共58万字。（马德川）

【课题研究】 5月，“北平军调部的研究现状及深化研究的思考”课题研究基本完成，最终成果为《北平军事调处执行部研究综述》，共1.7万字。参加的中国社会科学院近代史所课题“裂变与重构：人民共和国的创世纪”通过国家社科基金评审，成为国家级课题。其中承担的“会门末日：北京市取缔一贯道斗争的经过”及“北京建政过程中的基层政权体系的形成”两项子课题已完成，成果6万余字。

（马德川）

【史料征集】 编修《中共东城区历史大事记（2000.1—2010.6）》、《中共崇文区历史大事记（2000.1—2010.6）》，完成约30万字初稿；修订完成《东城区组织工作发展历程》《崇文区组织工作发展历程（1949.3-2010.6）》，发表在中共北京市委组织部，中共北京市委党史研究室编《经历与经验——中国共产党北京组织工作拾零》；通过查阅《北京党史》《东城史志》《当代东城史研究》等相关

6月12日，到天坛街道东里南区社区赠书

刊物和资料，收集文稿100余篇75万字，编辑形成《东城党史文萃》书稿70万字。（马德川）

【论文刊发】 年内，发表省市级以上论文5篇。《中共七大前后毛泽东关于反对山头主义的理论与实践》获得北京市“纪念毛泽东同志诞辰120周年”征文二等奖；《简论毛泽东与中央苏区的思想教育防腐》入选全国党史界纪念毛泽东同志诞辰120周年学术研讨会论文集。《陈云与中共八大选举》发表在当代中国出版社出版的《陈云与当代中国》第二辑，《毛泽东关于正确处理人民内部矛盾问题理论与构建社会主义和谐社会》发表在中央文献出版社出版的《毛泽东与中华民族的伟大复兴——纪念毛泽东同志诞辰120周年学术研讨会论文集》；《邓小平政治体制改革若干重要思想述论》发表在《北京党史》2014年第5期；《古田会议对党内民主建设的探索及历史性贡献》发表在《福建日报》12月23日12版。（马德川）

【学术研讨】 年内，为第二届全国党史文化论坛、纪念邓小平同志诞辰110周年、邓小平与中华民族伟大复兴、纪念中共四大召开90周年、首都经济体制改革30年经验与启示、纪念古田会议召开85周年理论研讨会6个学术研讨会撰写论文6篇。其中《中共十三大与党的建设》《从宣传小团体到群众性政党——论中共四大对党的建设探索及历史性贡献》《十二届三中全会以来北京市城区党政机构改革的历程和基本经验——以原东城区为例》、《古田会议对党内民主建设的探索及历史性贡献》分别入选第二届全国党史文化论坛、纪念中共四大召开90周年、首都经济体制改革30年经验与启示、纪念古田会议召开85周年理论研讨会4个学术研讨会，与会参加研讨2次。（马德川）

【史志季刊】 年内，编辑《东城史志》4期（总第80-83期），约42万字。每期向域内各单位发放1000册，向市委党史研究室、市地方志编纂委员会、北京党史学会、各区县史志办等部门赠送200余册，向外省市地级以上党史部门交流100余册，被国家图书馆、国家博物馆、首都图书馆等文博单位列为馆藏刊物。（马德川）

【宣教活动】 开展党史“四进”（进机关、基层、社区、学校）活动。赴新疆生产建设兵团二二四团指导史志修撰工作；向北新桥街道门楼社区、天坛街道天坛东里南区社区捐赠党史区情类图书100余册；为社区党员讲党课2次；与军调部中共代表团原驻地翠明庄宾馆协商，共同建设市级爱国主义教育基地并积极筹备军调部陈列室；在《东城宣传》“党史博览”栏目发表东城党史宣传文章5篇。（马德川）

纪检监察

【概况】 中共东城区纪律检查委员会、东城区监察局（简称区纪委监察局）实行一套工作机构，两个机关名称体制，履行党的纪律检查和行政监察职能，对市纪委和区委全面负责。东城区预防腐败局与区纪委监察局合署办公，负责本区的预防腐败工作。监察局、预防腐败局属政府序列，接受区政府领导，预防腐败局不计入政府机构个数。8月，对内设机构进行改革调整，内设机构仍为12个，即办公室、组织部（机关党委）、宣传部、研究室、党风政风监督室（区纠正行业不正之风办公室）、信访室（区行政投诉中心）、案件监督管理室、第一至第三纪检监察室、案件审理室、预防腐败室。行政编制58人，实有54人，代管区委巡视机构科级及以下编制4人，实有4人，机关工勤事业编制5人，实有5人。所属事业单位东城区电子监察中心行政人员编制6人，实有5人。受区纪委统一领导的东城区第一联合派驻纪检组（监察室）、第二联合派驻纪检组（监察室），行政人员编制各3名，实有4人。

年内，落实党风廉政建设主体责任和监督责任，严明党的纪律，改进作风，惩治腐败，遏制“四风”问题，严格监督执纪问责，加快推进“转职能、转方式、转作风”，用铁的纪律打造过硬队伍，党风廉政建设和反腐败工作呈现出新气象、取得重要成效。被评为2012—2014年度北京市先进纪检监察组织，并代表全市先进纪检监察组织在表彰大会上作经验介绍。

单位地址：东城区钱粮胡同3号
联系电话：64013321
邮政编码：100010

（彭军荣　石东伟）

【市领导调研】 1月2日，副市长张延昆率第十六检查组到区检查党风廉政建设责任制落实情况，区领导杨柳荫、张家明、冯熙、徐鸿达及区委、区政府领导班子成员参加。3月6日，市纪委副书记、监察局局长王海平就纪检监察系统“转职能、转方式、转作风”到区座谈并指导工作。区领导张家明、夏树军，市纪委党风政风监督室负责人等参加座谈。3月11日，市监察局副局长杨玉香带队到区专题调研贯彻落实党风廉政建设责任制及特邀监察员和党风廉政监督员工作开展情况，区领导夏树军参加。5月21日，市监察局副局长刘东波率队到区调研反腐倡廉法规制度建设。6月25日，市纪委常委段梓斌到区调研反腐倡廉宣传教育工作。7月4日，市纪委第六纪检监察室主任张建辉到区调研党风廉政建设和反腐败工作，区领导夏树军参加。8月12日，市委常委、市纪委书记叶青纯到区调研党风廉政建设和反腐败工作，市纪委副书记李振奇，市纪委副书记、秘书长、市预防腐败局局长王贵平，区领导张家明、夏树军参加，听取区案件工作情况及区委、纪委落实党风廉政建设主体责任、监督责任情况汇报，观看区纪委电子监察中心廉政风险信息化防控系统的演示。10月23日，市纪委副书记、监察局局长王海平到区调研党风廉政建设“两个责任”落实情况，区领导夏树军参加。10月31日，市纪委常委钱华杰、第六纪检监察室主任张建辉到区检查纪委办案安全工作，区领导夏树军同志参加。10月31日，市纪委信访室主任、行政投诉中心副主任李威到和平里街道调研信访举报工作。（彭军荣　石东伟）

【巡视工作】 1月22日，召开区委巡视工作领导小组第一次会议。夏树军主持，吴松元参加，听取审议巡视组对区房屋土地经营管理一中心、区司法局巡视情况的汇报，总结上年巡视工作，研究确定本年巡视计划。

（彭军荣　石东伟）

【党风廉政建设责任制】 1月29日，针对上年市党风廉政建设责任制专项检查反馈意见，起草《关于落实〈关于对东城区贯彻落实党风廉政建设责任制检查情况的反馈意见〉情况的报告》，拟定整改措施。2月8日，印发《关于2013年东城区贯彻落实党风廉政建设责任制情况的通报》，反馈24家重点抽查单位的问题，提出工作建议并督促整改落实。5月17日，印发《2014年东城区贯彻落实党风廉政建设责任制推进惩治和预防腐败体系建设主要任务分工》，明确97项具体任务，39家牵头单位、19名主管区领导，建立牵头任务工作台账，做好责任分解、考核、追究工作。9月11日，印发《关于印发东城区反腐倡廉建设领导小组组成及职责的通知》，进一步健全和完善反腐倡廉领导机制。10月14日，全区范围内开展反腐倡廉建设民意调查工作，了解干部群众对反腐倡廉工作的评价和意见。10月14日，印发《关于王府井置业有限公司裴东卯、李学敏违反党风廉政建设责任制有关规定情况的通报》，严肃开展责任追究。11月15日，印发《关于开展2014年全区贯彻落实党风廉政建设责任制推进惩防体系建设情况专项检查的通知》，启动年度责任制落实情况的专项检查。修改完善责任制考核指标体系，开展贯彻落实党风廉政建设责任制推进惩防体系任务完成情况专项检查，形成履行主体责任和监督责任自查报告。12月2日，召开反腐倡廉建设领导小组会，区领导杨柳荫、张家明、金晖、夏树军等参加，通报本年市党风廉政建设责任制专项检查安排，审议通过年度贯彻落实党风廉政建设责任制、推进惩防体系建设情况专项检查工作安排。12月5～11日，区领导杨柳荫、张家明、金晖、吴松元、夏树军等带队对贯彻落实党风廉政建设责任制推进惩防体系建设工作情况进行重点抽查。12月11日，召开贯彻落实党风廉政建设责任制推进惩防体系建设主要任务牵头单位汇报会，区领导杨柳荫、金晖、吴松元、夏树军等参加，听取牵头单位落实党风廉政建设和惩防体系各项工作完成情况的汇报。12月16日，市党风廉政建设责任制专项检查组到区现场检查党风廉政建设责任制落实情况。（彭军荣　石东伟）

【纪委全会】 2月8日，召开区纪委第四次全体会议暨全区党风廉政建设和反腐败工作会议，总结区上年反腐倡廉工作，部署本年全区党风廉政建设和反腐败工作。朴学东主持，毛炯传达十八届中央纪委三次全会和市纪委十一届三次全会暨全市党风廉政建设和反腐败工作会议精神。夏树军作工作报告。区委书记杨柳荫，市纪委副书记、市监察局局长王海平出席会议并讲话。区领导冯熙、徐鸿达出席。区委、区人大常委会、区政府、区政协领导，区法院院长、区检察院检察长，区纪委委员，区各部门各单位负责人，各民主党派主要负责人，区党风廉政监督员、特邀监察员，区委巡视组成员，区属各单位纪（工）委书记、纪检组长、监察科长等约450人参加会议。8月7日，召开区纪委第五次全体会议。传达区委七次全会精神。传达市纪委“聚焦党风廉政建设和反腐败中心任务，扎实推进‘三转’工作会议”精神并通报区纪委机关内设机构调整情况。夏树军作工作报告。学习贯彻王岐山在全国纪检监察机关“转职能、转方式、转作风”专题研讨班讲话、市纪委“聚焦党风廉政建设和反腐败中心任务，扎实推进‘转职能、转方式、转作风’”工作会议及区委十一届七次全会精神，总结上半年党风廉政建设和反腐败工作，部署下半年任务。区纪委委员参加；区属各单位纪（工）委书记、纪检组长、监察科长，区纪委机关及联合派驻纪检组全体干部，区委巡视组成员，区党风廉政监督员和特邀监察员正副组长等200余人列席。

（彭军荣　石东伟）

【宣教工作】 2月8日，“廉政东城”微博、微信上线试运行。“廉政东城”微信是北京首家纪检监察官方微信。3月18日，区纪委监察局官方网站“古韵正声”正式上线，网站设置工作展示、互动交流、网络监督、宣传教育4大平台。9月初，东城区廉政文化教育基地在区第一图书馆正式投入使用。9月12日、29日，在区风尚剧场分别举办廉政相声和廉政戏曲专场演出，各约400人观看。10月13～23日，在区第一图书馆举办第六届群众性勤廉书画作品比赛暨展览，干部群众6000余人/次参观。12月11日，印发《东城区廉政法规知识测试工作实施意见》，开展领导干部任前廉政测试工作。全年，利用中央纪委官方网站、北京纪检监察网、北京日报等媒体宣传区党风廉政建设和反腐败工作的成效。在全区开展“北京廉政故事”、“廉政微短剧”等征集活动，出版《古代英烈廉政诗词集萃丛书》，整合区纪委、区委组织部、区委宣传部、人力社保局、党校和行政学院优势，健全廉政教育机制。

（彭军荣　石东伟）

【电子监察平台建设】2月26日，制发《东城区纪委、东城区监察局关于加强廉政风险信息化防控电子监察体系建设工作的意见》。4月17日，张家明调研廉政风险信息化防控工作，听取进展情况介绍，观看系统演示，区领导夏树军参加。5月15日，市廉政风险信息化防控工作推进会在区召开，市纪委副书记、秘书长王贵平，市预防腐败局副局长张岚，市纪委相关室主任，夏树军等十六区（县）纪委书记，市纪委监察局各派驻纪检组长，市属部分国企和高校纪委书记等170余人参加，东城区参加经验交流发言。8月7日，安全验收东城区廉政风险信息化防控电子监察平台。年内，发现178户保障房异常申请家庭，取消64户申请家庭资格，2户家庭腾退住房，对13件违纪案件线索移送立案处理。向全区印发《关于网络违规行为监察情况的通报》4次，对通报3次以上的3家单位取消评优资格，对网络违规行为严重的2人进行行政警告处分，8人进行问责处理。区电子监察平台及其成效先后获《北京日报》《中国政府采购报》等媒体报道。（彭军荣　石东伟）

【作风建设】2月26日，印发《东城区开展“庸懒散拖”专项整治工作方案》及《东城区开展“工作人员对待群众来访态度生硬、推诿扯皮以及利用便民服务谋取不正当利益”、“工作人员‘吃拿卡要’、作风粗暴、暗箱操作、以权谋私”专项整治工作方案》《关于开展借公务之名旅游问题专项整治工作方案》《关于开展严禁在公务活动中赠送或接受礼品等专项整治工作方案》。4月至9月，深入推进“两规范一提高”工作，组成检查组进行暗访检查，对发现问题督促整改。7月21日，印发《关于严明纪律，加强监督执纪确保专项整治工作取得实效的意见》，组织全区结合专项整治要求开展自查自纠。年内，参与组织全区各单位召开群众路线专题民主生活会，区委、区政府主要领导参加部分单位民主生活会，区纪委领导参加全部单位民主生活会。制发《中共东城区纪委关于进一步严明纪律坚决防止公款送节礼、公车私用等不正之风的通知》《关于加强国庆期间监督执纪严查公款送节礼、公车私用等不正之风的通知》《关于2015年元旦春节期间严格落实相关要求节俭务实过两节的通知》，要求领导干部切实改进工作作风。在元旦、春节等重要时间节点，发送廉政短信，督促提醒党员领导干部正风肃纪。10月23日，组织召开区严肃查处违反中央八项规定精神典型案件通报曝光专题会，通报区典型案件及作风建设等情况，区领导杨柳荫、张家明、金晖、夏树军等出席，区属各单位270余人参加。（彭军荣　石东伟）

【查办案件】2月至3月，对上年全区纪检监察系统办结的13件案件进行集中检查。6月26日，组织立案单位主管案件领导和案件承办人召开案件评查会暨业务培训会，并对上年结案案件处分执行情况进行抽查。全年初核问题线索247件，初核率70.70%，同比上升14%；新立案46件，其中大要案25件，新立案数同比上升76.90%。结案34件，同比上升161.50%，给予33人党政处分。其中10人被开除党籍，处分人数同比上升153.80%（彭军荣　石东伟）

【联合派驻工作】2月至11月，第一、二联合派驻纪检组组长被抽调至区委群众路线教育实践活动督导组任组长。3月至4月、11月至12月，第一、二联合派驻纪检组多次组织召开群众路线教育实践活动座谈会。4月，分别与外联办、政府研究室党政领导班子座谈沟通，第一联合派驻纪检组驻在单位由6个增加至8个。11月至12月，第一、二联合派驻纪检组分别对各驻在单位开展贯彻落实党风廉政建设责任制、推进惩防体系建设情况专项检查。1月至12月，第一、二派驻纪检组分别对驻在单位开展40余次和60余次巡查活动，重点监督驻在单位党组和领导班子及其成员贯彻执行民主集中制、“三重一大”决策制度、党风廉政建设责任制、干部选拔任用、落实中央“八项规定”等工作情况，协助指导党风廉政建设和反腐败工作。（彭军荣　石东伟）

【党风廉政建设工作座谈会】3月7日至4月10日，夏树军带领纪委监察局领导班子调研“两个责任”落实情况，组织召开座谈会12次，听取街道和政府委办局、人民团体及事业单位等80家单位的年度党风廉政建设和反腐败工作计划，各单位党（工）委、党组书记，纪检部门负责同志参加。座谈会重点强调落实党风廉政建设责任制，党（工）委、党组负主体责任，纪（工）委、纪检组负监督责任。11月20日至12月3日，夏树军带领纪委监察局领导班子调研“两个责任”落实情况，召开座谈会15次，听取92家单位纪检监察组织关于落实“两个责任”的具体措施、年度党风廉政建设和反腐败工作计划落实情况及下年工作思路的汇报。

（彭军荣　石东伟）

【“两员”工作】3月28日，召开区“两员”（区特邀监察员、党风廉政监督员）工作会暨征求意见座谈会，区领导夏树军参加。总结上年“两员”工作情况，部署本年重点工作任务，就区纪委监察局党的群众路线教育实

10月23日，召开全区严肃查处违反中央八项规定精神典型案件通报曝光专题会

践活动征求区“两员”意见建议。定期组织召开“两员”组长工作例会。组织“两员”参加政府常务会、政风行风热线监督、党风廉政建设责任制检查等工作。（彭军荣　石东伟）

【经济责任审计联席会】 4月17日召开，区领导吴松元、夏树军、朴学东及区纪委、区委组织部、财政局、国资委、人力社保局、审计局等联席会成员单位领导参加，会议传达学习北京市《关于进一步加强本市经济责任审计工作指导意见》，审议通过工作报告，研究确定年度经济责任审计计划。（彭军荣　石东伟）

【干部队伍建设】 4月17日至21日，委托中国纪检监察学院举办全区纪检监察综合业务培训班，专兼职纪检监察干部94人参加。12月，修订《关于加强东城区纪检监察科级及以下干部岗位锻炼工作的实施办法》。

（彭军荣　石东伟）

【纪律检查体制改革】 4月18日，召开区反腐败协调小组会议，区领导夏树军等参加，通过《关于东城区反腐败协调小组进一步加强查办案件组织协调的四项机制》。11月4日，召开区纪律检查体制改革专项小组工作推进会，夏树军主持并讲话。成立区纪律检查体制改革专项小组，设落实党风廉政建设监督责任、强化查办案件和反腐败协调工作、党的纪律检查工作双重领导具体化、加强和改进巡视工作，完善下级纪委向上级纪委报告制度和预防腐败工作等5个课题组，明确工作内容、职责分工、预期成果及进度安排等，开展学习调研、分析研讨、座谈交流等活动。形成推进全区各单位“两个责任”落实5项举措。调整议事协调机构，将区纪委监察局牵头或参与的80个议事协调机构调整精简至15个，精简幅度达81.30%。

（彭军荣　石东伟）

【廉政风险防控管理】 4月24日，印发《关于处级领导班子成员职责分工的暂行办法》，合理规范处级领导班子权力结构和配置，强化监督制约。4月25日，印发《2014年廉政风险防控管理工作要点》，明确4个方面15项工作任务，涉及推进委办局系统内部管理权力结构和权力运行规范化标准化研究和实践，推进“三个体系”建设向社区、学校、医院延伸，深化决策、管理、服务和结果公开，推进区级重点项目防控。7月10日，开展全区处级领导干部“廉情分析”，起草《关于2013年度处级领导班子和领导干部廉政测评情况的统计分析报告》，为干部选用工作提供参考。9月18日，印发《关于开展“六费”公开工作的通知》，在全区党政机关和国有企事业单位全面推开“六费”公开工作。12月3日，着手建设“东城区权力公开透明运行平台”，全面公开区、处两级权力清单、责任清单、风险清单，制定完成《权力网上公开透明运行管理暂行办法》和信息维护、社会评价、考核、责任追究等配套制度。12月15日，拍摄完成东城区廉政风险防控管理工作专题片《继往开来，廉政风险防控谱新篇》。编辑3卷本80余万字的《探索与实践——东城区廉政风险防控管理工作资料汇编》，收集整理8年来的开展情况、实践经验、理论研究、宣传交流等资料。（彭军荣　石东伟）

【惩治和预防腐败体系建设】 9月15日，印发《东城区贯彻落实〈北京市贯彻落实〈建立健全惩治和预防腐败体系2013—2017年工作规划〉的实施意见〉的实施办法》及任务分工方案。明确全区惩防体系建设5年工作目标，围绕加强作风建设、以零容忍态度惩治腐败、科学有效预防腐败、加强党风廉政建设和反腐败工作统一领导等4个方面提出15项工作、57项具体任务和38家牵头单位。

（彭军荣　石东伟）

【党风廉政建设专题报告会】 11月27日举办，区领导徐鸿达、夏树军等区委区政府理论中心组成员参加，中国政法大学教授马皑以“职务犯罪心理分析”为主题作党风廉政建设专题辅导报告，全区400余人参加。

（彭军荣　石东伟）

【举报及投诉办理】 年内，区纪委受理纪内信访举报552件次，同比上升102.20%；接待来访群众441批454人次，同比上升64.40%和14.10%；召开信访排查会26次，针对信访举报情况强化分析研判，形成信访情况月报12期、季度分析报告4期。加强廉政审查，就干部选拔任用、评功评奖向相关单位提供干部廉洁自律情况30次。区行政投诉中心接收群众投诉232件，受理141件，列入直查33件，对19件重点投诉件进行回查回访。

（彭军荣　石东伟）

【绩效管理监察】 年内，制定《2014年度东城区政府部门绩效管理廉政建设考评实施细则》，结合党风廉政建设责任制考核工作，对全区64个政府部门、17家街道办事处进行绩效管理廉政建设专项考评。全年对16人进行行政问责，起到警示教育作用。

（彭军荣 石东伟）

【调研和法规工作】 年内，全区各单位共完成反腐倡廉调研报告85篇。调研报告《东城区改革完善纪律检查领导体制和工作机制，全面实现纪检监察组织全覆盖和派驻统一管理的实践与思考》《东城区国有企业党风廉政建设的调研与思考》分别获市纪委优秀调研报告评选一等奖和优秀奖。《廉政风险防控科学性有效性研究》获中央纪委研究室、中央纪委中国监察杂志社、中央纪委监察部廉政理论研究中心联合举办反腐倡廉理论征文活动三等奖。制定《东城区纪委监察局2014年度纪检监察规范性文件立项计划》《关于加强纪检监察调查研究工作的实施意见》等制度。

（彭军荣 石东伟）

【信息工作】 年内，编辑印发《东城纪检监察信息》28期200余条；向区委办、政府办分别报送100余条（篇）信息，《东城信息》采用48条（篇），《昨日区情》采用40条（篇）；向市纪委监察局报送信息90余条（篇），《北京纪检监察信息》采用30条（篇），《北京信息》采用1条，《昨日市情》采用3条，北京纪检监察网采用16条，总得分位列全市第一名。

（彭军荣 石东伟）

【党的群众路线教育实践活动】 2月至11月，开展以"为民、务实、清廉"为主要内容的党的群众路线教育实践活动。开展集中学习及党课30次、参观学习等其他活动12次，多渠道发放征求意见表220余份，召开各类座谈会19次，机关各层面谈心谈话180余人次，征求意见建议302条，其中"四风"方面意见建议63条。机关3个在职党支部、两个老干部支部分别召开学习交流会、专题组织生活会。制定区纪委常委会《领导班子整改方案》《区纪委监察局开展"四风"突出问题专项整治方案》和《区纪委监察局改进作风制度建设计划》，立行立改。（彭军荣 石东伟）

中国共产党北京市东城区委员会组成人员

书记、副书记、常务委员

书　记　杨柳荫

副书记　张家明　金　晖（女，1月任）

常务委员　杨柳荫　张家明　金　晖（女）　吴松元　谢世龙　夏树军　朴学东　周永明　宋甘澍　毛　炯　展　辉

工作机构负责人

区委办公室主任　毛　炯

保密委员会办公室主任　暴　剑（12月免）

组织部部长　吴松元

宣传部部长　金　晖（女，2月免）

宋甘澍（2月任）

新闻中心主任　吴　笛（满族）

精神文明建设委员会办公室主任　周桂芳（女）

统战部部长　周永明

台湾工作办公室主任　王宝祥

政法委员会书记　金　晖（女，兼，2月任）

政法委员会政治部主任　韩卫国（1月免）

韩奇辉（1月任）

维持稳定工作领导小组办公室主任　张增耀

综合治理委员会办公室主任　刘宗琦（12月免）

王伟民（12月任）

处理法轮功问题领导小组办公室主任　王伟民（12月免）

王　磊（回族，12月任）

研究室主任　石利生

老干部局局长　李长华

社会工作委员会书记　赵小平

直属机关工委书记　毛　炯（兼）

党校校长　吴松元（兼）

社会主义学院院长　周永明（兼）

党史工作办公室主任　彭积冬

中国共产党北京市东城区纪律检查委员会

书　记　　夏树军
副书记　　李连喜　陈　岗　章奕奕（女）

区政府、人民团体党政分设工作机构党委（组）书记

政府办公室党组书记　牟玉宪
区政府研究室
　党组书记　郝留亮（1月任）
发展和改革委员会
　党组书记　陈军义
区委教育工作
　委员会书记　张京明（10月免）
　　冯洪荣（10月任）
科学技术委员会
　党组书记　邱少军
住房和城市建设委员会
　党组书记　刘景地
城市综合管理委员会
　党组书记　卿　川
商务委员会党组书记　杨春发（12月免）
文化委员会党委书记　王伟东
人口和计划生育委员会
　党组书记　王建华（3月免）
卫生局党委书记　赵茂杰（1月免）
　贾红梅（女，1月任，7月免，机构调整）
卫生和计划生育委员会
　党委书记　贾红梅（女，7月任）
国有资产监督管理委员会
　党委书记　张长有
民族宗教侨务办公室
　党组书记　雷新隆（畲族）
外事办公室党组书记　王贵忠
法制办公室党组书记　李凌波
信访办公室党组书记　周秋来
信息化工作办公室
　党组书记　李英华
对外联络服务办公室
　党组书记　武　鸿（1月任）
危旧房改造办公室
　党组书记　杨金魁（7月免，机构调整）
重大项目协调办公室
　党组书记　杨金魁（7月任）
产业和投资促进局
　党组书记　戴开宏
民政局党组书记　王　健
司法局党组书记　郭树楠（2013年10月免）
财政局党组书记　陈　虹（女，2月免）
　马增辉（2月任）
人力资源和社会保障局
　党组书记　高丽萍（女）
环境保护局党组书记　张维和（2013年4月免）
审计局党组书记　许　健
安全生产监督管理局
　党组书记　赵鹏锦（回族）
体育局党委书记　郭树楠
统计局党组书记　张智敏（女）
园林绿化局党委书记　陈晓梅（女）
旅游发展委员会
　党组书记　李雪敏
民防局党组书记　刘　方
房屋管理局党组书记　刘海军
行政服务中心党组书记　尹广枢
雍和园管理委员会
　党组书记　贾红梅（女，1月免）
中关村科技园区东城园
　工作委员会书记　彭　湘（2月任，8月免，机构调整）
　　李照宏（8月任）
前门大街管理委员会
　党组书记　葛俊凯
北京站地区管理处
　党组书记　姜长林（满族，2月免）
　　芦永良（2月任，12月免）
　　刘宗琦（12月任）
城市管理综合行政执法
　监察局党组书记　徐金孝（1月免）
　　韩卫国（1月任）
城市管理监督中心
　党组书记　李光升

东二环交通商务区建设管理
办公室党组书记　连占国
王府井地区建设管理办公室
党组书记　陈之常（兼，5月免）
王中华（兼，5月任）
档案局党组书记　陈国安
机关事务管理服务中心
党组书记　连秉坤
环境卫生服务一中心
党委书记　肖淑凤（女，9月免）
环境卫生服务二中心
党委书记　李庆君（女，9月免）
环境卫生服务中心
党委书记　李庆君（女，9月任，机构合并）
住宅发展中心党组书记 丁文理（1月任）
房屋征收事务中心
党组书记　王立新（1月任，7月免）
刘志刚（9月任）

房屋土地经营管理一中心
党委书记　张和平（7月免）
房屋土地经营管理二中心
党委书记　康哲才（2月任）
总工会党组书记　张晓林
共青团东城区委
党组书记　韩新星（2月免）
于家明（2月任）
妇女联合会党组书记　杨立萍（女）
科学技术协会党组书记 李小康
工商业联合会党组书记 侯文渊
归国华侨联合会
党组书记　谭　菲（女）
残疾人联合会党组书记 晋　鹏（2月免）
从艳梅（女，2月任）
红十字会党组书记　刘京生
文学艺术界联合会
党组书记　周晓沪

民主党派

民革东城区委

【概况】 中国国民党革命委员会北京市东城区委员会（简称民革东城区委）成立于2011年7月，是具有政治联盟性质的、致力于建设中国特色社会主义和祖国统一事业的政党，是中国共产党领导的多党合作和政治协商制度中的参政党。由同原中国国民党有联系的人士、同民革有历史联系和社会联系的人士、同台湾各界有联系的人士、社会和法制专业人士以及其他人士组成。1990年5月，成立第一届东城区工作委员会（民革市委派出机构）。2003年7月成立民革北京市东城区委员会。2010年国务院对首都功能核心区行政区划调整作出批复，设立新的北京市东城区，原民革东城区委与原民革崇文工委合并。有主委1人，常务副主委1人，副主委4人，秘书长1人，委员14人。下设提案、信息、祖国统一、学习宣传、社会服务与文教卫体、青年与妇女、老龄文史、组织8个专项委员会。基层支部16个，民革党员758人，其中市人大代表1人、区人大代表2人，全国政协委员2人、市政协委员4人、区政协委员26人（其中副主席1人，常委6人），民革中央专项委员会委员6人、民革市委委员9人（其中常委2人），区青联委员2人，担任各级特约监察员、监督员5人，各级人民法院人民陪审员10人，年度新发展民革党员48人。区民革党员中具有台胞、港澳同胞和海外侨胞（简称三胞）关系的400余人。

年内，学习贯彻中共十八大和十八届三中、四中全会精神、习近平同志系列重要讲话精神、民革十二届二中全会精神，以开展坚持和发展中国特色社会主义学习实践活动为主线，以提升参政能力为重点，加强自身建设，围绕市、区中心工作，做好参政议政、民主监督、促进祖国和平统一工作。加大新党员发展考察力度，组织新党员培训班，近120人参加。参加区学习贯彻习近平总书记系列讲话精神暨群众路线教育专题培训班、区2014年统战工作会议暨统战干部培训班、“北京市基层统战宣传干部业务培训班”、区党派团体负责人学习班、市民主党派区级组织负责人培训班、市民主党派第九期中青年骨干培训班、市社院民主党派区级组织负责人培训班、区民主党派、无党派后备骨干成员培训班、各民主党派、无党派参政议政骨干成员异地革命传统教育、区第二期党派中青年干部培训班、区民主党派新成员报告会、区统一战线学习贯彻中共十八届四中全会精神报告会等。民革东城区委被中共东城区委统战部授予东城区统战系统信息工作优秀单位。第一支部获北京市“三八红旗手集体”光荣称号。在市政协第十三届委员会第二次会议上，1委员被评为信息工作先进个人。在区政协第十三届委员会第三次会议上，民革东城区委被评为社情民意信息工作先进单位；5委员被评为优秀委员；8委员被评为优秀社情民意信息工作者。1党员获国家科学技术奖；1人被确定为北京市宣传文化系统“四个一批”人才建议人选。

单位地址：幸福大街32号405室、407室

联系电话：64015225

邮政编码：100061　（张妍）

【调研与提案】 1月11日，民革中央常务副主席齐续春到东城调研，为骨干和青年党员做参政议政工作辅导。3月19日，区民主党派调研总结评比表彰会上，《关于东城区内城人口疏解的调研》获一等奖，《关于发展现代健身服务业促进“龙潭湖体育产业园”建设的调研》获二等奖，《关于人民法院践行群众路线推动社会管理创新的调研》及《关于永外地区经济发展若干问题的调研》分获优秀奖。全年召开调研工作会2次，专题调研工作会8次，与相关单位座谈10余次。完成《促进演艺产业发展，提升东城文化底蕴的调研》《国子监文化传承及美丽东城建设调研》、《关于我区中小学素质教育的调研》《关于创新东城区社区治理模式，提升社区服务水平的调研》4篇调研报告，摘编出在区政协第十三届委员会第四次会议上大会发言1篇、拟转化为党派提案3篇。区委3人分别协调联系并参与民革中央关于两岸合作养老和两岸法官交流、关于加强两岸四地消费者权益保护合作及关于两岸文创产业合作和两岸共建精神家园方面的调研，并牵头撰写《关于两岸合作养老的建议》《关于加强两岸四地消费者权益保护合作机制建设的建议》《以改革创新的精神，推动两岸文化创意产业发展》的调研报告，在此基础上，民革中央形成5个报送全国政协第二次全体会议的提案，其中1个为重点提案。6月，民革中央发来表扬函，希望今后进一步加强交流合作，共同为促进两岸和平与发展贡献力量。　（张妍）

1月11日，民革中央常务副主席齐续春到区作参政议政交流

【社情民意信息】 年内，报送社情民意信息91篇，其中《政协委员和党派成员对全国“两会”的反映》被全国政协采纳、《建议两岸携手共同举办纪念抗战胜利七十周年活动》等3篇被民革中央采纳、《对实现京津冀协同发展的反映及相关建议》等5篇被市委市政府采纳、《关于北京市地铁票价调整的建议》等3篇得到市领导的批示、《国土生态安全亟待关注和保护》等6篇被市委统战部采纳、《新旧政策交替之际加快退耕还林机制》等6篇被市政协采纳、《关于人口疏解工作的相关建议》等36篇被区政协采纳，其中6篇得到中共东城区委书记杨柳荫的批示。全年报送会议、活动信息60余篇，其中民革中央采纳6篇，民革北京市委采纳47篇，编印《民革东城通讯》1期，《民革东城简讯》3期。关于抗战纪念活动的信息分别登载于《团结报》《今日中国》《潮流》等刊物。　（张妍）

【民主协商】 5月23日，围绕“东城区义务教育综合改革九年一贯制”参加东城区民主党派、无党派人士区情通报会。7月28日，参加“东城区民主党派团体协商通报会”，就《中共东城区委十一届七次全会上的报告》（征求意见稿）进行协商。12月11日，参加“东城区党派团体协商会”，就区级有关人事安排及区政协委员、常委增补情况提出意见建议。12月18日，参加“东城区党派团体协商通报会”，就《中共东城区委十一届八次全会上的报告》（征求意见稿）和《2014年东城区政府工作报告》（征求意见稿）进行协商。　（张妍）

【届中评议】 制定《中国国民党革命委员会北京市东城区委员会关于开展届中评议的办法》，3月8日，召开届中评议述职工作部署会；4月4日，召开届中评议述职会，主委代表区委班子从政治协商、参政议政、民主监督、社会服务、思想建设、组织建设、制度建设、作风建设等方面进行述职，全面总结区委近3年的工作，班子其他成员和各区委委员分别进行述职并对区委领导班子和委员进行民

主测评；会后中共东城区委统战部对民主党派领导班子及其成员述职评议情况进行汇总，民革东城区委工作小组对其他区委委员述职评议情况进行汇总，提出评议意见；6月4日，主委根据评议结果，分别和班子成员、区委委员进行个人谈话，对述职评议情况进行反馈，召开组织生活会，开展批评与自我批评，制定改进措施。

（张妍）

【社会服务】 3月3日，与前门街道共同举办“全国爱耳日”健康知识讲座及义诊活动，90余人参加。3月29日，组织“爱在后备箱”为主题的义卖活动，筹得义卖款2090元。4月25日、8月22日，分别参加区委统战部和怀柔区委统战部组织的民主党派、无党派医务专家赴怀柔区渤海镇南冶村开展医疗义诊活动。6月26日，组织中医药文化科普讲座及义诊活动，100余人参加。7月15日、8月8日，分别与体育馆路街道为辖区居民开展科学健身讲座和健康烹饪讲座，累计300人次参加。9月26日，将“365晨光宝贝之家”确立为“民革东城区委坚持和发展中国特色社会主义学习实践活动基地”，每月至少有一个支部按计划到“365晨光宝贝之家”献爱心，全年200余名党员参与，送去食品、书籍、衣物、文具等慰问品，价值1万余元。（张妍）

【纪念抗战胜利69周年】 4月10～13日，赴云南保山市参加纪念抗日战争胜利69周年活动，拜祭国殇墓园、参观松山战役遗址、看望慰问3位滇西抗战老兵并与当地统战部进行座谈。6月27日，组织拜谒“抗日名将赵登禹将军墓”，参观中国人民抗日战争纪念馆并举办“纪念抗日战争全面爆发77周年”座谈会，赵登禹将军之女、黄维将军之女等40余位民革党员参加。5月22～25日，组织“抢救抗战史实、重走抗战路、寻访抗战老兵”活动。7月3日，部分抗战将领后代参加民革北京市委组织的纪念抗战全面爆发77周年活动。7月7日，部分党员参加在中国人民抗日战争纪念馆举办的“纪念卢沟桥事变77周年仪式”。（张妍）

【祖国统一工作】 4月19日，组织部分党员参加由民革中央联络部、民革北京市委会、中华中山文化交流会、台湾中兴菁英发展协会、台湾两岸杰出青年交流促进会共同举办的“跨越海峡青春同行——两岸青年和平发展论坛”。6月5日，召开祖国统一工作报告会，邀请民革中央联络部李霭君部长和杨海燕副部长分别从“民革祖统工作的历史、工作重点、方向，基层组织、民革党员如何做祖统工作”等几个方面为党员们作报告。6月16日，十六支部组织党员接待台湾朋友。8月16日，接待第十三届台湾高校杰出青年赴大陆参访团参观雍和宫。8月29日，召开“三胞”座谈会，民革中央联络部一处处长就近期两岸关系形势和台湾岛内局势作介绍，并就岛内的政情、社情、选情进行分析和研判，区台办副主任介绍区台办上年工作和本年工作安排。11月30日，邀请民革中央联络部一处处长结合刚结束的台湾“九合一选举”（九项选举同时进行，包括直辖市、县市长、直辖市议员、县市议员、乡镇市民代表、村里长、直辖市原住民区长及区民代表）作台情报告。12月5日，区委祖统委员会召集全体委员就台湾“九合一选举”情况进行座谈。（张妍）

【支部活动】 11月14～15日，召开支部工作研讨会，就支部活动开展情况、人才培养、党员组织归属感、党费收支管理、老龄工作、参政议政、工作优秀经验做法、存在问题、面临困难等进行探讨交流。全年各支部活动60余次，其中二支部到河北遵化抗日根据地调研老区人民生活现状，四支部组织参观冀东军区革命根据地主战区盘山，五支部组织党员到社区义诊，六支部组织拜谒佟麟阁将军墓，八支部组织春季绿色助学公益植树活动，九支部组织书法讲座，十支部为365晨光宝贝之家送冬菜，十二支部参观毛兰生命纪念馆，十三支部与首都医科大学台湾籍学生座谈联谊，十五支部组织参观珐琅厂，十六支部组织健康烹饪讲座等。

（张妍）

民盟东城区委

【概况】 中国民主同盟北京市东城区委员会（简称民盟东城区委），成立于2011年6月，是主要由从事教育以及科学技术工作的高中级知识分子组成，具有政治联盟特点，致力于建设中国特色社会主义事业的参政党。有主委1人，常务副主委1人，副主委5人。民盟东城区委下设组织部、参政议政部、宣传部、社会服务部、专委会工作部。现有民盟基层委员会2个，基层总支1个，基层支部57个（区属单位支部24个，市属单位支部4个，中央单位支部29个），盟员1546名。盟员中任全国政协委员5人；市人大代表2人；市政协委员4人；区人大代表2人，区第十三届政协委员33人，其中任政协副主席1人，任政协常委9人；任市委、市政府特约监察员2人，区委、区政府特约监察员5人。

年内，民盟东城区委学习贯彻中共十八届三中、四中全会精神和统一战线理论知识，参加盟中央、盟市委和中共区委统战部组织的各种理论学习班、专题研究班和党派干部骨干培训班，围绕区大事、要事开展调查研究，了解和反映群众的要求，积极参政议政，履行参政党职能，组织盟员开展社会服务、慰问等活动。春节前夕，组织两场共200余名盟员参加中央电视台2014年戏曲晚会的录制活动；元旦、春节一对一走访慰问老盟员；“三八”妇女节举行电影招待会；“九九重阳节”举行盟员互访活动；5名优秀盟员画家的10余幅作品参加盟市委和东城区统战系统书画作品展。1名盟员被聘任为北京市人民检察院特约检察员，1名盟员被聘任为北京市人民政府特约规划监督员。民盟东城区委被民盟中央授予“思想宣传工作先进集体”称号，被民盟北京市委授予“基层组织建设工作创新奖”。民盟东城区委被中共东城区委统战部授予年度信息工作先进单位称号，被东城区政协授予上年度社情民意信息工作先进单位称号。民盟东城区委国家林业局支部、北京二十二中学支部、北京二十五中学支部、崇文医务支部、北京文汇中学支部、东城法律支部、东城工业支部和中国中医科学院委员会等8个基层组织在民盟市委开展的先进基层组织和优秀盟务工作者评选中获先进基层组织称号，12名盟员被评为优秀盟务工作者。1名盟员获“北京市优秀青年人才”称号。

单位地址：东城区幸福大街32号409室

联系电话：64023777　87556409

邮政编码：100061　（翟洋）

【调研与提案】 1月，中国人民政治协商会议北京市东城区第十三届委员会第三次会议召开，民盟33位政协委员参加会议。《关于运用网络科技，创建国家公共文化服务体系示范区的建议》的提案，获党派优秀提案奖。上年区委上报5篇调研报告获2013年度东城区统战理论研究和调查研究优秀成果一、二、三等奖和优秀奖。其中，《关于传统建筑文化中轴线的保护和开发的调研》获一等奖，《关于东城区居民社区垃圾分类及回收利用的调研》和《关于判后调解工作的调研》获二等奖，《关于东城区单边停车试点工作和成效分析的调研》获三等奖，《关于减轻中学生课业负担的调研》获优秀奖。新区委成立以来连续三年荣获一等奖。5月9日，与区城管委、区城管执法局、区商务委、区工商分局等单位座谈，召开政协提案协调会。5月14日，在幸福大街32号院301会议室，召开东城区政协第十三届三次会议第60号提案办理情况沟通会。（翟洋）

【社情民意信息】 年内，上报信息151篇。其中政务类信息43篇。盟市委采用33篇。社情民意信息108篇，全国政协采用2篇，市政协采用3篇，市委市政府采用4篇，区委区政府采用6篇，区政协采用48篇，区领导批示11篇。民盟东城区委获上年度社情民意信息工作先进单位称号，社情民意信息工作在东城区政协27个界别中排名第一。9名盟员荣获优秀政协委员称号和优秀社情民意信息工作者称号。（翟洋）

【民主协商】 7月28日，民盟东城区委主委参加中共东城区委召开的东城区党派团体协商通报会，就中共东城区委十一届七次全会上的报告和全区上半年经济社会发展工作情况及下半年工作安排进行通报协商。就东城区居家养老模式创新、加强城市精细化管理和教育领域改革等方面提出建议。12月18日，民盟东城区委主委参加中共东城区委召开的东城区党派团体协商通报会，就《中共东城区委十一届八次全会上的报告》（征求意见稿）和《2014年东城区政府工作报告》（征求意见稿）进行通报协商。就东城区“进一步加强统战工作，健全对党外干部的培养、考察和任用机制”、“深入实施‘文化强区’战略”、“加强居家养老基本公共服务体系建设”、“加强历史文化名城保护，推动曹雪芹故居复建”等方面代表东城民盟提出意见。（翟洋）

【组织建设】 年内，发展新盟员45人，全区盟员1546人。保持民盟教育、科技、文化为主的界别优势。11月，成立民盟东城区委燕华支部，区委基层组织达57个。确定“分层开展、稳步推进、注重成效”的工作原则，形成“四四三”分层组织管理模式。加强盟务工作交流，通过与民盟宁波市委进行盟务工作座谈交流活动，相互学习借鉴在组织发展中好的工作经验，发展盟组织的市、区对口联系单位。完善区委班子建设。对新一届区委班子和区委委员进行民主测评。走访劳动局支部所在单位中国安全生产科学研究院，与该院党委书记及盟员进行座谈、交流，密切党盟关系。（翟洋）

【社会服务】 年内，组织开展“民盟东城区委法律服务进社区”——北京市社会建设专项资金项目“家事法律服务平台”体育馆路街道宣讲活动。支持法律支部开展“幸福留言——中华遗嘱库”公益项目。两次组织来自同仁、中医科学院、鼓楼中医院等6家医院、8名医疗专家参与东城区与怀柔区携手共建和社会服务长效机制的实践义诊活动。（翟洋）

【支部会议及活动】 3月15日，东城旅游支部召开工作座谈会。4月30日，东城工业支部召开支部大会。5月16日，民盟东城区委北京财贸学院支部召开工作研讨会。5月30日，民盟东城区委科技支部召开调研课题开题会。9月2日，民盟东城区委崇文科技支部举办题为《创意设计产业与市场》的专题讲座。9月18日，民盟国家林业局支部组织20多名盟员和入盟积极分子赴延庆县八达岭国家森林公园就森林可持续经营和生态文化

9月12日，民盟东城区委、民盟宁波市委盟务工作座谈会

建设进行专题调研。12月30日，民盟中央社会服务工作委员会、民盟东城区委北京市第二十二中学支部和环球健友（北京）科技有限公司共同主办“迎新年民盟送爱心健康公益行”活动。（翟洋）

【思想建设】 10月，委托区社会主义学院赴山东沂蒙、江苏徐州举办为期5天的“革命传统教育学习班”。到微山湖铁道游击队纪念馆、台儿庄大战纪念馆、抗日山烈士陵园、连云港经济技术开发区、淮海战役纪念馆进行现场教学。邀请临沂市委党校教授作《沂蒙精神成因及其启示》的报告。部分区委委员、支部主委及参政议政骨干盟员参加。组织70余名盟员参观中国人民抗日战争纪念馆，进行爱国主义教育。结合党的群众路线教育实践活动的开展，先后3次组织300多名盟员集中观看纪录片《永远的焦裕禄》和反映南水北调工程的影片《天河》。实现“东城盟讯”的升级改版，并将杂志邮寄到1500多名盟员家里。通过盟讯和网站，刊发学习贯彻十八届三中、四中全会精神理论文章和反映基层组织学习实践活动和反映盟务动态。（翟洋）

民建东城区委

【概况】 中国民主建国会北京市东城区委员会（简称民建东城区委），成立于2011年6月，是主要由经济界人士组成的、具有政治联盟特点的、致力于建设中国特色社会主义事业的政党。有主委1人，副主委及秘书长8人。委员24人，会员1587人，支部41个，专委会15个，即参政议政委员会、组织建设委员会、理论委员会、法制委员会、信息委员会、宣传和学习委员会、经济委员会、财政金融委员会、企业委员会、社会服务委员会、会员活动委员会、青年委员会、老龄委员会、妇女委员会、医疗委员会。委员中有全国政协委员2人，区政协副主席1人、区人大常委4人，区政协常委4人。

年内，区委委员、专委会主任、支部主任等评议代表对领导班子和委员进行评议。召开全委会，对届中评议工作进行总结。民建市委到区委听取东城区委2013年“作风建设年”活动汇报。制定实施方案，建立、完善各项工作制度。区委以“组织建设年”工作为基础，结合全区组织建设的实际，通过调研、分析，针对专委会的不同情况，提出“整合、重组、新建”系列工作方案，使区委所属的专委会达15个。民建东城区委继2013年向雅安市芦山县“4.20”地震灾区定向捐赠救灾款物后，第二次赴雅安进行专项帮扶活动，是东城民建与雅安民建进行的第三次大型交流活动。由医疗专委会精选医疗专家参与义诊，企业专委会选派企业家代表参与交流并出资赞助，社服委员会负责协调联络服务。

单位地址：东城区幸福大街32号
联系电话：64023933　87556406
邮政编码：100061（路泽真）

【调研与提案】 1月21日，参政议政委员会组织召开调研课题开题会，探讨参政议政工作方向，确定本年党派调研重点课题，收集调研课题，组成调研课题小组。4月1日，参政议政委员会组织召开调研工作会议，初步讨论重点调研选题。建立现代文化服务体系、中国投融资系统顶层设计、东城区“医疗联合体”建设、东城区精残问题等选题。8月22日，组织召开调研工作总结表彰会，总结表彰上年调研成果，部署推进本年调研工作。11月14日，组织召开调研工作座谈会，针对近期热点“依法治国”展开座谈，并在会后进行调研工作培训。年内，5篇调研报告获东城区各民主党派、无党派参政议政优秀调研成果奖项。《关于促进非公经济发展、优化东城区功能定位的调研报告》获一等奖；《关于建立和完善东城区居家型养老社区护理服务体系的调研报告》《关于东城区落实国家精残政策情况的调研报告》获二等奖；《关于东城企业挂牌“新三板”情况的调研报告》《统筹规划，严格管理，守护城市地下生命线》获三等奖。（路泽真）

【社情民意信息】 3月1日，调整、补选的信息专业委召开民建东城区委2014年社情民意工作会。全区各支部分管信息工作的主委、副主委及支部信息员共80多人参加这次培训班。制定《民建东城区委反映社情民意信息工作评选表彰办法》（试行），并在信息委工作章程中确立，信息委班子成员，每人每年不少于5条，区委委员，每人每年不少于2条，新会员入会需要提交2篇信息，各支部年报送

9月19日，举行骨干会员培训班

15条以上可参评优秀支部。全年报送信息200余条。社会舆情信息被区政协采用34篇，其中《对昆明暴力事件的反映及相关建议》等3篇被区政府采用，《政协委员和党派成员对全国“两会”的反映》信息分别被全国政协、市政协、市政府采用，《关于推动地上地下立体空间发展的建议》等6篇信息被区领导批示。（路泽真）

【民主协商】1月27日，参加区政府召开的党外人士迎新春座谈会。5月23日，参加中共东城区委统战部组织的区民主党派、无党派人士区情通报会，听取区教委主任关于东城区教育体制改革的整体思路、目标及已取得的成绩的报告。7月28日，参加区政府召开的党派团体协商通报会，听取关于“中共东城区委十一届七次全会上的报告”和“全区上半年经济社会发展报告”起草情况说明。12月18日，主委、副主委和秘书长等人参加由中共东城区委召开的党派团体协商通报会，就《中共东城区委十一届八次全会上的报告》（征求意见稿）和《2014年东城区政府工作报告》（征求意见稿）进行协商通报。（路泽真）

【组织建设】年内，区委以“组织建设年”工作为基础，结合全区组织建设的实际，通过调研、分析，针对专委会的不同情况，提出“整合、重组、新建”系列工作方案，整合宣传与学习委员会；重组信息委员会；新建医疗委员会、妇女委员会、理论委员会、企业委员会、法制委员会、青年委员会、医疗委员会。使区委所属的专委会达15个。各专委会的规章制度逐步建立，日常工作步入正轨。按照程序，掌握标准，完成对入会申请人的初步审查，通过60人的入会申请。9月19日，在昌平区东方文化培训中心举办民建东城区委2014年新会员、骨干会员培训班，对新会员进行深入了解民建会的会章、会史，以及如何做好参政议政工作，更好地履行参政党职能的培训。（路泽真）

【届中评议】3月，召开届中评议工作动员会，布置届中评议工作方案。4月19日，举行届中评议述职会，民建北京市委主委王永庆参加，对民建东城区委近年来的工作给予肯定，区委委员分别提交述职报告，区委委员、专委会主任、支部主任58人对领导班子和委员们进行评议。召开全委会，对届中评议工作进行总结。（路泽真）

【制度建设】4月30日，民建市委领导到区委听取东城区委2013年“作风建设年”活动汇报。结合东城区委的工作实际，制定实施方案。建立、完善工作制度。全面检查区委已有制度及执行情况，进行修改、补充；加强制度执行落实的监督检查和责任追究制度。制作《中国民主建国会北京市东城区委员会规章制度汇编》，得到民建市委肯定。（路泽真）

【社会服务】3月27日，直属支部、交道口支部向潭柘寺中心小学捐赠图书献爱心，捐助图书3000余册，民建会员1人向潭柘寺小学赠果蔬清洗机一台。3月28日，民建东城区委经济支部与江苏省无锡市民建机关支部和无锡市综合支部举行“争优创先”结对共建签约仪式。4月19日，区委组织260余名会员在昌平区权金城渔山温泉谷开展春节植树活动。5月15日，“专家百姓零距离民建真情在社区”的主题活动，走过景山、东四、北新桥、永外街道后，在朝阳门街道举行启动仪式，这个开展了7年的品牌活动为大家带来医疗、法律、理财等方面的知识与健康的生活方式。6月1日，民建东城永外支部“六一”儿童节慰问北京SOS村，给孩子们送去赞助培训费和图书、食品。9月30日，民建东城区委组织的医疗委员会专家和企业委员会部分企业家，分赴雅安市人民医院和民建雅安市委会员企业，开展义诊和交流活动。（路泽真）

民进东城区委

【概况】中国民主促进会北京市东城区委员会（简称民进东城区委），成立于2011年6月，是以教育、文化、出版工作的高中级知识分子为主的、具有政治联盟性质的、致力于建设有中国特色社会主义事业的参政党。有主委1人，副主委6人，秘书长1人，委员13人。有基层支部62个，会员1367人。会员中全国人大代表1人，全国政协委员1人，市人大代表2人（其中常委1人），市政协委员3人（其中常委1人），区人大代表7人，区政协委员28人（其中政协副主席1人，常委5人）。担任中共东城区委、区政府特约监察员4人。

年内，学习贯彻党的十八大和十八届三中、四中全会精神和民主促进会十三届二中全会精神，把“深入开展坚持和发展中国特色社会主义学习实践活动”作为统领全年工作的核心，围绕全区中心工作和发展大局，履行参政党各项职能。组织会员参观中国人民抗日战争纪念馆，进行“勿忘国耻圆梦中华”主题教育学习活动。民进北京市第五中学支部获全国创先争优先进基层组织称号，1名会员获全国创先争优先进基层组织负责人称号；民进东城经济综合支部、民进北京市第五十中学支部和民进东城成人教育支部获北京市优秀支部综合优秀奖，民进人民教育出版社支部获北京市优秀支部突出进步奖，3名会员获北京市优秀会务工作者称号，4名会员被广渠门中学评为统战工作先进个人。

单位地址：东城区幸福大街32号404室、410室

联系电话：64008408

邮政编码：100061（陈颖）

【调研与提案】10月10日，到中央电视台农业频道就“关于开展防控外来物种入侵生态道德教育研究”进行调研座谈。重点就如何联合推动课题的纵深研究、共同维护首都乃至全国生态环境保护达成共识。11月27日，到朝阳门街道养老服务中心进行调研，重点了解养老现状、存在的问题等。12月23日，全国政协副主席、民进中央常务副主席罗富和到北京市广渠门中学调研，与民进支部座谈。年内，完成《关于改进退休管理工作的调研》《关于在学校安装新风系统改善教学设施内部空气状况的调研》

《促进政府购买服务的适用性和示范性研究与建议》《东城区应对北京市碳市场发展的对策研究》这4篇调研报告，均转化为区政协提案。《关于在学校安装新风系统改善教学设施内部空气状况的调研》被区委统战部评为“2014年度东城区各民主党派、无党派参政议政优秀调研成果一等奖”，其余3篇调研报告被区委统战部评为三等奖。在区政协第十三届委员会第三次会议上，区委作“建设绿房子工程实现垃圾源头减量”的发言，《关于做好“失独家庭”抚慰工作的建议》获党派团体优秀提案。（陈颖）

9月27日，民进经济综合支部赴张家口扶贫助教

【社情民意信息】 年内，报送社情民意信息170余条，民进北京市委采用15条，东城区政协采用31条，各级领导批示10条，获东城区政协社情民意信息先进集体称号。在区政协第十三届委员会第三次会议上，民进东城区委获得社情民意信息工作先进单位称号，2名会员被评为优秀委员，3名会员被评为优秀社情民意信息工作者。在区统战工作会议上，1名会员被评为东城区统战系统优秀信息员。

（陈颖）

【民主协商】 1月8日，组织区委委员参加东城区政协第十三届三次会议。1月27日，参加区政府召开的党外人士迎新春座谈会。5月9日，参加区城管委组织的提案答复会议，就再生资源回收和小区垃圾分类的政协提案进行答复。5月23日，组织16名会员参加区委统战部组织的“东城区民主党派、无党派人士区情通报会”，听取区教委主任关于东城区教育体制改革的整体思路、目标及已取得的成绩的报告。7月28日，参加区政府召开的党派团体协商通报会，听取关于“中共东城区委十一届七次全会上的报告”和“全区上半年经济社会发展报告”起草情况说明，副主委代表民进发言，对两份报告中重大项目推进问题、教育改革问题、城市病治理和慰问等有关工作提出建议。12月18日，参加由中共东城区委召开的党派团体协商通报会，就《中共东城区委十一届八次全会上的报告》（征求意见稿）和《2014年东城区政府工作报告》（征求意见稿）进行协商通报。主委汇报民进东城区委班子成员研讨两份报告的工作情况，就文化惠民政策下文化中心悄然变成养老中心的现状提出建议，并建议区委区政府关注特殊教育事业的发展，关注社区组织的发展等。（陈颖）

【届中评议】 5月8日，召开届中评议工作会，对区委领导班子及全体区委委员的工作情况进行测评。（陈颖）

【社会服务】 4月25日、8月22日，组织会员参加区委统战部组织的赴怀柔区义诊活动。5月16日下午，联合区文化志愿者服务中心在区特殊教育学校开展“让爱牵手共筑梦想”助残日送温暖主题活动，用24个支部捐助的1.11万元钱为区特殊教育学校购买340套不锈钢环保餐具和部分学生美术用品，民进北京市委组织处副处长、区委主委及来自区特殊教育学校的全体师生和部分家长近300人参加活动。5月26日，第十一中学支部为区培智中心学校送去跳绳、毽子、球等体育用品。5月30日，经济综合支部到区特殊教育学校，协助特殊教育学校举办第十届特奥会，送上民进会员、中国书法艺术研究院副院长书写的“有爱无碍”书法条幅，以及民进会员捐赠的特奥会奖品和体育用品。9月18日，成人教育支部走进朝阳区明圆打工子弟小学进行慰问和调研。9月18~20日，组织民进会员中区级骨干教师、教研组长、备课组长赴内蒙古自治区赤峰市阿旗天山一中开展“智力帮扶支教”活动，支援贫困地区教育发展。9月27日，经济综合支部赴河北省张家口市万全县北新屯小学开展扶贫助教活动，为北新屯小学捐建1个多媒体教室，送去学校急需的硬笔书法字帖，笔记本电脑，电子书，《史记》《中国通史》等国学读本。12月9日，第二中学分校支部走进新鲜胡同社区，走访慰问辖区内贫困家庭。12月12日，第五中学分校响应民进中央发起的“彩虹行动”号召，带头发起“我赠金沙一本书”活动，并将3300册书籍送至贵州省金沙县岩孔中学。12月23日，招募20名会员作为志愿者，联合东城培智中心学校举行“走进自然博物馆”活动，共同领略自然博物馆的魅力，感受民进组织对残障儿童的关爱。专职副主委、秘书长及该校师生和部分家长150余人参加活动。12月30日，参加由东城培智中心学校、区第二文化馆以及区第二文化志愿者分中心共同主办的“心手相连融合育人”学生艺术作品展拍会。在展拍会上，用上半年助残日民进会员捐赠的3600元爱心款项，拍下了5幅作品，实现民进组织社会服务的党派职责。（陈颖）

【慰问老会员】 1月8日，民进东城区委走访慰问4名老会员，送祝福献爱心。4月28日，民进东城区委主委带领区委专职干部代表民进组织看望慰问99岁高龄老会员熊玮光，献上由中国书画院副院长亲自书写的“寿”字，颁发民进北京市委制作的“荣誉会员”证书牌。（陈颖）

【支部活动】 1月11日，经济综合支部召开第一次议政会，对支部上年工作进行回顾，开展评优活动，举办议政论坛。民进东城区委主委、专职副主委、秘书长及30余名会员参会。1月14日，广渠门中学召开以“凝聚力量，共谋发展”为主题的民主党派表彰暨恳谈会，共叙统战情谊，共谋学校发展。3月5日，第五中学支部邀请民进人民教育出版社支部主任与北京市第五中学的全体语文老师进行联合业务研讨会。4月8日，东直门中学支部召开支部主任调整会议，区委副主委和学校党委书记及支部会员参加。4月9日，北京市第二中学分校支部与学校党支部就深入开展教育系统“党的群众路线教育实践活动”进行座谈。4月11日，经济综合支部举办民进之友座谈会，介绍入会流程，畅谈民进组织历史和职责，鼓励会员为民进组织的发展、东城区乃至北京市的城市经济建设、为国家的政治社会和文化建设贡献自身力量。4月14日，第五中学支部联合学校“自然之子”环保社团邀请世界动物保护资金会的老师为高二年级的学生举办一场主题为“我们和它们”的讲座，增强学生热爱并保护小动物意识。4月15日，第二十五中支部组织会员参观位于北海公园的阅古楼，欣赏中国书法，增强爱国热情。4月22日，第二中学分校支部1名会员、北京市骨干教师为天津滨海新区历史学科的8名青年教师进行教学讲座。4月26~27日，经济综合支部举办年度参政议政开题会，对全年工作进行部署，明确全年工作的指导思想。6月18日，成人教育支部召开工作交流会。6月18日，景山学校支部召开以“继承传统谱写新篇”为主题的活动，回顾民进组织的光荣传统，重温参政议政的党派职责，为从教30年及以上的8名民进会员庆贺教龄。9月14日，小教联三支部举办茶话会庆祝第30个教师节，既向民进会员表达节日祝贺，又就近期关注热点议题进行座谈。10月20日，广渠门中学支部邀请自然博物馆支部主任为广渠门中学的同学们做题为《外来物种的入侵就在你身边》的报告。10月27日，第五中学支部1名会员为支部会员进行社会热点讲座，讲解乌克兰的历史与今天，打开会员视野，提高会员思想高度。12月3日，经济综合支部的部分会员参加由东城特殊教育学校联合东城区培智中心学校共同举办的为期5天的“静听花开”残疾学生艺术展开幕式。12月7日，文汇中学支部组织民进会员参观雍和宫博物馆，了解雍和宫的历史，感受博爱、奉献的重要性。12月15日，第五中学支部邀请著名北京民俗画家杨信讲解北京民俗文化，并到棉花胡同参观苏式砖雕和黑芝麻胡同的四合院，增强保护北京文物和传承北京文化责任意识。12月16~18日，第五中学支部开展篆字和印章雕刻活动。12月24日，第五中学支部开展润唇膏DIY活动，增强会员环保意识。（陈颖）

【基层组织建设座谈会】 5月8日，民进东城区委、北京市委联合召开基层组织建设调研座谈会，总结民进东城区委在成立以来组织建设方面所做的工作、取得的成绩以及面临的问题，民进北京市委领导对民进东城区委的发展提出意见建议。（陈颖）

【工作部署会】 3月26日，举行2014年工作部署会暨培训报告会，总结上年工作，部署本年工作重点，邀请北京市社会科学院管理研究所所长、民进朝阳区委主委作题为“推进京津冀协同发展的思考——学习习总书记讲话的体会”的报告。民进东城区委委员、基层支部主任和部分会员50余人参加。（陈颖）

【学习交流】 5月18日，民进东城区委观摩民进朝阳区委举办的基层组织建设调研座谈会。7月17日，区委赴西城与民进西城区委就组织建设、制度建设和建言献策等工作进行探讨交流。10月13~17日，联合区社会主义学院组织区委委员、政协委员、支部主任、部分骨干会员18人到革命老区进行异地教学活动，参观革命老区，听取《沂蒙精神的成因及其启示》的专题报告。（陈颖）

【会员培训】 7月9日，区委组织以“继承传统、坚定信念”为主题的新会员入会培训，参观民进中央会史展览，观看民进历史宣传片，增进会员对民进历史的了解和对民进组织的荣誉感；进行撰写社情民意信息的培训，为新会员更好参政议政，发挥党派成员作用打下基础；参观北大红楼，重温革命历史，激发爱国热情。11月19~20日，在怀柔雁栖湖组织召开“学习贯彻四中全会精神，做好党派参政议政”主题培训班，学习领会中共十八届四中全会精神，加强民进会员参政议政能力，主委，统战部副部长及区委班子成员和支部主任40余人参加培训班。（陈颖）

【书画活动】 8月21日，区委在北京体育馆组织书法沙龙活动，践行社会主义核心价值体系，丰富民进会员的精神生活，增强民进组织的向心力，20人参加。10月20日，参加区委统战部主办的“凝心聚力，风雨同舟”——东城区统一战线书画作品展。5名民进会员作品参展，作品《巡航钓鱼岛》成为展品一大亮点，受到多家新闻媒体采访。（陈颖）

【敬老月观影活动】 10月29日，组织“敬老月”观影活动，丰富民进退休老会员生活，表达民进组织对社区空巢老人的关爱，东城民进退休会员60多人，和平里街道、朝阳门街道的社区空巢老人近30人，共90人参加观影活动。（陈颖）

农工党东城区委

【概况】 中国农工民主党北京市东城区委员会（简称农工党东城区委），成立于2011年6月，是以医药卫生、人口资源和生态环境领域高中级知识分子为主、具有政治联盟特点、致力于建设中国特色社会主义事业、同中国共产党通力合作的参政党。有主委1人，副主委4人，委员12人，有基层支部23个，党员840名。党员中有全国政协委员1人，市政协委员1人，区政协常委3人、委员16人，市人大代表2人、区人大代表5人，农工党市委常委2人、委员5人，担任区各级特约监察员及监督员4人。

年内，组织学习培训，定期召开区委会议，加强自身建设。全年召开主委会3次，全委（扩大）会3次。开展调研，撰写提案，建言献策；上报调研报告4篇，参加中共东城区委、区委统战部组织的各种通报协商会；组织义诊咨询，服务社会；参加政治协商会议，履行参政党职责。组织参加社会服务活动2次。发展新党员22人。

单位地址：东城区幸福大街32号

联系电话：87556402

邮政编码：100061（杨凯）

【调研与提案】 6月6日，到隆福医院（北院区）就“医养结合”问题进行调研。重点了解隆福医院在探索医养结合问题上的一些新举措及当前医院在为老人医疗服务工作中面临的一些问题，听取医院领导的建议，并参观医院的老年病房和老年康复室。7月9日，到区社区卫生管理服务中心就“社区医生和居民契约服务”问题进行调研。重点了解区家庭医生签约服务工作开展情况，探讨社区卫生服务中心与二级、三级医院的关系、社区医生首诊制、契约服务制度建设面临的调整等问题。年内，完成《政府主导各级联动加快建立医养结合服务体系》《关于推进东城区家庭医生式服务的调研》《关于进一步加强“培育和践行我区中学生社会主义核心价值观”建设的调研报告》《关于推进“复合型”干部培养工作的调研》4篇调研报告，其中3篇转化为区政协提案。（杨凯）

【社情民意信息】 年内，向农工党北京市委宣传处、中共东城区委、区政协、中共东城区委统战部报送社情民意信息64条。其中，《对实现京津冀协同发展的反映及相关建议》被市委、市政府、市政协采用，农工党北京市委采用63条，《卫生部门应敦促医院为全国医务人员办理意外伤害保险》等9条信息被区委、区政府、区政协采用。12月26日，组织“关于如何撰写社情民意”培训班，农工党中央社情民意处负责人为70多名支部班子成员讲解了关于社情民意的基本常识及撰写技巧。主委、副主委及支部班子成员参加培训。（杨凯）

【民主协商】 年内，参加协商通报会3次。参加5月23日区民主党派、无党派人士区情通报会，听取区教委领导对区教育体制改革的整体思路、目标及已取得的成绩介绍，与会党员就相关问题提出建议。参加7月28日区党派团体协商通报会，主委代表农工党东城区委就中共东城区委2014年工作报告、东城区政府工作报告提出建议和意见。围绕“东城区尽快申报三级医院”“医养结合”“社区卫生服务”“社区工作者待遇”等问题，提出具体建议。12月18日，参加中共东城区委召开的党派团体协商通报会，主委围绕促进区医养结合工作的开展及如何推进家庭医生服务工作等议题提出建议。4月15日，与区卫生局举办对口单位座谈会。双方围绕民主党派参政议政工作、区卫生事业发展情况等议题进行座谈。（杨凯）

【届中评议】 4月16日，召开第一届委员会届中评议工作会议。会上，主委代表区委班子述职，区委主委、副主委分别做个人工作述职。评议人员分别对区委及区委班子成员、区委委员工作进行评议。主委、副主委、委员、支部主任等19人参加会议。（杨凯）

【社会服务】 年内，落实农工党中央《关于联合举办2014中国环境与健康宣传周活动的通知》要求，与中国社科院联合于5月16-22日组织党员赴陕西省丹凤县开展义诊扶贫活动。17名党员参加。一天半时间，接待患者1000余人次。活动内容包括义诊、会诊、医学培训等。10月24日组织20名党员到怀柔区九渡河镇开展“农工情.京郊行”义诊活动。党员们为100多名当地百姓进行义诊并详细解答他们在健康方面的各种疑问。（杨凯）

【党员活动】 9月12日，组织80名党员到北京国际医疗服务区和京东中美医院、燕达国际医院就医养结合、民营医院运营情况进行调研。观看北京国际医疗服务区规划宣传片，听取服务区建设规划情况。参观医院的硬件建设情况，了解医院的发展历程和运营情况，就如何促进民营医院

5月16～22日，联合中国社科院组织党员赴陕西省丹凤县开展义诊扶贫活动

发展问题进行交流。9月25～28日，农工党东城区委于组织区委委员、支部主任22人到山东省沂蒙山进行异地教学活动。参观台儿庄大战纪念馆、抗日山烈士陵园、淮海战役纪念馆，在临沂市委党校听以“沂蒙精神的成因及其启示”为题的报告。11月14～15日，组织中青年后骨干党员、新党员到天津滨海新区社会主义学院学习，参观滨海新区的规划、建设情况和周恩来邓颖超纪念馆。

（杨凯）

3月14日，致公党东城区委召开一届十六次委员（扩大）会议

致公党东城区委

【概况】 中国致公党北京市东城区委员会（简称致公党东城区委）成立于2011年6月，是以归侨、侨眷中的中上层人士为主组成的，具有政治联盟特点的，致力于发展中国特色社会主义的政党。有主委1人，常务副主委1人，副主委4人，秘书长1人，委员10人。设专委会4个：参政议政、文化工作、妇女工作、乐龄工作。有基层支部11个，党员368人。党员中有全国人大代表2人，市人大副主任1人，区人大常委1人，全国政协委员2人，市政协委员2人（其中常委1人），区政协委员21人（其中常委6人），全国侨联海外委员1人，黑龙江省人大代表1人，区侨联委员9人（其中副主席4人），担任区委、区政府各部门聘请的各类特邀监察员、信息员等9人。致公党中央委员4名（其中常委1人），致公党市委委员9人（其中主委1人，副主委1人，常委1人），市委各专委会主任2人、副主任15人、秘书长4人及委员67人，聘请特约通讯员8人。

年内，学习贯彻中共十八大精神和全国“两会”精神，学习习近平总书记系列重要讲话精神，落实本党中央和市委的要求，以坚持和发展中国特色社会主义学习实践活动为主线，把握“致力为公”和“侨海报国”两大主题，全面推进致公党区委的工作，各项工作取得成绩。党员2人获致公党中央授予的“致公党优秀党员”称号；党员1人获致公党中央授予的“致公党优秀组织工作者”称号。2个支部被中国致公党北京市委员会评为年度先进基层支部。党员1人被中国科协评选为全国优秀科技工作者、全国针灸家庭保健首席科学传播专家。党员1人被致公党市委评为上年度北京致公党网站优秀信息员，党员1人被致公党市委评为上年度《北京致公》杂志优秀通讯员。党员1人获中国社会科学院上年优秀对策信息三等奖。

单位地址：东城区幸福大街32号403室

联系电话：87556403

邮政编码：100061　（李辉）

【调研与提案】 1月6～8日，区政协十三届三次全会召开，《关于完善行政首长出庭应诉措施推进法治政府建设的建议》被评为上年度优秀提案；政协委员3人的个人提案被评为上年度优秀提案；致公党区委党员4人被区政协评为优秀委员；党员1人的提案《关于发挥证券市场作用加强中小企业金融服务》，被致公党中央转交全国政协办理。会上提交党派提案4篇。3月19日，在东城区统战工作会议上，《关于我区劳务派遣用工现状分析及应对办法的调研》被评为优秀成果二等奖；《关于东城区机构养老状况的调研》《关于发挥东城区宗教界人士和信教群众社会稳定作用的调研》《关于东城区创新社区物业管理模式的调研》被评为优秀奖。3月22日，在致公党市委工作会议上，致公党区委的《城市精细化管理向智能化升级过程中的研究》《大力发展健康服务业应重点关注的三个问题》《关于加强网格信息服务和安全监管的建议》《关于加快实施走出去的战略提升国际化经营水平的建议》4篇调研报告被致党公市委评为上年度参政议政优秀调研成果。（李辉）

【社情民意信息】 全年，报送社会管理、公共服务、教育、医疗社情民意信息80条，致公党中央采用4条，致公市委采用23条，全国政协采用1条、市政协采用2条、区政协采用20条，市委市政府采用2条、区委区政府采用3条，市领导批示1条、区领导批示2条。3月19日，在东城区统战工作会议上，党员1人被评为东城区统战系统优秀信息员二等奖。3月22日，在致公党市委工作会议上，党员1人撰写的信息《别把火车站、飞机场等交通枢纽变为超级商场》被致公党市委评为优秀社情民意信息。党员3人被区政协评为优秀社情民意信息工作者。

（李辉）

【民主协商】 5月23日，党员9人参加东城区委统战部召开民主党派、无党派人士区情通报会。7月28日，4名党员参加中共东城区委召开党派团体协商通报会。12月11日，党员1人参加东城区党派团体协商会。12月18日，2人参加东城区党派团体协商通报会。（李辉）

【组织建设】 年内，发展新党员15人，从外区转入2人，转出3人，去世4人。1月16日，召开上年度工作总结会议，区委委员、支部委员、专委会主任参加会议。4月17日，根据《关于开展届中评议的实施方案》召开届中述职评议会。主委代表区委班子从政治协商、参政议政、民主监督、社会服务、思想建设、组织建设、制度建设、作风建设等方面进行述职，全面总结致公党东城区委近三年的工作。班子其他成员和区委委员分别进行述职。8月11日，结合民主测评情况，区委组织全体委员召开了民主生活会。4月至6月，第一至第九支部，先后召开支部委员选举会议，按照组织程序选举产生新一届支部委员。（李辉）

【社会服务】 4月25日、8月22日，党员6人参加区委统战部组织的东城区民主党派、无党派医务专家两次赴怀柔地区开展医疗义诊活动。5月23日，北京天坛医院神经外科主任医师1人赴武汉、云梦、大悟等地，参加"京鄂牵手降伏脑病"大型义诊活动，并在武汉脑科医院·长江航运总医院开展神经外科示范手术。8月28日，由第九支部发起，联合第三支部赴顺义太阳村开展公益捐助活动。为太阳村的孩子们送去有机大米、面粉各200斤，豆油、酱油200斤；捐款认领树木，捐赠书籍、玩具、衣服等。此次活动共捐款3万元。1名兼任中国社会福利基金会城乡发展基金管委会秘书长的党员，为太阳村的孩子们申请10万元的资金捐助，2个月后，再赴太阳村为孩子们送去过冬的肉食品。8月27日，常务副主委率党内部分政协委员、法律专家与区城市管理监督中心召开"96010为民服务"热线法律专席工作座谈会，区委统战部副部长参加。9月16～18日，由常务副主委带队，副主委、医务专家和法律专家4人及部分骨干党员，赴贵阳长顺贫困县开展以学习实践活动为主题的社会服务工作。捐赠文学和医药方面的图书，为当地患者100多人进行义诊，并现场辅导该院医生，还为当地百姓及学生进行医学及法律方面的讲座及咨询。11月，中信集团支部走进"太阳村"，开展爱心捐助活动，党员们捐钱捐物，送去取暖费、床上用品、新华字典、各类书籍、衣服等。（李辉）

【思想建设】 1月16日，召开区委委员（扩大）会议，区委委员、支部委员、专委会负责人参加会议。会议传达了东城区"三会"精神。3月14-15日，召开一届十六次委员（扩大）会议，学习全国"两会"精神，部署本年工作。市委专职副主委谢朝华出席会议并讲话。4月26日，第九支部在党员所在单位房山基地召开学习实践活动动员部署会议。致公党中央副主席李卓彬，致公党中央常委、北京市委会主委李昭玲参加活动并讲话。5月至6月，第一至八支部和中信集团支部，先后组织开展坚持和发展中国特色社会主义学习实践主题活动。第三和第六支部将"端午节"融入到学习实践活动中，开展"思善贤、爱中国"为主题的纪念活动。6月9～10日，致公党区委部分委员参加区委统战部举办的党外代表人士学习班。9月19～20日，由常务副主委带队到贵阳与致公党贵阳市委就如何加强党派自身建设和怎样做好参政议政、社会服务工作，召开座谈会交流经验和体会。11月30日，第一、二、四支部联合活动，组织党员学习中共十八届四中全会精神。（李辉）

【参加党政重要会议】 2月20日，主委等3人参加区民主党派工作会议。3月3日，主委参加区委统战部召开的党的群众路线教育实践活动征求各民主党派、工商联负责人和无党派人士意见建议座谈会。12月19日，常务副主委、秘书长参加市委召开的年度区组织主要负责人工作会议。（李辉）

【参观华立集团公司】 5月13日，5名党员参加由市委主委李昭玲带队的坚持和发展中国特色社会主义学习实践主题活动。参观调研区归侨党员、北京华立集团董事长的公司，听取集团公司的爱心投资、带动地方经济共同发展、建设密云蔡家洼社会主义新农村的情况介绍。（李辉）

【支部活动】 6月24日，第四支部调研课题组成员3人到北京长安公证处开展汉字书写文化交流与调研活动。9月3日，第八支部发起联合其他5个支部组织部分党员，在首个法定抗战胜利纪念日来临之际，赴北京市爱国主义教育基地——古北口长城抗战纪念馆参观，接受爱国主义教育。9月27日，由第五支部发起联合其他支部举办致公讲堂，邀请中国保健协会保健品应用推广工作委员会会长、北京地安门中医门诊部主任医师作《全民中医养生教育》的讲座。10月20日，党员2人创作的《统领群芳》《陈毅诗歌》两幅书画作品参加由区委统战部主办的"凝心聚力，风雨同舟"——东城区统一战线书画作品展。（李辉）

九三学社东城区委

【概况】 九三学社北京市东城区委员会（简称九三学社东城区委）成立于2011年7月，是以科学技术界高、中级知识分子为主的具有政治联盟特点的政党。是接受中国共产党领导、同中国共产党通力合作的亲密友党，是进步性与广泛性相统一、致力于中国特色社会主义事业的参政党。有主委2人，副主委6人，委员13人。有支社19个，社员756人。社员中有市人大代表1人、区人大代表3人，全国政协委员4人、区政协委员14人（其中政协常委3人）。

年内，学习贯彻中共十八大和十八届三中、四中全会精神。围绕全市、全区中心工作，履行参政议政、民主监督和社会服务职能。成立参政议政委员会。召开“九三学社北京市东城区第一届委员会”届中评议大会。开展及参与大型义诊活动6次。召开调研报告研讨评审会4次。举办信息大赛和第2期中青年骨干培训班。召开参政议政委员会成立大会，向委员67人颁发聘书。创办电子社刊《东城九三人》，出版2期。被东城区统战部评为统战系统信息工作先进单位，被区政协评为社情民意信息工作先进单位，被东城区统战部评为统战系统信息工作优秀单位。社员1人获九三学社中央优秀组工干部称号。区委及3个支社获九三学社北京市委社会服务先进集体称号。社员3人获九三学社北京市委“科技助农”奖、社员9人获九三学社北京市委“科技助医”奖、社员2人获九三学社北京市委“九地合作”奖、社员17人获九三学社北京市委“文化传播”奖，社员20人获得九三学社北京市委年度“优秀通讯员”称号，社员9人获得九三学社北京市委信息大赛“最佳信息奖”。

单位地址：东城区幸福大街32号319房间
联系电话：64023773
邮政编码：100061（卢迪）

【调研与提案】年内，向区政协十三届四次会议提交党派提案3个、向中共东城区委统战部提交调研报告3份。上年度向中共东城区委统战部提交的3份调研报告全部获奖，其中《关于促进国家中医药发展改革试验区中医药健康产业发展的调研》获得二等奖，《关于东城区建设新媒体演艺协同创新平台的调研》《关于改善北京特殊教育学校教师职业状况的调研》获得三等奖。《关于关注特殊教育，促进社会和谐发展的建议》被选为政协北京市东城区第十三届委员会第三次会议的大会发言，在9月26日的《人民政协报》全文刊登，获得年度党派团体优秀提案。《关于将体检中的胸透改为胸片的建议》获得年度委员优秀提案。3月1日，召开主委会研究确定本年度调研课题。5月30日，主委主持召开理论研讨会。社中央委员1人、社市委相关部门领导应邀出席。会上围绕《加强民主党派区级组织建设的研究》《新形势下促进首都非公有制经济健康发展的思路与对策研究》两项课题进行讨论。9月27日，主委主持召开调研课题评审会。社市委相关领导、社内专家应邀出席，社员近60人参会。会上对本年度九项课题逐一进行讨论与点评。11月5日，主委何厚夫主持召开调研课题结题论证会。社市委相关领导、社内专家、区委副主委等出席。提出拟推荐为年度党派提案候选课题名单。（卢迪）

3月9日，召开参政议政委员会成立大会

【社情民意信息】4月28日，举办信息工作实战培训暨2014年信息大赛启动仪式。会议邀请专家5人出席并现场指导社员如何撰写高质量的参政议政信息。社市委及中共东城区委统战部等相关领导出席。社员38人参加培训。9月26日，举行年度信息大赛决赛。现场邀请的评审专家及社员近60人参加活动。评出一等奖1名、二等奖2名、三等奖3名。社市委、中共东城区委统战部等相关领导出席。全年上报社情民意信息177条，主要涉及民生福祉、城市治理、经济管理、科技发展等领域，社中央采编3条，市级部门采编3条，区领导批示6条，获直接转化1条，区政协采编55条。（卢迪）

【民主协商】3月3日，参加中共东城区委统战部召开的党的群众路线教育实践活动党外人士征求意见座谈会，并向中共东城区委、区政府提出4点建议。5月22日，参加区民主党派、无党派人士区情通报会，研讨东城区试行的新义务教育模式。12月18日，区委主委等参加区党派团体协商通报会，就中共东城区委工作报告和政府工作报告进行讨论协商。（卢迪）

【主委会】3月9日，召开年度第二次主委会，选举增补副主委1人，同意辞去常务副主委等职务请求1人。10月19日，召开年度第六次主委会，调整主委会班子分工，由1名副主委联系区委办公室。（卢迪）

【届中评议】4月27日，九三学社北京市东城区第一届委员会届中评议大会召开。社市委、中共东城区委统战部等相关领导出席。区委委员、支社主委等21人参加。会上，区委主委代表区委领导班子做届中总结报告，每名副主委从思想建设、组织建设、制度建设、作风建设等方面向大会作个人汇报。区委委员、支社主委按照区委方案，对区委领导班子、班子成员、区委委员、支社主委逐一进行评议。（卢迪）

【社会服务】1月18日，应北京市

科学技术委员会的邀请，选派九三学社医务专家4人赴房山区首届科普庙会，为乡村百姓开展义诊活动。4月20日，九三社员20余人赴门头沟区妙峰山镇卫生院参加社市委举办的九三学社名医工作室义诊活动，并与门头沟区卫生局、妙峰山镇卫生院等进行座谈，调研首都城乡医疗发展现状。4月25日、8月22日，来自同仁医院、东直门医院和北京口腔医院的九三学社医务专家9人，参加中共东城区委统战部组织的东城区民主党派、无党派医务专家赴怀柔大型医疗义诊活动，为村民近200人进行义诊咨询。5月17日，在朝阳门街道办事处竹竿社区举办九三学社东城区委医务专家社区义诊活动。来自北京医院、同仁医院、东直门医院、天坛医院等9家医院内科、皮肤科、耳鼻喉科、儿科、外科、针灸科、口腔科的医务专家近20人，为社区居民300余人进行义诊咨询。11月21日，在龙潭街道办事处举办义诊活动。来自北京医院、同仁医院、天坛医院等医院的医务专家12人为社区居民100人进行义诊咨询。12月30日，社员10人参加区培智学校“同筑培智梦，共享融合情——心手相连融合育人”学生艺术作品展拍会，购买残疾学生制作的艺术品8件。（卢迪）

【学习培训】8月18～19日，后备骨干成员10余人参加中共东城区委统战部组织的年度东城区民主党派、无党派后备骨干成员培训班。培训班上，重点学习新中国维护海洋权益各项工作的近况、在国际国内形势不断发展下统一战线工作的新方向与新任务、《责任、影响力、推动力——参政议政的几点感悟》等内容。9月26日，举办九三学社东城区委第二期中青年骨干培训班。社市委、中共东城区委统战部等相关领导出席，九三社员60余人参加。会上，社市委专职副主委为到场的社员作《关于民主与法制的思考》的专题报告。11月6日，新九三社员10余人参加中共东城区委统战部举办的年度东城区民主党派新成员报告会，并听取专题报告《中国共产党的奋斗历史》。（卢迪）

【社务活动】2月22日，青年委员会在北京市文博交流馆（智化寺）召开上年总结暨表彰大会。3月7日，妇女委员会组织女社员40多人参观国家气象局，以参政议政形式庆祝节日。4月25日，青年委员会在东四工人文化宫举办“学习‘五一口号’观影暨坚持和发展中国特色社会主义系列学习活动”。青委会主任向到场社员宣讲66年前“五一口号”发表过程及各民主党派响应中国共产党号召的经过。5月10日，青年社员10余人赴北京故宫博物院参观调研。开展加强社会主义核心价值体系教育，完善中华优秀传统文化教育主题教育活动，感受中华传统文化的博大精深。8月30日，召开纪念九三学社成立69周年老中青社员座谈会。老、中、青社务工作者20余人畅谈九三学社东城区委的发展和变化。12月30日，妇女委员会联合北京科普发展中心举办参观中国古动物博物馆活动，女社员和青年骨干社员20人参加。活动介绍九三学社中国古动物研究专家取得的学术成就。（卢迪）

台盟东城区委

【概况】台湾民主自治同盟北京市东城区委员会（简称台盟东城区委），成立于2011年6月，是由台湾省籍人士组成的社会主义劳动者和拥护社会主义的爱国者的政治联盟，是为社会主义服务的政党，是与中国共产党通力合作的参政党。有盟员94人，设台盟中央、全国台联、在职、乐龄4个支部，区委委员9人，主委1人、副主委3人，其中专职副主委1人。盟员中有全国人大代表1人、全国政协委员8人、市人大代表2人、市政协委员7人、区人大代表1人、区政协委员7人，担任市区各级特约监察员3人、北京市人民检察院特约检查员1人、北京市政府人民建议征集特邀建议人1人。

年内，台盟东城区委主委会召开4次，区委会召开3次。发挥团队力量，做到信息沟通，集体决策，充分协商。重视组织建设、制度建设，强化中青年骨干和基层盟员的思想建设工作，推荐盟员参加中共东城区委、台盟北京市委、北京市社会主义学院等部门组织的各种学习培训班。7月5日，出席台盟北京市委纪念北京台盟组织成立65周年座谈会。9月2日，12名盟员参加在京台胞中秋茶话会。10月，举办在职盟员读书班，为盟员购买图书，31名盟员参加此次活动。11月6日，5名盟员参加东城区民主党派、无党派新成员报告会。12月6日，主办台盟北京市第六届“同心杯”健步走比赛，东城区代表队获得优秀奖，1人获得个人二等奖。12月9日，10名盟员参加台盟东城区委青年骨干座谈会。全年65名盟员、195人次参加关于中共十八大和十八届三中、四中全会以及习近平总书记系列重要讲话精神的学习、骨干成员培训、盟史教育等多项活动。

单位地址：东城区幸福大街32号413室
联系电话：87556413　64023833
邮政编码：100061　（王玉燕）

【调研与提案】1月6日，区政协十三届三次会议召开，《关于东城区古建保护的几点建议》提案被评为上年度党派团体优秀提案，1人《关于建立和谐劳动关系长效机制的几点建议》提案被评为上年度委员优秀提案，3人被评为上年度优秀委员。3月19日，东城区年度统战工作会召开，《关于完善劳动争议案件处理机制切实维护当事人合法权益的调研》获调研成果三等奖，《关于加强东城区网格智能化智慧化建设的调研》获调研成果优秀奖。4月29日，第一次议政会暨参政议政专委会第一次工作会议召开，会议总结上年度调研成果，讨论并通过本年度调研课题，讨论如何加强调研及参政议政能力建设。6月6日，参政议政专委会调研小组部分成员与台盟北京市委调研小组部分成员到东城区卫生局调研学习“国家中医药发展综合改革试验区”的建设发展情况，台盟北京市委、国家中医药管理局、市中医管理局、台盟北京市

7月5日，参加纪念北京台盟组织成立65周年座谈会，与会盟员与全国政协副主席、台盟中央主席林文漪等合影留念

委有关负责人一行13人与区卫生局有关人员座谈。7月16日、8月19日，参政议政专委会调研小组成员先后到鼓楼中医院京城名医馆、仁医堂名医馆、北京天坛社区卫生服务中心、北京晶珠藏药集团、北京宝蓝贝贝早产儿优化中心、和平里第一小学和宏志中学、未名益生科技发展有限公司7个中医药改革试验区相关单位进行实地考察。8月5日，参政议政骨干2人参加由中共东城区委统战部举办的调研工作座谈会，对中国政党关系的认识、如何进一步发挥参政党的作用、推进多党合作制度化、规范化、程序化建设和怎样发挥好参政党的民主监督作用进行座谈。（王玉燕）

【社情民意信息】 年内，收到信息线索和素材约12条，报送信息112条，《关于改造桃杨路社区煤改电的建议》等7条信息被区领导批示，市委、市委统战部、市政协采用4条，《政协委员和党派成员对全国“两会”的反映》等2条信息被全国政协采用，《有必要完善劳动争议案件处理机制、切实有效维护劳动者合法权益》被台盟中央采用，《东城区统战人士对习近平总书记在纪念毛泽东诞辰120周年讲话的反映》被中央统战部采用，参与信息报送盟员24人，约占全体盟员的1/4。社情民意信息工作在东城区政协27个界别中排名第四。台盟东城区委在区政协十三届三次会议上被评为社情民意信息工作先进单位，4人被评为上年度优秀社情民意信息工作者。在区年度统战工作会上，1人被评为上年度东城区统战系统优秀信息员二等奖。（王玉燕）

【民主协商】 2月20日，区民主党派工作会召开，台盟东城区委主委和专职副主委参会，主委代表台盟东城区委发言。3月19日，东城区统战工作会议暨统战干部培训班召开，会议传达全国、北京市统战部长会议精神，总结部署区统战工作，通报统战系统调研、信息工作，台盟东城区委专职副主委参会。3月21日，台盟东城区委1人参加中共东城区委统战部2014年工作研讨会。7月28日、12月11日、12月18日，组织骨干盟员参加区民主党派团体协商通报会，主委和副主委分别代表区委发表意见、建议。11月29～30日，6人参加京津双城协同发展论坛。（王玉燕）

【民主监督】 1月21日，1名副主委参加市政府人民建议征集特邀建议人培训会，被聘为2013-2017年度北京市政府人民建议征集特邀建议人。2月8日，中共东城区第十一届纪委第四次全体会议暨全区党风廉政建设工作会议，专职副主委参加此次会议。2月21日，东城区政协召开区政协党组深入开展党的群众路线教育实践活动征求意见会，专职副主委参加会议并对区政协领导班子加强作风建设，反对“四风”，深入开展党的群众路线教育实践活动提出意见和建议。3月3日，专职副主委参加区党的群众路线教育实践活动征求党外人士意见座谈会，并对区委常委会和常委同志、区政府领导班子和领导干部加强作风建设，反对形式主义、官僚主义、享乐主义和奢靡之风，深入开展党的群众路线教育实践活动提出意见建议。3月17日，专职副主委参加区党的群众路线教育实践活动征求党外人士意见座谈会，并对区委统战部领导班子在加强作风建设，反对形式主义、官僚主义、享乐主义和奢靡之风，深入开展党的群众路线教育实践活动提出意见建议。5月23日，东城区民主党派、无党派人士区情通报会召开，台盟东城区委7人参加会议。（王玉燕）

【届中评议】 4月29日，台盟东城区委召开届中评议工作会，区委主委、区委委员分别提交述职报告，区委委员、支部主任12人，对领导班子和委员们进行评议。（王玉燕）

【第九届全体（扩大）会】 1月13日，台盟东城区委第一届委员会第九次全体（扩大）会召开，台盟北京市委副主委蔡勉、中共东城区委统战部副部长、台盟东城区委主委、区委委员出席会议，会议学习中共十八届三中全会精神、传达区委统战部专职干部会议精神、汇报上年工作、讨论本年度工作计划四个方面进行。（王玉燕）

【社会服务】 1月23日，台盟东城区委主委、专职副主委等区委班子成员到永外街道各社区，走访慰问低保户、残疾人等困难群众。4月12日，组织20人到怀柔东方普罗旺斯薰衣草庄园参加公益植树活动，也是第7年参加义务植树活动。年内，27名盟员在台盟北京市委开展的“助梦启航”捐款活动中捐资1332元，4月先后安排付家台小学教师30余人次到灯市口小学高年级部和低年级部听取数学、语文、英语、音乐、美术和品生

等课程36节，通过听取市区优秀教师的主干课，学习城区小学先进、科学的教育理念和教学方法，快速提高自身的教育教学水平，达到提高教育质量的目的，使山区的学生受益的目的，携手共助城乡孩子梦想启航。4月25日，2人参加东城区在怀柔区渤海镇开展社会服务活动启动仪式暨大型医疗义诊活动，诊治村民300余人。8月4日，组织盟员中的4名医疗专家参与台盟中央教科医药交流委员会赴贵州毕节地区开展义诊活动，诊治100多名贫困地区患者，指导当地医生业务。（王玉燕）

【参加各类培训班】2月24～28日，专职副主委参加区学习贯彻习近平总书记系列讲话精神暨群众路线教育专题培训班。3月21日，台盟1名盟员参加中共东城区委统战部学习全国“两会”精神报告会。6月9～13日，7名盟员参加中共东城区委统战部党外代表人士学习班。8月5～11日，3名支部主任、副主任参加台盟基层组织负责人培训班。8月18～19日，5名盟员参加区委统战部举办的民主党派、无党派后备骨干成员培训班，1名盟员代表讨论小组在会上发言。9月1～17日，1名盟员参加北京社院北京市民主党派中青年干部培训班。9月22～30日，1名盟员参加北京社会主义学院举办的北京市民主党派特约监督员培训班。10月13日，1名盟员参加东城区第二期党外中青年干部培训。11月21～22日，21名盟员参加台盟北京市委人大代表、政协委员、特约人员、监委会委员培训班。年内，还组织盟员参加由台盟中央、中共东城区委统战部、台盟北京市委、北京市社会主义学院、东城区社会主义学院等部门举办的学习贯彻中共十八大和十八届三中、四中全会以及习近平总书记系列重要讲话精神、骨干成员培训、盟史教育等方面的学习培训班。（王玉燕）

【“二二八”起义67周年研讨会】2月25日，台盟中央、台盟北京市委举办纪念台湾人民“二二八”起义67周年研讨会，1名区委委员作为盟员代表作发言，回顾家人亲历“二·二八”事件的经过。（王玉燕）

【参加文艺汇演】3月8日，组织盟员9人参加由市妇联、北京港澳台侨妇女联谊会等单位共同主办的“展巾帼风采、汇美丽梦想”——“首都姐妹共庆国际妇女节文艺汇演”活动，区多位盟员所在的在京台胞合唱队为全市的女同胞们演唱《丢丢铜》《圆梦行》两首歌曲，表达在京台胞爱国、思乡，渴望祖国和平统一的愿望。（王玉燕）

【海峡两岸民俗风情剪纸艺术展】3月27日，由北京市台湾同胞联谊会、东城区人民政府台湾事务办公室和顶新公益基金会联合举办的“海峡两岸民俗风情剪纸艺术展”在台湾会馆开幕，东城区盟员、全国政协副主席、台盟中央主席林文漪发贺辞，台盟东城区委专职副主委和委员参加开幕式；4月4日，台盟东城区委组织11名盟员参观剪纸艺术展。（王玉燕）

【参观学习】3月30日，台盟东城区委组织中青年盟员及申请入盟台胞15人瞻仰北京西山无名英雄纪念广场。4月26日、10月24～25日在职支部组织参观门头沟区斋堂镇《平西抗日根据地斋堂川斗争史展》展览馆和参观怀柔庙上村党支部两次学习活动。（王玉燕）

【对台工作】1月18日，台盟东城区委全国台联支部参加支部成员全国台联会长、台盟中央副主席汪毅夫主讲的“听汪爷爷讲故事”活动。3月28日，台盟东城区委专职副主委在“对口联系工作座谈会”上代表台盟区委总结交流上年工作和对口联系工作安排。5月8～10日，组织20人参加台盟北京市委举办的第七届交流与共享研讨会，与来自岛内各界的乡亲座谈交流，沟通观点，增进共识。7月20～24日，组织2名盟员参加第二届“中华文化研习营—2014年京台文化研习营”，这一涉台平台将两岸三地（北京、台湾、贵州赫章籍）的青年学生融合起来，共同传承中华传统文化，共同推动两岸关系和平发展，共同促进中华民族伟大复兴。11月18日，台盟、民革东城区委联合召开区台商联谊会座谈会，与在区台资经营企业进行交流，特别是对于台湾文化创意产业在大陆的发展、前门台湾文化街现状和未来的发展发表各自的看法和意见。11月29日，3名盟员在台湾会馆观看台湾“九合一”选举进程。年内，台盟东城区委组织盟员参加由台盟北京市委、东城区台办举办的各类台情研讨会，参会人员围绕深入学习中央对台工作讲话精神，理解两岸关系和平发展的理念，全方位多层次做好争取台湾民心工作，研讨新形势下台盟如何进一步开展对台交流活动。（王玉燕）

【支部活动】2月28日，台盟中央和全国台联支部参加由著名经济学家、北京大学林毅夫教授，海峡两岸关系协会副会长孙亚夫教授和全国台联会长、台盟东城盟员汪毅夫教授主讲的纪念甲午战争120周年的“甲午战争与近代中国学术报告会”；3月25日，台盟中央和全国台联支部参观在中国美术馆举办的台胞王悦之画展。乐龄支部举办3次活动，4月2日，台盟东城区委乐龄支部组织15人参观全国休闲农业创意精品展暨第二届北京农业嘉年华，7月22日开展参观圆明园遗址公园爱国主义教育活动，9月1日，组织盟员参观宝岛台湾当代大漆艺术名家潘思妤个展并举行中秋座谈会。（王玉燕）

东城区民主党派负责人

中国国民党革命委员会北京市东城区委员会主委	姚卫海	中国农工民主党北京市东城区委员会主委	危天倪（女）
中国民主同盟北京市东城区委员会主委	王　钢	中国致公党北京市东城区委员会主委	刘超英（女）
中国民主建国会北京市东城区委员会主委	张树华	九三学社北京市东城区委员会主委	何厚夫
中国民主促进会北京市东城区委员会主委	罗　强	台湾民主自治同盟北京市东城区委员会主委	肖　燚

团　体

东城区总工会

【概况】 北京市东城区总工会（简称区总工会）是在区委领导下的人民团体，是党联系职工群众的桥梁纽带。内设办公室（经费审查办公室）、人事部、基层组织建设部、宣教部、劳动生产和劳模工作部、权益部、法律部、财务部。行政编制34人，实有33人。工勤编制3人，实有2人。有下属事业单位8个，编制255人，实有64人。全区职工22.22万人，工会会员21.58万人，基层工会2187个（涵盖单位1.37万个）。

年内，区总工会以党的群众路线为工会工作的生命线和根本工作路线，坚持“三个全覆盖”、“三个促进”、“三个满意”的工作理念，强化融入基层、融入实际、融入职工的工作作风，在做好职工群众服务、维权和发展方面取得一定成效。区总工会被评为全国工会贯彻落实工资集体协商三年规划先进集体、全国职工互助保险工作先进单位、全国基层组织建设工作创新成果奖候选单位，东城工人文化宫、技术交流站荣获全国职工教育优秀示范点。

单位地址：东城区东直门内北小街后永康胡同17号

联系电话：84039359

邮政编码：100007　　（殷琼）

【书法家新春送“福”】 1月21日，北京市总工会职工书画协会秘书长等4名书法家来到南锣鼓巷，挥毫泼墨书写“福”字和春联，送给辖区的困难职工、社区困难居民以及过往游人。借助喜庆的春联为大家送吉祥送福气。　　（殷琼）

【农民工大学生助推计划】 2月21日，举行首届农民工大学生助推计划新生开学典礼。市总工会和区总工会资助的326名农民工，在区职业大学开始为期两年半的学习。上年以来，区总工会与区职业大学共同推出东城区农民工大学生助推计划。凡具有农业户籍，高中学历，与本市用人单位签订一年期限（含）以上的劳动合同者均可报名，开设工商企业管理、物业管理、人力资源管理、酒店管理等12个专业，毕业后可获国家承认的专科毕业证书，工会为优秀农民工大学生提供学习资助。436名农民工报名，经过全国成人高等教育统一招生考试后，来自北京便宜坊烤鸭集团有限公司、北京宏源餐饮管理有限公司等65家企业的326名职工被录取。　　（殷琼）

【就业帮扶】 3月5日，与区人力资源和社会保障局联合举办“春风行动”大型招聘洽谈会。屈臣氏、国航等34家单位提供岗位2000余个，近500名求职者参会，100余人当场达成就业意向。5月22日至6月20日，组织“民营企业招聘月”活动。6月11日，与区人力资源和社会保障局联合举办本年东城区青年人才专场招聘会。组织奥士凯、FAB精彩集团等33家单位参会，提供岗位3569个，700余人入场求职，现场达成就业意向近百人次。7月30日，举办本年技术人才专场招聘会。年内，举办系列招聘活动22场，提供就业岗位信息3.50万余条，推荐岗位近1.60万人次，帮助3522人实现就业。　　（殷琼）

【工资集体协商】 3月20日，联合区人力社保局、区商务委等区深入推进工资集体协商工作领导小组成员单位召开区未建制百人以上企业工资集体协商工作推进会。4月14日，东城、西城、朝阳、通州工资集体协商联系会在区总工会召开。市总工会权益部部长、四区总工会主管主席等领导出席。全年举办3次工资集体协商模拟协商培训，1次模拟协商，5月13日，开始第一期培训，全区200余名工资集体协商专干参加。11月至12月，开展17个街道工资集体协商交流互查工作。12月8日，市总工会权益部、市服务工会组成的调研组就餐饮行业工资集体协商工作到东城区开展联合调研。调研组强调，要以工资协商为起点，将协商内容逐步向加班费、工时、甚至是公交补贴等方面拓展；要充分发挥三方机制的作用，促进协商在协调劳动关系中发挥实效，帮助企业、职工实现“双赢”。（殷琼）

【文体活动】4月17～18日，在地坛体育馆举办区第四届职工羽毛球比赛。来自全区39个单位55支代表队，400余名干部职工参赛，最终决出前八名。7月，区工会系统组织“三对三”职工篮球赛。选拔32个单位42支代表队，近300名职工参加。比赛经过1个月的小组循环赛、淘汰赛，北京市第22中学、55中学等单位获得比赛前八名。10月16日，区第四届非公企业职工趣味运动会在地坛体育馆开赛。本次运动会将趣味和健身相结合，共设“三对三”毽球对抗赛、趣味接力赛、拔河比赛3个团体项目，共有近百个单位的88支队伍500余名职工参赛。（殷琼）

【庆五一暨先进表彰大会】4月28日，举行区庆祝五一国际劳动节暨表彰先进大会，全区11个先进集体和20名先进个人受到表彰。区领导吴松元出席并讲话。与会领导共同为先进集体和先进个人代表颁奖。年度全国五一劳动奖章获得者、安利（中国）日用品有限公司北京/湖南分公司总监翟明嵩，全国工人先锋号获得者、北京市公安局东城分局北京站派出所政委张栋以及2010年全国劳动模范、北京市珐琅厂有限责任公司总经理钟连盛作典型发言，从不同侧面展现和诠释了劳模精神的实质和内涵。区先进集体和先进个人代表、有关单位党政负责人、工会主席、劳模、部分职工代表800人参加会议。（殷琼）

【职工监督团成立】5月15日，成立区工会工作职工监督团，在全市工会系统是首家。职工监督团成员由30名职工监督员组成，由劳动模范和先进工作者、一线职工、区总工会经费审查委员会委员和女职工委员会委员、工会界别政协委员、社区联合工会主席、楼宇联合工会主席、街道工会服务站专职工会工作者8个方面代表构成。坚持开门办会的理念，依靠职工群众成立职工监督团，建立职工监督的长效机制。通过落实会议、责任、通报和联系等制度保障职工监督团的有效运行，将职工监督落到实处，将职工监督贯穿到工作研究、决策、落实、完成的各阶段。（殷琼）

【全国县市级工会主席到区参观】6月5日，全国总工会组织部巡视员、副部长杨军日带领全国125名县市级工会主席到区职工服务中心参观。召开交流座谈会，与会人员观看做职工最可信赖的“娘家人”——区总工会上年工作纪实的宣传片。区总工会常务副主席介绍区总工会在三级服务体系建设、打造职工服务品牌和职工维权等方面的先进经验和做法。（殷琼）

【安全生产知识普及】6月26日，举办区职工消防运动会，24支参赛队伍参与消防水带连接、灭火器使用、打绳结、戴防火面具等项目的比拼。7月1日，联合北新桥街道、安监、消防等部门在簋街开展送安全、送健康、送服务活动，重点对花家怡园等3家餐饮企业进行安全检查，并向职工赠送安全警示卡套、安全知识答卷、安全教育电影等安全知识宣传品。举办安全影片巡回放映活动，向各街道、直属企事业单位下发安全教育微电影“生命刻度”30套。系列安全生产活动提高职工安全意识和应对安全灾害事故的自救互救能力。普及安全生产知识，开展企业安全隐患排查，完成安全生产知识答卷3万份，向职工赠送“安全警示十条”卡套1万份。（殷琼）

【职工素质工程】7月31日，区总工会“为成才助力为梦想起航”职工素质提升行动推进仪式在东城工人文化宫举行。全年投入资金300余万元，推进职工素质建设工程。通识课程培训职工9000余人次；举办公益大讲堂120余场；举办职业技能大赛20场，182人取得或晋升职业资格等级证书；在全市率先实施高级工助推计划，对101名获得高级工的职工给予奖励；评选出区级职工创新工作室10

9月24日，举办第五届“五月的鲜花”群众歌咏活动

家，资助创新项目10个；继续实施农民工大学生助推计划，全年全额资助近600名农民工圆大学梦。启动农民工技能培训计划，全额负担技能培训班培训费用。（殷琼）

【“五月的鲜花”群众歌咏活动】 7月，以“幸福·圆梦”为主题，分综合类、舞蹈类、歌唱类3个专场举办大赛。来自全区100多个单位的1000名职工参加。围绕庆祝新中国成立65周年，以挖掘职工身边发生的“幸福·圆梦”事例为主要内容的原创文艺作品征集活动也同步启动。9月24日，举办庆祝新中国成立65周年暨第五届“五月的鲜花”群众歌咏活动汇报演出暨颁奖典礼。区领导冯熙、徐鸿达，市总工会副主席潘建新等出席，全国劳动模范钟连盛等为专场演出各类别一等奖颁奖。活动期间，全区共演出节目3000余个，参与人数15万余人，自创作品400余个。

（殷琼）

【区金融工会联合会成立】 12月25日，召开区金融工会联合会成立大会。会议审议通过《东城区金融工会联合会章程》（草案），选举产生第一届委员会委员7名，其中4名来自金融企业，区总工会副主席李健当选为区金融工会联合会主席。市总工会副主席潘建新、区委常委汤钦飞出席会议并授牌。区金融工会联合会涵盖银行、保险、证券等金融行业，有会员单位8家，覆盖职工1000人。

（殷琼）

【法律服务】 年内，调处劳动争议案件578件，挽回经济损失666.50万元，完成法律援助案件103件，涉及金额328.14万元。全区187个社区全部建立法律服务工作室，打通为职工提供法律服务的“最后一公里”，开展法律服务活动715次，服务职工1.5万人次。贴近职工需求开展“一街一月两次”、“菜单式”、“案例大讲堂”等法律服务活动，服务职工1.64万人次。完善三级服务体系诉求网络，畅通职工诉求渠道，受理各类诉求431件。（殷琼）

【劳模大讲堂】 年内，举办大讲堂活动6场，内容涉及玉器鉴赏、烹饪美食、插花艺术、养生等，推动大讲堂走进基层社区、走进劳模创新工作室，向职工展示劳模日常工作状态和创新劳动成果，发挥劳模示范引领作用。

（殷琼）

【职工创新工作室评选】 年内，区总工会邀请专家就区级职工创新工作室及创新项目的行业领先性、市场竞争力、预期经济社会效益等指标进行综合评审。评选出北京市珐琅厂有限责任公司钟连盛创新工作室等10家区级职工创新工作室并授牌；评选出景泰蓝京味礼品、纪念品开发创新项目等10个创新项目。每家工作室、每个创新项目均获2万元资金支持。

（殷琼）

【困难帮扶】 年内，开展物质、医疗、助学、就业等项目制帮扶工作，共投入帮扶资金895万元。开展“两节”送温暖、正月十五送元宵、三八助单亲、五月助残帮困、六一关爱困难家庭儿童、中秋慰问等节日帮扶活动。提高助学标准，给予新考入大学的困难单亲女职工子女每人7000元助学金；拓展帮扶内容，启动困难职工边缘户医疗帮扶和职工助残帮困工作；注重心理疏导和人文关怀，组织困难职工参加读书活动，传递正能量；为11名职工提供13万余元应急救助金，解职工燃眉之急。区总工会主席，1月3日看望慰问罹患白血病的职工1人，1月24日走访慰问困难单亲女职工及困难职工边缘户2人。五一前夕，区总工会看望慰问身患重病、个人医疗费负担较多的困难劳模20人，送上慰问金和节日祝福。5月12日，在第24次全国助残日来临之际，区总工会走访慰问困难残疾职工30人，为每人送去500元慰问金。5月21日，区总工会副主席慰问患病女教师1人。8月，区总工会主席慰问贫困大一新生1人。9月28日，区领导张家明慰问全国劳模刘立新，送去慰问金和慰问品。两节期间，走访慰问卫生、环卫、公安、交管等行业一线职工和部分困难企业职工，送去慰问金16万元。1月14日，市总工会副主席王北平到区困难职工30家中看望慰问。（殷琼）

【职工之家建设】 年内，为全区17个街道总工会各提供10万元资金支持、为区民办教育单位工会联合会和区民营医疗机构工会联合会各提供5万元资金支持、为全区187个社区联合工会各拨付2万元活动经费用于开展建会和“职工之家”建设，为社区联合工会配备工作人员，制定东城区“职工之家”建设达标活动的通知，对达标的“职工之家”规范化建设的100人以上独立建会单位和50人以上、100人以下独立建会单位分别给予1万元和5000元的奖励，全年向基层工会下拨“职工之家”建设奖励款363万元，向区环卫中心划拨“职工小家”支持款80万元。全区有232个100人以上独立建会单位和275个50人以上、100人以下独立建会单位完成“会家合一”建设，建设成一大批职工信赖的“职工之家”。（殷琼）

【职工技能人才队伍建设】 年内，将取证工种和非取证工种竞赛相结合，开展技能培训、岗位练兵、劳动竞赛，提高职工职业技能水平，增强职工就业能力和职业素质。年内，区、街两级工会举办20场取证技能大赛，涉及7个工种。大赛产生技师2名，高级工54名，中级66名，初级60名。与技师培训学校合作，举办中式烹饪、餐厅服务员等工种的高级工免费培训班，67人参加；自学成才的近百名高级工每人奖励800元；取得技师以上资格99人，技师每人奖励1000元、高级技师每人2000元。

（殷琼）

【职工读书活动】 年内，开展“读一本好书，做一个好人”活动，编印上年获奖读后感作品集1万册。制定出台《关于加强“职工书屋”建设和管理的实施意见》，推进职工书屋规范化建设。与区图书馆签署合作协议，将职工书屋建设融入全区公共文化建设。出资近70万元支持职工书屋建

设，全区共新建社区、楼宇、企业职工书屋100余个。（殷琼）

【小行动大文明主题宣传】年内，在全区职工中票选“小行动大文明”活动主题，围绕节能减排，低碳环保的票选主题，开展宣传活动，制作动画宣传片、口袋书、环保袋、扑克牌等宣传品，通过北广传媒、地铁传媒等多种形式广泛宣传，倡导健康文明的工作生活方式。活动入选全区“讲文明树新风”精神文明十佳活动。

（殷琼）

【关爱女职工】年内，以家庭梦事业梦中国梦为主题开展系列庆三八活动。一是点亮“知识梦”。2月28日，以职业女性的角色定位与心理调适为主题的女职工大讲堂，全区女职工干部200余人参加。二是助力“文化梦”。3月3日，举办在职女劳模书法培训，来自各行各业的在职女劳模20余人在中国书法专业最高奖——兰亭教育奖获得者张玫老师的辅导下，用多种书体在镜芯上现场创作书法作品。3月4日组织辖区内的工会女干部、女职工代表观看经典话剧“建家小业”。三是共圆“健康梦”。3月6日，组织区总工会第三届街道工会女工干部保龄球比赛。3月7日，组织区总工会第四届女工干部环潭健步走活动，全区女工干部近200人参加。四是同筑“幸福梦”。开展送关爱活动，3月5日，组织困难单亲女职工参观时传祥纪念馆、国家大剧院。组织全区近千名外来务工女会员参加免费妇科体检。全年举办女职工流动课堂5次，内容涵盖健康、生活、服装服饰、摄影技巧、育儿等多个领域。8月，举办以职业女性服饰、礼仪及色彩搭配为主题的女职工素质教育大讲堂，近600人参加。9月26日，在景山公园举办东城区第四届女职工干部趣味运动会暨金秋登山比赛。12月9日，区总工会举办女职工亲子教育讲座，女职工干部200余人参加。

（殷琼）

【交友联谊活动】年内，以情缘东城 幸福一生为主题，将全年双月最后一周周末定为交友活动日，定期开展单身职工交友联谊活动，吸引来自全区68家机关、企事业单位的760余名单身职工参加，现场累计170余对互留联系方式，活动后续牵线586人次，全年有4对新人通过区总工会搭建的交友平台认识并步入婚姻殿堂。9月20日，在崇文工人文化宫广场幸福小剧场为10对来自五湖四海的新人举办“情缘东城·幸福一生——2014年来京务工人员集体结婚典礼仪式”。市区工会领导、区领导及区街各级工会主席、新人亲友200余人参加仪式。

（殷琼）

【京卡·互助服务卡】年内，持卡会员17.46万人，比去年增加1.5万人。各级工会组织推出京卡会员专享活动104个，9.8万人次刷卡参与，14.20万名职工享受到服务，服务项目参与率达56%，其中2月2～6日，面向全区会员开展优惠观看舞台剧“功夫传奇”活动，推出20元优惠票4500张。春节、五一、七一、十一期间开展4次会员5元看大片活动，发放优惠票6.20万张，观影职工1059万人次。（殷琼）

【爱心“妈咪屋”建设】年内，给职场“背奶妈妈”提供贴心服务，区总工会推动“妈咪屋”建设，几平方米的屋内配备冰箱、桌椅、消毒柜、母婴书籍等物品，为哺乳期女职工提供私密、安全、卫生的哺乳场所。年内，建成17家“妈咪屋”。区总工会在提供指导帮助的基础上，给予所有通过验收的“妈咪屋”1000元的奖励基金，用于按需配备相关物品。

（殷琼）

【党的群众路线教育实践活动】2月至10月，开展党的群众路线教育实践活动。在聚焦“四风”查找问题时，区总工会坚持开门办会，广泛听取各方意见，采取群众提、自己找、上级点、互相帮、集体议等多种方式，通过发函、座谈会、书面、联系点、主动查找、职工监督团等多渠道征求意见，征求各方面意见建议163条，提出班子整改任务9项，个人整改措施60项，切实找到问题症结，制定《东城区总工会改进作风制度建设计划》，统筹确定各项制度建设的具体进度安排和完成时限。（殷琼）

共青团东城区委员会

【概况】共青团东城区委员会（简称团区委）是在东城区委、区政府领导下，负责全区共青团工作的群众团体机关，设办公室、组织部、宣传部、统战权益部、社会工作部5个内设机构，机关行政编制16人，实有13人，其中书记1人，副书记3人。至年底，全区有14—28周岁适龄青年3.36万人，其中团员2.63万人，占青年总数的78%。团员中有女团员1.62万人，少数民族团员1001人，分别占团员总数的61.60%和3.79%。全年新发展团员2088人，占适龄青年总数的6.20%。全年加入党组织的团员有89人，其中经推优入党团员35人。全区有基层团委74个、团工委19个、团总支68个、团支部1955个。团干部总人数为3820人，其中专职团干部93人，占2.43%；党员及预备党员471人，占12.32%；具有大学（含专科）以上学历1189人，占31.10%；女团干部2636人，占比69%。

年内，启动“新青年城市体验营”活动，全年开展活动6次；启动全区市级青年文明号争创申报、认定复验工作，重新认定市级青年文明号57家，新申报市级青年文明号3家；开展“温暖衣冬”活动，收集冬衣2427件；元旦、春节走访慰问245户家庭经济困难青少年群体，走访慰问困难对象346人，发放慰问金20.68万元，发放慰问品折款约19万元；东城区合适成年人队伍增至87人，全年派出合适成年人97人次，有效配合未成年人案件的审理工作。着力破解提高团的吸引力凝聚力和扩大团的工作有效覆盖面两大战略性课题，在团青工作新领域、新问题上取得新突破，在“希望工程”工作站工作会上，东城区工作站获2013年度希望工程北京捐助中心、北京青少年发展基金会工作站最佳筹资奖。东城社区青年汇在北京市2013-2014年度社区青年汇表彰中取得佳绩，获2014年度北京市应急志愿者轮训工作优秀组织奖、北京市区县机关档案工作测评市级优秀单位、建国六十五周年志愿服务先进集体等荣誉称号。

单位地址：东城区后永康胡同17号

联系电话：84039238

邮政编码：100007 （董明）

【专题调研】1月14日，对区71名创业青年开展点对点问卷调查，完成创业青年群体大调研工作。1月29日，选取162名户籍青年开展青年群体发展状况调研工作。6月，以案例分析的形式开展年度基层团组织调研工作，确定立项课题27个。8月，开展东城青年公务员发展状况专题调研，并向全区48个单位发放调研问卷500份，开展东城区流动青年思想状况专题调研，并发放调研问卷1000份。 （董明）

【青少年法制宣传和自护教育】1月至2月，开展寒假星光自护活动，举办47场自护教育活动，覆盖区青少年群体约2100人次。6月，联合区禁毒办、卫生局、人口计生委、区公安分局、疾控中心等单位开展禁毒宣传活动。7月至8月，开展暑期星光自护活动，针对青少年开展夏季暴雨雷电灾害的预防及自救、暑期出行安全、安全防火用电、防暴恐等多项内容教育培训16次。12月，开展防艾宣传活动，发放防艾宣传光盘、报纸等1000余份，防艾宣传环保袋、宣传笔等宣传品500余份，展出宣传展板10个，帮助青少年群体提高自我保护意识、增强对艾滋病的正确认识和自我防护技能。 （董明）

【社区青年汇建设】2月，正式启动年度新增市级社区青年汇选址工作，将原有13家市级社区青年汇增设到20家。6月，启动年度区新青年学堂秋季班工作。9月9日，启动年度东城社区青年汇“一汇一品”创新项目申报工作，加大对各社区青年汇的扶持力度。11月，设计并制作区青年汇卡，向各社区青年汇会员发放3000份。12月份，完成东城社区青年汇宣传片拍摄制作工作，并通过优酷网、东直门枢纽大屏、微信公众平台等宣传载体进行播放。 （董明）

【青年志愿者服务社会】2月，开展“邻里守望在身边 搭把手迎中国年”春节志愿服务活动，开展志愿服务活动70余项，累计提供志愿服务1400余人次，提供志愿服务总时长超过3000小时。3月4日，参与在北京国际会议中心举行的“邻里守望 —2014年北京学雷锋志愿服务推动日”活动。5月5日，举办纪念“五四”运动95周年活动暨邻里守望青年志愿服务推进仪式，成立东城区绿色环保志愿服务联盟并发布行动计划，聘请孙茂芳为东城区青年志愿服务导师。6月，开展六一关爱农民工子女、端午节敬老爱老志愿服务活动。9月9～23日，志愿者48人完成毛主席纪念堂志愿服务工作，总服务时长2026小时。10月1日建国65周年国庆节当天，志愿者322人完成天坛公园国庆游园志愿服务，累计服务时长3542小时，接待游人13万人次。孙茂芳志愿服务队、和医杏林志愿服务队、“绿之梦”青年绿色环保社和海巢·HOT社区青年汇在现场通过互动展示、宣讲咨询等方式，展示东城青年志愿服务成果、推介志愿服务项目。10月1～7日，每天分别有志愿者20人为劳动人民文化宫、中山公园提供国庆游园志愿服务。12月18日，组织应急志愿服务者近40人参加市应急志愿服务队举办的红十字医疗救助培训。 （董明）

【社区青年汇交流】3月18日，团市委书记常宇等陪同陕西团省委书记李豫琦一行调研东城社区青年汇。4月2～3日，山东省淄博团市委副书记带领淄博市团干部一行调研东城社区青年汇。4月23日，团中央年度首期地市级团委青年社会组织工作分管书记培训班的部分学员到海巢HOT·社区青年汇调研学习。9月26日，山东济南团市委副书记一行到东城社区青年汇参观交流。10月16日，天津市和平区团委书记一行到东城社区青年汇参观交流。12月17日，河南团省委城市部副部长一行来到东城社区青年汇参观调研。 （董明）

【党建带团建工作】3月，修订完善年度考核评价标准和体系，修订后的考评体系涵盖领导班子建设、团干部队伍建设、工作机制、工作业绩和工作保障等5个一级指标，细化分解出26个测评要素。11月17～28日，团区委组成4个考评组分别对全区17个

4月10日，共青团东城区十届六次全委扩大会

街道共青团工作情况进行考核评价，龙潭、景山、天坛3个街道总分位居前三名。（董明）

【青少年社会组织建设】 3月24日，开展青少年社会组织建设情况摸底调查，汇总梳理420余家青少年社团基本情况。11月3日，召开年度青少年社团工作会暨东城青少年社团之家常务理事第一次会议。会议讨论青少年社团之家组织机构成员名单，并通过《东城青少年社团之家章程》，发布《东城青少年社团之家三年行动计划（2015-2017年）》。11月，组织东城青少年社团之家的7个社团会员参加北京青年社会组织公益项目竞赛，最终5个项目入围竞赛40强。（董明）

【青年创业就业】 3月至9月，开展区社区青年汇促进青年创业就业服务季活动。3月13日，组织待业青年200余人参加北京地区高校毕业生系列双选会，20余人与用人单位初步达成就业意向。3月27日，在北京化工大学职业技术学院举办青年就业见习基地高校专场招聘会，提供招聘职位100余个，现场收到简历1000余份。3月28日，参加在中国人民大学举办的2014年东城区企业校园行专场招聘会活动，为人大毕业生50余人讲解青年创业政策。5月27日，在东四YOU记·社区青年汇举办“青年就业创业大讲堂”之流动青年创就业技能培训活动，30人参加。10月20日，组织创业青年参加年度“联东U谷杯”首都青年创业创新大赛，推荐报送优秀青年创业项目24个，6个项目进入全市40强。（董明）

【青少年思想引导】 4月，举办“共铸中国梦，同筑新东城”主题活动，全面启动青少年思想道德教育工作。5月，设计制作社会主义核心价值观宣传海报300余份，下发各基层团组织和20个市级社区青年汇。8月，动员各基层团组织在青少年中开展社会主义核心价值观宣传教育实践活动，制作社会主义核心价值观主题扑克牌和宣传海报，向基层团组织52个单位发放扑克牌2720套、宣传海报500张，并利用新闻媒体进行宣传。下半年，举办“我的中国梦——奋斗的青春最美丽”主题教育活动，“追寻中国梦，品鉴中国画”——齐派名家李海峰社会主义核心价值观书画分享会，组织辖区内青年开展“我的中国梦”教育实践活动——青年相声演员高晓攀分享会。（董明）

【涉诉未成年人社会调查】 3月，与阳光社区矫正服务中心联合开展涉诉未成年人社会调查工作，实施专业化与人性化并重，专门机构深度合作与个案帮扶关爱并举，进一步完善涉诉未成年人社会调查工作。8月，召开工作协调会，区公安分局、检察院、阳光社区矫正服务中心相关负责人出席，对涉诉未成年人社会调查工作流程进行进一步研讨。全年完成31件涉诉未成年人社会调查工作。其中本市12人、外埠19人，开展帮扶教育案例4—8次，为司法机关对涉诉未成年人进行综合考量提供参考。（董明）

【重点青少年服务管理】 3月至8月，全面掌握重点青少年情况，依托街道、社区、居委会、网格助理员等力量，收集辖区重点青少年基本信息，认真核实情况。9月至11月，加强重点青少年信息系统录入，确保信息更新及时、准确、详尽。10月，召开重点青少年工作推进会，确定未来一段时间工作的总体思路。（董明）

【社区青年汇文化体育季活动】 8月，启动“青春梦想活力飞Young”社区青年汇文化体育活动。8月至12月，组织社区青年汇开展保龄球赛、羽毛球赛、台球赛、“三国杀”3V3比赛、“胡同英雄”文化知识大赛等活动，受到区内青年的热烈欢迎和积极支持，全区20家市级社区青年汇参加，参与青年600余人次。（董明）

【希望工程】 10月，东城工作站组织希望工程捐赠者、青联委员、社会调查员等热心公益事业的各界人士100人参加国际鲜花港公益长走活动，募集善款1万元，用于东城区需要帮助的青少年。全年累计自筹和接受各项社会捐款1.80万元，发放各类募集资金8.36万元，资助贫困青少年400余名。（董明）

【与人大代表政协委员面对面】 11月，开展“共青团与人大代表、政协委员面对面”系列活动，面向17街道进行部署，完善日常联系机制，使倾听活动常态化。市区人大代表、政协委员、街道、部分学校以及青少年代表20余人参加活动，围绕丰富学生校外生活，促进青少年全面发展进行讨论。人大代表、政协委员分析青少年对于校外活动的意见和建议，思考普及、优化校外活动的方法和途径，在社会上进行呼吁，为青少年的健康成长、全面发展创造更好的条件。（董明）

【孙茂芳志愿服务总队成立】 12月4日，召开孙茂芳志愿服务总队成立大会，“当代雷锋”、第四届全国道德模范孙茂芳，团市委机关党委书记、市志愿服务中心有关领导，区领导汤钦飞，以及区委宣传部、文明办、社工委、区民政局、团区委、东四街道等单位的相关领导和志愿者320余人参加会议。会上宣布成立孙茂芳志愿服务总队，首批认定25支大队，58支服务队，志愿服务分队近150支，覆盖机关、企业、学校、医院和社区等各类组织，形成服务内容比较全面、覆盖范围比较广泛、运行机制比较健全的孙茂芳志愿服务团队体系。会上还发布《孙茂芳志愿服务团队三年行动计划（2015-2017年）》《孙茂芳志愿服务队认定管理办法（试行）》《孙茂芳志愿服务团队及个人星级认定实施方案（试行）》。（董明）

【区域化团建工作】 年内，以区域化党建为带动，推进区域化团建试点工作。6月，北新桥、和平里、建国门和前门4个街道成为北京市首批区域化团建试点街道，开展为期半年的试点工作，包括健全完善街道团工委、建立区域内团组织联建互促工作机制、推动社区团组织换届、做好推优入党工作以及打造区域化团建品牌项目等。至年底，4个试点街道吸纳交通部、人力资源与社会保障部等团组织成员单位81个，43个社区全部完成团组织换届工作，推优入党8人（其中流动团员4人），开展区级、街道和社区层面活动89次。（董明）

【“两新”组织团建工作】年内，推进非公有制企业和社会组织团建工作。“五四”期间，面向非公企业团员青年开展“践行社会主义核心价值观”主题教育实践活动；十一期间，在全区范围内开展“我的中国梦”主题教育实践活动；7月至9月，针对非公企业及团员青年开展专项非公服务季活动；12月上旬，组织非公企业团干部及青年骨干参加第五期团干部调训班。全年新增非公企业团组织92个，新社会组织团组织18个，覆盖全区商业、零售、餐饮、服务等各行业，超额完成团市委制定的全年“两新”团建工作目标。（董明）

【青年人才工作】年内，通过“东城—高校人才直通车”平台，推动“聚智建东城”品牌项目建设。5月，组织北科大东凌经济管理学院走进和平里街道、北理工管理学院走进朝阳门街道开展区校共建活动。6月，开展“大学生社会实践东城行”项目，组织高校社会实践团队以及部分街道团工委书记进行“东城文化”交流活动。持续开展团青干部思想汇活动，5月4日、8月29日，团区委副书记分别带领全区团干部60余人、团组织负责人20余人开展“展青春风采，促区校共建”走进北科大活动及“结路网情缘，谋区域发展”走进交通部活动。对实习生工作进行规范化、制度化、长效化管理，通过“团对团”的方式，建立实习生人才储备库，全年录用北京大学、清华大学等24所合作高校实习生20余人。（董明）

【全媒体宣传网络】打造全媒体宣传网络，加强共青团宣传阵地建设。5月，团区委筹建东城共青团专属微信公共平台——“东城小伙伴儿”。8月，将东城共青团专属微信公共平台进行认证升级。10月，团区委和东直门公交枢纽媒体进一步开展合作，东城社区青年汇的宣传片和活动集锦在东直门公交枢纽大屏上播放。11月底，全区20家社区青年汇均建成微信公共平台，与团区委微信公共平台形成联动。（董明）

东城区青年联合会

【概况】东城区青年联合会（简称东城青联）是东城区委、区政府领导下，团结和引领全区各族各界青年的爱国统一战线组织，下设区青联秘书处，秘书长由东城团区委统战权益部部长兼任。区青联第五届委员会于2012年9月换届，分设公共管理界别一组、公共管理界别二组、港澳台民宗侨、政法、经济界别一组、经济界别二组、科教、体育卫生、文化新闻、社团劳模8个界别，10个界别组。至年底，有青联委员380人，其中荣誉委员23人。第五届委员会常务委员会设常委76人。其中，主席1名、常务副主席1人、副主席14人、秘书长1人。

年内，以依法治国，依宪治国和区努力建设国际化、现代化新东城为契机，团结和引领全区各族各界青年，全面提升青联组织的战斗力、感召力、影响力和凝聚力，深化为大局服务、为社会服务、为青年服务、为委员服务的工作理念，推动全区各界青年统战工作的深入开展。青联秘书处继续协调各方力量，整合各方资源，拓宽思路，创新理念，构建“三四五”理论体系，以三重载体为组织依托，以四方发展为工作抓手，以五大平台为宣传交流阵地，全面开展东城区青年统战工作。

单位地址：东城区后永康胡同17号

联系电话：84039237

邮政编码：100007（张敏诗）

【五届三次主席团会】5月26日，召开五届三次主席团会议，区青联主席及青联主席团成员出席会议。会议由区青联常务副主席主持。会上，区青联主席向主席团解读东城青年联合会本年工作要点，并提交主席团审议，常务副主席宣读关于调整区青联主席团的建议，秘书长介绍拟增补委员及常委提名人选的基本情况并提交主席团审议。会议决定于6月中旬召开区青联五届三次常委会及全体会议。6月17日，召开五届三次常委会，会议由区青联主席主持。审议并表决通过增补区青联五届委员会常委4人，增补区青联五届委员会委员42人。常务副主席通报关于东城区青年联合会第五届委员会主席调整的决定。区青联常委会审议并通过五届三次全体会议议程。会上，团区委书记、区青联主席代表常委会向大会作工作报告，区青联秘书长通报五届三次常委会通过的关于新增补五届青联常委、委员的决议。团市委副书记、市青联副主席杨立宪，副区长许汇等出席。（张敏诗）

【界别活动】发挥界别组自转作用，开展特色鲜明活动，树立界别文化。公共管理界别二组组织委员赴史家胡同博物馆参观系列展览并观看央视纪录片《史家胡同》，亲身体验胡同文化，感受中国传统渊源。港澳台民宗侨界别委员20余人赴北京剧院观摩“恒久凝聚爱心永远”残疾人专题文艺晚会，感受残疾人自强不息、热爱生活、坚强奋进、回报社会的可贵精神。文化新闻界别组织委员赴长安大戏院，观看京剧《勘玉钏》演出，感受国粹魅力。（张敏诗）

【品牌沙龙活动】以兴趣爱好为纽带，打破界别限制，开展沙龙系列活动。文化沙龙方面，分批组织各界别委员共赴刘老根大舞台进行文化交流活动、赴奥林匹克公园中心区参加法国机械“龙马”巡游表演活动及观看原创歌剧《红帮裁缝》、京剧《勘玉钏》、电影《心花路放》等文艺剧目，积累文化底蕴，增进委员交流。魅力沙龙方面，举办第四届“迎三八魅力大变身”活动，委员40余人共庆节日，共叙青联情谊。每周1次在区第二文化馆开展东城青联系列美体沙龙活动。学习沙龙方面，组织各界别委员20余人参加市青联举办的学习习近平总书记系列讲话精神专题报告会。健康沙龙方面，开展增绿减霾共同行动，共募公益基金2.05万元并汇款至北京市青少年发展基金会，践行绿色理念，塑造委员形象。（张敏诗）

【青联同行系列活动】 以委员单位及区内相关单位为主要活动阵地，开展“青联同行”系列主题活动。“青联街道行”，组织各界别委员赴街道最具特色地区参观并开展交流座谈。“青联校园行”，组织各界别委员走进特教学校，参观校园环境，了解学生学习和生活，向家庭经济困难学生提供物质精神等各方面帮助。“青联企业行”，组织各界别委员赴委员企业进行参观座谈，了解企业文化，并对企业发展献计献策。“走进青年汇”，组织委员参观中小企业服务中心，了解中心运营模式及服务内容、配套设施，开展交流座谈。（张敏诗）

【推优荐才】 全年继续推荐委员参与各类市、区级人才奖项评选。推荐委员1人参评北京市“五四”奖章，推荐委员8人参与市级、区级优秀人才培养资助项目，推荐委员1人参评第二届东城杰出人才奖，推荐委员6人参评第七届东城区有突出贡献的优秀人才，推荐委员3人参评东城区优秀青年人才。联合九三学社北京市妇委会，为女委员提供领导力系统知识学习、视野拓展和平台搭建的机会。加强对委员的培养服务和教育引导，建立与委员联系沟通长效机制，实时掌握委员近况，对委员事业发展、专业领域研究项目进展以及所获荣誉等情况进行分类建库、定期更新、动态管理。（张敏诗）

东城区妇女联合会

【概况】 东城区妇女联合会（以下简称区妇联）是区委领导下的群众团体，是党联系妇女群众的桥梁和纽带，基本职能是代表和维护妇女权益，促进男女平等。内设办公室、组宣部、权益部、儿童部（区妇儿工委办），编制18人，实有17人，其中行政编制14人，机关工勤编制3人。截至12月底，全区有街道妇联17个，社区妇联182个，机关妇委会65个，党派机关妇委会8个。

年内，开展党的群众路线教育实践活动。通过“爱在身边”庆祝三八国际劳动妇女节104周年专场活动，宣传17户和谐家庭标兵、6支巾帼志愿服务优秀团队奉献事迹。启动寻找最美家庭活动，寻找最美家庭574户、评选好邻居2785户。在未成年人中发起快乐少年讲文明、筑梦想、讲奉献、爱祖国主题活动，联合区教委、区社工委等7家委员单位，采取专场专用和一室多用两种方式，建立儿童之家23个，举办活动331场，享受服务儿童近1万人。表彰区双合格好家长100名。推动儿童伤害干预项目实现全覆盖，开展家庭安全日志社区传递活动230场，三级妇联组织开展家教类服务活动近1000场，受益家长3.70万人次。三八维权周期间，全区开展普法宣传154场，制作发放宣传材料1.6万余份，受益人数2万余人，以座谈、走访等形式开展特殊人群帮教活动88人次。依托区巧娘协会开展公益手工技能培训302场，1万余人参与，与东城区看守所签订为期5年的社会帮扶教育协议，针对被监管女性人员开展关爱帮扶教育活动。争取专项资金50.61万元，走访特困妇女儿童804人（户），为适龄妇女开展两癌筛查258人次，为患乳腺癌困难妇女100人免费测量并配发价值4.6万元的义乳。全年，区、街两级妇联接待信访659件，回复率100%。

单位地址：东城区后永康胡同17号

联系电话：84039244

邮政编码：100007（张明旭）

【十二届四次执委（扩大）会议】 1月15日，在区委区政府会议室召开，区妇联执委、机关妇委会主任、党派妇委会主任、街道主管领导100余人参加。区委常委、组织部部长吴松元讲话。会议传达全国妇女第十一次代表大会的重要精神，增补、替补执委4人。区妇联主席作题为高举旗帜，坚定信念，团结带领全区广大妇女为新东城建设而努力奋斗工作报告。会上，区妇联“心悦”专家团专家代表、区家教研究会理事、和平里小黄庄巾帼志愿者代表分别发言交流中老年妇女服务、家庭教育、志愿活动的经验与体会。（张明旭）

【巧娘展风采】 1月30日至2月5日，区巧娘协会11个巧娘工作室的65人手工制作的钩编织作品、线偶、铁艺作品在地坛、龙潭、大观园庙会中，深受游客喜爱，销售收入18万元。7月19日，巧娘1人作为区女性创业代表参加由市妇联举办的为期5天的北京妇女儿童公益博览会，展示自己的钩织作品，得到赞赏和肯定。8月20日，团市委、北京国际青年营聘请区巧娘协会巧娘老师与青年学生就手工艺作品文化传承进行互动体验。在巧娘老师指导下，学生们亲手制作彩绘兔爷、中国结。12月16～19日，区“巧艺生情”巧娘手工艺作品展在区第一文化馆二层展厅开展。分为珠事如意、针心真意、恋恋不舍、剪艺人生、画中有话、贴进梦想6个板块，集中展示17个街道、24个巧娘工作室的300余件手工艺作品。现场邀请工美大师、非遗传人、巧娘老师与参观群众做手工艺现场互动。（张明旭）

【参观交流】 2月19日，中国台湾各界人士参访团妇女界代表一行5人，到朝阳门街道史家社区参观史家胡同博物馆，聆听胡同声音，与史家社区负责人交流社区妇女文化建设。3月18日，古巴妇联总书记、古共中央委员、古巴国务委员会委员特雷莎·阿玛雷耶一行2人，到区巧娘工作室发展协会参观访问。特雷莎·阿玛雷耶就东城区巧娘工作室发展协会运行模式、资金投入、培训范围及内容和妇女居家就业情况与协会负责人进行交流。4月21日，以亚美尼亚国民会议副主席、共和党妇女委员会主席艾尔梅涅·米卡伊洛夫娜·纳戈达良为团长的亚美尼亚共和党妇女委员会代表团一行5人，到区第一妇幼保健院参观访问。参观24小时急诊、普通门诊、专家门诊、高危产科、重症儿童监护室等特色门诊，详细了解温馨爱屋、导乐陪产、无痛分娩、新生儿抚触、孕前保健咨询等特色服务项目，并就关爱女性健康、提升卫生服务水平等方面进行深入交流。7月7日，斯里兰卡总统夫人施兰蒂·拉贾帕克萨为团长的斯里兰卡代表团一行23人，到东华门幼儿园参观访问。代表团一行首先来到童音阁，欣赏幼儿舞蹈“兵娃娃”和童话剧表演“老虎拔牙”，随后沿着文化特色区，巧手工坊和藏书阁，先后观摩幼儿水粉画、水墨画和幼儿阅读等教学活动，并走进课堂，参与“中国照相馆”、“四联美发”、“北京小吃店”等特色文化体验活动。并向东华门幼儿园赠送礼物。9月16日，常州市妇联一行72人到东四街道奥林匹克社区体育文化中心，学习考察社会组织参与妇女工作情况、妇女之家建设等特色工作经验。参观东四街道奥林匹克社区“妇女之家”、彩虹巧娘工作室和“儿童之家”。区妇联领导和市协作者社会工作发展中心主任李涛分别介绍全区妇女之家阵地建设情况和社会组织参与妇联工作情况。9月24日，毛里求斯代表团一行19人，到区巧娘工作室发展协会进行参观访问。参观珠编、中国结、绳艺、布艺、钩编织等手工艺作品，交流两国不同的手工艺品制作方法，并现场学习制作葡萄珠艺小挂件。10月22日，中国香港西区妇女福利会代表团一行30人参观景山尚爱老年服务中心、东华门幼儿园和东花市街道社区活动中心，双方就养老服务、儿童教育和社区妇女工作进行交流。12月1日，山东省临沂市沂水县妇联干部一行6人来到区学习、交流妇女之家阵地建设情况。区妇联领导介绍区妇女之家建设主要做法和管理机制，东四街道八条社区介绍“暖心帮帮团”项目运作情况和成效。来访者参观东四街道彩虹巧娘工作室和儿童之家。12月11日，昌平区妇儿工委一行30人到东四街道奥林匹克文体中心，参观考察儿童之家建设情况。区有关单位介绍儿童之家管理方法和运作模式以及公益项目运作概况。（张明旭）

【走访慰问】元旦、春节期间组织开展以营造温暖之家、共享美好生活为主题的两节走访慰问活动。北京市妇联副主席常红岩、区领导冯熙、吴松元、夏树军等相继入户走访慰问区老妇救会主任及8户困难单亲母亲。区妇联班子成员及妇联全体干部先后到社区入户看望困难妇女。年内，向全国妇联、北京妇女儿童发展基金会和区财政的慰问专项经费50.61万元，重点走访老妇救会主任、困难三八红旗奖章获得者、困难单亲母亲、两癌筛查中发现的困难患癌妇女及低收入困难妇女787人，并为50余户困难家庭送去价值约6.80万元的奶粉和蛋黄粉。为108名患乳腺癌妇女配发价值4.60万元的义乳。（张明旭）

【纪念三八妇女节104周年】3月5日，在风尚剧场召开。纪念活动通过《这样的教育》《幸福的味道》《爱在身边》三幕情景剧，反映东城广大家庭在弘扬夫妻和睦、尊老爱幼、科学教子、勤俭持家、邻里互助的中华民族家庭美德和新时代社会风貌。大会授予赵雅丽等17户家庭为东城区和谐家庭标兵，授予王宇红等家长10人为双合格好家长标兵，授予和平里街道小黄庄社区“爱心大姐”服务队等6支志愿服务团队为巾帼志愿服务优秀团队。授予165户家庭为东城区“五好文明家庭”，90名家长被授予双合格好家长。市妇联副主席常红岩、区领导金晖等及区和谐家庭、双合格好家长、优秀志愿服务团队代表、女政协委员、机关妇委会成员、妇联执委、社区妇女群众等来自全区各条战线和各族各界的近妇女400人共庆三八国际劳动妇女节104周年。区领导吴松元致辞。三八前夕，区妇联领导分别走访慰问市三八红旗奖章获得者2人及三八红旗集体获得者2个。（张明旭）

【女性专场招聘会】3月6日，联合区人力社保局及区职业介绍服务中心举办三八女性专场招聘会。招聘会吸引30余家用人提供涉及财务、超市理货员等适合女性的岗位3087个，现场求职女性500人中151人初步达成就业意向。区仁合公益与法律研究中心提供政策法律咨询服务，发放公益法律援助指南、仁合公益社区便民法律服务真情卡、巾帼创业基金管理办法等宣传材料200余份。（张明旭）

【单身联谊会】3月14日，和永外街道工委、办事处联合在永外管村社区活动中心举办，单身青年126人参与。参加交友联谊的单身男女多来自辖区单位，活动通过数字组合、穿越银河、叠报纸、爱情蹦蹦跳等互动游戏，让不相识的青年男女有了互相了解的机会，两个多小时的联谊活动有12对男女青年牵手成功。（张明旭）

【寻找首都最美家庭活动】4月3日，市委宣传部、首都文明办、市妇联联合主办的寻找首都最美家庭——“忆家训、谈家风、促和谐”主题活动在东四街道举办。全国妇联书记处书记焦扬，全国妇联宣传部部长王卫国，市妇联领导马兰霞、陈玲，区领导汤钦飞及市区相关单位领导以及来自东四地区的家庭代表120余人参加活动。主题活动主要围绕“孝”“和”“容”“学”4个方面的好家风展开。东四二条社区居民、南门仓社区居民、京城小雷锋志愿者分享自己家的家训格言。民俗专家讲述清明节与家风的关系。全国道德模范孙茂芳将一本写着“被别人爱是福，给别人爱是德”的故事集送给小志愿者。除了分享家训格言，活动还围绕如何与时俱进传承和学习好家风展开讨论。以“24孝”古今变化为例，向广大社区居民宣传如何摒弃传统文化中一些落后的封建思想，而结合现今的实际情况传承和发掘新的家庭美德，将传统文化与现代文明有机融合。最后，与会领导为10户最美家庭赠送家训格言书法作品。（张明旭）

【家庭文化展】5月13日，会同区文化委、东城区档案局在区第一文化馆举办“品味家史春秋 寻找最美家庭”家庭文化展，市区妇联领导参观展览。本次参展家庭200余户，包括爱好收藏、家书家训、家族家谱、子女成长、工作业绩等类别1000余件展品，展示东城最美家庭独特的文化和色彩缤纷的快乐生活。展览活动还设有观众投票环节，评选出老百姓心目中的最美家庭。（张明旭）

【儿童伤害干预项目全覆盖】 5月20日，在朝阳门街道儿童之家举办“快乐童年安全护航”儿童安全文艺展演暨庆六一活动，市妇儿工委办主任、市妇儿工委儿童伤害干预项目负责人、区妇联主席、朝阳门街道工委书记及东城区儿童伤害干预项目实施单位代表、各街道妇联主席、朝阳门地区儿童和家长160余人参加活动。项目推进“安全家庭、安全社区、安全学校、安全幼儿园”“四个安全”伤害干预工作模式，该项目覆盖17个街道、35所中小学幼儿园，涉及人群50余万人，优化儿童健康成长环境，实现项目全覆盖。活动中向来自社区和家庭的代表赠送东城区家庭安全教育日志。安全日志由孩子与家长共同完成并在全区187个社区中传递，以传播伤害不是意外，伤害是可以预防的安全理念，营造人人知安全、人人讲安全的浓厚氛围。（张明旭）

【培训工作】 5月22日，区妇儿工委办公室与区统计局联合召开东城区妇女儿童发展规划监测统计工作培训会。就妇儿工委重点工作和东城区“十二五”妇女儿童规划监测统计工作进行部署；对新增妇女儿童规划监测统计指标进行具体讲解。20余人参加培训。5月29～30日，在区党校举办基层妇联主席培训班。邀请有关专家讲授心理调适、职业女性形象与服装搭配、调解方法与技巧、项目化管理与运作等方面的专业知识。并组织到燕山石化公司、北京石化新材料科技产业基地进行实地参观。妇女工作者240人参加培训。10月16～17日，联合区委组织部、区委党校在区法院举办主题为“涵养文化底蕴塑造魅力女性”处级女领导干部专题培训班。邀请有关专家讲授领导压力管理与音乐疗法、政府形象策划宣传、音乐鉴赏指导和环保制作体验等课程，全区处级女领导干部180人参加培训。（张明旭）

【妇女之家项目工作】 5月23日，举办妇女之家项目工作培训会，23个项目的主要负责人40人参加培训。市协作者社会工作发展中心主任围绕妇女之家项目的特点，以如何提升项目管理效率为主题，就项目实施步骤进行系统化培训，结合区妇联重点项目进行个性化指导。9月5日，在区妇联三楼会议室召开妇女之家项目中期督导会。区妇联及17个街道妇联主席及项目负责人参加会议。前门街道等6个重点项目负责人汇报项目进展情况、阶段性成果、经验做法及存在问题等。市协作者社会工作发展中心主任逐一点评各项目实施情况，并针对项目整体运行提出建设性意见。12月17日，举办妇女之家项目总结汇报会。15个项目的街道妇联主席和社区负责人围绕家庭建设、社区志愿服务、文化建设、家庭教育等4方面项目内容，通过PPT演示，汇报项目工作情况，梳理特色经验和问题，并对下年项目工作的深入推进提出设想和建议。区妇联各部门分别点评各项目的实施成效。至年底，区妇联在全区实施的23个项目全部完成，成立10支志愿者服务队，直接受益居民近1000人。（张明旭）

【快乐少年·筑梦想活动】 5月28日，在新鲜胡同小学举办“快乐少年·筑梦想”主题教育实践活动。活动以“梦想”为主题，由主会场和分会场两部分构成。主会场的文艺展演以小合唱、武术表演、辩论式小品和集体舞等，展示孩子们昂扬向上、追逐理想的良好精神风貌，引导孩子们做自信、乐观、坚强的快乐少年。分会场带领孩子们参观废旧物品手工制作展览，体验“四香”校园，让孩子们在花香、墨香、茶香、书香中感受百年老校的文化情怀。市妇联副主席常红岩、区委领导宋甘澍、区委宣传部、区文明办、区文化委、朝阳门街道等相关领导出席活动，并向孩子们赠送了学习用品和节日礼物。（张明旭）

【走访慰问幼儿园】 5月29日，区妇联和区妇女儿童事业发展协会领导共同走访慰问华丰幼儿园，为孩子们送上节日祝福和价值1万元的节日礼物。幼儿园小朋友们邀请领导一起表演绸子舞，共庆六一儿童节。5月30日，区妇联走访慰问永定门幼儿园，为孩子们送去节日祝福和慰问金5000元。参观幼儿园教室、操场和活动

3月5日，召开纪念“三八”国际劳动妇女节104周年大会

场所，了解孩子们在幼儿园的日常生活，并与孩子们一同参与互动游戏，共庆六一儿童节。（张明旭）

【妇儿社工人才孵化基地成立】6月16日，与市协作者社会工作发展中心联合成立东城区妇女儿童专业社会工作人才孵化基地。龙潭街道光明社区、北新桥街道北新仓社区、东四街道八条社区、朝阳门街道礼士社区和体育馆路街道国家体育总局5个社区妇女之家作为社工服务点开展服务。区妇联与中华女子学院联合，在5个社工服务点注入专业社工学生进行顶岗实习，将专业社工方法与传统妇联工作相结合，在优势互补中相互学习，提升妇联工作的专业性，落实妇女工作者+专职社工+专愿者+社会组织四方联动的服务模式，完成项目目标任务。（张明旭）

【全国妇联领导调研】10月16日，全国人大常委会副委员长、全国妇联主席沈跃跃，全国妇联副主席、书记处书记崔郁等一行5人到区调研基层妇女组织服务妇女群众工作。一行首先到建国门街道金宝街商务楼宇姐妹驿站，了解妇女组织在非公领域服务妇女员工情况，对姐妹驿站在长期开展的服务工作中，探索总结出的“三三工作法”给予高度评价。在东直门街道社会服务管理中心，向街道书记详细了解在网格当中妇联组织服务妇女群众的基本情况，对妇联组织主动借助现代化社会管理手段为妇女群众提供服务的做法给予充分肯定。在东直门街道清水苑社区，观看社区信息管理平台居民信息采集及反馈工作演示，在清水苑社区，参观社区调解室、图书阅览室、居民活动大厅，并在活动大厅内与前来活动的社区居民聊家常，询问大家对党组织和妇联组织的期盼和要求。最后，一行到清水苑社区4号楼，看望最美家庭蔡玉萍一家。区委书记杨柳荫及市、区有关领导和部门有关领导陪同调研。（张明旭）

【儿童之家建设】11月5日，区妇儿工委办公室、区卫生和计划生育委员会、龙潭街道工委、朝阳门街道儿童之家、建国门街道苏州社区儿童之家（社区公益绘本馆）北京市儿童之家建设现场推进会上，分别介绍儿童之家创建经验、运作模式和特色服务等情况。会议在东城区东四街道奥林匹克文化体育中心多功能厅召开。与会人员参观东四街道儿童之家，听取儿童之家的运作、管理和服务情况的介绍。（张明旭）

【家庭综合服务项目启动】11月21日，召开区“益家筑梦·携手成长”社会组织联合型家庭综合服务项目启动式暨社会组织与街道妇联、社区妇女之家对接会。家庭安全、家庭环保、家庭健康3个服务板块负责人分别围绕服务内容、服务形式和服务方法进行具体介绍。12家社会组织负责人、10家社区妇女之家的相关负责人参加会议。（张明旭）

【党的群众路线教育实践活动】2月至10月，开展党的群众路线教育实践活动。组织集中学习活动14场，召开座谈会9次，梳理意见建议101条，开展谈心谈话三轮61次，班子召开专题会诊会5次，制定和落实整改措施25项，形成工作更科学街道说了算、工作更到位基层说了算、工作更有效百姓说了算的经验做法，实现全体党员干部理想信念的巩固和政治素养提升。（张明旭）

东城区工商业联合会

【概况】东城区工商业联合会（简称区工商联）是中国共产党领导的面向工商界、以非公有制企业和非公有制经济人士为主体的人民团体和商会组织，是党和政府联系非公有制经济人士的桥梁纽带，是政府管理和服务非公有制经济的助手。工商联具有统战性、经济性、民间性有机统一的基本特征。东城区工商业联合会成立于1951年，现有33家基层商会、17家街道工商联商会、4家特色街区商会（南锣鼓巷商会、五道营商会、前门大街商会、红桥商业协会）、1家重点地区商会（北京站地区商会）、1家科技园区商会（雍和园商会）、1家楼宇商会（东方燕都商会）、2家异地驻京商会（天台北京商会、山西企业商会）和7家功能性商会（法律商会、金融商会、科技商会、文化产业商会、青年创业者协会、书画协会、养生健康协会）。内设办公室、宣传教育科、会员科（民间商会管理科）和经济服务科，有行政编制16人，实有16人。目前有会员2400余人，其中市人大代表9人、区人大代表30人，其中区人大常委4人；市政协委员9人、区政协委员87人，其中区政协常委12人；全国工商联执委2人、市工商联执委31人，其中市工商联常委14人、副主席1人、市商会副会长5人。

年内，开展党的群众路线教育实践活动和进一步推进非公经济人士理想信念教育活动，推动《东城区“十二五”期间工商联事业发展规划》落实，开展诚信文化建设年和会员企业服务年主题活动，完成年度折子工程，促进工商联事业的持续稳步健康发展。年内“为千户家庭送温暖活动”品牌获上年度全国地市级和中心城区工商联工作及项目“十大创新”。企业家1人当选为第四届全国非公有制经济人士优秀中国特色社会主义事业建设者，企业家4人获第四届北京市优秀中国特色社会主义事业建设者称号。1家会员企业获北京市三八红旗集体荣誉称号，会员企业家2人获北京市三八红旗奖章荣誉称号。4家会员企业进入北京混合所有制企业发展典型案例。

单位地址：东城区天坛东路13号院5号楼

联系电话：65255187

邮政编码：100061（高鹏）

【光彩事业】元旦、春节期间，第八年开展为千户家庭送温暖活动，组织30家基层商会的369家会员企业，捐款捐物价值达160余万元，慰问困难群众3240人次。4月4日，举办光彩助学捐助仪式，组织会员企业向宏志中学捐助高尔夫培训课程、高尔夫教学器材经费等价值近2万元。5月4日，在区教委举办的“五四”表彰大会上，为罹患白血病的中央工艺美术学院附中学生捐款5000元。6月27日，出资2500元慰问东直门街道香北社区5户困难群众。6月30日，区工商联名誉主席、北京国瑞兴业地产有限公司董事长向东城区培智中心学校捐赠14万元用于帮助残障人士恢复训练。7月，会员企业北京宏源餐饮管理有限公司连续第9年慰问一线的区公安分局干警和交通支队交警，为他们送去价值23万元的矿泉水1.30万箱。8月12日，区工商联和明城青少年活动中心联合举办为《星星也做中国梦》一书捐资出版活动。8月20日，区工商联雍和园商会举办“真情点亮希望，爱心接力梦想”主题捐款活动，第二次为一名白血病患者捐助5万余元用于康复治疗。12月5日，会员企业中建华通公司向史家小学捐赠价值20万元的空调设备。12月30日，组织会员企业无限极（中国）有限公司向北京宏志中学捐赠15万元，用于建立中医药研究室和为宏志生提供助学金。年内会员企业捐款、捐物共计1069余万元。其中，吴东魁艺术馆分别向江西、贵州等省捐款建学11所，共计440万元；金鼎轩酒楼扶贫大学生、建校共计200万元；中和珍贝科技有限公司为市总工会和区教委捐资150万元用于困难职工和贫困学生救助；世纪天鼎商品交易市场有限公司和北京宏源餐饮管理有限公司分别向新疆乌鲁木齐市天山区延安路街道和西藏拉萨市城关区公德林街道的困难家庭送去500件棉衣，共计36万余元。（高鹏）

【慰问帮扶工作】春节、五一、十一期间，发放原工商业者困难补助143户，补助金额25.20万元，慰问原工商业者26人次，慰问金1.05万元。同时，做好原工商业者（三小）和遗孀的身份认定工作以及老会员上访事件的调查取证、材料整理汇报、信访答复等相关工作，接待来信10余件，接待原工商业者及遗孀来访者98人次，来访100余人次，帮助协调解决相关问题。（高鹏）

【调查研究】1月13日，全国工商联宣教部部长高庆林，市工商联相关领导到区调研，与3家会员企业负责人座谈交流，听取企业经营发展情况汇报。3月21日，全国工商联宣教部副部长王尚康，北京市委统战部副部长、市工商联党组书记郑默杰，市工商联秘书长等领导一行到区调研，召开深入开展非公经济人士理想信念教育实践活动座谈会。3月27日，北京市工商联党组副书记、副主席张卫江及东城、昌平、石景山区工商联、市委统战部工商经济处领导和企业家代表一行到上海股交中心调研，详细了解我国场外市场的发展现状，上海股交中心为解决中小企业融资及规范发展所采取的措施和取得的效果，就相关问题进行互动交流。4月25日，市工商联副主席王报换与中国社会科学院经济研究所领导一行9人到区工商联调研，了解听取北京晶珠藏药科技集团等区民营企业科技成果应用转化情况。5月5日至8月11日，区领导周永明先后到区工商联会员企业——北京航腾物业管理有限责任公司等多家企业、基层商会、民营企业进行调研，就中关村新三板资本市场放开等有关问题进行座谈；实地了解企业经营状况和关注的热点难点问题，探索非公企业宣传工作新形式；参观北京圣龙同鉴文化有限公司——固安圣龙坤和农业开发有限公司绿色生态养殖基地和北京联飞翔科技股份有限公司——固安研发生产基地，听取企业情况介绍，实地参观生产线；与15位非公经济企业家代表进行座谈，听取企业家们就我区扶持非公经济发展新政策的出台、新型业态产业发展及发展环境存在的问题提出的意见和建议；到区工商联骨干会员企业大道信通（北京）科技发展有限公司和北京大碗居餐饮有限公司调研，了解大道信通公司关于电子政务商业智能解决方案以及区工商联综合服务平台项目前期设计和建设方案情况，实地考察北京大碗居餐饮有限公司现代化物流配送基地。全年到会员企业调研120余次，解决问题40余个。（郑江）

【合作交流】2月10日，丰台区工商联到区工商联座谈，双方就商会建设等工作进行研讨。5月19日，区工商联应邀出席“中国·廊坊国际经济贸易洽谈会”永清县会中会，与河北省廊坊市永清县缔结为友好商会，为促进京津冀协同发展、增进两地商会组织和双方会员企业沟通交流合作搭建平台。6月16日，与湖北省十堰市工商联开展对口协作洽谈会。就相关业务达成了初步合作意向。6月17日，与安徽省蚌埠市工商联开展工作交流会。就相关业务合作达成初步意向。6月18日，区工商联与区文联召开座谈会，就工作职责、会员活动、文化企业发展等方面进行交流。7月18日，应邀参加北京文水企业商会成立大会。7月23日，组织青年创业者协会和部分重点会员赴内蒙古赤峰交流考察，双方建立友好商会关系。8月6日，与河北省唐山市路南区进行工作交流，双方就京津冀一体化协同发展、密切合作等问题进行座谈。市工商联秘书长林为民参加。8月8日，与四川省武胜县工商联就加强工作联系和成立北京武胜商会等事宜进行交流。8月26日，与湖北省随州市工商联就密切友好商会关系、加强合作进行交流座谈。10月14日，与广西壮族自治区桂林市工商联进行工作座谈，双方介绍工作情况，重点就加强基层组织建设和做好会员服务进行深入探讨。10月22日，与来访的浙江省宁波市工商联进行交流座谈，双方签订友好商会协议。11月18～20日，赴内蒙古察右前旗进行商贸考察，双方签订友好商会协议。12月2～6日，组织部分非公经济代表人士赴四川省武胜县、湖北省郧县进行商贸考察，并与两地工商联签订友好商会协议。

（郑江）

【信息工作座谈会】3月5日，组织召开34家顾问单位信息工作座谈会，听取有关非公经济服务领域、出台非公经济相关政策以及畅通信息沟通平台的意见和建议，并与各单位就如何发挥职能部门作用，推动政策对接落地和探索转型升级、劳务用工、企业融资等热点难点问题以及改善非公经济发展环境，共同促进非公经济健康发展和非公经济人士健康成长进行交流和探讨。（高鹏）

【商会建设】 3月6日，召开基层商会工作会议。会上，传达市工商联工作会议精神，总结上年基层商会工作和“为千户家庭送温暖”活动开展情况，布置本年商会重点工作，5个街道商会作典型发言。区委常委、统战部部长周永明就做好商会工作提出要求。市工商联副主席王爱民到会并讲话。6月26日，指导文化产业商会在“77文创园”时差空间和剧场举办区工商联文化产业商会主题活动——两岸文化融合和发展交流暨台湾戏剧《寄居》观剧活动。6月26日，成立红桥商会。7月24日，指导和平里街道商会组织民营企业家志愿者服务队成立暨“组团式服务进社区”活动。7月30日，举办新会员培训班，围绕工商联性质、职能、服务内容等知识进行培训。餐饮、建筑、法律、医疗卫生、文化产业、商贸服务等多个行业80余名新会员参加培训。8月27日，指导南锣鼓巷商会召开南锣鼓巷发展座谈会。8月29日，召开基层商会试点工作会。9月19日，召开专职工作者全配备布置会，明确专职工作者的工作职责和管理办法。10月30日，成立书画协会、养生健康协会。12月10日，指导什刹海、南锣鼓巷、五道营和簋街四条特色街区的商会会长组织“商户如何加强自律、更好的服务消费者”专题座谈会，并建立商会联合会，在多个街区内建立起一个优质资源的交互平台。指导南锣鼓巷商会与安交工商所、食品药品监督所、城管分队等部门召开南锣鼓巷商户大会，67家商户代表参加。指导五道营商会发起建成“五道营商户俱乐部”，每日通过微信群向各商户发出实景菜单，解决商户们吃饭难的实际困难，雇用本地低收入居民和残障人士作为服务员，为当地居民提供工作岗位，为商户与居民搭建了沟通平台。年内，建立基层商会和会员数据库，完成所有会员企业的信息录入工作，实现对会员的动态管理。全年，召开专职工作者工作会4次，16家街道商会配备专职工作者。（郑江）

【劳动用工三方机制座谈会】 3月18日，组织召开劳动用工“三方”机制座谈会，就非公企业在劳动用工、履行劳动合同、缴交社会保险等方面所存在的问题以及有关热点和难点问题进行座谈交流。区人保局、区总工会解答现场企业同志提出的问题。

（高鹏）

【搭建新三板平台】 4月12日，组织召开新三板扩容政策研讨会，介绍企业上市的历程及借助资本市场迅猛发展的经验。6月6日，组织召开“混合所有制经济暨推进中关村新三板上市工作座谈会”，介绍中关村新三板上市的相关政策以及优势，围绕当前非公企业参与国企改制、发展混合所有制经济的实践情况进行座谈，并就混合所有制发展进行探讨和交流。区发改委、区雍和园管委会、区产促局等相关单位领导以及非公企业代表20余人参加座谈。7月22日，联合区产促局、区金融办举办区中小企业和非公经济中关村新三板培训，组织30余家有上市意愿的会员企业近50人参观全国中小企业股份转让系统有限责任公司，对中关村新三板市场融资知识进行讲解，对新出台的《东城区关于支持企业上市挂牌融资的若干意见》进行宣传和解读。10月24日，组织召开“新三板”上市企业工作推进会，区产促局、区金融办、区工商联相关负责人及拟上市会员企业参加会议。与会企业分别介绍上市前的准备情况，并就存在问题进行交流研讨。区金融办对企业提出的问题现场做出解答。年内，4家会员企业在主板、新三板成功上市，推荐辅导15家会员企业进入区拟上市企业数据库，会员企业北京大道信通科技股份有限公司、北京观典航空设备公司、北京鼎能开源科技股份有限公司、北京大和恒粮油贸易股份有限公司4家会员企业完成股改。（高鹏）

【执常委会议】 12月26日，区工商联（商会）召开九届六次执委会暨基层商会工作研讨会。会议审议通过年度工作报告和东城区非公经济扶危济困促进会年度收支情况的报告，通报东城区商会注册有关情况，布置下年春节前为千户家庭送温暖工作、《中华工商时报》和《中国工商》报刊征订工作以及工商联系统人大代表、政协委员在区人大、政协全会上的提案议案工作。通过执常委增补调整事项，调整后有执常委115人。区领导周永明出席并讲话。区工商联全体执委、33家基层商会的主管领导、秘书长和街道商会专职工作者参加。

（郑江）

【非公人士理想信念教育实践活动】 年内，开展非公有制经济人士理想信念教育实践活动，制定《东城区深入开展非公有制经济人士理想信念教育实践活动方案》，召开执委会和基层商会工作会，组织执委及骨干会员、各基层商会会长、副会长、秘书长学习全国理想信念教育实践活动视频会议精神，明确深入开展活动的意义和具体要求。4月29日，召开非公经济人士理想信念教育实践活动推进会暨第十八期非公经济人士培训班，北京大学特聘教授郑栩建，围绕十八大和十八届三中全会精神，作新形势下企业战略调整专题报告。全国工商联宣教部理论处、市工商联办公室、区委组织部、区委宣传部等相关部门领导出席会议，各基层商会及东城区非公经济人士520余人参加培训。5月29日，全国工商联副主席安七一一行到区工商联副主席单位——大前门（北京）文化艺术有限公司调研，听取该公司董事长关于企业经营发展、参与和谐社会建设、光彩公益事业等情况的汇报以及对如何改善非公经济发展环境和开展理想信念教育的意见和建议。安七一充分肯定东城区工商联围绕“美丽东城我参与幸福东城我奉献”开展的理想信念教育实践活动，他强调要建立机制，促进长效，务实推进理想信念教育实践活动，以“中国梦，企业梦”为主题，突出地方特色，发挥企业家主体作用，凝心聚力，传递信心，打造一批可信赖、可学习、可成功的企业家，促进非公经济健康发展和非公经济人士健康成长。全国工商联宣教部副部长刘檀，市委统战部副部长、市工商联党组书记郑默杰，市工商联副主席佘运高，区委常委、统战部部长周永明等陪同调研。6月9～10日，组织区工商联、区商会领导班子成员40余人参加东城区党派团体负责人学习班。7月31日，全国工商联副主席李路到区南锣鼓巷商会调研，实地考察南锣鼓巷及商会，听取关于区工商联南锣鼓巷商会基本情况和开展理想信念教育实践活动工作情况的汇报，与商户代表进行交流座谈。李路赞扬东城区委、区政府重视工商联和商会工作，肯定区工商联和南锣鼓巷开展理想信念教育实践活动取得的成绩，提出要坚持发展民营经济和加强民营企业家队伍建设两手抓两手硬，努力培养健康向上的民营企业家队伍，更好地促进非公经济健康发展。市委统战部副部长、市工商联党组书记郑默杰，全国工商联宣教部副部长王尚康，市工商联副主席佘运高，区领导周永明陪同调研。9月19日，举办“当代雷锋——孙茂芳先进事迹报告会”，北京军区总医院原副政委、第四届全国道德模范、“当代雷锋”孙茂芳同志作先进事迹报告，非公经济代表人士4人分别从不同角度畅谈自己的感悟和体会，并向全体会员发出“诚实做人诚信经营”的倡议，号召非公经济代表人士诚实守信、公平竞争、文明服务、勇担责任。全国工商联宣教部理论处、北京市工商联办公室有关领导出席活动，区工商联各基层商会主管领导、秘书长及非公经济代表人士100余人参加活动。年内，还组织非公经济代表人士参加国庆65周年升旗观礼活动，开展国学文化知识讲座，召开两岸文化融合与发展座谈会，召开东城区“科普大篷车走基层”活动总结交流推进会。各基层商会和会员企业围绕“四信”建设，开展培训咨询、走访调研、主题宣传、文体活动、技能知识竞赛、便民利民等教育实践活动100余次，教育实践活动辐射到全区非公企业，参与率达到了70%。编发《信息专刊》30期，在《新东城报》开辟“民企英才”专栏，对非公经济代表人士典型事迹进行16期系列专题报道，与北京电视台新闻频道“魅力东城”栏目合作，拍摄制作2期反映东城区民营企业的电视短片，在《全国工商联教育实践活动简报》第235期、第240期和《中国工商》2014年第8期、第10期分别报道东城区工商联及南锣鼓巷商会在教育实践活动中的有效做法。制作《凝心聚力圆梦中华》——东城区工商联理想信念教育实践活动纪实片，记录教育实践活动全过程，展示理想信念教育实践活动成果。（高鹏）

【会员服务】 年内，先后组织会员企业参加“善用香港优势，开拓海外市场”投资政策说明会、首都民营企业“走出去”法律报告会、文化金融之融资渠道建设研讨会和企业经营法律风险防范培训交流活动，为会员企业走出去搭建平台。同时，向广大会员宣传市、区有关产业政策，特别是对区政府新出台的《东城区进一步加快调结构、转方式、促进产业发展的意见》等6项政策进行宣传，征集会员企业申报区年度促进“二四三”产业、企业上市扶持项目和对外招商推介项目，为会员企业申报贷款贴息、担保费补贴、资金配套等扶持资金项目32个。组织20家会员企业参加企业研究开发费用加计扣除政策解读会，帮助企业了解研究开发费用加计扣除政策。（高鹏）

【参政议政】 年内，完成关于加强对我区民营中小微企业贷款和政策信息支持力度的建议、关于加强对南锣鼓巷商业街区保护力度的建议等4个团体提案和提案办理工作，其中1件被评为优秀提案。提案中提出的建议部分得到落实，部分建议在东城区关于促进“二四三”产业发展的办法、东城区关于支持企业上市挂牌融资的若干意见的文件中采纳。配合有关部门，开展第十一次全国私营企业抽样调查（北京城区）、上年全国民营企业社会责任调研工作、北京民营企业应用转化科技成果情况、民营企业社会责任、东城区原工商业者情况和上规模民营企业等调研工作。在区政协

4月29日，非公经济人士500余人参加区非公经济人士理想信念教育实践活动推进会

上年度评选表彰中，会员中政协委员共有 12 人被评选为优秀委员，6 人被评为优秀社情民意信息工作者，关于给予辖区内在上海股权托管交易中心成功挂牌中小企业财政专项扶持的建议被评为团体优秀提案，区政协委员 1 人关于解决中小企业融资难的建议等 3 件提案被评为委员优秀提案。

（郑江）

【宣传信息】 年内，召开上年度信息员工作总结暨本年度信息员培训会。组织观看《追求卓越共筑梦想》宣传片、总结上年度信息宣传工作、为 10 家信息工作先进单位和优秀信息员 11 人颁发荣誉证书以及组织撰写信息的方法和技巧知识培训。区领导周永明及区工商联街道地区商会及会员企业信息员 110 余人参会。召开上年度信息宣传工作总结表彰暨信息员培训会和 34 家顾问单位信息工作座谈会，分两批次组织街道（地区）商会及顾问单位信息员到非公企业——北京鑫敏恒汽车销售有限公司开展“践行群众路线，服务民营企业”主题活动，探索非公企业宣传工作新形式，提升信息员队伍业务工作水平。对基层商会、顾问单位及会员企业三支信息员队伍的信息员 100 余人相关信息进行核对维护，重新编印《信息员联系名册》；修订下发《东城区工商联信息工作制度（试行）》，优化“手机信息平台”、“工商联网站”、“政务微博”等宣传方式，提升信息报送的数量和质量。全年接收处理各类信息 800 余条；编发《手机快讯（彩信）》40 期，《工商联简报》39 期；维护更新区工商联网站、部门要闻、图片新闻等栏目信息 200 余条；发布政务微博 150 余篇，《昨日区情》《东城信息》采用 41 篇。信息工作在市工商联系统和区委统战部系统均名列第一。

（郑江）

【党的群众路线教育实践活动】 区工商联将教育实践活动贯穿全年工作始终。将开展党的群众路线教育实践活动与在会员中“继续深入开展非公经济人士理想信念教育实践活动”有机结合，将本年确定为会员企业服务年，制定 8 大类 58 项折子工程，明确每名主管副主席牵头抓好一项重点工作。在工商联网站开辟专栏接受会员企业实时监督，坚持“开门搞活动”，组织区人保局、区总工会有关负责同志与非公经济人士座谈，针对非公经济人士反映比较突出的劳动用工的问题，召开劳动关系和劳动用工的协调会，为非公企业进行劳动用工培训，就企业用工方面存在的问题进行政策解读和对接。年内，组织处级干部讲座 4 次。通过发放调查问卷、到企业走访等形式，征集意见、建议 29 条。处级干部 6 人建立“一对二”基层联系点 12 个，到基层商会联系点指导工作共计 46 次，帮助协调解决实际问题 27 个，修订完善机关管理制度 8 项。

（郑江）

东城区归国华侨联合会

【概况】 东城区归国华侨联合会（简称区侨联），成立于 1985 年 6 月，是由归侨侨眷组成的人民团体，是党和政府联系归侨侨眷的桥梁和纽带。侨联工作的职能是群众工作、参政议政、维护权益、海外联谊。编制 4 人，实有 5 人。无内设机构。全区有归侨 220 人，侨眷 6734 人，新华侨 4391 人，新移民、留学人员亲属 4389 人。东南亚归侨占 85% 以上，归侨的原侨居国分布 20 多个国家。新华侨分布 57 个国家，基本在发达国家。现有 17 个街道侨联和教委、卫生局 2 个系统侨联。

年内，召开一届七次全委（扩大）会，开展党的群众路线教育实践活动，侨胞之家建设取得成效，举办侨界新春联谊会和敬老会慰问老归侨，参加市侨联系统纪念抗日战争胜利 69 周年活动和区新中国成立 65 周年书画展，完成“法律、健康知识普及大讲堂”社会服务项目，市侨联领导两次到区调研，27 名归侨侨眷代表当选市第十四次归侨侨眷代表大会的代表，其中 10 名代表当选市侨联第十四届委员会委员。在市第十四次归侨侨眷代表大会上区侨联、东华门街道侨联、东花市街道侨联被评为市侨联工作先进集体，9 人被评为北京市侨联工作先进个人，14 人被评为市归侨侨眷先进个人。

单位地址：东城区幸福大街 32 号
联系电话：64023999
邮政编码：100061 （窦跃斌）

【一届七次全委（扩大）会】 1 月 17 日召开，传达第九次全国归侨侨眷代表大会的精神、北京市侨联第十三届委员会第十三次会议精神及区两会的会议精神；总结区侨联上年工作，部署本年工作，交流基层侨联工作经验。 （窦跃斌）

【走访慰问】 1 月 23 日，市侨联党组书记、市委统战部副部长周开让、副区长颜华到和平里医院慰问因病住院的 86 岁印尼归侨 1 人；春节前，区侨联主席带队对退休老主席 4 人上门走访慰问；利用从市侨联争取到的困难归侨补助款和自筹资金，通过区侨联和困难归侨所在的街道侨联对 22 户困难归侨进行走访慰问；还慰问与区侨联党建结对子的北新桥街道藏经馆社区困难党员 4 人，送去慰问品并致以节日的问候。区侨联副主席、北京朝隆达新科技有限公司董事长兼总经理自筹资金对困难归侨进行走访慰问。

（窦跃斌）

【侨胞之家建设】 年初，召开“侨胞之家”建设启动仪式，制定《关于侨胞之家建设的指导意见》，帮助基层侨联组织筹措资金 20 万元，制定侨联机关干部联系基层侨联组织制度，不定期对所联系的基层侨联组织“侨胞之家”建设进行检查、指导。区侨联及全区 19 个基层组织联系电话等信息向全区侨界群众进行公布，接受侨界群众监督。体育馆路街道侨联率先在全市侨联系统建立“侨胞之家”的有关情况，被中国侨网、中国文明网、北京侨讯、数字东城等中央、市、区媒体平台予以推广报道，还利用侨眷自办的“家庭爱国主义教育基地”，不定期组织辖区内的归侨侨眷进行参

10月13日，召开敬老会慰问老归侨

观，接受爱国主义教育；和平里街道侨联成立侨界志愿者服务分队，专为辖区内的空巢家庭老归侨提供服务，帮助他们解决生活方面的困难，抚慰他们儿女在海外精神上出现的孤寂。卫生局系统侨联定期对本系统内的归侨侨眷提供义诊和健康知识的咨询。

（窦跃斌）

【市侨联领导调研】 5月28日，市侨联党组成员、市华侨服务中心主任、副巡视员李红军分别到区调研。听取区侨联的情况汇报，提出需要市侨联协调解决的问题。12月30日，李红军再次到区调研。区侨联就东城区侨界贯彻落实北京市侨联第十四次侨代会精神、本年主要工作等情况进行汇报。（窦跃斌）

【社会服务】 6月25～26日，区侨联委员、律师在南池子社区进行法律咨询，辖区内卫生系统的侨界人士和侨联委员组织医护人员到南池子社区、魏家社区进行义珍和健康咨询。发放《健康知识手册》200余本，推进“法律、健康知识”进街道、进社区，服务居民群众。（窦跃斌）

【敬老活动】 10月13日，在市华侨服务中心召开敬老会，60余位老归侨参加。向他们介绍侨联开展侨胞之家建设的情况。部分老归侨登台表演节目助兴，为过生日的两位老归侨准备生日蛋糕。（窦跃斌）

【澳门同胞捐助侨界女生】 10月27日，区侨联在东四街道奥林匹克文体中心举行“关爱侨界困难女生，奉献温暖爱心”——陈凯贤服装捐赠仪式。北京市侨联港澳青年委员、澳门同胞陈凯贤先生为东城区侨界困难女生捐赠公司旗下品牌服装2000件。市区侨联领导、区有关领导，受捐赠的区17个街道侨联代表和家庭困难的侨界女学生代表5人，以及区政协港澳台侨专委会的部分委员、区侨联部分委员，出席捐赠仪式。（窦跃斌）

【侨界参政议政工作会】 11月14日，邀请侨界人大代表和政协委员，召开侨界参政议政工作会，就东城区发展献计献策，形成侨联界别在区政协全会上的团体提案关于建设老年人医养结合服务模式的建议、关于加强街道社区管理体制的建议。

（窦跃斌）

【参政议政】 年内，参加区政协十三届三次全会，提交团体提案2个，个人提案7个；参加党的群众路线教育实践活动；参与推荐副区长人选；参加区《党政领导干部选拔任用工作条例》的培训；参加平谷区第一次归侨侨眷代表大会，大兴区第一次归侨侨眷代表大会；参加中共东城区委深入开展群众路线教育实践活动领导小组第三次会议，传达习近平总书记关于教育实践活动的重要批示精神；参加区委领导班子专题民主生活会情况通报会；参加区政协党组专题民主生活会情况通报会；参加中共北京市东城区第十一届委员会第七次全体（扩大）会议；参加北京市侨联举办的首都侨界纪念抗战胜利大会百人歌曲大联唱活动；参加区严肃查处违反中央八项规定精神典型案例曝光专题会；参加全区党的群众路线教育实践活动总结大会；参加全区领导干部大会，对区人大常委会主任、区政协主席进行民主推荐；参加区政协举办的党派团体提案工作座谈会；参加党派团体协商会，听取区级领导班子成员人士变动情况通报，协商区政协第十三届委员会增补委员和调整常务委员。上报市侨联信息和社情民意167条。召开侨界参政议政工作会，确定提交下年区政协全会的团体提案。

（窦跃斌）

东城区残疾人联合会

【概况】 东城区残疾人联合会（简称区残联）是将残疾人自身代表组织、社会福利团体和事业管理机构融为一体的综合性人民团体。具有“代表、服务、管理”职能。内设办公室、组联部（就业部）和康复部（宣传文体部），编制9人（现有13人），下辖全额拨款事业单位3个：区残疾人就业服务中心、区残疾人综合服务中心、区残疾人职业康复中心，编制46人（现有43人）。

年内，结合党的群众路线教育实践活动，按照“三居家、四融合、五创新”的工作思路，以提高残疾人生活质量、满足残疾人发展需求为根本出发点，抓重点、创亮点、破难点。截至年底，全区办证残疾人3.54万人。全年审核单位3.77万家，核定职工总数58万余人，残疾职工3616人，核定残保金2.67亿元。由区残联选派的1名聋人女选手在9月26～28日举办的首届全国聋人机动车驾驶技能联谊赛上获巾帼奖。全年招聘18名社区残疾人专职委员。

单位地址：东城区夕照寺街绿景苑小区4号楼

联系电话：67075423

邮政编码：100061 （贾琳）

【辅助器具服务站规范化检查】1月6日，市残联康复部辅助器具规范化检查组到区进行检查验收。先后到东花市街道和前门街道残疾人辅助器具服务站，听取街道的规范化建设工作汇报，查阅辅助器具租借工作档案，了解辅助器具服务站基础设施建设等情况。检察组对区残疾人辅助器具工作给予肯定。年内，对3家新建、改建辅具站完成每家配置2万元标准的站内辅具配备；为17个街道级辅具站规范规章制度、铜牌标识、配备便携工具箱，全部站点开展辅助器具租借、巡展、配发、知识宣传等服务工作。

（贾琳）

【体育健身进家庭经验交流活动】1月10日，区残疾人体育健身进家庭经验交流暨健身项目展示活动在区残疾人活动中心举行。观看介绍区残疾人体育健身进家庭工作开展情况的汇报，宣读关于表彰东城区残疾人体育健身进家庭活动先进工作者的决定，先进工作者代表18人上台领取荣誉证书，市残联向区残联颁发“残疾人体育健身进家庭”北京市试点单位铜牌。会后，举行区残疾人健身项目展示环节，运动员近300人就太极扇功法进行比拼。 （贾琳）

【残疾人新春联欢会】1月16日，以“魅力新东城，共圆中国梦”为主题的年度东城区残疾人迎新春联欢会专场慰问演出在区第一文化馆举行。市残联巡视员梁田、副区长汤钦飞等及17个街道残联主管主任、社会爱心人士、残疾人朋友300余人参加。汤钦飞代表区政府向全区残疾人朋友送上新年祝福并发表致辞。会上，优秀残疾人运动员林海燕获奖金3000元。联欢会现场，6个街道职康站分别获得技能展示活动技能成果奖的前三名，5个服务队伍获上年东城区爱心助残康复服务团队奖牌，10家社会企事业单位获颁助残奖杯与证书，周末相声俱乐部为残疾朋友带来专场慰问演出。 （贾琳）

【就业援助月系列活动】1月17日，区年度就业援助月系列活动动员部署会召开。对区重点工作居家就业项目进行详细部署，全区17个街道就业指导员120人将登门入户对重度残疾人开展一对一就业指导，摸清有就业愿望残疾人的基本情况，为推进居家就业工作提供基础性数据。就业援助月期间，陆续推出推介招聘会、淘宝创业大课堂、电信定向就业推进会等系列活动，以满足残疾人的个性化就业服务需求。1月21日，与区人力社保局在其职介中心共同举办“就业帮扶你我他，真情相助进万家”启动会暨本年就业援助主题宣传推荐会。招聘会有屈臣氏、凯迪克格兰云天大酒店等29家用工单位参加，提供89个就业岗位。百余名残疾人到场求职，现场初步达成就业意向60余人。

（贾琳）

【区残疾人体协活动】1月21日，区残疾人体协全体会员大会暨新春联欢会在康铭大厦举行。会上，作关于《会费管理办法》和体协理事会人员调整的报告；并为东城区残疾人体育运动协会党支部授牌；以天坛作为宏观立体体现，以借助轮椅奔跑前进为寓意的红、蓝、绿三色图案的区残疾人体协会徽与全体会员见面。17支区级残疾人文体团队参加演出。7月17日，区残疾人体协在区残疾人活动中心召开募捐箱清点和日常维护项目第一阶段总结会暨承办市残联项目工作汇报会。与会领导对体协总结报告和前一阶段工作给予高度评价，对募捐箱项目的管理和服务工作过程给予肯定。同时，对下一步继续完成各项目实施工作提出要求和希望。会后，明德评估公司对5个项目的实施情况进行检查。 （贾琳）

【领导调研】1月27日，市政府副市长戴均良、副秘书长戴卫、市残联理事长吴文彦、区长张家明等到龙潭康智乐园与区残疾人康复训练养护服务基地调研。为新成立的康智乐园揭牌。询问康智乐园的儿童康复服务现状，指出：当前残疾人康复工作需根据区域特点和地区残疾人实际需求，采取多种形式深化社会组织与温馨家园的融合，实现地区残疾人事业特色发展。在充分发挥专业类助残社会组织服务方面优势的同时，也要加强行业监管，健全扶持保障机制。5月27日，中国残联副理事长程凯、市残联党委书记马大军到朝阳门街道残疾人圆梦服务中心就残疾人网络创业工作进行专题调研。参观区残疾人网络创业示范店，与在场的残疾人交谈。区残联负责人详细介绍近年来在推动残疾人网络创业方面的探索和实践经验，北京陈立章科技有限公司法人就创业过程中的困难与个人建议发表演讲。同各级领导充分交流。此次研讨会，与会各级领导就如何更好地推动残疾人网络创业进程等议题进行了热烈讨论。中残联和市残联教就部、就业中心领导，朝阳门街道主任等陪同调研。 （贾琳）

【残疾人职业康复活动】区政府连续9年为残联提供公益性摊位参加春节庙会的展示展卖残疾人手工艺活动。1月30日至2月6日（大年三十至正月初七），组织各街道残联在地坛、龙潭公园春节庙会及燕莎金源商城庙会上进行残疾人职康产品展示展卖活动，获得收益6万余元。9月25日，“展示自强新风貌，实现人生幸福梦”区第三届残疾人职业康复劳动项目成果展示活动在恒基商城落幕，全区24个残疾人职业康复站的残疾人学员300人参加展示。分别就职业康复站学员第九套广播体操、书画作品、职业康复劳动项目技能进行展示。与会领导向参加本次活动的爱心单位及个人发放奖牌、证书，为获得成果展示前三名的单位及个人颁发奖牌、证书。 （贾琳）

【安排残疾人就业实施意见】1月，制定全市第一份区级《关于进一步推进区属党政群机关、事业单位按比例安排残疾人就业工作的实施意见》。区残联与区人力社保局主要领导高度重视，多次开会研究，确定“自愿、平等、预留、匹配”的工作原则，提出区属党政群机关及事业单位在2020年前要实现1.70%的安置比例，并预留一定工作岗位定向招录符合要求的残疾人。《实施意见》明确区残联、区人力社保局及区属党政群机关事业单位的职责、任务，将按比例安排残疾人就业工作纳入年度绩效考核和评优评先项目，设立奖励机制以调动用人单位的积极性和主动性。（贾琳）

【残疾人辅助器具金点子工作会】2月17日，在龙潭街道温馨家园召开区残疾人辅助器具“金点子”创意发明工作部署会暨小型辅助器具工作座谈会。对上年区金点子创意发明工作进行总结，并对本年工作开展进行部署。2月至4月开展残疾人辅助器具“金点子”创意发明征集工作，收集28件作品，初审后上报市残联参赛作品24件，中奖22件，是全市上报最多的区县，中奖率也在全市名列前茅，被北京市评为优秀组织单位，其中二等奖3件、三等奖4件、优秀奖6件、纪念奖9件。8月19日，召开区残疾人辅助器具“金点子”创意发明工作总结会，对区残联参加市“金点子”创意发明工作取得的成绩和经验进行总结，并向中奖人员颁发证书和奖品。（贾琳）

【主席团会议暨残工委会议】3月3日，区残联第一届主席团第四次全体会议暨2014年区政府残工委会议在区残疾人活动中心多功能厅召开。区残联副理事长传达市残疾人工作会议精神；审议并通过新调换的区残联主席团副主席、委员；区残联理事长代表第一届执行理事会作题为《居家助残谋福祉，惠民服务暖人心——推动东城区残疾人事业发展再上新台阶》的工作报告。汤钦飞讲话，对区上年残疾人工作所取得的成绩给予肯定，并就做好本年工作提出三点要求。区残联主席团委员、区政府残工委委员、各街道残联理事长100余人参加。（贾琳）

【全国爱耳日暨学雷锋活动】3月3日，在东华门街道南池子社区举办第十五次全国“爱耳日”宣传展示暨东城区学雷锋志愿助残活动。此次“爱耳日”活动的主题是“爱耳护耳，健康听力——预防从初级耳科保健做起”。通过政策知识宣传、助听器维护、耳科保健、身体机能检测、残疾人智能运动分析训练等众多服务项目，培养群众树立“爱耳护耳”的健康意识，帮助残疾人减缓听力残疾发生发展。在活动中，众多志愿者服务团队也奉献爱心，义务为残疾人开展辅具维修保养、中医健康义诊、心理健康咨询、盲人按摩服务理发等服务。（贾琳）

【成立全市首家中途之家】3月6日，区残联把“中途之家”的工作纳入残疾人社会保障和服务体系建设与社区康复服务工作之中，向脊髓损伤者提供社会化、专业化和制度化的帮助与支持，4月至11月，开展落实“中途之家”各项活动，探索“中途之家”工作长效模式。制定《关于建立东城区玉蜓养老助残服务中心脊髓损伤者独立生活俱乐部（中途之家）工作的实施方案》，5月9日，在玉蜓养老助残康复服务中心举行区残疾人居家、日间康复服务项目暨脊髓损伤者独立生活俱乐部（中途之家）揭牌启动仪式。（贾琳）

【职业康复培训班启动】3月19日，由区残联和爱心助残单位中慈文化助残服务中心联合举办的“心怀梦想、墨舞人生”残疾人职业康复学员书画培训活动启动仪式在龙潭街道残疾人温馨家园举行。为职康站学员发放书画学习用具。仪式结束后，书画家和学员代表共同创作书画作品“春色满园”。本次书画培训活动为期半年。4月25日，启动“亲近自然，回归自然”残疾人职业康复劳动项目农疗培训活动，参会人员参观农疗基地，体验农疗活动。截至年底，全区20个职康站累计700余人次智力和精神残疾人学员、家长参加农疗基地培训活动，采摘各类果蔬6000余斤，开展农业知识讲座、户外拓展竞赛、互动交流等活动10余次。（贾琳）

【竞赛获奖】4月9～10日，区派出12名残疾人选手参加市第九届残疾人运动会暨第二十八届残疾人棋牌比赛，获团体亚军，同时还获体育道德风尚奖。8月4日，组织残疾人轮椅扇子操队和轮椅空竹队30人参加市残联在大兴体培中心举办的第四届残疾人健身周活动，获优秀表演奖、优秀组织奖及体育道德风尚奖。10月16～17日，首届“京津冀残疾人门球邀请赛”在房山区体育场举行。区选派残疾人门球队员16人参加比赛，并获亚军。10月28～29日，北京市体育大会暨市第九届残疾人运动会飞镖比赛在大兴体培中心举行，区选派运动员12人与来自全市的运动员200多人同场竞技，获团体季军，同时被组委会授予体育道德风尚奖。11月20～21日，“我梦最美”第七届北京市社区残疾人艺术汇演，区残联代表队参加全部类别的比赛，永外街道松林里社区戏剧《望北京更使我增添力量》和朝阳门街道快板书《升国旗》获戏剧小品比赛一等奖，和平里街道民旺社区男声四重唱《鸿雁》获声乐比赛二等奖，交道口街道南锣社区独舞《咏荷》获舞蹈比赛二等奖，朝阳门竹杆社区小品《感恩的心》获戏剧小品比赛优秀奖。区残联获优秀组织奖。12月3～5日，区残联选派残疾人乒乓球运动员25人参加市第九届残疾人运动会暨北京市第八届和谐杯残疾人乒乓球比赛，获男子聋哑团体第二名，男子肢体坐姿团体第二名，男子肢体站姿团体第四名，男子肢体站姿个人第二名、第六名，男子聋人个人第二名，男子肢体坐姿个人第四名，女子肢体坐姿个人第四名。（贾琳）

【第八届残疾人运动会】5月8日，区第八届残疾人运动会开幕式在地坛体育场召开，运动项目分7大类75个小项，18支代表队的残疾人运动员800余人参加比赛。残疾人朋友演唱运动会会歌《美丽东城我的家》，

5月8日，第八届残疾人运动会开幕

完成的团体扇子操表演，诠释“超越、融合、共享”的运动理念，展示区体育项目研发成果。市残联党组书记马大军，区领导金晖、汤钦飞等，市残联相关业务部门、各残工委成员单位、17家街道办事处及专门协会领导出席开幕式。7月至10月，运动会分别举行乒乓球、飞镖、棋牌等项目比赛。（贾琳）

【残疾人职业技能竞赛】5月11～30日，组织参加市第七届残疾人职业技能竞赛初赛。东城区作为初赛、复赛组委会承办比赛，320余人次参加，7人取得赛区第一名，8人第二名，7人第三名，49人位列赛区第四至十名。84人次进入复赛，在所属赛区及全市名列前茅。7月29～31日，区优秀残疾人职业技能选手组队参加市第七届残疾人职业技能竞赛决赛，64人次进入全部15个项目的比赛，5人夺得插花、计算机操作员、计算机程序设计员、摄影师、美发师项目冠军，4人排名第二，2人位列第三，9人排名第四、五位，10人进入各项目前十名。（贾琳）

【残疾人专场招聘会】5月15日，与区民政局、区人力社保局在区残疾人职业康复中心联合举办以“提供一个岗位，共享人生出彩机会”为主题的大型残疾人专场招聘会。招聘会有康达五洲、香港马会会所等10家用工单位参加，提供47个就业岗位。80余名残疾人到场求职，30余人与用工单位当场达成初步就业意向。12月3日，举办庆祝“国际残疾人日”暨“残健携手促就业，共享美好新生活”2014年残疾人专场招聘推荐会，中国体育报业总社等单位提供353个就业岗位。500余名残疾人到场求职，当场达成初步就业意向179人。（贾琳）

【全国助残日活动】5月18日（第24次全国助残日），区残联、崇外街道办事处、北京康达五洲医疗器械中心在崇文门外街道新建温馨家园共同举办庆祝第二十四次全国助残日暨“助残在行动”活动，志愿者们策划实现残疾职工愿望的“园愿行动”，北京康达五洲医疗器械中心总经理宣读倡议书并代表企业向困难职工和辖区困难残疾人捐赠爱心款物。区残联向企业赠送“扶残助残，无尚光荣”奖杯。围绕全国助残日，区内还举行其他一些活动。5月16日，区残联、建国门街道残联主办、恒基商场协办举行法制宣传活动。活动中，爱心人士向建国门地区残疾朋友捐赠新书。区无障碍监督队对恒基大厦的无障碍设施进行监督检查给予建议。社会服务机构与爱心单位在活动现场提供公益服务。5月14～17日，区残疾人书画会与广东深圳市企业家联谊会在区残疾人职康中心举办北京—深圳“牵手中国梦七彩绘人生”残疾人书画交流笔会。残疾人书画家12人以书会友，以画抒情，相互沟通学习，加强残疾人书画艺术交流。（贾琳）

【文体活动】5月29日，区第一支残疾人门球队正式成立，队伍由东华门和和平里职康站的残疾人学员30人组成。6月16日，区残联在区残疾人活动中心无障碍电影院拉开了“观红色经典电影，圆美丽中国梦想”第四届优秀电影放映季的帷幕。放映活动从6月始至12月底结束，17个街道的1700人次残疾人朋友参加观影活动。6月30日，市残联“走基层、送文化”演出活动在地坛公园举行，区残联选派出群舞《为祖国干杯》、独舞《咏荷》及残疾人乐队演奏的单簧管《关中舞曲》等节目参加演出。7月24日，区残疾人轮椅舞蹈队参加在区红剧场隆重举行的东城区党的群众路线教育实践活动主题文艺演出活动。7月29日，区残疾人体育指导员培训暨导引养生功培训班在区残疾人活动中心举行，全区学员85人参加系统培训，北京体育大学武术学院庄博士进行导引养生功法培训。9月5日，区第六届社区残疾人文艺汇演节目评选工作在区残疾人活动中心举办，57个节目评出特别奖1个、一等奖5个、二等奖9个、三等奖12个，优秀组织奖17个。9月19日，年度北京市体育公益活动社区行暨东城区残疾人社区融合趣味运动会，在北京工人体育馆百姓大舞台举行。市体育基金会、市残联、区体育局、区残联以及东直门街道相关领导出席，并在活动结束后走访慰问5户贫困残疾人家庭。残联副理事长介绍残疾人体育开展和体育进家庭情况，区残疾人代表发出科学健身倡议书，市、区领导向残疾人代表赠送健身器材大礼包，区残疾人柔力球队、扇子操队进行表演。12月1～3日，区残联组织区残疾人书画协会一行8人前往深圳市罗湖区残疾人综合服务中心参加京深两地残疾人文化交流活动，以“牵手中国梦，七彩绘人生”的主题，旨在为两地残疾人文化交流提供一个平台。同时，区残联与深圳市罗湖区残联签署友好区协议，以加深京深两地残疾人之间的文化交流，两地画家联袂绘制了8米长卷《盛世牡丹图》。12月9日，区残联与交道口街道残联在区残联活动中心举办了以“以棋会友，乐在棋中”为主题的首届“南锣鼓巷杯”——中国象棋友好邀请赛，来自各街道残联象棋爱好者与京城象棋爱好者共40多人参加比赛，决出男子前6，女子前3的名次。（贾琳）

【生命阳光康复服务巡回展启动】6月5日，第十八个爱眼日，市盲人生活安全辅具包暨东城区“生命阳光”康复服务巡回展启动仪式在天坛街道温馨家园召开。市残联、区领导为视力残疾人代表发放生活辅具包。参观康复服务现场，各专门协会代表和盲人朋友参加心理减压培训。（贾琳）

【志愿助残暨助残服务卡发放】6月24日，联和区司法局在景山街道残联康健阳光家园举办以“法律援助进家园志愿服务爱相随”为主题的法律援助志愿助残服务季暨爱相随助残服务卡发放活动。区司法局成立区“温暖守望”律师助残志愿服务队，区残联理事长为律师助残志愿服务队授旗，律师代表宣读助残服务承诺。市、区司法局领导为街道残联代表发放“爱心服务卡”和法援图书。律师为残疾朋友讲解相关法律法规并提供法律咨询服务。（贾琳）

【残疾人工作者业务培训】7月2～4日、11月4～6日，区残联与通力成劳务派遣公司举办残疾人工作者业务培训班，全区17个街道残疾人专职委员100人参加培训。业务部门分别就新政策、新安排及现行政策对专职委员进行解读。通力成劳务派遣公司派专人对劳务派遣管理相关内容进行讲解。最后对培训人员进行综合考试，巩固所学知识。（贾琳）

【专门协会培训通报会】7月23～24日，召开残疾人专门协会委员培训暨第二季度通报会。传达市残联半年工作会议精神，总结上半年区残疾人工作，部署下半年工作。市残联主任王长红结合残疾人事业发展现状进行讲解，区残联理事长进行总结，与会人员进行分组讨论，提出合理化建议。残联领导、街道理事长、残联组联部、五大专门协会委员70余人参加。（贾琳）

【第三届肢残人软式飞镖比赛】8月7日，区肢协与交道口街道残联在交道口街道温馨家园举办以“飞出健康、飞出快乐”为主题的第三届肢残人软式飞镖比赛。残联组联部、肢残人协会80余人参加。（贾琳）

【重塑未来诊疗接待处成立】9月12日，中国肢协、东城区残联、东华门街道残联在东华门街道签订三方合作协议，挂牌成立“东城区‘重塑未来’诊疗接待处”，东城区成为全市首家“重塑未来”慈善公益项目试点区县。医疗专家团队将深入街道、社区、残疾人家庭对有治疗需求的肢体残疾人开展筛查、确诊服务，并对符合治疗条件的贫困肢体残疾人提高全额免费医疗救助。（贾琳）

【听障残疾人趣味运动会】9月29日，区聋协与东四街道残联在东四奥林匹克社区体育中心共同举办听障人趣味运动会。比赛项目分为扑克牌、象棋、跳棋和夹玻璃球4项，残联组联部、聋人协会80余人参加，最终产生棋牌冠军、亚军、季军各4名。（贾琳）

【残疾人居家日间康复护理服务】10月15日，北京老年人、残疾人居家日间康复护理服务东城区示范项目启动仪式在慈爱嘉养老服务指导中心召开，中肢协、市社工办、市残联相关领导出席。示范项目以北京市慈爱嘉养老服务指导中心为主体，联合3家社会组织联合购买市社会办招标服务项目，实现残疾人康复服务的多家社会组织技术力量横向集成，对服务项目进行捆绑整合。年内，基本完成区政府“为民办实事折子工程”——为600名残疾人提供居家、日间康复服务项目。此次示范项目的启动，将是折子工程的服务延伸，从600名残疾人中，精心筛选出急需服务的、最有康复价值的残疾人300人及亲友，由4家社会组织的专业人员提供居家康复护理与训练、日间肢体训练、中医康复、养生呼吸操健身、心理行为康复训练以及辅具服务，并将最新的服务管理系统及移动终端设备—“太阳花”应用于服务中来。（贾琳）

【听障摄影书画联展】10月17日，区聋协和东花市街道残联主办的以“融合、共享、阳光”为主题的首届京、津、沪、皖、鲁五省市地区听障摄影书画联展在吴东魁艺术馆举行。此次摄影书画联展征集5省市残疾朋友书画及摄影作品200余幅，市残联巡视员梁田现场作画并赠与东花市温馨家园，区残联理事长为吴东魁艺术馆颁发助残扶残奖杯。（贾琳）

【康复机构检查评估】10月20日，市残联康复服务指导中心儿童康复机构评估专家组一行5人到区协和方通自闭症康复中心检查指导工作。专家组听取协和方通自闭症康复中心关于机构建设及残疾儿童康复开展情况的工作汇报，检查翻阅各种档案，对机构资质、场地设施建设、康复服务质量、人员配备与再教育等方面进行了全面的检查。专家组对该机构近年来在儿童康复领域取得的进步及热心公益事业的精神给予肯定，特别是机构的特色项目“融合——爱·相伴”，面向社会招募小志愿者开展融合康复活动，专家组给予高度的评价，同时还对机构今后的发展提出建议。

（贾琳）

【社会保障与服务】年内，开展“听民意、访民情、解民难”走访慰问工作，确保优惠帮扶举措落实到位。全年审批发放生活补助3815人1054万元；个体就业保险补贴2628人1986万元；当年城乡居民养老保险补贴1563人142万元；当年医疗保险补贴2273人169万元；入住社会福利机构补贴215人62.40万元；为3800余名残疾人发放居家助残券，累计金额456万余元。走访慰问困难残疾人家庭2004户，发放慰问款物142.72万元。（贾琳）

【残疾人专项调查】 年内，根据专项调查“核库、培训、调查、录入、分析”等5个关键环节的工作要求，进行区残疾人基本服务状况与需求专项调查，各街道残疾人工作者、专职委员381人参与核查录入工作。截至年底，核查录入3.29万名残疾人信息，核查率100%。（贾琳）

【党的群众路线教育实践活动】 2月至10月，以为民务实清廉为主题，开展党的群众路线教育实践活动。通过政治学习、党课教育、走访调研、征求意见、谈心谈话、开展批评与自我批评，查出“四风”方面存在的6大类22条问题，深刻剖析问题产生的根源，明确整改落实的方向，制定26项整改措施，做到边整边改，立行立改。同时结合实际，对现有制度进行全面梳理，列出制度清单，明确需完善的制度14项，新增制度4项，保留制度50余项。（贾琳）

东城区红十字会

【概况】 北京市东城区红十字会（简称区红十字会）是区级从事人道主义工作的社会救助团体。其宗旨是：保护人的生命和健康，发扬人道主义精神，促进和平进步事业。区红十字会基层组织317个，会员总数11.84万余人。机关行政编制10人，实有12人。下设全额拨款正科级事业单位应急救护教育中心，编制4人，有行政人员4人。

年内，以贯彻落实党的群众路线教育实践活动为主线，以中国红十字会“九大”精神为指导开展工作；设立“博爱·天使圆梦、点亮生命、温暖一家”项目，整合少儿大病救助、成人大病救助、博爱助困救助项目，突出红十字救助职责；在全区重点行业开展应急救护培训，开拓救护培训新领域。获2010—2014年度北京市红十字会系统先进集体称号，获北京市红十字会系统先进个人称号4人。

单位地址：东城区幸福大街32号906室

联系电话：87556906

邮政编码：100061（范有余　王黎）

【八届四次理事会】 4月，召开区红十字会八届四次理事会议。会议通过关于增补、更换部分理事、常务理事的决议；听取、审议并通过《东城区红十字会2013年度工作报告》和《东城区红十字会2013年度募捐款收支情况的报告》，并将报告以文件的形式下发基层组织，做到募捐救助公开、公正、透明。副区长、区红十字会会长颜华及60名理事参加会议。（范有余　王黎）

【志愿服务活动】 5月，召开和平里社区志愿服务工作座谈会，听取一线参与服务的志愿者反馈帮扶工作情况，总结和平里街道开展红十字志愿者帮扶社区空巢老人活动经验；先后组织参加科技周宣传、全国人体器官捐献缅怀纪念暨宣传普及、全国科普日主场宣传等活动；落实参加市级志愿服务日志愿服务项目推荐工作；配合市会造血干细胞捐献管理中心追踪区捐献志愿者初选筛查情况。（范有余　王黎）

【宣传传播工作】 5月，与区应急办、北新仓社区联合开展以“珍爱生命、防患未然、自救互救、掌握技能从现在做起”为主题的防灾减灾应急知识宣传教育活动。9月，参与东城全国科普日主场活动开展宣传活动，急救志愿者为群众讲解心肺复苏知识，工作人员向大家发放造血干细胞科普材料400份。11月，举办基层红十字通讯员宣传传播工作培训班，来自基层红会及社区的红十字工作者、红十字会及相关工委红十字干部60人参加培训。制作《红十字工作手册》，下发基层红十字会和志愿者。（范有余　王黎）

【红十字青少年活动】 组织北京文汇中学、北京市第二十四中学参与本年探索人道法EHL项目本地化教材项目活动。5月至6月，在集中培训并进行2次全市大型教学研讨基础上，确定国际人道法教材，正式在全市中学教学中推广。进行学校红十字青少年工作调研，到22中学了解该校红十字青少年志愿服务活动情况。与区卫生局、区教委联合召开区第二批健康促进学校窗口校颁牌大会。（范有余　王黎）

【对外交流】 11月25日，罗马尼亚登博维察红十字代表团一行8人参观位于故宫博物院的红十字服务站，双

4月30日，与和平里第九小学联合开展应急避险逃生演练

方进行座谈交流。罗马尼亚红十字同仁听取服务站医务人员的介绍，察看服务站设施，对故宫博物院红十字服务工作给予赞赏。

（范有余　王黎）

【博爱在京城募捐】年内，调整募捐工作方案，创新募捐形式，改变募捐方法，改分配指标为自愿捐款，通过各种渠道宣传博爱在京城募捐活动意义，募集“博爱在京城”善款104.55万元。整合救助项目，调整少儿大病救助、成人大病救助、博爱助困救助项目为“博爱·天使圆梦、点亮生命、温暖一家”，救助款发放形式由现金调整为银行转账。救助困难家庭369户，其中“两节”送温暖救助困难家庭302户、0—18岁大病患儿困难家庭13户、因病致困家庭25户、生活困难家庭29户。为云南鲁甸地震灾区募集善款3.39万元。

（范有余　王黎）

【救护培训工作】经调研，将培训全区持证初级急救员培训1万人的任务进行分解，与区应急办联合发文，就培训目标、对象、内容、管理、保障措施等方面提出具体要求。举办初级急救员培训班126期，完成初级急救员培训1.21万人次。4月30日，与和平里第九小学联合开展“学习急救、从我做起、珍爱生命、安全出行”师生避险逃生疏散演练活动，并以此为契机与区教委联合下发《关于在全区各中小学校开展“2014年世界急救日”应急疏散演练的安排》活动通知，全区各中小学校以世界急救日为契机，将应急救护知识教育与德育教育紧密结合，开展学校师生全员参加的避险逃生疏散演练活动。

（范有余　王黎）

【党的群众路线教育实践活动】年内，开展党的群众路线教育实践活动。通过征求意见、谈心谈话、批评和自我批评等方式查摆问题。梳理在“四风”方面存在6大类34条问题，针对存在问题，制定21项整改措施，完善8项制度、新制定8项措施，做到边整边改、立行立改。规范公务接待标准、减少会议数量及各项工作评比表彰。（范有余　王黎）

东城区文学艺术界联合会

【概况】北京市东城区文学艺术界联合会（简称区文联）是在中共东城区委、区政府领导下，负责联系全区文艺家、文艺工作者和业余文艺爱好者的群众团体机关。内设办公室、宣传科、组织联络科，编制10人，有干部10人。现有13个艺术家协（学、研究）会：东城作家协会、东城戏剧家协会、东城书法家协会、东城美术家协会、东城摄影家协会、东城民间文艺家协会、东城民间艺术家协会、东城音乐家协会、东城舞蹈家协会、东城曲艺家协会、北京广角摄影学会、东城书画研究会、东城书画协会；17个街道文艺工作者联谊会（简称街道文联）；会员总数3000余人。

年内，发挥党和政府联系文艺界的桥梁纽带作用，着力推动街道文联建设，至年底，实现全区17个街道文联组织全覆盖；坚持“惠民、为民、乐民”宗旨，开展一系列深入生活、扎根人民的工作；组织各协会召开年度工作会、书画联谊笔会、诗歌创作朗诵沙龙等活动。东城区书画家活动园地揭牌，联合市文联举办首都文艺工作者“送欢乐、下基层”——走进武警天安门支队慰问演出，联合东城书法家协会组织书画家到社区、残联、学校开展文艺志愿服务。在公安部举办的年度全国交通安全宣传作品评选活动中，区文联和北京市公安局交通管理局东城支队联合报送歌曲《交警之歌》获三等奖。在市文联主办的北京市“中国梦·乐在社区”百姓健康舞创编展演中，获优秀组织奖，选送舞蹈《蝶儿飞》和《好日子》获银奖。被市文联评为年度文联系统信息工作先进单位，1名干部被评为年度文联系统信息工作先进个人。

单位地址：东城区崇外大街7号正仁大厦2段9层

联系电话：67089490

邮政编码：100062　（王卓）

【慰问走访】1月10～26日，区文联领导看望慰问民俗学家赵书，区文联艺术家顾问、国家一级编剧李东才，区文联艺术家顾问、著名作家苏叔阳，区文联特邀顾问、北京摄影家协会驻会副主席兼秘书长王越，北京摄影家协会副主席、东城摄影家协会主席李英杰等艺术家10余人并送上新春祝福。

（王卓）

【新春舞会】1月22日，在东城区图书馆会议中心举行，由区文联主办、东城舞蹈家协会承办。东城舞协主席与副秘书长的一段开场舞拉开当天舞会的序幕。由云之梦舞蹈队带来的《荷花舞》将舞会推向高潮。东城舞协会员和舞蹈爱好者登台表演，展现舞艺。区文联常务副主席、秘书长，东城舞蹈家协会主席出席，协会会员近200人参加。（王卓）

【元宵灯会】2月12～14日，由区文联、崇外街道和区文明办主办，崇外街道文联、东城民间艺术家协会和北京国瑞购物中心协办的第十四届崇外元宵灯会在国瑞城商场举办。社区居民和驻街单位利用节能环保材料制作灯笼100余盏，民俗专家从中评选出最美灯笼3盏，东城民间艺术家协会表演传统花会节目，东城书画研究会书写春联“福”字送给现场观众。区文联、区文明办、区社工委、崇外街道、区文委有关负责人及群众1000人次参加活动。（王卓）

【主席团会和理事会】3月4日，区文联召开第六次主席团会和第四次理事会，通报上年工作总结，部署本年工作要点。区文联主席团成员、理事近70人参加。区领导宋甘澍出席并讲话。11月28日，区文联召开第七次主席团（扩大）会。审议通过协会及主席团人事调整意见，与会文艺家就贯彻落实习近平总书记在文艺工作座谈会上重要讲话精神、文艺家协会与街道文联工作对接、号召广大文艺家深入基层开展文艺志愿服务等问题提出建议，区文联主席团成员、各文艺家协会负责人、街道文联代表60余

1月19日，举办首都文艺志愿者“送欢乐、下基层”
——走进武警天安门支队慰问演出

人参加会议。（王卓）

【街道文联座谈会】3月14日，召开街道文联组织体系建设座谈会，研讨街道文联组织结构和运行模式，朝阳门街道文联介绍筹备成立和开展工作的经验。区委宣传部、区文联及朝阳门、安定门等10个街道有关负责人参加。12月30日，召开街道文联年度第二次工作会议，提出街道文联下年重点工作建议，研讨街道文联与各文艺家协会签订《文艺发展合作协议》方案。各街道文联讨论区街两级文联共同开展活动、创建“一联一特色”品牌等议题。区领导王晨阳出席，区委宣传部、区文联及17个街道的街道文联主管领导和具体负责人参加。（王卓）

【民间艺术研讨会】4月2日，由区文联、东城民间艺术家协会联合主办，东花市街道文联承办的“天工巧艺·文化东城”——东城区民间艺术研讨会暨风筝作品展在东花市街道文化活动中心开幕。北京市工艺美术大师、雕刻艺术家、著名面塑艺术大师、风筝制作艺术家等专家分别演讲。展出民协会员、民间工艺美术爱好者20余人创作的作品160余件，包括风筝、面塑、瓷雕等。区民间艺术爱好者、东花市小学和东花市中学学生代表以及社区居民代表200余人参加，北京电视台录制活动，现场采访部分艺术家。（王卓）

【书画讲座进社区】4月至8月，区文联与东城美术家协会分别在永外街道、朝阳门街道、前门街道、建国门街道等地举办6次书画讲座。8月22日，区文联会同永外街道工委、办事处主办，东城美术家协会、建国门街道文联承办的首届“北京市东城区社区书画精品展”在九州书画社展厅开幕，参展作品70余幅，其中30余幅来自社区书画艺术爱好者。（王卓）

【街道文联组织全覆盖】4月至11月，天坛、东直门、和平里、永定门外、安定门、前门、东华门、北新桥和交道口街道相继召开街道文艺工作者联谊会成立暨第一次会员代表大会，东城区实现17个街道文联组织全覆盖。各街道文联分别聘请辖区文艺名家任主席、顾问。区委宣传部，区文联，各街道工委、办事处有关负责人分别出席会议。（王卓）

【道德讲堂主题文艺活动】5月9日，由区文联、区文明办主办的“学习道德模范，弘扬传统美德”东城区道德讲堂总堂文艺活动在风尚剧场举行。活动按照“唱歌曲”“诵经典”“文艺演出”和“送吉祥”四个环节展开，建国门街道“廉政之声合唱团”带领全体人员合唱《公民道德歌》；中国曲艺牡丹奖获得者东城曲艺家协会副主席兼秘书长演唱根据真实故事改编的京韵大鼓《雪中腊梅》；中国文联副主席、评书表演艺术家刘兰芳所讲的《割皮救父》故事让人们感受到两兄弟争先尽孝的那份孝悌之义，诠释血浓于水、手足情深的真谛。区领导汤钦飞出席，年度“中国好人榜”身边好人任与鸿、安改芝和全区各街道、各系统主管领导，法院、税务、公安民警、部队官兵、公共文明引导员和社区居民代表380余人参加。（王卓）

【业务培训及讲座】5月16日，举办街道文联负责人及文艺工作者业务培训班。邀请市文联组联部主任、北京音乐家协会副主席陈卫东，著名舞蹈教育家、东城舞蹈家协会主席分别进行文联组织的性质、职能和定位及舞蹈艺术欣赏方面的授课。街道文联干部，舞蹈团队负责人以及东城舞蹈家协会会员120余人参训。5月至11月，联合北京广角摄影学会在体育馆路街道举办8期“摄影艺术进社区”街道初、中级摄影培训班，240余人参加培训。4月至9月，与燕京书画社联合举办7场“弘扬社会主义核心价值观·中国传统文化艺术系列讲座”，邀请有关专家主讲，内容包括舞蹈欣赏、书画鉴赏、摄影知识、传统文化等。区委宣传部、区文明办等有关部门及相关文艺家协会会员，街道文联干部、社区文艺爱好者1000余人参加。（王卓）

【座谈调研】5月22日，丰台区文联一行5人来到区文联座谈交流。6月4日，区领导王晨阳到区文联调研指导工作，区文联常务副主席、党组书记和有关干部参加。7月22日，区文联召开东城区文艺志愿服务调研工作座谈会。交流各街道文艺志愿者队伍现状及活动开展情况，文艺队伍建设，特别是戏剧（戏曲）及曲艺队伍建设及开展活动情况，各街道文联对区文联业务培训，以及如何与区文联共同组织开展文艺惠民活动提出意见和建议。区文联领导，以及东四、朝阳门等11个街道文联相关负责人参加。7月24日，区领导邵鹏一行3人到区文联调研，并与领导班子成员座谈。

（王卓）

【中国文艺志愿者服务日活动】 5月23日，由中国文艺志愿者协会、中国文联文艺志愿服务中心、市文联主办，区文联和建国门街道工委、办事处承办的“中国文艺志愿者服务日”“惠民、为民、乐民”北京主会场活动在建国门街道文体中心举行。与会文艺志愿者集中开展多种形式的慰问演出、展览展示、文艺培训等文艺志愿服务活动。中国文联党组副书记、副主席李屹，中国文艺志愿者协会主席姜昆，中国文联文艺志愿服务中心主任、中国文艺志愿者协会副主席兼秘书长廖恳，市委宣传部纪检组组长丁力，市文联党组副书记程惠民，区领导宋甘澍出席。（王卓）

【优秀摄影作品展】 6月18日，由区文联与建国门街道工委、办事处联合主办，东城摄影家协会与建国门、东四、景山、龙潭4个街道文联共同承办的“名城印象文化东城”——东城区优秀摄影作品展暨建国门街道第三届彩虹文化节启动仪式在恒基中心商场举行。展览面向摄影家、摄影爱好者和社区居民征集作品，展览为期5天，133幅作品参展。中国书法家协会、北京摄影家协会及区有关领导，区有关机关及办事处领导出席开幕式，东城摄影家协会会员和街道文联会员代表300余人参加。（王卓）

【书法美术系列展】 6月24日，由区文联、区文委共同主办，东城书法家协会、区书画协会、区第一文化馆联合承办的“翰墨情缘文化东城”——东城书画小品展在风尚美术馆开幕，展览为期3天。书画名家及区有关领导出席开幕式，展览吸引区书画协会会员300人参加。其中包括著名画家、东城区书画协会名誉主席、年过百岁的孙菊生及不少书画新秀。7月11日，由区文联主办，东城书法家协会承办的“丹青墨韵文化东城”——东城书法作品展在东城区第一图书馆开幕。展览为期3天，展出73幅作品，独具东城特色。区领导及有关部门领导和嘉宾出席开幕式。书法爱好者近300人参观。8月15日，由区文联主办，东城美术家协会承办的“古雅清韵文化东城”——东城美术作品展在区第一图书馆开幕。展览为期3天，参展作品60余幅，参加群众300余人，有关领导及嘉宾出席开幕式。9月26日，由区文联主办，东城书画研究会承办的“华风京韵文化东城”——东城书画作品展在区第一图书馆开幕。展览为期3天。展出作品65幅。开幕式后，举行书画笔会，书画家10余人现场创作。区领导及有关协会领导和嘉宾出席开幕式，书画爱好者400余人参观。10月14日至17日，由区委宣传部、区文明办、区文联、区文委主办，东城书画协会和东城区第一文化馆承办的“东城区培育和践行社会主义核心价值观‘五体’书法展”在区第一文化馆举行，书法家们用楷、行、隶、篆、草五种不同字体诠释社会主义核心价值观24个字的基本内容。（王卓）

【优秀舞蹈展演】 7月13日，由区文联主办，东城舞蹈家协会承办的“舞动北京·文化东城”——东城区优秀舞蹈展演在东城区第二文化馆举行。共有16个节目参加演出，演员年龄上至70岁下至7岁，体现东城区舞蹈艺术广泛的群众基础。北京舞蹈家协会副主席贾洪震，中国歌剧舞剧院副院长徐丽桥，区文联秘书长出席，并为获优秀组织奖、贡献奖、优秀节目奖的单位和个人颁奖。（王卓）

【原创音乐作品演唱会】 8月28日，由区文联、区文明办与朝阳门街道工委、办事处联合主办，东城音乐家协会与朝阳门街道文联共同承办的“唱响文明新风尚做文明有礼北京人”——东城区原创音乐作品演唱会在朝阳门街道四层剧场举行。东城音乐家根据区道德模范3人的事迹创作16首作品。其中，《女儿的思念》《梳头情》《交警之歌》《诚信无价》搬上舞台，受到观众喜爱。有关领导及群众近300人观看演出。

（王卓）

东城区团体负责人

总工会主席	张晓林
共青团东城区委书记	韩新星（2月免）
	于家明（2月任）
青年联合会主席	韩新星（兼，6月免）
	于家明（兼，6月任）
妇女联合会主席	杨立萍（女）
科学技术协会主席	曹洪欣（兼）
工商业联合会主席	王　曦
老龄协会会长	徐维江
归国华侨联合会主席	谭　菲（女）
残疾人联合会理事长	从艳梅（女）
红十字会会长	颜　华（女，兼）
文学艺术界联合会主席	赵　书

·2015·
北京东城年鉴
BEIJING DONGCHENG NIANJIAN

政权·政协

东城区第十五届人民代表大会第四次会议

北京市东城区人民代表大会常务委员会

【概况】北京市东城区人民代表大会常务委员会（简称区人大常委会），是区人民代表大会的常设机关，在区人民代表大会闭会期间，依法行使地方国家权力机关职权，对区人民代表大会负责并报告工作。内设办公室、研究室、代表联络室、财政经济工作委员会、内务司法工作委员会、教科文卫工作委员会、城建环保工作委员会、预算工作室。公务员编制56人，实有公务员53人，工勤18人。

年内，全面落实区委的决策部署，执行区十五届人大四次会议决议，以保证人民通过人民代表大会行使国家权力为主线，围绕国际化现代化新东城建设大局，依法履行职能。全年召开常委会会议8次，听取、审议议题29项；主任会议12次，研究通过议题31项。其中听取、审议“一府两院”专项工作报告9个，议案、建议办理情况报告3个，计划、预算、审计等报告7个；依法作出决议、决定8个；“立、改、废”相关规章制度分别为5项、12项、5项；任免国家机关工作人员80人次。终止区人大代表资格12人，补选区人大代表14人，实有代表336人。全年组织代表联组活动70次，小组活动191次，参加走访选民的代表682人次，旁听法院案件审理122人次。坚持主任及驻会副主任领衔督办代表建议，开展各工作委员会分类对口整体督办，代表联络室统筹协调督办工作，督办代表建议205件。组织召开十五届人大四次会议。

单位地址：东城区幸福大街32号
联系电话：87556606
邮政编码：100061
（刘国栋）

【主任会议】全年召开12次主任会议。听取区第十五届人民代表大会常务委员会代表资格审查委员会关于个别代表的代表资格的报告（草案）、区政府关于《东城区创建国家公共文化服务体系示范区规划（草案）》编制情况的报告、区政府关于《“发挥历史文化名城优势，全力推进‘文化强区’战略”议案办理情况审议意见》的研究处理情况报告和关于《“加强交通管理，提升城市管理精细化水平”议案办理情况审议意见》的研究处理情况报告、贯彻落实《大气污染防治法》及《北京市大气污染防治条例》的情况的专题调研报告、区政府关于《“加强环境保护工作，推进生态文明建设”情况报告的审议意见书》的研究处理情况、区人大四次会议代表建议督办情况的汇报、区政府关于《人大常委会第十二次会议对〈区政府关于积极应对人口老龄化，探索符合东城区情的养老服务模式议案办理情况的报告〉的审议意见》的研究处理情况报告、区上年度预算执行和其他财政收支情况审计查出问题的整改情况、区人大常委会各工作委员会关于下年部门预算调研工作情况的汇报、公民提出的对《东城区人民政府关于印发东城区旧城平房翻改建标准、程序和实施细则（试行）的通知》的审查建议的情况汇报、代表资格审查委员会关于补选代表的代表资格审查报告（草案）和区政府关于《东城区第十五届人大常委会关于〈东城区国民经济和社会发展第十二个五年规划纲要实施情况的中期评估报告〉的审议意见》的研究处理情况报告。研究区人大常委会年度工作要点和主要议题安排（草案）、区人大四次会议代表建议督办工作意见、区人大业务支持信息系统建设实施方案、《关于批准东城区2013年财政决算的决议（草案）》《北京市东城区人民政府关于印发东城区旧城平房翻改建标准、程序和实施细则（试行）的通知》启动备案审查的工作方案和区十五届人大五次会议期间备案审查事项接待应急预案。讨论关于东城区创建国家公共文化服务体系示范区规划的决议（草案）、区人大代表建议、批评和意见办理办法（草案）和区人大常委会关于修改和废止部分规章的决定（草案）、关于补选区第十五届人大代表的有关事宜、关于召开区十五届人大五次会议的决定（草案）、区人大常委会工作报告（提纲）、区人大常委会工作报告（草案）、区十五届人大五次会议有关事项、区十五届人大五次会议有关名单调整情况和人事任免事项。通过区人大五次会议会前代表集中视察工作方案、区人大常委会关于财经、内司、教科、城建和预算委员会对下年预算进行预先审查的工作方案、区人大常委会第十九次会议对《区2014年上半年国民经济和社会发展计划执行情况的报告》的审议意见、《区2014年上半年预算执行情况报告》的审议意见、《东城区人民政府关于老旧小区综合整治工作情况的报告》的审议意见、区人大常委会机关部分工作制度的修改、人大常委会第二十次会议对《东城区人民政府关于东二环高端服务业发展带建设情况的报告》的审议意见、区人大代表联系和接待选民群众办法、区人大常委会第二十一次会议对《区政府关于加大投入、整合资源，进一步完善东城区公共文化服务体系建设议案办理情况的报告》《东城区预算绩效管理工作情况报告》的审议意见、区人大常委会关于下年国民经济和社会发展计划草案的初步审查报告（讨论稿）、关于下年预算草案的初步审查报告（讨论稿）、区人大常委会机关公文处理办法（草案）和区人大常委会机关公文处理办法。

（刘国栋）

【十五届人大四次会议】 1月7～10日在北京国际会议中心召开。应出席代表334人，实出席318人。听取和审议《东城区人民政府工作报告》《东城区人民代表大会常务委员会工作报告》《东城区人民法院工作报告》《东城区人民检察院工作报告》，审查《东城区2013年国民经济和社会发展计划执行情况与2014年计划草案的报告》《东城区2013年预算执行情况和2014年预算草案的报告》。代表们提出文化、经济、民生改善和各项社会事业、城市建设和管理、社会管理和社区建设、政府自身建设等35个方面的建议，对人大常委会工作提出监督、议案建议督办、代表工作、自身建设等17个方面的建议。对区法院、区检察院工作分别提出6个方面意见建议。大会收到代表提出的议案30件，批评、意见和建议145件，涉及政法民政、城建城管、教育科技文化卫生体育和财政经济等方面。（刘国栋）

常委会会议一览表

序号	会议时间	会议名称	会议议题
1	1月7日	第15次	审议第十五届人民代表大会常务委员会代表资格审查委员会关于个别代表的代表资格的报告
2	2月21日	第16次	听取区人大常委会各街道工委上年工作报告、区政府关于“六五”普法中期督导检查情况的报告，批准《北京市东城区创建国家公共文化服务体系示范区规划（2013年—2015年）》的决议 审议区政府关于创建国家公共文化服务体系示范区规划（草案）的报告 通过区人大常委会年度工作要点和主要议题安排、区人大常委会主任会议和区长张家明分别提请的有关人事任免事项 传达市十四届人大二次会议精神
3	4月24日	第17次	听取区政府关于社会治安情况的报告 通过区人大常委会主任会议、区长张家明和区法院院长赵军分别提请的有关人事任免事项
4	6月19日	第18次	审议区政府关于上年财政决算草案的报告和关于上年度预算执行和其他财政收支的审计工作报告 通过有关人事任免事项 批准上年财政决算的决议
5	8月28日	第19次	听取区法院关于信息化平台建设情况的报告 审议区政府关于上半年国民经济和社会发展计划执行情况、上半年财政预算执行情况及老旧小区综合整治工作情况的报告 通过区长张家明、区法院院长赵军和区检察院检察长蓝向东分别提请的有关人事任免事项
6	10月30日	第20次	听取区政府关于年度预算变动情况、“奥林匹克·体育生活化社区”建设情况、区检察院开展诉讼监督工作的情况的报告 审议区政府关于东二环高端服务业发展带建设情况的报告 通过《区人民代表大会代表建议、批评和意见办理办法》《区人大常委会关于修改和废止部分规范性文件的决定》、区长张家明和区法院院长赵军分别提请的有关人事任免事项
7	11月27日	第21次	审议区政府关于预算绩效管理工作情况、“加大投入、整合资源，进一步完善东城区公共文化服务体系建设”议案办理情况及区人大常委会代表资格审查委员会关于个别代表的代表资格的报告 通过关于补选东城区第十五届人大代表的决定、补选工作实施方案及召开区十五届人大五次会议的决定
8	12月23日	第22次	讨论区人大常委会工作报告（草案）、区十五届人大五次会议有关事宜 初审区政府关于本年国民经济和社会发展计划执行情况与下年计划草案、关于本年预算执行情况和下年预算草案的报告 审议区政府关于区人大四次会议代表建议、批评和意见办理情况、区人大常委会关于区人大四次会议代表建议、批评和意见督办工作、区人大常委会代表资格审查委员会关于补选代表的代表资格审查的报告 通过区人大五次会议预备会议议程、列席人员名单及区人大常委会主任会议、区长张家明和区检察院检察长蓝向东分别提请的人事任免事项 决定补选高东璐为市第十四届人民代表大会代表

（刘国栋）

人事任免一览表

序号	日期	会议名称	选举人员	任命人员	接受辞职人员	免去人员
1	1月10日	第十五届第四次会议	张家明为区长 赵军为区法院院长 蓝向东为区检察院检察长 韩焕岭为区人大常委会副主任 严岩为区人大常委会委员			
2	2月21日	第16次常委会		张玮、赵秋洁、赵茂杰为区人大常委会前门街道、天坛街道、永定门外街道工作委员会主任 薛国强为区安监局局长 孟锐为区外办主任		韩焕岭、郝斌的区人大常委会永定门外街道、天坛街道工作委员会主任 赵鹏锦的区安监局局长
3	4月24日	第17次常委会		陈本宇、陈大鹏为区人大常委会财政经济委员会委员、教科文卫委员会委员 张伟为区人大常委会崇文门外街道工作委员会主任 许健为区审计局局长 白京涛为区国资委主任	白京涛辞去区人大常委会委员职务请求	韩焕岭、袁燕生的区人大常委会财政经济委员会委员 周彤的区人大常委会教科文卫委员会委员 白京涛的区人大常委会崇文门外街道工作委员会主任 杨博贤的区国资委主任 陈立如的区法院副院长、审判委员会委员、审判员 刘平的区法院审判监督庭副庭长 王京玉、周进的区法院审判员
4	6月19日	第18次常委会		秦海翔、王晨阳为副区长	汤钦飞辞去副区长职务请求	
5	8月28日	第19次常委会		陈岗为区预防腐败局局长 林杉为区卫计委主任 张永忠、陈春梅为区法院副院长、审判委员会委员、审判员 王东明、石青川、刘迎迎、刘炳汐、朱晓玉、严岩、吴昊、张然、李丹、李婷、李靖超、杨芳、杨显川、陈勇、林琳、段勇、赵阳、赵晖、康卉颖、彭巍等为区检察院检察员		
6	10月30日	第20次常委会		陈平为区产促局局长 杨峰为区统计局局长 岑翀、董菲为区法院民事审判第三庭庭长、第五庭庭长 齐鸿梅为区法院审判监督庭副庭长		陈平的区统计局局长 李照宏的区产促局局长 岑翀的区法院民事审判第四庭庭长 姜在斌、曾进的区法院民事审判第三庭庭长、第五庭庭长 张绘丽、赵世浩的区法院立案一庭审判员、民事审判第一庭审判员

序号	日期	会议名称	选举人员	任命人员	接受辞职人员	免去人员
7	12月23日	第21次常委会		张玮、赵秋洁为区人大常委会财政经济委员会委员 赵茂杰为区人大常委会城建环保委员会委员 肖刚为区人大常委会预算委员会副主任委员 张伟为区人大常委会预算委员会委员 都海江、车军为区人大常委会东直门街道、建国门街道工作委员会副主任 暴剑为副区长 芦永良为区民防局局长		郝斌的区人大常委会城建环保委员会委员 白京涛的区人大常委会预算委员会副主任委员 田利民、赵桂林的区人大常委会东直门街道、建国门街道工作委员会副主任 袁银的区民防局局长 江翠生的区检察院检察委员会委员、检察员 隆跃鹏、李杰、朱里的区检察院检察员

（刘国栋）

【“四长”会】 1月29日，冯熙主持召开区长、人大主任、区法院院长、区检察院检察长工作会议，就年度区人大、区政府、区法院和区检察院的工作安排和区人大常委会年度主要议题安排进行研究交流。张家明、赵中原、赵军、蓝向东参加。（刘国栋）

【预算绩效管理监督】 4月9日，王兆康调研区财政年度预算绩效管理工作，听取区财政局关于大额专项资金使用绩效考评、财政资金使用绩效评价和财政资金使用事前评审工作安排的汇报，提出工作建议。4月17日，召开预算监督代表小组会议。介绍调研区政府财政资金预算绩效管理工作情况的安排，听取区财政局关于区预算绩效管理工作汇报，培训有关专业知识，选择年度要参与调研的财政资金使用绩效评价项目，并进行交流讨论。5月23日，召开区预算执行和其他财政收支审计情况调研座谈会。听取区审计局关于上年预算执行和其他财政收支审计工作汇报，并与参会人员交换意见。7月，组织预算监督代表小组调研年度财政预算绩效评价工作。预算监督代表小组成员7人参加区商务委的商业调研规划建设发展专项资金，东城公安分局的囚犯经费、养犬管理经费，区产促局的专项活动经费等8家单位10个项目的财政资金绩效评价工作调研，了解专项财政预算资金分配、管理全过程。8月19日，召开下年预算预先审查工作座谈会。区财政局汇报下年部门预算编审情况，预算工作室介绍区人大常委会下年部门预算预先审查工作方案，就围绕预算预先审查的相关问题进行讨论。10月24日，组织城建环保委员会委员视察绿道建设工程，并预先审查区园林绿化局下年预算编制情况。实地察看古河花雨等环二环城市绿道工程建设景观，讨论下年预算编制审核情况。10月27日，召开区文委下年部门预算预先审查座谈会。听取下年部门预算编制审核情况的汇报，就个别预算科目合并与拆分提出建议，并就预算增长依据、大额专项资金、物业费用支出、人员经费情况等进行交流。10月30日，召开区民政局、区法院、区检察院等部门预算初审座谈会。内司委预算初审小组成员听取各部门下年预算编制审核情况的汇报，三个部门的主管领导就相关新增项目进行解释说明。区财政局对有关政策规定作介绍，委员们提出建议。

（刘国栋）

【养老服务调研】 5月9日，冯熙、韩焕岭到东直门街道、东四街道调研养老服务工作。视察街道微生活服务馆、奥林匹克社区体育文化中心、孙茂芳工作室、居家养老中心、慈善超市等场所，实地察看敬老院选址地点，听取街道关于养老服务开展情况汇报。与人大代表和社区居民座谈，听取意见。5月13～16日，冯熙、韩焕岭到朝阳门、体育馆路、永定门外、龙潭街道调研养老服务工作。实地察看街道社区服务中心、长青养老院、社区日间照料室、便民餐厅等场所，听取关于街道居家养老服务工作情况的汇报，与人大代表和社区居民座谈。5月22日、26日，冯熙、韩焕岭到建国门、北新桥和交道口街道调研养老服务工作。实地视察，了解各街道养老服务工作主要做法、存在的主要问题、困难和意见建议，听取街道关于开展养老服务情况的汇报，与人大代表、社区居委会、居民座谈。5月29日，冯熙、韩焕岭到天坛、崇文门外街道调研养老服务工作，察看金鱼池地区文化活动中心和新景东区的养老照料中心，听取街道关于养老服务工作情况汇报，与人大代表和老年居民座谈。6月5～6日，冯熙、韩焕岭到和平里、前门和东华门街道调研养老服务工作。视察和平家政居家养老服务中心和前东社区老年文化活动场所，听取街道及社区关于养老服务工作情况的汇报，与人大代表和老年居民座谈。10月29日，组织部分代表就养老服务工作进行专题视察。听取区民政局、区老龄委以及东直门街道关于养老工作情况的介绍，实地走访工体市民文体休闲中心、为老服务一条街、胡家园社区“微生活服务馆”等地，了解街道在养老服务工作方面的举措、困难和问题、养老照料中心建设、微生活服务馆的服务理念、运行模式、服务效果、人员配备等情况。12月23日，冯熙到东花市街道调研居家养老服务情况。听取街道关于养老服务工作情况的汇报，老年人代表就街道、社区居家养老服务工作提出具体意见建议。讨论《北京市居家养老服务条例（草案）》（征求意见稿）。（刘国栋）

【企业发展情况调研】5月20日，王兆康到宏林科技有限公司调研区中小企业发展情况。听取公司经营情况的汇报，并就产业转型升级、混合所有制企业发展、政府服务、人大经济监督等问题交流座谈。5月27日，王兆康到企业调研。听取北京永外城文化用品市场有限公司关于企业经营和发展情况的汇报，实地视察场内的经营环境和交易秩序，并就人口功能疏解、国企改革、企业参与区域产业转型升级等方面问题座谈交流。8月8日，王兆康到中关村科技园东城园调研。听取园区管委会关于管委会体制机制、发展定位以及下一步工作思路等情况汇报，观看天脉聚源传媒科技有限公司关于电视资讯大数据和中文在线网上出版技术及应用等技术演示，实地视察青龙胡同及青龙地块项目的建设情况。10月15日，组织东二环重点企业座谈会。围绕改善投资环境、提高政府服务水平以及进一步推动东二环高端服务业发展等方面，与中石油、中国人保、中青旅、中国五矿、锦州银行北京分行、捷越投资等重点企业相关负责人座谈。10月16日，组织召开东二环高端服务业发展带建设专家座谈会。与会专家结合习近平总书记在北京考察时的重要讲话精神和郭金龙对核心区发展要求，在总部经济、环境优化、功能定位及规划建设等方面为东二环高端服务业发展带建设与发展提出意见和建议。（刘国栋）

【老旧小区综合整治调研】7月30日，组织部分城建环保委员会委员、人大常委会委员和区人大代表调研老旧小区综合整治情况。实地视察灯市口社区同福夹道2、10号楼，多福巷社区玉石胡同2、4、6号楼及夕照寺社区夕照寺西里14、15、16号楼，听取情况介绍，现场征集部分居民的意见建议。于静提出工作建议。（刘国栋）

【义务教育优质均衡发展调研】10月31日，开展义务教育优质均衡发展综合改革的调研。代表们视察史家小学一年级部、二年级部、高年级部及广渠门中学。围绕义务教育均衡发展举措，联盟校之间优质师资流动状况、教育质量评价体系运行体制，学生课外时间的开发利用等问题沟通交流。蔡福全提出工作建议。教科文卫委员会委员、区人大代表、基层社区工作者等20余人参加。（刘国栋）

【公共文化服务体系建设调研】11月4日，对区创建国家公共文化服务体系建设示范区以来的工作进展情况调研。代表们视察史家胡同博物馆、永定门外街道综合文化服务中心、东花市广外南里社区文化活动室。听取区文委关于“加大投入，整合资源，进一步完善东城区公共文化服务体系建设”的汇报。人大代表35人参加。（刘国栋）

【社区商业服务设施建设调研】11月4日，调研社区商业服务设施建设情况。听取区商务委关于社区商业设施建设情况汇报，视察东直门街道办事处东环社区养老服务一条街，并就社区商业服务设施建设等方面与区商务委有关同志座谈。人大代表18人参加。11月14日，调研王府井地区商业发展情况。听取王府井建设管理办公室关于王府井地区商业发展情况的汇报，并视察建设中的王府井国际品牌中心项目和运营的新燕莎金街购物广场。人大代表21人参加。（刘国栋）

【社区卫生服务工作调研】12月4日，调研社区卫生服务工作情况。实地走访新景家园社区卫生服务站、景山街道吉祥社区卫生服务站、朝阳门社区卫生服务中心，听取区卫计委关于社区卫生服务工作情况汇报，人大代表就社区卫生的年门诊量、出诊费用、转诊情况、医联体现状、吉祥社区服务站工程进度等情况与相关部门沟通交流，了解工作进展情况，并提出意见建议。（刘国栋）

【议案办理】年内，推动区政府把创建国家公共文化服务体系示范区与办理“加大投入、整合资源，进一步完善东城区公共文化服务体系建设”代表议案结合起来，听取和审议区政府《关于东城区创建国家公共文化服务体系示范区规划的报告》，作出批准规划的决议，加强与人大街工委工作联动，组织专题视察调研，召开座谈会，解决代表议案提出的问题和建议，议案涉及的12件具体问题得到回应和办理。（刘国栋）

【地下民防空间治理建议督办】3月26日，韩焕岭到区民防局督办“关于加大景泰东里小区地下民防空间治理”建议的办理工作。听取区民防局关于民防工程现状、民防工作情况和建议办理进度情况的汇报，提出工作建议。5月8日，韩焕岭到永定门外街道景泰东里小区现场督查“关于加大景泰东里小区地下民防空间治理”建议的办理情况。实地察看景泰东里小区1、2号楼的三处地下空间情况，听取区民防局和永定门外街道办事处工作情况汇报，景泰东里小区地下民防空间已全部腾空。（刘国栋）

【市容环境卫生条例建议督办】4月2日、17日、25日、5月7日，组织部分城建环保委员会委员和代表到区环卫二中心、区环卫一中心、区城管执法局、区城管委就《北京市市容环境卫生条例》执行情况和代表意见建议办理情况调研。听取有关情况的汇报，交流《北京市市容环境卫生条件》执行情况及代表意见建议办理情况。（刘国栋）

【养老建议督办】4月17日，冯熙、韩焕岭与部分人大代表到区民政局、老龄办调研，督办上年养老议案的审议意见落实情况和本年代表建议办理情况，听取区民政局关于养老工作进展情况汇报，并就养老服务进行座谈。冯熙就五进居家、机构养老以及养老照料中心建设等工作提出要求。（刘国栋）

【建立文化创意中心建议督办】5月8日，赵中原到区文促中心就代表建议办理情况进行调研座谈，听取区文促中心“关于东城区建立文化创意中心的建议”办理情况。赵中原指出，人大代表十分关注区文化产业的发展，希望通过代表办理工作，加强与代表沟通联系，让代表了解更多情况，共同分析落实建议遇到的问题，深化建议方案，为推动区文化创意产业发展作出贡献。（刘国栋）

【改善民生建议督办】5月13日，代表联络室到体育馆路街道调研。听取“幸福大街39号院烟囱改造情况的建议”办理情况汇报，对建议反映出的问题进行交流和探讨，就人大代表如何更好地发挥代表建议的作用交换意见。5月15日，高桂强到东花市街道调研。听取“解决广渠门外南里老旧小区停车难问题的建议”和“取缔东花市南里社区一区三号楼底商宅急送物流配送站的建议”办理情况汇报，对办理中遇到的问题与街道同志交流；征求对区人大常委会修订《东城区人民代表大会代表建议、批评和意见办理办法》的意见；了解街道在群众路线教育活动中存在的突出问题，沟通信访代理案件的情况。5月21日，代表联络室到交道口街道调研。听取“建立南锣鼓巷地区文化生态博物馆”建议办理情况汇报，了解生态博物馆在国际、国内建设的状况，就南锣鼓巷地区能否建成文化生态博物馆进行交流。（刘国栋）

【社区卫生服务建议督办】5月29日，召开涉及社区卫生服务方面的代表建议督办座谈会。区卫生局汇报办理人大代表建议的情况，并就社区卫生服务标准化建设、资金拨付、人员配备、业务开展等问题进行座谈。蔡福全、部分教科文卫委员会委员、领衔提出建议的代表、区卫生局、社区卫生服务管理中心以及有关单位负责人参加。（刘国栋）

12月18日，选民投票补选代表

【二中拆迁遗留问题建议督办】10月28日，召开二中拆迁遗留问题专题座谈会，高桂强主持。听取人大代表和各部门介绍二中拆迁遗留问题的背景和现状，并就所做的工作和工作计划进行沟通交流。蔡福全、建议领衔代表及相关单位负责人参加。

（刘国栋）

【任前考试谈话】2月14日，区人大常委会对部分拟任职人员进行任前法律知识考试。考试后，于静、韩焕岭分别对拟任职人员进行任前谈话，提出要求。10月22日，韩焕岭对拟任区法院庭长职务人员进行任前谈话，并提出要求。10月23日，王兆康对拟任区统计局、区产促局局长职务人员进行任前谈话，并提出要求。

（刘国栋）

【工作交流】3月19日，区人大常委会预算工作室与海淀区人大常委会财经委就预算监督工作开展座谈。5月20日，克拉玛依市人大常委会副主任赵武生一行与区房管局、海运仓社区居委会及所属物业公司同志就相关问题座谈。8月11日，上海市闵行区人大工作研究会到区就“如何推进全口径预决算监督”进行座谈。11月26日，台湾大学政治系部分师生到区座谈。就人大代表的选举、如何发挥代表主体作用等问题进行交流和探讨。

（刘国栋）

【市人大东城团代表活动】8月7日，组织市、区人大代表开展年中活动。传达市上半年经济形势分析会精神，讨论《关于北京市2013年市级决算草案的报告》《关于北京市2014年上半年预算执行情况的报告》《关于北京市2014年国民经济和社会发展计划上半年执行情况的报告》《北京市人大常委会2014年上半年工作情况报告》等工作报告（草案），代表们从京津冀协同发展、国企改革、党的群众路线教育实践活动、国家治理和城市治理、稳增长调结构、预算支出等方面提出意见和建议，对《北京市居家养老服务条例（草案）》和《北京市城镇基本住房保障条例（草案）》进行讨论，特别是养老问题代表们给予极大关注，提出意见建议。市人大常委会副秘书长、内务司法委员会主任委员刘维林，区领导冯熙等及市、区人大代表240余人参加活动。

（刘国栋）

【“一府两院”工作通报会】8月7日召开，朴学东通报区上半年国民经济和社会发展情况，赵军通报区法院上半年工作情况以及下半年重点工作，蓝向东通报区检察院上半年工作情况以及下半年重点工作。会议要求代表对“一府两院”的工作意见建议，以书面形式提出，由代表联络室统一汇总反馈给有关部门参考。区领导冯熙等及市人大（东城团）代表、区代表240余人出席。（刘国栋）

【人大代表社区联络员培训】9月26日，召开人大代表、人大代表社区联络员学习培训会。市人大代表联络室主任讲解《北京市实施〈代表法〉办法》和《北京市人民代表大会代表建议、批评和意见办理条例》。市、区两级人大代表分别介绍当好人大代表的经验体会。高桂强针对下半年代表工作提出要求。冯熙、区人大代表、人大代表社区联络员、人大常委会机关干部、人大街工委办公室主任等340人参加。（刘国栋）

【征求政府工作报告意见建议】11月28日，张家明召开座谈会，征求部分市区人大代表对《政府工作报告》的意见建议。代表们结合实际工作，针对区政府本年工作总结和下年工作安排，就民生改善、经济发展、城市管理等方面提出意见建议。张家明对人大代表的建言献策表示肯定，并对办好代表意见建议提出要求。冯熙、朴学东等参加。（刘国栋）

【补选区人大代表】12月2日，公布补选区第十五届人大代表的选民榜。核实登记选民4.04万人。12月3日，查验选民榜。12月5日，涉及补选工作的10个街道分别制定补选工作实施方案，成立补选代表领导小组，发放致选民一封信，开展宣传，核实登记选民，张贴选民榜，划分选民小组，召开第一次选民小组会，推选初步代表候选人并张榜公示。12月10日，补选区第十五届人大代表工作领导小组召开会议。确定正式代表候选人名单，布置投票选举有关工作。12月17日，赵中原先后到永定门外地区、天坛地区、前门地区和北京卫成区补选区第十五届人大代表的投票站检查。12月18日，投票选举，依法补选出范冰等14人为区第十五届人民代表大会代表。（刘国栋）

9月23日，召开钟楼湾、国旺选区人大代表述职会

【杜德印调研胡同里的创意工厂】12月12日，杜德印到光线传媒公司，察看公司发展运营情况；到人民美术文化园，察看“胡同里的创意工厂”建设情况，现场了解人民美术印刷厂博物馆、金刚游科技公司、北京MAD建筑事务所公司等企业的发展模式、创建设想及实际运营情况；到77文化创意产业园，观摩影视特效制作、剧目排练、“无用”艺术展览、文化沙龙及小剧场建设运营情况，了解园区规划建设及产业结构升级改造等情况，并召开调研座谈会。区领导张家明汇报区文化产业发展现状、举措和下一步设想，杨柳荫汇报区文化产业发展理念，建议市人大从立法角度为文化产业发展提供更大的支持和保障。杜德印就解决好地方和空间、扶持并培育市场主体、完善文化产业扶持政策体系等三方面问题提出要求。（刘国栋）

【市区人大代表述职】全年组织市代表19人向区代表述职，区代表62人向选民述职，述职代表结合参加大会、审议报告、提出议案建议以及闭会期间学习、视察、调研、加大与选民联系、听取意见、协调解决问题等方面，分别向所联系的代表联组述职，市、区代表的履职工作得到群众认可。（刘国栋）

【党的群众路线教育实践活动】2月至10月，围绕“为民、务实、清廉”的主题，按照学习教育、听取意见，查找问题、开展批评，落实整改、建章立制三个环节进行，深入学习研讨，广泛听取各方面的意见建议，发放征求意见表475份，召开分别由区政府有关部门、区法院、区检察院和17个人大街工委负责人参加的4个座谈会，先后向老同志、市人大有关工作机构、区委有关部门、市、区人大代表、机关干部15人征求意见。全面查找问题，召开5次专题会分别对党组、个人“四风”问题和相互间批评意见进行集体会诊，召开4次党组会集体讨论、反复修改党组的对照检查材料。研究制定整改措施，确立立行立改目标11项，近期目标7项，中长期目标13项。（刘国栋）

东城区第十五届人民代表大会常务委员会组成人员

主任、副主任、常务委员

主　任　冯　熙

副主任　赵中原　高桂强（女）

蔡福全　于　静（女）

王兆康　韩焕岭（1月任）

何厚夫

委　员（以姓氏笔画为序）

马　龙　王力宇　王小英

王先勇　王衔臻　王振淮

王　曦　毛惠华　石庆萍（女）

白京涛　冯远征　危天倪（女）

刘超英（女）　许金玉（女）

严　岩（女，1月任）　杨立萍（女）

杨永强　杨向弘（女）　杨冠军

肖　燚　张国熙　张　跃

陈爱玉（女）苗　谦　郑　毅

耿学森　魏敏德

工作机构负责人

办公室主任	耿学森
研究室主任	王衔臻
代表联络室主任	杨向弘（女）
财政经济室主任	张国熙
内务司法室主任	魏敏德
教科文卫室主任	王力宇
城建环保室主任	毛惠华
预算工作室主任	许金玉（女）

东城区人民政府

概　述

东城区人民政府（简称区政府），学习贯彻习近平总书记视察北京重要讲话精神，以开展党的群众路线教育实践活动为契机，直面问题，敢于担当，推动发展，较好完成区十五届人大四次会议确定的各项任务，全区经济社会发展呈现新变化新态势。

地区生产总值增长7.50%；区级公共财政预算收入完成156亿元，增长6%；社会消费品零售额增长8.80%；全社会固定资产投资完成214.70亿元，增长10%；城镇居民人均可支配收入增长8.10%。万元GDP能耗下降5.54%。城镇登记失业率控制在0.86%。20项区级为民办实事项目全部完成。办理各级人大代表议案、建议254件，政协委员提案252件。

解决历史遗留问题，推进旧城改造。制定《东城区拆迁滞留项目管理试行办法》，明确拆迁人主体责任和政府部门管理责任，保障城市安全、环境秩序和居民生活秩序。对滞留时间长、涉及人数多、问题复杂棘手、群众反映强烈的项目，不躲不绕不回避，一手抓项目推进，一手抓社会稳定，依法理清责权利关系，主动加强与群众沟通。宝华里项目清退原实施主体，明确解决方向并研究工作方案，为项目重新启动奠定基础；筹措资金房源，西河沿项目重新启动搬迁；按照依法保护群众合法合理诉求的原则，上龙西里项目确定工作思路。建立区级领导分工负责制度，组建区重大项目协调办公室，52个项目全部启动，其中9个已完工。按照“传承文化、全面激活、整体规划、提升环境、创新模式”原则，加大前门东区修缮整治工程推进力度，搬迁居民220户，清理抢占房屋5100间、7万余平方米，修缮3个试点院落，实现前门东路、正义路南延和三里河绿化景观带的环境提升。钟鼓楼广场恢复整治工程累计搬迁安置居民205户，南广场竣工，北广场基本完工。老旧小区抗震加固工程完成72栋18.26万平方米，节能改造工程完成20栋10.35万平方米，同步实施91个老旧小区环境提升工程。北苑宾馆项目竣工，提供对接安置房442套；豆各庄项目实现开复工面积35万平方米，完工1104套住宅；“两站一街”项目开工17万平方米。创新安置房源投资建设途径，与市保障性住房建设投资中心签署战略协议，共同组建北京燕华投资公司，开发建设百子湾等安置房项目。完成保障性住房摇号任务，1167户限价房轮候家庭选定房屋。

构建“高精尖”经济结构，加快产业转型升级步伐。六大重点产业实现增加值占GDP的67%，对全区经济增长的贡献率达80%左右。金融业增加值占GDP的24.10%，文化创意产业增加值占GDP的13%。制定旅游带动经济增长实施意见，开发特色主题旅游产品，打造“券游东城”品牌，全年旅游接待总人数8318万人次，旅游综合收入668.80亿元，继续位居全市前列。落实促消费各项政策，社会消费品零售额持续稳定回升；制定促进电子商务发展实施意见，网络消费成为拉动消费增长的新引擎。投资结构优化，非国有单位投资主体地位进一步巩固。技术交易额达355亿元。永安复星、利生商厦等区属国有企业引进战略投资者，区住宅发展中心转企改制进展顺利。中关村科技园区东城园完成空间布局调整和机构整合，135家规模以上高新技术企业实现总收入1200亿元；7家创新创业孵化平台累计吸引科技文化企业50家；搭建科技文化金融服务平台，引入40家金融服务机构，首批38家企业实现项目对接。举办第四届王府井国际品牌节，新燕莎金街购物广场、北京金茂万丽酒店正式开业，王府井国际品牌中心、嘉德艺术中心进入全面施工阶段。隆福寺项目完成相关资产划转及隆福大厦建筑改造前期拆除工作。前门历史文化展示区加快转型升级，杜莎夫人蜡像馆等26家具有文化体验特点的商户入驻。制定《东城区疏解非首都核心功能工作方案》，明确新增产业禁止和限制目录，调整退出4家工业企业。优化产业政策环境，出台加快调结构、转方式、促进产业发展的意见。制定业态指导目录，明确南锣鼓巷等7条市级特色商业街区定位，南新仓“北延南扩”项目主体工程完工。打造高端要素市场，北京文化产权交易中心落户，与北京石油交易所签署战略合作协议。加大服务企业力度，引入英大保险资产管理公司、北京市文化科技融资担保公司等金融机构。建成2个中小企业服务分中心和3家小企业创业基地，组织银企对接18次，协助企业成功融资12.50亿元。创新服务企业方式，打造“政企互动兴东城”服务品牌。举办博鳌亚洲论坛分论坛，世界体育总会亚太总部、国际举联（北京）总部等落户本区。制定《全面加强服务驻区中央、市属单位和部队工作的意见》，加强互通互联，从各个层面提升服务水平。开展与南水北调水源地湖北省郧县的对口协作。

完善标准体系，提升城市精细化管理水平。出台《关于进一步加强城市管理工作的指导意见》，修订综合考核办法。坚持城市管理与风貌保护、业态升级、人口疏解相结合，制定环境整治、直管公房管理、平房翻改建、工商管理和业态指导5类11项标准规范，推动城市管理从“末端管理”向“源头治理”转变。按照市级精品大街标准，完成安内大街环境综合提升，恢复古朴的老北京传统风貌。梳理环境卫生、交通停车等6类问题，实施10项环境综合整治工程，完成95条背街小巷、20处校园周边和2处重点区域环境建设任务，改造50处低洼院落排水设施。继续保持拆违高压态势，拆除违法建设2007处、5.27万平方米，市级挂账任务全部完成。整治地下空间378处，清理群租房1837处。引导社会力量广泛参与城市管理，在53条示范路段推广门前管理责任制。落实清洁空气行动计划，完成望坛地区7329户“煤改电”工程，淘汰老旧机动车2.47万辆，主要污染物PM2.5年均浓度同比下降8.50%。新增25个垃圾分类小区，完成48座旱厕达标改造任务，建成全市首家厨余垃圾就地资源化处理社区工作站。创建市区节水型单位70家，为企事业单位和社区居民换装节水器具6000余套。扩大改造绿化面积50.56万平方米，新增屋顶绿化2.83万平方米。高标准建成环二环城市绿道，打造“一河、两带、十三景”优美景观，形成总长16.10公里的城市慢行系统，为市民增加休闲健身的公共空间。制定“两网融合”意见，统筹网格化城市管理和网格化社会服务管理，成立区网格化服务管理中心，完成综合信息平台建设，“两网”在区级层面实现融合。整合原有62条政务热线，全区统一的“96010”为民服务热线开通，实现投诉举报、咨询求助、建言献策一口受理。信息技术在网格化管理、公共服务等领域的应用不断深化。

增进人民福祉，提供优质公共服务。出台深化学区制教育综合改革的意见，成立8个学区工作委员会，9所九年一贯制学校、4个优质教育资源带和25对深度联盟学校正式挂牌，新增优质小学学位2325个、初中学位1690个。完成2014年义务教育阶段入学工作，小学就近入学率达94.82%，初中就近入学率达85%以上。依托“学院制”人才培养模式，全面推进素质教育。开展名园托管街道园工作，户籍幼儿入园率达95%。干部和骨干教师交流轮岗1618人，表彰奖励先进教育工作者750人。完成7个社区卫生站标准化建设，成立全市首家家庭健康指导中心，3个“医联体”正式运行。推进中医药综合改革试验区建设，成立全国第一个中西医结合妇幼保健研究所，完成48个中医药特色健康管理社区建设。推动全民健身工作，实现24个“奥林匹克·体育生活化”社区环境提升。区体育代表团在市第十四届运动会中总成绩位列第一。推进国家公共文化服务体系示范区创建工作，街道文化中心100%达标，社区文化室80%达标。举办中国图书馆年会。周末相声俱乐部、群众文化展演季等文化惠民服务品牌影响力进一步扩大。突出年节色彩和传统文化特色，举办地坛庙会和龙潭庙会。支持中国儿童艺术节、南锣鼓巷戏剧展演季等文化活动，向居民免费发放演出票8500张。与故宫博物院、国家博物馆、首都剧场等100余家单位合作共建，实现资源共享、为民服务。71所学校、32家社会单位开放文体设施。新增3项国家级和6项市级非物质文化遗产项目。中国华侨历史博物馆落成开馆，协和胡同6号和清华寺完成腾退修缮。推进档案为民服务，为1000户居民建立家庭档案。《北京东城年鉴（2013）》在全市首届综合质量评比中获特等奖。累计安排促进就业资金1.77亿元，促进登记失业人员1.10万人、就业困难人员7933人实现就业，零就业家庭保持动态为零。实现创业1047人，带动就业4110人。各项社会保险待遇调整落实到位。社保基金收缴率达99%，实现收支平衡、略有结余目标。落实特困人员救助政策，累计支出低保及生活困难补助资金1.24亿元。开展康复、健身和就业服务项目，推进残疾人服务体系建设。搭建服务对接政策平台，指导养老机构与医疗机构实现一对一、规范化就近服务。推进“五进居家”工作，签约549家服务商，初步构建社会化养老服务体系。建成11家养老照料中心，新增床位230张。全面启动全国社区治理和服务创新实验区建设，完成168个社区议事厅标准化建设，8个老旧小区开展自我服务管理试点，创建37个“六型社区”。史家胡同成立全市首个胡同风貌保护协会。17个街道全部构建“枢纽型”社会组织体系，“一刻钟社区服务圈”实现全覆盖。继续开展公益创投，16家社会组织获资助。本区获全国和谐社区建设示范城区称号。

强化行政执法，巩固安定和谐局面。持续深入推进城市管理综合执法，查处案件和立案处罚分别上升15.80%和125.30%。探索公安分局牵头，城管执法局与交通支队协同配合的捆绑执法工作模式，建立“政府主导、协同作战、综合治理”社会面管控机制。进一步强化安全生产工作，加大执法监察力度，对簋街、天坛南里等重点地区和电梯、燃气等重点领域突出问题开展专项整治，安全生产各项考核指标均控制在目标范围内。建成物联网远程监控中心，对428家重点单位实现消防中控室24小时监控。严守底线，构建覆盖全区的食品药品安全监管体系，食品药品案件实际执行率达100%，抽验合格率分别达98.90%和99.88%。依托“网格化”优势和“驻区制”模式，组建100个社区维稳工作队，21个社区零发案，66个社区零立案，百户发案数和万人发案率继续保持全市最低。完善社会矛盾多元调解体系，健全人民调解与司法调解衔接机制，成立诉前人民调解工作室，共调解矛盾纠纷1.03万件。深化信访代理制，加强领导干部接访工作，区级领导接待群众来访22批1580人次，化解疑难信访积案25件。推进文明城区常态化建设，完成全国文明城区迎检任务。创新法制宣传教育形式，市民法律意识和法律素质不断提高。优化妇女发展和儿童成长的社会环境，维护妇女儿童合法权益。民族团结、宗教和睦的良好局面继续巩固，各项惠侨政策得到有效落实。对台交流进一步深化，推动区属老字号企业落户高雄。接收安置复退军人254人，面向随军家属定向招聘社区工作者。

加强作风建设，增强政府履职能力。开展党的群众路线教育实践活动，政府工作部门坚持问题导向，立行立改；各街道坚守公共服务、民生保障、社区建设、安全稳定和环境管理五道底线，着力打通服务群众“最后一公里”，解决各类民生问题4000余件。加大督查力度，制定《东城区政府绩效管理办法》，政府执行力进一步提高。切实转变会风，全区性会议数量同比下降7.40%。坚决贯彻国务院“约法三章”，严格执行《党政机关厉行节约反对浪费条例》，庆典论坛类活动同比下降53.80%，行政机关公用经费压缩15%，一般性项目经费压缩5%。落实政府常务会议会前学法制度，组织5次集中学法活动。全面启动行政审批制度改革，取消行政审批11项，承接市级下放审批27项，初步形成行政审批事项清单。优化审批流程，创新“并联审批双模式”服务机制，办理速度提高65%。取消各类议事协调机构62个。履行政府系统党风廉政建设主体责任，区政府常务会9次专题研究，部署11项反腐倡廉重点工作。规范处级领导班子权力配置，在全市率先建成廉政风险信息化防控电子监察平台。专项整治“庸懒散拖”等“四风”突出问题，推动政风行风进一步好转。

单位地址：东城区育群胡同1号
联系电话：64032061
邮政编码：100010（贾玉轩）

主要工作和重大活动

【与故宫博物院开展合作】1月2日，与故宫博物院就深化合作达成初步意向。2月25日，召开故宫学院院务委员会第一次会议。故宫博物院与北京国际职业教育学院、区旅游文化培训学校先后交换开展相关合作的协议文本，审议通过故宫学院院务委员会章程、故宫学院上年工作报告和本年工作计划。张家明表示东城区政府将进一步做好与故宫博物院合作的各项工作，为双方合作的不断深化创造良好环境。区领导朴学东、颜华，故宫博物院领导单霁翔、纪天斌、王亚民、宋纪蓉、冯乃恩、娄玮出席。9月4日，区领导与故宫博物院领导就故宫周边环境秩序治理、推进成立文物保护修复传统技艺非物质文化遗产专项奖励基金、故宫学院教育合作等工作进行研讨。（贾玉轩）

【郭金龙调研老旧小区改造】1月4日，市委书记郭金龙在玉河遗址博物馆，察看玉河历史文化风貌保护区总体情况，听取玉河南区项目进展情况汇报，并沿河步行察看玉河河道恢复、四合院古建修复、道路铺装、环境改善情况，详细了解项目开发模式。郭金龙对玉河项目有效推进旧城保护与城市发展有机统一的做法给予肯定。在天坛街道天坛东里北区1-8号简易楼拆除项目现场，察看区域环境秩序现状，了解该地区简易楼下一步拆除及居民安置工作的总体考虑。郭金龙要求在新居住区规划中要注重民生优先，确保学校、卫生所等公共服务设施，为搬迁居民创造更多的便利条件。在前门东区修缮整治项目现场，察看区域环境秩序现状和院落整治改造情况，了解项目总体进展、遇到的困难问题和下一步工作计划。郭金龙分析城南地区的资源禀赋，指出建设整治中需要特别注意的问题，并要求按照十八届三中全会和中央城镇化工作会议的要求，努力解决城市发展中的遗留问题，推动核心城区的可持续发展。市委常委、政法委书记赵凤桐，副市长陈刚及区领导杨柳荫、张家明等参加。（贾玉轩）

5月27日，区政府与市保障性住房建设投资中心签订对接安置房建设框架协议

【区政府全体（扩大）会议】2月10日召开。会议以电视电话会的形式召开，全区设1个主会场，73个分会场。朴学东主持。张家明部署区政府本年重点工作，他强调4点：一是敢于担当；二是善于研究；三是勇于创新；四是强化督查。杨柳荫出席会议并讲话，他要求：一要统筹兼顾。工作分清轻重缓急，做到两手抓、两促进、两不误；二要形成合力。区委、区人大、区政协、民主党派、工青妇等各方力量要支持政府工作，政府各部门之间要加强团结协作，业务上和上级部门加强沟通，主动争取政策、资金和资源；三要以良好的精神状态投入工作。要想事、要干事、要干成事、要不出事。区领导及区政府各委、办、局和各街道主要负责人，各民主党派、各人民团体主要负责人和区属骨干企业负责人在主会场参会。区政府各部门和各街道党政班子成员及科级以上干部在分会场参会。（贾玉轩）

【马航客机失联事件善后】3月8日，马来西亚飞往北京的MH370航班失联。机上有乘客239人，其中涉及本区4人。按照市委、市政府要求，全力做好涉事人员家属的慰问、安抚和思想稳定工作，第一时间成立由汤钦飞任组长的马航客机失联事件应急协调服务小组，多次召开专题工作会，及时了解工作动态。相关街道和部门全力开展工作，核实失踪旅客身份、家属人员详细情况，密切关注失踪人员家属情绪反应，落实专人承包措施，组织失踪人员所在单位和社区共同做好家属慰问和情绪安抚工作。（贾玉轩）

【调整疏解非首都核心功能】5月17日，李士祥到区调研城市管理及调整疏解非首都核心功能工作。陈之常汇报区城市管理工作，朴学东汇报疏解非首都核心功能工作，张家明介绍区工作重点及52个重点项目推进情况，分析长期滞留项目过多、简易楼安全隐患严重、平房区修缮改造任务繁重等制约发展的瓶颈问题，提出破解难题的工作思路。李士祥强调：核心区要带头履行首都城市战略定位，通过调整疏解，构建高、精、尖的经济结构，提高生活性服务业品质，全面提高发展服务质量；重点研究市区财政转移支付、文化保护投入、设立历史文化名城保护基金、建设棚户区改造融资平台四方面问题，开拓思路，加强市、区的衔接，财政资金和社会资本的联接；东城区要当仁不让带头扛起城市管理改革的重任，继续大胆探索，深入推进，市编办要跟踪进行研究。11月26日，召开疏解非首都核心功能方案研讨会。区发改委汇报区疏解非首都核心功能的工作方案，与会部门进行讨论。张家明指出：由区发改委牵头、各部门配合，起草东城区城南发展计划和文保区改造方案，研究如何在南部地区以危改和棚户区改造作为切入点实施平房区的再改造，在北部地区以居民参与、政府推动、社会资本介入相结合的方式推动文保区人口疏散和功能疏散等问题；南锣鼓巷改造由房地一中心和交道口街道牵头，充分调动居民参与改造和疏散的积极性，变被动为主动，有效发挥政府作用；由工商分局和商务委牵头负责农副产品市场清理淘汰转型，综合考虑农副产品市场淘汰后便民菜站的设立和布局；由发改委牵头对各部门出台的有关产业准入、业态目录的文件进行统筹，避免“文件撞车”现象。（贾玉轩）

【签订对接安置房建设框架协议】5月27日，区政府与市保障性住房建设投资中心签订棚户区改造及对接安置房建设战略合作框架协议。张家明和金焱代表在协议上签字。金焱指出：和中心城区做好棚户区改造和人口疏解工作，是市委、市政府赋予市保障性住房建设投资中心的重要职责，中心将认真履职，做好棚户区改造、文保区平房改造项目融资，建好对接安置房，探索好内外联动的运作机制，

为东城发展特别是居民居住条件改善作出努力。杨柳荫表示：希望通过密切合作，加快推进东城棚户区改造和文保区平房改造这一重大民生工程，实现双方的互惠共赢发展。根据协议，双方将共同出资16亿元成立合资公司，为东城区棚户区、文保区平房改造及对接安置房项目选择适当资金平衡模式，加快推进改造工作。（贾玉轩）

【南锣鼓巷修缮保护】7月11日，张家明察看南锣鼓巷基本情况，召开座谈会，听取发展中存在的主要问题、环境管理、商业业态调控等情况汇报，并强调：结合党的群众路线教育实践活动，本着对群众负责的态度，加紧研究和落实推进各项工作的有效举措；制定风貌保护区业态管理规定，规范地区商业形态；加大执法力度，落实处罚措施，严厉打击违法违规行为；在治本上下功夫，研究问题形成的本质原因，从源头治理做起，努力遏制问题形成的根源，共同建设并管理好南锣鼓巷特色街区。7月16日，召开南锣鼓巷地区四条胡同修缮项目调度会。讨论研究具体规划设计方案、人口疏解外迁比例、违法建设治理和入厕方案等事宜。朴学东提出根据院落具体情况和居民修缮意愿，制定具体设计方案等要求。10月24日，召开南锣鼓巷四条胡同项目工作会。听取试点院落修缮方案、搬迁工作思路等情况汇报，秦海翔就修缮方案兼顾传统风貌保护，又基本满足现代居住条件，具有可实施性等方面提要求。（贾玉轩）

【新版“数字东城”网站上线】8月18日新版“数字东城”网站上线。主要特点：整体框架设计基于大数据技术，重点梳理网民关注热点，版面栏目按照访问热点编排，最大限度贴近网民的访问习惯和关注重点；用户体验上创新推出“我的东城”功能，打造以“我”为中心的网民专属版面，凸显“我”是政府网站“主人”的服务理念；关注与网民的交流与共享。推出社交媒体分享、政务微博群、回应关切等互动栏目，将各类政府信息与服务推送到网民身边。网站移动用户客户端，让百姓实时享受东城网站资讯、参与网上活动、随时办理业务。改版后的网站更加深化便民服务功能，网民可定制专属版面，添加栏目内容，打造属于自己的东城首页。（贾玉轩）

【加强和改善行政执法研讨会】8月20日，召开加强和改善行政执法工作研讨会。研讨行政执法工作现状、问题及下一步工作重点。张家明强调：行政执法作为城市管理的重要手段，任务艰巨、工作难度大；行政执法工作主要存在盲目执法、无量化考核、重点不突出、各部门配合缺乏措施保障等问题，要加强工作研究，区分不同执法类型，确定主责部门、配合部门及相关职责、秩序、机制、措施；执法水平不仅仅体现在现场执法上，更体现在执法的计划性、目的性，执法要有计划，执法过程要有反响，执法结果要有分析，结果分析要共享；形成专业部门执法在第一线，公检法为后盾支持、各职能部门积极配合的工作体系，理性执法、综合执法；由区法制办牵头，各街道配合，以更加清晰的思路、更加宽广的胸怀、更加全面的视野，深入研究。（贾玉轩）

【非法违法生产经营活动整治】8月底全部完成。期间，成立专项整治工作指挥部，建立区政府领导班子成员分片指导工作机制和定期督查制度，共出动执法人员5万余人次，按照“查处一批、取缔一批、关停一批、行政问责一批”的要求，监督检查单位2.52万家次，发现问题隐患4224处，责令整改、停业整顿197家次，关闭取缔87家，行政处罚539次，处以罚金191.10万元，249处在账任务全部整治完毕，辖区安全监管水平得到提升。该整治工作于上年12月启动。（贾玉轩）

【环二环城市绿廊景观工程完工】9月15日完工，于国庆节向游人开放。工程总长度16.10公里，起点为北二环钟楼北桥西侧，终点为南二环永定门桥区，占地面积约39.42万平方米。工程共修建13个景观节点，并通过修建城市慢行系统将各个景观节点相互连通。该工程于上年7月开始建设。（贾玉轩）

【国庆65周年服务保障】国庆期间，区领导分别在17个街道检查指导国庆游园观众组织、环境景观布置和群防群治等服务保障工作，在区应急指挥中心主持召开全区国庆游园活动服务保障工作部署会。全区启动社会面一级超常防控。各街道、各单位部署“守望岗”点位3075个，组织发动群防群治力量41.60万人次。全区

环二环城市绿廊

社会面稳定，社会治安状况良好，安全生产和信访形势平稳，没有发生重大暴力恐怖案件，没有发生危害国家安全和社会稳定的重大政治事件，没有发生大规模群体性事件和重大个人极端事件，没有发生公共安全生产事件。城市运行平稳环境整洁。布置地栽花卉2.92万平方米、立体花坛33处，悬挂红灯笼4200个。出动环卫作业人员2.14万人次、作业车辆4469车次，清运垃圾5276.33吨，清运粪便3457.16吨，清除小广告1.72万张；网格平台立案2761件，结案2255件，结案率同比增长7.3个百分点。燃气、电力、供水安全运行。国有大型超市和全区39个应急网点货源储备充足，粮油、禽蛋等生活必需品价格平稳。出动工商、食药等各类执法人员5323人次，检查大型商场、超市等重点企业30余家，重点整治故宫北门、前门大街等地区周边“黑车”、“黑导”、“非法一日游”等违法经营行为，组织旅游志愿者160余人开展旅游志愿服务，为游客提供良好的游览环境。故宫博物院、雍和宫、天安门城楼等14家重点监控景点接待游客330.16万人次，同比减少7.52%；实现营业收入7285.27万元，同比减少7.40%。18家重点监控住宿业实现出租率64.77%，接待游客7950人次，实现营业收入1120.68万元。区属19个注册公园接待游人94.67万人次。百货类创1.39亿元销售额。（贾玉轩）

10月16日，召开西河沿危改重新启动会

【西河沿危改项目启动】10月16日，召开拆迁安置工作重新启动会。听取西河沿危改项目拆迁工作的重新启动实施方案和现场环境整治方案的汇报，决定成立西河沿项目拆迁指挥部。张家明强调：做好西河沿拆迁安置工作是检验群众路线教育实践活动成果的有效载体，是为民办实事的重要体现，要确保拆迁安置工作如期完成。11月21日，张家明主持召开西河沿危改项目推进会。听取该项目重新启动以来工作进展及有关拆迁户的情况汇报，并强调：要深入拆迁户家中，详细了解其家庭住房需求、面临的困难，进一步细化拆迁谈判工作方案，晓之以理、动之以情，向其说明政府推进拆迁的坚决态度、回迁安置的优惠条件，促进居民自愿搬迁；要总结项目前期经验，认真分析当前拆迁工作形势和拆迁户的实际情况，改进工作方式方法，确保取得实效；要进一步强化责任意识、大局意识和攻坚克难的信心，想方设法加快工作节奏，保证年底前工作有所突破。（贾玉轩）

【APEC会议接待保障工作】成立由杨柳荫任组长、张家明任常务副组长的接待保障工作领导小组，下设办公室、礼宾接待组、环境整治组、运行保障组、安全保卫组、宣传文化组，覆盖全区53家单位。10月17日，召开APEC会议属地保障工作动员部署会，动员部署各项接待保障任务。11月初，区领导多次带队检查会议驻地及重点地区的环境整治、大气治理、运行保障、安全保卫等情况。会议期间，保持全时值守，并建立每日区领导带班、相关部门值班的值守机制，确保发现突发事件能第一时间及时反应处置。区内8家酒店共接待政府参会代表及APEC工商界峰会代表919人次，提供客房2754间夜；日均出动3000人次、650车次开展环境综合整治；严格静态交通管理，加强对沿街非机动车停车管理；对体育馆路、光明路、南北河沿、二环沿线、前三门大街、明城墙遗址公园的夜景照明设施进行维护；在代表驻地布置花坛6处，摆放花卉1800余盆。全面加强辖区安全生产管控，加大辖区内燃气使用、危险化学品、工业企业、人员密集场所、建筑施工、地下空间等重点要害部位的安全检查力度。全区启动社会面一级超常防控等级，公安分局启动一级加强防控方案，日均投入警力2000余人，全区同一时间段部署“守望岗”点位3092个，投入群防群治力量6.10万人。在官方微博“北京市东城”开辟“APEC会议保障”专栏，官方微信“北京东城”推出《扮靓“家门”等你来》，对工商、市容等部门的会议保障工作进行深度报道。（贾玉轩）

【推进医养融合工作】12月18日，全市首家“医养融合”型老年服务机构正式成立。该老年服务机构由隆福医院与汇晨老年公寓合作建立，面向社会开展服务，设有门诊部和住院部，拥有医疗用床100张、养老用床100张，可为患有常见病、慢性病和具有康复需求的老人提供系统规范的医疗、康复、护理、心理治疗、营养指导、健康咨询和生活照顾。

（贾玉轩）

区政府常务会一览表

日期	会议名称	会议议题
1月20日	第41次	一、东城国土分局关于2013年度土地储备金专项检查工作情况的汇报 二、区金融办关于东城区支持鼓励企业上市工作情况的汇报 三、区政府督查室关于2013年市区政府折子工程和重要实事完成情况及2014年区政府折子工程和重要实事起草编制情况的汇报 四、区人力社保局关于人事任免的请示
2月17日	第42次	关于人事任免事项
3月3日	第43次	一、区发展改革委关于《东城区支持鼓励节约能源暂行办法》的汇报 二、区外联办关于《东城区全面加强服务驻区中央单位和部队工作意见》的汇报 三、区政府办关于"两会"期间人大代表议案、建议和政协委员提案情况的汇报 四、区外办关于2014年APEC会议东城区工作保障方案的汇报 五、区国资委关于北京崇远投资经营公司主要领导人事任免事项 六、区人力社保局关于人事任免事项
3月10日	第44次	区人力社保局关于人事任免事项
3月31日	第45次	一、关于《东城区旧城平房翻改建标准、程序和实施细则》(讨论稿)有关内容的汇报 二、关于《东城区平房登记注册及治理违法经营办法》有关内容的汇报 三、关于东城区17个街道办事处债权债务审计调查情况的汇报 四、关于加强财政预算管理构建厉行节约长效机制的汇报 五、关于2013年东城区民族宗教侨务工作情况的汇报 六、关于区危改办名称和职责调整事项的汇报 七、关于人事任免事项
4月21日	第46次	一、东城公安分局关于2013年东城区社会治安工作情况的汇报 二、区监察局关于2014年1至2月份信访举报、政风行风热线及行政投诉信件情况的汇报 三、区监察局关于区纪委监察局议事协调机构调整情况的汇报 四、区法制办关于2013年度东城区推进依法行政工作考核结果的汇报 五、区房管局关于《东城区直管公房(非居住类)管理暂行规定》有关内容的汇报 六、区卫生局关于第七届北京中医药文化宣传周暨第六届地坛医药文化节活动的汇报 七、区教委关于深化学区制综合改革,全面提高义务教育优质均衡发展水平有关情况的汇报 八、区教委关于东城区2014年义务教育阶段入学工作意见的汇报
4月28日	第47次	区人力社保局关于人事任免事项
5月5日	第48次	一、关于东城区一季度安全生产形势汇报 二、关于东城区安全生产标准化工作情况的汇报 三、关于进一步规范行政机关领导参加诉讼活动的汇报
5月12日	第49次	区人力社保局关于人事任免事项
5月19日	第50次	一、区财政局关于东城区2013年财政决算草案的请示 二、区审计局关于东城区2013年度预算执行和其他财政收支审计工作的请示 三、区审计局关于2014年度审计项目计划安排的通报 四、区发展改革委关于2014年东城区政府投资基本建设项目及资金安排建议的请示 五、区城管委关于2014年东城区汛期准备工作情况的请示 六、区文化委关于2014年东城区群众文化展演季活动方案的请示 七、区政府督查室关于东城区2013年度市政府绩效任务完成情况的汇报
5月26日	第51次	区人力社保局关于人事任免事项
6月3日	第52次	一、区城管委关于报审《东城区街巷胡同管理工作规范》的请示 二、区城管委关于报审《东城区违法建设治理工作实施细则》的请示 三、区城管委关于报审《东城区户外广告和牌匾标识设置管理实施细则》的请示 四、区园林绿化局关于东城区环二环城市绿廊亮丽工程等新增项目的请示 五、区房管局关于报审《东城区滞留拆迁项目管理试行办法》的请示
6月12日	第53次	一、区监察局关于报审《东城区纪委监察局2014年重点领域执纪监督工作方案》的请示 二、区监察局关于区廉政风险信息化防控电子监察平台有关情况的汇报 三、区财政局关于2013年区街财政体制财力结算的请示 四、区财政局关于2014年东城区部门结余资金清理结果的请示 五、区发展改革委关于加快税源建设和调整产业结构情况的请示 六、区法制办关于2013年度东城区行政复议、诉讼案件统计分析情况的汇报 七、区城管监督中心关于2014年4、5月份城市管理监督工作情况的汇报

日期	会议名称	会议议题
7月7日	第54次	一、区房管局关于报审《东城区拆迁滞留项目管理试行办法》修改情况的请示 二、区信息办关于数字东城网站改版工作的请示 三、区委组织部关于报审《东城区建设文化人才管理改革试验区的实施意见》的请示 四、区商务委关于报审《北京市东城区平房区流通业发展指导目录及实施细则》的请示 五、区商务委关于报审《东城区特色商业街区业态指导目录汇编》的请示 六、王府井建管办关于第四届北京王府井国际品牌节筹备工作情况的请示
7月21日	第55次	一、区发展改革委关于东城区2014年上半年国民经济和社会发展计划执行情况的汇报 二、区财政局关于东城区2014年上半年预算执行情况的汇报 三、区财政局关于2014年1—6月份公共财政预算支出进度情况的汇报 四、区政府研究室关于东城区2014年上半年经济社会发展工作的总结和下半年工作安排的汇报 五、区政府督查室关于2014年上半年市、区政府折子工程、重要实事等重点督查工作进展情况的汇报 六、区编办关于东城园工委和东城园管委会"三定"规定的请示 七、区人力社保局关于人事任免事项
7月29日	第56次	一、区政府研究室、区城管监督中心、区信息办关于报审《进一步加强网格化服务管理体系建设创新社会治理体制的意见》等有关文件的请示 二、区城管监督中心关于东城区2014年6月份城市管理监督工作情况汇报 三、区城管委关于报审《东城区开展城市管理宣传季工作方案》的请示 四、区法制办关于报审《东城区法律顾问工作暂行办法》的请示 五、区商务委关于报审《北京市东城区商业零售行业服务规范》《北京市东城区商业零售企业员工服务守则》的请示 六、区政府布置2014年APEC会议第三次高官会服务保障有关工作 七、区安全监管局关于东城区2014年上半年安全生产工作的汇报 八、区人力社保局关于人事任免事项 九、区监察局关于给予石某某行政告诫建议的请示
8月12日	第57次	一、区监察局关于《关于严明纪律加强监督执纪确保专项整治工作取得实效的意见》和《关于开展公车超标、公车私用、公款大吃大喝等"四风"突出问题专项整治工作的通知》两个文件的通报 二、区城管委关于报审《东城区背街小巷环境综合整治工作方案》的请示 三、区住房城市建设委关于审议《东城区人民政府关于老旧小区综合整治工作情况的报告》及关于东城区2014年老旧小区综合整治工作项目资金估算、拨付工程费用的请示 四、区安全监管局关于组建东城区街道安全生产专职安全员队伍工作的请示 五、区人力社保局关于进一步规范带薪休年假管理工作的请示 六、区人力社保局关于人事任免事项
8月18日	第58次	一、区财政局关于东城区2015年财政预算编制工作的请示 二、区财政局关于推进我区政府购买服务工作的请示 三、区发展改革委关于规范东城区事业单位投资经营活动的请示 四、区安全监管局关于报审《东城区安全生产约谈办法》的请示 五、区法制办关于报审《东城区行政执法案件移送工作规定》的请示 六、区城管监督中心关于东城区2014年7月份城市管理监督情况的通报 七、区房管局关于北京国际戏剧中心扩建工程项目启动征收工作有关情况的请示
9月3日	第59次	一、区政府督查室关于报审《东城区政府绩效管理办法（试行）》等文件的请示 二、区民政局关于东城区创建全国社区治理和服务创新实验区有关工作的请示 三、区民政局关于东城区养老工作有关问题的请示 四、区文明办关于进一步促进全国文明城区建设工作常态化意见的请示 五、区法制办关于申请召开"东城区加强和改善行政执法工作会议"的请示 六、区文化委关于东城区创建第二批国家公共文化服务体系示范区工作进展情况的汇报 七、区教委关于2014年教师节表彰奖励情况的通报 八、区人力社保局关于人事任免事项 九、区国资委关于北京东方信达资产经营总公司主要领导任免事项
9月15日	第60次	区人力社保局关于人事任免事项
9月22日	第61次	一、区监察局关于2014年上半年纪检监察工作情况的通报 二、区审计局关于成立北京市东城区经济责任审计工作领导小组的请示 三、区发展改革委关于进一步加强东城区政府投资建设项目代建制工作的请示 四、区发展改革委关于加快解决东城区政府投资项目超概算历史遗留问题的请示 五、区信息办关于"智慧东城"行动计划2013年项目成果通报及2014年项目与资金安排的请示 六、区文化委关于2014年中国图书馆年会筹备工作的请示 七、区城管监督中心关于东城区2014年8月城市管理监督情况的通报 八、区体育局关于东城区体育代表团参加北京市第十四届运动会工作情况的通报 九、区人力社保局关于人事任免事项

日期	会议名称	会议议题
10月22日	第62次	一、区财政局关于东城区2014年财政预算变动情况的请示 二、区安全监管局关于报审《北京市东城区安全生产"党政同责、一岗双责"暂行规定》的请示 三、区政府外办关于东城区2014年1—3季度外事工作情况的通报 四、区体育局关于奥林匹克体育生活化社区建设情况的请示 五、东城园管委会关于东二环高端服务业发展带建设情况的通报 六、区城管委关于东城区2014—2015年度供热准备工作情况的请示 七、区城管委关于申请2014年东城区环境建设任务专项经费的请示
10月27日	第63次	一、区财政局关于预算绩效管理工作有关情况的请示 二、区发展改革委关于东城区2014年1—3季度经济社会发展形势分析情况的请示 三、区人力社保局关于东城区2014年1—3季度就业和社会保障工作进展情况的请示 四、区民政局关于落实《东城区政府关于积极应对人口老龄化，探索符合东城区情的养老服务模式议案办理情况的报告》的审议意见有关情况的请示 五、区园林绿化中心关于报审《第三十届地坛、第三十二届龙潭春节文化庙会总体方案》的请示 六、区住房城市建设委关于报审西河沿危改项目现场联审会成员单位及《西河沿危改项目现场联审会会议制度》的请示 七、区环保局关于报审《东城区2014年APEC会议空气质量保障工作方案》的请示 八、区政府督查室关于市政府督察组到东城区开展督查工作相关情况的汇报 九、关于人事任免事项
11月3日	第64次	一、区财政局关于2014年东城区国有资本经营预算草案编制情况的请示 二、区财政局关于2014年1—3季度公共财政预算支出进度情况的通报 三、区财政局关于东城区2015年部门预算审核结果的请示 四、区城管监督中心关于东城区2014年9月份及第三季度城市管理监督情况的通报 五、区安全监管局关于东城区2014年第三季度安全生产工作的通报 六、区住房城市建设委关于报审《东城区历史文化街区风貌保护管理暂行办法》的请示 七、区编办关于清理规范议事协调机构的请示 八、区编办关于东城区第一批拟取消和承接的行政审批事项的请示 九、区人力社保局关于人事任免事项
11月24日	第65次	区人力社保局关于人事任免事项
12月1日	第66次	一、区财政局关于报审《东城区行政事业单位财务管理办法》的请示 二、区文化委关于报审《东城区基层公共文化设施建设和运维资金管理暂行办法》的请示 三、区文化委关于申请第三批街道、社区文化活动用房所需资金的请示 四、区城管监督中心关于东城区2014年10月份城市管理监督情况的通报 五、区政府办关于进一步规范区政府会议管理工作的请示 六、区人力社保局关于人事任免事项
12月8日	第67次	一、关于报审《东城区2014年国民经济和社会发展计划执行情况与2015年国民经济和社会发展计划草案》的请示 二、关于东城区2015年财政预算安排情况的请示 三、关于东城区2014年预算执行和2015年预算草案的请示 四、关于向区人大常委会报告2014年人大代表建议办理情况的请示 五、关于报审《东城区人民政府工作报告（征求意见稿）》的请示

（贾玉轩）

区政府专题会一览表

日期	会议议题
1月14日	一、关于东城区2014年烟花爆竹安全管理工作进展情况及"除夕、初五、十五"三个重点时段管控方案的请示 二、关于东城区城市管理综合行政执法监察局主要职责内设机构和人员编制规定的汇报 三、关于申请国有企业职教幼教退休教师生活补贴的请示 四、关于将北京天街集团所属隆福寺广场、长虹影城房产及土地无偿划转至北京新隆福文化投资有限公司的请示 五、关于东城区2013年可支配财力安排情况的请示 六、关于年终教育系统支付部分施工款项的请示 七、关于申请东城区妇幼保健院危改扩建工程借款的请示 八、关于申请鼓楼中医医院门诊楼改扩建工程借款的请示

日期	会议议题
2月17日	一、关于东城区既有电梯运行状况的汇报 二、关于城市管理监督工作情况的汇报 三、关于直管公房管理在人口疏解工作中存在问题调查情况的汇报 四、关于崇外6号地危改区西北角商业金融项目（新裕商务楼）规划审批情况的汇报 五、关于人事任免事项
2月24日	一、关于申请街道、社区文化活动用房所需资金的请示 二、关于兑现中海石油财务有限责任公司2013年个税返还奖励所需资金的请示 三、关于申请民主北街26号院1号楼1—4层相邻损害一案的诉讼和工程恢复资金的请示 四、关于东城区2014年外事工作计划的汇报
3月10日	一、关于城市管理相关工作情况的汇报 二、关于东城区创建国家公共文化服务体系示范区资金保障办法及资金安排的汇报 三、关于对政府投资非基本建设项目开展监督检查工作的汇报 四、关于东城区土地储备开发工作情况的汇报 五、关于人事任免事项
3月19日	一、关于2013年小剧场改造引导专项资金使用情况的请示 二、关于2011至2013年度追加1000万元戏剧产业引导资金使用情况的请示 三、关于2013年度东城区政府拟支持的旅游项目情况请示 四、关于申请东城区食品药品安全经费和食品药品安全监察员人员经费的请示 五、关于崇外街道幼儿园建设项目情况的请示 六、关于东城区直管公房违法转租、转借及改变用途处理暂行规定的汇报 七、关于2月份首环办“月检查、月排名、月曝光”工作情况的通报 八、关于《东城区城市管理监督综合考核办法》的汇报
3月24日	一、关于东城区2014年平房居民煤改电采暖工作方案的汇报 二、关于“北京地坛文化庙会·台北之旅”活动有关情况的汇报 三、关于武警东城支队购置相关设备的请示
4月9日	一、关于前门东区旧城保护整治项目总体实施方案的汇报 二、关于明城墙遗址公园东南角绿地恢复工程项目拆迁工作方案汇报 三、关于调整东城区经济适用住房申请家庭年收入资格复审标准的汇报 四、关于申请宝华里项目回迁居民逾期交房补偿的请示 五、关于拨付2013年度崇远万家便民菜店建设项目补助资金的请示
4月28日	一、关于2014年第一季度经济社会发展形势分析的汇报 二、关于东城区集中开展非法违法生产经营专项整治工作区领导分片包干区域划分安排的请示 三、关于委托街道代开个人出租房屋发票工作的汇报 四、关于南水北调对口协作工作情况的汇报 五、关于东城区2013年财政收支完成情况的汇报 六、关于第十七届北京国际科技产业博览会东城区参展方案的汇报 七、关于东城区组队参加北京市第十四届运动会筹备工作的汇报 八、关于人事任免事项
5月12日	一、关于申请第二批街道、社区文化活动用房所需资金的请示 二、关于刘家窑路市政道路项目有关情况的汇报 三、关于申请李村东里17-18号楼改造试点工程前期费用的请示 四、关于清算双玉中街周边“城中村”项目资金的请示 五、关于解决配购公租房资金的请示 六、关于兑现北京金隅财务有限公司资金补助的请示 七、关于兑现2012年度跨国公司地区总部补助和奖励有关工作的请示 八、关于人事任免事项
5月26日	一、关于2014年东城区主要大街、重点地区建筑物外立面清洗、粉饰工作方案及资金的请示 二、关于对景山、建国门、东直门、东花市街道和园林绿化局环境建设任务项目调整情况的请示 三、关于调整拆违资金补助标准的请示 四、关于天街集团转让朝阳区安贞里二区一号楼（金瓯大厦）产权的请示 五、关于东城区代表团赴法国参加2014年第九届中法市长圆桌会议的请示 六、关于德国柏林夏洛腾堡－威尔敏思多夫区区长来访有关情况的请示 七、关于与市保障性住房投资中心签署棚户区改造及对接安置房建设战略合作框架协议的请示 八、关于人事任免事项

日期	会议议题
6月23日	一、关于西河沿项目、清华寺腾退项目、绿景馨园爆炸案王鹏户调配安置房源的请示 二、关于2014年汛期直管公房防汛经费的请示 三、关于东城区上龙西里危改项目借款的请示 四、关于中文在线数字出版有限公司等7家企业申请享受一事一议政策情况的请示 五、关于申请建设消防物联网远程监控系统所需经费的请示 六、关于东城区开展人民建议征集工作的汇报 七、关于全区地下空间综合整治工作的汇报
7月15日	一、关于通州区范庄限价房销售价格的请示 二、关于朝阳区豆各庄安置房销售价格的请示 三、关于名城保护专项资金申报项目的请示 四、关于北京市第二十四中学于文联同志私房腾退安置工作的请示 五、关于东城区2014年望坛地区平房居民燃煤改用电采暖工作方案的请示 六、关于新中街拆迁滞留区环境秩序、安全隐患治理的请示
8月5日	一、关于上龙西里29、30号楼抗震加固试点工程费用的请示 二、关于前门西区C2、C4、B4、B15、B16、G10、G11地块拟引进终端用户合作的请示 三、关于智慧安监服务和管理平台项目建设的请示 四、关于申请东直门社区卫生服务中心工程调整概算的请示 五、关于北京市隆福医院热力外管线改造项目的请示 六、关于解决购置北京第六针织有限责任公司房屋用于北京市东城区天坛社区卫生服务中心遗留问题及相关费用的请示 七、关于申请刘金国置换安置借款的请示
8月12日	一、关于申请建立反恐处突专业队伍所需经费的请示 二、关于申请警犬饲养基地建设等经费的请示
8月19日	、关于重新启动西河沿危改项目拆迁工作及给予资金支持的请示 二、关于四处燃油锅炉房更新改造的请示 三、关于举办2014年"设计之旅·创意点亮北京"活动的请示 四、关于海运仓、民安小区供暖系统改造投资的请示 五、关于确定朝阳区豆各庄、通州区两站一街项目经济适用住房价格的请示 六、关于报审东城区直管公房《授权委托书》的请示 七、关于宝华里项目回迁居民逾期交房补偿款拨付流程的请示 八、关于京城仁合小区开办残疾人公益性项目情况的请示 九、关于东城区前门西区C2、C4、B4、B15、B16、G10、G11地块引进终端合作用户的请示
9月15日	一、关于申请防暴处突战训队建设经费的请示 二、关于启动东城区2014-2015年老旧供热管网改造工作的请示 三、关于园林绿化中心2014年到期房产申请出租的请示 四、关于解决燕京实业房屋产权转让补偿金问题的请示 五、关于北京皇冠体育用品公司购买东城区北池子大街27号长期使用权的请示 六、关于建予园小区供暖系统抢修工作的请示 七、关于将东四北大街400号院改造为区纪委监察局办案谈话室有关问题的请示 八、关于人事任免事项 九、关于区政府领导班子AB角工作制度的请示
10月20日	一、关于给予北京凯恒房地产有限公司一次性奖励的请示 二、关于加强对口帮扶专项资金管理使用的请示 三、关于进一步加强与湖北省十堰市郧县对口协作工作的请示 四、关于收购东四十四条74号原韩俸庭房产的请示 五、关于申请区政府批准成立北京东住天华投资有限责任公司及财政拨款以筹集部分注册资本金的请示 六、关于拨付北京便宜坊烤鸭集团有限公司等6家企业早餐示范工程补助资金的请示 七、关于前门历史文化保护区东区旧城保护整治项目贷款资金管理相关情况的请示 八、东城区领导决策支持平台系统培训
11月20日	一、关于"加大投入、整合资源，进一步完善东城区公共文化服务体系建设"议案办理情况的请示 二、关于东城区参加第九届中国北京国际文化创意产业博览会的相关工作请示 三、关于报审明城墙遗址公园东南角绿化工程方案的请示 四、关于申请王府井地区路面维修及绿化施工资金的请示 五、关于藏经馆胡同11号楼安全维护及节能改造的请示 六、关于追加区环卫中心编外人员经费的请示 七、关于街道社保所人员绩效奖金参照基层单位发放的请示

日期	会议议题
11月24日	一、关于报审清华街22号院火灾处置方案的请示 二、关于区政府与首创集团环境治理分公司签订首都环境建设市级重点项目服务购买合同等事项的请示 三、关于人事任免事项
12月15日	一、关于东城区圣诞、元旦、春节、元宵节期间文化活动指挥体系的请示 二、关于举办北京文化庙会·台湾之旅相关工作的请示 三、关于举办地坛文化庙会·曼谷之旅相关工作的请示 四、关于拨付兑现2013年度跨国公司地区总部补助和奖励有关情况的请示 五、关于2015年东城区出国（境）培训项目计划的请示 六、关于将南苑地块项目列为东城区定向安置房项目的请示 七、关于调整北京凯恒房地产有限公司有关一次性奖励事项决定的请示 八、关于增加流动人口管理员的请示 九、关于东城区城市特困人员供养工作的请示 十、关于报审2014年度第一批东城区支持鼓励节约能源项目及资金安排的请示 十一、关于人事任免事项

（贾玉轩）

区政府办公室工作

【概况】 东城区人民政府办公室（简称区政府办）是协助区领导处理区政府日常工作的政府工作部门。设文书科、秘书科、信息科、值班室、信息公开办、便民电话科、联络科、综合科、财务科、人事科、联络员办公室、应急办、督查室13个科室。行政编制75人，实有75人。

年内，强化统筹协调作用，推动政府系统高效运转。结合政府办新建设的OA系统，梳理完善工作流程，强化公文审核、把关，实现发布信息、文件流转、公文办理等工作的无纸化办公。拓宽政令畅通渠道，加大决策执行力度。围绕道路街面清扫、施工工地按规定停工、餐馆油烟排放、公务车封存停驶等工作，开展实地检查和巡查，编发《督查与反馈》11期。做好绩效管理工作，定期开展专项督查，督促落实。做好APEC会议、“两会”、国庆65周年、四中全会等重大会议活动的应急保障工作。加强应急基础建设及应急常态工作，扩大应急知识的教育普及面，增强市民的应急意识和应急能力。

（贾玉轩）

【信息工作】 全年编辑《昨日区情》264期、《东城手机报》250期、《东城政务舆情》239期，发挥上情下达、下情上达的平台作用；累计编写报市政务信息和舆情信息2500余条，上报1500余条，被《昨日市情》普刊、专刊和《今日舆情要闻》采用342条，特刊采用8篇，获市领导批示37条，反映本区的改革发展动态和工作亮点、典型经验；陪同区领导调研60余次，记录区领导关于工作的各项指示，并通过政务信息及时传达。

（贾玉轩）

【会务工作】 全年承办区政府全会1次，区政府常务会议27次，区政府专题会议20次，全区专题会议及区长专题会127次。（贾玉轩）

【政务值班和领导联络】 全年接办接转值班电话6万余次，收发各类会议通知1800余次，接办各类请柬280余件，转办各级上访信件543封。承办各级各类电视电话会议、区政府各类紧急会议40余次。处理多起突发公共事件，接到前兆信息300余条，其中向市政府上报重大突发事件信息61条。服务保障区领导参与接待中央和市领导考察调研活动20余次。全年筹办区领导专题会议2800余次，安排区领导调研活动520余次。

（贾玉轩）

【公文流转】 全年制发公文530件，办理公文4203件，办理机要文件576件，向全区发放市政府文件3432件，交换涉密文件3.61万件，登录档案297卷，加盖政府公章6890余次。

（贾玉轩）

【政府信息公开】 做好机构设置、职责权限、办事程序、规划政策、会议活动等常规性政府信息的公开工作，加大对群众普遍关心、涉及群众切身利益的政府信息公开力度，推进教育、医疗卫生、就业等公共服务信息公开。全年主动公开政府信息1.02万件，受理依申请公开1512件，“数字东城”网站更新信息2.05万条。

（贾玉轩）

【议案建议提案办理】 做好人大代表议案、建议和政协委员提案办理，人大、政协会议议题协调，人大、政协领导和相关部门考察的协调和接待三方面工作。区政府收到全国、市、区人大代表议案、建议和政协委员提案506件，所有案件均得到妥善办理。

（贾玉轩）

【非紧急救助】 全年办理群众诉求3万余件，编辑《东城区非紧急救助工作专报》8期，办理《市长电话要情》批示件1件，《市长电话值班专报》批示件2件，办理区政务微博、微信网民诉求200余件，做好听民意、解民忧工作。（贾玉轩）

【政府督查】 督查市政府折子工程38项和市政府重要民生实事项目7项落实情况。制定印发《2014年东城区政府折子工程》（96项）和《东城区2014年在直接关系群众生活方面拟办的重要实事》（20项），每季度对任务落实情况进行督查。跟踪督查区群众路线教育实践活动整改任务263项，立行立改任务72项和整改任务7项全部整改完成。督办落实立项的市（区）领导重要批示事项58件、区政府常务会、专题会议定事项181项。对极端天气和重大活动期间大气污染防治开展联合督查。按照时间节点，对15项市级考评指标、3个重点领域13项区县保障支撑措施和5项重点绩效整改措施，定期开展专项督查，督促落实。（贾玉轩）

【应急工作】全年接报和协调处置各类突发事件228起，均协调处置及时，事态控制得当。编制完成《东城区突发事件指挥处置流程参考手册》，为各分指挥部、专项指挥部处置突发事件提供依据。培训应急值守人员130人，各专项指挥部专业培训应急队伍1万余人次，开展各类应急救援演练12次。购置宣传品及防护用品，推动辖区各单位开展行业应急培训6万余人次、发放宣传材料60万余份。

（贾玉轩）

法制工作

【概况】东城区人民政府法制办公室（简称区法制办）是区政府综合管理法制工作的职能部门。下设文审科、行政复议案件办理科、综合科、行政复议接待科和行政执法监督科5个科室。行政编制17人，事业编制11人，实有28人。

年内，围绕区委、区政府中心工作，提高运用法治思维和法治方式依法履行职责的能力，为全面完成全区各项改革发展任务提供有力的法治保障。审核、备案、清理区政府各部门起草的规范性文件，指导、协调开展法律、法规、规章学习和宣传，依法审理行政复议案件，承办区政府委托的行政应诉代理工作，组织实施行政执法监督检查，协调处理行政执法中的问题，培训区政府部门、街道执法人员，办理区政府和上级政府法制机构交办的有关事宜。

单位地址：东城区幸福大街32号
联系电话：87556312
邮政编码：100061（涂新文　赵红娟）

11月25～28日，举办区学习贯彻十八届四中全会精神、加快法治政府建设专题培训会

【出台法律顾问工作暂行办法】8月12日，以区政府的名义出台《东城区法律顾问工作暂行办法》，要求区政府及各街道办事处、区政府各委、办、局，以及具有管理公共事务职能的组织均应聘请法律顾问，并加强对法律顾问的管理，建立法律顾问合同备案制度。至年底，全区有45个单位聘请法律顾问并报送备案，其中街道办事处法律顾问聘请率88.20%，执法部门法律顾问聘请率53%，具有管理公共事务职能的事业单位法律顾问聘请率53.80%。（胡耀彬　赵红娟）

【行政处罚案卷评查】9月，开展对全区行政执法部门上年7月1日至本年6月30日期间制作的一般程序的行政处罚案卷评查。采取以查代训的方式，从12个行政执法部门抽调评查员12人，与法制办工作人员组成6个评查小组，利用一周的时间，评查23个行政执法部门的行政处罚案卷75卷，其中优秀卷74卷，占总数的98.67%，满分卷8卷。（兰秋月　赵红娟）

【专题培训】11月25～28日，与区委组织部、区人力社保局联合举办区学习贯彻十八届四中全会精神、加快法治政府建设专题培训班。培训期间，开设5场专题讲座和2场依法行政业务培训。邀请北京大学、中国人民大学教授围绕十八届四中全会后政府法治工作转型、行政诉讼法修改及影响、行政错案与司法改革等主题展开专题培训。来自全区各单位分管法制工作的处级领导干部及法制工作人员160余人参加培训。（涂新文　赵红娟）

【行政复议】全年区政府收到行政复议申请67件，比上年减少7%。其中行政复议申请进入实体审理64件，受理57件，受理率89.06%；不予受理7件，占全部案件的10.94%。另外3件未进入实体审理案件为发补正通知书后申请人未回复。其中通过行政复议纠正行政机关违法或不当行为的案件1件，综合纠错率1%。各街道、各部门开展矛盾纠纷排查537次，参与调解疑难复杂纠纷358件，防止化解群体访14件，受理各类矛盾纠纷案件7566件，成功调解6892件，调解成功率91.09%。调解各类行政纠纷7198件，调解成功6795件，调解达成协议率94.40%，其中涉及社会治安类纠纷4388件，工商类纠纷846件，社会保障类纠纷975件，环保类纠纷95件，房产类纠纷114件，交通类纠纷91件，卫生类纠纷44件，民政类纠纷81件，婚姻类纠纷80件，其他各类纠纷484件。（吴泉河　赵红娟）

【规范行政机关负责人出庭应诉】年内，制定并印发《东城区关于进一步规范行政机关领导参加诉讼活动的通知》，规定各行政机关及具有行政职能的组织（含垂直单位），每年第一起作为被告的行政诉讼案件，该行政单位的法定代表人（行政一把手）应出庭应诉。各行政单位每年不少于30%的行政诉讼案件，由行政单位的负责人（主管领导）参加诉讼活动；因各街道办事处、各部门以区政府名义作出的具体行政行为，导致区政府作为被告的行政诉讼案件，该行政机关负责人（主管领导）直接参加行政应诉工作，代表区政府出庭应诉。

（吴泉河　赵红娟）

【法制服务】年内，围绕全区各项工作部署，在改善民生、环境整治、历史遗留问题处理等方面提供法律服务，发挥政府法制机构参谋、助手和法律顾问的作用。制定《行政执法监督分类指导和服务事项表》，开展针对行政执法工作需求的调查活动，在调查基础上，制定包括部门座谈、专题讲座、现场指导、执法观摩、行政案件旁听、经验交流等6类10个方面的指导计划，根据不同内容、不同需要，开展不同层次、不同类型的分类指导，为执法部门履行执法职责提供服务。（涂新文　赵红娟）

【落实执法监督责任制度】年内，制定并落实《东城区行政执法案件移送工作规定》，将有关行政执法机关的执法工作串联起来，使其在各自职责范围内自觉、有序地依法履职，实现对行政违法行为齐抓共管的工作格局。改变工作模式，变行政处罚月报制度为季报制度，增加统计分析功能，对群众反映强烈的“零处罚”不作为问题，提出分析意见并予以通报，督促有关行政执法部门积极执法。（兰秋月　赵红娟）

对外事务

【概况】东城区人民政府外事办公室（简称区政府外办）是区政府负责外事和港澳事务的职能部门。内设综合科、国际交流科、因公出入境管理科。行政编制12人，工勤编制1人，实有行政编制13人，工勤1人。

年内，完成APEC第三次高官会及相关会议、亚太经合组织领导人非正式会议的服务保障和第四届北京王府井国际品牌节各项外事活动，深入实施国际化战略，建立统筹推进区域国际化协调机制，召开重点单位工作会，联合中国社科院城市发展与环境研究所到区内单位及上海、广东等地调研，草拟统筹推进区域国际化行动纲要。吸引高端国际活动、博鳌亚洲论坛互联互通的国际金融合作分论坛在区举办，世界体育总会亚太总部、国际举联（北京）总部落户东城。全年接待党宾国宾团组29批次436人次，外国友好交流代表团11批次117人次。获中国人民对外友好协会及中国国际友好城市联合会颁发的2012-2013年度国际友好城市交流合作奖、市政府外办颁发的北京市因公出入境工作先进单位。

单位地址：东城区幸福大街32号

联系电话：87556315

邮政编码：100061　（刘昕炜）

【涉外服务与管理】8月和11月，牵头完成APEC第三次高官会及相关会议和亚太经合组织领导人非正式会议本区服务保障工作。领导小组办公室履行工作职责，将各成员单位工作方案征集汇总印制1000册发至全区，编发简报33期，组织召开现场指挥部会商会24次，并组织协调全区各单位做好礼宾接待、环境整治、运行保障、安全保卫、新闻宣传等各项工作。全年接待受理境外媒体42家、境外记者71人对区历史风貌保护、传统手工艺、中小学教育等方面的采访申请。协助区人力社保局、区教委、东城公安分局等单位完成板厂小学、校尉胡同小学、国际教育交流中心等9个单位聘请外国专家资格初审。

（刘昕炜）

罗马尼亚布加勒斯特市二区青少年代表团与本区学校师生开展交流活动

【友城交往】3月25日，韩国首尔市中浪区区厅长文秉权率政府代表团一行5人到区访问，杨柳荫、张家明分别会见，并就两区在政治、经济、文化等领域进一步开展广泛交流合作表示支持。代表团还参观区城管监督中心和朝阳门街道史家胡同博物馆。3月，开展与日本东京都目黑区和新宿区的学生书画作品交流活动。本区60幅作品在新宿区展出，目黑区68幅作品、新宿区50余幅作品在区展出。4月10～17日，罗马尼亚布加勒斯特市二区青少年代表团一行20人到区访问，与东直门中学、109中学师生开展交流。5月30～31日，德国柏林市夏洛滕堡—威尔敏思多夫区区长莱茵哈德·瑙曼率代表团到区访问，张家明会见，并就第四届王府井国际品牌节、建立国际友好校、运动员交流、“柏林—北京”老爷车越野拉力终点站等重点合作项目交换意见。代表团还参观区行政服务中心、东直门中学、中关村科技园东城园、东四奥林匹克社区和南锣鼓巷等。6月11～15日，王中华出访法国里尔，参加第九届中法市长圆桌会议，并代表东城区在会上以《数字革命对城市治理的挑战》为题进行主题发言。8月，工美附中师生8人到韩国首尔市钟路区、钟路区师生7人到工美附中，互相进行全球家庭文化体验。9月19～21日，德国尼尔森—曼德拉学校与东直门中学签署友好交流协议书，建立友好学校；意大利弗利—切塞纳省代表团与区商务委、区旅游委等单位进行工作会谈，达成初步合作意向；德国夏洛滕堡区经贸代表团与王府井建管办就库达姆大街和王府井商业街的进一步合作交换意见。10月，值北京与柏林建立友好关系20周年，在王府井大街举办柏林图片展，促成柏林—北京老爷车越野拉力项目相关活动落户本区。（刘昕炜）

【国际语言环境建设】 3月和10月，组织开展外语人才库入库考试2次，新增20人进入人才库，全区公务员外语人才库达204人，涉及英语、法语、德语、俄语、西班牙语、韩语、日语和阿拉伯语8个语种。4月23日，以世界读书日和中法两国建交50周年为契机，在区图书馆设立法语学习园地，有法文原版书300余册，每周二至周六对外开放，并定期组织读者活动。6月7日，在柳荫公园举办市外语游园会东城区分会场活动，10余支市民外语爱好者演出团队表演歌曲、舞蹈等外语节目，并在现场设置英文猜谜、外教互动、图书捐赠、志愿者招募、法语学习中心宣传等分区活动。11月26日，公务员外语人才库高级英语培训班开课，全区17个街道的外语干部17人进行2个半月的高级英语听说和涉外管理培训。每月定期举办英语沙龙活动，全年举办12期，118人次参加。（刘昕炜）

【因公出国（境）管理】 印发《东城区关于贯彻〈北京市关于进一步规范局级以下国家工作人员因公临时出国〉的实施细则》，规范窗口服务，简化审批手续，完善受理、审核制度，实施经费、额度双环节审核管理，提高因公出国（境）审核服务质量。全年执行出国（境）团组138批470人次，其中党政干部自组团68人次，未发生一例违规违纪事件。

（刘昕炜）

【王府井国际品牌节外事活动】 9月19～21日，邀请罗马尼亚布加勒斯特市二区、奥地利维也纳市第九区、德国柏林市夏洛滕堡—威尔敏思多夫区、韩国首尔市钟路区、韩国首尔市瑞草区及意大利弗利—切塞纳省6个国际友好区政府及经贸代表团35人参加第四届北京王府井国际品牌节。举办“国际化城市——全球化背景下的城市发展之路”为题的国际友城研讨会，集中展示和分享各自的成功经验。在王府井大街举办国际友城图片展，展示交流合作成果及城市魅力。图片展为期一周，吸引10万余市民和游客参观。（刘昕炜）

对外联络服务

【概况】 东城区对外联络服务办公室（简称区外联办）于2010年区划调整后组建，是负责全区对外联系服务工作的区政府工作部门。承担联系服务驻区中央机关、事业单位和外省市驻京机构工作；组织协调并参与实施东城区对口帮扶与区域合作工作，以及开展与外省市的合作交流活动。内设综合科、对外联络科。行政编制9人，实有10人。

年内，全区有驻区中央国家机关27家，外省市驻京办事机构36家。对口帮扶与区域合作地区有内蒙古乌兰察布市集宁区，湖北十堰市郧阳区（原名郧县），青海黄南州、玉树州，西藏拉萨市城关区，河北张家口市康保县，全年拨付对口帮扶专项资金450万元。有国内友好城区52个。

单位地址：东城区金宝街52号

联系电话：65260776

邮政编码：100005（单洁萍）

【共驻共建活动】 4月3日，在玉蜓公园组织主题为“弘扬生态文明，建设美丽东城”的首都义务植树活动。与辖区居民、部队官兵、学生一起植树绿化，共同营造和谐美丽的生态环境。邀请9家驻区中央部委机关和事业单位代表15人参加。8月18～19日，由新疆兵团石河子市驻京联络办、区文化委、区外联办共同组织的大型话剧《兵团记忆》在风尚剧场上演，纪念新疆生产建设兵团成立60周年。该剧再现老一代兵团军垦战士保卫新疆、建设新疆的壮举，弘扬热爱祖国、无私奉献、艰苦创业、开拓进取的兵团精神，配合党的群众路线教育实践活动，宣传社会正能量。区领导宋甘澍和驻区中央部委、驻京办、机关干部、社区居民代表500余人观看演出。12月9日，开展“逛东城、爱东城”活动，参观光线传媒股份有限公司和人民美术文化园，展示区文化产业概况和前景。驻区27家中央部委和97家中央事业单位100余人参加。12月30日，新年音乐会在东方剧院举办，杨柳荫等区领导、驻区中央、市属单位、驻区部队领导与各界人士代表1100余人观看演出。

（单洁萍）

【服务驻区单位】 4月25日，出台《东城区全面加强服务驻区中央、市属单位和部队工作的意见》，建立管理体制和工作机制，完善高层会商机制、服务事项分级协调机制、首办责任制度、督查督办制度、联络人制度，成立服务驻区中央、市属单位和部队工作领导小组，并制定领导小组工作规则。12月17～18日，召开服务驻区中央、市属单位和部队工作领导小组联系人工作会。市外联办综合处处长就做好服务中央单位和驻京部队工作进行针对性的实操辅导授课，

4月3日，驻区中央部委机关和事业单位代表参加首都义务植树活动

区外联办总结全区服务驻区中央、市属单位和部队工作情况，通报下年服务工作计划和思路。区民政局、东华门街道办事处、和平里街道办事处代表发言，各单位围绕服务和联络工作展开讨论。领导小组51家成员单位代表参加。年内，针对驻区单位提出的157条意见建议进行集中反馈、落实，对驻区中央国家机关实现100%走访。协调驻区中央国家机关、驻京办解决交通出行、基础设施、子女入学等实际问题。（单洁萍）

【南水北调对口协作】 4月25日，召开与湖北十堰市郧阳区南水北调对口协作工作对接会。启动南水北调对口协作工作，制定《东城区南水北调对口协作工作实施方案》《东城区与湖北省郧阳区对口协作框架协议》，成立协调小组，双方在教育、文化、卫生、旅游、商贸、社会建设等领域启动对口协作，中关村科技园区东城园与郧阳经济开发区对接，景山－东华门学区8所中小学、幼儿园与郧阳区学校互结对子。（张嵩）

【京蒙对口帮扶】 与乌兰察布市集宁区在教育、干部交流、社区建设、基层党建、劳动力优化等方面开展合作。全年接待8批次300余名集宁区教师、学生、干部到区培训交流。北京二中与集宁二中开展挂牌联合办学，两地搭建用工平台，缓解集宁年轻劳动力输出与就业问题。（张嵩）

【区域合作】 与拉萨市城关区达成合作意向，加大干部交流力度。全年接待3批次45名干部到区学习交流。与张家口市康保县建立联系，达成教育、文化、卫生、旅游、养老、商贸流通等10个领域合作意向，康保一中挂牌广渠门中学分校。与各地开展文化交流，组织郧阳二棚子戏、康保二人台等地方剧种在京宣传推广活动；邀请青海黄南州、新疆石河子市等少数民族地区歌舞、话剧演出团体到区展演。（张嵩）

【考察交流】 组织区领导赴青海省玉树州、拉萨市城关区、十堰市郧阳区考察交流，接待帮扶协作地区党政部门主要领导考察交流11批次。全年接待外省市区考察团组41个536人，来访团重点围绕社会管理创新、网格化城市管理、城市综合管理、公共文化服务与文化产业发展、社区建设和发展、特色街区建设等内容与区开展交流。来访团组及人员数与上年同期基本持平。（张嵩）

行政服务中心工作

【概况】 东城区行政服务中心（简称区行政服务中心）是负责区集中办理行政许可和服务事项协调管理的区政府正处级派出机构，设办公室、宣传教育科、监察室、协调指导科4个行政科室和行政事务保障中心（下设代理服务部、对外联络部、运行维护部）、政府采购中心2个事业单位，行政编制15人，参照公务员管理事业编制11人，纳入工资规范管理事业编制20人。实有工作人员42人，其中行政编制14人，参照公务员管理事业编制9人，纳入工资规范管理事业编制19人。办事大厅共进驻单位17个，窗口67个，工作人员214人，审批事项281项。

年内，成立全面深化改革工作领导小组，形成《东城区全面加强政务服务工作的意见》《东城区加强三级政务服务体系建设的意见》《东城区政务服务窗口运行管理规范》《东城区加强政务服务人才队伍建设的意见》等深化改革“1+3”文件体系。开通虚拟服务大厅平台系统，即时在线答疑功能方便办事人进行网上一对一实时交流。修订完善《进一步加强服务企业工作办法》，强化重点企业联络服务制度落实。健全企业分类指导工作机制，开展系列特色政企互动活动，打造“政企互动兴东城”服务品牌。全年受理各类事项56.60万件，无有效投诉。收到表扬信25封、锦旗29面，企业事务呼叫中心获市三八红旗集体称号。

单位地址：东城区金宝街52号
联系电话：65594781
邮政编码：100005（郑杰）

【行政审批】 1月14日，中心虚拟服务平台正式上线，提供办事指南查询、表格下载、在线咨询等服务。全年受理企业、市民行政许可和服务类事项申请56.60万件，其中17个窗口单位（除出入境）办理事项21.12万件，办结事项20.94万件，办结率99.17%；出入境办理事项35.47万件。共接待办事咨询84万人次，日均接待办事人员3500余人次，未出现重大投诉事项。（郑杰）

【优化经济发展环境】 4月24日，举办以互联网金融时代下的金融创新为主题的金融创新联组活动。国务院发展研究中心、市委党校、中国人民大学、中国互联网协会等机构专家和10家驻区金融机构代表等与会

9月17日，举办政企互动兴东城之"企业文化行——沟通无极限"活动

人员就互联网金融时代特点、发展现状、发展前景及金融行业创新发展进行讨论交流，为区金融业发展建言献策。区领导许汇参加。7月18日，开展"2014东城文化行"系列活动之"音乐剧普及鉴赏活动"，围绕优化区域经济发展环境进行互动交流。区领导张家明等及相关委办局负责人、驻区120余家企业代表参加。9月17日，携手中国移动通信集团北京有限公司举办"企业文化行——沟通无极限"活动，首次实现由中心主办、企业承办，展示东城企业文化精华，开启"政府搭台企业唱戏"的合作形式。区领导郭宪勇、相关委办局负责人及驻区重点企业代表80余人参加。（郑杰）

【并联审批】 8月7日，召开"深化行政审批改革工作，优化再造审批流程"座谈会。通报中心行政审批改革工作亮点及兄弟区县改革工作情况，参会各单位就深化行政审批改革工作具体情况进行交流。区编办、区法制办、各进驻窗口单位相关人员26人参会。11月26日，"多证联办"模式试运行，改变新注册企业办理注册登记、刻章、组织机构代码证书、税务登记和统计登记业务传统模式，创新提供服务信息"前置告知"、各项办理材料"一口受理"、企业信息一表制"内部流转"、所有证照"统一发放"的一站式服务。为银河SOHO项目并联审批联动服务工作提供专人跟踪、阶段记录等服务措施，办结500余个企业；为台湾饭店有限公司北京华尔道夫分公司启动并联审批联动机制，组织12个窗口单位提前介入，现场综合预审，全程跟踪。（郑杰）

【三级政务服务体系建设】 推进三级政务服务体系建设，按照"以点带面、有序推进"原则，以体育馆路、北新桥、朝阳门3个街道试点单位为基础，建立健全由区行政服务中心和委、办、局专业服务大厅为一级，街道办事处服务大厅为二级，社区服务站（含中小企业服务分中心、创业孵化器等平台）为三级的政务服务体系，建立"上下联动、层级清晰、功能明确、门类齐全、覆盖全区"的三级政务服务体系，制定出台第一阶段实施方案。（郑杰）

【效能监察】 落实日巡查、月考核、季评优的监督考核长效机制，全年组织巡查279次、电话暗访60次，开展月度考核12次、季度考核评优4次，评选季度优秀窗口12个、季度服务标兵12人。全年签收、回复非紧急救助网上派单16件，直接接待处理群众来电来访74起，全部限时办结。（郑杰）

【重点企业服务】 修改完善《东城区关于进一步加强服务企业工作办法》，固化12项服务措施，形成长效机制。建立重点走访机制，对百强企业、异地经营、异地纳税、有意外迁企业等4类重点企业实行重点关注、专人负责、及时掌握企业动态。全年联系区级领导走访百强企业40余家，协调解决神华集团、杭州银行北京分行等重点企业总部选址、门店设置、周边环境改善等问题。（郑杰）

【接待活动】 全年接待全国各地考察团19批289人次。完成各类会议及重大会务保障526场次，接待人数1.17万人次。（郑杰）

【政府采购】 制定《政府采购中心投标保证金管理规定》，规范公开招标、收取和退还投标保证金行为。建立供应商投诉机制，明确供应商投诉的条件、程序。接收政府采购立项通知22项，实施完成20项，实施完成项目预算资金2296.56万元，中标资金2206.87万元，节约资金89.69万元。（郑杰）

【便民举措】 在办公大厅配备速效救心丸等应急物品，增加27副老花镜，增设自助上网区和17个指引标识、指示牌、防护栏等便民措施，投入12.63万元购买配置服务设施。科学规划办事大厅布局，合理划分服务区域与等候区域，在总面积不变的情况下增加23.60平方米公共服务区域。改进窗口叫号规则，叫号时间由9.18秒缩短至5.40秒。（郑杰）

【党的群众路线教育实践活动】 2月至10月，开展党的群众路线教育实践活动，制定《东城区行政服务中心开展"四风"突出问题专项整治方案》《东城区行政服务中心改进作风制度建设计划》，废止制度4个，修订完善制度3个，新建立制度4个。出台《中共东城区行政服务中心党组关于落实党风廉政建设责任制党组主体责任和纪检组监督责任的实施细则》，制定《东城区行政服务中心惩治和预防腐败体系2013-2017年工作规划》。（郑杰）

安全生产监督管理

【概况】 东城区安全生产监督管理局（简称区安全监管局）是负责本区安全生产综合监督管理的区政府工作部门。设办公室、人事监察科、综合协

调科、法制宣传科、事故应急监察科（原名为安全生产监察科）、危险化学品管理科、职业安全监督科7个科室，行政编制35人，工勤编制1人，实有工作人员36人。东城区安全生产执法监察大队（原名为东城区安全执法监察队）为安全监管局所属参照公务员管理事业单位，参公事业编20人，实有工作人员20人。

年内，加快推进安全生产法治化、标准化、信息化、社会化建设进程，在全区组织开展重点行业领域安全生产专项整治。有针对性地开展专项执法检查。完成各项政治活动、节假日以及大型活动的安全生产保障任务。完成街道安全生产专职安全员队伍组建。全区安全生产形势继续保持稳定，未突破市安全生产委员会（简称市安委会）下达的安全生产控制考核指标。完成簋街燃气使用安全状况、批发市场安全状况、物业小区安全管理、地下空间安全情况4个重点调研课题。本局被市安委会办公室评为安全生产月活动最佳实践活动奖和安全生产月活动优秀组织奖。本区被评为安全生产工作先进区县。

单位地址：东城区东四十一条83号
联系电话：64055528
邮政编码：100007（孟庆喜）

【安全生产执法检查】 年初，制定年度安全生产重点检查计划，分解执法任务，做到年度有计划、月度有分解、专项有方案、检查有记录、工作有总结。全年组织开展簋街餐饮商户、地下空间、建筑施工工地、人员密集场所、校舍加固改造工程、电气安全、农贸菜市场、节能改造工程等11项专项执法检查行动，完成春节、“两会”、国庆65周年游园活动、APEC系列会议的安全生产保障工作。累计检查生产经营单位2410家次，消除各类隐患1431处，下达责令整改指令书562份，立案处罚54起，处罚金额41.54万元，处理各类生产安全投诉举报64件，办结率100%。（孟庆喜）

【小微企业安全生产整治项目】 下半年，在和平里中街组织开展小微企业安全生产整治暨标准化达标示范项目。项目结合安全生产标准化达标创建工作，规范小微企业用火、用气、用电、应急措施，完善制度，规范行为，提高员工安全意识，夯实企业安全基础。年底，完成小微企业安全管理标准的制定，并组织专家对街内小微企业进行检查验收。（孟庆喜）

【安全生产控制考核指标管理】 年内，共发生生产安全亡人事故2起、亡2人；道路交通事故10起、亡10人；未发生生产经营性火灾亡人事故和铁路交通亡人事故。各项指标均在市安委会下达的安全生产控制考核指标范围内。（孟庆喜）

【安全生产专项整治】 年内，组织开展城乡结合部非法违法生产经营活动、“六打六治”、簋街餐饮经营单位、天坛南里私接燃气等一系列安全生产专项整治行动，针对危险化学品、市政管线、交通运输、建设施工、消防等重点行业领域，集中打击、整治一批表现突出的非法违法、违规违章行为，维护城市运行安全。全年累计出动安全执法检查人员13.59万人次，监督检查生产经营单位8.35万家次，查处事故隐患4.25万处，打击非法违法行为4412起，给予警告907次，责令停产停业182家，关闭非法违法企业24家，行政拘留15人，罚款479.77万元。（孟庆喜）

【安全生产宣传】 举办第十三个“安全生产月”宣传教育系列活动，开展警示教育、隐患排查治理、安全文化宣传、应急演练等活动，突出“强化红线意识、促进安全发展”活动主题，通过多种形式普及、宣传安全知识，营造安全宣传氛围。向行业、属地单位发放宣教挂图1万套、安全社区宣传页2万份、餐饮（零售）行业安全标准及法律法规宣传手册3万册、宣传购物袋1万个，先后开展“下基层、进社区、送安全”安全生产进社区和“送安全生产知识”进企业活动，组织参加市区两级安全生产知识竞赛，联合区国资委参加“安全是永恒的旋律主题”情景剧比赛，组织第八届北京安全文化论坛人员密集场所安全分论坛等活动。建立东城安监政务微博平台，集中发布安全生产知识、安全生产法律法规、工作动态及区域安全提示等信息，全年发布各类政务微博439条。（孟庆喜）

【创新安全生产教育培训】 采用“菜单式”授课形式，在全区各行业和属地开展安全生产大讲堂活动。组织举办22期讲座，培训3600余人。进一步加强特种作业培训考核管理，建成新考核系统的网络环境，实现无纸化实操考试，特种作业实操考评员60人全部考试合格，具备实操考评资格。全年组织特种作业培训班281个，理论考试考核2.69万人次，合格人数2.33万人次，合格率86.71%；实操考核2.78万人次，合格人数2.34万人次，合格率84.31%。（孟庆喜）

【烟花爆竹安全监管】 年内，审批烟花爆竹零售网点20家，督促缴纳风险抵押金、安全生产责任保险，并与其签订烟花爆竹经营单位安全生产承诺书。销售期间，安排执法人员昼夜对销售点执法检查，运用视频监控系统对各销售点24小时监控。销售网点共销售3513箱215.14万元，未发生因烟花爆竹经营引发的安全生产事故。（孟庆喜）

【危险化学品经营单位行政审批】 完成危险化学品经营许可证换证及变更审批37家，易制毒经营备案2家，注销危化单位6家，易制毒单位4家。（孟庆喜）

【安全生产标准化达标创建】 制订年度安全生产标准化达标创建实施方案，在商务、文化、旅游、体育、房管、运管、工业企业等重点行业领域全面推进达标创建工作。区政府将达标创建工作列入折子工程，设立区安全生产标准化专项资金120万元。全年有443家企业完成三级标准化达标创建，1978家完成小微岗位达标创建。（孟庆喜）

【组建街道专职安全员队伍】 组织4场现场报名和资格审查会，152人符合条件报名，136人参加笔试，96人成绩合格进入面试环节，70人进入岗前培训并通过考核取得街道安全生产

6月16日，开展安全生产月宣传咨询日活动

专职安全员证件。（孟庆喜）

【党的群众路线教育实践活动】 2月至10月，成立局党的群众路线实践教育活动领导小组，制定工作方案和计划安排，明确3个环节，24个规定动作。局领导带队83人次实地走访14家基层单位，向两员、联系点和安全生产委员会成员单位及部分被服务企业发放征求意见表119份，召开座谈会5次，整理意见9类46条。查找领导班子成员"四风"问题101条，提出整改措施88条，并落实整改。

（孟庆喜）

民族·宗教·侨务

【概况】 东城区民族宗教侨务办公室（简称区民宗侨办）是负责本区民族、宗教、侨务工作的政府工作机构。内设民族科、宗教科和侨务综合科。行政编制12人，工勤事业编制2人，实有公务员12人，工勤2人。

年内，全区有48个少数民族，少数民族人口4.44万人，约占全区总人口4.80%。和平里街道、北新桥街道、东四街道、东花市街道、永定门外街道为市级民族工作重点街道；东四街道豆瓣社区、和平里街道交通社区、东花市街道南里社区、永定门外天天社区为市级民族工作重点社区；和平里街道东河沿社区、安定门街道分司厅社区、交道口街道府学社区、东华门街道多福巷社区、东直门街道东外大街北社区、北新桥街道海运仓社区、东四街道南门仓社区、朝阳门街道竹竿社区、崇文门外街道西花市南里东区社区、东花市街道南里东区社区、龙潭街道光明社区、体育馆路街道东玉北街社区、永定门外街道琉璃井社区为区级民族工作重点社区。办理更改民族成分29人，其中满族13人，回族8人，土家族2人，畲族2人，其他民族4人。有清真饮副食网点207个，其中挂牌180个，自挂27个；挂牌企业中有饮食127个，副食53个；自挂企业中有饮食23个，副食4个。为区属民族企业、民族园校争取国家和市扶持资金364万元，为东来顺、工美集团、金漆镶嵌等企业申请贴息贷款3.55亿元。有宗教活动场所14座，其中天主教3座（王府井教堂、东交民巷教堂、南岗子教堂），基督教3座（崇文门教堂、宽街教堂、珠市口教堂），佛教2座（雍和宫、通教寺），伊斯兰教6座（东四清真寺、东外清真寺、南豆芽清真寺、安外清真寺、花市清真寺、沙子口清真寺）；有区级宗教团体3个：区天主教爱国会、区基督教三自爱国运动委员会和区伊斯兰教协会；有教职人员156人，其中阿訇22人、牧师和传道员26人、神父6人、僧人102人。市基督教三自爱国运动委员会、市基督教青年会、女青年会的办公地点设在本区。办理朝觐报名审核3人，3人参加朝觐。有归侨225人，侨眷7194人，新华侨4391人，新移民、留学人员亲属4389人，归侨侨眷和海外侨胞总数约1.60万余人，其中有区政协委员13人，区人大代表4人，分布在全区17个街道侨联组织和卫生系统及教委系统侨联组织；有侨资企业141家；有全国社区侨务工作示范单位1个（体育馆路街道），全国社区侨务工作先进单位1个（龙潭街道），全国社区侨务工作示范社区1个（东华门街道南池子社区），全国社区侨务工作明星社区1个（体育馆路街道国家体育总局社区）；有全国侨法宣传角10个（体育馆路街道、龙潭街道、崇文门外街道、永定门外街道、东四街道、东直门街道以及东华门街道的甘雨社区、北新桥街道的海运仓社区、东直门街道的清水苑社区、和平里街道的兴化社区）。办理华侨、港澳同胞和外籍华人学生来京上中小学批准书25人，华侨子女在京接受义务教育证明6人，协助华侨在京子女解决小升初入学3人，办理归侨证5人，侨眷身份认证2人；为3人办理高考三侨生身份认证证明；为4人办理中考三侨生身份认证证明。侨商代表向内蒙古呼伦贝尔市鄂温克族自治旗资助学费3.30万元。本区组团参加市第九届民族传统体育运动会11个竞赛项目和5个表演项目比赛，获一等奖11个、二等奖38个、三等奖23个、道德风尚奖12个。国务院侨务办公室授予东直门街道全国侨法宣传角牌匾、体育馆路街道授予暖侨敬老行动牌匾，东直门街道胡家园社区、体育馆路街道国家体育总局社区被市政府侨务办公室授予社区侨务工作示范单位。

单位地址：东城区金宝街52号
联系电话：65131487
邮政编码：100005（王佶）

【宗教场所节日活动】 1月8日农历腊月初八，是佛教传统节日腊八节，通教寺、雍和宫分别举办腊八节舍粥活动。正月初一，雍和宫敬香人数7.60万人，正月初五，敬香人数3.69万人，初一至初七累计敬香人数23.27万人。4月20日是天主教、基督教重要节日之一——“复活节”，王府井天主教堂、东交民巷天主教堂、南岗子天主教堂、崇文门基督教堂、珠市口基督教堂举行“复活节”宗教活动。参加活动的信教群众1.54万余人，受洗260人，外宾82人。7月29日，伊斯兰教的“开斋节”，市人大常委会副主任孙康林等一行走访东四清真寺，向中国伊斯兰教协会会长、市伊斯兰教协会名誉会长陈广元阿訇等教职人员和广大穆斯林群众致以节日慰问。穆斯林群众4270人到清真寺参加宗教活动，其中外宾222人。8月15日，天主教“圣母升天”瞻礼，王府井教堂、东交民巷教堂、南岗子教堂分别举行宗教活动，2440人参加宗教活动，其中外宾16人。8月17日，有2270人参加主日活动。10月5日，伊斯兰教的“古尔邦（宰牲）节”，东四清真寺、东外清真寺、南豆芽清真寺、安外清真寺、花市清真寺、沙子口清真寺举行节日宗教活动，区领导陶晶到东四清真寺走访慰问，区委统战部、区人大内司委、区政协专委会工作三室等有关领导分别到各清真寺走访慰问，向陈广元阿訇等及穆斯林群众祝贺节日，穆斯林群众2700余人到清真寺参加宗教活动，宰牛10头、宰羊76只。12月25日，天主教、基督教传统节日——圣诞节，王府井天主教堂、东交民巷天主教堂、南岗子天主教堂、崇文门基督教堂、珠市口基督教堂举行圣诞节宗教活动。区领导周永明、韩焕岭、颜华、王红到各教堂走访慰问，向教职人员和信教群众祝贺节日。市、区领导先后到圣诞节安保工作总指挥部调度指挥圣诞节安保工作，平安夜、圣诞节宗教活动近1.30万人参加，其中外宾55人，韩语弥撒350人，英文弥撒600人。（马专　苏会军）

5月6日，开展民族团结宣传月系列活动

【宗教场所安全维稳】1月13日，召开雍和宫春节安保工作会议。部署《2014年东城区雍和宫春节期间安全保卫工作方案》和《各部门职责分工》。协调市交管局、交通委、公交集团、地铁公司、北京移动等有关部门正月初一对雍和宫大街实行交通管制、公交绕行、地铁甩站、短信提示等工作，印制《致北京市民的一封信》《致广大游客的一封信》，通过媒体、旅行社等进行宣传。区委统战部、区政府办、东城公安分局等18个成员单位负责人参加会议。7月31日，召开APEC第三次高官会宗教活动场所接待保障工作部署会。成立以主要领导为组长、分管领导为副组长、相关科室和14座宗教活动场所负责人为成员的接待保障工作领导小组。全区14座宗教活动场所的负责人参加会议。（马专　苏会军）

【东四清真寺环境整治】1月16日、2月20日、3月12日、4月8日，由陈之常、王中华、颜华分别召开4次对东四清真寺北侧环境整治问题现场调度会。区委统战部、区城管委、区城管执法局、区法制办、区住建委、区文委等单位负责人参加。4月16日，区相关部门组织专门力量拆除东四清真寺北侧违法建筑，拆除靠近清真寺北墙的13间违建。（马专　苏会军）

【春节慰问】春节前夕，举办民族宗教界人士迎春慰问电影专场演出，区民族定点企业、民族园校的负责人100余人出席活动；办领导带队走访慰问少数民族困难户34户，送去慰问金2.38万元；向463人发放少数民族低保群众一次性临时生活补助13.89万元；入户走访区困难归侨16户、困难侨眷2户，送去慰问金2.07万元。（王艳　苏会军）

【执法检查】春节、国庆节、APEC北京峰会期间，依照属地管理的原则，17个街道开展对辖区内清真饮副食网点经营中执行民族政策情况自查，并及时沟通信息，发现问题，就地整改，民宗侨办主管领导带队到东四、朝阳门、建国门、景山等街道，重点抽查清真饮副食网点，向餐馆员工宣传党的民族政策和经营清真食品的经营规范，发放《东城区清真食品生产经营许可申请材料补正告知书》等宣传材料，对个别商户经营不规范问题进行指正，对不具备清真食品经营资质的网点，当场摘除自挂清真标志，向经营者进行教育，并要求属地街道和所在市场管理部门加强后期监管。（王艳　苏会军）

【接待华裔青少年】4月2～14日，承办由国务院侨办主办、市政府侨办协办的华裔青少年“中国寻根之旅”春令营活动。接待泰国华裔青少年20人组成的春令营团，组织他们观看中国传统功夫，品尝小吃，游览名胜古迹，学习民间手工艺编结、手工折纸、中国书法、中国水墨画、中国传统文化，尝试抖空竹、打太极拳，与古都北京亲密接触，加深华裔青少年对祖国的了解。8月5日，接待英美优秀华裔青少年一日功夫北京夏令营，组织他们观看《功夫传奇》表演，体会中国文化。（张琳琳）

【组织政协委员走访】4月19日，区政协民族和宗教专委会组织部分政协委员参观东交民巷天主教堂和王府井天主教堂，听取教堂历史、复活节由来、宗教仪式等知识的介绍。六一前夕，周永明、王红到回民小学、大方家回民幼儿园、崇文回民幼儿园和回民实验小学4所民族园校走访慰问，送去慰问金和节日礼物，参与学校和幼儿园举办的迎六一各项庆祝活动。（王艳　苏会军）

【民族工作经验交流会】5月21日，在区委党校召开民族工作经验交流会。第七届首都民族团结先进集体的代表和平里街道办事处、先进个人代表大方家回民幼儿园园长和区基层优秀党员崇文门外街道都市馨园社区党委书记、居委会主任作专题报告。各街道的基层民族工作者、宗教界人士、民族定点企业、民族院校代表130余人参会。（王艳　马专）

【民族团结宣传月】5月，以“完善社区服务，倾力保障民生”为主题，在全区开展民族团结宣传月“六个一”系列活动，即：与市民族联谊会共同举办一场“美丽北京·多彩节日”主题日活动，举办一场民族工作成就展，组织基层民族工作者到中央民族大学民俗博物馆进行一次参观学习活动，召开一场民族工作先进经验交流会，在《新东城报》上出版一期《“民族团结日”花开正艳》宣传专刊，各街道在本地区举办一次民族团结宣传月主题活动。全区17个街道的各族群众和民族园校师生、社会各阶层人士8万余人参与。（王艳）

【宗教界代表人士培训班】6月17～18日，与区委统战部、区人大内司委、区政协专委会工作三室联合举办宗教界代表人士培训班。组织学员到西柏坡和狼牙山参观学习，进行爱国主义教育，宗教界代表人士近80人参加。6月25～27日组织学员集中学习，周永明、韩焕岭、颜华出席开班仪式。学习班邀请国家宗教局业务三司副司长作《宗教与国家安全》的报告、市民委（宗教局）政策法规处处长作《当前我国民族宗教工作政策法规》的报告及国防大学教授作《国际形势与我国的国防安全》的报告。（马专　苏会军）

【出席市宗教会议】8月7～8日，北京市天主教第十次代表会议召开，区天主教代表40人参会，区代表有6人当选市天主教“两会”常委，14人当选委员，其中2人当选市天主教爱国会副主席。8月11～13日，北京市伊斯兰教第七次代表会议召开，区伊斯兰教代表33人参会，区代表有9人当选市伊斯兰教常委，15人当选委员，其中2人当选市伊斯兰教副会长。8月25～27日，北京市基督教第七次代表会议召开，区基督教代表58人参会，区代表有12人当选市基督教“两会”常委，其中1人当选市基督教“三自”副主席、2人当选市基督教教务委员会副主席、监事长。8月27～29日，北京市佛教协会第七次代表会议召开，区佛教代表37人参会，1人当选市佛教协会会长，1人当选市佛教协会副会长。

（马专　苏会军）

【看望慰问参赛蹴球代表队】8月11日，许汇到北京国际职业学校看望和慰问备战第九届市民族传统体育运动会蹴球代表队，勉励运动员克服困难，加紧训练，代表区赛出水平，赛出风格，还与校方负责人就群众体育开展、民族传统体育文化传承等进行座谈，要求各有关部门通力合作，通过组织参加本次民族传统体育运动会促进民族传统体育项目在区教育系统的传承发扬。（王艳　苏会军）

【接待澳大利亚土著事务代表团】8月11日，澳大利亚土著事务代表团一行11人到区开展民族经济交流活动。参观考察民族特需用品定点企业——金漆镶嵌有限责任公司，并开展工作座谈。市民委有关负责人介绍本市民族工作总体发展情况及民族政策落实情况，金漆镶嵌公司董事长、总经理介绍该公司发展历程和运营情况，带领外宾参观该公司皇家漆器和精品技艺等展厅，并与外宾互赠纪念品。

（王艳）

【天主教界人士学习班】9月11～12日，由区天主教爱国会主办，区民宗侨办协办的区天主教界人士学习班召开。邀请市天主教爱国会副主席兼秘书长传达市天主教第十次代表会议精神，并从市天主教两会换届的基本情况、今后五年的工作任务、天主教面临的形势和挑战三方面进行重点讲解。邀请中央社会主义学院副院长就社会主义核心价值观的基本内容，解读培育和弘扬社会主义核心价值观的重要历史和现实意义。区委统战部、区民宗侨办、区天主教爱国会神职人员、堂务会、骨干教友等70人参加。（马专　苏会军）

【伊斯兰教界人士学习班】9月16～17日，由区伊斯兰教协会主办，区民宗侨办协办的区伊斯兰界学习班开班。区伊斯兰教协会秘书长总结上半年工作，市伊斯兰教协会秘书长向学员介绍市伊斯兰教协会换届情况，还邀请中央社会主义学院中华文化教研部主任作《社会主义核心价值观》的培训。市伊斯兰教协会、区民宗侨办、区伊斯兰教协会、各清真寺阿訇、寺管会等60余人参加。

（马专　苏会军）

【基督教界人士学习班】9月25～26日，与区基督教“三自”联合举办区基督教界人士学习班。邀请市基督教“三自”主席介绍市基督教“两会”换届工作情况，并就北京基督教如何服务社会、服务首都、不断健康发展进行讲解，邀请中央社会主义学院讲师作《培育和践行社会主义核心价值观》的报告。区基督教三座教堂的教职人员、堂务会成员和骨干信徒近60人参加。（马专苏　会军）

【中小学民族团结教育周】9月26日，主题为“心向榜样同筑梦民族和睦少年行”的区第八届中小学民族团结教育周总结与展示活动在回民实验小学举行。活动现场以寻访榜样、歌颂榜样、学习榜样、践行做榜样、共同承诺“心中有榜样，做最好的自己”为线索，通过含民族元素、富民族特色的童谣串烧、校园剧、快板剧、民族健身操、诗朗诵等形式，展示中小学生在民族团结教育周活动中的学习成果和收获。市教委、市民族教育研究会、区委教育工委、区教委、区民宗侨办有关领导，全区中小学德育干部和学生代表500余人参加活动。（王艳）

【武高山调研民族文化建设】10月20日，市人大民宗侨委副主任委员武高山到东花市街道调研民族文化建设情况。了解东花市街道民族文化建设的工作情况，参观民俗博物馆，对把民族文化与民俗文化和非物质遗产保护项目结合起来，用民俗博物馆的形式对民族文化保护与传承的做法给予肯定。（张琳琳　王艳）

【民族宗教服务保障工作培训班】10月27～28日，在北京阳坊大都饭店举办学习贯彻中央民族工作会议精神暨APEC会议民族宗教服务保障工作培训班。市民委民族二处负责人和聚德华天烤肉宛饭庄总经理、全国劳动模范获得者分别就民族经济、民族政策以及清真餐饮企业的运营和发展方面作专题报告。区外事办国际交流科负责人结合APEC峰会期间外事接待事宜为民族宗教界人士作讲解。区民宗侨办还调整区民族政策监督员队伍，并进行相关业务知识培训。区清真规范化特色餐厅、规范化清真食品专柜及民族特需定点企业的负责人，民族政策监督员和区属各宗教场所负责人100余人参加。（王艳　马专）

【花市清真寺600年纪念活动】10月29日，花市清真寺举行建寺600年诵经纪念活动，各清真寺阿訇、穆斯林群众等400余人参加庆祝活动。12月3日，花市清真寺建寺600年纪念大会召开，市、区领导为花市清真寺赠送贺礼3万元。中国伊斯兰教协会会长陈广元、市宗教局副局长、市伊斯兰教协会会长、区领导等及区属相关部门、区宗教爱国团体、宗教活动场所负责人、区伊斯兰教协会委员、部分区县伊斯兰教协会代表150余人参加。（马专　苏会军）

12月26日，网格化服务管理中心运行

信息化管理

【概况】东城区信息化工作办公室（简称区信息办）是区信息化工作领导小组的办事机构，负责区信息化工作的政府工作部门。内设综合管理科、应用推广科、电子政务科；下设信息中心和信息资源管理服务中心两个科级事业单位。主要职责是统筹规划、综合协调、监督管理全区的信息化工作，全面推进电子政务、电子商务、智慧社区的建设和信息资源的开发利用，组织有关信息化工作的行业管理、宣传、培训、技术服务和国内外交流合作。行政编制11人，事业编制41人，实有行政人员11人，事业编人员37人。

年内，整合多方资源，依托信息化建设，提升精细化管理水平，推进“智慧东城”建设，抓基础设施建设，打造信息化发展体系，持续深化“两网融合”，服务经济社会发展、服务百姓生活。网格化社会服务管理信息化支撑系统被市政府评为市科学技术奖三等奖，电梯运行安全监测信息平台物联网应用示范项目获中国智慧城市创新奖、智慧城市优秀项目奖，数字东城门户网站中“我的东城”栏目获中国电子政务理事会年度政府网站精品栏目奖，在北京智慧城市发展指数排名中东城位列第一。

单位地址：东城区钱粮胡同3号

联系电话：64031118-2304

邮政编码：100010（张靓）

【通过软件正版化检查】1月14日，市使用正版化工作联席会议检查组检查区政府序列外机关软件正版化工作。听取工作汇报，查看相关工作台账，对区委研究室、区检察院和区法院等单位现场上机抽查，通过政府序列外机关软件正版化工作验收。（张靓）

【国务院领导调研】6月9日，国务院参事室参事曲维枝、郭廷结及市经信委领导调研信息资源共享和业务协同情况，听取情况汇报，参观云中心机房，观看相关演示，对区信息化建设给予肯定。9月26日，国务院办公厅电子政务办公室主任刘军、副巡视员陈正平调研，听取智慧东城建设和网格化社会服务管理信息系统建设汇报，询问区电子政务在信息安全、数据共享、国产化、服务经济和电子监察等方面的情况，参观智慧东城智能展示中心，并要求切实做好信息安全

工作，保证信息不泄露，不丢失，加强信息共享，利用基础数据库的关联进一步服务政务和经济。（张靓）

【数字东城网站整合与推广】 8月18日，新版数字东城网站正式上线，突出以人为本、服务至上的理念，突出地域特色，简洁化页面风格。新版网站上线后，日均访问量较旧版网站提升16.40%，用户平均访问黏度大幅提升，平均停留时长5分40秒。（张靓）

【区信息化协会和老字号协会成立】 8月18日，召开信息化协会与东城区老字号协会成立大会——暨信息化助力传统商业高峰论坛。成立信息化协会和东城区老字号协会，举行东城老字号入驻京东商城启动仪式，区信息办、区商务委与京东商城共同签署战略合作协议，“北京东城老字号”统一品牌集体入驻京东商城。中国科学院计算所研究员、中国中文信息学会理事长、中国工程院院士作《信息创新变革传统商业》的主题发言。区领导王中华出席并讲话。市经信委委员、市老字号协会会长、京东商城相关负责人等出席会议。（张靓）

【无线电管理宣传咨询日】 9月24日，与景山街道在皇城根遗址公园举办无线电管理宣传咨询日活动。现场解答群众提出的无线电台站设置、使用、管理等问题，向市民发放无线电宣传材料800余份，接待无线电咨询者100余人次。（张靓）

【软件正版化培训】 12月11日，联合市使用正版软件联席会议办公室对区90个单位进行软件正版化工作培训。邀请市版权局、首都版权联盟、金山及微软等软件供应商，解读《政府机关使用正版软件管理办法》，培训软件资产管理、软件正版化检查流程及上机操作步骤，介绍金山和微软的软件产品。（张靓）

【网格化服务管理中心运行】 12月26日，召开区网格化服务管理中心运行暨96010为民服务热线启动会，张家明主持。区网格化服务管理中心汇报“两网融合”及96010为民服务热线筹备建设情况，区信息办汇报96010为民服务热线信息化系统建设情况。金晖部署网格化服务管理工作，杨柳荫为区网格化服务管理中心揭牌，96010为民服务热线正式启动。（张靓）

【“智慧东城”行动计划项目】 年内，建设党委政务内网、互联网门户及协同办公系统；楼宇经济监测（二期）系统监测商务楼宇265座，监测指标269个，跟踪分析楼宇经济变化，客观反映楼宇经济发展状况；建设“智慧东城”移动门户、“智慧雍和”移动互联综合服务系统，面向移动用户提供一站式服务；搭建环境整治指挥调度平台，实现对全区环境秩序的实时追踪；建设城管委综合指挥调度中心，与市交通运行指挥中心实时连接，形成集多方应用为一体的多功能综合指挥中心；改造行政服务大厅呼叫中心及窗口监控系统，拓展服务业务，实现办事窗口一对一监控；建成智慧东城体验培训中心，集中展示区信息化发展历程，实现信息化在各领域应用成果的体验与培训。（张靓）

【协同办公应用】 年内，升级改造协同办公系统，改造升级人大议案、建议、政协提案管理系统，完成区属国有房产资源管理平台开发，初步建立区三维地理信息共享平台，升级完善区数据共享交换平台。（张靓）

【信息化技术服务】 年内，初步完成基于三大运营商（联通、移动、电信）专线的新短信平台开发工作，短信功能经测试可接收、回复短信。全年编发手机报558期，提供热线咨询服务8958次，远程支持服务194次，现场维护服务3450次。（张靓）

信访工作

【概况】 中共东城区委、区政府信访办公室（简称区信访办），是区委、区政府受理人民群众来信来访的职能部门。内设综合科、来访接待科、来信办理科、排查调处科、复查复核科、督查宣教科，行政编制22人，实有工作人员21人。

年内，受理群众来信、来访9655件（批），同比下降4.58%，其中来信5823件，同比下降14.44%；来访3832批，同比上升15.77%。发生区级集体访74批2004人，同比批次上升27.89%，人次上升15.78%。联名信83件，同比基本持平。市级集体访33批，同比下降45%。区领导接待群众来访22批1580

9月24～26日，举办信访工作培训班

人次，批示群众来信102件。全年开展2次全区性大排查、4次专项排查，排查出市区两级重点信访矛盾纠纷54件，化解32件。受理信访事项复查申请52件，办结48件，按期办结率100%。

单位地址：东城区什锦花园胡同23号
联系电话：64041552
邮政编码：100007　（赵慧锋）

【信访工作汇报会】2月25日，金晖主持召开信访工作汇报会。听取信访工作情况汇报，研究全国“两会”期间信访工作和规范信访秩序等工作。金晖要求各部门加强沟通协调，集中力量解决信访问题。区委政法委等相关部门领导参加。　（赵慧锋）

【信访联席会议】2月27日，召开区处理信访突出问题及群体性事件联席会议（简称区联席会议）第一次扩大会。通报区联席会议领导小组成员名单，部署信访工作，对全国“两会”期间信访工作提出要求。金晖、汤钦飞出席。4月11日，召开区联席会议第二次扩大会，部署重点信访矛盾纠纷化解工作。全年召开区联席会议领导小组会议8次，研究论证信访问题解决方案并督促落实，共化解25件重点信访问题。　（赵慧锋）

【信访矛盾纠纷排查化解专题会】3月29日召开，通报全区信访工作情况，金晖要求：一是提高思想认识，加强组织领导；二是强化源头预防，畅通表达渠道；三是深入沟通梳理，推动积案化解；四是明确工作职责，形成工作合力；五是加强信息报送，维护信访秩序。区领导汤钦飞及各街道、部分重点区属单位主要领导30余人参加。　（赵慧锋）

【信访代理工作会】4月25日，金晖、汤钦飞听取全区信访代理工作成效、存在问题及各代理组工作进展情况汇报，对做好代理工作提出要求。5月5日，张家明、金晖、朴学东、汤钦飞听取全区信访代理及重点信访矛盾化解情况汇报，要求进一步调整信访代理组工作机构，完善各项工作机制。9月17日，召开信访代理组调整工作会，通报区级信访代理组调整情况，13个区级代理组共代理信访群众38户，审议《东城区进一步完善信访代理工作意见》（征求意见稿）。杨柳荫、张家明、金晖、朴学东、陈之常参加。　（赵慧锋）

【心理健康促进项目】5月至12月，开展全区信访干部心理健康促进项目，包括团体辅导活动、心理所体验考察、心理健康检查、面对面咨询辅导、心理知识讲座和自助心理健康口袋书6个子项目，全区参与心理健康测评66人，参与团体辅导110人，接受一对一心理咨询7人，发放《东城区信访工作人员心理自助口袋书》700余册。　（赵慧锋）

【业务培训】9月24～26日，举办信访工作培训班，就做好群众来信办理工作、群众来访接待工作、矛盾纠纷排查工作和复查复核工作以及压力情绪管理等内容授课，区属各单位信访工作者110余人参加。　（赵慧锋）

【信访条例宣传】10月16日至11月14日，在全区开展畅通和规范群众诉求表达、利益协调、权益保障渠道信访条例宣传活动。10月16日启动日当天，各街道、社区下发各类宣传品4500余份，现场接受群众咨询400余人次。工作人员330余人、群众1600余人参加。宣传活动期间，各单位在主要街道、社区、信访接待场所向群众发放《北京市信访条例》、信访知识宣传页、环保袋等宣传品，邀请律师开展现场咨询，引导群众树立法制意识，依法有序反映诉求。　（赵慧锋）

【“一轴两翼”工作机制】年内，为提高接访工作针对性，健全“一轴两翼”（“一轴”即通过协调、督办做好矛盾化解工作，“两翼”即聘请律师和心理咨询师参与接访工作）接访工作机制。在聘请律师为来访群众提供法律咨询服务的基础上，与专业心理咨询机构合作，聘请心理咨询师对上访群众进行心理疏导安抚，缓解情绪，防止矛盾激化，促进息诉罢访。　（赵慧锋）

调查研究

【概况】东城区人民政府研究室（简称区政府研究室）是承担综合性政策研究和咨询任务的区政府工作部门。内设综合科、调研科，行政编制8人，实有8人。

年内，围绕全区中心工作和重大任务，完成政府工作报告、领导重要讲话等文稿140余篇。组织专题座谈会、实地走访等调研活动45次，完成市重点关注调研课题和区重点调研课题《东城区深化城市管理体制改革理顺区街体制研究》，区重点关注课题《东城区平房区环境整治长效机制研

4月3日，召开“以房管人”情况座谈会

究》。承担区全面深化改革重点任务，牵头制定《东城区关于进一步加强网格化服务管理体系建设创新社会治理体制的意见》，为区政府科学决策提供参考和依据。

单位地址：东城区什锦花园胡同 23 号
联系电话：64031118-8711
邮政编码：100007 （唐志立）

【起草区政府重要文稿】 完成《2014 年北京市东城区人民政府工作报告》和区重点工作汇报、督查报告等材料的起草工作，完成区政府主要领导在区委区政府重要会议、重要活动上的报告、讲话等各类文稿撰写。负责区政府党组群众路线教育实践活动材料组具体工作，牵头完成对照检查材料、整改方案等材料的起草。 （唐志立）

【重点调研课题】 张家明主持的课题《东城区深化城市管理体制改革理顺区街体制研究》列入市重点关注调研课题和区重点调研课题，并形成调研报告。张家明主持的课题《东城区平房区环境整治长效机制研究》列入区重点关注课题，并形成调研报告。 （唐志立）

【服务区域发展】 制定《东城区关于进一步加强网格化服务管理体系建设创新社会治理体制的意见》，与区法制办联合开展城市管理综合行政执法体制机制研究。配合区发改委、区重大办等单位，为棚户区改造和文保区修缮重点项目提供智力支持。协助市政府研究室，开展“以房管人”和城市管理体制改革专题调研。 （唐志立）

档案管理

【概况】 东城区档案局/馆（简称区档案局/馆）为一套机构、两块牌子，是区政府负责档案工作的主管部门。区档案馆是收藏本行政区域内符合进馆范围的档案的综合性档案馆，是区政府的直属机构，是区档案保管基地、爱国主义教育基地、档案利用中心、政府公开信息查阅中心和电子文件备份中心。区档案局/馆为参照《公务员法》管理的行政事业单位。内设办公室、法制科、业务指导科、档案管理一科、档案管理二科、接收征集科、编研科、社会教育科、信息技术科、纪检监察科、人事财务科、档案利用科。人员编制 57 人，实有 56 人。

年内，以成功晋升国家一级档案馆为新起点，围绕大局、服务中心、关注民生，完善机制、健全制度、夯实基础，落实“以人为本、服务先行、安全第一”三大战略，加强档案资源、利用、安全三大体系建设，打造档案工作升级版。档案馆新馆建设完成挖槽、验槽、护坡和打底板等项施工。全年接待利用者 9939 人次，实际利用档案 9937 卷次，出具证明 8353 份，接待咨询电话 6956 个，复制档案 2.30 万页。报送工作动态信息 196 条，被各级信息刊物采用 112 条。出版《东城档案》12 期，在《北京档案工作信息》刊登信息 25 条，数量居全市前列。编辑《东城红色遗迹》，介绍区内革命遗迹 20 处和革命者 14 人在东城的光辉历程。在部门协同办公平台开设“督察督办”版块，每月对重点工作进行监察验收和情况通报。18 个单位通过机关档案工作测评，被评为市区县机关档案工作市级优秀单位。区档案局获市档案局举办的档案法制宣传漫画作品征集评选活动优秀组织奖，1 人获三等奖。

单位地址：东城区幸福大街 32 号
联系电话：87556343
邮政编码：100061 （朱凤荣）

【接收征集】 1 月 17 日、2 月 14 日，分别印发《东城区档案局关于区档案馆接收区属部分单位行政区划调整前档案的通知》《2014 年至 2017 年档案接收计划》。7 月，制定《档案接收工作规范》。全年南北两馆接收区财政局、区地税局等 10 个单位 14 个全宗档案 1.43 万卷 7607 件。重点开展区内民间手工艺和手工艺人档案征集，召开非遗传承人档案资料征集研讨会，走访区内非遗传承人 8 人，征集风筝制作工艺国家级非遗项目传承人费保龄亲手绘制的扎燕风筝图样和实物 8 件、绒鸟绒花传承人蔡志伟收藏的以亚运会吉祥物盼盼为素材的实物 5 件、葡萄常珍贵照片 150 张，翻拍复制非遗传承人证书、作品等照片 631 张。从晚清内务府大臣绍英后人马延霱先生处征集到溥仪在天津张园所发《谕旨》、绍英为母亲庆寿的《寿礼簿》等档案 3 件，征集国家领导人到东城考察及孙茂芳照片 96 张、实物 66 件及《简明不列颠百科全书》10 册、《中国大百科全书》5 册。继续开展城市记忆工程，跟踪拍摄龙潭庙会、崇外灯会、立春习俗等民俗活动照片 240 张，并创办简报《东城记忆》。 （朱凤荣）

【重点工作档案监管】 2 月 28 日，与中共东城区委党的群众路线教育实践活动领导小组办公室联合制发《关于做好全区党的群众路线教育实践活动文件材料收集归档工作的通知》，对各单位加强对教育实践活动档案工作的领导、归档范围及保管期限、制度建设、文件管理、档案移交等方面提出要求，确保各种载体文件材料齐全完整。对列入市重点建设项目的 2 个项目开展档案管理登记工作。 （朱凤荣）

【学会工作】 3 月 21 日，组织会员参加国家档案局举办的档案学术论文与新闻报道专题讲座和市档案学会举办的档案系列职称考试评审交流会及档案编研工作学术交流会等。12 月 26 日，区档案学会召开第四届理事会、监事会第五次会议，听取审议学会年度工作总结、监事会工作报告，研究、确定下年工作重点。 （朱凤荣）

【教育培训】 5 月 20 ~ 26 日，在区委党校举办区档案专业知识培训班。讲解文书、会计、科技、电子、声像档案管理、档案利用和保护等内容，专兼职档案人员 101 人取得档案工作人员专业知识培训证书。市、区档案局领导出席开班仪式，区属机关、街道、企事业单位专兼职档案人员 135 人参加培训。举办网上继续教育培训，290 余人通过考试，取得继续教育合格证书。 （朱凤荣）

【第六届“档案馆日”】 6 月 9 ~ 14 日，举办以“走进档案”为主题的第

6月9日，组织学生参观“当代雷锋——孙茂芳”展览

六届“档案馆日”活动。首日举行“学习‘当代雷锋’孙茂芳践行社会主义核心价值观”签名活动和非遗档案捐赠仪式。350余人参观《东城区档案馆馆藏陈列展》《当代雷锋——孙茂芳》、家庭档案成果展、国家领导人在东城展览、东城区档案法制宣传教育展览等5项特色展览和档案特色征集、服务咨询、互动体验、文化展示、知识竞答等活动。史家胡同博物馆分会场举办家庭建档知识讲座，开展档案征集咨询、档案知识宣传等。发放10种宣传材料共计3700余份。 （朱凤荣）

【法制宣传】 6月9日至7月9日开展为期一个月的第五届《档案法》宣传月活动。制作东城区档案法制宣传教育展览，介绍档案法规体系和东城区档案行政执法基本情况，在8个单位巡回展出，参观群众1000余人次。编印《档案工作文件汇编》发放到各单位，向区属单位、187个社区、160余所学校集中发放《档案管理违法违纪行为处分规定》宣传挂图700套、《走进档案——档案连着你、我、他》宣传画册600册。区属单位以理论中心组（扩大）学习、网络宣传、大屏幕循环播放等形式深入学习宣传《档案管理违法违纪行为处分规定》，强化机关干部和社会公众的档案法治意识。7月16日，举办专题培训会，解读《档案管理违法违纪行为处分规定》及《关于加强和改进新形势下档案工作的意见》，全区各单位主管档案工作的办公室主任、专职档案员近200人参加。全年为政府办等5个单位和教委系统培训300余人。 （朱凤荣）

【档案信息化建设】 年内，完成2.60万卷（218万页）档案的数字化加工。对南北两馆的数据实现异地备份。向全区制发《关于做好2013年度电子文件归档工作的通知》和《区档案馆关于接收2013年度归档电子文件的通知》，将电子文件归档工作列入各立档单位年度归档工作范围，实行纸质档案、电子档案“双套制”管理，确保电子文件应归尽归、应交尽交。对区委党校等7个单位的专兼职档案员进行培训。政务微博“东城档案”发布微博916条，粉丝量6900余人。 （朱凤荣）

【行政执法监督】 全年对20个单位进行执法检查，重点检查区属各单位组织开展《档案管理违法违纪行为处分规定》的宣传贯彻情况、文件材料归档、移交、档案安全保管等方面。检查范围延伸至二级单位。对检查中发现的问题当场反馈，督促限期整改，并按时复查。 （朱凤荣）

【业务监督指导】 全年实地指导62个处级单位及基层单位316次。对30个单位开展文书、照片、社区档案管理等专项培训35次，培训专兼职档案人员786人。 （朱凤荣）

【基础业务建设】 年内，重新修订《档案开放工作制度》，制定《馆藏档案划分控制使用范围及开放范围实施细则》。对馆藏1984年形成的4838卷6.92万件文书档案逐件进行开放鉴定，对馆藏1964年形成满50年的1646卷2万余件档案按件进行保管期限再鉴定。经过初审、复审，保管期限重新定为永久的237件、30年的4398件、15年的1.54万件。做好数字化扫描档案出入库检查，全年对2.60万卷（218万页）进行逐卷逐页入库质检。完成78个单位文书档案归档范围和保管期限表的审核，其中44个单位完成初审，反馈各单位修改完善，34个单位完成终审。 （朱凤荣）

【爱国主义教育基地建设】 制作“当代雷锋”孙茂芳先进事迹展板，从领导关怀、成长足迹、助人为乐、传播精神、幸福家庭、人民褒奖6个部分展示孙茂芳从青年时代至今坚持学雷锋、做好事的事迹，聘请孙茂芳为特邀宣传员，招募大学生志愿讲解员2人。与北京联合大学机电学院签订共建协议，联合开展爱国主义教育活动。 （朱凤荣）

【政府信息公开查阅场所】 全年接收75个单位的主动公开政府信息文件570件，满足社会利用的需要。 （朱凤荣）

【家庭建档】 年内，继续在17个街道开展家庭档案知识培训，发展建档居民家庭39个，累计完成1033户，提前完成“十二五”期间建档1000户的工作目标。配合区新闻中心拍摄新中国成立65周年宣传片，访问建档居民曹国平家庭，录制专题节目，在BTV新闻频道《都市阳光》节目《魅力东城》专题播出。 （朱凤荣）

地方志工作

【概况】 东城区地方志编纂委员会办公室（简称区地方志办）与区委党史工作办公室合署办公，正处级参公事业单位，负责全区党史、地方志工作。内设综合科、党研科、方志科、编辑科，行政编制16人，实有15人。

年内，坚持每周例会制度，完善年鉴框架，对年鉴主笔进行撰稿业务培训1次，二轮修志工作有序推进，《东城区志》《崇文区志》通过初稿评审，完成《北京东城年鉴》（2014卷）编辑工作。《北京东城年鉴》（2013卷）在市首届年鉴综合质量评比中获区县综合年鉴特等奖。申报的重点课题“关于二轮志书如何体现时代特征、地域特色研究——以正在编纂的二轮东城、崇文区志为例”和“地方志在传承区县历史文化中的作用研究”，通过市志办评审，同意立项并开展相关研究工作。按照区委统一部署，开展党的群众路线教育实践活动。

单位地址：东城区东四十一条83号
联系电话：84037892
邮政编码：100007

（马德川）

【年鉴培训会】 1月8日，召开全区年鉴工作培训会。会上，讲解撰写年鉴注意的问题和统一规范的内容，辅导报送文稿及编写中需注意的问题。会议要求：一要在文字方面下工夫，以达到年鉴规范、简洁、实用的工作目标；二要在内容方面下工夫，实事求是，贴近生活、贴近实际、贴近群众；三要在全面性上下工夫，既反映成绩、经验，也反映问题、教训。180余人参加。（马德川）

【区地方志编委会主任会议】 5月12日，召开区地方志编委会主任（扩大）会议。传达李克强总理给第五次全国地方志工作会议的批示、市第七届编委会（扩大）会议主要精神，通过调整后的区地方志编纂委员会成员名单，总结二轮修志工作基本情况，部署下一阶段工作任务。张家明对二轮修志工作给予肯定，并提出四点要求：一是切实提高对地方志工作的认识，二是确保志书编纂质量，三是充分发挥地方志功用，四是加强修志队伍建设。区领导及有关单位主要领导30人参加。（马德川）

【二轮修志评审会】 5月27～29日，《东城区志》（初稿）评审会在方志馆召开，市地方志编委会常务副主编段柄仁和市志办主任王铁鹏到会讲话。专家组认为，志书观点正确、体例严谨、结构清晰、史实准确、记述朴实流畅、内容横不缺项，能够反映15年的发展与特色，具有存史、资政、教化价值，原则上通过初审。到会专家希望在宏观性把握、记述深度、图片编排、特点突出等方面加以完善。中国地方志指导小组办公室、北京市、外省市的修志专家18人及全市各修志单位修志人员300余人参加。7月2～3日，《崇文区志》（初稿）评审会在中国中化会议中心召开，市地方志编委会常务副主编段柄仁和市志办主任王铁鹏到会讲话。专家认为，志书内容丰富、资料翔实、体例规范、文字精炼，原则上通过初审。希望在考虑历史价值、体现时代变化、突出地域特点、调整编章结构、大力压缩篇幅等方面进一步修改和完善。中国地方志指导小组办公室、北京市修志专家22人参加。（马德川）

【年鉴编辑】 12月，编辑完成《北京东城年鉴》（2014卷），为总第十八卷，由北京日报报业集团同心出版社出版。全书设综述、大事记、特载、政党·团体、政权·政协、政法·军事、综合经济管理、工商·旅游·对外经济、财税·金融、城市建设、城市管理、科学·教育·文化、医药·卫生·体育、社会生活、街道、人物、统计资料、附录18个类目，类目下设栏目，栏目下设分目，分目下设条目。采用文章、条目、表格等体裁，以条目体为主，共94.08万字，彩页45页，照片211幅，全面、系统地记载上年全区在政治、经济、文化、社会等领域发展变化和发生的大事、要事、新事，记载新成就、新进展、新经验，为各界人士了解东城、研究东城、建设东城提供信息和资料。（马德川）

【咨询服务】 为区属部分单位提供区志、年鉴、地情资料书籍等16册；对区各单位年鉴、修志工作进行业务指导50次；讲区情、党课2次；与外省市交换年鉴10册；为群众和新闻媒体提供史志咨询服务18人次。

（马德川）

5月12日，召开区地方志编委会主任会议

机关事务管理

【概况】东城区机关事务管理服务中心（简称中心）是区直属正处级事业单位，经费全额拨款，工资纳入公务员规范管理。承担区委、区人大、区政府、区政协机关及部分行政事业单位的机关事务管理及服务保障工作。内设办公室、人事监察科、财务科、国有资产监督管理科、公共机构节能监督管理科、房管基建科、安全综合科、车辆管理科、综合服务科、膳食科、接待科、管理一科、管理二科、管理三科14个科室，事业编制75人，下辖1个差额拨款事业单位东城区人民政府机关服务中心，事业编制40人，实有133人（含代管工勤）。

年内，开展党的群众路线教育实践活动，贯彻落实《机关事务管理条例》和《党政机关厉行节约反对浪费条例》，坚持科学管理、精细服务、高效保障，按照“精、细、严、准”的工作要求，完成区机关各项管理服务保障任务，推进区机关事务统一集中管理。做好国庆65周年天坛公园游园活动期间1500余人及APEC期间应急值守人员的餐饮保障。

单位地址：东城区育群胡同6号
联系电话：64077648
邮政编码：100010（丛琳）

【机关食堂浪费专项整治】7月至11月，在做好14个食堂2700余人安全健康用餐保障的同时，开展历时5个月的机关食堂浪费专项整治工作。成立专项小组，制发工作方案，对全区81个单位的48个机关食堂走访调研，制定12项考核项目，连续6天开展专项检查。通过整治，就餐浪费率降低近5成，中心油盐摄入量分别降低57%和41%，建立起全区机关食堂沟通交流的平台。（丛琳）

【第六届岗位技能竞赛】11月至12月举行。竞赛设置安全保卫、车辆维修、膳食、综合服务、接待礼仪5类11个项目，分预赛和决赛两部分，职工300余人参加，评选出一等奖13人，二等奖23人，三等奖34人，优秀组织奖4个。（丛琳）

【财政经费管理】完成财政项目预算450个，全年拨入经费4.46亿元，支出3.29亿元，结余1.17亿元，预算指标执行进度74%。遵守现金管理制度，全年保障现金400余万元。重新建立会计账套，新增福利费、党费、基本人员预算分部门核算。做好区外事办等10余个单位预算信息公开工作。自觉接受审计监督，先后配合市审计局、市财政局和区审计局、区纪委完成中心及所管理48个委办局经济责任审计，完善审计过程中发现的日常财务核算、内控制度建设与管理上的薄弱环节。（丛琳）

【国有资产管理】出台《中心采购管理暂行办法》，严格资产配置，规范采购流程，确保采购工作无缝对接，全年采购资产1000余件，合计380余万元。调整资产维修保养流程，提高维修效率，全年申报维修28次，合计1.64万元，实现资产全方位监管。严格资产处置，全年审核审批资产1.23万余件，价值5500万余元，实现闭环管理。推进资产清查，涉及资产1.10万余件，金额12亿余元，确保资产安全完整。加强资产管理信息化建设，实现资产配置、使用、监督、处置、审核审批等网上办公，开发闲置资产管理系统，提高闲置资产利用效率。加强区机关办公用房管理，完成密码局及政府交换站等单位办公用房调整，承担区国土局等10余个单位的房屋调配，联合区财政等单位对区行政事业及国资系统各单位名下房产或租用房产进行摸底清查，对涉及中心房产23处、面积12万余平方米的房产资源分类登记、统计。提高大学生宿舍规范管理水平，装修改造房间18套，实现129套大学生宿舍委托管理，全部配备灭火毯和灭火器，配合区委办安置大学生58人，涉及单位20个。开展党政机关办公用房清理整改，腾退办公用房12间，改造办公用房8间，清理及改造面积300余平方米。（丛琳）

【工程项目建设】完成机要信件交换站设备改造升级、2号院北楼224会议室改造、应急指挥中心二层网格化服务管理中心装修改造等200余项工程。完成内务部街27号院办公用房契税减免工作，减免金额39.60万元。完成转业干部、新招及社招职工的房屋补贴资料上报和审核。完成北京广厦泰祥建设项目管理有限公司26项审计项目，共计约1300万元。在工程管理、经费使用上倡导厉行节约，共节约基建经费100万余元、房产过户费用40万余元。（丛琳）

【安全管理】完成区委、区政府大型活动及会议执勤保障任务40余次，出动安保人员100余人次，疏导车辆1600余台次，处理机关门前上访群众1200余人次，开展13次安全检查，成功处置4起初期火情，整改26处安全隐患，增加20处高清探头。（丛琳）

【服务保障】中心管理10个办公区13个食堂，保障干部职工2700余人

保安员开展消防安全演练

日常就餐。全年维修保养车辆980余台次，置换车载灭火器156个，变更车辆户头及办理ETC手续18辆，接管转入1辆，安全行驶180余万公里。完成机关办公院落卫生保洁及各类设备设施日常维护；保障机关会议接待任务2500余次；健康体检670余人；发放各委办机关单位报纸报刊近9万份，送递报纸报刊近1500余次。全年为机关干部职工1200人提供理发服务5000余人次，洗衣服务约2万件，完成文件印制160万余印。（丛琳）

【党的群众路线教育实践活动】2月至10月，组织集中学习教育30余次，撰写心得体会100余篇，制作学习展板12期；加强与服务对象联系，走访院落4处、单位17个，召开4场座谈会92人参加，发放调查问卷135份，收集各方面意见建议32条，其中涉及"四风"方面22条；明确44项整改措施，开展1项"四风"突出问题专项整治，立行立改任务完成28项，明确42项制度建设计划。

（丛琳）

东城区人民政府组成人员

区长、副区长

区　　长　张家明

副 区 长　朴学东　陈之常　秦海翔（6月任）　王中华　颜　华（女）　许　汇　汤钦飞（6月免）　王晨阳　暴　剑（12月任）

工作机构负责人

政府办公室主任　袁秀江

国家保密局局长　暴　剑

发展和改革委员会主任　李铁生

教育委员会主任　冯洪荣

区政府教育督导室主任　付　葵（女）

科学技术委员会主任　孙占军

住房和城市建设委员会主任　许利平

城市综合管理委员会主任　张恩东

商务委员会主任　刘　健（女）

文化委员会主任　李承刚

人口和计划生育委员会主任　林　杉（8月免，机构调整）

卫生局局长　张　明（满族，7月免，后机构调整）

卫生和计划生育委员会主任　林　杉（8月任）

国有资产监督管理委员会主任　杨博贤（4月免）　白京涛（4月任）

社会建设工作办公室主任　赵小平

民族宗教侨务办公室主任　雷新隆（畲族）

外事办公室主任　孟　锐（2月任）

法制办公室主任　李凌波

信访办公室主任　周秋来

信息化工作办公室主任　谢霄鹏

对外联络服务办公室主任　武　鸿

金融服务办公室主任　吴东方

危旧房改造办公室主任　张晓峰（7月免，机构调整）

重大项目协调办公室主任　朴学东（兼，7月任）

台湾事务办公室主任　王宝祥

防范和处理邪教问题办公室主任　王伟民（12月免）　王　磊（回族，12月任）

政府研究室主任　郝留亮

产业和投资促进局局长　李照宏（10月免）　陈　平（10月任）

监察局局长　李连喜

民政局局长　魏慧明

司法局局长　李利平（女）

财政局局长　崔燕生

人力资源和社会保障局局长　王　彦

机构编制委员会办公室主任　高丽萍（女，2月免）　苟连忠（2月任，12月免）　赵　刚（12月任）

环境保护局局长　韩小平（女）

审计局局长　许　建（4月任）

安全生产监督管理局局长　赵鹏锦（回族，2月免）

	薛国强（2月任）
体育局局长	吕德成
统计局局长	陈　平（10月免）
	杨　峰（10月任）
园林绿化局局长	梁成才
园林绿化管理中心主任	王迪生
旅游发展委员会主任	李雪敏（女）
民防局（地震局）局长	袁　银（12月免）
	芦永良（12月任）
房屋管理局局长	赵明杰
东城公安分局局长	谢世龙（2月免）
	陶　晶（2月任）
市国土资源局东城分局局长	林　毅
市规划委员会东城分局局长	宋志红（女）
国家税务局局长	王炯东
地方税务局局长	赵增科
市工商行政管理局东城分局局长	孙建生
质量技术监督局局长	张　勇
市食品药品监督管理局东城分局局长	王厚廷
经济社会调查队队长	孙书振
行政服务中心主任	尹广枢
雍和园管理委员会主任	彭　湘（3月免，机构调整）
中关村科技园区东城园管理委员会主任	许　汇（兼，3月任）
前门大街管理委员会主任	葛俊凯
北京站地区管理处主任	王中华（兼，5月免）
	陈之常（兼，5月任）
城市管理综合行政执法监察局局长	郭立峰（1月免）
	韩卫国（1月任）
城市管理监督中心主任	朱传芳
东二环交通商务区建设管理办公室主任	李　强
王府井地区建设管理办公室主任	陈之常（兼，5月免）
	王中华（兼，5月任）
档案局（馆）局（馆）长	胡家文
地方志编纂委员会办公室主任	彭积冬
机关事务管理服务中心主任	张春燕（女）
老龄工作委员会办公室主任	徐维江
住宅发展中心主任	丁文理
环境卫生服务中心主任	李勇泉
房屋征收事务中心主任	王立新（8月免）
	刘志刚（9月任）
房屋土地经营一中心主任	赵春军
房屋土地经营二中心主任	康哲才
龙潭湖体育产业办公室主任	任继明（3月免，机构调整）

中国人民政治协商会议北京市东城区委员会

【概况】 中国人民政治协商会议北京市东城区委员会（简称区政协）履行政治协商、民主监督、参政议政职能。设提案委员会、学习和文史委员会、经济科技委员会、城建环保委员会、教文卫体委员会、社会和法制委员会、民族和宗教委员会、港澳台侨委员会。区政协常务委员会主持日常工作，设办公室、研究室、专委会工作一室、专委会工作二室、专委会工作三室、专委会工作四室、专委会工作五室为办事机构。公务员编制47人，实有公务员46人，工勤11人。

年内，坚持走访委员制度，主席、副主席、秘书长走访委员单位，密切政协组织与委员和委员单位沟通交流。以区政协委员互联网金融为主题，举办政协委员共话东城发展第十三次沙龙系列活动。召开区中小微企业类金融服务交流研讨会，为驻区中小微企业与类金融服务机构提供交流平台。全年举办两次政协讲堂，多次召开专题座谈会，听取区相关部门专项工作汇报，组织委员视察公共文化设施建设进展、老旧小区综合整治、街区保护和建设等情况。报送社情民意信息325篇，编发《社情民意》92期，其中全国政协、市

1月6～8日，召开东城区政协第十三届三次会议

相关部门采用70篇，市、区领导15人批示134条。撰写理论文章、编辑《新东城政协》报、制作年度政协工作专题片等，宣传政协工作。

单位地址：东城区幸福大街32号

联系电话：67104509

邮政编码：100061　（李夏）

【主席会议】 全年召开主席会议5次。审议并通过《东城区政协委员履职服务管理系统使用管理办法（试行）（草案）》《中国人民政治协商会议北京市东城区第十三届委员会第四次会议主席、副主席、秘书长、副秘书长分工（草案）》《中国人民政治协商会议北京市东城区第十三届委员会关于表彰2014年度优秀提案的决定（草案）》《中国人民政治协商会议北京市东城区第十三届委员会2014年度优秀社情民意信息工作者表彰名单（草案）》《中国人民政治协商会议北京市东城区第十三届委员会2014年度社情民意信息工作先进单位表彰名单（草案）》《中国人民政治协商会议北京市东城区第十三届委员会协商恳谈会工作办法（试行）（草案）》和区政协机关有关人事任免事宜。修订《中国人民政治协商会议北京市东城区第十三届委员会关于评选优秀委员的实施办法》。　（李夏）

【第十三届委员会第三次会议】 1月6～8日，第十三届委员会第三次会议在北京国际会议中心举行，邵鹏主持。徐鸿达作区政协十三届委员会常务委员会工作报告，王红作关于区政协十三届二次会议以来提案工作情况的报告，参会区政协委员列席东城区人民代表大会第十五届四次会议，听取并讨论《东城区人民政府工作报告》，讨论《关于东城区2013年国民经济和社会发展计划执行情况与2014年国民经济和社会发展计划（草案）的报告》《关于东城区2013年财政预算执行情况和2014年财政预算（草案）的报告》《东城区人民法院工作报告》《东城区人民检察院工作报告》，听取提案委员会关于第十三届委员会第三次会议期间提案征集情况的报告，审议并通过《中国人民政治协商会议北京市东城区委员会第十三届委员会第三次会议决议》。闭幕式上杨柳荫作重要讲话。市政协副主席陈平，区领导张家明、冯熙出席。　（李夏）

政协常委会一览表

序号	会议时间	会议名称	会议议题
1	1月7日	第16次	听取小组召集人关于委员讨论常务委员会工作报告、提案工作报告、政府工作报告的情况 审议十三届三次会议决议（草案） 通过第三次会议期间提案征集情况的报告（草案
2	1月8日	第17次	通过十三届委员会常务委员会2014年工作要点（草案）
3	4月1日	第18次	通过区政协机关人事任免有关事宜
4	7月14日	第19次	通报区政协党组专题民主生活会情况
5	8月21日	第20次	听取区政府《关于东城区2014年上半年经济运行情况》的通报 通过《关于东城区老旧小区改造后相关管理问题的建议案（草案）》《关于大力发展校外教育全面提升青少年综合素质的建议案（草案）》
6	10月10日	第21次	通过《关于进一步推进东城区国际安全社区建设的建议案（草案）》 徐鸿达就区政协机关上半年党的群众路线教育实践活动的组织情况和如何贯彻落实习近平总书记在庆祝中国人民政治协商会议成立65周年庆祝大会上的讲话精神，推动今后工作，与常委们交流意见

序号	会议时间	会议名称	会议议题
7	12月19日	第22次	听取区政府《关于2014年政协提案办理情况和建议案落实情况》的通报 通过关于徐鸿达不再担任主席、邵鹏不再担任副主席、赵汶柏不再担任秘书长、关连宝等4人不再担任常务委员、补选常务委员、秘书长、副主席和主席候选人的建议（草案）及刘石刚等7人不再担任委员、增补委员、撤销刘智、张志利委员资格的决定（草案） 通过关于召开区政协十三届四次会议的决定（草案）、议程、日程、决议起草委员会委员名单、委员分组办法和各组召集人名单、选举办法、常委会工作报告、提案工作情况报告、表彰优秀委员的决定（草案）及区政协机关人事任免事宜

（李夏）

【民主监督】 年内，社会管理综合治理民主监督小组加强与区综治部门的联系，调研区违法群租房治理工作，提出引入市场调节手段、完善法规、加强源头治理、建立长效机制等方面的意见建议。财政预算民主监督小组邀请经济界委员参与监督活动，听取区财政、区国税、区地税等部门的情况通报，就保持财政收入和税收收入持续增长、加强开源节流、统筹安排各项财政性资金使用等方面提出建议。推荐政协委员7人担任人民陪审员，组织委员旁听区法院案件公开审理工作，参观区法院信息化建设平台。（李夏）

【街道政协委员活动小组】 年内，建立定期走访街道制度，了解、指导委员街道活动小组工作。17个委员街道活动小组开展形式多样的履职活动，召开区政协委员与社区党委书记见面会，建立政协委员编入联系社区工作机制。围绕“情系群众、服务社区、建言出力、共建共享”主题，推动委员走进基层倾听民意。召开老有所“游”进社区专题协商座谈会，加大基层协商民主力度。视察“一刻钟生活服务圈”便民工作开展情况，为社区服务与管理建言献策。委员们在文化建设、法律援助、医疗服务等方面发挥自身优势、提供智力支持，服务发展、促进和谐。（李夏）

【专题调研】 年内，围绕国际安全社区建设、老旧小区管理、校外教育发展等方面开展调研。各调研组召开座谈会、征求意见会33次，实地走访调研21次。委员参加调研和反馈意见185人，提出120余条意见建议，形成《关于推进我区国际安全社区建设的建议案》《关于加强东城区改造后老旧小区管理的建议案》和《关于大力发展校外教育全面提升青少年综合素质的建议案》。（李夏）

【提案建议】 年内，区各民主党派、人民团体和政协委员提案318件，立案295件，立案率92.80%。办结率100%。所有提案全部按期办结，办复率100%。其中被采纳和部分采纳的223件，占75.60%；列入工作计划的41件，占13.90%；因客观因素和条件限制，一时难以落实的向委员作解释说明。党派团体和政协委员对办理结果的满意率81%。召开提案委员会全体会议，评选优秀委员和优秀提案，审议《提案工作报告》。（李夏）

【开展界别活动】 3月4日，妇联界别联合社会福利与社会保障界开展创业妇女面对面活动，了解企业创新发展情况。4月19日，民族和宗教委员会、社会和法制委员会、少数民族界别委员参观王府井教堂和东交民巷教堂两座天主教堂，体验天主教文化。5月15日，青联、无党派界别委员视察雍和宫周边环境整治及宗教活动场所秩序维护情况。9月4日，经济界别委员参加财政预算民主监督小组扩大会议。10月18日，共青团和青联界别委员参加公益徒步嘉年华活动。10月23日，工会界别委员参观区工人文化宫并召开座谈会，了解职工文化阵地建设情况。10月23日，少数民族界别和宗教界别委员参观首钢文化创意产业园。10月27日，港澳台侨委员会联合侨联界别开展组织“关爱侨界困难女生奉献温暖爱心”捐助活动。12月25日，工会界别委员到京港地铁14号线参观试乘。（李夏）

【政协讲堂】 4月1日，举办政协讲堂活动。邀请中国人民大学马克思主义学院教授王向明作关于《改革是中国最大红利——中共十八届三中全会精神解读》专题报告。阐述历届三中全会与中国发展的历史经验、十八届三中全会主要内容、攻坚克难开创改革开放新局面3个方面，重点解读十八届三中全会全面深化改革。徐鸿达、邵鹏等和政协常委、政协委员、政协机关干部200余人参加。7月22日，举办第二次政协讲堂，徐鸿达主持。邀请原崇文区政协主席、前门地区保护修缮整治项目顾问王再云作《关于前门》专题讲座。从前门大街的形成、前门地区历史上的繁荣、街区特色文化、建筑风貌保护、城市家具设计、历史文化展示等8个方面讲述前门的历史背景和文化现象。邵鹏、乔世怀等和政协委员、政协机关干部近200人参加。（李夏）

【市政协主席吉林到区调研】 4月10日，市政协主席吉林到区调研。徐鸿达汇报本届区政协成立以来的亮点工作、年度重点工作，以及区政协党组开展党的群众路线教育实践活动情况，并就基层政协如何丰富和创新协商民主的途径和方法、加强委员管理、贯彻落实中央八项规定等方面谈

4月25日，举办庆祝人民政协成立65周年书画笔会

认识和体会。张家明代表区委、区政府表示，进一步支持区政协工作，做到一如既往地关心、重视和支持人民政协事业发展；一如既往地发挥好人民政协在推动地区经济社会发展中的优势作用。吉林指出，充分认识人民政协的性质，发挥界别优势和特点，加强与各党派团体的合作与互动，在参与解决经济社会发展中的矛盾和问题过程中，广集民智，广纳群言；充分发挥人民政协作为协商民主的重要渠道作用，自觉接受党的领导、主动争取政府支持，广辟协商渠道，为委员搭建协商平台，推进协商民主制度化、规范化；结合党的群众路线教育实践活动，认识政协履职活动与密切联系群众的关系，查摆“四风”问题，制定整改措施，推动政协整体工作发展。与会人员观看《2013年东城区政协工作纪实》专题片。市政协秘书长周毓秋，区领导邵鹏、乔世怀、王红，市政协机关相关部门负责人及区政协机关处级领导干部参加。（李夏）

【工作交流】 4月16日，山东省肥城市政协副主席付振江一行组成考察团到区学习交流。两地分别介绍工商联开展的工作及创新情况，并观看区工商联工作宣传片。双方表示要加强合作，就建立友好商会关系，共同促进两地工商联事业的发展和两地企业家的交流与合作等方面交换意见。10月27日，广州市天河区政协副主席、党组副书记徐春平一行9人到区就文物风貌保护方面学习交流。参观市重点文保单位国子监、袁崇焕祠，了解鼓楼地区整体风貌规划发展。10月29日，成都市政协副秘书长李荣一行组成课题组到区学习交流。参观区图书馆、文化馆，区文化委介绍区文化产业战略制定、文化资源的整合、公共文化网络的建设等方面的经营管理模式。（李夏）

【人民政协成立65周年书画笔会】 4月25日，举办庆祝人民政协成立65周年书画笔会。委员们挥毫泼墨，以书画寄情怀，以笔墨书春秋，讴歌中国共产党领导的多党合作和政治协商制度，庆祝人民政协成立65周年。徐鸿达、邵鹏、赵汶柏及新老政协委员20余人参加活动。（李夏）

【新任委员培训会】 12月30日召开。区政协相关处室分别向新任委员就如何写好提案和社情民意信息作介绍。新任委员18人参加培训，区领导徐鸿达、周永明、邵鹏出席。（李夏）

【党的群众路线教育实践活动】 2月至10月，开展党的群众路线教育实践活动。党组成员参加区委和区政协机关组织的集中学习教育活动20余次，领导开展机关干部集中学习教育活动14次。召开有专委会负责同志、界别召集人、委员街道活动小组负责人、各界委员、机关干部群众参加的征求意见座谈会23次，面对面向280余人次征求意见建议，背靠背向590余人发放征求意见表，征求意见建议210余条。其中党组班子的意见建议21条，党组成员的意见建议45条。党组逐条逐项制定36项93条整改措施。（李夏）

中国人民政治协商会议北京市东城区第十三届委员会组成人员

主席、副主席、秘书长、常务委员

主　席　徐鸿达

副主席　邵　鹏　乔世怀　王　红（女）　张树华　姚卫海　罗　强　王　钢

秘书长　赵汶柏

常务委员（以姓氏笔画为序）

丁迪红（女） 卜天月（女）
于鸿雁 马水清
马宝刚（回族） 王　红（女）
王　钢 王　涛（女）
王　清（女、满族） 王成祥
王林洪（女） 王富国（满族）
尹向敏（女） 田　华（女）
田振清 冯　燕（女）
冯洪荣 吕志斌
吕德成 曲运宏
乔世怀 朱　捷
刘　冰（满族） 刘京生
刘海江 刘继春
庄再强 关　卫（满族）
关连宝 许睢宁
纪常伟 杨　梅（女）
李　辉（女） 李　焱
李小康 李金梅（女）
李建安 李照宏
吴之越 何志才
沈　明 张　东
张　伟（女，回族） 张　杰（女）
张　明 张　蕊（女）
张树华 张秀丽（女）
张京京（女） 张晶晶（女）
陈　工（女） 陈　靖（女）
陈凯贤 邵　鹏
林余存 林美龄（女）
苑晓红（女） 罗　强
罗东川 周旭辉
周丽霞（女） 郑　欣（女）
宗绪毅 郝国信
郝金明 赵元立
赵汶柏 赵宏松（回族）
赵青仲 钟连盛（满族）
姚卫海 贺　征
秦　斌 徐工学
徐建胜 徐鸿达
郭凤书（女） 高　阳
高　萍（女） 黄　晔
康玉杰（蒙古族） 彭　湘
董化端 蒲　丛
谭　菲（女） 滕　健
滕亚杰（女） 薛晓鸥（女）

专门委员会负责人

提案委员会主任 王　涛（女）
学习和文史委员会主任 李承刚
经济科技委员会主任 李照宏
城建环保委员会主任 许利平
教文卫体委员会主任 冯洪荣
社会和法制委员会 主任 吴志辉
民族和宗教委员会主任 雷新隆（畲族）
港澳台侨委员会主任 谭　菲（女）

工作机构负责人

办 公 室 主 任 徐　龙
研 究 室 主 任 李　华（女）
专委会工作一室主任 肖利明
专委会工作二室主任 赵其瑜
专委会工作三室主任 张锦东（女）
专委会工作四室主任 侯文君
专委会工作五室主任 高秀文（女）

政法·军事

政　法

政法委员会工作

【概况】 中共东城区委政法委员会（简称区委政法委）是区委领导和管理政法工作部门。内设办公室、法制科、政治部，行政编制12人，实有12人。区维稳办是区维护稳定领导小组的常设办事机构，设在区委政法委，行政编制4人，实有4人。

年内，坚持把深入推进平安东城建设作为顺应群众意愿的民心工程，作为实现社会长治久安的基础工程，最大限度增强人民群众安全感。建立三级联络会议机制，加强全区反恐防恐工作。树立起恐怖事件随时可能再次发生的忧患意识，把反恐防暴工作作为维稳工作的重中之重，构筑党政统一领导、部门分工负责、专门工作与群众路线相结合的社会化反恐防恐格局。坚持专群结合，加强摸排管控、加强巡逻防控、加强危险物品管控，最大力度、最高标准防控暴力恐怖团伙和极端组织犯罪活动。召开专题会议传达学习习近平总书记在中央政法工作会议上的重要讲话精神，明确新形势下政法工作的方向目标、地位作用、主要任务和基本遵循。开展党的群众路线教育实践活动，完成19个必学内容和7个自学内容，采取个别交流、小范围研讨等形式进行学习体会交流。金晖带队走访市委政法委机关、市公安局、市高院、市检察院，调研区属所有政法委单位和街道，并通过问卷调查、组织座谈等形式，征求意见建议49条。班子查摆出问题20项，班子成员查摆“四风”问题6人66项，制定针对性的整改措施。

单位地址：东城区钱粮胡同3号

联系电话：64071736

邮政编码：100010　（姜云飞）

【政法工作会议】 2月27日，召开区委政法工作会议，王中华主持。金晖传达中央、市委政法工作会议精神，部署年度政法工作，杨柳荫出席并讲话。区领导赵军、蓝向东及全区政法、维稳、综治、系统及各街道（地区）400余人参加。　（姜云飞）

【赵凤桐检查反恐维稳工作】 3月2日，市委常委、市委政法委书记赵凤桐检查北京站广场和候车大厅，在指挥调度中心察看视频监控情况，北京站地区管理处、北京铁路公安段、北京站分别汇报广场总体控制、警力布控、北京站地区反恐维稳等工作。赵凤桐要求：充分认识昆明“3·01”事件的严重性，以坚决的态度、严厉的措施，提升防控等级，加大防控力量投入，强化各项防控措施，全面加强首都反恐维稳工作，维护首都安全稳安，确保全国“两会”召开。　（姜云飞）

【区领导调研综治工作】 4月2日、4日，金晖到和平里街道、体育馆路街道调研。察看西河沿危改项目、上龙西里危改项目情况，听取关于街道网格化社会面防控体系建设、群防群治工作、流动人口和出租房屋服务管理、平安东城建设等情况汇报。察看区级文保单位法华寺、街道“一站多居”社区集中办公场所、社区文化活动分中心、西唐社区居委会和街道社会服务管理分中心运行情况，听取体育馆路街道综治工作和“两网融合”工作情况汇报。金晖要求，针对地区特点，做好维稳工作，建立地区性的维稳工作平台，定期召开协调会沟通情况，共同研究地区维稳问题、突发事件处置办法，逐步梳理和推进工作。研究队伍建设工作，调动基层维稳积极性，发挥群防群治力量。提高、增强干部工作意识和做好群众工作的能力，深入推进群众路线教育实践活动，务必将群众所急、所需、所盼放在重要位置。　（姜云飞）

【研究部署反恐怖工作】 5月12日，召开区反恐怖工作领导小组会议，金晖主持。传达市反恐怖工作会议精神，研究部署区反恐怖工作，研究讨论《东城区关于进一步加强反恐怖工作的意见（征求意见稿）》。会议要求，要突出核心区的特点，明确各部门职责，加强宣传教育，切实加强反恐怖工作。　（姜云飞）

【全区维稳专题会】 5月30日，召开维稳专题会，张家明主持。金晖传达中央、市委有关精神，分析当前维稳形势，通报工作进展情况。陶晶部署维稳和反恐防恐工作。张家明指出，这次会议是对近期维稳工作和反恐防恐工作的再动员、再部署，各单位要重视起来、行动起来，发扬不怕吃苦、攻坚克难的精神，坚决维护核心区安全稳定。杨柳荫要求，要贯彻落实中央、市委的决策部署，准确把握形势，强化底线思维，进一步增强工作责任感，严密防范恐怖袭击活动，全力做好维稳工作和反恐防恐工作，确保核心区安全稳定。区领导毛炯、陈之常、颜华及区维稳领导小组成员单位主要负责人参加会议。

（姜云飞）

【反恐处突演练】 6月3日，在永定门城楼北广场开展反恐处突拉动演练。演练主要针对近期发生的恐怖活动特点，结合首都功能核心区实际设置科目，以检验各部门、各警种快速反应、果断处置、协调配合的水平，进一步提升反恐处突能力。演练调动巡警、刑侦、特警、治安、武警、消防、交通等警种以及应急指挥、卫生急救、城管执法、工商执法等专业力量和治安志愿者等群防群治力量300人。陶晶对反恐处突演练进行点评。区领导杨柳荫、张家明、冯熙、徐鸿达等参加。　（姜云飞）

【反恐怖工作会议】 6月25日，召开反恐怖工作会议，陶晶主持。传达贯彻中央领导关于反恐怖工作的指示精神和全市反恐怖工作会议精神，部署全区反恐怖工作。陈之常强调，要强化政治意识、大局意识、责任意识，切实增强做好反恐怖工作的责任感和紧迫感；要加强组织领导，建立健全反恐怖工作体系，形成反恐怖工作的强大合力。（姜云飞）

【APEC 高官会驻地安保现场会】 8月1日，金晖检查APEC高官会驻地周边维稳安保工作。检查APEC高官会代表住地周边安保工作落实情况，检查南锣鼓巷等人员密集场所安保工作落实情况，在国家体育总局召开现场会。金晖要求：充分认识当前维稳形势，切实增强责任感、使命感，认真落实好社会面防控、重点人管控、重点部位管控、反恐防暴各项措施，强化防范处置，确保核心区安全稳定。（姜云飞）

【国庆安保工作检查】 9月22日，金晖到南锣鼓巷检查安保工作。实地察看南锣鼓巷主街及东西两侧的前、后圆恩寺胡同、北兵马司胡同、雨儿胡同等关键点位的防控情况。9月24日，市委常委、政法委书记杨晓超到天坛公园检查国庆游园活动安保工作。9月26日，市国庆安保第二督导组市政府副秘书长、市信访办主任薄钢到区督查国庆安保工作，市信访办、市公安局、市安监局有关领导一同督查。9月27日，金晖实地查看前门东路秩序整治情况、前门大街社会面防控及大客流控制方案、故宫东门和北门社会面防控及客流疏导方案、东直门交通枢纽安全保卫和社会面防控工作落实情况。（姜云飞）

检查国庆安保工作

社会治安综合治理

【概况】 东城区社会治安综合治理委员会办公室（简称区综治办）是区社会治安综合治理委员会（简称综治委）的办事机构。负责调查研究、督促检查、指导协调各单位实施社会治安综合治理领导责任制。设置综合科、联络科、指导科、督导科、流管科5个科室，行政编制23人，实有18人。

年内，完成元旦、春节、“两会”、党的十八届四中全会、国庆65周年、APEC会议等安保维稳和服务保障任务，启动二级加强等级以上社会面防控11次101天278万人次。开展平安社区等级创建工作，群众密切关注的各类侵财案件同比下降8.90%，66个社区实现零发案，万人发案率保持城区最低水平、百户发案数量始终保持全市最低水平。推动流动人口工作，全区提前完成群租房治理任务，治理率达100%。开展重点地区专项整治工作，对市、区、街道三级挂账37个社会治安重点地区开展综合治理，特别是针对故宫周边、永外宝华里无名巷、永定门立交桥、彭庄地区的环境秩序加强治理。

单位地址：东城区钱粮胡同3号
联系电话：64031118-3218
邮政编码：100010（王义红）

【春节期间社会面防控】 春节期间，全区启动社会面二级加强防控等级命令，其中鞭炮燃放高峰时段启动一级社会面防控，雍和宫周边、地坛、龙潭公园周边、前门大街、王府井大街、天安门广场周边、北京站周边、烟花爆竹禁放区域和所有限放区域、集中燃放点周边均启动一级社会面防控。全区投入群防群治力量6.90万人，其中巡防队1141人，保安5657人，治安志愿者2.72万人，治保积极分子1.69万人，社会单位力量1.04万人，机关党员干部2307人，其他力量5461人。在人员密集繁华场所周边安排“守望岗”点位170个，在烟花爆竹集中燃放点周边、禁放区域和限放区域周边安排“守望岗”点位1186个。（王义红）

【第一次年度全体（扩大）会议】 3月3日，区综治委召开第一次全体（扩大）会议，东城公安分局和区统计局分别通报上年全区治安形势和群众安全感调查情况，区综治办对上年市、区考核情况和本年全区综治工作要点作了说明，签订本年度社会管理综合治理责任书。金晖出席并讲话。（王义红）

【社会治安专项组第一次会议】 4月16日，召开社会治安专项组第一次全体会议。部署《东城区2014年加强社会治安重点地区整治推进平安东城建设工作方案》及《市、区、街道级社会治安重点地区挂账整治任务书》。明确本年度社会治安重点地区整治工作和市、区、街三级挂账整治社会治安重点地区名单。陈之常出席并讲话。（王义红）

【无证无照经营治理】 4月24日，与东城工商分局、区城管委联合牵头，组织区食品药品监督管理局、区卫生局、区城管执法局、东城公安分局、东城消防支队、东城交通支队等部门和永定门外街道办事处，对市级挂账社会治安重点地区——永定门外街道宝华里无名巷的无证无照经营开展集中治理。各职能部门、属地街道出动执法及工作人员230余人，分为两组，分别从无名巷东、西两头向中间推进，开展清理整治。共清理取缔无名巷内无证无照经营商户31户，拆除违法建设15户。（王义红）

【群租房治理】4月24日，召开区违法群租房治理工作动员部署会，陈之常出席并讲话。4月，摸清掌握全区群租房1764户、租住流动人口2.41万人、房地产中介机构447户的信息，全部实行挂账治理。和平里街道青年湖社区、安贞苑社区，崇文门外街道国瑞城东区、都市馨园社区列入市级挂账重点小区，北新桥街道、天坛街道、永定门外街道等7个社区列入区级挂账重点小区。5月至8月，全区共约谈教育违规中介机构负责人、违法房主、二房东1.06万人次，发放、张贴宣传材料18万份，《北京晚报》《法制晚报》等媒体进行正面报道。处罚违法出租房主243人，抓获违法犯罪嫌疑人566人；立案查处63件，罚款33万余元，吊销执照1户；解决消费者投诉及纠纷65起，为消费者挽回经济损失16.70万元；对拒不改正的37家中介机构采取限制网上签约的行政处罚。9月10日，全区共治理完成违法群租房1764户，劝退租住流动人口2万余人，治理率达100%，提前近2个月完成治理任务。（姜旸）

【区地下空间整治工作部署会】5月29日，陈之常主持召开全区地下空间综合整治工作部署会。会上，区综治办汇报区地下空间综合整治工作整体情况，部署地下空间综合整治重点工作。陈之常要求：各相关职能部门要切实承担起在整治工作中的职责任务；各相关单位、属地街道（地区）要结合实际情况，制定本部门、本辖区地下空间综合整治工作分方案；区民防局、区房管局要对地下空间日常使用管理工作进行调研，明确各相关部门职责任务。同时，区民防局要按照优先服务公益事业、完善城市服务管理功能的原则，研究提出人防工程清理整治后的使用建议；区民防局、区房管局要对全区地下空间使用情况开展调研，总结地下空间使用和地下空间综合整治中存在的各种问题，并召开专题研讨会，报区主管领导。（王义红）

【群众安全感专项行动】6月，全区开展群众安全感专项行动。公安部门配备21部巡逻车、20部摩托车、28组自行车和23组步巡等巡逻力量。建国门街道抽调6名社区民警保证每周5天在社区工作，提高居民见警率。街道出资3万元，为社区民警配备专用手机和号码，向居民公开，密切警民联系。公安、城管、工商、交通、旅游、环卫、民政等部门对12处市区级治安重点地区、29处重点部位的治安环境进行联合执法和清理整治，严控44家危险物品、36家管制刀具销售渠道治安管理。加强对物流寄递、旅馆、娱乐场所等行业场所督促检查，检查行业场所3720家次，处罚177家次，取缔“黑旅馆”15家，抓获网逃人员1名。加强城市环境秩序治理，把热线举报列为最高级别优先处理，要求执法人员15分钟内到达现场、100%回复举报人，96010举报案件办结率88.20%；查处无照经营2948起、非法运营34起、露天烧烤大排档273起、清除张贴小广告15.70万张，清除喷涂小广告1.20万处，清理地桩、地锁及废弃物2061个。开展治安防范宣传，在案件高发的街巷口、人员密集场所、小区出入口、楼房单元门口等位置公示驻区民警联系方式、张贴防范提示、设立宣传点、发放宣传材料，提高居民的自防意识，街道出资120万余元，为居民购置红外线报警器2000个，防撬锁2500把。全区接报社区入室盗窃案件54起，同比下降31%，环比下降33%。检查出租房屋9527户，核查流动人口2.15万人次。新发现违法出租房屋5户，新治理完成166户，发现并消除各类安全隐患1089处。治理群众关注的食品安全等热点问题，开展对非法大排档和店外经营行为的专项整治，开展“地毯式”的消防监督检查，组织区政务系统、物业管理单位、学校幼儿园、大型商市场等重点场所开展消防宣传培训、疏散演练、灭火救援等各项活动20余次。利用媒体加强宣传，在中央及市属主流新闻媒体，刊发提升居民安全感的相关稿件28篇，在政务微博“北京市东城”发布相关微博29条。在《新东城报》发表相关稿件17篇，宣讲平安建设的措施成效。（王义红）

【APEC高官会期间社会面防控】8月20～21日，APEC第三次高官会期间，全区重点街道和地区启动群防群治力量参与社会面一级超常规防控等级。全区投入警力2887人。群防群治力量发动3.85万人，其中巡防队员935人，治安志愿者2.18万人，民兵436人，其他力量1.53万人（含各类保安、网格助理员、社会单位内保力量、行业志愿者、流动人口管理员、公益性岗位人员）。（王义红）

【国庆节期间社会面防控】国庆节期间，组织各街道、各地区群防群治力量开展社会面防控专项行动，全区启动社会面二级加强防控等级。部署“守望岗”点位3075个，组织发动治安巡防队员、保安、公益性岗位力量、楼门院长、治安志愿者、网格工作力量等群防群治力量累计41.60万人次。针对国庆节“大人流、任务重”的特点，加强政府购买治安服务的力度，各街道（地区）雇用保安1126人，用于保障重点地区防控工作。（王义红）

【“两网融合”建设方案评审会】12月9日，召开“两网融合”基层工作体系建设方案评审会。市社会科学院综治研究所、北京科技大学文法学院、北京师范大学中国教育政策研究院专家及区综治办、区城管监督中心相关负责人参加评审会。会上，金晖介绍关于东城区全面推进“两网融合”的工作背景，综治办对区基层工作体系建设方案的设计背景、基本思

9月11日，召开东城区第三次 APEC 高官会服务保障总结暨迎国庆、迎 APEC 会社会面防控部署会

路和框架体系等情况作说明。与会专家认为该方案考虑细致，层次清晰，设计合理，并针对组织体系建设、网格力量配置、制度机制保障等方面问题提出意见。（王义红）

司法行政

【概况】 东城区司法局（简称区司法局）承担组织指导社区矫正和刑释解教人员的帮教安置工作，指导、监督和管理律师、公证、法律援助、基层法律服务及人民调解工作，组织开展法制宣传教育和基层依法治理等工作。内设办公室、组织人事科、法制科、行财科、监察科、党群工作办公室、社区矫正和安置帮教工作科、法制宣传教育科、基层指导科、矛盾调解指导科、律师行业监督管理科、律师行业综合指导科、公证工作管理科、法律援助指导科14个机构。行政编制61人，实有59人。街道设立17个司法所，承担街道司法行政工作。行政编制61人，实有58人。下辖区法律援助中心、阳光中途之家、东方公证处、信德公证处4个事业单位。

年内，做好一批惠民利民之举，基本实现法律服务水平、法治宣传教育效果、法治保障力度、群众满意度的"四个提高"。完成"两会"、国庆65周年、APEC会议等时期安全维稳。启动东城律师公益热线宣传推广活动，在全市20条重点公交线路、100辆公交车内悬挂481块宣传板，公益热线接待来电458人次，来访407人次，为涉法当事人处理各种法律问题5000余件。完善区公共法律服务建设，拟定《关于进一步完善东城区公共法律服务体系建设的意见》。开展公证质量管理建设年活动，对生活困难的个人和家庭减免公证费，对行动不便的老人和残疾人提供上门服务。区公证机构全年办理公证案件4.05万件。落实指派制度，指派办理刑事案件274件，民事案件91件。全年接待来电来访群众5000余人次，满意率90%以上。开展"志愿服务情暖东城"等系列主题宣传活动。全区各级人民调解委员会成功调解1万余件，成功率97%。推进人民调解规范化建设，88%的调委会达到市级规范标准。开展社区矫正专项执法检查及"岗位大练兵"活动，完善特殊人群服务管理体系。推进规范化司法所建设。以开展党的群众路线教育活动为契机，加强和改进机关作风建设。

单位地址：东城区和平里南街6区16号

联系电话：84217014

邮政编码：100013（张成雷）

【为返乡农民工提供法律服务】 1月8日，联合永外街道法律援助工作站在西革新里拆迁危改工程施工现场开设农民工法律援助专项维权主会场，现场咨询130余件620人次，发放宣传材料1.70万余份，向农民工宣传申请程序、条件、范围等内容。同时运用调解手段化解矛盾纠纷，做好协调沟通，实现受援人权益最大化。

（张成雷）

【法治微电影放映月】 2月26日，区法宣办在东四街道举办做讲法制守秩序好市民法治微电影放映月活动启动仪式。涉及老年人权益保障、社区环境保护、交通安全、文明出行及网络传谣等题材。还邀请专业律师现场咨询。社区群众100余人观看法治微电影，放映月活动持续到3月26日，全区各街道群众陆续观看影片。

（张成雷）

【法援倾情相助在行动宣传咨询】 3月12日，法援倾情相助在行动专项维权法律援助宣传咨询活动在安定门街道启动。活动以妇女儿童、残疾人、老年人、农民工等困难群体为重点对象，分阶段、分层次、分对象、分内容开展活动，广泛宣传、深入走访、精细服务，提高法律援助制度公众知晓率。区法援中心讲解法律援助的范围、申请程序、援助形式及常用法律法规知识，同现场群众座谈，对妇女、残疾人等群体在生活中涉及法律援助案件时遇到的问题进行探讨，解答咨询事项，并发放法律宣传品。区司法局、区妇联、区残联及社区工作者参加活动。（张成雷）

【生态文明法制宣传座谈会】 3月26日，召开生态文明法制宣传座谈会。听取区属各单位关于深入开展《北京市大气污染防治条例》法规宣传、推进"六五"普法工作的意见建议，重点研究部署"共建文明生态建设美丽北京"暨《北京市大气污染防治条例》主题宣传活动。各单位立足职能定位，就工作中难点问题进行交流。区环保局、区发改委、区住建委、区园林绿化局等19个单位参加。

（张成雷）

【信德公证处公证终止建设项目】 4月1日，北京市信德公证处赴沙子口路45号对宝华里危改项目进行送达

终止建设项目《律师函》现场公证。监督参加人员对文件的送达及签收文件的全过程，确保送达行为的真实、合法和有效，彰显公证工作在维护当事人合法权益，处理矛盾纠纷方面所发挥的作用。（张成雷）

【文明生态主题宣传】4月11日，由区法制宣传教育领导小组办公室主办，区司法局、区环保局、区园林绿化局等单位联合承办的“共建文明生态建设美丽东城”主题宣传活动在南馆公园举行。市、区领导动员讲话，环保单位代表作表态发言，相关环保责任制单位领取区生态文明法制宣传分队队旗。活动现场设置生态法治文明宣传系列展板，各环保责任制单位开设宣传咨询台，为居民群众提供普法宣传、法律服务和政策咨询。20个环保责任制单位代表、律师、公证员和居民群众100余人参加。（张成雷）

【第四届司法行政开放日】4月11日，在南馆公园举办第四届东城区司法行政系统开放日活动。现场悬挂横幅，发放司法行政各类宣传品500份，解答法律政策咨询服务50人次，听取群众对司法行政工作的意见和建议，展示司法行政的法制宣传、人民调解、律师公证管理、法律援助等职能作用，加深群众对司法行政工作的了解。（张成雷）

【参与首例对区服刑续保庭审】4月15日，参与市首例由第二中级人民法院对东城社区服刑人员常某的续保庭审。东直门街道司法所陈述常某矫正期间的现实表现情况，同时出具医院诊断证明；矫正帮教科出具对常某暂予监外执行期满意见。二中院合议庭听取并采纳区司法局意见，做出继续对常某暂予监外执行的决定。（张成雷）

【信德公证处签订法律服务协议】4月29日，北京市信德公证处与平谷区金海湖镇敬老院签订法律服务协议仪式在信德公证处举行。金海湖镇敬老院院长代表敬老院老人向信德公证处和区司法局赠送锦旗。信德公证处法律服务团代表作出开展法律咨询、对敬老院孤寡老人、残疾人、低保人员等法律援助对象办理公证事项全部免收公证费等5项承诺。（张成雷）

【年度执业检查考核】5月4日至6月11日，对全区236个律师事务所就执业资质、业务开展、内部管理、财务审计等方面开展执业考核。具备合格标准并通过年度考核的律师事务所219个、未通过年度考核的17个。

（张成雷）

【法制宣传教育领导小组工作会】5月7日，召开区法制宣传教育领导小组工作会。会议总结上年法制宣传教育工作，部署本年法制宣传教育工作任务，通报人员充实调整情况。宋甘澍提出法制宣传要与中心工作有机结合，要突出重点、示范带动，区法宣办发挥牵头抓总作用等要求。

（张成雷）

【社区职工法律服务工作室成立】5月20日，区总工会、区司法局在朝阳门街道办事处史家社区举行社区职工法律服务工作室揭牌仪式，全区社区职工法律服务工作启动。全区187个社区全部配备志愿律师，负责为社区职工群众和企业开展劳动法律服务，调解劳动争议。（张成雷）

【人民调解工作会】5月27日，召开人民调解工作会议，对2011-2013年表现突出的人民调解委员会、人民调解员进行表彰。区综治办领导宣读《北京市司法局关于命名规范化人民调解委员会的决定》《东城区司法局关于表彰优秀人民调解委员会、优秀人民调解员的决定》。北新桥街道人民调解委员会、景山街道钟鼓社区人民调解委员会、前门街道人民调解员葛山根作典型发言。市司法局领导对区近三年的人民调解工作给予高度评价，并对下一步工作提出要求。

（张成雷）

【群租房治理】5月至6月，成立违法群租房治理工作领导小组，制发《东城区司法局关于集中开展违法群租房治理工作的实施方案》，明确司法行政部门在违法群租房治理工作的职能定位、工作目标、任务分工、实施步骤。印发《关于进一步加强城市建设和管理法制宣传教育工作的意见》，组织律师、公证员等法律专业人员深入4个重点社区，宣传出租非居住空间、群租等违法行为的法律责任，发放各类房屋违法出租治理工作、执法手册等法规宣传品1600余份册，组织法律宣讲26场次，参与居民1000余人。组织社区法律志愿者、专业律师通过定点式、入户式、网格式、讲座式等方式，为房屋租赁当事人提供法律服务。举办群租房主、房屋中介、流动人员法律专场座谈会，现场答疑释惑，强化法制意识。加大违法群租房治理工作中的社会矛盾信息收集和情况反馈工作力度，完善工作台账，针对房屋租赁合同问题以及房租、押金等经济纠纷，协助街道调处，维护房屋租赁当事人的合法权益。（张成雷）

【司法惠民活动】5月至7月，区司法局深化“一社区一法律顾问”制度落实，针对需求送法上门。引导律师参与公共管理和服务区域经济。提升公民法律意识，打造助民服务网络，强化生态文明法制建设，解决联系服务群众“最后一公里”问题。

（张成雷）

【法律援助志愿服务月】6月24日，与区残联在景山街道残联康健阳光家园举办“法律援助进家园志愿服务爱相随”暨“爱相随”助残服务卡发放活动。为全区一户多残且重残无业的500户困难家庭发放“爱相随”助残服务卡，为困难残疾人家庭提供便民、辅具配发等助残服务。新组建的“温暖守望”律师服务团队的律师代表宣读团队服务承诺书，残疾人代表作发言，还举办法律大课堂和现场咨询活动。（张成雷）

【交通普法宣讲】8月15日，由市交通委、市法宣办共同举办，区法宣办承办的“北京运输服务您”交通普法宣讲活动在朝阳门街道举行。宣讲员5人结合自身岗位特点和工作职责，分别从与百姓生活息息相关的公交、地铁、出租、停车等方面作宣讲。宣讲团成员与现场群众互动，开展交通法律知识有奖竞答，向大家介绍《北京市城市轨道交通安全运营管理办法》《北京市机动车停车管理办法》等法律法规，让居民在竞答中了解交通法律知识，明白文明出行、守法出行。朝阳门街道9个社区、22个网格的居民以及相关媒体记者等120余人参加。随后，开展交通法制宣传进社区、进企业、进机关，印发绿色出行海报，开展网络竞答等活动，多层次、全方位、立体化推进交通法制宣传。（张成雷）

【驻看守所法律援助工作站成立】9月1日，区法律援助中心组织律师30余人到东城看守所举行法律援助中心驻看守所法律援助工作站成立仪式。区法援中心就值班律师日常的法律咨询、法制宣传、受理法律援助申请等具体工作提出要求，重申各个环节的工作规范。与会律师签下承诺书，表示严格遵守相关法律法规和各项工作纪律，服从法援中心和看守所的管理，竭诚为当事人提供优质法律服务。（张成雷）

【青春船长法治启航启动仪式】9月22日，区法宣办、区教委在区司法局举行区“青春船长·法治启航”优秀普法活动品牌推树活动启动仪式。区法宣办、区教委部署活动安排，针对法制副校长、大学生普法志愿者、17所中小学校提出具体工作要求。市青少年法律与心理咨询中心组织开展活动专题培训。此次品牌推树工作为期4个月。市青少年法律与心理咨询中心常务副主任以及区教委、区17所青春船长基地校、法制副校长对接校，北师大青春船长普法社志愿者、司法局10名法制副校长参加活动。

（张成雷）

【第二届区律协换届选举】9月27日，第二届区律师代表大会第一次会议在江苏大厦召开。会议表决通过《第二届北京市东城区律师代表大会代表提案征集办法》《第二届北京市东城区律师代表大会理事选举办法》《第二届北京市东城区律师代表大会监事会选举办法》《第二届北京市东城区律师代表大会会长、副会长选举办法》。依上述办法选举产生第二届区律师协会理事25人、监事5人。市司法局副局长李公田，区领导陈之

12月2日，举办“法治文化你我他”法治文艺节目展演

常，市律师协会会长张学兵，以及律师代表、特邀代表100余人参加。

（张成雷）

【免费办理老年人遗嘱公证】10月，东方和信德公证处分别召开全体公证员动员部署会，组织开展遗嘱公证业务专题培训并指定专人负责免费遗嘱公证的咨询接待。为老年人配备急救用品并安排专人对不符合免费办证条件的老人进行解释、安抚。公证机构接待电话、来访咨询1000余人次，完成公证事项375例。（张成雷）

【法治文艺节目展演】12月2日，“法治文化你我他”文艺展演活动在风尚剧场举行。展演汇集各街道、各部门、各单位干部职工、居民群众自编自导自演的小品、舞蹈、快板等节目，讲述百姓身边学法、用法、尊法、守法故事，展现“法治文化你我他”活动成果。市司法局副局长徐明江、区领导金晖、陈之常、王红等参加，区属各街道、社区、网格的居民群众代表近400人观看演出。中央电视台焦点访谈栏目、北京电视台以及市区相关报刊、媒体进行报道。

（张成雷）

【建立法律援助三级网络体系】12月16日，举行法律援助工作站、工作点的揭牌仪式，正式建成以区法律援助中心为主，以街道法律援助工作站、以社区法律援助工作点为辅的三级法律援助工作网络。授牌仪式结束后，开展三级法律援助工作站、点工作者培训。全区17个司法所和187个社区相关人员参加。（张成雷）

【山根人民调解工作室成立】12月26日，成立区第一家以个人名字命名的人民调解工作室——山根人民调解工作室。63岁的葛山根2001年在前门街道人民调解委员会担任调解员，也在北京电视台《第三调解室》人民调解委员会担任人民调解员。近三年，他成功调解各类大小纠纷60余起，参与《第三调解室》调解40余件。年内，被市、区司法局评为优秀人民调解员。（张成雷）

【党的群众路线教育实践活动】3月至10月，区司法局搭建学习平台、拓宽学习渠道，分别采取强化效果集中学、结合工作拓展学、服务群众深入学的方式，确保学习效果。开展领导班子学习交流会、“为民务实清廉”微党课主题讲演、参观市反腐倡廉警示教育基地等活动。局主要领导对照检查，查摆“四风”方面及关系群众切身利益和联系服务群众“最后一公里”方面存在的问题，提出努力方向和整改措施。（张成雷）

东城公安分局

【概况】北京市公安局东城分局（简称东城公安分局）受市公安局和区委、区政府双重领导。履行维护国家

安全和社会治安秩序，保护人民，惩罚犯罪，完成保持国家长治久安的使命。内设办公室、政治处、勤务指挥处、纪委、驻区督察大队、警务保障处、情报信息中心、科技信息通信处、警卫处、第一支队、刑事侦查支队、经济犯罪侦查支队、治安支队、巡警支队、中心区巡特警支队、禁毒中队、人口支队、内部单位保卫支队、出入境管理大队、驻区网安大队、预审大队、法制处、看守所、拘留所24个业务部门，下设户籍派出所20个，治安派出所5个。行政编制2609人，实有2641人，职工39人，党员2325人。

年内，树立“红线意识”，强化基础与机制创新同步推进，探索党员战训先锋队、治安维稳警区、“全民反恐工作法”、“两个固化、3个100工程”、“重点地区捆绑执法常态化模式”等一系列符合东城治安形势特点的体制机制，完成元旦、春节、“两会”、国庆65周年、党的十八届四中全会、APEC第三次高官会及峰会等一系列重大维稳安保任务，扭转辖区访民多年支棚搭灶、滞留聚集等治安混乱局面，成功处置“7·16”中青报社门前访民自残、“7·30”王府井劫持人质等突发敏感案事件，提前预警控制“10·11”王府井声援“占中”快闪行动，侦破郭某某开设赌场、房某某容留他人吸毒等多起上级交办、社会舆论关注的大案要案，确保党和国家领导人、重要外宾涉足本区以及首长住地的安全。搜集各类情况线索500余条，召集情报会商会议28次，形成情况专报237份，为市、区维稳工作提供决策参考；优化联勤联动的指挥运行机制，接报“110”警情14.62万余件，其中刑事类警情1279件，治安警情2958件，“110”联动5575起，启动调整防控等级100余次，实地检查社会面防控警力7万余人次。执行各类警卫勤务2432起，投入警力15.92万人次。全年抽调警力1.51万人次，完成156场次大型活动安全监管。立刑事案件5757起，破案4471起，抓获犯罪嫌疑人6149人，打掉犯罪团伙25个。配合预审、监所部门审查深挖，全年破获刑事案件同比上升1.40%，破获侵财类案件同比下降30%，万人发案率城六区最低，百户发案数和万人发案率继续保持全市最低水平，在城六区中名列首位。命案侦破率连续10年达到100%，破获经济案件同比上升58.90%，全区社会治安环境进一步优化。投资1800万元，为全局基层单位修缮业务用房、水电增容、消防设施（设备）更新等48个项目。开展党的群众路线教育实践活动，重点列出21条整改措施，党委班子成员制定个人整改措施108条。修订完善制度27个，新建制度11个。年内，12个集体、9人荣立二等功，18个集体、234人荣立三等功，770人荣记嘉奖，1人获区级荣誉称号。区看守所被公安部评为一级看守所、2012—2013年度全国标兵看守所、全国看守所“五化建设”工作示范单位。拘留所被公安部评为一级拘留所和全国拘留所“三项重点工作”示范单位。

单位地址：东城区大兴胡同45号
联系电话：84081033
邮政编码100007
（李露云）

1月10日，举办“110守护您的平安”主题宣传日活动

【“110”主题宣传日】 1月10日，举办“110守护您的平安”主题宣传日活动。分局勤务指挥处、相关职能部门领导及受邀的各界群众40余人参加主会场活动。同时，设立27个分会场开展宣传活动。出动警力320人次，接待各界群众咨询4000余人次，发放“110”宣传品3.80万余份。（李露云）

【重大活动安保】 3月，全国“两会”期间，承担6处住地、8条行车路线和大会堂会场外围安全警卫及全区社会面巡逻防控、防爆处突等任务。投入警力2.60万余人次，完成各类警卫勤务374次。9月30日，部署力量1202人（民警772人、保安员430人），完成烈士纪念日向人民英雄敬献花篮仪式安全警卫工作。11月，APEC会议期间，承担8处住地、6条行车路线及临时现场等警卫任务，34%参会国家元首入住东城，住地比例占全市26%。执行住地警卫任务90起，投入力量2835人次；执行路线警卫任务194起，日均执行39起，投入力量5.55万人次。（李露云）

【夏季安全防范主题宣传日活动】 5月5日，在东直门清水苑社区组织开展夏季安全防范主题宣传日活动，市局人口总队、东城公安分局、区综治办及人口支队、东直门街道办、东直门派出所相关领导出席活动。社区群众150余人参加活动，发放宣传材料3600余份。（李露云）

【打击和防范经济犯罪宣传日】 5月15日，在崇文门新世界商场前，开展主题“打击防范经济犯罪，护航改革保障民生”宣传日活动。出动警力18

人，主会场现场发放宣传折页750份、宣传礼品320套，解答群众咨询100余次。（李露云）

【处置群体访】 全年处置群体访3048批9.75万人次，个人访27.89万人次，其中处置非正常访660批4.37万人次，个人访9.13万人次。全年组织南站集中劝返76次，劝离上访人员1.76万人次，送久敬庄接济服务中心4805人次。处理上访滋事人员277人次。（李露云）

【行业场所控制】 全年检查行业场所2.30万余家次（旅店2.03万余家次、洗浴273家次、歌厅460家次、电子游艺厅178家次、特种行业1482家次、物流寄递行业386家次），发现存在问题的场所675家（关停52家、当场整改238家、处罚385家）。打击取缔“黑开”（无证经营）旅馆26家，“黑开”电玩15家，收缴赌博机260台，拘留382人，抓获网逃人员94人。旅店业审批31家，刻章业审批1.23万余起。（李露云）

【大型活动安全监管】 全年抽调警力1.51万人次，完成春节地坛、龙潭庙会、雍和宫宗教佛事活动、中超首轮比赛和亚冠联赛足球赛事等48项、156场次大型活动安全保卫，安检审查近60万人次，抓获违法犯罪人员120人，调解纠纷70起，消除安全隐患17件，受理求助55件。（李露云）

【物流寄递业管控】 全年摸排物流寄递企业122家，其中货运场站1家、物流企业6家、快递企业115家，从业人员2127人，信息核录2127人，确保辖区内物流寄递企业不出问题。（李露云）

【社会治安综合治理】 年内，查获各类违法扰序人员1862人。组织开展联勤联动集中打击整治“黑车”运营20余次，查扣“黑车”、“黑摩的”819辆。拘留“号贩子”225人、盗销自行车146人、非法运营241人、无照游商565人、散发小广告567人、吡活揽客118人，救助流浪乞讨人员963人。（李露云）

【反恐对抗式检查】 年内，对全区13个加油站、673家中小旅店、57家危险物品从业单位、38家刀具销售企业、122家物流寄递及地下空间等清理整治。检查行业场所3865家次，整改处罚375家，停业整顿226家，封存下架刀具100余把，发现处理安全隐患25起，做拘留以上处理嫌疑人357人。（李露云）

【系统防控】 年内，落实24小时勤务、高峰勤务机制；启动100部巡逻车组、100个探组、100个社区工作队“3个100”工程，实现对全区主控大街、主要路口、重要敏感目标和治安复杂地区的警力全覆盖；配合2664个前端视频点位和291人视频专业巡控队伍，实现“天网”、“地网”无缝衔接，构建警务站驻街守点、巡逻车巡街控线、视频点动态监测的网格化巡控模式，全区街头立案下降29%。（李露云）

【平安社区创建】 年内，接报社区可防性案件同比下降25.60%，群防群治力量提供治安隐患、情报信息、治安刑事案件等信息线索6754件，协助抓获违法犯罪人员156人。各街道投入资金160余万元，制作宣传展板200块，发放宣传材料4万余份，向社区群众免费发放红外线报警器5000个，防撬锁6500把，在高发案地区新安装监控探头183个，维修楼宇对讲门327个，新雇佣专业保安500人，有效提升社会治安立体掌控能力。（李露云）

【群防群治】 年内，发动群防群治人员5.70万余人，物建安全稳定信息员1.48万人，提供有价值线索2.90万条，抓获拘留以上人员915人。86个社区实现“零发案”。可防性案件同比下降31.90%。（李露云）

【科技创安】 年内，投入2818.60万元，新增前端视频监控点位124处，提升全区重点地区、高发案社区周边科技防控力度。推进图像信息系统整合建设，实现新东城公安网络“一盘棋”的统一管理结构；加快图像信息系统数字平台、4G单兵图传、移动“113”工程、网络安全平台、“三室”改造等重点项目建设。通过视频监控系统主动发现案件1449起，提供案件线索821条，配合处置重大应急事件8起，执行专项任务850次，抓获各类违法犯罪嫌疑人1654人。（李露云）

【“护校安园”专项行动】 年内，落实中小学幼儿园出入高峰时段勤务制度，建立相应的校园及周边治安秩序整治长效机制。出动警力8.51万人次，高峰勤务民警值守学校60所；开展法制宣传680次，受教育学生10.42万人次；检查校园1379次，开具检查笔录590份，消除隐患93处；开展校园及周边清理整治446次，清理无照贩212人次，清理“黑车”16人，检查出租房屋1919户，检查网吧36家，娱乐场所34家，净化校园内外治安环境。（李露云）

【打击涉医违法犯罪专项行动】 年内，开展维护医疗秩序打击涉医违法犯罪专项行动，出动警力4303人次，指导医院开展安全检查293次，发现整改隐患24处，参与医院安全会（宣传教育）128次，受理群众求助（报案）439次，参与处置医患纠纷129起，医院周边整治430次，清理盘查可疑人员1681人，治拘“号贩子”134人，刑拘6人，教育1541人，维护医院就医环境和辖区医院的安全稳定。（李露云）

【“三非”清理整治】 年内，开展9次对全区重点地区、重点涉外留宿单位的外国人“三非”（非法入境、非法就业、非法居住）清查行动，出动警力485人次，入户检查835户；检查涉外留宿单位87个，审查住宿登记单3966张，见面检查外国人84人，发现违住人员280人。（李露云）

【巡察工作】 年内，巡逻民警盘查核录各类可疑人62.15万人，送所审查1.89万人，从中查获做拘留以上处理3761人（刑拘767人、治拘2994人），全区接报街头“110”刑事类警情69件，同比增加3件，上升4.50%，街头刑事立案232件，同比减少94件，下降28.83%。（李露云）

【警务督察工作】 年内，出动督察警力1500余人次，督察车辆700余台次，执行各类重大警务部署、重大社会活动及各类现场督察200次，检查民警1.50万余人次，受理市局“110”批转群众投诉159件，现场督察发现和纠正各类问题120件，下督察通知13件，提出工作建议23件，执法督促发现问题451件，实施禁闭措施5件，禁闭5人，上报督察信息40余份，工作材料42份，依法维护民警正当执法权益案件16件。（李露云）

【信访工作】全年接待群体访和群众访50人次。对重点信访案件进行会商6次。受理办理市局信访网信访件3772件，同比下降9.65%。受理办理区政府网站信访件982件，受理办理政府信息公开依申请546人，刑事赔偿和档案丢失赔偿26件。受理办理来信159件，其中转办112件。

（李露云）

【破获散布违法信息案】3月28日，犯罪嫌疑人邓某某（男，1970年12月出生，四川重庆市人）抓获。经讯问，邓某某交代其伙同熊某某、董某某使用伪基站群发短信的犯罪事实。侦查员分别于4月25日、5月20日，将熊某某、董某某抓获。起获作案使用的短信群发设备2套（作案用笔记本电脑2台、伪基站设备2台、天线2根、蓄电池4个、手机4部），作案所用轿车2辆，经核实，发布违法信息10万余条。上述3名犯罪嫌疑人已刑拘送分局预审进一步审查。

（李露云）

【破获系列抢劫强奸案】4月18日，分局“4·10”专案组侦破在北京地区驾车抢劫强奸系列案件，抓获犯罪嫌疑人刘某某（男，1991年3月21日出生，河南省宜阳县人）、申某某（男，1982年6月15日出生，河北省保定市涞水县人）、申某（男，1981年4月30日出生，河北省保定市涞水县人）、梁某某（男，1991年3月27日出生，河北省高碑店市人）。核破案件9起，缴获作案工具银灰色夏利牌汽车1辆，带电击功能的强光手电1个，涉案手机2部，戒指3枚，赃款3000余元人民币，涉案银行卡1张。经查，嫌疑人刘某某对伙同申某某、申某等实施抢劫强奸犯罪事实供认不讳。（李露云）

【破获史家胡同抢劫案】4月18日，分局破获“4·14”赵某某被抢劫案。抓获犯罪嫌疑人刘某某（男，1981年4月出生，河北省张家口市人），武某（男，27岁，河北赤城人）。经讯问，犯罪嫌疑人刘某某、武某对4月14日在东城区史家胡同西口内实施抢劫，并持锐器扎伤金某（男，24岁，北京人民艺术剧院演员）的犯罪事实供认不讳。（李露云）

【破获系列合同诈骗案】4月20日，分局破获华厦财富（北京）国际投资有限公司系列合同诈骗案。抓获曹某某（男，61岁，吉林人）、罗某某（女，32岁，湖南人）、何某某（男，23岁，河北人）、吕某（男，36岁，陕西人）、彭某（男，28岁，河北人）等11名违法犯罪嫌疑人。曹某某等人供认骗取钱财的犯罪事实。查获大量电脑、合同文件等涉案物品，并在现场查获涉案资金人民币50余万元。

（李露云）

【破获东湖别墅保险柜被盗案】6月5日，分局破获“5·28”东湖别墅盗窃保险柜案，抓获犯罪嫌疑人马某某（男，29岁，黑龙江省伊春市人），追缴被盗茅台酒一箱（10瓶），赃款现金1万元，共破案14起，其中通过DNA核破7起，指纹比对4起，嫌疑人交代3起。经讯问，嫌疑人马某某对盗窃东湖别墅保险柜案件供认不讳。（李露云）

【破获技术开锁入室盗窃团伙案】7月3日，分局破获技术开锁入室盗窃团伙。抓获涉案嫌疑人刘某某（男，1990年8月出生，湖南省耒阳市人）、林某某（男，1989年12月出生，湖南省耒阳市人）、梁某某（女，1986年4月出生，湖南省耒阳市人），并在其居住地内起获人民币2万余元、港币2万余元、平板电脑2台、金银首饰、玉器20余件及作案用工具、赃证物等大量涉案物品，核实本区入室盗窃案件4起，外区入室盗窃案件6起。经审查，犯罪嫌疑人刘某某对伙同林某某以技术开锁手段实施入室盗窃的犯罪事实供认不讳。（李露云）

【审理郭某某赌球案】7月9日，分局接办郭某某（女，1991年6月出生，湖南益阳人）涉嫌网络赌球案。7月14日，组成“7·09专案组”，先后抓获涉案人员28人，其中郭某某开设赌场涉案人员17人，其他参与网络赌球、非法经营的11人另案处理。郭某某对组织4次赌局的犯罪事实供认不讳。（李露云）

【处置王府井劫持人质事件】7月30日21时20分许，新东安市场西门1男子持刀劫持1女子。事发不到1分钟，巡警支队调集武装巡逻车、王府井地区一分钟快速处置武装处突车组、东华门小吃街步巡组及警犬队、战训四大队备勤警力、王府井大街派出所民警赶赴现场。22时02分，在劝说无效的情况下，市局特警队员趁其不备，将其擒获，成功解救人质。经审讯，嫌疑人对因心理失衡，企图制造事端，引发民警将其击毙的犯罪事实供认不讳。（李露云）

【破获重大系列诈骗案】8月3日，分局侦破系列重大诈骗案，将犯罪嫌疑人张某（女，1959年11月出生，北京市朝阳区人）抓获。经审查，犯罪嫌疑人张某对使用假名“张某”以广场舞组织者的身份，赢得“舞友”的信任后，以为家人看病，投资项目等各种虚假理由向舞友们借钱的犯罪事实供认不讳。已核实本区案件32起，涉案金额656.20万元。

（李露云）

天安门地区公安分局

【概况】北京市公安局天安门地区分局（简称天安门地区分局）负责天安门地区的治安、消防、侦查、内保、外事管理和警卫等工作。天安门地区分局为正处级建制机构，内设机构14个，其中副处级机构9个，即办公室、政治处、纪委、治安大队、机动大队、巡警一至四大队；正科级机构5个，即法制科、警务保障科、中山公园派出所、劳动人民文化宫派出所、故宫派出所。

年内，完成全国“两会”、五一、十一、各项敏感期维稳和党的十八届

民警引导旅游团进入团队安检入口

四中全会、APEC会议等重大安保工作任务。严格落实路线勤务、现场警戒、清场安检、制高点看控、外围控制等工作，全年1458起警卫勤务未发生任何问题。天安门地区分局被公安部授予公安警卫基层基础建设先进单位称号，3个集体立集体二等功，3个集体立集体三等功，2人立个人二等功，42人立个人三等功；1人获市局优秀复转军人称号，2人分别被评为市公安局优秀党支部书记、市公安局优秀共产党员。

单位地址：东城区东交民巷37号

联系电话：85222687

邮政编码：100006 （库周乾　赵超）

【烟花爆竹禁放宣传】 1月22日，组织辖区工商、城管、消防等单位开展春节前烟花爆竹禁放宣传活动。采取悬挂横幅、张贴展板等形式，向地区单位从业人员及游客发放禁放宣传海报500张、禁放宣传购物袋800个及《北京市人民政府烟花爆竹安全管理工作领导小组办公室致全市中小学生家长的一封信》1000份。 （库周乾　赵超）

【强化金水桥区域安检】 1月，金水桥东、西2处安检房正式启用，增设广场东北地下通道安检点位1处，重新规划广场东北、西北安检流线，天安门城楼以北单向通行，实现金水桥区域“全包围”安检。全年金水桥2处安检房流量达610万人次，防范处置突发事件190余起。

（库周乾　赵超）

【重大节日及重要活动安全警卫】 3月3～13日，完成警卫勤务101起，投入警力7600余人次，完成全国“两会”安保任务。4月20日，安利纽崔莱年度北京国际长跑节在天安门广场举行起跑仪式。投入力量1000余人，确保勤务现场和比赛线路上的安全。5月12～14日，劳动人民文化宫举办世界汗血马协会特别大会暨中国马文化节，习近平总书记和土库曼斯坦总统出席。活动期间，召开现场协调会4次，开展基础调查3轮，组织路线勤务11起，现场勤务10起，投入警力580余人次，确保国家领导人及外国元首的安全。10月1日凌晨1时开通市局天安门指挥部，抽调市局和武警41个单位9900余人，确保国庆升旗现场12万观旗群众和各界代表6000人观旗秩序。10月14日，环北京职业公路自行车赛第五赛段起点设在天安门广场，投入力量1180余人，机动处突车4辆，完成安全监管任务。10月19日，北京马拉松赛起跑仪式在天安门广场举行。投入力量900余人，机动处突车5辆，确保赛事期间安全。10月23日，党的十八届四中全会第二次全体会在人民大会堂召开，出动警力160余人次，确保警卫安保任务的安全。11月1～13日，亚太经合组织（APEC）第二十二次领导人非正式会议安保工作期间，完成警卫勤务234起，出动警力6600余人次，完成各项安全警卫工作。

（库周乾　赵超）

【旅游团队管理机制】 7月4日，与市旅游委、天安门地区管理委员会共同实施旅游团队预约机制，共预约4.3万团次128万余人次，并对地区所有的旅游团队实施管理，团队通道分流游客达700余万人次，缓解散客安检压力。 （库周乾　赵超）

【消防安全隐患排查】 年内，以“全程式”巡查检查，出动警力1200余人次，检查单位628家次，发现并督促整改消防安全隐患150处，下发责令改正通知书12份，下发行政处罚决定书3份、下发临时查封决定书1份，罚款3万余元。协调天安门地区管理委员会，改造老旧电闸，配备95个灭火器并购置消防水带、水枪，做好应急处突，确保地区重要节日、重大活动消防安全万无一失。

（库周乾　赵超）

【统筹群防群治力量】 年内，推动地区维稳联席会议机制，提升地区各中央单位、市属单位反恐维稳责任共担意识和人防、物防、技防实际投入力度。依托天安门地区管理委员会，争取群防群治表彰奖励资金支持，全年发放奖励金14万余元，受奖群众200余人次。地区投入群防力量15.40万人次，发现或协助民警处置、处理各类现场189件次，同比大幅提升。

（库周乾　赵超）

【加大投入设施装备】 天安门地区加装便道地桩340余根、固定护栏400米，配套增设移动护栏150组450米，物防基础设施基本实现“全包围”，解决长期存在的安全隐患。为解决安检区与外围候检区之间的矛盾，在安检区外围投入护栏设置S形候检通道，并采取引导排队、分格缓冲、分段放行等举措，在大客流情况下保持安检质量不降。

（库周乾　赵超）

东城交通支队

【概况】北京市公安局公安交通管理局东城交通支队（简称东城交通支队）是全员行政执法单位。担负全区道路交通秩序维护、特勤交通保卫、交通事故处理、交通安全宣传和规划维护交通设施等工作。支队管界总面积41.84平方公里，道路总长419.10公里，其中主干路78条、次干路66条、胡同741条。全区有停车泊位数8.89万个，有登记注册机动车43万辆，驾驶员超过45万人。主要大街呈“八横八纵”状态分布。下设12个行政办公机构，由办公室、勤务指挥处、交通秩序管理大队、事故处理大队、安全监督管理大队、科信科（5月成立）6个职能部门和东单大队、东四大队、和平里大队、天坛大队、前门大队5个执勤大队及1个机动中队（6月成立）组成。3月，原帅府园大队、机动大队划归北京市公安局公安交通管理局中心区交通支队。

年内，围绕“建设最安全城市，打造最廉洁警队”和“事故少、秩序好、道路畅通、群众满意”奋斗目标，开展“五进”安全宣传教育，组织各类交通安全宣传教育活动313场次，举办培训班15期，受众达5万余人次。加强专业运输单位和重点车种监管，辖区专业运输单位违法超标率和严重违法发生率同比分别下降7%和15%。授予见义勇为民警耿朝俊三等功。

单位地址：东城区广渠门南小街5号

联系电话：68399100

邮政编码：100061 （戴凤君）

【市领导检查指导工作】6月7日，市委常委、市局党委书记、局长傅政华到五十中高考考点检查指导工作。检查现场交通秩序、安全保卫和绿色通道，并对现场执勤的东城支队前门大队干部民警作出指示。6月10日，副市长张延昆到区调研APEC会议环境工作筹备情况，并到交道口东大街实地察看路侧停车位编号施划及管理情况。 （戴凤君）

2月28日，民警在中小学开展“小课堂”里看交通活动

【夕阳红文明交通宣传员团队】9月2日，联合区交通安全委员会办公室、天坛街道办事处共同发起，组建全市首支“夕阳红”文明交通宣传员团队活动，在天坛公园举行授旗发动启动仪式。组建“夕阳红”文明交通宣传员团队，主要针对早晚时段进入公园锻炼的老年人开展更具有针对性的文明交通宣传活动。“夕阳红”文明交通宣传员团队代表向广大市民倡议，“从我做起，文明交通，绿色出行，不购买、不驾驶、不乘坐非法车辆，人人争做文明有礼北京人”。参加活动领导向6支“夕阳红”文明交通宣传员团队授予团队旗帜。市、区有关领导和“夕阳红”文明交通宣传员代表50余人、部分新闻媒体参加。 （戴凤君）

【交通警卫】全年完成特勤任务4123次，同比下降34.90%。其中一级458次、二级776次、三级2889次。出动警力5.71万人次。 （戴凤君）

【“122”处警】全年接各类“122”报警19.59万次，其中交通事故报警4.83万次，同比下降0.68%；交通拥堵报警1.08万次，同比下降7.20%；群众求助及情况反映13.69万次，同比下降4.70%。 （戴凤君）

【交通秩序管理】全年路面现场处罚机动车21.79万起，非机动车2.18万起，处罚“涉牌”违法行为1987起，处罚酒后驾车违法行为542起，处罚货车1.21万起，处罚外埠车辆违法行为5.17万起，处罚燃油二轮、燃油（电动）三轮车违法3071起，对前期扣留的573辆违法车辆进行解体。 （戴凤君）

【交通设施管理】全年拆除山寨指路牌113面，调整16处信号灯配时，加装护栏约15公里，便道桩1700余根，更换污损交通标志507面，新增、调整禁停标志94面，重新认定并编号停车位4838个，新增、调整单行线3条。增加56处探头，用于非现场执法探头总数达792处。 （戴凤君）

【交通事故处理】全年管界发生交通事故1.10万起，伤4540人，亡10人，与上年同期相比，事故起数减少2014起，下降15.50%，伤人数减少273人，下降5.70%，亡人数增加1人，上升11.10%。民警处理简易事故1.29万起；逃逸事故28起，侦破28起，破案率100%；酒后驾车肇事死亡事故1起；拘留601人；抢救伤者120人，挽回危重伤者生命22人，延长生命15人。 （戴凤君）

【交通执法监督管理】全年行政复议案件108件，行政复议案件撤变率0；行政诉讼5件，行政诉讼败诉率0；

办理危险驾驶案67件。审批一般事故卷109件、重大事故卷24件。审核拘留卷579件。办理交通事故复核案16起。（戴凤君）

【交通安全监督管理】严格管理私人大客车、大货车、危化品运输车、校车4类重点车种。与区安监、运管等部门联系，每月对辖区危化等运输单位进行检查，梳理私人大客车、大货车、校车的监管档案，排查安全隐患和工作不足，确保底数清、情况明。全年处理98个违法超标单位，对专业运输单位责任领导9人采取追责措施，辞退驾驶员21人。（戴凤君）

【中小学生交通安全教育】年内，联合区教委，开展"我是文明交通小市民"暨中小学生"两课一体验"（"小课堂"里看交通，"宣讲课"上学交规，"零距离"体验秩序管理）活动，加强中小学生、幼龄儿童交通安全养成教育。邀请全区中小学生、幼龄儿童到支队指挥中心，参观现代科技交通、智能交通的新面貌，从镜头中看北京。学习掌握交通标志的种类、使用、功能，了解交通民警警用装备。举办中学生观摩课1场次，小学生开放日1场次，幼儿小课堂2场次，向学生发放交通安全宣传读本200册，各类宣传品5种1200余份。支队民警到辖区汇文小学、东总布小学、培新小学等20余所学校，通过开展主题班队会、民警进校园、板报展览等形式对在校学生集中开展交通安全教育。在中小学校中开展交通安全秩序维护体验活动。民警带领景泰小学学生交通志愿者10人，站在校门口、车站、十字路口等交通秩序维护点段，零距离体验道路交通秩序维护工作。全区有5所学校学生70余人参与活动。全年组织开展中小学生交通安全养成教育活动40场次，接受教育学生7000余人次。（戴凤君）

东城消防支队

【概况】中国人民武装警察部队北京市东城区消防支队（简称东城消防支队）是武警现役体制旅级建制，执行一类支队编制，担负东城区消防安全监督管理、消防宣传、灭火救援、应急处突、社会救助、重大活动消防保卫等职责。下辖司令部、政治处、后勤处、防火处4个职能部门，有花市中队、北新桥中队、王府井中队、金宝街中队、地坛中队、龙潭湖中队6个执勤备防中队，正义路1支勤务中队，前门消防站1个临时消防站。编制人员606人，实有414人。

年内，王府井中队APEC安保现场勤务岗获市局勤务类形象示范岗称号；金宝街中队被总队命名为正规化建设标兵中队，并立集体三等功；支队37人立个人三等功；1人获市公安局优秀女民警标兵称号。

单位地址：东城区左安门西街19号

联系电话：67100736

邮政编码：100061（魏刚）

【领导慰问支队官兵】1月30日晚，公安部部长郭声琨到王府井中队慰问消防官兵，并与中队官兵和社区消防志愿者包饺子，吃年夜饭。期间，与官兵交谈，询问工作和生活情况。（魏刚）

【国务院考核组检查工作】4月22日，国务院消防工作第六考核组A组一行4人在公安部消防局副局长杜兰萍带领下，全面检查北京中医医院消防安全工作。市政府副秘书长薄钢检查后指出：一要认真查对剖析发现的问题，加大对自身监管能力的认识，推动下步工作开展；二要强化基层执行力，尤其是基层安保人员职责和责任的落实，确保各项工作落到实处，有效开展消防工作。国务院消防工作第六考核组B组一行4人在财政部国防司巡视员李军、公安部消防局政策研究处处长带领下，实地检查王府井百货大楼和全国妇联机关办公楼维修改扩建工程消防安全工作。考核小组深入到大楼消防控制室，检查值班人员在岗在位、值班人员职责和任务的落实、大楼消防设施和系统操作，以及各类登记本填写，并通过电子屏对考核组实地检查情况进行察看。（魏刚）

【"119"消防宣传周】11月4日，以"找火灾隐患，保家庭平安"为主题的第二十四届"119"消防宣传周活动启动仪式在航星园科技园区举行。与会领导为辖区隐患举报突出个人颁发奖品，区领导秦海翔代表区政府向街道代表发放消防专用电动三轮车钥匙。总队领导张新华及各街道（地区）主管主任、派出所民警、社区群众、消防志愿者和企业员工1000余人参加。（魏刚）

【接警出动及重大勤务保卫】全年扑救火灾、处置各类事故1824起，出动车辆3470车次、警力2.36万人次，

11月4日，举办第二十四届"119"消防宣传周活动启动仪式

营救遇险人员503人，保护财产价值1200余万元。组织勤务1115场次，出动车辆2135车次、警力1.28万人次，人均累计上勤时间200余小时，完成春节、全国“两会”、国庆65周年、党的十八届四中全会、APEC会议等消防安全保卫任务。（魏刚）

【防火检查及重大火灾隐患整治】全年出动警力1.60万余人次，检查单位7951家次，发现并督促整改火灾隐患和消防违法行为8223处，下发责令改正通知书3017份、临时查封决定书36份，责令“三停”单位97家，罚款413.39万元，行政拘留19人。全区共发生火灾140起，同比下降4.70%；死亡1人，直接财产损失23.24万元，同比下降6.57%，各项火灾指数平稳，社会面火灾形势稳定。（魏刚）

【消防宣传】全年组织消防宣传活动70余场次、培训讲座110余场次、志愿者活动300余场次，基层中队接待参观群众2万余人。在公共场所悬挂消防安全横幅900余条，设置宣传栏1800余块，张贴宣传画3万余张，印发餐饮场所消防安全告知书、出租住人场所消防安全五要五不要等消防宣传海报6万余份，向市民和游客发放消防宣传材料30余万份。联合电视台曝光典型火灾隐患、消防安全违法行为120余件，在各级媒体上刊发稿件660余篇。利用楼宇电视播放消防安全宣传片1万余小时，营造消防安全的氛围。（魏刚）

检　察

【概况】东城区人民检察院（简称区检察院）是国家法律监督机关，行使检察权，对人民代表大会及其常委会负责并报告工作，受市检察院领导。内设办公室、政治处综合处、政治处干部处、政治处宣传处、政治处教育培训处、案件管理处、侦查监督处、公诉一处、公诉二处、未成年人案件检察处、网络和电信犯罪检察处、反渎职侵权局、反贪局办公室、反贪局侦查一处、反贪局侦查二处、反贪局侦查三处、职务犯罪预防处、控告申诉检察处、检务接待中心、民事行政检察处、监所检察处、法律政策研究室、检察技术处、法警大队、行政装备处、机关党委办公室、驻东城区看守所检察室、纪检监察处28个部门。行政编制249人，事业编制17人，实有干警249人，事业编人员17人。

年内，开展党的群众路线教育实践活动，党组成员征求“四风”方面意见建议240余条，制定《建立干警代表制工作办法》等16项长效机制。3月，未成年人案件检察处“未检之窗”官方微信开展的创新开展未成年人法制宣传教育活动被评为市检察机关刑检部门上年度优秀事例。本院被评为全国检察宣传先进单位、市检察机关第五届检察业务竞赛活动优秀组织奖。监所检察处被评为最高人民检察院第四届全国检察机关派驻监管场所一级规范化检察室。侦查监督处被市检察院评为开展扒窃案件调研、保证类案质量荣誉称号。1人被最高人民检察院、人力资源社会保障部记个人一等功，1人被评为最高人民检察院全国检察机关电子数据取证业务能手，1人获市三八红旗奖章，1人被评为市检察机关第八届十佳公诉人，1人被市检察院评为十佳控告申诉检察业务办案能手，15人被评为市检察机关第五届检察业务竞赛业务标兵。

单位地址：东城区东四北大街265号
联系电话：59115749
邮政编码：100007（曹德福）

【庭审观摩活动】3月，“当当网”用户账户被盗失窃案以区检察院“公诉观摩庭”和区法院“陪审员培训庭”的形式庭审。庭审中，公诉人围绕起诉书指控的犯罪事实和追加认定的事实分别对被告2人进行法庭讯问、举证质证。法庭辩论阶段，公诉人针对控辩双方争议的“网络盗窃既遂、未遂”认定、犯罪数额认定等问题进行答辩，对各被告人的法定和酌定量刑情节向法庭进行提示，并对被告人进行有理、有据、有情的法庭教育。被告人均认罪，并表达对被害人的歉意，愿意赔偿并缴纳罚金。法院全部采纳公诉人的定罪意见和量刑建议，并当庭宣判。人民陪审员和旁听群众50人参加。（孙雪明）

【深入学校宣讲法律】4月8日，区检察院未成年人案件检察处、网络和电信犯罪检察处、检务接待中心、办公室等部门干警到东四九条小学，介绍网络犯罪概念和特征、电信诈骗犯罪具体形式，并通过“网购防骗八招”、“给孩子们的上网建议”等方式提出防范网络或电信犯罪的具体做法，介绍“未检之窗”微信平台，并进行互动。教职员工60余人参加。（孙雪明）

【制发检察建议】4月，犯罪嫌疑人王某利用担任乐天银泰百货有限公司中控值机员、熟悉大楼内部特点之机，在乐天银泰百货内盗窃物品价值高达42万余元人民币，给商家造成巨大损失。侦查监督处针对该单位在公司管理中存在的漏洞及时制发检察建议。有效帮助发案单位整改，取得良好效

果。乐天银泰有限公司对检察建议予以回函。 （孙雪明）

【邀人大代表参与社区活动】 10月，邀请市、区两级人大代表及社区代表20余人在崇文门外街道举办阳光检察进社区宣传活动。播放东城检察院工作成果及检察职能宣传片；在对所办理的激情犯罪类案件进行系统分析基础上，总结常见激情犯罪的特点，以真实案例为切入点，提醒群众在生活中理性控制情绪，避免激情犯罪，并通过视频、幻灯、动漫、问卷调查、卡片提示等多种方式，提示预防激情犯罪应对方法。 （孙雪明）

【加强非京籍社区矫正人员监督】 11月，通过日常检察与重点监督相结合，加强对非京籍社区矫正人员的交付执行检察监督，采取交付接收环节，做到底数清、数据准。在社区矫正环节，做到及时掌握、及时核查。在执法监督环节，做到及时发现、及时纠正。全年社区矫正机构对非京籍社区矫正人员24人次进行监管矫正，辖区非京籍社区矫正人员未发生漏管、脱管和重新犯罪问题。 （孙雪明）

【刑事检察】 依法受理侦查机关提请批捕案件1356件1744人，同比上升4.80%，作出逮捕决定1113件1395人。依法受理审查起诉案件1568件1973人，同比上升6.20%，提起公诉1426件1836人。与区相关部门统一入罪标准，坚持效率与效果相统一，有效打击天安门等重点地区危害社会管理秩序类犯罪88件154人。坚持慎捕慎诉，对主观恶性较小、犯罪情节轻微案件依法适用不捕、不诉或者建议法院从宽处理，作出不批准逮捕决定249件353人，作出不起诉决定138件170人。 （曹德福）

【刑事诉讼监督】 加强刑事立案和侦查监督，成立侦查监督专项工作组，建立侦查监督档案，办理立案监督10件10人，纠正漏捕18件21人，追诉漏罪31件48人，追诉漏犯26件34人。强化刑事审判监督，继续完善检察长列席审委会机制，深化量刑规范化改革，开展抗诉工作实训，发出量刑建议1257人次，被法院采纳1210人次，提起刑事抗诉3件，其中二审改判1件。加大纠正违法力度，发出纠正违法通知书10份，及时纠正刑事程序违法行为。 （曹德福）

【刑罚执行监督】 制定《社区矫正检察工作规定》，加强和规范社区矫正监督。履行新增职责，按照决定与执行分离、审讯与看管分离的要求，开展指定居所监视居住监督。开展“减刑、假释、暂予监外执行”专项检察，排查走访42人次，发现河南省某市某区法院等单位暂予监外执行提请程序违法、交付执行不及时等问题后，严格予以纠正。日常检察、重点抽查、节日期间专项检察相结合，办理在押人员控告、举报和申诉案件24件，发出纠正违法通知书8份，查办监管人员受贿案1件。 （曹德福）

【职务犯罪查处与预防】 年内，受理举报线索95件，同比上升20.30%；立案40件42人，同比上升29%，其中贪污贿赂案件28件30人，渎职侵权案件12件12人。集中开展高检院交办线索查办工作，突出查办有影响有震动的职务犯罪大要案，办理5万元以上大案22件，处级以上要案13人（局级干部5人、处级干部8人）。职务犯罪预防处与区发改委等7个部门联合会签《东城区政府采购及工程建设领域廉洁准入管理实施办法》，初步建立廉政准入机制，完成行贿犯罪档案查询1937件，扩大廉政监督透明度。与区纪委推进反腐倡廉基地建设，在卫生部卫生监督中心、区卫生系统等30余个单位进行职务犯罪预防宣传教育。与中国移动通信集团北京有限公司等辖区内部分国企签订党风廉政共建协议，形成服务国企预防腐败新机制。 （曹德福）

【民事行政检察监督】 年内，受理民事申诉案124件，审结113件，提请民事抗诉4件，发出再审检察建议和检察建议3份，再审改判5件，对法院判决正确案件做好息诉罢访工作。探索建立民事检察与区法院内部监督衔接机制，加强与区法院审监庭、监察处、承办法官等多层次沟通，并逐步强化调解监督和执行监督，首次就民事执行案件发出检察建议。 （曹德福）

【多渠道化解社会矛盾】 深化专职接访、检察长预约接访、中层干部轮值接访、各部门联合接访相结合的“四位一体”机制，接访711批1296人次，其中检察长预约接访11批18人次，中层干部轮值接访54批66人

5月13日，在隆福医院开展职务犯罪预防讲座

次。加强刑事申诉工作，办理刑事申诉案件6件6人，主动邀请区人大代表、社区居民代表参与疑难案件公开答复，增强矛盾化解内外合力。强化释法说理，采取与来访人“五见面”（要求承办人在案件受理及案件答复时与申诉人见面外，还应当与申诉人进行三次谈话，且必须有谈话笔录在案入卷备查）措施，发挥“情、理、法”整体作用，提高释法说理针对性和实效性，化解集体访17批456人次，预防群体性事件发生。依托检察联络室、派驻检察联络室和网格检察官三层服务平台，中层干部65人作为网格检察官进驻7个街道189个社区网格。建立社区法律大讲堂、情景剧巡回演出等宣传服务模式，开展“阳光检察进社区、网格服务保民生”等活动30余次。加强对社区服刑人员、外来流动人口等特殊人群守法教育，走访社区服刑人员15人次，从源头上预防和减少不稳定因素。（曹德福）

【检务公开】推行案件信息公开，在人民检察院案件信息公开网上公开案件信息，公开程序性信息、终结性法律文书以及重大信息1000余条，推进“开放、动态、透明、便民”的阳光司法机制建设。利用新媒体促公开，通过官方微博及时发布社会关注案件批准逮捕情况，微博阅读量高达400余万次，被转发评论量达1000余次，官方微博“东城检察”粉丝量突破13万，提升社会影响力。（曹德福）

【接受民主监督】建立院党组成员联系区人大街工委机制，列席代表联组活动17次。启动彩信平台，每周向区人大代表发送一期“东检微讯”手机报，介绍最新检察资讯及工作动态。邀请政协委员、党风廉政监督员参加工作会、座谈会等活动，走访特约监督员，征求政协委员、监督员对检察工作的意见建议。（曹德福）

审　判

【概况】东城区人民法院（简称区法院）是国家审判机关。受理辖区内一审刑事、民事、商事、行政、知识产权和执行案件。实行南北两区办公，内设机关工会、办公室、干部科、组宣科、教培科、综合科、机关党委办公室、监察室、审判管理办公室、立案一庭、刑事审判第一庭、刑事审判第二庭、未成年人案件审判庭、民事审判第一庭、民事审判第二庭、民事审判第三庭、民事审判第四庭、民事审判第五庭、民事审判第六庭、民事审判第七庭、民事案件专业审判庭、行政审判庭、审判监督庭、执行一庭、执行二庭、执行三庭、信访工作办公室、研究室、司法警察大队、督促检查办公室、诉讼服务办公室、新闻宣传办公室32个机构，行政编制400人，实有383人；下设事业单位机关后勤服务中心，事业编制35人，实有31人；聘用人员96人。

年内，受理各类案件2.45万件，同比上升10.60%，审结2.28万件，同比上升10.60%。其中审结刑事案件1348件，判处罪犯1790人；审结民商事案件1.40万件；审结知识产权案件669件；审结行政案件918件；执结案件5856件，执结到位金额22.30亿元。在全市率先建成并使用执行指挥中心，通过视频会商，与其他法院协同作战，相互配合，取得良好效果。成立区诉前人民调解工作室，并聘请专职人民调解员2人。完成首例与最高人民法院远程视频接访，首次发布《知识产权司法保护年度报告》白皮书。区法院被授予第一届北京市模范法院和第八届北京市先进法院称号，获全国法院案例工作先进单位称号。人民陪审员工作在全国人民陪审员制度改革试点法院座谈会上介绍经验。执行局被中华人民共和国最高人民法院（简称最高院）评为涉民生案件专项集中执行工作先进集体，立案一庭被评为北京市人民满意的政法单位、北京市法院窗口建设先进单位，巡回法官临时党支部被授予北京市工人先锋号称号，执行局、民事审判第一庭被评为市法院先进集体，诉讼服务办公室被评为市法院规范服务先进集体。1人被评为全国法院办案标兵，1人获全国司法行政工作先进个人，1人被授予市三八红旗奖章，3人被评为市法院模范法官，6人被评为市法院先进法官，1人获市法院诉讼服务先进个人。

单位地址：东城区交道口东大街1号（北区）
东城区永外定安里10号（南区）
联系电话：64012807
邮政编码：100007（北区）
100075（南区）（李国平）

【外事接待】4月22日，以弗拉基米尔·谢珀尔为团长的俄罗斯最高法院代表团一行8人，参观东城法院基础设施建设，并旁听1起刑事案件的审理。随后，听取人员情况、审判庭设置、案件受理情况等介绍。谢珀尔称赞法院基础设施建设、文化建设和警队风貌，并表示通过参观和旁听，进一步了解了中国法院文化和审判情况。双方就刑事案件审理及量刑、法官任职年龄和条件等情况进行交流。5月19日，以匈牙利最高法院院长道拉克为团长的匈牙利最高法院代表团一行8人到院参观交流。代表团参观阳光大厅、院史长廊、大法庭等基础设施建设，并旁听1起刑事案件的审理。随后，听取区及法院的基本情况介绍。双方就该案民事责任与刑事责任的界定、定罪量刑等问题进行交流。（李国平）

【司法与行政良性互动联席会】 5月27日，与区政府联合召开司法与行政良性互动联席会。会上，通报上年度行政案件司法审查情况。行政机关代表5人发言。与会领导肯定司法与行政互动的做法，是一次生动的案例教学，对政府依法行政具有促进作用。市、区领导及区内近40家行政机关法制工作主管领导、法制科科长80余人参加。（李国平）

【分配执行案款近九亿元】 7月31日，东城法院召开案款分配大会，向8家法院分配案款约8.86亿元。该笔案款一次性成功执结案件101件，另72件大部分案款执行到位。上述173件案件的被执行人均是北京英超工贸有限公司。2011年5月，中国农业银行股份有限公司北京崇文支行向东城法院申请执行北京英超工贸有限公司。在执行过程中，本院发现被执行人处于停业状态，除抵押给申请人位于北京经济开发区西环南路22号院的在建工程外，无其他财产可供执行，且该在建工程被多家法院查封。经市高院召集8家法院召开协调会，最终确定该在建工程由东城法院处置。2011年9月，本院向市高院递交拍卖申请手续。2011年12月，北京中商华博国际拍卖有限公司举行公开拍卖，由于拍卖标的物评估价逾十几亿，鲜有人问津，经二次流拍后，上述在建工程于上年8月由买受人以人民币8.93亿元竞拍成功。市高院等7家法院于上年9月23日向东城法院转交100余申请执行人的参与分配申请。4月，拍卖款全部到位，东城法院依法制作参与分配方案并送达各参与分配申请人，各参与分配人均表示无异议后，确定于7月31日召开案款分配大会。（李国平）

【宪法日公众开放暨宣誓活动】 12月4日，举办首个“12·4”宪法日公众开放暨主题宣誓活动。新任法官30人身着法袍，面向国旗和宪法，庄严宣誓。组织群众观看法院诉讼服务宣传片及东城法院依据真实案例改编的微电影《网游将少年引上歧途》《毒孽》。社区群众参观院史展览、阳光大厅、外事法庭等。景山、安定门、北新桥、交道口等街道社区群众70余人参加。活动在官方微博进行全程微直播，新华社及《人民政协报》予以报道。（李国平）

【刑事审判】 依法打击严重暴力犯罪，审结抢劫、强奸、故意伤害等案件94件。严惩多发性侵财犯罪，审结盗窃、抢夺、诈骗类犯罪案件764件。严厉打击扰乱社会秩序行为，妥善处理一批在天安门核心地区寻衅滋事案件，对139人判处刑罚。严惩贪污贿赂犯罪，判处罪犯23人。落实宽严相济刑事政策，对22人判处十年以上有期徒刑，对175人依法宣告缓刑。坚持用证据裁判，防止出现冤假错案，宣告无罪3人。应对危险驾驶、公交扒窃等轻罪案件增多趋势，完善轻微刑事案件快速审理机制。加强对未成年人司法保护，落实各项工作制度，对未成年被告人综合调查，开展心理咨询，未成年人案件一审服判息诉率达94.30%。加强犯罪预防，与国家教育行政学院联合举办未成年人保护观摩交流活动，与《法制日报》合作拍摄预防青少年犯罪微电影。（李国平）

【民商事审判】 注重维护家庭、医患、邻里关系和保护妇女、儿童、老年人、残疾人，审理婚姻家庭继承案件2250件，医疗纠纷案件117件，邻里关系纠纷案件194件。审结劳动争议、工伤赔偿等案件1260件。审结房屋买卖、拆迁等涉房纠纷案件485件，涉案标的1.70亿元。审结买卖、承揽、运输、服务等合同纠纷626件，涉案标的3.40亿元。审结借款、信用卡、票据等案件1811件，涉案金额5.80亿元。发布《知识产权司法保护年度报告》白皮书，与东城工商分局、区文委、市版权保护中心建立联动机制，协力服务文化强区战略。（李国平）

【行政审判】 严格行政行为合法性审查标准，判决行政机关败诉71件，败诉率9%。加大行政案件协调解决力度，11%的案件原告与行政机关达成和解并自愿撤诉。与区法制办联合出台司法建议工作意见，促进司法建议落地。主动协调区政府出台文件，明晰行政机关负责人出庭应诉情形，扩大出庭范围，全年相关部门负责人出庭应诉达7人次。（李国平）

12月4日，30名青年法官在首个国家宪法日宣誓

【执行工作】 打击规避执行行为，拘留41人次，罚款46.10万元，限制出境87人次，公布拒执人名单621人次。完成涉地铁14号线、西革新里、西河沿等地区拆迁强制执行工作。规范执行案款发放，完成若干涉众案件案款发放工作，发放案款2.20亿元。规范执行行为，加强内部流程管理，增加技术装备投入和创新执行工作方法。建成使用执行指挥中心，提升执行指挥效率。执行重点工作指标、综合质量指标和综合评价指数三大考核指标均排名全市法院第一位。 （李国平）

【审判管理】 修订岗位目标考核办法，根据业务岗位的不同，分别“量体裁衣”，明确标准，不搞“一刀切”。加强案件质量评查，坚持以“定错为原则、不定错为例外”，对改裁、改判、发回重审、提起再审、发生申诉信访和当事人反映强烈的案件，加大评查力度，严格落实责任，评查案件138件，认定差错17件。强化评查结果的使用，将评查结果与法官利益挂钩，提高干警工作责任心。东城法院审判质效考评排名全市法院前列。深化审判流程管理，严格案件延审批准程序，加强对不当扣除审限的督查力度，施行超审限案件统一登记、统一管理、结案后统一备案的工作机制，提升审判工作效率。法定审限内结案率99.99%，结案均衡程度位居全市法院第二位。 （李国平）

【推进司法公开】 完成裁判文书公开、审判流程公开和执行信息公开“三大平台”建设，其中公布生效裁判文书2855份，全院47个数字法庭完成高清改造，组织庭审网络直播51次。利用官方微博、新闻媒体等舆论平台，发布微博信息700余条，刊发普法宣传稿件1300余篇。向区人大常委会专题汇报法院信息化建设工作情况，邀请人大代表、政协委员旁听案件审理215人次，邀请检察长列席审判委员会，组织社区群众、机关干部、学生来院参观、旁听1100余人次。 （李国平）

【便民利民举措】 完成立案诉服大厅设施改造，升级软硬件，设立24小时自助查询便民服务亭，开通运行“12368”人工语音诉讼服务分平台，为群众提供便捷的诉讼服务。加强立案指导，实施方便快捷的立案服务模式，缩短等候和立案时间。探索网上预约立案，审查网上立案材料229件次。加大诉前调解工作力度，调解和撤回案件754件。参与多元调解体系建设，落实人民调解进立案庭工作，依法确认人民调解协议144件。实施远程视频接访，办理政法民生热线365件，接待群众来访1700余人次。化解信访案件88件，化解率居全市法院前列。 （李国平）

【巡回法官进驻基层】 选派第三批巡回法官17人进驻全区17个街道，开展纠纷化解、法制宣传、综治维稳等工作。全年化解矛盾纠纷69件，完成司法确认4件，协助社区推荐公民代理人38人次，完成指定监护人5人次，举办调解实务培训20余场，300余人次参加。创新普法形式，在多个街道开设巡回法官讲堂，举办普法讲座和法治宣传200余场次，组织人大代表和行政机关干部到院旁听案件8次，打造立体式宣传品牌“巡回之声”。发挥法律职业优势，为街道做好群租房整治、违建清理、APEC等敏感期维稳及宝华里、天坛地区拆迁改造等重点工作提供智力支持。在服务审判上谋求新突破，收集统计全区所有胡同、大街、小区所辖门牌地址，为完善立案查询系统基础信息提供支持，为办案法官协助调取证据、送达文书、查找信息200余次。 （李国平）

【“酒托”诈骗案】 被告人罗某于2012年12月至2013年5月间，以其经营的位于广渠门南里广渠家园15号楼8层的天空岛咖啡厅为场所，自行或勾结、组织被告人黄某某、赵某某，以及“赵某某”（在逃）等人，分别招募被告人张某某、张某、熊某某、綦某某、王某某、赵某某、沙某、陈某某、刁某、刘某某等人作为“酒托”，各自组成较为固定的犯罪集团，通过网络与不特定被害人进行聊天，并以“交友”、“一夜情”等为诱饵，将被害人带至天空岛咖啡厅内进行高额消费，以此骗取被害人财物。被告人罗某、胡某、佟某某等人作为“服务员”，被告人逯某某、萨某某等人作为“保安”，参与全部或部分犯罪活动。该犯罪团伙八男十女，多数是“90后”，截至案发，经查证属实的涉案金额达20余万元。东城法院认为，被告人罗某等18人以非法占有为目的，组成犯罪集团，采用虚构事实，隐瞒真相的方法，骗取他人钱财。被告人的行为侵犯公民的财产权利，均已构成诈骗罪，依法应予刑罚处罚。3月25日，区法院以诈骗罪分别判处罗某等18人四年至十一个月不等的有期徒刑，并处四千元至一千元不等的罚金。被告人胡某不服判决提出上诉，后二审撤诉，一审判决生效。 （李国平）

【不正当竞争案】 1月，原告百度公司诉称，其发现被告通过360极速浏览器、360安全浏览器以及网站向互联网用户提供“屏蔽百度广告”插件，针对原告进行一系列不正当竞争行为。该插件一方面屏蔽百度搜索引擎的推广链接，使原告的推广链接丧失展示机会，另一方面对百度搜索引擎提供的其他普通服务内容进行屏蔽，严重损害原告合法权益。原告百度公司认为被告上述行为违背基本商业道德和诚信原则，给原告造成巨大经济损失，使被告自身获得巨大不正当利益，故诉至法院。法院经审理认为，原、被告同为互联网行业经营者，同经营着互联网相关的服务和产品，之间存在竞争关系。360安全浏览器和360极速浏览器的扩展中心平台上将涉案插件予以传播的行为，违反《反不正当竞争法》所规定的公平原则、诚实信用原则，违背公认的商业道德，其行为构成不正当竞争。因此，东城法院于2月20日作出判决，被告北京奇虎科技有限公司就涉案不正当竞争行为在360安全中心网站（网址为www.360.cn）首页显著位置连续24小时刊登声明，以消除影响，于本判决生效之日起十日内赔偿原告北京百度网讯科技有限公司经济损失20万元及合理支出3万元。一

审判决后，原、被告均未上诉，判决已生效。（李国平）

【党的群众路线教育实践活动】 2月至10月，开展党的群众路线教育实践活动，落实各项整改措施。一是清理积案，对审理期限1年以上未结案件清理，出台《长期未结案件工作意见》，审结积案274件，清理率69.70%，超额完成任务。建立审限管理工作制度，防止拖延审理，防止边清边积。二是改进工作作风。随案发放廉政监督卡，开通投诉举报热线，公布法院新闻发言人电话、邮箱，及时了解收集群众意见和建议。建立快速解决当事人反映问题并通报情况工作机制，重点整治"冷硬横推、吃拿卡要"等司法作风问题，解决当事人反映问题56件，群众满意度不断提升。建立介入重要事件调查并通报情况工作机制，调查并通报问题7起。开展审务督察，抽查窗口视频、庭审视频228次，曝光不规范行为49人次，通报司法作风问题4起。（李国平）

军　事

人民武装

【概况】 东城区人民武装部（简称区人武部）受北京卫戍区和中共东城区委、区政府双重领导，是区委的军事部和区政府的兵役机关。内设军事科、政工科、后勤科。

年内，开展党的群众路线教育实践活动，抓"五用一履行"（用人、用车、用房、用钱、用权及履行职责）清理整治成果转化，先后清理超占住房6套，清理超标用车2台，执行停报招待费、停发福利等规定，行政性消耗开支同比压缩20%以上。联合组织全区党的群众路线教育实践活动主题文艺演出。完成三天两夜徒步行军50公里的野营拉练。区武装部被北京市、卫戍区评为征兵工作先进单位。

单位地址：东城区龙潭路12号

联系电话：64030768

邮政编码：100061（陈文君　曹剑）

【民兵安保执勤】 在"两会"、国庆、APEC会议等期间，分批组织民兵出动1722人次，对辖区内二环路、东长安街沿线56处桥梁和过街通道进行定点守护，完成民兵安保执勤任务。（陈文君　曹剑）

【领导检查慰问】 3月7日，总参动员部副部长王文清、总参动员部综合计划局局长董武检查"两会"期间民兵执勤情况。在王府井路口西侧地下通道听取本区民兵执勤工作汇报，王文清询问民兵应急方案、执勤时间和生活保障等情况。5月7日，北京军区司令员张仕波到区考察。实地察看人武部基础设施，听取工作汇报，了解人武部建设相关情况。张仕波指出：要进一步密切军地军政关系，夯实民兵应急分队训练，搞好人武部自身安全稳定工作。围绕履行使命任务和核心地区特点，研究、探索民兵在维护社会稳定方法路子，在维护首都核心地区安全稳定中发挥更大作用。7月，区四套班子领导组成慰问团，走访慰问北京卫戍区、北京军区空军、总参二部、解放军电视宣传中心、空军后勤部、总政直工部管理保障局等驻区部队，赠送慰问品和慰问金，并与各部队首长座谈，军地双方互相介绍各项建设和发展情况，并对进一步做好双拥工作，走军民融合式发展之路，实现互促共长、互助共赢交换意见。（陈文君　曹剑）

【民兵预备役工作会】 4月2日召开。总结上年民兵预备役工作情况，部署本年民兵预备役工作任务。和平里街道和东直门街道工委书记进行党管武装工作述职。通报表彰5个街道为先进基层武装部，6人为优秀专武干部。杨柳荫强调：把握听党指挥这个灵魂，确保民兵预备役部队建设的正确方向；履行民兵预备役部队的职能使命，做到有所作为；形成齐抓共管的整体合力，提高后备力量建设的质量效益。区相关委办局领导，街道工委书记、武装部部长和市属公司专武干部60余人参加。（陈文君　曹剑）

【专武干部培训】 4月23～27日，组织专武干部业务培训。采取部领导授课、录像辅导、参观见学、典型发言、讨论交流、理论考核等形式，将理论灌输与实践指导、研讨交流与征求意见相结合，使专武干部了解掌握民兵整组、兵役征集的政策规定，明确岗位职责要求，理清工作思路，促进党管武装工作有效落实。17个街道和7个企业武装部40余人参加。（陈文君　曹剑）

【兵员征集】 5月至9月，结合兵役登记，摸清兵员底数，召开区征兵领导小组和全区征兵动员大会，发布征兵命令，区分阶段重点。协调相关委办局，完善配套政策。深入党政机关、街道社区和8所大专院校开展宣传发动，搞好政策解答，挖掘兵员资源，严格审查把关，共征集男兵230人、女兵21人，完成年度征兵任务。（陈文君　曹剑）

【征兵动员部署会】7月3日，召开夏秋季征兵工作动员部署会议。总结上年征兵工作并部署本年夏秋季征兵工作，表彰上年夏秋季征兵工作先进单位，介绍征兵主要政策。汤钦飞强调，要加强组织领导，提高思想认识，确保征兵工作有序展开；要突出工作重点，抓住重要环节，确保征兵工作质量；要严密组织实施，搞好协调配合，确保征兵工作完成。征兵领导小组成员单位65人参加。

（陈文君　曹剑）

【欢送新兵入伍大会】9月3日，举行欢送夏秋季新兵入伍大会。宣布夏秋季新兵入伍批准书，宣读区籍优秀现役军人和优秀军属的通报，军地领导分别给新兵代表佩戴光荣花并赠送纪念品，给受表彰的优秀个人颁发奖牌。新兵代表表决心，家长代表和接兵部队代表发言。张家明强调，要珍惜荣誉，牢记使命；要严格锻炼，献身国防；要扎根军营，建功立业。新兵、新兵家长、驻区有关单位及高校700余人参加。（陈文君　曹剑）

【军事日活动】9月12日，四套班子领导到北京卫戍区某团进行"军事日"活动，观看迎宾方队、侦察兵格斗、战斗小组应用射击、营属炮兵实弹射击和应急分队反恐行动等军事训练演示，在连队食堂与官兵共进午餐，体验连队生活，并慰问官兵。

（陈文君　曹剑）

9月12日，区领导参加军事日活动

人民防空

【概况】北京市东城区民防局（简称区民防局）挂北京市东城区地震局（简称区地震局）牌子。区民防局（区地震局）是负责本区人民防空、防震减灾相关工作的区政府工作部门。内设办公室（监察科）、工程建设管理科、指挥通信科、法制科、防震减灾科。行政编制24人、工勤编制2人，实有行政编制30人、工勤2人。下辖正科级全额拨款事业单位2个，其中区人防工程管理服务中心，事业编制17人，实有16人；区民防指挥通信中心，事业编制22人，实有17人。年内，开展党的群众路线教育实践活动，在人防工程清理整治工作中从群众利益出发，依法整治88处工程，强制清退21处非法侵占的人防工程。整治后的工程部分免费用于小区居民公共文化服务，居民赠送锦旗两面。为全区创建国家公共文化服务体系示范区提供文化活动公益场地8处，利用人防工程为社会提供501个地下停车位，方便群众文化活动和生活。加装东花市、崇文门外和龙潭3个街道民防指挥中心视频会议终端系统，启动东华门、东四、交道口、前门4个街道指挥平台建设项目。

单位地址：东城区东四五条172号

联系电话：84006512

邮政编码：100010　（马丽芝）

【行政执法】1月7日，东方置地投资发展有限公司将小黄庄3号楼东段人防地下室承租使用权交还区民防局，并偿还所欠使用费12.50万元，结束上年6月起诉的案件。年内对北京宏鑫基业物业管理有限公司等3家单位，不履行合同，到期不交还8处人防工程，拖欠使用费57.89万元，分别向法院提起民事诉讼。经法院判决收回人防工程2处。联合公安、消防、安监等有关部门对13处合同到期拒不腾退人防工程单位，开展综合执法行动。执行简易程序行政处罚18件，罚款总额1.36万元。核查全区2008—2013年度未注册、备案人防工程项目，查处未备案工程5处。审核换发民防局事业单位及17个街道行政执法检查人员行政检查证49个。

（马丽芝）

【防灾减灾宣传】"3·1"国际民防日、"5·12"防灾减灾日、"7·28"唐山地震纪念日等时段，组织开展防灾减灾知识宣传教育活动。17个街道悬挂横幅50余幅，发放宣传品2万余份，11所学校进行地震应急疏散演练，受教育社区居民、学校师生达3万余人。8月28～29日，市民防局"平安生活讲师团"在区民防局机关、北京市人防开发建设总公司、东直门街道办事处、东外社区和民主北街社区等单位进行防空防灾公共安全知识巡讲，240余人次参加活动。（马丽芝）

【应急救援队伍】4月22日，邀请航天万达集团工程师为区民防特种应急救援队介绍如何使用生命探测仪、漏电检测仪、手持台和喉骨耳麦等救援设备。7月24～25日，区特种应急救援队21人到中安救援训练基地，学习建筑物倒塌救援策略、营救技术、野外生存基础、救援器材使用等救援知识，晚间进行地震灾害现场踏勘、检伤分类、人工搜索与救援等科目现场救援实战演练。12月3～4日，组织区防震减灾工作领导小组成员单位、地震安全社区和防震减灾科普示范学校等54个单位的民防志愿者119人进行应急救援技能培训，掌握

心肺复苏、包扎和绳结技术，并以地震灾害事件为背景进行室外应急救援演练。（马丽芝）

【安全度汛】 4月至5月，修订防汛预案，组建区、街道两级人防防汛指挥部，明确防汛值班制度，检修抢险设备，补充防汛物资；与17个街道人防部门、350处在用人防工程管理使用单位和使用人签订责任书；组建由市人防开发建设总公司85人组成的4支抢险队伍，进行汛期人防工事抢险演练；对全区人防隐患工程进行大排查。6月至8月，9处隐患工程纳入网格化管理，做到责任到人，严盯死守。处置人防工程险情6起，面积150平方米，无事故发生。（马丽芝）

【防空袭演习】 9月20日（全民国防教育日），本区参加代号"京盾—2014"市人民防空袭演习。与市同步进行3个室内课目推演，依托人防指挥信息系统观摩室外课目演习。陈之常任演习指挥长，全区14个国防动员委员会成员单位领导参加。（马丽芝）

【防震减灾】 年内，新建区级地震安全社区和防震减灾科普示范学校各2个，全区共有地震安全社区和科普示范学校各8个；联合区教委，组织对全区学校操场等应急避难场所基础数据进行核实；整组区防震减灾领导小组及成员单位71个；重组灾情速报员队伍226人；修订地震应急预案；调研民防宣教中心建设和运行情况；对辖区内9个强震观测台站进行巡查和日常维护管理；接待亚美尼亚、俄罗斯、阿塞拜疆3个国家紧急情况部代表团近30余人参观访问东直门民防宣教中心。（马丽芝）

【工程建设】 年内，简化延期使用人防工程行政手续，办理人防工程行政许可94处13.66万平方米。其中公用工程55处，单位工程39处。利用人防工程为居民提供501个停车位，超额完成市政府重要实事任务。完成早期人防工程治理48处1.83万平方米。维护维修23处6.46万平方米。使用经费2069.10万元。（马丽芝）

【党的群众路线教育实践活动】 2月至10月，组织开展党的群众路线教育实践活动。局党组召开会议10次，局教育实践领导小组召开会议9次；组织党员进行党课、学习体会交流等专题教育10次；通过走访、座谈、发函、发征求意见表、设意见箱等形式向相关单位、人员征求对领导班子及成员意见建议，找准"四风"问题，进行对照检查；召开民主生活会，开展互相批评42人次，提出批评意见54条，领导班子提出14项整改任务和措施，围绕反对"四风"，制定落实改进作风制度建设计划。（马丽芝）

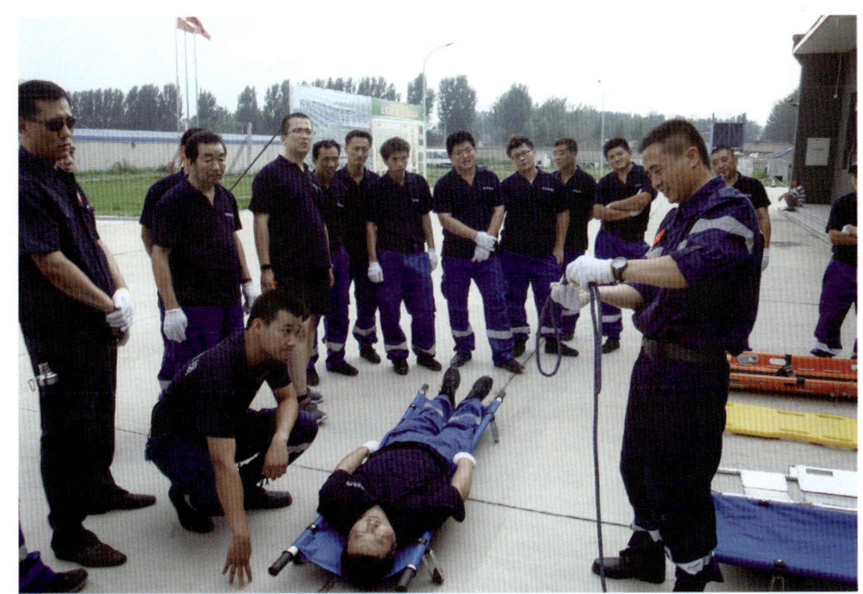

7月24～25日，举办特种应急救援队伍培训

武警一支队

【概况】 3月1日，按照上级部署，支队进行体制编制调整，中国人民武装警察部队北京市总队第一师第六支队（简称武警北京市第六支队）更名为中国人民武装警察部队北京总队第一师第一支队（简称武警北京市第一支队）。下设司令部、政治处、后勤处，下辖4个大队、20个建制中队，主要担负警卫、守卫、巡逻三类勤务。

年内，支队党委班子学习党的十八届三中、四中全会和全军政治工作会议精神，增强政治意识、大局意识。撰写《让生命线在遂行任务中尽显威力》《对抓好部队管理的几点思考》等15篇文章，并在《解放军报》《人民武警报》发表。贯彻落实中央《八项规定》、军委《十条规定》以及总部、总队党委抓作风建设的要求，抓"五超"、"四清"治理。修订完善《加强党委班子作风建设措施》。组织随军未就业家属15人参加职业培训，为干部18人办理子女入学入托，给予家庭有实际困难干部19人经济补助。调整使用干部56人，立功受奖56人，技术学兵126人，推荐38人参加院校招生和保送提干考试。院校招生录取人数在全师排名第一、在总队团级单位中排名第二，支队为战士考学搭桥铺路的做法被总部政工网转发。为在执勤中做出突出成绩的哨兵9人记功，通报表彰"双十佳"44人、先进首长住地2处、首长住地先进个人7人、首长住地优秀哨兵19人。支队被评为先进执勤支队。

单位地址：东城区东四北大街府学胡同甲1号

联系电话：52197024

邮政编码：100007（裴斐）

【领导调研】 1月25日、2月19日、3月3日，武警部队司令员王建平到北京总队一师一支队基层中队检查指导。5月14日、8月12日、10月31日、11月6～7日，北京总队司令员王炳深到一师一支队基层中队检查指导。5月29日、7月6日、12月25日，武警北京总队政委程伟到一支队基层中队检查指导。（裴斐）

【领导慰问】 9月14日，原全国政协副主席钱正英与住地全体官兵合影留念。9月29日，原全国人大常委会副委员长、中国科学院院长路甬祥慰问退伍老兵。10月23日，中华人民共和国海关总署副署长鲁培军到一支队十四中队慰问官兵并视察营区。11月10日，最高人民法院院长周强看望七中队驻地官兵居住情况。11月22～23日，中华人民共和国最高人民检察院检察长曹建明、中华人民共和国民政部部长李立国、中共中央政法委副秘书长王其江等看望慰问十二中队满服役期老兵。11月24日，司法部办公厅主任肖义舜、机关服务局局长张铁生等看望慰问四中队驻警退伍老兵。（裴斐）

“两会”期间加强武装巡逻

【安全警卫】 支队担负44处固定执勤目标，设哨269个，担负3个临时现场和9条临时路线的警卫任务。全年完成临时任务262场次，累计用兵1.53万人次。一线哨兵处置各类有碍安全的情况78起。（裴斐）

【后勤保障】 支队为基层配发药品81种，医疗保障到一线。后勤业务部门组织培养军械员49人、司务长25人、卫生员15人、电工及锅炉工10人、炊事员23人。定期开展安全行车教育和车辆运行秩序整顿。组织4批巡逻车司机复训。全年动用车辆1.50万余台次达360余万公里，排除安全隐患150余起。（裴斐）

【双拥共建】 支持地方建设，维护治安，完成庙会、烟花限放等临时勤务；2000余人次完成扫冰铲雪、绿化美化环境、军训学生、国防教育等任务。（裴斐）

东城区政法、军事机构负责人

区人民法院院长　赵　军
区人民检察院检察长　蓝向东
市公安局东城分局局长　谢世龙
　政　委　滕　健
市公安局公安交通管理局
东城交通支队支队长　张　经（4月免）
　吴学军（4月任）
　政　委　吴学军（4月免）
　邵　杰（4月任，8月免）
　张晓东（8月任）
中国人民解放军北京市东城区
人民武装部党委第一书记　杨柳荫
　部　长　展　辉
　政　委　徐文敖
区公安消防支队支队长　刘海龙（9月免）
　李树义（9月任）
　政　委　李树义（9月免）
　马国明（9月任）
天安门地区公安分局局长　武顺发
　政　委　刘晓燕
中国人民武装警察部队
北京市总队第一师第一支队
支队长　艾　均
政　委　常　宏

·2015·
北京东城年鉴
BEIJING DONGCHENG NIANJIAN

综合经济管理

HONG QIAO PEARL MARKET

经济改革和社会发展

4月22日，区发改委召开4月份经济形势会商会

【概况】 东城区发展和改革委员会（简称区发改委），是负责全区国民经济和社会发展统筹协调、经济体制改革综合协调的区政府工作部门。内设办公室、发展规划科、国民经济综合科、固定资产投资科、资源节约与环境保护科、价格收费管理科、经济体制改革科、能源监察科（东城区电力管理办公室）、法规科（东城区重大项目稽察办公室）、人事监察科（党务办公室）10个科室，编制45人，实有41人。所属区物价检查所内设综合科、案件复审科、医疗和药品价格检查科、收费检查科、价格检查科、市场检查科、社会监督科7个科室，编制42人，实有47人。东城区价格认证中心系区发改委所属全额拨款事业单位，编制8人，实有7人。

年内，抓住市政府历史文化名城保护、市政道路、社会事业、民生改善、棚户区改造等政策导向，13个项目争取到市发改委直接投资及资金补助10.79亿元。地区生产总值同比增长7.5%。区级公共财政预算收入完成155.95亿元，增长6%；全社会固定资产投资完成214.70亿元，同比增长10%；实现社会消费品零售额913.30亿元，同比增长8.8%；城镇居民人均可支配收入4.51万元，同比增长8.1%。全区主要经济指标完成年度计划，区域经济保持平稳增长。起草《2014年国民经济和社会发展计划执行情况与2015年计划（草案）的报告》，经区第十五届人民代表大会第五次会议审议批准。起草《关于分解落实全区2014年主要经济指标的工作方案》，监测经济指标，督促完成。制定《北京市东城区人民政府关于印发〈区人大常委会关于东城区国民经济和社会发展第十二个五年规划纲要实施情况的中期评估报告的审议意见〉的研究处理方案》。制定《东城区经济及生态文明体制改革专项小组成员名单及主要职责》《东城区经济及生态文明体制改革专项小组2014年工作要点责任分解》。制定《关于加快解决区政府投资项目超概算历史遗留问题的工作方案》。年内开展节能宣传周、节能宣传进社区活动。完成豆各庄和两站一街经济适用住房成本核算和定价工作。12月，撤销金宝街煤炭销售点，完成年度清洁空气行动计划目标任务。启动年综合能耗500（含）至2000吨标准煤市属和区属公共机构能源审计工作，至年底完成28家公共机构能源审计工作。全年依法办理东内开闭站供电可靠性提升工程等电力项目的立项及招投标核准批复24件，总投资规模6.90亿元。推动前门历史文化保护区东区旧城保护整治项目纳入市级棚户区统贷平台，争取到国开行棚户区专项贷款35亿元。组织区商务委及有关部门，开展东二环总部经济、租赁经济等7项重点调研课题研究。

单位地址：东城区打磨厂街3-1号

联系电话：64079927

邮政编码：100062 （袁萍　陈丽帆）

【重点用能单位节能考核】 4月，考核区35家重点用能单位上年度节能目标。5家优秀，12家良好，12家基本完成，6家未完成。 （李明博）

【收费许可证年审】 4月至5月进行。换发收费许可证439个（正本162个、副本277个）。应参加年审行政事业性收费单位162个，实际参加162个，年审率100%，合格率100%。撤销收费许可证14个（正本2个、副本12个）。 （师佳媛）

【人口疏解职能转入】 10月11日，原区危改办内设人口疏解科承担的负责全区人口疏解统筹规划和政策研究工作职责、编制2人及人员、正科级领导职数1人整建制划转区发改委。

（袁萍）

【节能减碳】 年内督促重点排放单位加强碳排放控制，按时完成碳排放权交易，在配额许可范围内排放二氧化碳，按期完成辖区35家重点排放单位年度碳排放交易履约，其中参与交易单位20家，交易量9.75万吨，交易金额639.70万元。（李明博）

【审批重大建设项目】 年内，审批完成环二环城市景观绿廊工程、北京外城东南角楼修复道路改移工程等政府投资项目，核准玉河历史文化保护区保护修缮项目南区SC05-03、SC07-5地块等企业项目，完成西忠实里环境整治项目等棚户区改造项目投资任务书批复，完成草厂八条1号院第8栋房屋翻建工程等备案工作。（朱江）

【经济会商机制】 年内，协同各综合经济部门监测、分析和调度全区主要经济指标，坚持常态化专题会和月度、季度会商，加强经济工作统筹。全年召开月度经济形势会商会2次，重点领域工作座谈会5次，形成3篇月度和2篇季度形势分析报告。（陈丽帆）

【价格管理与监测】 全年核准机动车停车场收费标准112件，民办学历教育学费和住宿费2件，调整义务教育学生住宿收费标准1件，完成107家非学历教育培训机构收费标准备案工作。完成地坛、龙潭公园春节庙会期间17个停车场计次收费审批，保利大厦演出期间停车场计次收费审批。监测涉及居民副食品、成品油、液化气、房地产、日用消费品、居民服务、药品和医疗服务价格300余品种，上报监测数据6万余个，报送市场价格监测信息48篇，组织全区25家价格监测点价格监测人员业务培训。完成《东城区经济适用住房价格研究》调研报告。（师佳媛）

【查处价格违法案件】 年内，物价所检查辖区1699家单位价格行为。查处价格违法案件311起，经济制裁金额823.75万元，其中罚款379.15万元、没收违法所得357.61万元、退还消费者87万元、上缴财政736.75万元，同比增加依次为4.56%、7.99%、606.55%、1441.62%、317.14%、1288.38%和567.82%。（王丽）

【办结投诉案件】 年内，物价所受理信访投诉543件，办结539件，办结率99.2%，回复率100%。立案查处30件，经济制裁金额19.38万元，其中没收违法所得500元，罚款19.33万元。（马凤玲）

【规范化建设年活动】 年内，物价所扩大社会监督面，规范价格执法行为，在医疗卫生、教育、商场超市、宾馆饭店、街道社区和新闻媒体等单位和行业增补选聘价格行政执法特邀监督员10人。建立东城区价格监管机制和价格行政执法责任制，形成有章可循、有据可查、监管责任明确的工作新局面。（王丽）

【工作调研】 年内，征集辖区与人民群众生活密切相关的教育、学校、医院、大型商超和机动车停车公司等34家服务对象意见建议45条，就重点问题组成专题调研小组，向上级部门提交并形成《建议调整簋街路段占道停车的价格政策》建议书。（王丽）

【价格政策宣传】 年内，开展工作调研，听取社会需求，为服务对象量身打造解决方案。为百货大楼、新东安市场和新世界百货等单位解决价格管理方面的实际困难；促成庙会停车及保利大厦活动期间停车计次收费问题的解决；为7家服务对象开展专题讲座，分行业组织召开价格工作培训会10次，提醒告诫会14次，特邀价格行政执法监督员座谈会2次，发放价格政策宣传品2万余份。（王丽）

【价格鉴定】 全年涉案财产价格鉴定委托623件，鉴定金额1855.14万元，办结率100%，差错率、复核率为零。（王有才）

【党的群众路线教育实践活动】 发改委130名党员、4个党支部全部参加，覆盖面100%。理论中心组学习10次，干部集中学习7次；收集各类问题37条，其中“四风”方面存在的突出问题20条。领导班子对照检查材料查找“四风”问题15条，联系服务群众“最后一公里”问题3条，班子成员共查找97条；针对整改落实、建章立制方面存在的18条问题，制定29条整改措施。（袁萍）

人力资源·社会保障·机构编制

【概况】 东城区人力资源和社会保障局（简称区人力社保局），是负责全区人力资源和社会保障工作的区政府工作部门。区机构编制委员会办公室（简称区编办），是区机构编制委员会（简称区编委）的常设办事机构，负责辖区行政管理体制和机制改革以及机构编制日常管理工作，列入区委序列，与区人力资源和社会保障局合署办公。区人力社保局（区编办）设办公室、党群工作办公室、调研科、法制科、公务员管理科、教育培训科、就业促进科、职业能力建设科、流动调配科、专业技术人员管理科、劳动关系科、机关事业单位工资福利科、医疗保险科、养老保险科、工伤保险科、社会保险基金监督办公室、劳动人事争议调解仲裁科、劳动监察科、

12 月 2 日，国际劳工组织总部青年就业处到区调研青年创业工作

信访办公室、财务科、人事科、纪检监察科、离退休老干部管理科、政府人事科、编制管理一科、编制管理二科、监督检查科 27 个科室（其中区人力社保局 24 个，区编办 3 个）；下设社保中心、医保中心、劳服中心、劳动人事仲裁院、劳动监察一队、劳动监察二队、劳鉴中心 7 个参照公务员法管理事业单位；人才中心、职业技能鉴定管理中心、人才培训考试中心、信息管理中心、机关服务中心、军转安置中心、职业介绍服务中心、职业技能培训管理指导中心、名人协会办公室、退休干部服务中心 11 个事业单位。编制 746 人，实有 562 人，其中局机关 128 人，事业单位 434 人。

年内，录用公务员 109 人，实现无违规、零投诉。6232 人参加年度考核，优秀等次 1240 人，称职等次 4732 人，基本称职 1 人，不称职 1 人，不定等次 258 人，获三等功 304 人。事业单位公开招聘，录用各类人员 1476 人。全区机关、事业单位提供岗位 1818 个（其中公务员 89 个，事业单位 1729 个），招收毕业生 926 人。为 246 名非京籍应届毕业生办理进京审批、落户手续。举办公务员初任、科任、科级领导干部更新知识、军转干部岗前培训等各类主体培训班 18 期，培训 1600 人；对全区 2.40 万余名公务员和专业技术人员开展在职培训；组织 6300 名公务员及专业技术人员开展当代科学技术发展前沿与趋势公共知识培训。全年开展各类人群职业培训 1.85 万人次，审批市、区级职业培训补贴资金 52 万元。教育系统备案副高级 10 人，中级 81 人，助理级 38 人；卫生系统备案正高级 21 人，副高级 43 人，中级 146 人，助理级 192 人，员级 140 人。出台《东城区党政群机关科级领导干部选拔任用工作实施办法（试行）》，晋升科级职务 137 人。年内，新增就业 3.07 万人，完成全年指标 3 万人的 102%；城镇登记失业人员就业 1.10 万人，完成全年指标 1 万人的 110.3%；城镇登记失业率 0.82%，低于年度指标 1.18 个百分点；困难失业人员就业 7933 人，完成全年指标 5300 人的 149.6%；就业困难求职人员实现就业比例 87%，高于年度指标 7 个百分点；走访跟踪服务用人单位 2417 户，完成全年指标 2300 户的 105%；实现创业 1047 人，完成全年指标 800 人的 130.8%；带动就业 4110 人，完成全年指标 3550 人的 115.7%；应届高校毕业生就业率 96.5%，高于年度指标 1.5 个百分点；失业保险参保 105.8 万人，完成全年指标 103.03 万人的 102.6%。年内出现的零就业家庭 3 户，全部实现就业，零就业家庭保持动态为零。全年城镇登记失业率 0.82%；城镇登记失业人员就业率 68.07%；就业困难人员就业 7933 人。年内 12 个街道、150 个社区达到充分就业城区创建标准，分别占街道、社区总数的 70%、80%。社会保障水平提升，养老、医疗、失业、工伤、生育参保人数分别达到 135.01 万人、157.24 万人、105.82 万人、89.67 万人、89.68 万人。全年五项社会保障基金收缴 196.07 亿元，同比增收 10.07%，支付 186.66 亿元，同比增加 8.83%。召开信访重大疑难案件专题会 12 次，研商议题 95 项，受理信访案件 3161 件，办结率 93.15%。加大劳动合同履行情况监控力度，全区企业劳动合同签订率 99.49%，续订率 86.84%。特殊工时行政许可 217 件，涉及职工 4.51 万人。实践劳动监察和谐执法，累计查处各类违法案件 807 件，同比下降 1.71%；接受群众投诉、举报案件 898 起，同比增加 9.51%，为 1068 名员工追回拖欠工资 614.80 万元。加强《劳务派遣暂行规定》宣传、培训，全年新增派遣业务企业 34 家，实有许可经营劳务派遣业务企业 78 家。年内制定《东城区推进实施集体合同制度攻坚计划实施方案》，新增集体合同 7501 户，覆盖职工 19.22 万人。签订集体合同企业 1.24 万家，覆盖职工 17.53 万人。全年召开编委会议 2 次，审议议题 31 项。印发《关于开展东城区议事协调机构清理工作的通知》，公布保留的议事协调机构和临时机构名单以及规范审批程序。完成上年度事业单位年度报告工作，参加报告单位 529 家，报告率 100%，完成事业单位设立登记 14 家、变更登记 65 家、注销登记 16 家、证书补领 2 家等事业单位法人网上登记工作。完成调研 9 项。完成人大及政协提案议案办理，其中主办 1 个，协办 8 个，代表满意率 100%。

单位地址：东城区什锦花园胡同 26 号（中心区）
联系电话：64057208
邮政编码：100007

（杨凯）

【公务员管理】1月，联合区委组织部研究制定《街道社会保障事务所所长交流任职工作方案》，实行同一街道任职5年以上的社保所所长跨街道对调交流。涉及横向交流的8个街道完成任免调动手续。2月，研究出台《东城区加强公务员管理工作的实施意见》。5月，联合区编办、区财政局摸查全区119家机关及参公单位职数，确保人岗匹配；进行全区窗口服务人员情况专项调查，重点分析直接服务群众的便民服务大厅、信访部门人员基本情况；开展公务员管理信息系统基础数据专项清理，核对各单位职数单列人员信息。9月，组建由区委组织部、人大、法检、纪检、统战、人力社保、审计等部门组成的公务员申诉公正委员会，负责监督公务员申诉案件的受理和审理，保证申诉案件公正及时处理，保障公务员合法权益，促进机关依法行使职权。（杨凯）

【人事考试】1月，联合区教委、区公安分局等单位建立人事考试协同工作机制，成立工作领导小组，完善考务工作方案及突发应急预案；修订完善5类考务工作人员和考点学校职责，疏理主考、考务、监考3个工作流程，规范考生身份核对、考生信息更正、试卷密封3个管理办法；投入资金30万元，购置防止高科技作弊工具。全年组织笔试26项、计算机上机考试6次、报名资格审核15项、证书发放36类，服务考生32.70万人次。（杨凯）

【高技能人才培养】1月，评选上年区级重点项目首席技师工作室并给予资助，兑现首席技师工作性津贴；会同区国资委、私个协、工商联等部门，督促企业开展高级及以上职业资格培训；组织四联美发、便宜坊集团与北京工贸技师学院开展美发师、中式烹调技师研修活动；举办上年优秀技能人才、高技能人才培养单位评选表彰活动，开展典型事迹宣传；加强技能人才动态监测，完善技师人才库、优秀技能人才库信息。2月，与雍和园、东二环管委会等单位建立联动机制，围绕文化创意、金融低碳、电子商务等领域制定引才方案，加大高层次领军型人才引进力度；实施中关村雍和园人才职称评审直通车工程，开展动漫游戏专业职称评价试点工作。3月，启动年度中关村科技园区东城园高端领军人才专业技术资格评价报名工作。4月，编制印发《东城区技能人才政策汇编》，收录全区出台的相关技能人才政策；举办东城区技能人才政策培训会，加强企业技能人才培训统计工作；组织申报2家市级首席技师工作室及中式烹调师、美发师等3项技师研修项目，为技能人才培养创造条件；推荐9人申报年度市政府技师特殊津贴。至年末，全区有1534名高技能人才。（杨凯）

【干部教育培训】1月，开展科级领导干部综合素质提升工程，轮训全区任职满3年以上科级领导干部；举办青年公务员能力素质提升培训班，跟踪培训入职1～3年的青年公务员；增设青年公务员英语培训及英语沙龙活动，择优推荐参加中韩公务员互派交流；举办专业技术人员示范培训班，建立事业单位新招聘人员初任培训、任职培训制度，确保干部培训全覆盖。5月，举办事业单位管理人员任职能力提升培训班，近100家单位120余人参加。6月，制定区公务员培训方案，将职业道德培训纳入必修内容，不少于8学时；联合北京大学开展培训，外请专家授课比例增至40%。9月，与北京大学、中国人民大学联合举办科级干部能力和人力资源管理提升班。10月，举办公务员公共安全管理及突发事件应急处理知识讲座，请以色列公共安全管理专家讲授安保工作、树立反恐意识、建立应急预案等内容。全年举办各类主体培训班18期，培训1600余人；5886名干部完成年度在线学习任务。（杨凯）

【军转干部安置及服务】1月，将自主择业军转干部就业工作纳入区就业服务联盟体系，建立就业需求台账制度，拓宽军转干部就业领域和渠道；开设心理疏导室，邀请就业成功典型为军转干部进行心理疏导和目标定位辅导；结合军转干部自身条件和招聘单位岗位需要，提供个性化就业定制服务；搭建自主择业军转干部创业服务平台，定期交流创业经验和体会，实现资源互补。6月，开展双选见面活动，有针对性地开展推荐就业和解困工作；开通自主择业军转干部档案管理绿色通道，提供一站式办理服务。7月，举办年度随军家属及复员退伍战士专场招聘会，20家企业推荐岗位1756个，现场填写《求职登记表》30余人。10月，召开年度军队转业干部安置工作动员部署会。11月，举办年度军队转业干部安置双选会，49家区属机关事业单位提供公务员岗位43个、事业单位岗位62个，军转干部50人参加，18人达成协议，签约率36%。全年接收自主择业军转干部710人。完成自主择业军转干部住房补贴无房人员的受理、审核和公示工作，建立短信平台和微信平台系统，成立法律咨询和人事档案社保政策咨询小组，组织军转干部400余人体检，分批组织开展适用性培训、主题参观等活动，提供创业政策咨询、联系创业培训机构、指导多行业网络创业实训模拟演练、人事档案社会保险相关服务、搭建自主择业军转干部创业交流平台的创业一条龙服务。

（杨凯）

【就业援助】1月，区人力社保局、总工会、残联以“就业帮扶你我他，真情相助进万家”为主题，联合举办主题推荐会，87人达成就业意向；2月，开展就业援助月和春风行动专项活动，224人达成就业意向；年内，成立以企业人力资源、劳动关系、职业指导专家20人组成的联盟职业指导讲师团，帮扶就业困难人员416人；建立企业用人需求档案，跟踪服务台账，每月至少进行1次跟踪服务，全年走访跟踪用人单位2185家；举办就业援助主题宣传推荐会、残疾人、家庭贫困的未就业高校毕业生招聘会等专项活动10场，各类职业指导5.57万人。4月，开展春风行动暨就业援助活动，走访就业困难人员和零就业家庭907户，登记认定未就业困难人员934人，帮助就业困难人员实现就业387人，帮助就业困难人员享受政策398人。在北京站设立公共就业服务站，发放春风行动宣传资料4000余份，提供就业、咨询、职业指导等免费服务6820人次，其中女性2290人次。推荐用工规范诚信企业50个，组织专场招聘会25场，380家招聘单位提供用工岗位1.10万余个，达成意向829人。（杨凯）

【医疗救助】2月，启动上年参保城镇职工一次性医疗救助工作，专题培训169家救助单位工作人员，涉及参保职工270人。（杨凯）

【高校毕业生就业】3月，开展年度北京地区毕业生就业服务月暨公共就业和人才服务进校园活动。4月，组织8家创业俱乐部导师团成员单位到中国人民大学开展大学生创业大讲堂活动。7月，举办年度暑期北京地区毕业生供需见面、双向选择专场招聘会，30家企业提供岗位2800余个，高校毕业生200余人参加，达成初步就业意向53人。9月，开展高校毕业生就业服务月活动，90家单位提供岗位1350个，达成初步意向148人。11月，召开创业暨大学生就业工作推进会，举行创业孵化示范基地——嘉城创业孵化基地授牌仪式。全年推荐毕业大学生就业963人，辖区生源高校毕业生实名登记408人、就业393人，就业率96.4%。联合11所高校与辖区创业孵化园区，建立大学生实训基地，开通创业者与企业、创业孵化园区及高校绿色通道，提供创业服务；加大年度离校未就业毕业生技能就业扶持力度，对参加中级以上职业资格培训并取证的毕业生每人补贴1000元，培训学校提供10%～20%的学费减免优惠；联合区工商分局，依托北京嘉润创业孵化基地，提供免注册费2年的创业孵化服务；加强实名登记管理，利用网站公示、电话通知、邮寄挂号信、现场登记等多种手段，确保实现辖区户籍毕业生就业服务无遗漏。（杨凯）

2月8日，市人力资源和社会保障局副局长张祖德到东城区考察春风行动公共就业服务站开展情况

【事业单位招聘】4月，组织事业单位公开招聘笔试工作，设考点5个，考场85个，应考2523人，实考2142人，占应考总数84.9%。（杨凯）

【劳动监察执法】4月，开展劳动监察员驻街制试点工作，每名监察员定点联系1个街道或企业，规范执法人员的语言和行为。全年累计下达《责令限期改正通知书》95份、《告知书》38份，同比分别提高61%、217%；行政处罚17件，涉及金额12.41万元，同比提高143%。检查用人单位6795家，同比上升16.45%，涉及职工12.09万人；日常巡查和受理投诉举报累计查处各类违法案件807件，同比下降1.71%，占被检查单位总数的11.88%；累计接受群众投诉、举报案件898起，同比上升9.51%。处理解决结案807起，结案率100%。为1068人追回拖欠工资614.80万元。（杨凯）

【劳动人事争议仲裁】5月，撤销劳动人事争议仲裁委员会，建立劳动人事争议仲裁院。全年审结劳动争议案3215件，其中调解及调解撤诉1608件，占50.01%；裁决1602件，占49.83%；其他案件5件，占0.16%。调解率46.1%，结案率96.17%。（杨凯）

【民营企业招聘】5月，举办民营企业招聘月活动。组织招聘18场，职业指导12场，380家民营企业参加，提供岗位信息1.25万个，达成就业意向592人，应届高校毕业生签订就业协议185人，签订职业技能培训意向195人，维权及法律援助68人。（杨凯）

【创业带动就业】7月，出台《区创业孵化基地（园区）认定标准及管理办法》，成立创业孵化基地（园区）联合认定考核工作组，规范创业孵化园区管理工作。9月，在全市率先启动区级创业孵化示范基地认定工作，北京嘉润创业孵化基地、北京青年创业电子商务炮局孵化园参加评审。全年实现创业977人，带动就业3770人。搭建由14个委办局、17个街道、5个创业孵化示范园区、2个中小企业服务中心组成的公共创业服务平台，整合辖区优势资源，形成全区大创业服务合力；建立大学生实训基地，开通创业者与企业、创业孵化园区及高校绿色通道，为大学生459人提供创业服务；加强中小创业企业和文化企业帮扶力度，破解资本融合瓶颈，创投基金和文化产业基金规模达4亿元；创办线上淘宝残疾人创业旗舰店及线下残疾人创业示范店，创立手工艺网，充实残疾人创业孵化基地及残疾人居家创业项目；出台创业孵化基地（园区）奖励、管理办法，开

展政策宣传、项目推介、创业指导等活动，园区企业累计注册资本达9.90亿元。（杨凯）

【行政审批制度改革】7月7日，组织召开全区行政审批制度改革动员培训会。全区具有行政审批事项的部门26家，行政审批事项共计255项（行政许可127项、非许可审批128项）。7月至12月，对照北京市取消和下放的3批共374项审批事项，东城区对应取消审批11项、承接审批27项，以区政府名义向社会公布。（杨凯）

【机构编制实名制管理】7月，开展全区机构和人员编制核查，完成94家机关、533家事业单位实名制登记。12月，完成实名制数据年度维护。（杨凯）

【随军家属就业】年内，面向随军家属定向招聘社区工作者，打破部队驻地局限，放宽报考年龄，中共党员及具有社会工作者职业水平证书等人员年龄放宽到48周岁；鼓励区属单位优先接收随军家属，对完成安置计划的单位给予表彰和物质奖励；开设区内公益性岗位招聘绿色通道，开展随军家属就业安置工作培训会，建立辖区随军家属年龄、学历、就业意向等情况数据库，联合区民政局、区人才服务机构开展专场招聘会；放宽随军家属户籍、住址等条件限制；为自谋职业、自主创业的随军家属减免档案管理费，提供免费技能培训。全年干部接收79人，实际报到53人；工人接收10人，实际报到7人。（杨凯）

【公务员招录】年内，招考职位向基层一线单位倾斜，街道等基层单位招考职位数上调至空编数的三分之二；建立公务员面试考官库，有考官111人，考官经培训考试合格后持证上岗；实行考官轮换制和考生抽签制，现场抽签确定面试考生考场及顺序，抽签及面试全程录像，提升面试透明度。6月，开展年度补充录用公务员面试工作，全区25家单位提供职位47个，拟录62人，194名考生进入面试，实际参加167人，录用109人。（杨凯）

【家政服务】年内，设立2家家政服务培训基地，开展岗前培训；7月，出台《东城区家政服务企业岗位补贴管理办法》，对在北京市依法注册经营、招用东城区登记失业人员的家政服务企业给予每年3000元补贴，享受期限3年。该政策填补北京市利用岗位补贴支持家政服务企业发展空白。全年累计安置失业人员400余人，涉及资金30万元。（杨凯）

【培训机构管理】年内，组建区域督导员队伍，健全督导指标体系和督导流程，开展现场督导检查，结合辖区经济发展特点，选择特色专业开展公开课观摩教学，组织开展各类师资培训，建构培训机构数据库（包）和信息管理平台，建立培训信息数据监测机制，实现资源共享。（杨凯）

【残疾人招聘】年内，根据残疾人居家创业需求，开展手工制作、摄影、网店经营等培训，建立朝阳门街道残疾人创业技能孵化培训基地，网店经营培训已在17个街道全部开展；区创业俱乐部派遣创业导师团为残疾人提供居家创业帮扶指导。8月，建立全市首家街道级残疾人就业庇护性工厂，主要开展电信呼叫业务，首期提供40个就业岗位。12月，区人力社保局、区残联联合举办残疾人招聘推荐会，179人达成初步就业意向。全年累计举办各类招聘会9次，接待社会单位60余家，求职登记及个别职业指导125人，提供就业岗位427个，推荐介绍残疾人557人次，推荐就业64人。（杨凯）

【困难人员就业】年内，制定《东城区街道就业困难人员情况摸查表》，简化失业人员办理二次灵活就业工作程序，减少就业人员档案接转次数，在6个街道推行；加强公益性就业组织规范管理，由类别式管理调整为辖区式管理模式，开设集体存档户，避免档案遗失；联合区残联举办“双进、三送、五会”活动（双进：进社区、进单位；三送：送岗位、送指导、送政策；五会：启动会、宣传会、双选会、座谈会、服务会），为就业困难人员提供就业岗位7063个，组织专场招聘10场，安置就业特困人员1079人。全年累计困难失业人员就业7225人，完成年度任务指标的136.32%。（杨凯）

【职业技能鉴定】年内，制定《东城区职业技能鉴定资格复审工作规程》，加强管理材料报送、审核流程、审核时限、材料留存等关键环节，统一审核标准。制定《东城区职业技能鉴定督考制度》《督考员年度考核办法》《督考员奖惩制度》，聘任鉴定质量督考员33人，建立日常检查走访机制，检查民办培训机构补贴班13个31次。创建职业技能培训动态监测期刊，通报监测情况，定期组织鉴定业务知识及考务工作培训。累计技能鉴定9808人次。考生技能鉴定督考9808人。（杨凯）

【社保所规范管理】年内，在劳动服务中心设立社区平台建设科，加强对社保所统筹管理，印制《东城区街道保障事务工作手册》《东城区社会保障事务所业务手册》，5个社保所科级领导岗位实行全区统一竞聘上岗，社保所所长8人进行轮岗交流，占社保所总数的47.1%；梳理社保所风险点，归纳涉权事项59项，制定流程图59张、职位说明书26个；规范社保所财务核算工作，完善社保所财务管理制度。（杨凯）

【劳动能力鉴定】联合区卫生局扩充辖区劳动能力鉴定专家库，新增精神科、呼吸科等专家21人，专家库已有63人。全年鉴定劳动能力1070人，同比增长16.6%，其中因病鉴定445人，同比增长123.6%。（杨凯）

【社保经办服务】年内，设置自助查询机、自助打印区等设施，配备专人指导查询、打印社会保险个人权益记录。全年累计出证社会保险个人权益记录4.13万笔，其中通过网上查询出证2.35万笔，自助设施查询出证1.75万笔。（杨凯）

【医保费用审核】年内，完善《基本医疗保险业务审核规范》，规范审核内容及流程；建立定点医疗机构动态数据管理机制，按月分析医院数据。全年累计审核结算城镇居民医疗费55.70万人次、2.54亿元，分别同比上升7.74%、10%；支付1.03亿元，同比增长10.25%。其中，门诊3.43亿元、住院6882万元，分别同比增长9.9%、10%。审核拒付医保费用22.60万元，同比上升75.19%。（杨凯）

【退休审批】年内，审批正常退休5468人次，病退422人次，特殊工种提前退休1816人次，审核通过率分别为76%、78%和45%。（杨凯）

【基金监督】年内，出台《关于加强监督社保基金、促进就业资金内控工作的管理办法》《社会保险基金、就业资金项目备案管理办法》；将街道社保所下沉业务、稽核、城乡等业务纳入检查范围。全年累计检查业务103万笔，接收下发预警问题3016个，整改率100%。（杨凯）

【医保控费】年内，成立日常巡查小组，加强医疗机构监管，制定《基本医疗保险业务审核规范》。全年筛查可疑数据12.80万条次，处理违规数据1697条次；追回医疗费用12.80万元，拒付不合理支出447.40万元，同比增加63.9%。（杨凯）

【社会保险转移接续】年内，受理外省市养老转入2485人次，同比增长48.5%，录入信息表2537份，同比增加42.9%，出具缴费凭证4618人次，同比增长13.1%，转出信息表3332份，同比增长6.7%。全年转入金额9464.09万元，同比增长57.67%，转出金额8330.75万元，同比增长30.52%。（杨凯）

【社保扩面征缴】年内，制定《社会保险费划拨暂行办法》，对未按时缴纳社会保险用人单位银行账户强制划拨；开展送政策进社区系列活动，组织1389家企业开展社保业务大讲堂培训64期，宣传社保相关政策；推广社保银行缴费、网上申报，重点监控灵活就业、自由职业及农村劳动力参保缴费情况；联合区劳动保障监察部门，入户检查欠缴企业，加大征缴力度。养老、医疗、失业、工伤、生育保险参保人数分别为135.01万人、157.24万人、105.82万人、89.67万人、89.68万人，五项社会保险收支总额382.73亿元，同比增长9.46%（其中收缴196.07亿元，增长10.07%，完成扩面征缴指标的100.16%，支出186.66亿元，增长8.83%），各项社保基金收缴率均达到99%以上，收支平衡，略有结余。（杨凯）

【退休人员管理】年内，实行社会化管理退休人员7.17万人，占全区退休人员总数27.73%，同比增长11.73%。（杨凯）

【工伤认定】年内，宣传《工伤保险条例》，到街道、进社区、入单位送政策，组织网络答题活动，1000人参加。开通绿色通道，优先办理农民工群体、重大安全生产事故等特定工伤案件。与100余家用人单位联络沟通，筛查、补正工伤职工信息310余人。全年累计完成工伤认定969件，审核结算工伤保险9247人次，同比上升239%。（杨凯）

【医保行政审批】年内，医保视同缴费年限认定审批由单人审核5%抽查复核变为双人双审100%复核，保障审批准确无误；与社保稽核、劳动监察、养老保险建立联合审查机制，加强外埠流动人员补缴审批管理，杜绝违规补缴；加强审批岗干部政策培训，坚持双岗双核、轮岗审批，审批材料及时完整规范存档。全年累计审批视同缴费年限1.59万人，同比上升11.97%；医保补缴1050人，同比下降90.48%。（杨凯）

【社保待遇调整】年内，涉及调整待遇9项，补支1.58亿元。其中企业退休人员基本养老金待遇调整涉及参保单位2929家、退休职工25.17万人，月均增长280.58元，补支1～2月基本养老金1.40亿元；市、区属企业休人员补贴调整涉及参保单位173家、离休职工1308人，补支金额751.20万元；城乡居民老年保障福利养老金调整涉及17个街道社保所、领取福利养老金人员8872人，补支金额71万元，人均月增长40元，调整后月领取金额350元；工伤职工及工亡人员供养亲属工伤保险定期待遇调整中，1至4级工伤职工伤残津贴调整涉及55家单位、工伤职工64人，人均月增长325元，补支金额4.16万元；供养亲属抚恤金调整涉及单位86家、151人，人均月增长150元，补支金额4.53万元。（杨凯）

【劳动争议调解】年内，制定街道劳动争议调解组织建设及考核工作意见，规范街道、社区劳动争议调解程序，17个街道全部建立劳动争议调解委员会，配备专兼职调解员，制度、职责公开上墙；与区总工会联合下发《全面推进东城区劳动争议调解联动机制建设的实施方案》；与区工商局联合做好对存在劳资纠纷且尚未办理完毕的企业进行注销登记限制，确保仲裁有序进行；加强内部劳动争议调解组织建设，指定政策法规熟、业务能力强的业务骨干成立调解小组，专门负责调解工作。全年累计受理案件3035件，同比增长1.51%，审结2487件，调解率52%，结案率82%。（杨凯）

【农民工工资督查】年内，搭建区、街、居三级企业拖欠农民工工资预防和监控体系，摸排辖区51处工地施工情况，更新工地备案台账；联合区住建委、公安分局、工商分局成立专项整治领导小组；开展春节前农民工工资支付专项大检查。全年专项整治活动6次，重点针对建筑施工、餐饮、美容美发、保安服务等企业，检查用人单位6165家，涉及农民工1万余人；对企业违法行为做出行政处罚17件，处罚金额12.41万元，同比提高143%；处理突发事件24起，为农民工933人追回劳动报酬431.09万元。（杨凯）

【机构编制管理】年内，成立中共北京市东城区委全面深化改革领导小组办公室，设在区委研究室。将区卫生局的职责、区人口和计划生育委员会的计划生育管理和服务职责整合，组建北京市东城区卫生和计划生育委员会。成立中共北京市东城区委中关村科技园区东城园工作委员会和中关村科技园区东城园管理委员会。区危旧房改造办公室职责调整，更名为北京市东城区重大项目协调办公室。区城市管理监督中心职责调整，更名为北京市东城区网格化服务管理中心。统一全区街道社区服务和文体服务机构编制，对南片7个街道的社区服务中心和文化服务中心进行整合。印发《东城区控编减编工作方案》。（杨凯）

【事业单位法人年检】年内，529家事业单位进行年度报告，报告率99.4%，合格率100%；完成事业单位法人网设立登记14家、变更登记56家、注销登记16家、证书补领2家。年检制度改革后证书有效期由1年调整为5年，为全区529家事业单位换发有效期为5年的新证书。（杨凯）

统　　计

【概况】东城区统计局、东城区经济社会调查队（简称东城局队）是负责东城区统计调查和国民经济核算工作的职能部门。内设办公室、党群工作办公室（调查队办公室）、人事科、监察科、宣传调研科、法规科、计算机管理科、综合统计科、监测调查科（组织指导科）、数据中心（普查中心）、功能区统计所、工业城建科（房地产调查科）、社会科技统计科（城调队）、能源监测科（能源和资源调查科）、产业调查科（服务业调查科）、商调队、住户调查科（专项调查科）、消费价格调查科（生产价格调查科）、统计执法检查队19个科室。向全区17个街道派驻17个统计所。编制224人，实有179人。

年内，成立全面深化统计改革领导小组，制定《东城区统计局、东城区经济社会调查队全面深化统计改革工作实施方案》，确定局队全面深化统计改革4项重点改革任务（建立东城区宏观经济社会指标监测体系、完善服务型政府统计体系建设、推进和优化统计网格化管理工作、推进调查对象规范化管理工作），明确时间表和路线图。定期对全区批发零售业、住宿餐饮业、服务业、工业、能源、金融等专业运行情况进行监测，被调查单位涵盖除第一产业外的全部18大行业门类；对区居民生活、消费价格、生产价格、房屋价格等社会民生进行监测；统计专项调查14项。开展党的群众路线教育实践活动。完成办公用房调整改造工作。组队参加北京政府统计系统统计建模比赛获第六名。东城局队被评为全国第三次经济普查国家级先进集体、2011-2013年度北京市统计系统先进集体、2012-2014年度首都文明标兵、2013-2014年度中国信息报社统计宣传工作先进单位等荣誉称号，获北京市统计系统第六届文化艺术节活动优秀组织一等奖、2013年北京市首届年鉴综合质量评比二等奖。

单位地址：东城区金宝街52号
联系电话：65260007
邮政编码：100005（罗虎）

【开通东城统计微博】1月1日，开通东城统计官方微博。全年粉丝量达1633人，发布微博879条，其中原创470条，转发409条，被转发58条，被评论30条。在区委办局官方微博中活跃度排名第11位，统计普法专栏成为统计普法宣传主阵地。（罗虎）

【综合服务数据库上线运行】1月，综合服务数据库上线运行。该数据库通过计算机程序将统计数据电子档案系统转换成数据库，实现数据查询和分析。年内制定《东城局队数据管理平台管理办法》，明确工作职责、数据质量、用户权限、安全防范、检查办法等工作细则，建立数据档案系统技术规范。（罗虎）

【统计从业资格认定】6月，东城局队规范统计从业资格认定许可审批事项工作流程，严格统计从业资格认定工作程序，将统计从业资格认定依据、条件、程序、期限以及需要提交的材料目录等通过统计信息外网公示。9月21日统计从业资格考试举行，安排考点3个，1337人参加考试，929人合格，综合合格率69.5%，高出全市平均水平4.4个百分点。（罗虎）

【专项调查】年内，完成专项调查12项，其中完成市局总队专项调查8项，主要有：北京市社会治安防控调查、北京市老旧小区综合整治（改造）实施效果民意调查、东城居民互联网金融认知和使用情况调查、北京市党风廉政建设民意调查、北京市区县反腐倡廉建设民意调查等；完成区有关部门委托的专项调查4项，为东城区群众安全感调查、东城区反腐倡廉建设满意度调查、北京市城镇居民粮油消费日记账调查、东四街道群众安全感满意度调查。（罗虎）

【人口调控监测】年内，完成北京市《区县人口动态监测台账》季度数据报送，建立全区人口动态监测台账，反映全区人口变动情况。开展东直门胡家园社区流动人口调查，摸清社区流动人口底数。开展年度人口抽样调

查，根据3%抽样规模，108个调查小区，涉及调查人口1.57万户4.27万人。（罗虎）

【统计服务】 年内，编印《北京市东城区经济社会发展月报》《北京市东城区经济社会发展季报》《北京市东城区2014年经济社会发展公报》和《数说东城2014》手册，记录东城区上年经济社会各方面发展数据。撰写统计专报7篇、统计普刊29期、经济快讯141期，向全区23个部门提供数据25.40万笔。（罗虎）

【统计诚信建设】 年内，编撰《东城区企业统计工作规范手册》，利用网络、报刊、宣传画册，推广区统计十佳单位的经验，引导促进企业规范统计业务流程，完善原始记录和统计台账，保证源头数据真实、准确。（罗虎）

【课题研究】 年内，制定《2014年度科研工作方案》，完成22项统计调研科研课题。承担国家课题2项，市政府统计系统科研课题和北京市第三次全国经济普查研究课题2项，区委研究室处级领导调研课题3项，区发改委研究课题2项。《东城区生产性服务业发展现状及前景》课题获市第十二届统计科研优秀成果三等奖。2篇统计分析报告在全市年度优秀统计分析报告评比中获二等奖和三等奖。组织参加第十五次全国中青年统计科学研讨会《统计研究》创刊30周年征文6篇，1篇论文应邀在国家级统计科学研讨会上做学术报告。1篇重点产业监测报告得到区领导批示。（罗虎）

【统计执法】 年内，执法检查450家单位，完成全年执法整体任务的107%，其中检查辖区“四上”企业（规模以上工业企业、资质等级建筑业企业、限额以上批发零售住宿餐饮企业、限额以上服务业企业）252家，占总数的56%；督导检查253家，完成全年任务的110%。完成立案案件后期处理，其中一般程序立案109家，简易程序立案26家，未发生行政复议、行政诉讼。（罗虎）

【志书编修工作】 年内，启动《东城统计志（1988-2010）》《崇文统计志（1992-2010）》编修工作，组建修志工作编委会和编辑部，制定工作方案，设计志书框架、篇章结构，完成历史资料收集、资料长编撰写等阶段工作。（罗虎）

产业和投资促进

【概况】 东城区产业和投资促进局（简称区产促局）和东城区金融服务办公室（副处级，简称区金融办），是负责辖区产业和投资促进工作及金融产业发展相关工作的政府工作部门。产促局内设办公室、产业发展科、投资促进科、中小企业发展科，编制22人，实有19人；金融服务办公室内设金融发展科、金融服务科，编制9人，实有6人。

年内，启动东城区20年总规产业发展专题修改工作，为企业进行国家级、市级项目申报。完成国家专项资金2批次、市级专项资金13批次和区级资金1批次项目征集，申报资金9275.20万元。建立文化创意产业项目库，收集项目58个，推荐6个项目申报市级资金。实施《东城区关于促进“二四三”产业发展的办法》《东城区关于支持企业上市挂牌融资的若干意见》，促进产业发展，支持企业上市。组织银企对接18次，参与企业312家，协助企业融资12.50亿元。

单位地址：东城区金宝街52号621-1室
邮政编码：100005
联系电话：65259078（张谊）

【产业发展】 全年，全区重点产业运行平稳，六大重点产业全年实现增加值1160.4亿元，比上年增长8.4%，高于全区经济增速0.9个百分点，占全区经济总量的比重为67.0%，对全区经济增长的贡献率达到73.8%，是全区经济发展的重要引擎。其中，金融业支柱地位稳固、信息服务业平稳运行、文化创意产业逐渐壮大、商务服务业稳定发展、商业服务业增长乏力、旅游业具有发张潜力。（张谊）

【企业落户】 全年，联系企业380户，落户320户，其中311户符合区“二四三”产业发展方向，占比97.19%，注册资本72亿元，预计新增年度税收规模5.76亿元，预计新增年度区级税收1.35亿元。落户重点项目有中海油财务公司、北京市土地整理储备中心、万达儿童娱乐有限公司、华浩信联一次性所得税等。上年引进的捷越联合、金隅财务、黄金珠宝、民生信托、华浩信联5个重点项目年内缴纳区级税收7000万元。（张谊）

【楼宇监测】 全区有楼宇265座，总建筑面积1075万平方米，楼宇内入驻企业2.92万家，主要分布在商务服务业、商业服务业、文化创意产业等行业。可租用面积960万平方米。有效闲置面积55万平方米，其中闲置面积在3000平方米以上楼宇8座。全区楼宇税收220亿元，年度区级税收44亿元，同比增长7.18%。税收规模10亿元以上楼宇4座（新保利、东环广场、东方广场、东直门移动通讯综合楼），税收亿元以上楼宇40个。符合产业集聚楼宇3座（新保利、新东安、安贞大厦），已签署合作意向楼宇4座（新保利、新东安、万豪中心、金宝大厦）。年内，东城区楼宇监测系统二期上线运行，为企业提供相关信息60余次。（张谊）

【中小企业和非公经济】年内，指导中关村雍和航星科技园、梓峰大厦、北京京汇建设小企业创业服务分中心项目建设，为驻区中小企业提供服务，促进中小企业转型升级。（张谊）

【金融工作】至年底，区内37家企业挂牌上市，其中境外4家，境内14家，新三板18家，上海股交中心1家。完成入户摸底调研企业187家，有改制挂牌上市意愿企业40家。为驻区20余家已挂牌及拟挂牌企业进行“新三板做市商制度培训”，组织61家拟挂牌企业到全国中小企业股份转让系统有限公司参观学习。（张谊）

工商行政管理

【概况】北京市工商行政管理局东城分局（简称东城工商分局），是政府市场经济秩序监管部门。负责区域内宣传、贯彻、实施工商行政管理法律、法规及规章。内设办公室、人事教育科、监察科、机关党委、工会、计划财务科、法制科、登记注册科、企业监督科、外商投资企业管理科、市场监督管理科、商标监督管理科、广告监督管理科、合同监督管理科、经济检查科、消费者权益保护科、商品质量监督管理科、执法队18个科室。下设12个工商所，即永定门工商所、幸福大街工商所、天坛工商所、前门工商所、建国门工商所、王府井工商所、东朝工商所、景山工商所、东直门工商所、北新桥工商所、安交工商所、和平里工商所。检查站一个，即北京站检查站。事业单位6个，即信息中心、档案中心、后勤服务中心、工商学会、消费者协会、私营个体经济协会。实有433人，其中公务员370人、事业51人、工人12人。

年内，以转型发展为年度工作主题，在疏解非首都核心功能和工商事业改革发展中，脚踏实地、攻坚克难，出台《投诉举报工作办理流程》《行政不作为、乱作为和慢作为解决处理办法》，行政不作为投诉举报量同比下降77%。进行平房区业态调整升级，提出总体规划、增量严控、存量清理、综合治理工作思路，出台《东城区平房登记注册及治理违法经营办法》，成为全区平房区整体治理基础性文件之一。整治虚假违法广告、打击传销、经纪人监管，与食药、公安、房管等部门建立联席会议协作机制，引入行业协会、检测中心等社会组织参与消费争议界定、示范性合同文本制定、商品质量检测、消费教育等工作，提升工作科学性。全年，累计实有市场主体8.04万户，同比增长10.4%，其中内资企业5.23万户，同比增长15.49%；外资企业3364户，同比增长3.38%；代表机构486户，同比下降10.66%；个体工商户2.41万户，同比增长2.04%。在全市系统考评中夺冠，连续第四年进入系统先进行列。

单位地址：东四北大街267号
邮政编码：100007
联系电话：64033742（贾晓亚）

【市场准入制度改革】3月，进行注册资本登记制度改革，在全市率先推行“直核制”，施行一审定标模式，实现一口受理、一口答复；启动“三证合一”登记制度，联合公安、国税、地税、质监、统计5部门，实现企业成立环节各事项的“并联审批、一次发放”。至年末，新设企业7272户，同比增长51.72%；认缴注册资本895.69亿元，同比增长234.36%。（贾晓亚）

【推进年报公示制度】年内，组织内部培训11次，各类宣传活动700余场次，发放年报宣传手册6万份。10月1日企业年报公示正式实施，2.25万户主体报送上年度年报，个体年报率47.61%，内资企业年报率24.07%，外资企业年报率32.5%。开展“巡查改抽查”工作，选定84家外资文化创意企业，对其前置许可、对外投资、分支机构等7个方面进行抽查，分析重点难点问题，完成《企业公示信息抽查工作报告》。（贾晓亚）

【查处取缔无证无照经营】6月，召开无证无照治理工作推进会，明确各部门职责及整治目标，在分局内部启动无照经营查处取缔“大区”机制，12个工商所按照地理位置划分为南、北、中3个大区，整合执法力量。全

11月21日，东城工商分局首次微博招募网友到金龙鱼面粉厂进行消费教育体验活动

年，取缔无证无照经营332户，销账率36.85%，清理永外地区宝华里“无名巷”等市级挂账乱点。（贾晓亚）

【构建多元消费纠纷解决机制】3月，以“3·15”消费者权益保护日为契机，与61家经营主体签订小额消费纠纷快速解决机制合作备忘录，明确工作原则、解决模式、合作方式等；在香河园北里社区挂牌成立全市首家社区绿色通道；引导五道营、南锣鼓巷等4条特色商业街区成立绿色通道自律联盟，实现小事不出店、大事不出街。（贾晓亚）

【消费教育】3月，成立东城区消费维权志愿者服务队，有成员60余人。吸纳当当网、包律师事务所等5家单位加入消费教育体验基地。全年组织社区居民赴消费教育体验基地开展实地体验活动60次，首次利用微博招募网友参与消费教育体验活动，拓展消费教育服务方式。（贾晓亚）

【维护消费者合法权益】全年，接收投诉2652件，调解成功1939件，成功率73.11%，投诉转立案50件；接收举报1093件，办结1039件，办结率95.05%，属实208件。（贾晓亚）

【商标监管】年内，推行品牌战略，贯彻新《商标法》，新培育著名商标4个，分别为联飞翔科技股份有限公司“联飞翔”、北京王府井百货（集团）股份有限公司“图形”商标、华扬联众数字技术股份有限公司“华扬联众”、中国国际旅行社总社有限公司“环球行”。至年底，东城区共有注册商标5.30万件，同比增长23.1%，其中中国驰名商标20件，北京市著名商标57件。开展商标行政保护执法工作，规范王府井、前门等重点区域稻香村糕点销售行为。全年查处商标违法案件52件，案值36.68万元。（贾晓亚）

【广告监管】年内，完善广告许可接待制度，完成广告经营资格登记、户外广告登记权限下方承接工作，全年办理各类广告许可241件次。继续对药品、医疗器械、保健食品等关乎民生的广告类别保持高压态势。全年监测录入广告数据30.90万条，叫停各类违法广告2083条次，其中监测网站2809个（次）、网络广告3111个，发现违法广告线索98个，办结互联网案件22件，辖区重点媒介违法广告数量同比下降15.14%。（贾晓亚）

【合同监管】年内，强化拍卖备案和预展现场检查工作，办理拍前、拍后备案604次，成交确认书20.17万份。完成区域性推荐合同文本制定工作，《室内环境净化治理服务合同》《庙会场地租赁合同》在东城区推广使用，《密室逃脱游戏合同》《家用电器延保服务合同》在行业内试用。（贾晓亚）

【商品质量监管】全年完成商品抽检414组，涵盖商品31类。立案查处违法案件85件，罚没款158.67万元。不合格商品处理率100%。（贾晓亚）

【有形市场监管】年内，市场商户基础信息和详细信息完善率达98.8%。加强市场商品质量抽检和假冒伪劣专项整治。参与产业结构调整，对经营不景气、管理不到位、安全生产存在隐患的市场进行梳理、约谈和指导。关停并转低端农副产品市场6个，分别为北京绿色农夫农副产品市场有限公司、北京华捷四季鲜菜市场有限责任公司、北京乐旺菜市场有限公司、北京灯市口华宝综合市场中心、北京北剪子巷菜市场有限公司、北京双赢红利农副产品市场有限公司。完成升级改造市场6个，分别为北京李村菜市场有限责任公司、北京乐家菜市场有限公司、北京金年丰菜市场有限公司、北京市王府井阳光菜市场有限公司、北京广德普惠便民菜市场有限公司、北京利天名业农副产品市场有限公司。（贾晓亚）

【网络监管】年内，监测网络广告3111个，办结互联网违法广告、商品质量不合格等违法案件43件，罚没款111万元。其中商品质量网络案件涉及上海、深圳、四川等外省市，在办理过程中尝试开展视频询问，降低行政成本，增加证据有效性，避免零笔录风险，得到市局肯定，被国家工商报采选刊登。（贾晓亚）

【推进工商进社区工作】年内，服务、维权和监管工作向深层次延伸，以楼宇工作站和社区工作站为基点，试点开通工商社区微信交流平台，将工商社区宣传栏纳入统一管理，内容统一规划、版面统一设计，全年更换12期600余块次，宣传新法规、新政策、消费提示、宣传工商先进人物、先进事迹。（贾晓亚）

质量技术监督

【概况】 东城区质量技术监督局（简称区质监局）负责贯彻、实施有关质量技术监督方面的法律、法规、规章和政策。机关设办公室、监察科、法制科、产品质量监督管理科、标准化科、计量监督科、特种设备安全监察科和稽查队8个科室队。编制51人，实有51人，其中行政37人，行政执法专项7人，工勤7人。直属事业单位3个，编制100人，实有100人，其中组织机构代码管理中心8人、计量检测所50人、特种设备检测所42人。

年内，制定《2014年党风廉政建设责任及廉政风险防控管理工作要点》，逐级签订《党风廉政建设、行风建设责任书》。推进规范执法行为、规范政务服务、提高执法能力和服务水平（简称两规范一提高）工作，制定并实施《东城区质监局政务服务管理规范》。作为区网格化城市管理体系与网格化社会服务管理体系有机融合（简称两网融合）标准化建设工作组牵头单位，制定两网融合标准化建设实施方案、培训和调研计划，组织召开标准化建设培训会。与区文化委、市标准化研究院合作开展东城区创建国家公共文化服务体系示范区标准化建设工作，制定《东城区公共文化服务标准化建设工作方案》《东城区公共文化服务标准化建设课题管理制度》，开展街道和社区调研，完成《东城区公共文化服务标准化体系研究报告》，搭建东城区公共文化服务标准体系总体框架。加强与驻区街道社区结对共建，加入和平里社区党员志愿者联盟。慰问走访困难党员、离退休党员，参与博爱在京城和共产党员献爱心捐献活动，捐款8490元。全年出动执法人员2876人次，开展执法活动1030起，立案14起，罚没款合计4107.60元。受理投诉举报267件，回复率100%。全年发布报送信息218篇，其中媒体报刊刊登74篇次（中央2篇次、市级71篇次、区级1篇次）；市级87篇次；区级104篇次。被评为首都文明单位、北京市区县机关档案工作测评市级优秀单位。

单位地址：东城区和平里五区甲12号

联系电话：84220417

邮政编码：100013 （高然）

【领导调研】 5月15日，国家质检总局党组成员、国家标准化管理委员会主任田世宏到东直门街道社会服务管理分中心专题调研、指导城市公共服务和网格化社会服务管理标准化建设工作。听取区长张家明、副区长王中华和市质监局局长赵长山介绍情况，并现场观摩管理信息平台实时运行演示。认为东城区此项工作是在城市公共服务和社会管理领域的一次成功探索，具有示范引领作用。6月23日，国务院参事室调研组张纲在国家标准化管理委员会副主任方向的陪同下，专题调研区城市公共服务和网格化社会服务管理标准化建设工作，观看监督指挥系统演示，与建国门街道及各单位参会代表座谈交流。（高然）

【计价秤统配统管】 5月，配备符合北京市地方标准的电子秤，实行计量器具统一配备、统一管理、统一检定的管理制度，首次在王府井商圈为50家销售北京特产食品的个体工商户配置61台立臂式电子计价秤。（高然）

【安全生产月活动】 6月，检查32家酒店、商场的127台电梯。指导百荣世贸商城开展电梯应急演练活动。开展主题为坚守红线意识保障城市安全咨询宣传活动，向全区街道办事处和管委会发放《乘客电梯困人专项应急救援预案编写指南》420本。（高然）

【APEC会议服务保障】 7月至11月，成立服务保障和应急工作组，制定亚太经合组织（APEC）高官会和领导人峰会特种设备服务保障工作方案和应急预案。制作驻地特种设备情况对接表，明确设备型号、负责人、联系方式。发放《特种设备使用单位安全告知书》《特种设备服务保障工作承诺书》《特种设备服务保障工作确认书》和《2014年APEC会议特种设备服务保障风险控制技术要求》。分阶段、分地域、分时段出动执法人员450人次，检查单位220家次，特种设备1332台。（高然）

【质量强市创建活动】 8月，区政府印发《北京市东城区人民政府关于印发贯彻〈质量发展纲要（2011-2020年）〉开展创建“全国质量强市示范城市”活动实施方案的通知》，召开全区创建活动动员部署会议，成立由区长任组长，主管副区长任常务副组长，11个政府部门主要领导任副组长，59个相关部门为成员单位的东城区创建“全国质量强市示范城市”活动领导小组（东城区推进首都标准化战略领导小组），办公室设在区质监局。组建59家成员单位156人的质量官队伍，举办6期专题培训。走访区属11个政府部门，开展服务、环境、工程、产品质量调研，分解考评要求的指标条件，进行可行性分析研究，请国家级专家、学者，论证、指导活动实施方案。10月，与市科学技术评价研究所、北京联合智业企业发展研究院合作启动市民质量满意度测评和质量强市课题研究。就东城区“质量精神”向党政机关和市民征集意见，发放调查问卷400余份，形成备选意见3条。（高然）

8月22日，区质监局进行商品条码标识执法检查

【质量月活动】 9月，首次在全区范围内开展为期1个月的质量月活动。与市质监局、北京电视台、第一七七中学、安德里社区、和平里社区联合举办主题为“推动三个转变，建设质量强国”的质量安全知识巡讲活动。联合区教委在区计量检测所举办北京市中小学质量教育社会实践基地开放活动。启动全国知名品牌创建示范区、北京市政府质量奖和品牌价值评价等活动的申报工作。 （高然）

【产品质量监督管理】 年内，组织召开年度产品质量监督管理工作会议，重点工业产品生产企业20余家参加并签订《企业质量诚信承诺书》。开展企业责任告知与企业信息调查，向80家企业送达《东城区生产企业质量安全主体责任告知书》，全面系统掌握生产企业现状。规范节能产品市场，加强产品能效标识及3C认证监管，参加市、区打击侵犯知识产权和制售假冒伪劣商品（简称双打）工作，对红桥市场、天乐玩具市场、百荣世贸商城的平板电脑、音箱、电动玩具等19种产品进行3C认证联合检查。完成10家工业产品生产许可证获证企业年审工作，产品质量检测机构和食品检测机构监管覆盖率100%，省级以上辖区生产领域产品质量监督抽查合格率100%。 （高然）

【标准登记注册】 年内，备案后文本审核39家企业127项标准，办理12家企业执行标准登记34起，4家企业标准修改7起，取消2家企业3个标准备案。初审和报送技术标准制修订补助资金申报，4家单位7项标准（含系列标准）获得补助资金46万元。 （高然）

【计量监管】 年内，发放《中华人民共和国计量法》《商场（超市）计量行为规范》等法律文件，召开全区170余家物业公司计量工作会议，开展安全防护类计量器具大检查，扩大医疗卫生计量监管范围，推进医疗计量器具监管从大中型医院向民营医疗单位、体检中心等延伸，实现辖区医疗卫生单位计量监管全覆盖。对地坛中医药健康文化节等重点活动开展全程计量保障。引导8家医疗卫生单位参加全市百家医院能源计量器具配备符合性审查和能效计量比对工作，完成3家重点用能单位能源计量审查工作。 （高然）

【特种设备安全监察】 年内，召开辖区内6家压力管道安装单位工作会。处理居民用电梯投诉45件、非紧急救助156件。全年检查单位454家次，设备3416台，下达《特种设备安全监察意见指令书》6份。 （高然）

【落实清洁空气行动计划】 年内，落实《北京市2013-2017年清洁空气行动计划》，向辖区内型煤销售企业、机动车检测场宣传《北京市大气污染防治条例》。针对雾霾天气，严控燃煤质量，监督抽样检查型煤销售企业，合格率100%。机动车安全技术检验机构、从业人员资格、计量设备使用及周期、使用挥发性有机物含量标准监督检查12次。 （高然）

【组织机构代码管理】 年内，取消现场年审，调整优化办理申请、证书延期、信息变更、遗失补办等业务流程。办理组织机构代码证书1.74万套，变更2369家，注销466套。211家企业开工告知2084台件，受理行政许可286家932台件，45家企业办理90个标准备案，珠宝玉石质量检验师执业资格注册登记36个。 （高然）

【技术机构检验检测】 全年检测计量器具7.79万台件，其中强检计量器具4.67万台件。特种设备检测所通过国家质检总局特种设备检验检测资质认可评审。举办特种设备管理及操作人员培训班7期，参加培训298人，检验检测特种设备1.38万台辆。（高然）

【党的群众路线教育实践活动】 2月14日召开总结大会。自上年7月启动的活动中，制定局党组理论学习中心组及党员干部理论学习计划，以集中和扩大相结合形式坚持每月学习，制定、修订完善规章制度35项。深入相关单位调查研究，梳理整改措施落实情况，总结完成事项，开展3次整改落实情况“回头看”，33项整改措施除1项属于即时完成，其余32项已形成长效机制。 （高然）

审　　计

【概况】 东城区审计局（简称区审计局）是负责全区审计工作的区政府工作部门，受区政府和市审计局双重领导。主要职责审计监督区年度财政预算执行情况，区政府重点投资建设项目情况，区行政事业单位财务收支情况，区属国有企业及国有控股企业资产负债损益情况，区行政事业单位处级领导干部和国有企业及国有控股企业领导人员的经济责任履行情况等，对区政府和市审计局负责并报告工作。内设办公室、人事科、监察科、综合科、复核法制科、固定资产投资审计科、经贸审计科、行政事业审计科、财政审计科、街道财政审计科、社保环保审计科、经济责任审计科、内部审计指导科、信息管理办公室14个科室，1个全额拨款事业单位（东城区审计事务中心），编制79人，实有76人。

年内，完成审计项目31个，查出问题金额73.55亿元，其中违规金额646万元，管理不规范金额73.48亿元。移送处理事项4项，移送处理金额424万元。被采纳审计建议70条，被审计单位制定整改措施55项，促进建立健全规章制度7份，提交审计信息123条，采纳54条。抽调干部参加审计署和市审计局组织的全国土地出让收支和耕地保护情况、城镇保障性安居工程、稳增长促改革调结构惠民生防风险政策落实情况等相关审计工作。年内，制定党风廉政建设工作目标任务，层层签订《党风廉政建设责任书》，召开局党组会11次、局长办公会23次，对全局“三重一大”事项进行专题研究。由信息管理办公室和业务人员共同撰写计算机审计案例在市审计局年度计算机审计评审中获应用奖。区审计局固定资产投资审计科被授予北京市审计机关先进集体，1人被授予北京市审计机关先进个人。

单位地址：东城区天坛东路甲7号

联系电话：67052535

邮政编码：100061　（肖雅莉）

【经济责任审计】 9月，成立由区长任组长的东城区经济责任审计工作领导小组，形成领导小组领导决策、联席会议组织协调、成员单位配合工作、专职部门督查落实的工作格局。办公室设在区审计局。年内，受区委组织部委托，完成处级领导干部4人、国有企业领导1人的经济责任审计，查出问题金额4996万元。（肖雅莉）

【预算执行审计】 年内，完成预算执行审计16项。审计查出问题金额72.33亿元。组织66个区级部门单位开展自查自纠，督导自查情况。制定出台《关于加强2013年度预算执行审计结果整改落实工作的意见》，规范被审计单位审计结果整改报告。公开15个区级部门单位的预算执行审计结果。（肖雅莉）

【政府投资项目审计】 年内，完成政府投资项目审计4项。审计钟鼓楼广场恢复整治项目征收补偿资金、东城区2012～2013年煤改电项目、东城区老旧小区综合整治工程跟踪项目，补充审计北京天街集团有限公司承担的前门大街及东片保护整治项目土地开发成本，查出问题金额2937.34万元。参与制定《东城区环境建设政府投资非基本建设项目管理暂行规定》。审计监督地铁6号线和8号线拆迁结算、14号线居民拆迁资金等重点工程。参与陈独秀故居等征收、腾退工程项目政策制定和工程资金的审计监督。（肖雅莉）

【专项审计调查】 年内，完成17个街道办事处债权债务情况、区财政局2010年12月至2013年6月金财工程相关资金管理使用情况、区2011～2012年文化创意产业发展专

7月14日，对东华门街道办事处原主任进行任期经济责任审计

项资金绩效情况、区教育系统办学设备升级更新购置经费管理和使用情况、区2012年度体育生活化社区工作经费分配使用和管理情况、区社区卫生服务机构管理运行情况6个项目专项审计调查，查出问题金额4226.43万元。通过专项资金审计，揭示政策落实、资金分配、管理和使用效益等方面存在的问题，为区委区政府推动社会事业发展提供决策参考。

（肖雅莉）

【内部审计】 年内，摸底调查贯彻落实《进一步加强内部审计工作的意见》的情况，为内审工作有序开展提供制度保障。强化内审工作指导，搭建交流沟通平台。10月20～23日，分两期对全区内审人员260人进行后续教育和岗位培训，促进提升内审工作质量和水平。（肖雅莉）

【审计业务管理】 年内，组织开展审计项目质量评查工作，发挥优秀审计项目示范引导作用，严格规范审计行为。围绕审计署法治宣传材料开展全员学习，为依法履职提供法制保障。开展京OA（区县版）升级改造后的应用工作，制定管理制度和操作指南，实现京OA系统与署AO系统数据交互，所有审计项目全部应用京OA系统。争取区财政局配合和支持，推进“智慧东城”数字化审计平台任务。在经济责任审计和工程项目审计中，打破科室分工界限，解决审计力量不足问题。（肖雅莉）

【党的群众路线教育实践活动】 2月26日至10月21日，全局开展党的群众路线教育实践活动。向市审计局、16个被审计单位、74名党员群众和离退休干部发放征求意见函（表）。征求对领导班子意见建议22条、对领导班子成员意见建议41条、对处级非领导职务干部意见建议45条。局领导班子查摆出“四风”方面存在问题18个，班子成员个人查摆出“四风”问题及其主要表现84条。局领导班子成员21人次发言、相互提出批评意见32条。活动期间，开展谈心谈话活动，诚恳指出存在的问题，及改进建议。局党组制定《整改方案》，确定17项整改任务，明确责任领导、限时整改。梳理全局51项制度，修改完善5项，新制定6项。活动期间召开领导小组会5次、活动办公会6次、专题民主生活会1次、基层组织生活会1次、党课2次、印发党组和群众路线领导小组文件6个，编发活动简报4期、信息11期、机关党员学习材料7期。（肖雅莉）

烟草专卖

【概况】 东城区烟草专卖局（公司）为烟草专卖行政主管机关，依法负责行政辖区的烟草专卖管理工作，在行政辖区内对烟草制品实行专卖专营。中共组织关系隶属于中共东城区机关工委。1998年3月成立，根据北京市区划调整工作要求，2010年9月17日，原东城、崇文两区局（公司）合并，新东城区局（公司）正式成立。内设办公室（安保科）、人事劳资科（政工科）、财务科、法制科、专卖监督管理科（专卖稽查支队、内部专卖管理监督科）、内部专卖管理监督办公室、营销网建科7个科室。编制102人，实有102人。

年内，销售各类卷烟4.27万箱，查获案件490起，查获违法卷烟586万支，案值394万元，其中5万元以上大案13起，移送司法机关刑事拘留11人，依法判刑17人。

单位地址：东城区东直门外察慈2号

联系电话：84559701

邮政编码：100027（于甜甜）

【节日错时执法检查】 春节期间，组织人员开展错时执法检查，针对旅游景区和繁华商业区在节日期间人流量大、外来人员多的特点，出动检查人员16人，执法车辆3辆，检查零售户69户次，查处违规经营行为17起，查获违法卷烟25条。“五一”期间，出动执法检查人员20人次，检查重点地区零售户50余户，行动中查扣违法卷烟1200支，警告教育9户。

（于甜甜）

【“3.15”“5.15”宣传日活动】 3月13日，开展“3.15”烟草专卖法规法制宣传活动。讲解真假烟识别技巧，真假卷烟现场比对使消费者有更直观的认识。活动中发放宣传资料100余份，并将“12313”举报电话作为重点宣传内容，告知消费者在卷烟消费过程中遇到问题时的投诉咨询途径。5月15日，东城烟草联合东城公安分局、工商分局等单位，开展主题为“打击防范经济犯罪，护航改革，保障民生”宣传日活动，通过发放宣传资料、公布“12313”举报电话、图片展示、技能教学、法律咨询等形式，向群众传授鉴别真伪卷烟知识和技巧。活动中发放宣传资料200余份，接受群众咨询50余人次。（于甜甜）

【两法衔接座谈】 3月24日，与区检察院座谈讨论如何实现行政执法与刑事司法相衔接，达成共识，即在行政执法过程中，司法机关提前介入，行政执法部门及时将执法情况向公安、检察和相关行政执法部门通报，利用行刑衔接信息平台，实现数据、技术资源信息共享。（于甜甜）

【查获非法生产销售烟草嫌疑人】 3月27日，根据网格员提供的重点户信息，联合东城公安分局，在西总布胡同65号，当场查获薛某及其妻子涉嫌销售非法生产的烟草专卖品6.42万支，案值3.46万元。因涉嫌构成犯罪，此案移交司法机关。（于甜甜）

【专项整治行动】 4月，与区公安、工商等部门召开联席会议，以破获大要案和网络案为目标，分析研究卷烟市场特点，制定行动方案，开展执法行动5次，破获5万元以上案件2起。对辖区涉烟集贸市场和繁华商业区开展联合执法，在重点地区突击行动，清理整治无证户10余户。在繁华商业区、旅游景区和夜市，组织专项检查10余次，查获违法案件23起，查处违法卷烟40.90万支，案值28.13万元。（于甜甜）

【暑期市场集中整治】 7月9日，开展暑期市场集中整治行动，龙潭湖派出所协助，在板厂南里和光明西里当场查获张某假私非卷烟1137条，案值13.44万元，移交东城公安分局。（于甜甜）

【北京站专项治理】 8月至11月，组织全体市场监管员对北京站进行集中突击检查，多次分小组进行夜间及法定节假日错时检查，立案7起，查获卷烟891条。北京站地区市场净化率增长率同比增加23.1%，举报投诉率由1月的10余起降低至11月的1起。（于甜甜）

【查获非法烟草制品】 12月17日，根据群众举报，在草厂东巷某居民住宅内查获一批非法烟草制品。当场查获涉嫌假冒伪劣卷烟软中华、软牡丹、硬方黄大前门等4个品种71条，4200支无标识手工雪茄，无注册商标雪茄包装盒以及雪茄烟嘴等物品。经询问，此为当事人在南锣鼓巷用于销售的违法烟草制品。（于甜甜）

国有资产监督管理

【概况】 东城区人民政府国有资产监督管理委员会（简称区国资委）是区政府授权代表国家履行国有资产出资人职责的区政府直属特设机构。内设办公室、企业发展科、资产管理科、统计评价科、财务预算科、董事会监事会办公室、党群办公室、组织人事科、审计科（监察科）9个科室，编制41人（含专职监事人员行政编制4人），实有41人。

年内，推动天街集团通过资产授权和业务授权方式，完成文化地产、文化产品制作及文化金融三大产业板块架构目标，与市文资办、保利文化、峰巢东方等外部资源整合，搭建天街集团文化金融、文化要素交易、艺术品、戏剧等三级项目公司。推进商业服务业态发展，区属崇远公司、东方奥天公司新增6家社区服务网点，亿兆、前门化工、大北照相等开设新的分店。研究指导红桥市场企业业态升级，引进一线品牌，打造国际珠宝设计中心。3月，成立一办三组，即国有企业改革专项工作小组办公室、国有资产体制改革项目组、国有企业绩效体制改革项目组、人才队伍建设和人事体制改革项目组，明确职责，启动全面深化国资国企改革发展意见的调研与制定工作。年内，推动区住宅发展中心、区房地一中心、区房地二中心转企改制工作，成立转企改制领导小组，形成《关于区住宅发展中心转制工作进展情况的报告》。启动便宜坊集团股份制改造工作，聘请上海荣正投资咨询有限公司为财务顾问，设计股改方案。对吴裕泰提出“上市是手段，发展是核心”的指导思想，将上市工作纳入公司整体发展规划全局考虑。完成王府井食品商场改制和发展问题战略规划方案论证。推进盛锡福股权重组和调整增资扩股方案。收缴完成年度国有资本经营预算收入3245万元。完成上年区属国有企业负责人年度经营业绩考核与薪酬兑现。指导直接出资企业完成高管副职和权属企业负责人业绩考核。完成天街集团、东方奥天、崇远、东方信达、建远领导人员委派任免、提任考察和组织谈话13人，按照“老人老办法”管理的领导人员任免和组织谈话10人，企业领导人员兼职备案26人次。全年召开机关党委会13次，主任办公会16次。

单位地址：东城区北花市大街14号

联系电话：67196908

邮政编码：100062（席文韬）

【企业领导培训】 3月至10月，组织高管人员系列培训，课程设6讲，参加培训1200余人次。选派企业领导6人参加区年度北京大学现代公共管理高级研修班学习。选派青年干部

10人参加年度区中青年干部培训班。（席文韬）

【保障房和代建工程】年内，弘善家园累计办理回迁安置居民入住8900余套，入住率超过80%，其中办理房产登记2429套。建国门医院、东直门街道社区卫生服务中心、区文化活动中心等代建工程取得进展。出资设立北京宝华地产有限公司，注册资本3亿元，用以启动宝华里危旧房改造项目。（席文韬）

【区属重点工程】年内，推进调整地铁八号线鼓楼站织补项目规划设计方案和项目内教育用地，协调解决京苑置业公司3家股东偿还前期土地拆迁银行贷款本息10.70亿元，项目现场平整，完成593根围护桩和9109根旋喷桩，占整体工作量86%。按照股权结构将隆福广场、长虹电影院资产划转至新隆福公司，项目内隆福广场产权商户达成拆迁意向面积近50%。完成隆福大厦内外装修拆除工作，地铁地块累计完成机械旋挖桩245根，旋喷桩施工848根，占整体工作量70%。（席文韬）

【房产资源和产权管理】年内，开展产权登记汇总分析，撰写《2013年度产权登记汇总分析工作报告》。完成年度国家出资企业产权登记汇总分析，纳入全区产权登记范围企业231户，新设占有登记5家。（席文韬）

【信访维稳】年内，落实领导干部“三访”制度和信访代理制度，排查消解企业信访问题。全年受理信访286件（涉及群体事件8件，个人事件278件），办理解决信访件274件，占信访量的95.80%。（席文韬）

【党的群众路线教育实践活动】2月至10月开展。历经学习教育、听取意见，查摆问题、开展批评，整改落实、建章立制3个环节。活动分3个层次开展，机关处级领导干部、直属各基层党支部、直属5家区属国有企业。征集到各方面意见建议28条，明确19项整改任务，梳理现行61项规章制度，修订完善19项，新建16项，废止1项。（席文韬）

北京天街集团有限公司

【概况】北京天街集团有限公司（简称天街集团）2013年7月成立，由区国资委所属原北京东方文化资产经营公司和原北京天街控股集团有限公司整合组建，注册资本11.40亿元，账面总资产202亿元，净资产73亿元（原北京东方文化资产经营公司2001年成立，注册资本13.60亿元，专业从事文化产业经营与管理，2012年总资产14亿元。原北京天街控股集团有限公司2004年8月成立，注册资本9.44亿元，专业从事房地产开发、建设、销售与物业管理，2012年总资产127亿元）。天街集团是区国资系统最大的文化企业集团，是区文化产业投资、管理、运营、服务平台，承担历史文化风貌保护与发展任务。天街集团主要从事文化资产运营、文化地产开发、文化产品提供及文化金融服务等业务，致力于打造文化主题园区的建设、管理与运营，戏剧制作与演绎，艺术品拍卖与交易等三大文化产品，拥有前门文化体验区、玉河文化产业园、77文创园等六大园区及小剧场戏剧制作实践基地，开展剧院运营、原创剧目制作、演艺经济一体化的戏剧产业经营，以及艺术品评估、鉴定、线上和线下交易、拍卖、典当等服务，打造集融资、基金、上市为一体的高品质金融服务平台。天街集团权属企业97家，重点二级企业5个，为北京天街置业发展有限公司、北京东方文化经济发展有限公司、北京东方文化资产经营公司、北京大前门投资经营有限公司、北京新北方旅游产业发展有限责任公司。天街集团内设董事会办公室、行政事业部、人力资源部、党群工作部、预算部、资产经营部、法务部、审计部、企业发展部、前期部、财务部、文化金融部12个部室，有员工94人。

年内，天街集团权属企业北京东方文化资产经营公司入选首都文化企业30佳，中国传媒集团艺术品评估委员会及文化艺术大讲堂专项基金落户集团所属北京皇城艺术馆，东方剧院联合推出驻场版音乐剧《爱上邓丽君》，传是拍卖2014春秋拍卖会总交易额完成3.58亿元。天街集团全年完成主营业务收入14.10亿元，上缴利润1477万元，国有资产保值增值率102.3%。

单位地址：东城区王府井西街9号
联系电话：65281128
邮政编码：100006（屈瑞蕊）

【77剧场开幕】4月17日，集团所属77文创园内77剧场开幕。77剧场所在的77文创园由原北京胶印厂整

10月28日，举行前门东区城南计划国际学术论坛

体改造而成，位于东城区美术馆后街77号，建筑面积1.30万平方米。园区秉承整体规划、整体实施、整体运营理念，引入戏剧、影视和文创行业领军企业，构建文化资产运营生态系统，初步形成以戏剧、影视为核心业态的高端文化主题园区。（屈瑞蕊）

【前门东侧路绿化景观带建成】 9月23日，集团所属项目前门东侧路三里河绿化景观整治工程（一期）竣工（区绿化经营中心承担施工）。工程北起西打磨厂街，沿长巷头条，经鲜鱼口街、中芦草园，向东南至正义路南延西侧，全长800米，规划面积1.33万平方米。一期工程位于前门东侧路东鲜鱼口路口南北两段，长260米，占地4005平方米，8月初开工。工程再现“水穿街巷”，对恢复前门地区历史风貌和街巷肌理有重要意义。

（屈瑞蕊）

【钟鼓楼南广场竣工】 8月14日至9月24日，集团完成钟鼓楼广场恢复整治项目钟鼓楼南广场工程（钟鼓楼广场恢复整治项目工程位于钟鼓楼广场现址，由钟鼓楼南广场、北广场及钟楼两侧组成，总整治面积1.60万平方米）。南广场铺装面积4500平方米，路面铺装面积1000平方米，广场与路侧绿化面积1500平方米，砌筑围墙200延米，新增雨污水、给水、电信管线300延米，改造路灯，增加景观灯12盏。工程还将历史上自然偏离的广场拨正。（屈瑞蕊）

【城南计划开幕】 10月28日，由天街集团、北京市建筑设计研究院及天安时间当代艺术中心共同主办的“城南计划——前门东区2014”展览在玉河文化产业园内天安时间当代艺术中心开幕。活动邀请国内外多家知名建筑规划机构及相关领域专家学者，通过学术层面的研究讨论，探讨城市功能与空间演进、旧城改造与民生保障、历史文脉保护与传承等几大综合性问题。展览免费对外开放，2700人次参观。（屈瑞蕊）

【党的群众路线教育实践活动】 2月至10月，天街集团开展党的群众路线教育实践活动。活动经历集体学习、征求意见、谈心、对照检查、整改落实及召开民主生活会等环节，征求意见51条，查摆问题131项，制定整改任务19项（年底前全部完成）。修订完善管理制度39项，新制定管理制度14项，设立决策事项网上公示制度及党委接待日制度，活动期间接待职工8人次，解决诉求4件。

（屈瑞蕊）

北京东方奥天资产经营有限公司

【概况】 北京东方奥天资产经营有限公司（简称东方奥天公司）2009年12月29日成立，由北京奥士凯资产经营公司和北京天元资产经营公司调整组建而成，国有独资，注册资本2.60亿元。区国资委授权运营，并接受其监督管理。东方奥天公司依法对授权范围内的国有资产进行经营和管理，承担国有资产安全完整和保值增值责任。下属独立经营企业有利生体育商厦、新中国儿童用品商店、奥士凯商贸连锁经营公司、王府井食品商场、盛锡福帽业有限责任公司、同升和鞋业有限责任公司等13家。公司设董事会、监事会、经营层。内设办公室、资产经营部、财务部、审计部、发展改革部、房管基建部、人力资源部、保卫部、组织宣传部、工会、纪检监察部11个部门。有在册职工1626人，离退休8717人。

年内，召开董事会6次，讨论批准《企业绩效目标责任制考核办法》《年度工资总额预算指标》《年度工资预算编制》等6项议题。召开职工代表大会、经济工作会及工会工作会议，与各权属企业签订绩效目标、党风廉政、综合治理和计划生育责任书，分解落实各项指标任务。召开专题会议研究党风廉政建设工作8次。制定《关于贯彻落实中央八项规定精神的实施意见》《关于开展借公务之名旅游问题专项整治工作方案》。加强“六费”公开的监督检查。修订完善《企业绩效目标责任制考核办法》，对未完成财务指标和管理指标的企业经营者累计扣罚薪金46人次，奖励9家超额完成预算指标企业经营者。全年营业收入8.17亿元，比上年同期递增9.1%；利润3689万元，比上年同期递增8.5%；资产总额12.43亿元，国有资本保值增值率105.63%；在岗

11月1～20日，北京市奥士凯商贸连锁经营公司销售冬贮大白菜36万斤，收入16.68万元

职工人均工资收入增长7%以上，全公司上缴税利4833万元。公司员工4人纳入东城区优秀技能人才库，3人获得高级营业员职业资格证书。

单位地址：东城区韶九胡同19号

联系电话：85115220

邮政编码：100006 （王酥镗）

【节日营销】 春节期间，开展传统特色的“骏马欢腾迎新春·快乐购物过大年”主题营销活动，销售收入1962.40万元 （王酥镗）

【同升和鞋店112周年店庆】 4月20日至5月5日，同升和开展“百年制鞋技艺·真情代代相传”店庆活动，活动中进行手工缝制皮鞋演示和人体雕塑模特表演，向顾客展示同升和特色产品手工布鞋、皮鞋及手工皮鞋的制作工艺。活动期间销售收入26万元，同比增长73%。 （王酥镗）

【同日升粮行举办杂粮节】 8月26日，第八届杂粮节开幕。活动现场，向周边社区80岁以上老人10人赠送寿桃，向40户困难居民发放大米、面粉。开展买杂粮换购、让利回馈消费者等活动，推出消费者喜爱的商品40余种，受到消费者欢迎。《劳动午报》《新东城报》及北新桥街道宣传部报道活动。 （王酥镗）

【第五届购物节】 9月7日至10月7日，公司开展以“倾情回馈·乐享惊喜”为主题的第五届购物节活动。组织900个品牌和厂家，5万余种商品参加购物节促销活动。销售收入3694.79万元。 （王酥镗）

【新品发布会】 10月26日，利生体育商厦门前广场举办361°新品发布会，产品代言人篮球明星马布里到现场与球迷互动交流，限量发售篮球鞋60双，游客及消费者1000人参与活动。 （王酥镗）

【销售冬贮大白菜】 11月1～20日，连锁公司在北新桥粮行、新味店、金宝街店及北小街北口店4家网点销售冬贮大白菜，提供送菜到家服务，满足周边百姓需求。期间，销售冬贮大白菜36万斤，销售收入16.68万元。 （王酥镗）

【同升和获全国老字号创意奖】 11月，北京同升和鞋业有限责任公司参加中华老字号2014时尚创意大赛，经典手工缝绱皮底系列手工擦色皮鞋获始创产品时尚创意银奖；经典手工缝绱皮底花头鞋盒获产品包装时尚创意银奖；手工缝绱皮底系列手工制鞋工艺获传统工艺手工制作铜奖。 （王酥镗）

【党的群众路线教育实践活动】 2月至10月进行。公司所属16个党（总）支部，369名党员全部参加，覆盖面100%。活动分3个环节，学习教育、听取意见，查摆问题、开展批评，整改落实、建章立制。公司领导班子组织中心组学习20次，与群众座谈128人次，征求对领导班子意见、建议76条，反映“四风”方面25条，对领导班子成员意见建议72条，反映“四风”方面51条。领导班子制定19项整改措施，班子成员制定109项整改措施。建章立制，制定8项，修订完善12项。各权属企业累计集中学习141次，下发征求意见表269份，征求意见人数680人次，领导班子征求意见建议171条，反映“四风”方面78条；领导班子成员征求意见建议204条，反映“四风”方面154条。召开党员大会，对329名党员进行民主测评，其中325名党员评定为“好”，4名党员评定为“一般”。 （王酥镗）

北京东方信达资产经营总公司

【概况】 北京东方信达资产经营总公司（简称东方信达）是区属综合性国有资产经营公司。2002年7月成立，现有资产总额约38亿元，全资、控股及参股企业23家。东方信达以建设有影响力的资产管理和资本运营公司为目标，秉持守正出新、敢做善成的企业精神，打造“3+N”业务板块，即打造有广泛影响力的文化金融板块，建设有浓厚特色的商业流通板块，发展有优势专长的房地产开发与物业经营板块，培育引导发展中医药、教育服务以及体育等新兴产业。东方信达内设党委办公室、总经理办公室、人力资源部、审计部、企业管理部、企业发展部、综合项目部、财务部、退管部9个部门。有员工1600余人。

年内，制定《东方信达房产经营规划》，盘点评估总公司118处房产，细化房产规划实施方案，规划方向3个，13处为办公服务，83处为商务服务，22处为公益项目，并分别制定项目规划定位和开发周期。编制2014～2016年三年发展目标框架体系，制定《外派董、监事管理办法》，组织所属企业进行无形资产申报，对存在历史遗留问题的15家企事业提出处置建议。考察、任免权属企业国有股权代表51人次，完成年度责任书签订和上年考核、薪酬兑现。完成都季酒店、天安大厦、王府井置业等15个审计项目，开展上年审计建议落实情况后续审计工作，建立《审计质量控制制度》。全年，总公司系统代建开复工项目31个，建筑面积17万平方米，竣工项目24个，竣工面积14万平方米。协调偿还政府融资平台贷款本金10.50亿元，利息4414.41万元。与各企业签订《年度安全生产责任书》。全年未发生重大安全生产责任事故。未发生群体性上访事件。

单位地址：东城区南竹杆胡同六号北京INN三号楼8层

联系电话：64224196

邮政编码：100010 （王文韦）

【策划地坛文化庙会全球行】 2月至3月，投资设立专业活动策划运营公司——北京东方妙汇国际文化传播有限公司，运作地坛文化庙会全球行活动项目。2月10～16日，曼谷之旅在曼谷世贸中心举办，接待泰国民众和游客近20万人，收入700万元泰铢（约合人民币140万元）。2月28日至3月8日，在台北花博公园舞蝶馆举办台北之旅，收入730余万元台币（约合人民币150万元）。地坛文化庙会全球行受到泰国、台湾各界人士喜爱和赞许，曼谷之旅纳入文化部欢乐春节活动框架。 （王文韦）

【资本运营】 年内，投资设立北京东梦空间文化创意有限公司、北京文筹投资服务有限公司，加快文化消费领域布局，实现互联网金融与东城区文化创意产业对接。投资设立华盖映月影视投资基金，募集资金1.46亿元，首期出资额5820万元，用于《心花路放》等6个影视项目，其中《心花路放》11亿元票房为年度内地国产片票房冠军。投资优听无限、自在科技、生日管家、爱嘉游、快乐工场、礼多多、爱度艺文7个项目，投资额5840万元。文化金融集团更名为北京华章东信文化投资有限责任公司，江西出版集团旗下华章天地传媒投资有限公司入股2.08亿元。 （王文韦）

【资产管理】 年内，拓展“胡同里的创意工厂”，龙潭项目工程一、二期竣工验收。亮点五十五号创意产业园完成二期建设，开始招商。新增文创园区5万平方米，园区总面积已超过8万平方米。 （王文韦）

【股权管理】 年内，北京东方雍和国际版权交易中心推进版权、物权交易，推出全国文化产权交易联合体，推动成立全国文交所行业协会，完成中央池版权云建设，开发艺术家公盘、稀缺资源品业务、文化资产收益权交易、影视演艺项目股权交易、影视演艺消费权益众筹交易等版权、物权全新交易业务模式，物权发售额近5亿元。北京厚德雍和资本有限责任公司投资《北平无战事》《勇敢的心》《箭在弦上》，取得较好收益。国华担保创新文化金融经营模式，推出票房宝、演出宝、文创小微宝，其票房宝项目《夜莺》代表中国参与角逐奥斯卡最佳外语片奖。创新房产经营模式，通过到期收回、回租补偿、能源控制、法律诉讼等多种方式，东信空间收回房产面积7000余平方米，解决4处经营房产转租问题，房产运营效益明显提升。 （王文韦）

北京崇远投资经营公司

【概况】 北京崇远投资经营公司（简称崇远公司），2000年5月成立，注册资本1亿元，国有独资，是区国资委授权的国有资产监管运营企业，代表区国资委行使国有资产出资者权力。权属企业有崇远万家公司、便宜坊烤鸭集团有限公司、天润金百投资集团有限责任公司、大北服务有限责任公司、北京市珐琅厂有限责任公司、五洲医药有限公司等14家。内设党委办公室、行政办公室、人事部、财务部、资产部、发展部、审计部7个部门。有在职员工32人。

年内，在深入开展党的群众路线教育实践活动的同时，围绕全年工作任务和奋斗目标，推进企业转型升级，加速经营结构调整，创新经营管理方式，强化资产运营管理，促进系统整体经济效益稳步增长，修改完善《崇远公司权属国有独资及国有控股企业负责人薪酬管理及经营业绩考核办法》。深入权属企业进行最美北京人巡回宣讲，受众450人次。举办中青年干部培训9次，80人参加。全年营业总收入10.58亿元，同比增长11.07%；利润总额6044.65万元，同比增长22.13%；上缴税利总额8799.08万元，同比增长3.41%；归属母公司净资产收益率1.70%，同比增长3.03%；国有资本保值增值率107.08%，同比增长6.47个百分点；在岗职工平均年收入同比增长3.19%。

单位地址：东城区崇文门外大街新怡家园甲3号B座5层

邮政编码：100061

联系电话：67170397 （张剑）

【权属企业管理】 年内，召开权属企业董事会工作报告会，调整10家企业董事会、监事会成员，配齐前进鞋厂、制帽厂、崇远万家、左批公司、珐琅厂、幸运公司6家企业领导班子。 （张剑）

【研讨发展电子商务】 年内，加快企业网络营销发展速度，增强企业竞争力，制定《关于促进崇远系统企业发展电子商务的指导意见》，召开公司系统O2O互联网运营工作会，研讨运用互联网信息平台和O2O线上线下运营模式，以及权属企业在电子商务领域创新发展问题。 （张剑）

【老字号品牌扶持】 6月，制定《崇远公司关于老字号发展的实施意见》，明确鼓励老字号发展扶持措施及奖励办法。发挥国有资本经营预算资金引导作用，为大北、五洲、珐琅厂、弘钰博4家企业申请国有资本预算资金600万元，推动品牌企业加速发展。 （张剑）

【国有股权管理】 年内，修改完善《公司系统国有股权管理暂行办法》，规范国有股权划转、出售程序。完成天祥兴达、启元茶业、康乐公司等11家权属企业国有股权划转登记手续。完成崇光药业3%国有股权有偿转让，收回投资35.96万元。 （张剑）

【房屋利用管理】 年内，制定《崇远公司房屋管理暂行办法》，规范企业房屋场地出租行为，完成系统内房屋统计工作。目前自有产权商定用房196处，建筑面积30万平方米。 （张剑）

【党的群众路线教育实践活动】 2月至10月，公司系统开展党的群众路线教育实践活动。活动中严格落实中央八项规定，制定《崇远公司机关关于进一步加强服务工作的实施意见》《关于公司系统厉行节约、反对浪费的实施意见》。组织集中学习22次，88学时。征求到对领导班子的意见建议13条。领导班子及班子成员查找“四风”突出问题99条，相互间提出批评意见88条。确定14项整改目标，领导班子成员整改措施118条，个人

整改清单54条。修订党委管理制度18项、行政管理制度13项，新建党委管理制度9项、行政管理制度6项。（张剑、韩伟）

北京建远投资经营有限公司

【概况】北京建远投资经营有限公司（简称建远公司）是区国资委授权负责国有资产监管、运营、管理的国有独资有限责任公司，2004年成立，注册资本1.64亿元。下属主要二级企业4家，即北京正阳恒瑞置业公司、北京红桥市场有限责任公司、北京建新市政工程管理有限公司、北京崇建汇友装饰中心。授权、监管、投资的各级权属企业29家。公司内设党委办公室、行政办公室、投资经营部、资产管理部、财务部、审计部6个部门。有在职员工27人。

年内，推进以保障性住房建设和危改为主的房地产板块、市政基础设施建设板块和商业文化板块等三大核心板块发展。落实国有企业绩效考核制度，与下属企业逐级签订经营业绩和目标责任书，确定建远系统二级、三级企业经营业绩考核指标，分解落实各项任务指标。公司通过预算管理、战略管理、资产管理、审计监督、干部管理、国有资产重大事项审核报备等管理方式，推进企业各项工作。上半年完成天坛周边简易楼改造方案。7月，开展党心连民心、亲情进万家、共产党员献爱心活动，为4名困难党员送慰问金5000元，系统内单位12家党员212人和群众42人捐献善款1.67万元。年末公司总资产108.30亿元，净资产9.50亿元，实现利润5205万元，上缴税费0.79亿元，国有资产保值增值率103.51%。

单位地址：东城区天坛路55号

联系电话：67075339

邮政编码：100062（金莹）

【保障性住房建设】年内，建远公司监管企业北京正阳恒瑞置业公司定向安置房弘善家园建设项目搬迁居民办理入住手续134户，累计入住8901套，入住率82.39%。该项目办理居民房屋产权登记2429套，转移登记2950套。通州两站一街项目完成权属核查工作，A5、A6组团土方施工20万方，C、F及G组团桩600根，取得项目园林绿化工程咨询意见。

（金莹）

【代建工程项目】年内，建远公司监管企业北京正阳恒瑞置业公司代建的区文化中心项目完成东北角热力管线改移、西南角燃气管线切线、南侧人防出口施工用地的占用和西侧场地内电力设备配迁工作，完成基坑支护施工，南侧地下三层混凝土结构，北侧至正负零。北京外城东南角楼修复工程取得立项批复、建设项目用地预审意见、建设项目选址意见书、用地规划许可证、设计方案审查意见、土地权属审查权告知书，完成国有土地划拨批复、设计招投标。工程施工准备，完成市政中水、上水、雨污水、电力、军缆、路灯管线和市政道路改移，树木移植园林上水系统改移、现场围挡搭设、柏油路破除、河道围堰和施工电工程。（金莹）

【市政基础设施建设】年内，控股企业北京建新市政工程管理有限公司承担市政道路建设项目30个，其中东西四块玉路全部竣工实现通车，地兴居路道路完成局部施工。完成总投资7101万元，实现收入380万元。

（金莹）

【商业文化建设】年内，直管企业北京红桥市场有限责任公司，原创珠宝设计项目（首期）经过调研、协商后项目中心VI体系完成，进入施工阶段。红桥市场组团参加年度北京国际珠宝展、第九届中国北京国际文化创意产业博览会（简称北京文博会），举办第五届红桥珍珠文化节。市场引进餐饮、中信等生活服务业态，提升整体经营品质。（金莹）

【党的群众路线教育实践活动】2月至10月开展。成立领导小组，制定方案，动员部署，领导班子集中学习22次，系统内党员集中学习3天。成立职工监督团，定期召开情况通报会，设置征求意见电子邮箱和电话，接受职工群众监督，收集到党员群众反映意见建议69条。班子成员对照检查材料修改10余次，上报督导组8次。8月，公司和正阳公司领导班子召开专题民主生活会。公司确定19个方面23项整改措施。（金莹）

建远公司所属红桥市场组团参加2014北京国际珠宝展

集体经济管理

北京市东集兴业经贸有限责任公司

【概况】 北京市东集兴业经贸有限责任公司（简称东集兴业公司）。1999年政企分开改革中，组建成立东城区街道集体经济管理中心（简称区中心），注册登记为事业法人，负责接收管理原东城区10个街道办事处所属318个企业及41个集贸市场。2002年3月，区中心所属企业整体改制，集中原街道集体企业全部资产，成立东城区东集兴业集体资产管理协会（简称协会），作为产权代表和管理机构，行使所有者职能，全面负责资产使用、处置、管理，在区民政局社团办注册登记为社团法人。2002年9月，协会投资成立北京市东集兴业经贸有限责任公司，注册登记为企业法人，注册资本2166万元。主营购销针纺织品、百货、五金交电、食品、日用杂品、副食品、烟酒、工艺美术品、民用建材、医疗器械、信息咨询、饮食服务、物业管理、房屋出租、酒店娱乐、经营企业自产产品、承办中外合资经营、合作生产业务、销售通讯设备、零配件商品。东集兴业公司有控股子公司6家，即建国兴业公司、广联物业公司、景山双盛公司、东华新业公司、世纪新安公司、振新商贸公司。内设办公室、财务部、市场部、企业管理部，有在职员工19人。

年内，东集兴业公司挖掘潜力抓主业经营。遵循议事规则，按时召开董事会例行会议，每半年审计一次公司经营和财务运行情况。公司及部分控股公司进行组织结构调整，5月，完成董事会、监事会换届。7月，建国兴业公司完成领导班子、党支部及工会换届。10月，世纪新安公司完成董事会换届及班子重组；振新商贸公司进行支部委员会改选，实现新老交替。向2092名退养职工发放取暖费5.91万元；协助清洁能源户申请补贴，为自采暖职工开具300余份证明；将原和平实业集团下属裕兴铝业公司10份人事档案转出，解决失联多年而人事档案滞留企业问题1人；为曾在街道集体企业工作的职工70余人出具工龄证明；协助社保部门解决职工30余人工龄认定；为上年去世离休干部1人申请9万余元抚恤金；完成区人社局布置的对系统内80岁以上高龄老人991人信息核实工作；追回被去世职工家属冒领的养老金5万余元；组织退休职工134人参加区人社局组织的疗养。开展重点矛盾排查6次，受理信访6件，均已按程序办结。“七一”前夕组织党员和入党积极分子76人到昌平区香堂文化新村开展主题党日活动；党员、积极分子和职工115人在共产党员献爱心活动中捐款8350元。“两节”走访慰问困难职工341人，发放慰问金和慰问品23.70万元；投入3.30万元，为一线司机659人购买夏季清凉用品；组织女职工63人妇科专项检查。全年各项收入4698.12万元，实现利润699.11万元。

单位地址：朝阳区安华西里一区26号楼三层

联系电话：64274716

邮政编码：100011 （赵家慈）

【房产经营管理】 年内，所属控股企业建国兴业公司重新签订11份租赁协议，增加年租金115.86万元，创企业房屋租赁最好水平。东华新业公司购置的汉威大厦经营用房，4月起足额收取租金135.17万元，资产保值增值。世纪新安公司调整到期租赁协议，7处房屋上调租金，增值收益16万元。广联物业公司超额完成全年指标任务，前欠租金收回入账，收益创历史新高。 （陈桂兰、赵家慈）

【市场管理】 年内，所属骨干企业东华门美食坊夜市和隆福寺早市强化制度建设和守法经营教育，依法建立食品安全管理制度，夜市撤销生冷食品经营，早市坚持每周2次检测蔬菜、水果农残标准。东华门美食坊夜市与食药监所联合举办3期宣传食品安全道德讲堂，制定“东华门美食坊夜市食品卫生安全管理办法”，夜市管理日臻完善，经营平稳规范。隆福寺早市全年收入194.52万元，与上年持平。 （赵家慈、陈桂兰）

【出租汽车公司】 景山和新中出租汽车公司通过北京市交通运输企业安全生产标准化达标考评。两公司在考评中完善、规范企业管理制度，细化到每个岗位和环节。景山出租汽车公司获市级交通安全先进单位、治安防范先进单位。 （赵家慈）

东城区公司机构负责人

北京天街集团有限公司
董事长、党委书记 李　桦
总经理 李润杰

北京东方奥天资产经营有限公司
董事长、党委书记 王振淮
总经理 孙志家

北京崇远投资经营公司
董事长、党委书记 王振淮
总经理 孙志家

北京建远投资经营有限公司
董事长、党委书记 陈　艳
总经理 张　跃

北京东方信达资产经营总公司
董事长、党委书记 彭　湘
总经理 邹宜凡

北京市东集兴业经贸有限责任公司
董事长、党委书记 李　增
总经理 黄满泉

工商·旅游·对外经济

工业企业

北京金漆镶嵌有限责任公司

【概况】 北京金漆镶嵌有限责任公司（简称金漆镶嵌公司），前身北京金漆镶嵌厂是1956年建厂的国有企业，2005年3月改制为有限责任公司。生产经营项目：传统漆器、古典家具、室内装饰及木雕、根雕、石雕等其他工艺品。室内装饰业取得设计和施工双项国家甲级资质，被市工商局评为守信企业。2008年6月，“金漆镶嵌髹饰技艺”被列入国家级非物质文化遗产保护名录，金漆镶嵌公司为该项目的申报和保护单位。2012年获北京市非物质文化遗产生产性保护示范基地称号。公司设立生产经营部、财务部、党政办公室、总工艺师室；下设英明斋、艺俱轩、物华苑、天宝楼、金漆艺术馆、金漆奇石馆、金漆艺苑、金漆宫、燕京八绝艺术馆9个连锁经营门店；古艺苑、艺俱轩、古润坊、漆宝斋、制漆分厂5个生产车间。公司占地面积7.78万平方米，建筑面积2.97万平方米。有职工220人。

年内，在第十一届“北京礼物”旅游商品大赛中，百宝嵌四季花卉海棠式笔筒、金漆纸巾盒、椭圆倭角套三盒获北京老字号主题旅游商品大赛优秀奖。在第八届北京工艺美术展北京“工美杯”评比中，金髹“海屋添筹”屏风、金雕漆大型屏风“海屋添筹”获金奖，博古花卉六扇屏风获银奖，黑漆描金如意式香几、“扇之韵”屏风获铜奖，紫檀框嵌牙雕人物风景图挂屏获优秀奖。在第四届北京工艺美术创新设计大赛中，彩绘金地柜获二等奖，创意时尚钟系列、梅花飘香礼盒获三等奖。公司获“北京老字号”称号。公司二级工艺美术大师1人获享受北京市政府技师特殊津贴人员称号。全年销售收入3283.93万元，利润31.13万元，上缴税金332.80万元。完成工业增加值同比增长3.44%；完成年产值同比增长54.95%。员工年人均收入同比增长11.92%。

单位地址：朝阳区小红门乡红寺村40号
联系电话：67671153
邮政编码：100164
（肖葵葵）

【彩螺漆器家具精品展】 1月16日至2月16日在金漆艺术馆举行。与韩国合作，在继承传统工艺的基础上，推陈出新，创新产品种类，研发产品造型和纹样，制作七彩螺钿漆器家具20件（套）。（肖葵葵）

【“平安故宫”修复项目】 4月28日至11月20日，在故宫博物院与区人民政府签订的“平安故宫”工程院藏文物抢救性科技修复保护合作项目中，由工艺美术大师、高级技师、工人技师等16人组成的修复团队，修复马车、八宝法器、云龙纹抱柱匾、编磬架、古瑟、贴金乐器配件等20件（套）漆器文物。（肖葵葵）

【皇家风范漆艺精品展】 5月10日至12月31日在公司总部举办。展览集中展示公司历时两年完成的仿复制皇家风范漆艺精品和历代漆器精品，其中一些作品按照故宫以及将相王侯府邸或博物馆所展示的原物进行仿复制，用料考究，做工精细。同时公司收藏多年的6件清代宫廷御制皇家漆器珍品首次公开亮相。全国政协副主席、台盟中央主席林文漪、全国漆器界专家、大师及各界嘉宾400余人出席开幕式，30余家媒体报道，社会反响强烈。（肖葵葵）

【中华古韵·明清古床艺术展】 8月31日至12月20日，展览荟萃100余张明、清、民国时期古床，集中展示古床优秀传统文化精粹。同时，筹建古代木雕博物馆和古床博物馆，落户河北大厂，推动京津冀文化领域协调发展。河北省政府副省长、民建中央常委、省委主委秦博勇等领导出席开幕式。（肖葵葵）

12月12日，市民参观金漆镶嵌公司APEC国礼展

【制作 APEC 国礼】 9月，公司为北京 APEC 会议提供金漆镶嵌精品 79 件（套），包括陈设在水立方贵宾接待室的金漆镶嵌穿云龙屏风、习近平主席赠送美国总统奥巴马的仿清宫彩绘描金百寿桌、摆放在颐和园乐寿堂的金漆镶嵌八吉祥银锭套盒、东宫门贵宾接待室的金漆镶嵌挂屏、APEC 会议老字号展区的 3 件金漆镶嵌代表作品、雁栖湖酒店的金漆镶嵌手工漆艺桌牌等。公司设计、制作的金漆镶嵌髹饰技艺 APEC 茅台酒包装盒，作为国礼赠送给各国元首。（肖葵葵）

【金秋汇金漆主题活动】 10月1～7日，公司开展金秋会金漆“十一”七天乐主题活动，期间安排 2 条黄金参观路线，市民可免费参观位于南四环肖村桥总部的皇家风范漆艺精品展、大厂生产基地的中国古代木雕艺术展和“中华古韵·明清古床艺术展”，体验宫廷技艺，品味皇家风范，活动期间销售收入 700 余万元，参与活动 500 余人。（肖葵葵）

【金漆雕漆艺术精品展】 11月1日至12月31日在公司下属单位北京天宝楼文化经纪有限责任公司举行。展示北京工美联合企业集团金漆雕漆集团 11 家会员单位代表性作品 100 件（套），有大师作品、孤品和绝品。由燕京八绝雕漆大师李志刚和“金漆镶嵌髹饰技艺”国家级代表性传承人、清宫造办处第五代传人柏德元大师历时近 5 年，联袂创作的金雕漆大型屏风“海屋添筹”首次亮相，是中华传统漆艺文化传承、创新的经典传世佳作。（肖葵葵）

【“金作丝楠”精品展】 12月12～25日在公司总部举办，集中展示公司自上世纪 60 年代以来收藏的 20 件（套）金丝楠木精品，设“金作丝楠”精品展厅、APEC 金漆镶嵌国礼主题专区。展览期间推出厂价抢购 6 小时、价格承诺卡、万元现金红包等优惠政策，12月12日开幕当天，销售收入 117 万元，300 余人参观。（肖葵葵）

【交流考察活动】 年内，来自全国各地的有关专家、学者、在校学生、各民主党派人士，以及来自澳大利亚、土耳其、俄罗斯、日本等国家的国际友人 1000 人次到公司参观。12月12日，第九届中国北京国际文化创意产业博览会特色参展项目——北京工业旅游活动在公司总部举行，市民 80 人参观触摸漆艺文化精品。（肖葵葵）

10月1~13日，珐琅厂第二届景泰蓝老物件淘宝大集火爆进行

北京市珐琅厂有限责任公司

【概况】 北京市珐琅厂有限责任公司（简称珐琅厂），前身北京市珐琅厂 1956 年 1 月建立，由 42 家私营珐琅厂和皇家造办处合并组成。郭沫若为其题写厂名。该厂是全国景泰蓝行业中唯一的一家中华老字号。1963 年编制“景泰蓝工艺操作规程”和“工序质量标准”。1986 年 12 月，起草“景泰蓝工艺品企业标准”。1996 年 3 月，与北京工美集团共同起草“中华人民共和国景泰蓝工艺行业标准”，同年 6 月中国轻工总工会发布实施。2002 年 11 月，珐琅厂进行企业改制，组建北京市珐琅厂有限责任公司，为集景泰蓝设计研发、生产销售、展览展示、个性化定制为一体的生产和经营性企业。2006 年被文化部评定为国家级非物质文化遗产——景泰蓝制作技艺保护传承基地、生产性保护示范基地。珐琅厂占地面积 2.33 公顷，建筑面积 2.43 万平方米。公司内设办公室、人力资源部、财务部、设计部、销售部、生产制作部、保卫部、商品部 8 个部门，有员工 202 人。

年内，开展党的群众路线教育实践活动，党员出勤率 98% 以上。9 月，“京珐”工艺品旗舰店登陆京东商城。珐琅厂为全体员工每人上调浮动工资 500 元以上，增加工龄补贴，员工收入稳中有升。组织职工体检；为在职职工办理重大疾病互助合作保险、住院医疗合作保险及意外伤害互助保险。看望走访劳模、孤寡、重病住院及困难职工 34 人次。全年营业收入 4434 万元，利润 862 万元，税金 560.50 万元；上缴国有资产占用费 120 万元，为区财政贡献 133.40 万元，国有资产保值增值率 138.67%。

单位地址：东城区永定门外安乐林路 10 号
联系电话：67211677
邮政编码：100075（张莉）

【制作国礼四海升平景泰蓝赏瓶】 8 月至 9 月，生产制作“四海升平”景泰蓝赏瓶。瓶身高 38 厘米，为天坛祈年殿 38 米身高的等比例缩小，瓶身最大直径21厘米，代表APEC21个经济体，瓶径细长典雅优美，瓶身碧蓝水波荡漾，圆形的画珐琅会标、天坛、长城、主会场的汉唐建筑等标志嵌入瓶中，设计上传统与现代完美融合，制作上体现了景泰蓝传统工艺特有的精湛技艺水平。（张莉）

【完成国内最大景泰蓝单体作品】8月至10月，与某公司签订制作一对单体4米高的景泰蓝对瓶合同。这是迄今为止景泰蓝行业创纪录的作品。此对瓶单瓶胎重1.10吨，制作完成后，重达2吨。为完成这一超大工程，珐琅厂投入30余万元改造设备，设计制作了具有自主知识产权的可移动龙门吊车、旋转式起重机、大型磨活机以及防热工装等。制作过程中，《人民日报》、北京电视台等多家媒体进行跟踪报道，《北京晚报》专版宣传，弘扬“京珐”品牌。（张莉）

【第二届景泰蓝老物件淘宝大集】10月1～13日举办。活动期间制定突发事件应急救援预案、大集期间车辆管理及处置突发事件人员疏散预案等工作方案，增加安保人员20余人。大集开票售货1万余笔，销售额800万元。（张莉）

【劳动技能竞赛】10月举办。参赛作品为APEC国礼四海升平瓶、传统纹样的金杯桶子富贵牡丹瓶，竞赛项目为掐丝、点蓝、磨活，职工62人参加，15人分获一、二、三等奖。（张莉）

【景泰蓝作品亮相APEC会议】11月，珐琅厂为APEC会议提供景泰蓝作品50件。包括雁栖湖国际会都聚贤厅景泰蓝建筑装饰工程、摆放在水立方2.5米高的“福禄万代”，摆放在主会场的“国泰万兴”大瓶等，以及为各国领导人及夫人准备的纪念品，景泰蓝“四海升平”赏瓶。（张莉）

6月25日，法国宾客在巴黎皮尔卡丹文化中心欣赏剧装厂京绣展品

北京剧装厂

【概况】北京剧装厂（简称剧装厂）1956年1月成立，厂名为公私合营北京刺绣剧装厂，1966年更名为北京剧装厂。建厂时在行业和行政上分别隶属于市手工业合作总社工艺美术品联社、市文化用品工业公司；1957年8月起隶属于市特种工艺工业公司；1980年9月起隶属于市工艺美术品总公司；1993年4月起隶属于北京工美集团总公司。1999年5月企业划归到属地的崇文区。2012年2月，无偿划转到北京崇远投资经营公司。剧装厂是国内剧装行业规模最大的国有企业，民族产品定点厂家。曾为四大名旦等众多京剧表演艺术家量体裁衣，在文艺界有较高知名度。企业产品从单一戏剧产品向大型庆典活动、影视剧、旅游设施、宗教场所、户外广告、文物复制等领域拓展，先后为北京奥运会等大型庆典活动以及众多影视剧制作服装和道具，为故宫等各级博物院（馆）复制数百件国宝级绣品类文物。同时开拓旅游市场，以工业旅游资源吸引国内外宾客到厂体验制作乐趣。剧装厂的“剧装戏具制作技艺”2008年入选国家级非物质文化遗产名录；“北京戏衣制作技艺”入选市级非遗名录；“京绣”、“戏曲盔头制作技艺”入选区级非遗名录。企业注册资金108万元，内设综合办公室（含党政工团、劳资、行政等职能）、财务科、保卫科、业务部（含门市部）、生产车间。在职职工54人，退休职工268人。

年内，参与10余项展示活动；接待外宾5批70余人。完成工业总产值652万元，销售收入757万元，上缴税金160万元，利润8.40万元。

单位地址：东城区西半壁街1号

邮政编码：100050

联系电话：67020742（孙晓华）

【京绣亮相巴黎】6月25～27日，配合中法文化年宣传活动，来自中国北京的昆曲演出及非物质文化遗产展在法国巴黎皮尔卡丹文化中心举办，北京剧装厂选送绿色男龙蟒、红色男龙箭衣、黑色男大靠、白色女腰包、黄色皇后朝服、皎月色女敞衣等6件高档京绣精品参展。京绣与景泰蓝、玉雕等8项传统技艺被誉为“燕京八绝”，是明清时期宫廷代表性御用品，其制作技艺是中华民族悠久文化历史的重要组成部分。法国民众及旅法华人华侨对中国传统文化有着浓厚兴趣和热情。（孙晓华）

【京绣新品文博会获奖】12月14日，在第五届北京文化创意国际博览会闭幕式上，由北京联合大学提供创意设计、剧装厂负责工艺监制及制作的京绣展品，传统题材“国色天香”获工美杯铜奖；创新题材的女式包三件套“问鼎”获文博会二等奖；女式包三件套“裂变”、手镯“牌戏”以及腰带“纹春”获文博会三等奖。

（孙晓华）

【剧装戏具制作技艺初稿完成】 1月至8月，剧装厂在抢救性记述整理剧装戏具制作各单项技艺的基础上，完成《剧装戏具制作技艺》初稿。该书完整记述剧装戏具制作技艺、技艺的历史沿革、技艺价值和特点、技艺主要流程、主要传承人、传承谱系以及与京剧表演艺术密不可分的关系，全书约11万字，插图近200幅，对维护北京传统手工技艺和地域文化完整性，具有重要意义。（孙晓华）

【抢救舞龙舞狮制作技艺】 3月至8月，剧装厂在市非物质文化遗产保护中心支持下，进行舞龙、舞狮传统技艺保护性抢救工作。该传统技艺具有1000年以上历史，而掌握传统技艺的传承人极少，且均已年近七旬，身患疾病，处于亟待抢救的濒危状态，对其开展抢救性保护和传承，刻不容缓。有关人员行程数百公里，走访老艺人10多人次；拍摄高清资料片40分钟，照片300余张；记录和整理技艺过程文字资料1万余字；挖掘记录、整理充实技艺传承人传承谱系，填补部分空白。舞龙舞狮制作技艺能够以现代手段得到永久保存，为其传承和今后的研究、考证积累了第一手资料。（孙晓华）

北京市工艺木刻厂有限责任公司

【概况】 北京市工艺木刻厂（简称木刻厂）1956年成立，1998年9月与北京绒鸟厂合并，2003年11月改制成立北京市工艺木刻厂有限责任公司（简称工艺木刻厂）。建厂初期生产木雕工艺品，主要给玉器厂、象牙雕刻厂、珐琅厂产品制作木制底座，属工美行业配套企业。20世纪60年代，工艺木刻厂进入较快发展时期，纯手工操作被部分机械所代替，产品质量和工艺水平大幅提高，产品品种有了突破。70年代后，陆续开发硬木雕刻家具、大型木雕、室内装饰、古建模型等生产项目。木雕家具以仿明清家具为主，造型古朴典雅、结构严谨、做工考究，品种有屏风、多宝格、花台、桌椅等。室内装饰有落地罩、隔扇、窗饰、牌匾等。此时期为钓鱼台国宾馆、中南海怀仁堂、北京饭店、天坛祈年殿所做室内装饰工程，成为传统工艺木雕代表作品。1991年按比例制作的金丝楠木北京四合院，获全国工艺美术百花奖一等奖。1997年迎接香港回归，为人民大会堂香港厅制作大型石木雕刻屏风。2003年为北京奥运会会徽“中国印·舞动的北京”制作紫檀宝盝。2005年、2009年第二届、第四届北京工艺美术展览上，翡翠《中华佛韵》《翡翠观音》（含紫檀木座）获北京工艺美术珍品奖。木刻厂的“北京木雕小器作”为市级非物质文化遗产保护项目。木刻厂有北京市工艺美术大师、工艺美术师和高级技师5人。内设综合办公室、财务部、销售部3个部门。有在职员工11人。

年内，4月至5月，携被业内专家誉为北方山子代表的翡翠精品《寿山福海》《洞天福地》参加第九届沈阳国际珠宝展、第六届东北国际珠宝展、中国哈尔滨国际珠宝玉石博览会。12月，金丝楠多宝格、福寿如意、雕龙凤纹小屏风等小器作代表作品参加中国北京第九届国际文化创意产业博览会，宣传木雕小器作知名度，扩大企业品牌影响。

单位地址：朝阳区垡头甲88号

邮政编码：100023

联系电话：87675826（冯军）

北京象牙雕刻厂有限责任公司

【概况】 北京象牙雕刻厂有限责任公司（简称象牙雕刻厂）前身是北京象牙雕刻厂，1958年5月成立。2002年企业改制更名为北京库鹏象牙雕刻有限公司，2008年7月，恢复厂名北京象牙雕刻厂有限责任公司。公司是经国家林业局批准的合法生产经营象牙制品企业，牙雕产品以北派皇家宫廷艺术为主导，以人物、山水、花卉、鸟兽见长，以高雅、庄重、古朴、大气为艺术特点。公司现有国家级工艺美术大师4人，北京市级工艺美术大师15人，高级技师19人，国家级象牙雕刻非物质文化遗产传承人3人。公司内设办公室、财务科、资产经营科3个部门。有员工26人。

年内，公司以产品艺术化、品种多元化、经营市场化、管理职业化、职工利益最大化为指导思想，以创精品、抓品种、促传承、增效益为经营方针，坚持经纪人公司的经营理念，贯彻精品战略，发挥工艺美术大师聪明才智，创作一批独具特色的艺术精品，参加展会8次，获奖作品35件，其中金奖6件、银奖5件、铜奖及优秀奖20件。经营业绩完成年度任务目标。全年完成工业总产值2430万元，销售收入1006万元，上缴税金328万元。

单位地址：东城区国瑞北路52号

邮政编码：100062

联系电话：67011742（邵艺卉）

【青工竞赛】 7月至9月，开展为期3个月的青工牙雕小件产品设计制作竞赛，13人参加。获一等奖1人、二等奖1人、三等奖1人，获优秀单件作品奖3人。（邵艺卉）

诺基亚通信系统有限公司

【概况】 诺基亚通信系统有限公司（简称诺基亚通信），原名为诺基亚西门子通信系统有限公司，2010年3月25日成立，注册资本3500万美元，2013年12月6日，更名为诺基亚通信系统有限公司。经营项目：生产网络基础设施设备、通讯传输设备和交换设备；主营产品：程控交换机（程控交换机是利用现代计算机技术，完成控制、接续等工作的电话交换）。一般经营项目：开发、销售网络基础设施设备、通讯传输设备和交换设备；自产产品售后服务、技术支持和其他客户服务等。内设生产部、计划部、质量部等3个部门，有在职员工54人，其中专业技术人员31人。

年内，基于诺基亚通信总公司全球运营部生产结构的调整，诺基亚通信核心网络基础设备生产份额持续保持全球供货量的90%。公司优化内部结构，加强员工培训，实现全员多技能目标。保证增量客户订单及时交付的同时，提高供应链的快速反应能力，提升客户满意度。质量管理方面，配合总公司贯彻执行TL9000电信行业质量体系要求，建立内部管理体系，通过必维国际检验认证机构的认证。全年营业收入1.88亿元，上缴税金1847万元。

单位地址：东城区和平里东街11号诺基亚3号楼1层

联系电话：84212288

邮政编码：100013 （李红星）

北京远东仪表有限公司

【概况】 北京远东仪表有限公司（简称远东仪表），前身是1960年成立的北京电表厂，1994年7月由北京京仪集团有限责任公司、亚太投资有限公司、北京首都创业集团共同投资组建，为中外合资高新技术企业，是北京市仪器仪表行业的明星企业。从事研发、制造、销售工业过程测量仪表、自动化控制系统等，为化工、电力、市政、冶金等企业流程自动化提供服务，为节能减排、绿色环保、安全、物联网、热计量改造等领域提供行业解决方案。远东仪表开展物联网、热计量等相关业务，从传统流程工业向城市管理、民生、节能等新领域拓展。推进单品销售、系统集成、解决方案向项目服务、运营服务延伸价值链。1994年通过ISO9001质量体系认证。连续6年被评为北京市先进管理企业、北京市“十佳企业”、“重合同，守信誉”单位，连续11年被评为“首都精神文明标兵”单位。公司注册资本2.10亿元人民币。占地面积3万平方米。内设财务管理部、风险管理部、技术管理部、技术中心、综合办公室、企业文化建设部、人力资源部、市场部、物业管理部、信息中心、战略推进部、质量管理部12个部门。有员工600余人，其中工程技术人员占33%以上。

年内，坚持能动、结构、超越发展主题，推动落实“十二五”规划和鹰之路战略。加强技术创新引领发展，成为具有行业竞争力的解决方案供应商。7月，成立安徽办事处，建立企业本部中心、区域化办事处、本地化销售服务为一体的营销网络。年内完善安全责任制，落实企业的安全生产主体责任，加强远东特色企业文化建设，以软实力增强带动企业竞争力提升。贯彻“有利润的增长，有现金的利润”的经营理念，积极应对市场挑战，完成年度预算目标，收入与上年相比增长8%。

单位地址：东城区和平路北街6号

联系电话：84293070

邮政编码：100013 （刘达）

北京市龙顺成中式家具有限公司

【概况】 北京市龙顺成中式家具有限公司（简称龙顺成），创建于1862年（清同治元年）。20世纪50年代，形成以清宫造办处所作家具为代表的“京作”宫廷家具特色，与“苏作”、“广作”并称为中国硬木家具三大流派，有家具中的“官窑”之称。1993年恢复老字号龙顺成，改名为北京市龙顺成中式家具厂。1999年6月，王世襄题写厂名。2010年10月，改名为北京市龙顺成中式家具有限公司。主要经营项目：中式家具制作、木材加工、室内装饰及古旧家具修复。具备国家一级古旧家具修复资质。2004年被市工商局评为守信企业。2008年“京作”硬木家具制作技艺被列入国家级非物质文化遗产名录，是生产经营“京作”硬木家具权威专业企业。龙顺成是北京市纳税信用A级企业。2011年再次被商务部认定为可保护与发展的“中华老字号”。龙顺成注册资本1292.40万元，总资产1.70亿元。企业占地4.51公顷，建筑面积3.10万平方米。内设综合管理部、财务部、技术研发部、销售部、业务部、修复部、生产分厂7个部门。有在职职工226人。

年内，创新工作模式，整合资源，提高企业运行质量和盈利能力，调整生产布局和产品结构，开发红木工艺品研制，制定实施红木收藏品制作发展战略，根据合同要求，分门别类安排生产，确保订单如期履约。加大“京作”家具研发力度，实现常规产品与商务礼品、小件工艺品相辅的经营模式，突出文化营销。4月，被北京家具行业协会评为北京市诚信创建企业。5月，龙顺成“托泥圈椅三件套”产品，被推荐为第一批北京老字号最具代表性产品。6月，“龙顺成”品牌获消费者最信赖的红木家具品牌奖。被北京老字号协会认定为“北京老字号”。9月，龙顺成“六角形百变百宝箱”获第十一届“北京礼物”旅游商品大赛优秀奖。12月，经北京市产品评价中心审核认定为北京市品牌企业。全年销售收入4500万元，利润376万元，上缴税金293万元。

单位地址：东城区永外大街64号

联系电话：67211485

邮政编码：100075 （邸保忠）

【修复故宫木器文物】 1月，龙顺成承担为北京故宫博物院慈宁宫木器文物抢救性保护修复工作，完成紫檀木玉挂、红木宫、沉香百寿插屏等32件木器文物。修复工作由非物质文化遗产传承人担任技术指导。记录修复过程，建立文物修复日志及档案，修复工作完成后，移交给故宫博物院。经验收，达到修复标准要求。修缮收入172.80万元。 （邸保忠）

【非遗宣传】 3月，与北京电视台合作，拍摄非遗代表性传承人口述史。12月6日，冠名北京电视台“快乐收藏”栏目，宣传保护文化遗产重要

性，唤起大众保护非物质文化遗产的意识。（郗保忠）

【参加展会】 9月，参加在首都博物馆举办的“老字号专题展”，在北京农展馆举办的古典家具展。11月5日，参加国家会议中心APEC会议期间老字号展览展示活动。12月11日，以为APEC会议服务制作的托泥圈椅、官帽椅、条案、开市锣（架）等传统中式家具，参加第九届中国北京国际文化创意产业博览会，现场签单3笔，意向性订单15笔。（郗保忠）

【举办艺术节】 12月6日，第三届“龙顺成京作文化艺术节”在龙顺成文化交流中心开幕。北京电视台财经频道《快乐收藏》栏目组、北京老字号协会，以及京城红木家具爱好者90余人出席开幕式。文化节期间销售收入400万元。（郗保忠）

北京联飞翔科技股份有限公司

【概况】 北京联飞翔科技股份有限公司（简称联飞翔），1995年成立，注册资本10万元，为国家级高新技术企业，入住中关村科技园区雍和园，有2家全资子公司（河北深思新材料技术有限公司、洛阳柯赛德汽车零部件技术有限公司），2家控股子公司（湖北联飞翔汽车科技有限公司、联飞翔（大连）科技有限公司）。联飞翔从事新材料技术及其衍生产品的研发、生产和销售，经营产品为车用节能环保滤清器、长效低碳润滑油。1999年体制改革，增资到138万元。2003年起转型研发新材料技术，进入车用节能环保领域。2007年改制为股份有限公司，注册资本增加到1亿元。2008年在中关村新三板挂牌上市。2009年在河北固安投资建立第一个研发生产基地；2010年在湖北随州投资建立第二个生产基地；2011年建成年产1000万安时的中试生产线。获得资质5项，包括国家高新区先锋榜（2013）百快企业、北京市著名商标、审查员实践基地实践点、工业企业知识产权示范单位、国家高新技术企业认定。公司内设董事会秘书办公室、总经办、人力资源部、后勤总务部、知识产权部、润滑油管理中心及研发技术部、生产管理中心、计划管理部、市场部、财务部、采购部、物流部、质检部、销售部、海外网络渠道市场拓展部、证券法务部16个部门。有员工155人。

年内，新增全国代理商6家；新开拓出租行业、注塑类加工厂及其他行业大客户8家；累计实现供货旋装滤清器46种（机油滤清器22种，柴油滤清器24种）、空气滤清器29种（前车配套空滤组装16种，售后市场空滤包装13种）；新增申报专利9项（发明专利4项，实用新型5项）、授权专利19项（发明专利2项，实用新型17项）；申报各类项目29个，申报资助金额839余万元。年内承担的北京市重大科技项目《减排环保型滤清器研制及产业化项目》，已完成验收，在北京市出租行业示范应用，形成5项专利。参加为千户家庭送温暖活动，捐赠款物1万余元。全年营业收入9623.47万元，利税2745.63万元。

单位地址：东城区安定门外大街138号
联系电话：64097234
邮政编码：100011（权颖）

【拆分鼎能】 5月，公司以1.20元/股的价格转让所持有的控股子公司北京鼎能开源电池科技股份有限公司全部股权1760万股。该次股权转让后公司专注拓展无机非金属陶瓷功能材料应用于车用节能环保产品，有助做大做强公司主营业务。（权颖）

【高新技术成果转化】 5月22日，联飞翔一种基于高效活化陶瓷材料的节能环保滤清器产业化项目被列入市科委、市发改委等组织的北京市高新技术成果转化项目，获政府资助金额100万元。（权颖）

【获北京市著名商标称号】 8月，市工商行政管理局评选认定联飞翔所持有的注册商标“加组合商标图形”获得上年度北京市著名商标称号，有效期3年。（权颖）

【湖北子公司中标中国重汽】 11月，联飞翔控股子公司湖北联飞翔汽车科技有限公司收到中国重汽集团专用车事业部中标通知书，为《2015年度自卸车上装零部件集中采购招标项目》第七包中标人。（权颖）

北京一商红都服装服饰有限公司

【概况】 北京一商红都服装服饰有限公司（简称一商红都）。1956年3月，上海迁入北京7家国营服装店。1958年5月，组建北京市友联时装厂，“文革”中改名为北京人民服装厂。1984年12月1日，改名为北京市红都时装公司。2002年12月，体制改革，注册北京一商红都服装服饰有限公司。是一家集高档男、女西服、中山装、青年装、大衣、旗袍、中式服装、燕尾服等系列配套服饰产品设计、开发、生产、销售为一体的国有服装企业，是国内大型量体制装、零活应订生产加工基地之一。红都品牌被认定为中华老字号、中国驰名商标。红都多年来一直为历届国家领导人、驻华使节等制作服装，并承担着国家、北京市重要活动所需的制装任务。公司总部下设综合办、财务部、质采部；生产部下设精品车间、良乡红都基地、华表车间；经营部下设市场部、团装部、红都店、国华商场店、东四店、天坛店、北太平庄店、西坝河店；产品研发部下设红都设计研发中心、国服工作室、北服—红都工作室，中华技艺大师工作室，有在职员工165人。

年内，继续深化“走精品路线、高档路线”发展战略，完成品牌形象升级。对总部装修后的主楼进行功能区界定，分别为：销售中心、展示中心、制造中心、设计研发中心、管理中心。制定三项品牌提升任务，即：产品品质、工艺、技术、版型、设计、质量提升；面料、里料、辅料提升；包装物提升。年内，制作完成国家主席习近平率团出访欧洲及成员外事服装19套；为马耳他总理穆斯卡特访华制作服装，为肯尼亚总统特使制作中山装；与北京服装学院合作完成APEC领导人样衣设计制作；为大新华会展中心APEC会议全体工作人员制装106套，为260名APEC会议志愿者制装。5月，携盛世国服等产品参加第二届京交会及侨商洽谈会。全年营业收入1.15亿元，上缴税费629万元。

单位地址：东城区东交民巷28号

联系电话：63189676

邮政编码：100006 （邓海燕）

【服务全国“两会”】 2月2日，启动全国“两会”服务工作，选拔骨干人员组建7个上会小组，每组4人，赴代表驻地服务。准备服装128个品种、1.87万件，服务政协委员和人大代表500人次。 （邓海燕）

【新品研发】 3月，新产品中华礼服上市并入选由中华老字号协会主办的“北京礼物”候选名单，获年度中华老字号始创产品时尚创意银奖。其设计理念为圆中有方，方外有圆，方圆结合，体现中华民族大智慧。款式视觉中心在领口，方角立领的改良中山装和圆角的衬衫领组成方圆关系，灰色与白色的色彩对比关系强化领口细节设计，门襟子口及袖开叉采用古代龙纹图案绣花，体现出庄重、大气、冷静和含蓄的色彩风格，充分展示出中国文化风采和领袖气质 （邓海燕）

【开通微信平台】 9月1日，红都官方微信平台建立开通，其功能主要是向红都客户群传播产品信息、新品推荐、促销信息、红都企业文化等，加关注可享受公司不定期推出的优惠活动，截至12月31日已有客户100余人加入。 （邓海燕）

【新店开业】 11月18日，红都天坛店开业。作为公司高档精品直营店，天坛店经营模式为四位一体（即高级定制、成衣销售、团体制装、服装修改）。产品主打高级定制、单量单裁，销售成衣并承接团体制装，同时开发精品服装修改业务，完善售后服务。 （邓海燕）

北京东华服装有限责任公司

【概况】 北京东华服装有限责任公司（简称东华服装）前身是1973年组建的东城区服装管理处。1979年更名为北京市服装公司东城区分公司。1992年组建北京东华服装集团，1997年更名为北京东华服装集团公司。2002年6月改制成立北京东华服装有限责任公司。注册资本5000万元。主要经营：服装、针纺织品、物业管理、商业设施出租、信息服务等。下属4个分公司：东华服装分公司、建华皮货分公司、红叶服装分公司、华天诚时装分公司。公司与北京东华服装集体资产管理协会投资组建华北京华女内衣有限责任公司，参股北京东百安物业管理有限公司，与自然人共同投资组建北京建华雪花皮草有限责任公司，独资组建北京东华金街购物中心有限公司。东华服装设股东会、董事会、监事会，实行总经理负责制。内设经理办公室、财务部、组织人事部、劳资部、行政办、外联部、基建网点开发部、计算机室、党委办公室、工会10个部门。有员工215人。

年内，公司采取措施，应对网店冲击；发挥房产优势，稳定租金收入；利用资金优势，投资理财产品；开展民间贷款，提高资金效率。制定、修改管理制度8项，进一步规范企业行为。年内，公司升级财务管理软件，实现原始凭证电子扫描存档，做到数据保存可靠，查询方便快捷。开展党的群众路线教育实践活动，活动期间成立领导小组，设立工作机构，制定活动方案，征求群众意见，召开专题民主生活会对党员89人进行民主评议和综合测评。开展党员献爱心活动，党员85人、群众86人捐款3232元。发展新党员1人。为离休干部办理优诊医疗卡，调整离休干部生活补贴。全年营业收入7673.72万元，上缴税费1766.07万元。

单位地址：东城区什锦花园胡同43号

联系电话：64030107

邮政编码：100007 （岑泰）

【建华皮货公司入老字号名录】 年内，建华公司维护老字号品牌，传承老字号特点，讲诚信重质量，保持企业的独特性和高品质服务，注重老字号影响力，成为第一批进入北京老字号名录的企业。 （岑泰）

北京白领时装有限公司

【概况】 北京白领时装有限公司（简称白领公司）1999年8月成立，由其前身北京白领服饰公司与苗红兵共同投资组建，注册资本5000万元（北京白领服饰公司1994年成立，占股比例75%）。公司集设计、生产、销售服装服饰于一体。2006年6月成立北京白领时装有限公司经济技术开发区分公司。2007年12月成立北京白领时装有限公司白领未来空间店。主要产品为女士高级套装、针织衫、风衣、大衣、裘皮、礼服等。年生产能力12万件。公司采用与商场联营的零售模式，北京设1家专卖店，燕莎、赛特、百盛以及长春、沈阳、大连、济南、青岛等一线城市设立直营专柜。经过20年经营与发展，白领公司拥有WHITECOLLAR、SHEE’S、K.UU、GOLDENCOLLAR、CLOUDME等5个自主品牌，可以满足各阶层顾客不同需求。公司内设总部办公室、人力资源、管理中心、信息中心、营销中心、电子商务中心、设计中心、研发中心、配送中心、形象中心、华贸办公室11个部门。有员工620人。

年内，营业收入1.40亿元，上缴税费1300万元。

单位地址：北京经济技术开发区景园北街2号BDA国际企业大道8座

联系电话：67856688

邮政编码：100176 （贾鑫）

【WHITECOLLAR2015春夏发布会】 10月25日至11月2日，中国时装周春夏发布会在京举行。应主办方中国服装协会、中国设计师协会邀请，白领公司承担闭幕式及发布会的服务和组织工作。在历时近6个月的前期准备工作中，公司投入300万元资金进行

11月2日，白领时装春夏发布会

舞美策划及设计创意。闭幕式时装秀展示白领公司最新注册品牌 CLOUDME 的 38 套件服装、服饰。相关部门领导及全国各界观众 1500 余人出席，《中国服饰报》《精品购物指南》、新华网等 100 家媒体报道。（贾鑫）

【专业院校人才培养】2009 ~ 2019 年白领公司在北京服装学院设立白领专项奖学金 100 万元，每年 10 万元，用于奖励专业及社会实践成绩优秀的学生。2013 ~ 2014 年，服装系 6 人、艺术系 6 人、商系 6 人、材料系 3 人、造型系 2 人、信工系 2 人、外语系 2 人，共计 27 人获白领奖学金。（贾鑫）

北京庄子工贸有限责任公司

【概况】 北京庄子工贸有限责任公司（简称庄子公司）1996 年建立，注册资金 2000 万元，是集皮革服装开发、设计、制作、销售为一体的民营企业，建筑面积 1.90 万平方米。庄子工贸的理念是发展企业，回报社会，惠顾客户，创造更多利税和就业机会，为国家经济建设出力。近年，庄子工贸产品向男女梭织服装领域、品牌系列化发展。年生产能力 30 万件。公司内设营销中心（包括：销售部、客服部、物流部、成品库）、研发中心（包括：采购部、皮装部、男装部、女装部、技术部）、生产中心（包括：办公室、裁剪车间、缝制车间、毛领车间、原料库、辅料库）、管理中心（包括：管理部、行政人事部、总务部）、国际贸易部。有员工 400 余人，其中专业服装设计和技术人员 60 人。

年内，庄子皮革服装再次位居全国皮革市场综合占有率榜首，在全国及北京市同行业市场销售名列前茅。获北京最具文化创意十大时装品牌、零售企业商品同类产品市场销售量第一位、北京市著名商标、中国真皮衣王等荣誉。热心公益向社会各界捐款 22.60 万元。组织“中国梦·庄子梦·员工梦”主题教育活动，以党建带工建，组织开展多种活动，提高员工素质。庄子公司与北京其他两家企业捐赠 50 辆电动自行车，用于辖区内治安巡逻和维护社会稳定。全年经营收入 1.28 亿元，上缴税金 604.20 万元。

单位地址：东城区体育馆路 13 号
联系电话：67608681
邮政编码：100061（金建伟）

【消防安全管理】 7 月，公司安全生产综合治理领导小组联系区消防、安监部门到公司宣传普及防火安全知识，组织开展消防安全演练，观看防火安全警示宣传教育片。综治小组检查安全防火、宿舍管理、电器使用情况，通报存在问题，限期整改，保障企业生产安全、健康运行。（金建伟）

【秋冬服装展示会】 8 月，庄子秋冬服装展示会在豆各庄厂区多功能厅进行。男装系列有绅士盛宴、都市蓝图、北极光影；女装系列有幻想蓝调、浓烈自然、神秘温暖、摩登都市系列、魅力格调、假日宁静。展示会上设计师阐述产品设计理念，为庄子秋冬服装订购拉开帷幕。（金建伟）

【庄子杯第三届社区好声音】 12 月，庄子公司赞助、体育馆路街道打造“庄子杯第三届社区好声音”决赛在天宝润德二层拍卖厅举办。报名参赛 131 人，9 人进入决赛。辖区单位、社区居民 200 余人观看。庄子公司董事长观看比赛并为获奖选手颁奖。（金建伟）

北京格格旗袍有限公司

【概况】 北京格格旗袍有限公司（简称格格）1994 年成立，注册资金 50 万元，2013 年增资到 1200 万元。企业集研发、设计、生产、物流、营销为一体。经营范围：制造、加工服装、服饰、鞋帽；销售针纺织品、服装鞋帽、日用品、工艺美术品。主营业务：格格品牌中式服装研发、生产和销售。主要产品：中式生活装系列（女装、男装），中式婚庆装系列、旗袍系列、中式礼服系列、高级定制系列、中式礼品系列等。销售网络遍及全国 20 个省市，设立专柜及专卖店近 100 家。开发网络营销渠道，与京东、当当、淘宝、天猫等电商签署战略联盟合作协议。公司接待多位国家领导及国际友人到厂视察参观，为国家领导人及国际友人、影视明星设计、定制中式服装，如奥运会升旗仪式、国际金融论坛、第十届全国妇女代表大会等参会服装。承办国庆 60 周年祝福祖国方阵服装设计制作，“迎奥运盛世中华”民族服饰展演。格格致力于公益事业，先后为汶川灾区等捐赠价值近百万元衣物。企业获多项设计大奖，并连续 20 年获得守信企业、文明单位、先进私营企业、质量工作先进单位、十大消费者喜爱品牌、十大热销品牌等荣誉。厂房面积6000余平方米。公司内设总经办、行政部、财务部、产品研发部、销售部、电商运营部、商品部、物流部、技术部、生产部10个部门。有员工300余人。

年内，5月获上年度北京时装之都热销品牌荣誉；7月“格格时尚创意产业基地”奠基；9月参加北京时装周“国韵华彰”新华服设计展，“格格”品牌产品受邀在开幕式上第一个出场走秀；12月“格格”品牌获得全国驰名商标的殊荣。公司全年生产各式服装15万件套，销量收入1.05亿元，纳税280万元。

单位地址：大兴区西红门镇福伟路四条北8号

联系电话：60291116

邮政编码：100162（史学梅）

北京布逸昊服装服饰有限公司

【概况】 北京布逸昊服装服饰有限公司（简称布逸昊公司）1998年成立，为自筹资金的民营企业。布逸昊公司2000年成为法国男装品牌萨巴蒂尼（S.D.Spontini）中国区总代理，将该品牌引入国内，并于2010年完成收购，成为萨巴蒂尼品牌中国区设计、生产、销售的品牌拥有者。布逸昊公司以专业、经典、奢华为理念，涵盖高级男士正装、晚装、商务装、休闲装、羊绒制品、皮革皮草、皮鞋等产品线。设计理念以人为本，注重服装与人体的自然结合，引领国际流行趋势，客户定位为成功男士。产品选材用料考究，长期与多家具有百年经营历史的国际顶级面料供应商合作，所用原材料90%来自进口，处于国内男装行业领先地位。经营中，完善管理体系，开发优质产品，提供周到服务。公司内设董事长办公室、总经理办公室、销售营运部、产品开发部、物流部、人力资源部、财务部、信息部、IT部、行政部10个部门，有员工700余人。

年内，新增门店18家，调整部分门店，至年底，直营、代理、奥特莱斯等多种销售模式门店139家，覆盖全国70余个重点城市，形成北至哈尔滨，西至乌鲁木齐，东至苏杭，南至广州的销售网络，在全国一线城市顶级商场均设有专卖，并在商场销售排名中占有重要席位。全年营业收入3.39亿元，上缴税费6729万元。

单位地址：东城区青年湖北街11号

联系电话：84123339

邮政编码：100011（花圣烨）

商业·服务业企业

东城区商务委员会

【概况】 东城区商务委员会（简称区商务委）是主管辖区国内外经济贸易和对外经济合作的工作部门。内设办公室、规划发展科、社区商业科、流通管理科、商务服务科、外资管理科、外经外贸科、市场监管科、粮食酒类管理科、人事监察科10个科室。编制44人，实有43人，其中公务员42人，公勤人员1人。

年内，以构建国际商贸中心示范区和国际知名商业中心为目标，举行美食体验季、金秋购物节、“双十一”、“双十二”线上营销、岁末购物周等促销活动，推动“百年商贾悠购世界”东城商业品牌建设。7月，制定前门大街、鲜鱼口老字号美食街、南锣鼓巷特色商业街、南新仓文化休闲街、簋街特色商业街区、五道营特色商业街区、红桥市场7大特色商业街区业态发展指导目录。10月，制定平房区商业服务业发展禁止与限制目录及实施细则（试行）。完成175家规模以上企业安全生产标准化达标工作，占全区总指标50%。全区实现社会消费品零售额913.30亿元，同比增长8.8%。

单位地址：东城区永内东街中里13号

联系电话：67116188

邮政编码：100050（贺蔚蔚）

【服务管理平台上线运行】 1月，崇文商务大厦企业集中办公区管理系统上线运行，该系统为东城区智慧商务综合服务平台八大管理系统之一。该系统通过网络平台，对入驻崇文商务大厦的企业实现统一管理和一站式服务，已与637家企业实现有效对接。主要功能包括政策发布、在线审批、企业管理、企业展示、短信通知等。通过该系统企业可随时进行网上申报、留言咨询、发布业务合作意向；政府部门可以进行政策宣传、信息服务、入驻审批、数据统计等。

（贺蔚蔚）

【参与第三届“京交会”】 5月28日至6月1日，组织区内40家企业参与第三届“京交会”旅游、中医药等5大领域8个板块活动，集中展示东城区服务贸易发展成果。（贺蔚蔚）

【举办2014东城美食体验季】 6月

5日至7月5日，支持区商联会举办2014东城美食体验季，推出各类打折促销活动。便宜坊送出限量“美食志”、全聚德前门店举办“毕业季”优惠活动、花家怡园推出半价桶装德国啤酒、炸糕辛送出大杯酸梅汤和特色菜杏仁豆腐等。发起镜头里的美食东城、民间私房菜等微博活动，发布微博72篇，微博粉丝量17.69万人，粉丝增长2.99万人，日活跃粉丝8万人以上，最高博文曝光量11万次。此外，平面媒体发稿9篇，网络媒体发稿24篇，数字东城专题页面总访问量6.16万次。活动期间，炸糕辛每日限量10份的特色菜杏仁豆腐受到消费者青睐，便宜坊200份限量“美食志”菜谱全部送出。美食体验季共计销售收入2589.50万元。（贺蔚蔚）

【成立区老字号协会】 8月18日，区商务委和区信息办联合主办的“东城区信息化协会和东城区老字号协会成立大会暨信息化助力传统商业高峰论坛”在台湾会馆举办，首批入会会员33家。（贺蔚蔚）

【举办金秋购物季】 9月8日至10月7日，支持区商联会举办以“悠购盛礼情满金秋”为主题的2014东城金秋购物季。王府井商圈百货大楼推出“925”品牌低价促销，工美大厦推出“中秋团圆情意浓”珠串文化节，东安市场推出“925·我就爱·大放‘价’”，利生体育商厦举办第五届购物节、“全民运动·挑战时间者”系列户外主题活动；崇外商圈国瑞购物中心举办保护小天使公益亲子活动，天雅珠宝城推出9种快乐活动，红桥市场举办“爱在红桥享十一”活动；东直门商圈东方银座推出“哈尼我们去旅行吧！”主题活动。同升和、吴裕泰、北京珐琅厂、亿兆等老字号均参与促销优惠活动。百工坊举办非物质文化遗产项目推广系列专项金秋酬宾暨第二届民间传统文化艺术节，全聚德王府井店为购物季推出三款特别菜品，盛锡福举办非遗传承人技艺表演和争当“老字号达人”活动。活动期间，平面媒体发稿6篇，网络媒体发稿2篇，引发37篇新闻转发及内容引用，8家商家提供微博礼品，19家商家提供二维码，微博粉丝数从活动开始前的17.80万人增至19.90万人，44家零售企业实现销售收入86.20亿元，同比增长7.9%。（贺蔚蔚）

【举办培训班】 10月30～31日，区商务委、区委组织部、区人社局联合举办“东城区2014年提升生活性服务业管理水平培训班”。区委社会工委、国资委、城管委、财政局、安监局、民政局、工商分局、食药局、规划分局、发改委、环保局、行政服务中心、城管执法局、城管监督中心、17个街道办事处、东方奥天、东方信达、崇远公司、崇远万家、便宜坊、商业网点管理处等单位的处科级领导110余人参加。（贺蔚蔚）

【老字号首次线上营销】 11月9～11日进行。盛锡福、吴裕泰、珐琅厂等19家老字号企业参与。《北京青年报》《新京报》、新浪等12家媒体报道，百度搜索4.17万条，手机终端点击量57万余次。吴裕泰、同升和、盛锡福、月盛斋、珐琅厂等老字号营业额增幅50%以上。吴裕泰“双十一”当天电商销售额达50万元（平时每天2万元左右）。（贺蔚蔚）

【乐享双十二老字号促销】 12月10～12日，支持区老字号协会举办“乐享双十二”老字号促销活动。吴裕泰、便宜坊、月盛斋、东来顺、红都、金漆镶嵌、新中国儿童用品商店、同仁堂等13家老字号企业参与活动。活动采取线上、线下、微信、微博同步促销，除天猫、京东旗舰店促销外，借助工行“融E购”平台和手机微信平台进行促销。活动期间，智慧东城手机平台页面总访问人数18.40万人，页面总访问量40.20万次，微信分享4.20万次。同升和微信关注数增加30%，京东店铺销量增加30%，同仁堂健康微信关注数增加10%，线上销量比平时增加20%，便宜坊微信关注数增加10%。

（贺蔚蔚）

【举办岁末购物周】 12月24～31日，支持区商联会举办以“悠购盛礼狂享岁末”为主题的2014东城岁末购物周。活动期间，“XMAN”&“XWOMAN”神秘使者现身百货大楼、利生体育商厦、北京apm、便宜坊、新世界百货、国瑞购物中心、工美大厦、天雅珠宝城、儿童商店9家商场及特色商户。百货大楼推出圣诞欢乐巡游大趴活动，国瑞购物中心推出年度巨献、圣诞女郎DIY活动，天雅珠宝城推出岁末来天雅大抽奖。活动期间，策划微博活动7个，区商联会微博粉丝量增至22.04万人，新增粉丝超过2万人，影响力粉丝（微博达人、蓝V、黄V）近500人，日粉丝增长1800人至2100人，7大微博活动粉丝1833人参与。（贺蔚蔚）

【商品交易市场转型升级】 年内，百荣世贸商城改造内部环境，升级调整鞋业市场；世纪天鼎完成内部升级改造，外迁商户350家；永外城文化用品商城6月1日起实现进驻商户公司制；清退7家菜市场，涉及商户214家。（贺蔚蔚）

【优化社区商业网点布局】 全年新建崇远万家便民菜店3家，升级改造规范化社区菜市场3家，新建连锁固定早餐门店3家，连锁品牌超市便利店5家，实现“一刻钟社区服务圈”全覆盖，社区商业连锁化率30.8%。

（贺蔚蔚）

【社区商业电商化建设】 全年新布设电子自助缴费终端100台，总数达700台；在70个社区搭载181电商综合平台，建立50个配送中心；在15家规范化社区菜市场、17家天镇蔬菜直营店、39家崇远万家便民菜店、17家奥世凯连锁超市推广使用菜篮子管理系统，实现蔬菜价格实时监测和信息分析。（贺蔚蔚）

【宣传推介老字号】 年内，组织盛锡福、便宜坊、吴裕泰等知名老字号企业参加“北京地坛文化庙会·台北之旅”、“第四届王府井国际品牌节·东城区老字号美食传统技艺展”、北京文博会等活动，提升老字号品牌影响力。（贺蔚蔚）

2月7～15日，区商务委组织老字号企业参加“北京地坛文化庙会台北之旅”活动

【培育特色商业街】 年内新增北京天坛古玩城为市级特色商业街，全区共有各类综合及特色商业街12条，即王府井著名商业街、前门大街、银街、金宝街、南锣鼓巷、红桥市场、簋街、南新仓文化休闲街、五道营文化休闲街、台湾文化商务区、鲜鱼口老字号美食街、北京天坛古玩城。总建筑面积120万平方米。其中王府井大街和前门大街为中国著名商业街，南锣鼓巷为中国特色商业街，前门大街、南锣鼓巷、红桥市场、簋街、南新仓、鲜鱼口、北京天坛古玩城为北京市级特色商业街。（贺蔚蔚）

【行业监管】 全年出动检查人员2500人次，累计检查企业1085家次。实施行政处罚2起，处罚金额1万元，受理“12312”商务举报投诉65件，完成酒类经营者备案登记293家，推广酒类随附单12.90万份，优化区域商务环境。（贺蔚蔚）

【典当行业规模扩大】 全区有经批准注册的典当法人单位43家，分支机构14家，实收注册资本14.63亿元，全行业资产总额20.47亿元，全年典当总额136.80亿元。（贺蔚蔚）

【生活必需品市场应急保供】 年内，制定《东城区生活必需品市场供应应急预案》，建立健全应对生活必需品市场供应突发事件的预警和应急机制；通过财政补贴方式委托奥士凯连锁公司代储生活必需品，建立区生活必需品应急储备基地。至年底，全区有应急网点42个，应急投放网络17个街道全覆盖。（贺蔚蔚）

【“五圈六街”】 年内，定义“五圈六街”概念，并收录到百度百科。五圈包括王府井商圈、崇外商圈、东直门商圈、前门商圈、永外商圈。六街包括前门大街、鲜鱼口、簋街、南新仓、南锣鼓巷、红桥地区。

（贺蔚蔚）

北京东方祥泰投资管理公司

【概况】 北京东方祥泰投资管理公司（简称东方祥泰）2006年3月13日成立，注册资本2000万元，出资人为北京东方信达资产经营总公司，以出资额为限对公司承担责任，经营业务为投资管理、技术开发、技术培训、企业管理咨询。东方祥泰有北京青蓝大厦有限责任公司、北京京教物业管理有限责任公司、北京育东劳务服务中心有限责任公司等权属企业17家，内设综合办公室、人力资源部、财务部、资产经营部、企业管理部、学校后勤管理部、安全工作委员会、教育研发部8个部门，有员工600人。

年内，根据东城区教育委员会和北京东方信达资产经营总公司指示，向东城区新组建的成长教育基金会捐资200万元，并提供办公场所。在通州区租用库房约3000平方米，专项用于教育系统各学校物资储存和周转。协商收回房屋3处、法律诉讼回收房屋1处用于补充教育教学用房，面积共计2520平方米。完成东方信达总公司下达的各项经济指标，收入增幅25%，全年总收入5292万余元，上缴税金451万余元，为企业在岗开支职工缴纳五项社会保险446万余元，从社会养老保险中为退休企业职工发放养老金565万余元。

单位地址：东城区报房胡同82号
联系电话：64032966
邮政编码：100010（沈梦溪）

【安全保障工作】 全国“两会”及APEC会议期间，与全部17家权属单位、10家房屋承租单位签订《安保责任书》，明确安全责任。重点部署青蓝大厦、普度寺、东城教师公寓安全保卫工作，重点检查安全应急预案、安保措施、消防设施、值班安排等情况。全年未发生责任事故。（沈梦溪）

【为学校提供后勤服务】 3月，组建校园维修队，对所服务学校设施设备进行维修养护，年内完成校尉小学实验室、帽儿小学教室照明、史家小学分校会议室改装等工程。继续推进东城区学校后勤社会化，新增遂安伯小学、西总布小学、和平里第九小学、黑芝麻小学、东交民巷小学等5所学校，服务学校达27所，提供后勤工作人员300余人。全年实现零事故、零投诉。（沈梦溪）

【地方教材审定通过】 5月12日，由权属单位北京本汇教育测评服务所有限责任公司策划的地方教材《〈弟子规〉新解》，经北京市中小学地方教材审定委员会审查通过，成为北京市首个经正式审定通过的地方教材。

（沈梦溪）

【地方教材投入使用】 年内，由权属单位北京本汇教育测评服务所有限责

任公司策划的北京市首套京剧地方教材《快乐学京剧》在史家小学分校、府学小学、崇文小学、光明小学等区内14所小学投入使用。该教材于上年初审通过。（沈梦溪）

【向学校提供场地与服务】 年内，提供场地与服务，协助史家小学、五中分校、五条幼儿园等19所中小学、幼儿园开办20余场学生和幼儿书画展及北京书画协会少儿书画分会成立大会。设在青蓝大厦的东城区中小学艺术表演厅，免费向区内中小学校提供演出场馆，为其开展文化活动提供技术支持和服务。史家小学分校、帽儿胡同小学、北京国际职业高中等分别在此举办文艺演出。（沈梦溪）

【学生保险工作】 年内，继续开展校方责任险、无过失责任险及学生意外伤害险的投保及理赔工作。校方责任险投保学校85所，被保险人数6.67万人，投保率100%，办理理赔案件11起。无过失责任险投保学校69所，被保险人数6.22万人，投保率100%，办理理赔案件6起。接待学生意外伤害险理赔700余人次，解答接听咨询电话1500余次，办理案件538起。

（沈梦溪）

北京王府井百货（集团）股份有限公司百货大楼

【概况】 北京市百货大楼是中华人民共和国成立后北京建造的第一座大型百货零售商店，被誉为“新中国第一店”。1955年9月开业，1991年成立北京百货大楼集团，1993年进行股份制改造，1994年北京王府井百货（集团）股份有限公司在上海证券交易所上市，1999年新建北部商业楼，2000年王府井百货和东安集团公司实现资产重组，成立北京王府井东安集团有限责任公司，2004年2月百货大楼进行内部升级改造，4月对外营业，2007年11月，北厦青春馆正式对外营业，2009年7月至2010年9月进行内部改造调整，9月重张开业。有经营面积10万平方米，地上8层、地下2层，汇集国内外知名品牌，经营奢侈品、国际精品、国际化妆品、黄金珠宝、时装、鞋类、运动品牌、家居家电、时尚配件等商品。百货大楼售货员张秉贵是全国著名劳动模范，大楼前广场立有其半身铜像，陈云在基石上题词：“一团火精神光耀神州”。该建筑2007年市政府批准列入《北京优秀近现代建筑保护名录》。区文化委员会核定，百货大楼早期建筑被列为《东城区未核定等级不可移动文物》。百货大楼内设总经理办公室、业务营运部、市场营销部、财务部、人力资源部、卖场服务部、后勤服务部、党委工作部、工会、安全保卫部、储运部、会员中心12个部门；8个销售部，化妆珠宝精品销售部、女装一部、女装二部、皮具销售部、男装运动销售部、家用儿童销售部、超市销售部、功能销售部。在岗员工900人。

年内，召开服务创新研讨会，总结服务创新成果，推进顾客经营能力提升工作，举行“潮，无所谓年龄，只关乎态度”59周年店庆、会员大享日等主题营销活动。在年度表彰评比活动中，获上年度北京十大商业品牌金奖、2012～2014年度首都文明单位标兵、年度全国商贸流通服务业先进集体、上年消费者纠纷调解绿色通道企业示范单位、东城区安全消费教育体验基地、安全生产月优秀组织奖、无偿献血工作先进称号。年内推广双月员工奖励机制，23人获得提名。全年销售收入18亿元，纳税5786万元。

单位地址：王府井大街255号

联系电话：85260557

邮政编码：100006（聂京晶）

【创新经营方式】 年内，实现实体卖场商品和用户资源与移动端深度结合，打破零售商与顾客的沟通壁垒，覆盖零售服务全渠道、全时段；引进互联网支付方式，顾客店内购物自助化，提升顾客消费体验。2月14日，百货大楼作为集团首家微信购物合作门店，与腾讯公司签署战略合作框架协议，上线试运行，6月25日，北京商业零售业负责人到百货大楼一层北侧未来商店体验区，现场体验微信支付及客户端导航，感受便捷的互联网商业运营。9月5日，百货大楼成为王府井百货集团“全渠道”战略第一期上线试点门店。（聂京晶）

【创新营销形式】 年内，百货大楼打造O2O闭环营销、微博和微信大号转发、APP广告等新媒体推广形式，重视新媒体自由开发和研究，注册百度贴吧账号。至年底，大楼自由微信订阅号粉丝1.96万人，同比增加70%；微博粉丝11.26万人，同比增加52.8%。开发百度贴吧自媒体渠道，短时间内粉丝数量5.30万人，11月大享日期间，用户20万人次浏览此自媒体。（聂京晶）

【楼体3D秀】 7月26日晚，携手马自达汽车品牌，上演3D投影秀。该场投影秀是马自达公司跨业合作，借助德国团队专业技术，运用灯光渲染及光影效果等先进前卫的视觉手段，以建筑外立面为载体，为百货大楼独家定制，堪称视觉盛宴，为王府井金街增添热闹气氛。（聂京晶）

【体验式服务】 百货大楼各楼层“服务岛”9月18日试运行。服务岛整合收银、会员、服务台等近20项基础服务，增设顾客自助水吧，为与家人失去联系的顾客提供亲情热线，为旅游顾客邮寄带有北京元素的明信片，以及自助式礼品包装等4项体验式服务。根据顾客建议，百货大楼还推出为女性顾客提供私人用品的温馨服务，饮料瓶回收返利的环保服务，并相继推出免费领取北京地图、爱心伞租赁、提袋器赠送、废旧电池回收等多个服务体验项目。（聂京晶）

【张秉贵2.0系列自有商品】 9月15日，张秉贵2.0系列自有商品开始售卖。该产品在上年店庆波普系列基础上增加更多色块，融入更加抽象的元素，形成强烈的视觉冲击感。张秉贵2.0商品有3类、5个品种，包括T恤衫、水杯、购物袋等，实用性较强，单价大多在100元以内，受到顾

客喜爱。张秉贵2.0商品7天销售额达2.80万元。（聂京晶）

【炫酷巡游店庆活动】 9月20日，百货大楼成立59周年，王府井金街上举行集艺术、极限、舞蹈等多种元素为一体的大型炫酷巡游活动，邀请大楼会员、微博粉丝200人一同狂欢，由以往的店内扩展至整条王府井步行街，烘托店庆氛围，成为消费者体验潮流时尚的嘉年华，活动向消费者传达着“潮，无所谓年龄，只关乎态度”的理念。（聂京晶）

北京王府井百货（集团）股份有限公司东安市场

【概况】 北京王府井百货（集团）股份有限公司东安市场（简称东安市场），隶属北京王府井百货（集团）股份有限公司，始建于1903年（清光绪二十九年），是京城历史最悠久的多种经营项目商场，因邻近皇城东安门故名东安市场。1949年后，成立东安市场管理处。1954年起陆续公私合营。1966年改名为东风市场。1967年全场整修扩建。1969年竣工后重张开业，成为大型商场。1988年恢复东安市场名称。同年9月组建北京东安集团公司，东安市场成为东安集团下属经济实体。1993年北京东安集团公司与香港新鸿基地产有限公司合资在东安市场旧址进行改扩建。1998年1月新东安对外营业。2000年与北京王府井百货集团股份有限公司实现资产重组，成为其下属企业。国家历届领导人重视东安市场发展，周恩来、万里、邓小平、杨尚昆、江泽民、朱镕基、贾庆林等先后到东安市场视察。经商务部认定为“中华老字号”企业。历年获得北京市诚信经营示范单位。东安市场位于王府井大街138号，新东安大厦核心区域D区4个楼层，建筑面积1.60万平方米，经营面积8238平方米，东安影院建筑面积4963平方米。

年内，东安市场始终坚持诚信立业，视顾客为家人、朋友。以转型提升为主线，在完成商场经营定位转型同时，注重创新营销手法、创新服务举措、创新管理手段，全面推进精细化管理水平，提升团队经营顾客、经营商品能力。将每月最后一个周六定为东安公益日，组建东安市场爱心服务队。开展党的群众路线教育实践活动，完善廉政监督机制。开展劳动竞赛和合理化建议活动。为员工送温暖，帮助解决实际困难，营造良好内部环境。

单位地址：东城区王府井大街138号
邮政编码：100006
联系电话：65281304
（徐力）

【经营定位转型】 2月至4月完成商场装修改造，实现从成熟综合百货向青春主题百货的华丽转身。此次经营调整涉及L1——L3共3个楼层。调整后，L1层主营珠宝黄金、钟表眼镜、男女鞋和饰品；L2层主营青春装、女士内衣；L3层主营成熟装、箱包手袋。10月启动B1层经营调整。（徐力）

【创新营销手法】 年内，构建商场新形象，建立朋友圈，组织开展“紫气东来金马吉安——东安迎新庙会”、“百年东安复刻青春梦”、“let's go，睐睐北京范儿——东安旅游季”等37项主题或专题营销活动。强化商场青春特色主题，实现线上与线下互动体验。（徐力）

【创新服务举措】 年内，服务人员更换率达50%以上。为确保服务水平，提升全员服务意识和服务创新能力，在全场范围内组织开展摘星行动评比活动，围绕行为规范、环境设施以及创新管理、执行力等6个方面，依据商场联查、互查、总监反映单等情况对销售部、班组进行评优，每月公示，当月兑奖，全年总评。东安市场获年度集团服务创新季活动突出成果奖。（徐力）

【打造指尖学堂】 借助互联网优势，创建东安服务乐活圈微信平台，设置服务那些事儿、服务技能讲台、店长空间及案例分享等栏目，包括商品知识、服务技能、销售技巧等内容。至年底，东安服务乐活圈微粉数量已达307人，包括销售部经理、班组长、专柜店长、导购员等。发布信息累计310条。（徐力）

【推行奖励卡】 年内，商场试行奖励卡制度。奖励卡分为3种颜色，分别用于奖励个人、班组、部门，个人、班组、部门可凭工作中出色表现获得奖励卡。持卡者可用奖励卡兑换礼品、参与活动、兑换休息等。至年末，已有8个部门、2个班组、186人次获得奖励卡。（徐力）

1月18日，东安市场紫气东来迎新庙会吸引大批顾客

中国北京同仁堂（集团）有限责任公司

【概况】 中国北京同仁堂（集团）有限责任公司（简称同仁堂集团），是市政府授权经营国有资产的国有独资公司。同仁堂集团前身北京同仁堂1669年（清康熙八年）创建，1723年开始为皇室供奉御药。历经344年，同仁堂人始终恪守“炮制虽繁必不敢省人工，品味虽贵必不敢减物力”的古训，树立“修合无人见，存心有天知”的自律意识，铸就了同仁堂“同修仁德，济世养生”的企业精神和“配方独特、选料上乘、工艺精湛、疗效显著”的产品特色，打造成中国中药行业金字品牌。1992年7月13日，以北京市药材公司所属同仁堂制药总厂、北京中药总厂、药材公司为基础，组建中国北京同仁堂集团。1997年，同仁堂集团将所属北京同仁堂制药厂、制药二厂、制药三厂、药酒厂、中药提炼厂、进出口分公司和外埠经营部7个单位的生产经营性资产重组成北京同仁堂股份有限公司，在上海证券交易所上市，以2亿元股本募集资金3.40亿元。2000年，同仁堂集团分离制药二厂、中药提炼厂和进出口公司中具有科技含量的经营资产，成立北京同仁堂科技发展股份有限公司，在香港联合交易所创业板上市，以1亿元股本募集资金2.30亿元。2001年7月13日，成立中国北京同仁堂（集团）有限责任公司。同仁堂集团拥有6个二级集团、3个院（研究院、中医医院、教育学院）、2个储备单位。同仁堂集团是以中药为主业，集科工贸、产供销为一体的大型中药企业集团，业务涉及中药材种植、饮片加工、中成药、普通营养食品、保健食品、传统滋补品、生物制品、化妆品及出口贸易等方面。年生产24个剂型1400余个产品，有83条通过国家GMP认证生产线。同仁堂集团下属北京同仁堂股份有限公司、北京同仁堂科技发展股份有限公司和北京同仁堂国药（香港）集团为上市公司。同仁堂集团内设综合办公室、经济运行部、财务运行部、证券部、对外经济工作办公室、品牌法律事务部、科技质量部、工装环保部、媒体广告管理部、医疗管理部、审计部、信息中心、文化传承中心、安全保卫部、房产管理部、行政后勤部、组织人事干部部、宣传部、党委办公室、纪委办公室、工会、团委22个部门。有职工2.33万人。

9月26日，举行“同仁情，中国梦”文艺演出，庆祝建国65周年、庆贺同仁堂创建345周年

年内，同仁堂集团推进企业改革，加快转变经济增长方式，搭建创新平台，调整产业结构，促进产业优化升级。围绕市场需求，加强品种群建设，促进销售上量，更新换代主销品种，增加产品附加值，提升利润空间。12月，同仁堂安宫牛黄丸制作技艺获第四批国家级非遗扩展项目名录。集团启动“仁爱”专项基金，用于同仁堂系统内职工及家庭成员重大疾病医疗、单亲困难家庭职工子女上学和因突发事件或意外灾害造成生活困难的临时应急救助。出版发行《传承与发展——北京同仁堂二十年改革发展记》，回顾和总结1992年同仁堂集团组建至上年，集团党委、董事会带领全系统干部职工锐意改革的历程。举办同仁堂领导干部廉政教育专题报告会。举行“同仁情，中国梦”文艺演出暨庆祝建国65周年、庆贺同仁堂创建345周年活动，增强干部职工爱国爱企情节、弘扬同仁堂文化，丰富干部职工精神文化生活。实现销售收入、利润总额再创历年最高。职工人均增资5级。全年实现合并营业收入138.60亿元，同比增长6.55%，实现利润19.41亿元，同比增长7%。全年无重大安全、质量事故。同仁堂健康翠微大厦专柜获上年度北京市工人先锋号称号，同仁堂商业药店西药部获全国级青年示范文明号集体称号，同仁堂股份员工1人获首都精神文明建设奖，同仁堂商业员工1人获首都劳动奖章称号。

单位地址：东城区东兴隆街52号
邮政编码：100062
联系电话：67171762 （葛冰）

【签署框架合作协议】 4月10日，同仁堂集团与北京城市学院就人才培养达成协议，双方将整合同仁堂丰富、优秀的中医药高端人才资源和先进的产业技术、文化资源，打造中医药学专属、以产业实际为培养目标、多层次和多维度的人才培育基地。9月25日，同仁堂集团与保定、安国市政府签署战略合作框架协议。旨在深入贯彻落实中央提出的“京津冀协同发展一体化战略”，为同仁堂集团在保定和安国地区推进项目建设和合作奠定基础。12月29日，北京同仁堂直隶中医医院项目在保定举行签约仪式。该项目是北京同仁堂与保定市政府签定《战略合作框架协议》以后的第一个落地项目。项目建成后，将为保定人民带来同仁堂专业优质的中医药服务。（葛冰）

【启动健康公益大讲堂】5月23日，健康公益大讲堂系列活动在宋庆龄故居启动。该活动由同仁堂集团与中国宋庆龄基金会及其所属《环球慈善》杂志社合作，以“同仁堂”冠名。根据计划，在未来一年中，将开展50期公益健康养生及同仁堂产品知识讲座，围绕特定人群和常见慢性病的日常防治、安全用药、饮食调理等，在公众中普及和传播健康、养生知识，弘扬公益思想和公益精神。至年底，已进行讲座30期，受益群众2000人次。（葛冰）

【革命老区光明行活动】5月23日，同仁堂集团出资100万元参加革命老区光明行走进延庆大型公益活动，帮助生活在革命老区的贫困白内障患者200人进行免费手术治疗。10月19日，光明行十年回顾活动在国家大剧院举行，同仁堂集团获光明行突出贡献奖。2010～2014年，同仁堂集团为青海省及本市房山区、平谷区、怀柔区、延庆县白内障患者1000人出资500万元，帮助他们重见光明。（葛冰）

【同仁堂海外发展】5月30日，在中医药主题日启动仪式暨中医药服务贸易投融资大会上，同仁堂集团分别与世界针灸学会联合会、美国加州中医药大学、新西兰世一堂中药保健有限公司签署合作意向，重点在国际中医针灸和中医药人才培养、北美和大洋洲市场开发上合作。8月20日，同仁堂海外医师进修工作室在京成立。工作室聘请具有海外丰富从医经历的中医名家、社会名老中医、同仁堂集团命名的中医药大师以及在中医诊疗、诊法上具有独特专长的代表性传承人10人做为授课导师和临床指导老师，为海外发展提供人才保障。（葛冰）

中国医药健康产业股份有限公司

【概况】中国医药健康产业股份有限公司（简称中国医药）成立于1997年5月8日，是在上海证券交易所挂牌的国有控股上市公司（股票简称中国医药，证券代码600056），其控股股东为中央直接管理的国有重要骨干企业中国通用技术（集团）控股有限责任公司（简称通用技术集团）。公司秉承“关爱生命、追求卓越”核心理念，致力于医药产业发展和人类健康事业，打造中国医药行业旗舰企业。建立起以国际贸易、医药工业、医药商业三大板块为支撑的科工贸一体化协同发展的产业格局，经营范围涵盖天然药物、医药化工、医疗器械、综合贸易四大领域，经营形态涵盖种植加工、研发生产、商业流通、国际贸易、技术服务等医药全产业链条。公司下属通用美康医药有限公司、中国医疗器械技术服务有限公司、天方药业有限公司、海南通用三洋药业有限公司等16家子公司。公司内设董事会办公室、总裁办公室、财务部、人力资源部、党群工作部、企业发展部、审计监察部、法律部、业务协同办公室、信息中心、投资中心、医药工业事业部、医药商业事业部13个部室。在委内瑞拉、古巴、中亚等国家和地区设有代表处。有员工1万余人。

年内，中国医药完成天方药业有限公司、通用技术集团医药控股有限公司等通用技术集团内医药资产重组。在全国医药工业行业排名由82名提升到63名；化学药排名首次进入前50名；商业排名首次进入行业前10名。是市国税局第一批74户享受出口退（免）税快捷服务企业。获市药监局颁发的药品经营质量管理规范认证证书，完成ISO 9001、ISO 13485医疗器械质量管理体系和医疗器械产品CE认证证书年度审核、到期换证和分类变更。年内，公司贯彻落实党委主体责任和纪委监督责任，推进廉政风险防控工作。所属通用美康医药有限公司项目业务团支部被评为中央企业“五四”团支部；通用美康党总支被国务院国资委党委评为中央企业先进基层党组织；河南天方药业股份有限公司员工1人获得中央企业青年岗位能手称号。全年营业收入178.57亿元，利润总额7.96亿元。

单位地址：东城区光明中街18号

邮政编码：100061

联系电话：67107218（肖昊阳）

【公司更名】3月20日，公司全称由“中国医药保健品股份有限公司”更名为“中国医药健康产业股份有限公司”。新的中国医药完成重组后，集医药工业、医药商业、国际贸易三大业务板块于一身，产业格局协同发展。（肖昊阳）

【资产重组配套融资】1月至3月，中国医药向资本市场募集资金，以定向增发方式，吸引博时基金管理有限公司、中国华电集团财务有限公司、中国银河投资管理有限公司、航天科技财务有限责任公司等8家机构9.61亿元。至年底，相关资金已按既定用途拨付到位。（肖昊阳）

北京永安复星医药股份有限公司

【概况】北京永安复星医药股份有限公司（简称永安复星公司）前身是1995年组建的北京永安医药总公司。2002年4月由北京信达资产经营总公司（国有）、上海复星医药集团（民营）、北京华辰伟业投资管理中心（职工参股）共同出资设立北京永安复星医药股份有限公司，出资比例分别为48%、46%和6%，注册资本1.50亿元。永安复星公司销售中成药、中药材、中药饮片、化学药制剂、化学原料药、抗生素、化学药品、生物制品、第二类精神药品制剂、蛋白同化制剂和肽类激素（仅限于胰岛素）、医疗器械Ⅲ类、批发预包装食品、保健食品、计划生育用品。永安复星与北京华辰伟业投资管理中心共同出资组建北京永安堂医药连锁有限责任公司，与北京永安堂医药连锁有限责任公司共同出资组建北京王府井医药商店有限责任公司两家控股子公司。公司内设总经理办公室、财务管理部、人力资源部、综合部、采购部、销售部、储运部、党委办公室、工会9个部门，有在册职工345人。

年内，3月至9月公司党委开展党的群众路线教育实践活动，召开领导干部会议14次，收集意见建议14条，提出整改措施13条，修订规章制度1条。参加第七届北京中医药文化宣传周暨第六届地坛中医药健康文化节，展示永安堂老字号发展史及企业文化建设情况。全年营业收入1.42亿元，同比下降9.51%，其中主营业务收入1.31亿元，同比下降10.11%，利润总额340.49万元，同比下降39.19%。

单位地址：东城区什锦花园胡同43号

联系电话：64034653

邮政编码：100007 （何向阳）

【职代会暨经济工作会】 1月17日召开，公司各部门及子公司35名职工代表和14名列席人员参加。大会审议通过公司资源整合实施方案草案，选举产生出席北京东方信达资产经营总公司第二届会员代表大会暨职工代表大会代表6人。 （何向阳）

【股东变更】 1月，上海复星医药投资有限公司6900万股变更为上海复星医药（集团）股份有限公司。复星公司修正章程，在市工商行政管理局办理备案登记手续。 （何向阳）

【董事会会议】 6月5日，召开股东会和第四届第四次董事会。会议审议通过公司上年工作总结和年度工作计划报告、上年财务决算和年度财务预算报告以及上年利润分配方案；讨论通过董事长兼代理总经理上年经营业绩考核意见和年度绩效考核方案；审议通过王府井医药商店有限责任公司撤销清算事项议案及公司董事、监事变更决议。 （何向阳）

【通过GSP验收】 7月9日，新版《药品经营质量管理规范》（GSP）验收获得通过。市食品药品监督管理局向永安复星公司颁发《药品经营质量管理规范认证证书》，有效期至2019年12月25日。 （何向阳）

【参加老字号展览活动】 9月30日，应市文物局及市商务委邀请，参加在首都博物馆举行的北京老字号展览活动。宣传永安堂继承弘扬中医药文化，繁荣发展，造福社会的企业精神，坚守质量是生命，诚信是根本，顾客至上、信誉第一经营之道。 （何向阳）

【资源整合】 年内完成整合方案2项。仓储物流系统由北京永安复星医药股份有限公司、北京永安堂医药连锁有限责任公司、北京王府井医药商店有限责任公司3家独立的仓储物流合并为北京永安复星医药股份有限公司仓储物流，由原3家独立采购储存，变为统一采购仓储系统，并对北京永安堂医药连锁有限责任公司和北京王府井医药商店有限责任公司实行商品配送。5月北京王府井医药商店有限责任公司由独立法人单位变更为非法人单位，注销原北京王府井医药商店有限责任公司，办理北京永安复星医药股份有限公司王府井医药分公司和北京永安复星医药股份有限公司王府井医药商店工商注册登记，原北京王府井医药商店有限责任公司人、财、物全部并入永安复星公司管理。 （何向阳）

中国全聚德（集团）股份有限公司北京全聚德前门店

【概况】 中国全聚德（集团）股份有限公司北京全聚德前门店（简称全聚德前门店），是中国全聚德（集团）股份有限公司下属企业，始建于1864年（清同治三年），已有150年历史，是老字号“全聚德”的起源店。前门店建筑面积5000余平方米，餐厅营业面积2000余平方米，可同时容纳1000余人用餐。拥有零点餐厅、宴会厅、宫廷餐厅、快餐厅、老铺餐厅5个规模不同、风格各异的餐厅。前门店以经营传统挂炉烤鸭、全鸭席和400余道特色菜肴享誉中外，被称为“天下第一楼”。全聚德挂炉烤鸭技艺入选国家级非物质文化遗产保护名录，“老门面墙”被批准为北京第八批市级文物。全聚德前门店内设餐厅部、厨房部、公关销售部、快餐部、后勤保障部、安全保卫部、人力资源部、财务部、采购供应部、综合办公室10个部室。有在职职工368人。

年内，前门店以中华第一烤鸭店品牌为指南，以“京味旅游餐饮名片”和“宴请，就到全聚德”为经营定位，完成全国“两会”代表、国台办35批2000余人参观及用餐接待任务；抽调技术骨干21人完成APEC峰会欢迎晚宴烤鸭卷制、北戴河外派等服务工作，向望京店和常州店提供技术支持。7月承办“百年传承 德行天下——全聚德创建150周年”庆典活动，获得各方好评，提升企业品牌。9月“QJD微微课堂”党员微信公众平台服务于党组织生活。前门店手机短信党课教育互动平台自2010年6月已群发443条，累计5422人次。年内，前门店员工DIY制作《主题设计精品图册》《主题宴请展示图册》，提升和完善宴会服务工作，规范服务语言和行为，吸引宴请消费，满足顾客需求。前门店通过国家级（五钻）酒家酒店复评，获国家钻级酒家示范店称号；连续第五次获全国文明单位称号，蝉联首都文明单位标兵称号；首批获中华优秀饮食文化示范店称号；厨房部热菜班组获上年度市级青年文明号称号；餐厅部服务员1人获最美首旅人称号，餐厅部服务员1人获首旅风范职工称号；安全生产实现零事故目标，没有发生任何食品安全问题和重大服务投诉，企业发展保持和谐稳定。

单位地址：东城区前门大街 30 号
联系电话：67016321
邮政编码：100005 （李璐婕）

【接待藏族师生参观】 1月24日，北京西藏中学高二年级藏族师生20余人，到前门全聚德起源店参观体验，互动交流。他们参观全聚德老物件、百年炉火火种、挂炉烤鸭技艺展示区、砂岩雕组图和市级文物“老门面墙”。身着传统服饰的藏族同学与老铺伙计们互动，了解宴会摆台技巧、服务接待礼仪，还动手折叠形态各异的口布花。西藏中学师生们现场唱起《吉祥谣》和《仙女赞歌》，感谢前门店赠送的新年礼物，祝愿全聚德越来越好。 （李璐婕）

1月24日，北京西藏中学藏族师生参观全聚德前门店

【百年传承德行天下】 7月2日（农历六月初六），是跨越三个世纪的老字号餐饮品牌“全聚德”150周年纪念日。前门店策划多项店庆营销活动，推出多款不同价位的店庆零点套餐，推介节气九折养生菜肴、厨师长特别推荐菜品，丰富顾客就餐选择。加强新媒体营销推广，配合店内营销，每日发布企业微博，每周发送企业微信2次，与大众点评网、订餐小秘书等第三方平台合作。烤鸭纪念卡加盖150周年特色印章，发放凉茶和主题凉扇。活动期间，国内10余个省市报纸、电视、网络媒体累计报道150余篇次。 （李璐婕）

【提升服务质量】 年内，由于经营面积和餐位有限，前门店为提升临时宴会效率，定制以“福寿喜聚”为主题的转台罩、筷子套和木制垫盘，实现瞬间变身，为客人带来意想不到的惊喜和感动。将现场拍摄的“立拍得”照片和烤鸭纪念卡装入特色折页封套，免费赠送客人。原有移动充电宝升级为全聚德旅行通，兼具移动电源、无线路由、无线存储和WIFI增强等功能。将宴会菜单封皮统一改为古书右翻页阅览方式，展现百年老字号文化底蕴。针对旅游客人外带烤鸭需求，制作各国驻华使馆咨询电话表，了解不同国家在食品携带入境时检疫规定。在店名片和微信中补充介绍外带烤鸭加热方法，制作外带烤鸭介绍卡，随卖随送。 （李璐婕）

【数据管理】 年内，发放调查问卷600份，采集有效信息6630条。整合现有数据管理工作，建立数据管理系统（由数据采集平台、数据分析平台、数据应用平台组成）。在数据采集平台上，扩充采样量，样本范围涵盖顾客现场意见、秘密顾客意见、宾客评议卡调查、电话回访、网络点评、会员评价、调查问卷和内部检查评估，提高数据分析结果的公正性、准确性和权威性；在数据分析平台上，对不同渠道获取的数据进行二次分类，如满意度调查、顾客流失原因调查、大客户需求调查、旅游客人消费特征调查等，提高分析结果的市场性、导向性；在数据应用平台上，根据数据不同来源，完善服务质量控制规程，增加顾客信息月报制度，汇总分享顾客评价质量控制内容，形成指导意见，提高数据利用率和有效性，促进管理上水平。 （李璐婕）

【拓展营销平台】 年内，前门店与大众点评网、订餐小秘书等订餐网站合作，推出网上订餐业务，带来更多客源。主动牵手网络第三方支付，注册企业支付宝账户，开通阿里巴巴旗下餐饮O2O平台“淘点点”手机支付功能、大众点评网微信支付业务，制定工作流程，完善支付环境，为客人提供专业、便捷的服务。 （李璐婕）

北京便宜坊烤鸭集团有限公司

【概况】 北京便宜坊烤鸭集团有限公司（简称便宜坊）是国有控股餐饮集团。旗下拥有众多老字号餐饮品牌，建于明永乐十四年（公元1416年），以焖炉烤鸭技艺独树一帜的便宜坊烤鸭店；建于清乾隆三年（公元1738年），乾隆皇帝亲赐蝠头匾的都一处烧麦馆；建于清乾隆五十年（公元1785年），光绪皇帝御驾光临的壹条龙饭庄；建于清道光二十三年（公元1843年），北京八大楼之一的正阳楼饭庄；建于清同治元年（公元1862年），以经营北京炒肝闻名的天兴居；建于民国十五年（公元1910年），以经营北京小吃著称的锦馨豆汁店；建于民国十一年（公元1922年），经营佛家净素菜肴的功德林素菜饭庄；建于民国十五年（公元1926年），以经营清真小吃著称的锦芳小吃店；以经营宫廷风味的御膳饭庄；以经营上海菜为主的老正兴饭庄；以经营川味为主的力力豆花庄；以经营老北京特色小吃的红湖小吃等。其中便宜坊、都

一处、壹条龙、天兴居、力力、锦芳是国家商务部认定的中华老字号。集团拥有非遗项目10个，其中便宜坊焖炉烤鸭技艺、都一处烧麦制作技艺列入“国家级非物质文化遗产保护名录”；壹条龙涮肉制作技艺、北京豆汁习俗列入“北京市级非物质文化遗产保护名录”；都一处炸三角制作技艺、都一处马莲肉制作技艺、正阳楼传统蟹宴制作技艺、老正兴寿桃制作技艺、锦芳元宵制作技艺、天兴居炒肝制作技艺列入“东城区非物质文化遗产保护名录”。便宜坊集团有直营店和连锁店28家，加盟店28家，分布在北京、河北、天津、山西、山东等地。集团内设3个办公室（党委、行政、改制上市），6个部门（人力、培训、营运、采购、计财、质管），5个事业部（产品研发、店铺拓展、物业租赁、天兴居、都一处），2个工作室（焖技艺传承研发、菜品技术研发）。有员工1780人。

年内，开展党的群众路线教育实践活动，14个党支部参加，落实中央八项规定和上级有关转变作风的要求，向党员干部下发辅助学习书籍《论群众路线》《厉行节约反对浪费》。以“创新增效、务实提质”为工作主题；坚持“4+2”经营定位，发挥预算、巡检、绩效管理作用；实施22项升级工程，推进标准化进程。建立培训体系，73人参加培训。便宜坊集团派6名员工参加北京地坛文化庙会·台北之旅活动。年内新开便宜坊甜水园店，天兴居东四十条店，7家便宜坊品牌加盟店。3月被市安监局评为安全文化建设示范企业。6月便宜坊集团旗下便宜坊、都一处、壹条龙、锦芳、力力、天兴居、锦馨豆汁7个品牌入选第一批“北京老字号企业名录”。12月第二届“中国米其林”美食评选中，便宜坊旗下功德林素菜饭庄被授予中国米其林美食评选健康榜样餐厅，即最具权威信赖感的健康理念餐厅。12月，获首批诚信长城杯企业（诚信长城杯创建是全市各个领域30家行业协会、商会共同举办的一项公益性活动）。年内集团获中华总工会和国家安全生产监督管理局开展的全国安康杯竞赛优胜单位称号；世界中国烹饪联合会颁发的中华优秀饮食文化示范企业；被中国饭店协会授予共同成长奖和爱心企业奖；被北京烹饪协会、《北京商报》授予十大品牌、五十强企业荣誉；被第九届中国（北京）餐饮·食品博览会组委会授予食品安全示范单位；获用于烤鸭制作技艺的链条式传送喷淋一体机及紧密型灶台两项专利发明成果。全年销售收入3.69亿元，同比提升10.48%；利润1867.44万元，同比提升3.75%；上缴税金3505.75万元，同比提升1.8%。员工基本薪资同比提升6.75%，集团员工人均收入同比提升3.7%。

单位地址：东城区永内东街中里15号
邮政编码：100050
联系电话：67020584 （罗英男）

【参加技能大赛】 1月，在区商业联合会主办的第三届“美食东城”技能大赛中，便宜坊、功德林、力力豆花、壹条龙等4个品牌获东城区最具影响力的十大品牌称号；便宜坊哈德门店、锦芳食苑获东城区最具人气的十大餐饮名店称号；都一处前门店五谷烧麦、力力豆花庄宫保鸡丁、御膳饭庄抓炒里脊、壹条龙手切羊肉火锅获东城区十大传统名菜称号；便宜坊哈德门店山药芸豆糕、锦芳食苑豆汁焦圈、天兴居炒肝获东城区十大名小吃称号；便宜坊哈德门店碧绿珍珠鲍、都一处永定门店乾隆牛肉面获东城区十大创新菜称号。 （罗英男）

【便宜坊台湾高雄店揭牌】 2月13日，在第三届高雄灯会艺术节暨北京特色周上，便宜坊集团为第一家台湾分店举行揭牌仪式。坐落在高雄香蕉码头的便宜坊烤鸭店是便宜坊集团在大陆以外地区开设的第一家分店，亦是便宜坊品牌的第十一家直营店，餐厅营业面积800平方米。 （罗英男）

【两岸学习交流】 3月31日至4月7日，台湾河边股份公司一行6人到访便宜坊集团，就便宜坊集团企业文化、厨务工作、服务环境、工作流程进行沟通与交流。河边股份公司到访目的在于共商合作细节，拓展台湾市场，将便宜坊六百年焖炉烤鸭技艺引入台湾，实现与北京餐饮对接。

（罗英男）

【推进安全标准化认证】 10月，集团9家500平方米以上规模企业建立完成安全标准化三级认证体系，通过区商务委认证。标准化认证体系提升了集团旗下品牌店安全标准化水平，加强了企业安全生产基础工作，建立起企业安全监管长效机制。 （杨葳）

【二维法管理】 年初，集团创新预算管理“二维法”，制定企业超预算管理程序。通过横向、纵向2个维度进行全面预算管理。横向项目指标责任人12人，逐项审核直营店预算编制情况。纵向设直营店责任人22人，就直营店销售收入指标、税前收益指标，进行纵向审核。二维法管理有助集团总部对各直营店的检核和管控，密切总部和直营店间的联系，上下互动，编制合格预算。 （杨葳）

【推进股份制改造】 9月，集团与上海荣正投资咨询有限公司洽谈股改相关工作。荣正公司设计便宜坊股份制改造及公司治理时间安排表、中长期激励计划表、股权融资工作计划表等。10月，荣正公司专业人员进驻便宜坊开展尽职调查，查阅文件、走访约谈，掌握便宜坊集团整体情况，完成调研。11月6日，荣正公司提交改制草案初稿，召开3次《便宜坊集团改制方案建议书》现场讨论会。12月15日，集团将补充完善后的便宜坊改制方案上报崇远公司、国资委。

（杨葳）

【接待APEC青年营】 11月7日，便宜坊鲜鱼口店接待“APEC未来之声青年营”150名师生，体验民俗，品尝烤鸭，将便宜坊的味道、友谊与盛情传递给国际友人。 （罗英男）

【标准化管理实现升级】 年内，集团深入标准化管理，倡导标准化管理模式。完成集团《营运标准化》《人力标准化》《预算管理标准化》《财务管理标准化》《品牌标准化》《文化标准

化》6个标准化管理手册，拓展菜品标准化，实现科技进步，采用手持式酸碱度测试仪，保证菜品口味、形态标准化。（杨葳）

【便宜坊送农民工上大学】 年内，便宜坊集团各直营店推选19名农民工，经过学习辅导，参加全国成人高考，全部录取。（罗英男）

北京稻香村食品有限责任公司

【概况】 北京稻香村食品有限责任公司（简称北京稻香村）始建于1895年（清光绪二十一年），金陵人郭玉生南菁北迁，落户前门外观音寺，时称稻香村南货店，南店北开、自产自销、做工精致、口感独特、诚信经营、特色服务，生意十分红火。鲁迅先生寓居北京时，经常前往购物，《鲁迅日记》中有十几处记载。1926年因战乱歇业。1983年，根据国家关于恢复名厂、名店、名特产品的要求，稻香村第五代老掌柜刘振英带领员工小胡同里复业。1994年，组建北京稻香村食品集团。2005年，改制为北京稻香村食品有限责任公司。现有160家连锁店，1个物流配送中心，104家经销商，634个经销网点。北京稻香村现代化食品生产基地占地200亩、建筑面积14万平方米。生产糕点、肉食、速冻产品、月饼、元宵、粽子等特色食品，16大类600余个品种。2005年通过ISO22000食品安全管理体系认证。2008年被指定为北京奥运会食品供应商。2010年1月位于昌平区北七家工业园区的北京稻香村食品检测中心通过国家认证认可委实验室CNAS认可，实施从原辅料采购到产品出厂全程质量监测。稻香村内设总经理办公室、人力资源部、营销策划部、财务部、法务部、总务部、调研室、销售中心办公室、销售部、市场管理部、外埠市场开发部11个部门。有员工3000余人。（付甲伟）

年内，北京稻香村品牌管理升级，以提高品牌力、营销力、市场力为目标，以加强营销战略规划为重心，系统推进各项绩效目标，组建公司法务部，新开连锁店11家。3月、11月召开年度工作会，总结年度工作，部署重点经营计划，董事长兼总经理作《企业发展与人的问题》《关于2015年工作的报告》。4月参加北京市第64届质量管理小组成果发布会，获得3个三等奖和1个优秀奖。6月北京稻香村通过审核，成为首批“北京老字号企业”，获得具有集体商标图形的北京老字号牌匾和特许使用证书。获上年度北京十大商业品牌金奖。

单位地址：东城区东直门内大街19号
联系电话：64003102
邮政编码：100007（付甲伟）

【参加中国烘焙展览会】 3月9日，由中华全国工商业联合会烘焙业公会主办的第十八届中国烘焙展览会在广州琶洲广交会展馆召开。公司携自来红、萨其玛、五仁饼、枣泥饼、核桃酥、黑麻饼六大“京典”系列产品亮相“烘焙伴手礼名店一条街”引起反响。（付甲伟）

【电商渠道上线】 8月18～20日，北京稻香村官方旗舰店分别在天猫和京东开业，正式进军电商，开辟新的市场渠道。至年底，电商平台销售额90万元。（付甲伟）

3月9日，稻香村参加中国烘焙展览会

北京吴裕泰茶业股份有限公司

【概况】北京吴裕泰茶业股份有限公司（简称吴裕泰），2005年8月26日成立。其历史可以追溯到1887年（清光绪十三年），1949年以前称吴裕泰茶栈，新中国成立后称吴裕泰茶庄，“文革”时期更名为红日茶店。公司内设财务部、市场部、营销部、人力资源部、物流部、信息部、质管部、企业发展部、党群部、市场开发部、采购部、产品部12个部门。有在职员工496人，离休2人，退休350人。

年内，提出“二五四总体工作思路”，即确保完成销售3.75亿元和利润4300万元指标，确保国有资产保值增值率115%。打造一流服务水平，满足顾客体验需求，快速推进互联网营销，全面整合供应链流程，提高员工生活质量。增强市场化经营理念，增强团队凝聚力，增强团队执行力，培育市场化优秀人才。年内新开连锁店50家，至年底，连锁店总数为383家。开展党的群众路线教育实践活动，制定工作方案。召开第三届董事会第七次会议。年内参加中国茶叶流通协会主办的年度中国国际茶叶博览会。“吴裕泰”商标被市工商局认定为北京市著名商标。中国茶叶品牌价值评估课题组认定吴裕泰品牌价值为11.34亿元人民币。“老北京四季茶”成为APEC会议指定礼品用茶。年内举办“2014吴裕泰·横县茉莉花推介会”，引进四川省犍为县4款香型茉莉花茶在吴裕泰销售。2月吴裕泰被《北京日报》报业集团、北京商联会、《北京商报》评为上年北京十大商业品牌。4月策划拍摄的微电影《茶香三部曲》获上年北京青年微电影大赛优秀奖。6月“吴裕泰”商标被北京市工商局认定为北京市著名商标。11月在中国茶叶学会举办的第三届“国饮杯”全国茶叶评比中，吴裕泰送选的“翠谷幽兰兰花花茶”和“茉莉云峰花茶”获大赛一等奖。12月在中国商业联合会中华老字号工作委员会主办的年度“中华老字号时尚创意大赛”中，吴裕泰盒装抹茶粉获金奖、年轮蛋糕获银奖、含茶蛋糕和老北京四季茶获铜奖。公司总经理获全国优秀茶叶科技创新企业家称号。

单位地址：东城区交道口东大街4—17号
邮政编码：100007
联系电话：84049766（总机）

（赵连颇）

【春节促销】1月6日至2月4日为春节促销期。全国300余家门店联动，统一买赠，让利于民；百种商品共同贺岁；通过手机二维码进行“码上营销”；团购、微博、微信促销；天猫、京东、亚马逊等5家网店联合促销。销售茶叶近1亿元。（赵连颇）

【茶文化庙会】1月8日，第四届春节茶文化庙会启动仪式在有92个国家、18个民族居住的朝阳区麦子店社区举行，相关领导和居民60余人出席。茶文化庙会进社区、进门店、进公园、进网络，开展送民俗、备年货、办影展、对春联、猜谜语等活动。

（赵连颇）

【线上宣传】1月17日，与百度合作，借助其搜索功能，推出品牌专区、搜索推广、网盟、品牌地标等宣传形式，对企业品牌进行推广，展现数量超过1000万次，点击数量超过100万次。凭借互联网优势，强化吴裕泰品牌知名度，培育网上消费者，实现公司营销模式转型经营。（赵连颇）

1月23日，吴裕泰公司东方前门店开业

【吴裕泰东方前门店】1月23日开业。京城非遗传人展示剪纸、面人等绝活。启动“寻找地地道道老茶客，品味原汁原味裕泰香”征文活动。全年老顾客100余人参加征文。（赵连颇）

【新形象店开业】1月23日，吴裕泰第四代连锁店雍和宫店和东四店开业。第四代连锁店以胡桃木色为主色调，简洁稳重，实用大方，充分利用店内空间，相对于第三代连锁店具有可复制、降低装修成本的优势。

（赵连颇）

【商租通启动】4月3日，SOHO中国牵手招商银行和吴裕泰召开“商租通”新闻发布会。“商租通”旨在通过招商银行网上付款平台，便捷、快速、安全地为承租户缴纳房租、物业费提供服务。同时，招商银行为“商租通”用户贷款提供服务。（赵连颇）

【吴裕泰127周年店庆】9月27日举办。店庆活动有“吴裕泰茶文化物件”征集展示；“我与吴裕泰的故事”获奖征文颁奖；《吴裕泰连锁经营发展17年》画册首发式；28家“移动茶站”进社区启动仪式等内容。吸引群众100余人。（赵连颇）

【无我茶会】10月29日，吴裕泰与雍和宫小学在地坛公园银杏大道联合举办“无我茶会”。茶艺爱好者40余人在银杏树下分两排一字排开，每人各自准备茶杯、茶盘、茶叶、热水杯等用具，参加者精心泡茶，互相品饮，交流心得，切磋茶艺。吸引游客驻足，场面壮观。（赵连颇）

【加盟商大会】12月22日，吴裕泰在北京召开2014～2015年度加盟商培训暨订货会。会议主题为“精耕·零售”。上海庄周企业管理咨询有限公司总经理、湖南大学教授讲授门店业绩提升和黑茶知识。加盟商300余人参加。（赵连颇）

北京天润金百投资集团有限责任公司

【概况】北京天润金百投资集团有限责任公司（简称天润金百），是以原崇文区国有商业资本为主体，吸收多元投资的国有控股企业，2003年1月成立，注册资本8000万元，其中国有股4016.87万元，占总股本50.21%；集体股1300万元，占总股本16.25%；社会法人股2683.13万元，占总股本33.54%。有控股子公司5家：北京金伦股份有限公司、北京市前门化工原料有限公司、北京前门亿兆商场有限公司、北京朗迪曼尔服装服饰有限责任公司、北京新叶物业管理有限责任公司；参股子公司5家：北京元隆丝绸股份有限公司、北京市亿隆实业股份有限公司、华润置地有限公司、罗马尼亚北京餐厅、北京银行。公司内设人力资源部、财务审计部、资产管理部、经营部、综合管理部、政工部（工会）6个部室。有职工253人（其中在岗88人），离退休职工1366人。

年内，6月召开第三届股东会第四次会议、第四届董事会和监事会第三次会议，审议通过董事会上年度工作报告、财务预决算报告、利润分配方案、董事变更方案等决议，姜璇代表崇远公司担任公司董事。7月，北京市前门代工原料有限公司成为第一批“北京老字号”成员，是北京市唯一获此荣誉的化工经营企业。8月，完成职代会换届工作，新一届职工代表32人。召开第二届职工代表大会第一次会议，审议通过《天润金百集团公司2013年工作总结和2014年工作计划的报告》。组织共产党员献爱心，党员、积极分子86人捐款3740元。全年营业收入8201.21万元，完成计划的101.11%，利润总额1647万元，完成计划指标的109.8%。

单位地址：东城区崇外大街9号

联系电话：6708.2858

邮政编码：100062　　（姜罂娲）

【党的群众路线教育实践活动】3月13日召开动员部署大会，制定活动实施方案。5月召开学习心得交流会。活动期间征求职工群众意见建议33条。8月召开专题民主生活会，查找“四风”问题39条，相互之间提出批评意见18条。制定整改方案，其中立行立改任务5项，近期整改任务2项，中长期整改任务1项。10月召开总结大会。梳理审查已有的74项制度，填补制度空白4项，修订完善12项。年底前，立行立改5项任务落实到位。　　（姜罂娲）

北京工美凤凰旅游艺术集团有限公司

【概况】北京工美凤凰旅游艺术品集团有限公司（简称工美凤凰）2002年4月成立，注册资本5000万元，是集物业、旅游、商贸、工业为一体的股份制企业集团。经营写字楼、物业管理、旅游项目、进出口业务、工艺礼品及旅游相关配套项目。占地面积1.5公顷，建筑面积3万平方米。公司内设综合办公室、财务部、人力资源部、资产管理部、培训部、物业部5个部门。有在职职工100人，离退休职工1004人。

年内，集团所属百工坊被区政府授予小企业创业基地，颁发牌匾。参与首届北京地坛文化庙会·台北之旅活动，举办非遗保护10周年成果展，与东方妙汇国际文化传播公司签订品牌战略意向书。接待16个国家的部长、议员和媒体记者等国际友人参观考察，应邀参与APEC财长会招待会非遗技艺展演。在党的群众路线教育实践活动中被龙潭街道工委评为双强六好先进基层党组织，26名党员捐款420元。百工坊接待参与阳光少年活动青少年41批次，2500余人，连续4年被市教委校外教育工作办公室授予阳光少年活动优秀组织奖。全年经营收入940万元，上缴税金112万元。

单位地址：东城区光明路乙12号

联系电话：67111381

邮政编码：100061　　（李由）

【非遗技艺台北庙会展示】2月7～15日，京城百工坊8项非遗传统手工艺项目集体亮相首届北京地坛文化庙会·台北之旅。9天庙会活动期间，绢人、面人、景泰蓝、雕漆、剪纸、京绣、骨雕、钧瓷等项目的工艺美术大师，为台湾民众展示精湛民间传统手工技艺，成为北京地坛文化庙会一大亮点，接待参观者近20万人次。（李由）

【非洲记者团参观交流】3月11日，埃及、加纳、坦桑尼亚、喀麦隆、肯尼亚等9个国家的记者团到百工坊参观采访。记者们深入了解雕漆、景泰蓝、内画、京绣、料器等非遗项目制作工艺，对大师们精湛技艺赞不绝口，与火绘葫芦、毛猴、剪纸、面人大师互动，亲身体验中国民间传统手工艺的制作乐趣。　　（李由）

【党的群众路线教育实践活动】3月6日至10月28日，集团公司党委第二批开展党的群众路线教育实践活动。活动中重点实施学习教育听取意见、查摆问题开展批评、整改落实建章立制3个环节，26名党员读原文、听党课、看电教片，开展批评与自我

10月22日，工美凤凰非遗绝活亮相APEC财长会

批评，树立为民务实清廉形象。为街道孤寡老人献爱心捐款420元。

（李由）

【非遗技艺走进社区】4月1日，百工坊民间手工大师走进龙潭街道传授软翅风筝制作技艺。居民们在大师指导下亲手制作蝴蝶风筝，参加街道举办的创意风筝大赛，11个社区居民40人参加。（李由）

【骑友体验手工技艺】6月21日，启动2014骑迹东城骑行游览活动。骑友参观15项国家级、市级和区级非遗项目手工艺表演，与传承人面对面谈作品、讲工艺、听文化，亲手体验团花剪纸工艺制作过程，骑友30余人参加活动。（李由）

【日本议员参观非遗作品】7月3日，日本东京都目黑区议员联盟代表团参观百工坊，观看内画、鼻烟壶、雕漆、毛猴、京绣等有中华民族传统特色的手工技艺项目，对作品大加赞赏，尤其对鱼纹、蝙蝠、寿桃、吉祥鸟等纹饰图案产生兴趣，赞叹中国非物质文化遗产的博大精深。（李由）

【惠民活动】8月，区旅游委举办券游东城活动，百工坊为首批接待单位，印制“券游东城”易拉宝、标识、主题LOGO等宣传品，剪纸、面人、毛猴、木雕、料器、火绘葫芦、玛瑙等20余个工艺坊参与，游客30余人享受8折优惠。（李由）

【非遗传承进校园】9月1日，百工坊非遗代表性传承人5人，走进北京市第二中学校园，宣传中华民族传统文化，传承手工艺技艺。学生在传承人指导下，学习面塑、毛猴、风筝、剪纸、中国结项目，体验民族传统手工艺文化内涵，学生260余人参加此项活动，已连续4年。（李由）

【国际文化交流】9月9日，约旦、埃及、毛里塔尼亚三国的文化部长及代表团成员到百工坊参观交流。客人们与真丝手绘、京绣、雕漆、料器、景泰蓝等工艺大师面对面交流，诚邀大师们到他们的国家去传授中国的民族传统手工技艺。（李由）

【中法文化交流】9月17日，国际知名品牌企业法国卡地亚公司的高级设计师和技术人员，在故宫博物院有关人员陪同下到百工坊参观，与景泰蓝、雕漆、花丝镶嵌、玉雕工艺大师交流技艺，了解中国传统手工艺制作过程和文化内涵。（李由）

【非遗绝活亮相APEC财长会】10月22日，百工坊8位非遗传承人应邀参加市政府在北京饭店国际会展中心举办的APEC财长招待会。京派内画、北京雕漆、景泰蓝、真丝手绘、面人、剪纸、毛猴、中国结工艺大师及传承人表演精湛的中国传统手工技艺，得到国际友人交口称赞。（李由）

【品牌推广】12月11日，在第九届中国北京国际文化创意产业博览会上，京城百工坊与北京东方妙汇国际文化传播有限公司签订5年品牌战略规划意向书，双方共同合作探索文化产业新的商业模式，推动非物质文化遗产传承与发展。（李由）

【非遗十年保护成果】12月25～28日，京城百工坊举办非遗保护十年成果展。十年间，百工坊申报成功4项国家级、5项市级、6项区级非遗名录项目，申报成功24名各级非遗项目代表性传承人。建立非遗技艺传习所和非遗项目体验培训大课堂。（李由）

北京工美集团有限责任公司王府井工美大厦

【概况】北京工美集团有限责任公司王府井工美大厦（简称王府井工美大厦）前身是1954年在中央美院院内成立的美术商店。同年12月12日，迁址到王府井大街265号，更名为北京美术服务部。1959年迁址到王府井大街200号，更名为北京工艺美术服务部，郭沫若先生题写牌匾。1972年翻建，1995年再次翻扩建。1998年7月重张开业，建筑面积3.20万平方米，地上9层，地下4层，是购物、餐饮、商务写字间、停车场等多功能服务为一体的综合性商厦。主要经营中国传统、民间、现代工艺品；国内著名品牌工艺品；旅游纪念品和时尚礼品。2001年随集团公司转制，更名为北京工美集团有限责任公司王府井工美大厦。2004年注册“真品·真情”商标，2006年通过ISO9001质量管理体系认证，同年被商务部认定为中华老字号企业，取得中国商业联合会授予的全国商业质量奖、中国工艺美术第一店等荣誉。2007年被奥组委指定为北京奥运特许商品旗舰店；2008年北京奥运会期间，接待国内外宾客2000余万人次；2010年承办上海世博会特许商品北京形象店和北京旗舰店团购展示中心；2014年承办南京青奥会特许商品零售店。多次获得全国轻工行业先进集体、首都文明单位等称号。王府井工美大厦隶属于北京工美集团有限责任公司，内设办公室、组织部、工会、人力资源部、财务部、工程部、保卫部、物业部、信息部、后勤部、商场管理办公室、综合管理办公室、综合服务部、业务部、员工餐厅15个部门。有在职员工267人。

年内，贯彻工美集团公司盘整、盘活、盘升，稳进求好的经营方针，加强经营结构调整力度，提升服务管理精细化水平，按照ISO9001质量管理体系运行要求，组织开展管理评审，文件、记录评审，顾客满意度调查，质量管理体系基础知识培训等活动，通过联合智业认证公司监督审核。召开八届七次职工代表大会，审议通过相关议案，续签集体合同。建店60周年前，升级改造地下停车场、电梯厅、通道、会议室等3000余平方米，优化购物环境，提升顾客满意度。开展我与企业共成长——工美大厦建店60周年征文活动，开展微党课教育50次，廉政短信发送50条。年内工美大厦获中国商业联合会颁发的企业信用评价AAA级信用企业；中国质量评价协会颁发的年度全国质量信得过单位；北京市企业评价协会颁发的北京诚信经营承诺企业；北京市安全生产委员会办公室颁发的年度北京市安全生产月活动优秀组织奖等荣誉。一层收银班组被授予北京市三八红旗集体；1人被市妇联、市总工会、

11 月 14 日，王府井工美大厦 APEC 国礼典藏版限量发售

市人社局授予北京市三八红旗奖章；1 人在年度首都绿化美化先进集体和先进个人评选表彰活动中获首都绿化美化先进个人。全年营业收入 7.04 亿元，利润 1775.10 万元。

单位地址：东城区王府井大街 200 号

联系电话：65289325

邮政编码：100005　（刘艳霞）

【《足迹》出版发行】 7 月 14 日，由工美集团公司主办、王府井工美大厦协办的北京工美人物丛书第一辑《足迹》出版，发行仪式在大厦门前举行。《足迹》一书选择自新中国成立以来，北京工艺美术行业具代表性的 17 位行业领导、大师和劳动模范，对其职业生涯、生平事迹和取得成就进行挖掘、记录和整理，通过典型人物经历展现整个行业发展史，是向新中国成立 65 周年献礼之作。（刘艳霞）

【建店 60 周年风采展示】 11 月，举办“工美旗舰”回顾展并出版纪念画册《腾飞》。展览分为历史足迹和真品真情两部分，展示工美大厦发展史和经营服务理念。《腾飞》是继 50 周年《雕琢》画册、55 周年《辉煌》画册之后，再次以大量照片和文字全方位立体展示工美人开拓进取的时代风采。　（刘艳霞）

【APEC 国礼典藏版限量发售】 11 月 14 日，举行 APEC 国礼典藏版限量发售仪式。3 件国礼出自北京工美集团，为《四海升平》景泰蓝赏瓶、《繁花》手包套装、《和美》纯银丝巾果盘。国礼典藏版展售引来全国各地顾客争相垂询购买，上柜一个半月销售 73 件，销售额 375 万元。　（郭莹）

【拓展营销模式】 年内，开展黄金以旧换新免加工费、建立商场会员日、联合工商银行承办黄金产品品鉴会、举办邓丽君黑胶唱片新品发布会、联合工商银行及中国银行开展分期付款免息免手续费等活动。借承销 APEC 国礼典藏版机会与浦发银行达成合作，开创线上销售新模式。建店 60 周年之际，开展雕刻雕漆、编绳结艺、淘老玉、秀照片等顾客体验式营销活动，通过微信、微博等新媒体与顾客交流互动，吸引顾客参与其中，体验传统工艺文化绝妙之处。

（庞爽、郭莹）

北京华江文化发展有限公司

【概况】 北京华江文化发展有限公司（简称华江文化）2003 年成立，注册资本 1000 万元，是一家集研发、设计、生产、销售为一体的国际性文化创意产业公司，特许经营国际知名体育、文化品牌的授权衍生品，核心业务领域涉及体育、旅游、高端定制服务。华江文化是全球唯一获得连续三届夏季奥运会授权的企业，国际奥委会、中国奥委会和美国奥委会的特许商，在中国文化旅游市场运营北京礼物、鸟巢等特许品牌。在北京、南京、香港、新加坡、英国、美国、巴西、韩国设立有全资子公司。内设总经理办公室、人力资源部、行政部、财务部、系统运营部、信息技术部、公关部、北京礼物项目部、OC 项目部、大客户部 10 个部门，在职员工（含子公司及海外员工）129 人。

年内，获得多项特许权力，加强产品研发、项目运营、对外交流、宣传推广，运营南京青奥会项目、北京 APEC 会议用品及国宴餐具研发项目。6 月，入股国家体育场有限责任公司（鸟巢），成为 8 个股东之一。11 月，应邀参加京港文化创意研讨会。12 月获得 APEC 国宴系列餐具开发授权。

单位地址：东城区崇文门外大街 9 号正仁大厦 1 段 4 层

联系电话：67082233

邮政编码：100062　（崔莹）

【南京青奥会特许项目】 8 月，运营 2014 南京青奥会特许项目及赛时场馆零售项目。研发包括毛绒吉祥物、各类徽章套装、贵金属纪念币、挂带、水壶、包等特许商品，获得市场认可。同时，承担青奥会期间南京城市景观设计及实施。　（崔莹）

【南京华江之夜】 8 月 22 日，邀请国际奥委会主席巴赫参加在南京举办的“华江之夜——奥林匹克贡献企业酒会”，巴赫对华江文化为奥林匹克特许事业做出的贡献给予高度评价。

（崔莹）

【APEC 国礼及会务用品研发】 11 月，华江文化研发的“北京城市钥匙”、“APEC21 个经济体地标建筑拼图徽章”、“APEC 纪念徽章”被赠予各国首脑及参会领导人。公司还研发了领导人会议用包、京剧笔筒。（崔莹）

【APEC 国宴餐具研发】 6 月至 11 月，研发设计 APEC 领导人欢迎晚宴专用餐具。餐具以“盛世如意”为核心设计理念，以中国传统吉祥符号

“如意宝相纹”为核心图形，将其运用到国宴用品的每款设计中。餐具分主桌“国韵黄”和嘉宾桌“珍珠白”两个色系，整套餐具及相关用品分为陶瓷餐具、酒具、刀叉、其他用品4大类71款170件。餐具采用新工艺汉玉瓷材质，结合珐琅彩工艺，在传承古法技艺基础上，结合现代釉上彩贴纸工艺，体现现代陶瓷工艺新的发展趋势。整套陶瓷餐具实现国产、安全、环保、无毒、无铅。（崔莹）

【里约奥运会吉祥物发布】11月23日，研发生产的吉祥物毛绒产品在巴西上市销售（6月获得里约奥运会吉祥物毛绒类别的独家特许授权并拿到了设计稿）。华江文化2012年就与巴西奥组委陆续签订了多品类特许商品的授权合同。（崔莹）

【APEC国宴精品设计对话会】12月13日，由市贸促会、市国有资产经营有限责任公司、华江文化公司主办，华江文化公司承办的北京文博会系列活动之一“创意引领中国精品——APEC国宴精品设计高端对话暨2014水立方国宴专用餐具品鉴会”在北京国家游泳中心（水立方）举行。活动以APEC国宴精品为切入点，围绕如何利用创意力量引领创造更多的中国精品为主题进行交流与探讨。市文化创意产业行业主管部门，旅游行业主管部门，APEC筹备办相关部门，APEC水立方国宴主要参与企业、知名设计院校、文创行业专家、知名艺术家、设计大师、设计类专业人才和多家主流媒体300余人出席。（崔莹）

百荣投资控股集团有限公司

【概况】百荣投资控股集团有限公司（简称百荣集团）2001年8月成立，是以批发零售商业、商业地产、金融服务为核心的跨行业、多领域、多元化发展的综合性企业集团。总资产200亿元。设13家控股子公司：北京百荣商业管理有限公司、北京百荣世贸商城市场有限责任公司、百荣物业管理有限公司、郑州金源百荣商业管理有限公司、百荣百尚置业投资有限公司、北京百荣易成担保公司、鼎能置业开发有限公司、金源百荣投资有限公司、百荣（河北）投资有限公司、舟山世纪太平洋化工有限公司、湖北随岳南高速公路有限公司、百荣（锡林郭勒盟）能源投资有限公司，新成立百荣浩德酒店管理有限公司。百荣集团内设战略运营部、综合管理部、人力资源部、财务部、审计部、资产管理部、金融投资部、规划设计部、工程项目部、成本管理部10个部门。有员工1600余人，其中集团总部研究生及以上35人，大学本科51人，大专及以下学历38人。

年内，百荣集团坚持以科学发展观为统领，贯彻落实安全、卓越、创新、和谐的发展方针，全面推行“正德厚生，臻于至善，德正商立，功成业满”价值观念。获区2014年度百强企业称号。百荣集团党总支下设3个支部，有党员100人。单位地址：朝阳区建国门外大街8号IFC大厦B座35层

联系电话：85660790

邮政编码：100022（王强）

北京市百荣世贸商城市场有限责任公司

【概况】百荣世贸商城管理有限公司（简称百荣世贸商城）由百荣投资控股集团投资建立，是百荣集团全资子公司，负责百荣世贸商城运营管理；位于南中轴路与南三环路交汇处，建筑面积60万平方米，投资30亿元，一期主体建筑共8层，地上6层、地下2层（2004年4月29日开业），二期（即国际小商品城）主体建筑共10层，地上8层、地下2层（2008年4月30日开业）。商城以批发中高档服装、针织品、小商品为主，兼营零售。设有童装、羽绒服、皮草、男装、女装、裤装、针织系列、床上用品、箱包鞋帽、饰品、工艺礼品、玩具、化妆品、五金用品、日用百货等区域，集服装批发、零售、出口、展示发布、商情咨询、商务拓展、广告咨询、物流配送于一体。有华北童装采购中心、华北针织品采购中心、华北羽绒服棉服采购中心、华北运动休闲服饰采购中心、华北韩国服饰采购中心、华北玩具采购中心、华北箱包皮具采购中心、华北花卉绿植家饰工艺采购中心。先后获北京市著名商标、东城区突出贡献企业、AAA级信誉企业、全国十大服装批发市场、中国服装品牌推动大奖、中国纺织服装行业特别贡献奖、100个最火的北京好去处、北京市信用企业、消费者满意单位等荣誉。有员工900余人。

年内，商城举办感恩十载百业欣荣——百荣商业十周年盛典；一期四层华北针织品采购中心、二期五层婚纱礼服区开业；二期一层联合《财富故事》栏目提升珠宝区宣传力度，《财富故事·断玉》在北京电视台财经频道播出，社会反响强烈；召开百荣·内蒙古世元购物中心合作对接会；被区工商分局认定为绿色通道企业示范单位。

单位地址：东城区永定门外大街101号

邮政编码：100077

联系电话：85660790（王强）

北京大北服务有限责任公司

【概况】北京大北服务有限责任公司（简称大北公司）2002年6月成立，注册资金1500万元。主营照相、饭店、洗浴、洗染、商务会馆。设5个子公司：北京大北照相有限责任公司、北京圆中原照相有限责任公司、北京御华旅店有限责任公司、北京兆隆洗染有限公司、北京天坛南里温泉康乐城有限公司；4个分公司：永定门饭店、惠达商务会馆、四块玉商务会馆、崇文门第二旅馆；1个合作企业：北京新世界贝尔特酒店。内设行政办公室、党办、工会、经营管理部、财务部、人力资源部、行业协会7个部门。有职工311人（其中在岗236人）。

年内，公司召开年度经济工作会议，开展党的群众路线教育实践活动。永定门饭店获北京市三八红旗集体称号。全年营业收入4090万元，利润230万元。

单位地址：东城区珠市口东大街4-22楼

联系电话：67240044

邮政编码：100062　　（田晓雨）

【大北照相新店开业】 1月，大北照相宋家庄店开业，公司投资5万元在宋家庄地铁站内制作灯箱广告，印刷3.50万份宣传册介绍新店开业促销活动。开业第一个月打折促销营业收入11万元。　　（田晓雨）

【网络信息建设】 2月，大北照相馆枣苑店由专业软件公司进行企业信息管理研发，同时建立网络维护小组，对企业局域网重新布线、试调，布线600余米40余条，解决IP地址冲突，网络连接不畅等问题。　　（田晓雨）

【儿童节营销收入】 六一前，大北照相设计制作新影室实景道具7个、不同规格儿童套系样册5套20本，推出滴胶水晶、沙雕版画、凡瑞摆台等8种不同样式相框配套产品，做好营销、促销各项准备。儿童节3天营业收入19.50万元，比上年同期14.8万元增长32%，为近年最高。　　（田晓雨）

北京宏源餐饮管理有限公司

【概况】 北京宏源餐饮管理有限公司（简称宏源公司），是一家综合性清真餐饮企业，2004年4月成立，经营特色涮肉、羊蝎子火锅及高、中、低档清真系列菜。宏源公司现有9家分店：宏源南门涮肉城、满朋轩餐厅、宏源河边店、宏源东单店、宏源朝阳路店、宏源后海店、宏源北洼路店、宏源廊坊店、宏源西湖串店，1家物流配送中心和1家养殖中心，分别位于北京市东城区、西城区、朝阳区、海淀区、河北廊坊市和涿州。宏源公司先后被评为全国绿色餐饮企业、北京百强餐饮门店、50强餐饮企业、一级餐厅、特级酒家、中华名火锅等，获公示进货渠道奖、新世纪金秋美食节宴会银奖。2006年，公司通过ISO9001质量管理体系和ISO22000食品安全管理体系认证。2010年，进驻上海世博园区餐饮项目，完成长达半年的接待任务，受到上海世博局及中外游客一致赞誉。宏源公司秉承“以质量求生存，以薄利赢顾客”的经营之道，宏源餐饮所属品牌中，“南门涮肉”、“满朋轩”率先发展，凭借精细优质的品质和公道实惠的价格，深得大众口碑，成为京城知名餐饮品牌。宏源公司总营业面积1万余平方米，内设党办、总办、人力资源部、财务部、运营部、配送中心6个部门。有员工700余人。

年内，宏源公司坚持“弘扬民族特色，争创国际品牌”经营宗旨，尊重民族信仰，突出清真本味，不断创新，完善企业品牌形象，致力于创造最具竞争力的清真餐饮企业，致力于建设国际知名的宏源品牌。与天坛街道联合向西藏拉萨市公德林街道捐赠价值20万元防寒羽绒服，履行致富思源、回报社会的社会责任。年内发展预备党员1名。　　（贾敏）

单位地址：朝阳区南杨庄101甲14号

邮政编码：100075

联系电话：87369190

【消防演练】 9月26日，宏源南门涮肉城与东城消防支队联合举行处置突发火灾应急预案演练。公司领导及员工100余人参加。　　（贾敏）

【召开职工代表大会】 12月28日，宏源公司职工代表大会在东单店召开，员工333人参加，大会将员工提出的122条意见建议归纳总结为26条，审议、通过、签订《2015年度工资协议书》。　　（贾敏）

北京通利达汽车租赁有限责任公司

【概况】 北京通利达汽车租赁有限责任公司（简称通利达）1995年成立，是北京最早专业从事汽车租赁服务的企业之一。通利达经营业务覆盖北京、上海、广州、深圳、太原、石家庄等地，设立总部及12个分支机构。通利达经营理念是租车方便、开车安全、坐车舒适、用车无忧。为国内外著名公司及政府机构提供短、中、长期商务、公务用车。服务的客户主要来自国内外著名企业，其中50%为世界500强公司驻京机构，微软、BP石油等已与公司合作10年以上。通利达拥有懂技术、有经验的专业租赁服务队伍，是全国汽车租赁行业中第一家通过ISO9000认证的企业，连续7年被市交通委运管局评为年度考核优

1月，大北照相宋家庄店开业，公司投资5万元在宋家庄地铁站内制作灯箱广告

秀租赁企业。2011年被评为首都精神文明单位。为中央国家机关公务车辆租赁服务采购、中共中央直属机关车辆租赁服务采购、北京市市级行政单位汽车租赁定点服务政府采购供应商。在行业率先自主开发汽车租赁管理软件，自主开发并使用GPS及安全行车记录仪管理系统，对客户实施汽车租赁服务全程托管模式，提供完全个性化解决方案。参与编写交通运输部组织的《汽车租赁概论》。通利达设立租赁业务部、财务部、车辆管理部、人力资源部、行政管理部、安全技术部、维修部（修理厂）、电商管理部8个部门，下设9个分公司，3个子公司，有在职员工81人。

年内，通利达成为中央国家机关及中共中央车辆租赁服务供应商。3月，被市交委评为上年度汽车租赁行业考评优秀企业。通过ISO 14001环境管理体系认证、OHSAS 18001职业健康管理体系认证审查，通过ISO 9001质量管理体系复审。公司拥有1800余辆高、中档进口、国产小轿车。营业收入1.50亿元，上缴税金1900万元。

单位地址：东城区体育馆路9号西门

邮政编码：100061

联系电话：67146022（李金燕）

【重大活动交通保障】根据市交通委部署，通利达于3月全国“两会”、11月APEC会议期间，投入带驾驶员车辆30余台，并成立专门调度小组，任务前组织专门培训，任务中全程跟踪，圆满完成重大活动交通保障任务。（李金燕）

【参与政府机关车改】3月中旬，参与中央国家机关政府采购中心组织的中央国家机关车辆租赁调研。7月、12月，参与中央国家机关、中共中央直属单位车辆租赁服务采购招标，成为首批供应商。通利达制定针对政府机关车改用车方案及相应管理系统，为公车改革做好准备。（李金燕）

【研发电子商务系统】9月上旬，成立电商管理部，整合并统一管理旧有及新研发的电子商务系统，统一管理网站、微信公众号等各项信息发布系统。实现个人电脑、智能手机、微信公众号多途径登录、预订，通过统一呼叫中心在后台处理订单、车辆人员调度及管理。（李金燕）

11月，APEC会议期间，通利达公司完成重大活动交通保障任务

【献爱心送温暖】4月，通利达参加春风送暖社会捐助活动及为千户家庭送温暖活动，向受灾地区、西部贫困地区及贫困家庭捐款1.20万余元，参加“放飞希望·携手同行”助学捐助活动，向贫困学生捐助800元。（李金燕）

【加强消防安全管理】5月，通利达组织公司员工进行消防安全培训，讲解常见车辆火灾种类、成因及处理方法，演示车载灭火器放置位置、使用方法、有效期检查等。购置更新6具灭火器，年检15具灭火器。（李金燕）

北京天龙天天洁再生资源回收利用有限公司

【概况】北京天龙天天洁再生资源回收利用有限公司（简称天天洁公司）2007年6月成立，注册资金288万元，是北京市再生资源回收体系建设首批试点企业，前身是1955年成立的公有制资源回收企业——北京市崇文区物资回收公司（简称崇文回收）。上世纪90年代初崇文回收改制为股份制企业即北京天龙股份有限公司（简称天龙公司）。1992年，天龙公司股票在上海证券交易所挂牌上市，成为全国唯一一家从事物资回收的上市企业。1999年，上市公司转让，天龙公司进行二次改制重组，整合相关资源，组建再生资源专业化公司，创建“天天洁”品牌。近年来，天天洁公司已建成各种形式的再生资源回收网点470个，拥有1个年处理能力5万吨的分拣中心，1个再生产品研发设计中心，专业物流车辆45辆。已形成从前端分类回收到统一物流、专业分拣、厂商直挂、自有品牌再生产品研发和销售的再生资源回收循环利用产业链条。在北京市的再生资源回收利用行业综合评比中，天天洁公司以总分第一的成绩确立为行业龙头示范企业，获得北京市总工会颁发的首都劳动奖状。天天洁公司下设营销部、网点管理部、生产部、市场部、网络部、分拣中心、物流部、客服部、总经办、财务部10个部门，有员工120人。

年内，天天洁公司自主品牌“再生至尚”再生复印纸年销售3万余包，减少碳排放404吨（请第三方机构进行碳足迹核算，天天洁公司再生文化用纸比原生浆文化用纸单位产品碳足迹减少5.53吨）。承办“再生至尚大学生环保联盟”，联合高校环保社团

进行33次再生资源现场回收活动，回收纸类18吨，饮料瓶6万余个。

单位地址：东城区龙潭路3号院28号楼一层108

联系电话：67149617

邮政编码：100061　　（肖丽丽）

【复印纸中标市政府采购项目】 1月15日，天天洁公司自主品牌“再生至尚”再生复印纸中标市级行政事业单位2014～2015年办公设备协议采购补招项目。　　（肖丽丽）

【公益宣传活动】 10月25日，由天天洁公司承办的“打破坚冰、赢在前端”再生资源回收利用渠道建设路径探索暨首届大学生环保科普公益宣传活动在清华大学举行。活动图片展示了再生资源回收利用体系构成、再生产品、再生利用技术、环保处理设备等环保内容，向大学生多种角度宣传再生资源回收利用的重要性和紧迫性，号召大学生带动身边人宣传和践行文明回收。大学生及工作人员430人参加活动。　　（肖丽丽）

11月，世纪天鼎向拉萨功德林街道捐赠18万元购买防寒服500余件

北京世纪天鼎商品交易市场有限公司

【概况】 北京世纪天鼎商品交易市场有限公司（简称世纪天鼎）位于前门大街商圈南侧，由北京世纪天鼎投资有限公司投资建立，2002年成立，注册资本1138.20万元，2003年6月正式营业。主营业务涵盖美容美发用品、针纺用品、服装服饰、箱包鞋类、家用电器、工艺美术品等30种品种。世纪天鼎占地3万平方米，经营面积3.50万平方米，主营业大厅2万平方米，停车位350余个，是北京市经营品种最齐全的购物中心之一，其经营的美容美发用品商城是北京市专业集中的集散地，用户辐射全国。世纪天鼎先后被国家工商行政管理总局授予全国诚信示范市场，被市工商行政管理局授予首都文明市场、市级平安市场、守信企业称号，被市工商业联合会授予市级文明单位标兵，被首都精神文明建设委员会评为首都文明单位，被市消防安全委员会授予市消防先进单位，被中国商业企业管理协会授予全国和谐商业企业、全国优秀商业企业、全国公平交易行业十佳单位等称号，被市公安局授予市先进治保单位称号。世纪天鼎于2007年成立党支部，成为非公企业开展党建工作的先进代表，连续数年被区委评为先进基层党组织，被市委社会工作委员会评为市社会领域先进基层党组织。企业内部刊物《世纪天鼎报》多次被北京市工商业联合会、北京市私营个体经济协会评为优秀企业内刊。企业内设办公室、企划部、财务部、市场部、安保部、工程部、鞋城部7个部门，管理及经营人员3000余人。

年内，8月至10月，世纪天鼎进行全面升级转型，从改造前平均每个摊位面积5平方米扩建到15平方米。疏解110余户，350余个摊位。改造后硬件设施全面提升，严格安装消防设施，保证消防通道畅通，杜绝占道经营；培训商户2200人次，经营管理更加规范化；中低端商品向中高端商品改进，提升商品档次；严格履行公司规章制度，服务管理更加人性化。商城由百货商城、美容美发商城、品牌鞋城三大经营区域构成。突出“高端、精良，专业”特色。百货商城完全实现零售化业态，以经营玉器、珠宝、文化用品为主。在服务京城百姓同时，逐步引入前门大街旅游资源，进一步向旅游文化商品类平稳过渡。美容美发商城实现店面展示商品、订单生产厂家统一配送经营格局，形成店上、店下、线上、线下多位一体的展示、销售、配送中心。品牌鞋城以经营中、高档男女品牌鞋为主，由购物广场统一收银、统一售后、统一管理，完全实现商场化管理。全年营业额收入比上年增加2.7%。世纪天鼎党支部注重党组织建设，全年组织主题党日活动7次。

单位地址：东城区珠市口东大街甲16号

联系电话：67075588

邮政编码：100050　　（王睿）

【加强消防安全管理】2月26日，在花市消防中队指导下进行消防演练，涉及疏散、灭火、火中搜救及伤员救护等科目。4月，更换旧灭火器191件，设备能动性100%。6月19日，对661家商户及市场从业人员1539人进行消防知识培训及考核。年内，消防安全培训商户800余次，培训率100%。全年进行消防演练12次，外部安全机构检查9次，内部联合检查12次，安全巡查4380次，维修灭火器969具，安全消防工作全面达标。（王睿）

【爱心接力活动】6月30日，世纪天鼎党员、积极分子44人爱心捐款960元。11月，向拉萨市功德林街道办事处捐款18万元购置500余件防寒服。12月30日，爱心小组参加区培智学校心手相连融合育人学生艺术作品展拍会活动，以200元拍得学生摄影作品一幅。年底，向天坛街道办事处捐款10万元，专项用于天坛地区扶贫帮贫。（王睿）

北京当当网信息技术有限公司

【概况】北京当当网信息技术有限公司（简称当当网），1999年成立，由国内著名出版机构科文公司、美国老虎基金、美国IDG集团、卢森堡剑桥集团、亚洲创业投资基金共同投资成立，注册资金2.70亿元，是全球最大的中文网上书店，是国内第一家完全基于线上业务、在美国上市的B2C网上商城。当当网发展迅速，创立之初销售额仅为300万元，本年销售额已达142亿元，15年间业绩增长4000倍，年均增速超过60%。当当网注册用户量超过8000万人，每年新增注册用户1000万人，每月销售商品超过2000万件，用户遍及全国乃至世界各地。当当网业务范围广泛，在线销售图书音像、家居百货、数码家电、服装及母婴用品等几十个大类，图书SKU总数达到400万种，自营图书SKU超过100万种，百货105万种。

年内，当当网致力于产品、技术和服务创新，推出定制图书业务、自主研发基于云计算的电子书发行平台、在线移动阅读器、移动购买功能的手机当当网、网上自助式退换货系统、订单跟踪查询系统、基于大数据分析的个性化推荐软件等等，提升当当网的商品交付能力、用户体验和平台粘性，为当当网建立质优价廉、诚信经营的消费品牌形象。

单位地址：东城区后永康胡同17号院6号楼D102C
邮政编码：100007
联系电话：57993100（马莉）

【推进全民阅读】当当网全年累计销售图书3.30亿册，占全国发行总量25%以上，全国图书网络销售份额近50%，销售额同比增长40%，保持稳定快速的增长态势。（马莉）

【与京津共建仓储中心启用】7月3日，当当网与北京、天津两地政府共同筹建的“银河1号”天津仓储中心正式启用，一期10万平方米图书仓储中心投入使用。仓储中心占地460亩，规划面积20万平方米，是目前亚洲最大单体仓库，也是电商行业独家建设的最大物流园区。（马莉）

【数字阅读创新大奖】11月28日，第三届中国移动互联网大会（CMIC）上，当当读书APP获数字阅读模式创新奖。当当读书4.0已拥有超过20万册正版电子书，涵盖各类畅销书、青春文学、历史经管、流行小说、社科教育、投资理财、旅游等40余个图书品类。全年当当读书客户端电子书下载量近6000万册，平均日阅读时长近50分钟。（马莉）

旅　游

东城区旅游发展委员会

【概况】东城区旅游发展委员会（简称区旅游委），是负责全区旅游发展统筹协调、产业促进和行业管理的区政府工作部门。全区有5A级旅行社7家。五星级酒店17家；四星级酒店16家；星级酒店64家。旅游景区有32家，其中5A级旅游景区2家，其他A级10家，未评级20家，北京人家16家，首都文明旅游景区6家。完成旅行社门市部登记备案290家，旅游咨询服务站（点）17家，安全生产达标创建单位23个。区旅游委内设办公室、规划发展科、旅游促进科、行业管理科、公共服务科、安全监管科6个科室。编制22人，实有22人。

年内，建立旅游项目管理服务平台，拨付完成区旅游发展专项资金7个项目555万元，2个尚未完成项目首款150万元。报送年度北京市旅游商品扶持资金项目17个，通过评审15个。在旅游委内部，引入供应商管理与项目绩效管理系统设计，加强大额资金管理使用，保证资金使用科学有效。9月承办“2014北京国际旅游节开幕式”。11月区旅游委和旅游协会联合制作“券游东城”优惠册投放APEC第三次高官会，受到肯定。全年旅游接待总人数8318万人次，同比增长8.2%；旅游综合收入668.76亿元，同比增长7.1%，超过全年旅游综合收入641.50亿元的预计目标。区旅游委获年度北京国际旅游博览会最佳创意奖、北京礼物旅游商品大赛优秀组织奖、第三届北京国际旅游商品博览会优秀组织奖、北京市旅游行业安全技能大赛优秀组织奖。

单位地址：东城区金宝街52号9层

联系电话：65133305

邮政编码：100005 （宋超）

【旅游发展联席会第二次会议】1月21日在和平宾馆召开。会议总结上年全区旅游产业联席会工作开展情况及全区旅游产业发展总体情况，提出年度工作重点。会议通过成立东城区旅游发展联席会委员制，零点研究咨询集团发布东城区旅游消费需求研究调查报告，分析旅游消费模式和特点，提出提升东城旅游消费需求潜力建议。来自区相关委办局、街道办事处、驻区旅游企业、社团组织及媒体的88家联席会成员单位负责人100余人参加。 （宋超）

【旅游志愿服务】5月1～3日，在前门大街北口、故宫北门、王府井大街等重点地区开展旅游志愿服务活动，向游客提供义务旅游咨询服务。事前区旅游咨询服务中心组织志愿者培训会，对志愿服务提出具体细则要求，配发统一志愿者服装和相关资料。志愿服务2000余人次，其中提供语言服务80余人次。 （宋超）

【5.19中国旅游日宣传活动】在王府井、前门吴裕泰、天坛公园、中山公园等重点咨询站内悬挂统一宣传横幅和海报，向游客宣传中国旅游日，活动主题快乐旅游、公益惠民，区旅游咨询中心组织学生志愿者提供志愿咨询服务6000余人次，倡导游客健康出游理念，向区内旅游咨询站投放首批旅游印章，印章包括重点旅游景区和特色街区，供游客免费索取。

（宋超）

【住宿业安全工作会】5月20日召开。会上，区旅游委传达《北京市旅游委、北京市公安局关于进一步加强全市旅馆业安全管理工作的通知》，就加强住宿业安全生产、提高服务质量、打击非法一日游提出要求。区安监局、区公安分局、区消防支队分别部署安全生产、治安管理、消防安全工作，提出要求。副区长王中华出席会议并讲话，全区近800家住宿业单位主管安全工作负责人参加。（宋超）

12月13日，区旅游委东城旅游台北推介会

【旅游安全宣传咨询日活动】6月16日在天坛公园举办，主题“关注安全，关爱生命”。活动期间发放《旅游突发事件应急手册》《市民防汛安全应急手册》《家庭安全度汛常识》、正确参加“一日游”等宣传资料1.20万份。 （宋超）

【参加旅游商品博览会】9月10～13日，第三届北京国际旅游商品博览会在中国国际展览中心（老馆）举行，区旅游委组织辖区内北京市珐琅厂、尚潮创意和北京杜莎夫人蜡像馆3家企业作为东城礼物代表参展，展出作品有皇家工艺景泰蓝作品、故宫元素创意商品、杜莎夫人原创作品等。区旅游委获本届旅游商品博览会优秀组织单位奖和最佳展台设计奖。10日，第十一届“北京礼物”旅游商品大赛颁奖仪式在博览会现场举行。区旅游委组织推荐的东城区参赛作品获大赛银奖5个，铜奖3个，优秀奖20个，及优秀组织奖。参展期间区旅游委向公众发放《券游东城》、手撕地图等宣传材料600余份。

（宋超）

【机场巴士开通新专线】9月24日，机场巴士王府井·金宝街专线正式开通，首发仪式在丽晶酒店前举办。此专线由区域内住宿业针对打车难、出行难向政府提出建议后，在市交通委、市旅游委、东城区人民政府和民航总局共同推动下设立。每天上午7：00和9：00两班，经停丽晶酒店、和平宾馆、天伦王朝酒店、华侨大厦4站后前往首都国际机场各航站楼。

（宋超）

【“酷朋游皇城”台北推介会】12月13日，由区旅游委主办的“酷朋游皇城”东城旅游台北推介会在台北市华山文化创意园区举办。此次旅游推介会旨在向台湾民众及旅游业内人士宣传展示东城区旅游文化资源及特色，传达创新品牌“券游东城”概念，展现国际化、现代化新东城风采。重点介绍“券游东城”的品牌理念，既通过整合文化、旅游与商业的打包优惠方式，展现东城独具魅力的胡同特色

文化、精湛的手工艺及当地美食，在东城旅游可享受各种优惠和便利服务。活动期间，民间手工艺大师3人展示的捏面人、火绘葫芦、扎风筝传统手工技艺，受到台湾民众喜爱。会后，区旅游委与中国海峡旅行社股份有限公司座谈，双方就如何加快推进东城区与台湾旅游行业的合作进行深入探讨，同时就旅游产品包装、旅游宣传推广交换意见。推介会吸引台湾民众300余人参加，发放各类旅游宣传材料500余份。（宋超）

对外经济

【概况】东城区对外经贸工作由区商务委主管。年内，新设外商投资企业106家，其中合资13家，独资93家；实现合同外资14.35亿美元，同比上升128.8%；实际利用外资5.1亿美元，同比下降22.9%。全年进出口额150.91亿美元，同比下降8.95%。（贺蔚蔚）

【发展总部经济】区内39家企业人选第一批“北京市重点总部企业名录”，占全市总数11%。完成兑现2012年和上年跨国公司地区总部补助和奖励资金5233.47万元。（贺蔚蔚）

【扶持外贸企业】年内，完成境外投资项目审核25个，涉及金额11亿美元，为上年度3倍。完成上年4月至12月国际服务外包业务发展资金初审，涉及金额136.35万元。完成年度北京市服务外包企业发展配套资金初审，涉及金额1054万元。完成上年第二批中小企业国际市场开拓资金初审，涉及金额101.77万元。完成年度中小企业国际市场开拓资金初审，涉及资金87万元。完成上年外贸公共服务平台项目申报，涉及金额2600万元。（贺蔚蔚）

东城区工商企业单位负责人

北京金漆镶嵌有限责任公司
　　董事长、总经理、党总支书记　柏德元
北京市珐琅厂有限责任公司
　　党总支书记、董事长　衣福成
　　总经理　钟连盛
北京剧装厂厂长兼党支部书记　石金栓
北京市工艺木刻厂有限责任公司
　　党总支书记、董事长　曹海平
　　总经理　曹利华
北京象牙雕刻厂有限责任公司
　　董事长、总经理　肖广义
　　党总支书记　洪　燕
诺基亚通信系统有限公司总经理　王学军
北京远东仪表有限公司
　　董事长、党委书记　秦海波
北京龙顺成中式家具有限公司总经理　王志君
　　党支部书记　赵海涛
北京联飞翔科技股份有限公司
　　董事长、总经理、党支部书记　郑淑芬
北京一商红都服装服饰有限公司总经理　张　培
　　党支部书记　孙玉冰
北京东华服装有限责任公司董事长　林建华
　　党委书记　赵连河
　　总经理　林文洵
北京白领时装有限公司董事长、总经理　苗红兵
北京庄子工贸有限责任公司
　　董事长、总经理　庄再强
　　党支部书记　蒲文献
北京格格旗袍有限公司董事长　王金乔
北京布逸昊服装服饰有限公司董事长　郑　毅
北京东方祥泰投资管理公司
　　党总支副书记（主持工作）　刘洪林

总经理 鲁天龙
北京王府井百货（集团）股份有限公司
百货大楼党委书记 汤丽萍
总经理 陶晓钢
北京王府井百货（集团）股份有限公司
东安市场总经理、党委书记 张志刚
中国北京同仁堂（集团）有限责任公司
董事长、党委书记 殷顺海
总经理 梅 群
中国医药健康产业股份有限公司董事长 张本智
总 裁 高渝文
党委书记 崔晓峰
北京永安复星医药股份有限公司
董事长、党委书记、代理总经理 杨静森
中国全聚德（集团）股份有限公司
北京全聚德前门店总经理 寇向利
党总支书记 李陆英
北京便宜坊烤鸭集团有限公司
党委书记、董事长 刘东亮
总经理 赵育贤
北京稻香村食品有限责任公司
董事长、党总支书记、总经理 毕国才
北京吴裕泰茶业股份有限公司董事长 赵书新
总经理 孙丹威
北京天润金百投资集团有限责任公司
董事长、党委书记 闫广亮
总经理 孔 云
北京工美凤凰旅游艺术品集团有限公司
董事长 轩少平
总经理 李 莹
党委书记 李 由
北京工美集团有限责任公司王府井工美大厦
党委书记 刘 红
总经理 吴 浩
北京华江文化发展有限公司董事长 陈绍枢
党支部书记 陆英毅
北京市百荣世贸商城市场有限责任公司
董事长 蒋柏荣
党总支书记 赵 薇
北京大北服务有限责任公司
党委书记、董事长 王金海
总经理 许仲林
北京宏源餐饮管理有限公司
董事长 马 龙
党支部书记 张淑英
北京通利达汽车租赁有限责任公司
董事长 李健秋
总经理 邹存生
党支部书记 王显平
北京世纪天鼎商品交易市场有限公司
董事长 林余存
党支部书记 王健宏
北京天龙天天洁再生资源回收利用有限公司
总经理 刘 权
党委书记 郭长华
北京当当网信息技术有限公司总裁 李国庆

财税·金融

财　政

【概况】 东城区财政局（简称区财政局）是区政府综合经济管理部门，主要职能是负责本区财政收支、财税政策、财政监督、行政事业单位国有资产管理、财务会计管理等工作。内设机构25个，即办公室、综合科、法制科、财政监督科、预算科、税政科、街道财政管理科、国库科、绩效评价科、行政事业资产管理科、行政政法科、教科文科、社会保障科、经济建设一科、经济建设二科、政府采购管理科（挂东城区政府控制社会集团购买力办公室牌子）、企业科、国有资本经营预算科、金融科、会计科、行政科、人事教育科、监察科、机关党委办公室、离退休干部科。下属事业单位12个。公务员编制110人、事业编制135人，在编200人。

年内，区公共财政预算收入完成155.95亿元，同比增长6%。财政支出完成195.37亿元，为年度预算的93.30%，同比增长15.60%。推进全口径预算编制，将单位的收支全部纳入部门预算管理，提高部门预算编制的完整性。核定街道提升保障能力经费，专项用于区委、区政府各项重点工作任务，提高社会管理水平，保障和改善民生需求。

单位地址：东城区东直门外新中街2号
联系电话：64153614
邮政编码：100027　（马建文）

【财政收入】 年内，完成增值税26.03亿元，同比增长29%；营业税48.58亿元，同比增长9.30%；企业所得税29.31亿万元，同比下降22.30%；城市维护建设税12.45亿元，同比增长13.30%；房产税17.06亿元，同比增长11.50%；印花税6.76亿元，同比增长12.90%；城镇土地使用税8509万元，同比增长3.40%；土地增值税4.36亿元，同比下降21%；车船税2.44亿元，同比增长7%；专项收入3.14亿元，同比增长13.60%；行政事业性收费收入2.34亿元；罚没收入5429万元；国有资源（资产）有偿使用收入等其他收入2.08亿元。

（马建文）

【财政支出】 年内，完成一般公共服务支出11.30亿元，同比下降7.80%；国防支出3217万元，同比增长69.40%；公共安全支出10.35亿元，同比增长2.60%；教育支出36.25亿元，同比增长0.90%；科学技术支出1.36亿元，同比增长12.70%；文化体育与传媒支出5.01亿元，同比下降3.20%；社会保障和就业支出36.27亿元，同比增长4.20%；医疗卫生支出10.31亿元，同比下降8.60%；节能环保支出7.99亿元，同比下降39.50%；城乡社区事务支出46.41亿元，同比增长67%；农林水事务支出1.65亿元；交通运输支出683万元；资源勘探电力信息等事务支出4247万元，同比下降44.10%；商业服务业等事务支出2966万元，同比下降57.80%；援助其他地区支出8184万元，同比增长25.10%；国土资源气象等事务支出85万元，同比增长4.90%；住房保障支出10.12亿元，同比增长222%；粮油物资储备管理事务支出2318万元；其他支出16.17亿元，同比增长41.40%；政府性基金预算支出10.08亿元，其中地方教育附加支出5.28亿元、文化事业建设费支出927万元、残疾人就业保障金支出1.10亿元、国有土地使用权出让收入支出2.60亿元、城市公用事业附加支出314万元、其他政府性基金支出20万元、彩票公益金支出9798万元。　（马建文）

【强化财政支出管理】 修订《东城区行政事业单位财政结余资金管理办法》，大幅缩短结余资金结转期，清理全区各部门结余资金，涉及一级预算单位79家，清理资金25.46亿元，提高财政资金使用效率。建立健全财政借款管理机制，加强财政借款清理，清理财政对外借款124笔，资金59.90亿元，消化借款1.30亿元。贯彻厉行节约相关规定，落实因公出国、培训费、会议费、差旅费等管理办法，完善厉行节约、反对浪费长效机制，全区一般公务用车实现“零购置”，因公出国（境）经费下降41%。

（马建文）

【加大民生投入】 合理安排再就业资金，拨付资金7154万元，发挥公益性就业岗位作用，帮助就业困难人员就业。推进养老体系建设，多渠道筹措资金，加大福利彩票公益金和财政资金投入。落实社会保障及救助政策，拨付资金9588万元，落实残疾人社会保障和救助政策。筹措安排政法资金，全年预算安排政法经费1.89亿元，争取中央转移支付经费5993万元。　（马建文）

【支持公共卫生事业发展】 加大对公共卫生的支持力度，确保全区基本公共卫生服务项目和专业公共卫生服务机构的经费保障，确保社区卫生服务收支两条线政策的落实。筹措资金2000万元，支持社区卫生服务中心（站）标准化建设。完善对区属公立医院补偿机制，拨付资金1.03亿元支持区属中医医院、精神卫生保健院、妇幼保健院等专科医院发展。

（马建文）

【支持城市建设管理】 争取国家开发银行融资贷款35亿元，用于保障旧城改造工作。拨付前门东区项目2.80亿元资本金，重新启动前门东区项

4月24日，区财政局组织全区各预算单位财务人员进行财政业务培训

目。支持西忠实里项目，安排区级资金5000万元，申请市级资金4亿元，确保项目前期启动和融资贷款工作。拨付资金3.64亿元，支持老旧小区房屋建筑抗震加固综合改造、节能及热计量改造和小区环境、道路、绿化等综合整治。筹措资金2.60亿元用于开展煤改电工程。（马建文）

【预算执行改革】 年内，稳步推进国库集中支付改革。区国库集中支付改革、公务卡改革、预算执行动态监控均实现对全区预算单位的全覆盖（303家），涉及资金量131亿元，占财政支出总量的67.05%。（马建文）

【政府采购监管】 推进政府采购廉政风险防控电子监察体系建设，完善政府采购协议采购电子竞价系统，出台相关管理办法，实现政府采购物有所值目标。全年完成电子竞价项目1.32万项，预算总金额5559.37万元，实际采购金额5463.35万元，节约资金96.02万元（马建文）

【预算支出绩效评价】 年内，推进预算绩效管理工作，全区绩效评价工作涉及资金超过13亿元。完成37家行政事业单位43个项目的绩效评价，涉及资金2.10亿元；完成区教育引导资金、文化产业扶持资金、商业体系发展资金及产业发展扶持资金4个大额专项资金绩效评价，涉及资金4.87亿元；开展部门整体支出绩效评价和事前评估，推进全过程预算绩效管理。22名人大代表、3名预算顾问参与22个项目的绩效评价和事前评估工作。（马建文）

【国有资产管理】 开展事业单位及所办企业国有资产产权登记，办理全区328个事业单位及所办企业国有资产产权登记。开展行政事业单位租用房产调查，配合区纪委监察部门开展区公有房屋管理使用监督工作。建立全区公有房产管理网络平台，规范非税收入管理，完善全区行政事业单位出租出借管理工作机制。（马建文）

【财政监督】 开展违反财经纪律、“四风”突出问题、“小金库”等专项整治，严格按照“八项规定”要求，将预算单位“三公经费”等情况作为重点检查内容，强化财政监督，推进会计信息质量检查。做好规范性文件的合法性审核及备案工作，全年审核规范性文件34件，合同、协议等20余件。（马建文）

【预决算信息公开】 实现21家预算单位“财政拨款支出预算表”细化至项级科目公开，首次公开提前下达年度中央及市级专项转移支付项目支出预算，首次实现部门“三公经费”预算信息跨年度公开。（马建文）

税　务

国家税务

【概况】 北京市东城区国家税务局（简称区国税局）为东城区国家税收工作的行政机构，实行垂直领导的管理体制，即由北京市国家税务局直接领导。职能是负责东城区中央税、中央地方共享税等税种的征收管理和稽查工作；负责增值税专用发票、普通发票和其他税收票证的管理工作和税收执法工作。有单位44个，其中内设办公室、政策法规科、货物和劳务税科、所得税科、收入核算科、纳税服务科（纳税服务中心）、征收管理科、财务管理科、人事科、教育科、监察室、大企业和国际税务管理科、进出口税收管理科13个科室（另设机关党委办公室、离退休干部科），直属机构2个（稽查局内设10个机构），事业单位3个，派出机构（税务所）14个。行政编制634人、事业编制30

4月22日，区国税局走进东城区回民小学，举办“税法与我同行”班会活动

人，在编613人。管辖各类纳税单位和个人6.60万户及28个集贸市场。

年内，继续推进规范基础年，坚持机关服务基层，全局服务纳税人的工作思路，开展“营改增”工作，组织各项收入941亿元，其中组织海关代征收入485亿元、国内税收收入454亿元、区级财政收入51亿元，完成全年计划的103.90%。做好政府信息公开工作，主动公开政府信息195条，受理依申请公开2件，均审慎妥善答复政府信息公开申请人。提升信息和调研质量，上报信息340篇，其中3篇被《中国税务报》刊载、1篇被总局采用、10篇被市委市政府采用；上报调研报告14篇，其中1篇被总局采用。开展党的群众路线教育实践活动，清理办公用房，腾退办公用房314.68平方米；清理公务用车，公务用车实行统一集中管理，执行使用登记、公示、回单位停放等制度。全年组织各类干部教育培训67期次，参训人员2705人次。落实绩效管理，成立绩效管理领导小组，将考评指标分配到各部门，落实分解到人。建章立制，构建绩效制度框架，建立“总账”和“明细账”。注重培训，多级预警，实时监控绩效指标落实情况，将考评标准细化、量化，做到整体预警与部门预警相结合。在全市国税系统绩效管理考评中，获第四名。修订《东城区国家税务局考勤及请假管理制度》，升级考勤签到管理系统。

单位地址：东城区小黄庄二区1号院

联系电话：56090600

邮政编码：100013 （刘慧雅）

【组收措施】 各组收单位以上年完成的税收收入和区级收入为基础，确定各单位任务基数和计划增长率，并对增值税、“营改增”和企业所得税等主要组收税种，分别确定参考增幅。每月对总体税收及重点企业税收预测由2次增加到3次，钻研各税种入库特点及结账系统规律，提高预测工作精细化和准确性。每月给管理所下发需要分析的企业名单，针对超大税源户集中减收引起的全口径减收态势，出具20余篇分析报告，分析原因并探讨解决措施，选取587户次企业列入监控，范围涵盖各主要税种。挖掘税源特点，重点调研文化创意产业发展情况和文化转制企业税收减免效应。新的税收票证管理办法年初正式实行，重点加强票证报查联逐月审核工作，对全部用票单位开展全面检查，以检查促管理，着力解决用票单位实际问题。 （刘慧雅）

【征收管理】 清理“同一法人”非正常户，开展普通发票风险防控。4月1日推行普通发票电子验旧，做好发票鉴别、调查取证和投诉处理，鉴别发票8600余份，开具涉税证明76份。提高纳税服务水平，开通网上办税服务厅，推行国地税联合登记，简化规范普通发票领用和代开手续。10月试行《纳税服务规范》（1.0版），实现征管4大类47项业务依规办理。加强税务登记、注销、迁入、迁出管理，推行税源管理工作平台，累计推送任务28批，涉及纳税人1.79万户。完善催缴欠税工作流程，清理欠税146笔，入库税款8226万元，加收滞纳金罚款1587万元。 （刘慧雅）

【风险防控】 对“营改增”多行业开展多批次专项评估，组织补缴税款及滞纳金147万元，调整进项税金转出1502万元；对货物与劳务税全面清理疑点户，开展8轮增值税专用发票专项核查，调减留抵440万元，补缴税款及滞纳金56万元。实行分层分类管理，开展增值税高风险纳税人重点监控，对1181户高风险纳税人进行实时监控；审核企业享受税收优惠项目的真实性和准确性，完成14类优惠类型的813个优惠项目的后续管理工作，查补税款20余万元。 （刘慧雅）

【纳税服务】 开展税收宣传月活动；利用短信平台进行信息推送服务，全年发送短信2.85万条；规范纳税咨询，加大对外咨询电话接听检查力度，做好日常电话接听和“12366”远程坐席接听记录，接听有效呼转纳税人电话19通，回复远程咨询工单82件，纳税人问题解决率100%；合理设置办税窗口，办税服务厅办理152项业务；落实首问责任制，推进“免填单”工作；探索办税服务厅矛盾化解机制，初步建立以值班所长为中心、相关人员为主线、全员配合的工作框架；推行弹性工作制，缓解一线人员工作强度，提高工作效率。（刘慧雅）

【货物和劳务税管理】 年内，有增值税一般纳税人1.18万户，其中本年新增一般纳税人1032户。5月1日，简化增值税专用发票审批手续，缩短审批流程，实现部分审批办税服务厅即时办理。落实金税工程防伪税控系统的抄报税、增值税进项税认证抵扣，做好发票审核检查工作。提速海关缴款书委托核查，加快出口退税速度，严格落实减免税、小型微利企业税收优惠政策，全年安置残疾人单位增值税即征即退617万元，软件产品增值税即征即退4424万元。7月至9月，东城区小规模纳税人分批推行票表比对工作，全部纳税人1.24万户均实现票表比对。加强消费税、营业税、车购税等税种的管理。9月，实施新能源汽车免征车辆购置税优惠政策，北京市相关业务均在东城国税局办理，全年办理免税车辆5526辆，纳税人享受减免税5315.50万元。推进新一轮“营改增”，组织“营改增”对外培训8场次，“面对面”辅导培训纳税人350户次，向纳税人累计发放宣传材料400余册。邮政业、铁路运输业、收派业、电信业200户纳税人实现“营改增”过渡。实现小规模纳税人“票表比对”。加强增值税政策宣传。加强货物和劳务税官方微博管理，全年发送微博112条，微博粉丝达3655人。推出《增值税发票风险责任告知（承诺）书》，免费发放《增值税重要涉税事项提示》。（刘慧雅）

【所得税管理】 完成上年度汇算清缴工作，组织汇算清缴专题培训以及重点企业培训，汇算清缴入库企业所得税71亿元。全年办理所得税退税1070户，辖区企业退税4.61亿元。检查农、林、牧、渔项目税收优惠政策落实情况。探索专业化管理新模式，实质性审核企业享受税收优惠项目的真实性和准确性。梳理小微企业适用的各项优惠政策，落实小微企业优惠政策，1837户符合条件的纳税人减免所得税491万元。完善总分机构管理，落实跨省总分机构汇总纳税政策。完善后续管理，后续核查813个优惠项目，补缴税款20余万元。

（刘慧雅）

【出口退税管理】 年内，严格审核、按时办理退免税，办理退库1.50亿元。加强出口退税监控，严格执行出口函调工作，回函187件。清理小规模外贸企业的出口退免税资格认定。整理上年度日常工作中接受的认定资料、申报资料、评估资料、单证出具及其他有关资料，建立台账备查。

（刘慧雅）

【个体税收管理】 完善个体发票管理。加强集贸市场委托代征管理，与28个市场签订委托代征协议。做好市场内个体工商户办理税务登记及定额核定，提高集贸市场内个体工商户的起征率。（刘慧雅）

【税收法制建设】 完成执法督察工作任务，引入中介机构，开展执法检查，形成《东城区国家税务局执法项目电子工作手册》，规范全局执法基础工作并申报获市局改革创新奖二等奖。严格审理税务案件，全年审理重大税务案件6件。以税收执法管理信息系统为依托，防范执法风险，核查疑点信息，全年核查疑点信息209条。

（刘慧雅）

【税务稽查】 搭建稽查与管理互动平台，坚持专项检查与案件执行联动。开展珠宝案协查，房地产企业、餐饮业等专项检查。协调案件执行工作，强化执行力度。探索新型稽查模式，制定稽查案件督导工作实施方案。落实分级案件管理制度，做好清理进户执法项目工作。全年组织稽查收入8亿元。（刘慧雅）

地方税务

【概况】 北京市东城区地方税务局（简称区地税局），受北京市地方税务局和东城区政府双重领导，职能为贯彻执行国家的各项经济、税收政策，组织各项地方税收收入，维护和规范税收秩序，促进国家经济持续、快速、健康发展。设办公室、法制科、国际税务管理科、税政管理一科、税政管理二科、税政管理三科、残保金征收科、工会经费管理科、征收管理科、档案科、收入核算科、纳税评估科、纳税服务科、科技信息科、计划财务科、基层工作科（机关党委办公室、工会）、人事科（保卫科）、宣传教育科、督查内审科、监察科20个职能科室，辖稽查局（内设11个科）、24个税务所、机关后勤服务中心。公务员编制648人、事业编制8人、工人编制54人，在编656人。管辖各

4月3日，区地税局联合区中小企业服务中心举办“便民办税春风行动，服务东城中小企业”宣传活动

类纳税单位6.92万户（正常户）。

年内，完成地方一般预算收入272.80亿元，完成区级一般预算收入98.90亿元。深入近百户企业调研，了解企业经营税收情况，帮助解决涉税问题。开展春风行动多举措，便民办税进央企等系列活动。开展党员干部志愿服务活动，巩固党的群众路线教育实践活动成果。加强“三公”经费管理，精简经费开支。清理腾退办公用房，规范公务用餐、公务用车，统一对外接待标准。加强绩效管理，制定《绩效管理办法（试行）》《绩效指标（试行）》《工作人员违规违纪警示记录管理办法》。

单位地址：东城区安定门外西滨河路18号院首府大厦6座

联系电话：64515797

邮政编码：100011 （姜喆）

【征收管理改革】 年内，制定深化税收征管改革6项措施，成立7专业化工作小组。对内部机构重新进行调整，机构更名5个，机构撤销5个，机构新增5个，职责调整7个。 （姜喆）

【综合征管服务体系建设】 年内，实现137项纳税人涉税事项向办税服务厅前移，梳理102项前移事项流程。对地兴居办公区2个纳税服务所工作职责进行整合，办税厅部分事项由聘用合同制人员办理。开发使用办税服务厅辅助系统，总局、市局规范化流程引入到系统中，用信息化手段促进办税流程规范化。 （姜喆）

【服务东城区域经济】 开展国、地税联合税收分析。实现国、地税联合办理税务登记，开展企业所得税所属机关认定，避免重征漏管。在全区17个街道开展个人出租房屋委托代征工作的基础上，在永定门外街道和东直门街道试点推广委托第三方代开发票工作。 （姜喆）

【税源管理】 开展土地增值税清算，清查房地产开发企业416户。定期向全市地税系统提供市招、拍、挂土地交易信息。清理异常税务登记信息，建立税务登记信息长效考核机制。开展外商投资企业土地使用费征收情况调研，为领导决策提供参考。（姜喆）

【纳税服务】 开发发票预约和网上授权、自助终端24小时打印个人所得税完税凭证等便民办税措施。建立纳税服务电话咨询中心，聘用专门坐席服务人员，统一涉税咨询解答标准，规范电话接听文明用语。梳理比对业务流程开展，编写总局规范、市局规范对比表。 （姜喆）

【评估与稽查】 完成290户注册资金5000万元以上无税申报企业日常检查工作。对365户企业开展个人所得税小额扣缴单位核查，核实面达30%。部署11项、6232户次风险管理应对工作，以及8大项、15个企业集团、33户次的全流程审计和分事项审计。 （姜喆）

【税收政策扶持】 做好“营改增”扩围工作、落实小微企业税收优惠政策。全区有2.63万户次企业享受小型微利企业税收优惠政策。 （姜喆）

【依法行政】 制定《规范税务行政处罚裁量权实施办法》，对执行要点逐条解释，梳理税务行政处罚执法文书和执法依据。建立《税务行政调解工作制度》。加强对破产企业税款清算和债权申报工作。聘请常年法律顾问，解决日常工作中遇到的重大法律疑难问题，防范、化解法律风险。完成国际情报交换补税案件。开展对13家重点企业外籍个人纳税情况调查。 （姜喆）

金　融

【概况】 年内，东城区域内有金融机构571家。按行业分类，有银行业存款类金融机构269家，其中政策性银行2家、商业银行236家、外资银行31家；有财务公司6家；有银行业非存款类金融机构9家，其中信托公司6家、金融资产管理公司3家；有证券业金融机构49家，其中证券公司5家、证券投资基金管理公司44家；有其他类金融机构238家，其中保险公司86家、交易所4家、创业投资公司16家、股权投资基金22家、担保公司82家、融资担保公司15家、小额贷款公司8家、融资租赁公司5家。 （景少尉）

中国工商银行股份有限公司北京东城支行

【概况】 中国工商银行股份有限公司北京东城支行（简称工行北京东城支行），主要办理人民币业务、外汇业务和其他中间业务等。设机构金融业务部、综合管理部等11个部室，下辖大型综合网点支行10个、非大型综合网点和独立网点6个。从业人员520人。

年内，支行行长绩效考核排名第6位，所辖交道口网点支行获年度分行劳动竞赛先进集体等多项荣誉，海运仓网点支行、安定门网点支行获支行劳动竞赛先进集体荣誉。

单位地址：东城区东四十条24号

2月27日，工行东城支行营业室为残障人士服务

联系电话：81026156

邮政编码：100007　　（马俐丽）

【贷款业务】 年内，本外币贷款较上年末增加4.24亿元，其中人民币法人贷款余额完成全年任务的104%，个人贷款余额完成全年任务的202.58%。（马俐丽）

【存款业务】 年内，人民币对公存款日均余额较上年增长11.68%，人民币储蓄存款余额较上年增长2.23%。（马俐丽）

【中间业务】 年内，中间业务发展成效显著，本外币中间业务收入完成全年任务的105.59%。（马俐丽）

【内控管理】 在拓展业务发展同时，兼顾风险防范，确保支行稳健经营良好发展态势。通过细化梳理业务流程，提高内控案防意识，压降风险暴露水平。加强案防工作，全年无案件事故发生。获银行业协会安全管理先进单位称号，获总行安全管理星级支行称号。（马俐丽）

中国工商银行股份有限公司北京崇文支行

【概况】 中国工商银行股份有限公司北京崇文支行（简称工行北京崇文支行）主要办理人民币存贷款、外汇存贷款和其他中间业务等。设综合管理部、人力资源部等11个部室，辖体育馆路、新世界等16家综合网点支行，在职员工554人。

年内，贯彻落实国家宏观调控政策、金融监管要求和总分行各项决策部署，深化经营结构调整，加快发展方式转变，保持平稳健康发展态势。推进健康促进计划，被评为北京市健康示范单位。

单位地址：东城区永定门外大街86号

联系电话：87205462

邮政编码：100075　　（张建）

【存款业务】 年内，创新营销方式，丰富业务产品，人民币存款余额较上年增长33.37亿元。其中对公存款时点余额较上年末增长20.54亿元，日均余额较上年末增长14.38亿元。（张建）

【贷款业务】 年内，实施积极进取的信贷发展战略，创新金融服务，开展全产品营销，拓展优质信贷市场。本外币各项贷款余额较上年末增加5.58亿元，其中人民币贷款余额较上年末增加6.22亿元；公司法人贷款余额较上年末增长5.67亿元；小企业贷款余额较上年末增加9000万元。（张建）

【风险管理】 全行资产质量保持稳定，不良贷款率0.16%。可控风险暴露水平总体呈平稳下降态势。在全行范围内开展重点领域案件和风险事件专项治理，以多种方式摸排员工违规行为。全年无案件事故发生。（张建）

【业务创新】 年内，营销排水集团49亿元银团贷款项目，其中崇文支行参贷份额15亿元。国际贸易融资业务同比增长68.14%。拓展金融衍生产品期权业务，结售汇业务量首次突破10亿元。（张建）

【网点竞争力提升工程】 年内，完善网点体制机制建设，选拔25名柜员充实到客户经理、大堂经理等销售类人员队伍。提升窗口服务品质，客户满意度和服务规范度均为优秀，服务综合排名分行第11名，新世界网点支行被评为中国银行业五星级暨“千佳”网点。加快业务分流，形成自助渠道与物理网点协同互补的一体化服务格局，新增自助机具34台。（张建）

中国工商银行股份有限公司北京王府井支行

【概况】 中国工商银行股份有限公司北京王府井支行（简称工行北京王府井支行），原称中国工商银行北京市王府井支行，2000年8月1日成立，工商银行实行股份制改革后变更为现名。主要办理本外币存款、贷款、结算、汇兑、外汇、个人金融、银行卡业务、各类理财业务及金融代理业务。内设综合管理部、机构业务部、运行管理部等17个部室，辖金街支行、北京站支行、东长安街支行、东四南支行、新东安支行、禄米仓支行、华润大厦支行、电信大楼支行、灯市口支行、朝内大街支行、东华门支行、正义路支行、支行营业室13个网点支行及东交民巷分理处和朝南储蓄所。有从业人员525人。

年内，提出服务引领、多元引领及创新引领三大战略，推动各项业务发展。资产余额较上年末增长148.10

12月20日，工行王府井支行召开职代会

亿元，负债余额较上年末增长147.71亿元。中间业务收入较上年同期增加4482万元，同比增长17.06%。账面利润比上年增长3370万元。支行所属北京站网点支行获本年度“北京银行协会特色服务示范单位”、北京分行“劳动竞赛先进集体”荣誉称号。

单位地址：东城区金宝街18号

联系电话：65270666

邮政编码：100008　（赵敏）

【贷款业务】 个贷业务，推动产品结构调整，形成以一、二手房贷款按揭贷款为主，公积金、消费贷款辅助的发展格局。年末，住房贷款发放与上年同比增长68.16%。个贷部与个金部、信用卡部开展联动营销，推进业务发展。个贷部受理信用卡专项分期业务44笔，分期授信额度277.70万元，排名分行第14名。与信贷管理部合作进行不良贷款压降和“剪刀差”贷款催收。公司信贷业务，做好传统优势业务发展，中型客户融资余额净增、有贷户净增、小企业贷款余额净增等优势业务任务完成率均达100%以上。做好大客户服务，发展投行等高附加值业务。上半年，支行承销中海油75亿元中期票据，债券承销收入2525万元，是近年来单笔最大金额中间业务收入。做好医药板块、租赁板块、文化板块、现代物流等客户维护，发展供应链融资业务。　（赵敏）

【存款业务】 对公存款，加大重点客户维护力度，提升客户掌控能力；通过优化存款结构，合理摆布定期、活期、同业存款数额，有效控制负债成本，实现净收益增长；加强网点客户包挖掘力度，加强精细化管理，提高网点存款贡献度。年末，人民币对公存款时点余额519.80亿元，完成全年任务的540%。个人存款“1+4”（存款+保险、基金、理财、国债）指标较上年增加15.75亿元，完成全年任务的95.72%。　（赵敏）

【内控管理】 加强风险及内控管理，严防各类风险。信贷管理，收回法人不良贷款250万元、个人不良贷款451万元，完成个人逾期贷款剪刀差压降额1544万元。加强贷前、贷后管理，完善信贷运营制度和流程。内控体系建设，完善内控制度，加强操作风险、合规风险管理及业务操作过程控制，推进反洗钱工作，开展内控主题文化教育活动，保证各项业务安全平稳运营。　（赵敏）

【中间业务】 制定中间业务考核制度与办法，加大中间业务考评力度。信用卡业务，完成中间收入6157.09万元，排名分行第3。外汇业务，通过创新产品的推动，实现中间收入大幅增长。个人金融业务，做好理财、基金等产品销售。通过高附加值业务推广及产品营销，推动中间业务收入增长。年末，中间业务收入完成全年任务101.17%。　（赵敏）

中国建设银行股份有限公司北京东四支行

【概况】 中国建设银行股份有限公司北京东四支行（简称建行北京东四支行）1954年成立。主营人民币存款贷款结算业务，人民币储蓄业务；兼营经中国人民银行批准的代理业务。东四支行作为综合营业中心，内设综合管理部、业务管理部、公司业务部、个人金融部、住房金融业务部、信用卡业务部6个部门，下辖东四支行营业部、海油支行、朝内大街支行、东方广场支行、平安大街支行、王府井支行和王府井大街支行7个网点。有员工254人。

年内，本外币全口径存款时点余额678.53亿元，本外币各项贷款时点余额163.48亿元。完成全国职工之家验收工作，获2013-2014年度总行企业文化建设先进单位称号，获全国文明单位、首都文明单位标兵称号。

单位地址：东城区美术馆后街8号

联系电话：51997809

邮政编码：100010　（赵金婕　冯洁）

【公司业务】 坚持以市场为导向，以营销为重点，研究到位、营销到位、服务到位、管理到位、机制到位，促进支行对公业务发展，加强风险管理。年内，对公人民币企业存款466.14亿元，对公融资量403.94亿元。　（赵金婕　冯洁）

【个人业务】 重点发展中高端客户，打造精品网点，公私联动合力开展营销，提升支行个人业务综合营销能力。支行中间业务收入和客户类指标受到分行肯定，获“私人银行业务最佳贡献支行”称号。　（赵金婕　冯洁）

【住房金融业务】 年内，住房公积金投放额、贷款余额保持分行第一，补足一

6月19日，建行东四支行开展打击非法集资和反假币宣传活动

手楼盘营销短板。全年营销4个一手楼盘合作项目。（赵全婕　冯洁）

【信用卡及分期业务】 支行信用卡及分期业务实现“一日一点四户五卡（每个网点每日办理4家新客户，同时办理5张老客户信用卡）”。配合总行“商户发展年”要求，积极开源，拓展新商户，累计净增任务完成102%。（赵全婕　冯洁）

中国农业银行股份有限公司北京东城支行

【概况】 中国农业银行股份有限公司北京东城支行（简称农行北京东城支行），1990年成立。主要提供商业银行、投资银行、保险、资产管理和其他金融服务。内设个人金融部、公司业务部、风险管理部等8个部门。下辖1家营业部和东四北支行、青年湖支行、和平里东街支行、东直门支行、建国门支行、健德支行、惠新里支行、长安支行、交道口支行、东单支行、奥园支行、银街支行、朝阳门支行、太阳宫支行14家二级支行。在册员工353人。

年内，各项日均存款增长24.40%，同业日均存款增长89.40%；贷款余额增长111.20%；国际业务结算量增长88.30%，跨境人民币结算增长117.60%。开展党的群众路线教育实践活动，对照检查，落实整改。做好6件实事，落实人文关怀。丰富职工业余生活，为员工减负减压，提高员工薪酬满意度；开展“建家”活动、困难员工帮扶工作，关爱员工身心健康，关心员工职业发展。

单位地址：东城区金宝街58号华丽大厦

联系电话：65281870

邮政编码：100005（许雯睿）

【存款业务】 年内，采取总、分、支行三级联动营销模式，将营销重点定位为区域性、集团型大客户和大项目。优化客户结构，对内创造良好营销环境，对外加大拓展力度，构建面向客户、上下联动、分层负责、协调高效的营销体系。储蓄存款通过代发工资、第三方存管等业务加大个人资金沉淀。全年各项日均存款较上年增长24.40%，同业日均存款较上年增长89.40%。（许雯睿）

【贷款业务】 年内，突出营销重点，优化资产业务，把控风险防范。深挖石油、能源等央企在京总部及央企金融板块的业务需求，全年投放贷款额创历史新高。加强与房地产企业、二手房中介公司合作，扩大个人住房贷款规模。贷款余额较上年增长111.20%，其中个人贷款余额较上年增长17.30%。关注类贷款余额较年初减少97.60%，不良类贷款余额较年初减少10.60%，实现关注类、不良类贷款余额、占比双下降，其中个人不良类贷款余额为零。（许雯睿）

【中间业务】 创新发展国际业务，加大贸易型客户的拓展力度，扩大跨境人民币业务市场，国际业务结算量较上年增长88.30%，跨境人民币结算较上年增长117.60%。加速移动金融发展，拓展电商平台，推广新型远程支

3月5日，农行东城支行开展“学雷锋－送金融知识进社区”活动

付体系。（许雯睿）

【内控管理】加强管理，促进业务发展。推进全面风险管理体系建设，明确责任、健全机制，及时揭示风险隐患，严防新业务领域的风险。开展“三化三铁”（通过持续推进临柜业务标准化、规范化、制度化，促进营业机构实现“铁账、铁款、铁规章”的管理要求）创建，强化运营基础管理，提升柜面人员业务处理能力。扎实推进网点内控管理建设，加强制度学习，强化员工内控观念。

（许雯睿）

中国农业银行股份有限公司北京崇文支行

【概况】中国农业银行股份有限公司北京崇文支行（简称农行北京崇文支行），主要提供商业银行、投资银行、保险、资产管理和其他金融服务。内设公司业务部、个人金融部等8个部门，下辖独立营业网点16个。在岗员工306人。

年内，开拓周边市场，合理优化客户结构，夯实制度执行和基础管理，资产业务、负债业务和中间业务持续稳定发展。各项贷款余额同比增长-16.31%，其中法人客户类贷款余额同比增长-19.81%、个人客户余额同比增长2.37%。本外币各项存款时点余额同比增长-17.3%，其中对公存款同比增长-39.33%、储蓄存款同比增长1.22%。中间业务收入同比增加-14.52%。

单位地址：东城区珠市口东大街1号新阳商务楼A座

联系电话：67092480

邮政编码：100062（李金晖）

【对公业务】年内，落实名单制管理，进行“一对一”跟踪服务，发掘新的营销线索，取得一定成效。办理首笔存单质押内保外贷业务，实现135万元中间业务收入和1.50亿元同业存款；开办首笔NRA账户开立国际信用证业务；办理首笔跨境人民币境外放款业务1.50亿元人民币。（李金晖）

【调整网点布局】年内，对所辖网点布局进行优化调整，新建开业人工网点2处：中国农业银行股份有限公司北京国贸支行（朝阳区建国路126号）、中国农业银行股份有限公司北京广渠路支行（朝阳区广渠路38号楼）。新建开业自助银行1处，营业地点为朝阳区十八里店乡西直河中心街甲1号新地广场。（李金晖）

【内控管理】年内，建立内控合规常态培训机制，组织部门业务骨干集中培训。推进合规文化建设，组织开展合规工作宣讲，明确何事可为、何事不可为。开展案件风险排查、内控评价等活动，做好风险防控。运用反洗钱系统，全面监控各种违规违纪违法行为。（李金晖）

中国银行股份有限公司北京崇文支行

【概况】中国银行股份有限公司北京崇文支行（简称中行北京崇文支行）1986年成立。主要提供商业银行、投资银行、资产管理等金融服务。设公司业务部、个人金融部等8个部室，下辖崇文门支行、针织路支行等20家网点支行。有职工476人。

年内，贯彻落实总行、分行发展战略，确定“争做区域最好银行”目标，深入开展党的群众路线教育实践活动，以精细化管理为依托，深化业务转型、优化绩效考核、强化执行能力、提升服务水平，推进各项工作，业务发展和内部管理取得一定成效。

单位地址：东城区广渠门内大街47号雍贵中心A座1-4层

联系电话：67017776

邮政编码：100062（李璇）

【贷款业务】调整资产负债结构，扩大贷款业务规模，拓展优质授信客户，坚持项目储备及工作进程管理，促进重点业务落地。积极寻求优质贷款项目，已批、在批贷款项目增多，确保重点项目落实，加强客户储备及项目储备。严把资产质量关，采取贷前风险审查、押品专项检查、贷后日常管理、召开内控联席会议等多种手段，保持良好资产质量。（李璇）

【存款业务】加强客户拓展与客户分层，推动公司、储蓄存款规模稳步发展。公司板块：逐级落地客户分层管理、分层营销，客户结构进一步优化，行政事业存款增长迅速，对负债业务整体发展起到较大支撑作用。个金板块：梳理各层级客户资产情况，有针对性地进行客户营销，发挥营销队伍人员效能，实现中高端金融资产及个人客户数有效提升。（李璇）

7月17日，中行崇文支行开展走进社区开展儿童关怀活动

【中间业务】 发挥传统业务优势，拓展创新业务规模，实现中间业务收入有效增长。公司板块：加强营销，密切客户关系，重点客户业务份额进一步提升。加强产品推广，重点业务实现大额中收。利用创新产品，把握业务契机，寻求新的收入增长点。个金板块：围绕客户梳理与维护，顺应市场趋势，通过贯穿全年的基金诊断、资金业务推广，提高客户黏度与中间业务收入贡献度，基金、资金、银行卡条线中间业务收入实现快速增长。（李璇）

【内控管理】 加强业务检查，强化内控管理力度，特别加强重点岗位、重点人员、新业务及重点业务检查，有效强化网点合规操作意识。推出“内控服务安保”专项整治活动，培养员工良好职业习惯，增强全行风险防控意识。建立内控联席会议机制，定期组织召开部室协调会，共享信息，统筹资源，形成内控合力。定期召开内控专题会议、举办新入行员工内控基础知识大讲堂、开展复核经办人员再培训，提高一线人员风险识别和把控能力，传播合规经营理念。（李璇）

中国人民财产保险股份有限公司北京市东城支公司

【概况】 中国人民财产保险股份有限公司北京市东城支公司（简称人保北京东城支公司），是国有独资金融机构。主要经营各类财产保险业务（机动车辆保险、企业家庭财产保险、各类责任保险、人身意外伤害保险等）。设车商业务部、非车业务部、代理业务部6个部门。有员工84人。

年内，保险费收入4.51亿元，利润671万元。

单位地址：东城区工家园胡同16号（阳光国际大厦）

联系电话：65548700 65548701

邮政编码：100027（杨金凯）

【保险业务】 年内，实现机动车辆险保费4.06亿元，同比增长0.46%，占公司业务总收入的90%；责任险保费2838.37万元，同比增长79.5%，占公司业务总收入的6.29%；意外健康险保费237万元，同比增长10.34%，占公司业务总收入的0.52%；各类财产（企财、家财、工程）保险保费1177万元，同比增长-19.75%，占公司业务总收入的2.60%。（杨金凯）

【快速处理当当网仓库水灾案】 6月6日，公司客户北京当当网信息技术有限公司位于天津武清县的仓库因突降暴雨造成仓库局部破裂漏雨。因仓库存放图书数量巨大、价值较高，损失严重。东城支公司第一时间赶到现场，协助客户施救，并开展查勘估损工作。经过查找灾害事故原因、检验仓库、核对承保账目、清点核查受损物资等程序，赔付当当网公司水灾赔款400万元。（杨金凯）

【学习宣传保险业新“国十条”】 8月10日，国务院印发《关于加快发展现代保险服务业的若干意见》。东城支公司开展学习宣传保险业新“国十条”活动。9月12日，公司领导到区财政局、民政局、法制办、应急办等部门，宣传保险业新“国十条”，送去文件，并对文件内涵进行解读和宣导。（杨金凯）

东城区典当行业

【概况】 年内，东城区域内有注册的典当法人单位43家、分支机构14家，实收注册资本14.63亿元，全行业资产总额20.47亿元，吸纳就业人员1215人。全年典当总额136.8亿元。典当行以中等规模企业为主，43家法人单位（北京运通典当有限公司、北京昊融兴业典当行有限公司、北京鑫富天宏典当有限责任公司、北京福中达典当有限公司、北京市华夏典当行有限责任公司、北京宝恒典当有限责任公司、北京嘉义典当有限责任公司、北京金柜典当有限公司、北京中合典当有限责任公司、北京同祥典当有限公司、北京如家典当有限公司、北京融达典当有限责任公司、北京市恒生源典当行有限公司、北京博泰典当有限公司、北京泰和典当有限责任公司、北京通银典当有限公司、北京中欣典当有限公司、北京兴源典当行有限公司、北京泰富亨通典当行有限公司、北京融合汇通典当有限公司、北京汇金典当有限公司、北京富贵典当行有限公司、北京东方鼎业典当行有限公司、北京金源盛昌典当行有限公司、北京恒盛通典当有限责任公司、北京华诚典当有限责任公司、北京汇德典当有限责任公司、北京融百佳典当有限公司、北京顺德发典当有限责任公司、北京广信典当行有限公司、北京市昊宇融通典当行有限公司、北京鑫汇融泰典当有限责任公司、北京隆德典当有限公司、北京鑫敏恒永平典当有限公司、北京汇银典当有限公司、北京晟源典当行有限责任公司、北京鼎丰典当有限责任公司、北京德荣典当有限责任公司、北京东方艺宝典当有限公司、北京汇融典当有限公司、北京中泰万和典当有限责任公司、北京信达典当有限公司、北京民生典当有限责任公司）中注册资本金1000万元以上企业40家，占全区典当行总数93%。多数典当行业务以房地产抵押为主，一些规模较大、设立时间较长企业，开展民品业务。典当行业的业务规模逐年扩大，2011年至本年，典当总额每年以50%速度增长。（贺蔚蔚）

东城区金融及保险机构负责人

中国工商银行股份有限公司北京东城支行
　　行长、党委书记　苗鸿祥
中国工商银行股份有限公司北京崇文支行
　　行长、党委书记　高　平
中国工商银行股份有限公司北京王府井支行
　　行长、党委书记　聂建文
中国建设银行股份有限公司北京东四支行
　　行长、党总支书记　尹国建
中国农业银行股份有限公司北京东城支行
　　行长、党委书记　朱学强
中国农业银行股份有限公司北京崇文支行
　　行长、党委书记　广　淼
中国银行股份有限公司北京崇文支行
　　行长、党委书记　张　娅
中国人民财产保险股份有限公司
　　北京市东城支公司
　　总经理、党支部书记　宋玉森

城市建设

建设管理

【概况】 东城区住房和城市建设委员会（东城区历史风貌保护办公室）（简称区住建委）是负责全区住房和城市建设行政管理及历史文化名城保护工作的区政府工作部门。主要职责为负责本区工程建设管理工作，负责区属重点工程项目建设的协调、调度和监管工作；负责建设工程招投标监督管理和工程施工许可初审工作；负责本区保障性住房建设的统计、督促及协调管理等工作。设办公室、监察科、法制信访科、工程建设管理科、招投标管理办公室、建筑市场管理科、行政审批科、施工安全管理科、历史文化名城保护科、组织人事科 10 个机构。公务员编制 42 人、事业编制 92 人，在编 101 人。

5 月 8 日，市委书记郭金龙调研钟鼓楼广场恢复整治项目

年内，制定《东城区历史文化街区风貌保护管理暂行办法》，完成历史建筑调查及保护研究，对 832 处历史建筑勘察记录，形成调研报告和数据库。外城东南角楼景观恢复工程全面开工，时间博物馆建成，清华寺、协和胡同 6 号院实现腾退修缮，钟鼓楼广场恢复整治项目南广场竣工；完成区老旧小区节能改造全部任务 358 栋 162.09 万平方米；王府井大饭店改造工程竣工验收，王府井国际品牌中心、国瑞项目、嘉德艺术中心开工建设；朝阳豆各庄项目开工面积 35 万平方米，1104 套住宅完工，通州“两站一街”（即轻轨 L2 线亦庄站、次渠站和亦庄站、次渠站沿线商业街）保障房项目开工建设，开工 17 万平方米；全年建设工程新开工建筑面积 159 万平方米，完成建设工程竣工验收备案总面积 54.40 万平方米，监督在施工程 293 项，确保全区建筑工地安全。获北京市安全生产管理先进单位称号。全年无住宅工程竣工或验收。开展党的群众路线教育实践活动，征求意见建议 517 条。专题研究廉政工作 4 次，签订处科两级“一岗双责”责任书。

单位地址：东城区花市枣苑 10 号

联系电话：67051079

邮政编码：100062 （解启明）

【重点工程项目建设】 10 月 11 日，王府井大饭店改造工程竣工验收；1 月 30 日、5 月 8 日、5 月 30 日国瑞项目、王府井国际品牌中心、嘉德艺术中心分别开工建设。 （解启明）

【保障房建设】 年内，朝阳豆各庄保障房项目开工面积 35 万平方米，1104 套住宅完工。通州区“两站一街”保障房项目开工 17 万平方米。通州区范庄限价房项目完成定价工作。北苑宾馆安置房项目竣工验收，部分房源与新世界 6 号地、北京人艺国际戏剧中心项目对接。定福家园 A 组团安置房项目开工建设。焦化厂安置房项目用于天坛周边简易楼住户的对接安置开工。 （解启明）

【老旧小区综合整治】 年内，完成抗震加固任务 165 栋 45.07 万平方米，占总任务量 57.76%；全部完成节能改造任务 358 栋 162.09 万平方米，3.45 万户居民居住环境改善。 （解启明）

【工程质量安全监督】 全区在监工程 293 项，总建筑面积 402.91 万平方米。下发各类整改通知 32 份、行政处罚 14 件，处罚金额 226.55 万元。对起重机械、深基坑和大型模板作业开展重点专项检查，清除盲区死角，消除安全隐患。结合工程质量专项治理两年行动，成立专项检查组，出动 340 人次，对全区 68 个在施工地质量实体、工程资料、违法分包转包、参建单位主体责任落实等进行专项检查。全区 5000 平方米以上 25 个在施工程均安装远程视频监控系统，应用云计算及大数据模式研发网络移动执法平台系统。做好春节、全国“两会”、APEC 会议保障相关工作，召开

《北京市民用建筑节能管理办法》宣传大会。（解启明）

【招投标监管】 全年办理招投标、直接发包项目169项，建设规模140.57万平方米，合同金额28.54亿元。完成有形建筑市场电子化招标硬件设施建设。（解启明）

【行政许可和管理事项办理】 年内，全区建设工程新开工面积159.10万平方米，同比上年减少31.2%。完成建设工程竣工验收备案总面积54.40万平方米。办理行政许可事项和行政管理事项1137件，全部在公开承诺时限内完成，实现零投诉，现场评议满意率100%。（解启明）

【法制与信访排查调处】 年内，受理群众来信、来访、来电4776件次，其中来信189件、来访876人次、来电3711件。受理政府信息公开申请9件，其中行政许可类5件、建设项目实施情况2件、拆迁安置信息1件、政策法规类1件。协助区政府查询信息5件。受理人大建议、政协提案26件，全部办结，议案、建议和提案代表、委员满意率、同意率100%。（解启明）

通州两站一街保障房项目正在建设

【施工许可现场踏勘】 年内，进行现场踏勘97项，建筑总面积80万平方米，其中新建工程13项2.73万平方米、装修工程83项77.27万平方米、市政道路1项5670.39米。依法开展无证施工行政执法8项，其中责令整改5项、处罚3起，处罚金额3.86万元，结案率100%。（解启明）

建设工程

公建工程

【办公及商业工程】 位于东四南大街，建筑面积43681.59平方米，框架剪力墙结构。地上8层，檐高33.54米，地下3层、高度-11.65米。地上为办公、商业用房，地下为设备用房、物业用房，汽车库及自行车库。工程造价1.59亿元。1月15日验收备案，上年12月31日竣工。北京正和鸿远置业有限责任公司建设，北京奥思得建筑设计有限公司设计，江苏省建设集团公司施工，北京伟泽工程项目管理有限公司监理。（赵琳艳）

【当代大厦商务酒店工程】 位于香河园路1号，建筑面积5.66万平方米，框架剪力墙结构。地上21层，檐高80米，地下4层、高度-21.10米。地上为酒店、办公用房，地下为人防、车库。工程造价1.54亿元，1月14日竣工，2010年5月31日开工。北京万国城酒店运营管理有限公司建设，中国中元国际工程有限公司设计，北京建工博海建设有限公司施工，北京鸿厦基建工程监理有限公司监理。（赵琳艳）

【台湾饭店翻扩建工程】 位于王府井金鱼胡同5号，总建筑面积4.42万平方米，框架剪力墙结构。其中酒店主楼建筑面积3.34万平方米，地上12层，檐高50米，地下4层、高度-21.50米；四合院建筑面积1.04万平方米，地上2层，檐高7.56米，地下4层、高度-20.4米；地下连廊建筑面积416平方米，位于-2及-3层，地下高度-14.40米，-1层为覆土，厚度4.60米。为五星级酒店。工程造价1.60亿元。1月14日竣工，2011年8月1日开工。台湾饭店有限公司建设，北京市建筑设计研究院有限公司设计，中国建筑股份有限公司施工，中航工程监理（北京）有限公司监理。（赵琳艳）

【二十五中楼房翻建项目】 位于灯市口大街55号，建筑面积4812平方米，框架结构。地上4层，檐高16.4米，地下1层、高度-5米。为教学用房。工程造价1896万元。2月13日竣工，上年3月22日开工。东城区教育委员会建设，亚瑞建筑设计有限公司设计，中煤建设集团工程有限公司施工，北京新森智业工程咨询有限公司监理。（赵琳艳）

【忠实里危改小区地下车库工程】位于广渠门外忠实里危改小区一区，建筑面积6862.46平方米，无梁楼盖结构。地上1层，檐高4.35米，地下2层、高度-13.55米。地下为车库，地上为出入口。工程造价3834.88万元。4月9日竣工，上年3月4日开工。北京国瑞兴业地产股份有限公司建设，中国建筑技术集团有限公司设计，北京大龙建设集团有限公司施工，建研凯勃建设工程咨询有限公司监理。（赵琳艳）

【钟鼓楼北京时间博物馆工程】位于鼓楼东大街与地安门北大街交汇处，建筑面积1.08万平方米，地下框架剪力墙结构，地上钢结构。地上1层，檐高3-4米，地下3层、高度-15.35米。地上1层为展厅，地下1层为办公、设备用房，地下2层为办公用房及厨房，地下3层为车库及设备用房。工程造价7387万元。4月11日竣工，2012年8月15日开工。北京皇城艺术馆建设，北京阳光建筑设计事务所设计，中城建第五工程局有限公司施工，北京中外建工程管理有限公司监理。（赵琳艳）

【自来水博物馆工程】位于东直门外香河园街3号，建筑面积1.40万平方米，框架剪力墙结构。地上6层，檐高30米，地下2层。地下1层为库房，2层为人防；地上1、2层为展厅，3、4层为临时展厅，5层为会议室，6层为多功能厅。工程造价4898万元。4月23日竣工，2009年11月10日开工。北京市自来水集团有限责任公司建设，北京天地都市建筑设计有限公司设计，北京怀建集团有限公司施工，北京方恒基业工程咨询有限公司监理。（赵琳艳）

【B7-2、3、4商业新建工程】位于鲜鱼口街，地上建筑面积7416.26平方米，地上3层，檐高12米，工程造价3350万元；地下1层，建筑面积3253平方米，工程造价1500万元；框架结构，商业用房。地下1层8月12日竣工，地上部分上年3月1日竣工，2011年4月11日开工。北京天街集团有限公司建设，北京建工建筑设计研究院设计，北京崇建工程有限公司施工，北京双圆工程咨询监理有限公司监理。（赵琳艳）

【王府井大街45号综合楼工程】位于王府井大街45号，建筑面积2.60万平方米，剪力墙结构。地上10层，檐高38.03米，地下3层、高度-12.75米。地下1层为员工餐厅，地下2至3层为汽车库和设备用房，首层为商场，地上2层为酒店大堂和中餐厅，地上3层至10层为酒店客房。工程造价1.09亿元。9月29日竣工，2006年6月1日开工。北京中大经贸发展中心建设，北京市建筑设计研究院有限公司设计，北京城建四建设工程有限责任公司施工，北京方圆工程监理有限公司监理。（赵琳艳）

【王府井大饭店改造工程（酒店）】位于王府井大街57号，建筑面积4.44万平方米，框架结构。酒店及附属设施地上14层，檐高45米，地下2层、高度-10.1米；酒店四合院地上1层，檐高3.4米、4米、4.45米。地下为汽车和设备用房，地上为酒店。工程造价2.15亿元。10月11日竣工，上年4月1日开工。王府井饭店管理有限公司建设，中国建筑设计研究院设计，中国建筑一局（集团）有限公司施工，北京中联环建设工程管理有限公司监理。（赵琳艳）

市政工程

【概况】年内，地兴居路建设基本完成。正义路南延道路南段完成搬迁，北段安置房落实，搬迁1户、剩余8户。革新南路启动征收工作。体育馆西路北段推进协议搬迁，涉及6家单位，签约3家。地铁7号线通车运营，8号线3期各站点设计方案完成，部分站点、区间进场施工。启动地铁7号线珠市口站征收工作。地铁14号线陶然桥站红线范围内涉及142户，剩余7户，部分楼栋拆除，红线外剩余27户列入新增棚户区改造项目。（解启明）

重大项目协调

【概况】4月下旬，东城区危旧房改造办公室机构名称调整为东城区重大项目协调办公室（简称区重大办），区政府派出机构。主要职责是根据区政府授权，负责重大项目的协调、督促落实、分析报告工作，负责全区危旧房改造计划的制定和组织实施工作。设综合管理科（挂纪检监察科）、项目管理科、重点工程协调科、配套管理科。编制14人，在编15人。

年内，开展全区平房状况、现有改造项目、对接房源情况调查，集中力量解决宝华里、西河沿项目拆迁居民逾期回迁问题，年底完成宝华里项目原实施主体清退工作。推动西忠实里、南中轴路等环境整治项目。实施南锣鼓巷4条胡同修缮整治项目。至年底，安排52项区重大项目（其中政府投资27项，政府主导投资3项，社会投资22项），有20项为搬迁（征收、拆迁）阶段，占总项目数的38.50%；12项为前期手续办理阶段，占总项目数的23%；20项为施工阶段，占总项目数的38.50%。接访、下访、约访50余次，接待上访群众30余人次，答复办理国家、市、区批转信访件310余件；牵头信访第一、第三代理组工作，配合区信访联席会及时解决各类房源需求问题。

单位地址：东城区幸福大街32号

10月22日，王府井品牌中心项目进行地下结构施工

联系电话：87556915

邮政编码：100061　（张燕辉）

【棚改项目】 年内，确定棚户区改造和环境整治项目17个，其中上年结转项目11个，新增项目6个。完成前门历史文化保护区东区旧城保护整治项目198户居民、西河沿项目21户居民、钟鼓楼广场周边项目9户居民、地铁14号线陶然桥站周边项目9户居民搬迁。（张燕辉）

地区建设管理

王府井地区建设管理

【概况】 1989年，北京市东城区王府井地区商业管理委员会成立，隶属东城区，负责王府井商业企业的监督、检查和管理。1994年，王府井地区开发建设办公室成立，隶属市政府，负责王府井地区开发建设工作的统一调度。1997年12月，市政府将王府井开发办交由东城区管理。1999年2月，王府井地区开发建设办公室与东城区王府井地区商业委员会合并，更名为王府井地区建设管理办公室（简称王府井建管办），为全额拨款事业单位。主要职责是研究制定王府井商业区建设管理和发展的有关规划、规定和措施并组织实施；协调工商、公安、交通等部门对王府井商业区进行综合管理，统计分析运营指标，促进经济发展；会同有关部门办理王府井商业区市政基础设施建设立项、可行性报告、方案设计、开工建设事宜；会同有关部门审定王府井商业区各项户外活动等。设行政办公室、组织人事部、商业发展部、综合管理部、项目工程部5个部门。编制48人，在编40人。

年内，推进王府井地区品牌升级战略，举办第四届王府井国际品牌节，北京市百货大楼、北京APM购物中心、东方新天地、in88完成品牌调整和升级改造；举办“流光溢彩王府井，光影缤纷迎新春”“中法关系五十年”主题图片展、2015年意大利米兰世博会中国路演北京站活动等30余项商业及公益文化活动和130余项商家活动；社会项目稳步推进，新燕莎金街购物广场、淘汇新天商厦、金茂万丽酒店竣工，新增商业面积12万平方米；加强综合管理，增设保安员和综合执法岗亭，与24个规模以上商家单位签订《王府井地区社会管理综合治理责任书》，保持地区秩序和谐稳定。

单位地址：东城区柏树胡同40号

联系电话：65129999

邮政编码：100006　（徐泽华）

【基础设施维修维护】 年内，对王府

1月27日，流光溢彩王府井，光影缤纷迎新春

井大街（长安街至东单三条段、金鱼胡同至灯市口大街段）花岗岩路面及“金十字”区域内人行步道进行系统维修，修复石材路面2600平方米、彩色人行步道砖2200平方米；完成菖蒲河公园、皇城根遗址公园、王府井步行街及金鱼胡同1.80万棵花卉更换。（徐泽华）

【违规户外广告牌匾整治】 年内，对辖区内占道设置、群众反映强烈、违反规划设置的3类户外广告设施进行逐一摸排检查，拆除户外广告牌匾110余块。（徐泽华）

【市场经营秩序整顿】 王府井大街有18家“稻香村”店铺，大多为违规店铺。年内，王府井建管办联合工商、食药、城管、消防、公安等部门，开展专项整治，拆除私设违规牌匾，清理窗贴，封存、清撤超范围零售糕点柜台，对工商营业手续和食品专营手续不全、存在消防安全隐患的食品店限令整改、停业整顿。取缔2家无照经营店铺。（徐泽华）

【王府井国际品牌节】 9月20～21日，举办第四届北京王府井国际品牌节。以“国际品牌宜居之都”为主题，围绕“展示交流合作消费”4个目标，设交流合作、品牌展示、商家推广3大板块，全面展示王府井、东城区乃至北京市著名商业品牌形象。品牌节期间，王府井步行街客流同比增加15%，东方新天地、百货大楼、北京APM等30家重点企业商品零售额同比有增长，其中王府井百货大楼销售额最高日同比增长29.30%。（徐泽华）

【PRADA落户IN88】 5月1日，国际知名奢侈品牌PRADA（普拉达）王府井IN88店（原乐天银泰百货店）开业。PRADA推出限量款包袋，史蒂文·梅塞掌镜最新PRADA广告大片在店铺呈现。（徐泽华）

【新燕莎金街购物广场开业】 5月，新燕莎金街购物广场（北京饭店二期）试营业；7月，正式开业。经营范围涵盖珠宝首饰、潮流服饰、数码产品110个品牌。（徐泽华）

【中法关系五十年主题图片展】 春节期间，与新华社北京分社联合主办新华影廊“中法关系五十年”主题图片展，通过6组“玻璃展馆”，展示中法两国建交以来在政治、社会、文化、艺术等方面交往的46个精彩瞬间。（徐泽华）

【步行街水吧升级改造】 4月，对地区14家水吧商户规范经营范围，严格卫生、消防、广告牌匾管理。完成升级改造。（徐泽华）

前门大街建设管理

【概况】 北京市前门大街管理委员会（简称前门管委会）2009年9月30日成立，是负责前门商业区综合管理和促进地区经济发展的区政府派出机构。主要职责是负责研究制定前门商业区建设、发展规划及相关管理规定和措施；负责协调相关部门挖掘、整理、展示前门历史文化；负责前门地区产业发展；负责协调相关部门实施前门商业区综合管理和社会治安综合治理；负责前门商业区的对外宣传、联络和重要信息的发布。设办公室（纪检监察科）、产业发展科、综合管理科。行政编制12人、事业编制20人，行政在编12人、事业在编14人。

年内，前门商业区实现销售额9亿元，同比增长9.80%；进店总客流1131万人次，同比增长14.90%，实现繁荣与发展。推进网格化管理，接收案卷处理率100%。修订完善各项管理制度。加大综合执法工作力度，开展环境整治专项行动，对街区牌匾招幌设置、运营秩序规范及街区环境卫生进行整治。

单位地址：东城区珠市口东大街19号
联系电话：67018526
邮政编码：100051（崔银玲）

【京台文化交流】 1月23日（小年）至2月14日（元宵节），举办首届新春两岸民俗春联联展。3月27日，海峡两岸民俗风情剪纸艺术展在台湾会馆开幕。4月，完成第三届京交会参展工作。7月22日，接待台湾各类协会、企业到前门考察、交流。（崔银玲）

【前门东区旧城保护整治项目】 4月9日政府专题会和4月16日区委常委会审议通过《项目实施总体方案》，4月25日正式启动。全年召开指挥部办公室主任会、协调会、专题会、会商会等150余次，报送各类信息60余条，编发手机简报80期，编制会议纪要47份。10月，举办“城南计划·2014前门东区”规划设计展。完成市委书记郭金龙、副市长陈刚，区委书记杨柳荫、区长张家明等市区领

导调研接待任务20余次。累计协议搬迁220户，清理并移交抢占房4831间。前门东路绿化景观带一期工程，正义路南延绿化工程，1号、2号和3号试点院，前门东路环境整治工程、正义路南延环境整治工程和西河沿环境整治工程等完工；完成正义路南延交通组织工作，实现单停双行。

（崔银玲）

【“智慧街区”项目】 年内，成立前门“智慧街区”项目小组。8月18日，项目小组与赛迪公司签订“智慧前门”项目咨询合同。咨询项目成果包括《智慧前门总体顶层规划报告》《智慧前门总体可行性研究报告》《智慧前门一期初步设计方案》。（崔银玲）

【前门商业区转型升级】 年内，完善前门商业区招商工作领导机制，理顺招商审批流程。编制实施《前门大街业态指导目录》《鲜鱼口业态指导目录》。对29家意向商户进行审批，准入商户26家，其中红星二锅头博物馆、联想全球首家形象店、杜莎夫人蜡像馆、3d立体画和技术体验馆等一批具有文化体验特点的商户陆续开张营业，出租率达85%，完成区政府折子工程任务。（崔银玲）

国庆前夕，前门东路三里河绿化带景观

【安全维稳】 年内，完成各类重点时段、节假日期间的安全维稳和反恐防暴工作，出动检查人员1600余人次，发现并整改各类问题1200余件，确保商业区社会稳定，秩序良好，实现重点工作零失误、重大案件零指标。

（崔银玲）

【安全生产】 年内，举办安全生产培训大讲堂，27家区属单位安全生产负责人和前门商业区139家生产经营单位负责人参加。全年开展消防安全检查120余次，食品安全检查150余次，安全生产专项检查90余次，发现并整改各类问题400件。完成年度前门商业区小微企业安全生产标准化岗位达标验收评审工作，75家企业通过验收评审。（崔银玲）

规划管理

【概况】 北京市规划委员会东城分局（简称东城规划分局）是北京市规划委员会派出机构，主要职能是在市规划委领导下，依法负责本行政区域的规划编制、规划管理和规划监督工作。设办公室、综合业务科、规划科、建设用地管理科、建设工程管理科、市政交通工程管理科、法制科、纪检监察科、规划监察执法队。下属事业单位有北京市东城区规划信息中心、北京市崇明规划信息服务中心。行政编制25人、行政执法专项编制13人、事业编制10人、工勤人员2人，在编48人。

年内，受理各类申请529件，核发各类建设项目规划许可和行政服务事项501件，批准同意403件，其中80%为私房项目。4月15日，与民政局共同对东城区范围内居住区、居住建筑以及公共建筑的地名命名和使用情况开展专项清查。开展党的群众路线教育实践活动。开展共产党员献爱心活动，捐献人民币2200元。开展“党心连民心、亲情进万家”活动，携带米、面、油等生活用品，走访慰问和平里五区3户困难党员家庭。组织23名科级以上干部签订《不出入私人会所承诺书》。局长与副局长签订《党风廉政建设责任书》。7月，向服务对象发出调查问卷30份，群众满意度达到100%。

8月21日，区规划分局就《东城区旧城平房翻改建标准、程序和实施细则（试行）》召开新闻发布会

单位地址：东城区和平里五区甲19号楼
联系电话：84225641
邮政编码：100013（文卷）

【重点工程】1月15日，办理珠市口东大街10号加层改造项目方案复函。1月16日，核发国家林业局林产工业规划设计院平房翻建规划许可证。1月20日，市规划委副主任王玮、区领导朴学东等研究前门西区地块规划方案、前门东区规划思路、地铁8号线3期有关站点织补方案及王府井地下空间工作。2月18日，办理安定门、东直门、永定门、景泰桥、马家堡5座雨水泵站升级改造规划条件。2月21日，完成龙潭湖、法华寺、交道口3处煤改电变电站选址工作。4月28日，区长张家明与市规划委主任黄艳研究王府井地下空间开发的工作思路及规划方案、前门西区规划方案及宝华里危改维稳工作。7月7日，市规划委主任黄艳到前门东区调研修缮保护工作，实地察看南芦草园胡同7号、9号，薛家湾胡同39号的修缮情况和草厂二条搬迁情况，听取前门东区前期搬迁情况及下一阶段工作计划汇报。7月30日，完成汇文中学1号教学楼翻改扩建工程设计方案审查意见复函。8月5日，办理安定门街道文体服务中心项目方案复函。9月，组织编制南锣鼓巷4条胡同项目设计方案。10月9日，完成望坛危改小区煤改电管线规划许可证核发工作。（文卷）

【信息化建设】1月15日，完成北京站东侧地区三维模型制作。3月，与市测绘院研究崇雍大街两侧沿街违法建设街景项目的建设内容及建设范围。6月20日，与市测绘院研究雍和宫至崇文门新世界百货沿街三维模型制作项目建设内容、范围。11月25日，制作北京站西侧地区三维数据模型。（文卷）

【无障碍工作】2月，进行区无障碍设施管理系统开发研究并初步完成系统建设。3月12日，草拟《关于2014年东城区创建无障碍环境区、县工作实施方案》。7月11日，区政府印发。（文卷）

【名城保护】2月11日，验收南锣鼓巷文保区钟鼓楼北京时间博物馆规划。3月20日，办理外城东南角楼修复工程规划审批手续。9月2日，核发前门东区旧城保护整治项目3个试点院落项目规划条件（土地储备供应），用地面积891平方米，建筑面积573平方米。10月27日，完成南锣鼓巷、国子监—雍和宫、东四三到八条、东交民巷、皇城、什刹海等6片历史文化街区的国家历史文化街区申报工作。（文卷）

【法规宣传】3月31日，在区政府常务会上介绍《城乡规划法》《城乡规划条例》。8月21日，就《东城区旧城平房翻改建标准、程序和实施细则（试行）》召开新闻发布会，中央电视台、《新京报》《北京青年报》等11家新闻媒体采访。（文卷）

【规划编制】4月30日，完成牵头起草的《东城区旧城平房翻改建标准、程序和实施细则》；7月5日，区政府印发。10月29日，完成区规划实施评估工作。（文卷）

【交流研讨】7月25日，邀请CBD管委会到天街集团研讨交流前门东区保护整治项目10个试点院落的规划和招标工作模式。（文卷）

【公共服务】年内，核发规划条件36件，建筑面积9472.68平方米；规划意见复函5件，建筑面积14.27万平方米；建筑物名称变更2件；建筑物名称核准2件。（文卷）

【查处违法建设】年内，配合相关部门开展打击违法建设专项行动，发现、认定并移送各类违法建设475件、建筑面积4万平方米；规划监督查处23件、建筑面积1.40万平方米。（文卷）

【规划监督】完成建设工程竣工验收108件、建筑面积15.23万平方米；建筑工程规划验线2件、建筑面积7715.38平方米。（文卷）

国土资源管理

【概况】 北京市国土资源局东城分局（简称市国土局东城分局），是市国土资源局派出机构，负责东城区域内国土资源的监督管理、权属管理、政策宣传、执法监察、信息化建设、信息统计、档案管理等工作。设办公室、综合科、地籍科、国土资源利用科、重点工程科、财务科、政工科、执法监察科和纪检监察科9个科室。下设北京市土地整理储备中心东城区分中心、北京市东城区土地权属登记事务中心、北京市东城区土地利用事务中心3个事业单位。行政编制40人、事业编制40人、工勤编制6人，在编76人。

年内，完成28个建设项目用地预审，涉及国有建设用地92.92公顷。完成国有建设用地供地项目1宗，用地总面积0.27公顷。完成国有建设用地使用权登记发证181宗，国有建设用地抵押权登记发证338宗，抵押注销294件，土地权属审查92宗。开展区地籍管理数据更新调查工作。完成辖区15家地热采矿权单位年度年检。通过东城区国土资源节约集约模范区创建活动达标复核，保持国土资源节约集约模范区称号。

单位地址：东城区东直门内大街3号

联系电话：84061496

邮政编码：100007 （谢伟　杨丽霞）

6月25日，市国土局东城分局举行以“节约集约利用土地，转变土地利用方式”为主题的全国土地日宣传活动

【土地供应】 完成年度国有建设用地供应计划和保障性安居工程用地供应计划编制。土地供应计划安排用地项目6宗2.29公顷。完成1宗宗地面积0.27公顷的商服用地供应。

（谢伟　杨丽霞）

【土地储备开发】 完成年度土地储备开发计划编制。正义路南延道路项目完成立项批复、规划、预审、交评、环评、拆迁许可等前期手续的办理及1个产籍户的搬迁工作。协助实施单位开展前期工作，启动金宝街3号地南半部项目。加快“城中村”项目用地收储，青龙胡同项目具备入市条件，双玉中街项目完成前期整治。前门地区G10、G11地块完成成本审定。确定地铁6、8号线周边织补及扩拆地块以入库方式完成储备供应。开展下工地、进现场系列活动，走访调研重点项目企业，做好以企业为主体的项目监管服务。（谢伟　杨丽霞）

【土地利用】 完成28个建设项目用地预审，涉及国有建设用地92.92公顷。办理预审函复4个。完成划拨项目用地批复1个。完成《加强土地宏观调控，保障城区经济发展》国土资源改革十年调研课题。完成东城区工业用地情况调查、国有建设用地二级市场专题调研、养老设施用地土地供应情况调查。（谢伟　杨丽霞）

【批后监管】 年内，对出让和划拨用地项目多次现场检查、监测及数据上报，建立常态监测上报工作机制。制定出让和划拨项目供后监管工作实施方案，针对出让和划拨项目开展动态巡查。加强闲置地管理，完成区内涉嫌闲置的43宗项目现况调查。

（谢伟　杨丽霞）

【地籍管理】 年内，开展区地籍管理数据更新调查。完成体育馆路、崇外、龙潭、东花市、天坛等5个地籍区的外业调查及测量。推进地籍信息系统的应用运行，实现业务审批、事项查询的地籍管理信息化工作模式。

（谢伟　杨丽霞）

【土地登记】 推进“大宗地”土地登记，完成国家机关事务管理局、国家林业局、区房管局等多家单位及重点项目的国有土地使用证的颁发。国有建设用地使用权登记发证181宗，国有建设用地抵押权登记发证338宗，抵押注销294件，土地权属审查92宗。（谢伟　杨丽霞）

【行政执法监察】 制定年度执法学法工作计划，采取多种形式开展主题宣传活动。核查群众举报违法用地违法采矿2件，经查证举报情况均不属实。开展3处高尔夫球场摸排。开展国土资源执法监察立项行政检查工作自查。（谢伟　杨丽霞）

【信访工作】 年内，开展重点矛盾纠纷排查4次，将信访事项、矛盾隐患划分关注等级，采用不同处理方式办理。接信接访66件，办理“12345”北京市非紧急救助热线答复22件，全部在时限内答复。（谢伟　杨丽霞）

【政府信息公开】 年内，编制上年政府信息公开年报，修改完善政府信息公开指南。累计上网公开政府信息2586条，受理依申请政府信息公开1019件，全部在时限内答复。完成土地登记结果主动公开494条。（谢伟　杨丽霞）

房地产开发与建筑业企业

【概况】 年内，区内有建筑业企业287家。按资质等级分，施工总承包企业56家（其中一级14家，二级16家，三级26家），专业承包企业222家（其中一级24家，二级39家，三级159家），劳务分包企业9家；按行业类别分，房屋建筑企业28家，市政施工企业19家，设备安装企业26家，装饰装修企业102家，其他企业110家。（李泽明）

东城区建筑业企业统计表

（单位：家）

	资质类别	一　级	二　级	三　级	合　计
总承包	房屋建筑	10	8	10	28
	机电安装	1	1		2
	通信工程	1			1
	市政公用	1	6	12	19
	公路工程	1		1	2
	石油工程		1		1
	矿山工程			1	1
	电力工程			2	2
小　计		14	16	26	56
专业承包	装饰装修	13	20	69	102
	消防	7	1	3	11
	电信		1	2	3
	隧道工程		1		1
	送变电			11	11
	体育场地设施		2	6	8
	地基基础	2	1		3
	建筑防水		1	1	2
	园林古建	1	1		2
	爆破与拆除			4	4
	机电安装		2	24	26
	城市照明			9	9
	设计施工一体化		9	2	11

	资质类别	一　级	二　级	三　级	合　计
	无损检测			1	1
	建筑智能化			8	8
	建筑幕墙			1	1
	环保工程			9	9
	防腐工程	1		1	2
	电子工程			1	1
	土石方工程			1	1
	起重设备			1	1
	特种专业			不分级 4	4
	金属门窗			1	1
小　计		24	39	159	222
劳务分包			3	不分级 6	9
总　计		38	58	191	287

（李泽明）

北京东方置地投资发展有限公司

【概况】 北京东方置地投资发展有限公司（简称东方置地公司），2003 年由原北京市东城区住宅建设开发公司重组改制设立，为北京东方信达资产经营总公司直属的国有控股房地产开发企业。经营范围为投资管理、房地产开发、商品房销售、房屋租赁、物业管理、信息咨询、园林绿化、家居装饰设计等。为 ISO 9001：2008 质量管理体系认证企业、厂务公开民主管理体系基础工作认证企业、北京市房地产业协会会员单位、区重点企业、区政府投资建设项目代建单位机构库入选企业。设资产经营部、前期规划部、项目管理部等 11 个部室，有职工 62 人，其中高级职称 4 人、中级职称 27 人。

年内，完成开复工面积 8.59 万平方米，竣工面积 7.51 万平方米。实现主营业务收入 6437.85 万元，利润总额 714.26 万元。年度国有资产保值增值率 102.70%，净资产收益率 2.67%。开展党的群众路线教育实践活动，坚持职代会制度，重视企业文化建设。

单位地址：东城区安德里北街乙 20 号
联系电话：84129618
邮政编码：100011　　（徐杰夫）

10 月 14 日，东方置地公司开展年度房改售房工作，为居民办理相关手续

【管理体系建设】 3 月，通过质量管理体系和厂务公开民主管理体系外审，未发现不合格项，厂务公开民主管理体系顺利换证。年内，制定质量管理体系改进工作计划，完成全部管理改进内容 8 项。（徐杰夫）

【房地产开发】 年内，组织编制青龙地块棚户区改造方案，配合住宅发展中心向区领导、区重大办汇报项目进展情况。完成小黄庄锅炉房改造项目初步设计方案及控规调整方案编制。完成东二环商务区新兴产业园项目《合作建设之法律意见书》初稿、形势分析及合作方条件报告等前期工作。（徐杰夫）

【代建工程】 作为区政府投资项目代建单位，年内实现公安分局二期、国际职业学校、五中、一七一中学、东直门中学、分司厅幼儿园、15 条胡同、2 条大街整治等开复工项目 12 个，开复工面积 8.59 万平方米（不含 15 条胡同、2 条大街整治），竣工项目 9 个，竣工面积 7.51 万平方米（不含 15 条胡

同、2条大街整治)。年内，完成民安危改小区建设项目与住宅发展中心合同对账、结案工作，签定“民安危改二区、三区结算协议”。（徐杰夫）

【资产经营】年内，编制完成资产经营5年规划，对合同到期续租租户提租，平均增长幅度15%以上。继续推进区域外低效益资产处置工作，签订芍药居102号楼底商销售合同，完成芍药居117号楼地上商业用房拆分办证及现房销售公示，编制芍药居117号楼地下室销售方案。完成10户房改售房产权证办理及发放，完成8项产权房屋大中修工程。（徐杰夫）

【东雍创业谷】全年房屋出租率保持在90%以上，推进区中小企业服务中心北新桥分中心申请设立工作，进行项目对外拓展，考察立水桥乐邦广场项目、东四工人文化宫项目、沙河中国移动商业用地项目。实行物业服务承包制，提高服务质量，重视增值服务和特色经营，提升客户满意度。

（徐杰夫）

【燕厦物业】年内，公司投资控股企业——北京燕厦物业管理有限公司完成全年工作任务和预算经济指标，进行清产核资，通过北京标准化协会专家组对标准体系的评审，完成供暖工作。（徐杰夫）

【安全维稳】年内，组织各类安全检查及“安全日”“消防夜查”“今冬明春火灾防控”等专项活动，完善“安全隐患管理台账”制度，全年无重大安全责任事故发生。认真执行《北京市信访条例》，全年接待来访32次，办理转办、交办信访件6件，信访结案率100%。（徐杰夫）

北京东兴建设有限责任公司

【概况】北京东兴建设有限责任公司（简称东兴建设）1958年成立，是建设部批准的房屋建筑工程施工总承包一级资质企业，同时具有起重设备安装、建筑装修装饰、园林古建筑工程专业承包一级和文物保护工程施工一级资质。设技术质量部、工程部、办公室等9个业务部室和11个基层单位，有职工359人。

年内，完成公司职代会二届九次会议确定的主要经济技术指标，完成产值2.70亿元，实现利润1186.06万元，缴纳税金1325.79万元，有2个工程分获2013年度、2014年度北京市绿色安全工地称号。区领导考察公司承建的豆各庄一号地块东城区旧城保护定向安置房、东城区老旧小区抗震节能综合改造—地坛北门1#、2#楼等项目并给以肯定。开展党的群众路线教育实践活动，在党员群众中开展“共产党员献爱心”捐款活动，有137人参加（其中党员111人、入党积极分子22人、群众4人），筹集捐款5390元。公司出资为在职71名女职工进行妇科专项检查。

单位地址：东城区礼士胡同75号
联系电话：64156699
邮政编码：100010（孙丽娟）

【职代会】1月9～10日，召开职代会二届九次会议。审议行政工作报告、安全生产工作报告和《2013年财务预算执行情况和2014年财务预算的报告》。票决通过《工资集体协商专项协议》（草案）。会议明确公司全年6大方面、20余项主要工作及经济指标。（孙丽娟）

【董事会】1月13日，公司召开第三届第十四次董事会，审议通过《2013年工作报告》《2013年财务预算执行情况和2014年财务预算的报告》《2013年企业利润分配方案》。并决定将《2013年财务预算执行情况和2014年财务预算的报告》《2013年企业利润分配方案》提交股东会审议。

（孙丽娟）

【豆各庄安置房项目】3月1日，东兴建设承接的朝阳区豆各庄一号地块东城区旧城保护定向安置房1-06、1-07住宅楼项目复工。3月3日，公司参与投标的朝阳区豆各庄三号地块东城区旧城保护定向安置房3-06、3-09住宅楼项目中标。（孙丽娟）

【综合会议】3月18日召开。各分公司负责交通、消防、保卫和安全工作的相关人员参加会议。会议针对施工现场在安全防护、机械、消防、生活区管理和环境保护、绿色施工、消防保卫等方面存在的问题，提出整改要求和解决措施；根据市住建委通知精神，要求各分公司在土方作业时安装洗轮机和视频监控系统，加强施工现场扬尘治理，确保绿色施工、文明施工。（孙丽娟）

【长城杯检查】3月22日，北京市结构长城杯初评小组专家对东兴建设

5月8日，区长张家明、副区长朴学东考查豆各庄定向安置房项目

承建的小学等2项（朝阳区豆各庄一号地块东城区旧城保护定向安置房项目）进行结构长城杯检查。专家组从实体工程外观质量、工程资料等方面进行评审，对工程的结构施工质量予以肯定，对一些细部做法提出意见和建议。（孙丽娟）

【职业健康安全培训】 4月23日，召开职业健康安全认证标准培训会。各单位主管安全生产的副经理、项目经理、安全员及内审员61人参加培训。培训主要讲解职业健康安全管理体系标准的专业术语释义、危险源的识别、风险评估、方案预案的编制与实施等；对各单位、项目部认证资料方面存在的问题提出解决办法。与会人员全部通过培训考试。（孙丽娟）

【质量　环境　职业健康安全审核】 7月10～12日，北京东方纵横认证中心审核组对公司质量、环境、职业健康安全管理体系进行监督审核。审核组依据质量、环境、职业健康安全管理体系标准，对体系办、工程部、安保部、技术质量部、二分公司朝阳区豆各庄乡小学等2项工程项目部的“三体系”整体运行情况进行审核。7月25日，收到北京东方纵横认证中心签发的认证保持通知书和体系审核合格标识，通过监督审核。（孙丽娟）

【环保施工】 8月10日，东兴建设承建的区重点工程——正义路南延围墙及环境整治工程开工。该工程地处前门文化保护区，周围居民稠密，施工场地狭小。项目部因地制宜建立文化围挡，将北京的历史文化和现代文明结合起来绘在围挡上，突出古都风貌，展现时代气息。项目部还在围挡上设置全角度喷头，在规定时间内进行施工洒水降尘，在指定位置进行混凝土喷洒养护，创造干净、整洁，有浓郁文化气息的施工环境。

（孙丽娟）

北京筑邦建设有限责任公司

【概况】 北京筑邦建设有限责任公司（简称筑邦公司），是原北京东城区第二建筑工程公司和北京东城区第三建筑工程公司合并改制而成，2000年11月22日成立。注册资本2261.38万元，总资产6494.79万元，是国家二级资质建筑施工企业。经营范围为建筑施工、仿古建筑施工及古建筑修缮、房屋拆除、室内装饰装修、锅炉安装、市政管道、防水工程施工等。设工程部、经营管理部、财务部等7个部门，辖7个分公司，1个施工处。有工程技术人员及经营管理人员20人。

年内，完成开复工面积4.08万平方米，完成产值4770.02万元，完成利税232.544万元。

单位地址：东城区东四三条67号
联系电话：64041224
邮政编码：100010（蔺心亮）

【力行中天管理办公用房工程】 工程位于朝阳区双井，由筑邦七公司施工。工程建筑面积1043平方米，框架结构，地上二层，合同造价167.30万元。1月竣工，2011年6月开工。工程由力行中天投资有限公司建设，北京中联环建设工程管理有限公司监理。（蔺心亮）

【董事会】 11月21日，董事会召开第33次会议。会议讨论通过董事会和执行层《2011～2013年工作报告》《2011～2013年财务报告》《1～9月份工作汇报》《1～9月份财务汇报》，并决定将以上文件提交股东会第11次会议。（蔺心亮）

【党的群众路线教育实践活动】 3月举行，9月结束。根据群众意见，制定改善职工生活8项措施，其中职工饮用水定点安装净化装置、职工年度体检费定额报销、职工遇有高温和雾霾天气达到规定指数可休息等7项措施已施行，1项措施在整改中。

（蔺心亮）

住宅发展中心

【概况】 东城区住宅发展中心（简称住宅发展中心），原为东城区芍药居开发建设领导小组，1993年成立。1995年12月，更名为东城区住宅小区开发建设办公室。2001年3月，更名为东城区住宅发展中心。2009年3月，区市政工程建设中心职能和资产划转住宅发展中心。2012年8月，完成对东屿物业公司股权收购。住宅发展中心职能为受区政府委托履行统筹、协调、组织危改与房改相结合的危旧房改造工作，实施保障性住房建设、市政基础设施建设及改造工作，全面负责芍药居住宅小区开发建设和管理工作。自收自支事业单位。设计划科、规划科、工程科等8个科室。编制45人，在编41人。

年内，开展党的群众路线教育实践活动，完成芍药居经济适用房销售和豆各庄定向安置房项目建设等工作。

单位地址：东城区地安门东大街58号
联系电话：84035375
邮政编码：100009（王兰）

【豆各庄保障性住房建设项目】 豆各庄定向安置房项目规划总用地40公顷，总建筑面积157万平方米，其中地上建筑面积112万平方米，地下建筑面积45万平方米，规划住宅1.36万套。年内，1-08#楼、1-09#楼、2#车库基本完工。取得1-01#配套公共服务设施及1#地下车库、1-05#配套公共服务设施、1-02#住宅楼地下、1-03#住宅楼地下、1-04#住宅楼地下建设工程规划许可证。完成1-03#住宅楼、1-05#楼施工、监理招标；完成1-03#电梯设备招标。完成豆各庄3、4号地通惠灌渠西侧地块前期手续，取得发改委“项目立项”手续，办理“环评”“交评”“能评”手续，取得项目“规划意见书”“规划方案复函”“用地预审”。完成3、4号地渠西地块南区经适房项目9个栋号施工及监理招投标。（王兰）

【豆各庄学校幼儿园配套工程】 年内，豆各庄项目幼儿园、小学基本完工，1-05#居住公共服务配套设施基本完工。完成中学项目施工及监理招投标，中学教学楼主体结构封顶、处于二次结构砌筑阶段。（王兰）

8月25日，豆各庄项目小学基本完工

【芍药居经济适用房销售】 年内，为前门东、西河沿等项目及其他用房单位出库芍药居经济适用房504套，芍药居售房签约235套。（王兰）

【北苑宾馆合作项目】 与区住建委、区危改办共同办理北苑宾馆安置房项目崇文新世界开发公司第二批108套认购合同签订。（王兰）

北京崇文·新世界房地产发展有限公司

【概况】 北京崇文·新世界房地产发展有限公司（简称崇新公司）1993年8月成立，是香港新世界中国地产有限公司与北京正阳恒瑞置业公司组建的京港合作企业，注册资本2.25亿美元。主要对崇文门外大街1号、5号、6号地进行旧城改造、房地产开发、商品房销售，并对建成的商场、公寓、写字楼等进行租赁经营管理。完成开发建设项目有：新世界中心一期、新景家园、新裕家园、新怡家园等，完成开发面积126万平方米。竣工项目中，新世界中心获北京市90年代十大建筑称号。公司设行政管理部、工程管理部等17个部门，有员工252人（含北京崇裕房产开发有限公司、中国新世界电子有限公司、北京新康房地产发展有限公司）。

年内，实现销售收入1.15亿元，租赁收入1.25亿元。公司力求创新，追求卓越，注重履行社会责任，提高社会公信力和企业品牌实力。缴纳各项税金2.75亿元。连续11年获区50强企业和百强企业；获市国税局、地税局联合颁发的纳税信用A级企业奖牌及证书。

单位地址：东城区崇文门外大街9号正仁大厦10层
联系电话：67088989
邮政编码：100062（周胄）

北京崇裕房产开发有限公司

【概况】 北京崇裕房产开发有限公司（简称崇裕公司）1993年3月成立，是香港新世界中国地产有限公司与北京兴隆置业有限公司组建的京港合作企业，注册资本1.72亿美元。主要从事房地产开发，商品房销售及建成的商场、公寓、写字楼经营管理等业务。完成开发项目有：新世界中心二期、新世界家园、正仁大厦、新成文化大厦、新阳商务楼等，完成开发面积42.80万平方米。

年内，实现销售收入594.37万元，租赁收入4441.12万元，缴纳各项税金2609.57万元。连续9年获区50强企业，获市国税局、地税局联合颁发的纳税信用A级企业奖牌及证书。

单位地址：东城区崇文门外大街9号正仁大厦10层
联系电话：67088989
邮政编码：100062（周胄）

中国新世界电子有限公司

【概况】 中国新世界电子有限公司（简称新电公司）1993年6月成立，是香港新世界发展有限公司与原电子工业部4家企业、北京正阳恒瑞置业公司共同组建的京港合作企业，注册资本5720万美元。主要从事建成后的商场、公寓、写字楼租赁经营管理业务。

年内，实现销售租赁收入5641.98万元，缴纳各项税金1866.32万元。连续8年获区50强企业，获市国税局、地税局联合颁发的纳税信用A级企业奖牌及证书。

单位地址：东城区崇文门外大街9号正仁大厦10层
联系电话：67088989
邮政编码：100062（周胄）

北京新康房地产发展有限公司

【概况】 北京新康房地产发展有限公司（简称新康公司）1999年4月成立，是香港新世界中国地产有限公司与北京正阳恒瑞置业公司组建的京港合作企业，注册资本1200万美元。主要从事房地产开发，在亦庄开发区建设新康家园居住小区，建筑面积22万平方米。

年内，实现销售租赁收入464.15万元，缴纳各项税金97.76万元。

单位地址：东城区崇文门外大街9号正仁大厦10层
联系电话：67088989
邮政编码：100062（周胄）

北京住总第六开发建设有限公司

【概况】 北京住总第六开发建设有限公司（简称住总六公司）1983年成立，是集施工、房地产开发、多元经营为一体，具有国家房屋建筑工程施工总承包一级、建筑装修装饰专业承包一级、机电设备安装工程专业承包一级、市政公用工程施工总承包二级、钢结构工程专业承包二级、地基与基础工程专业承包二级资质的施工企业，注册资金1.07亿元。公司先后获得詹天佑奖1项、鲁班奖3项、国家优质工程奖6项、北京市长城杯奖86项、北京市优质工程奖9项。公司被国务院发展研究中心、建设部、国家统计局列入“全国500家最大经营规模和最佳经济效益建筑业企业”“房屋建筑业行业100家最大经营规模企业”行列，获“全国五一劳动奖状”“全国建筑业500强”“全国先进建筑施工企业”“全国工程建设质量管理优秀企业”“全国职工职业道德建设十佳单位”“全国守合同重信用企业”“首都文明单位标兵”“北京市质量管理先进单位”“北京企业100强”、北京国有企业“十大名企”称号。有房地产开发、机电安装、机械租赁等控股子公司3个，参股公司1个，在烟台、银川、天津设有分公司。内设项目管理部、安全监督部、质量部、技术部等16个部门，有员工1053人。

年内，推进精品工程创优，竣工工程一次合格率100%。15#办公楼等30项（北京会展国际港展馆配套设施项目）(15#——42#办公楼及2#、3#地下车库）工程，未来科技城第一中学、小学、幼儿园建设工程，北京航空航天大学沙河校区公共实验楼（组团3）工程被北京市优质工程评审委员会评为结构长城杯金质奖工程。安泰科技项目部提高非金属骨料耐磨混凝土地面施工质量、欣意公司提高新加工大钢模板质量优良率分别获北京市优秀QC成果一等奖，龙泽华府四期46#、48#楼获山东省建设工程结构优质奖。实现综合经营额11.74亿元，其中施工产值10.50亿元、房地产开发经营收入1.24亿元；施工规模131.65万平方米，其中新开工22.43万平方米，竣工39.08万平方米；中标工程45万平方米，新签合同额17亿元。

单位地址：东城区龙须沟北里1号
联系电话：65112677
传真电话：65112677
邮政编码：100050 （赵播）

【国风美唐工程】 位于昌平区回龙观，由1#8#9#楼3项组成，建筑面积4.28万平方米。4月25日竣工，2012年7月13日开工。北京城市开发集团有限责任公司建设，北京建院约翰马丁国际建筑设计有限公司设计，北京赛瑞斯国际工程咨询有限公司监理。 （赵播）

【安泰科技工程】 位于海淀区西北旺镇永丰产业基地，建筑面积6.32万平方米，地上5.02万平方米、地下1.29万平方米。6月21日竣工，2012年2月7日开工。安泰科技股份有限公司建设，中冶京城工程技术有限公司设计，北京赛瑞斯国际工程咨询有限公司监理。 （赵播）

【会展国际港一期工程】 位于顺义区天竺空港经济开发区国展产业园，建筑面积9.43万平方米，框架结构，地上13层、地下1层。6月25日竣工，2012年3月11日开工。北京中投创展置业有限公司建设，中建（北京）国际设计顾问有限公司设计，中资工程建设监理公司监理。 （赵播）

【天竺新新家园一区南8栋工程】 位于顺义新城25街区，由11栋别墅组成，建筑面积2.78万平方米，框架结构，地上3层、地下2层。10月26日竣工，上年10月11日开工。北京广厦富城置业有限公司建设，建研凯勃建设工程咨询有限公司监理。

（赵播）

【龙口龙泽华府四期南区工程】 位于山东省龙口市，由46#47#48#及48#商业及车库5项组成，建筑面积4.57万平方米。10月30日竣工，2011年12月25日开工。龙口住总鸿运房地产开发有限公司建设，烟台建筑设计研究股份有限公司设计，烟台田园牧歌项目管理有限公司监理。

（赵播）

【北航沙河校区公共实验楼工程】 位于昌平区沙河高教园北航沙河校区内，建筑面积6.31万平方米，地上5.68万平方米、地下6343平方米，浇框架剪力墙结构（部分钢结构），地上10层、地下1层。11月5日竣工，2012年11月20日开工。北京航空航天大学建设，中国建筑设计研究院设计，中航勘察设计研究院有限公司地勘，北京建工京精大房工程建设监理公司监理。 （赵播）

东城区房地产开发及建筑业企业单位负责人

北京东方置地投资发展有限公司
董事长、党委书记　王晓彤
总经理　刘海江
北京东兴建设有限责任公司
董事长、党委书记　张建忠
总经理　韩　威
北京筑邦建设有限责任公司
董事长、党总支书记　陈小虎
总经理　何广林
北京崇文·新世界房地产发展有限公司
董事长　陈　艳
总经理　陈子荣
党支部书记　蔡建伟
北京崇裕房产开发有限公司
董事长　马艳荣
总经理　陈子荣
中国新世界电子有限公司
董事长、总经理　陈子荣
北京新康房地产发展有限公司
董事长　陈　艳
总经理　陈子荣
北京住总第六开发建设有限公司
董事长、党委书记　谢夫海
总经理　靳国忠

城市管理

城市管理监督

【概况】 东城区城市管理监督中心(东城区公共安全指挥中心)(简称区城管监督中心),是负责城市管理监督与评价和公共安全信息处理及日常指挥协调的政府工作机构。设办公室、调研科、宣传科、监察科、监督考评科、综合协调科、公共安全指挥科、运行管理科、业务培训科、监督员督察科、监督员管理科、行财科、组织人事科13个科室和呼叫台、案件派遣室。其中监督员管理科下设5个城市管理监督员中队,17个城市管理监督员分队。行政编制83人、事业编制39人,行政在编70人、事业在编35人,聘用城市管理监督员500人。根据《关于东城区城市管理监督中心名称及职责调整的通知》(东编办〔2014〕34号), 自2014年12月10日起北京市东城区城市管理监督中心(北京市东城区公共安全指挥中心)更名为北京市东城区网格化服务管理中心,不再保留北京市东城区公共安全指挥中心的牌子,机构规格为正处级,行政执法专项编制83人,处级领导职数1正4副,保持不变。东城区网格化服务管理中心主要职责是负责对所辖行政区内城市服务管理网格和为民服务热线中反映的问题进行指挥协调,对街道和职能部门的处置情况进行监督评价;统筹协调全区城市服务管理监督指挥平台各项工作,负责平台运行、维护和管理,汇总分析各类数据和基本情况。

年内,颁布实施《东城区城市管理监督综合考核办法》。发布实施《城市市政综合监管信息系统模式验收》行业标准。建立全区996条背街小巷台账,制定背街小巷环境综合整治考核工作方案。完成文明城区网格化数据分析平台项目。完成城市管理数据共享平台触摸屏研发。完成《数字化城市管理信息系统第3部分:地理编码》《数字化城市管理信息系统第4部分:绩效评价》两项国家标准的编写。开通微信公众服务号,将媒体曝光纳入监督受理,扩展问题来源渠道。引入物联网及4G技术,推进公共安全建设试点工作。完成市区两级平台基础数据更新,有城市部件55.71万个。将“城管通”终端由多普达D600(WindowsMobile5.0),联想ET10(WindowsMobile6.0), 多普达T8388(WindowsMobile6.5)升级为三星SM-G7108V(Android4.2.2)。完成“城管通”程序GPS定位。加强监督员队伍建设,组织监督员军训。开展党的群众路线教育实践活动,制定整改措施17项。贯彻落实党风廉政建设工作,做到党风廉政工作和业务工作同研究、同部署、同检查、同落实,废、改、立与“四风”相关制度36项。组织党员献爱心募捐6630元;组织党员干部进社区活动,有64名党员到社区报到。获首都城市环境建设样板单位、北京市三八荣誉集体称号。

单位地址:东城区钱粮胡同3号

联系电话:84050608

邮政编码:100010 (邱钰胜)

【两网融合】 中心承担东城区“两网融合”(城市管理网格和社会服务管理网格)工作领导小组办公室职责,牵头组织全区“两网融合”,推进“96010”为民服务热线启动。12月26日,在沟通联系全区138家单位基础上,整合原有62条服务热线,开通“96010”为民服务热线,实现投诉举报、咨询求助、建言献策一口受理,搭建“一口受理、两级指挥、多元监督”指挥体系,规范业务流程,建立“96010”为民服务受理平台运行模式,实现“两网”在区级层面融合。

(邱钰胜)

【网格化城市管理】 年内,发现城市管理问题30.41万件,其中立案派发26.60万件、专项普查3.80万件。有效结案25.61万件,结案率96.26%。监督员巡查发现的案件26.23万件,“12345”非紧急救助、电话举报、微信上报、对接“首环办”、“监管通知单”等外部渠道发现的案件3730件,媒体曝光点位累计立案409件。全年城市管理监督员完成核实任务1265次、核查任务25.29万次,其中核查舆情通报512件、媒体曝光51件、市级监管通知单282件,自行处理各类轻微问题8668件。

(邱钰胜)

【专项普查】 4月,成立普查队,负责全区城市管理各项普查工作。组织专项普查87次,涉及24个类别,上报案卷5.10万件。检查商户并建立台账,登记门责商户4151家、门前三包商户7973家,上报案卷1979件;检查在建施工工地794个,上报案卷214件;每周普查172个垃圾分类小区,上报案件1362件;每周普查全区1369个公共厕所和94个垃圾间(楼),上报公厕问题126件、垃圾间(楼)问题10件。5月5日,专项普查僵尸车,发现僵尸车146辆,铺设地桩地锁1.79万处。6月5日,普查夜间大排档,发现夜间大排档243处。8月11日,普查九横八纵便道公共设施,登记公共设施20个小类8504处。8月11日至10月28日,专项普查APEC会议环境保障问题,发现东长安街、建国门内大街、金宝街等APEC驻地周边环境问题220处。8月26日,普查报刊亭和架空线,其中报刊亭存在问题144处,架空线存在问

12月26日，区委书记杨柳荫、区长张家明参加“96010热线启动会”

题的线杆1113处。9月10日，普查霓虹灯和LED电子显示屏点位，登记霓虹灯和LED显示屏254处。9月20日，专项普查“城市清洁日”，发现无照经营游商、违规户外广告类问题640处。11月17日，普查再生资源回收点，发现再生资源回收站点200处。11月18日，普查早餐车，发现未经营早餐车23处，经营的87处早餐车存在问题13处。（邱钰胜）

【环境秩序保障】 春节期间，利用城管通3G视频监控功能，对烟花爆竹燃放区、加油站和学校周边等禁放地点实时监控。7月，对东直门大街、雍和宫大街、鼓楼东大街和北新桥三条胡同内乱堆物料、环境脏乱、机动车乱停放、店外占道经营等多类问题进行夜查并拍摄视频。全国“两会”、国庆节、APEC会议等重要时期，全员停休，按最高标准、最严要求巡查上报环境问题。（邱钰胜）

【实景数据采集】 1月至6月，采用实景测量车实地测量台账中的背街小巷，查找出与台账不符的误差。10月至12月，利用IMMS移动测图系统分两时段采集区514条背街小巷全景影像数据、九横八纵主次干路全景影像数据和APEC环境整治道路全景影像数据。（邱钰胜）

【文明城区迎检监管】 3月，将文明城区迎检事项的监管类别增至143小类；调整社区网格，基于城管网格平台中的社区，将问题发生点的X、Y坐标系转换到调整后的187个社区中；研究社区排名达标等级划分方法，把每个社区周期（月、季、年）案发量与单个项目案发总量进行相比，设置5个达标等级。9月，提交《数字化城市管理模式工作开展情况》等40份审核材料并调试在PAD终端和触摸大屏的“文明城区”模块数据。（邱钰胜）

【系统平台建设】 3月，完成市区两级数字城管系统平台和“城管通”服务器端的基础数据更新工作。至年底，城市部件总数量55.71万个。制作完成环境卫生专题图层，市属、区属、其他产权道路专题图层，交管局管理的32条大街和6米以上胡同道路专题图层，旅游景区专题图层，资源回收站专题图层，延伸网格化管理领域。（邱钰胜）

【终端显示大屏上线运行】 3月24日，成功推送数据给区政府1号院终端显示大屏。4月，正式运行。8月底，调试区政府2号院及区人大、政协办公楼终端显示大屏。9月，正式运行。（邱钰胜）

【新版考核办法运行】 4月1日，《东城区城市管理监督综合考核办法》正式上线，细化后的考核项目达1011条，网格平台监管事项分为19大类220小类651细类883微类，新版考核办法包括划分6个区域图层和26个专题图层，依据问题种类、责任区域确定权属单位，实现自动派发。（邱钰胜）

【防汛网格化管理】 汛期，在防汛工作领域开展网格化管理工作。建立网格防汛队伍，制作防汛重点部位专题图层，发挥网格平台和监督员队伍作用，按日排查公共区域防汛设备设施，收集、报备和追踪处理各类相关防汛问题，及时消除防汛隐患。（邱钰胜）

【拆违专项行动督查考核】 年内，实地复合测量小组收到初检涉及的17个街道和1个地区的申报验收申请单1001份，实地验收通过875处，通过面积2.35万平方米，发现确认新生违法建设69处。（邱钰胜）

【公共安全物联网建设】 年内，在朝阳门南竹杆社区试点搭建安全监控物联网系统平台，建立物联网报警响应机制，形成一套建设、处置、监督标准，实现“三级报警、四级响应”的管理方式，提高隐患风险发现和处置的及时率。（邱钰胜）

【疑难案件处理】 全年，入库疑难案件847件，其中私搭乱建和地锁类问题占30.40%。召开疑难案件协调会1次，现场会2次，协调出库疑难案件341件，完成全年出库率40%的工作目标。（邱钰胜）

【宣传阵地建设】 更新外网网站栏目内容，其中更新中心要闻内容200余条，更新公众参与内容400余条；调整宣传重点，配合中心工作，开辟城市管理监督考核工作通报和党的群众路线教育实践活动版块；《网格东城》报纸出刊12期，刊登各类重点信息200余篇，照片160余张。（邱钰胜）

【参观交流】 全年，接待国内外考察、视察调研、参观网格化城市管理模式的团体35批次524人次，其中部级以上领导7人次、局级以上领导35人次、外宾2批。（邱钰胜）

城市综合管理

【概况】 东城区城市综合管理委员会（简称区城管委），挂北京市东城区城市环境建设委员会办公室（简称区环建办）和北京市东城区交通委员会牌子（简称区交通委）。北京市东城区爱国卫生运动委员会办公室（简称区爱卫会办）设在区城管委。区城管委（区环境建设办、区交通委）是负责全区城市综合管理、城市环境建设综合协调和市政基础设施、公用事业、市容环境卫生管理，城市环境综合整治和统筹协调全区交通发展和管理工作的区政府工作部门。设办公室、党群工作办公室、综合执法督察考核科、市容管理科、市政设施科、环境建设科、法制科、纪检监察科、财务内审科、人事教育科、景观管理科、交通综合协调科、交通管理科（区国防动员委员会交通战备办公室）、供暖燃气协调科、爱国卫生运动委员会办公室、指挥中心（研究室）16个科室。编制85人，在编85人。

年内，完成春节、国庆、APEC会议等重大活动期间景观布置和环境保障。实施市级达标道路5条、区级达标道路10条、区域内道路4条、背街小巷95条、老旧小区91处、集贸市场5处、校园周边20处、东直门交通枢纽等环境整治提升。治理1175处环境脏乱点。在53条示范路段推广沿街单位门前管理责任制，完成示范区域内3769家沿街单位门前管理责任书、承诺书签订和悬挂工作。开展铁路沿线百日整治，整改京沪及京沪高铁线问题30处，整改京津城际线问题7处。专项治理49条主要大街道路公共服务设施。整治市级违规户外广告27处。实施环二环城市绿廊景观工程项目和明城墙遗址公园外道路照明改造，安装灯具2083套。居民小区分类达标25个，背街小巷环卫达标695条、占背街小巷总数的83.50%。新增停车场53个。施划、编号路侧占道停车泊位4838个。完成错时停车位500个。完成20条胡同单行单停管理。清理地桩、地锁及废弃物9493个。完成煤改电工程7329户。道路日常维修养护3.40万平方米。完成24项道路大修、10项道路疏堵工程。实施和平里北街、草厂三条等17条道路架空线入地，清理废弃线缆1万米，撤除废弃电杆20余根。创建北京市健康示范单位6家、无烟机关单位8家。创建节水示范校园5所、市区节水型单位70家。推进热计量改造151.60万平方米。完成扫雪铲冰、防汛、供暖工作。获北京市创建无烟机关无烟单位活动优秀组织奖、北京市安全生产月活动优秀组织奖。

单位地址：东城区东花市大街2号
联系电话：67073700
邮政编码：100062 （杨慧平）

市政市容环境管理

【概况】 东城区城市环境建设委员会办公室（简称区环建办），设在区城管委。负责组织编制区环境建设中长期发展规划及专项规划，组织落实首都城市环境建设标准，承担区城市环境建设委员会办公室的具体工作，监督检查区城市环境建设委员会议定事项的落实，协调解决工作中遇到的问题。

年内，完成春节、国庆、APEC会议等重大活动期间景观布置和环境保障，实施市区级达标道路环境整治提升。完成84个老旧小区环境整治。实施道路日常维修、道路大修工程。完成10项疏堵工程，16条道路架空线入地。拆除5处违法违规占压建筑。收运1285家餐饮单位餐厨垃圾。城市环境建设工作力度和城市环境脏乱问题治理力度加大。 （杨慧平）

【国庆六十五周年环境布置】 国庆六十五周年期间，天坛路、祈年大街、天坛东路、永定门内大街、崇雍大街、前三门大街等64条主要大街全线或路口张挂红灯笼4200个。前三门大街、平安大街、朝阜路、崇雍大街、天坛路等主要大街12处工地围挡布置宣传画面。18座过街天桥安装公益口号宣传看板36块。19块电子显示屏播放国庆主题画面。开启7条重点大街夜景照明设施。 （杨慧平）

【APEC会议环境保障】 清洗粉饰主要大街重点地区建（构）筑物外立面216处125.23万平方米。检查APEC会议途经沿线，整改问题4处。做好6处接待酒店周边环境布置，确认摆放APEC标识牌和花卉的点位、安放时间、连接电源和日常维护。借助城市清洁日专项行动，清理整治相关区域暴露垃圾、堆物堆料、废弃自行车，清除不符合规范要求的软质横幅、条幅等宣传品，撤换桥体破损横幅，拆除违规设置的滚动字幕屏，拆除或关闭违规设置的户外电子显示屏，解决处理702个市容环境秩序问题，组织群众擦拭沿街护栏5500米。

（杨慧平）

【市级达标道路环境整治提升】 年内，整治提升安定门内大街、朝阳门内大街、幸福大街、南北花市大街、金宝街5条市级重点达标道路环境。修复破损铺设路面150平方米，铺设步道2245平方米，改造沿街建筑外立面5525平方米，规范广告牌匾4860平方米，实施绿化538平方米，摆设

花卉1060盆，拆除违法建设890平方米，清理各类设施1000余个并安装防小广告粘贴涂料。（杨慧平）

【区级达标道路环境整治提升】整治提升交道口南大街、美术馆后街、交道口东大街、东直门内大街、磁器口大街、天坛东路、天坛路、祈年大街、朝阳门南小街、王府井大街10条区级重点达标道路环境。修复道路1800平方米，铺设步道1.29万平方米，改造沿街建筑外立面5216平方米，规范广告牌匾819平方米，绿化50平方米，新增夜景照明灯1150处，沿街路灯杆体、交通设施杆体全部安装防小广告粘贴涂料。（杨慧平）

【整治514条背街小巷】专项整治长安街以北、二环路以内风貌保护区内街道和新中街一条至四条514条背街小巷，综合整治违法建设、环境卫生、环境秩序、停车秩序、市容设施、园林绿化6大类环境脏乱问题。拆除违规广告牌匾5178块，清理堆物堆料2216处，清理暴露垃圾1516余吨，清理小广告2.35万张，清理僵尸车、废弃车辆67辆，拆除地锁2966个，拆除违法建设1723平方米，查处各类市容环境问题2433件。（杨慧平）

【治理环境脏乱点】年内，每月开展市、区两级环境脏乱点治理。全年治理环境脏乱点1175处，查处各类环境问题22.91万件，拆除违规广告牌匾5178块，清理堆物堆料2363处，清理暴露垃圾1575吨，清理小广告13.70万张，清理地桩地锁、僵尸车4350辆，拆除违法建设1346处3.78万平方米。（杨慧平）

【治理道路公共服务设施】年内，专项治理全区九横八纵49条主要大街道路公共服务设施。配合首环办完成联合执法检查2次，清洗候车亭906个，更换邮政信筒104个，整改报刊亭店外经营97处，清理利用报刊亭张贴广告、海报88处，拆除废弃停车咪表47个，拆除报刊亭加装门扇32处，拆除废弃立杆28根、私设指示牌24个、破旧自行车架16个，撤除闲置报刊亭9处。（杨慧平）

9月24日，开展背街小巷环境整治后的秦老胡同

【广告牌匾日常管理】改革牌匾备案制度，开展对外牌匾规划查询服务，办理规划查询163件，开展标语、宣传品设置行政许可项目140件。完成27处市级违规户外广告整治，拆除包括北京饭店周边“海信”在内的违规广告牌匾5块，出具协查函22件、督办通知6件。更新110条主要大街和80条背街小巷《东城区户外广告和牌匾标识设置详细规划》。（杨慧平）

【生活垃圾分类与处理】巩固172个分类达标小区建设成果，完成居民小区分类达标工作25个。开展区级分类宣传活动23场，6900余人参加，发放垃圾分类宣传品1.40万件。承办市环保大讲堂活动、垃圾分类绿色沙龙活动和市垃圾分类培训活动各1次。组织开展市容条例宣传活动1次。规范收集1285家餐饮单位餐厨垃圾，日收集处理140吨。收集处理落叶5100吨。（杨慧平）

【整治建筑垃圾】全年，办理建筑垃圾消纳证127件、建筑垃圾运输车辆准运证件582件。开展日间工地检查735次，夜间检查200次，查扣违规车356辆，出动检查人员8755人次。向各单位和工地发放建筑垃圾综合管理宣传材料1770份。（杨慧平）

【清理大件废弃物及无主渣土】年内，清理废弃家具6592件、废弃车辆805辆、装修废料无主渣土3374吨，清理占道堆物堆料2189处。（杨慧平）

【治理非法小广告】年内，环卫部门出动作业5.32万人次，作业车辆1.09万辆次，清除张贴小广告112.88万张，清除喷涂小广告7.71万处。执法部门出动执法人员3.91万人次、执法车辆1.58万辆次，查处张贴小广告2768起，核录、训诫违法人员648人，整治重点点位1635个，约谈、查处违法企业200个，暂扣小广告43.77万张，罚款3.04万元，查处非法小广告窝点16个，查处非法小广告团伙12个，移送其他部门案件476起。（杨慧平）

【扫雪铲冰】完善冬季扫雪铲冰应急预案，建立区扫雪铲冰指挥系统；与3支武警支队和20家驻区部队建立联系；为105家区内党政机关划定责任路段；控制使用融雪剂，划定28条融雪剂禁用路段；建立8支扫雪铲冰应急队伍。（杨慧平）

【环境卫生大扫除】每月组织开展一次环境卫生大扫除活动，全年4.30万个次单位、32.30万人次参加，清理

2月8日，北京站前环卫工人清扫广场积雪

堆物堆料、积存垃圾1.92万吨，清理白色污染50.80吨，清除非法小广告25.20万处。（杨慧平）

【市政道路管理】完成春季道路病害和雨后水毁道路专项治理。完成道路日常维修养护3.50万平方米。完成大羊毛胡同等区管城市道路24项8.70万平方米道路大修工程。办理掘路许可114件、占路许可28件。（杨慧平）

【市政道路设施保障】制定磁器口大街污水堵塞整治方案，翻建排水管线250米、检查井16座、用户井23座，改移自来水管线80米。解决景山地区腊库胡同下水道排水问题，翻建排水管线48米，新建检查井3座，修复路面90平方米。完成桃园社区绿地塌陷消隐工程。配合权属单位完成地下管线消隐工程104项。开展地下管线安全专项治理，拆除违法违规占压地下管线建筑5处。协调井盖权属单位处理井盖案件368件。（杨慧平）

【拆违专项行动】年内，深化拆违工作机制建设，制定东城区违法建设治理工作实施细则，印发治理违法建设宣传手册，坚持“三必须、五重点”的工作原则（对新生、市级挂账、存在安全隐患三类违法建设坚决予以拆除，对从事生产经营、出租牟利、占压管线设施、侵占绿地道路、影响城市景观五类违法建设重点拆除）。严格督查考核，下发拆违督办单186个、周通报52期、月考核12期。拆除违法建设2007处5.27万平方米，发现并拆除新生违法建设206处，拆违处数全市排名第二，完成市级挂账任务销账工作。（杨慧平）

交通管理

【概况】东城区交通委员会（简称区交通委），2011年3月18日成立，设在区城管委。负责落实市委、市政府关于交通工作的方针、政策、总体规划；负责组织编制区交通基础设施建设中长期发展规划和专项规划，提出交通发展措施的建议；负责统筹协调区交通基础设施建设、养护和管理，负责区管道路和区级交通基础设施养护和管理；负责统筹协调区交通运输管理及个体出租、人力三轮客运管理；负责统筹协调区交通秩序管理及静态交通管理；负责区交通战备工作。

年内，推进区缓堵保畅等工作任务，完成安乐林头条等10项疏堵工程，完成20条胡同单行单停管理。完成24条非政府产权道路调查摸底。协同区交通支队筛选20处闯禁行线监控摄像探头安装点位。完成交通运行监测分中心硬件建设，市交通委应急视频会议系统整合，市TOCC数据交换等工作及操作界面、接口平台等软件开发，投入试运行。受理小客车指标申请6276份。清理地桩、地锁及废弃物9493个，清理废弃机动车168辆。（杨慧平）

【停车管理】年内，区交通委、区发改委、区城管大队、区交通支队组成区占道停车检查小组，开展停车场检查26次，发现违规收费行为4次，警告驱离黑收费人员4人。新增居住区停车位510个。开放部分占道停车场，办理居住区周边停车车证759张。完成错时停车位500个。完成停车年度换证及变更440个，新增53个停车场8054个停车位。完成路侧占道停车泊位“一车位一编号”4838个。龙潭、地坛春节庙会期间设置临时停车位1670个，实行计次收费，制定专用停车场收费牌，企业持证上岗。整顿区老旧小区停车秩序，解决常住居民基本停车需求。开展地桩地锁清理，完善交通、消防、市政标识，建立居民停车自治组织，引进专业停车公司，组建停车管理队伍，规范静态交通秩序。（杨慧平）

【交通战备】做好民用运力核查和民用运力车辆队伍征集工作。确立预征用单位，完善车辆数据和照片信息，选定150辆民用车辆作为区交通战备民用运力预备力量。落实国防交通战备应急队伍和物资准备，确定2支道桥抢修专业保障队伍，组织交通战备应急队伍400余人、交通战备应急车辆22辆。（杨慧平）

【完善道路交通设施】协调区交通支队及专业单位更新、修复辖区内56条主要大街道路交通标志507块，增设机非护栏和中心隔离护栏15公里，增设交通标志619处，调整信号灯7套，增设人行步道桩1700余根。（杨慧平）

【公共自行车服务系统建设】 年内，区公共自行车服务系统全部建设完成并开通运营。全区网点160处5000套租赁设备投入试运营。配比投入公共自行车3000辆，办卡6.30万张，其中非京籍办卡1.13万张（包括外籍人员办卡509张），租、还车764万次。解答咨询电话67.60万次，调度车辆10.90万次，收取超时租赁费30.70万元。单设备周转率从试运营初期的1.5次增长到4次，单车周转率从初期的2.5次增长到6.7次。

（杨慧平）

【个体出租汽车管理】 办理个体出租汽车车主从业人员26人，更新车辆16辆。完成160辆个体出租车验车、更换监督卡工作，向个体出租车申请发放8个月油料补贴115.40万元。签订治安保卫责任书159份，接待来访31次，解决咨询、投诉925起，完善管理档案和个人信息。（杨慧平）

【受理小客车指标申请】 全年受理小客车指标申请6276份。其中个人新购车辆申请1993份、个人更新车辆申请647份、个人信息变更申请1985份、个人延期申请778份、单位新购车辆申请165份、单位更新车辆申请136份、单位信息变更申请283份。为申请人打印指标通知书240份，申请盗抢车指标49份，接听咨询电话1.31万个。（杨慧平）

公共事业管理

【概况】 东城区防汛、燃气保障、供暖、节水等工作机构设在区城管委。承担节约用水、防汛工作，负责制定防汛预案，指挥防汛抢险，承担相应管理责任；负责全区供暖管理和供暖单位资质管理，督促供暖企业定期进行供暖安全检查。

年内，安全度汛。检查用水单位2400家，新建中水利用工程3处，创建节水示范校园5所、市区节水型单位70家。完成平房居民煤改电工程7329户，实施热计量改造14个小区。

（杨慧平）

【节水管理】 组织北新桥等5个街道举行节水志愿者进社区活动。下发超计划用水单位预警告知书1269户次、加价通知单153户次，下发违规用水约谈通知单4张，征收加价水费21万余元。新增漏管站点5家，部分机关、学校、医院、环卫公厕公共用水龙头加装节水宝6000余套，改造更换中央政法委办公楼用水器具300套，铺设透水地砖5万余平方米。修建永定门公园北大地雨水收集利用工程，建设蓄水池1处，铺设管线700余米。北新桥街道等10个社区安装节水宣传栏，发布节水知识稿件10篇。

（杨慧平）

【安全防汛】 制订《东城区防汛工作方案》等4个文件。成立防汛指挥部，下设分指挥部46个、专项分指挥部4个。组建144支3776人参加的抢险队，落实应急避险场所17家、医疗救护医院3家，开展宣传教育活动176次。组织专题演练147次，培训134次。清理整修区属市政道路，排查全区树木安全隐患6万余株。确定重点防汛部位9处，并纳入网格管理，发放房屋安全检查通知书1.70万份，检查建筑工地103个、建筑基坑9个，为街道等相关单位配置防汛800兆电台、专业抢险器材。接收市防指通知34份，转发29份，发送汛情戒备预备短消息1.60万条，启动黄色预警1次、蓝色预警12次，上报情况14份，抢险人员备勤4.90万人次。处置房屋漏雨、低洼院进水、树木倾倒等险情300余起。（杨慧平）

【冬季供暖】 区属供热单位185家，居民供热锅炉房319座，居民供热面积855.38万平方米，受热居民近18万户，其中燃气锅炉房204座，供热面积764.07万平方米；燃油锅炉房84座，供热面积46.17万平方米；电蓄热锅炉房29座，供热面积44.14万平方米；液化石油气罐锅炉房2座，供热面积1万平方米。直管公房供暖任务由区供暖一、二中心承担，锅炉房38座，供热面积119.77万平方米。供暖期间接受解决居民供热投诉2050件，其中热力集团1070件、区属供热单位980件。组建南北供热应急抢险队7支，出动应急抢修130次，出动人员350余人次。维修维保锅炉1300余台、检修更新供热管网9万余延米。

（杨慧平）

【热计量改造】 年内，实施热计量改造14个小区151.60万平方米，其中通断时间面积法改造小区90万平方米，流温法改造小区61万平方米。

（杨慧平）

【燃气安全管理】 年内，搭建燃气安全管理社区服务网络。开展燃气安全宣传，出动宣传人员500余人，设置条幅和展板100余块，发放宣传资料4万余份、宣传品5000余件。开展重点区域液化气罐使用餐饮企业燃气安全检查，出动人员280人次，检查餐饮企业350家，查处隐患166处，限期整改150处，立案数14起。经复查，已整改。出动技术人员巡检重点地区商用气用户燃气使用情况1200人次。检查液化石油气供应站7个。

（杨慧平）

【“煤改电”工程】 年内，完成7329户平房居民冬季取暖煤改清洁能源工程（简称“煤改电”工程）。工程内容包括外电网改造、内电网改造、房屋修缮保温和蓄热式电采暖器设备安装。完成箱变安装63台、柱变安装27台、开闭器安装12台；完成电杆53基、地箱416台、墙箱852台，完成电缆6.93万米、架空线1.82万米；安装电表7329块；综合维修房屋690间1.19万平方米；销售电暖气1.08万台。（杨慧平）

爱国卫生管理

【概况】 东城区爱国卫生运动委员会办公室（简称区爱卫办），设在区城管委。负责组织开展爱国卫生运动活动，负责爱国卫生运动有关规定的督促检查落实。

年内，开展灭鼠、灭蟑、灭蚊蝇等病媒生物防制工作，入户灭蟑13.44万户。开展健康细胞工程建设，

6家单位获得北京市健康示范单位称号，8家机关单位获得无烟机关单位称号，崇文门外街道兴隆都市馨园社区获北京市健康社区称号，148个社区获得北京市健康社区称号。

（杨慧平）

【公共区域病媒生物防制】 年内，第一次采取公开招投标方式委托专业公司对区公共区域进行作业，制定、备案《东城区2014年度公共区域（外环境）病媒生物防制工作监督管理方案》，监督、检查和管理专业公司作业。（杨慧平）

【春冬季灭鼠】 开展以市政地下管线、中小餐饮和宾馆（饭店）、农贸市场及发生过流行性出血热区域为重点的春冬季灭鼠活动。春季灭鼠作业道路17.90万延米，布施毒饵站4707个、地井4168个，投放灭鼠毒饵366公斤。冬季下发各街道办事处和3个地区灭鼠药品2230公斤。（杨慧平）

【夏季灭蚊蝇】 6月至8月，开展夏季灭蚊蝇活动。拨付各街道灭蚊蝇专项补助经费17万元。（杨慧平）

【蟑密度监测】 每月选取1个街道监测150户蟑密度，监测范围包括17个街道，爱卫办组织入户监测。至年底，累计监测1800户。（杨慧平）

【公共场所控烟禁烟活动】 年内，北京市疾病预防控制中心等8家单位通过“北京市无烟机关、单位”检查验收。开展“世界无烟日”宣传活动，发放宣传材料、物品1000份。16家区属医院、3所高校及部分中小学校通过全市卫生计生机构控烟工作检查。监督检查1.62万个社会单位（次数）禁止吸烟情况，其中32个单位受到限期改正处罚；劝阻禁烟场所吸烟429人次。（杨慧平）

【环境卫生整治】 年内，开展城市清洁日和环境卫生大扫除活动，动员辖区单位4.32万个次，出动人员32.30万人次，清理街巷9378个次，清理居民小区3081个次，清理堆物堆料、垃圾1.90万吨，清理地下车库自行车棚1978处，清理白色污染50.80吨，清除非法张贴小广告38.80万张。

（杨慧平）

城市管理监察

【概况】 东城区城市管理综合行政执法监察局（简称区城管执法监察局）是负责全区城市管理综合行政执法监察工作的区政府直属行政执法机构，对城管执法队伍实行统一管理。行使12个方面373项行政处罚权。设办公室、法制科、装备财务科、宣教科、政工科、党群工作办公室、后勤科、信访科、纪检监察科9个内设机构和指挥中心、督察队、直属执法队（2个）、街道和特殊地区执法队（17个街道执法队、3个特殊地区执法队）24个直属机构。编制553人，在编523人。

年内，组织开展违法建设查处、露天烧烤与无照经营专项整治、治安地区挂账整治、视觉环境百日整治、非法小广告专项整治、施工工地管理、燃气安全执法检查等专项执法任务167次；进行废品收购点位排查、崇雍大街违规户外广告牌匾整治、非法早餐车清理整治，簋街、北新桥三条集中整治65次；开展春节两坛（潭）庙会、元宵节、全国“两会”、清明节、高考环境秩序保障，工体亚冠球赛等大型活动外围环境管控62次；完成领导出行期间特勤保障57次，空气重污染防控等临时性执法保障任务12次。全年查处各类违法违章案件5.48万起，罚款524.51万元；拆除违法建设2007处5.27万平方米；收到群众表扬321人次、锦旗89面；组织开展“博爱在京城”募捐活动，519人捐款1.45万元；开展共产党员献爱心活动，383人捐款1.99万元；为身患重病的8名队员争取帮扶慰问金6000元。

单位地址：东城区老钱局胡同甲14号
联系电话：85120652
邮政编码：100005（叶娟娟）

【拆违控违】 按照“严控新生、逐步消除存量”的总体思路，以新生违法建设、存在重大安全隐患违法建设等为重点关注目标，积极开展违法建设查处工作。全年，拆除辖区内各类违法建设2007处5.27万平方米。其中拆除市级挂账违建1658处4.52万平方米。（叶娟娟）

【APEC会议环境保障】 APEC会议期间，规范门前三包1418起，查处各类环境秩序类违法行为723起，罚款2.67万元。其中查处店外经营225起、无照游商175起、非法运营11起，暂扣经营车辆8辆；查处露天烧烤7起、非法小广告42起，没收非法小广告4800余张；查处施工扬尘14起，违规设置户外广告、牌匾标识130起，山寨指路牌、临窗广告、车身广告95起，违规夜景照明8起。

（叶娟娟）

【重大节日环境保障】 春节期间，查处各类违法行为556起，暂扣三轮车等经营工具7辆、各类小商品720余件，“96310”举报案件同比下降31%。全国“两会”期间，会议驻地及核心区周边出动执法人员1670人次，查处

11 月 6 日，城管队员在长安街东单一线巡查

无照游商 871 起，没收三轮车、自行车等无照经营工具 50 辆，没收小商品 1100 余件；查处非法小广告 41 起，没收小广告 4 万余张；查扣黑车、黑摩的 28 辆，劝离黑摩的 61 辆。国庆期间，在核心区环境管控工作中查处无照经营 1158 起，暂扣各类小商品 6244 件，暂扣经营用车辆 83 辆；查处非法小广告 89 起，没收 1.60 万张；查处非法运营 13 起；劝离流浪乞讨人员 47 人次。（叶娟娟）

【街面环境秩序治理】 年内，查处无照经营 4363 起、露天烧烤 1236 起，罚款 9300 元；非法大排档 329 起，罚款 6600 元，实现 43 处市级挂账露天烧烤高发点位全部销账。推进市容环境卫生责任制，规范门前三包管理，出动执法人员 1.74 万人次、执法车 3618 车次，发放宣传材料 1.13 万张，规范商家 5116 家，处罚 552 家，罚款 34 万元；查处市容类问题 3388 起、环境卫生类问题 827 起、设施类问题 15 起。查处违规早餐车 165 起，立案 117 起，处罚 99 起，罚款 4.33 万元。查处违规报刊亭 127 起，立案 39 起，处罚 39 起，罚款 1.36 万元。查处违规堆放大件废弃物 167 起，立案 55 起，处罚 49 起，罚款 3.75 万元；查处乱堆物料 307 起，立案 99 起，处罚 99 起，罚款 5.34 万元。（叶娟娟）

【专项执法】 开展户外广告牌匾专项整治行动，拆除崇雍大街沿线违规户外广告牌匾 3.53 万块，检查门前三包单位 2650 家次，查处无照经营 328 起、店外经营 263 起。拆除簋街外挂灯笼 20 户 630 个、侧挂灯箱广告 73 块、挂树灯线 440 米。集中开展非法小广告专项治理行动，查处非法散发、张贴、喷涂小广告 1996 起，没收 28.70 万张，停机处理非法小广告号码 476 个。查处工地扬尘及违规渣土运输行为，与公安、交通等部门联合夜查 125 次，立案查处工地 97 家，罚款 90.60 万元，查扣违规运输车辆 264 辆（含空驶违规车辆 4 辆），罚款 61.58 万元。（叶娟娟）

【热线举报】 年内，受理“96310”举报案件 3.65 万件，同比下降 8.90%；受理“96010”热线举报 9328 件，落实热线举报“15 分钟到场，30 分钟回复”处理要求；受理“12345”市政府非紧急救助热线 6115 件，办结 6080 件，办结率 99.40%。（叶娟娟）

【执法模式创新】 在全局选调执法水平高、业务能力强的干部，调整重组直属执法一队，发挥直属队快速机动、重点打击优势。全年处罚案件 474 起，罚款 131.70 万元，占全局罚款总额的 25.80%。细化定量考核指标，增加执法案卷定量任务并纳入综合考评指标体系，规定全局每日执法案卷量不少于 22 卷，重大保障期间案卷量翻一番；注重对案件的督查督办，确保违法行为不停止、行政执法不终止。固化街面巡查制度，加强街面巡查和管控工作力度，形成环境乱点有人盯、街面胡同有人巡、突出问题有序整、执法作为有记录、执法效果有人督的常态化运行机制。（叶娟娟）

【信息宣传】 年内，编辑信息普刊 141 期、专刊 13 期，编写信息 822 条、简讯 1184 条；上报信息被市城管执法局采用 439 条，被区两办采用 209 条，被市委、市政府采用 76 条。在媒体上发表新闻报道 754 篇，《北京城管》杂志刊登照片 61 张、文字 15 篇。编辑新闻资料片 39 条、其他工作视频资料 35 条，总摄像时间 3500 分钟，总拍摄照片 9400 张，被全国 60 余家新闻网站转载新闻超过 4000 次。开展“城市文明加油站”宣传活动 520 次、其他社会宣传活动 50 次，参与城管队员 1200 余人次，参与志愿者 1010 余人次。发放宣传资料 4 万张，服务群众 6 万余人次。（叶娟娟）

北京站地区管理

6月18日，区城管监督中心领导到北京站地区管理处调研指导新版网络化城市管理办法实施情况

【概况】 北京站地区管理处是市政府派出机构，由东城区代管。负责北京站地区的综合管理，组织协调北京站地区公安、工商管理、城市管理、园林绿化、市政市容、环境卫生等工作。设办公室、行政财务科、综合治理办公室、城建管理科、商务管理科，直属单位有北京站地区环卫所。公务员编制22人、事业编制8人，在编30人。

年内，实现大事不出、小事减少、管理严格、秩序良好的工作目标。通过开展党的群众路线教育实践活动，清理各类制度51项，其中废除4项、延用24项、修改完善9项、新制定14项。管理处无偿献血工作连续多年被评为北京市先进集体。

单位地址：东城区北京站东街6号金谷琪珑大酒店四层
联系电话：85267207
邮政编码：100005 （郑一萍）

【春运 暑运 客运】 1月16日至2月24日春运期间，发送旅客396.90万人次，下车旅客420.40万人次；高峰日1月28日发送旅客17.10万人次。7月1日至8月31日暑运期间，发送旅客763.80万人次，下车旅客695.60万人次。全年发送旅客3428.40万人次，下车旅客3257.30万人次。完成各级专运任务548次。春运期间查处无照经营300余次，没收小商品1000余件，没收小广告650余张。清理各类不法人员216人，破获刑事、治安类案件124起，抓获违法犯罪嫌疑人5人。抓获网上在逃人员24人。清理各类扰序人员2346名，其中涉票16人、非法招揽旅客1093人、扛包211人、带客进站148人、黑车201人、黑托运5人、叫卖216人、捡拾讨要79人、倒卖站台票17人、医托6人、其他354人。涉及刑事拘留9人、行政拘留47人、治安拘留12人。查扣非法运营车辆135台，非法客运车辆2台，客运车辆站外揽客1起，出租汽车各类违章42起。查获各类危险品4635起1.01万件，其中冰毒273.39克、易燃易爆气罐类7835件、烟花爆竹41枚、油漆化工812件、管制器具208件、管制刀具464件、子弹4发、其他771件。 （郑一萍）

【“两会”期间社会面防控】 全国“两会”期间全面开展社会面防控工作。部署专业力量（公安、交通等执法力量）120人、各类保安40人、治安志愿者80人、行业治安志愿者60人、1个排武警执勤警力的安保力量投入北京站地区社会面防控。建立每日会商制度，各职能部门每日下午16：00前对当日站区情况进行会商，了解和掌握站区群防群控工作。

（郑一萍）

【联合执法】 5月29日，由站区管理处牵头，协调地区工商、公安、食药、消防、城管等综合执法部门40余人、保安人员10余人、执法车辆6辆，对北京站地区市容环境、门前三包及违法建设问题开展联合执法整治。联合执法检查发现4户存在问题。各执法部门按照相关职权下达谈话通知书、整改通知单，并督促商户立即整改。经复查，存在问题的4户按规定全部整改。 （郑一萍）

【安全生产及防火专项整治】 重大节日和重要会议时期，开展安全生产、防火防爆专项治理联合执法检查9次，专项检查10余次，夜间安全防火检查工作6次，日常巡视检查60余次，出动检查人员200余人次，检查社会单位800余家次。发现安全隐患36处，口头警告、提示200余次，针对消防通道堵塞、消防设施不完备、燃气安全等突出问题下发《整改告知书》11

份。安全隐患问题经复查，已整改。（郑一萍）

【站区设施改造】 年内，修补站区破损路面160平方米，拆除毛家湾胡同口、江擦胡同东口违法建设104平方米。加高站区广场护栏150米，加固站东街交通护栏90米，安装自行车停靠架并画线管理。整修站区破损灯箱7个，修复北京站前街、东街、西街、广场等花池面砖24平方米，安装站西街不锈钢栏杆21米。站区花坛换花栽植串红6500株、蓝脉纹6500株、天竺葵3850株、三色堇2000株、红牵牛2000株、应季花卉2.09万株。（郑一萍）

环境卫生

【概况】 东城区环境卫生服务中心（简称区环卫中心），10月16日由原东城区环境卫生服务一、二中心合并成立，是区政府全额拨款事业单位。负责东城区主要大街和部分绿地的清扫保洁、生活垃圾收运、公厕粪便清运和公厕保洁管理维护。设组织科（团委）、工会、纪律检查委员会（监察科）、宣传科、保卫科（武装部）、财务（审计）科、劳动人事科、市容业务管理科、设施设备科、办公室、法制科、行政科12个科室。下设16个基层单位。编制2591人，在编1708人。

年内，保洁主要大街160条、立交桥13座、过街天桥44座，道路保洁面积544万平方米、绿地保洁面积50万平方米，保洁管理公厕1369座，管理密闭式清洁站77座。干路机扫率、洒水降尘覆盖面、垃圾粪便无害化处理率、垃圾密闭式收运率、城市管理网格案卷办结率达到100%，道路保洁新工艺作业覆盖率达97%，环卫专业作业保持全市领先水平。

单位地址：东城区小雅宝胡同34号

联系电话：64032275

邮政编码：100005（华巧茜）

【东城区环卫中心成立】 9月18日，在原东城区环卫一中心召开东城区环卫中心领导班子任命宣布会。区委常委、组织部部长吴松元，区委常委、副区长陈之常等区领导出席任命会议，任命环卫中心处级领导干部10名。10月16日，区编办正式下发《关于组建北京市东城区环境卫生服务中心的通知》，决定撤销原东城区环境卫生服务一中心和原东城区环境卫生服务二中心，由原一、二中心合并成立东城区环境卫生服务中心，并明确环卫中心职责任务。（华巧茜）

1月30日（除夕），环卫职工清扫王府井大甜水井胡同爆竹残屑

【转变作业方式】 7月21日，为改善东直门内大街、鼓楼东大街和雍和宫大街道路夜间环境卫生状况，实行“三班制”作业，实现早5点至次日凌晨2点三班无缝衔接人工清扫保洁；机扫车实行白天巡回保洁、夜间清扫作业，人机配合得到加强，干路环境质量明显提升。（华巧茜）

【环境应急保障】 春节期间，出动1.57万人次、3276车次，清扫烟花爆竹残屑225.70吨；燃放高峰前，对17条大街5200万平方米绿地进行湿化阻燃作业。国庆节期间，出动2.14万人次、4469车次，清运垃圾7676.33吨、粪便6757.16吨，清理小广告1.70万张。APEC会议期间，出动2.91万人次、7172车次，清运垃圾1.60万吨、粪便1.07万吨，清理小广告1.90万张。全年，完成领导特勤路线环境卫生保障20余次。（华巧茜）

【清扫爆竹残屑】 农历正月初一、初五、十五3天出动各种专业作业车辆806部次、人员4595人次，清扫烟花

爆竹残屑225.70吨。（华巧茜）

【垃圾粪便清运】 年内，清运生活垃圾46.44万吨，清运粪便30万吨，实现生活垃圾减量7.43万吨，生活垃圾和粪便无害化处理率保持100%。（华巧茜）

【扫雪铲冰】 年内，融雪备勤5次，实施作业1次，出动人员3472人次、车辆327车次，使用融雪剂294吨、融雪液1280吨，完成扫雪铲冰工作。（华巧茜）

【公厕维护】 年内，购置移动公厕2座，改造二类卫生间4座，改造36座达标公厕的瓷坑和上下水管线，改造提升48座旱厕为达标公厕。对存在消防安全隐患的54座公厕更换阻燃型彩钢板，改造并清底公厕粪井330个，确保公厕设施完好、正常使用。（华巧茜）

【信访工作】 年内，接待群众来访71人次，办理群众来信42件次；处理非紧急救助501件次，市长信箱、区长信箱等网上来件34件次，答复率100%；处理人大建议、政协提案13件，代表、委员满意率100%。（华巧茜）

【环卫综合指挥平台】 年内，建设环卫中心综合平台指挥中心。完成密闭式垃圾清洁站称重计量系统和GPS作业车辆监控系统，实现对座密闭式垃圾清洁站的垃圾进站自动称重、数据统计汇总功能，并对站内运行情况进行实时监控；实现对433部作业车辆GPS监控。（华巧茜）

【新能源环卫车投入使用】 年内，接收纯电动专业作业车30部，其中中型扫车16部、垃圾压缩车14部，全部投入使用。（华巧茜）

环境保护

【概况】 东城区环境保护局（简称区环保局），是区政府依法监督管理辖区内环境保护工作的行政主管部门。主要职责是贯彻落实国家和北京市关于环境保护的法律、法规、规章和政策；建立健全环境保护工作制度，编制区环境保护规划和计划；负责区环境问题统筹协调和监督管理，承担落实区污染减排目标责任，制定主要污染物排放总量控制计划并监督实施；负责环境监察，组织开展环境保护执法检查；负责限期治理、排污申报登记、排污收费等制度实施；参与促进清洁生产，负责建设项目竣工环境保护验收；负责区环境监测，组织实施环境质量监测和污染源监督性监测；组织环境保护宣传教育工作。设办公室、综合规划科、法制宣教科、纪检监察科、污染减排科、环境影响评价科、环境监理科、辐射安全监管科8个科室，东城区环保监察一队、东城区环保监察二队、东城区环保监测一站、东城区环保监测二站、东城区机动车排放管理一站、东城区机动车排放管理二站6个事业单位。公务员编制36人、事业编制93人，在编102人。

年内，实施北京市控制大气污染措施，办理建设项目环境保护审批417项，办理建设项目环境保护验收118项，依法征收排污费64万元，污染源排污申报登记动态更新1700家、新增100家。办理群众来信1601件，办理人大代表建议3件、政协委员提案3件。

单位地址：东城区东四六条甲17号
联系电话：64043663
邮政编码：100007（马春华）

【环保宣传】 3月至6月，开展“我是环保明星”宣传活动。东直门街道居民杜连啟被评为“北京市十大环保明星”。4月，在南馆公园和龙潭公园开展《北京市大气污染防治条例》宣传活动，授予相关单位代表“东城区生态文明法制宣传分队”旗帜，现场演示环境监测仪器的使用，组织居民观看环保宣传展板，发放宣传材料8000余份。5月，组织志愿者参加环保科普活动，参观“垃圾的归宿”环保科普公园、小武基大型固废分选转运站、朝阳区循环经济产业园和北神树卫生填埋场。6月，开展“绿色学校”和“绿色社区”创建工作。东城区选手在北京市第十八届小学生“我爱地球妈妈”演讲比赛和第十四届中学生中英双语演讲比赛中获一等奖1名、二等奖3名、三等奖1名和优秀奖3名；向17个街道及187个社区派发《“绿色东城·你我同行”—〈北京市大气污染防治条例〉知识手册》《呼唤蓝天》《绿色生活我知道》等10余种环保宣传材料3.10万份；前东社区举办《北京市大气污染防治条例》社区环保大讲堂。9月，组织志愿者参加东城区科技周和东城区全国科普日主场宣传活动，向游人发放环保材料及环保纪念品3500余份，接待咨询70余人。10月，组织东城妇儿协会的50多名绿色志愿者到天坛监测子站参观学习。市局监测中心工程师为志愿者讲解监测子站运行原理。（马春华　王祎）

【零点行动】 按照市局统一部署开展“零点行动”及大气污染防治专项执法周行动。3月至12月每月第一周为专项执法周，重点开展餐饮油烟、供暖锅炉、燃煤茶炉大灶和汽修行业等专项检查。出动执法人员1018人次，检查各类企业1022家次，其中餐饮单位838家次、建筑工地25家次、常年运行锅炉112台次、汽修企业47家次。处罚锅炉超标单位1家、立案调查违法用煤单位3家、立案处罚不正常使用油烟净化装置单位17家、立案调查建设项目未验收单位1家、警告倚墙烧烤餐饮单位1家、移送相关部门建筑单位扬尘问题1家。

（马春华　张剑）

【环境质量】 年内，完成市政府控制大气污染各项任务，全区工业企业污水、废气等污染物达标排放率连年保持100%。细颗粒物PM2.5：0.086毫克/立方米。可吸入颗粒物（PM10）年均值0.114毫克/立方米。二氧化氮年均值0.0564毫克/立方米，低于国家环境空气质量二级年均值标准限值（0.080毫克/立方米）。二氧化硫年均值0.0222毫克/立方米，低于国家环境空气质量二级年均值标准限值（0.060毫克/立方米）。降尘年均值5.9吨/平方公里·月，低于本年度标准限值（清洁区7.0+7.0=14.0吨/平方公里·月）。噪声：区域环境噪声平均值53.5dB（A）。道路交通噪声平均值68.1dB（A）(公里路长计权LeqdB（A）)，道路平均车流量4125辆/小时。工业企业废水、废气稳定达标率、二级以上医院医疗废水排放达标率和燃油、燃气锅炉烟气排放达标率均为100%。（马春华　赵华）

【污染物总量减排】 年内，考核污染物总量减排指标二氧化硫、氮氧化物和挥发性有机污染物3项，比上年分别削减11%、3.50%和17%。完成市政府下达的6%、1%和12%的年减排计划。全年改造平房燃煤户7300户，削减煤7000吨，削减二氧化硫107吨。淘汰老旧机动车2.10万辆，削减氮氧化物250吨。治理挥发性有机污染物排放企业5家，削减挥发性有机污染物17吨。（马春华　陈鸣）

【环境统计年报】 年内，纳入环统调查范围的工业企业23家，确定14家工业企业为年度环境统计重点调查对象。环境统计数据通过逻辑校验、合理性校验和检查，通过环统会审，完成工业源及环境管理数据库上报。

（马春华　赵华）

【行政处罚】 年内，细化监察执法考评要求，每个执法组对所管辖区污染源主动巡查，运用法律法规对环境违法行为做出相应处理。出动执法人员8100余人次，检查各类单位3100余个次；做出行政处罚70件，其中一般处罚56件、当场处罚14件；处罚金额52.49万元。噪声污染监管中，下达噪声类限期治理6件。

（马春华　李思伦）

【危险废物管理】 年内，对4家工业企业、39家汽修厂、19家二级以上医院、5家印刷企业和10家实验室废液开展危险废物管理。完善危险废物规范处置制度，规范落实措施，全年出动执法检查与核查44次、联合检查6次，人员100余人次。责令改正违法行为2个。区内的危险废物均交有资质单位处置并填报转移联单，贮存场所符合环保标准。医疗废物医疗废水管理规范，医疗污水处理设施运行正常。（马春华　吕小军）

【机动车排放监管】 年内，淘汰老旧机动车2.47万辆，完成全年任务2.98万辆的82.85%。检查机动车78.53万辆，其中入户抽查3.83万辆，完成全年任务的136.80%；夜查1.09万辆，完成全年任务的194.60%；路检、遥测71.80万辆，完成全年任务的197.30%；巡查检测场1.81万辆，完成全年任务的128.60%；处罚超标车563辆，遥感非现场超标车2274辆，处罚非道路施工机械4台。增加对加油站的检查和抽测频次，巡查辖区内13家经营性加油站953座次，抽测59座次，处罚非正常使用油气回收装置加油站2家。（马春华　李建新）

【辐射安全行政许可】 年内，受理各类辐射安全行政许可事项192件，全部办结。其中辐射类建设项目审批32件、辐射类建设项目验收4件、辐射安全许可证相关手续60件、放射性同位素备案96件。（马春华　惠军）

【辐射安全监管】 全区辐射工作单位132家，其中涉源单位18家、放射源331枚，射线装置单位127家、射线装置595台（套）。全年检查辐射工作单位130余家次，出动人员260余人次，检查各类密封放射源331枚、各类开放性场所21处、各类射线装置595台（套）。（马春华　惠军）

【清退企业】 年内，清退不符合首都功能定位企业4家：北京大磨房面粉有限公司停产，北京邮政印刷厂、北京航星机器制造有限公司生产设备拆除外迁，金泰汇通商贸有限公司（型煤加工）完成崇文门河沿门市部的煤炭销售点设备拆除及变更登记。完成全年清洁行动计划清退企业任务。

（马春华　吕小军）

【完成VOCs减排任务】 完成东城区全年13吨清洁计划中挥发性有机物VOCs的减排任务。对辖区内挥发性有机物排放单位进行日常监管与监测，环保设施运行正常，污染物排放达标。（马春华　吕小军）

【重污染日应急处理】 年内，按照全市统一指令，东城区启动橙色预警2次9天、黄色预警5次11天、蓝色预警11次11天。落实指挥部办公室职责，对各成员单位工作落实情况进行监督，加强与成员单位信息沟通，及时通报反馈检查情况，确保信息及时有效。在空气重污染应急期间，监察队出动17个检查组329人次，开展全面巡查，检查餐饮单位油烟排放和是否使用经营性煤炉1300余家次，查处违法用煤11起，查处油烟净化设施未正常使用1家，处罚金额2.95万元。（马春华　张剑）

【污染源监控数据更新】 全年，监控中心更新污染源企业数2828家，图片1866家次，锅炉749台。采暖季更新锅炉监测记录58台次，工地38家；放射源单位和射线装置单位检查记录登记68家次；建设项目审批、验收更新577家次，项目批复上传402家次；行政处罚39家单位；信访投诉登记处理1197家次；机动车检查120次，处罚车辆168辆，上传机动车检

11月，区环保局监管辖区加油站油气油品

测周报、月报表14份，上传加油站检查记录281家次，油罐车检查记录7份；空气质量日报数据365份，主要污染物月报11份；降尘上传数据12份；地表水上传数据11份；环境区域噪声、交通噪声报表各增加年报1份。工作、会议类照片上传35次，照片1000余张。新闻上传发布124条。

（马春华　郑宏伟）

【施工扬尘控制】 全年，与区城管执法监察局开展联合检查8次，会同区住建委检查12次。发现并移交扬尘案件13件，涉及园林、市政、房屋修缮施工，移交属地街道、城管、园林等部门。（马春华　卢欣）

【餐饮行业油烟检查】 全年，出动执法人员4969人次，检查餐饮企业1922家次，发现45家餐饮企业（职工食堂）存在环境违法行为48起，同比减少7起。其中油烟净化设施闲置未用23起，同比减少7起；未安装油烟净化装置8起，同比减少5起；建设项目未验收17起，同比增加4起。违法行为均立案处罚，处罚金额34.02万元，同比增加26.46万元。

（马春华　孟魁）

【采暖季燃煤型污染治理】 年内，开展燃煤型污染治理。采暖季早7点至9点对早点经营场所进行检查。对东四街道南门仓胡同餐饮单位集中区域开展集中检查，发现一起查处一起。全年出动8184人次，检查单位3118家次（餐饮、住宿、洗浴、工地、商业服务场所），查处违法使用燃煤设施14件，与去年同期持平；处罚金额8.17万元，同比增加7.38万元。

（马春华　孟魁）

【信访工作】 全年接到群众来信1601件，包含大气污染883件，其中餐饮油烟673件、废气异味135件、锅炉烟尘64件、施工扬尘5件、机动车尾气6件；噪声污染687件，其中固定设备噪声456件、经营活动噪声208件、施工装修噪声15件、工业噪声6件、人为噪声2件；电磁辐射2件；固体废物污染1件；水污染5件；审批验收9件；咨询建议13件；行业作风评价1件。重要信件领导阅批率、信访答复率、信访按时办结率均为100%。全年未出现市、区级集体访和重复集体访，未出现重点地区非正常个访和集体访。

（马春华　李思伦）

【绩效管理环境保护专项考评】 市政府绩效管理工作领导小组对东城区年度环境保护专项考评认定：PM2.5年均浓度下降率、主要污染物减排超额完成全年任务。跨区县界水体断面水质综合达标率完成情况较好。考评总分8.38，其中含加分0.42。

（马春华　赵华）

园林绿化

【概况】 东城区园林绿化局挂区绿化委员会办公室牌子，是负责区园林绿化工作的政府工作部门，主要职责为在全区负责绿化规划的编制监督实施，组织指导监督园林绿化美化、资源保护，进行园林绿化行政执法，负责园林绿化的行业管理，监督指导区管公园的管理和服务，承担区绿化委员会的日常工作等。设办公室、绿化科、园林管理科、规划发展科、资源保护科、法制宣传科、监察科、组织人事科、计划财务科等9个科室。编制30人，在编30人。

年内，完成扩改建绿化面积50.56万平方米，其中新建绿地8170平方米；完成屋顶绿化2.83万平方米；改造提升10条胡同街巷绿化；人均公共绿地面积达到6.10平方米。全年栽植乔木1.20万株、灌木15.75万株，栽摆花卉300万株盆、藤本月季1.20万株。全区认养绿地2.55万平方米、树木1386株、古树名木10株。

单位地址：东直门内北中街甲1号

联系电话：64041796

邮政编码：100007　（姬遇）

【环二环城市绿道（东城区）工程】 3月15日，工程启动。总规划面积39.40公顷，主要建设内容为绿化加密、景观提升、慢行道路、游憩服务设施、标识系统和基础配套设施建设等。在原工程项目方案基础上，新增亮丽工程、监控系统、广播系统、无线WIFI系统、2处便民服务驿站。工程以植物造景为主，增加空间绿量，突出地域文化特色，打造景观亮点，形成“一河、两带、十三景（护城河及护城河两岸绿化带）”的景观，形成“水在花间绕，人在景中游”的城市慢行系统。国庆节前工程完工并向市民和游人开放。　（姬遇）

【明城墙遗址公园绿地恢复工程】 明城墙遗址公园东南角绿地恢复整治工程是市、区两级政府督办工程。项目用地面积1.40公顷，年内，完成拆迁工作。　（姬遇）

【道路绿地和公共绿地建设】 年内，完成5700平方米的朝阜路（东城段）绿化改造工程、6200平方米的天坛北路道路周边绿地景观提升工程、1020平方米的崇文门外大街中心隔离带连通绿化工程、4100平方米的东二环西侧银河SOHO—北京之夜段绿地景观提升工程、2670平方米的星光大道（东四块玉南街西侧）道路绿化工程、4000平方米三里河绿化景观工程（一期）和2716平方米的钟鼓楼广场绿化提升工程。通过砌筑花池、摆放花箱、搭设花架等形式，对五老胡同、东茶食胡同、广渠南水关胡同等10条胡同进行绿化景观改造提升。　（姬遇）

【屋顶绿化】 屋顶绿化是全区立体绿化的重要组成部分，全年计划完成屋顶绿化2万平方米，至年底完成2.83万平方米。五十四中学、五十五中学、一七一中学、九十六中学等学校完成校园屋顶绿化；北京日用化学研究所、区房屋土地经营管理二中心前门分中心、东直门街道办事处等单位完成单位写字楼屋顶绿化。　（姬遇）

【“六美”创建】 区绿化委员会办公室联合区委宣传部、区文明办、区社会办、区城管委、区妇联共同组织开展东城区“六美”（“美丽胡同”“美丽屋顶”“美丽小区”“美丽单位”“美丽校园”“美丽家庭”）创建工作。采取见缝插绿、多元增绿、绿化加密等方式拓展绿化空间。开展市花月季进社区和万株月季进家庭活动，向全区居民赠送月季花卉1万株，发放小喷壶、家庭养花手册、印有月季养护知识的宣传折扇及卡套等宣传材料3万份。5月27日，在国瑞城中区社区开展“市花月季进社区”暨花园式社区创建活动启动仪式。全年创建国瑞城中区、朝内危改小区2个“市花月季进社区”试点社区，栽种品种月季2300平方米37760株；爬蔓月季326延米1626株。品种选择以适应北京气候、土壤环境的优良月季品种为主，如金玛丽、莫海姆等丰花月季，粉和平、澳洲黄金、梅朗口红等品种月季及御用马车、光谱等爬蔓月季。　（姬遇）

【首都绿化美化花园式创建】 年内，完成首都绿化美化花园式创建，创建崇外街道办事处国瑞城中区社区、龙潭街道办事处绿景苑社区、朝阳门街道办事处内务社区等3个首都绿化美化花园式社区；区消防支队、武警六支队、五矿集团等3个绿化美化花园式单位。6单位通过首绿办验收。　（姬遇）

【全民义务植树和认建认养】 4月3日，在玉蜓公园开展全民义务植树活动。北京军区空军副政委张超金等驻区部队领导、国家林业局副局长陈凤学等驻区单位领导和区领导、居民、职工、学生代表200余人参加，栽种银杏、国槐等树苗400株。在植树现场设置全民义务植树宣传点，发放《北京市绿化条例》、全民义务植树18种尽责形式、碳汇知识手册等宣传材料，向群众宣传绿化美化知识，解答疑问。各街道办事处组织辖区居民和社会单位开展树木栽植、认养，清扫绿地，绿化宣传、绿化知识讲座等活

10月，环二环城市绿道（东城段）古河花雨景观节点

动。全区10万余人参加各项绿化美化活动，植树1.50万株，养护树木14万株，清扫绿地26万平方米，发放宣传材料20万份。年内，指导、组织各街道、各单位、个人参与树木、绿地认养，提供绿地100万平方米、树木2万株、古树325株供社会认养。全区19个单位、36个家庭、678个个人参加认养。（姬遇）

【第八次园林绿化资源普查】年内，开展第八次园林绿化资源普查。通过普查工作部署会、培训会、座谈会等形式，对区教委、各街道办事处和绿化专业园队进行园林绿化调查系统和园林植物识别等内容培训。至年底，完成普查工作。调查全区区域面积4186公顷，常住人口91.10万人。调查结果，园林绿地面积1090.09公顷，其中公园绿地618.56公顷、生产绿地4.03公顷及附属绿地467.5公顷；绿化覆盖面积1314.50公顷，绿地率26.04%，绿化覆盖率（含水面）32.74%，人均绿地11.97平方米，人均公园绿地6.79平方米。（姬遇）

【绿化养护管理】推进“林木绿地管理年”，发挥作为政府行业行政主管部门对绿地养护管理工作监督、检查、协调和指导作用，做好绿地清理、防寒风障和挡盐板拆除、春季浇水、施肥、植物修剪、行道树补植等绿地养护管理工作。4月22～23日，组织专家在全区专业绿地范围内开展春季养护检查。督促指导各专业绿化队做好本年度绿地升、定级申报和综合检查迎检工作。市园林绿化局年度绿地等级评定检查，鼓楼外大街、工体北路被评为特级绿地，特级绿地面积增加3.58万平方米。（姬遇）

【公园行业管理】按照《东城区公园精细化管理工作三年行动计划》，推进区属精品公园精细化管理工作，提升公园管理水平和服务能力。11月，在市园林绿化局组织的公园精细化管理情况考核中，永定门公园在全市15个参评公园中取得优秀等级成绩。开展区属公园高档餐饮整顿工作，调查区属公园出租房屋情况，结合公园实际，采取停业整改、经营整改、设施整改、服务整改等措施进行整改。督促指导各公园从安全保障、优质服务、环境布置、信息报送等方面做好元旦、春节、清明、五一、端午、中秋等重要节日和“两会”、APEC会议期间的环境和服务保障工作。协调相关单位在环境布置、文化活动、安全保障等方面做好驻区市属及区属公园国庆65周年庆祝活动游园活动筹备工作。（姬遇）

9月24日，柳荫公园东门国庆65周年景观布置

【古树名木保护监管】全区现存古树28种6735株，以侧柏、桧柏、国槐为主。与全区17个街道办事处、驻区古树名木大户单位和区属专业园队签订《古树名木保护管理责任书》，落实全区6735株古树名木的产权及管护单位，明确管护责任。对60株古树进行复壮。（姬遇）

【重大节日重大活动花卉布置】在春节、五一、七一、国庆65周年、APEC会议等重大节日和活动中，选择易管理、花期长的植物，在二环路沿线、南北中轴等主要道路和区属公园等重要节点进行花卉布置，栽摆花卉300万余株盆。通过“增、补、换、管”等措施，对“九横八纵”56条主干路网绿化美化资源进行绿化环境整治、适度的花卉布置以及高效的运行保障。（姬遇）

【野生动物和湿地保护】3月2日，在龙潭公园举办首个“世界野生动植物日”宣传活动。4月3～5日在区属公园设立宣传点10处，开展“爱鸟周”“保护野生动物宣传月”宣传活动。9月21日，在柳荫公园开展“第二个湿地日”宣传活动，摆放展板60块，悬挂横幅17条，张贴挂图180张，发放各类宣传材料和宣传品1万份。督促指导区属4个监测点加强巡护和监测，做好春季候鸟等野生动物保护和疫源疫病监测防控。每天向全国野生动物疫源疫病监测总站和市野生动物救护中心上报监测数据。处理群众求助和举报信息，联系市园林绿化局、市野生动物救护中心对野生动物进行救治和安置，对违法行为进行劝阻，违法设施予以拆除。（姬遇）

【林木有害生物监测防控】年内，设立美国白蛾成虫监测点750个，形成高密度的监测网络体系。全年，监测到美国白蛾成虫2980头，其中越冬代成虫2230头、第一代成虫537头、第二代成虫213头。加大抽查、检查力度，重视普查队伍建设，做好防控药品和工具贮备，确保不发生美国白蛾等检疫性、危险性林木有害生物重大灾情，蚜虫、红蜘蛛、叶柄小蛾等常

发性林木有害生物得到可持续控制。（姬遇）

【园林绿化科技】积极参与市、区举办的各项科普文化活动，协助龙潭公园举办东城科技周主场活动、北京园林绿化科技创新暨科学普及活动月等活动，发放宣传材料、宣传品3000份。组织开展各种征文、报奖、参观交流等活动。区园林绿化局申报的《南馆低碳生活示范园“CO2”科普推广规划》《建设以“柳文化”为特色的主题科普公园》分获北京市园林绿化科普创新奖一等奖和二等奖，《北京市公园地被植物应用与示范》《城市公园管理模式创新及应用实践》分获北京市园林绿化科技成果推广奖三等奖。（姬遇）

【园林绿化行政许可】全年受理行政许可事项352项，退件32项；办理行政许可事项320项，其中区县受理121项，上报市局17项。项目中，建设工程58项、危险树移伐253项、更新工程9项、砍伐乔木827株（其中砍伐枯死树313株）、移植1761株，移植小灌木1210平方米、色带绿篱2480平方米、地被植物315平方米、宿根花卉857平方米，临时占用绿地1.85万平方米。（姬遇）

天坛公园

【概况】北京市天坛公园管理处（简称天坛公园）隶属北京市公园管理中心，全民所有制事业单位，承担保护天坛，合理利用其文化价值，组织、接待、参观、游览等管理职能。天坛历史坛域面积273公顷，管辖面积210.20公顷，古建筑面积2.52万平方米，绿地面积183公顷，古树3562株，绿化覆盖率84.37%。天坛始建于明永乐十八年（1420年），是明清帝王祭天祈谷的场所，是中国现存规模最大、形制最完整的古代祭天建筑群，也是世界上最大的祭天建筑群。1918年，天坛正式作为公园对公众开放；1961年3月，天坛被国务院公布为首批全国重点文物保护单位；1998年12月，联合国教科文组织世界遗产委员会将“天坛——北京的皇家祭坛”列入世界遗产名录。2005年，被国家旅游局评为国家首批AAAAA级旅游景区；2008年，被评为全国文明风景旅游区示范单位。2012年获全国首批旅游标准化示范单位、国家旅游系统先进单位等荣誉称号。公园内设职能科室12个，下设队级建制12个。有从业人员888人，其中管理人员134人、专业技术人员291人、技术工人463人。

年内，接待游客1838.88万人次，同比增长5.24%，创历史新高。完成接待德国总理默克尔等外事任务39批517人。游客满意率保持95%以上。完成非紧急救助服务6.40万件，处理中心及旅游委下发的处理单103件，派单办结率100%。完成第十届天坛春节文化周等多项大型活动。完成国庆六十五周年游园活动，使用花材50万盆，摆放花坛7个，花钵、花堆170个。完成中心电子票务系统试点任务，除斋宫和神乐署外全园实施闸机管理。完成APEC服务接待工作，接待日本、澳大利亚、巴布亚新几内亚代表团7批次48人次。选派8名优秀电瓶车驾驶员参与颐和园接待工作。完成北宰牲亭、北神厨院落修缮工程及19项公园重点工作。为庆祝中法建交50周年，天坛雅乐中心应邀赴法国丽芙城堡演出，并与之签署友好合作意向书。联合中国园林博物馆举办《坛庙撷英》文物展，展出馆藏文物精品150件。集中新闻发布6次，媒体报道4000余篇次。探索使用政务微博收到较好效果。

单位地址：东城区天坛东里7号

联系电话：67013778

邮政编码：100061（孙海洋）

【第十届春节文化周】1月31日至2月4日举办。以“和合迎春·礼中华”为主题，演出队伍总长度超过200米，演出路线长度近1000米。在祭天仪仗表演现场，260名演员组成的祭天仪仗队伍通过迎驾、静鞭、行礼和列阵行进等环节，表现清朝皇帝到天坛举行祭天大典的场面，其中还通过满族男子见面时互致问候的“撞肩礼”，表现当年的世俗民风。期间，接待游客42.27万人，同比增长19.54%。其中购票入园游人28.58万人次，同比增长15.79%。中央电视台、北京电视台等50余家媒体进行报道。（孙海洋）

【天坛文物展】4月1日至7月31日，天坛文物展在中国园林博物馆二号临展厅举办。展出包括祭器、中和韶乐乐器、画轴、佛像、画像和瓷器等150件天坛馆藏文物珍品，其中60%以上的文物为首次公开展出，包括龙椅、乾隆玉玺等一批珍贵文物，具有较高艺术价值和观赏性。

（孙海洋）

【外事接待活动】4月4日，国际劳工组织工人活动局局长坞利业·赫蓮娜一行，参观神乐署雅乐中心创新工作室及祈年殿等景区。中华全国总工会副主席江广平，市总工会副主席张青山等领导陪同。8月19日，APEC会议代表团一行参观圜丘、回音壁、祈年殿及长廊景区，并与导游员交流明清祭天文化。9月25日，“2014经济全球化与工会”国际论坛110人参观祈年殿、回音壁、圜丘等景区，观看“中和韶乐”演出。中华全国总工会国际部部长章国贤等领导陪同。11月11日，巴布亚新几内亚总理夫人一行6人到园参观游览。（孙海洋）

【赴法国文化交流】5月12～20日，为庆祝中法建交50周年，天坛神乐署雅乐中心应邀赴法国巴黎市郊丽芙城堡演出。5月14日，天坛文化交流代表团与法国希尔省省长、省旅游局局长、丽芙城堡负责人等，就文化资源的管理、保护等进行探讨。5月15日，代表团与法方代表座谈世界文化遗产管理保护等问题。双方就所管辖范围内文化遗产特点、人文和建筑景观风格、管理思路、规划建设和保护利用等问题进行交谈。5月16日，天坛神乐之旅——“中国宫廷音乐会”在丽芙城堡进行首场演出。法国学生

2月4日，天坛文化周祭天乐舞表演

对来自中国的古乐器演奏很感兴趣，观看演出后，纷纷上台与演员进行互动。5月17日，中国新任驻法国大使翟隽、文化参赞李少平、法国前总理拉法兰、前旅游部长诺维利等一行200人，前往丽芙城堡，观看专场演出。（孙海洋）

【调研交流活动】5月25～26日，在山东莱州中华月季园举办第六届中国月季花展。应中国花卉协会月季分会、莱州市人民政府邀请，天坛公园赴山东参展。月季展主题为“芬芳月季、美丽中国”。天坛公园送展精品盆栽月季及新品种21盆，分别获月季新品种特别金奖和月季展特别金奖。6月26日，市公园绿地协会组织协会联组长30余人，到园进行“服务民生，创新管理”品牌交流观摩。观摩神乐署雅乐团“请进园区、走出国门，宣传市属公园文化、提升首都公园影响力”服务民生项目。7月3日，各区县及街道政协委员一行30余人参观圜丘、皇穹宇、祈年殿景区，并在神乐署观看“中和韶乐”演出。11月23日，“南水北调中线群众代表团”一行168人，参观圜丘、回音壁、九龙柏、丹陛桥、祈年殿等景点。参观活动是北京市邀请河南、湖北两省中线工程移民干部、移民群众和工程建设者代表，进京观摩南水北调工程成果的重要活动。12月11日，市人大常委会农村办主任安钢等一行11人，到园调研修订《北京市公园条例》事宜。调研组在考察祈年殿和北宰牲亭后，与公园座谈。公园汇报《条例》执行情况、存在问题、修订意见等。还讨论难点问题、规划制定与实施、土地占用、遗产保护等问题。（孙海洋）

【送花进社区】5月27日，天坛公园联合天坛街道西园子社区举办“携手共建美好家园”送月季进社区活动。公园和街道领导，将200盆月季送到社区居民手中，为居民生活增添色彩。（孙海洋）

【多个项目通过专家论证】6月24日，邀请5名专家，对公园古树复壮项目实施情况验收，论证本年古树复壮保护工作方案；7月8日，中国紫禁城学会常务副会长晋宏逵、首都博物馆党委书记郝东晨等专家论证《天坛北神厨、北宰牲亭的保护利用与陈展设想》；10月23日，中国风景园林学会副理事长刘秀晨、副会长曹南燕等专家研讨《天坛外坛整治概念性详细规划的研究成果》；12月1日，北京第二外国语学院吕龙根教授、北京人民广播电台杜敏教授等专家，验收评审《讲解服务体系建设与研究》课题成果，该课题是2012-2014年度文化类研究项目，课题形成《天坛公园讲解服务体系构建》《神乐署讲解服务体系的设计》《天坛讲解资料汇编》等成果。各项论证验收项目全部达标，通过论证和验收。（孙海洋）

【台北市长到园参观】6月28日，中国国民党副主席、台北市市长郝龙斌一行10余人到园参观。市台办主任汪明浩等领导陪同。参访团参观圜丘、皇穹宇、祈年殿等景区，并与游园市民互动。在观看“神乐之旅”演出后，郝龙斌上台与演员合影，并题词“敬天亲民”。（孙海洋）

【德国总理默克尔到园参观】7月7日，德国总理默克尔到园参观。国务院总理李克强陪同。两国总理步入祈年殿大殿。园长在祈年殿龙凤石前，为两国总理介绍天坛历史文化及祈年殿建筑特点。默克尔说：“非常感谢天坛公园所做的一切，感谢园长精彩的讲解”，并接受天坛公园赠送的纪念品。两国总理还在祈年殿前，与近100名出席中德语言年闭幕式的两国青少年进行交谈。（孙海洋）

【更新园内全民健身器材】8月6日，国家体育总局群体司、北京市体育局，在天坛公园全民健身区举行器材捐赠仪式。公园本着保持原有健身区位置不变更、面积不扩大、器材质量符合新国标的原则，更新原有全民健身器材。国家体育总局群体司副巡视员张栋、市体育局副局长李丽莉、东城区副区长许汇等领导出席活动。北京电视台等媒体现场报道捐赠仪式。更新工作历时16天，更换符合“新国标”器材24类99件。（孙海洋）

【“天坛杯”社区太极拳（剑）比赛】9月6日举行。由市体育局、市公园管理中心主办，北京武术院、天坛公园管理处承办。参赛内容涉及24式太极拳、32式太极剑、自编自选项目等3个项目单项和团体比赛。全市6个区县22个社区代表队200余名参赛选手参加比赛。龙潭街道左安浦园社区队获太极拳比赛第三名。（孙海洋）

【国庆节前消防安全演练】 9月22日，天坛公园联合东城区消防支队，组织东城区龙潭消防中队、花市消防中队、金宝街消防中队，西城区东经路消防中队和公园护园队消防班，在祈年殿举行消防演练。消防中队出动10部消防车，公园消防班出动1部消防车，围绕扑救初起火灾、利用手台泵连接消火栓及实际出水等科目进行演练。演练出动安保力量56人。

（孙海洋）

【公园生态科普园开放】 10月18日，公园生态科普园开放。科普互动厅以展览、专家讲座、互动交流方式，向游客宣传和普及科学知识。互动厅内安装投影、音响设备，展示古树展板78块，采用照片100余张、相关资料1万余字，介绍天坛古树历史和养护技术。科普互动厅可容纳40人，全年面向各类团体、校园、社区、外来单位、内部职工，开展各类科普活动30余次。开放首日，举办公园和西园子社区科普互动讲座，高级技师向社区居民介绍家庭花卉养护技巧，回答居民提问。

（孙海洋）

【无公害防治树木病虫害】 年内，采用熏蒸法防治碧桃蛀干害虫；集中人力人工钩杀天牛幼虫；悬挂黑光灯诱杀金龟子；摆放饵木诱杀天牛和小蠹；在树干基部缠绕塑料薄膜环，阻挡草履蚧上树。通过多项无公害手段，有效控制害虫的危害，降低了农药使用，确保园内植被正常生长。

（孙海洋）

绿化中心

【概况】 东城区园林绿化管理中心（简称绿化中心）2012年7月26日成立，为区政府所属全额拨款事业单位。主要职能为承担全区园林绿化等技术性、服务性和事务性工作，对区属公园和下属园林绿化队伍进行管理。设办公室、工程建设科、养护科、服务管理科、公园科、活动管理科、资源保护科（林木保护科）、人力资源科、监察科、财务科、安全保卫科、行政科12个科室，辖绿化一队、绿化二队、地坛公园、青年湖公园、柳荫公园、南馆公园、龙潭公园、龙潭西湖公园、北京市明城墙遗址公园、永定门地区公园、园林市政服务中心、龙潭湖体育馆12个基层单位。除园林市政服务中心为自收自支的事业单位外，其余11个均为差额拨款事业单位。绿化中心编制62人，在编55人；全系统有职工666人，其中管理人员211人、专业技术人员122人、工勤人员333人。

年内，完成绿地绿化改造提升43.30万平方米，专业道路绿化养护258万平方米，栽植乔灌木12.20万余株，栽摆花卉250万株盆。重点完成长16.10公里、面积39.40公顷的环二环城市绿道景观工程，完成朝阜路（东城段）绿化改造、钟鼓楼南广场恢复整治、前门三里河景观整治等大型绿化工程12项。其中前门三里河工程完成铺装广场、园路1000平方米，绿化种植2200平方米，修建水池800平方米、景观叠水1处；钟楼南广场工程完成绿化面积1500平方米，广场铺装面积4500平方米。永清、新郑国瑞城绿化工程、通州运河绿化工程、怀柔城区景观整治绿化工程等区外工程全部竣工。北中轴路北段景观改造工程获北京市园林绿化行业协会颁发的年度精品工程奖。配合市、区重点工程，完成项目所涉及的树木移伐、绿地占用和恢复。开展专项环境整治工作，完成新中国成立65周年和APEC会议期间的服务保障工作，完成京沪线、京哈线3.50万平方米环境整治。APEC会议期间清理垃圾124吨，清理树挂393处，修剪干枝死杈535处。制订区属公园国庆游园活动整体方案，完成地坛、龙潭公园国庆游园活动。国庆当天，区属公园接待游人13万人次。接收5.90万平方米无主绿地，接管作业难度大的主干路网电线及电线杆上树挂清理工作。年底，养护面积达315万平方米，升定特级绿地2块3.58万平方米。全年网格化管理考核保持A级水平。专业绿地养护在北京市园林绿化局城镇绿地综合检查考评中获第一名。完成古树复壮66株。开展美国白蛾、草履蚧等林木有害生物防控工作，全年无重大病虫害疫情发生。完成地坛公园古建维修、明城墙遗址公园城墙维修、设施更新以及龙潭公园健身区改造等36个项目，举办第二十九届地坛文化庙会、第三十一届龙潭文化庙会、第四届柳荫公园柳文化节、第七届北京明城墙梅花文化节、地坛公园第九届游人艺术节等文化活动。在年度安全生产考核中，被评为区安全生产先进单位。

单位地址：东城区龙潭路8号
联系电话：67142072
邮政编码：100061

（刘珍莲）

【绿化养护管理】 完善《绿地养护考核管理办法及实施细则》，建立对全区重点道路、绿地监督巡查机制，实施绿化养护网格化管理，定岗、定人、定责，定期开展养护检查。外请专家开展养护评比，开展养护综合知识培训、花灌木修剪培训，全年绿化网格案件处理率100%，全区综合排名第三。年内，对皇城根遗址公园和北二环城市公园生长过密的部分苗木进行移植，移植乔灌木181株。年底，中心专业绿化养护特级绿地128块、一级绿地120块、二级绿地81块。

（刘珍莲）

【环二环城市绿道景观工程】 9月竣工。工程总长度16.10公里，起点北二环钟楼北桥西侧，终点南二环永定门桥区，占地面积39.42万平方米，包含绿化栽植、道路体系建设、休闲场地设置、便民驿站修建、景观照明、浇灌工程及小品雕塑等内容。修建晨歌暮影、古河花语、龙潭鱼跃、左安品梅等13个景观节点，改善城区生态环境。工程于上年7月开工。

（刘珍莲）

【朝阜路景观改造工程（东城段）】 8月10日开工。工程位于朝阜路沿线，改造提升范围西起故宫北门、东至朝阳门桥。改造绿地3处，包括东四东南角绿地、隆福寺绿地、景山前街绿地；改造道路3条，包括景山前街、东四西大街、朝内大街。工程内容包括绿化种植、园林景观构筑物及其他造景等，总面积6190平方米。种植乔灌木377株、色带2300平方米、宿根花卉2200平方米、藤本月季2300平方米、冷季型草800平方米，设置园林小品景石1处，安装护网栏杆1282延米。工程于9月29日竣工。

（刘珍莲）

【天坛北路绿地景观提升工程】 5月26日，天坛北路道路周边绿地景观提升工程开工，总面积6200平方米。工程铺装1920平方米，嵌草铺装136平方米，整理绿化用地1835平方米，安装道牙570米，安装树池围牙6组，安装栏杆115延米，安装石墩26个、座椅7组；种植色带绿篱1万株、草花9150盆。工程于9月29日竣工。

（刘珍莲）

【地坛龙潭春节文化庙会】 1月30日至2月6日，第二十九届地坛春节文化庙会、第三十一届龙潭春节文化庙会分别在地坛、龙潭公园举行，历时8天，接待游人207.60万人次（其中地坛庙会116.80万人次，龙潭庙会90.80万人次）。地坛庙会以“凤舞祥歌，福聚地坛”为主题，突出传统古典；龙潭庙会以“龙马精神，欢乐龙潭”为主题，突出现代动感。文化活动有花会表演、非物质文化遗产展示、综艺、杂技、体育等。环境布置坚持红色年节色彩基调，突出传统民俗文化特色。商业活动采取整体招商、限价竞标与定向招商相结合的方式，建立庙会参展商户黑名单制，严格资质审查。地坛庙会设置招商摊位362个，新增名家名店精品街；龙潭庙会设置展位308个，北街展位主营中华名小吃，单独制作展棚，提高档次，规范管理。《人民日报》《光明日报》、中央电视台、北京电视台、俄罗斯电视台、欧洲新闻图片社等60余家中外媒体报道。（刘珍莲）

【明城墙梅花文化节】 3月17日至4月13日，北京市第九届赏梅会暨第七届明城墙梅花文化节在明城墙遗址公园举行。梅花文化节以“赏梅花古楼新春，品城垣悠久文化”为主题，期间开展“赏梅、画梅、摄梅、咏梅、品梅”系列活动，包括赏梅会、科普知识宣传、主题画展、中小学生摄影展示、少数民族原生态表演、“绿色使者”树木认养6个项目，展示梅花的形态、品质和梅花文化。活动期间，接待游人2万余人次。

（刘珍莲）

【全民义务植树日】 4月3日，在玉蜓公园开展第30个全民义务植树日活动。当日，区属各公园通过展板展示、专家讲解、树木认养、宣传材料发放等形式向市民宣传古树名木、花卉养殖、病虫害防治等园林绿化知识。绿化专业队在街头绿地、道路分车带等专业绿地内进行浇水、开堰、绿地清扫、树木修剪等，参加活动的绿化职工1000人。活动植树788株，养护树木138株，绿地浇水80万平方米，认养树木160株，认养绿地1300平方米，设置宣传点10个，悬挂宣传横幅10条，设置宣传展板60块，发放宣传材料5000份。（刘珍莲）

【柳文化节】 4月7～13日，在柳荫公园举行“柳沐春风爱洒人间”第四届柳文化节，包括柳文化科普展、文艺演出、戴柳插柳、“百问百思百言堂”有奖竞赛、诗歌朗诵会、非遗物品展卖等活动。《北京日报》《北京青年报》等多家媒体采访报道。活动期间，参与演出活动1500余人，接待游人3.60万人次。（刘珍莲）

【地坛修缮工程】 5月竣工。地坛钟楼修缮项目包括屋面挑顶、揭瓦、更

1月30日，第二十九届地坛春节文化庙会开幕

换木基层构件、对外墙面重新粉刷、更换6样绿琉璃瓦400块。地坛西侧外坛墙修缮项目按照2002年修复形式新修缮200米，使用绿琉璃板瓦1.50万块、一号青板瓦盖瓦2.70万块。广厚街围墙修缮按现存较为完整的广厚街北侧围墙恢复南侧围墙，修复长度210延米。工程于上年8月开工。（刘珍莲）

【园林绿化科技创新暨科普活动】5月23～27日，“绿色科技 多彩生活－2014园林绿化科技创新暨科学普及活动”在龙潭公园开幕。活动现场通过绿色科技、多彩生活、森林文化3个主题馆展示园林绿化科技成果。北京市副市长林克庆等出席。

（刘珍莲）

【树木应急抢险】5月31日，受雷雨大风天气影响，辖区多处树木倒伏、折枝。中心启动应急预案，组织应急抢险，6月3日，完成抢险任务。出动抢险人员600余人次、车辆100多车次，排除险情541起、处置倒伏树木56株、处理折枝断枝树木485株。（刘珍莲）

【公园国庆游园活动】10月1日，地坛、龙潭公园开展国庆游园活动。公园围绕“普天同庆共筑中国梦”主题，分别在地坛公园八区文化广场和龙潭公园袁督师庙广场举办文艺演出，包含舞蹈、相声、民乐、杂技等。国庆当天，区属公园全部免票开放，地坛公园、龙潭公园门区采取手持安检入园，地坛公园接待游人4000人次，龙潭公园接待游人1.70万人次。国庆假日期间，区属19个公园接待游人94.67万人次。（刘珍莲）

【冬季树木越冬防寒】11月中旬，启动树木越冬防寒工作，在主要道路绿化隔离带搭建无纺布风障和以铁板、塑料等为材质的挡盐板对绿地植物进行御寒保护。安装挡盐板7.40万延米，树木刷白1.50万余株，草绳缠裹乔灌木7500余株，搭设风障1000余个，防寒面积15.60万平方米。

（刘珍莲）

【节日绿化及花卉布置】重大节日及重要会议期间，对重点道路及8个公园进行花卉布置，美化环境。全年出动环境保障人数6800余人次、各类车辆600余车次，清理垃圾330余吨、树挂820余处，清理小广告900余张，修剪干枝死杈540余处。栽摆各类应季花卉250万株。其中国庆六十五周年以“花团锦簇庆华诞，欢乐祥和迎盛会”为主题，采用地栽花卉为主、立体花坛为辅、花卉小品装饰为补充的形式，在全区九横八纵主干路网和重点地区布置立体花坛26组，布置地栽花卉、花堆、花钵等2.60万平方米，栽摆花卉140万株盆。（刘珍莲）

【古树名木保护】年内，对专业古树管护责任单位加强监督检查，定期组织管护责任单位学习古树日常养护和复壮工作地方标准和技术规范，指导做好专业古树复壮和救护。对需要复壮的古树逐棵制定复壮方案，做好填树洞、补树皮、土壤增肥、建树池围栏等复壮工作，复壮古树66株。对管辖内古树进行全面检查，制作古树电子档案。全年中心管辖内古树357株，其中一级古树114株、二级古树243株，新增古树15株。（刘珍莲）

【林木有害生物防控】年内，采取成虫监测、幼虫普查、药物普防措施，做好林木有害生物防控。开展专业绿化辖区内美国白蛾的防控，安排专人监督检查，发现网幕及时处理、打药。挂置美国白蛾诱捕器102个，监测到成虫数量737头，网幕11处。对患有枣疯病的63株树木打药防治，抑制枣疯病。开展公园绿地树木涂抹“毒环”工作，加强对栾树、加杨、臭椿、国槐等树木的重点监测，防治草履蚧害虫。全区未发生危险性林木有害生物重大疫情。（刘珍莲）

房屋管理

【概况】东城区房屋管理局，挂东城区政府住房保障和改革办公室（简称区政府住保办）、东城区政府房屋征收办公室（简称区政府房屋征收办）牌子。是负责东城区房屋行政管理、住房保障、住房制度改革及房屋征收与补偿工作的区政府部门。设办公室、住房制度改革科、房屋市场管理科、房屋登记管理科、住房保障科、房屋安全管理科、租赁管理科、法制科、物业管理科、信访工作科、落实私房政策办公室、房屋执法科、财务科、人事科、机关党委办公室、离退休干部科、纪检监察科、征收管理科、征收补偿科、征收法规科、第一房屋管理所、第二房屋管理所、第三房屋管理所、第四房屋管理所24个科室，辖住房保障事务中心、房屋登记事务中心、房屋信息档案管理中心、住宅小区管理中心、房屋安全鉴定管理所、房管局测绘一所、房管局测绘二所、机关事务管理服务中心8个事业单位。编制218人，在编195人，其中公务员84人、事业单位人员104人、工勤人员7人。

年内，“5+2+X”工作模式（房屋登记和交易、房屋拆迁与征收补偿、

11 月，区房屋登记事务大厅设置引导员

住房保障和改革、物业小区管理、房屋安全与防汛等 5 项重点业务；党建工作和维护稳定两项基础性工作；规范化建设年度中心工作）取得实效，履行职责、改善民生，保障公共安全、提升服务水平等方面进步明显，完成各项工作任务。开展党的群众路线教育实践活动，制定 8 条整改措施和整改方案。制定《东城区房管局开展“庸懒散拖”专项整治工作方案》，全体干部签订《廉政承诺书》，科级以上干部签定《不出入私人会所承诺书》。

单位地址：东城区育群胡同 21 号
联系电话：64041939　84001036
邮政编码：100010　（焦志清）

【住房保障】 6 月 26 日，对通过街、区住保部门资格复核的 4240 户经适入围家庭公开摇号。启动“东、西城大摇号”统一摇号配售工作，分两批次对区经适房及限价房轮候家庭进行资格复核。9 月 16 日，进行“大摇号”第一批摇号配售，1871 户限价房家庭和 3625 户经适房家庭分组摇号。10 月 27 ~ 31 日，进行大摇号第一批限价房选房，7 个项目 1167 套房，1135 户家庭到现场参加选房，1103 户家庭选定房屋，剩余 64 套房源顺序通知后续家庭递补选房。（焦志清）

【房屋登记】 制定《东城区直管公房（居住类）管理暂行规定》《东城区直管公房（非居住类）管理暂行规定》，经区政府会议通过在全区印发。推进房屋交易与登记规范化，从窗口建设、业务内容、信息系统、档案建设、制度建设、队伍建设等 6 个方面进行自查、完善。在全市房屋登记员业务考核中，取得全市团体第一、个人第一和第二名的成绩。加强登记质量抽检，抽检登记业务 1010 件，发现问题 73 件，已整改。完成房屋权属登记 2.89 万件，面积 963.85 万平方米。发放所有权证、他项权证、预告登记证明 2.64 万件。存量房网上签约 1785 件，注销网签合同 542 件。收缴土地出让金 3875.33 万元、房屋登记费 303.87 万元、印花税 183.48 万元。提供上门服务，现场勘查 77 次，收缴虚假房屋所有权证 3 本，收到群众表扬信 4 封、锦旗 1 面。（焦志清）

【交易管理】 年内，办理商品房预售许可和现房销售确认 17 件，办理商品房合同注销 335 件，检查商品房销售场所 9 家。办理房地产经纪机构各类备案变更 196 件。开展经纪机构专项检查和联合执法检查，检查经纪机构门店 90 家，对 48 家存在问题的经纪机构进行行政处理，对 1 家违规经纪机构进行行政处罚。利用房地产市场动态监管信息平台，处理纠纷投诉 203 件，约谈处理区内未如期整改的房地产经纪公司近 50 家，跨区约谈经纪公司 35 家。（焦志清）

【防汛工作】 汛期，组织全区各单位及标准租私房查房 2647.35 万平方米，建立私房安全档案。组织防汛值班人员、抢险队 150 余人次进行业务培训。成立应急抢险队 3 支 50 人，抽调局机关 10 余人组成青年防汛突击队。开展防汛宣传、培训、动员工作，发放各类宣传材料 6000 份，老楼、危楼排查通知 2000 封，核查超期公共建筑近 4000 处，督促房屋产权人维修、加固，消除安全隐患。汛期实行领导带班、24 小时值班制度，保证通讯畅通。备勤 23 次 500 余人次，应对 12 次强降雨，妥善处置险情 6 处。加强重点房屋巡查，及时排险，出动 232 人次，巡查重点房屋 695 户 2312 间。（焦志清）

【房屋征收】 发布房屋征收决定项目 2 个，其中钟鼓楼广场恢复整治项目进入收尾阶段，项目应征收 136 户，完成签约 119 户，累计征收建筑面积 3163.02 平方米。北京国际戏剧中心扩建工程项目应征收 105 户，完成签约 16 户，累计征收建筑面积 350.78 平方米。发布房屋征收暂停办理事项公告项目 4 个，即刘家窑路道路工程项目、革新南路道路工程项目、地铁七号线珠市口站东南出入口用地项目和老舍纪念馆改扩建工程项目。（焦志清）

【拆迁管理】 年内，清理滞留项目 3 个，滞留拆迁项目 28 个。完成拆迁 84 户，拆迁建筑面积 1.18 万平方米，其中完成拆迁建筑住宅面积 3297.30 平方米、非住宅建筑面积 8503.78 平方米。进行拆迁现场检查 32 次，检查拆迁公司 14 个、评估公司 6 个、拆除公司 6 个，现场公示 24 处、拆迁人员资质 35 人次、评估人员资质 10 人次、拆除人员资质 20 人次，行政处理 2 个。（焦志清）

【住房制度改革】 54 家单位进行房改售房、调房工作，出售、调整住房

711套。严格售房资金归集管理，归集售房款4341.65万元。审批15家单位使用售房款824.36万元，用于屋面防水、电梯更新等工程；审批21家单位使用售后公有住房专项维修资金1628.55万元，用于电梯大修、屋面防水维修、节能改造等工程。做好区属机关事业单位职工住房补贴工作，完成81家单位985名新增职工的住房补贴备案。（焦志清）

【物业管理】 全区注册物业服务企业243家，备案物业项目413处，建筑面积2509万平方米。核查25家二级物业服务企业、189家三级物业服务企业资质，对存在问题的物业企业送达约谈通知书。督促物业企业公示物业项目收支，对全区126个物业项目执法检查，对8家未按时完成的物业服务企业行政处理。受理城市网格化管理案件4291件，均按要求进行处理，11个月考评为A级。推进重点小区矛盾纠纷处理工作，协调解决物业撤管问题、供暖设备问题、小区房屋漏雨问题、危改项目信访问题。（焦志清）

【抗震节能改造】 涉及单位自管产抗震加固、节能改造工程楼房114栋34.83万平方米，分为12个标段。其中抗震加固工程94栋24.48万平方米，节能改造工程20栋10.35万平方米。节能改造项目完工19栋，抗震加固项目完工57栋。（焦志清）

【信访工作】 受理群众来信1213件，接待群众来访1474批次；局领导接待43批次86人次。收到人大代表建议、政协委员提案41件，其中市级建议提案8件、区级建议提案33件，涉及9个行政业务部门，已全部按规定办理完毕。（焦志清）

房屋征收事务中心

【概况】 东城区房屋征收事务中心（简称区征收中心），是受区政府房屋征收办委托，负责区房屋征收与补偿事务的管理机构，为全额拨款纳入规范的事业单位。设综合办公室、财务管理科、征收调查科、征收补偿科、房源管理科、工程管理科。编制40人，在编31人。

年内，承担全区房屋征收补偿项目6个，分别进行调查、评估、筹资等前期工作。建立征收现场监控系统、电子档案管理系统、征收资金监管系统，实现资金管理过程信息公开和动态监控。

单位地址：东城区法华南里甲17号

联系电话：67138997

邮政编码：100061（李英）

4月10日，征收中心工作人员在刘家窑征收项目被征收人家中开展入户调查

【老舍纪念馆改扩建工程项目】 项目涉及居民及单位12户，占地面积578.16平方米。2月24日，完成入户摸底和选定评估公司。4月3日，通过招投标方式确定拆迁公司。（李英）

【明城墙遗址绿地恢复项目】 项目涉及居民1户，登记房屋使用面积86平方米。4月14日，区园林绿化局明确该项目通过协议拆迁的方式进行并确定具体细节。项目由区园林局配合完成协议搬迁。（李英）

【北京国际戏剧中心扩建项目】 项目是中心承担的第一个房屋征收补偿项目。涉及产权人及公房承租人106户，占地面积6522.05平方米。5月，工作人员进入现场，正式启动征收搬迁。8月19日，发布征收决定，至年底，签约23户，签约比例22%。已拆面积430平方米，完成1个院落的

整院搬迁，另有8个院落完成破院。（李英）

【革新南路道路工程项目】项目涉及居民和单位13户，占地面积2670.33平方米。8月25日至12月14日，完成张贴暂停公告、入户摸底调查并公示调查结果、选定评估公司、购买服务招投标、测算资金及房源、拟定报批并公示征补方案、公布征补方案征求公众意见等。11月，选定现场办公用房。（李英）

【地铁珠市口站东南出入口项目】项目涉及居民及单位18户，占地面积1470平方米。年内，完成入户摸底调查、公示入户调查结果、选定评估公司、公示征补方案、测算资金及房源、张贴征补方案修改意见稿、制定项目工作方案等。（李英）

房屋土地经营管理

房屋土地经营管理一中心

【概况】东城区房屋土地经营管理一中心（简称区房地一中心）是东城区（北片）直管公房管理机构，自收自支事业单位。主要负责东城区（北片）直管公房的经营管理、房屋修建、修缮服务、物业管理、房地产经营开发、危旧房改造、房屋置换及交易中介服务、拆迁服务，电梯、水泵、供暖等设备的运行管理。设综合办公室、党委工作部、房产经营部、修缮工程部、研究室、信访督查室、数据资料室、审计财务部、劳动人事部、武装保卫部、纪检监察室、工会、策划投资部13个科室。下设19个企、事业单位。编制2175人，在编904人。

年内，一中心形成抓管理、求发展、创一流的工作局面，完成直管公房经营、管理和修缮等工作任务。加强对电梯、水泵等设备设施维修保养，加大检查维护力度，实现安全运行。提高供暖质量，供暖工作运行平稳。全年受理群众来信、来访、来电2878件，其中群众来访267件647批841人次。日常法律事务工作中受理一案一报诉讼案件90件，办理各类法律事务咨询900余件。

单位地址：东城区美术馆东街甲24号

联系电话：64026854

邮政编码：100010（国凌雁）

6月26日，一中心设备中心在胡家园小区进行综合性应急预案演练

【直管公房经营管理】年内，完善直管公房管理流程与标准，落实房屋更名、开业、分户等业务办理流程，加强网络化管理软件的应用。全年办理更名339户、分户24户、翻建变动94户、其他变动581户。完成商企用房市场租金、简易楼改造、东堂子4号及6号文物院落腾退调研工作。开展房屋基础数据清理及内部审计工作，完成基数清理数据摸底及平台建设，实现内审工作常态化长效化。服务水平和经济效益得到提升。

（国凌雁）

【修缮服务】全年完成直管公房翻建116间1700平方米、挑顶56间930.79平方米、落架大修28间394.48平方米等大修工程。完成附柁15架、附檩898根、墩附柱232根、拆砌山墙33个、拆砌后檐墙56间、瓦房屋面整修840间等中修工程。完成零维修1.13万户次。完成景山、朝阳门等地区50处具备改造条件的低洼积水院落下水改造，重新铺设下水管道、渗水砖。落实年度查房工作，投入4936个工日，累计检查平房7.31万间，楼房419栋，对查出的隐患及时进行处理。（国凌雁）

【防汛工作】 年内，落实防汛措施，储备防汛物资，重点对存有安全隐患的房屋，特别是大修销号房及公共场所等，进行安全复查，复查面积占平房总面积的49.12%。汛期，各防汛责任单位做到职责明确、预警及时、响应到位，防汛备勤达1828人次，雨中巡查平房6127间次、楼房114栋次，接报房屋漏雨437间并全部得到及时处理。合理使用政府2000万元防汛追加经费，翻建房屋106间1632.41平方米，挑顶81间1219.75平方米，落架大修109间1573.47平方米。实现不塌房、不伤人、少漏雨、少投诉的防汛目标。（国凌雁）

5月，二中心防汛动员会

房屋土地经营管理二中心

【概况】 东城区房屋土地经营管理二中心（简称区房地二中心），是东城区（南片）直管公房管理机构，自收自支事业单位。主要负责区政府授权直管公房保值工作，负责直管公房租赁、经营、使用交易和租金收缴，负责直管公房及设备设施的修缮、维护，负责小区物业经营管理，负责组织区域直管公房雨季防汛抢修及房屋修缮，负责直管公房集中供暖。设党委工作部、纪检监察室、工会、行政办公室、人力资源部、财务审计部、资产管理部、直管公房营运部、物业部、房屋修缮与设备维修部、生产和设备安全管理部、企划开发部、多种经营部。下属16个企、事业单位。为便于经营，成立北京崇房投资公司、北京京房为民置业公司。编制1959人，在编561人。

年内，落实市、区政府部署的各项任务，履行房屋管理职能，完成直管公房管理、修缮服务、防汛、供暖和小区物业管理等工作。

单位地址：东城区光明西街绿景苑4号楼中门
联系电话：67165872
传真：67165802
邮政编码：100061（杨远斌）

【修缮服务】 年内，组建22个查房小组，检查现管房屋113.75万平方米（含拆迁地区楼平房和已售楼房）。其中楼房357.5栋84.33万平方米；平房19781.5间29.43万平方米。查出应附柁10架（已附9架），应附檩119根（已附110根），应附柱14根（已附10根），其中断柁1架、断檩2根已抢修。墙体整修192.5道间，屋面整修1607间，换瓦补漏4294.5间，灰平顶补漏792.5间，天沟补漏541间，对查出隐患均及时处理。处理解决网格案件146件，结案率100%。（杨远斌）

【防汛工作】 建立健全防汛组织机构，组建130余人防汛队伍，开展汛前防汛演习与防汛宣传培训，开展自查活动，备足防汛物资。汛期内，防汛指挥部认真履行职责，坚守防汛一线，各级领导24小时带班、值班，遇有中到大雨和连续阴雨天气，严格执行岗位责任制，全员上岗备勤，遇有房屋危险、漏雨等问题，迅速派人到现场检查处理并妥善解决。汛期内接群众报修224次，在岗备勤656人次，抢修漏雨房屋214间次。（杨远斌）

【直管公房经营及物业管理】 管房面积58.70万平方米，其中平房13806间23.24万平方米，9577户；楼房262栋28.50万平方米，4949户；简易楼59栋6.96万平方米，2096户。办理弘善家园小区入住641户，其中共有产权476户，完全承租165户。（杨远斌）

【信访及法律事务工作】 办理“12345”北京市非紧急救助中心电话登记单1515条；北京市信访综合办公系统交办单65件次，299人次；市长电子邮件241封，区长电子邮件132封。接待群众来访412人次，接听群众来电448次，均得到解决。收到人大建议、政协提案14件，其中人大建议11件、政协提案3件。均按时办理完毕。完成诉讼案件调解工作，其中行政诉讼15件（2件胜，5件负，6件撤诉，2件未裁），民事诉讼14件（10件胜，3件负，1件调解），行政复议1件，依申请信息公开17件（同

意公开3件，不同意公开1件，不存在7件，非房地二中心制作5件，告知作出更改补充1件）。（杨远斌）

【市区重点工程】9月中旬，永外望坛地区煤改电工程完成施工总包、甲供材料和蓄热式电采暖器招标，确定具体院落施工方案；9月底，内电网改造及房屋综合维修工程开工，安装电表7329块，安装蓄热式电采暖器10029台，直管公房综合维修690间11891平方米。抗震节能综合改造工程，启动计划内7栋，建筑面积2.07万平方米，其中6栋已完工。进入冬季后，安化北里6号楼由于底商补偿问题开工较晚，暂停施工。前门东区抢占房清理工作，成立抢占房清理工作小组，抽调人员参与工作筹备与实施。与区相关部门配合开展工作，应清理抢占房6582间，已清理5117.5间，占需清理总数的77.8%。未清理1464.5间（其中657间属于历史遗留问题）。（杨远斌）

【拆迁工作】年内，有天坛东里北区1-8号楼等6个拆迁项目。粉厂胡同东侧项目完成搬迁比例98.07%。该项目2009年3月启动。彭庄土地一级开发项目完成搬迁居民产籍户321户，占61.97%；户籍户401户，占61.89%；单位搬迁2家，占16.67%。该项目2009年6月张贴拆迁公示，7月启动。金鱼池二期西项目完成搬迁居民产籍户330户，占87.53%；户籍户387户，占82.87%。该项目2009年11月张贴拆迁公示，12月启动。天坛东里北区1-8号楼项目完成搬迁比例41.89%。该项目2011年7月启动。东城区文化活动中心建设用房项目完成搬迁比例89%，红线内居民全部搬迁，文化活动中心已开工。该项目2012年4月启动。清华寺文物腾退项目涉及居民4户，单位1家，上年12月启动。（杨远斌）

科技·教育·文化

科　技

【概况】 东城区科学技术委员会（简称区科委），挂东城区知识产权局牌子。区科委（区知识产权局）是负责东城区科技工作和知识产权工作的区政府工作部门。主要职责：贯彻落实国家和北京市关于科技工作方面的法律、法规、规章和政策，研究制定东城区科技发展和科技促进经济社会发展的行政措施和管理办法并组织实施。机构设置4个，即办公室、科学技术管理科、科学技术普及科、专利管理科。有公务员编制12人实有12人，工勤编制1人实有1人，事业编制3人实有2人。

年内，加快实施创新驱动发展战略，深化科技体制改革推进区域科技资源融合发展。科技创新增强对文化、体育等产业的渗透，推动相关产业高端化发展。新增园区外高新技术企业34家，输出技术合同成交额355亿元，排全市第三名。专利申请量8303件同比增长5.02%，授权量4806件同比下降5.67%，均位居全市第四名。4月2日，召开故宫文物修复研讨会，故宫博物院文保科技部主任介绍故宫前期文物修复工作等情况。东花市街道枣苑、广外南里，北新桥街道海运仓、民安4个社区被市科委认定为首批市级社区科普体验厅，新增区级科普基地2家，有注册科普志愿者395人。

单位地址：东城区东四十一条83号
联系电话：64041867
邮政编码：100007 （解佳涛）

12月2日，举办科技工作业务培训会

【科技计划项目】 4月10～11日，召开专家评审会，由15人组成5个专家组，评审征集到94个上会项目。全年计划项目征集98个，经专家评审、项目考察等立项32个，资金支持27项，支持资金285万元。8月13日，召开年度科技计划项目交办会，29家单位负责人参加。北京同仁堂股份有限公司领导，代表项目承担单位与区科委签署东城区科技计划项目任务书；21日，召开上年度区科技计划项目结题验收会，35个项目全部通过验收。12月，组织书面中期检查立项科技计划项目。 （解佳涛）

【提升企业专利信息利用能力】 4月3日，在区委党校，市、区知识产权局联合举办企业专利信息利用能力提升培训班，东城专利试点（示范）、高新技术、专利技术交易等企业单位70余人参加。请国家知识产权局专利文献部、北京合享新创信息科技有限公司、市知识产权信息中心等单位的专家，讲解专利文献知识、检索技巧与应用，企业专利管理、专利战略等。市知识产权局副局长李钟参加并提出要求。 （解佳涛）

【科普活动】 4月11日，与东花市街道、区消防支队花市中队联合举办东城区科技“走转改”——防火知识进社区科普体验活动。对17家创新型科普社区干部、枣苑社区特殊家庭和居民52人，开展防灾减灾知识培训、科普参观等活动。5月，组织培新小学师生200人，区环保干部、环保科普志愿者40人参观市科普教育基地——七彩蝶园、垃圾的归宿环保科普公园、朝阳循环经济产业园；组织崇外、天坛、东直门街道社区工作者、居民200余人参加北京科技周主场活动。全年在各街道开展优秀科普电影放映活动150场观众达1万余人次。 （解佳涛）

【知识产权宣传】 4月22日，在王府井步行街，启动中国知识产权宣传海报全国巡展首站宣传活动和东城区年度知识产权宣传活动。区知识产权领导小组成员单位，参加主题保护·运用·发展现场宣传咨询，发放宣传材料5000余份，解答专利申请、商标注册、版权登记、知识产权司法保护等问题；25日，北京12330南锣鼓巷工作站联合北京12330、司法所共同举办知识产权户外宣传，发放宣传品2000余份。北京12330国际版权交易中心工作站联合区法院知识产权庭、张黎律师事务所，分别举办文创企业知识产权的司法保护、文创企业的商业秘密保护为主题宣传活动。在区科技周活动期间，制作知识产权漫画读本、宣传折页等材料3600余份，向普通居民普及知识产权知识，针对特定企业开展定向宣传。（解佳涛）

【科技政策法规培训】 12月2日，举办科技工作业务培训会，结合下年度东城区科技计划项目的征集，技术人员介绍新开发的区科技企业服务平台及其项目申报系统。市技术市场管理办公室有关人员讲解技术市场优惠政策，企事业单位100余人参加；17日，举办东城区科技企业服务平台及项目申报系统第二期业务培训，20家企业参加。（解佳涛）

【领导调研】 4月9日，市知识产权局副局长周砚一行到北京奇峰聚能科技有限公司调研，听取公司发展情况和知识产权工作汇报，与企业交流专利风险管理、建立专业数据库、完善知识产权激励机制等，提出要以开展专利示范工作为契机，加强知识产权工作，早日成为行业领域的标杆性企业；21日，副局长潘新胜等到东城区中小企业服务中心调研知识产权保护工作。参观北京自在科技有限公司，听取公司主营业务与知识产权工作汇报后，与企业进行交流并提出4点要求。12月23日，市知识产权局副局长王淑贤一行由副区长许汇等陪同，到东方雍和国际版权交易中心和航星园调研知识产权工作。参观版权登记大厅、听取相关汇报后，提出交易中心作为区属国资公司，要立足于东城区文化资源丰富的区情，做好知识产权要素市场培育工作，成为全市乃至全国知识产权交易、运营、管理领域的一面旗帜；同时考察中关村科技园航星园的发展定位和经营情况。（解佳涛）

【党的群众路线教育实践活动】 3月至10月开展。征求意见建议36条，领导班子查找“四风”问题12条，其中形式主义3条、官僚主义5条、享乐主义3条、奢靡之风1条。开展谈心交心48人次，召开民主专题生活会2次，自我检查、批评33次。制定整改措施、抓好整改落实，梳理各项制度41项，制定会议费、培训费等实施细则。（解佳涛）

东城园管委会

【概况】 3月12日，原中关村科技园区雍和园管理委员会、龙潭湖体育产业园建设发展办公室、东二环交通商务区建设管理办公室3个单位整合后，成立中关村科技园区东城园管理委员会（简称东城园管委会）。东城园管委会是区政府派出机构，统筹协调和管理服务部门。机构设置7个，有公务员编制32人实有34人。下设东二环交通商务区建设管理办公室，统一协调管理东二环交通商务区的规划、建设、管理及服务，有事业编制15人实有15人；下设中关村雍和园产业促进中心，负责搭建和完善园区公共服务体系，有事业编制5人实有5人。

年内，开展党的群众路线教育活动，完善园区管理体系，提升园区整体创新能力，依托中关村先行先试政策推动重点项目建设，推进文化和科技融合发展，落实和完善扶持政策、搭建服务体系、建设人才队伍。银河soho楼宇经济工作站全年签约租用面积17.13万平方米，占总经营出售总面积的66%。发挥区文促办职能作用，创新引领文化发展，利用文化资源保护、规划文化产业布局，发展文化创意产业，完成全年各项工作。现园区有高新技术企业333家，规模以上高新技术企业135家，实现总收入1233.06亿元、同比增长112.48%。

单位地址：东城区青龙胡同1号歌华大厦A座1606室
联系电话：59260100
邮政编码：100007

（潘汝清　尹兰香）

【中关村科技园区东城园】 3月12日成立。副区长许汇主持，区委组织部、编办负责人，雍和园管委会、东二环建管办、龙潭湖产业办参加。东城区编制委员会办公室负责人，宣布关于成立中共北京市东城区委中关村科技园区东城园工作委员会和中关村科技园区东城园管理委员会的通知，区委组织部宣布东城园领导任免决定。（潘汝清）

【世界体育大会】 4月7～16日，许汇率东城区政府体育代表团一行5人赴土耳其参加。观摩世界体育展览会，代表东城区政府与世界体育总会主席委泽和国际举重联合会主席阿让签署合作备忘录。赴瑞士、匈牙利参观国际奥委会、世界举联、国际排联总部，宣传东城，寻求合作。（潘汝清）

5月13～18日，参加第十七届科博会

【领导调研】 3月5日，文化部副部长项兆伦一行，到东雍创业谷、雍和航星园中关村东城园调研。了解文化科技融合基地建设情况，与光线传媒、天脉聚源、金刚游戏等企业负责人交流文化产业发展、平台建设等问题，副区长王晨阳陪同。3月11日，中关村管委会廖国华副主任一行调研中关村东城园，走访北京光线传媒股份有限公司、北京航星机器制造公司并召开座谈会。4月11日，市领导洪峰率市委督导组调研区文化产业，察看胡同里的创意工厂、人民美术印刷厂，金刚游科技、光线传媒、北京MAD建筑事务所等，区长张家明等陪同。11月4日，区领导张家明、许汇一行到东城园调研，听取园管委会和航星科技园、中油瑞飞企业情况汇报后，提出4点要求；26日，市委组织部副部长李世新调研东城园非公党建工作。（潘汝清）

【节能技术应用推广会】 5月9日在中关村东城园召开。相关委办局、园区楼宇、集聚区负责人、雍和园商会会员企业40余人参加。高和华泰节能环保、赛格立诺办公科技有限公司，分别介绍建筑节电的规划与应用、绿色东城健康办公，参会人员进行交流沟通。（潘汝清）

【科技产业博览会】 5月13～18日，在北京中国国际展览中心举办第十七届科博会，东城园展示数字内容产业、信息服务业、设计产业、移动互联网、新能源等重点战略新兴产业项目，区3D极速扫描打印、智能云办公服务、交换式多媒体视频服务、立体画增强现实、可穿戴智能设备、3D影视特效转换、模块化电脑等文化科技融合高端项目受到与会者关注。龙潭湖体育产业园在原北京游乐园办公楼设立体育产业孵化平台、体育互联网孵化基地，吸引56家企业入驻园区，注册资金达10.70亿元。（潘汝清）

【创业孵化平台认定】 5月29日，在左安门内大街19号召开中关村东城园创业孵化平台专家评审会。按照平台认定管理办法，北京、中央财经等高校相关专家对5家企业申报的7个项目进行答辩评审，一致同意航星创业园、镕辉佳特、嘉诚藏经馆胡同17号、嘉诚柯玛斯、嘉润后永康胡同17号、嘉润新中大厦、汉潮大成文化创意中小企业7个创业孵化平台评为东城园一级孵化平台。（潘汝清）

【第五届创意点亮北京】 8月至10月举行。园区内15个胡同创意工厂、50个设计之旅站点、近百位艺术家、上千中外设计师参加，活动包括城市再造专题对话沙龙及展览、北京ONE国际表演艺术周及设计之旅活动三大板块。展示东城区文化与科技相融的创新环境和文化创意产业的进步和发展。（潘汝清）

【舞台剧战马中文版亚洲首演】 9月11日在中国国家话剧院开启。《战马》是一部集艺术性、技术性、观赏性三者完美融合的史诗级舞台巨制，以制作难度、艺术水准高在全球久负盛名。中国成为亚洲第一个全球继英国、美国、澳大利亚、德国、荷兰之后第六个有能力制作、并有机会进行长期演出的国家。（潘汝清）

【智慧园区综合服务平台】 9月25日在中关村东城园正式上线。智慧园区综合服务平台是东城区“数字东城”行动计划重要组成部分，包括综合服务平台和移动互联平台两大板块。综合服务平台由9大子系统组成，企业只需一台电脑就可以进行高新企业在线申报和各项政策查询，综合服务平台的运行使各类项目审批流程简洁、规范。移动互联平台是以手机、PAD等移动终端设备为主要依托的全新产业服务模式，实现信息和服务的有效送达。（潘汝清）

【全国体育产业资源交易专项平台】 12月16日落户东城园，在东方雍和国际版权交易中心正式上线。该交易专项平台实行线上线下同步运作，面向体育组织、企业、赛事、场馆、俱乐部、运动员等6个方向的物权、知识产权、经营权、消费权、收益权、股权、债权领域开发交易品种。年内已上线27个交易项目，主要是民间企业项目，集中于全民健身类和部分专利项目。（潘汝清）

【东二环高端服务业】 年内，东二环高端服务业发展带实现总税收127.62亿元，区级收入38.89亿元，比上年同期增长20.55%。（吴文虎）

科协工作

【概况】 东城区科学技术协会（简称区科协）是东城区科技工作者的群众组织，是中共东城区委领导下的人民团体，是党和政府联系科技工作者的桥梁和纽带，是推动科学技术事业发展的重要力量。机构设置3个，有公务员编制8人实有9人，工勤编制1人实有1人。有基层学会（协会）35个，会员2万余人。

年内，发挥科协组织团体、智力优势，团结、依靠科技工作者，开展决策咨询、学术研究与交流、科学知识普及、科技成就宣传、科普平台建设与工作者培训、科技工作者联谊等工作。围绕节约能源资源、保护生态环境、保障安全健康、促进创新创造主题，结合中医养生、低碳生活、防灾减灾、节能减排、食品安全、健康健身等开展科普宣传、咨询、展览、讲座等活动。在17个街道组织开展心理健康讲座、咨询38场，投资9万元为20所中、小学校配备比赛机器人器材。体育馆路街道法华南里社区被中国科协评为中国科普示范社区，获中国科协20万元科普经费支持。第二十二届北京优秀青年工程师评比中东城区园林学会王广琦、震动学会田小甫均获优秀青年工程师称号。市普仁医院梁磊获第十五届北京青年学术演讲比赛一等奖。

单位地址：东城区东四十一条83号
联系电话：64033034
邮政编码：100007（李海曼）

【工作会】 3月14日，在康铭大厦召开一届四次常委会、全委会暨年度工作会，副区长许汇出席。常委会听取并同意东城区科协2013年工作总结和2014年工作计划要点报告，通过委员调整增补方案，调整委员23人、增补2人，通过先进基层组织表彰方案。在全委会上，部署年度工作、传达市科协工作会精神，通报委员调整增补情况，审议并通过常委调整方案，调整常委5人。宣读先进基层组织表彰决定。区科协常委、委员、科协界别政协委员、街道科协专干90余人参加。（李海曼）

【科技周活动】 5月17～23日举办。17日，在龙潭公园举办东城科技周主会场活动。中国实验动物学会、麻风防治协会、睡眠学会，北京自然博物馆、土地学会、口腔医院、珐琅厂，区红会、医学会、青少年科技教育等20家学协会单位参加，在科普游园活动中，通过展览展示、专家咨询、知识问答、互动体验等，向社区居民、青少年普及健康睡眠、中医养生、健康生活、景泰蓝掐丝点蓝技艺、提取叶绿素实验、科技制作等多方面知识，倡导低碳生活方式，提高全民科学素质。活动期间开展科普活动200余项，展出展板200余块，发放宣传资料3万余份、受益5000余人。（李海曼）

7月至9月，举办科普之夏活动

【科普之夏】 7月至9月，组织辖区17个街道举办科普之夏活动。7月30日，启动仪式在永外街道管村社区举行，居民100余人参加。科普之夏活动，围绕提高科学素质乐享美好生活主题，通过科普剧演出、科普展板、有奖问答、科学公益片、儿童环保绘画展等形式向社区居民普及低碳环保、健康生活、科学健身、食品安全等知识。活动期间，各街道开展科普活动100余项，其中重点活动19项。（李海曼）

【百万家庭数字生活技能竞赛】 7月12日，在一七一中学与区信息办、妇联、教委联合举办2014年东城区百万家庭数字生活技能竞赛。"数字东城"网站上建立宣传专栏，全程在线图文直播。（李海曼）

【全国科普日】 9月20日在龙潭公园举办主场活动。中央、市级23家单位参加。市科协副主席田文，区领导汤钦飞参加。科普日期间，辖区所属学协会开展多项科普活动。（李海曼）

【科技下乡活动】 10月28日，到延庆县八达岭镇小浮沱村为村民赠送价值3万元科普图书、电教设备等。区、县有关领导等参观村科普、养殖基地后，座谈交流科普工作经验。（李海曼）

【社区科普益民计划】 年内，完成北京市社区科普益民计划检查工作。组织实施年度社区科普益民计划，为8个社区配送图书、科普互动展品、数字科普视窗，为获奖社区和场馆拨付益民计划专项资金40万元。组织年度科普益民计划申报，社区9个、科普场馆1个，优秀科普宣传员11人获奖。（李海曼）

【青少年科技教育活动】 年内，组织全区近百所中小学学生7万余人次，参加青少年科技创新大赛，青少年机器人、自然科学知识、动手做等大型竞赛活动。在第34届北京青少年科技创新大赛中，东城区参赛队获一等奖14项，二、三等奖65项，教师1人获北京市优秀科技辅导员。在第29届全国青少年创新大赛活动中，东城区获一等奖5项、二等奖4项，优秀辅导员科技创新项目3项、优秀实践活动1项。（李海曼）

【金桥工程】 年内，向市科协申报8个单位21项金桥工程项目，6个项目获金桥专项资金6万元支持。（李海曼）

5月17日，举办东城科技周主会场活动

教　育

【概况】 中共东城区委教育工作委员会、东城区教育委员会（简称两委）合署办公。中共东城区委教育工作委员会是负责辖区教育系统党的建设、思想政治工作和干部管理工作的区委派出机构，东城区教育委员会是负责辖区地方教育事业的行政职能部门。机构设置32个，其中教工委6个、教委26个。有公务员编制148人实有146人、工勤编制10人实有5人。事业单位169个编制1.84万人。有普通中学39所、职业高中3所、工读学校1所、小学64所、特殊教育学校2所、幼儿园22所、成人教育学校4所、校外单位8个、直属事业单位20个。民办普通中学4所、职业教育学校3所、幼儿园28所。普通中学在校生4.07万人，小学在校生3.72万人，中职学校在校生2973人，幼儿园在园幼儿1.32万人。

年内，落实党的十八大三、四中全会精神，开展党的群众路线教育实践活动，培育和践行社会主义核心价值观，教育领域综合改革取得成效，素质教育成果显著。5月7日，在青年湖小学召开和平里学区工作委员会成立大会，市、区有关领导，各学区单位、社区、学生家长代表等200余人参加，大会向代表颁发聘书及铜牌。该学区有中学6所，小学9所，幼儿园9所，职业教育、特殊教育学校各1所，校外教育机构2所，教育资源共享。启动学区制综合改革后，辖区8个学区均分别成立学区工作委员会。正式挂牌研修合作办学学校2对、九年一贯制学校9所、优质教育资源带4个、深度联盟学校25对。全年轮岗交流干部、教师1618人。12月19日，东城区国际教育交流中心成立。

单位地址：东城区夕照寺中街19号
联系电话：67185557
邮政编码：100061
（李银姬）

【基础教育】 年内，有托幼园所50所，其中教育部门办园22所、单位自办园14所、集体办园9所、民办园5所；收托幼儿1.32万人。教职工2306人，其中专任教师1347人。全区有市级示范园16所、早教示范基地25个。有8所市级示范园在区域内开放展示。11月，东城区首家名园第五幼儿园正式托管街道红湖幼儿园。首批试点园华丰、世纪贝贝2个幼儿园，开展公办与民办幼儿园干部、教师双向交流试点活动。提高教师整体素质和能力，采取现场做课、跨园指导等方式，组织950人次幼教教师，参加市幼儿园文化建设等30项培训。组织编写教育丛书《幼儿园老师对您说—3-6岁幼儿家园合育实操手册》（小班、中班、大班）。开展幼小衔接一体化教育模式的实践研究，在8所实验校、园实施幼小衔接8个主题教育，组织幼儿园、小学精品展示课活动，调研评价17个街道家和社区早教指导中心。10月，开展学前教育特殊教育基地运行情况调研，市教委特教专家组听取分司厅、崇文三幼、崇文、东四五条、东棉花、安乐6所幼儿园早教基地园汇报，观摩3所特教资源教室活动和特殊儿童游戏活动。10月至12月，举办开放日活动。第一幼附属实验园、一幼儿、一幼分园、第二、第七、东四五条、东华门、崇文回民8所市级示范园参加，教师600余人参加展示交流。

（李银姬）

【职业与成人教育】 2月21日，在东四工人文化宫举行东城区首届农民工大学生助推计划新生开学典礼，区有关领导、职业大学干部教师及农民工大学生代表参加。市、区总工会资助农民工326人在东城区职业大学开始为期两年半学习。3月27日，在青蓝大厦召开2014年职普融通工作会。28所普通初中、4所职业学校校长、书记等参加。5月23日，在青蓝大厦举行东城区做一个有道德的人主题教育活动启动仪式，区有关部门领导、中小学德育干部、北京国际职业教育学校高三年级学生180余人参加。活动由道德引领、感恩岁月、责任寄语及人生起航4部分组成。学生诵读《道德经三则》，家长、学生代表分别以做人与做事的道德观、做厚德尚学的职业人为主题发言，仪式上向学生颁发成人纪念卡。6月20日，举行北京现代职业学校校企合作工作会暨学生顶岗实习就业双选会，区教委、32家企业领导参加。根据所学专业、自选志愿，有147人现场面试参加中国平安财产保险股份有限公司、中科院生物物理所等单位招聘，超9成学生初步与企业达成定岗实习协议。

（李银姬）

【德育管理】 3月7日，在二十七中学召开数字德育十周年总结表彰会并启动职业体验营网上选课平台。交流会上，教师、德育干部、家长代表、相关课题负责人分别发言。东城区职业体验营网上选课平台正式开通。4月11日，在光明小学广渠校区举行东城区第18届小学生我爱地球妈妈演讲比赛，8个学区学生16人参加决赛，选手以清洁空气我能做点什么为主题，阐述自己环保理念与环保实践，选手们的表现赢得评委和现场观众的好评。东师附小、史家胡同、革新里、分司厅、和平里四小学生5人获特等奖。5月4日，在天地剧场召开东城区中学生五四表彰会，学生、

8月31日，灯市口小学迎一年级新生

家长委员会代表900余人参加。首都精神文明办、区委区政府有关领导出席，北京师范大学教授、全国道德模范孙茂芳、全国劳动模范李素丽等为学生代表颁奖。会上，表彰感动东城学子、特优生称号学生3000余人。7月4日，在体育馆路社区服务中心，举行经典诵读主题教育活动。龙潭——体育馆路学区、东花市——崇文门——前门学区12所学校学生180人参加，通过讲故事、情景剧、课本剧、合唱等形式诵读中国传统经典故事，学生代表发出传承文化经典诵读的倡议。8月至9月，新学年开学第一课，组织11所中学3000余初中一二年级学生，到天安门广场观看升旗仪式，增强学生爱国主义意识，提升民族自豪感。9月30日，在府学胡同小学与区妇联联合举办东城区继承爱国传统你我筑梦同行主题实践活动，市、区有关领导，府学优质教育资源带四校区学生代表，区妇联家教专家，各街道妇联主席，小学德育干部100余人参加，学生齐诵《少年中国说》。12月25日，在广渠门中学举行东城区崇德育才铸就师魂中学德育论坛，市教委、教育学院、重庆市、河北省县教育局领导，各区县校长代表500余人参加；29日，在区少年宫天地剧场举行东城区小学社会主义核心价值观主题童谣书签首发式，小学8个学区德育干部、教师、学生代表，童谣小作者及西总布小学师生、家长参加。（李银姬）

【师德建设】3月27日，召开我讲我的教育故事师德征文交流会，基层工会主席150余人参加。十一中学、古城职业高中、东师附小、前门幼儿园老师分别讲述以德执教、以德育人的故事；同日，在五中分校地安门校区举行东城区教育系统新闻宣传工作会暨新闻发言人培训会，基层各单位300余人参加。9月9日，在区少年宫举行庆祝第30个教师节暨首届师德师风建设月启动大会，市委教工委书记苟仲文，区四套班子领导，各委办局、街道主要领导，区教育系统优秀干部、教师代表400余人参加。大会主题加强师德师风建设争当教书育人楷模，会议将每年9月定为师德师风建设月，提出坚持核心价值、立德树人，反对随意引导、误人子弟等六坚持和六反对。会上表彰杰出校长3人、老师6人，优秀校长10人、人民教师21人，优秀教师506人，先进教育工作者204人。（李银姬）

【教育工作会】10月25日，在第二中学召开东城区2014-2015学年度教育工作会，区委、区政府、教育系统有关领导、各单位党政主要负责人、主管教育教学干部、区教育研修部门、专兼职督学等500余人参加。大会做东城区中考质量报告，分析年度中、高考整体情况，就区域优势和存在的问题提出建议。大会做深化改革提高质量主旨报告。会议分别开设中、小学，职业、校外教育4个分论坛，教育工作者根据不同的教育门类开展专题讨论。（李银姬）

【教与学变革系列研讨会】10月至11月在汇文中学召开。期间在一七一中学，举办自主合作学习方式行动研究之微课实验研讨会；在东直门中学，举行即时交互技术在地理课堂教学中的应用研讨活动；在第五中学，召开整合资源、提高课堂效率生物教学研讨会。开展教师培训、观摩课及“微课进课堂”策略研究会，整合大学、中学、研究机构和技术公司多方资源，提供课程改革、课堂变革和课题研究新的思路和方法。（李银姬）

【学前教育论坛】10月25日，在北京二中召开提升质量创新发展为主题东城教育大会学前教育论坛。市、区教委领导，各幼儿园园长等100余人参加。会上，4所园分别就集大成文化之精华在传承与创新中发展、新职教师队伍培养、管理与教育两个层面落实科学保教、立足园本课程建设推动教育质量提高为主题做交流发言。（李银姬）

【高初中毕业班质量分析会】1月14日，在东城区研修学院召开高三年级质量分析会，主题把握方向、找准定位、夯实基础、提高质量，两委有关领导、30所高中学校校长、年级组长、考试部门及有关负责人180人参加，语文等5个学科教研员分别围绕指导思想、考试数据分析、复习建议等重点发言；20日，召开初三年级质量分析会，分析第一学期命题指导思想及思路，提出工作建议。5月14日，在区教育研修学院召开初三年级教学工作会。辖区38所中学干部、教师代表180余人参加，分析和阐述中考命题、考试情况、学情分析及工作思考与建议等。（李银姬）

【学生特色活动】4月，区青少年课外活动指导服务中心、中国妇女儿童博物馆联合举办童心齐颂祭先辈巾帼精神代代传清明纪念活动，史家、新鲜胡同、新开路东总布、遂安伯等小学教师、学生代表500余人参加；通过讲述、表演、祭奠等缅怀秋瑾、赵一曼、蔡畅、宋庆龄等杰出女性，少先队员代表献花篮，全场学生朗诵《少年中国说》。举办东城，我为你骄傲！第二届红领巾小导游大赛，50所学校200余队员80个小导游队参加。在比赛现场以模拟校园导游形式播放幻灯片进行导游式讲解。4月、7月，在阳光青少年国防教育综合实践基地，分别举办第二届中小学生阳光少年爱我中华国防体验和夏令营实践活动，举行开营仪式、开展规范军事队列训练、激光模拟对决、防灾急救技能演练等，学生、教师代表540人参加。举办阅读的魅力想象的力量、4·23世界图书日主题活动，方家胡同、史家七条、安外三条小学师生200余人参加，学生分角色朗读、演绎张之路老师少儿文学经典作品《灰灰和花斑皇后》，张之路老师以想象的力量为题作专题讲座并回答学生即兴提问。7月5～12日，在中国海洋石油工业展览馆开展探秘海洋科技铸就蓝色梦想实践体验活动，海油馆有幻影成像、光电板、雕塑等7个展区，展现中国海洋石油艰苦创业的奋斗历程，增强青少年科技文化知识，11所中、小学学生1200余人参加。9月11日，在史家胡同小学演播厅举行东城区中小学舞蹈学科首次教研活动。区教师研修中心、史家胡同小学干部、教师及各中小学、校外教育机构专、兼职舞蹈老师近80余人参加。（李银娅）

【美育研究会】5月8日，在东城区少年宫召开第一届第一次理事会。教委、美育研究会有关领导，一届理事、5个研究分会会长及教委相关负责人150余人参加。会上，全体理事表决通过新增会员单位及调整理事、常务理事、研究分会副会长的提议。在原中、小、幼、职教、校外教育单位会员130个基础上，吸纳分司厅、华丰、光明、崇文回民、市第三5家幼儿园单位。会议选举通过副会长4人（正式颁发聘书），聘请区教师研修中心、学院科研人员为东城区美育研究会理论组研究员。12月26日，在东直门中学召开北京市第二届中小学校长美育论坛暨东城区美育研究会年会。市中、小学美育研究会会员单位代表、市有关领导近500人出席。东直门等4所中学作主题发言，论坛上举行《中小学课堂教学实施美育案例精选》首发式。（李银娅）

【在线教育服务工作项目】6月1日正式启动。通过在线作文批阅、学习信息推送、名师在线答疑信息化平台，促进优质教育资源共享，实现义务教育均衡发展。10月，召开专项工作推进会，二十一、十一、五十四、国子监、龙潭中学及五十中分校，为首批在线作文批阅试点校，组织学生上传作文1200余篇、语文教师25人参加批阅。学生可通过移动和固定终端等接收学习信息，进行在线提问。（李银娅）

【艺术与科技】1月16日，在二十二中学金帆音乐厅举行青少年文化艺术学院推进会暨金帆团工作会。会议通过视频总结工作、典型发言后，为13组“优秀金帆联盟”颁发证书，为28个“民族民间传统基地校”、3个特色教师工作室颁牌，为区青少年文化艺术学院专家导师团33人、专业教师导师团37人颁发聘书。6月19日，在一六六中学举办第六届北京青少年翱翔科学论坛化学与生命科学领域分论坛。市教委、科委、教科院，区政府等有关领导，高校干部、专家，“翱翔计划”培养、课程、生源基地领导，学员、家长代表500余人参加。论坛上，一六六中学代表基地校介绍学校科技教育发展的脉络及翱翔计划中新发展。12个区县54所生源基地第六批学员136人，在主会场及10个分会场分别汇报101项探究作品，与专家现场交流；专家、市特级教师60人担任论坛评审专家。10月22日，在五十中学举办东城区第34届中小学生科技节开幕暨东城区青少年科学技术学院百名院士进校园启动仪式。中国科学院、中国工程院资深院士9人，成为东城区青少年科学技术学院名誉导师，并颁发证书。（李银娅）

【配备学区法律顾问】年内，教育系统8个学区配备学区法律顾问20余人，开展校园普法和提供专业法律服务。8个学区轮值主席校分别成立学区法律顾问办公室，举办学区法律顾问见面会、学区律师走进校园等普法活动。至年底，学区法律顾问为教育系统提供法律咨询服务218件次，走访单位65个。（李银娅）

教育督导室

【概况】东城区人民政府教育督导室（简称教育督导室），主要职责：由区政府授权对东城教育工作实施督导，进行监督、检查、评价、指导教育工作。机构设置3个，即督学科、督政科、综合科。有公务员编制10人，实有7人。现有主任、副主任3人，专职督学5人，见习督学2人，兼职督学54人。

年内，完成新一届督学聘任和责任督学挂牌工作，专项督导中、小学减轻过重课业负担、师德师风建设、校园安全工作，对部分街道执行教育法律法规和实施素质教育职责情况进行督导。

单位地址：东城区金鱼胡同10号

联系电话：65275189

邮政编码：100006（李菊）

【督导室建设】1月15日，召开年度工作会，专、兼职督学40余人参加。会议总结上一年督导室工作，布置年度中小学校责任督学挂牌督导、综合评价改革实验区、督政等工作。3月，召开年度挂牌督学工作会，会上为新聘任督学59人颁发聘书，新聘责任督学、中小学副校长160余人参加。以学区为单位成立19个督导小组，每小组配备督学3人至4人，对责任区

12月24日，市政府教育督导室对东城区素质教育工作综合督导

内学校进行定期督导。辖区96所中、小学实现责任督学挂牌督导。召开责任督学培训会60余人参加，印发中小学校责任督学挂牌督导规程、中小学校责任督学工作守则。市督学马刚等对新聘督学做岗前培训。4月、9月，分别召开挂牌督导工作推进会、交流研讨会110人参加，会议分别解读东城区督学责任区督导小组工作要求，部署督学下校的要求，督学代表7人交流挂牌督导工作。（李菊）

【督导调研】 2月13日，市政府教育督导室主任唐立军、副主任刘莉等到东城调研，了解东城区落实中小学校责任督学挂牌督导工作、评价工作、学区制综合改革、学校文化建设等情况。9月16日，市教育督导主任关国珍一行7人，调研东城区深化扩大优质资源、迎接国家义务教育均衡发展达标区县验收准备工作，召开校长座谈会、实地考察花市小学，听取校长汇报深化优质资源改革实践中的创新和举措。（李菊）

【专项督导】 10月17～31日，对各中、小学校减轻学生过重课业负担情况开展专项督导监测。通过听取汇报、查阅资料、访谈师生、实地考察，检查课程计划执行、学生考试安排、教学管理规范、课外活动达标指标落实情况等。12月，对各中小学校安全工作进行专项督导。听取汇报、走访、考察，查阅各项安全制度、安全预案、消防安全、重点部门管理、技防设施、设备等情况；25日，市、区两级教育督导室到北京现代职业学校对师资队伍建设情况进行联合专项督导。通过听取汇报、考察实训基地、听专业和实训课、查阅资料、召开座谈会等形式，从4个方面了解师资队伍建设情况。督评组沟通、交流督导情况，对学校发展提出建设性意见。（李菊）

【督政工作】 10月30日，副区长颜华主持召开全面实施素质教育综合督导工作部署会。区政府办、发改委、财政局等21个相关委办局、17个街道主管领导参加。12月16～17日，与教委社区教育科等有关部门组成4个督导组，分别对景山、东四、体育馆路、东花市4个街道落实教育法律法规和实施素质教育职责情况进行督导。审议单位自查报告、听取单位汇报、召开座谈会、查阅相关资料、实地考察，对17个街道从8个方面进行督导。（李菊）

【综合督导】 12月24日，市教育督导室副主任刘莉率专家组16人，对东城区全面实施素质教育进行综合督导。副区长颜华作《坚定“精品特色”战略深化学区制综合改革全面提高素质教育质量》专题报告，区委办、各街道、部分中小学等部门负责人参加。当日，专家组分别到大方家回民幼儿园、东四七条小学、广渠门中学、明城青少年活动中心、东花市街道进行实地考察。通过座谈、查阅材料，实地考察后肯定东城区落实综合改革、实施素质教育取得的成效。（李菊）

文化

【概况】 东城区文化委员会（简称区文委），负责主管东城区文化、文物、新闻出版和广播电影、电视事业管理工作的职能部门。负责制定东城区文化事业，演艺产业发展规划并组织实施，负责区域内文物和非物质文化遗产保护的政府职能部门。机构设置10个，即党委办公室、监察科、办公室、公共文化事业科、文化市场管理科、文物管理科、综合审批科、演艺产业发展促进科、人事科、财务科。行政执法队设办公室，第一、

二、三、四执法分队。有公务员编制85人实有81人，事业单位17个编制529人实有314人。

年内，开展党的群众路线教育活动、创建国家公共文化体系示范区。10月10日，区委书记杨柳荫、区长张家明出席在北京建国国际会议中心召开的中国图书馆年会。12月，在宁波国际会展中心与宁波市共同承办2014年中国文化馆年会·文化艺术博览会，区领导金晖、王晨阳参加，设“文化东城百姓家园”为主题的展区，获优秀参展奖是唯一一家区县级获奖单位。举办东城区文化者负责人培训会。东城第一文化志愿者服务分中心“爱心文化种社区”申报项目被评为2014年北京市一类文化志愿服务示范项目。全年17个基层单位公益数字电影放映影片911场3.10万人次观看，各单位完成50场放映、发放补贴17万元。全年获国家级荣誉17项，市级奖励73项，区级奖励13项。

单位地址：东城区崇外大街7号正仁大厦二段
联系电话：67091091
邮政编码：100062（吴洁莎）

【创建示范区】1月17日，召开创建国家公共文化服务体系示范区工作专题协调会，讨论部署创建筹备大会相关情况及《东城区创建国家公共文化服务体系示范区资金保障办法》；26日，召开创建国家公共文化服务体系示范区动员部署会，主会场有文化部公共文化司司长张永新、市文化局局长陈冬，区领导杨柳荫、张家明、冯熙等及相关单位、各街道党政负责人90余人，分会场有各基层社区文化干部、文化工作者200余人。张家明主持，副区长王晨阳作深化改革全面创建国家公共文化服务体系示范区工作报告，区委副书记金晖介绍创建国家公共文化服务体系示范区组织机构及职责。4月，召开示范区部门责任人协调会。举办东城区创建国家公共文化服务体系示范区培训班，17个街道187个社区、文化及图书馆文化干部300余人参加。10月10日，杨柳荫在文化部举办第二批国家公共文化服务体系示范区创建城市市长研讨班上，代表东部创建城市做典型发言，介绍东城区公共文化服务体系，示范区创建的思路与做法；20日，由北京市文化局副局长王珠带队的北京市公共文化服务体系示范区督导组一行6人到东城督导检查东城区第二批创建国家公共文化服务体系示范区中期工作；17日，全市首个区县级电视交互服务平台“美丽东城”开通试播。建立利用高清机顶盒播出的电视交互服务平台“美丽东城”，一期开设北京新闻、东城新闻、东城资讯、东城文教、电影欣赏、文化共享6个一级栏目，是全国首家将文化部制作的文化信息共享工程节目送进居民家中的平台，居民免费观看。11月14日，召开专题研讨会。介绍《东城区街道综合文化服务中心建设指导意见》等四个文件。12月4～6日，在中央文化管理干部学院，举办基层群众文化干部培训班。文化部、中央文化管理干部学院、中央党校领导、教授、专家等及17个街道、区文图四馆干部60余人参加。年内，创建国家公共文化服务体系示范区工作召开专题研讨、部署调研、推进落实、检查培训会等13次。（吴洁莎）

9月23日，感动东城道德模范颁奖典礼

【文化活动】1月16日，在第一文化馆风尚剧场，举行魅力新东城共圆中国梦为主题的东城区残疾人迎春联欢会专场慰问演出。春节期间，在第一文化馆举办万马奔腾闹新春文化惠民暖人心——第24届新春游乐会；有非遗展览、民间手工艺表演、评书与快板、儿童乐园、儿童益智玩具、迎春灯谜、公益电影放映、中老年迎春舞会10余项活动，采取免费不免票政策，接待游客5000余人次。7月11日，在怀柔区夏日文化广场，举办喜迎APEC放歌新怀柔、文化东城美丽怀柔、怀柔东城区文化“手拉手”专场演出2000余人参加。（吴洁莎）

【国庆活动】国庆期间，在天坛公园祈年殿、神乐署和西二门举办文艺演出3台。市、区主要领导牛有成、李伟，陈冬、杨柳荫、张家明等与观众2000余人观看演出。地坛公园举办普天同庆、共筑中国梦国庆游园文艺演出。龙潭公园袁督师庙广场举办普天同庆共筑中国梦——庆祝中华人民共和国成立65周年专场演出。9月30日，开展全员实战演练。（吴洁莎）

【烟花爆竹安全管理会】 1月23日召开。首次将普查登记项目（不可移动文物）单位纳入。部署东城区文物系统2014年度烟花爆竹安全管理工作方案、东城区文物系统2013至2014年度冬春季火灾防控专项工作方案。同文保单位签订文物安全责任书，区各级文保单位和博物馆负责人100余人参加。2月14日，市文物局局长舒小峰带队，巡视检查东城区国家级文物保护单位崇礼住宅、智化寺烟花爆竹防控工作。（吴洁莎）

【剧场戏剧演出】 年内，辖区在册艺术类剧场29个，全年演出剧目900部观众338万人次，票房收入3.40亿余元。12月30日，在东方剧院上演2015新年音乐会，张家明致辞，驻区单位有关领导、干部、群众1000余人参加。2月21日，在第一文化馆风尚剧场，举办中苏建交55周年暨苏丹独立58周年文艺演出。文化部外联局，东城区政府，苏丹共和国驻华使馆官员、工作人员、留学生及群众近400人观看演出。3月31日，组织国话先锋剧场、蜂巢剧场、蓬蒿人剧场、中国儿童艺术剧院等9家文化企事业单位业内人士召开座谈会，就东城区演艺产业及产业链的发展献策。5月13日，在第一文化馆风尚剧场，举办“2014南锣鼓巷戏剧展演季”新闻发布会；5月至8月，演出国内外优秀剧目61部、200余场5万余人次观看，免费为戏迷提供3000余张公益演出票。第四届中国儿童戏剧节7月11日开始，历时49天，演出中国、美国、瑞典、西班牙等国家和地区42部作品。第七届北京青年戏剧节9月2日开幕，历时27天，演出10个国家50部作品。（吴洁莎）

【第一次全国可移动文物普查】 2月20日在第一图书馆召开；28日，区文管所在第一次全国可移动文物普查工作试点－安定门街道，召开第一次全国可移动文物普查培训会，普查首次以社区为单位铺开。辖区有国有单位4154家，因注销、撤并、迁移、保密、拒填等因素回收和统计普查表1600余份。其中反馈文物收藏单位60家。实际普查单位数量和反馈单位数量均居全市第一。（吴洁莎）

【文化志愿者负责人培训】 3月3～4日，东城文化志愿者分中心在第一文化馆二层教育教学培训厅举办2014年东城区文化志愿者负责人培训会。10个街道社区100余人次参加。

（吴洁莎）

【拒绝盗版共筑未来主题活动】 4月22日，在王府井步行街，开展以“尊重知识产权、拒绝盗版”为主题的“2014年‘绿书签行动’系列宣传活动”。出动执法人员15人次、执法车辆4车次，向游人发送绿书签80份、宣传品300余套、知识画册200余册。

（吴洁莎）

【文化娱乐市场专项检查】 4月30日、9月28日、12月25日，副区长王晨阳率安监、消防、文化、质监等执法部门，分别检查北京国话先锋小剧场、地坛麦乐迪娱乐、中影恒乐新世纪影院、影联百丽宫影院有限公司等娱乐场，北京糖果餐饮娱乐有限公司、北京和平码头网吧、长安大戏院等15家文化娱乐演出单位的安全。

（吴洁莎）

【大运河申遗成功】 6月22日，中国大运河项目成功入选世界文化遗产名录，成为中国第46个世界遗产项目。玉河遗址、南新仓为大运河北京段河道和遗产点列入世界文化遗产名录。玉河南段遗址发现澄清下闸遗址。6月25日，市文物局在孔庙和国子监博物馆，举办北京市大运河遗产保护与管理培训会，会议强调大运河遗产保护工作重点和保护规划。

（吴洁莎）

【市委常委李伟考察77文创园】 11月27日。指出东城有戏剧原创氛围，市、区文化部门要以77文创园为载体打造北京市戏剧排练基地：1.要将政府购买服务运营机制设计好。2.服务对象既要面向民营也要面向国有，既可排练戏剧，也可排练舞蹈。3.做好论证工作，设计好今后运行机制。市、区领导陈冬，张鹏，金晖、王晨阳参加。（吴洁莎）

【文化市场管理】 辖区有文化市场经营单位829家，其中歌厅124家、网吧91家、游艺厅35家，演出场所29家，演出团体74家，营业性电影放映单位13家，出版物零售企业463家。办理行政许可519件，其中新审批企业23件、变更64件、审批演出432件。新审批游艺娱乐场所1家、营业性演出432件，出版物零售企业18家，文艺表演团体4家。（吴洁莎）

【少年儿童出版物市场整治】 年内，制定落实开展少儿出版物市场整治专项行动。2月至4月，出动检查2153人次、检查380车次。检查出版物发行单位409家次，印刷复制企业72家次，文化娱乐场所514家次，卫星地面接收设施使用单位和网站86家次，文保单位182家次。处理举报26起，行政处罚案件办结38起，其中责令停业整顿2起罚款9.30万元，没收非法所得330元，收缴非法光盘1433套、非法书报刊1557份。拆除卫星接收设施一套，开展各类专项治理20余次，联合执法检查30余次。（吴洁莎）

【文化·图书消费活动】 年内，联合10家剧场、4家书店开展戏剧文化消费和图书消费活动。与故宫博物院、国家博物馆、首都剧场等100余家单位合作共建，实现资源整合。向群众提供3折门票6000张，戏剧进基层公益演出150余场，惠及群众10万余人。

（吴洁莎）

【文物保护】 年内，办理文物行政许可事项77件。实施文物及历史文化保护区专项资金，清理保护花市清真寺彩画及修缮东配殿屋面，竣工东外清真寺望月楼修复工程，完成清华寺大雄宝殿主体修缮工程。启动东城区首次专题性石刻文物资源调查，孔庙－国子监保存的十三经刻石群及进士题名碑林，收集石碑、石楹、石匾、墓石、造像、奠基石等石刻件200余项。完成钟鼓楼、智化寺等全国重点文物保护单位收藏保管19件重要碑刻捶拓，采集拓片77份，填补既往石刻文物基础资料的积欠疏漏。完成普查登记挂牌保护160处，占登记项目82%，完成文化保护区内胡同挂牌保护92条胡同186块。全年出动检查400余人次。（吴洁莎）

【非物质文化遗产】 年内，新增非物质文化遗产国家级3项、市级6项。东城区有非物质文化遗产项目136项，其中国家级31项、市级60项。有非物质文化遗产国家级2个、市级5个生产性保护示范基地。同仁堂集团入选第二批国家级非物质文化遗产生产性保护示范基地。6月12日，在中华民族珍品艺术馆举办非物质文化遗产保护成果展，历时4天，12个项目非遗大师参加。APEC会议期间东城区20余个非遗项目参加，彭丽媛带领各国首脑夫人观看东城区非遗项目景泰蓝制作技艺、雕漆技艺等。（吴洁莎）

【党的群众路线教育实践活动】 2月25日召开动员部署会。参加教育活动有党支部12个、党员309人。活动期间对照检查，归纳官僚、形式、享乐主义、奢靡之风表现形式22种，做到边查找边整改。观看《正道沧桑》宣传教育片，集中学习习近平总书记在兰考调研重要讲话精神等。召开文物管理、文化市场服务对象代表座谈会，征求处级领导在"四风"方面存在问题、意见和建议，50余人参加。请国家行政学院祁述裕做群众路线教育实践活动专题党课，180余人参加。组织党员干部参观北京市廉政教育基地、文天祥祠、时传祥纪念馆，举办党的群众路线教育实践活动文艺演出。8月19日，召开教育实践活动第三环节整改落实、建章立制工作会，30人参加，征集意见建议114条，归纳整理"四风"问题13条，班子成员互帮查找问题100余条。制定整改措施69项、完善制定28项、新制定措施3项。（吴洁莎）

故宫博物院

【概况】 故宫博物院成立于1925年10月10日，是建立在明清两代皇宫（紫禁城）基础上，兼容建筑、藏品与丰富的宫廷历史文化为一体的中国最大博物馆，是世界上极少数同时具备艺术博物馆、建筑博物馆、历史博物馆、宫廷文化博物馆等特色，符合国际公认的"原址保护""原状陈列"基本原则的著名博物馆。故宫占地112万平方米，现存古建筑面积约17万平方米，馆藏文物数量180余万件。1961年被国务院公布为第一批全国重点文物保护单位，1987年被联合国教科文组织列入《世界遗产名录》，2007年被评为首批国家5A级旅游景区，2008年被国家文物局列为首批国家一级博物馆。1924年，冯玉祥发动北京政变，将溥仪逐出宫禁。同年故宫博物院开始筹建，1925年正式成立并对外开放。1931年"九一八"事变后，故宫文物被迫避敌南迁。数十万件文物首先迁往南京，抗日战争全面爆发后，又分三路西迁四川，历时十余年行程数万里，文物基本无损，创造第二次世界大战中保护人类文化遗产的奇迹。中华人民共和国成立前夕，南迁文物中的极少部分被运往台湾。故宫博物院在各界支持和历届同仁努力下，在古建筑保护、文物管理、陈列展览和学术科研等方面，取得很大的成绩。故宫博物院隶属于国家文化部的事业单位，内设处级机构35个，在职职工1000余人，离、退休近1000人。

年内，落实"平安故宫"工程，7个子项目取得阶段性进展。参加全国第一次可移动文物普查工作，启动藏品3年普查清理工作。完善突发事件应急预案。成立故宫学院（苏州）、古建筑研究所、宫廷戏曲研究所、博士后科研工作站，建立明清官式建筑保护研究国家文物局重点科研基地。开展国际交流合作，与俄罗斯克里姆林宫、美国博物馆联盟等签署合作意向书，与国际文物修护学会等签署合作备忘录。制定故宫博物院分流限流方案，启用新售检票系统，调控观众流量，确保安全。研发建院90周年纪念品。全年接待观众1525万人次，门票收入7.24亿元、比上年增加3.48%。《在紫禁城》被评为年度中国最美的书。《大英博物馆藏中国明代陶瓷》《中国古代金银首饰》《故宫日历》（2015年）入围《新京报》2014年度好书榜。《御笔写经抄经本套装》获中国创意工业创新奖新产品提名奖。故宫博物院网站在年度文化部政府网站群绩效评估中获"在线服务领先奖"。

单位地址：东城区景山前街4号

联系电话：85007026

邮政编码：100009（马翔宇）

【平安故宫工程】 成立"平安故宫"工程领导协调小组及办公室、专家咨询委员会、消防安全评估论证专家组，分别召开第一次全体会议，推进"平安故宫"工程实施。北院区建设项目建议书由文化部上报国家发改委。地库、基础设施改造工程项目建议书皆获国家发改委原则同意。世界文化遗产监测项目开展观众动态监测、防雷监测系统等新项目建设，出版《故宫博物院世界文化遗产监测工作报告（2012年）》。故宫安全防范新系统中，安防系统已完成29个区域中12个区域的检测，消防系统的95%。院藏文物防震项目进行第二期文物防震评估工作。院藏文物抢救性科技修复保护项目，建立宫廷家具、车马轿舆类等11个文物修复工作室，保护修复400余件文物。召开6次"平安故宫"工程月度媒体通报会。

（马翔宇）

【古建筑保护】 年内，宁寿宫一区（符望阁）保护修复工程、上驷院车房修复工程、端门城台建筑保养等竣工。午门展厅改造，永寿宫、毓庆宫建筑群修缮工程开工。另有6项工程准备开工。完成古建筑防雷工程8项。清理影响古建安全的临时建筑，恢复御花园风貌。完成古建日常零修工程454项。对全院瓦顶除草清垄，挖补太和门区域2000余块地面砖。成立明清官式建筑保护研究国家文物局重点科研基地暨故宫研究院古建筑研究所。开办官式古建筑培训班，第一期培训学员61人。（马翔宇）

【文物管理与科技保护】 起草《故宫博物院藏品三年清理工作方案》，参加全国第一次可移动文物普查、启动藏品三年普查清理、延续和深化第5次文物清理工作，用3年普查清理甲骨、乾隆御稿、明清尺牍、清代瓷片和窑址标本、清宫老照片、清宫老照片玻璃底片、古建文物资料、石刻构件等15类文物，开展登记著录、影像采集和研究工作。更新《故宫博物院藏品总目》至166万件，占藏品92%。接受捐赠藏品6件。修复文物600件、数字复制与人工临摹21件、制作囊匣94件、画夹8件、书套4件，完成原状陈设展览文物保养209件。古钟表传统修复技艺入选第四批国家级非物质文化遗产代表性项目名录。承办陶瓷藏品保护与修复培训班。筹备启动文保修复师承制工作，确立徒弟11人。（马翔宇）

【安全保卫】 年内，消防报警系统改造工程进入系统试运行阶段，端门区域安防系统改造工程上线，视频监控系统无缝隙加密工程完工，门禁系统升级改造项目进入实施阶段，招标高压消防给水系统改造，资格预审应急指挥平台建设项目。完善突发事件应急预案，春节、两会、黄金周等重点时期，制定观众接待方案。实施警卫岗位工作质量量化管理办法。全年组织联合大检查6次，举办第六届消防运动会，组织消防演习、封门演习30余次。在御花园更换石栏、增设路椅、不售卖各种饮食，解决御花园观众拥挤、蹲坐用餐、攀爬假山等问题。调整开放区域观众座椅221处，增加临时果皮箱290个，更换靠背座椅木板200套。（马翔宇）

【陈列展览】 全年院内举办展览8个，即乾清宫西庑“天子万年——清代万寿庆典展”，武英殿“故宫藏历代书画展”（第八、九期），延禧宫“欧斋墨缘——故宫藏萧山朱氏碑帖特展”，延禧宫“越洋遗珍——上海博物馆与故宫博物院藏明清贸易瓷展”，延禧宫“降龙伏虎尽神通——故宫博物院藏罗汉画特展”，斋宫“故宫博物院藏清代碧玉器与玛纳斯展”，斋宫“魅力中国白——德化窑陶瓷精品展”，神武门“郑于鹤雕塑展”。赴境内文博机构举办、参展5个。（马翔宇）

北院区宫廷园艺研究中心

【宣教与公众服务】 第九届故宫知识课堂以“欢天‘戏’地过大年”为主题，举办3场次900余学生和家长参加，暑期举办马年说马系列活动305个家庭参加。故宫知识课堂走进贵州省万山区田坪小学，学生102人参加。在三八国际劳动妇女节、国际博物馆日、中国文化遗产日，举办特别教育主题日活动。举办北京市市级中华文化小大使走进故宫博物院、皇帝的一天亲子体验等活动，为北京汇文中学学生上钧瓷的秘密美术课，为观众展示“朝珠DIY”及“击扫黑白，传拓万千”教育项目。启动二期护栏改造工作，更新、改造11处区域标识牌，新增及维修广告牌、公告贴341块。讲解接待国内外宾客303批1.31万人。志愿者160人次参与服务，为观众提供服务5125人次1.02万个小时。故宫文化志愿者宣讲团赴社区、学校、机关、企业举办活动11场1195人次。启动《故宫志愿者》（季刊）编印工作。举办故宫讲坛20场，在秦皇岛市举办故宫大讲堂11场。（马翔宇）

【数字故宫】 完成全新英文版网站页面设计。发布《紫禁城祥瑞》《皇帝的一天》两项iPad应用，《皇帝的一天》为首款儿童类iPad版应用，获AppStore十月最佳APP推荐。完成7项虚拟漫游项目。国家文化创新工程课题项目《故宫书画的全媒体传播策略和关键技术研究》获文化部正式立项。“微故宫”官方微信服务号于1月1日正式发布上线。端门数字馆确定“第1期展览（暨常设展）”展览大纲三大部分，即从紫禁城到故宫博物院、“紫禁集萃”·“故宫珍藏和紫禁城”·“天子的宫殿”9个数字展项。清理玻璃底片1.50万张。制作故宫博物院文明参观导引宣传片。完成宁寿宫花园数字记录项目第5期，进行样式雷烫样的三维扫描试验工作。虚拟现实演播厅接待观众248场5048人次。（马翔宇）

【学术科研】 完善故宫研究院组织结构，建立博士后科研工作站、古建筑研究所、宫廷戏曲研究所，发布近几年将开展的10项科研出版项目。下设考古研究所对慈宁花园等3处院内古代建筑遗址进行抢救性考古发掘，获重要成果。聘请国内外知名学者4人为首批顾问，召开明代宫廷史学术研讨会，启动《故宫博物院十年论文选（2005-2014）》编纂。成立故宫学院（苏州），举办讲座5场。向全国文博业界，开设明清瓷器鉴定、官式古建筑木构保护及木作营造技艺培训班、中德博物馆管理和陶瓷藏品保护与修复培训班。完成6项国家级非物质文化遗产代表性项目名录申报。举行中国陶鬲谱系研究首发式，举办故宫专题学术讲座12次。举办第三届故宫学高校教师讲习班，举行纪念古物陈列所成立一百周年、故宫学与西学学术等8个学术研讨会。完成《故宫文物南迁史料长编》整理与编纂，编辑出版《故宫学刊》11、12辑。与中央美术学院、苏州大学等高校达成故宫学初步合作意向。

（马翔宇）

【出版工作】 年内，故宫出版社成书246种，其中新书185种、重印61种。4个项目获国家资助。《故宫日历》（2015年）入围《新京报》年度好书榜；《在紫禁城》被评为年度"中国最美的书"奖；《故宫画谱》系列、《楷书结构八十四法》《兰亭的故事》《清明上河图的故事》等25种图书入选年度中小学生图书馆（室）推荐书目。经东城区教委与区民政局批复，成立北京市东城区故宫书画培训学校，开展书画教育培训工作。

（马翔宇）

【对外交流】 举办、参加各类涉外展览6项，即赴香港文化博物馆"卓椅非凡：穿梭时空看世界展"、赴美国弗吉尼亚美术馆"紫禁城——北京故宫博物院皇家珍品展"等。国际博协国际博物馆培训中心举办培训2次。与香港中文大学签署战略合作意向书、与印度喀拉拉邦历史研究委员会签署合作谅解备忘录、与白俄罗斯国家美术馆签署战略合作协议、与俄罗斯克里姆林宫签署战略合作意向书、与美国博物馆联盟签署合作意向书、与国际文物修护学会签署合作备忘录，与美国波士顿美术馆、哈佛大学、芝加哥艺术博物馆、加拿大温哥华中华艺术和文化促进协会达成合作意向。请俄驻华大使及其他外交人员参加第三届驻华使节进故宫活动。派出赴外出访团组37个。

（马翔宇）

故宫博物院负责人

故宫博物院院长	单霁翔

·2015·
北京东城年鉴
BEIJING DONGCHENG NIANJIAN

医药卫生·体育

庆祝建党九十三周年地坛社区共建联合会和平里医院义诊

卫生和计划生育

【概况】 东城区卫生和计划生育委员会（简称区卫计委），是区政府职能部门，负责全区卫生事业管理和人口及计划生育工作。7月14日，根据《北京市机构编制委员会关于组建区县卫生和计划生育委员会的实施意见》（京编委［2014］44号）文件精神，北京市东城区卫生和计划生育委员会整合组建，组建后有下属单位41个编制7639人，其中行政机构3个、公务员编制234人实有226人，医疗机构单位10个、事业编制4967人实有3842人，公共卫生机构及其他单位28个、事业编制2427人实有1765人。辖区内医疗卫生机构564个，其中医疗机构541个、卫生机构23个。医疗机构中营利230个、非营利机构311个。卫生技术人员2.48万人（含中央、市属医院），其中执业（助理）医师9460人、注册护士9972人，实有床位1.09万张。平均每千常住人口拥有卫技人员27.28人，执业（助理）医师10.38人，注册护士10.95人，实有床位12张。全年出生1.01万人、出生率10.35‰，死亡6893人、死亡率7.06‰，自然增长率3.29‰。人口期望寿命84.38岁，男性81.95岁、女性86.80岁。死因顺位前十位依次为：恶性肿瘤、心脏病、脑血管病、呼吸系统疾病、损伤和中毒、内分泌营养和代谢疾病、消化系统疾病、神经系统疾病、泌尿生殖系统疾病、传染病。

2月21日，选派北京市第八批一期援疆干部赴疆支援

年内，开展群众路线教育实践活动，深化医疗卫生体制改革，完成东城区卫生部北京医院—普仁医院“医联体”签约运行工作。4月28日，东直门医院医疗联合体成立。东直门医院与北京市鼓楼中医医院、东城区社区卫生服务管理中心签订合作协议。10月30日，和平里医院名中医工作室指导老师孙光荣教授在第二届国医大师表彰会上获“国医大师”称号。第六医院获北京市中医管理局《北京市第四批综合医院示范中医科》称号。北京市中医管理局批复同意北京市和平里医院从综合医院转型为三级中西医结合医院。12月18日，北京市隆福医院与东城区汇晨老年公寓合作正式建立北京市首家“医养融合”型老年服务机构。总结试验区可复制可推广模式，推进家庭医生式团队服务，实现中医药特色健康管理社区全覆盖。强化公共卫生监督与管理，加强医疗质量管理。做好计划生育服务工作，完成计划生育生殖健康技术指导中心标准化建设。验收建国门医院一期建筑面积2784平方米翻扩建工程，于12月底试运行。年末接待计生政策咨询935人次，二孩审批2466例。完成7家社区卫生服务机构选址和建设。9月28日，东城区卫计委在新落成的北京市首家“家庭健康指导中心”举办东城区计划生育事业回顾展暨东城区家庭健康指导中心揭牌仪式。全年卫生系统收入32.94亿元，支出32.99亿元。年收入中财政补助投入10.05亿元，其中离退休经费投入3.99亿元、卫生事业投入6.06亿元。

单位地址：东城区东四十一条83号

联系电话：64040302

邮政编码：100007（曹赫隽　王承岩）

【国家中医药改革试验区建设】 5月9～11日，在地坛公园举办第七届北京中医药文化宣传周暨第六届地坛中医药健康文化节。中医、中西医结合专家200余人，为市民提供专业义诊咨询及中医适宜技术体验等，接待游人3万余人次。与教委联合在中小学开展中医药在你我身边主题演讲比赛，“小手拉大手同游养生园”及“中医药文化创新人才培养协作体”活动。5月28日至6月1日，参展第三届中国（北京）国际服务贸易交易会中医药专题板块，接待群众5000余人次，发放宣传材料5000余份。5月30日，“试验区”支持项目——北京恒和中西医结合医院与英国皇家自由医院（RoralFreeHospitalNHS）正式签署《全面合作协议》。6月27日，北京市中医药管理局同意在东城区第一妇幼保健院建立全国第一个妇幼保健研究—北京市中西医结合妇幼保健研究所，打造中国特色妇幼保健的信息化服务、学术交流、人才培养、科研协作、文化展示平台。（曹赫隽）

【医疗工作】 全年门诊2336.52万人次，急诊107.81万人次，观察室留观16.09万人次，出院36.39万人次，病床使用率84.56%，死亡率0.88%，全年住院手术20.98万例。8家区属医院完成154病种涉及64个专业临床路径工作，组织辖区医院开展普通外科等8个专业内镜诊疗技术准入工作。完成龙潭庙会、第十四届市运会、国庆游园会、APEC会议等医疗保障任务。开展辖区二级医疗机构护理员持证上岗基本情况调研、统计工作。落实和完善北京地区护理安全（不良）事件上报流程。组织二级医院临床护理骨干100人静脉输液规范化培训及考核，开辟优质护理服务病房52个。完成护士延续注册5518人次，护士变更注册761人次，换领《护士执业证书》497人次。7家二级医院分别对平谷、昌平区卫生院对口支援医师84人次，捐赠款项及设备6.50万元，门诊5749人次，疑难病会诊47次，学术讲座33次、业务培训351人次，健康查体7518人次，义诊1095人次，教学查房24次，医务人员进修4人。建特色专科1个。对8家医疗机构过期麻醉、一类精神病药品进行现场监督销毁，现场检查二级以下18家医疗机构麻醉和一类精神病药品保存使用和管理。万元以上设备3.41万台，设备总价值66.65亿元。完成二级医院更新，新增血管造影X射线系统64排CT的材料初审工作，完成10家医疗卫生单位26批次200余台医疗设备采购审核工作。核销设备261件。（曹赫隽）

【揭牌仪式】 9月28日，在新落成的全市首家“家庭健康指导中心”，举办东城区计划生育事业回顾展暨东城区家庭健康指导中心揭牌仪式。市卫计委副主任耿玉田，副区长颜华及市、区卫计委有关领导，系统离退休老干部、17个街道主管主任等70余人参加。会上贾红梅致辞，原区人口计生委老领导以自身经历讲述计生事业的艰辛与成果。耿玉田认为东城在全市率先成立“家庭健康指导中心”，必将为促进家庭发展做出新的贡献。颜华强调，计生与卫生合并后重要任务是“创建幸福家庭”活动试点工作，实现人人健康、家家幸福的家庭梦。会上，表彰国策30年记忆老照片征集活动，市、区领导为东城区家庭健康指导中心揭牌。（王承岩）

【疾病控制】 以区长任组长的慢性病综合防控工作领导小组、以主管区长任主任的区卫生防病工作委员会，统筹协调开展全区公共卫生工作，建立政府主导、部门合作、专业机构支持、全社会参与的工作机制。开展唾液快检提高HIV检测覆盖率，落实医务人员主动提供艾滋病检测服务（PITC）工作。感染者/病人综合管理指标均达到市级标准。完成性病诊疗机构主动提供梅毒咨询检测服务比例达80%，梅毒患者接受规范诊疗比例达到80%，艾滋病咨询检测点受检者和社区药物维持治疗门诊服药者免费梅毒检测率分别达到100%。开展北京市呼吸道和肠道传染病病原学监测工作9项。完成104起传染病聚集性疫情和少见病调查处理、控制工作。开展中东呼吸综合征、肠道传染病、埃博拉出血热疫情等演练。辖区无突发疫情发生。开展城市5种癌症，即肺、乳腺、大肠、上消化道、肝癌早诊早治项目。开展全民健康生活方式行动示范创建活动和全民健康生活方式指导员的培养工作，完成示范创建19家，培训健康生活方式指导员460人。全区管理高血压患者7.55万人，规范管理5.13万人；糖尿病患者2.61万人，规范管理1.73万人。对适龄儿童免费窝沟封闭龋及氟化泡沫防龋治疗7414人。封牙2.06万颗，氟化泡沫防龋2.01万人次。全区无地方病本地报告病例。开展第20个防治碘缺乏病日宣传活动。重性精神疾病患者统一登记建档，贫困精神病人免费用药5215人次，投入经费62.07万元。举办心理健康快车宣传讲座17场、精神卫生知识宣传讲座18场5600余人次参加。开展康复活动2次。预防接种建卡率100%。乙肝、脊灰、百白破、白破、麻风、麻腮风、流脑A、流脑A+C、乙脑、甲肝疫苗接种率100%，麻疹、麻风、麻风腮、水痘应急接种2800人，狂犬病免疫接种3678人。完成适龄儿童1.48万人查漏补种工作。漏种儿童补卡、补证、补种率均为100%；外来务工人员接种9265人；接种免费流感疫苗6.15万人。面向街道、社区、公安民警及精防医务人员开展《精神卫生法》培训2次受众1000余人次，落实104所中小学校卫生工作视导，完成13所中学、20所小学的66间教室教学环境检测工作，开展主题宣传活动5次，实施“青少年健康相关行为”等专项调查3项。（曹赫隽）

【公共卫生监测】 完成公共场所监督抽检269户次，监测样品66户1114件、合格1044件合格率93.7%。生活饮用水监测424户次，监测样品612件，合格率100%。食品抽检17类34项，采样1476件合格1459件，合格率98.8%。完成放射医用诊断设备状态检测25台。对辖区130家单位进行个人剂量检测1416人次，未发现超剂量照射。开展健康大课堂1536场，受众9.83万人次。（曹赫隽）

【卫生监督】 全年受理公共医疗卫生行政许可申请7276件，全部办结。完成全国两会、APEC第三次高官会等5次大型活动公共卫生保障任务。开展整顿医疗秩序打击非法行医专项行动、“飓风行动”、互联网重点领域医疗广告及医疗保健服务信息专项行动，开展医疗机构卫生技术人员资质等专项检查。与相关部门开展联合行动18次，取缔非法行医22户，对12个涉案网址公示曝光。全面检查医疗机构的预防接种、传染病疫情报告、疫情控制、医院感染管理、消毒隔离制度执行、医疗废物管理、病原微生物实验室生物安全。定期检查肠道门诊12家，对12家发热门诊进行埃博拉出血热疫情防控专项检查。监督检查辖区流感疫苗预防接种门诊及临时接种门诊。开展血液安全监督检查，对流动采血车监督16户次，临床用血医疗机构监督23户次。开展东城区血液安全专项监督检查，抽查输血病历170份，核查输血记录90份。对174件投诉举报，全部处理回复，处理率、回复率均100%。（曹赫隽）

【社区卫生】年内，正式运行社区卫生服务中心7个、卫生服务站56个、卫生服务人员1228人。家庭医生式服务团154支签约管理居民56.14万人，签约人数占全区总人口61.70%。完成《东城区社区卫生服务信息系统南片社区卫生服务中心应用推广项目》，实现全部社区卫生服务机构网络互联互通、数据资源共享，在全市率先建立统一社区卫生服务信息平台。完成东城区中医药特色健康管理社区创建工作，实现187个社区全覆盖。加强区内医疗机构合作机制，社区卫生医疗机构同辖区11家二、三级医院，4家中医专科医院签订分工协作协议。体育馆路、天坛社区卫生服务中心被评为全国示范社区卫生服务中心，龙潭、永定门外社区卫生服务中心被评为北京市示范社区卫生服务中心。（曹赫隽）

【妇幼保健】完成10家计划生育技术服务机构行政服务许可、45人次计划生育技术服务审批项目，计划生育技术服务单位管理率100%。全年管理孕产妇1.08万人，住院分娩率100%，孕产妇死亡率11.01/10万，母乳喂养率90.25%。计划生育手术1.66万例，无手术并发症。宫颈癌筛查2681人确诊0人，乳腺癌筛查2785人确诊2人。免费发放叶酸976人。婚前检查1525人，婚检率4.63%、疾病检出率11.74%。新生儿疾病筛查率98.33%，出生缺陷发生率16.46‰。0-6岁儿童3.19万人保健覆盖率99.37%、系统管理率95.37%。统一管理辖区50家托幼园所卫生保健工作。5岁以下儿童死亡率2.77‰，新生儿死亡率1.48‰，围产儿死亡率3.93‰。（曹赫隽）

【爱国卫生】完成病媒生物监测工作。成蚊捕获971只，年平均指数为0.51只/灯·时。鼠密度监测仪宾馆饭店发现鼠迹4处。成蝇捕获5472只，年平均指数为7.67只/笼·天。蜚蠊捕获397只，年平均密度为0.05只/板·夜。开展5.31主题控烟宣传活动。在社区中开展成人烟草调查工作，开展餐馆无烟法律遵守情况评估调查。（曹赫隽）

【血液管理】年内，辖区设固定街头采血点6个，临时采血点2个。全年自愿无偿献血12.25万人次，其中单位团体无偿献血3163人次、街头采血点无偿献血11.93万人次。6月、10月，在辖区街道社区、高校、驻区单位开展无偿献血宣传月活动。全年辖区医疗机构临床用血5.91万单位。（曹赫隽）

4月，人口计生委对“单独二孩”等举办系列讲座、咨询活动

【医学教育】年内，批准407项区级继续医学教育项目，举办继续教育项目3959场培训50.31万人次，其中区级1880场培训28.07万人次。卫技人员继续教育达标率99.74%。区内二级及以下医疗机构93人参加住院医师规范化培训，参加市卫计委区县级医院专业骨干培训13人、中法急救培训中心高级模拟专项培训5人、北京市中医全科医生转岗培训4人。永定门外、龙潭、朝阳门社区卫生服务中心分获北京市中医科普团队建设项目，资助资金每年2万元。北京市鼓楼中医医院获批北京中医药薪火传承“3+3”工程室站2项，分别为“马在山名家研究室”和“贺思圣名医传承工作站”，获资助8万元。北京市鼓楼中医医院王文友获批“2014年全国名老中医药专家传承工作室建设项目”，资助50万元。北京市鼓楼中医医院蓝海冰获“2014年国家级燕京赵氏皮科流派传承工作站（北站）”。（曹赫隽）

【科研工作】获批立项市、区级科研课题19项，资助60万元。其中北京市鼓楼中医医院潘芳的“贺氏管针术传统技法规范化与传承推广研究”项目获“首都医学发展科研基金（中医药）项目”资助15万元；北京市鼓楼中医医院、区第一妇幼保健院获北京市金桥工程种子资金资助2万元；北京市鼓楼中医院“基于数据挖掘方法的王文友主任医师临床诊疗经验研究”等4个项目获北京市中医药科技发展资金项目资助11万元，第六医院等7家单位获区科技计划项目资助25万元，区第二妇幼保健院获区优秀人才项目资助7万元。全年发表论文258篇，其中科技源统计期刊论文122篇。（曹赫隽）

【年度工作会】3月13日，召开年度人口和计划生育领导小组工作会，部署2014年人口和计划生育工作要

点。区财政局、公安分局，北新桥、体育馆路街道代表领导小组成员单位发言，驻区单位代表武警北京市总队二师第十支队介绍经验。颜华传达李克强总理对计划生育工作的批示，坚决落实“一票否决”，对做好新时期计划生育工作提出3点要求。全区44个综合治理部门主管领导、17个街道主管主任及区人口计生委干部100余人参加。（王承岩）

【农工党市委课题组到区调研】3月，农工党北京市委人资环课题组一行10人，到东城调研0—3岁婴幼儿早教工作。参观区早教示范基地，区人口计生委向课题组专家汇报区早教项目的进展情况，重点介绍17个街道建立“家和”社区早教指导中心并投入运营情况。区人口计生委主任介绍东城区开展早教工作的特点，彭彧华认为早教工作是深受群众欢迎的惠民工程，希望东城多出经验推动北京市早教工作的开展。市计生协会，区人口计生委、第二妇幼保健院领导等参加。（王承岩）

【布隆迪考察团来区参观】12月1日，布隆迪人口政策高级别考察团布隆迪外交部常务秘书萨尔瓦多·恩塔科巴马泽（SalvatorNtacobamaze）、内政部部长助理泰朗斯·恩塔希拉贾（TherenceNtahiraja）、第一副总统政治外交顾问阿波利奈尔·恩杜维马纳（ApollinaireNduwimana）、第二副总统法律行政顾问威尔弗里德·恩萨宾波纳（WilfridNsabimbona）参观考察东城区家庭健康指导中心。考察团一行观摩东城区人口计生事业30年光荣历程成就展，听取区药具站站长关于东城区家庭健康指导中心职能架构和计生工作介绍，现场就人口健康服务管理、育龄人群生殖保健和老年人群养老服务等进行交流和研讨。国家、市、区卫计委相关人员陪同。

（王承岩）

【计划生育法制培训会】12月10日在东城区卫生学校召开。17个街道法制干部50余人参加。会上，总结年度法制工作，讲解东城区依法落实特别扶助政策、社会抚养费征收、信访、再生育子女等行政审批工作程序和要求。与会人员表示培训内容具体、实用性强，具有指导作用。

（王承岩）

【社区干部特别扶助培训会】12月17～18日在区卫生学校召开。各街道计生办负责人、187个社区计生主任200余人参加。会议传达市调整特扶人员标准精神，总结、讲解特别扶助制度、申请程序、申报材料及下一步工作等，对工作中重、难点，特殊情况进行现场答疑。（王承岩）

北京医院

【概况】北京医院是一所以干部医疗保健为中心、老年医学研究为重点，向社会全面开放的医、教、研、防全面发展的现代化综合性医院，是直属国家卫生和计划生育委员会的三级甲等医院。有职工2653人，其中医生682人、护士1043人、医技人员245人、其他技术人员256人、行政人员250人、工勤人员177人。有正高级职称186人、副高级职称222人、中级职称1008人、初级职称810人。医疗设备总价值13.67亿元，新购置医疗设备总价值1.01亿元，其中10万元以上医疗设备142台、100万元以上22台。全年门诊179.68万人次，日均门诊7855人次。急诊12.04万人次，急诊危重症抢救7202人次成功率96%。床位1031张，入院3.73万人次、出院3.73万人次，病床周转39次，病床使用率95.50%，平均住院日9.6天，七日确诊率90%。住院手术1.77万例。医保住院患者1.94万人次，次均费用2.10万元，出院总费用10.20亿元、自费比例7.54%。

年内，重新启动国家老年医学中心申报工作，国家呼吸疾病临床医学研究中心正式启动。获各类院外牵头科研项目48项、经费2534余万元。完成北京医院学术委员会换届工作。在中国科技论文统计源期刊上发表论文540篇，论文被引3031次；在科学引文索引扩展版（SCIE）发表论文80篇，论文被引121次。在研课题353项，结题167项。获国家级奖项奖课3项，省部级奖项1项。CSI论文的最高影响因子39.207，平均影响因子3.201。接待外国团组、专家来访7个112人次。派出国学习、交流187人次，其中长期出国学习20人次。选送护理骨干21人参加中华护理学会、北京护理学会举办的急诊、静脉治疗、危重症等9个专科护士培训，选派优秀护士100余人参加学术会议。许锋获全国五一劳动奖章，急诊科获中央国家机关五一劳动奖状，北楼团总支获年度中央国家机关五四红旗团支部。

6月24日，在北京医院进行卫生部北京医院医疗联合体签约仪式

单位地址：东城区东单大华路 1 号
联系电话：85132266
邮政编码：100730（孙可）

协和医院

【概况】中国医学科学院北京协和医院（简称协和医院），是集医疗、教学、科研于一体的三级甲等综合医院，是国家卫生计生委指定的全国疑难重症诊治指导中心。有职工 4205 人，其中专业技术人员 3854 人（含卫生专业技术人员 3543 人、其他专业技术人员 311 人）。有正高级职称 261 人、副高级 408 人、中级 1316 人、初级 1786 人，其他 434 人。有院士 5 人，省部级以上“突出贡献”专家 15 人，享受政府特殊津贴专家 131 人，“百千万”人才国家级人选 6 人，中国医师奖 7 人，南丁格尔奖 1 人，全国政协委员 3 人。在职博士生导师 136 人、硕士生导师 255 人，博士点 16 个、硕士点 29 个。有 6 个国家级继续医学教育基地、18 个二级学科住院医师培养基地、15 个三级学科专科医师培养基地。医疗设备总价值 20.53 亿元。新购置医疗设备总价值 1.29 亿元。全年门诊 305.61 万人次，急诊 20.85 万人次，急诊危重症抢救 3411 人次，抢救成功率 89.9%，开放床位 1985 张。入院 8.70 万人次，出院 8.71 万人次，床位使用率 92.96%，平均住院日 7.71 天，七日确诊率 100%，出入院诊断符合率 99.9%。院内危重患者多科会诊 527 次，接受院外会诊 414 例，其中京内会诊 298 例、京外会诊 116 例。手术 4.73 万例。剖宫产率 45.80%，孕产妇死亡率 0.11%，新生儿死亡率 1.49%，围产儿死亡率 1.40%。全年医保住院 2.22 万人次，总费用 3.45 亿元，次均费用 1.56 万元。医疗纠纷发生 8 例，通过第三方处理解决 5 例。

年内，召开全院医疗质量、安全专题分析会 54 场。成立协和智库。在原 4 大银行基础上，新增农行、邮政储蓄银行合作，全面推行预约挂号，患者综合满意度 95.03%。申请新技术、新项目 12 项，完成审批 3 项。临床重点专科增至 29 个。通过年度 ISO 9001 质量管理体系评审。组织国家医疗队赴江西、安徽等地义诊，实施“菜单式”帮扶计划，服务 1200 余人。在院区开展各类义诊、健康大讲堂 130 余次，服务 2 万余人次。派出医护人员 44 人，完成援蒙、援藏及平谷区、社区对口支援。选派专家参与昆明暴恐事件、云南鲁甸地震、昆山爆炸事件、海南校车翻车事故的医疗救治及西非埃博拉疫区的防控。承担 APEC 会议期间多国元首保健和 3 个医疗点保障任务。参加援非“光明行”，接诊 1000 余人次，手术 200 余例。修订护理工作制度 24 项，建立 15 大类护理质控考核评价敏感指标。选送参加中华护理学会、北京护理学会专科护士培训 46 人，参加国内学术会议和交流 104 人。组织全院护士继续教育讲座 44 次，临床带教各类学生 1547 人、进修护士 787 人。举办国家级继续教育项目 5 期，招收学员 863 人。举办全院护理论文报告会，召开护理科研开题报告会，通过 18 项课题，获医院资助 26.10 万元。编辑“协和护理之音”4 期。在核心期刊发表论文 215 篇、SCI 文章 2 篇。接待国内外及港澳台参访护理人员 1260 人。与美国纽约大学医学中心签署合作协议，互派护理人员交流学习。与英国 University of South Wales 护理学院协商双方交换合作项目。申报纵向课题 476 项，中标 109 项 1.83 亿元。获教育部一等奖 1 项、二等奖 2 项，中华医学奖三等奖 5 项。在中文核心期刊发表论文 1300 篇，SCI 文章 456 篇，最高影响因子 54.42。获评首批国家住院医师规范化培训基地。学术交流出国学习、考察、参加学术会议 998 人次，接待院级外事参观 13 批次 211 人。聘请客座教授 7 人。派出国际交换培训项目住院医师 4 人，接收医师 4 人。澳门仁伯爵医院合作项目派出 5 人，归院 8 人；香港大学郑裕彤博士奖助金推荐 9 人。申报国家外专局 2015 年度外国文教专家聘请计划项目 12 个，获批国家外专局 2014 年度外国文教专家聘请计划项目 12 个，总经费 161.5 万元。信息化建设新上线全院级 PACS 系统，整合放射、超声、内镜、病理、核医学等影像资料供临床使用。完成无线网络建设与 PAD 医生移动查房试点。建设呼叫中心系统、运行监控系统、防病毒系统、入侵检测系统等安全防护系统。实现基于标准化的信息共享与互联互通。实施布线工程 5 项、增补信息点 452 个、增加备件库存。

单位地址：东城区帅府园 1 号
联系电话：69156114
邮政编码：100730（王子姝）

东直门医院

【概况】北京中医药大学东直门医院创建于 1958 年，是一所集医疗、教学、科研为一体的大型综合性中医院。是全国唯一一所进入国家“211 工程”建设的高等中医药院校——北京中医药大学的第一临床医学院，并率先成为全国示范中医医院、三级甲等中医院。本部有职工 1321 人，其中卫生技术人员 1142 人，行政、工勤 179 人。引进高级专业技术人才 7 人。东区在岗职工 808 人，其中卫生专业技术人员 683 人，含高级职称 74 人、中级职称 160 人、初级职称 449 人，行政工勤人员 125 人。医疗设备总价值 2.16 亿元，新购置医疗设备总价值 3264.64 万元，其中 10 万元以上设备 48 台、60 万元以上 15 台。东区设备总价值 1.30 亿元，新购置医疗设备总价值 4623.86 万元，其中 10 万元以上设备 33 台、100 万元以上设备 5 台。全年门诊东西两区 286.41 万人次，出院 2.71 万人次。东区急诊 8.35 万人次，急诊危重病人抢救 247 人次成功率 100%。全院床位 342 张，病床周转率 96.24%、周转次数 30.42 次、平均住院日 11.59 天。住院病人手术 2043 例 。中医四项指标中药处方比和中药收入比分别为 68% 和 72.28%，中药饮片处方比和中药饮片收入比分别为 36.17% 和 44.85%。总收入 5562.68 万元。

年内，成立重点专科建设办公室，

东直门医院

有国家级重点专科5个、国家中医药管理局重点专科15个、北京市特色诊疗中心9个。通过国家中医药管理局名老中医药专家传承工作验收及中期检查评估，新增第五批传承工作室3个、北京薪火传承“3+3”名医传承工作站2个。发表SCI收录的学术论文16篇，核心期刊文章200余篇。获授权发明专利1项，中华中医药学会科学技术奖二、三等奖各1项，北京中医药大学科学技术奖4项。开展中医护理方案病种35种，完成病例2606例。实施中医特色护理技术21项7.69万例。引进高、中级专业技术人才14人留学生2人。医院正式成立国际合作处，派往德国魁茨汀中医医院工作2人、新加坡中医学院讲课老师8人。接待国际田联主席迪亚克、俄罗斯国立大学、泰国卫生部、日本群马大学、新加坡南洋理工大学等代表团参观访问、学术交流26次。王子瑜、廖家桢、吕仁和教授获选首都国医名师，王耀献获全国五一劳动奖章，田金洲获首都健康卫士称号。

单位地址：东城区海运仓5号
联系电话：84013211
邮政编码：100700 （王红）

北京同仁医院

【概况】 首都医科大学附属北京同仁医院创建于1886年（清光绪十二年），是一所以眼科、耳鼻咽喉科和心血管疾病诊疗为重点的三级甲等大型综合性医院。有职工3473人，其中在编2862人、合同制528人。卫技人员2951人，含正高级职称198人、副高级职称294人、中级职称1185人、初级师955人、初级士234人、未定级（见习期）85人，其他专业技术人员157人，工勤316人，其他工作人员49人。医院三区医疗设备总价值10.11亿元，新购置医疗设备总价值14.92亿元，其中10万元以上设备113台（件）、100万元以上51台（件）。全年门诊226.93万人次，急诊31.21万人次，急诊危重症抢救人次抢救成功率95.04%。编制床位1759张、实有1609张。年出院7.78万人次，床位周转48.76次，床位使用率92%，平均住院日6.94天；住院手术5.42万例。医保出院3.10万人次，总费用4.00亿元、次均费用1.29万元。

年内，派出医师32人到大兴区人民医院、区妇幼保健院完成晋升前基层锻炼。完成教学查房568次、会诊506人次、手术示范195例、病例讨论199次，门诊工作2759天、接诊患者4.81万人次，举办专题讲座1676次、技术培训955次。开展京蒙对口支援，赴内蒙古扎兰屯市人民医院，为低保白内障患者56人进行复明手术。派出眼科白内障专家团队到应扎兰屯市人民医院，为白内障疑难病患实27人进行复明手术；完成门诊228人次、会诊10次、手术10例，教学查房10次、病历讨论10次，技术培训10次。申报各类科研项目163项，获批科研立项96项，其中国家级24项、省部级24项、局级及其他10项，立项经费3899万元。在研课题数207项，结题数71项。申报头颈部分子病理诊断北京市重点实验室正式获批，获授权职务发明专利5项。全年发表SCI收录论文208篇，最高影响因子29.648分，平均影响因子2.305分。科技部统计源核心期刊论文687篇，出版著作10部。接待来访外宾100人次。办理因公出国30批48人次，其中参加国际会议42人次。4月德国马格德堡大学医学院Sabel教授来访，进行为期2至3个月的工作及技术交流。4月10～12日，耳研所负责协办的鼻科学研究和免疫学论坛（SERIN）首次在亚洲成功举办（SERINASIA）。卢海教授获首都劳动奖章，王宁利工作室正式成立。

单位地址：东城区东交民巷1号
联系电话：58269911
邮政编码：100730 （杨柳）

北京天坛医院

【概况】 首都医科大学附属北京天坛医院始建于1956年，是一所以神经科为重点的三级甲等大型综合医院。有职工2613人，其中在编1903人、合同制710人，卫技人员1592人，含正高级职称139人、副高级职称231人、中级职称552人、初级师574人、初级士96人。有护士1004人，注册护士999人、合同护士411人，医护比例1：1.45，ICU床位数57。医疗设备总价值7.72亿元。新购置医疗设备总价值7985.19万元，其中100万元以上设备15台（件）。9月1日起，神经内科正式更名为神经病学中心，分9个科室，即血管神经病学、神经感染和免疫、神经变性病、癫痫、介入神经病学、神经肌肉病和神经遗传、神经危重症医学、神经辅助检查中心、神经临床试验与临床研究中心。全年门诊127.73万人次，急诊10.59万人次，急诊危重症抢救5984人次，抢救成功率92%。编制床位950张、实有1162张。出院3.92万人次，床位周转34.13次，床位使用率94.55%，平均住院日10.13天，死亡率0.74%。住院手术2.88万例。医保出院1.49万人次，总费用2.35亿元，次均费用1.58万元。

年内，对口支援方庄、体育馆路、蒲黄榆、永外、天坛5个社区卫生服务中心，新增顺义区空港医院。与朝阳急救中心，丰台、铁营、右安门医院，方庄卫生服务中心建立医疗联盟；与河北燕达医院联合成立天坛燕达脑科中心。申报科研项目329项，中标课题65项、经费6093.8万元；获专利11项，其中实用新型专利6项、外观设计专利5项。有市级重点实验室1个，即脑血管病转化医学北京市重点实验室。新争取重要科研项目18项，总经费1040万元。SCI收录论文50篇，开放课题4项。现有护理，神经内、外科3个重点专科；发表科技论文566篇，出版专著11部。接受进修医师224人，举办培训班培训师资135人。全年因公出访32个团组50人次，分别前往美国哈佛医学院，约翰霍普金斯、杜克等大学进修。参加国际会议25人次。6月14日，在先农坛体育场举办2014年北京天坛医院职工运动会，设竞赛项目两大类趣味比赛39个项目，院所1600余人次参加。

单位地址：东城区天坛西里6号

联系电话；67096611

邮政编码：100050 （郝蕊）

北京中医医院

【概况】北京中医医院始建于1956年，是北京市市属综合性、现代化三级甲等中医医院。有职工1379人，其中在编1126人、合同制253人；卫技人员1166人，含正高职称116人、副高职称137人、中级职称347人、初级师362人、初级士204人。有注册护士428人，其中在编244人、合同制184人；新招护士59人。医护比例为1：1。ICU床位10张。医疗设备总价值4.17亿元，其中100万元以上设备74台，新购置医疗设备8985.92万元，其中100万元以上设备23台。全年门诊220.90万人次、急诊3.90万人次，急诊危急重症抢救1885人次成功率97.40%。编制床位565张、实有601张，出院1.75万人次，床位周转29.03次、床位使用率93.73%。平均住院日11.78天，死亡率1.23%，住院手术3333例。医保出院1.18万人次，总费用1.90亿元，次均费用1.61万元。

年内，向四川、青海、宁夏、内蒙古、山西等及京郊区、县派出兼职、挂职医务人员24人，优先、减免费用接收受援单位进修35人，大型义诊16次，参加受援单位义诊派出专家2630人、手术44例，开展适宜新技术17项，专业讲座46次，讲授健康教育课64次，咨询诊治患者2.96万余人次。与内蒙古自治区巴彦淖尔市、唐山市丰润区中医医院、张家口市下花园区中西医结合医院建立医疗联盟关系。申报科研课题212项、中标纵向课题39项，获经费2396.10万元，其中国家级课题7项966万元，省部级课题18项1345.38万元，局级课题14项84.72万元。在研课题120项，结题26项。申请并获实用新型专利1项，申请发明专利8项。发表SCI论文25篇，累计影响因子46.79，最高影响因子3.276、平均影响因子1.883；发表中文论文269篇。拥有国家中医药管理局重点学科8个、北京市重点学科5个，国家临床重点专科8个、国家中医药管理局重点专科13个。因公出国团组8个11人次。针刺改善血管性痴呆认知损害的神经保护机制研究获教育部科学技术进步二等奖。

单位地址：东城区美术馆后街23号

联系电话：52176677

邮政编码：100010 （芦云珊）

北京口腔医院

【概况】首都医科大学附属北京口腔医院创建于1945年，是集医疗、教学、科研、预防为一体的三级甲等口腔专科医院。有职工1133人，其中在编640人、劳务派遣493人；卫技人员938人，含正高级职称74人、副高级职称89人、中级职称191人、初级师348人、初级士236人。有护士356人，其中注册护士351人、含合同护士221人。医护比例1：1.17。ICU床位6张。医疗设备总价值1.99亿元。新购置医疗设备2676.04万元，其中100万元以上设备7台。全年门诊73.93万人次、急诊3254人次。编制床位100张，实有床位62张。出院2333人次，床位周转37.63次，床位使用率90.38%，平均住院日8.77天，死亡率0.04%。住院手术2274例。医保患者出院863人次，总费用584.44万元，次均费用6772.14元。

年内，有医生32人分别在怀柔牙防所，西红门、顺义区等医院参加区县支援工作，完成门诊诊疗4902人次，其中疑难病例会诊1593人次，开展专题小讲座64次，新技术、新业务13项。医生154人次到东城、西城、丰台区46个社区卫生服务站参加社区支援工作，开展健康咨询、讲座20余次，指导社区医师门诊10余次，为社区老年人、儿童体检1.52万余人次。为内蒙古自治区培养骨干医师4人。申报各类科研课题180余项，立项50项，获经费1908.75万元。院内立项学科建设基金22项，资助经费111万元；出国研修专项10项。在研课题141项，结题33项。获实用新型专利1项，发明专利1项。发表科技论文142篇，其中中华系列期刊12篇、SCI收录38篇、最高影响因子7.133，平均影响因子2.46，总影响因子93.623。参编著作7部，其中主（副主）编5部、参编2部。4月17日，国际牙科研究学会（IADR）主席HelenWhelton和执行主席ChristopherH.Fox一行来院参观访问，双方交流IADR在中国区会员发展、科学研究、人才培养、国际合作等问题。12月14～15日，口腔正畸科与美国天普大学牙学院联合举办首届口腔正畸高级研修班，在北京完成一期课程培训。接待美国、意大利、丹麦、德国等国家专家60余人参观、讲学、探讨合作项目及签署合作协议。有26批54人次分别赴美国、日本、奥地利、意大利等国家参加国际会议和学术交流访问。为全市16个区县20.46万儿童免费窝沟封闭恒磨牙30.06万颗，为学龄前儿童提供免费氟化泡沫预防龋齿服务50.19万人次。参加微笑列车、嫣然基金公益慈善项目，为贫困家庭的唇腭裂患儿331人进行手术治疗。8月8日，与贵阳市口腔医院签订技术支持协作协议。

单位地址：东城区天坛西里4号
联系电话：57099114
邮政编码：100050　　（郑晓雁）

北京妇产医院

【概况】 首都医科大学附属北京妇产医院北京妇幼保健院是集医疗、教学、科研、预防、保健为一体，以诊治妇产科常见病、多发病和疑难病症为重点的三级甲等妇产专科医院。有职工1516人，其中在编1255人、派遣261人，卫生技术人员1203人，含正高级职称70人、副高级职称95人、中级职称280人、初级师525人、初级士233人。有注册护士576人、合同护士173人，医护比例1：0.6945。儿科NICU床位32张。医疗设备总价值3.49亿元。新购置医疗设备总价值5801.37万元，其中100万元以上设备12台。全年门诊123.65万人次，急诊3.50万人次、急诊危重症抢救20人次成功率100%。编制床位660张，实有509张。年出院4.18万人次，床位周转次数82.17，床位使用率105.67%，平均住院日4.64天，死亡率0.002%。住院手术3.22万例。剖宫产率34.74%，孕产妇死亡率0/万，新生儿死亡率0.06‰，围产儿死亡率5.14‰。妇幼保健全市孕产妇死亡率控制在7.62/10万，医保患者门诊51.02万人次总费用1.44亿元（基金支4831.38万元），出院1.22万人次、总费用6938.20万元（基金支4093.48万元），门诊次均283元、住院次均5704元。

年内，免费接收内蒙古、宁夏地区医务人员10人进修学习。对口支援平谷、通州、昌平、顺义、房山妇幼保健院，怀柔第一医院、顺义空港医院出诊384天，诊疗1.21万人次。接收本、专科实习护士168人，进修护士69人。全年申报课题108项，获局级以上课题立项38项，其中国家级2项、资助经费146万元，省部级12项资助经费670万元，局级17项资助经费291万元。在研课题96项，结题19项。接待德国、美国、加拿大等国家来访、专家研讨83人次，对临床、保健、科研等领域进行交流。引进国外专家40余人次，聘请客座教授4人、名誉科主任2人。在临床教学、科研合作、疑难病症会诊、授课等进行合作。举办第六届更年期及妇科内分泌相关问题国际研讨会，中美临床技术研讨会，第三届胎儿孕早期出生缺陷产前超声诊断及咨询高级课程等国际会议。派出专家25人20批分赴美国、英国、德国、法国、澳大利亚等国家、地区考察和学术交流。全市剖宫产率从2013年的46.4%下降至41.92%。举办各类培训班138期1.45万人次参加，考核5803人次。完成对各类医疗保健机构和社区卫生中心707次检查督导1000余人次参加。

单位地址：东城区骑河楼街17号
联系电话：52276666
邮政编码：100026　　（陈静）

东城区三级甲等医院负责人

北京医院
　　党委书记　王建业
　　院　长　林嘉滨
协和医院
　　党委书记　姜玉新
　　院　长　赵玉沛
东直门医院本部
　　党委书记　叶永安
　　院　长　王耀献
东直门医院东区
　　党委书记、院长　张明海
北京同仁医院
　　党委书记　王宁利
　　院　长　伍冀湘
北京天坛医院
　　党委书记　宋茂民
　　院　长　王　晨
北京中医医院
　　党委书记　信　彬
　　院　长　刘清泉
北京口腔医院
　　党委书记　张振庭
　　院　长　白玉兴
北京妇产医院
　　党委书记　陈　静
　　院　长　严松彪

食品药品监督管理

【概况】 北京市东城区食品药品监督管理局（简称东城区食药局），主要对辖区内食品、药品、医疗器械、保健食品、化妆品实施监管，统一受理食品药品行政许可申请及食品药品安全问题的举报。区食药局由区、街两级食品药品监管机构构成，机构设置12个，街道食药所17个、稽查大队1个，下设事业单位2个，即政务服务中心、食品药品安全监控中心。有公务员编制192人实有190人，事业编制27人实有21人，食品药品安全监察员104人。辖区有社区187个、农贸市场33个、大型超市65个、三星级以上宾馆饭店51个，聘用食品药品安全信息员351人。辖区监管主体2.29万家，其中食品流通个体和企业8421家、食品生产加工企业4家、餐饮服务企业5803家、化妆品经营（使用）企业6305家、生产企业1家、医疗器械经营企业1014家、生产企业34家、保健食品经营企业503家、生产企业16家、医疗机构514家、药品经营企业230家、生产企业6家。

年内，加强基层所建设，解决17个食药所行政办公用房，由原面积783.20平方米增至2866平方米、涨幅266%。配备执法装备、办公设备2298件，执法车17辆，各食药所设立检测室，配备数字化食品安全快速检测系统、便携式食品安全干式分析仪、ATP荧光检测仪及药品快速筛查检测试剂箱配套试剂各1套。创新监管模式，在南锣鼓巷采取峰时执法，中、晚高峰期密集执法，整治无证经营等违法行为。在簋街实行区、街闭环管理模式，与区、街协作，加强综合执法管理。在东华门地区利用网格监控，将食品药品安全纳入街道综治体系，通过实时监控屏幕，打击四品一械违法行为。全年出动检查人员3.60万人次，查办案件253件。完成食品抽验7713件，药品抽检861件，医疗器械监督抽检64件，受理行政许可6095件，发放许可证5631件。

单位地址：东城区东四北大街什锦花园胡同7号
联系电话：64029590
邮政编码：100007 （宋军卫）

【行政许可】 全年受理行政许可6095件，发放许可证5631件，其中食品流通许可受理3024件，发放许可证2703件；餐饮服务许可受理1595件，发放许可证1533件；药品经营许可423件，发放390许可证件；麻醉药品和第一类精神药品运输证明核发277件，发放许可证277件；医疗器械经营和生产许可受理403件，发放许可证378件；保健食品经营许可受理291件，发放许可证268件；医疗器械服务事项82件，办结82件。

（宋军卫）

【日常监管】 年内，对王府井大街、南锣鼓巷、前门大街、簋街等重点地区，特药、医院制剂、基本药物、化妆品批发超市、大型保障等特殊监管难点地域，增加日常监督检查频次，全年出动2.30万人次，检查"四品一械"生产、经营、使用单位1.20万家次，纠正违法违规行为1812起。与区公安、卫生、综治等部门开展联合执法检查200余次、出动2475人次、检查912家次，纠正违法违规行为270起。 （宋军卫）

【专项整治】 开展婴幼儿配方乳粉、超保质期食品、学生营养餐、地沟油生产链、夏季食品安全、食品标签专项整治，"魔爽烟"类食品专项检查，簋街地区食品经营单位专项治理，医疗器械"五整治"等30余项专项整治活动，出动检查1.10万人次、检查4122家次，纠正违法违规行为434起。 （宋军卫）

【抽验工作】 全年完成食品抽验7713

11月2日，专项检查

件，其中协助市局抽验1116件，不合格16件，合格率为98.57%。区域性抽验2100件，不合格23件，合格率为98.90%。快速检测样本4497件，不合格7件，合格率为99.84%。药品抽检861件，不合格1件，合格率99.88%，其中监督性抽验499件、监测性抽验332件、快检30件，涵盖化学药制剂、中成药、中药饮片样品。医疗器械监督抽检64件，不合格1件，合格率98.43%。保健食品抽验28批次，不合格1批次，合格率96.43%。化妆品抽验93批次，未收到不合格报告。100%完成药品不良反应监测、医疗器械不良事件监测相关工作指标。达到折子工程药品抽验合格率不低于98%，食品抽验合格率不低于97%的要求。（宋军卫）

【投诉处理】受理投诉举报2302件、办结2188件，按时限办结率100%，立案199件，立案率8.64%。其中"12331"受理投诉举报1790件，办结1740件，自行受理512件，办结448件。（宋军卫）

【案件查处】制定《北京市东城区食品药品监督行政处罚程序指导意见（试行）》《北京市东城区食品药品监督管理局案件审核委员会工作规程（试行）》，保障执法工作规范开展。与区法制办、综治办、公安局经侦支队、检察院、法院联合组建东城食药监督执法联盟，打造链条式全程无缝隙执法模式。全年查办案件253件，其中食品类案件210件占83%，药品类案件43件占17%，罚没款148.03万元，案件执行率100%。（宋军卫）

【大型活动保障】保障APEC会议、全国"两会"、地坛、龙潭庙会、天坛、前门文化节等重大活动节日期间食品药品安全，出动3389人次，保障17万余人次就餐，实现"零事故"目标。（宋军卫）

【食药安全宣传】全年开展各类宣传活动80余次，制作发放宣传册3万余册，宣传用品2万余件。《北京日报》《中国医药报》等市级报道35次。北京电视台、"北京新闻"、"北京您早"等栏目报道18次，北京广播电台报道3次，区级报纸报道13次，区级网络媒体刊登116次。人民网等门户网站报道200余次。（宋军卫）

【队伍建设】年内，开展党的群众路线教育实践活动。组织中心组理论学习，开展忠于职守、乐于奉献职业价值观大讨论活动。落实党风廉政建设责任制，逐级签订党风廉政建设责任书39份，层层落实主体责任，切实履行一岗双责。强化干部教育培训，组织8次以"四品一械"法律法规、业务知识、应急处理为内容的全员封闭培训。对已招录监察员开展业务培训5次1000余人次参加。（宋军卫）

体　育

【概况】东城区体育局（简称区体育局），是区政府主管辖区体育工作的行政职能部门，负责辖区体育体制改革、体育事业管理，推动多元化体育服务体系建设，推进地区体育公共服务。机构设置7个，即办公室、党委办公室（监察科）、群众体育科、体育法制科、青少年体育科、体育产业发展科、人事财审科。有公务员编制33人实有38人、工勤编制3人实有2人。事业单位10家，其中全额拨款单位4家，即东城区社会体育管理中心、体育科学研究所、体育运动学校、青少年业余体校。差额拨款单位1家，即东城区天坛体育活动中心。自收自支单位5家，即北京市东单体育中心、北京地坛体育中心、北京市地坛体育馆、东城区体育后勤服务中心、东城区体育培训中心。事业编制311人实有210人、工勤编制80人实有62人。

年内，推进奥林匹克·体育生活化社区建设，组团参加北京市第十四届运动会并取得优异成绩，推动体育产业持续健康发展，推进重点项目建设，深化事业单位整合改革，加强安全监管等工作。理顺115中学管理体制，与和平北路学校实行一长两校。启动并完成所属事业单位整合工作。新增二、三级社会体育指导员524人，培训700余人，向北京市体育局推荐广播体操、柔力球、太极拳、健身操舞、健身气功等项目，社会体育指导员40余人。有体育场地704个面积73.03万平方米，万人拥有场地7.70个，人均场地面积0.79平方米。与龙潭湖体育产业园区引进入驻园区体育企业39家，总注册资本6.50亿元。全国首家体育产业资源交易专项平台在东城区上线挂牌交易。

单位地址：东城区和平里中街18号
联系电话：64263729
邮政编码：100013（贾明艳）

【全民健身活动】4月18日，在地坛体育中心田径场，举行东城区第十九届区长杯长跑比赛，43个单位59支代表队近300人参赛，区园林绿化局、空军后勤部代表队分获A、B组冠军；24日，在地坛公园门球场，举行北京市第十五届地坛杯暨东城区第二十届春华杯门球邀请赛，市门球协

10月29日，在地坛体育馆举行东城区集体太极拳交流赛

会、区有关领导出席开幕式，65支代表队近500人参赛。5月8日，在地坛体育中心，举行东城区第八届残疾人运动会开幕式，市、区有关领导出席。18支代表队800余残疾人参赛。6月至7月，在地坛体育馆分别举行东城区太极拳剑比赛，28个太极拳辅导站近350人参赛；举行北京市第三届拔河比赛，市体育局、国家体育总局社会体育指导中心领导及区有关领导参加开幕式，全市33支代表队500余人参赛；举行全国百城健身气功交流展示暨东城区健身气功展演活动，34支代表队500余人表演马王堆导引术、五禽戏、六字诀、八段锦等展演项目。龙潭湖健身气功站点等18支代表队获最佳表演奖，天坛公园祥瑞健身气功站点等16支代表队获优秀表演奖。9月22日，在地坛体育馆举行北京市体育公益活动社区行暨东城区第二届“奥林匹克·体育生活化社区”广场健身操（舞）大赛决赛，15支优秀代表队400余人参加。地坛体育馆，东单、天坛、地坛体育中心场馆，全年接待健身群众200万人次，为街道、社区免费培训体育骨干。建立居民体质健康档案4万份，对50个单位职工进行体质监测和科学健身追踪服务。为7家单位16个街道7000余居民进行体质状况抽测和体质监测工作。年内，参加市级活动8项，开展区级活动9项，组织各街道、社区、行业系统开展活动600余项，全区参与16万人次，17个街道2.90万余人报名参加第八届和谐杯乒乓球比赛，参与活动近15万人。（贾明艳）

【体育生活化社区建设】 年内，组织121个试点社区骨干400余人，对奥林匹克精神中各项建设标准，开展30余场1500余人次培训。完成一期工程24个样板社区环境建设，修整拓展运动场地2.19万平方米、增添健身步道9263平方米、塑胶运动地面3432平方米、更新健身器材85组。完成20个试点社区方案策划、项目建议书申报二期工程前期准备。完成试点社区配置体质测试器材招投标工作，对123个社区进行体质检测员技能培训，为各社区运动健身指导站配置体质测试器材123套。（贾明艳）

【赛事活动】 年内，东城区体育代表团运动员960人，参加北京市第十四届运动会26个项目的比赛，获金牌170枚、总分5248.5分，获代表团总成绩第一名。完成市运会五个比赛项目承办任务。韩国仁川亚运会运动员曹缘获跳水男子3米板金牌、与队友合作获跳水男子双人3米板金牌，张楠与队友获羽毛球混双金牌，陈颖获女子25米半运动手枪银牌。东城区是全国健身示范城区，受到国家体育总局通报表扬，获全国体育事业突出贡献奖，东单体育中心获全国群众体育健身优秀场馆。（贾明艳）

【青少年体育】 年内，举办中、小学生阳光体育赛事15项。推进三大球建设，12所学校被市体育局命名市级三大球重点示范校，34所学校被任命为区级网点校。举办东城区首届高中足球邀请赛，东城区校园足球涵盖小、初、高中各个学段。抓好42所体育传统项目学校、34家俱乐部管理工作，30所学校分获年度北京市先进体育传统项目学校荣誉称号。

（贾明艳）

【党的群众路线教育实践活动】 成立教育实践活动领导小组，设办公室、内设8个组。制定组织、宣传、信访工作方案。建立“四类一线”联系点制度，领导班子成员每人联系一个党委直属支部、两个奥林匹克·体育生活化社区、一个运动队、一个辖区体育项目经营单位。召开领导小组、办公会22次。完成学习教育、听取意见，查摆问题、开展批评，整改落实、建章立制3个环节工作，组织党员、群众开展自学、集体学习、党课教育、讨论交流等方式，从干部职工中征求对领导班子意见建议226条、领导干部204条。召开班子民主生活会，开展批评与自我批评，制定领导班子整改方案、“四风”突出问题专项整治方案。出台、完善东城区体育局会议费、培训费、差旅费管理办法和规章制度。上报信息49篇、编发工作简报46期。（贾明艳）

社会生活

民　政

【概况】 东城区民政局（简称区民政局）是区政府管理有关社会行政事务的职能部门。内设办公室、法制宣传科、社区工作科、基层政权建设科、社会救助科、双拥工作办公室、优抚安置科、军队离退休干部管理办公室、民间组织管理办公室、婚姻登记科、福利科、救灾科、财务科、党建工作办公室（监察科）、人事教育科15个科室，行政编制58人，实有58人。下属流浪乞讨人员救助管理咨询站、社会组织指导服务中心、社区服务中心、捐赠站等26个事业单位，事业编制291人，实有211人。

年内，推进全国社区治理和服务创新试验区建设，推广“多元参与，协商共治”社区自治模式，社会组织培育发展示范区和网格化社会服务示范区建设稳步推进。开展机制创新，落实养老服务、社会救助、慈善事业、见义勇为人员权益保护等一系列政策。探索“五进居家”、“医养结合”等养老服务新模式，完成市政府下达的养老照料中心建设任务。全年分3次面向社会招考社区工作者266人。落实“十年社工”表彰长效机制和退离居委会老积极分子慰问政策。完成北京站夏季、冬季的新老兵接待转运工作，接待新老兵3.10万人次，租用短途车辆45台。本区被民政部确认为全国社区治理和服务创新实验区。

单位地址：东城区幸福大街32号

联系电话：84012469

邮政编码：100061　（董蕾）

【社会救助】 1月1日，城市低保标准从家庭月人均580元上调为650元。截至12月，全区有低保对象及生活困难补助人员8558户1.43万人，支出救助资金1.08亿元。新增低保及生活困难补助对象351户490人。有5859户7301人享受粮油帮困补贴，发放补贴金363.40万元。低保、低收入以及资助参保人员享受医疗救助人员3512人次，支出救助资金821.55万元。为327人办理临时救助，发放救助资金111.79万元。享受供暖救助3294户，支出救助资金197.82万元。享受高等教育新生入学救助133人，支出教育救助资金58.87万元。

（董蕾）

【扶贫济困送温暖活动】 元旦、春节期间，筹集资金10万余元，向全区福利企业残疾职工开展“送温暖”活动。由区民政局牵头，与区财政局、区人力社保局、区总工会、区老龄办、区老干部局、团区委、区妇联、区残联、区红十字会和各街道办事处等部门联合走访慰问低保人员、优抚对象、百岁老人等24类对象2.25万人，发放慰问金1084.30万元。区领导30人重点走访全区86户困难家庭，为每户送去350元慰问品和1200元慰问金。　（董蕾）

【社区建设】 1月，启动实验区建设，召开全区推进大会，成立领导小组，聘请专家顾问，确定建国门、东花市实验街道，东四街道二条社区、东直门街道清水苑社区等63个实验社区，制定5个配套文件，开展4期社区治理专题、参与式协商主持人专题培训，完成168个社区议事厅标准化建设。全区37个社区成功创建“六型社区”。在民政部开展的第二次全国和谐社区建设示范单位创建活动中，本区获全国和谐社区建设示范城区称号。　（董蕾）

【发放地方退休人员经费】 春节前夕，为所有地退人员（含征地超转人员）发放慰问金26.49万元。为建国前老工人、劳模、高级专家及特困人员送去慰问金2.27万元。劳动节前夕，为劳动模范6人送去每人300元的慰问金。8月，为全区地退人员增发退休费400万余元。中秋、国庆两节，为所有地退人员（含征地超转人员）发放节日慰问品。全年按照1463元/人/月的标准为征地超转人员发放生活补助3.51万元。　（董蕾）

【殡葬管理】 清明节期间，联合执法组对5家医院太平间进行集中执法检查，并抽查部分丧葬用品销售网点。全年审批符合无丧葬补助居民丧葬补贴待遇人员691人，发放丧葬补贴345.50万元。办理尸体外运行政许可4起。　（董蕾）

【防灾减灾】 开展第6个全国防灾减灾日和第25个国际减灾日宣传演练活动；组织街道办事处救灾专干19人参加市民政局组织的“国家自然灾害灾情管理系统操作应用”的业务培训；成立1支30人组成的自然灾害救助应急救援队；救灾库库存8大类防汛、救灾物资，基本达到2000人的救助规模，提高应对突发自然灾害及公共事件的能力；创建交道口街道菊儿社区、安定门街道钟楼湾社区、和平里街道新建路社区、和平里街道和平里社区、天坛街道东里北区社区5个全国综合减灾示范社区和和平里街道人定湖社区、安定门街道五道营社区等20个北京市综合减灾示范社区。

（董蕾）

【婚姻登记管理】 8月1日，婚姻登记一处和二处实现统一集中办公。全年办理结婚登记1.41万对，离婚登记4851对，补领婚姻证件2602件，出具（无）婚姻登记记录证明8695件，登记量同比增长11.54%。　（董蕾）

【优抚安置】 全区有优抚对象1902

人，其中残疾军人（含伤残国家机关工作人员、伤残人民警察及伤残民兵民工）789人，烈属495人，享受定期抚恤补助因公牺牲军人遗属6人，病故军人遗属44人，老复员军人21人，参战退役人员9人，部分烈士子女13人，60岁以上农村籍退役士兵13人，义务兵512人。享受定期抚恤补助优抚对象82人免费参加医疗保险。全年为优抚对象报销医疗费96.40万元。办理一次性抚恤金99人，发放抚恤金2496.55万元。完成烈士纪念设施保护管理系统及烈士褒扬管理信息系统的整理及输录工作。完成残疾军人697人更换残疾军人证和457个烈士证的换发工作。安置进藏退役士兵18人，接收退役士兵254人，其中转业士官18人。自主就业217人，发放补助金1100余万元。政府安置37人。为自主就业退役士兵提供就业岗位推荐服务，有40人通过政府推荐实现就业。与区人力资源和社会保障局共同制定《自主就业退役士兵档案接收流程》。（董蕾）

11月21日，朝阳门街道社区服务中心与北京隆福医院签订医养服务协议

【接收捐赠】 全年接收捐款379.19万元，其中春风送暖79.04万元，鲁甸捐款0.59万元，冬衣送暖10.08万元，其他日常接收定向、非定向捐款289.47万元。累计接收物资9.03万件，其中棉衣被8.16万件，物资累计价值213.18万元。利用扶贫捐款27.15万元救助困难家庭51户，利用爱心家园累计救助困难人群3088人次。（董蕾）

【慈善协会工作】 开展共产党员献爱心活动，收捐款222.75万元。开展“携手梦想放飞希望”助学活动，对全区低保、低收入家庭中2012、2013届在校大学生191人，给予每人1000元救助，共计19.10万元。实施应急救助专项基金和慈善大病救助等项目，累计救助困难群体50人次，发放救助金额91.81万元。举办李春平慈善专项基金公益环保自行车捐赠仪式。市慈善协会海外名誉会长、慈善家李春平向区慈善协会捐赠600辆价值24万元的公益环保自行车，向社会各界宣传健康环保的出行方式。扶持慈善公益事业，鼓励社区工作者、慈善公益性组织和部分部队战士为辖区困难群体提供便利服务。开展大病救助，为全区35户因病致困家庭发放救助款83万元。对上年符合救助条件的60岁以上老人625人发放救助款13.27万元。（董蕾）

【流浪乞讨人员救助】 全年救助流浪乞讨人员2960人次，其中未成年人41人次，智障6人次，精神病12人次，老年人488人次，肢体残疾人400人次。自愿离站2254人次，护送返乡2人次。（董蕾）

【养老服务机构建设管理】 年内，将养老照料中心建设列入区政府折子工程及绩效管理考核指标，向各街道部署养老照料中心全覆盖的工作任务。民政局牵头开展两次全区性大规模房源排查，编制《养老照料中心建设任务清单》《养老照料中心设立须知》《养老照料中心设立许可办理流程》等资料，对街道干部进行业务培训。在全市率先试点“医养结合”服务模式，区级养老机构汇晨老年公寓引入区级老年病特色医院隆福医院服务资源，在公寓内设立医疗康复服务专区，入住公寓的老年人可随时享受专业医疗服务，医疗费用也可通过医保报销，解决老年人看病难的问题。与区卫计委联合下发《关于全面推进本区养老机构医养结合工作的通知》及《养老机构医疗康复服务协议书（范本）》，并召开工作推进会，为养老机构和医疗机构搭建服务对接的政策平台，指导养老机构与医疗机构实现一对一、规范化就近服务。落实非营利性养老机构运营资助区级财政负担部分；指导长青养老院、景山尚爱老年养护中心通过二星级养老机构资质评定；组织养老护理员38人参加职业技能培训；向社会公开发布两项政府购买养老机构服务项目，总购买金额64.38万元。（董蕾）

【孤儿保障工作】 新批准社会散居孤儿2人，全年向社会散居孤儿和视同孤儿的事实无人抚养儿童28人发放基本生活费42万元。（董蕾）

【福利企业审核】 全年对13个福利企业进行年度审核认证，全部符合福利企业资格，审批职工变更40余次。13个福利企业有职工520人，其中残疾职工211人。落实残疾职工岗位、企业超比例安置及社会保险补贴政策，为福利企业审核残疾人就业岗位补贴、企业超比例安置、社会保险及精神残疾职工安置补贴265.40万元。（董蕾）

【福利彩票发行】 全区电脑福利彩票销售1.92亿元，即开型福利彩票销售

7月11日，东华门街道组织部队优秀士兵参观“没有共产党就没有新中国”纪念馆

4384.38万元，总销售额2.36亿元。（董蕾）

【双拥工作】 年内，调整《东城区双拥工作领导小组名单》，完善《东城区双拥工作领导小组成员单位职责分工》，制定《东城区双拥工作要点》和《东城区开展“双拥在基层”活动实施方案》。春节、八一期间区领导走访慰问驻区部队官兵，为驻区部队、优抚对象、军队离退休干部赠送慰问金、慰问品以及各项服务资金2000余万元。先后拿出346万余元，协助部队解决在训练场地、营院设施、通信交通、文化体育等方面的实际困难。开展以“走基层、搞调研、办实事，服务官兵和人民群众”为主题的践行群众路线活动。组织驻区部队官兵与机关干部、群众、学校师生一起参加以“弘扬生态文明、建设美丽东城”为主题的全民义务植树活动。面向随军家属定向招聘20人到社区工作，扩大随军家属就业安置范围。为驻区部队开展等级厨师培训班，70余人获厨师等级资质。解决部队子女303人入学问题。举办“中国梦·强军梦——军事题材美术作品展”、纪实文学作品《核铸强国梦》经典作品诵读会、首届“双拥杯”羽毛球比赛、第九届“双拥杯”乒乓球比赛等系列双拥活动。为驻区部队设立拥军流动书箱，向驻区部队赠送1万余册爱心图书。邀请知名专家教授走进军营，为官兵进行10余场心理辅导教育讲座，受益官兵5000余人次。（董蕾）

【军队离退休干部管理】 全年接收安置军队离退休干部86人，军休职工371人。完成军休干部党委和14个基层党总支、党支部的换届改选，健全各级党组织。完成军休干部房改工作，军休干部1032人中，经审核符合兑现房改政策的765人，共兑现经费9050.78万元。（董蕾）

【社会组织管理与服务】 全区有社会组织550家，其中社会团体190家，民办非企业单位360家。完成行政许可94项，其中社会团体筹备成立9项，成立登记5项，变更登记6项，注销登记1项，民办非企业单位成立登记15项，变更登记55项，注销5项。撤销登记22家。参加社会组织年检305家，参检率83%。其中社会团体完成年检103家，合格97家，基本合格6家；民办非企业单位完成202家，合格198家，基本合格4家。完善社会组织颜色等级预警机制，对社会组织进行动态监管，重点组织纳入公安、安全等部门联合监管范围。开展第二批社会组织评估工作，累计评估社会组织201家，参与评估率52.70%。实施“三三三一”培育计划，即：利用三个中心（社区服务中心、文体中心和邻里中心），搭建“区－街－社区”三级社会组织服务平台，打造三个服务基地（区社会组织资源基地、街道资源对接基地、社区实践基地），通过培育发展激发社会组织活力，使社会多元主体参与到社会治理之中，实现社区、社会组织、社工和社会公益人才“三社联动”相结合。社会组织指导服务中心制定《东城区社会组织发展三级平台建设实施意见》（2014年－2016年）、《大力发展社区社会组织的意见》以及《东城区关于政府向社会力量购买服务的实施意见》等配套文件，优化社会组织发展环境，初步搭建社会组织三级服务平台，升级改造区级平台，重新定位，完善功能，在和平里和龙潭街道分别建立首个街道级和社区级社会组织发展平台。投入100余万元，开展第二届公益创投，培育阿福童社会理财社区学院、儿童安全亲子课堂等16个公益项目。开展专场居家养老政府购买服务项目发布会，围绕养老机构标准化服务体系建设、居家服务动态可持续发展等4个方面的需求，经过项目征集、专家评审和甄选，最终确定社会工作介入养老机构标准化体系建设、绘本人生快乐老人读与画计划等4个项目，涉及资金近100万元。（董蕾）

【见义勇为权益保护】 全区有见义勇为人员116人，其中新确认1人，病故2人，转入4人。组织各街道、社区张贴见义勇为宣传海报和宣传折页2万余份，展出见义勇为事迹宣传展板1次。开展走访慰问见义勇为人员和救助活动，发放慰问款20余万元、发放困难救助款1.90万元。（董蕾）

【行政区划管理】 对东西、东朝、东丰三线将近50公里边界进行实地逐段踏勘，核查边界走向，标志物变化情况，完成勘界任务。开展相邻区之间平安边界协议，指导相邻街道、社区，签署街道之间、社区之间平安边界协议，确保边界地区稳定。（董蕾）

居民生活

【居民收入】 居民人均家庭总收入为50651元，比上年增加3627元，同比增长7.7%。人均可支配收入为45052元，比上年增加3376元，同比增长8.1%。在人均家庭总收入中，工资性收入29402元，占人均家庭总收入的58.0%，比上年增加893元，同比增长3.1%。经营净收入2584元，占人均家庭总收入的5.1%，比上年增加1211元，同比增长88.2%。财产性收入1396元，占人均家庭总收入的2.8%，比上年增加28元，同比增长2.0%。转移性收入17268元，占人均家庭总收入的34.1%，比上年增加1494元，同比增长9.5%。（张博）

【居民支出】 居民人均消费性支出为28613元，比上年增加1619元，同比增长6.0%。其中：人均购买食品支出9743元，占人均消费性支出的34.0%，比上年增加662元，同比增长7.3%。人均购买衣着支出2853元，占人均消费性支出的10.0%，比上年增加87元，同比增长3.1%。人均家庭设备用品及服务支出为2482元，占人均消费性支出的8.7%，比上年增加246元，同比增长11.0%。人均用于医疗保健方面的支出为1595元，占人均消费性支出的5.6%，比上年减少147元，同比下降8.4%。人均用于交通和通信方面的支出为3873元，占人均消费性支出的13.5%，比上年增加165元，同比增长4.4%。人均用于教育和文化娱乐方面的支出为3951元，占人均消费性支出的13.8%，比上年增加191元，同比增长5.1%。人均居住支出为2289元，占人均消费性支出的8.0%，比上年增加218元，同比增长10.5%。人均其他商品和服务支出为1827元，占人均消费性支出的6.4%，比上年增加196元，同比增长12.0%。（张博）

老龄工作

【概况】 东城区老龄工作委员会办公室（简称区老龄办）承担协调、推动老龄事业发展规划落实和维护老年人合法权益保障工作，指导、监督和检查区老龄工作，贯彻执行市政府和市业务主管机构关于老龄工作各项政策规定。副处级全额拨款事业单位，工资待遇和干部管理在职期间按照国家公务员制度有关规定执行。设办公室和为老服务科，行政编制9人，工勤编制1人，实有行政人员8人，工勤1人。

年内，继续深入落实"九养"政策，建立区级居家养老服务中心。抓好老年人优待工作、居家养老、社会福利、医疗保健、维护权益、文体活动"六大服务保障体系"建设，推进"五进居家"落实，开展养老照料中心建设工作及养老券变卡工作。全区60岁以上老年人口24.41万人，占总人口的25.06%；80岁以上老年人口6.01万人，占老年人口的24.64%；100岁以上老年人口为89人，纯老年人家庭人口达到3.55万人，占老年人口的14.54%。表彰市级"孝星"505人。

单位地址：东城区幸福大街32号
单位电话：87556141
邮政编码：100061
（李慧娟）

【走访慰问】 元旦、春节期间，走访高龄特困老人219人，发放慰问金13.14万元。区委、区政府领导走访慰问景山街道、东直门街道、体育馆路街道、前门街道、崇文门外街道、朝阳门街道6个街道的困难群众。（李慧娟）

【孝星评选及命名表彰】 9月24日，在区图书馆影剧院召开孝星命名暨庆重阳文艺演出大会。推荐市级"孝星"505人，命名区级"孝星"500人。会上，市、区领导为区级"孝星"代表颁发证书和奖章，来自街道老年文艺演出团队演出自编自演的节目。（李慧娟）

【老年文体公益活动】 10月23～24日，与区体育局在地坛体育馆举办"长寿杯"老年人中国象棋、围棋比赛，全区各街道、各成员单位派出象棋代表队25支、围棋代表队17支，有100余人参加。12月18日，在市活动中心举办保龄球比赛，建国门街

10月24日，开展“长寿杯”老年人象棋、围棋比赛

道4人参赛，并获优秀组织奖。全区有老年文体队伍600余支。（李慧娟）

【“五进居家”服务】 居家养老服务在深化“九有”工作目标基础上，建立“五进居家”（便民服务进居家、精神慰藉进居家、医疗康复进居家、权益维护进居家、信息网络进居家）街道工作试点。发挥为老服务信息系统作用，坚持“一个体系”，即以居家为基础、社区为依托、机构为支撑的，布局合理、服务完善、特色鲜明的养老服务体系。签约居家养老服务商549家：其中养老（助残）餐桌327个、非餐饮类服务商222家，发放“小帮手”电子服务器3000部，安装紧急医疗救助呼叫器546部。

（李慧娟）

【老年人协会】 全区17个街道、187个社区，有街道级老年人协会7个；除部分军队社区外，老年人社区实现全覆盖，社区级老年人协会176个。加强街道老年协会规范化建设，推动街道老年协会到区民政部门注册登记，向和平里街道、北新桥、交道口、建国门、东花市、崇文门外和体育馆路7个街道老年协会分别拨款5000元。结合中国老龄事业基金会居家养老心理关怀进社区项目，联合举办社区老年人协会老龄工作者业务培训，涉及老年心理的课程，培训220人，并颁发合格证，通过培训养老助残员，提高养老员的业务能力和知识水平，完善养老照料中心养老助残人员配置，帮助空巢老人解决实际困难。（李慧娟）

【老年人优待工作】 落实优待政策，免费、优惠向老人提供服务项目。累计办理老年人优待卡16.04万张，为全区80岁及以上老年人6万余人发放养老（助残）券4211.30万元，结算5115.10万元；为90岁以上老年人4000余人按时足额发放高龄津贴5.12万人次，百岁以上老年人发放高龄津贴1054人次，合计发放539.28万元；为95岁及以上高龄老年人400人次进行医疗补助报销，累计金额106.76万元；为无社会保障老年人近2000人开展免费体检活动。卫生部门建立常住老年人电子健康档案18万份，建档率100%；区属医院全部挂牌，为老年人提供免费挂号、600余种药品零差价等优待项目；每年对65岁以上及无养老保险的老年人免费体检；为老年人提供法律宣传和维权服务。老年人免费游园、乘坐公交和高龄津贴发放等优待政策得到落实；在红剧场和区影剧院为老年人放映专场电影，观影1500人；开展敬老优待服务，免费、优惠向老年人提供文体活动服务项目。（李慧娟）

【老年维权】 街道法援工作站（司法所）深入社区提供咨询、举办讲座，开展老年人法律宣传和维权服务，在崇文门外街道新世界家园社区举办“敬老爱老、法援同行；养生助老、健康同行”重阳敬老维权季活动暨老年人法律援助法律大讲堂宣传活动，参加活动的有区司法局、区老龄办、崇文门外街道、区司法局法律援助中心、利德集团以及社区老年人12人；组织成立区老年人消费维权指导中心，在部分街道和社区成立老年人消费维权站（点）37家，举办老年消费常识讲座6场，年接待来信来访7327人次，查处老年消费侵权案件31件。开展区、街、居三级老年人维权协调组织送法进社区、法援进家门活动，实现老年权益维护进居家，启动老年人消费维权“一对一”志愿者帮扶活动，宣传新《中华人民共和国消费者权益保护法》，开展老年维权服务。（李慧娟）

【老年教育】 全区老年大学有90所，开办84个教学班，在校学员3611人次，结业42个班，结业学员1775人次。（李慧娟）

【福利服务设施】 全区有养老照料中心13家、养老机构11家，床位总数1379张，其中公办养老机构5家，床位数536张；社会办养老机构6家，床位数843张。另有在建社会办养老机构6家，全部为街道养老照料中心项目，床位总数278张。老年病医院1个，床位380张。老年活动站（中心、室）190个。（李慧娟）

东城区百岁老人一览表

序　号	姓　名	性　别	年　龄	街　道
1	李秀贞	女	105	和平里
2	张春英	女	102	和平里
3	原惠清	女	101	和平里
4	张景繁	男	101	和平里
5	张希尧	男	101	和平里
6	谢　健	男	101	和平里
7	汤炳光	男	101	和平里
8	孙菊生	男	101	和平里
9	刘象佩	男	100	安定门
10	杨公素	男	104	安定门
11	宋奉勤	女	100	安定门
12	孟兰华	女	100	安定门
13	刘婉如	女	100	安定门
14	刘致广	男	103	安定门
15	李化天	男	102	安定门
16	张万钧	男	100	交道口
17	黄梅卿	女	102	交道口
18	金玉环	女	101	交道口
19	王子端	男	101	交道口
20	秦冬英	女	100	交道口
21	李松桢	女	101	景　山
22	汪振鹤	女	101	景　山
23	齐　岳	男	102	景　山
24	丛培玉	女	102	景　山
25	刘冯氏	女	101	景　山
26	朱云通	男	100	景　山
27	张静云	女	100	景　山
28	周亨巽	男	101	景　山
29	付翠蕊	女	102	东华门
30	王定国	女	102	东华门
31	张克明	男	102	东华门
32	孟　英	男	102	东华门
33	吕家俊	男	102	东华门
34	翟敏华	女	100	东华门
35	张守方	女	101	东华门
36	张洁清	女	100	东华门
37	赵佩衡	男	101	东华门
38	林秀冠	女	100	东华门
39	袁淑国	女	100	东华门
40	李　忠	男	106	东直门
41	刘桂亭	女	104	东直门
42	连素云	女	102	东直门
43	张淑霞	女	101	东直门
44	景文英	女	101	东直门
45	谭以贞	女	100	东直门
46	刘月珍	女	100	东直门
47	王淑慧	女	102	北新桥
48	林颉廉	女	100	北新桥

序号	姓名	性别	年龄	街道
49	尹士奎	男	105	北新桥
50	郭云芳	女	103	北新桥
51	高文荣	女	102	北新桥
52	訾安春	男	103	北新桥
53	陈封氏	女	103	北新桥
54	张文禄	男	101	北新桥
55	闫兆凤	男	101	北新桥
56	焦玉芳	女	100	北新桥
57	石国栋	男	100	北新桥
58	周景兰	女	105	东　四
59	李桂英	女	106	东　四
60	王琴女	女	100	东　四
61	何文珊	男	101	东　四
62	高瑞珍	女	101	东　四
63	龚德明	男	102	东　四
64	周有光	男	109	朝阳门
65	徐芝珍	女	101	朝阳门
66	贾　芝	男	101	建国门
67	尤淑芬	女	105	建国门
68	李淑贞	女	100	建国门
69	葛继英	女	100	建国门
70	姚希文	男	100	建国门
71	刘淑敏	女	102	前　门
72	何秀女	女	103	前　门
73	魏常荣	女	101	前　门
74	穆登果	男	101	前　门
75	张伦信	男	101	前　门
76	郭玉贞	女	102	崇文门外
77	孙采苹	女	104	崇文门外
78	张凤兰	女	100	崇文门外
79	刘子梅	女	100	崇文门外
80	武从贵	女	103	东花市
81	齐永宽	男	101	东花市
82	刘向一	男	101	东花市
83	李增平	女	102	龙　潭
84	张子芳	女	100	龙　潭
85	袁鸿英	女	101	体育馆路
86	卢春龄	男	100	体育馆路
87	傅漪泉	男	109	天　坛
88	王绍宗	男	102	天　坛
89	胡秀贞	女	105	永定门外
90	宋明珍	女	103	永定门外
91	王慧如	女	103	永定门外
92	蔡庚庆	男	101	永定门外
93	侯金贵	男	100	永定门外

（李慧娟）

·2015·
北京东城年鉴
BEIJING DONGCHENG NIANJIAN

街道

魏家社区网格自治组织暨居民自治院成立大会

东华门街道

【概况】 东华门街道办事处是区政府派出机构。位于首都中心街区，东起崇文门内大街、东单北大街、东四南大街，南至前门东大街、崇文门西大街，西依天安门广场西侧、中山公园西缘、故宫西墙、景山前街东段，北到五四大街、东四西大街。面积5.35平方千米，有大街巷22条、胡同68条。设社区居委会12个，户籍人口2.83万户7.04万人、常住人口7.09万人、流动人口2.35万人，回、满、蒙等少数民族2844人。辖区有中央、市、区属单位200余个，商业、企业5007个，中、小学、幼儿园12个。有中华人民共和国公安部、民政部、商务部、最高人民法院、最高人民检察院，故宫博物院、中国国家博物馆、中国美术馆，协和医院、同仁医院、北京妇产医院，百货大楼、东安市场等重点单位。机构设置23个，有公务员编制100人实有95人、工勤编制8人实有8人，事业单位5个编制50人实有48人。

4月28日，举办第四届感动东华人物颁奖

年内，开展党的群众路线教育实践活动，围绕“一三五七”工作思路，即确立一个目标、立足三个支点、做好五个服务、突出七方面，推动和谐东华，首善街区建设。4月28日，在中国儿童艺术剧场，举行东华门街道第三届“感动东华”人物颁奖仪式，9人获奖，中央、市、区属单位、地区企事业单位领导、职工代表和社区居民代表700余人参加。街团工委与新东安市场团委共同参加“安琪尔‘爱·在人间’主题答谢筹募会”，为安琪尔学校的孩子们送去凉席、粽子等慰问品；与最高人民检察院计划财务装备局团支部、华纺房地产开发公司团委建立共驻共建关系，资助贫困学生康雨、宋爱东减轻家庭负担，让贫困学生更好地完成学业。陈本宇被授予全国社区服务型党组织建设模范带头人，街道被授予全国社区服务型党组织建设示范街道荣誉称号。

单位地址：东城区东安门大街55号
联系电话：65130245
邮政编码：100006
（李建萍）

【城市管理】 年内，为辖区小鹁鸽12号、台基厂大街1号院255户居民进行热计量改造，发放煤改电补贴72.60万元。开展春季灭鼠、夏季灭蚊蝇及公共管道灭蟑，消杀面积1.68万平方米，清理卫生死角25个。开展城市清洁日主题活动4次618人次参加，整治街巷30条，清运垃圾、大件废弃物、白色污染等3.50吨。办理树木伐移手续9棵，修剪树木32棵次，养护管理自管绿地13块，签订古树管理责任书。综合整治大街5条、胡同9条、老旧小区10个，清洗粉饰9栋楼。建立背街小巷基础台账，投入1903万元，重点整治大街、胡同和老旧小区。与25个相关单位和部门签订责任书，开展3个月背街小巷十大专项整治行动，拆除违法建设119处1235平方米，完成市级挂账任务100%。（李建萍）

【民生保障】 年内，签订廉租房补贴合同113户，复查经济适用房轮候家庭391户、限价房470户，公租房补贴申请家庭40余户。完成区保障房审核中心438件返还卷整理、市7个公共租赁住房项目205余户意向登记。辖区有低保户315户、发放低保金408.6万元，帮困户201户243人、发放帮困金12.88万元。新增80岁老年人194人、发放养老服务券2272人次，为90岁及以上老年人办理高龄津贴441人、发放16.90万元。投入125万元，建立街道养老照料中心、有床位23张，解决群众集中反映的养老难问题。办理老年证392个、老年优待卡790个。与北京赢冠义齿有限责任公司签订残疾人就业庇护工场合作协议，引进残疾人电信呼叫服务项目，建立全市街道级残疾人就业庇护工场，安置残疾人30人在居家附近实现庇护性就业。9月，全市第一家街道级即东华门街道残疾人综合服务中心正式挂牌。面积800余平方米，有康复医疗、教育培训、文体活动为一体的多功能中心，惠及地区1600余残疾人。完善社区服务体系，投入30余万元购洗澡票，解决60岁以上老年人、残疾人、低保家庭1200余人洗澡难问题。失业、困难人员就业1014人，实现创业48人，带动就业196人，创建充分就业12个。走访援助困难家庭60户服务405人次。完成职业指导130人次，收集就业岗位200个，实现就业129人次，落实灵活就业人员社保补贴87人。开展送岗位活动，17家企、事业用工单位，现场提供就业岗位100个，求职应聘30余人。受理劳动争议举报投诉案件16起、结案率100%，为劳动者21人追讨工资、社保14.96万元，处理拖欠工资突发事件6起、涉及170余人40余万元。组织系列培训会5场195人次参加，签订区域性集体合同1645份，提供就业服务214人次414个岗位，就业124人次。全年上报新生儿730人，其中一孩698人、二孩32人。计划内生育724人，计划生育率99.18%。办理一孩生育服务证691人、新生儿入户249人，办理独生子女父母光荣证176人，出具人才、职介存档婚育证明300份，发放独生子女父母年老时一次性奖励181人18.1万元。（李建萍）

【社会治安综合治理】 年内，与辖区98家中央、市属单位签订《维护东华门地区稳定社会治安综合治理责任书》，投入350余万元，完成地区技防设施全覆盖。网格化社会管理服务，以12个社区39个网格为单位，实行一级防控等级，部署173个守望岗点位，完成全国“两会”、APEC会议、国庆等重要时期安全保障任务，实名制上岗值班巡逻3.70万人、参与社会面防控67万余人次。投入140余万元，整治故宫北门环境秩序，加高护栏、设置旅游提示牌、拆除水吧、移建警情处置点，开展综合执法改变周边环境秩序、减少无照游商等违法现象。组织辖区职能部门开展环境专项整治12次，出动516人次108车次，保安200人次。清理地锁108个、僵尸车12辆、废旧物23件、LED广告牌23块，暂扣残疾等各类车54辆，没收小商品900余件等。规范商家店外经营34起，劝离无照商贩2起，下发违法停车通知单21起，现场处罚4起。与安监、消防等部门联合执法，检查单位2000余次，发现隐患900余处，均提出整改要求。抽调4470人次对节日燃放实施部署和防控，清理各类可燃物20余车80余吨。对84处人防地下室、早期人防工事日常检查48次，面积11.19万余平方米。完成汛期早期人防工程检查38处5万余平方米。循环3轮次检查9处在建工地，整改问题20余个，开展抑制扬尘环保宣传2次。处级领导接访289次，市非紧急救助中心转件336次、信访综合办公系统转件224次178人次，市长信箱转件18次。（李建萍）

【社区建设】 年内，完成南池子、正义路、韶九、智德、台基厂、灯市口试点社区创建工作，申报甘雨、银闸社区创建工作。投入157万元，建成3处2000余平方米社区文化活动室。设立便民菜点、早市和流动菜车进社区，解决居民买菜难问题。装修改造甘雨、台基厂社区，更换硬件设施完成电子阅览室建设，办公格局更加合理化，扩大居民活动场所。为银闸社区服务站制作门楣、形象墙、公示栏、宣传栏及导引牌等标识。岗前培训社工15人。组织12个社区服务站站长及青年骨干24人，到怀柔拓展基地培训。与区社工联合会联合开办社区公益讲堂，请民政学院老师对社区工作者进行综合能力培训40人参加。推进国家公共文化服务体系示范区创建工作，完成社区文化室面积达标，解决王府井、正义路、南池子，黄图岗、东厂、银闸三合一文化用房。韶九、甘雨、智德、台基厂、灯市口社区文化室通过租赁、改建、合用等方式已投入使用。举办中国梦、老舍情、迎新春文化活动、东华门地区双升比赛、第四次国民体质监测活动、第九套广播体操通讯赛、群众文化展演季广场舞蹈专场比赛等活动，社区居民1100余人参加。（李建萍）

【党建工作】 年内，开展庆祝建党93周年系列活动。走访慰问困难党员、建国前老党员85人，老干部60余人；举办党旗飘扬在社区主题活动、党员捐款7.21万元。全年发展党员20人转正13人，建会企业1645家会员1.73万人、新增建会企业413家会员3586人，完成28家50人以上独立建会企业建立职工之家。组织律师志愿服务活动15次，设立社区职工法律服务工作室。开展5元免费看大片活动、为居民发放电影票4026张。为32家企业职工书屋配送图书1.10万册。（李建萍）

【经济工作】 年内，完成印花税105万元、私房税费90.85万元，新引进企业22户、新增税金200余万元，其中西部会馆、海港大厦在东城区办理税务登记，海港大厦施工方金麟职业有限公司在辖区纳税115万余元。开展异地纳税清理工作。完成全国三经普工作，普查登记单位5507家，个体经营户1167家。（李建萍）

【党的群众路线教育实践活动】 辖区有基层党组织69个、党员2544人。教育实践活动有党员2469人参加，其中召开各类专题研讨会，处级干部参加3个环节26项学习，制定处级干部“六联六促”工作方案，通过走访、约见、座谈等形式，到12个社区、71个驻地单位党组织、156户困难家庭收集意见、建议82条，立行立改问题26个。班子成员之间开展谈心2轮以上，互帮查找问题130余条，撰写对照检查材料小修大改20余稿，召开6次会诊会，集中查摆，共同会诊。84个基层党组织召开专题组织生活会和民主评议党员工作，党员1831人参加专题组织生活会，接受民主评议。梳理现行规章制度，废止15个、修订完善20个、新建17个。整改方案经督导组审阅后公示。（李建萍）

景山街道

【概况】景山街道办事处是区政府派出机构。位于东城区西部，东起东四北大街与东四街道办事处相连，南至东四西大街、五四大街、景山前街与东华门街道办事处为邻，西依景山东街和后街、地安门内大街东侧与西城区什刹海街道办事处毗连，北到地安门东大街、张自忠路与交道口街道办事处为界。面积1.62平方千米，有大街5条，胡同72条。设社区居委会8个，户籍人口1.59万户4.22万人、常住人口4.02万人、流动人口1.20万人，回、满、蒙古、朝鲜等少数民族24个3259人。辖区有法人单位996家，中央、市、区属单位235个，文物保护单位国家、市、区级16个，大、中、小学、幼儿园9所，医院、卫生站4个，银行、储蓄所4所。辖区是特色商业聚集区，有著名隆福寺特色商业街，由乾隆年间隆福寺庙会发展而来，曾在京都庙会中列为“诸市之冠”；有中国美术馆、77文化创意园，聚集文化创意产业企业48家。地区75%以上面积为北京市第一、二批历史文化保护区，有各级文保单位19家，同时面临着老旧平房不能轻易改造和重建的矛盾。机构设置27个，有公务员编制85人实有81人、工勤编制8人实有8人，事业单位4个，编制37人实有37人。

年内，开展党的群众路线教育实践活动，对71个基层党组织做好13大类36项专项整治工作，打通联系服务群众“最后一公里”。坚持精细化管理，探索网格化自治，鼓励居民成立居民自管会、民商促进会等自治组织，提高基层自治水平。完成辖区安全保障、环境整治及交通、城管、公安联合部门专项治理工作，全年未发生因拆违造成的信访案件，做到新生违建“零增长”。依托地区养老机构，推进景山尚爱、什锦花园2家市级养老照料中心改扩建工作。市、区领导洪峰，张家明、冯熙先后到尚爱老年养护中心调研；秦皇岛、内蒙古乌兰察布、成都市领导一行先后到街道参观调研。完成5个社区文化室达标改造，推进景山社区服务中心暨市民文化休闲中心建设。做好老楼加固、节能改造、危旧房修缮工作，改造低洼院落，确保地区安全度汛。实现地区零就业家庭动态为零。

单位地址：东城区美术馆东街1号

联系电话：64041147

邮政编码：100010 （齐欣）

【城市管理】年内，为辖区1838户居民发放采暖季低谷电补贴173.52万元。开展除四害，发放、张贴宣传品1.52万份，黑板报150期。对院落、公共区域投放鼠药、灭蚊、灭蟑药品32箱，居民950户参加。3月、8月、12月，对餐饮行业、重点区域，监测四害密度3次483户。开展环境卫生大扫除12次、清洁周活动8次。在利薄营、纳福、中老等胡同新增绿地150平方米，更新花钵300个，新增路椅85把。种植、更新补栽花卉8万余株，补种行道树40余棵，各类灌木3万余株。清理渣土、大件废弃物1000余车3700余吨，小广告2.80万余张，处理案件9000件。在协作、汪芝麻、魏家、育群、钱粮、大佛寺东街胡同内，投资2.77万元重新规划停车位、实行单停单行。申报4处名城保护专项资金1800.48万元。投入资金2757.35万元，完成美术馆后街等3条主要大街、汪芝麻胡同等17条背街小巷、利薄营6号楼等3个老旧小区、1个集贸市场、5所学校的环境整治。9月至10月，清洗粉饰外立面9939.93平方米、拆除灯箱151个、清洗粉饰设施662平方米、电线梳理2656米、防涂鸦抗粘贴涂料422.31平方米等。完成什锦花园21号楼3栋老楼加固，拆除煤棚175个、违法建设131处946.50平方米、私装地锁317个。新增、更新垃圾桶160个，日保洁面积22万平方米、清运生活垃圾27吨。在辖区小取灯8号院等6个居住小区开展垃圾分类，生活垃圾无害化处理率、分类运输率均达100%、减量率达50%，涉及居民1万余人。组成专业抢险队11支240人、非专业抢险队伍8支84人，5月14～15日，培训、抢险应急演练220余人参加，确保风险点责任到人。建立物资储备仓库，储备水泵5台、铁锹187把、尖镐77把、苫布104块、膨胀沙袋1850条、塑料布1340公斤、油毡40捆、砖木、水泥若干等防汛抢险物资。增资1万元，向社区发放膨胀麻袋1200条、苫布64块、塑料布480公斤，更新、补充社区防汛物资。筹集资金157.50万元改造低洼院20个。民防抢修碾子胡同5号、连丰20号院。确定织染局小学为临时安置点，大佛寺宾馆、东方旅馆为塌房居民长期安置点。防汛期间处理各种险情181次。 （齐欣）

【民生保障】年内，完成辖区保障性住房轮候家庭前期认购登记及资格初审，提交复审材料318户，通过审核226户。6月至7月，开展金地朗月等7个公租房7531套房登记复核、轮候家庭445户，其中301户经复审符合条件，7月至8月，启动经适房562户、限价房247户复核工作，经审核符合条件321户。10月全部复审审核通过334户；举行东、西城大摇号第一批限价商品住房1167套选房活动，有101户家庭确定选房顺序号，57户居民选房成功、8户放弃。限价商品住房第二次选房，14户家庭选房成功。核查入住满一年的公租房家庭44户，其中31户补贴不变、12户变更补贴金额、1户死亡终止资格。有低保家庭460户750人，新申低保家庭21户34人新增低保金1.80万元，停发低保家庭37户70人3.38万元。新增老年证209张、老年卡619张，报销医药费13.98万元，发放高龄津贴261人13.98万元。开展春风送暖和冬衣送暖主题捐赠活动，筹集捐款6.67万元。为失业36人办理退休，为重度残疾人免费提供洗浴服务11人次，为残疾121人免费申请辅助器具，对42户肢体残疾人家庭进行无障碍改造。办理残疾证118个、发放养老助残券2178人次21.78万元。完成失业、困难人员就业898人，就业率68.11%。北京金鼎轩餐饮有限公司为重度困难残疾人10人，解决挂靠安置就业，残疾人9人签订劳动合同8年，新安置残疾人就业19人。劳动纠纷调解7起，为劳动者17人追回工资5万余元。接待来访来电咨询294人次。征收社会抚养费4例。办理一孩生育服务证392个，独生子女父母光荣证143个，发放独生子女费777人4.48万元等。办理流动人口婚育证明3件，再生育一个子女审批82人，其中单独二孩58人。办理外地来京人员生育联系服务单112人次。

（齐欣）

【社会治安综合治理】 年内，开展出租房安全隐患检查，出租房新增215户，核销房屋631户，更新房屋408户、空挂69户。检查流动人口2100户、出租房屋300户，签订安全责任告知书700余份、煤火隐患整改通知书50余份，为76户居民免费安装一氧化碳报警器。开展联合排查整治18次，出动执法人员1520人次、群众4300人次，宣传、教育12次，召开工作推进会12次，清理流动商贩275人次，取缔无照经营13户、销账率39%，破获两抢一盗案件8件，查处治安案件12件、抓获26人，收缴“黑三轮”60余辆。与背街小巷商户签订门前三包责任书443份，收集“我为平安北京支一招”居民群众意见建议437条。维修、整合技防探头20个，投资150万元安装监控探头40处、发放800个红外线简易报警器、更换防盗锁158把、安装铁质护栏98套、为居民院更换院门10个，社区物技防普及率达到85%以上。清理整治地下空间9处。排查信访矛盾纠纷3次、重点信访3个，处级领导接待165人次，接待信访群众264批484人次，受理人民来信来访851件1652人次，办结率100%，未发生重大群体性事件。司法所、联合调解室、8个社区调委会受理各类纠纷424件，调解成功413件，成功率97.4%。

（齐欣）

【社区建设】 年内，升级改造皇城根北街、钟鼓、景山东街社区文化室，增设电子阅览室，面积达标率62.5%。出台景山街道创建国家公共文化服务体系示范区工作方案，为8个社区文化室分别配置电视、打印机、投影仪、音响等设备，社区文化室覆盖率达100%。魏家社区左邻右舍民俗文化苑入围东城区公益创投项目。申报黄化门、钟鼓、景东社区为东城区社区治理和服务创新实验区试点社区。启动皇城根北街、魏家社区奥林匹克·体育生活化社区建设工程，完成魏家社区、一六五中学小广场和健身乐园、美术馆后街27号楼小花园、碾子、后局大院的改造。投资50万元更新碾子、后局大院健身乐园地面、护栏、围网和体育器材62件。验收吉祥社区卫生站，建成景山东街、钟鼓、黄化门、吉祥社区服务商圈。发挥“96156”和小呼叫平台作用，接到各类服务需求和咨询电话300余个，办结100%。3月11～14日，取缔景山宾馆三楼非法幼儿园。全年组织群众文化展演、民族文化活动、庆中秋神州共圆中国梦、新年音乐会等17场，1600余观众参加。

（齐欣）

【党建工作】 年内，开展在职党员社区服务，党组织46个党员974人次参加。启动街道、社区双向挂职，28人担任8个社区党委书记助理，对街道、社区提出建设意见26条，参与区级重点项目6项28人次，建立长期联系居民122户，解决问题22件。搭建党群会客厅居民参与平台，处级领导下社区，与社区党员、群众谈心396人次，开展活动37次，解决问题600余件。出版机关电子宣教刊物《清风》12期。工会新增建会企业63个、发展会员759人，建会企业695个工会会员5754人。办理京卡互助服务卡4429张。

（齐欣）

【经济工作】 完成第三次全国经济普查工作，核查1826个单位基本情况，登记1310个单位、普查数据1035家个体。启动3%人口抽样调查，接受调查505户1249人。开展企业服务月活动，走访重点企业30余个。政策咨询12起、信息30起。吸引入驻企业21户，引进纳税额千万元以上企业2个，在谈重点企业1个。借助77文化创意产业园区，吸引影视、戏剧、文创类企业48户入驻，占整体租赁面积100%。中国建设银行东四支行和京沈铁路项目组签订18亿元贷款，税收百万元以上。注册在77文化创意产业园区企业，纳税万元以上2家、万元以下6家，税款58.48万元。引进印花税145万元，房产税60万元。清理55个注册在福苑宾馆、紫龙宾馆、汪魏新巷5号不符合入驻标准的企业。

（齐欣）

【隆福寺项目改造】 隆福寺项目是东城区“十二五”规划重点项目，列入区年度重大项目及各部门折子工程。辅助北京新隆福文化有限责任公司组织召开座谈会4次，协商隆福寺早市缩减工作。清理隆福寺早市范围以外无照经营商户50余个。联合公安、工商、食药监等部门开展执法活动4次，整治隆福寺东侧步行街、连丰胡同、崔府夹道。规范门前三包32家，取缔无照经营40余起，先行登记无照经营三轮车19辆、小商品50余包，保证施工场地周边通行安全和市

8月1日，在皇城遗址公园开展第二十九届庆“八一文化广场活动”

场经营有序，解决周边群众反映强烈无照商贩云集、交通和环境秩序混乱问题。组织召开社区居民、北京新隆福公司负责人专题座谈会5次，协商解决隆福大厦施工扰民问题，完成补偿款发放工作。（齐欣）

【家和万事兴群众调解之家】坚持和议会、民声日、倾诉热线3种工作模式，开展民事调解，参与社区建设，以网格形式辐射到社区各方面工作中。调解各种纠纷911件，召开和议会112次，值守民声日428次，倾听热线4314人次。11月18日，家和万事兴群众调解之家被北京志愿者联合会授予“首都学雷锋志愿服务站”。12月10日，举办家和万事兴群众调解之家成立九周年总结会，经验、事迹先后被《法制晚报》《北京晚报》《北京青年报》、新华网等10余家媒体报导、宣传，在北京电视台“平安北京·首都政法综治系统”春晚上播放。参加海峡两岸司法交流，接待内蒙古等多地司法行政代表团来访。（齐欣）

【居民自治组织】在辖区对社区内的事务，出现物业、政府没法管，居委会无权管、居民无力管的“四不管”现象，引发出环境和治安问题，为此提出网格自治工作理念，即以网格区域为单位，让居民自我教育、自我管理、自我监督。年内，8个社区成立自治组织14个，其中试点院落6个、楼宇2个、民商促进3个、准物业化管理1个、流动人口自治2个，参与社区活动2000余人。皇城根北街社区最早成立美后65号楼自治小组，迈出网格自治第一步。魏家18号院自治小组，与房屋产权单位及市文物局配合解决院内环境、私搭乱建现象，保护古老宅院、治理院内自建房出租等问题。钟鼓社区分别成立北河沿大街45号院自治小组、商家互助协会和流动人口自管会。隆福寺社区成立钱粮19号和谐庭院自治小组，加强庭院管理。吉祥社区成立慈慧9号院自治理事会，引导居民遵守社会公德、遵纪守法、诚实守信、爱护环境、美化家园。汪芝麻社区成立商户自管会，改善南剪子巷环境秩序。景山东街社区利用社区资源，在嵩祝院胡同和东景缘（北京）酒店管理有限公司共同管理协商，单位出资在胡同内规划停车位，建立自行车停车棚和可移动式花坛，利用现有探头和保安人员做好胡同安保工作。黄化门社区成立“民商促进会”、“小巷理事会”。开展各自治区试点，便民信息卡入户，自治组织上门，变被动服务为主动，居民自我服务、社区便民服务、社会公共公益服务覆盖率达100%。（齐欣）

【党的群众路线教育实践活动】辖区有基层党组织72个，党员1415人。教育活动中，街道领导班子查摆“四风”问题185个、找出原因58条，制定整改措施163项，规范制度87项、修改完善22项、新建2项、废止10项；征求党内外意见275条。活动期间，市委第一督导组组长洪峰、区领导杨柳荫等先后到街道调研。开展廉政风险防控管理，确定防控项目44个，完善制度44个，梳理148项社区涉权事项、绘制56个工作流程图。开展7项专项整治，查找出6类问题67个，10月整改完成。在风尚剧场举办景山街道党的群众路线教育实践活动专场演出暨第28届文化艺术节活动，辖区相关单位领导，人大、非公企业党员代表，街道、社区党员代表等400余人观看演出。（齐欣）

交道口街道

【概况】 交道口街道办事处是区政府派出机构。位于东城区西北部，东起东四北大街，南至地安门东大街与张自忠路相连，西依地安门外大街，北到鼓楼东、交道口东大街。面积1.47平方千米，有大街5条，胡同42条。设社区居委会7个，户籍人口1.94万户5.44万人，常住人口5.55万人，流动人口1.38万人，回、满、蒙等少数民族20个。辖区有中央、市、区属单位180家，商业企业526家。大、中、小学、幼儿园7所。国家级文物保护单位4处、市级14处、区级11处，除交东小区外均属于北京市40片历史文化风貌保护街区。地铁六、八号线及13、60、104、107、118、612、758等公交车途经地区。机构设置23个，有公务员编制86人实有82人，工勤编制7人实有7人，事业单位5个编制44人实有35人。

年内围绕为民务实清廉主题，推进群众路线教育实践活动。征集群众意见建议、立行立改，开展“四风”问题专项整治，对改善居民居住条件等民生和街区长远发展制定整改计划。召开民主生活会，通过开展教育实践活动，树立群众观点，改进工作作风。党课教育辅导报告《践行群众路线，改进工作作风，全力开创美丽交道口建设新局面》入选市年度“宣讲家杯”优秀报告（党课）基层组织优秀作品。开展疾控防治和健康卫生宣传，完成北京市健康示范社区验收。规范街道图书馆管理，提高文体中心服务水平。菊儿社区被民政部评为全国和谐社区建设示范社区、北京市评为年度市先进社区居委会。居民1人获首都绿化美化先进个人奖。

单位地址：东城区雨儿胡同乙15号
联系电话：64033210
邮政编码：100009

（曹睿）

【城市管理】 年内，完成3条重点道路、2个老旧小区、13条背街小巷、1处校园周边环境整治。专项治理非法小广告、清除张贴喷涂小广告12万余份，清理违法出租房屋17处，拆除违法建设100余处。推广“人机结合”环卫作业模式，确保街巷胡同干净整洁。优化“多网融合”工作机制，强化履职，全年网格案件结案率99.90%，清理大件废弃物4000余件，各类垃圾、渣土2.30万余吨。开展综合执法150余次，出动执法人员2000余人次，打击违法扰序行为，改善辖区环境秩序。推行门前管理责任制，商户859家签订门前三包责任书。认真做好防汛抢险工作，优化整合街道应急处置队伍，实现辖区安全度汛。（曹睿）

【民生保障】 年内，通过初审申报保障性住房128户，廉租补贴38户，公租补贴30户。完成廉租房租金补贴合同新签、续签工作和各类政策性住房摇号、选房工作。落实特困人员救助政策，发放低保金及粮油补贴530余万元、居家养老服务券200余万元。开展多种形式计划生育服务，做好单独二胎生育受理、审核工作，完成区政府下达97.50%计划生育指标。调研南锣鼓巷开放式博物馆建设，制定《南锣鼓巷文化生态博物馆规划方案》，为街道统筹规划地区文化资源提供科学指导。（曹睿）

【社会治安综合治理】 年内，开展节假日期间安全生产大检查，燃气安全联合整治，人员密集场所零点夜查，消防安全等专项整治260次4000余人。完成春节期间烟花爆竹禁限放工作和150个小微企业安全创建年度工作目标。建立党委领导、政府负责、安委办牵头、多元参与、联合共建的工作机制，开展安全社区创建工作。发挥群防群治等社会力量，完成全国“两会”、APEC会议等重点时期社会面防控工作。深化信访代理制，加强处级领导接访，化解各类矛盾40余件。开展法制宣传教育，在3个社区建立法律顾问制度，提升法律服务质量。（曹睿）

【社区建设】 在交东、府学、福祥社区建立居民议事厅，为居民参与社区建设搭建平台。加强社区干部队伍建设，提高社区干部综合素质，建立社区弹性工作机制和预约办事制度，加强硬件和信息化建设。完成交东社区办公用房标准化改造247平方米、南锣鼓巷社区服务用房结构施工，投入15万余元改善鼓楼苑、菊儿、福祥社区办公用房配套设施，为社区服务提供基础保障。福祥社区成功创建“六型社区”。成立街道文联，促进社区文艺资源共建共享。推动公共文化服务体系示范区创建工作，社区文化活动室全部达标。完成1780平方米街道养老照料中心硬件设施建设。完善居家养老（助残）服务网络体系，吸纳地区各类服务商35家，落实养老（助残）券变卡和为老服务进居家试点工作，为老年人和残疾人提供方便快捷、多样化服务。搭建居民文化娱乐平台，举办四合院闹花灯元宵灯会、惊蛰锣鼓节、七夕乞巧节、中秋节、九九重阳节等七大南锣鼓巷系列民俗活动，1500人参加促进街道民俗文化传承与创新。（曹睿）

【党建工作】 年内，加强对新社会组织和非公经济组织的指导与联系，扩大基层党组织覆盖率，建立新社会党组织1家。成立交道口街道社区物业管理党建联建工作小组。开展街道和

9月，南锣鼓巷南口牌楼复建工程完成

社区“庸懒散拖”专项整治，规范行政执法和政务服务工作。举办廉政文化专场演出，7个社区设立廉政文化宣传墙。完成南锣鼓巷联合工会换届工作，新独立建会14家，新纳入联合工会70家。组织青年参加各种主题的文体活动和志愿服务活动。开展社会公德和家庭美德教育主题实践活动。南锣鼓巷商会获全国工商联年度商会工作十佳服务典范称号。（曹睿）

【经济工作】根据《东城区特色商业街区业态指导目录》严格业态准入，为27个符合街、区发展的商户开具业态审核证明，整改低端业态商户17个。开展无证无照专项整治活动，取缔无证无照商户76个。加大企业服务和支持力度，招大选强引进企业13个，清理异地纳税企业83个。完成第三次全国经济普查及10余项专项调查。（曹睿）

【南锣鼓巷】完成南锣鼓巷地区4条胡同修缮项目前期调研、筹备工作，制定修缮项目实施方案。完成南锣鼓巷牌楼复建工程，升级改造南锣鼓巷景区导览标识牌系统，启动东棉花胡同24号院保护修缮项目，完善街区历史文化景观。南锣鼓巷地区被列入区级治安重点管理地区，制定《南锣鼓巷地区综合执法组日常巡查工作机制》，开展违法经营专项整治行动，实现综合执法常态化。开展南锣鼓巷大人流监测与管理调研，完善节假日应急处突预案。制定《南锣鼓巷安全维稳工作安排》，明确9个部门15项工作。出台南锣鼓巷商户货物车辆限时出入规定、南锣鼓巷地区半封闭管理工作方案，在南口安装推拉护栏及挡车桩，实现交通动态管控。（曹睿）

【党的群众路线教育实践活动】辖区有基层党组织61个，党员1774人。教育实践活动中，围绕为民务实清廉主题，开门纳谏，征集各方面意见、建议479条。召开民主生活会，主动揭短亮丑，点中要害，触动思想。立行立改，专项整治28项“四风”问题，整改397个热点难点问题，制定改善居民居住条件等关系民生和街区长远发展整改计划。（曹睿）

安定门街道

【概况】安定门街道办事处是区政府派出机构。位于东城区西北部，东起雍和宫大街、南至鼓楼东大街、西依旧鼓楼大街、北到北二环，处在古都风貌保护区和故宫缓冲区内。面积1.76平方千米，有大街3条、胡同69条。设社区居委会9个，户籍人口2.29万户5.54万人，常住人口4.58万人，流动人口9560人，有民族29个，其中汉族5.07万人，占民族人数的92%。辖区有中央、市、区属单位50个，企业500余家，其中70%以上属于规模以下民营企业。有国家级文物保护单位，即北京鼓楼钟楼、国子监、北京孔庙，市、区级文物保护单位7个，历史遗存32处。中、小学、幼儿园15所，有空军后勤部机关、北京卫戍区四团。机构设置23个，有公务员编制87人实有85人、工勤7人实有7人，事业单位4个编制38人实有35人。安定门地区地域狭小，人口密度大，85%的房屋为老旧平房，居住环境较差。有低保1608人，占地区总人口3.50%，居全区第二。残疾人2075人，占地区总人口的4.20%，居全区第一。

年内，开展党的群众路线教育活动，组建综合执法、信访维稳、环境秩序组共同推进征收工作，配合拆迁指挥部对拆迁区低保、残疾家庭进行救济，实现低保和残疾家庭全部签约。完成征收区信访维稳、征收搬迁、环境秩序整治等工作。街道负责的第四分指32户征收任务中，进入裁决程序1户，3个门院停止征收，完成阶段性工作。街道各项工作稳步、有序推进。

单位地址：东城区安定门大街方家胡同19号

联系电话：64066979

邮政编码：100007　（张宏）

【城市管理】年内，为辖区居民发放自采暖补贴4.27万元。完成安内大街环境整治项目主体建设工程950米、居民院落主体工程92个，涉及商户215户、居民754户。全年拆除违法建设103处2513.15平方米，拆违台账77处，完成总任务的77%。拆除地锁地桩1000余个。建立五道营胡同交通秩序整治协调小组，推进交北头条、二条、三条胡同单行单停工作，施划车位210个，确保胡同内交通通畅。开展建筑垃圾、重点大街、地区环境整治，打击无照经营、黑车摩的、露天烧烤等各类违法行为。至11月底，处理网格案件1580件，热线电话举报1964件。区主要领导杨柳荫、张家明多次实地考察五道营胡同发展情况，研讨胡同建设、街道经济发展、老旧小区改造等重点问题。（张宏）

【民生保障】年内，为辖区低保、困难补助家庭6299户次，发放低保金670.96万元，帮困金68.96万元，过节费44万元；申请低保34户，新批低保和困难补助22户。发放社会散居孤儿基本生活费5.04万元，上年度享受助老医疗慈善金1.10万元，医疗救助金32.67万元，教育救助金3.54万元。办理“一老一小”、无业人员定点医疗机构变更609人次，大病医疗费报销400人次177.82万元。为629户次发放用电补贴5.43万元。开展就业援助月主题活动，以“ 摸查、四帮扶、一回访”为活动重点，帮扶就业困难58人。完成登记失业人员就业率81.46%，城镇登记失业率控制在0.32%，登记失业人员就业681人，就业困难人员就业485人，就业困难人员就业率为82.34%。空岗信息采集1772个，职业指导1069人次，职业介绍推荐成功就业59人，招聘单位建档76个，用人单位跟踪回访311人次。劳动监察260家用人单位，未发现违反劳动用工问题，劳动合同签订率100%。（张宏）

【社会治安综合治理】年内，推进平安建设，加强治安防控和群防群治，完成“两节”、“两会”、重大节日、重大会议安保维稳、防恐防暴工作。至11月底，启动等级防控90次，出动干部976人次、干警2080人次、治安志愿者11.50万人次，民兵2010人次、巡防队员2816人次，单位内保力量1.26万人次，其他力量8881人次。完善网格化社会服务管理模式整体设计。在社会服务管理与城市管理两网融合基础上，整合应急管理、公共安全监管等工作体系。至年内，实施消防安全综合治理，联合检查118次出动1156人次，检查109个单位，检查地区中小型企业、个体经营者及宾馆、饭店服务业、地下空间215个。清理可燃物车48.50吨。分中心信息系统平台收集汇总民情日志3.92万条，办理流动人口2748件，处理矛盾纠纷2984件，其他2542件，收集社情民意6129条。开展矛盾纠纷排查调处，受理各类纠纷368件完成354件，调处率96.30%。（张宏）

【社区建设】在辖区开展“走百户、访千人、解民难”活动，9个社区均制定计划开展大走访活动，了解居民家庭情况和问题记载于《百姓家话》记录本上。筛选梳理出可解决问题10件、热点问题14件。巩固发展一委三会一站，多元参与共建的社区治理模式，以网格化管理为抓手，增进党、居、站、网格间协调配合和执行力度。推进六型社区建设，五道营、钟楼湾社区接受北京市六型社区第一轮评估。2月15日，在五道营胡同组织辖区居民，开展正月十五闹花灯活动。（张宏）

【党建工作】年内，推进分司厅、五道营社区基层服务型党组织试点工作。加强非公领域党组织队伍建设，聘请退休党员9人到社区开展非公领域党建工作。深化区域性党建工作，走访驻区单位12次，听取意见建议21条，促进区域化党建工作和地区建设协同发展。开展最美北京人百姓宣讲团、钟鼓楼群言堂、学习征文、精品选读等活动11次。开展我们的节日、道德讲堂、社会主义核心价值观等群众性精神文明创建活动17次。全年在各主流媒体报道地区发展成果100余篇次、撰写专题报告53篇，通过“古风新韵安定门”官方微博发布微博2445条，创办《安定新韵》半月刊报纸出刊11期。开展共产党员献爱心等多项帮扶活动，走访慰问困难党员、群众330余人次，集资救助

8月27日，区委书记杨柳荫考察安内大街环境整治

5.80万元。（张宏）

【经济工作】完成安内大街工程改造、成为市级精品大街，恢复整治钟鼓楼广场，完成五道营特色商业街区一期工程收尾审计、资金绩效考核工作。规范管理集中办公区，加强优质企业的引进，清理不良企业，规范2家中介公司招商引资工作，促进地区经济发展。至10月底，新引进税源123户，其中注册资金500万元以上企业38家、1000万元以上的企业25家。完成第三次经济普查，登记2037个单位、1053个体户，登记率均在95%以上。（张宏）

【党的群众路线教育实践活动】辖区有基层党组织73个，党员2653人。实践活动中，坚持认真、严格、到位、特色、实效10字方针，召开党员动员、部署会，社区党委、非公党组织党员参加。中心组开展学习研讨、书记讲党课活动，以“钟鼓楼·群言堂”为平台，开展主题教育活动，党员撰写读书笔记。各社区党委形成“三学四讲五提高”等学习方法。召开座谈会、调查问卷等征求意见，集体会诊把脉。查摆“四风”问题、开展批评，采取街道领导间约谈、治安维稳结对谈、利用业余时间和约定上门谈等方式，相互开展谈心谈话4轮、处级领导班子成员5轮以上活动。坚持立行立改、即知即改，废止制度2个，修订完善制度17个，新建制度16个。（张宏）

北新桥街道

【概况】北新桥街道办事处是区政府派出机构，位于东城区东北部，东起东二环路，南至平安大街，西依东四北大街、雍和宫大街，北到北二环路。面积2.62平方千米，有主要大街5条、胡同84条。设社区居委会12个，户籍人口2.88万户7.76万人，流动人口2.07万人，回、满、蒙古等少数民族5400人。有中央、市、区属单位223个，私、民营企业3536个，商务楼宇15座，中、小学、幼儿园8所，医院3所，社区卫生站4个。辖区有著名的商业特色餐饮街—簋街雍和宫（全国第一批重点文物保护单位）、柏林寺、北新仓、通教寺等重点文物保护单位，北京市第一座以中水造景的生态水景园—南馆公园，稻香村、吴裕泰等“中华老字号”知名企业，中石油、中青旅、北京移动等大型企业总部。机构设置22个，公务员编制102人实有95人、工勤编制6人实有6人，事业单位5个编制42人实有40人。

年内，围绕建设优质服务型街道工作目标，完成全年各项工作任务。5月19日，中央第二巡视组察看街道非公党建信息化平台、听取街道工作汇报。开展党的群众路线教育实践活动，全年在各主流媒体刊登稿件168篇，在北新桥街道微博发布信息1273条，原创报道221条。北新桥街道图书馆被中宣部、国家新闻出版广电总局、北京市政府授予书香中国第四届北京阅读季最美阅读空间图书馆。

单位地址：东城区东直门内北小街草园胡同6号

联系电话：64043994

邮政编码：100007（王潇）

【城市管理】年内，完成辖区654台电暖器验收工作，18栋楼房热计量改造。加大环境绿化美化工作，对北官厅社区、炮局胡同、北新仓小区实施重点绿化改造，平整改造养护绿地面积8300平方米，清理绿地4.80万平方米，辖区自管绿地养护水平全部达到二级以上。清除卫生死角1035处，清运白色垃圾90余车、生活垃圾2.20万余吨。办理网格案件700余件，清除小广告4.70万余处。开展辖区老旧楼房抗震加固、节能改造工程。完成市、区属单位6栋老楼1.10万平方米抗震加固，市属单位2栋老楼1.20万平方米节能改造。市政道路工程均在3条胡同楼房区推广垃圾分类工作，有22个居民小区成为达标分类小区。清理无主渣土329吨，大件废弃物580余件。加强对簋街、雍和宫大街、北新桥3条重点大街管理，处理各类违法案件1.80万余件，查处无照经营500余起，规范门前三包、店外经营、堆物堆料1.30万余起，拆除违规广告牌匾、灯箱、灯笼等1200余个。拆除挂账违建76处、新生违建20处。（王潇）

【民生保障】全年受理保障性住房申请161份，办理廉租房补贴38户、公租房补贴74户，变更保障性住房132户，取消保障性住房资格67户。廉租房复审283户、续签合同247户，公租房复审90户。有低保家庭1043户1920人，享受粮油补贴729户902人，发放低保金1407.70万元，粮油帮困补贴45.90万元。新增低保38户59人，停发143户310人。有低收入家庭7户17人。为401户低保家庭发放冬季燃煤取暖补贴20.10万元。发放医疗救助479人次98.90万元，临时救助39人次15.60万元。为152位老人办理慈善医疗卡、资助37人1.60万元，为125户困难家庭办理爱心卡。街道扶贫救助9人3.70

4 月 25 日，基层党组织组织党员学习交流

万元，社会捐助筹集善款 1.50 万元。为低保边缘困难高龄和高龄特困老年人 29 人发放慰问金 1.60 万元。两节期间为百岁老人 11 人发放慰问金 1.10 万元。办理老年证 587 张、优待卡 1139 张，发放养老助残券 1.11 万人次 324.40 万元，为高龄老年 324 人发放高龄津贴 40.01 万元。全年就业率 90.60%，失业率 0.89%，享受灵活就业 2003 人，为失业人员办理退休 96 人。受理退休人员医药费报销 413 人次 106 万元，“一老一小”医疗参保 4600 人、年度新增 587 人。办理计划生育各类事项 4507 项，其中办理一孩生育服务证 650 个、二孩 194 个，新生儿入户 1143 人。发放《育儿百科》454 本，独生子女父母光荣证 299 个。违法生育处罚 12 例，征收社会抚养费 214.91 万元。（王潇）

【社会治安综合治理】 全年办结网格案件 2 万余件，处理城市管理案件 1.30 万件。完成重大节日、重要会议安保维稳任务。开展雍和宫大街环境秩序整治，聘请保安 20 人，配合城管、工商等部门对店外经营、无照游商等进行管控。清理无照卖香人员 600 余人次。与雍和宫管理处配合，实行雍和宫院内免费赠香，外香禁止带入的规定。开展地下空间整治，召开出租房屋整治例会 3 次、各类推进会 8 次，与 13 家房地产中介公司签订 45 份限期整改承诺书，通报 6 家房地产经纪公司停止其网签，对涉及与房客租金纠纷的 5 家中介，进行约谈告诫，协调清退租金及房租费 5.60 万余元。开展联合执法 21 次，出动执法力量 312 人次、拆除隔断 310 间，劝离群租 1148 人。治理挂账 123 处违法出租房。全年接待信访 422 批次 435 人次，处理回复市信访综合平台转办来访 57 件 215 批次 223 人次、来信 20 件 44 人次。处理回复市长信箱 34 件 114 件次，区长信箱 23 件、政民互动综合服务平台 37 件，自接群众来信 8 件，信件处理回复 100%。开展消防安全、燃气安全执法检查和专项整治行动，每季度对簋街检查 1 次、半年对重点单位普查 1 次，生产经营单位检查 1000 余家。开展联合执法检查 27 次、夜查 11 次、专项治理行动 7 次，全面排查、分类治理各类安全隐患。建立居民院落长期巡查监控机制、对灭火器和简易消火栓定期维护、配备消防电动车 5 辆，做实社区安全基础管理。（王潇）

【社区建设】 年内，巩固九道湾、民安 2 个市级“六型”示范社区建设成果，开展“六型”社区创建工作，前永康、北新仓、十三条社区为第三批市级试点，接受两轮评估检查。在民安社区推行电子民情日记，并成为社区工作者下户走访的重要工具。完成北新仓、青龙等 11 个社区硬件规范化建设，修缮改造青龙等 3 个居委会、北新仓社区居民活动室、九道湾社区邻里中心。分三批组织社区工作者 108 人参加全市轮训，取得社会工作师和助理社会工作师职业资格证书 53 人。落实区创建国家公共文化服务体系示范区规划，制定并启动实施《北新桥街道创建国家公共文化服务体系工作方案》。加强基层文化设施建设，街道图书馆被评为市级优秀基层图书馆，外借图书名列全区街道级图书馆第一、全市第三。改造升级九道湾、前永康 2 个社区图书馆，启动民安、海运仓、前永康、门楼等 4 个社区综合文化中心建设项目。开展新春文艺汇演、元宵灯会、清明寄悼、端午欢庆、亲子运动会、闲置物品交换大集、科普宣传等系列文化活动。开展“奥林匹克·体育生活化社区”创建工作，启动民安、北新仓样板社区建设工程，完成 9 个试点社区创建初期工作。举办“奥林匹克·体育生活化社区”趣味运动会、社区居民体质测试、街道第八届和谐杯乒乓球比赛、“一街一品”体育项目展示等群众性体育活动。（王潇）

【党建工作】 红云新桥非公党建信息化平台覆盖辖区 26 个非公企业党组织、党员 734 人，开展活动 51 次。新建工会组织 247 家、会员 4013 人。在 12 个社区 188 家企业建立劳动争议调解委员会。以海巢 HOT·社区青年汇品牌为载体，开展五四主题团日、国庆游园志愿服务、体育文化季、青年联谊、青年成长系列讲座等系列活动 612 次 1.97 万青年人次参加，增强团组织的凝聚力。（王潇）

【经济工作】 年内，新引入企业 53 家，其中 9 家企业注册资本超过 1000 万元。征收房产税 39 万元。编制簋街特色商业街区业态指导目录。完成第三次全国经济普查，采集有效单位 9788 家、普查率为 100.74%，个体经营户 1524 家、普查率为 104%。在青

龙、嘉润、海运仓大厦企业集中办公区开展企业清理整顿工作，通过区有关部门检查验收。完成中青旅、海运仓、居然大厦商务楼宇升级改造申报和38家企业公共建筑能耗信息采集及限额认定工作。（王潇）

【党的群众路线教育活动】 辖区有基层党组织83个，党员4095人参加。教育实践活动中，领导班子集中学习12天40余次，开展研讨交流5次。通过座谈、走访、征求意见建议165条，其中涉及“四风”方面40条；围绕“四风”、联系群众最后一公里、关系群众切身利益等问题，征求意见建议600余条。梳理、制定为辖区居民、社区需办的21件实事项目。按照“四必谈”要求，开展3轮谈心谈话393人次，查找问题286条。领导班子撰写对照检查材料修改26稿，处级党员干部平均修改17稿，查找出领导班子问题29条、“四风”问题132条，班子成员之间提出批评意见154条。基层党组织召开专题组织生活会，开展民主评议党员工作。领导班子从立行立改、近期整改、中长期整改3个方面，制定整改方案，提出整改任务14项63条。（王潇）

东四街道

【概况】 东四街道办事处是区政府派出机构。位于东城区东中部，东起东二环路西侧，南至朝内大街北侧，西依东四北大街，北到平安大街东四十条。面积1.53平方千米，有大街4条、胡同31条。设社区居委会7个，户籍人口1.73万户4.56万人，常住人口1.33万户3.62万人，流动人口1.42万人，回、满、蒙少数民族22个4232人。辖区有中央、市、区属单位46个，中、小学、幼儿园5所，医院5所，银行2所，社区卫生服务站3个。国家、市级文物保护单位3处。机构设置23个，有公务员编制85人实有84人、工勤5人实有5人，事业单位4个编制37人实有36人。

年内，完成65周年国庆、APEC会议、党的十八届四中全会安保、区人大代表东四二条选区补选等工作。开展党的群众路线教育实践活动，改善社区办公用房和服务硬件设施，支持地区社会组织和居民自治组织参与社区建设，创新社会服务和社会管理，化解社会矛盾，维护社会稳定、地区安定。5月16日成立城市治理中心，开展环境治理。6月28日举办全市首场慈善大集活动，成立东城区首家慈善超市店。8月5日在辖区举行改革热点面对面交流活动，中宣部、环境保护部、中国社科院、国土资源部、人力资源和社会保障部、教育部及市、区领导出席。为贫困地区募集善款7.80万余元，为见义勇为5人发放慰问金及困难补助1.60万元。街道被评选为北京市第十届首都见义勇为权益保护工作先进单位，居民孙茂芳在第十一届中国公民道德论坛上被中央文明委授予当代雷锋称号。全年新闻报道308篇，其中平面媒体128篇、网络媒体156篇、广播电视报道24条。发行东四奥林匹克社区报43期。

单位地址：东城区东四六条17号
联系电话：64044922
邮政编码：100007（闫磊）

【城市管理】 年内，为432户居民发放年度煤改电清洁能源补助83万余元。抗震加固东四北大街525～529号老旧楼，成立二条胡同停车自管会、完成车辆单停单行自治管理工作。为朝阳门北小街，东四二至九条，月牙、南板桥胡同改建绿化280平方米。改造四条39号院、仓南胡同14号院、东门仓甲3号院老旧小区，墙面贴砖、粉饰1.73万平方米，墙面、电箱、灯杆防粘贴5428平方米，门窗油漆952樘，窗户、空调护栏791套，规范空调76处，架空线整理2329米。修补路面1.80万平方米、花岗岩树池1169米、广告牌匾1456.30平方米，检查修整井103处、门院66个，更换门窗1205平方米，安装雨水管152根，六条胡同铺装柏油5000余平方米。清洗粉刷豆瓣胡同2号楼，十条34号院10栋楼9万余平方米，东二环沿线21栋楼20余万平方米。组织联合执法60余次，开展为期5个月利剑2014背街小巷环境秩序综合整治行动，拆除户外广告灯箱、牌匾、LED显示屏650余块，检查施工工地120余处、清理渣土物料300余处，清运无主渣土、大件废弃物812车次，查处违规拉运渣土、散装物料大货车14辆。现场检查、排查1060户次。拆除违规店外烧烤烟罩18处，查处露天烧烤22起，没收查扣炉具、桌椅230余个。拆除违法建设125处1700平方米、地锁、地桩、地链等300余处。清理占道废旧自行车、三轮车80余辆，大件废弃物8车次，取缔非法路侧停车场2处，查处移送假冒停车收费6人。开展防汛应急演练，清查重点积水院落23处，修剪树木170棵，伐除危险树木7棵，检查房屋3346间，雨中巡查、走访148人次，新做下水道9处175.80米、清洗3栋275米，新做大张石膏板顶棚6.5间，平房屋顶SBS防水110间948.52平方米、化粪池清底4个、泵井清底2个。处置各类险情40余起120余人次参加。（闫磊）

【民生保障】 年内，为201户廉租房家庭签定租金补贴合同，年审复核廉租房143户。公租房租金补贴63户。为辖区低保、贫困人群108人发放爱心卡物资4.48万元，募集衣被2000余件，发放居家养老服务券173万元。为95岁以上老人报销医疗费、发放高龄津贴24.10万元，慰问高龄特困、百岁老人及低保边缘户28人，发慰问金1.08万元，为老人安装小帮手100部、一按灵30户。发放低保金600余万元，为社区老人提供家政、日间照料、老年课堂等400余小时、免费专业服务6万余元。为低保、低收入家庭发过节、电价补贴费66.10万元，为低保者患病申请医疗救助107人次发医疗救助金22.92万余元。为各类优抚对象发抚恤金、义务兵优待金等235万余元。发放残疾人生活补助38.40万元，助残券287人33.34万元，保险补贴172人158万元，燃油补助201辆5.23万元，新办残疾证71人，对残疾人开展计算机、编织、按摩等就业培训82人。举办失业人员招聘会2场上岗25人。为居民报销医药费386人次213万余元。发放独生子女父母年老时一次性奖励171人，新增独生子女特别扶助8人，办理7例独生子女死亡家庭特别扶助，为102个家庭409人办理计划生育保险。举办婴幼儿家庭家长讲座、沙龙11场，亲子活动16场。（闫磊）

【社会治安综合治理】 年内，出资74万元，组织专业保安20人夜间巡视，为老旧小区新增监控探头10处。检查地下空间104处，整改违法出租房屋122处。安全生产检查2421个次单位，发现整改隐患216个、责令三停单位7个、临时查封单位6个罚款18.50万元。普查200余家餐饮店，重点检查使用石油液化气企业124个，整改安全隐患餐饮店55个。清理平房院落800余个、可燃物10余吨。开展安全生产标准化创建、达标单位108个。为156户家庭安装一氧化碳报警器。开展安全生产应急演练2次、宣传活动10余次，发放宣传材料3万余份，年检灭火器1200余具。培训人民调解员14次，开展专项矛盾纠纷排查化解6次，调处社会矛盾纠纷217件，成功率95.80%。开展司法大讲堂普法讲座17次，发放宣传材料8000余份，法律服务340余人次，受益群众2000余人次。全年受理信访396件546人次，信访代理89件，处理突发事件、化解重大矛盾纠纷29起，处理越级群体访4件、群体性事件2起50余人19万余元。与紫光达律师事务所联合成立东四街道职工法律服务工作室。（闫磊）

【社区建设】 年内，为二、六条社区分别购置东四三条45号、流水巷38号社区办公用房，公开招聘社区工作者13人。分三批组织社区工作者60人参加东城区综合能力和专业素质培训。投入21万元，培育社区社会组织7个，即二条社区停车自管会、六条社区爱心为民服务队、七条社区温馨聊天室、八条社区老年志愿者协会、总院社区和谐汇楼门文化自管会、豆瓣社区流动人口自管会、南门仓社区老邻居为老服务队。推进豆瓣、南门仓社区智慧社区建设，南门仓社区奥林匹克·体育生活化社区建设。为社区居民办实事430件，6个社区文化室面积达标，街道文化室达标率85.70%。培训社区文化组织员50余人次，组织技能培训100余人次，参加市、区专业培训41人次，组织东四奥林匹克社区大舞台等活动30余场，举办市民教育活动252场、道德讲堂24场、军（警）民座谈会3场、文艺演出2场、文体活动和比赛4次。开展东四街道第八届和谐杯乒乓球复赛暨趣味竞技展示赛2000余人次参加。改造文体中心，接待德国联盟党等外宾参观5批次135人、国内参观12批次402人，社区居民14万余人。（闫磊）

【党建工作】 年内，深化南门仓社区物业管理党建联建工作。组织机关干部每月一训，拍摄党员教育电视片“像雷锋一样活着——东四街道退休老党员孙茂芳”。完成非公企业建会76家，新增会员1361人。投入资金4.69万元，完成10家企业职工之家建设，表彰先进工会组织22个。为职工1800人办理互助保险，投资3万余元，向企业职工书屋赠书400余套。成立当代雷锋孙茂芳工作室和东四YOU记社区青年汇，开展我在东四快乐成长寒暑假活动10余次。帮扶困难妇女、青少年25人，发放慰问金

5月4日，东四奥林匹克社区体育文化中心成立当代雷锋“孙茂芳工作室”

2.90万元。“三八”妇女节期间，开展六送服务日活动600余人次参加。以彩虹工作室为龙头，培训社区巧娘工作室居家妇女手工技能50余人。（闫磊）

【经济工作】年内，推进南新仓北延南扩项目，开展环境整治和商家业态调整，完成古仓墙修缮。成立东四地区异地纳税企业清理工作领导小组，开展清理异地纳税企业。成立东四地区企业集中办公区，引入企业110家注册资本13.96亿元。搭建中小企业服务平台，掌握企业变化情况和闲置资源，确保商务楼宇闲置资源低于5%。按照“清理二四三”产业发展要求，引进文化创意、金融、商务服务等企业，辖区法人单位1444家中，服务业占64.80%、批发零售业占23%、住宿餐饮企业占7%。有南新仓文化休闲街、亮点五十五号文化创意产业聚集区、东城文化新媒体产业园等文化创意产业。全年购印花税5172.43万元，房产税代征92.91万元，财政收入8358万元，同比增长5%。（闫磊）

【社区服务中心】年内，有志愿者队伍28支、注册登记志愿者4929人。通过居家养老服务商、自管队伍为老年人提供服务1.96万人次、服务63.34万元，回收服务券7.53万张。通过“96156”热线电话提供咨询服务1500余次，受理居民无偿服务400余次。社区心理健康服务站将心理健康工作与网格、信访、老龄、残疾人、退休老干部、青少年“六个结合”，举办主题讲座26场，心理健康讲座10场，心理测查158人，心理咨询67人，建立网格助理员、社区工作者、社区居民心理健康档案136人，接待参观12次，举办心理健康展览2次，提供心理健康服务800余人次，发放宣传材料600余份。（闫磊）

【党的群众路线教育实践活动】辖区有基层党组织63个，党员2273人。教育实践活动中，召开领导班子等专题民主生活会，查找出9个方面20项问题，细化整改措施27条。制定《东四街道改进作风制度建设计划》，其中废止制度13个，修改、完善制度32个，新建制度71个。（闫磊）

朝阳门街道

【概况】朝阳门街道办事处是区政府派出机构。位于东城区东中部，东起朝阳门南大街与朝阳区朝外街道为邻，南至干面胡同、禄米仓胡同与建国门街道毗连，西依东四南大街与东华门街道接壤，北到朝阳门内大街与东四街道相邻。面积1.24平方千米，有主要大街4条、胡同23条。设社区居委会9个，户籍人口1.55万户4.32万人，常住人口3.67万人，流动人口5372人，以汉族为主，有回、满、蒙古等少数民族20个2698人。辖区有中共中央对外宣传办公室、中央机构编制委员会办公室，市商务委员会、新闻出版局等重点单位，主要商业区有东四南大街，朝阳门SOHO、三友商场等商业网点100余个。有医院、大专院校各1所，北京二中、史家胡同小学、幼儿园等8所。机构设置23个，有公务员编制86人实有83人、工勤编制2人实有2人，事业单位5个编制38人实有36人。

年内，开展党的群众路线教育实践活动，完成街道养老照料中心建设，朝内危改小区北区整治，APEC会议环境建设保障，社区文化活动室达标，拆除违法建设等重点工作。培育社会组织2个。举办朝阳门街道新春音乐会，社区民俗文化庙会，和谐邻里文化节，胡同文化系列讲座等品牌活动。全年发表外宣新闻165篇，其中电视新闻20条，发行《朝阳门》报32期32万份。经东城区民政局准予，成立史家胡同风貌保护协会、竹杆社区服务协会。街道被评为北京市健康示范单位、首都文明单位、年度建设学习型党组织工作示范点。

单位地址：东城区朝阳门内南小街西水井胡同3号

联系电话：65129256

邮政编码100010（龚新宇）

【城市管理】年内，完成采暖季煤改电电费报销926户，电暖器验收133户。辖区开展绿化、美化工作，栽种苗木612株、移植各类苗木48株、栽植色带5940平方米，完成春季修剪行道树175棵，摘帽排险地区行道树125棵，处置极端天气导致树木倒伐险情9处。在大方家、灯草等胡同摆放木质花箱100余个，完成内务社区花园式社区创建工作。重新铺装园路步道砖6980平方米、园路道牙3480米、粉刷墙面6700平方米。综合整治本司、灯草等7条主要胡同环境，对朝内危改小区（北区）、朝内93、137号院进行整体提升改造，新铺沥青路面1.14万平方米。维护修理西水井8号至10号6处防空地下室，改造史家20号院1号楼2252平方米整体抗震加固及保温节能工作。在本司、灯草等7条胡同施划临时停车位60余个，引导社区居民有序停车。辖区有5个小区实现垃圾分类。（龚新宇）

【民生保障】 年内，发放、受理廉租房申请家庭核定表256户。完成四房轮候家庭信息变更349户，廉租房租金补贴合同新签24户、续签151户，办理公租房租金补贴申请42户。为低保401户712人发放低保金565.65万元，80岁以上老年1434人发放养老（助残）券169.84万元。为一老302人、一小207人办理医疗保险增减员手续。为享受基本生活救助的老人70人配备小帮手电子服务器，办理老年证254个、老年人优待卡515个。有25人被评为北京市孝星。全年接收失业档案486份，帮助有困难427人实现就业，为失业348人办理灵活就业、享受社会保险补贴手续，为有求职意愿失业的316人提供职业指导服务。新接收社会化管理退休人员246人。受理劳动纠纷举报20件、全部解决，为农民工讨回工资40余万元。在银河SOHO开展劳动用工规范一条街，规范20家单位签订劳动合同、参加社会保险和劳动用工管理规则制度等。（龚新宇）

【社会治安综合治理】 年内，整治违法出租房屋、地下空间工作，处理群众举报17件，完成治理71处、清理租住人员280余人。完成西水井8号至10号4处非法出租人防工程腾退拆除工作，拆除非法出租用房309间。全年拆除违法建设105处6129平方米。与交通部门清除地锁、地链119处，清理占道自行车、三轮车30余辆、废弃机动车4辆。集中整治非法运营机动车，查扣三轮车7辆。“5.12全国防灾减灾日”宣传周活动期间，组织春江小学、北京二中、财贸干部管理学院师生1000余人进行防火逃生演练。在9个社区分别建立义务消防队，购置胡同专用消防电动三轮车4辆，检测、维护950个灭火器，90个简易消防栓。开展平安交通行动，累计发放各种交通安全宣传品2800余份，与辖区单位签订交通安全责任书70份，全年无重大交通安全事故。推动辖区190家小微企业，开展企业安全生产标准化岗位达标创建工作。（龚新宇）

【社区建设】 年内，礼士、新鲜社区创建“六型”示范社区。演乐、朝内头条、史家社区创建三星级“智慧型社区”，竹杆、新鲜、内务社区升级为五星级“智慧型社区”。完成竹杆、朝西社区体育生活化社区、中医药特色管理社区创建工作。更新81项志愿服务项目。完成年度首都优秀社区志愿项目、志愿组织、志愿者之星推荐工作，其中我在朝阳门快乐成长项目被评为年度首都优秀社区志愿服务项目，街道寿颐志愿服务队被评为年度首都优秀社区志愿服务组织之星，演乐社区4项活动入围年度北京社会组织公益行系列活动。开展社区志愿者招募，新增志愿者900余人。举办志愿者培训讲座，聘请卫生健康等专业人士，讲授落水急救、心肺复苏等专业技能。各类社会组织以群众需求为导向，全年开展31项52次公益活动，涵盖扶老助残、法律援助、生态环保等便民服务活动，精神文明建设，志愿服务等公益活动。提升资金使用效率，改造内务、礼士社区部分居民院工程。创建公共文化服务体系示范区，为新鲜、大方家社区居民租入340平方米文化活动室。（龚新宇）

【党建工作】 年内，探索基层服务型党组织体制机制建设，打造史家社区党委党员会客厅品牌，梳理归类服务项目，固化服务时间和方式，保证服务效果。成立北京市东城区朝阳门街道竹杆社区服务协会，整合区域服务资源，居民需求完善服务功能开展便民服务。建党93周年，举办以亮明身份、公开承诺、为民服务为主题的党日活动，新党员17人与老党员重温入党誓词，辖区各党组织与社区共建结对单位公开承诺为群众办实事，开展现场咨询服务。开展党心连民心亲情进万家、听民意、访民情、解民难等活动，走访慰问老党员、困难群众800余人次20余万元。开展党员认岗定责活动，明确党员服务职责，实现党员服务长效化。将非公党建、基层党建工作同部署、同落实、同考核，扩大组织覆盖和工作覆盖，在银河SOHO写字楼内建立银河SOHO党支部，实现七站合一功能，推动地区楼宇党建工作规范化建设，促进企业发展。（龚新宇）

【史家胡同博物馆】 年内，接待国内外、各界人士参观2万余人次，近50家媒体进行报道。举办讲座15场，座谈会、沙龙12场，书画展、相声4场，接待文化部、国家旅游委等部委、市、区单位等参观调研70余次，其中涉外参观21次，成为“国际博物馆协会国际博物馆培训中心”实践课程合作特色博物馆。4月24日，故宫博物院副院长宋纪蓉，国际博协执行总干事汉娜·彭诺克（HannaPennock）

2月12日，郭金龙调研党的群众路线联系点

到史家胡同博物馆开展国际博协培训中心（ICOM-ITC）2014年春季培训班博物馆实践课程。5月，史家胡同博物馆成功申报为东城区爱国主义教育基地。10月，举办纪念史家胡同博物馆建馆一周年暨朝阳门地区第六届和谐邻里文化节活动，活动与故宫博物院合作举办故宫博物院图片展，接受故宫博物院捐献历史文化书籍。活动中出演京剧、老北京叫卖、传统相声和小品等文艺节目，100余人参加。

（龚新宇）

【养老照料中心建设】 辖区养老照料中心以"居家养老+日间照料+照料中心养老"为服务模式，围绕"衣食住行、医疗保健、情感慰藉、生活援助"等，采取低偿服务和有偿服务相结合的开展方式。服务项目即：生活、精神、心理、健康服务，日间照料、护理培训等20余大项60余小项。养老照料中心－居住护理区，位于朝内南小街10号楼2层、4层，面积1023平方米，有护理房间17间、服务用房12间，设全托床位60张，主要接收半自理、不自理的老人。养老照料中心－生活服务区，位于大方家38号楼，面积800平方米。各种居家养老服务用房30间，设日间照料床位20张，主要接收自理老人。（龚新宇）

【党的群众路线教育实践活动】 辖区有基层党组织129个，党员2362人。在全市率先成立"百姓督导团"，全程参与、督导、评议街道党的群众路线教育实践活动，并在全区进行推广。活动期间，征求各方意见建议554条，其中"四风"问题85条。召开专题民主生活会，班子成员相互批评提出意见131条，市委书记郭金龙2次到街道调研指导教育实践活动，听取街道领导班子专题民主生活会汇报。在落实整改中，制定改进作风制度建设计划，废止制度18项、修订完善24项、新建10项，解决居民提出违法建设、树木安全隐患、老人出行不便、行政服务大厅等问题110余件。6月28日，市委书记郭金龙一行，听取街道领导班子专题民主生活会汇报，了解群众路线教育实践活动中为民服务方面的新举措，观看"百姓督导"团宣传展板，并与"百姓督导团"成员进行交流。（龚新宇）

建国门街道

【概况】 建国门街道办事处是区政府派出机构。位于东城区东中部，东起二环路与朝阳区建外街道相接，南至明城墙外崇文门东大街与东花市街道为邻，西依崇雍大街与东华门街道毗连，北到干面胡同、禄米仓胡同与朝阳门街道接壤。面积2.66平方千米，有大街8条、胡同72条。设社区居委会7个，户籍人口2.18万户5.90万人，常住人口3.95万人，流动人口1.84万人，有回、满、蒙等少数民族2400余人。辖区有中央、市、区属单位361个，大型商务楼宇28栋，学校8所，医院4家。有古观象台、智化寺等国家级文物保护单位3个，区级文物保护单位6个。机构设置23个，有公务员编制103人实有98人、工勤编制7人实有7人，事业单位5个编制46人实有41人。

年内，开展党的群众路线教育实践活动，完成第三次全国经济普查，建立地区养老照料中心，12月31日，建国门社区卫生服务中心试运营。辖区7个社区全部建成一刻钟便民服务圈，均通过六型社区验收。5月16日，副市长戴均良一行调研街道综合服务大厅，查看大厅窗口设置和便民服务情况，座谈城市管理体制改革议题；22日，四川省巴中市党政考察团一行20余人，考察街道治安防控体系及社会服务管理创新工作。6月至10月，国务院参事团、国家标准化管理委员会和市质量技术监督局一行20余人，到街道调研城市公共服务和网格化社会服务管理标准化建设；俄罗斯全国广播电视公司驻华分社到街道行政服务大厅计生窗口，单独拍摄采访二孩办理相关政策；副市长张延昆带队检查街道APEC环境保障情况，查看丽晶酒店、励骏酒店周边市容环境状况。

单位地址：东城区赵堂子胡同16号

邮政编码：100005

联系电话：65126891

（毛一帆）

【城市管理】 年内，为辖区327户居民报销电暖气补贴25.63万元。开展月末卫生清扫活动12次、家庭灭蟑6000户，清理卫生死角338处，铲除小广告2056条，处理生活垃圾2.78万吨。清运无主渣土及大件废弃物1500车4500吨。修剪树木207株次，伐除25株次，打药68株次，重新登记古树、认定及挂牌。摆放时令花卉6164株，普防美国白蛾4次。开展城市管理大家谈活动11次，征集居民意见建议60余条。环境整治改造主要大街2条、胡同11条、老旧小区3个，对16栋楼实施抗震节能加固工程。受理环境类举报案件1887起，拆除违法建设108处4198平方米，清理非法小广告9000张。拆除地锁468个，广告牌匾、灯箱、LED显示屏318块。处理城市监督管理平台立案案卷1.18万件，编纂

建国门街道网格助理员工作手册，设环境巡视督导员2人，发现、解决环境类问题1800件。（毛一帆）

【民生保障】年内，登记保障性住房170余户，市级备案通过113户，完成廉租户79户租金补贴续签、停发工作。发放低保金42.25万元，清退不符合条件低保12户30人，新增低保对象1户3人。办理老年证230人次、老年优待卡511人次、居家养老服务券193人次，发放居家养老服务券5608人次，发放高龄津贴2519人次。录入87户残疾人家庭无障碍改造信息管理数据库。向42位肢体残疾人租借、发放辅助器具172件（套），为残疾人44人体检、745人和282残疾人亲友开展康复训练和指导。联合东华门、朝阳门、东花市、龙潭街道社保所举办2014年“新浪乐居”优质岗位专场招聘会，提供岗位60个，达成就业意向60余人。联合东城职校举办3期“技能培训进社区，热情服务为百姓”宣传活动。登记失业人员实现就业609人，就业困难人员实现就业411人，实现创业62人，带动就业210人。建立工作人员服务评价体系，为服务大厅各窗口安装服务评价器22个。编写“建国门街道人口和计划生育工作手册”，办理一孩生育服务证603人次、独生子女证168人次，独生子女父母奖励516人3.16万元，一次性奖励250人25万元，贡献二孩指标奖励2人1万元，失独家庭补助5户5万元，走访“失独”家庭、伤残家庭和特困家庭78户。（毛一帆）

【社会治安综合治理】年内，排查辖区57处在账地下空间和728家“四小单位”，建立台账。协调执法部门拉网式排查非法违法生产经营活动，处理非法违法单位5家。在重点地段安装临时摄像头3个。开展夏季防入室盗窃、坚守红线意识，保障城市安全、燃气安全宣传进社区宣传活动，接受居民咨询、答疑8000人次，发放宣传品5000份。受理群众来访160批次235人次，其中集体访8批次54人次，联名信1件6人次，信访代理8件次。对934户食品药品企业建立台账，受理食品药品投诉举报137件，其中餐饮服务类90件，食品、保健食品流通类37件，药品、医疗器械流通类6件，化妆品流通类4件，办结率100%。设立食品流通许可13件，延续28件，餐饮服务许可初审环节现场审核79件。（毛一帆）

【社区建设】开展社区社会组织调研，建立社区社会组织动态评价体系，实现对各类社区社会组织成长监测和跟踪评估。搭建社区社会组织学习交流平台，联合北京市民政干部管理学院、助人社工事务所开展社会组织培训。完成社区老旧固定资产报废和更新，为外交部街社区安装社区服务站标志。推进社区图书室、电教室、活动室建设，社区服务站总面积达500平方米。整合便民服务资源，制定经营管理制度和六小单位评价机制。采用“崇远万家＋新发地”连锁直营菜店模式，解决西总布社区买菜难题。（毛一帆）

【党建工作】年内，改版升级街道党建新时空网站和非公党建网站，开设群众路线大家谈专题留言板，在线发布建国门生活报、建国门组工简报资讯。新发展党员19人。成立彼得·德鲁克管理研修学院、卧石泉国际贸易有限公司2个非公支部。组织党员干部参观市检察院、古代官德文化展和时传祥纪念馆。举办纪念建党93周年文艺演出，组织优秀党员串讲为民服务凡人小事；组建最美北京人百姓宣讲团，到社区、企业开展宣讲9场次5000余人参加。（毛一帆）

【经济工作】年内，新增企业185家，清理集中办公区企业30家，引入绿都源资产管理有限公司、上海小南国企业服务信息发展有限公司、北斗网博科技有限公司等落户东城。代征房产税153.61万元，较上年增长147%。4月、9月，分别走访锦辉国际控股集团有限公司、中国泛海控股集团。（毛一帆）

【百姓文化娱乐活动】2月，举办金牛送福、骏马贺春主题立春文化节。活动期间，举办冬至民俗荟、民俗故事展演送福、寻春送福、立春诗会和春歌赛、牛童春姑娘选募等系列活动，吸引辖区单位、企业、学校参加。6月，举办第三届彩虹文化节，推出“胡同大碗茶”项目，引导居民用“抖宝”方式讲述胡同历史和社区变迁，期间开展科技周、科普之夏、科普日系列活动。5月23日，举办惠民、为民、乐民文艺志愿服务主题活动，姜昆等著名演员现场演出歌舞、

2月4日，立春文化节上牛童鞭打春牛

相声、戏曲等节目。5月，成立公益编织联盟，举办第二届公益编织节，开展编织技艺培训、编织技巧交流、编织技能大赛系列活动，筹集义卖善款10.95万元。（毛一帆）

【党的群众路线教育实践活动】辖区有基层党组织92个、党员2669人。教育实践活动中，组建40人百姓观察员队伍，搭建问计于民、问需于民征求意见平台，征集各类意见、建议387条。组织基层党员1317人，参加专题组织生活会、开展民主评议党员工作，举办党风廉政建设专题读书会12次，征集廉政文化作品30幅。制定街道处级领导干部深入社区联系群众制度、工委领导接待日制度、社区工作会商办法、工委双向约谈制度。（毛一帆）

东直门街道

【概况】东直门街道办事处是东城区人民政府派出机构。位于东城区东部偏北、东二环路以东，东起春秀路、工体西路与朝阳区三里屯街道相接，南至潘家坡胡同、吉市口八条北侧与朝阳区朝外街道交界，西依东二环路，与东四、北新桥街道相邻，北到香河园北街、柳芳南里为界与朝阳区左家庄、和平街街道相接。面积2.20平方千米，有街道5条、胡同20个。设社区居委会10个，户籍人口1.63万户4.92万人，常住人口1.56万户4.73万人，流动人口3553户1.19万人，回、满、蒙等少数民族17个2492人。辖区有中央、市、区属单位72个，大、中、小学、幼儿园10所，成人教育1所，医疗卫生机构6个，清真寺1座。机构设置23个，有公务员编制89人实有84人、工勤编制5人实有5人，事业单位5个编制40人实有40人。

年内，以科学发展观为指导，落实街道2014年工作目标责任制（折子工程），提升城市环境建设，推进地区经济、文化建设，创新社会治理和社会服务，维护地区安全稳定。实施家园计划，通过建立街道、社区和楼宇三级议事会，搭建居民群众参与公共事务决策的平台，发放公众建议案5855份、收回3608份。街道三级议事会分别协商通过并提交各类提案58件。出资69万元，资金扶持通过立项10件为民办实事项目。街道被评为首都文明单位。

单位地址：东城区新中街66号
联系电话：65920199
邮政编码100027
（马存智）

【城市管理】年内，对新中西里、新中街957户煤改电居民发放低谷电补助8.61万元。开展清洁日、环境卫生大检查，春季灭鼠第二十六个爱国卫生月活动。组织辖区居民、单位开展环境卫生整治6次5100余人参加。发放灭鼠药27桶、杀虫剂20箱，清理卫生死角消灭蚊蝇滋生地30余处。参加健康北京灭蟑行动14天入户1.50万余户。全年种植乔木800株，改扩建绿化面积3429平方米，新增屋顶绿化2470平方米。修剪树木186株、清运树枝45车，清扫绿地1.50万平方米，为树木喷洒农药31车次3000平方米。召开抗震加固、节能改造协调、工程推进会12次，完成春秀路6栋楼保温和铜厂子、新中西里、东直门北大街甲6号院、西香河园乙5号院8栋居民楼抗震加固工作。对东直门交通枢纽、新中街、新中东街背街小巷胡同、东外大街、胡家园老旧小区和五十五中校园周边开展环境整治，修复破损道路、外立面3900平方米，整治广告牌匾45处，增加绿化设施建设4000平方米和规范停车秩序35个。全年拆除违法建设154处4230平方米，新生违法建设零增长，其中完成拆除市级挂账违建100处3129平方米，完成全年市级挂账拆违任务单位第一名。（马存智）

【民生保障】完成经适房、限价商品房家庭1364户登记、复核工作。发放低保金550余万元，为困难家庭、优抚对象等发放慰问金200余万元。与三替集团合作，建立胡家园微生活服务馆，设立商品配送、家政服务、日间托老（托幼）、电子阅览、休闲长廊等配套设施，引进安装无线网络生理参数监测系统，通过心电、血糖、血压、血氧、智能腕表等监测设备，监控老人健康状况。与辖区281户服务商签订服务协议，提供订餐送餐、综合维修、家政、咨询等不同层次服务25大类168项。搭建残疾人就业平台，实现新就业15人。全年实现失业再就业393人，城镇失业人员就业率达61.21%；安置就业困难人员293人，困难人员就业率达61.65%。解决万国城、百富怡大酒店群体性、突发性讨薪事件，为农民工76人讨回工资107万元。全年新生儿入户578人，办理独生子女证248个、一胎生育服务证410个，发放一次性奖励费177人、叶酸216瓶、开具流动婚育证明6个，发送育儿百科和育儿指导手册510本，存档578人，办理合理二胎119人，审批单独两孩71人。开展计划生育家庭意外伤害保险，办理计生保险175份保险389人，

参保金额5250元。为社区失独家庭发放暖心卡44份。（马存智）

【社会治安综合治理】年内，加大安全检查和综合整治力度。对东直门交通枢纽、东外大街、工体北路等治安重点地区，增加巡防、保安力量，加大检查和防护力度。整合力量，出动消防、公安、工商、食药等800余人次，开展综合检查80余次，其中消防安全检查12次；查扣黑摩的专项检查10次，群租房、地下空间专项检查11次。对辖区娱乐场所、餐饮业、宾馆饭店、地下空间、商务楼宇及四小单位等各类场所450余处检查53次，发现安全隐患120余处，规范经营性地下空间21处，疏通逃离生道12处，更换应急灯25只、灭火器1500个，85户在账群租房全部销账。开出罚单34张罚款40余万元。关停隐患单位7家，查扣黑摩的30余辆，治安拘留非法营运20余人。监督辖区433家企业开展安全生产隐患自查自报工作，上报率99%。组织消防、防汛、应急各类演练16次。受理来信来访120件135人次，办结113件。

（马存智）

【社区建设】年内，投入106万元，装修改造东外大街北、东环社区办公用房，添置空调、电脑桌椅等。加大社区办公和服务用房建设，统一十字坡、胡家园、东外大街北、东环社区标识，开展做合格社工为主题的社区工作者队伍建设月活动。投入240万元，与北京职工体育服务中心合作，将工人体育馆周边2万平方米广场，建成北京市最大的市民文体休闲中心。投入15万元，扶持文体团队建设，开展群众性文化体育活动30余场次4000余人次。（马存智）

【党建工作】年内，成立北京分享通信集团公司党支部。开展党心连民心、亲情进万家活动，走访慰问困难党员400人次、发慰问金12万余元。组织辖区党员参观园博园、抗日战争纪念馆、观看电影《天河》等活动。走访慰问建国前老党员、老干部26人。开展共产党员献爱心捐献活动，党员、群众3000人捐款6万余元，对困难、大病职工，困难劳模投入帮扶资金20余万元。全年新增建会企业280家，发展会员2575人。为地区12家企业建立职工书屋。

（马存智）

1月23日，联合驻地武警六支队举办第七届新市民过大年活动

【经济工作】为驻区中小微企业提供信息、技术、人才、政策申报等多项服务。已有符合区产业发展规划的176家企业落户平台，其中注册资金1000万元以上企业30家。辖区有商务楼宇31座，开展与辖区商务楼宇合作，招租引企。加大走访力度，讲解特色楼宇奖励政策，利用家园报、家园·发展线等，收集、发布辖区内楼宇闲置资源，提高楼宇资源使用效率。与航空服务楼、天恒大厦重点楼宇签订楼宇合作协议，引进中信信托全资子公司中颐信（北京）健康管理有限责任公司等入驻。优化地区经济发展，清理不符合入驻条件企业63家。协助42家税收大、发展业态好的企业平稳过渡，通过协调解决注册问题。全年走访重点企业20余次。1月至10月，实现出租房房产税1245万元，代售印花税1732万元。

（马存智）

【党的群众路线教育实践活动】辖区有基层党组织77个、党员3236人。教育活动中领导班子集中学习26次，征集群众意见、建议212条，其中“四风”问题125条，谈心350余人次。民主生活会中，班子成员互提批评意见132条。制定东直门街道改进作风制度建设计划，对群众反映112条问题，实行任务分解，归口管理。梳理45项制度，其中新修订9项、修改完善13项，废止23项。建立东直门街道小型工程名册库，选取8家施工单位入库，13个小型工程项目由街道监督小组通过抽签方式确定施工单位。建立街道、社区两级推进机制，在4个社区建立物业党建联建工作联席会，研究、解决问题25个。中央、市、区单位党组织50余个党员1000余人回社区，开展服务400余次。

（马存智）

和平里街道

【概况】 和平里街道办事处是区政府派出机构。位于东城区最北端，东起东土城路西侧、远东仪表公司、国家林业局东墙，南至北护城河中心线，西依人定湖北巷、旧鼓楼外大街，北到青年沟路、北京第三机床厂南墙、柳荫公园北墙，整个辖区呈“凸”字形。面积5.02平方千米，有大街20条、胡同12条，地下通道9处、过街天桥9座。设社区居委会20个，户籍人口5.38万户14.64万人，常住人口4.02万户11.21万人，流动人口2万余人，回、满、蒙等少数民族31个5454人。辖区有中华人民共和国人力资源和社会保障部、国家林业局、解放军总政治部、第二勘察设计院等中央、市、区属单位3818个，中、小学、幼儿园26个。机构设置23个，有公务员编制103人实有96人、工勤编制9人实有9人，事业单位4个编制50人实有47人。

年内，加强基层党建工作，促进党风廉政建设，增进民族团结。启动航星园二期、安和市场等地区重点建设项目。坚持周五义务清洁日活动，抓好五乱治理，强化门前三包管理责任制和城市精细化管理。推广金色夕阳服务队经验，规范居家养老服务，提高社保就业服务，落实民生保障。与区科委、首师大联合，在东河沿社区文化中心建立东城区和平里街道青少年科技创新活动平台，培育社区社会组织，加强网络文明志愿者队伍建设，组织道德模范巡讲。9月5日，西城区德胜街道领导一行5人，到辖区就如何治理边界区域秩序交换意见，双方签订共筑平安边界协议书。获全国社区商业示范便民商圈，北京市96156社区服务平台工作先进单位，北京市无偿献血先进集体。

单位地址：东城区和平里六区5-1
联系电话：84221886
邮政编码：100013 （陈珊）

【城市管理】 年内，审核9个社区1000户居民煤改电电费补贴，对符合条件的57户居民发放补贴4.08万元。完成新建路、小黄庄一区绿化改造及汛期树木抢险工作，养护自管绿地6.64万平方米。投入150余万元改造辖区绿化面积。开展环境卫生大扫除和爱国卫生月活动，辖区单位、居民100余人参加。在民旺南等3条胡同施划1350米交通标识。加大老旧小区环境整治，投入820余万元整治21处老旧小区，完成9栋居民楼抗震加固、20栋楼节能保温，粉刷6栋楼2.70万平方米墙外立面。拆除违法建设111处2390平方米。完成神华公司北门修路工程，规范停车管理秩序。协调西营房9号院物业公司弃管后的欠缴电费、电梯年检、化粪池堵塞、环境卫生等问题，组织召开华世隆物业协调会，解决农商行停车问题。 （陈珊）

【民生保障】 年内，受理保障性住房申请200份，其中经转限家庭47户。完成经济适用住房资格复审715户合格267户。完成东西城大摇号，其中经济适用房家庭802户、限价商品房家庭2477户。新增低保21户24人、停发54户78人，现有406户609人，发放低保金430.17万元。新发、补发及二次申领社保卡3887人。为残疾儿童提供机构康复训练补助38万元。为肢体残疾人提供居家康复、日间康复服务220次，发放轮椅、拐头、四脚手杖、框架助行器等51件。审核发放生活、三险补贴，养老助残券230余万元，审核征缴残保金1200万元。检查用工单位147户3216人。解决农民工140余人拖欠工资补偿675余万元。检查劳动合同212户4190人。失业人员实现就业1028人就业率67.90%，就业困难人员实现就业624人就业率64.50%。新生儿出生1427人，违反计划生育政策21起，计划生育率为99.98%。办理第一个子女生育服务证1325人、第二个320人，独生子女父母光荣证340个、发放独生子女父母年老时一次性奖励233人19.70万元。年审伤残家庭104户188人、为6人申请独生子女死亡一次性特别扶助金。 （陈珊）

【社会治安综合治理】 年内，组织辖区单位、社区1000余人次参加安全生产、火灾防控等演练11次。职能部门排查整治老旧居民区等1093家，联合检查11次，零点夜查行动4次，清理可燃物50余处，查处消防安全隐患23处、违规作业3处、燃气安全隐患11处，拆除地桩、地锁800余处。处理人民群众来信、来访、来电举报27起。摸排违法群租房235户，劝退流动人员400余人，治理18处人防工程、15处普通地下室群租房，清空292间隔断内租住1028人，解决多年“老大难”问题。处理城管热线案件3822起、网格平台2805起、信访件77件，非紧急救助件218件，查抄黑摩的9辆、小广告5000余张、违法收集药品价值30余万元，查处无照摊商55个、小商品1500余件，查处各类违法行为7000余起，制作一般程序处罚案卷284卷罚款18.35万元。 （陈珊）

【社区建设】 年内，公开招考社区工作者3批32人。投入120万元装修、粉刷东河沿、黄寺、新建路等社区办公用房，投入20余万元对黄寺、交通、兴建路社区进行规范化建设，通过租赁、新建、共建、整合资源，辖

4月15日，举办第九届“邻里节”活动

区19个社区文化室面积达标、达标率95%。5月29日，召开和平里街道文艺工作者联谊会成立大会，区领导、地区各界文艺工作者、社区居民代表300余人参加，相声演员李金斗等文艺工作者13人，成为和平里街道文联第一届主席团成员，刘兰芳、赵书等文艺工作者10人任文联主席团顾问，街道设立30万元专项经费开展系列文化活动。9月26日，成立和平里街道社区社会组织联合会，会员代表49人参加。通过联合会章程（草案），选举联合会理事会会长、副会长等，通过联合会各项工作制度。联合会和北京市恩派非营利组织发展中心签署合作协议，制定优化社区社会组织工作方案，优化调整原有社区社会组织，由236个减为175个，优化率26%。街道家和社区早教指导中心，举办7期智慧父母、早教大课堂，会员近2000人次参加。在地坛公园北门文化广场，召开和平里街道第二届社工节，开展专业、法律、心理等多角度咨询，驻地单位，区人大、各界代表300余人参加。整合社区服务项目，举办购物大集6场、暑期心理咨询服务15场、书法绘画培训班15场、居民竞技比赛5场，各类文化团队表演排练300余场。街道图书馆办卡304张，4000人次借阅图书8139册，开展读者活动17场。（陈珊）

【党建工作】 年内，在20个社区开展坚持走群众路线，为民务实清廉党风廉政建设宣传教育月活动，参观中国古代官德文化展，观看失德之害——领导干部从政道德警示录专题片。举办纪念建党93周年熔铸红歌精神践行群众路线第九届红歌会等，街道领导、干部，社区、非公企业等党员群众800余人参加。7月，在街道党群服务中心多功能厅正式成立街道党员志愿者联盟，辖区工人日报社、航天239厂、一七七中学、非公党组织等单位代表70余人参加。9月24日，和平里地区近30家志愿服务团队聚集地坛西门广场，开展在职党员到社区参加志愿服务仪式暨党员志愿服务联盟集中活动。举办和平里街道学习党的十八届四中全会精神暨区域化团建群众文艺汇演活动，驻区单位、社区青少年200余人参加。（陈珊）

【经济工作】 年内，安和市场恢复重建项目，航星园二期改建项目A、B座10月开工。引进中金文化传媒公司、中国黄金集团黄金珠宝（北京）、北京金隅财务、北京融农商务管理等多家有限公司入驻，其中金隅财务入库3242万元，区级税收753万元。制定和平里街道清理异地纳税工作方案，联合走访异地纳税企业12家。整合工商、税务、统计及“三经普”数据，走访地区楼宇12个、细化34个楼宇经济工作台账。7月，汇丰银行英国非执行董事玛丽爵士一行到安贞苑社区考察汇丰中国社区建设项目进展情况。8月，与区地税局签订个人出租房屋房产税代征协议，开展代征工作。年内，辖区地税所各项税费收入9.12亿元增长12.34%，公共财政预算收入6.76亿元增长10.07%，完成地方公共财政预算收入年度计划6.77亿元的99.92%；区级公共财政预算收入完成3.67亿元增长12.07%，完成区级公共财政预算收入年度计划3.85亿元的95.29%。（陈珊）

【党的群众路线教育实践活动】 辖区有基层党组织200个，党员3824人。召开教育实践活动动员部署会，基层优秀党员5人作交流发言，党员200余人参加。3月，区领导毛炯到街道指导群众路线教育实践活动。3月至8月，组织党员、干部观看周恩来的四个昼夜、第一书记等爱国主义教育影片。组织机关、社区、非公企业、离退休党员等利用22个半天，集中学习8次、理论中心组学习18次。利用公务员月课堂、周末社区大讲堂等形式组织党员参观、开展教育活动、交流讨论、征求群众意见26次。召开辖区各部门座谈会10场，聘请居民、非公企业党员14人担任“百姓监督评议团”成员，征集意见建议156条。8月，组织民主评议党员工作，基层党组织、党员全部参加，被评定为好的党员占97.10%，评定为一般的党员占2.90%。新制定完善制度15项。

（陈珊）

前门街道

【概况】 前门街道办事处是区政府派出机构。位于天安门广场东南部，东起祈年大街与崇文门外街道相邻，南至两广大街与天坛街道接壤，西依前门大街与西城区大栅栏街道相邻，北到前门东大街与东华门街道毗连。面积1.09平方千米，有大街6条，胡同街巷67条。设社区居委会9个，户籍人口9149户2.22万人，常住人口3741户1.01万人、流动人口6413人，回、满、蒙古等少数民族10个1053人。辖区位于前门历史文化风貌保护区内，以平房居住为主，胡同多曲折狭窄，走向不规则。有商业企业265家，中、小学、幼儿园3所。有著名的阳平、汀州、临汾等会馆118所，曾有寺庙25座，其中22座均始建于明清两代，现有文保单位62个。机构设置25个，有公务员编制77人实有71人，工勤7人实有7人。事业单位4个编制34人实有28人。

年内，以保稳定、惠民生、促和谐、谋发展为工作重点，推进社会管理方式和民生保障工作创新，加大城市综合管理力度，深化区域经济，完善社会组织建设，结合社区实际推出具有各自特色的为民服务项目。全年吸引注册落户企业240余家，注册资金约20亿元。实现地税收入47.31万元。制定税源建设服务新体系，公布企业服务热线，解决政务咨询问题。开通前门企业服务专题网站，开展在线互动交流，发布政务信息，为驻街企业提供法律咨询服务和贴身系统财务税务咨询服务。6月，草厂十条便民市场正式营业。街道获2012——2014年度首都精神文明单位。

单位地址：东城区南芦草园1号
联系电话：67015051
邮政编码：100051
（张娜）

【城市管理】 年内，完成辖区绿化面积3600平方米，其中新建屋顶绿化300平方米、创建美丽家庭10个、美丽胡同1条，改造绿化面积3000平方米，铺草300平方米，摆放花箱140个。拆除违章建筑102处470.40平方米，整治正义路南沿、西兴隆街、前门东大街、西打磨厂街等主要街巷环境，清理废旧家具、大件废弃物180余件，建筑渣土垃圾290吨，堆物堆料110余吨，卫生死角310余处，整顿规范五小单位15个。APEC会前，完成前门东大街双号2号至14号6栋楼房外立面7.01万平方米清洗粉饰工作、草厂头条7号院老旧小区环境整治工程。管理监督网格平台，接受案件3000余件，结案率100%。清理占道堆物堆料、施工废弃料、大件废弃物、积存渣土等各类垃圾3000余立方米。清除非法张贴小广告3.10万处、喷涂小广告3051处。改造草厂三条道路两侧双行单停停车问题。修订“前门地区防汛应急抢险预案”，加强防汛物资储备，准备木柁木檩50根、苫盖材料15捆、砂石料8立方米、塑料布60捆、编织袋200个、小型抽水泵4台及各种抢险工具。协调前门小学、前门外国语中学为前门地区紧急避难场所。启动二级以上预警9次，出动值班和抢险920余人次，备勤12次1000余人次。制定前门街道扫雪铲冰工作预案，组成五位一体网络模式，配备运输三轮车45辆、专用雪铲20把、购置融雪剂0.5吨等。落实背街小巷工作方案，新增15条达标背街小巷。（张娜）

【民生保障】 年内，受理保障性住房申请62户、市备案通过41户，廉租房年审75户、公共租赁住房17户，限价商品房审核228户、经济适用房167户、公共租赁住房162户，接待政策咨询800余人次。发放低保、帮困金380.01万元。开展医疗救助申报135人次，发放救助金33.10万元。为10户特困和困难家庭，申请临时救助9.30万元，为80周岁以上老人560人发放养老券65.83万余元、90周岁以上老年人141人发放高龄津贴17.61万元。办理老年证106人、优待卡221人，为95岁以上老年人9人报销医疗费3.81万元。两节期间，为低保家庭发放慰问金24.68万元。接收捐款2.51万元，为298户低保特困家庭送爱心物资，募集冬衣145包2380余件。为残疾人发放三险补贴、居家助残券、燃油补贴等各类生活补助100.21万元。免费发放轮椅等各类辅助器具115件，康复服务200余次。对6户残疾人家庭实施无障碍改造。举办招聘会16场，开发就业岗位1517个，失业人员就业351人。全年新增灵活就业284人，成功创建充分就业街道。办理一孩生育服务证173例、独生子女父母光荣证54例。发放独生子女父母年老时一次性奖励费126人12.60万元。改造草场6条40号为前门地区家和社区早教指导中心活动场所，开展早教亲子活动8场160人次。（张娜）

【社会治安综合治理】 年内，开展平安前门大讲堂活动5期，涉及安全防范、拆迁政策、环境整治、养犬等问题，居民1000余人次参加。在主要街巷、楼门安装建言献策箱81处，聘请居民评审员8人，收集意见建议191条，其中环境75条、隐患51条、城市建设16条、诉求23条、其他26条，反馈174条；协调解决166件。通过社会服务管理分中心派遣25件，办结率91%，清理整治4处挂账群租

9月17日，整治无照商贩

房、3处违法出租房屋，约谈房主、中介和承租人24人次，清退群租房内流动人口126人。重划西河沿、西兴隆街、新革路、茶食4个停车场停车线，变更6个停车场收费标准，将停车场改在居住区路外，为居民办理停车证1000余张。全年接待群众来访483批602人次、下访53次、约访41次、接待集体访21批166人次，协同各部门解决诉求39件，办理网上信访62件。（张娜）

【社区建设】 年内，成立前门东小街2号楼自管会和草厂西平房社区“小院议事厅”，建立社区、胡同院落两级议事协调平台，完善社区自治机制。全年完成公益事业项目24项。开展购买市、区级社会组织服务项目，即前东社区云上家园、草厂西社区巧手编织幸福、金朝社会服务中心银龄开心自助厨房3个市级项目，团委的情暖夕阳、草东社区我爱我家文明养犬2个区级项目。9月，草厂东社区完成创建市级六型社区第二轮第三方评估验收工作。完善“96156”社区服务信息体系，发挥社区服务商的主体作用，解决居民生活需求50余次；举办“96156”社区大课堂200余场。开展前门地区新春文艺汇演、你我同携手，共筑中国梦残疾人新春联谊会、文化团队敬老慰老演出、张灯结彩迎新春平安吉祥一家亲联欢会等系列主题活动32场3800余人次参加。开展学雷锋文明引导行动、清凉送给城市美容师等志愿服务活动10次，志愿者200余人参加。举办以群众为镜·向典型学习、节俭养德·全民行动等道德讲堂主题活动15场次，800余社区居民参加。（张娜）

【党建工作】 修订《前门街道党风廉政责任书》，落实党风廉政责任。深化社区党建“三级联创”和“三有一化”，推进社区区域化党建、物业党建联建，规范网格党组织建设。培训非公企业党组织负责人、党建工作指导员100余人次，建立辖区非公企业党建台账112个，在职党员535人信息库，成立在职党员志愿服务队21支、开展服务600余人次。举办以群众为镜向典型学习主题宣讲会，开展前门之星评选表彰活动和前门精神表述语征集活动。开展听民意、访民情、解民难主题活动，转变工作作风，设立意见箱200余个，征求意见建议452条，查找存在问题691个，制定整改措施310项，解决实际问题168件。开展党心连民心、亲情进万家、共产党员献爱心等活动，慰问和帮扶困难党员150户家庭。新建工会组织10家、发展会员217人，职工入会率达95.50%；建立社区法律服务工作室4个，职工之家3个。指导10个企业完成集体合同续签工作，覆盖职工783人。社区青年汇组织开展活动50余次，2000余青少年参加（张娜）

【迎中秋赏乐会】 9月4日晚，在前门箭楼平台举办群众文化展演。演出著名民乐曲目花好月圆、彩云追月、月下情思、月牙五更等，中国竹笛演奏家冯学礼演奏五梆子，中国广播民族乐团、国家一级管子演奏家郭向老师演奏杏花天影，国家一级作曲家兼指挥张福全老师在活动现场亲自执棒。地区民族音乐爱好者100余人观看。（张娜）

【党的群众路线教育实践活动】 辖区有基层党组织21个、党员1039人。在群众路线教育实践活动中，处级干部集中学习30次、专题报告4次、观影学习5次，党课报告、学习交流6次。党组成员集中学习8次1100余人参加。领导班子收集整理意见建议90条，其中“四风”意见建议63条，社区建设、民生服务、环境卫生等意见建议200余条。班子成员，对6个方面15类问题进行查摆，互相查找问题156条，区委督导组通报班子意见建议23条。领导班子专题民主生活会，查找具体问题21项38条；班子成员12人查摆出自身突出问题180条，提出相互批评意见154条。基层党员625人参加民主评议，440人参加民主测评。制定个人整改措施120余条。保留60项制度，修订完善制度8项、新建制度1项，并建立制度执行监督问责机制。（张娜）

崇文门外街道

【概况】 崇文门外街道办事处是区政府派出机构。位于东城区中南部，东起南、北花市大街与东花市街道为邻，南至两广路即珠市口东大街、广渠门内大街与天坛街道、体育馆路街道毗连，西依北官园、戴家胡同与前门街道接壤，北到崇文门东、西大街与建国门街道、东华门街道相邻。面积1.12平方千米，有大街15条、胡同6个。设社区居委会12个，户籍人口1.68万户3.70万人，常住人口5.48万人，流动人口1.72万人，回、满、蒙、朝鲜等少数民族1456人。辖区有中央、市、区属单位109个，非物质文化遗产项目9项，有新世界百货、国瑞购物中心、搜秀商城等大型购物、休闲、娱乐中心等。机构设置23个，有公务员编制77人实有73人、工勤8人实有6人，事业单位8个编制32人实有28人。

年内，开展党的群众路线教育活动，完成全国“两会”、党的十八大四中全会、国庆65周年、APEC会议服务保障等重点工作。区领导颜华、邵鹏、周永明、汤钦飞、冯熙、韩焕岭、徐汇、蔡福全等一行分别到辖区幼儿园、养老照料中心、清真寺、新世界酒店、新景社区卫生服务站现场调研、指导工作。

单位地址：东城区西花市南里东区14号

联系电话：67013683

邮政编码：100062 （杨扬）

【城市管理】 年内，投资566万元整治辖区道路，新铺路面2137平方米，新增绿化面积2047平方米。粉刷崇西、崇东大街沿线楼体外立面7万平方米，治理西花市大街楼体小广告，在3至7层楼道窗外加装护栏120个。在西花市大街路北、国瑞商城北侧安装地桩109个，保证人行便道畅通。打造精品市花社区，协调区园林局、国瑞地产，按照4:1比例共同出资100万元，在国瑞城中区种植各色月季2312平方米，投资23万元改造新景小学北侧绿地1000平方米。开展绿化美化创建活动，国瑞城3个社区、新怡家园、新世界家园社区获首都绿化美化花园式社区。“六美”创建中新怡、新世界家园获美丽小区，东打磨厂街获美丽胡同，美丽阳台32户等。整治南北花市、祈年大街，东茶食胡同、崇西小街等道路，新增绿化面积2047平方米。解决小区环境脏乱问题，在12个社区推广废旧自行车换大米活动，清理废旧自行车和大件废弃物41车500余件。建立与物业公司联席会制度，落实372家沿街单位“联户连片”门前三包物业管理新模式。 （杨扬）

【民生保障】 年内，受理经济适用房备案316户、已配售67户轮候249户，限价商品房备案501户、已配售140户轮候361户，廉租住房备案69户，其中廉租实物38户、廉租补贴31户，公租房备案287户、已配租72户轮候215户。辖区有低保家庭256户，贫困家庭申请临时救助27户6.20万元，引进全国连锁家庭服务中心，为辖区老年人提供陪护服务800余人次、日常照料3650余人。办理优待卡733张，使用养老券281万元，发放养老券130万元。接收失业人员档案303份，安置失业人员就业288人、实现创业70人、带动就业140人，“零就业”家庭动态保持为零。保障劳动者合法权益，对建筑、物业、餐饮、住宿行业30家开展专项检查4次，检查单位1216人。处理投诉举报案件8件、拖欠工资3600元，突发事件6件458人252万元。 （杨扬）

【社会治安综合治理】 与辖区单位签订安全生产责任书365份，检查单位1760家次，排查安全隐患1316处。与区商委联合组织新世界、国瑞城商场2000余职工，开展消防安全应急疏散演练4次；组织搜秀商城、12个社区、小区物业人员联合开展消防安全演练15次。整顿、治理群租房，对违法出租房屋296户下发整改通知书，完成群租房整改工作。开展联合执法14次，清理各类安全隐患60余处。加强群防群治队伍建设，各社区配备信息员20人。 （杨扬）

【社区建设】 2月2日，在国瑞城购物中心，举办崇文地区第十四届花市元宵灯会，辖区居民600余人参加。创建国家公共文化服务体系示范区，建设社区文化活动室10个。确定新景西区、都市馨园社区为“奥林匹克·体育生活化”样板社区，于年内施工。开展在职职工趣味运动会、地区羽毛球比赛、第五届社区健身操舞大赛等活动200余人参加，组织辖区居民开展乒乓球、棋牌、健步行、登山等健身活动200人参加。完成国瑞城中区4个社区中医药特色健康管理社区验收工作，实现12个社区全覆盖。普及健康知识，定期开展健康讲座咨询10场受众750余人次。落实65岁老人家庭医生建档3093份，参加红十字救护培训80人。开展六型社区创建，7个社区达标。6个社区为智慧社区试点，其中2个升级为五星。利用“96156”小帮手智能终端6个，为社区居民提供缴费等服务。推广社区小帮手手机、一按铃等智能服务终端450个。开展一居一品特色社区建设，新怡社区志愿者储蓄项目、新景南区同城人畅心园，都市馨园社区夕阳红聊吧、康乃馨俱乐部等，成为社区建设一条主线。加强社工队伍建设，岗位集中培训，开展社工心理健康辅导及预防，组织社工体检，保持社工队伍的稳定。（杨扬）

【党建工作】全年发展党员13人。落实社区“大党委制”，推进社区党组织与驻区单位、物业公司党建联建的服务联动，推进都市馨园、新怡家园2个社区服务型党组织示范点建设，办事处6个党支部与12个社区开展结对共建，强化街道和社区服务型党组织创建和管理责任。专项整治办公用房超标、公款旅游、违规发放津贴补贴、在公务活动中赠送或接受礼品、干部“慵懒散拖”等突出问题，转变党员干部队伍作风，推进廉政风险防控“三个体系”建设。（杨扬）

【经济工作】年内，辖区874户企业纳税1.70亿元，同比增长12%。各项税费7.50亿元，比去年同期减少1.90亿元。新注册企业346户，纳税48户、税收18万元。出租房屋缴税200万元。制定税源建设奖励、街道联系企业、服务企业3项工作制度，摸底调查辖区新阳商务楼，正仁、兴隆国际大厦等商务楼宇，了解楼宇内企业性质、产权归属、税收、出租情况，为招商引资提供条件。（杨扬）

【便民服务】辖区建立一刻钟便民服务圈3个，提供便利店、菜市场、药店、家政服务点、维修站等基本生活服务。发挥社会组织和社区志愿者作用，对超出政务服务范围而市场又无法满足的居民需求，如社区孤老帮扶、助残助困、家庭应急维修、精神关怀等服务，组建社会组织和辖区单位志愿者服务队为辖区居民提供无偿、低偿等亲情化服务。以政府购买服务的方式，解决群众最后一公里出行难问题；投入8辆电动车，在街道东部地区开设2条便民服务车线路，分别在上下班高峰时段6个小时内（6：30-9：30，16：30-19：30），为辖区居民提供免费乘车服务，解决辖区群众出行最后一公里问题。（杨扬）

2月12日，举办第十四届花市元宵灯会

【党的群众路线教育实践活动】辖区有基层党组织48个、党员2225人。教育实践活动中，领导班子开展集中学习219次，交流研讨19次，约谈30人，开展党课、专家讲座等教育活动30余场次。保留制度10项、新建12项、修订完善27项。领导班子整改方案立行立改9项、近期整改8项、中长期整改5项共22项任务、63项具体整改措施。建立领导干部联系点24个，联系指导工作288人次。走访企业137家，协调解决实际问题89件，接待群众来访146批267人次，解决群众反映的问题93件。（杨扬）

东花市街道

【概况】东花市街道办事处是区政府派出机构。位于东城区中心东部，东起朝阳区双井街道，南至龙潭、体育馆路街道，西依崇文门街道，北到建国门街道。面积2.05平方千米，交通主干道有东花市大街，南、北花市大街，白桥大街，广渠门内、外大街，崇文门东7条大街，东二环主路穿辖区而过。设社区居委会8个，户籍人口1.65万户4.13万人，流动人口1.59万人，回、满、蒙等少数民族3300人。辖区有中央、市、区属单位91家，中、小学、幼儿园12所，医院2家，甘肃省、黄山市驻京办事处2家。有国家级文物保护单位城东南角楼，市级文物保护单位袁崇焕祠、隆安寺等。机构设置23个，有公务员编制88人实有87人、工勤编制3人实有3人，事业单位5个编制41人实有36人。

年内，推进网格化社会服务管理创新，运用网格化社会服务管理体

1月25日，烟花爆竹管理安全检查

工资107.149万元。失业人员实现就业492人，提供就业服务503人。组织小型招聘会5场，办理社保卡服务2383件，医疗费报销190余万元。为符合条件失业的60余人办理退休。接待计划生育咨询5672人次，审核北京市一胎270人、二胎119人，审批、审核外地新生儿随父进京一、二胎92人，办理新生儿入户638人次、独生子女父母光荣证110个，征收违法生育社会抚养费10例。新增独生子女死亡（伤残）家庭特别扶助对象18人，办理计划生育家庭意外伤害保险239份566人、保费7170元。举办“生殖健康进机关”系列讲座4次。（韩涵）

系，完成全年各项工作。获全国和谐社区建设示范街道，南里社区获全国和谐社区建设示范社区，广外南里社区获全国社区商业示范社区。

单位地址：东城区东花市北里西区3号楼

联系电话：67188640

邮政编码：100062（韩涵）

【城市管理】年内，为辖区12户居民发放煤改电低谷电补助6982元。全年组织城市清洁日活动12次，重大节日期间清理堆物堆料327处、卫生死角50余处，清运垃圾260余车。开展春季灭鼠、夏季灭蚊蝇活动，投放鼠药40公斤、灭蚊蝇药物12箱。组织8个社区入户1.11万家，开展百万家庭灭蟑活动。举办卫生清洁日活动12次，上报信息60篇。清理生活垃圾5400吨。开展“六美”创建工作，创建美丽家庭20个，美丽小区、胡同、单位各1个。粉饰主要道路两侧建筑物外立面，粉刷崇东大街6号、8号，广外南街2号至4号，忠实里南街3号，京城仁合1号至3号9个楼座10万平方米，解决老旧楼房外立面墙皮脱落、脏乱等问题。整治地区主要道路、老旧小区、胡同街巷9项工程。改造破损人行步道6000平方米、老旧小区地面1000平方米、楼门无障碍坡道3处，维修下水管线150延米，新建花池200平方米，改造自行车棚50平方米，安装便民座椅6处，治理环境脏乱点10余处。改造实施天骄园18号楼防汛排水工程，解决地下一层9户居民雨季污水倒灌问题。为南里东区社区15号楼修建自行车棚90米。与区住建委、房管局完成南里社区中国强胡同7号院中、东、南3栋楼抗震加固，西楼节能改造工程。全年拆除违法建设107处面积1003.21平方米。（韩涵）

【民生保障】全年完成54户公租补贴家庭年度复核。为45户廉租家庭发放廉租补贴2.88万元，135户公租房家庭发放补贴9.51万元。建成广渠门养老日间照料中心。辖区有低保户344户478人、发放低保金405.4万元，帮困金14.30万元。为90岁以上老人183人发放高龄津贴14万元，为95岁以上老年人10人发放医疗补助6万元。门诊救助120人、危重病33人、重大特困疾病67人、低收入救助2人，发放医疗救助47.40万元，发放临时救助21人7.16万元。为在册军工15人、地退18人发放退休费140余万元，医药费报销30余万元。发放残疾军人抚恤金23人26万余元，检查用人单位、在建工地137次6487人次。处理劳动纠纷群体性突发事件4起147人，为农民工讨回

【社会治安综合治理】在两节、两会、全国重大节日及会议期间，涉及二级以上社会面防控101天，组织发动群防群治力量23.58万人次。整治违法出租房屋，入户告知160余户，协调公安、房管、工商等部门联合开展跨区执法行动，至年底，对219处违法群租房全部整改，其中自拆、整改隔断群租房161户，帮拆48户，强拆10户。与8个社区签订安全生产责任书，制作横幅80余条，板报20余期，发放宣传材料1.10万余份，组织辖区物业、企业、学校9家单位消防演习。全年投入资金18万元，完成100家小微企业标准化达标创建，完善360余家“四小单位”基础台账；制定烟花爆竹管理、禁放点看护工作方案，与8个社区、27处禁放点、37家消防、25家物业公司、250余家部队和市属机关团体签订347份烟花爆竹安全管理责任书，实现两节期间烟花爆竹禁限放“三零”指标。接待来访190件次214人次，涉及问题74件，协调化解69件化解率93%。办理来信来电374件，其中市、区长信箱10件、非紧急救助来电157件、市信访综合办公系统来信207件。（韩涵）

【社区建设】年内，东花市北里西区朝阳晨露第二课堂、枣苑社区“六助六送”“SUN”心语等3个项目入选年度市政府购买社会组织项目服务

工作，获专项资金17万元。对社区工作者开展各类培训20余场。参加市、区组织专项培训80余人次。新招社区工作者29人，非京籍大学生落户9人。完成南里东区、广外南里等6个社区六型社区创建工作。广外南里邻里中心落成使用，南里东区、枣苑、北里西区、忠实里社区邻里服务中心完成规划、建设，交付使用。完成广外邻里服务中心自管会，广北依然文化、北里东区公共治理、花市枣苑暖心、忠实里春晓、东花市南里东区银龄、北里西区暖阳随行7家服务站民非组织注册工作，解决中心管理问题。编制街道民办非企业单位各项制度13项。（韩涵）

【党建工作】 开展建党93周年系列活动，开展党员献爱心募集捐款5.14万元。召开街道廉政工作会，签订“一岗双责”责任书125份，分解8个方面37项具体任务。开展专项整治，明察暗访185人次，发现问题22次，涉及11个部门，做好整改落实。制作科室廉政风险防控管理工作手册和岗位权力运行工作手册160余本。年内发展党员11人、预备党员按期转正8人，参加区党校培训班11人。成立北京华开建安集团7个非公企业党支部。（韩涵）

【经济工作】 全年引进企业126家，注册资本金10亿元。引进中国民生银行股份有限公司北京广渠门支行，促成北京天神互动科技有限公司旗下5家子公司分别转移到辖区内，税收近1000万元。征收出租房屋房产税261万元，同比增幅43.40%。年内，完成税收3.99亿元增幅11%，其中区级税收1.80亿元增幅10.50%。（韩涵）

【开放日活动】 8月，开展主任办公会开放日活动。请地区人大代表、政协委员、社区居民代表参加。街道建立社会服务管理平台，将群众提出所需咨询问题和办理事项，经分流派遣相关部门办结后，答复处理结果都在网上公示，接受群众监督。5月至12月，接收各类事项89件，其中咨询类问题53件、答复53件，事件类问题36件、解决36件，办结率100%。接收意见建议类10条。（韩涵）

【党的群众路线教育实践活动】 辖区有基层党组织72个、党员1639人。成立教育实践活动领导小组和5个工作组，制定活动实施方案，成立53人组成百姓监督团，参与教育实践活动。开展党员电教、座谈交流等活动，发放征求意见表65份、提出意见建议109条。处级干部开展谈心100余人次，班子对照修改自查材料8轮18稿，召开街道领导班子民主生活会。组织基层党员开展民主评议工作，整改落实、建章立制，梳理整改措施18项，修改完善、新建制度各3项，解决居民反映突出问题和矛盾30余项。

（韩涵）

龙潭街道

【概况】 龙潭街道办事处是区政府派出机构。位于东城区东南部，东起护城河西岸、隔河与朝阳区相望，南至左安门护城河与朝阳区、丰台区接壤，西依幸福大街、京广铁路与体育馆路街道相连，北到广渠门内大街（东段）与东花市街道分界。面积3.06平方千米，有广渠门内大街（东段）、幸福大街、光明路、夕照寺街、左安门内等主要大街，光明、广渠门2座立交桥，京广铁路线1.50平方千米。设社区居委会11个，户籍人口2.11万户5.54万人，常住人口6.22万人，流动人口1.15万人，回、满、蒙古等少数民族2870人。辖区有中央、市、区属单位及无主管单位2447个，中、小学、幼儿园14所，龙潭公园、原北京游乐园、北京教学植物园，京城水上游南城水系沿东南环绕而过。区工人文化宫（红剧场）、天象厅等文化设施，袁督师庙、夕照寺等文物保护单位。机构设置23个，有公务员编制90人实有87人、工勤编制3人实有3人，事业单位5个编制54人实有36人。

年内，完成建国65周年、十八届四中全会、APEC会议服务保障、全国文明程度指数测评、拆违及环境综合整治等工作。实施“3+X”大门前管理责任制，综合整治环境卫生、无照经营、露天烧烤等影响市容环境违法行为。开展废旧自行车兑换回收和大件废弃物回收工作。推进“两网”双向融合运行，“三网”资源共享的工作格局，打造成街道信息、指挥、考核中心，建立街道网格案件考核机制，全年接收案件7893件，按期结案7737件，结案率达98.02%。7月3日，东京都目黑区议员联盟代表团团长二宫启吉一行参观光明社区为老服务中心和京城百工坊非遗文化传承基地。获“多彩秋韵”第四届全国中老年才艺展演优秀组织奖、北京市妇联系统先进单位、北京市健康示范单位。

单位地址：东城区广渠门南水关胡同甲7号院
联系电话：67120375
邮政编码：100061
（牛晶晶）

7月3日，东京都目黑区议员联盟代表团团长二宫启吉一行参观光明社区

【城市管理】 年内，对718户居民家中验收工程蓄热式电采暖器1266台合格率100%，完成71户电价补贴6.55万元。投资450万元完成光明、幸福等4个社区64栋楼前环境建设，5000余平方米绿化升级改造工作。完成14栋老旧楼房抗震加固、3栋节能改造、8栋热计量改造。开展环境综合整治，拆除地区违法建设263处4728平方米，市级挂账任务全部按时完成，新生违法建设保持"零增长"，拆除地锁1800余个。修建光明西里11至12楼、14至15楼之间，光明西里铁路沿线公园等7处坡道。在左安门内大街、东滨河路、南水关胡同安装休闲座椅9个。铺装透水砖3570平方米，改造绿地1.18万平方米，铺设沥青路面199平方米，调整检查井81套，安装LED路灯照明4套，新装牌匾759.55平方米，清洗粉饰主要大街、临街建筑物外立面15.75万平方米。南水关胡同实行单停双行模式和环境改造后，评为东城区最美胡同。成立街道物业联盟，在12个小区推广垃圾分类龙潭模式，实现小区居民知晓率95%。 （牛晶晶）

【民生保障】 完成廉租房、经济适用房、限价房、公租房等各类保障性住房市级备案315户，公租房补贴市级备案81户，廉租房租金补贴年审约200户，参加市、区经济适用房和限价房摇号683户，公租房摇号321户。两节期间，发放低保、低收入老年人、地退、优抚对象家庭春节慰问金26.49万元，抚恤金和护理费39.07万元，优待金51.20万元。全年发放低保金298.45万元。办理老年优待证1241个、优待卡426张，发放居家养老服务券3.05万人次302.46万元。建立光明社区惠老服务站，提供老年餐桌、家政服务、日间照料等社区养老服务，成立社区为老服务联盟，为60户老年特别扶助家庭购买专业养老服务。年内，残疾人温馨家园暨龙潭康智乐园投入使用。开发就业岗位1514个，安置失业人员651人，零就业家庭保持动态为"零"。开展东玖大厦A座劳动用工规范一条街工作，书面审查单位16家，劳动合同签订率达100%。实施5项专项执法检查，巡查单位158家，处理农民工群体事件3起涉及职工74人。年内，办理一胎生育服务证470例，二胎生育服务证194例，计划生育家庭意外伤害保险705份，独生子女父母光荣证386个，计划生育率达99.20%。与大风车早教服务机构，在龙潭公园联合举办迎六一亲子家庭联谊活动。 （牛晶晶）

【社会治安综合治理】 全年启动社会面防控12次103天，完成重要时期安全维稳工作。治理违法出租房屋37处7545平方米，完成区级挂账任务。依法检查地下空间46处，现场督促整改47个，责令限期整改29个。全年新建公共安全台账5个，开展联合执法检查行动33次，出动执法人员343人，检查生产经营单位232家，整改隐患113处。完善处科级领导信访接待日制度，处级领导接访、约访86人次，接待、办理群众来信来访来电，非紧急救助热线和市长、区长信箱信访件3735件，案件回复率100%、解决率98.50%。建立街道法律顾问制度，成立龙潭北里和左安漪园社区市级规范化人民调解委员会，全年无重大群体访、越级访发生。 （牛晶晶）

【社区建设】 年内，建成2000平方米文化中心，升级改造4个社区1800余平方米办公服务用房，7个社区办公服务用房面积达800平方米以上。完成社区规范化标识安装工作。完成新家园、安化楼、夕照寺六型社区创建评估工作。投资168万元建成500平方米光明社区聚爱邻里服务中心，4月23日揭牌使用。服务中心内汇聚32家优质服务商，容纳4大类40余项惠民项目，满足地区居民公共、便民等服务需求。完成七彩虹志愿服务队、"580"心理疏导、CC社区青年汇3个政府购买服务项目。加强社区一刻钟服务圈建设。培育五色土文体协会、银龄艺术团等枢纽型社会组织工作体系。开展社区品牌项目展示评选活动，即左安漪园社区菜单式服务、新家园社区民友俱乐部、华城社区睦邻港湾等特色品牌。解决板厂南里社区院内地面坑洼积水、私装地锁等难点问题。开展百家筝鸣清明节创意风筝大赛、五彩七夕、编织梦想七夕乞巧节等系列主题活动，举办文艺汇演，群众文化展演季等特色文化品牌活动，社区文化室面积达标率实现100%。 （牛晶晶）

【党建工作】 年内，组织理论中心组学习28次。举办主旋律讲堂等思想宣教活动29场次3500余党员、群

众参加。开展专场文艺汇演、主题辩论赛等教育活动7场受众1000余人次。举办专题辅导、社区书记讲台、假如我是群众换位思考大讨论等特色活动。开展书记向书记述职、基层党组织书记恳谈会、加强基层服务型党组织建设当好基层党组织书记的培训月等活动。完善"3355"工作机制，街道干部深入联系社区、企业、学校2340次，帮助指导梳理工作254次，召开座谈会12次。发挥街道"同心N次方"非公党建文化俱乐部作用，举办非公党组织书记座谈会等多项活动。开展"庸懒散拖"等17项专项整治行动，做好每季度"六费"公开，精简各类会议，印发文件、简报同比减少14.20%，取消一切形式联欢、团拜活动，重新改造超标办公用房，减少面积64.80平方米。在窗口单位开展两规范，一提高活动，群众对窗口单位服务满意率达95%以上。年内新增建会企业229家、工会会员2410人，参加职工互助保障计划2499人，新增非公团支部8家，在志愿北京网站发起志愿服务21项，服务时长660小时，开展邻里守望志愿服务18次，吸纳青少年志愿者350余人。

（牛晶晶）

【经济工作】 辖区有纳税人3248户，其中有税户1954户。全年完成所有税费收入（不含房地产业）3.15亿元，区级收入（不含房地产业）完成1.19亿元。嘉诚柯玛斯车间成为东城区南片第一家由老旧厂房改造的创意产业示范园区，搭建产业化平台，聚集文化创意、文化媒体等文化特色企业14家，推动龙潭商圈文创园区发展。与北京银行光明支行举办首届非公企业业主茶吧，促成北京银行与多家中小微企业投融资意向。集中办公区引进企业51家，其中注册资本1亿元以上企业1家、1000万元以上企业5家、全年引进企业纳税额330万元。协助龙潭湖体育产业园引进企业45家，注册金额6.87亿元。完成房产税代征工作和第三次全国经济普查工作，代征印花税385万余元。

（牛晶晶）

【街道温馨家园】 1月27日揭牌。投资230万元升级改造400平方米基础设施，设职康站、法律咨询室、多功能厅、电教室、厨房、辅助器具展示厅等独立功能区，为残疾人提供专业康复指导、法律咨询与援助、电脑课堂、快乐午餐、残障人辅具展示及租借等服务1100人次。与君知雨生态园开展亲近自然、回归自然农疗项目，以德国奥尔夫音乐治疗理论为基础，开展乐动心灵、文化共享音乐理疗。引入民办非盈利机构阳光路教育潜能发展中心，针对1-12岁之间感觉统合失调、发育迟缓、语言障碍、自闭症、多动症等患病儿童提供专业心理辅导、康复训练及指导，举办"爱在阳光下，关注自闭症儿童"系列活动，服务儿童200人次。同日，副市长戴均良出席街道残疾人温馨家园揭牌仪式，查看园内的康复设施，参观残疾人职业康复作品，了解开展儿童康复服务的情况，市、区有关领导陪同。

（牛晶晶）

【党的群众路线教育实践活动】 辖区有基层党组织312个，党员3491人。开通群众路线在龙潭微信公众平台，发放群众和机关干部两套征求意见表，依托"三访三评"和"干群对话"两个专题活动，制作群众访谈实录专题片，面向不同群体举办5场征求意见会，征求各类意见248条，其中反映"四风"问题34条；在查摆问题、开展批评环节，街道领导班子召开民主生活会，对照"四风"问题逐项检查。在整改落实、建章立制环节，开展两规范一提高行风建设活动，推出窗口的三个延伸创新服务；对已有的规章制度进行系统梳理和修改完善，汇总制度52个、修订完善制度8个、新建制度11个。为滨河路、左安门内大街等地段安装9个休闲座椅，为光明社区22栋老旧楼房96个单元门安装扶手，解决群众关心的实际问题43件。

（牛晶晶）

体育馆路街道

【概况】 体育馆路街道办事处是区政府派出机构，位于东城区东南部，东起幸福大街、幸福东街和京广铁路，南至玉蜓桥、京广铁路与丰台区接壤，西依磁器口大街、天坛路、天坛东路与天坛街道为邻，北到广渠门内大街。面积1.84平方千米，有街巷胡同59条。设社区居委会10个，户籍人口1.60万户4.59万人，流动人口9235人，有回、满、蒙古等少数民族2685人。辖区有国家体育总局、中国棋院、红桥市场、天宝润德会展中心、天坛饭店等重点单位161个。有中、小学、幼儿园5所，特殊教育学校1所，医院4所，社区卫生服务中心、服务站3个，区级文物保护单位法华寺、南岗子天主教堂。机构设置23个，有公务员编制87人实有84人、工勤编制3人实有3人，事业单位4个编制35人实有32人。

年内，完成国庆65周年和亚太经

合组织峰会服务保障工作，中小企业服务中心体育馆路分中心成立、组建红桥商会，开展平安社区创建，完善天坛景区周边一公里旅游公共服务配套设施，调整、开发磁器口大街商业区。举办第三届社区好声音、第五届社区体育文化节等特色活动，启用街道便民服务综合大厅和驹章胡同“一站多居”社区建设模式，推进养老照料中心、老年餐桌、温馨家园等为民办实事工程建设。街道被评为年度首都环境建设样板单位，北京庄子工贸有限责任公司被授予首都劳动奖状，社区居民1人被评为首都市民学习之星。

单位地址：东城区体育馆西路1号

联系电话：67199622

邮政编码：100061（靳璐）

6月23日，整治天坛东门无照游商

【城市管理】年内，完成1282台“煤改电”电暖器验收，审核发放煤改电补贴4万余元。开展爱国卫生宣传、爱国卫生日大扫除活动12次。清理地区环境脏乱点、死角，集中清运胡同院落积存生活垃圾、无主渣土和大件废弃物827吨。做好天坛中学校园树木隐患修伐和7万余平方米自管绿地养护。植树节期间种植玉兰、碧桃各10棵，发放绿化宣传材料300余份。组织绿化队对地区55条胡同的树木打药灭虫，全年修剪危树507处，砍伐危树82棵。完成葱店三巷、天坛东里南延、东四块玉南街37号楼道路修整，南岗子58号院、天坛东路64号2栋楼抗震加固、5栋楼节能改造工程。充实防汛物资储备，组织危房排查、修缮砍伐危树33棵。发放城市建设法规宣传手册2000余份，悬挂横幅60余条，拆除违法建设134处8611平方米，新生违法建设实现零增长。新建垃圾分类小区，配备垃圾分类指导员，在体育馆路13号院率先推广垃圾分类积分制。签订门前三包责任书200余家、发放用水指标300余家，加强对人防工程的动态巡查监测、回填工作，做好冬季供暖、扫雪铲冰动员工作。在全区率先完成城市管理“两网融合”工作，全年处理社会服务管理网格案件1.43万件、城市管理网格案件1.20万件，结案率100%，上报并被采纳社情民意3719条。（靳璐）

【民生保障】完成1859户经适房、限价房家庭资格复核，104户公租房租金补贴年审复核工作。受理486户家庭公租房房源认租登记，为259户家庭签订廉租补贴合同。全年为637户低保家庭发放低保金、过节费859万元，为36户少数民族家庭发放节日补贴1.38万元，发放医疗救助补贴78万元、临时救助15万元。办理老年证330张、老年优待卡643张，发放居家养老券175万余元、高龄津贴20.46万元、“小帮手”电子助老服务器231部。组织开展春风送暖、冬衣送暖社会捐助活动，为困难群体筹集善款4.08万元。街道养老照料中心主体工程完工，社区老年餐桌服务覆盖率达90%。春节期间为674户困难群众发放慰问金、慰问品35.56万元，为军地退人员、伤残军人及其他优抚对象147人发放慰问金5万余元。征缴地区2242家单位残保金850.7万元，为残疾人734人发放生活补助、保险补贴、助残券扶残助学补助等82.6万元。举办8期康复知识讲座，居家康复指导30余人，职业技能培训67人，新安置残疾人就业19人，为8户残疾人家庭进行无障碍改造、227人发放机动轮椅车燃油补贴。开发就业岗位1360个，召开招聘洽谈会12场，城镇登记失业582人实现就业，办理灵活就业社会保险补贴358人。审批失业人员退休56人，组织开展各类文体活动11次。开展体育馆路大街劳动用工规范一条街行动，补签劳动合同24份、补发工资6986.46元。为33人补缴社会保险。完成计划生育行政审批686件，发放独生子女父母奖励费32.10万元，上报出生581人。开展宝贝成长计划0-3岁婴幼儿早教亲子课程12期，举办隔代亲子家庭教育专题讲座2期、政策法规培训8次。完成关爱计划生育家庭安康计划投保115份。（靳璐）

【社会治安综合治理】年内，与区有关部门联合检查违法群租房12次，清理在账违法群租房29处。开展预防煤气中毒集中宣传3次，入户检查2500余人次，签订安全责任书2800余份，免费发放一氧化碳报警器300余个。开展安全隐患集中排查大整治专项行动，检查单位92家、发现消防隐患43处、现场整改19处、限期整改24处。查处无照经营10起，规范店外经营7起、门前三包单位27家。投入33万余元，维修17栋楼、50个单元门楼宇对讲系统，加装监控探头16部。全年开展联合执法17次，完成140家上账非法违法经营单位整治工作。检查辖区餐饮企业80家，签订燃气安全使用责任书59家。安全培训300余家小微企业，完成100家标准化达标评审。开展应急演练12次，大型宣传活动7次，发放宣传材料5万份，公开招考专职安全监督员4人。更新年检灭火器3000具，为社区配备消防电动车2辆。全年办理群众来信17件、“12345”热线269件，接待群众来访202批245人次，社区代理化解矛盾382件，街道代理化解矛盾56件。检查各类食品药品经营主体522户次，查扣假冒伪劣商品760件。处理消费者投诉举报33起、人民来信6件。（靳璐）

【社区建设】 年内，完成社区公益事业项目立项129项，争取专项资金7.50万元，建设东玉北街社区“1+1>爱为老服务”、双玉南街社区“小狗便便屋”、西利社区“爱心驿站”、法华南里社区“好妈妈日记”等项目。建设驹章胡同“一站多居”新型社区模式，建立10个社区议事厅协商平台，成立新裕家园小区业主委员会等。举办第五届社区体育文化节、羽毛球赛、社区好声音等活动。建立北京老年电视大学体育馆路街道分校、学员近500人，开设皮卡体育馆路少儿中英文图书馆、会员200余人。成立地区小冠军俱乐部、虹桥艺术团，举办各类活动33场次8000余人次参加。开办公益乐器培训120余次、演出200余场，免费放映公益电影上百部，送电影到基层56场。全年办理借阅证73人、借阅图书4062册读者4650人，举办各类讲座50余场。国家体育总局、东厅、东玉北街社区创建中医药特色健康管理社区，法华南里社区入选中国科协全国基层科普示范社区项目，建成长青园社区奥林匹克·体育生活化社区。（靳璐）

【党建工作】 全年召开社区党建例会11次，选任党务工作者为商务楼宇工作站副站长4人，完成双玉南街、西利、葱店社区党委副书记的考察，建立东城区第一批党建云平台，发表文章36篇。开展纪念建党93周年系列活动，表彰街道先进基层党组织4个、优秀共产党员15人，走访慰问老干部48人次。开展百姓宣讲17场。春节前夕，12家街道商会为100户困难家庭捐款3.22万元、茶叶2箱。天坛古玩城、天雅珠宝城、芳华珍珠等10户企业加入街道商会。签订党风廉政建设责任书45份，成立10个社区监督检查小组，设立意见箱20个。完成4家非公企业、1个新社会组织建团。建立市级示范青年汇——“文化小栈·社区青年汇”，开展活动36项。联合北工大和永生小学打造关爱农民工子女志愿服务项目，开展志愿活动10次。为贫困青少年14人送慰问金1.12万元。491家企业建立工会，会员5511人。10家社区联合工会、21家建会企业建立职工之家，配备图书150余册、运动器材31箱、运动器械30余台。开展法律服务30余次，举办培训讲座10场，各类文体活动29场4100余人次参加。为困难职工36人发放慰问金5.50万元。两节期间为贫困妇女101人发放慰问金5.64万元。（靳璐）

【经济工作】 全年招商引资企业166家，引进印花税195.80万元、房产税44.89万元，实现财政收入5994万元。为70余家企业培训管理人员。成立红桥商业协会召开首届会员大会，选址、组建中小企业服务分中心。完善天坛景区周边一公里旅游公共服务配套设施，改造停车场路面769平方米，铺装路面675平方米、人行便道1114.27平方米，安装停车桩52个、导向牌9个、休闲座椅28个。完成第三次全国经济普查，普查法人单位1978个、产业活动单位278个、从业人员2.19万人。（靳璐）

【党的群众路线教育实践活动】 辖区有基层党组织67个，党员2126人。2月21日召开动员部署会，开展活动32次。请中央、市委党校教授开展系列专题培训，观看焦裕禄、社会主义500年电教片，举办道德模范宣讲会，开展青年共产党员讲故事比赛，推出微党课教育模式，在虹桥报，街道网站、政务微博分别开辟专栏，报道教育实践活动推进情况，指导基层党组织开展活动。召开座谈会20余次，征集意见、建议350余条。组建百姓监督团，制作、发放社会监督工作手册。对查摆出的问题，研究制定整改措施，切实解决群众反映热点难点问题。制定专项整改方案，开展“四风”突出问题专项整治，对软弱涣散基层党组织等16大类46项问题明确工作分工、时间安排和工作要求。制定改进作风制度建设计划，废止、修订、新建工作制度25项。街道12个基层党委、50个党支部对党员开展民主评议，评议结果为“好”的党员占96.40%。（靳璐）

天坛街道

【概况】 天坛街道办事处是区政府派出机构。位于东城区西南部，东起磁器口大街、天坛东路，南至永定门东街，西依前门大街（南段）、天桥南大街、永定门内大街，北到珠市口东大街。面积4.03平方千米，有街巷70条，其中主要大街7条，即天坛北路、祈年路、大都市街、前门大街（南段）、天桥大街、永定门内大街、永定门东街。设社区居委会16个，户籍人口1.99万户5.50万人，常住人口1.68万户4.16万人，流动人口2047户1.10万人，以汉族为主，回、满、朝鲜等少数民族32个。辖区有中央、市、区属单位165个，中、小学、幼儿园9所。有世界文化遗产天坛公园，市级文物保护单位金台书院、正阳桥疏渠记碑，区级文物保护单位药王庙及清末传奇人物大刀王五的顺源镖局旧址、老字号元隆顾绣绸缎行，新中国筹建第一座大型自然历史博物馆——北京自然博物馆，有中华民族艺术珍品博物馆、中华民族艺术珍品流通中心。机构设置23个，有公务员编制96人实有87人、工勤编制8人实有8人，事业单位4个编制39人实有33人。

年内，开展党的群众路线教育实践活动。完成人大代表补选及APEC会议、天坛公园国庆游园活动保障。拆除违法建设，开展小区综合整治，投入资金185万元，进行重点环境建设工程。建设全方位、个性化、产业化养老照料中心，解决地区特殊困难老人养老难题。吸收社会单位为地区综治委成员，定期沟通会商，推进平安建设工作。形成“三帮五送”服务模式，建立在职党员星火相传志愿服务队，健全社区帮扶机制，完善便民服务体系。4月10日，天坛街道文联正式揭牌成立。

单位地址：东城区西草市街74号
联系电话：67021429
邮政编码：100050
（孙硕）

【城市管理】 完成5个社区7000户居民8565台电暖器验收，为360余户居民发放补贴。清洗粉饰APEC会议沿线21栋楼1.70万平方米外立面墙，抢修223棵危树。开展重点环境建设工程，拆除永内东街东里11号楼北侧违法建筑，整治元隆大厦东侧环境道路、天坛南门环境整治，全年拆除违法建设100处3624平方米、地锁460个，查处各类非法经营行为800余起、无照经营物品7000余件。改造16栋老楼上下水工程，对7栋老旧楼房进行抗震加固、节能改造。与东城区燃气二所开展燃气宣传活动20次，举办燃气安全大讲堂3次，入户摸底宣传6个社区2037户，发放宣传手册、纪念品等2万余份。专项整治天坛南里地区7家商户私接燃气生产经营行为，清理私接燃气设施，拆除燃气飞线，消除安全隐患。（孙硕）

【民生保障】 年内，受理廉租住房申请家庭17户、审核通过13户，公租房申请家庭67户、审核通过65户，各类保障房变更和终止申请193户。发放廉租补贴16万余元，复审核查132户政策性住房家庭、取缔和撤销违规瞒报家庭4户，收回廉租补贴6000余元。发放低保金880万余元，为低保、低收入家庭145人次办理各类救助31万余元。为21家服务商助残券兑换现金6.70万元，发放助残券2082人次，为残疾人136人发放“两节”补贴10.12万元，为残疾人4人申请临时救助7000元，为残疾儿童4人发放机构训练费3.50万元。完成城镇登记失业人员就业608人，困难人员就业425人，城镇登记失业率控制在1.92%。完成绿色就业22人、实现创业66人，完成指标的104.80%，带动就业293人。全年组织开展劳动监察法律、法规宣传活动4次，辖区非公企业和30人以下小企业劳动合同签订率达98%，完成日常巡查260户次，开展专项执法检查4次，书面审查单位38家，完成劳动用工规范一条街工作，26家单位全部达到规范标准。处理投诉、举报案件6起，解决知青病困退家庭回京审批4户，走访困难知青17人。全年出生新生儿498人，其中计划外生育7人，计划生育率为98.60%。年审符合特服家庭163例、新增特扶19例，办理独生子女证178人，独生子女父母一次性奖励292人，审核独生子女费822人。（孙硕）

【社会治安综合治理】 全年发动治安志愿者17万余人次，完成春节、两会等各个重点时期社会面防控任务。发动辖区社会力量280人、公益性岗位94人、文明引导员30人参与社会面防控工作。吸纳社会单位为地区综治委成员，定期沟通会商推动平安建设工作。以天坛公园、校园、医院等周边为重点，开展联合执法检查，消除各类安全隐患。至年底，出动工作人员2500余人，整治在账群租房148处、拆除隔断108处，对天坛南里63家从事非法食品生产、加工的黑作坊，开展专项整治并建立台账。检查社会单位消防安全主体责任528家次，更换和新购灭火器1180个，配备消防应急车7辆。接待来信来访262件次466人次，重大群体访保持零指标，正常访年内全部化解。（孙硕）

【社区建设】 年内，改善社区办公、服务活动用房，新建西里北区社区办公用房，租赁永内大街10号院400平方米房屋，修缮金鱼池中区地下活动中心、社区服务站。装修东半壁街、永内东街西里、东市场3个社区办公新址。完成新增2个社区通过六型社区评估、14个社区服务站标示建设规范化工作，组织社工60人参加社会工作者职业水平考试培训、通过30人。

4月10日，天坛街道文艺工作者联谊会成立暨第一次会员代表大会召开

6月，组织社工89人分3批参加市委组织部、社工委、民政局等联合举办的万人培训计划。为20余户社区居民争取区红十字会专项救助金。组织社区居民100余人参加体质测试活动，普及科学健身知识。举办天坛地区群众羽毛球赛，16个社区、21家驻街单位150余运动员参赛。全年举办夏日文化广场演出16场，居民2500余人参加。组织图书馆知识讲座4次受众200余人。放映数字电影70场1000余人观看。参与文化团队活动6000余人次。（孙硕）

【党建工作】 年内，区属单位挂职干部32人进社区，探索形成“三帮五送”服务模式，惠及党员群众4000余人，其中金鱼池社区打造在职党员“星火相传”志愿服务队，健全社区帮扶机制，完善便民服务体系；西草市社区打造贴心服务，自主拍摄党员电教专题片《一枝一叶总关情》，入选区第三届党员电教片观摩交流。召开天坛地区区域化党建交流暨易游天下党支部成立大会，展示地区区域化党建工作成就。年末，组织金鱼池中区、西草市、东街西、东里南4个社区党组织申报参评“五星级”党组织，经自评、复评等环节，全部获东城区“五星级”党组织称号。（孙硕）

【经济工作】 年内，成立街道创业园区，全年吸引19家初创企业进行孵化和成果转化，街道财政收入9148万元、税收2.33亿元。年内走访企业134家次，对2家异地纳税企业，办理清理引进手续。举办有形市场座谈会、经济工作座谈会，为企业搭建沟通平台。（孙硕）

【金鱼池社区节】 金鱼池社区回迁纪念活动4月18日落幕。活动以“百姓唱主角、群众多参与”为原则，以“政府办实事、百姓多受益”为目标，庆祝金鱼池社区回迁12周年。金鱼池中街举行春风送岗位现场招聘会，有30余家企业、提供近200个岗位，现场登记咨询200余人。小妞子广场开展住房、劳动、医疗及工商、税务等政策咨询，居民观看历年庆祝活动回顾片，在金鱼池小区池塘内放游金鱼。下午，以“文韵风华·锦绣天坛”为主题的群众文艺展演在最新投入启用的金鱼池地区文化活动中心举行，天坛街道文联名誉主席舒乙先生致辞、文联顾问李滨和志愿者骨干为新投入启用的金鱼池地区文化活动中心揭牌。辖区居民、学生、社区工作者代表上台表演舞蹈“春晓”、京剧“情系龙须沟”、小品“共建美丽家园”等节目。区领导蔡福全、王晨阳、邵鹏，著名文化学者舒乙，著名人艺表演艺术家李滨等出席纪念活动。（孙硕）

【党的群众路线教育实践活动】 辖区有基层党组织44个、党员2808人。在教育实践活动中，党员参与覆盖面达99%。整合地区资源，开展便民服务，推进西草市、金鱼池中区社区服务型党组织试点单位建设，举办党的群众路线教育实践活动我的最后一公里主题演讲比赛活动。在落实整改中废止制度5个，修改、完善制度27个、新增制度29个。（孙硕）

永定门外街道

【概况】 永定门外街道办事处是区政府派出机构。位于东城区西南部，东起蒲黄榆，南至木樨园及南三环路一线，西依北京南站，北到永定门城楼、跨南二环滨河路。面积3.33平方千米，有大街11条、胡同街巷208条、过境公交线30余条。设社区居委会20个，户籍人口3.07万户8.51万人，常住人口10.13万人，回、满、布依等少数民族3445人。辖区有中、小学、幼儿园11所。注册内资企业2997家，外资企业49家，个体工商户8166户。全国十大服装批发市场即百荣世贸商城、文化用品批发市场等，永定门广场，燕墩公园，安乐林公园等文化休闲场所。机构设置24个，有公务员编制102人实有102人，工勤编制3人实有3人，事业单位4个编制38人实有38人。

年内，开展党的群众路线教育实践活动，落实制定为民办实事14件，解决居民关心的热点难点问题，开通社区微循环便民服务车，建立6个便捷式自行车租赁点，解决地区居民最后1公里出行问题。建立街道、社区两级工作组，全年接访70余次、接待群众6000余人次，建立短信沟通平台，定期向居民发布工作信息。做好逾期回迁居民工作，签订回迁协议1242份、涉及回迁房1276套，发放逾期回迁补偿款9600余万元。辖区基层党组织127个党员5211人参加民主评议。

单位地址：东城区安乐林路85号

联系电话：67221207

邮政编码：100075　（文思）

【城市管理】 年内，完成民主北街、琉璃井、桃杨路、杨家园、李村5个社区7300户居民煤改电工程。完成景泰路西侧、安乐林路79号周边绿化补种，杨家园社区绿化及围挡655.70平方米。对辖区树木及自管绿地进行绿化作业，出动打药车561台次861

9月10日，对彭庄地区开展拆违行动

人次，对辖区绿化地带普打药25次以上，悬挂诱捕器44个。开展六美创建工作，申报20户美丽家庭。全年拆除地区违法建设81处6570平方米，清理富莱茵停车楼、景泰东里地下群租房1259间1.88万平方米。粉刷彭庄社区居委会办公室墙面149.50平方米，维修西革新里、天天家园、李村、安乐林、宝华里社区道路806.25平方米。完成西革新里危改楼建设、回迁1300余户居民。全面实施地区25栋老旧楼房抗震加固工作。在永外11个物业小区开展垃圾分类工作，清理、清运社区无主垃圾、堆物堆料9678处960车，清理违法小广告2.94万张，清涂墙体广告8930平方米。

（文思）

【民生保障】 年内，复核申请保障房家庭1477户，通过摇号取得保障性住房家庭185户。廉租房、公租房年审复核599人，公租房补贴资格复核113户。办理老年优待证499人、老年优待卡900人。发放80岁居家养老服务券472人、90岁高龄津贴335人，为95岁以上老人药费报销11人次11.56万元。发放残疾人ABC补助7341人次145.96万元，发放社会保险补贴3860人次267.18万元。组织各类康复讲座12期，培训残疾人及亲友540余人次。安置就业困难人员674人，城镇登记失业率控制在2.20%。新增登记失业人员1184人，实现就业1129人，完成区下达指标任务95%。全年上报非农业出生921人，计划生育率为99.50%。

（文思）

【社会治安综合治理】 做好全国两会、节假日、APEC会议安全维稳工作。全年出动志愿者7.60万人次，对百荣世贸商城、李村菜市场周边、琉璃井路治安重点地区存在的违法建筑、无照经营、黑车黑摩非法运营、乱贴小广告等问题，开展综合整治行动40余次，对违章停车、占道经营、露天烧烤等影响城市环境秩序问题开展专项整治。开展群防巡防联合整治彭庄、永定门立交桥、陶然亭桥、景泰桥周边存在的上访人支棚搭灶、滞留聚集等重大安全隐患，拆除违法建设45间780平方米，清理劝离上访人员120余人次、支棚搭灶堆物堆料等90余处、废旧木板纸箱及生活垃圾41车，防止重大、突发事件发生。联合城管、工商等部门全面检查辖区120家次燃气使用单位，开具检查记录160余张，消除消防器材遮挡、液化气瓶不合格、无供气合同、无独立气瓶间等隐患40余处，现场整改隐患12处、责令限期整改18家、责令停业整顿10家。与20个社区签订预防煤气中毒工作责任书，推广和免费发放报警器2300个，实现报警器全覆盖。

（文思）

【社区建设】 年内，在20个社区建立居民议事厅，探讨社区事务协商共治模式，实现地区居民议事厅全覆盖，各社区推行多元参与、协商共治社区自治模式，为居民提供需求平台。推进社区弹性工作制试点，以永建里、松林里、西革新里、革新西里、桃杨路5个社区为第二批试点社区，组织社区居民与驻街单位联合召开春节联欢会、茶话会，开展迎新春闹元宵永外地区电影招待会活动，庆“三八节”女社工巧手作品展、放飞心情，拥抱健康中年社工健步走竞赛。3月1日起正式开展弹性时间办公。至年底，有11个社区实行弹性工作制，便民服务落到实处。面向社会公开招考社区工作者17人，岗前培训多项活动260人参加。投入251.75万元建成9个社区文化活动室达标率80%。建成面积3700余平方米的松林里篮球主题公园，推进地区体育生活化社区创建工作。在桃园社区铁路沿线建成面积3300余平方米桃园文化休闲公园。建成1613.11平方米集图书馆、阅览室、舞蹈室、电影放映室为一体的街道级多功能文化活动中心。管村社区文化活动室成立永外曲艺会，每周举办一次周末相声汇，演出16场观众近2000人次参加。

（文思）

【党建工作】 年内，推进“1+X”党建模式，围绕“一社区一品牌，一企业一品牌”的党建工作思路，探索服务新路径。启用新媒体发布机关、社区党建活动信息，宣传便民服务项目，及时回复群众的诉求，形成信息互动平台，网站、微博信息更新总量达1.10万余条、点击量38万余次，粉丝4000余人。

（文思）

【经济工作】 年内，引入占地少、贡献大企业，培育新增长点，在中海地产广场引进民生银行陶然桥支行。集中办公区引进企业8家，其中注册资本超过1000万元3家。征收房产税36.88万元。以中海地产广场为核心开展引企引税工作，制定中海地产广场异地纳税清理工作方案，加强各部

门沟通，提高企业服务管理水平。对百荣、永外城、万朋等市场开展调查、分析，为辖区产业发展决策提供依据。（文思）

【党的群众路线教育实践活动】辖区有基层党组织128个，党员5306人。在教育实践活动中，以学习教育为主，对照检查、查找"四风"突出问题，组织召开20余场座谈会听取干部、群众意见。根据科室职责，制定任务清单和整改工作进展表，明确责任人和责任科室，认真落实整改。在基层党组织中开展基层组织生活会和民主评议党员工作，有党员5211人参加民主评议。（文思）

东城区街道工委及办事处负责人

东华门街道工委书记	陈本宇
办事处主任	赵宏松（回族）
景山街道工委书记	王　森
办事处主任	冯建国
交道口街道工委书记	严　岩（女）
办事处主任	关　波（满族）
安定门街道工委书记	石　勇
办事处主任	刘俊彩（女）
北新桥街道工委书记	武建军
办事处主任	张　伟（3月免）
	韩新星（3月任）
东四街道工委书记	赵凌云（女）
办事处主任	王　磊（回族，12月免）
	荀连忠（12月任）
朝阳门街道工委书记	陈大鹏
办事处主任	陈志坚
建国门街道工委书记	高　琦（回族）
办事处主任	李卫华
东直门街道工委书记	肖　刚
办事处主任	吴志辉
和平里街道工委书记	王小英
办事处主任	王品军（回族）
前门街道工委书记	张　玮（1月任）
办事处主任	张　玮（2月免）
	饶景东（3月任）
崇文门外街道工委书记	白京涛
办事处主任	马振星
东花市街道工委书记	李评修（女）
办事处主任	曹永军
龙潭街道工委书记	杜　娟（女）
办事处主任	郑青云
体育馆路街道工委书记	毕博闻（满族）
办事处主任	朱　捷
天坛街道工委书记	郝　斌（1月免）
	赵秋洁（女，满族，1月任）
办事处主任	赵秋洁（女，满族，2月免）
	高崇耀（3月任）
永定门外街道工委书记	韩焕岭（1月免）
	赵茂杰（1月任）
办事处主任	陈卫兵

人　物

全国（含系统）先进集体及先进个人

先进集体

第四届全国文明单位

北京市广渠门中学
北京市东城区地方税务局
北京市东城区第二图书馆
北京市东城区民政局
北京市天坛公园
北京市东城区东华门街道南池子社区
北京市东城区天坛街道金鱼池中区社区
北京市第五幼儿园
中国建设银行股份有限公司北京东四支行
北京市东城区和平里街道兴化社区

全国离退休干部先进集体

北京市东城区老干部读书会

全国文化系统先进集体

故宫博物院开放管理处

全国体育事业突出贡献奖单位

北京市东城区体育局

全国和谐示范街道

北京市东城区东花市街道

全国和谐示范社区

北京市东城区东花市街道东花市南里社区

全国节约型公共机构示范单位

北京市和平里医院

全国综合减灾示范社区

北京市东城区前门街道草厂西社区.

全国公安警卫基层基础建设先进单位

北京市天安门地区公安分局

全国检察宣传先进单位

北京市东城区检察院

第四届全国检察机关派驻监管场所一级规范检察室

北京市东城区检察院监所检察处

全国法院案例工作先进单位

北京市东城区法院

全国法院涉民生案件专项集中执行工作先进集体

北京市东城区法院执行局

全国群众体育健身优秀场馆

北京市东城区东单体育中心

全国模范职工小家

故宫博物院保卫处分工会

全国文物行政系统案卷评查优秀案卷奖单位

北京市东城区文化委

全国古籍保护工作先进单位

北京市东城区第一图书馆

全国工会贯彻落实工资集体协商三年规划先进集体

北京市东城区总工会

全国职工互助保险工作先进单位

北京市东城区总工会

民进全国创先争优先进基层组织

民进北京市第五中学分校支部

先进个人

全国杰出专业技术人才

杨　晶

全国五一劳动奖章获得者

饶余波　许　锋

全国三八红旗奖章获得者

杨丽萍

全国检察系统个人一等功

杨　凯

全国文化系统先进工作者

李承刚

第四届全国优秀中国特色社会主义事业建设者

郝金明

当代雷锋

孙茂芳

全国未成年人思想道德建设先进工作者

李志伟

“中国好人榜”上榜好人

任与鸿　安改芝　王　鹏　刘清池
闫志国　金　汉　袁日涉

国家科学技术奖获得者

唐　顺

全国优秀科技工作者

杨金生

全国公安机关爱民模范

任永杰

全国法院司法行政工作先进个人

范国伟

全国法院办案标兵

樊　雪

全国体育事业突出贡献奖获得者

宋东方

全国文化志愿服务工作优秀个人

果美侠

全国古籍保护工作先进个人

施安昌

全国五好文明家庭

韩培福

《中国人民防空》通讯报道先进个人

靳继君

致公党全国优秀党员

刘超英　董配永

致公党全国优秀组织工作者

张　浩

民进全国创先争优先进基层组织

负责人

杜建平

北京市（含系统）先进集体及先进个人

先进集体

北京市第十一届调查研究工作先进单位

东城区委区政府

首都劳动奖状获得者

北京庄子工贸有限责任公司

北京市工人先锋号获得者

东城区法院巡回法官党支部

北京市妇联系统先进集体

东城区国资委机关妇女工作委员会
东城区体育馆路街道法华南里社区
东城区东四街道妇联
东城区龙潭街道妇联
东城区建国门街道西总布社区妇联

北京市三八红旗集体

东城区园林绿化局规划发展科
北京市隆福医院
东城区卫生教育中心
北京市崇文小学
东城区东华门幼儿园
东城区行政服务中心企业事务呼叫中心
北京市奥士凯商贸连锁经营公司西苑超市
北京大北服务有限责任公司永定门饭店销售部
东城区体育馆路街道长青园社区
东城区城市管理监督中心呼叫台
东城公安分局出入境管理大队证件办理大厅
北京金惠丰投资管理有限公司
北京工美大厦一层收银班组
民革东城区委第一支部

北京市离退休干部先进集体

东城区老干部读书会
东城区交道口街道离退休干部党支部
东城区景山街道钟鼓社区“家和万事兴”调解之家
东城区东直门街道新中西里社区第28网格老干部学习小组
东城区建国门街道站东社区老党员先锋队
东城区前门街道前东社区老党员先锋队
东城区东花市街道北里东区社区老党员先锋队
东城区龙潭街道处退干部党支部
东城区委组织部离退休干部党支部

首都文明单位标兵

东城区统计局
东城区城市管理监督中心
东城区地方税务局
东城区财政局
北京市工商行政管理局东城分局
东城区国家税务局
东城区民政局
东城区委组织部
东城区委办公室
北京市国土资源局东城分局
东城区纪委
东城区行政服务中心
东城区残联
东城区法院
东城区检察院
北京市公安局东城分局
东城交通支队
北京吴裕泰股份有限公司
北京大北照相有限责任公司
北京新中国儿童用品商店
北京汇文中学
北京市广渠门中学
北京市第二中学
东城区西中街小学
北京光明小学
东城区史家胡同小学
北京市第五幼儿园
东城区第一图书馆
东城区第二图书馆
北京市隆福医院
北京市和平里医院
东城区社区卫生服务管理中心
东城区园林绿化局
东城区环境卫生服务中心
北京稻香村食品有限责任公司
中国建设银行股份有限公司北京东四支行

首都文明单位

东城区质量技术监督局
东城区审计局
东城区人力资源和社会保障局
东城区发展和改革委
北京市规划委员会东城分局
东城区总工会
东城公安分局东花市派出所
东城公安分局交道口派出所
东城公安分局巡警支队
东城区看守所
东城公安分局前门派出所
东城公安分局和平里派出所
东城公安分局禁毒中队
东城区司法局

东城交通支队安全监督管理大队
东城交通支队和平里大队
北京红桥市场有限责任公司
东城区王府井食品商场
北京市奥士凯商贸连锁经营公司
北京东方容合物业管理有限责任公司
北京王府井医药商店分公司
北京燕厦物业管理有限公司
北京吴裕泰茶叶有限公司王府井店
北京崇远投资经营公司
北京天润金百投资集团有限公司
北京市前门油漆化工原料有限公司
北京大北服务有限责任公司
北京大北服务有限责任公司永定门饭店
东城区职业大学
北京市第五中学
北京市第十一学校
北京市第二十五中学
北京市第五十中学
北京市第六十五中学
北京市第一零九中学
北京市第一七一中学
北京宏志中学
北京景山学校
北京市前门外国语学校
北京市文汇中学
北京现代职业学校
东城区板厂小学
北京市崇文小学
东城区灯市口小学
东城区东四九条小学
东城区府学胡同小学
东城区和平里第四小学
东城区回民小学
东城区金台书院小学
东城区景泰小学
东城区培新小学
东城区特殊教育学校
东城区天坛东里小学
东城区西总布小学
北京第一师范学校附属小学
北京市第一幼儿园
北京市第二幼儿园
东城区东华门幼儿园
东城区光明幼儿园
东城区少年宫
东城区教育研修学院
东城区第一文化馆
东城区第二文化馆
北京市第六医院
北京市鼓楼中医医院
东城区朝阳门社区卫生服务中心
东城区卫生教育中心
东城区卫生和计划生育委员会
东城区卫生局卫生监督所
北京市东单体育中心
北京市地坛体育馆
东城区第一体育运动学校
东城区天坛体育活动中心
东城区绿化一队
东城区绿化二队
东城区武装部
公安部边防管理局直属大队
北京宏林科技发展有限公司
北京中欣安泰投资有限公司
北京中和珍贝科技有限公司
北京宏源南门涮肉城有限责任公司
东城区私营个体经济协会
北京世纪天鼎商品交易市场有限公司
东城区和平里街道办事处
东城区安定门街道办事处
东城区交道口街道办事处
东城区东华门街道办事处
东城区东直门街道办事处
东城区北新桥街道办事处
东城区东四街道办事处
东城区朝阳门街道办事处
东城区朝阳门街道社区服务中心
东城区建国门街道办事处
东城区前门街道办事处
东城区崇文门外街道办事处
东城区东花市街道办事处
东城区龙潭街道办事处
东城区体育馆路街道办事处
东城区天坛街道办事处
东城区永定门外街道办事处
北京市王府井地区建设管理办公室
北京市前门大街管理委员会
北京金隅物业管理有限责任公司金隅环贸分公司
中国科技出版传媒股份有限公司
东城区东直门街道社区服务中心
北京住房公积金管理中心东城管理部
中国集邮总公司
北京嘉安国际酒店物业管理有限公司
长安责任保险股份有限公司
北京政平建设投资集团有限公司

北京市安全生产工作先进区县

东城区

北京市先进纪检监察组织

东城区纪委

北京市先进社区居委会

东城区东四街道东四二条社区
东城区体育馆路街道长青园社区
东城区景山街道钟鼓社区
东城区天坛街道西草市社区

北京市交通工作先进集体

东城区市政工程管理一所
东城区市政工程管理二所

北京市审计机关先进集体

东城区审计局固定资产投资审计科

北京市统计系统先进集体

东城区东四街道统计所

北京市区县机关档案工作测评市级优秀单位

东城区委党史办
共青团东城区委
东城区天坛街道
东城区老龄办
东城区崇文门外街道
东城区文化委

首届北京市年鉴综合质量评比特等奖单位

东城区地方志编纂委员会办公室

2013《北京年鉴》编纂工作先进集体

东城区地方志编纂委员会办公室

北京市保密工作系统先进集体

东城区国家保密局
北京市安全局东城分局办公室

北京市红十字会系统先进集体

东城区红十字会
东城区天坛街道

北京市劳动用工规范一条街工程先进单位

东城区东直门街道
东城区天坛街道

北京市校外教育先进集体

东城区天坛体育活动中心

北京市文化市场管理工作先进集体

东城区文化委行政执法队

北京市文物安全工作先进集体

东城区文化委
东城区文物管理所
东城区钟鼓楼文物保管所

北京市文物执法工作先进单位

东城区文化委行政执法队三分队

北京市医疗保险管理服务一等奖

北京市普仁医院

北京市第三次全国经济普查工作先进集体

东城区永定门外街道
东城区体育馆路街道
东城区东华门街道统计所

首都精神文明单位

东城区东单体育中心

首都文明街道

东城区东直门街道

首都文明社区

东城区和平里街道兴化社区
东城区和平里街道安贞苑社区
东城区和平里街道人定湖社区
东城区和平里街道小黄庄社区
东城区和平里街道化工社区
东城区和平里街道林调社区
东城区和平里街道交通社区
东城区和平里街道东河沿社区
东城区和平里街道安德里社区
东城区安定门街道宝钞南社区
东城区安定门街道分司厅社区
东城区交道口街道菊儿社区
东城区景山街道景山东街社区
东城区景山街道黄化门社区
东城区景山街道汪芝麻社区
东城区东华门街道南池子社区
东城区东华门街道王府井社区
东城区东华门街道智德社区
东城区东华门街道台基厂社区
东城区东华门街道东厂社区
东城区东华门街道韶九社区
东城区东直门街道清水苑社区
东城区东直门街道东外大街北社区
东城区东直门街道新中西里社区
东城区北新桥街道九道湾社区
东城区北新桥街道海运仓社区
东城区北新桥街道北新仓社区
东城区北新桥街道青龙社区
东城区北新桥街道十三条社区
东城区东四街道二条社区
东城区东四街道六条社区
东城区东四街道八条社区
东城区东四街道南门仓社区
东城区朝阳门街道礼士社区
东城区朝阳门街道新鲜社区
东城区建国门街道金宝街北社区
东城区建国门街道外交部街社区
东城区建国门街道站东社区
东城区前门街道前门东大街社区
东城区崇文门外街道崇文门东大街社区
东城区崇文门外街道新怡家园社区
东城区崇文门外街道西花市南里南区社区
东城区崇文门外街道新世界家园社区
东城区东花市街道北里西区社区
东城区东花市街道北里东区社区
东城区东花市街道花市枣苑社区
东城区龙潭街道左安浦园社区
东城区龙潭街道新家园社区
东城区龙潭街道幸福社区
东城区龙潭街道板厂南里社区
东城区龙潭街道左安漪园社区
东城区龙潭街道绿景苑社区
东城区体育馆路街道东玉北街社区
东城区体育馆路街道国家体育总局社区
东城区体育馆路街道长青园社区
东城区天坛街道金鱼池中区社区
东城区天坛街道金鱼池东区社区
东城区天坛街道东里北区社区
东城区天坛街道东晓市社区
东城区天坛街道永内东街西里社区
东城区永定门外街道安乐林社区
东城区永定门外街道管村社区
东城区永定门外街道定安里社区
东城区永定门外街道天天家园社区
东城区永定门外街道桃园社区
东城区永定门外街道永铁苑社区
东城区永定门外街道革新西里社区
东城区永定门外街道富莱茵社区
东城区永定门外街道松林里社区
东城区永定门外街道西革新里社区

首都文明风景旅游区

北京市天坛公园
北京市中山公园
东城区青年湖公园
北京明城墙遗址公园管理处
东城区龙潭公园管理处
东城区地坛公园管理处

北京市政协系统信息工作先进单位

东城区政协

首都绿化美化先进集体

北京市天坛公园

北京市司法行政系统先进集体

东城区天坛街道

北京市五四红旗团委

东城区龙潭街道团工委
东城区卫生局团委

首都环境建设样板单位

东城区体育馆路街道
东城区东华门街道城建科
东城区市政工程管理一所
东城区市政工程管理二所
东城区城管执法监察局朝阳门执法队
东城区城市管理监督中心监督考评科

北京市安全生产先进单位

东城区住建委

北京市交通安全先进单位

东城区天坛街道
东城区东花市街道

北京市无偿献血先进单位

东城区龙潭街道
东城区体育馆路街道
东城区景山街道
东城区天坛街道
东城区财政局
北京市第六医院
东城区第二妇幼保健院
东城区朝阳门社区卫生服务中心
东城区卫生局卫生监督所
东城区永定门外社区卫生服务中心
东城区卫生教育中心
东城区法院
东城区东四街道
东城区和平里街道

北京市无偿献血贡献单位

东城区城管执法监察局
东城区审计局
东城区检察院
东城区文化委

北京市人民满意的政法单位争创奖

东城公安分局北京站派出所

北京市第八届人民满意的政法单位

东城区法院立案一庭

北京市公安局先进党支部

天安门地区公安分局机动大队党支部

北京市检察官志愿服务岗

东城区检察院职务犯罪预防处

北京市法院窗口建设先进单位

东城区法院立案一庭

北京市法院规范服务先进集体

东城区法院申诉服务办公室

北京市法院案例工作优秀单位

东城区法院

北京市法院新闻宣传工作先进单位

东城区法院

北京市共青团信息工作先进单位

共青团东城区委

北京市优秀社区青年汇

东城区东华门街道团工委

北京市党内统计年报全优报表单位

东城区委组织部

北京市党内统计年报优秀统计分析单位

东城区委组织部

北京市党员教育电视片最佳作品

东城区龙潭街道工委

北京市统战系统信息工作优秀单位一等奖

东城区委统战部

北京市老干部工作部门优秀调研报告一等奖

东城区委老干部局

北京市生活垃圾分类街道乡镇贡献奖单位

东城区东花市街道

北京市综合减灾示范单位

东城区体育馆路街道双玉南街社区

首都学雷锋志愿服务示范岗（站）

东城区龙潭街道“七彩虹”志愿服务岗
故宫博物院志愿者服务站

北京市职工文化示范基地

东城区工人文化宫

东城区技术交流站

北京市模范职工小家

北京市第六医院内科一分会

北京市健康示范单位

东城区龙潭街道

北京市 96156 服务平台工作先进单位

东城区和平里街道社区服务中心

北京市卫生部决算先进单位

东城区卫生局

北京市医疗卫生系统日常报表工作先进单位

东城区卫生局

北京市医疗卫生行业网站考核评议信息公开奖

东城区卫生和计划生育委员会

北京市医疗器械不良事件日常监测工作先进单位

北京市和平里医院

北京市争创社康社戒示范单位

东城区龙潭街道向日葵工作站

北京市建国六十五周年志愿服务先进集体

共青团东城区委

北京市社会保险基金业务档案管理优秀单位

东城区社保中心

北京市人力资源和社会保障综合统计优秀单位

东城区人力社保局

“北京礼物”优秀奖单位

北京盛锡福帽业有限责任公司

北京市社会组织公益行优秀公益活动奖

东城区残疾人运动体育协会

致公党北京市先进基层支部

致公党东城区委第四支部
致公党东城区委中信集团支部

民进北京市优秀支部综合优秀奖单位

民进东城经济综合支部
民进北京第五十中学支部
民进东城成人教育支部

民进北京市优秀支部突出进步奖单位

民进人民教育出版社支部

北京市侨联工作先进集体

东城区东华门街道侨联

先进个人

首都精神文明建设奖

吴作艳　闫志国　董宏莉　高　明
李运良　刘侠琳　刘　燕　牛秀茹
石　勇　刘景春

首都劳动奖章获得者

王　玲　陆　萍　王　芯　卢　海

北京市三八红旗奖章获得者

范宝英　贾丽萍　刘　微　陈　红
李　岩　张连洁　刘媛春　周世一
王　健　吴秀敏　叶润萍　齐文真
冉瑞雪　赵　薇　程桂芳　李永敏
韩晓荣　史兰英　杨　杰　于　跃
陈佩素　吴　茜　刘　红

首都绿化美化先进个人

韩　捷　杨　升　王永刚　饶景东
杨　平　贾树华　马振星

北京市孝星

高　峰

北京市离退休干部先进个人

刘家宸　彭俊周　张澄威　艾居兆
孙省时　李奎华　张广富　张　铨
师雪起　王浩波　张宗平　李晓娟
沈淳光　李秀英　王学义　闫素霞
王思进

北京市优秀纪检监察干部

李　婧　杨春兰　刘永利　孙　昕

北京市社区居委会先进个人

高建荣

北京市交通工作先进个人

刘　颖　高　翔

北京市审计机关先进个人

赵文杰

北京市红十字会系统先进个人

范有余　李树信　史永红　范媛媛

北京市党史部门先进工作者

王钦双

北京市保密工作系统先进个人

刘　方　李雪梅

北京市文物安全工作先进个人

李承刚　汪　源　刘　睿　李铁成

北京市文物执法工作先进个人

李继宝

北京市文化市场管理工作先进个人

刘　星　刘侠琳

北京市模范军队转业干部

刘万生　张玉国

北京市政府法制工作先进个人

薛　峰

首都无偿献血工作先进个人

林　淼　芦永良　杨宇飞　戚家勇
梁兆玲　李莉莉　高莉红　王辰浩
方　红　孔海霞　曲雁洁　刘　东
王云香　戴忠华

北京市科普工作先进个人

段　彬

北京市第三次全国经济普查工作先进个人

刘　洋　王　菁　姜亚军　夏　萍
袁　泉　果　夫

第四届北京市优秀中国特色社会主义事业建设者

王　曦　马　龙　郝金明　苗　谦

北京市归侨侨眷先进个人

何家龙

北京市侨联工作先进个人

李满英　赵　鹏　王立军

北京市优秀思想政治工作者

杨丽萍

十大“北京榜样”个人

金　汉　张鹊鸣　闫志国

“北京榜样”提名奖个人

陈若林　黄　迪　袁日涉

北京市妇联系统先进个人

王宝玲　刘秋菊　张家惠　林　芬
范宝凤　刘　新　李锦萍

北京市统计系统先进个人

马鸣雨

北京市先进社区居委会主任

何洪伟　刘桂芬

首都环境建设突出贡献个人

曲　晨　黄伟才　邵　彬　李贵权
钱永飞　杨森淇　张　超　孙治中
高　翔　何晓蒙　高　鹏　王　涛
蔡丽萍　王　瑛　王建华　吴沛中
马　超　曹　鹏　孙增红　黄　昊
刘　悦　齐宝红　周　磊　裴兆柱
张　帆

首都身边雷锋

杨文起

北京市理论宣讲示范基地先进工作者

上官玥

北京市人民满意的政法干警

付　强

北京市公安局优秀党支部书记

符文辉

北京市公安局优秀共产党员

闫小森

首都公安杰出青年卫士

任永杰

北京市公安局优秀女民警标兵

辛艳荣　刘　莎　刘　颖
白　莉　栗　静

北京市检察院十佳控告申诉检察业务办案能手

严　岩

北京市法院诉讼服务先进个人

赵艳丽

北京市司法业务技能标兵

刘　艳　朱锡平　崔　赟

北京市工商行政管理系统优秀经济卫士

吴　滨

北京市第四批高层次卫生人才

王建辉

北京市规划系统考核优秀嘉奖获得者

宋志红

为北京市无偿献血工作做出突出贡献奖个人

尹克勤　武　波

北京市校外教育先进个人

王　伟

北京市红领巾读书活动优秀辅导员

程佳蕾

首都最美家庭

王萍家庭　安改芝家庭　石效武家庭

北京市统战系统优秀信息员

范光建

北京市统战系统信息工作优秀领导者

向　愚

北京市人力资源和社会保障综合统计优秀个人

赵东红　王超群

北京市地震系统政务信息工作先进个人

徐　邓

北京市安全生产政务信息工作先进个人

姬燕婷

北京市“丹柯杯”优秀研究成果一等奖

向　愚　刘贤才

北京市医疗器械不良事件监测工作优秀个人

王乐颖

北京市重大引导任务全市网评工作先进个人

王　炎　李银华

北京市党员干部现代远程教育优秀终端站点管理员

田　燕　邓　霁　陈　雷

北京市社区青年汇优秀社工

杨　睿

北京市会计人员继续教育优秀学员

吴国清

民进北京市优秀会务工作者

吕宝宏　李　峰　廉　辉

民盟北京市社会服务工作先进个人

孟繁林

北京市致公网站优秀信息员

李　辉

北京市致公杂志优秀通讯员

贾瑞霞

逝世人物

杨　纯　原崇文区政府副区长，男，汉族，1942年7月出生，北京市人，因病于2014年2月去世。1960年7月参加工作，1964年10月加入中国共产党。历任涿县六航校副政指、指导员，崇文区委组织部干事，崇文区崇文门外街道党委副书记，崇文区委街道工作部副部长、部长等职，1994年2月至1999年1月任崇文区政府副区长。

田　耕　原故宫博物院副院长兼党委书记，男，汉族，1920年1月出生，山东省寿光人，因病于2014年7月20日去世。1938年8月参加革命工作，历任八路军自卫团、博兴县政府干部，临淄县、广北县民政科长。1945年2月到部队，历任副营长、渤海军区政治部《前锋报社》社长，山东军区宣传部副部长兼报社社长。1954年任总政治部干部部办公室副主任、主任，1962年任总政治部秘书处处长，1964年任军事博物馆副馆长。1965年转业到国务院秘书厅任副主任，1972年调故宫博物院任副院长兼党委书记。

李　瑛（原名张葳蓁，曾用名尚兢）原崇文区委书记，女，汉族，1920年3月出生，河北省安平县人，因病于2014年8月3日去世。1937年10月加入中国共产党，同年11月在河北省安平县参加革命工作。新中国成立前，历任河北省安平县妇救会干事、县委巡视员、饶阳县县委妇委兼县妇救会主任、冀中八分区妇救会青妇部长、抗联妇女部长、饶阳县抗联主任、冀中十分区抗联妇女部长、冀中平委会机要秘书、冀中区党委城工部干事、晋察冀城工部干事等职。新中国成立后，历任北京市委组织部干事、崇文区委组织部长等职。1958年6月至1966年5月任崇文区委书记处书记，1972年7月至1979年3月任区革委会副主任，1972年11月至1976年10月任区委常委，1978年7月至1979年12月任区委副书记，1979年3月至1979年12月任区革委会主任，1979年12月至1983年5月任崇文区委书记。

张炳煌　原崇文区政协副主席，男，汉族，1928年10月出生，福建省福州人，因病于2014年2月5日去世，1949年2月参加革命工作，1956年8月加入中国共产党。历任北京无线电元件八厂党支部书记、北京市171中学校长、崇文区委常委、崇文区委组织部部长、崇文区委统战部部长等职，1986年4月至1991年2月任崇文区政协副主席。

于广海　原崇文区委常委、崇文区纪律检查委员会书记，男，汉族，1931年10月出生，辽宁省丹东人，因病于2014年7月24日去世。1948年10月参加革命工作，1952年10月加入中国共产党。历任辑安建东制造厂二十一厂、丹东鸭绿江造纸总厂锦州金城造纸厂工人，吉林造纸总厂专职团干部，北京市中轻部东北工程公司团总支书记。1954年5月到北京市团委工作，1956年3月任团市委专工部部长。1969年5月到门头沟色树坟公社劳动。1971年10月任北京第五十中学党支部副书记、革委会副主任。1972年10月任崇文区团区委副书记，1973年12月任崇文区委教卫生组副组长、科委主任，1980年6月任崇文区委卫生体育部副部长、部长，1984年7月任崇文区纪律检查委员会副书记，1987年7月任崇文区委常委、崇文区纪律检查委员会书记。

盛绳武　原崇文区人大常委会主任，男，汉族，1926年6月出生，湖南省长沙市人，因病于2014年12月20日去世。1948年10月参加工作，1949年12月加入中国共产党。新中国成立前，在第九战时中学和北京大学法学院学习，任北京第十区军管会工作组组员。新中国成立后，历任崇文区政府调解科、秘书室科员，区政府人事秘书，区委办公室干事、副主任、主任，北京市委办事组、研究小组、研究室干部等职。1980年3月至1984年12月任崇文区委副书记，1980年12月至1984年8月任区政协主席，1983年6月至1985年2月任区政府区长，1984年12月至1987年6月任区委书记，1986年4月至1987年6月任区政协主席，1987年6月至1991年3月任崇文区人大常委会主任。

统计资料

表 1-1

东城区国民经济主要指标

项　目	单　位	2014 年	2013 年	增长速度 %
城镇单位从业人员情况				
从业人员平均人数	人	653896	623307	4.9
从业人员期末人数	人	651405	631899	3.1
在岗职工平均工资	元	109203	113296	-3.6
消费品市场情况				
#社会消费品零售总额	万元	9133427	8391646	8.8
商品交易市场总数	个	31	35	-11.4
综合市场	个	16	22	-27.3
专业市场	个	15	13	15.4
#商品交易市场成交额	万元	532805	525755	1.3
综合市场	万元	22436	68304	-67.2
专业市场	万元	510369	457451	11.6
固定资产投资				
全社会固定资产投资总额	万元	2147029	1951044	10.0
#房地产开发	万元	906256	761525	19.0

表 1-2

东城区国民经济主要指标

项　目	单　位	2014 年	2013 年	增长速度 %
居民生活				
人均可支配收入	元	45052	41676	8.1
人均消费性支出	元	28613	26994	6.0
恩格尔系数	%	34.1	33.6	0.5 个百分点
能源消费				
能源消费总量	万吨标煤	280.7	278.7	0.7
不变价万元 GDP 能耗下降率	%	5.45	4.35	——
外经、外贸				
利用外资签订协议额	亿美元	14.4	6.3	128.8
实际利用外资额	亿美元	5.1	6.6	-22.8
财政				
地方公共财政预算收入	万元	1559500	1471294	6.0
#区级各项税收	万元	1478487	1432407	3.2
地方公共财政预算支出	万元	1953685	1689572	15.6
人口情况				
常住人口	万人	91.1	90.9	0.2
户籍户数	户	345961	345549	0.1
户籍人口	人	979725	973964	0.6
男性	人	483973	481601	0.5
女性	人	495752	492363	0.7
户籍人口自然增长率	‰	5.24	4.57	0.67 个千分点

注：除 2013 年不变价万元 GDP 能耗下降率指标之外，本表能源数据来自北京市统计局反馈的 2014 年和 2013 年年度核算数据，其中 2013 年核算数据按照 2014 年口径进行调整。能源数据按能源等价折标系数计算。

表 1-3

东城区国民经济主要指标

项　目	单　位	2014 年	2013 年	增长速度 %
企业经营情况				
企业营业收入	万元	163261742	169830817	-3.9
# 中央单位	万元	104999358	115375225	-9.0
市属单位	万元	9328143	13077986	-28.7
区属单位	万元	5600611	5844364	-4.2
企业利润总额	万元	68902939	76925608	-10.4
# 中央单位	万元	64461355	72887791	-11.6
市属单位	万元	1404434	1189479	18.1
区属单位	万元	14191	59268	-76.1
企业应缴税金总额	万元	6978122	4971037	40.4
# 中央单位	万元	4064131	2485993	63.5
市属单位	万元	767679	618300	24.2
区属单位	万元	89876	68443	31.3
工业				
规模以上工业总产值（现价）	万元	1615998	1235472	30.8
主营业务收入	万元	1867108	1439325	29.7
利润总额	万元	179554	127171	41.2
应缴税金	万元	118524	95865	23.6
# 应交增值税	万元	76226	52125	46.2
主营业务税金及附加	万元	11885	11226	5.9
应交所得税	万元	26471	30115	-12.1
建筑业				
具有资质的建筑业企业总产值	万元	5133334	5031093	2.0
主营业务收入	万元	7158945	7036617	1.7
利润总额	万元	213433	198866	7.3
应缴税金	万元	244312	230851	5.8
# 应交增值税	万元	9712	-3214	——
主营业务税金及附加	万元	173399	165552	4.7
应交所得税	万元	56102	64674	-13.3
信息传输、计算机服务和软件业				
主营业务收入	万元	4278560	4150813	3.1
利润总额	万元	692933	708979	-2.3
应缴税金	万元	354578	330386	7.3
# 应交增值税	万元	120355	3558	3283.1
主营业务税金及附加	万元	61830	105628	-41.5
应交所得税	万元	162685	179647	-9.4
批发和零售业				
主营业务收入	万元	57481913	51887989	10.8
利润总额	万元	1511289	1716562	-12.0
应缴税金	万元	981887	747923	31.3
# 应交增值税	万元	556918	402995	38.2
主营业务税金及附加	万元	102049	94660	7.8
应交所得税	万元	282585	224076	26.1
住宿和餐饮业				
主营业务收入	万元	2130986	2217423	-3.9
利润总额	万元	-37646	26243	——
应缴税金	万元	156076	169612	-8.0
# 应交增值税	万元	3932	4168	-5.7

续表

项　目	单　位	2014 年	2013 年	增长速度 %
主营业务税金及附加	万元	113567	119208	-4.7
应交所得税	万元	20523	30540	-32.8
金融业				
主营业务收入	万元	69370154	993368	6883.3
利润总额	万元	61003384	67859684	-10.1
应缴税金	万元	3976394	3085812	28.9
# 主营业务税金及附加	万元	579106	530644	9.1
应交所得税	万元	3353535	2364910	41.8
房地产业				
主营业务收入	万元	2858252	3762388	-24.0
利润总额	万元	395730	928923	-57.4
应缴税金	万元	474532	572873	-17.2
# 应交增值税	万元	1352	913	48.0
主营业务税金及附加	万元	258888	306314	-15.5
应交所得税	万元	156357	214154	-27.0
租赁和商务服务业				
主营业务收入	万元	8697643	8319335	4.5
利润总额	万元	4437830	4916799	-9.7
应缴税金	万元	417849	380929	9.7
# 应交增值税	万元	110372	104049	6.1
主营业务税金及附加	万元	81086	84378	-3.9
应交所得税	万元	203510	163327	24.6
教育				
学校数	个	198	199	-0.5
# 小学	个	64	64	
中学	个	49	49	
招生数	人	23392	25183	-7.1
小学	人	9573	10071	-4.9
初中	人	7363	8078	-8.9
高中	人	5414	5742	-5.7
职业高中	人	674	794	-15.1
成人中专	人	368	498	-26.1
毕业生数	人	21734	22343	-2.7
小学	人	7721	7557	2.2
初中	人	7368	7713	-4.5
高中	人	5268	5389	-2.2
职业高中	人	1294	1509	-14.2
成人中专	人	83	175	-52.6
文化				
文化馆、站	个	2	2	
公共图书馆	个	2	2	
公共图书馆藏书	万册	133	122	9.6
体育				
体育场馆	个	157	157	
举办体育活动次数	次	190	226	-15.9
举办体育活动参加人数	万人次	35	54	-35.2
卫生				
卫生机构数	个	564	548	2.9
# 医院	个	65	64	1.6
实有病床数	张	10930	10948	-0.2
平均每千常住人口拥有病床数	张	12	12.04	-0.3

续表

项　目	单　位	2014 年	2013 年	增长速度 %
卫生技术人员	人	24849	24091	3.1
# 执业医师	人	9460	9175	3.1
注册护士	人	9972	9380	6.3
公用设施				
公园个数	个	20	20	
# 免费公园个数	个	16	16	
人均绿地面积	平方米 / 人	11.97	11.94	0.3
城市绿化覆盖率	%	32.74	31.56	1.18 个百分点
年末实有道路长度	公里	439	489	-10.2
年末实有道路面积	万平方米	479	485	-1.2

表 2

地区生产总值汇总表

单位：亿元

项　目	2014 年	2013 年	增长速度 %
合　计	1733.0	1611.7	7.5
按产业类别分			
第二产业	70.2	65.6	7.0
第三产业	1662.8	1546.0	7.6
按行业类别分			
工业	36.5	34.4	6.1
建筑业	33.8	31.3	7.9
批发和零售业	204.9	202.1	1.4
交通运输、仓储和邮政业	34.7	33.1	4.9
住宿和餐饮业	56.1	54.2	3.5
信息传输、软件和信息技术服务业	192.7	177.2	8.8
金融业	418.1	363.9	14.9
房地产业	97.8	88.3	10.8
租赁与商务服务业	201.8	188.3	7.2
科学研究和技术服务业	160.0	156.5	2.2
水利、环境和公共设施管理业	6.9	6.4	8.6
居民服务、修理和其他服务业	10.7	9.4	13.6
教育	42.5	37.7	12.8
卫生和社会工作	62.0	59.3	4.6
文化、体育和娱乐业	71.4	69.3	3.1
公共管理、社会保障和社会组织	103.0	100.4	2.6
优势产业增加值			
文化创意产业	224.5	207.6	8.1
商业服务业	261.1	256.3	1.9
支柱产业增加值			
金融业	47.5	43.0	10.4
商务服务业	418.1	363.9	14.9
信息服务业	197.7	184.2	7.4
旅游业	234.6	223.0	5.2
现代服务业增加值	1240.7	1093.3	13.5
生产性服务业增加值	1167.2	1037.8	12.5

注：地区生产总值为初步核实数据。

表 3

全社会固定资产投资额

单位：万元

项　目	2014 年	2013 年
合　计	2147029	1951044
按隶属关系分		
中央	88987	156041
市属	355025	401951
区属及其他	1703017	1393052
按登记注册类型分		
国有经济	565921	818313
外商及港澳台投资经济	531341	216715
其他经济	1049767	916016

注：固定资产投资统计口径为“项目建设地”原则。

表 4

规模以上工业企业生产情况

项　目	工业总产值（当年价格）(万元)	工业销售产值（当年价格）（万元）
合　计	1615998	1648004
按登记注册类型分		
内资企业	1137871	1170157
国有企业	***	***
集体企业	***	***
有限责任公司	204378	203993
股份有限公司	637737	631219
国有独资公司	250279	290956
私营企业	35463	34182
港、澳、台商投资企业	***	***
外商投资企业	405063	404330
中外合资经营	309351	308550
外资（独资）企业	95712	95780
按行业类别分		
# 纺织服装、服饰业	29630	29014
家具制造业	55477	53610
金属制品业	100798	100658
专用设备制造业	27428	26824
计算机、通信和其他电子设备制造业	210924	210807
仪器仪表制造业	289280	288922

表 5

具有资质等级的建筑业企业生产情况

项　目	建筑业总产值（万元）	# 装修装饰产值（万元）
合　计	5133334	738029
按登记注册类型分		
内资	4918575	590297
国有	63807	1357
集体	6106	458
股份合作	1882	

续表

项　目	建筑业总产值（万元）	# 装修装饰产值（万元）
国有独资公司	1971088	198863
其他有限责任公司	2634267	234183
股份有限公司	***	***
私营有限责任公司	162930	77007
私营股份有限公司	***	***
港澳台商投资	171718	117895
与港澳台商合资经营	19847	19847
港澳台商独资	151871	98048
外商投资	43041	29837
中外合资经营	26013	26013
外资企业	***	***
按隶属关系分		
中央	3281438	171127
市	1003373	176506
区（县）	58171	34102
其他	790351	356294
按行业类别分		
房屋建筑业	1873559	369597
土木工程建筑业	2359673	24830
建筑安装业	548034	9204
建筑装饰和其他建筑业	352068	334398

表 6

旅游业综合情况

项　目	单位数（个）		接待总人数（万人）		营业收入（万元）		从业人员（人）	
	2014 年	增长速度 %	2014 年	增长速度 %	2014 年	增长速度 %	2014 年	增长速度 %
合　计	842	0.6	8318	8.2	6687576	7.1	46991	0.5
住宿业	571	-1.6	738	2.6	857626	-1.0	28295	0.5
旅游区点	37	2.8	7458	8.8	299150	6.1	9379	-7.7
旅行社	234	5.9	122	5.7	2081165	8.7	9317	10.3
旅游餐饮					658808	8.8		
旅游商业					2410863	8.8		
旅游交通					379964	5.8		

表 7

社会消费品零售额

单位：万元

项　目	2014 年
合　计	9133427
按行业类别分	
批发业	2556142
零售业	5736559
住宿业	199876
餐饮业	640850
按限额标准分	
限额以上	8390566
限额以下	742861

表 8　限额以上批发零售企业商品分类销售情况　单位：万元

项　目	商品销售总额
合　计	73127464
粮油、食品类	3968774
# 粮油类	2756886
肉禽蛋类	74716
水产品类	40896
蔬菜类	23582
干鲜果品类	32955
饮料类	159868
烟酒类	2126279
# 酒类	1837583
服装、鞋帽、针纺织品类	1824151
服装类	1231639
鞋帽类	343254
针纺织品类	249258
化妆品类	347592
金银珠宝类	5007948
# 黄金及饰品、铂金饰品类	2395398
日用品类	1237659
# 儿童玩具类	71068
五金、电料类	112811
体育、娱乐用品类	1817249
# 照相器材类	1772638
书报杂志类	682659
电子出版物及音像制品类	44415
家用电器和音像器材类	701924
# 电视机类	11675
中西药品类	5611273
# 西药类	4492414
中草药及中成药类	910071
文化办公用品类	1668845
# 计算机及其配套产品	729380
家具类	48052
通讯器材类	7052316
# 移动电话类	6969059
煤炭及制品类	6263317
木材及制品类	508261
石油及制品类	7165302
化工材料及制品类	9517242
# 化肥类	2192444
金属材料类	4554762
建筑及装潢材料类	299597
机电产品及设备类	3885036
# 农机类	8365
汽车类	888137
# 汽车配件类	122565
种子饲料类	339095
棉麻类	959240
其他类	6335663

表 9

城镇居民家庭年人均现金收入

单位：元

项　目	2014 年	2013 年
家庭总收入	50651	47024
# 可支配收入	45052	41676
工资性收入	29402	28509
工资及补贴收入	27876	26935
其他劳动收入	1526	1573
经营净收入	2584	1373
财产性收入	1396	1368
转移性收入	17268	15774
# 养老金或离退休金	16359	14935
赡养收入	47	55
捐赠收入	112	160
出售财物收入	2	2
借贷收入	10052	16697
# 提取储蓄存款	9939	16621

表 10

城镇居民家庭每百户主要耐用消费品拥有量

项　目	单　位	2014 年	2013 年
摩托车	辆	3.32	2.53
助力车	辆	10.95	9.56
家用汽车	辆	37.87	36.24
洗衣机	台	96.43	95.76
电冰箱	台	101.23	100.33
彩色电视机	台	134.27	131.77
计算机	台	119.20	114.40
组合音响	套	10.38	9.57
摄像机	架	30.66	29.48
照相机	架	92.83	91.28
钢琴	架	0.00	0.00
其他中高档乐器	件	6.71	6.53
微波炉	台	89.13	87.64
空调器	台	155.46	147.92
淋浴热水器	台	88.48	86.41
消毒碗柜	台	9.35	8.67
健身器材	套	10.04	7.44
固定电话	部	93.90	89.43
移动电话	部	212.07	204.11

表 11-1

常住人口百岁表

年龄	总人数	男	女	年龄	总人数	男	女
合计	631224	310667	320557	50 岁	11093	5553	5540
0 岁	6515	3371	3144	51 岁	16722	8422	8300
1 岁	5697	2950	2747	52 岁	14101	7138	6963
2 岁	6493	3303	3190	53 岁	10091	5077	5014
3 岁	5544	2878	2666	54 岁	11981	6046	5933
4 岁	4555	2398	2157	55 岁	11430	5795	5635
5 岁	5080	2613	2467	56 岁	12874	6362	6512
6 岁	4749	2407	2342	57 岁	14113	6947	7166
7 岁	4693	2427	2266	58 岁	12451	6137	6314
8 岁	3481	1818	1663	59 岁	12233	5936	6297
9 岁	3103	1586	1517	60 岁	12579	6075	6504
10 岁	3509	1811	1698	61 岁	11147	5442	5705
11 岁	1885	954	931	62 岁	10280	5060	5220
12 岁	3357	1715	1642	63 岁	9433	4616	4817
13 岁	2946	1462	1484	64 岁	8325	4223	4102
14 岁	3508	1841	1667	65 岁	7191	3615	3576
15 岁	3281	1682	1599	66 岁	5829	2934	2895
16 岁	3046	1557	1489	67 岁	5604	2812	2792
17 岁	3666	1921	1745	68 岁	5151	2546	2605
18 岁	3444	1701	1743	69 岁	4504	2179	2325
19 岁	3763	1848	1915	70 岁	3828	1901	1927
20 岁	3984	2023	1961	71 岁	3569	1740	1829
21 岁	4094	2023	2071	72 岁	3961	1897	2064
22 岁	5015	2484	2531	73 岁	3963	1821	2142
23 岁	4192	2070	2122	74 岁	4206	1896	2310
24 岁	7344	3639	3705	75 岁	4354	1826	2528
25 岁	8480	4150	4330	76 岁	4511	1891	2620
26 岁	10129	5008	5121	77 岁	2810	2050	2767
27 岁	11356	5506	5850	78 岁	4690	2064	2626
28 岁	10580	5191	5389	79 岁	4706	2014	2692
29 岁	10591	5213	5378	80 岁	4461	2011	2350
30 岁	11193	5536	5657	81 岁	4288	1957	2331
31 岁	12793	6377	6416	82 岁	3865	1799	2066
32 岁	14188	6977	7211	83 岁	3362	1566	1796
33 岁	12133	6042	6071	84 岁	3256	1496	1760
34 岁	10624	5300	5324	85 岁	3019	1348	1671
35 岁	9460	4783	4677	86 岁	2682	1257	1425
36 岁	9613	4755	4858	87 岁	2131	916	1215
37 岁	7744	3846	3898	88 岁	1935	888	1047
38 岁	7033	3532	3501	89 岁	1689	764	925
39 岁	6838	3335	3503	90 岁	1481	670	811
40 岁	7103	3567	3536	91 岁	1241	549	692
41 岁	8452	4209	4243	92 岁	1030	464	566
42 岁	8808	4397	4411	93 岁	872	393	479
43 岁	8612	4317	4295	94 岁	713	334	379
44 岁	8956	4481	4475	95 岁	513	221	292
45 岁	9210	4496	4716	96 岁	476	218	258
46 岁	10362	4977	5385	97 岁	380	170	210
47 岁	6779	3213	3566	98 岁	265	115	150
48 岁	6937	3429	3508	99 岁	230	97	133
49 岁	7879	3955	3924	100 岁以上	828	343	485

备注：表 11-1 系原东城区

表 11-2

常住人口百岁表

年龄	总人数	男	女	年龄	总人数	男	女
合计	348501	173306	175195	50 岁	6680	3429	3251
0 岁	3827	2021	1806	51 岁	10801	5531	5270
1 岁	3366	1757	1609	52 岁	8442	4466	3976
2 岁	3966	2045	1921	53 岁	6192	3151	3041
3 岁	3144	1640	1504	54 岁	7783	3976	3807
4 岁	2463	1258	1205	55 岁	7699	3955	3744
5 岁	2668	1407	1261	56 岁	8000	4137	3863
6 岁	2532	1288	1244	57 岁	8733	4288	4445
7 岁	2501	1278	1223	58 岁	7808	3928	3880
8 岁	1619	854	756	59 岁	7432	3745	3687
9 岁	1470	726	744	60 岁	7289	3583	3706
10 岁	1573	796	777	61 岁	6948	3491	3457
11 岁	796	399	397	62 岁	6357	3064	3293
12 岁	1452	733	719	63 岁	5819	2927	2892
13 岁	1291	689	602	64 岁	5120	2639	2481
14 岁	1580	777	803	65 岁	4223	2218	2005
15 岁	1487	776	711	66 岁	3186	1672	1514
16 岁	1401	703	698	67 岁	2927	1549	1378
17 岁	1725	880	845	68 岁	2774	1415	1359
18 岁	1694	834	860	69 岁	2510	1245	1265
19 岁	1862	956	906	70 岁	2049	1042	1007
20 岁	2062	1039	1023	71 岁	1888	931	957
21 岁	2136	1046	1090	72 岁	2062	936	1126
22 岁	2648	1336	1312	73 岁	2092	974	1118
23 岁	2035	1021	1014	74 岁	2196	952	1244
24 岁	3666	1835	1831	75 岁	2391	927	1464
25 岁	4093	2095	1998	76 岁	2622	979	1643
26 岁	4941	2512	2429	77 岁	2851	1167	1684
27 岁	5240	2617	2623	78 岁	2912	1270	1642
28 岁	4783	2363	2420	79 岁	3093	1341	1752
29 岁	5108	2517	2591	80 岁	2936	1347	1589
30 岁	5797	2840	2957	81 岁	2854	1314	1540
31 岁	6591	3307	3284	82 岁	2479	1098	1381
32 岁	7750	3746	4004	83 岁	2025	979	1046
33 岁	6521	3211	3310	84 岁	2137	941	1196
34 岁	5901	2912	2989	85 岁	1847	875	972
35 岁	4792	2385	2407	86 岁	1678	781	897
36 岁	4712	2340	2372	87 岁	1414	667	747
37 岁	3898	1947	1951	88 岁	1220	590	630
38 岁	3323	1712	1611	89 岁	1093	537	556
39 岁	3152	1591	1561	90 岁	894	429	465
40 岁	3169	1605	1564	91 岁	812	414	398
41 岁	3886	1960	1926	92 岁	635	285	350
42 岁	4065	2086	1979	93 岁	456	186	270
43 岁	4003	1998	2005	94 岁	409	176	233
44 岁	4165	2107	2058	95 岁	316	159	157
45 岁	4646	2234	2412	96 岁	259	124	135
46 岁	5244	2583	2661	97 岁	226	117	109
47 岁	3530	1751	1779	98 岁	186	88	98
48 岁	3908	1963	1945	99 岁	151	82	69
49 岁	4939	2502	2437	100 岁以上	474	211	263

备注：表 11-2 系原崇文区

表 12-1

常住人口变动情况统计表

项目			上月末实有	增加							
				计	市外迁入	市内移动				本管界转化	其他
						出生	区	县	本县区他、所		
非农业	户数		217508	3814	194	26	2547	18	690		339
	人数	计	628492	28002	4904	7502	12919	78	2578		21
		男	309593	13540	2209	3892	6201	26	1201		11
		女	318899	14462	2695	3610	6718	52	1377		10
农业	户数										
	人数	计									
		男									
		女									

项目			减少								本月增减比较	本月末实有
			计	迁往市外	死亡	市内移动			本管界转化	其他		
						区	县	本县区他、所				
非农业	户数		4013	94	504	2596	8	463		348	-199	217309
	人数	计	25270	1136	3785	17464	69	2575		241	2732	631224
		男	12466	565	2004	8547	29	1198		123	1074	310667
		女	12804	571	1781	8917	40	1377		118	1658	320557
农业	户数											
	人数	计										
		男										
		女										

备注：表 12-1 系原东城区

表 12-2

常住人口变动情况统计表

项目			上月末实	增加							
				计	市外迁	出生	市内移动			本管界转化	其他
							区	县	本县区他、所		
非农业	户数		128030	2982	63	3	2300	33	348		235
	人数	计	345452	14278	1234	4308	7457	76	1189		14
		男	171998	6934	548	2277	3499	35	565		10
		女	173454	7344	686	2031	3958	41	624		4
农业	户数		11								
	人数	计	20								
		男	10								
		女	10								

项目			减少								本月增减比较	本月末实有
			计	迁往市外	死亡	市内移动			本管界转化	其他		
						区	县	本县区他、所				
非农业	户数		2371	39	423	1418	4	244		243	611	128641
	人数	计	11249	243	2910	6668	27	1186		205	3029	348481
		男	5636	153	1558	3233	15	562		115	1298	173296
		女	5613	100	1352	3425	12	624		90	1731	175185
农业	户数											11
	人数	计										20
		男										10
		女										10

备注：表 12-2 系原崇文区

主要统计指标解释

一、地区生产总值 是一个地区所有常住单位在一定时期内生产活动的最终成果。从价值形态看，是所有常住单位在一定时期内所生产的全部货物和服务价值超过同期投入的全部非固定资产货物和服务价值的差额，即所有常住单位的增加值之和。

二、规模以上工业企业 指年主营业务收入2000万元及以上的工业法人单位。

三、有资质等级的建筑业企业 指具有建筑业施工总承包、专业承包、劳务分包资质的建筑业法人单位。

四、固定资产投资额 是以货币形式表现的、在报告期内建造和购置固定资产的价值量以及与此有关的费用的总和。它是反映固定资产投资规模、结构和发展的综合性指标，又是观察工程进度和考核投资效果的重要依据。固定资产投资额按性质分：（1）房地产开发业投资额；（2）城镇固定资产投资额。

五、城镇固定资产投资 是指城镇各种登记注册类型的企业、事业、行政单位及个体户进行的计划总投资在500万元及以上的建设项目投资。

六、房地产开发投资 是指房地产开发企业在建的房屋建设工程和正在开发的土地开发工程所完成的投资。

七、社会消费品零售额 指各种经济类型的批发零售业、餐饮业和其他行业对城乡居民、社会集团的消费品零售额的总和。这个指标反映通过各种渠道向居民和社会集团供应的生活消费品总量，是研究人民生活水平、社会购买力、货币流通等问题的重要指标。

八、实际利用外资 指利用外资协议（合同）的实际执行金额。包括现汇，实物和双方同意计价投资的劳务，技术等无形资本。

九、居民人均可支配收入 指调查户可用于最终消费支出和其他非义务性支出以及储蓄的总和，即居民家庭可以用来自由支配的收入。它是家庭总收入扣除交纳的个人所得税、个人交纳的社会保障费以及调查户的记账补贴后的收入。计算公式为：

可支配收入 = 家庭总收入 - 交纳个人所得税 - 个人交纳的社会保障支出 - 记账补贴

十、工资性收入 指就业人员通过各种途径得到的全部劳动报酬，包括所从事主要职业的工资以及从事第二职业、其他兼职和零星劳动得到的其他劳动收入。

十一、居民人均消费性支出 指调查户用于本家庭日常生活的全部支出，包括食品、衣着、居住、家庭设备用品及服务、医疗保健、交通和通信、教育文化娱乐服务、其他商品和服务八大类等。包括用于赠送的商品或服务。

十二、耐用消费品 指价值比较高、消费期较长的家用电器和家庭设备。

十三、期末从业人员 指在本单位工作并取得劳动报酬或收入的期末实有人员数。期末从业人员包括在各单位工作的外方人员和港澳台方人员、兼职人员、再就业的离退休人员、借用的外单位人员和第二职业者。但不包括离开本单位仍保留劳动关系的职工。

十四、在岗职工平均工资 指企业、事业、机关单位的职工在一定时期内平均每人所得的货币工资额。它表明一定时期职工工资收入的高低程度，是反映职工工资水平的主要指标。

计算公式：职工平均工资 = 报告期实际支付的全部职工工资总额 / 报告期全部职工平均人数

十五、现价工业总产值 指采用报告期内不含增值税（销项税）的产品实际销售价格计算的，工业企业在报告期内生产的工业最终产品和提供工业劳务活动的总价值量。

十六、现价工业销售产值 指采用报告期内不含增值税（销项税）的产品实际销售价格计算的，工业企业在本年内销售的本企业生产的工业产品或提供工业性劳务价值的总价值量。

十七、建筑业总产值 是以货币表现的建筑业企业在一定时期内生产的建筑产品和服务的总和。它包括建筑工程产值、设备安装工程产值、其他产值三部分内容。

十八、主营业务收入 指企业经营主要业务所取得的收入总额。此项目应根据会计的"主营业务收入"、"商品销售收入"等科目的本期累计发生额填列。执行2006年《企业会计准则》的企业，如果未设置该科目，则以营业收入发生额代替填列。

十九、利润总额 指企业在生产经营过程中各种收入扣除各种耗费后的盈余，反映企业在报告期内实现的亏盈总额，包括营业利润、补贴收入、投资净收益和营业外收支净额。根据会计"利润表"中的对应指标的本期累计数填列。

二十、营业利润 指企业从事生产经营活动所取得的利润，即主营业务收入减主营业务成本和主营业务税金及附加，加上其他业务利润，减去营业费用、管理费用、财务费用后的金额。本指标根据会计"利润表"中对应指标填列。执行2006年《企业会计准则》的企业，同样根据会计"利润表"中对应指标直接填列。

二十一、应交所得税 指企业按税法规定，应从生产经营等活动的所得中缴纳的税金。

二十二、商品销售总额 指对本企业以外的单位和个人出售的商品金额（包括售给本单位消费用的商品，含增值税）。本指标反映批发和零售业在国内市场上销售商品以及出口商品的总量。

附 录

中共北京市东城区委员会主要文件目录

中共北京市东城区委主要文件

京东发［2014］1号 中共东城区委关于印发《区委常委会 2014 年工作要点》的通知
京东发［2014］2号 中共东城区委关于在全区深入开展党的群众路线教育实践活动的实施意见
京东发［2014］3号 中共东城区委东城区人民政府印发《北京市东城区创建国家公共文化服务体系示范区规划（2013 年—2015 年）》的通知
京东发［2014］4号 中共东城区委关于成立区委全面深化改革领导小组的通知
京东发［2014］5号 中共东城区委关于印发《2013—2017 年东城区干部教育培训规划》的通知
京东发［2014］6号 中共东城区委东城区人民政府关于印发《东城区深化学区制综合改革全面提高义务教育优质均衡发展水平的意见》的通知
京东发［2014］7号 中共东城区委关于印发东城区反腐倡廉建设领导小组组成及职责的通知
京东发［2014］8号 中共东城区委关于印发《东城区贯彻落实《北京市贯彻落实〈建立健全惩治和预防腐败体系 2013—2017 年工作规划〉的实施意见》的实施办法》的通知
京东发［2014］9号 中共东城区委东城区人民政府市委组织部等 23 家单位印发《关于东城区建设文化人才管理改革试验区的实施意见》的通知
京东发［2014］10号 中共东城区委关于全面深化改革的实施意见
京东发［2014］11号 关于进一步加强网格化服务管理体系建设创新社会治理体制的意见

中共北京市东城区委办公室主要文件

京东办发［2014］1号 中共东城区委办公室东城区人民政府办公室关于切实加强春节期间烟花爆竹安全管控工作组织领导的意见
京东办发［2014］2号 中共东城区委办公室印发关于印发《东城区委常委会深入开展党的群众路线教育实践活动工作方案》的通知
京东办发［2014］3号 中共东城区委办公室关于印发《区十五届人大四次会议代表建议、区政协十三届三次会议民主党派（团体）和委员提案办理工作目标责任制（折子工程）》的通知
京东办发［2014］4号 中共东城区委办公室关于印发《区委 2014 年工作目标责任制（折子工程）》的通知
京东办发［2014］5号 中共东城区委办公室关于印发《区委常委会 2014 年议题计划》及《区委常委会 2014 年议题计划任务分解表》的通知
京东办发［2014］6号 略
京东办发［2014］7号 中共东城区委办公室东城区人民政府办公室关于印发《东城区全面加强服务驻区中央、市属单位和部队工作的意见》的通知
京东办发［2014］8号 中共东城区委办公室东城区人民政府办公室关于印发《2014 年东城区贯彻落实党风廉政建设责任制推进惩治和预防腐败体系建设主要任务分工》的通知
京东办发［2014］9号 中共东城区委办公室东城区人民政府办公室关于印发《东城区关于改进工作作风、密切联系群众的实施办法（修订）》的通知
京东办发［2014］10号 中共东城区委办公室关于印发《东城区培育和践行社会主义核心价值观实施方案》的通知
京东办发［2014］11号 中共东城区委办公室关于印发《东城区党（工）委（党组）理论学习中心组学习制度》的通知

京东办发［2014］12号	中共东城区委办公室关于做好2015年度《人民日报》、《求是》和《北京日报》、《前线》等党报党刊征订工作的通知
京东办发［2014］13号	中共东城区委办公室东城区人民政府办公室关于清理规范区属议事协调机构和临时机构的通知
京东办发［2014］14号	中共东城区委办公室东城区人民政府办公室及武装部关于进一步加强烈士纪念工作的实施意见
京东办发［2014］15号	中共东城区委办公室关于印发《东城区关于深化“四风”整治、巩固和拓展党的群众路线教育实践活动成果的工作安排》的通知
京东办发［2014］16号	关于进一步清理评比达标表彰工作有关事项的通知
京东办发［2014］17号	关于加强新形势下党员队伍建设的实施意见
京东办发［2014］18号	2014-2018年东城区党员教育培训工作实施办法

北京市东城区人民政府主要文件目录

北京市东城区人民政府主要文件

东政发［2014］3号	北京市东城区人民政府关于付獒等三名同志任免职的通知
东政发（2014）5号	北京市东城区人民政府关于韩卫国等十一名同志任免职的通知
东政发［2014］6号	北京市东城区人民政府关于贾红梅等十九名同志任免职的通知
东政发［2014］7号	北京市东城区人民政府关于印发东城区支持鼓励节能暂行办法的通知
东政发［2014］8号	北京市东城区人民政府关于印发《北京市东城区第十五届人大常委会关于〈东城区国民经济和社会发展第十二个五年规划纲要实施情况的中期评估报告〉的审议意见》处理方案的通知
东政发［2014］10号	北京市东城区人民政府关于印发东城区2013-2017年清洁空气行动计划重点任务分解2014年工作措施的通知
东政发［2014］11号	北京市东城区人民政府关于印发东城区城市管理监督综合考核办法的通知
东政发［2014］12号	北京市东城区人民政府关于韩新星等三名同志任免职的通知
东政发［2014］13号	北京市东城区人民政府关于许汇等十六名同志任免职的通知
东政发［2014］14号	北京市东城区人民政府关于高怀宁、王茹两名同志任免职的通知
东政发［2014］15号	北京市东城区人民政府关于崔淑云等四名同志任免职的通知
东政发［2014］17号	北京市东城区人民政府关于阎雪菁等两名同志任职的通知
东政发［2014］18号	北京市东城区人民政府关于陈之常等五名同志任免职的通知
东政发［2014］20号	北京市东城区人民政府关于印发东城区街巷胡同环境管理工作细则的通知
东政发［2014］21号	北京市东城区人民政府关于印发东城区户外广告和牌匾标识设置管理实施细则的通知
东政发［2014］22号	北京市东城区人民政府关于印发旅游发展专项资金管理办法的通知
东政发［2014］23号	北京市东城区人民政府关于印发进一步加强服务企业工作办法的通知
东政发［2014］24号	北京市东城区人民政府关于印发东城区促进“二四三”产业发展办法的通知
东政发［2014］25号	北京市东城区人民政府关于印发东城区支持企业上市挂牌融资若干意见的通知
东政发［2014］26号	北京市东城区人民政府关于印发东城区进一步加快调结构、转方式、促进产业发展若干意见的通知
东政发［2014］27号	北京市东城区人民政府关于印发东城区旧城平房翻建、程序和实施细则（试行）的通知
东政发［2014］28号	北京市东城区人民政府关于革新南路道路工作项目房屋征收补偿方案征求公众意见的通告
东政发［2014］31号	北京市东城区人民政府关于印发东城区平房登记注册及治理违法经营办法的通知
东政发［2014］32号	北京市东城区人民政府关于孙迎（徐锁华、李有华、梁金芳）等四名同志免职的通知
东政发［2014］33号	北京市东城区人民政府关于印发东城区直管公房（居住类）管理暂行规定的通知
东政发［2014］34号	北京市东城区人民政府关于印发东城区直管公房（非居住类）管理暂行规定的通知
东政发［2014］35号	北京市东城区人民政府关于印发东城区数字东城网站管理办法的通知
东政发［2014］36号	北京市东城区人民政府关于印发《贯彻质量发展纲要（2011-2020年）》开展创建全国质量强市示范城市

活动实施方案的通知

东政发［2014］37号	北京市东城区人民政府关于开展东城区地籍管理数据更新调查的通告
东政发［2014］38号	北京市东城区人民政府关于地铁七号线珠市口站东南出入口用地项目房屋征收补偿方案征求公众意见的通告
东政发［2014］39号	北京市东城区人民政府关于朴学东等二十二名同志任免职的通知
东政发［2014］40号	北京市东城区人民政府关于印发法律顾问工作暂行办法的通知
东政发［2014］41号	北京市东城区人民政府关于北京国际戏剧中心扩建工程项目范围内房屋征收的决定
东政发［2014］42号	北京市东城区人民政府关于《革新南路道路工程项目房屋征收补偿方案》征求公众意见及修改情况的通告
东政发［2014］43号	北京市东城区人民政府关于王立新同志免职的通知
东政发［2014］44号	北京市东城区人民政府关于印发东城区安全生产约谈办法的通知
东政发［2014］45号	北京市东城区人民政府关于李照宏等十二名同志任免职的通知
东政发［2014］47号	北京市东城区人民政府关于李勇泉等十五名同志任免职的通知
东政发［2014］48号	北京市东城区人民政府关于刘志刚等三名同志任免职的通知
东政发［2014］49号	北京市东城区人民政府关于印发背街小巷环境综合整治工作方案的通知
东政发［2014］51号	北京市东城区人民政府关于地铁七号线珠市口站东南出入口用地项目房屋征收补偿方案征求公众意见及修改情况的通知
东政发［2014］52号	北京市东城区人民政府关于印发东城区2014年APEC会议空气质量保障工作方案的通知
东政发［2014］53号	北京市东城区人民政府关于阮君等四名同志任免职的通知
东政发［2014］54号	北京市东城区人民政府关于贾邦等九名同志任免职的通知
东政发［2014］55号	北京市东城区人民政府关于印发东城区街巷胡同环境管理工作细则的通知
东政发［2014］56号	北京市东城区人民政府关于印发东城区历史文化街区风貌保护管理暂行办法的通知
东政发［2014］57号	北京市东城区人民政府关于印发东城区拆迁滞留项目管理试行办法的通知
东政发［2014］58号	北京市东城区人民政府关于秦英慧等三名同志免职的通知
东政发［2014］59号	北京市东城区人民政府关于印发东城区安全生产事故隐患排查治理体系实施方案的通知
东政发［2014］60号	北京市东城区人民政府关于刘永利等三名同志任免职的通知
东政发［2014］61号	北京市东城区人民政府关于取消和承接行政审批事项的通知
东政发［2014］62号	北京市东城区人民政府关于东城区钟楼湾胡同12号范围内两间房屋征收补偿的决定

北京市东城区人民政府办公室主要文件

东政办发［2014］2号	北京市东城区人民政府办公室转发东城区消防支队关于东城区2014-2015年区域性火灾隐患整治规划的通知
东政办发［2014］3号	北京市东城区人民政府办公室关于东城区2014年在直接关系群众生活方面拟办的重要实事的通知
东政办发［2014］8号	北京市东城区人民政府办公室关于调整区长副区长工作分工的通知
东政办发［2014］10号	北京市东城区人民政府办公室转发市政府关于《北京市便民服务和应急抢险电话管理办法》的通知
东政办发［2014］13号	北京市东城区人民政府办公室转发区卫生局关于第六届地坛中医药健康文化节活动发案的通知
东政办发［2014］14号	北京市东城区人民政府办公室关于非法违法生产经营活动专项整治区政府领导分片指导的通知
东政办发［2014］16号	北京市东城区人民政府办公室关于调整东城区查处取缔无证无照经营活动专项整治区政府领导分片指导的通知
东政办发［2014］17号	北京市东城区人民政府办公室关于印发副区长党组成员工作分工的通知
东政办发［2014］18号	北京市东城区人民政府办公室关于印发北京市东城区2014年政府信息公开要点工作的通知
东政办发［2014］19号	北京市东城区人民政府办公室关于做好当前政府信息公开重点工作的通知
东政办发［2014］20号	转发市发改委等部门关于《北京市新增产业的禁止和限制目录（2014年版）》的通知
东政办发［2014］22号	北京市东城区人民政府办公室关于印发前门大街特色商业街区业态发展指导目录的通知
东政办发［2014］25号	北京市东城区人民政府办公室关于印发北京市东城区人民政府向社会力量购买服务实施办法的通知
东政办发［2014］30号	关于转发区城管监督中心东城区背街小巷环境综合整治考核工作方案的通知

学校及幼儿园（所）

幼儿园（所）

园 名	地 址	电 话
北京市第一幼儿园	东四北大街汪芝麻胡同 19 号	64041825
北京市第一幼儿园附属实验园	青年沟路小黄庄 7 号楼	84275712
北京市第一幼儿园海晟分园	东直门外十字坡东小街 1 号	84532164
北京市第二幼儿园	北新桥三条 38 号	64035990
北京市第三幼儿园	中山公园内	66025200
北京市第五幼儿园	夕照寺街 3 号	67123410
北京市第五幼儿园分园	法华南里 33 楼	67161804
北京市第七幼儿园	宝钞胡同 23 号	64045040
东城区东四五条幼儿园	东四五条 41 号	64040197
东城区东华门幼儿园	北河沿大街 149 号	65254467
东城区分司厅幼儿园	分司厅胡同 57 号	64046854
东城区新中街幼儿园	东直门外胡家园小区 24 号楼	64602141
东城区华丰幼儿园	和平里六区 21 楼	84220194
东城区大方家回民幼儿园	朝内南小街后芳嘉园 3 号楼	65223556
东城区东棉花胡同幼儿园	东棉花胡同 20 号	64075246
东城区第二幼儿园	广渠门内大街 31 号	67116076
东城区崇文第三幼儿园	幸福北里甲 12 号	67115628
东城区光明幼儿园	光明楼甲 25 号	67116906
东城区崇文回民幼儿园	东花市北里东区 12 号楼	67192709
东城区安乐幼儿园	永外杨家园路 10 号	67212868
东城区永东幼儿园	永内东街中里 23 号	67025321
东城区永定门幼儿园	永外车站路 12 号	83107043
东城区崇文幼儿园	法华南里甲 14 楼	67155731
东城区前门幼儿园	东花市北里西区 9 号	67115191
北京市第一幼儿园魏家分园	魏家胡同 19 号	64040406
东城区安定门大经厂幼儿园	大经厂胡同 55 号	64045445
东城区红湖幼儿园	龙潭北里三条三号	67151869
商务部幼儿园	台基厂三条 2 号	65247694
财政部幼儿园	西扬威胡同 12 号	64040708
中国民用航空局机关幼儿园	地安门拐棒胡同 2 号	64005028
国家林业局幼儿园	和平里七区 21 号楼	64212759
国家安全生产监督管理总局机关服务中心幼儿园	和平里九区甲 3 号	64279017
中国人民解放军总政治部幼儿园	安德里北街 21 号	66792164
中国人民解放军空军后勤部蓝天幼儿园	北锣鼓巷 99 号	64012330
北京军区空军育翔幼儿园	板厂南甲 11 号	66911719
中共北京市委机关幼儿园	光明路 1 号	67147356
北京鸿运达物业管理有限责任公司第一幼儿园	旧鼓楼外大街 62 号	62360237
东城区卫生局第一幼儿园	锡拉胡同 19 号	65251975
东城区卫生局第三幼儿园	和平里民旺园甲 7 号	64212216
北京市艾毅幼儿园	东湖别墅 D 座 102	84511381
东城区世纪贝贝自然教育艺术幼儿园	青年湖西里 4 号院甲 1 号	84122026
北京市大地实验幼儿园	东花市北里西区 9 号	67115191

小　学

校名	地址	电话
东城区和平里第一小学	和平里中街甲 21 号	84216218
东城区和平里第二小学	和平里民旺南胡同 20 号	64211804
东城区和平里第三小学	和平里兴化路 9 号	84279923
东城区和平里第四小学	和平里交林夹道	64211026
东城区和平里第九小学	和平里七区 20 号楼	64213889
东城区安外三条小学	安外上龙北巷 3 号	84132605
东城区青年湖小学	安外安德里北街 20 号	84126076
东城区师范学校附属小学	安定门外东河沿乙 7 号	64263926
东城区地坛小学	和平里九区甲 2 号	64254434
东城区分司厅小学	鼓楼东大街小经厂 2 号	64041261
东城区北锣鼓巷小学	安定门内千福巷 5 号	64040770
东城区方家胡同小学	方家胡同 17 号	64014841
东城区黑芝麻胡同小学	黑芝麻胡同 11 号	64045815
东城区府学胡同小学	府学胡同 65 号	64045995
东城区帽儿胡同小学	帽儿胡同 17 号	64067114
东城区东四十四条小学	东四十四条 100 号	64031726
东城区史家小学分校	北门仓胡同 1 号	84070081
东城区北新桥小学	东直门北大街乙 2 号	64649199
东城区雍和宫小学	藏经馆胡同 27 号	64045703
东城区曙光小学	东直门外铜厂子胡同 8 号	64169554
东城区西中街小学	东直门外十字坡东里 10 号	64172386
中央工艺美院附中艺美小学	东外胡家园小区 20 号	64677028
东城区东四七条小学	东四七条 31 号	64043873
东城区东四九条小学	东四九条 67 号	64043778
东城区回民小学	朝内大街 124 号	65225008
东城区美术馆后街小学	美术馆后街 57 号	64043310
东城区什锦花园小学	美术馆后街 48 号	64042123
东城区东高房小学	沙滩北街东高房胡同 13 号	64032310
东城区织染局小学	水簸箕胡同甲 5 号	64032065
东城区校尉胡同小学	校尉胡同 8 号	65252652
东城区灯市口小学	灯市口北巷 14 号	65250582
东城区北池子小学	北池子大街 46 号	65251287
东城区东交民巷小学	台基厂大街 14 号	85113399
东城区春江小学	南水关胡同 60 号	65252712
东城区新鲜胡同小学	新鲜胡同 36 号	65279841
东城区史家胡同小学	朝阳门内北小街南弓匠营 2 号	64065588
东城区西总布小学	西总布胡同 19 号	65231053
东城区新开路东总布小学	新开路胡同 55 号	65251340
东城区遂安伯小学	金宝街 65 号	65252953
北京市汇文第一小学	丁香胡同 7 号	65241994
东城区特殊教育学校	安外小黄庄路一区 16 号楼	84276190
东城区前门小学	西河沿甲 211 号	67016684
东城区文汇小学	广渠门外忠实里南街乙 58 号	67783273
北京市崇文小学	花市枣苑小区 12 号	67177019
东城区回民实验小学	东花市大街 99 号	67122965
东城区花市小学	东花市北里西区 1 号	67182946
东城区新景小学	西花市南里西区 7 号楼	87186763

东城区板厂小学	板厂南里 7 号	67121969
北京光明小学	光明路甲 12 号	67123839
东城区培新小学	幸福巷 4 号	67111890
东城区永生小学	永生巷 6 号旁门	67120198
东城区体育馆路小学	法华南里 21 号	67122559
东城区精忠街小学	精忠街 11 号	67021505
东城区金台书院小学	东晓市街 203 号	67011700
东城区天坛东里小学	天坛东里内 8 号	67057864
东城区天坛南里小学	天坛南里西区 16 号	67001473
东城区景泰小学	永定门外杨家园路 10 号	67212156
北京第一师范学校附属小学	永定门外桃杨路 7 号	87921075
东城区革新里小学	永定门外管村 5 号	67222093
东城区宝华里小学	永定门外沙子口路 63 号	87298912
东城区定安里小学	定安里 26 号	67212203
东城区新怡小学	新怡家园 9 号	67086196
东城区培智中心学校	体育馆西路 23 号	67020405
北京汇文实验小学朝阳分校	朝阳区弘善家园 119 号楼	67049226

中 学

校 名	地 址	电 话
北京市第一中学	宝钞胡同甲 12 号	64043280
北京市第二中学	内务部街 15 号	65255945
北京市第二中学分校	南竹杆胡同 81 号	65279032
北京市第五中学	细管胡同 13 号	64068564
北京市第五中学分校	鼓楼东大街 152 号	64039651
北京市第十一中学	金鱼池西街 1 号	67025095
北京市第十一中学分校	天坛南里 14 号	67024119
北京市第二十一中学	交道口北三条 57 号	64043394
北京市第二十二中学	交道口东大街 77 号	64042225
北京市第二十四中学	外交部街 31 号	85111090
北京市第二十五中学	灯市口大街 55 号	65257525
北京市第二十七中学	东华门大街智德前巷 11 号	65255586
北京市第五十中学	夕照寺街 13 号	67173905
北京市第五十中学分校	永定门外安乐林路 14 号	87264492
北京市第五十四中学	和平里六区 9 号	84221682
北京市第五十五中学	新中街 12 号	64164252
北京市第六十五中学	北河沿大街 115 号	65251745
北京市第九十六中学	崇文门西小街 3 号	65114904
北京市第一零九中学	幸福大街 43 号	67121405
北京市第一一四中学	永定门外西革新里 114 号	67271674
北京市第一一五中学	天坛东路 13 号	67018618
北京市第一二五中学	后沟胡同乙 2 号	65246227
北京市第一四二中学	和平里中街 43 号	64219035
北京市第一六五中学	育群胡同 45 号	64004843
北京市第一六六中学	灯市口同福夹道 3 号	65255651
北京市第一七一中学	和平里北街 8 号	64212702
北京市第一七七中学	安定门外青年湖南街 23 号	84121145
北京市国子监中学	国子监街 26 号	64041183
中央工艺美术学院附属中学	东直门外小街甲 27 号	64686672

北京市东直门中学	东直门内北顺城街 2 号	64014988
北京市和平北路学校（一贯制）	安外大街 168 号	64200141
北京市前门外国语学校	前门东大街甲 14 号	67024402
北京市崇文门中学	东花市北里西区 5 号	67182515
北京市文汇中学	忠实里东区 9 号楼	87757385
北京汇文中学	培新街 6 号	67117375
北京市广渠门中学	白桥大街甲 1 号	67126226
北京市龙潭中学	板厂南里 3 号	67147725
北京景山学校	灯市口大街 53 号	65252555
北京市翔宇中学	东直门北大街甲 2 号	84111886
北京阳光情中学	开发区天宝北街甲 2 号	67895748

职业高中

校名	地址	电话
北京市东城区古城职业高中	顺义后沙峪古城村裕民大街 11 号	80484523
北京国际职业教育学校	南河沿大街 19 号	65253392
北京市国际美术学校	东直门外小街甲 27 号	64686672
北京市第一七九中学	左安蒲园 4 号	67125384
北京现代职业学校	永定门东街 7 号	67014116
北京市卫生学校	天坛南里 12 号	67026904
北京市育人中等职业学校	黄化门街 5 号	84242284
中央音乐学院鼎石实验学校	南河沿大街 19 号	4000581587
北京百年农工子弟职业学校	大方家胡同芳嘉园 8 号	64790701

高等院校

校名	地址	电话
中国协和医科大学	东单三条 9 号	65105915
中央戏剧学院	东棉花胡同 39 号	84026936
北京市财贸管理干部学院	礼士胡同 40 号	65592215
北京市东城区职工业余大学	朝阳门外潘家坡 1 号	65520824
北京开放大学东城分校	朝阳门外潘家坡 1 号	65520824
北京市东城区职工大学	板厂南里 5 号	67153071
北京开放大学崇文分校	板厂南里 5 号	67153071

医疗机构

单位名称	地址	电话
卫生部北京医院	东单大华路 1 号	85132114
中国医学科学院北京协和医院	帅府园 1 号	69155810
首都医科大学附属北京同仁医院	东交民巷 1 号	58269911
首都医科大学附属北京天坛医院	天坛西里 6 号	67096611
首都医科大学附属北京口腔医院	天坛西里 4 号	67099114
首都医科大学附属北京妇产医院	姚家园路 251 号	52276666
首都医科大学附属北京中医医院	美术馆后街 23 号	52176677
北京中医药大学东直门医院	海运仓 5 号	84013212

北京市疾病预防控制中心	和平里中街16号	64407014
北京市第六医院	交道口北二条36号	64035566
北京市普仁医院	崇文门外大街100号	87928287
北京市和平里医院	和平里北街18号	64215431
北京市隆福医院（北京市东城区老年病医院）	美术馆东街18号	64040116
北京市鼓楼中医医院	豆腐池胡同13号	64069506
东城区第一人民医院	永外大街130号	67253464
东城区第一妇幼保健院	交道口南大街136号	64040066
东城区第二妇幼保健院	天坛东里南小区79号	67122966
东城区精神卫生保健院	东直门外察慈小区7号	64681578
东城区朝阳门医院	东四南大街灯草胡同31号	65138019
东城区建国门医院	后赵家楼胡同9号	65256218
东城区东外医院	东直门外察慈小区7号楼	64681578
东城区口腔医院	交道口东大街4－28号	64043465
崇文口腔医院	东花市北里西区24号楼	67120052
北京市东四中医医院	东四六条甲62号朝内大街97号	84049919
东城区老年康复护理院	东四6条甲62号	64018363
东城区北新桥社区服务中心	东直门内大街184号	64040500
东城区结核病防治所	和平里北街18号	64298123
东城区皮肤性病防治所	东直门内大街184号	64010046
东城区急救站	安内中绦胡同甲2号	64035289
东城区疾病预防控制中心	北兵马司胡同5号	64040807
东城区疾病预防控制南部分中心	西晓市街16号	67021006
东城区卫生局卫生监督所	安内大街永恒胡同甲6号	64043529
东城区卫生教育中心	和平里民旺园甲7号	64215178
东城卫生防病咨询服务站	西晓市街16号	65114353
崇文健康教育所	西晓市街16号	67027548
东城区卫生学校	天坛南里12号	67023904
东城区卫生科技开发中心	东晓市街109号	67061605

社区卫生服务机构

单位名称	地 址	电 话
东城区社区卫生服务中心	朝阳门内大街192-1号	65125503
东城区龙潭社区卫生服务中心	光明25楼	67111096
东城区天坛社区卫生服务中心	粉厂胡同57号	67074337
东城区东花市社区卫生服务中心	广渠门外南街5号	67118044
东城区朝阳门社区卫生服务中心	东四南大街灯草胡同31号	65138019
东城区永定门外社区卫生服务中心	蒲黄榆二里2号院	67020979
东城区体育馆路社区卫生服务中心	驹章胡同43号	67120019
崇文门外街道都市馨园社区卫生服务站	兴隆都市馨园13号楼D102-103	67021437
永定门外街道望坛社区卫生服务站	永定门外桃杨路二条2号	51335257
永定门外街道永建里社区卫生服务站	永定门西滨河8号院	67020979
龙潭街道龙潭北里社区卫生服务站	夕照寺街35、37号	67183342
东华门街道多福巷社区卫生服务站	东四南大街报房胡同45号	65127470
东华门街道韶九社区卫生服务站	韶九胡同22号	65240100
东华门街道台基厂社区卫生服务站	台基厂大街台基厂二条3号	65126450
崇文门外街道新景家园社区卫生服务站	西花市大街62、64号	87186099
体育馆路街道长青园社区卫生服务站	长青园16号楼迤南2-2-1-72-29	67120567

东花市街道铁辘轳把社区卫生服务站	东花市大街33号	67120077
东花市街道忠实里社区卫生服务站	忠实里西区7号楼1层106	67118044
东花市街道东花市南里社区卫生服务站	东花市南里东区13号楼107-108	87103147
永定门外街道富莱茵社区卫生服务站	沙子口路72号富莱茵小区9-1-101	87817703
永定门外街道景泰西里社区卫生服务站	景泰西里西区8号楼底商	67222060
天坛街道天坛南里社区卫生服务站	永内东街西里11号	67073468
安定门街道花园社区卫生服务站	安定门内花园东巷25号	64013430
北新桥街道海运仓社区卫生服务站	海运仓小区南颂年3号楼	84073206
东华门街道甘雨社区卫生服务站	西堂子胡同15号	65240060
东四街道东四社区卫生服务站	东四北大街东四六条甲62号	64017470
东四街道南门仓社区卫生服务站	朝阳门北小街南门仓4号楼	84068240
东直门街道东直门社区卫生服务站	东直门外察慈小区7号楼	64610470
东直门街道清水苑社区卫生服务站	清水苑小区4号-2-107	64611494
东直门街道十字坡社区卫生服务站	东直门外十字坡西里10号楼北	64161320
东直门街道王家园社区卫生服务站	新中街西街12号	65519556
和平里街道安德里社区卫生服务站	安德里北街21号	84127060
北新桥街道青龙社区卫生服务站	东直门北小街青龙胡同甲1号	64027190
安定门街道五道营社区卫生服务站	安定门内大街永康胡同9号	64012290
朝阳门街道朝内头条社区卫生服务站	朝内大街203号	64015610
朝阳门街道大方家社区卫生服务站	小牌坊胡同30号	85111691
朝阳门街道内务社区卫生服务站	内务部街73号	65136054
东华门街道东华门社区卫生服务站	南河沿大街磁器库南巷1号	65597833
东四街道东四三条社区卫生服务站	东四三条45号	64006790
东直门街道新中街社区卫生服务站	新中街四条乙20号	64165425
和平里街道安德路社区卫生服务站	安外青年路南街11号	84130209
景山街道宽街社区卫生服务站	美术馆后街12号	64006540
和平里街道和平里社区卫生服务站	和平里北街18号西门	64215168
和平里街道和平里中街社区卫生服务站	和平里六区六号一层	84220399
和平里街道交通社区卫生服务站	交林夹道甲2号	64213430
和平里街道青年湖社区卫生服务站	青年湖东里9号楼北	84112543
和平里街道小黄庄社区卫生服务站	小黄庄前街2院3楼	84282143
交道口街道圆恩寺社区卫生服务站	前圆恩寺胡同28号	64072317
景山街道魏家社区卫生服务站	魏家胡同55号	84032330
永定门外街道东革新里社区卫生服务站	东革新里40号	87265202
龙潭街道幸福家园社区卫生服务站	幸福家园19号楼1101、1102号	67111096
体育馆路街道法华寺社区卫生服务站	体育馆西路1号	67133157
天坛街道天坛东里社区卫生服务站	天坛东里中区12楼西门旁	67010624
安定门街道安定门社区卫生服务站	豆腐池胡同13号	64007169
北新桥街道北新桥社区卫生服务站	东直门大街184号	64053216
北新桥街道民安社区卫生服务站	民安14号楼	84078626
北新桥街道十三条社区卫生服务站	东四十三条32号	64053927
和平里街道东河沿社区卫生服务站	东河沿甲7号	64205058
建国门街道苏州社区卫生服务站	崇文门内大街苏州胡同120号	65124640
建国门街道外交部街社区卫生服务站	东单北大街东堂子胡同24号	65281974
交道口街道交东社区卫生服务站	土儿胡同10号楼	84046916
天坛街道金鱼池社区卫生服务站	金鱼池小区西区13楼1单元001，101等室	67023088
前门街道前门社区卫生服务站	草厂六条4号	67073468

东城公安分局派出所

单位名称	地址	电话
东城区东四派出所	东四四条77号	84081552

东城区东直门派出所	新中街 9 号	84081554
东城区安外大街派出所	地坛西门外	64213026
东城区建国门派出所	金宝街 69 号	84081550
东城区安定门派出所	豆腐池胡同 11 号	84081156
东城区朝阳门派出所	朝阳门南小街 121 号	84081551
东城区北新桥派出所	西羊管胡同 10 号	84081553
东城区东交民巷派出所	东交民巷甲 9 号	65129302
东城区东华门派出所	锡拉胡同 8 号	65253779
东城区和平里派出所	和平里中街六区 5 号	84081555
东城区交道口派出所	板厂胡同 7 号	84081557
东城区景山派出所	什锦花园 33 号	84081558
东城区北京站派出所	盔甲厂胡同 4 号	65132281
东城区王府井大街派出所	菜厂胡同 5 号	84081561
东城区东方广场派出所	王府井大街 218-1 号	85118110
东城区隆福寺派出所	隆福广场 B 座 2 层	84081560
东城区东花市派出所	东花市北里西区 2 号楼	67189133
东城区前门派出所	草厂九条 8 号	67022491
东城区天坛派出所	珠市口东大街甲 18 号	67022125
东城区龙潭派出所	光明西街 3 号	67116335
东城区前门大街派出所	长巷二条 1 号	67021005
东城区永外派出所	永外大街 88 号	67211189
东城区体育馆路派出所	西厅胡同 43 号	6712.2619
东城区天坛公园派出所	天坛西里甲 1 号	67021104
东城区崇文门派出所	国瑞城中区 9 号楼	67112012

驻区公证处

单位名称	地 址	电 话
东方公证处	安定门外大街 168 号	84217035
信德公证处	珠市口东大街 3 号四层	67124408

驻区律师事务所

单位名称	地 址	电 话
北京市安律律师事务所	东皇城根南街 84 号	65140912
北京市翱翔律师事务所	朝内大街 188 号鸿安国际商务大厦 A 座 601	65170813
北京市奥东律师事务所	安定门东大街 28 号雍和大厦东楼 B 座 507 室	64097155
北京市秉源律师事务所	安德里北街甲 17 号	84124573
北京市博人律师事务所	北三环东路 36 号环球贸易中心 B 座 1205 室	58256761
北京市博圣律师事务所	安外大街 11 号华府景园 C 座 403	84122481
北京市采信律师事务所	王府井大街 99 号 A512	65267550
北京市创世律师事务所	新中街 68 号聚龙花园 8 号楼 804	65510006
北京市大成律师事务所	东直门内南大街 3 号国华投资大厦	58137799
北京市大正－国都律师事务所	东直门外大街 48 号东方银座 B 座 6G	62272573
北京市德克律师事务所	东交民巷 28 号红都商务会馆 A 座 401	65140217

北京市地平天成律师事务所	和平里东街18号林11楼首层4门	64200855
北京市鼎昊律师事务所	朝阳门内南小街6号楼302	65281828
北京市鼎尚律师事务所	建国门北大街5号11层1126	65170355
北京市东方公益律师事务所	沙滩北街15号社科院法学所院内	84035495
北京市东方恒信律师事务所	朝内大街188号鸿安国际商务大厦	65181255
北京市东方昆仑（北京）律师事务所	东四十条甲22号	64096552
北京市东卫律师事务所	朝阳门北大街8号富华大厦D3B	65542826
北京市铎声律师事务所	府学胡同甲1号4009室	64016667
北京市法准律师事务所	东直门南大街9号华普花园D座602	84094244
北京市方略律师事务所	鼓楼外大街45号工人出版社8层	82081700
北京市孚晟律师事务所	东长安街1号东方广场东一办公楼9层04-05A	85189170
北京市富睿康道律师事务所	王府井大街99号世纪大厦A702室	65280089
北京市冠腾律师事务所	朝阳门内大街298号622	58121022
广东安华理达北京分所律师事务所	东长安街1号东方广场西三办公楼707	85151326
广东圣天平北京分所律师事务所	国华投资大厦311	58199538
北京市贵银律师事务所	东直门大街9号华普花园B座2401	84094464
北京市国宏律师事务所	东长安街1号东方经贸城西-807室	85189889
北京市国乐律师事务所	建国门赵堂子胡同2号楼205、206室	63519781
北京市国理律师事务所	沙滩北街15号法学研究所南楼二层	64069888
北京市海维律师事务所	东四十条甲22号南新仓商务大厦A座603	51665728
北京市汉坤律师事务所	东长安街东方广场C1座9层906	85255500
北京市航舵律师事务所	建国门内大街七号光华长安大厦2座1118	65185680/1
北京市昊方律师事务所	朝阳门南小街22号楼5单元204	85870325
北京市恒方永圆律师事务所	东长安街6号137、141	51019879
北京市恒盈律师事务所	崇文门西大街9号北京紫金宾馆2A房间	65265707
北京市衡蓝律师事务所	海运仓一号国际大厦一层919-A	84646488
北京市泓清律师事务所	东方银座A座17D	81396266
北京市华澳律师事务所	东中街29号29-2南写字楼五层504	64152296
北京市华龙律师事务所	府学胡同甲一号4001	64046956
北京市汇佳律师事务所	雍和大厦C座7层709	64097966
北京市嘉宋律师事务所	建国门内大街金成建国5号827室	51296373
北京市鉴杜律师事务所	崇文门西大街7号	65125885
北京市金德律师事务所	东直门南大街14号保利大厦写字楼12层B座	65512727
北京市金开律师事务所	朝阳门北大街8号富华大厦D座14层G室	65542868
北京市金颐律师事务所	东直门内草园胡同35号	65127681
北京市京博律师事务所	东直门外大街48号东方银座C座15H	51600627
北京市京昌律师事务所	交道口北2条20号	64047987
北京市京德律师事务所	安定门东大街28号雍和大厦A座808	64097493
北京市京工律师事务所	安定门外大街189号天鸿宝景1508	64401097
北京市久瑞律师事务所	安定门东大街28号立骏大厦1号楼12层03号	84195380
北京市居庸律师事务所	东直门内海运仓1号海运仓国际大厦522室	51239363
北京市君合律师事务所	建国门北大街8号华润大厦20层	85191300
北京市君致律师事务所	朝阳门北大街乙12号天晨大厦909	65518581
北京市凯锐律师事务所	朝内大街190号建地写字楼4层	65140734
北京市宽信律师事务所	建国门南大街乙1号金龙温泉公寓1110房间	65594012
北京市旷博律师事务所	朝内北小街二号凯龙大厦503、205-206室	84045112
北京市立方律师事务所	东四十条甲22号南新仓国际大厦A1105	64096099
北京市立天律师事务所	东直门南大街9号华普花园A－201	84094991
北京市联法律师事务所	建内大街18号恒基中心一座22层	65180808
北京市六合金证律师事务所	安定门东大街28号	64097055
北京市陆通联合律师事务所	东中街58号美惠大厦D座2层	65544518

北京市马林江律师事务所	恒基中心一座 1705	85910091
北京市普贤律师事务所	建国门内大街 18 号恒基中心办二 517	65176246
北京市润禾律师事务所	建国门内大街 8 号中粮广场 B 座 1001 室	65546660
上海江三角北京分所律师事务所	东直门外大街 48 号东方银座大厦 c 栋 23-H	84476762
上海锦天城律师事务所	东四十条甲 22 号南新仓国际商务大厦 B820	51690115
北京市尚公律师事务所	长安俱乐部三层	65288888
北京市尚荣信律师事务所	安定门东大街 28 号雍和大厦 F 座 802A 座	84195130
北京市盛法律师事务所	海运仓国际大厦一层 5-012 室	85809826
北京市世嘉律师事务所	朝阳门北大街 8 号富华大厦 D 座 14A	65543621-27
北京市四方律师事务所	王府井大街 277 号好友世界商场写字楼 2406	65230114
北京市孙中伟律师事务所	王府井大街 277 号 2503 室	65221448
北京市天济律师事务所	朝阳门外大街 8 号富华大厦 A 座 11 层 J 室	65546647
北京市天澜律师事务所	东水井胡同 5 号楼 A801	58643259
北京市天伦怡达律师事务所	王府井大街 172 号丹耀大厦 712	65590128
北京市天睿律师事务所	朝阳门北大街 17 号人保大厦 6 层	58151199
北京市天同律师事务所	东交民巷 28 号红都商务会馆 B 座 3 层	51669666
北京市天宇律师事务所	东交民巷 27 号旁门	65241973
北京市天咨律师事务所	东直门外小街甲 2 号正东国际大厦 A 座 25I	84479588
北京市万企律师事务所	安定路 20 号 1 号楼 303	68711130
北京市维诗律师事务所	建国门内大街 7 号光华长安大厦 1009 号	65101010
北京市沃尔森律师事务所	东直门外大街 46 号天恒大厦 608A	84608473
北京市玺恒律师事务所	前门东大街 3 号首都大酒店 303、304、305	84478165
北京市新能源律师事务所	首都大酒店 415	68928883
北京市信利律师事务所	建内大街 18 号恒基中心一座 609-611	65186980
北京市颐合律师事务所	建内大街 7 号光华长安大厦 2 座 1910	65178866
北京市亿嘉律师事务所	建国门内大街 19 号	85112986
北京市易理律师事务所	东城区东中街 58 号美惠大厦 D-1403	65545498
北京市毅弘律师事务所	建国门内贡院 6 号 E 座 7 层	65186611
北京市寅嘉律师事务所	东直门南大街 9 号华普花园 C902	84094429
北京市雍鼎律师事务所	永和家园 8 号楼 301 室	51026267
北京市雍泽律师事务所	雍合家园 5 号楼 703	51026630
北京市永邦律师事务所	东中街 58 号美惠大厦 C-602	65546677
北京市永凯律师事务所	交道口东大街 4 号楼 2 层 211	64062264
北京市元昊律师事务所	朝内大街 188 号鸿安国际商务大厦 B 座 1202	65235981
北京市远望律师事务所	朝内大街 75 号院 8 号楼 7-101	84031646
北京市展达律师事务所	东中街 9 号东环广场 B 座写字楼 5 层 5Q	64156655
北京市正义律师事务所	东交民巷 29 号	65247544
北京市志德律师事务所	和平里兴化路甲 9 号	84095359
北京市中地律师事务所	分司厅 17 号院 3 - 5-001 号	84091288
北京市中广承平律师事务所	新中街 3 号东外公馆一栋 605	51662369
北京市中鸿律师事务所	东长安街 10 号长安大厦之综合大厦 704 室	65251878
北京市中京律师事务所	东中街 58 号美惠大厦 A 座 1201、1204 室	65543496
北京市中凯律师事务所	安德路甲 61 号红都商务会馆 6 层 B1-616	64522110
北京市中鹏律师事务所	朝阳门北大街 8 号富华大厦 D 座 18 层	65544858
北京市中瑞律师事务所	北三环东路 36 号环贸中心 B 栋 1805 室	58257666
北京市中天智通律师事务所	新中街 68 号聚龙花园 7 号楼 4N	65526880
北京市中闻律师事务所	东直门外大街 46 号天恒大厦 A 座 8 层	84608688
北京市中誉威圣律师事务所	建内大街 7 号光华长安大厦 1 座 818	65171299
北京市众贺律师事务所	交道口北头条 5 号	84019684
北京市众一律师事务所	东四十条甲 22 号南新仓国际大厦 A 座 502	64096085/86
北京市重华律师事务所	张自忠路 3 号	85868086

北京市纵横律师事务所	东长安街12号纺织工业局347、345	85229377
北京市立圣律师事务所	长阳门外北大街6号首创大厦1203A1205	85283200
北京市资略律师事务所	北三环东路环球贸易大厦A2107	58257456
北京市健强律师事务所	朝阳门东水井胡同11号A308	13801390261
北京市王海平律师事务所	王府井大街2号华侨大厦3层303A室	13910006958
北京市甲子律师事务所	东四十条富华大厦D座8E	65547796
北京市星林律师事务所	东长安街10号长安大厦七层709室	57160178
北京市渡象律师事务所	雍和大厦D座1201	84195448
北京市营天律师事务所	东交民巷28号红都写字楼A506室	65135039
上海九州丰泽律师事务所	东长安街1号东方广场经贸城E1803	85183285
北京市魏启学律师事务所	北三环东路36号环球贸易中心C栋16层	58256366
北京市朗新律师事务所	东中街29号东环广场B座写字楼5层5G	64181023
广东广大北京分所律师事务所	东长安街1号东方广场C1座601室	85870068
北京市慎默律师事务所	东长安街33号北京饭店C座2209	85009211
北京市永勤律师事务所	新中街3号东外公馆一栋605	51316040
北京市高思律师事务所	东方广场经贸城东三办公楼1003室	85181133
北京市曹圣明律师事务所	安外东后巷28号商务部研究院1-423室	67589792
北京市观道律师事务所	东方银座D座19D	84549481
北京市乾理律师事务所	东长安街33号北京饭店6050	65232365
广东唯杰律师事务所	安定门外大街189号宝景大厦1804	64401431
北京市金沃律师事务所	朝阳门北大街8号富华大厦D座9层B-C	65545039
北京市恒都律师事务所	东直门南大街9号华普花园C座2206	84098069
北京市君永律师事务所	安定门外大街2号安贞大厦1101室	64482400
北京市施融律师事务所	鼓楼外大街56号教师大厦809	84129410
北京市安衡律师事务所	天坛东路72号万福大厦	67185418
北京市百度律师事务所	龙潭路甲3号翔龙大厦C23室	67158618
北京市包诚律师事务所	左安溪园2号楼5单元1703号	67180166
北京市包律师律师事务所	东花市北里西区24号楼宝润苑C座1212号	67186046
北京市博颢律师事务所	光明路11号天玉大厦608室	51902336
北京市博仁律师事务所	天坛东里5号	51023325
北京市长歌律师事务所	领行国际1号楼2单元708室	67118247
北京市达奥律师事务所	广渠门南小街领行国际3号楼1单元23层2301	67156446
北京市德律珩律师事务所	左安门内大街左安漪园1号楼5单元	87197602
北京市德政律师事务所	光明路11号天玉大厦605室	51902058
北京市鼎基律师事务所	广渠门南小街领行国际1号楼2单元2201室	51289289
北京市董人友律师事务所	忠实里西区5号楼803室	87749023
北京市逢时律师事务所	龙潭路乙3号伟图大厦507室	67110422
广东德法理律师事务所	崇外大街新怡家园甲3号六层610室	67091903
北京市国晟律师事务所	夕照寺16号院（华城）2号楼2单元302	87184008
北京市国泰世良律师事务所	广渠门南小街领行国际1号楼2单元701-702室	67111263
北京市翰佳律师事务所	广渠门南水关甲7号华威国际公寓1302室	67151166
北京市昊凯律师事务所	北京新世界中心写字楼B座1109-1112室	67085553
北京市浩都律师事务所	崇外大街3号新世界中心公寓1019室	67084599
北京市浩林律师事务所	夕照寺街14号富瑞苑公寓5号楼10-A	67104976
北京市泓天律师事务所	广渠门北里36号院3-1-302	51231620
北京市泓韵律师事务所	广渠门内大街16号中国环境新闻出版大厦	67112939
北京市金博大律师事务所	西花市南里东区2号楼底商7-11单元15号	87189569
北京市金韬律师事务所	兴隆都市馨园9号楼2-241	87643731
北京市京一律师事务所	天坛东里乙48号北京爱华宾馆6002室	84477697
北京市雷盾城律师事务所	东花市北里西区宝润苑A-403	59105858
北京市李雅琼律师事务所	永定门外大街86号4号楼418	13671171218

北京市刘安元律师事务所	东花市大街花市枣苑3号楼2004室	13366336678
北京市刘松涛律师事务所	广渠门内大街80号通正国际大厦912室	51696633
北京市普诚律师事务所	东兴隆街58号513室	67091471
北京市秦华律师事务所	崇外大街5号新世界太华公寓B座515	67081171
北京市勤道律师事务所	广渠门内白桥大街22号北京市工商联大厦	67186802
北京市沁润源律师事务所	忠实里南街甲6号楼远洋德邑A座909号	87758360
北京市融商律师事务所	光明东路1号办公楼A座5层室	67080211 - 0217
北京市融泰律师事务所	崇外大街甲3号写字楼6层623、625室	67083356
北京市时信律师事务所	广渠门内大街80号通正国际大厦1016室	51655033
北京市双利律师事务所	广渠门内大街16号环境新闻出版大楼10层	67167813
北京市泰明律师事务所	广渠门内大街36号幸福家园1-5-1402	67126363
北京市同一源律师事务所	广渠门内大街80号通正国际大厦10层	67060988
北京市现代律师事务所	东打磨厂街7号宝鼎中心B座1001室	67083101
北京市欣然律师事务所	东兴隆街56号北京商界A723	67016878
北京市泽和律师事务所	东花市南里富贵园1区9号7-901室	67166713
北京市志元律师事务所	东打磨厂街7号宝鼎中心B座545室	87555029
北京市中北律师事务所	前门东大街4号楼6门101、102、103号	65288769
北京市中通策成律师事务所	绿景馨园13号楼605-609	67192880
北京市中政律师事务所	幸福大街甲39号德惠写字楼B座111	67146613
北京市力盾律师事务所	前门东大街华丰宾馆	65662629
北京市宝鼎律师事务所	王府井大街201号凯旋国际酒店7118	59458911
北京市贝朗律师事务所	前门东大街3号首都大酒店写字楼5层	65120341
北京市致新律师事务所	前门东大街5号华风宾馆一层	65251733
北京市法度律师事务所	东单大华路甲2号海诚商务会馆608	65593630
北京市万悦律师事务所	交道口北二条20号	64069655
北京市誉明律师事务所	东直门外大街乙36号海晟国际公寓26号1座1603	15901161941
北京市天用律师事务所	北三环东路37号	84109598
北京市兆实律师事务所	安定门外东河沿乙9号	13701075618

东城区司法所

单位名称	地 址	电 话
和平里司法所	和平里6区5号	84226030
安定门司法所	方家胡同19号	64067183
交道口司法所	雨儿胡同乙15号	64029694
景山司法所	美术馆东街1号	84017954
东华门司法所	东安门大街55号王府世纪5层	65248621
东直门司法所	新中街一条67号	64165479
北新桥司法所	民安街14号楼3层	64034116
东四司法所	东四六条17号	64001548
朝阳门司法所	西水井3号114室	65125881
建国门司法所	朝内南小街18号楼	65142699
前门司法所	前门东小街甲2号	67016543
崇文门外司法所	西花市南里东区14号楼	67010401
东花市司法所	东花市北里中区甲25号楼301室	67188642
天坛司法所	西草市东街66号	67025835
体育馆路司法所	体育馆西路1号321室	67199645
龙潭司法所	龙潭社区服务中心	67166372
永定门外司法所	永外安乐林路85号	67227507

文物保护单位

全国重点文物保护单位

名　称	时　代	地　址	公布年份
正阳门及箭楼	明、清	天安门广场南侧	1988
北京城东南角楼	明	崇文门东大街9号	1982
北京大学红楼	民初	五四大街29号	1961
天安门	明	天安门广场	1961
人民英雄纪念碑	1958年	天安门广场内	1961
故宫	明、清	景山前街4号	1961
天坛	明	永定门内大街路东	1961
智化寺	明	禄米仓胡同5号	1961
国子监	明	国子监街15号	1961
北京孔庙	元、明、清	国子监街13号	1988
雍和宫	清	雍和宫大街12号	1961
皇史宬	明、清	南池子大街136号	1982
古观象台	明	东裱褙胡同2号	1982
太庙	明、清	东城区东长安街	1988
社稷坛	明、清	东城区西长安街	1988
崇礼住宅	清	东四六条63、65号	1988
北京鼓楼、钟楼	明、清	钟楼湾临字9号	1996
可园	清	帽儿胡同9号、11号	2001
孚王府	清	朝阳门内大街137号	2001
柏林寺	元、清	戏楼胡同1号	2006
地坛	明、清	安定门外大街	2006
京师大学堂分科大学旧址	清	安德里北街21号	2006
清陆军部和海军部旧址	清	张自忠路3号	2006
孙中山行馆	民国	张自忠路23号	2006
协和医学院旧址	清、民国	帅府园胡同1号	2006
亚斯立堂	清	后沟胡同丁2号	2006
袁崇焕墓和祠	清初	东花市斜街52号、左安门内龙潭路8号	2006
明北京城城墙遗迹	明	崇文门东左安门桥北	2013
文天祥祠	明	府学胡同63号	2013
普度寺	清	普庆前巷35号	2013
大运河（玉河遗址、南新仓）	元、明、清	东不压桥胡同南口至帽儿胡同西口、东四十条22号	2013
东堂	清	王府井大街74号	2013
基督教中华圣经会北京分会旧址	民国	东单北大街21号	2013
北京大学地址学馆旧址（质）	1934年	沙滩北街15号	2013
东交民巷建筑群	近代	东交民巷地区	2001
包括：奥匈使馆旧址	1910年	台基厂头条3号	
比利时使馆旧址	1910年	崇文门西大街9号	
东方汇理银行	1917年	东交民巷34号	
法国使馆旧址	1910年	东交民巷15号	
花旗银行旧址	1914年	东交民巷36号	
日本公使馆旧址	1886年	东交民巷21、23号	
日本使馆旧址	1909年	正义路2号	
意大利使馆旧址	1910年	台基厂大街1号	
英国使馆旧址	1910年	东长安街14号	

正金银行旧址	1910年	正义路甲4号
法国兵营	清	台基厂三条3号
国际俱乐部	1912年	台基厂大街8号
淳亲王府	清	东长安街14号

北京市文物保护单位

名　称	时　代	地　址	公布年份
毛主席纪念堂	1977年	天安门广场	1979
毛主席故居	民国	吉安所左巷8号	1979
东四清真寺	明	东四南大街13号	1984
嵩祝寺及智珠寺	清	嵩祝院北巷4号6号、嵩祝院23号	1984
宣仁庙	清	北池子大街2号	1984
凝和庙	清	北池子大街46号	1984
和敬公主府	清	张自忠路7号	1984
于谦祠	明、清	西裱褙胡同23号	1984
老舍故居	现代	丰富胡同19号	1984
茅盾故居	现代	后圆恩寺胡同13号	1984
旧宅院（婉容故居）	清	帽儿胡同35号、37号	1984
礼士胡同129号四合院	清	礼士胡同129号	1984
内务部街11号四合院	清	内务部街11号	1984
圆恩寺后街7、9号四合院	民国	后圆恩寺胡同7号、9号	1984
国祥胡同2号四合院	清	国祥胡同甲2号	1984
方家胡同13、15号四合院	清	方家胡同13号、15号	1984
府学胡同36号四合院	清	府学胡同36号、交道口南大街136号	1984
国子监街	元、明、清	国子监街	1984
北新仓	明、清	北新仓胡同甲16号	1984
禄米仓	明、清	禄米仓胡同71号、73号	1984
原中法大学	民国	东皇城根北街甲20号	1984
顺天府学	明、清	府学胡同65号	1984
京师大学堂建筑遗存	清、民国	沙滩后街55号、59号	1984
福建汀州会馆北馆	始建于明	前门长巷二条48号	1984
阳平会馆戏楼	始建于元	前门小江胡同34、36号	1984
新革路20号四合院	民国初年	崇外新革路20号	1984
隆安寺	建于1454年	白桥南里3号	1984
金台书院	建于1750年	天坛东晓市203号	1984
正阳桥疏渠记方碑	建于1797年	天桥红庙街78号	1984
燕墩	始建于元代	永定门外大街31号	1984
大慈延福宫建筑遗存	明	朝内大街203号	1990
西堂子胡同25-37号四合院	清	西堂子胡同25-37号	1990
北京饭店初期建筑	1917年	东长安街33号	1990
军调部1946年中共代表团驻地	民国	南河沿大街1号	1995
孑民堂	1947年	北河沿大街甲83号	1995
法国邮政局旧址	1910年	东交民巷19号	1995
圣弥厄尔教堂	1904年	东交民巷甲13号	1995
美国使馆旧址	1903年	前门东大街23号	1995
荷兰使馆旧址	1909年	前门东大街11号	1995
帽儿胡同5号四合院	清	帽儿胡同5号	2001
美术馆东街25号四合院	清	美术馆东街25号	2001
棉花胡同15号及拱门砖雕	民国	东棉花胡同15号	2001

前鼓楼苑胡同 7、9 号四合院	清	前鼓楼苑胡同 7 号、9 号	2001
鼓楼东大街 255 号四合院	民国	鼓楼东大街 255 号	2001
宁郡王府	清	北极阁三条 71 号、新开路胡同 94 号	2001
陈独秀旧居	民国	箭杆胡同 20 号	2001
京奉铁路正阳门东车站旧址	1906 年	前门大街北端东侧	2001
僧王府	清	板厂胡同 30 号、32 号、34 号 炒豆胡同 77 号	2003
黑芝麻胡同 13 号四合院	清	黑芝麻胡同 13 号	2003
绮园花园	清	秦老胡同 35 号	2003
沙井胡同 15 号四合院	清	沙井胡同 15 号	2003
前永康胡同 7 号四合院	清	前永康胡同 7 号、9 号	2003
皇城墙遗址	明、清	天安门东侧、景山东街等	2003
原麦加利银行	清末	东交民巷 39 号	2003
总理各国事务衙门建筑遗存	清	东堂子胡同 49 号	2003
恒亲王府	清	朝阳门内大街 55 号院内	2003
协和医院住宅群	清	外交部街 59 号、北极阁三条 26 号	2003
北京大学女生宿舍	1935 年	沙滩北街乙 2 号	2003
花市火神庙	建于 1568 年	崇外西花市 113 号	2003
东皇城根南街 32 号宅院	清	东皇城根南街 32 号宅	2011
大清邮政总局旧址	清	小报房胡同 7 号	2011
史家胡同 51、53、55 号宅院	清、民国	史家胡同 51、53、55 号	2011
顺天府大堂	明	东公街 9 号	2011
魏家胡同 18 号宅院	民国	魏家胡同 18 号	2011
全聚德烤鸭店门面	民国	前门大街 30 号	2011
北平电话北局旧址	民国	东皇城根大街 14 号	2011
欧美同学会	清	南河沿大街 111 号	2011
蔡元培故居	民国	东堂子胡同 75 号	2011
北总布胡同 2 号宅院	民国	总布胡同 2 号	2011
清末自来水厂旧址	清	东直门外香河园 3 号	2011
袁崇焕庙	1917 年	左安门内龙潭路 8 号	1984

东城区文物保护单位

名　称	时　代	地　址	公布年份
杨昌济旧居	民国	豆腐池胡同 15 号	1984
通教寺	明、清	针线胡同 19 号	1984
惠王府	清	富强胡同 3 号	1984
吉安所	清	吉安所右巷 8 号	1984
朱启钤旧宅	清	赵堂子胡同 3 号	1984
段祺瑞宅	民国	仓南胡同 5 号	1984
东兴隆街 52 号四合院	清	东兴隆街 52 号	1984
花市清真寺	明	西花市 30 号	1984
夕照寺	清	夕照寺中街 13 号	1984
田汉故居	民国	细管胡同 9 号	1986
欧阳予倩故居	民国	张自忠路 5 号	1986
北沟沿胡同 23 号宅院	清	北沟沿胡同 23 号	1986
僧格林沁祠堂	清	地安门东大街 47 号	1986
东直门外清真寺	（1988 年移建于此）	东直门外察慈小区 6 号	1986
当铺旧址	清	门楼胡同 3 号、5 号	1986
黄米胡同四合院	清	黄米胡同 5 号、7 号、9 号	1986

旧宅院	清	菊儿胡同3号、5号，寿比胡同6号	1986
桂公府	清	芳嘉园胡同11号、新鲜胡同40号	1986
雨儿胡同四合院	清	雨儿胡同13号	1986
板厂胡同四合院	清	板厂胡同27号	1986
东四六条55号四合院	清	东四六条55号	1986
东四四条5号四合院	清	东四四条5号	1986
东四五条55号四合院	清	东四五条55号	1986
东四八条71号四合院	清	东四八条71号	1986
富强胡同四合院	清	富强胡同6号、甲6号、23号	1986
什锦花园四合院	清	什锦花园胡同19号	1986
东总布胡同旧宅院	清	东总布胡同53号	1986
法华寺碑	明	多福巷胡同44号	1986
傅恒征多川碑	清	沙滩北街15号，北京石刻艺术博物馆	1986
慧仙女校碑	清	南吉祥胡同21号，现存北京石刻艺术博物馆	1986
文昌庙碑	清	帽儿胡同21号院内	1986
皇帝敕谕碑	明	帽儿胡同21号院内	1986
慧照寺碑	明	东四十三条19号	1986
宝和店碑	明	灯市口北巷7号，现存北京石刻艺术博物馆	1986
皇帝敕谕碑	明	柏树胡同21号，现存钟鼓楼文物保管所	1986
法华寺	明	法华寺街65、67号	1989
安乐禅林	明	安乐林路63号、琉璃井8号	1989
药王庙	1627年	天坛东晓市101号	1989
天主教堂	1910年	永生巷6号	1989
三一八烈士纪念碑	1926年	龙潭培新街6号	1989
奋章胡同四合院	1928年	奋章胡同53号	1989
玉河庵	元、明、清	东不压桥胡同南口至帽儿胡同西口	2009
东安门遗址	明	东安门大街西口	2009
贝子宏昨府	清	大取灯胡同9号	2009
承恩公志钧府	清	大佛寺东街2、4、6号	2009
正白旗觉罗学建筑遗存	清	新鲜胡同36号	2009
镶黄旗官学建筑遗存	清	后圆恩寺胡同甲20号	2009
莲园	清	红岩胡同19号及新鲜18号	2009
宏恩观	元、明、清	豆腐池胡同21、23号及张旺胡同2、4号	2009
翠花胡同27号四合院	民国	翠花胡同27号	2009
朝阳门内大街头条203号近代建筑	民国	朝阳门内大街头条203号	2009
朝阳门内南小街头条439号近代建筑	民国	朝阳门内南小街头条439号	2009
朝阳门内大街81号近代建筑	民国	朝阳门内大街81号	2009
贝满女中建筑遗存	清	灯市口大街55号	2009
同福夹道4号近代建筑	民国	同福夹道4号	2009
东堂子胡同4、6号近代建筑	民国	东堂子胡同4、6号	2009
原北京大学图书馆	民国	北河沿大街甲83号	2009
菊儿胡同7号近代建筑	民国	菊儿胡同7号	2009

（东城区文化委员会提供）

北京市历史文化保护区

一、景山前街

该保护区位于故宫紫禁城筒子河与皇家园林景山之间，全长740米。明清时，景山与故宫之间建有北上门、北上东门、北上西门。1931年各门拆除辟路，划分三段：中为景山前街，东为景山东前街，西为三座门大街，1965 年统一定名为景山前街。

二、景山后街

该保护区位于景山公园北侧，东起景山东街，西至景山西街，中与地安门内大街相连，全长482米。元代为大都御苑；明清为皇城。临街南侧古建筑是清乾隆年间所建寿皇殿，为清代皇家供奉先祖神像之所。街北东、西两侧建国后建设的办公楼，屋顶采用中国传统建筑坡屋顶形式，立面为传统建筑形式的装饰，与南侧景山相互呼应、衬托，形成对景，是保持古都历史风貌的范例。

三、景山东街

该保护区位于景山公园东侧，全长546米。街旁明代曾设有司礼监、都知监、印绶监等衙署。因西邻景山，清末称景山东大街，1956年定现名。街两侧绿树成荫。街东有清光绪二十四年（1898年）开办的中国第一所大学——京师大学堂。吉安所左巷8号是毛泽东1918年在北京时住过的地方。

四、五四大街

该保护区东起东四西大街，西至景山前街，全长740米。1965年曾定名汉花园大街，后改五四大街至今。街北侧为北京大学“红楼”。1919年5月4日的游行队伍，即从“红楼”北边的广场集合出发，1947年被命名为“民主广场”。陈独秀、李大钊、鲁迅、蔡元培、胡适等革命先辈和文化巨匠曾在此任教。共产党北京小组诞生于此。“红楼”内现保存李大钊工作室。“红楼”在中国近代史上具有重要的地位和作用。街东段北侧的中国美术馆是二十世纪五十年代著名的大型文化设施。现在“红楼”为新文化运动纪念馆。

五、南池子　六、东华门

该保护区位于北京皇城内，故宫东南侧，北起东华门大街，南至长安街，西临筒子河、劳动人民文化宫、东接东黄城根南街，总用地面积34.5公顷。该地区处于喧闹的王府井商业街与森严僻静的故宫城墙之间，独特的城市环境造成地段内具有传统风貌的居住街区的独特建筑环境。

七、北池子

该保护区紧邻紫禁城东侧，规划范围东以东黄城根南街为界，西以筒子河为界，北至五四大街，南邻东华门大街，东与东黄城根北街相连，总用地面积39.22公顷。该地区传统居住区的特色构成故宫一侧较为幽静的居住环境，其灰色宁静的形式更有益衬托、表现宫城的宏伟气度。就北京旧城整体而言，其低矮、平缓、匀质的建筑格局也是风貌构成的重要组成部分。

八、东交民巷

该保护区位于天安门东侧，东接崇文门内大街，南临前门东大街，西至天安门广场东侧，北面东长安街，总用地面积62.84公顷。该地区建筑多为西式风格。现以机关办公为主，兼有办公与居住的混合使用形态，在整体上保持了历史文化街区原有的异域风貌特色，在老城区的传统建筑文化基调中独显特质。

九、东四三至八条

该保护区位于朝阳门内大街以北、东四十条以南、东四北大街以东、朝阳门北小街以西。包括整个头条至九条广大地区，总用地面积65.70公顷。该地区是典型传统的四合院落为主的居住性成片街区，从“一进院”到“四进院”都有留存，风貌与质量相当完好是展示传统四合院的极佳场所。

十、雍和宫－国子监

该保护区位于旧城东北部，西至安定门内大街、北至北二环、东至东直门北小街西侧的育树胡同、炮局头条、后永康北条、东城煤炭一厂和华侨饭店用地东边界、南至北新桥三条、方家胡同，总占地面积约74公顷。该地区是北京旧城内重要寺庙建筑和重要文物集中的街区，包括国子监、孔庙、国子监街、雍和宫、柏林寺等。

十一、南锣鼓巷

该保护区位于北京北中轴线东侧，四至为地安门外大街、平安大街、地安门东大街、鼓楼东大街，总用地面积83.80公顷，该地区是北京最老的街区之一。与元大都同期建成，现仍保持了传统的胡同结构和大量的传统四合院，是目前北京旧城保存最完整、四合院最集中的地区。

十二、北锣鼓巷

该保护区南至鼓楼东大街，北至车辇店、净土胡同，西至什刹海保护区东界，东至安定门内大街，总面积约45.27公顷。该地区与什刹海、南锣鼓巷、国子监等3个历史文化保护区相邻，是皇城的重要背景，也是保护旧城整体风貌和沿中轴线对称格局不可缺少的地段。

十三、张自忠路北

该保护区南至张自忠路，北至香饵胡同，东至东四北大街、西至交道口南大街，总面积约为42.11公顷。该街区集中了和敬公主府、段祺瑞执政府旧址、孙中山逝世纪念地、欧阳予倩故居等多家文物保护单位。

十四、张自忠路南

该保护区南至钱粮胡同，北至张自忠路，东至东四北大街，西至美术馆后街，总用地面积约为62.81公顷。该区域处于皇城与东四三条至八条保护区之间，现有胡同格局完整，有马辉堂花园等文物保护单位。

十五、新太仓

该保护区南至东四十条，北至东直门内大街，东至东直门内南小街，西至东四北大街，总用地面积约为56.88公顷。该区域现有胡同格局完整，有梁启超旧居、当铺遗址等区级文物保护单位。

十六、东四南

该保护区南至干面胡同，北至前炒面胡同，东至朝内南小街，西至东四南大街，总面积约为34.32公顷。该区域是以典型传统四合院落为主的居住性成片街区，风貌与质量相当完好，是展示传统四合院的极佳场所。现有礼士胡同129号院、内务部街11号院、史家胡同51、53、55号四合院等文物保护单位。

十七、皇城

是北京旧城整体保护的重点区域，包括景山地区、北池子、南池子。内含紫禁城、太庙、社稷坛、北海、中南海及14片第一批历史文化保护区，占地面积约6.80平方公里。

十八、鲜鱼口

该保护区西至前门大街，北至经西打磨厂、长巷四条路东至西兴隆街，东至草场十条，南至薛家湾胡同、北芦草园胡同、青云胡同、得丰东巷、得丰西巷、小席胡同、大席胡同。规划用地36.25公顷，净用地面积32.47公顷，现状总建筑面积26.50万平方米（不含私搭乱建的建筑），规划总建筑面积为44.50万平方米。鲜鱼口地区主要是以居住功能为主的街区，居住用地面积26.81公顷，占整个保护区的73.96%。

十九、什刹海（钟鼓楼属此片，东城占半片）

该保护区位于北京旧城中轴线北部，属东城区的部分四至为草厂胡同一线以西、旧鼓楼大街以东、鼓楼东大街以北、北二环以南，总占地面积26.96公顷。

非物质文化遗产

国家级非物质文化遗产名录

（共31项）

名 称	类 别	名 称	类 别
便宜坊焖炉烤鸭技艺	传统技艺	围棋	传统体育、游艺与杂技
全聚德挂炉烤鸭技艺	传统技艺	象棋	传统体育、游艺与杂技
景泰蓝制作技艺	传统技艺	同仁堂中医药文化	传统医药
雕漆技艺	传统技艺	智化寺京音乐	传统音乐
都一处烧麦制作技艺	传统技艺	古书画临摹复制技艺	传统技艺
月盛斋酱（烧）牛（羊）肉制作技艺	传统技艺	青铜器修复及复制技艺	传统技艺
京作硬木家具制作技艺（龙顺成）	传统技艺	中国传统书画装裱修复技术	传统技艺
北京料器	传统技艺	葡萄常料器	传统技艺
东来顺涮羊肉制作技艺	传统技艺	吴裕泰茉莉花茶制作技艺	传统技艺
盛锡福皮帽制作技艺	传统技艺	风筝制作技艺（北京风筝制作技艺）	传统美术
北京金漆镶嵌传统技艺	传统技艺	天坛传说	民间文学
象牙雕刻	传统美术	数来宝	曲 艺
北京玉雕	传统美术	古代钟表修复技艺	传统技艺
北京绢花	传统美术	官式古建筑营造技艺	北京故宫
剧装戏具制作技艺	传统美术	中国传统制剂方法	医 药
北京宫灯	传统美术		

市级非物质文化遗产名录

（共61项其中国家级31项）

名 称	类 别	名 称	类 别
意拳	传统体育、游艺与杂技	北京补花	传统美术
前门的传说	民间文学	北京绒花（绒鸟）	传统美术
老北京叫卖	传统音乐	北京刻瓷	传统美术
天坛神乐署中和韶乐	传统音乐	北京扎彩子	传统美术
北京杠箱	传统舞蹈	北京木雕小器作	传统美术
北京绢人	传统美术	京派内画鼻烟壶	传统技艺
泥人张彩塑（北京支）	传统美术	毛猴制作技艺	传统技艺

名 称	类 别	名 称	类 别
壹条龙清真涮肉制作技艺	传统技艺	王氏装裱技艺	传统技艺
厨子舍清真菜民间宴席制作技艺	传统技艺	花市元宵灯会	民 俗
北京豆汁制作技艺（锦馨）	传统技艺	掌礼司太狮老会	传统舞蹈
北京花丝镶嵌制作技艺	传统技艺	北京鸽哨制作技艺	传统技艺
绒布唐工艺	传统技艺	谭家菜制作技艺	传统技艺
红都中山装制作技艺	传统技艺	吴式太极拳	传统体育、游艺与杂技
京式旗袍制作技艺	传统技艺	北京绢人	传统美术
北京蒙镶	传统技艺	京作硬木家具制作技艺	传统技艺

区级非物质文化遗产名录

（共 136 项其中国家级 31 项市级 61 项）

名 称	类 别	名 称	类 别
传统理发技艺	传统技艺	京绣（王淑卿）(已故）	传统美术
群英同乐小车圣会	传统舞蹈	竹刻	传统美术
北京面人	传统美术	大北照相黑白照片人工着色技艺	传统美术
崇文门的传说	民间文学	北京彩塑“金光洞兔儿爷”	传统美术
北京的传说	民间文学	京剧脸谱绘制	传统美术
藏头诗	民间文学	毛猴制作技艺	传统技艺
同聚公乐云车老会	传统舞蹈	内画鼻烟壶制作技艺	传统技艺
花棍舞词	传统舞蹈	天兴居炒肝制作技艺	传统技艺
拉洋片	曲 艺	正阳楼螃蟹宴制作技艺	传统技艺
牛骨数来宝	曲 艺	中国结技艺	传统技艺
常氏中幡圣会	传统体育、游艺与杂技	样式雷烫样技艺	传统技艺
众友同心中幡圣会	传统体育、游艺与杂技	蒙镶制作技艺	传统技艺
白猿通背拳	传统体育、游艺与杂技	天字号首饰套件制作技艺	传统技艺
宋氏形意拳	传统体育、游艺与杂技	毛绣制作技艺	传统技艺
老北京冰嬉	传统体育、游艺与杂技	锦芳元宵制作技艺	传统技艺
陈式太极拳	传统体育、游艺与杂技	老正兴寿桃制作技艺	传统技艺
祁家通背拳	传统体育、游艺与杂技	都一处炸三角制作技艺	传统技艺
宝三跤场跤艺	传统体育、游艺与杂技	全聚德全鸭席制作技艺	传统技艺
京绣	传统美术	北京金鱼培育技艺	传统技艺
北京骨刻	传统美术	都一处马莲肉制作技艺	传统技艺
北京剪纸（徐阳）	传统美术	庆林春茉莉小叶花茶制作技艺	传统技艺
北京真丝手绘	传统美术	压金银丝嵌宝技艺	传统技艺
北京火绘葫芦	传统美术	万隆合青铜器制作技艺	传统技艺
北京传统风筝（王廼新）	传统美术	风车制作技艺	传统技艺
北京传统风筝（张世德）	传统美术	面人汤面人制作技艺	传统技艺
金·马派风筝	传统美术	面人曹面人制作技艺	传统技艺
北京面人（张俊显）	传统美术	白魁烧羊肉制作技艺	传统技艺
北京纸扎花灯	传统美术	金糕张金糕制作技艺	传统技艺
北京彩蛋	传统美术	西德顺爆肚王爆肚制作技艺	传统技艺
琢玉（印章）	传统美术	聚宝斋装裱	传统技艺
人物剪纸（张秀兰）	传统美术	玉印制作	传统技艺
京绣（于美英）	传统美术	随园官府菜制作技艺	传统技艺
京绣（仝玉英）(已故）	传统美术	京作硬木家具烫蜡技艺	传统技艺

名 称	类 别	名 称	类 别
南庆仁堂中药制剂方法	传统医药	普天同乐开路圣会	民俗
千芝堂中药炮制技术	传统医药	来今雨轩红楼饮食文化	民俗
长春堂闻药	传统医药	清明习俗之家训格言	民俗
前门上元灯会	民 俗	立春习俗之鞭打春牛	民俗
雍和宫密宗金刚驱魔神舞	民 俗		

非物质文化遗产代表性传承人名单

国家级非物质文化遗产代表性传承人名单

（共 33 人）

姓 名	类 别	公布年份	姓 名	类 别	公布年份
孙 森	象牙雕刻	2007	胡庆学	智化寺京音乐	2012
王树文	象牙雕刻	2007	柴慈继	象牙雕刻	2012
钱美华（已故）	景泰蓝制作技艺	2007	李春珂	象牙雕刻	2012
张同禄	景泰蓝制作技艺	2007	柳朝国	北京玉雕	2012
文乾刚	雕漆技艺	2007	李博生	北京玉雕	2012
卢广荣	同仁堂中医药文化	2007	钟连盛	景泰蓝制作技艺	2012
金霭英	同仁堂中医药文化	2007	殷秀云	雕漆技艺	2012
关庆维	同仁堂中医药文化	2007	费保龄	北京扎燕风筝制作技艺	2012
田瑞华	同仁堂中医药文化	2007	柏德元	金漆镶嵌髹饰技艺	2012
张本兴（已故）	智化寺京音乐	2008	孙丹威	吴裕泰茉莉花茶窨制技艺	2012
宋世义	北京玉雕	2009	王有亮	青铜器修复及复制技艺	2012
金铁铃	北京绢花	2009	徐建华	古字画装裱修复技艺	2012
邢兰香	北京料器	2009	祖 莪	古书画临摹复制技艺	2012
种桂友	京作硬木家具制作技艺	2009	李永革	官式古建筑营造技艺（北京故宫）	2012
孙 颖	剧装戏具制作技艺	2009	刘增玉	官式古建筑营造技艺（北京故宫）	2012
李金善	盛锡服皮帽制作技艺	2009			
白永明	便宜坊焖炉烤鸭技艺	2009			
满运来	月斋酱（烧）牛（羊）肉制作技艺	2009			

市级非物质文化遗产代表性传承人名单

（共 58 人含国家级 33 人）

姓 名	类 别	公布年份	姓 名	类 别	公布年份
马元良	北京宫灯	2008	张志平	北京玉雕	2008
张 錩	泥人张彩塑（北京支）	2008	戴嘉林	景泰蓝制作技艺	2008
崔 洁	北京补花	2008	米振雄	景泰蓝制作技艺	2008
常 弘	葡萄常料器	2008	舍源泰	厨子舍清真菜民间宴席制作技艺	2008
郭石林	北京玉雕	2008	李 侃	京式旗袍制作技艺	2008
舍增泰	厨子舍清真菜民间宴席制作技艺	2008	陈立新	东来顺涮羊肉制作技艺	2008
程淑美	北京花丝镶嵌制作技艺	2008	赵小刚	同仁堂中医药文化	2008
唐玉婕	绒布唐工艺	2008	姚承光	意拳	2011
万 紫	金漆镶嵌髹饰技艺	2008	滑树林	北京绢人	2011
马启斌	盛锡福皮帽制作技艺	2008	茅子芳	北京刻瓷	2011
闫瑞环	红都中山装制作技艺	2008	李连贵	北京扎彩子	2011
黄荣贵	北京杠箱	2008	吴中凤	北京蒙镶	2011
赵树昌	北京宫灯	2008			

区级非物质文化遗产代表性传承人名单

（共131人含国家级、市级91人）

姓　名	类　别	公布年份	姓　名	类　别	公布年份
孙忠喜	群英同乐小车圣会	2010	边溪良	竹刻	2010
陈起环	拉洋片	2010	萧掌华	毛猴制作技艺	2010
时贵新	牛骨数来宝	2010	高东升	京派内画鼻烟壶	2010
黄　勇	众友同心中幡圣会	2010	郑旭晔	内画鼻烟壶	2010
王玉书	白猿通背拳	2010	吕铁智	金·马派风筝	2010
田秋生	老北京冰嬉	2010	邱贻生	毛猴制作技艺	2010
刘建华	象牙雕刻	2010	吴华侠	都一处烧麦制作技艺	2010
栾燕军	象牙雕刻	2010	安全来	月盛斋酱（烧）牛（羊）肉制作技艺	2010
员向阳	北京玉雕	2010			
姜文斌（已故）	北京玉雕	2010	刘更生	京作硬木家具制作技艺	2010
蔚长海	北京玉雕	2010	张　颜	剧装戏具制作技艺	2010
杨根连	北京玉雕	2010	刘　宇	北京料器	2010
滑淑玲	北京绢人	2010	刘　星	北京料器	2010
崔　欣	北京绢人制作技艺	2010	耿英建	景泰蓝制作技艺	2010
杨利平	北京扎燕风筝制作技艺	2010	李　静	景泰蓝制作技艺	2010
张宏岳	泥人张彩塑（北京支）	2010	李佩卿	景泰蓝制作技艺	2010
崔比德	北京补花	2010	陈继凯	景泰蓝制作技艺	2010
徐汶静	北京绢花	2010	衣福成	景泰蓝制作技艺	2010
郭燕青	北京宫灯	2010	李志刚	雕漆技艺	2010
翟玉良	北京宫灯	2010	赵占强	中国结技艺	2010
石金栓	京绣	2010	于正勋	样式雷烫样技艺	2010
蔡志伟	北京绒花（绒鸟）	2010	张景民	蒙镶制作技艺	2010
王华安	北京骨雕	2010	马秀峰	天字号首饰套件制作技艺	2010
徐　阳	北京剪纸（徐阳）	2010	萧掌柜	毛绣制作技艺	2010
续　清	北京真丝手绘	2010	赵洪泉	庆林春茉莉小叶花茶制作技艺	2010
季　顺	北京火绘葫芦	2010	潘德珠	压金银丝嵌宝技艺	2010
王廼新	北京传统风筝（王廼新）	2010	孟宪忠	万隆合青铜器制作技艺	2010
彭小平	北京面人（彭小平）	2010	王国华	风车制作技艺	2010
张世德	北京传统风筝（张世德）	2010	汤　岭	面人汤面人制作技艺	2010
张俊显	北京面人（张俊显）	2010	刘荫茹	面人曹面人制作技艺	2010
邱志刚	北京纸扎花灯	2010	杨广佳	白魁烧羊肉制作技艺	2010
刘锦茹	北京彩蛋	2010	王　欣	西德顺爆肚王爆肚制作技艺	2010
耿鸿国	北京木雕小器作	2010	王　旭	王氏装裱技艺	2010
马慕良（已故）	北京木雕小器作	2010	殷顺海	同仁堂中医药文化	2010
杨宝忠	琢玉（印章）	2010	陆建国	同仁堂中医药文化	2010
张秀兰	人物剪纸（张秀兰）	2010	梅　群	同仁堂中医药文化	2010
于美英	京绣（于美英）	2010	范永利	普天同乐开路圣会	2010

东城区街道社区居委会

东华门街道

居委会名称	管辖户数	主任	联系电话	办公地址	邮政编码
银 闸	2100	熊 英	65260109	北河沿大街 141 号	100009
东 厂	2264	郑雅丽	65277860	东厂北巷甲 4 号 - 1	100006
多福巷	3524	孙长江	65250793	多福巷甲 22 号	100010
智 德	2211	李勤英	65288454	北池子大街 60 号	100006
黄图岗	2011	杨永力	65256682	东厂胡同乙 14 号楼 1-111	100006
灯市口	1678	周彦茹	85114338	灯市口大街 14 号楼后	100006
韶 九	1429	吴祥明	65252874	锡拉胡同 21 号	100006
甘 雨	2104	朱玉杰	65251579	甘雨胡同 2 号	100006
南池子	3306	宫肇美	65288447	缎库胡同 18 号	100006
王府井	3205	叶建华	65237989	煤渣胡同 11 号	100005
正义路	2273	张健玲	65251105	东交民巷 32 号	100006
台基厂	2179	郭晓彤	85112056	台基厂二条 3 号	100005

景山街道

居委会名称	管辖户数	主 任	联系电话	办公地址	邮政编码
隆福寺	2747	张国庆	84014007	崔府夹道 5 号	100010
魏 家	3428	秦 来	84018582	什锦花园 15 号	100007
汪芝麻	1853	金 颖	84017307	南剪子巷 40 号	100007
皇城根北街	2545	司淑敏	84018656	东皇城根北街 40 号	100010
吉 祥	1765	虞 宏	84017693	西吉祥胡同 2 号	100009
钟 鼓	2548	刘美英	84018563	嵩祝院北巷 41 号	100009
黄化门	2636	高建荣	84017928	黄化门街 8 号	100009
景山东街	2516	贾 伟	84018627	沙滩后街 47 号	100009

交道口街道

居委会名称	管辖户数	主 任	联系电话	办公地址	邮政编码
交 东	2570	杨春茹	840236613	交东大街 6 号楼	100007
大 兴	2568	李京兰	64018251	北吉祥胡同 13 号	100007
府 学	3590	陶 聪	64029725	中剪子巷 17 号旁门	100007
菊 儿	2607	李 媛	64009703	菊儿胡同 21 号	100009
南锣鼓巷	3238	王凌翰	640413341	沙井胡同 6 号	100009
鼓楼苑	4153	孟立新	64017898	前鼓楼苑胡同 10 号	100009
福 祥	2891	李 娜	64043395	东不压桥胡同 12 号	100009

安定门街道

居委会名称	管辖户数	主任	联系电话	办公地址	邮政编码
交北头条	2273	张燕华	64068329	交北头条 76 号	100007
国子监	2360	南静明	64068513	官书院胡同 40 号	100007
五道营	2694	赵金颖	64068350	永康胡同 5 号院	100007
花 园	2932	刘爱国	64067702	谢家胡同 40 号	100009

分司厅	2539	王玉莲	64067692	小经厂胡同 8 号	100009
北锣鼓巷	1616	刘　佳	64067517	北锣鼓巷 5 号旁门	100009
宝钞南	2411	刘新民	64066617	琉璃寺 8 号	100009
钟楼湾	2928	尤秀荣	64067668	草厂北巷 51 号	100009
国　旺	2520	张明生	64067076	国祥胡同 13 号	100009

北新桥街道

居委会名称	管辖户数	主任	联系电话	办公地址	邮政编码
北官厅	1912	李桂珍	84064928	北小街 8 号院 3 号搂	100007
民　安	3053	吴治民	64027401	民安 14 号楼附属	100007
北新仓	2536	胡进贤	84072141	东直门内大街 10 号楼	100007
海运仓	2716	佟爱香	84073272	南颂年 3 号楼	100007
门　楼	3112	刘彩团	64027400	东四北大街 138 号	100007
十三条	1850	王荣华	64027569	东四十四条 7 号	100007
小　菊	2596	刘素欣	64020638	大菊胡同 16 号	100007
九道湾	2369	王淑梅	64015936	九道湾西巷 1 号	100007
草　园	2609	王静松	64066547	雍和宫大街 165 号	100007
前永康	2654	沈　静	64040317	北新胡同三巷 3 号	100007
青　龙	3100	王学义	64000858	青龙胡同 3 号	100007
藏经馆	1512	张志华	64004112	戏楼胡同一巷 25 号	100007

东四街道

居委会名称	管辖户数	主任	联系电话	办公地址	邮政编码
东四二条	3167	罗淑云	64059534	东四北大街 460 号	100010
东四六条	2505	毛利伟	84036571	东四六条 45 号	100007
东四七条	2041	刘桂芬	84043699	东四北大街 303 号 -1	100007
东四八条	2106	刘志颖	64024538	东四八条 139 号	100007
总　院	2510	郎海鹏	84043799	朝内北小街 2 号	100007
南门仓	2401	韩宝利	84045399	罗家大院 1 号二层	100010
豆　瓣	2552	吕　军	84045893	豆瓣 1 号楼平房一层	100010

朝阳门街道

居委会名称	管辖户数	主　任	联系电话	办公地址	邮政编码
史　家	1316	赵博言	65244161	史家胡同 21 号	100010
内　务	1408	曹　荣	65257583	内务部街 73 号	100010
演　乐	1998	杨　翊	65230389	演乐胡同 59 号	100010
礼　士	1086	于金凤	65230385	礼士胡同 121 号	100010
朝　西	1304	于春明	65122956	前拐棒胡同 17 号	100010
朝内头条	1336	任美华	84040087	朝内大街 97 号	100010
竹　杆	2389	郑红强	65230279	西水井 6 号楼	100010
新　鲜	2747	王学军	65254679	新鲜胡同 63 号	100010
大方家	1921	陈　波	65251577	小牌坊甲 48 号	100010

建国门街道

居委会名称	管辖户数	主 任	联系电话	办公地址	邮政编码
金宝街北	4739	李全红	65224493	禄米仓胡同 42 号楼	100005
大雅宝	2550	李 颖	65134594	南小街 18-29 号	100005
赵家楼	5282	曲 丽	85115993	小羊宜宾胡同 5-2 号	100005
站 东	2668	汤秀丽	65126997	柳罐胡同甲 2 号	100005
苏 州	5325	郭 华	65138239	苏州胡同 79 号	100005
西总布	4356	马红兵	65244164	新开路胡同 94 号	100005
外交部街	3518	高晓霞	65255724	东堂子胡同 25 号	100005

东直门街道

居委会名称	管辖户数	主 任	联系电话	办公地址	邮政编码
工人体育馆	2803	王小娟	65523201	新中西街 12 楼 1 单元	100027
新中西里	1406	姜春燕	64165148	新中西里 10 楼 B 座 2	100027
东 环	2822	石 威	64166798	东直门南大街甲 2 号楼	100027
十字坡	1648	康意民	64167798	新中街 5 号	100027
新中街	2270	王瑞新	64165396	新中街 4 条乙 20 号	100027
东外大街	5354	韩秀花	64170442	春秀路 17 号楼东侧平房	100027
胡家园	3196	王 华	64675276	东外小街 10 号	100027
东外大街北	2838	关丽清	64673320	察慈小区 8 号楼一层	100027
清水苑	1418	宋淑贤	64653698	东直门北大街甲 6 号院	100027
香河园北里	2522	焦 燕	64616394	东外香河园北里华夏出版社	100028

和平里街道

居委会名称	管辖户数	主 任	联系电话	办公地址	邮政编码
交 通	816	李 微	64292535	和平里东街 10 号	100013
林 调	1002	杨青华	64289228	和平里东街 12 号院 2 宿舍	100013
民 旺	6423	崇凯军	84214137	和平里民旺园 8 号楼西侧	100013
和平里	3982	王京朝	84214298	和平里中街 7 号楼	100013
二 区	2563	尉红梅	84221986	和平里中街 3 号院 1 号楼	100013
七 区	3262	张军红	64228347	和平里七区 3 号楼东平房	100013
化 工	688	鞠苏华	64291097	兴化东里 23 号楼地下一	100013
兴 化	3085	邓海红	64289631	兴化西里 8 号楼前平房	100013
小黄庄	3628	赵跃棨	84286550	小黄庄一区 13 号楼东平房	100013
安贞苑	1770	张明花	64441201	安贞苑社区安定路 20 号院	100029
地 坛	1966	沈 清	64226182	地坛北里 9 号楼一层东侧	100013
东河沿	2016	张桂芩	64255840	安外东河沿乙 6 号楼	100011
西河沿	2460	张 莉	84116346	安外西河沿 18 号楼后平房	100011
青年湖	5138	邓益民	84114484	安外上龙西里 29 号楼前平	100011
安德路	1852	张玉兰	84133562	安德路 47 号院 5 号楼 7D02	100011
安德里	3962	宋国华	84138422	安外六铺炕甲 7 号	100011
人定湖	1255	陈 雨	62013450	安德里北街甲 25 号	100011
总 政	3697	任 霞	66794475	安德里北街 21 号	100011
黄 寺	1570	程显东	66740841	黄寺大街甲 1 号 4 号楼 3 门	100011
新建路	2670	郑成富	84112941	安外大街 3 号	100011

前门街道

居委会名称	管辖户数	主　任	联系电话	办公地址	邮政编码
前门东大街	1588	刘　宁	67013876	前门东大街甲 12 楼	100051
草厂东	1818	李文生	67018442	薛家湾胡同 27 号	100051
草厂西	1488	张丽鑫	67026674	草厂十条 35 号	100051
大　江	760	景月宏	67011810	北芦草园 81 号	100051
冰窖厂	539	景月宏	67011810	北芦草园 81 号	100051
鲜鱼口	764	景月宏	67011810	北芦草园 81 号	100051
青　云	1120	景月宏	67011810	北芦草园 81 号	100051
打磨厂第一	1245	景月宏	67011810	北芦草园 81 号	100051
打磨厂第二	500	景月宏	67011810	北芦草园 81 号	100051

注：大江、冰窖厂、鲜鱼口、青云、打磨厂第一、打磨厂第二 6 个社区因拆迁现在大江社区合署办公。

崇文门外街道

居委会名称	管辖户数	主　任	联系电话	办公地址	邮政编码
大　桥	1230	樊明峰	67062438	北京汇 606	100062
兴隆都市馨园	2748	刘　燕	67050080	都市馨园白依庵	100062
崇文门西大街	1050	李影丽	65594948	崇西 4-9-102	100051
新怡家园	1510	刘　婧	67010793	新怡家园 -1-1-67	100062
新世界家园	2603	刘嘉琪	67092050	新世界家园会所	100062
崇文门东大街	1632	付丽丽	67176503	崇东大街 12—2	100062
国瑞城西区	3002	刘金杰	67168950	国中 3 号楼一层	100062
国瑞城中区	1772	贾艳华	67188748	国中 1 号楼 3 单元	100062
国瑞城东区	1093	张福英	67169260	国东 1 号楼 3 单元	100062
西花市南里西区	2614	孙　哲	87186871	西花市大街 102 号	100062
西花市南里东区	2516	冯永刚	87186861	西花市大街 30 号	100062
西花市南里南区	3270	兰凌燕	67152721	新景西区 10 号楼一层	100062

东花市街道

居委会名称	管辖户数	主　任	联系电话	办公地址	邮政编码
东花市北里东区	3381	马　林	67126046	东花市北里东区 13 号	100062
东花市北里西区	2128	李淑红	67126901	东花市大街 61 号楼	100062
花市枣苑	2608	刘志琴	67163745	东花市枣苑 10 号楼	100062
东花市南里	4783	杨立新	67132160	东花市南里三区 1 号楼	100062
东花市南里东区	4776	张欣惠	87135158	白桥大街 12 号楼	100062
广渠门北里	2857	马春花	67155386	广渠门大街 7 号院	100062
忠实里	5378	佘　红	67785089	忠实里西区 7 号楼 1-103	100022
广渠门外南里	4054	耿立新	67750681	广渠家园 11 号楼 2-103	100021

龙潭街道

居委会名称	管辖户数	主　任	联系电话	办公地址	邮政编码
左安浦园	2619	王艳平	87197554	左安门内大街 73-1	100061
左安漪园	1722	刘　娜	87196358	左安漪园 3 号楼 1 单元	100061

龙潭北里	2116	李永红	67118537	龙潭北里 5 条 4 楼西侧	100061
板厂南里	1220	孙来喜	67169188	板厂南里 6 号楼后	100061
光　明	1935	邢东伶	67187400	光明 13 楼北侧	100061
华　城	1796	郝丽霞	87184655	宝达大厦 107	100061
绿景苑	2022	刘淑云	87190302	绿景馨园 11-2 单元地下室	100061
夕照寺	1862	程秋菊	67160489	领行国际 3 号楼 1-7	100061
安化楼	3254	朱兴海	67171326	培新街 9 号院 1 号楼 1-1 层	100062
新家园	2694	张书恒	67178151	幸福家园 5 楼 2-102	100062
幸　福	2100	洪　印	67112844	幸福北里 17 楼 1 层	100061

体育馆路街道

居委会名称	管辖户数	主　任	联系电话	办公地址	邮政编码
西　利	1007	李广华	67143019	驹章胡同 43 号	100061
西　唐	2247	杜进萍	67111265	驹章胡同 43 号	100061
葱　店	2717	田立萍	67112483	驹章胡同 43 号	10006
东　厅	2011	黄　樱	67121608	驹章胡同 43 号	100061
南岗子	1694	王世杰	67113397	驹章胡同 43 号	100061
国家体育总局	1344	闫丽娜	67114632	体育馆路 13 号院内	100061
法华南里	1830	陈淑凤	67126846	法华南里甲 8 楼	100061
双工南街	883	肖祥健	67127173	东四块玉南街甲 11 号	100061
东玉北街	767	毛沪花	67121091	双玉中街 2 号楼 1 层	100061
长青园	1588	孙树梅	67129646	长青园 3 楼 1 门 101 号	100061

天坛街道

居委会名称	管辖户数	主　任	联系电话	办公地址	邮政编码
西园子	1767	黄海霞	67027573	东晓市街 48 号院	100062
东晓市	1909	杨志娟	67014035	东晓市街 48 号院	100062
金鱼池东区	698	张　军	67021600	金鱼池东区 11 号楼 1 单元 001 ～ 003 号	100050
金鱼池中区	1120	宋莉筠	67023463	金鱼池中区 22 楼 2 单元 101 号	100050
金鱼池西区	1500	边春燕	67014028	金鱼池西区 1 号楼底商	100050
红庙街	1996	周雅楠	67071205	山涧口一巷 32 号	100050
西草市	1576	赵伯良	67018582	西草市街 52 号	100050
西里北区	2333	左　铭	67016113	天坛复康南里胡同内	100050
永内大街	1403	王瑞珍	67024191	天坛南里西区 20 号楼南侧平房	100050
永内东街东里	1508	马英乾	52171697	永内东街东里 6 号楼北侧	100050
永内东街中里	1290	王国庆	52171598	永内东街中里 7 号楼西侧平房	100050
永内东街西里	1542	黄　刚	67024193	永内东街西里 5 号西侧	100050
东里南区	904	何洪伟	67025209	天坛东里南区 4 号楼北侧二层楼房	100061
东里北区	1378	黄秋霞	67022681	天坛东里中区 1 号楼旁	100061
东市场	526	董　浩	67025763	东市场七巷甲 1 号	100050
东半壁街	1723	刘长娟	67025639	大市胡同 5 号	100050

永定门外街道

居委会名称	管辖户数	主　任	联系电话	办公地址	邮政编码
彭庄社区	1036	王　艳	51332951	车站路 12 号南面	100075
永建里社区	1521	周　宇	87923881	中海紫御小区 8 号楼	100075

松林里社区	1139	徐秀才	87923706	中海紫御小区1号楼19号	100075
永铁苑社区	1432	胡志竹	51332982	永铁苑7号楼109号	100075
西革新里社区	2065	侯广库	51333031	西革新里108号院2号楼19号	100075
革新里社区	1341	董永建	51333053	东革新里40号院内西侧	100075
革新西里社区	1870	胡彦玲	51333061	西革新里124号院	100075
管村社区	2560	郑晓丽	51333091	建予园3号楼底商	100075
桃杨路社区	2206	刘贵亭	52172716	桃杨路2条2号	100075
杨家园社区	2120	赵远荣	52172736	琉璃井东街2号楼6门101号	100075
李村社区	2511	吴　晶	52172772	李村东里7号楼3门003号	100075
桃园社区	1200	徐　蕊	51233087	桃园南街10号院	100075
景泰社区	2582	冯富珍	52172786	景东小区5号楼6门001号	100075
定安里社区	2513	王　策	87291275	景泰西里7号楼前平房	100075
宝华里社区	3048	杨桂英	67213606	宝华头条乙17号	100075
富莱茵社区	1536	郝俊丽	51076631	富莱茵13号楼109号	100075
天天家园社区	2490	郑　毅	51076556	天天家园小区1号楼1号底商	100075
安乐林社区	2231	韩　艳	52172796	景泰西里西区8号楼底商	100075
民主北街社区	2888	王宗生	51076551	民主北街97号	100075
琉璃井社区	2480	张亚芬	51076552	琉璃井南里61号	100075

索 引

说 明

• 本索引为主题索引，又称内容分析索引，主题词（标目）以《北京东城年鉴》（2015 年卷）正文出现的专业名词、名词词组、机构名、地名为主。

• 综述、大事记、专文、特载、统计资料、人物、附录等类目内容不在索引范围内。

• 本索引按汉语拼音音序排列，首字相同时，则以第二字排序，以此类推。以数字、字母、符号开始的主题词，排在最前。

• 主题词之后的数字表示所在页码，数字后面的英文字母 a、b、c 分别表示该页的左、中、右栏。

C

D

E

F

G

J

K

L

M

N

Q

R

S

T

W

Z

图书在版编目（CIP）数据

北京东城年鉴．2015 / 北京市东城区地方志编纂委员会编．-- 北京 ：北京日报出版社，2015.12

ISBN 978-7-5477-1736-3

Ⅰ．①北… Ⅱ．①北… Ⅲ．①东城区－2015－年鉴 Ⅳ．①Z521.3

中国版本图书馆CIP数据核字(2015)第210181号

责任编辑：王小云　蔺　萌

北京东城年鉴.2015

出版发行：北京日报出版社
地　　址：北京市东城区东单三条8-16号 东方广场东配楼四层
邮　　编：100005
电　　话：发行部：（010）65255876
　　　　　总编室：（010）65252135-8043
印　　刷：廊坊飞腾印刷包装有限公司
经　　销：各地新华书店
版　　次：2015 年 12 月第 1 版
　　　　　2015 年 12 月第 1 次印刷
开　　本：889 毫米×1194 毫米　1/16
印　　张：31.75
字　　数：1000千字
定　　价：280.00元